Familie und Personenstand

Familie und Personenstand

Ein Handbuch zum deutschen und internationalen Privatrecht

2., aktualisierte Auflage 2015

auf Grundlage des Werkes
»Deutsches und Internationales Familienrecht
im Personenstandsrecht«
von **Professor Dr. Reinhard Hepting** †

von
Professor Dr. Anatol Dutta, M. Jur. (Oxford)
Universität Regensburg

Verlag für Standesamtswesen
Frankfurt am Main · Berlin

© Verlag für Standesamtswesen GmbH
Frankfurt am Main · Berlin 2015
Das Werk ist urheberrechtlich geschützt.
Jede Verwertung außerhalb der Freigrenzen des Urheberrechts
ist ohne Zustimmung des Verlags unzulässig und strafbar.
Das gilt insbesondere für Vervielfältigungen, Übersetzungen,
Mikroverfilmungen und die Einspeicherung und
Verarbeitung in elektronischen Systemen.

Druck und Bindung: Hubert & Co, Göttingen
Printed in Germany

ISBN 978-3-8019-5720-9

Vorwort

Die Geschichte des vorliegenden Buches ist verschlungen. Es ist hervorgegangen aus dem von *Franz Massfeller* und *Werner Hoffmann* begründeten und später von *Reinhard Hepting* und *Berthold Gaaz* fortgeführten Kommentar zum Personenstandsrecht. Die Personenstandsrechtsreform von 2009 gab dem Verlag und den damaligen Autoren den Anstoß, die bisherige, auf drei Ordner verteilte Loseblattsammlung als Dokumentation des bis zur Reform bestehenden Rechtszustands bestehen zu lassen und die Neubearbeitung mit gestrafftem Inhalt auf selbständige Einzelbände umzustellen: Der Band 1 (Ordner I und II) des Ursprungswerks fand Fortsetzung im Handkommentar zum Personenstandsgesetz von *Gaaz/Bornhofen*, der mittlerweile bereits in 3. Auflage erschienen ist. Band 2 wurde mit dem vorliegenden Handbuch (Ordner III) fortgeführt, nunmehr in 2. Auflage.

Durch den unerwarteten und – vor allem – viel zu frühen Tod von *Reinhard Hepting* (Nachruf von *Gaaz*, StAZ 2013, 33) wurde eine Lücke gerissen, die nur schwer zu füllen sein wird. Dennoch habe ich nicht gezögert, die Bearbeitung dieses Standardwerks zum personenstandsrelevanten Familienrecht zu übernehmen, freilich in vollem Bewusstsein, dass jede Überarbeitung potentiell eine Verschlechterung bedeutet.

Die in der familienrechtlichen Literatur einmalige Zielsetzung des Handbuchs – wie sie von *Hepting* mit großer Konsequenz verfolgt wurde – soll bewahrt werden: Das Handbuch wendet sich an die Standesämter, ihre Aufsichtsbehörden und an die Personenstandsgerichte und stellt das materielle deutsche und internationale Familienrecht mit angrenzenden Fragen des Personenrechts dar, soweit es für die Arbeit der Personenstandsbehörden von Bedeutung ist.

Aus dieser Zielsetzung erklären sich Inhalt und Stil der Darstellung. Rechtsfragen, die die Standesämter eigenständig beantworten müssen, sind ausführlich erörtert; muss nur die Entscheidung eines Gerichts transkribiert werden, fällt die Erörterung knapper aus. Die Information baut im Wesentlichen auf der Rechtsprechung auf; wo diese fehlt, wird die praktikabelste der im Schrifttum vertretenen Auffassungen bevorzugt, nach Möglichkeit entnommen aus Werken, die den Standesämtern leicht zur Verfügung stehen. Querverweisungen auf das Werk von *Gaaz/Bornhofen* stellen den Bezug zum Personenstandsverfahren her. Die rechtswissenschaftliche Diskussion wird dort vernachlässigt, wo sich bereits eine gefestigte und für die Standesämter verbindliche Praxis etabliert hat, aber überall dort aufgegriffen und weitergeführt, wo die Dinge noch im Fluss sind. Ziel ist stets eine für die standesamtliche Praxis sinnvolle Lösung. – Es gilt freilich weiterhin: Über Anregungen und Verbesserungsvorschläge aus der Praxis freut sich der Bearbeiter sehr (gerne auch auf elektronischem Wege: anatol.dutta@ur.de).

Für die Unterstützung bei der Vorbereitung der Neuauflage danke ich herzlich den Mitarbeitern des Lehrstuhls in Regensburg, namentlich

Dr. *Stephan Wagner*, M. Jur. (Oxford), M.A., für die kritische und gedankenreiche Durchsicht des Manuskripts sowie *Kristin Grünwald, Nina Kerstensteiner* und *Philipp Semmelmayer* für die tatkräftige Unterstützung bei der Fahnenkorrektur. Für ständige Diskussionsbereitschaft danke ich meinen Gesprächspartnern aus der Personenstandspraxis, vor allem in Augsburg *Karl Krömer* und in Bad Salzschlirf *Gerhard Bangert*. Die Verantwortung für Fehler liegt freilich allein bei mir.

Regensburg, im Winter 2014
Anatol Dutta

Inhaltsübersicht*

Teil I　**Personenstandsverfahren und materielles Recht**　53

Teil II　**Grundfragen des Personenrechts**　59
Erster Abschnitt: Die natürliche Person　59
Zweiter Abschnitt: Der Name allgemein　87
Dritter Abschnitt: Die Staatsangehörigkeit　164

Teil III　**Ehe und Lebenspartnerschaft**　169
Erster Abschnitt: Allgemeines　169
Zweiter Abschnitt: Die Eheschließungsvoraussetzungen　172
Dritter Abschnitt: Die Eheschließungshandlung　200
Vierter Abschnitt: Die Folgen einer fehlerhaften Eheschließung　210
Fünfter Abschnitt: Eheschließungen mit Auslandsbezug　217
Sechster Abschnitt: Die Auflösung der Ehe　271
Siebter Abschnitt: Der Name in der Ehe　291
Achter Abschnitt: Die Lebenspartnerschaft　329

Teil IV　**Status und Name des Kindes im Zeitpunkt der Geburt**　357
Erster Abschnitt: Die Feststellung der Abstammung　357
Zweiter Abschnitt: Die Feststellung des Geschlechts　398
Dritter Abschnitt: Der bei der Geburt erworbene Name des Kindes　400

Teil V　**Änderungen des Status und des Namens nach der Geburt**　443

Teil VI　**Allgemeine Fragen des internationalen Privatrechts**　625

---

* Die Zahlen verweisen auf Seiten.

Inhaltsverzeichnis*

Vorwort 5

Abkürzungsverzeichnis 43

Literaturverzeichnis 49

Teil I Personenstandsverfahren und materielles Recht 53

A. Die Grundlagen des Personenstandsrechts 53
I. Die Aufgaben des Standesamts 53
  1. Die Beurkundung des Personenstands 53
  2. Die Stellung des Standesamts zwischen öffentlichem und privatem Recht 53
II. Die Personenstandsbeurkundung als Beweismittel 54

B. Elemente des Familienstatusrechts 55
I. Personenrecht 55
  1. Rechts- und Geschäftsfähigkeit 55
  2. Der Name 56
II. Familienrecht 56
  1. Kindschaft 56
  2. Ehe und Lebenspartnerschaft 57
III. Internationales Privatrecht und internationales Zivilverfahrensrecht (IPR und IZVR) 57
IV. Öffentliches Recht 58
  1. Staatsangehörigkeitsrecht 58
  2. Behördliche Namensänderung 58
  3. Gerichtliche Änderung der Geschlechtszugehörigkeit 58

Teil II Grundfragen des Personenrechts 59

Erster Abschnitt: Die natürliche Person 59

A. Rechtsfähigkeit 59
I. Die Geburt als Beginn der Rechtsfähigkeit 59
II. Der Tod als Ende der Rechtsfähigkeit 60
III. Verschollenheit und Todeserklärung 60
  1. Rechtsgrundlagen 60
  2. Begriff der Verschollenheit 60
  3. Das gerichtliche Aufgebotsverfahren 61
  4. Die Wirkungen der Todeserklärung 61
  5. Verhältnis zur standesamtlichen Beurkundung 62
  6. Die Todesvermutung im standesamtlichen Verfahren 63

* Die Zahlen verweisen auf Seiten.

IV. Die Feststellung des Todeszeitpunkts 63
1. Die gerichtliche Feststellung 63
2. Die Kommorientenvermutung 64

V. Fälle mit Auslandsbezug 64
1. Inländische Todeserklärungen 64
2. Die Anerkennung ausländischer Todeserklärungen 64
3. Die Wirkung von Todeserklärungen 66

B. Geschäftsfähigkeit 66

I. Allgemeines 66

II. Die gesetzliche Vertretung 67
1. Allgemeines 67
2. Gesetzliche Vertretung des Minderjährigen als Ausfluss der elterlichen Sorge 68
    a) Gemeinsame elterliche Sorge der Eltern 68
    b) Alleinige elterliche Sorge eines Elternteils 69
    c) Ausschluss der gesetzlichen Vertretung durch die Eltern 69
3. Gesetzliche Vertretung bei Volljährigen 70

III. Rechtsgeschäftliche Vertretungsmacht für nicht voll Geschäftsfähige, insbesondere Vorsorgevollmacht 70

IV. Anwendbares Recht in Fällen mit Auslandsbezug 71
1. Die Geschäftsfähigkeit 71
2. Die (gesetzliche) Vertretungsmacht für den nicht voll Geschäftsfähigen 71
    a) Die Anknüpfung der gesetzlichen Vertretungsmacht für den Minderjährigen, insbesondere nach dem Haager Kinderschutzübereinkommen (KSÜ) 72
    b) Die Anknüpfung der Vertretungsmacht für den Volljährigen, insbesondere nach dem Haager Erwachsenenschutzübereinkommen (ErwSÜ) 75

V. Anerkennung ausländischer Entscheidungen über die elterliche Sorge oder Betreuung 77
1. Die Anerkennung ausländischer Sorgerechtsentscheidungen nach der Brüssel-IIa-VO 77
    a) Der Anwendungsbereich der Brüssel-IIa-VO und ihrer Anerkennungsregeln 77
    b) Die Anerkennungsvoraussetzungen 79
    c) Das Verfahren der Anerkennung 81
2. Die Anerkennung auf der Grundlage von Staatsverträgen 82
    a) Allgemeines 82
    b) Das Haager Kinderschutzübereinkommen (KSÜ) 83
    c) Das Haager Minderjährigenschutzabkommen (MSA) 83
    d) Das Europäische Sorgerechtsübereinkommen (ESÜ) 84
    e) Das Haager Erwachsenenschutzübereinkommen (ErwSÜ) 84
3. Anerkennung nach autonomem Recht 84

C. Probleme bei nicht feststellbarer Identität 86

Zweiter Abschnitt: **Der Name allgemein** 87

A. **Funktionen des Namens** 88
 I. Individualisierung 88
  1. Staatliche Ordnungsinteressen 88
  2. Der Name als Persönlichkeitsrecht 89
 II. Offenlegen der familiären Beziehungen 90
 III. Selbstdarstellung 90
 IV. Das geltende Namensrecht als Kompromiss zwischen gegensätzlichen Regelungszwecken 91

B. **Regelungsprinzipien des deutschen Namensrechts** 91
 I. Die Namenstypen des deutschen Rechts 91
 II. Anfechtung und Widerruf namensbestimmender Erklärungen 92
 III. Verpflichtung zur Abgabe namensbestimmender Erklärungen 93

C. **Das anwendbare Namensrecht bei Fällen mit Auslandsbezug** 94
 I. Rechtsquellen des internationalen Namensrechts 95
  1. Autonomes Recht 95
  2. Staatsverträge 95
  3. Einfluss des primären Unionsrechts 95
 II. Die Bestimmung des maßgeblichen Namensrechts 96
  1. Der Anknüpfungsgrundsatz des Art. 10 Abs. 1 EGBGB 96
  2. Rück- und Weiterverweisung, Art. 4 Abs. 1 EGBGB 97
 III. Die Reichweite des Namensstatuts 98
  1. Der kollisionsrechtliche Namensbegriff 98
  2. Namenserwerb, -ableitung, -erstreckung 99
  3. Das Erscheinungsbild des Namens 100
   a) Die sprachliche Form 100
   b) Die Schreibweise und die Bedeutung des CIEC-Übereinkommens Nr. 14 100
 IV. Kennzeichen ohne Namensqualität 103
  1. Allgemeines 103
  2. Namenszusätze ohne Kennzeichnungskraft 103
  3. Akademische Grade, Ehrentitel 104
  4. Adelsbezeichnungen 104
 V. Statutenwechsel 105
 VI. Behördliche Namensänderung 105
 VII. »Anerkennung« im Ausland registrierter Namen 106
 VIII. Vorfragen im Namensstatut 107
  1. Die h. M.: unselbständige Anknüpfung 107
  2. Der Wertungswiderspruch zwischen unselbständiger Anknüpfung und Rechtswahl 108

3. Störungen des internen Entscheidungseinklangs **108**
4. Missachtung inländischer Entscheidungen **110**
5. Vorfrage und Substitution **111**

D. Angleichung ausländischer Namenstypen, Art. 47 EGBGB 111
I. Allgemeines 111
1. Das Problem **111**
2. Rechtsentwicklung **112**
3. Angleichung beim »Eingangsstatutenwechsel«, Art. 47 Abs. 1 EGBGB **113**
4. Angleichung bei der Namensableitung, Art. 47 Abs. 2 EGBGB **114**
5. Immanente Grenzen der Angleichung – Restriktive Auslegung des Art. 47 EGBGB **115**

II. Einzelfälle der Angleichung 116
1. »Sortiererklärungen« nach Art. 47 Abs. 1 Satz 1 Nr. 1 EGBGB beim Statutenwechsel **116**
   a) Die Abgrenzung von Fällen ohne Angleichungsbedarf **116**
   b) Personen mit Vor- und Vaternamen **117**
   c) Personen mit mehreren Eigennamen **118**
   d) Personen mit nur einem Eigennamen **120**
   e) Personen mit Zwischennamen **122**
   f) Personen mit Namenszusätzen **123**
   g) Personen mit Namensketten **126**
2. »Sortiererklärungen« bei der Namensableitung, Art. 47 Abs. 2 i. V. m. Abs. 1 Satz 1 Nr. 1 EGBGB **128**
   a) Ableitung eines Kindesnamens **128**
   b) Ableitung eines Ehenamens **128**
3. Die Wahl eines fehlenden Vor- oder Familiennamens nach Art. 47 Abs. 1 Satz 1 Nr. 2 EGBGB **131**
4. Das Ablegen unbekannter Namensbestandteile nach Art. 47 Abs. 1 Satz 1 Nr. 3 EGBGB **132**
   a) Namensbestandteile mit funktionaler Vorprägung **132**
   b) Namensbestandteile, die zu Vor- und Familiennamen hinzutreten **132**
   c) Namenszusätze **133**
5. Die Erklärung zwecks Rückkehr zur »ursprünglichen Form« nach Art. 47 Abs. 1 Satz 1 Nr. 4 EGBGB **134**
   a) Nach dem Geschlecht abgewandelte Familiennamen **134**
   b) Nach dem Verwandtschaftsverhältnis abgewandelte Namen **135**
   c) Geschlechtsabhängige Vaternamen **136**
6. Die »Eindeutschungserklärung« nach Art. 47 Abs. 1 Satz 1 Nr. 5 EGBGB **137**
   a) »Eindeutschung« ist keine Angleichung **137**
   b) Der Vergleich mit § 94 BVFG **138**
   c) Erleichterte Eindeutschung bei Vornamen **138**
   d) Strengere Maßstäbe bei Familiennamen **139**
   e) Die Unzulässigkeit von Übersetzungen **139**

7. Die Dogmatik von Angleichung und Angleichungserklärungen 140
   a) Objektive Angleichung auch ohne Angleichungserklärung? 140
   b) Die Mitwirkung des Standesamts bei einer Angleichungserklärung; Form und Frist der Erklärung 141
   c) Die Bedeutung des »angeglichenen« Namens 142
8. Das Verhältnis der Angleichungstatbestände zueinander 142

E. **Die Bedeutung der Namenskontinuität in Auslandsfällen allgemein** 143
   I. Probleme durch Statutenwechsel 144
   II. Probleme durch Änderungen der Rechtsprechung 144
   III. Probleme durch hinkende Namensführung 145

F. **Namenskontinuität bei hinkenden Namensverhältnissen in der EU: Zwischen EuGH-Rechtsprechung und Art. 48 EGBGB** 146
   I. Die namensrechtliche Rechtsprechung des EuGH im Überblick 146
      1. Die Entscheidung in »Konstantinidis« 146
      2. Die Entscheidung in »Garcia Avello« 146
      3. Die Entscheidungen in »Grunkin-Paul« 147
      4. Die Entscheidung in »Sayn-Wittgenstein« 149
      5. Die Entscheidung in »Runevič-Vardyn« 150
      6. Fazit: Unionsrechtliches Anerkennungsgebot 150
   II. Postulat: Keine hinkenden Rechtsverhältnisse in der Union 150
   III. Umsetzung des unionsrechtlichen Anerkennungsgebots im deutschen Recht, insbesondere durch Art. 48 EGBGB 151
      1. Bestand des Wahlrechts nach Art. 48 EGBGB 152
         a) Deutsches Namensstatut 152
         b) Früherer gewöhnlicher Aufenthalt im EU-Ausland 152
         c) Während des gewöhnlichen Aufenthalts im EU-Ausland: Erwerb und Registrierung eines Namens 152
      2. Wirksame Ausübung des Wahlrechts nach Art. 48 EGBGB 154
      3. Wirkung der Namenswahl nach Art. 48 EGBGB 155
      4. Namenswahl kombiniert mit Angleichung nach Art. 47 Abs. 1 Satz 1 EGBGB 156
   IV. Art. 48 EGBGB als nur unzureichende Umsetzung des Unionsrechts 156
      1. Beschränkung auf Mitgliedstaaten der EU 156
      2. Beschränkung auf Namen aus Mitgliedstaaten eines früheren gewöhnlichen Aufenthalts 157
      3. Beschränkung auf Eintragungen in einem Personenstandsregister 157
      4. Beschränkung auf rechtmäßig erlangte Namen 157
      5. Beschränkung auf Namensträger mit deutschem Namensstatut 158

V. Umsetzung des unionsrechtlichen Anerkennungsgebots jenseits des Art. 48 EGBGB   159
  1. Auslegung des Anerkennungsgebots als primärrechtliche Zielvorgabe   159
  2. Das Anerkennungsgebot als »versteckte« primärrechtliche Kollisionsnorm   160
  3. Auslegung in der deutschen Praxis   161
VI. Voraussetzungen eines über Art. 48 EGBGB hinausgehenden unionsrechtlichen Anerkennungsgebots   161
  1. Räumlich-persönlicher Anwendungsbereich   162
  2. Namensführung unter Geschwistern   162
  3. Auswirkungen eines Statutenwechsels   163
VII. Folgen für die Arbeit der Personenstandsbehörden: Der Standesbeamte auf dem Weg nach Europa   163

Dritter Abschnitt: **Die Staatsangehörigkeit**   164

A. **Der Begriff der Staatsangehörigkeit**   164

B. **Die Bedeutung der Staatsangehörigkeit für das Standesamt**   165

I. Die rechtliche Bedeutung der Staatsangehörigkeit   165

II. Die Feststellung der Staatsangehörigkeit durch das Standesamt   166

III. Vorfragen im Staatsangehörigkeitsrecht   167

Teil III **Ehe und Lebenspartnerschaft**   169

Erster Abschnitt: **Allgemeines**   169

A. **Der Rechtsbegriff »Ehe«**   169

B. **Die Teilbereiche des Eherechts und ihre Bedeutung für das Standesamt**   170

C. **Eherecht und Grundgesetz**   171

Zweiter Abschnitt: **Die Eheschließungsvoraussetzungen**   172

A. **Allgemeines**   172

I. Rechtsentwicklung   172

II. Die Systematik der Eheschließungsvoraussetzungen   172
  1. Die Unschärfe des Begriffs »Ehevoraussetzungen«   172
  2. Die Ehevoraussetzungen und ihre rechtliche Qualifikation   173
    a) Die »präventive« und »repressive« Funktion der Ehevoraussetzungen   173
    b) Einseitige und zweiseitige Ehehindernisse   174
    c) Systematisierung der Eheschließungsvoraussetzungen nach der Fehlerfolge   174

B. Persönliche Ehevoraussetzungen (»Ehefähigkeit«) 175
I. Die Ehemündigkeit, § 1303 BGB 175
   1. Voraussetzungen der Ehemündigkeit 175
   2. Die Befreiung vom Erfordernis der Ehemündigkeit 175
   3. Die materiellen Voraussetzungen der Befreiung 176
      a) Alterserfordernisse 176
      b) Prüfung der »Ehereife« 176
      c) Das Wohl des Minderjährigen 177
      d) Fehlen bzw. Unbegründetheit eines Widerspruchs des gesetzlichen Vertreters 177
   4. Wirkungen der Befreiung 177
II. Die Geschäftsfähigkeit, § 1304 BGB 177
   1. Der Grundsatz des § 1304 BGB 177
   2. Die Merkmale der Geschäftsunfähigkeit 178
      a) Die positivrechtliche Regelung 178
      b) Das Verhältnis der Geschäftsunfähigkeit zur vorübergehenden Störung der Geistestätigkeit 178
   3. Die Ehefähigkeit des Betreuten 179
III. Das Geschlecht der Verlobten; Transsexualität 180
C. Das Nichtvorliegen eines »Eheverbots«, §§ 1306 bis 1308 BGB 180
I. Allgemeines 180
II. Das Eheverbot der »Doppelpartnerschaft«, § 1306 BGB 181
   1. Allgemeines 181
   2. Bestehen einer die Eheschließung hindernden Partnerbeziehung 181
      a) Bestehen einer Ehe 181
      b) Bestehen einer Lebenspartnerschaft 182
   3. Auflösung einer die Eheschließung hindernden Partnerbeziehung 182
III. Das Eheverbot der Verwandtschaft, § 1307 BGB 183
   1. Regelungszweck 183
   2. Die verbotenen Verwandtschaftsverhältnisse 183
   3. Die Voraussetzungen der Verwandtschaft 184
      a) Der Gegensatz von Verwandtschaft im rechtlichen und im leiblichen Sinne 184
      b) Die Bedeutung der beiden Verwandtschaftsbegriffe 185
          aa) Der Regelungszweck des § 1307 BGB 185
          bb) Der Regelungsinhalt der §§ 1307 Satz 2, 1308 Abs. 1 BGB 185
          cc) Die Dominanz der leiblichen Verwandtschaft 185
      c) Das regelungstechnische Verhältnis von rechtlicher und leiblicher Verwandtschaft 186
      d) Die Ermittlung der leiblichen Verwandtschaft 189
   4. Rechtswirkungen 189

IV. Das aufschiebende Eheverbot der Adoptivverwandtschaft, § 1308 BGB   190
   1. Allgemeines; Regelungszweck   190
   2. Der betroffene Personenkreis   190
   3. Rechtswirkungen   191
      a) Die Adoptivverwandtschaft als zeitlich begrenztes Ehehindernis   191
      b) Adoptivverwandtschaft als dispensables Ehehindernis   191
      c) Adoptivverwandtschaft als aufschiebendes Ehehindernis   191

D. Der ungestörte Wille zur Ehe   192
I. Allgemeines   192
II. Störungen bei der Bildung des Ehewillens, § 1314 Abs. 2 BGB   193
   1. Bewusstlosigkeit und Störung der Geistestätigkeit   193
   2. Irrtum   193
   3. Täuschung   194
   4. Drohung   195
   5. Rechtsmissbräuchliche Eheschließungsmotive (»Scheinehen«)   196
      a) Ausgangspunkt: Die Eheschließung als formaler Erklärungsakt   196
      b) Die Vorgeschichte des § 1314 Abs. 2 Nr. 5 BGB   196
      c) Der Rechtsmissbrauch der Ehe als eigentlicher Aufhebungsgrund   197
      d) Der typische Auslandsbezug der Scheinehenproblematik   197
      e) Unterscheidung von präventiver und repressiver Kontrolle   198
III. Die Feststellung von Willensdefiziten   198
   1. Materiellrechtliche Prüfungsgrundsätze   198
      a) Der ungestörte Wille als vermuteter Regelfall   198
      b) Der Aufhebungsgrund als Ausnahmetatbestand   199
   2. Der zulässige Umfang der Aufklärung   200

Dritter Abschnitt: **Die Eheschließungshandlung**   200

A. Allgemeines   200
I. Rechtsentwicklung   200
II. Die Unterscheidung von materiellen und formellen Erfordernissen   201

B. Der materielle Ehekonsens   202
I. Die Eheschließungserklärungen, § 1310 Abs. 1 BGB   202
II. Inhaltliche Einschränkungen, § 1311 Satz 2 BGB   202
III. Geheimer Vorbehalt; Abgrenzung zu Scheinehen   203

C. Die Eheschließungsform   204
I. Die Abgabe der Erklärung vor dem Standesbeamten, § 1310 Abs. 1 BGB   204
   1. Das Erfordernis der Mitwirkung des Standesbeamten   204
   2. Die Pflicht des Standesbeamten zur Mitwirkung   205
   3. Das Verhältnis der standesamtlichen zur religiösen Eheschließung   206
   4. Die Eigenschaft als Standesbeamter   207
   5. Die Mitwirkung eines Schein-Standesbeamten   207

II. Persönliche Anwesenheit der Verlobten, § 1311 Satz 1, 1. Alt. BGB 208
III. Gleichzeitige Anwesenheit der Verlobten, § 1311 Satz 1, 2. Alt. BGB 209
IV. Die Erfordernisse des § 1312 BGB 209

Vierter Abschnitt: **Die Folgen einer fehlerhaften Eheschließung** 210

A. **Allgemeines** 210
   I. Die Fehlerfolgen als repressive Wirkung der Eheschließungsvoraussetzungen 210
   II. Die Bedeutung der Fehlerfolgen für die Arbeit des Standesamts 210

B. **Die nichtige Ehe (»Nichtehe«)** 211
   I. Der Begriff der nichtigen Ehe nach dem EheschlRG 211
   II. Der Tatbestand der nichtigen Ehe 212
   III. Die Heilung der nicht standesamtlich geschlossenen Ehe 212
      1. Allgemeines, Rechtsentwicklung 212
      2. Die Voraussetzungen der Heilung 213
         a) Allgemeines 213
         b) Kritik 214
      3. Die Vertrauenstatbestände im Einzelnen 214
         a) Eintragung der Ehe in das Eheregister 214
         b) Eintragung eines Hinweises in das Geburtenregister 214
         c) Entgegennahme einer familienrechtlichen Erklärung 214

C. **Die aufhebbare Ehe** 215
   I. Der Begriff der Aufhebbarkeit 215
   II. Die Tatbestände der aufhebbaren Ehe 216
   III. Die Folgen der Aufhebbarkeit 216
   IV. Die Heilung der aufhebbaren Ehe 216

Fünfter Abschnitt: **Eheschließungen mit Auslandsbezug** 217

A. **Qualifikations- und Verfahrensfragen** 217
   I. Die Bedeutung von IPR und IZVR 217
   II. Die Unterscheidung von materiellen Voraussetzungen, Form und Verfahren 217
   III. Die praktische Bedeutung des internationalen Eheschließungsrechts für das Standesamt 217
      1. Die Bedeutung für die zu schließende Ehe selbst 217
      2. Die Ehe als Vorfrage 219

B. Das IPR der materiellen Ehevoraussetzungen 220
I. Der Anknüpfungsgrundsatz, Art. 13 Abs. 1 EGBGB 220
II. Die Eheschließungsvoraussetzungen im Einzelnen 221
   1. Allgemeines 221
      a) Qualifikationsfragen 221
      b) Einseitige und zweiseitige Ehehindernisse 222
      c) Befreiung von Ehehindernissen 223
         aa) Abgrenzungsfragen 223
         bb) Die internationale Entscheidungszuständigkeit 223
         cc) Die Anerkennung ausländischer Befreiungen 226
   2. Die Ehefähigkeit 227
      a) Allgemeine Anknüpfungsgrundsätze 227
      b) Verfahrensfragen 227
      c) Statutenwechsel 228
      d) Ordre public 229
   3. Das Eheverbot der Verwandtschaft 229
   4. Das Eheverbot der Adoptivverwandtschaft 230
      a) Anknüpfungsgrundsätze 230
      b) Abgrenzungsfragen 231
   5. Das Eheverbot der Doppelehe 232
      a) Anknüpfungsgrundsätze 232
      b) Die Vorfrage der bestehenden Vorehe 232
         aa) Allgemeines 232
         bb) Im Inland unwirksame Eheschließung 233
         cc) Im Ausland unwirksame Eheschließung 234
         dd) Im Heimatstaat unwirksame Ehescheidung 234
         ee) Im Inland unwirksame Ehescheidung 235
         ff) Im Heimatstaat unwirksame Todeserklärung 236
      c) Die Wiederverheiratungsfähigkeit als eigenständige Frage 236
   6. Das Geschlecht der Verlobten 237
      a) Die Problematik gleichgeschlechtlicher »Ehen« 237
      b) Die Eheschließung von Transsexuellen 238
   7. Willensdefizite als Ehehindernis im IPR 239
      a) Qualifikation, Anknüpfung 239
      b) Scheinehen im IPR 240
   8. Dem deutschen Recht unbekannte Eheschließungsvoraussetzungen 241
      a) Die Abgrenzung materiellrechtlicher Erfordernisse von Form- und Verfahrenserfordernissen 242
         aa) Mitwirkung eines Priesters und Traubereitschaftserklärung 242
         bb) Das Heimataufgebot 242
      b) Die islamrechtliche Brautgabe 243
      c) Die Wartezeit 244

        d) Heiratsverbote mit Strafcharakter **244**
        e) Religiöse Ehehindernisse **245**
        f) Öffentlichrechtlich oder politisch motivierte Ehehindernisse **246**
III. **Die Anwendung deutschen Rechts gemäß Art. 13 Abs. 2 EGBGB 247**
    1. Art. 13 Abs. 2 EGBGB als spezielle ordre-public-Klausel **247**
        a) Die Rechtsentwicklung bis zum IPRG von 1986 **247**
        b) Konsequenzen für die Auslegung der Vorschrift **248**
    2. Die einzelnen Voraussetzungen des Art. 13 Abs. 2 EGBGB **249**
        a) Ausreichender Inlandsbezug **249**
        b) Zumutbares Bemühen **249**
        c) Unvereinbarkeit mit der Eheschließungsfreiheit **250**
    3. Die Rechtsfolge: »Anwendung deutschen Rechts«? **251**
    4. Problematische Fallgruppen **252**
        a) Privatscheidungen **252**
        b) »Hinkende« Todeserklärungen **253**
        c) Religiöse Ehehindernisse **253**

C. Das IPR der Eheschließungshandlung 253
I. **Die materiellrechtliche Wirksamkeit der Eheschließung 253**
II. **Die Form der Eheschließung 254**
    1. Qualifikationsfragen: Was gehört zur Form? **254**
    2. Die Grundsatzanknüpfung des Art. 11 EGBGB **255**
    3. Die Ausnahmeregel »Inlandsehe – Inlandsform«, Art. 13 Abs. 3 Satz 1 EGBGB **256**
        a) Der Anknüpfungsgrundsatz **256**
        b) Der Regelungszweck der Vorschrift **257**
        c) Art. 13 Abs. 3 Satz 1 EGBGB als Konsequenz des öffentlichrechtlichen Charakters der Eheschließung **257**
III. **Abweichen von der Inlandsform durch eine »ermächtigte Person«, Art. 13 Abs. 3 Satz 2 EGBGB 258**
    1. Allgemeines **258**
    2. Die ordnungsgemäße Ermächtigung der Trauungsperson **258**
        a) Die Voraussetzungen einer »ordnungsgemäßen Ermächtigung« **258**
        b) Die Eheschließung vor einem Religionsdiener **259**
            aa) Religiöse Eheschließungen kraft kirchlicher Zuständigkeit **259**
            bb) Religiöse Eheschließungen durch individuell benannte Personen **260**
            cc) Religiöse Eheschließung durch generell bestimmte Geistliche **260**
        c) Die Eheschließung vor einem Konsularbeamten **261**
        d) Die Eheschließung vor sonstigen staatlichen Funktionsträgern **261**
    3. Die ausländische Staatsangehörigkeit der Eheschließenden **262**
    4. Form und Registrierung einer Eheschließung gemäß Art. 13 Abs. 3 Satz 2 EGBGB **262**
        a) Die Eheschließungsform **262**

b) Registrierung und Nachweis einer gemäß Art. 13 Abs. 3 Satz 2 EGBGB geschlossenen Ehe 263
    aa) Die Eintragung in das Standesregister des ermächtigenden Staates 263
    bb) Die Beweiswirkung der Registrierung 264
    cc) Die Übertragung der Eheschließung in die deutschen Personenstandsregister 264

IV. Abweichen von der Inlandsform aufgrund von Völkerrecht 265
  1. Die Eheschließung von Personen mit persönlicher Immunität 265
  2. Staatsvertragliche Sondervorschriften über die Eheschließungsform 265
    a) Multilaterale Staatsverträge 266
    b) Zweiseitige Staatsverträge 266
  3. »Ordnungsgemäße Ermächtigung« durch das Wiener Konsularübereinkommen? 267

D. **Das IPR der Ehewirkungen** 267

I. Das Ehewirkungsstatut als allgemeines »Partnerschaftsstatut« 267

II. Die Anknüpfung des Ehewirkungsstatuts 268
  1. Die »Kaskadenanknüpfung« des Art 14 Abs. 1 EGBGB 268
    a) Art. 14 Abs. 1 Nr. 1 EGBGB 268
    b) Art. 14 Abs. 1 Nr. 2 EGBGB 269
    c) Art. 14 Abs. 1 Nr. 3 EGBGB 269
  2. Rück- oder Weiterverweisung 270
  3. Wandelbarkeit und Unwandelbarkeit des Statuts 270

Sechster Abschnitt: **Die Auflösung der Ehe** 271

A. **Auflösungsgründe** 271

I. Auflösung durch Tod oder Todeserklärung 271

II. Gerichtliche Auflösung der Ehe nach deutschem Sachrecht 271

B. **Die Auflösung der Ehe in Fällen mit Auslandsbezug** 272

I. Tod und Todeserklärung 272
  1. Auflösung durch Tod 272
  2. Die Wirkungen der Todeserklärung 272

II. Ehescheidung und -aufhebung durch Rechtsvorgänge im Inland 273
  1. Inländische Gerichtsentscheidungen 273
  2. Privatscheidungen im Inland 274

III. Ehescheidung und -aufhebung im Ausland 275
  1. Allgemeines zur Anerkennung von Ehescheidungen 275
  2. Die Anerkennung auf der Grundlage der Brüssel-IIa-VO 276
    a) Der Anwendungsbereich der Brüssel-IIa-VO 276
    b) Die Anerkennungsvoraussetzungen 277
      aa) Allgemeines 277
      bb) Verstoß gegen den deutschen ordre public 278

    cc) Zustellungsfehler **278**
    dd) Widerspruch zu früheren Entscheidungen **278**
   c) Das Verfahren der Entscheidungsanerkennung **278**
    aa) Inzidententscheidung **278**
    bb) Das fakultative Feststellungsverfahren **279**
 3. Anerkennung auf der Grundlage von Staatsverträgen **280**
 4. Anerkennung nach autonomem deutschen Recht **280**
   a) Die Anerkennungsvoraussetzungen des § 109 FamFG **280**
   b) Das Anerkennungsverfahren nach § 107 FamFG **283**
    aa) Allgemeines, Zweck **283**
    bb) Voraussetzungen des Verfahrens **284**
    cc) Die Durchführung des Verfahrens **285**
    dd) Die Wirkung der Entscheidung **286**
 5. Privatscheidungen im Ausland **287**
   a) Die Anknüpfung der materiellen Wirksamkeit von Privatscheidungen **287**
   b) Die Notwendigkeit eines Anerkennungsverfahrens **290**

Siebter Abschnitt: Der Name in der Ehe **291**

A. Namensführung in der Ehe nach deutschem Recht **291**

I. Rechtsentwicklung **291**

II. Der Ehename **292**
 1. § 1355 Abs. 1 Satz 1 und 2 BGB als Regelungsgrundsatz **292**
 2. Die wählbaren Namen **292**
   a) Der Geburtsname von Mann oder Frau **292**
   b) Der zur Zeit der Erklärung geführte Name von Mann oder Frau **293**
   c) Das Verbot der Doppelnamenbildung **294**
 3. Rechtsnatur, Zeitpunkt, Wirksamkeit der Erklärungen **294**

III. Getrennte Namensführung **295**
 1. § 1355 Abs. 1 Satz 3 BGB als regelungstechnischer Grundsatz **295**
 2. Der »zur Zeit der Eheschließung geführte Name« **296**

IV. Die Anfügung eines Begleitnamens **297**
 1. Regelungszweck **297**
 2. Der hinzuzufügende Name **297**
   a) Der Geburtsname **297**
   b) Der zur Zeit der Erklärung geführte Name **298**
 3. Doppelnamen und »Namensketten« **298**
 4. Rechtsnatur und allgemeine Wirksamkeitsvoraussetzungen der Erklärung **300**
 5. Keine Zustimmung des anderen Ehegatten **301**
 6. Der Zeitpunkt der Namenshinzufügung **301**
 7. Der Widerruf der hinzufügenden Erklärung **301**
 8. Der Verbrauch der Erklärungsrechte **302**
 9. Die namensrechtliche Bedeutung des Begleitnamens **302**

V. **Der Name nach Auflösung der Ehe** 303
  1. Der Grundsatz der Namenskontinuität, § 1355 Abs. 5 Satz 1 BGB 303
  2. Namensänderungen nach Auflösung der Ehe, § 1355 Abs. 5 Satz 2 BGB 304
     a) Die Anwendbarkeit der Vorschrift 304
     b) Die Wiederannahme des Geburtsnamens 305
     c) Die Wiederannahme des zur Zeit der Ehenamensbestimmung geführten Namens 305
     d) Das Hinzufügen eines Begleitnamens 306
     e) Das Kombinieren von verschiedenen Namen aus verschiedenen Ehen 306
     f) Widerruf; Verbrauch des Erklärungsrechts 307
     g) Rechtsnatur und Zeitpunkt der Erklärung 307
     h) Die Wiederannahme eines früheren Namens im Verhältnis zu Dritten 307
     i) Namensuntersagung 308

B. **Namensführung in der Ehe in Fällen mit Auslandsbezug** 309
I. **Allgemeines** 309
II. **Die Maßgeblichkeit des Personalstatuts, Art. 10 Abs. 1 EGBGB** 309
  1. Die Bestimmung des maßgeblichen Namensstatuts 309
  2. Die gleichzeitige Anwendung zweier Personalstatute 310
     a) Kollisionsrechtliche Übereinstimmung der beiden Personalstatute 310
     b) Sachrechtliche Übereinstimmung der beiden Personalstatute 310
  3. Das Überwinden von Regelungswidersprüchen durch »Angleichung« 311
     a) Art. 10 Abs. 2 als Beispiel »kollisionsrechtlicher Angleichung« 311
     b) Die »materiellrechtliche Angleichung« 311
  4. Fallgruppen, Einzelbeispiele 311
III. **Rechtswahl nach Art. 10 Abs. 2 EGBGB** 313
  1. Allgemeines, Regelungszweck 313
  2. Die wählbaren Rechte 315
     a) Das Verhältnis von objektiver Anknüpfung und Rechtswahl 315
     b) Wahl des Heimatrechts eines Ehegatten, Art. 10 Abs. 2 Satz 1 Nr. 1 EGBGB 315
     c) Wahl des deutschen Aufenthaltsrechts eines Ehegatten, Art. 10 Abs. 2 Satz 1 Nr. 2 EGBGB 316
  3. Die Reichweite der Rechtswahl 317
  4. Probleme der Rechtsanwendung 318
  5. Modalitäten der Rechtswahl 319
IV. **Besonderheiten bei Eheschließung im Ausland** 319
  1. Die Auslandseheschließung als abgeschlossener namensrechtlicher Tatbestand 319
     a) Die rückwirkende Anknüpfung nach Art. 10 EGBGB 320
     b) Die Weiterführung eines anlässlich der Eheschließung in der EU erlangten Namens 320
  2. Die Rechtslage bei rückwirkender Anknüpfung 321
     a) Gemeinsames Personalstatut 321
     b) Unterschiedliche Personalstatute 321

    c) Die gemeinsame Rechtswahl nach Art. 10 Abs. 2 EGBGB **322**
        aa) Zulässigkeit der Rechtswahl bei Auslandseheschließungen **322**
        bb) Die wählbaren Rechte **322**
        cc) Form **322**
        dd) Amtsempfangsbedürftigkeit **323**
        ee) Inhalt, Auslegung **324**
    3. Rechtswahl nach der Rückkehr ins Inland **325**
V. **Namensbestimmende Erklärungen nach der Eheschließung 325**
    1. Nachträgliche Rechtswahl **325**
        a) Regelungszweck **325**
        b) Rechtswahlvoraussetzungen **326**
        c) Keine frühere Rechtswahl **327**
    2. Nachträgliche sachrechtliche Erklärungen zur Namensführung **327**
        a) Anfängliche rechtliche Unmöglichkeit der Namensbestimmung **327**
        b) Nachträglicher Statutenwechsel zum deutschen Recht **328**

Achter Abschnitt: **Die Lebenspartnerschaft 329**

A. **Allgemeines 329**
I. **Rechtsentwicklung 329**
II. **Die Zuständigkeit des Standesamts 329**
III. **Aufgaben des Standesamts 330**

B. **Die Begründung der Lebenspartnerschaft im Standesamt 331**
I. **Die Voraussetzungen der Eingehung einer Lebenspartnerschaft 331**
    1. Lebenspartnerschaftsmündigkeit **331**
    2. Geschäftsfähigkeit **332**
        a) Die Merkmale der Geschäftsunfähigkeit **332**
        b) Lebenspartnerschaftsfähigkeit des Betreuten **333**
    3. Gleichgeschlechtlichkeit; Transsexualität **333**
    4. Lebenspartnerschaftsverbot der »Doppelpaarigkeit«, § 1 Abs. 3 Nr. 1 LPartG **334**
        a) Allgemeines **334**
        b) Vorhergehende wirksame Lebenspartnerschaft oder Ehe **335**
        c) Wirksame Auflösung einer vorherigen Ehe bzw. Lebenspartnerschaft **335**
            aa) Auflösung durch Tod oder gerichtliche Entscheidung **335**
            bb) Der Sonderfall der Verpartnerung nach Todeserklärung **336**
    5. Lebenspartnerschaftsverbot der Verwandtschaft, § 1 Abs. 3 Nr. 2, Nr. 3 LPartG **337**
        a) Regelungszweck **337**
        b) Die Voraussetzungen der Verwandtschaft **337**
            aa) Der Gegensatz von Verwandtschaft im rechtlichen und im biologischen Sinne **337**
            bb) Die Irrelevanz der leiblichen Verwandtschaft **337**
    6. Das aufschiebende Lebenspartnerschaftsverbot der Adoptivverwandtschaft analog § 1308 BGB **338**

II. Der Wille zur Begründung der Lebenspartnerschaft 339
1. Die präventive Kontrolle von Willensdefiziten 339
   a) Willensmängel der § 1314 Abs. 2 Nr. 1 bis 4 BGB 339
   b) Rechtsmissbräuchliche Motive für die Begründung einer Lebenspartnerschaft (»Schein-Lebenspartnerschaften«) 340
2. Der Wille als materielle Voraussetzung der Lebenspartnerschaft 341
   a) Die Erklärungen zur Eingehung der Lebenspartnerschaft, § 1 Abs. 1 Satz 1 LPartG 341
   b) Inhaltliche Beschränkungen, § 1 Abs. 1 Satz 2 LPartG 341
   c) Die Abgabe vor dem Standesbeamten, § 1 Abs. 1 Satz 1 LPartG 341
3. Der Name in der Lebenspartnerschaft 341

C. Fälle mit Auslandsbezug 342
I. Allgemeines 342
1. Anwendungsfälle 342
2. Die Anknüpfungsgrundsätze des Art. 17b EGBGB 342

II. Die Begründung von Lebenspartnerschaften im Inland 344
1. Deutsches Recht als Partnerschaftsstatut 344
2. Vorfragen 344
   a) Allgemeines 344
   b) Volljährigkeit 345
   c) Bestehende Ehe 345
   d) Partnerschaft mit einer dritten Person 345

III. Nach ausländischem Recht begründete Lebenspartnerschaften 346
1. Die Registrierung nach § 35 PStG 346
2. Die Feststellung der Wirksamkeit 346
   a) Formwirksamkeit 346
   b) Materielle Wirksamkeit 346
3. Die rechtliche Qualität der ausländischen Lebenspartnerschaft 347
4. Ausländische Lebenspartnerschaften und ordre public 347
   a) Ordre-public-widrige Wirkungen der Lebenspartnerschaft 347
   b) Die ordre-public-widrige Eingehung der Lebenspartnerschaft 348
5. Sonderformen der Lebenspartnerschaft 349
   a) Die gleichgeschlechtliche »Ehe« 349
   b) Die verschiedengeschlechtliche »Lebenspartnerschaft« 351

IV. Die Auflösung einer Lebenspartnerschaft mit Auslandsbezug 353
1. Die Auflösung der Lebenspartnerschaft im Inland 353
2. Die Auflösung der Lebenspartnerschaft durch ein ausländisches Gericht 353
3. Auflösung einer Lebenspartnerschaft ohne gerichtliche Mitwirkung 354

Teil IV **Status und Name des Kindes im Zeitpunkt der Geburt** 357

Erster Abschnitt: **Die Feststellung der Abstammung** 357

A. **Der zeitliche Bezug zur Geburt** 357
I. Die Geburt als Beginn der Rechtsbeziehungen 357
II. Gestreckte Tatbestände im Geburtseintrag 357

B. **Abstammung bei Anwendung deutschen Rechts** 359
I. Allgemeines; Rechtsentwicklung 359
II. Die Feststellung der Mutterschaft 361
  1. Die Geburt als Voraussetzung der Mutterschaft 361
  2. Das Auseinanderfallen von genetischer und biologischer Mutterschaft 361
  3. Unbekannte Identität der Mutter 362
III. Die Feststellung der Vaterschaft 363
  1. Allgemeines 363
  2. Ehe der Mutter, § 1592 Nr. 1 BGB 364
      a) Die Vaterschaft des Muttergatten als Grundsatz 364
      b) Geburt während bestehender Ehe 364
      c) Ausnahme: Geburt nach dem Tod des Ehemanns, § 1593 BGB 365
          aa) Geburt nach spätestens 300 Tagen, § 1593 Satz 1 BGB 365
          bb) Sonderfall: Geburt nach überlanger Schwangerschaft, § 1593 Satz 2 BGB 365
          cc) Geburt nach Verschollenheit und Todeserklärung des Ehemanns 366
          dd) Geburt in einer zweiten Ehe 367
      d) Der rechtliche Bestand der Ehe 367
          aa) Die sachrechtlich fehlerhafte Ehe 367
          bb) Die Ehe als kollisionsrechtliche Vorfrage 368
      e) »Nichtgelten« der Vaterschaft aufgrund eines Anfechtungsbeschlusses 368
      f) »Nichtgelten« der Vaterschaft aufgrund einer qualifizierten Drittanerkennung 369
          aa) Zweck und Funktion der Vorschrift 369
          bb) Voraussetzungen und Wirkung 370
  3. Die Anerkennung eines vaterlosen Kindes, § 1592 Nr. 2 BGB 371
  4. Die gerichtliche Vaterschaftsfeststellung 371

C. **Die Abstammung in Fällen mit Auslandsbezug** 371
I. Allgemeines; Rechtsentwicklung 371
II. Die Anknüpfungsgrundsätze 372
  1. Qualifikation 372
  2. Art. 19 Abs. 1 Satz 1 EGBGB: Gewöhnlicher Aufenthalt des Kindes 372
  3. Art. 19 Abs. 1 Satz 2 EGBGB: Staatsangehörigkeit der Eltern 374
  4. Art. 19 Abs. 1 Satz 3 EGBGB: Ehewirkungsstatut der Elternehe 374
      a) Anknüpfungsgrundsätze 374
      b) Reichweite des Ehewirkungsstatuts 375

c) Der Bestand der Ehe als Anknüpfungsvoraussetzung 375
   aa) Die bestehende Ehe als »Erstfrage« 375
   bb) Die Wirksamkeit der Eheschließung 376
   cc) Die Wirksamkeit einer Eheauflösung 376
5. Die Problematik der Wandelbarkeit der Anknüpfungen 377
   a) Grundsätzliche Konsequenzen der wandelbaren Anknüpfung 377
   b) Statutenwechsel nach wirksamer Begründung eines Abstammungsverhältnisses 377
   c) Statutenwechsel vor wirksamer Begründung eines Abstammungsverhältnisses 379
   d) Bedeutung dieser Grundsätze für den Geburtsstandesbeamten 380
6. Das Verhältnis der Anknüpfungen zueinander 381
   a) Das kollisionsrechtliche »Günstigkeitsprinzip« in Art. 19 EGBGB 381
      aa) Rechtsentwicklung 381
      bb) Günstigkeit bei konkurrierenden Elternschaften 382
   b) Bedeutung des Günstigkeitsprinzips für den Renvoi 382

III. Die Feststellung der Mutterschaft in Fällen mit Auslandsbezug 383
   1. Das Kollisionsrecht der Mutterschaftsfeststellung 383
   2. Besonderheiten bei »künstlicher« Mutterschaft 383
      a) Die durch künstliche Fortpflanzung erlangte Elternschaft als Regelungsgegenstand des Abstammungsstatuts 383
      b) Mutterschaft der Wunschmutter nach ausländischem Abstammungsstatut 384
      c) Mutterschaft der Wunschmutter aufgrund der Anerkennung einer ausländischen Abstammungsentscheidung 385
      d) Grenze des deutschen ordre public 385
   3. Besonderheiten bei der Mutterschaftsanerkennung 387
      a) Die Mutterschaftsanerkennung als ein Rechtsinstitut des romanischen Rechtskreises 387
         aa) Die Regelungsprinzipien und ihre historischen Grundlagen 387
         bb) Die Rechtsentwicklung im Gefolge der »Marckx-Entscheidung« 387
         cc) Einzelprobleme der Rechtsanwendung 388
      b) Das IPR der Mutterschaftsanerkennung 388
         aa) Die Mutterschaftsanerkennung im System der allgemeinen Anknüpfungsgrundsätze 388
         bb) Die Form der Mutterschaftsanerkennung 389
         cc) Die Zustimmungserfordernisse, Art. 23 EGBGB 389
         dd) Vorfragen 389
      c) Anerkennung trotz abweichenden Mutterschaftsstatuts? 389
      d) Das CIEC-Mutterschaftsfeststellungsübereinkommen von 1962 390

IV. Die gesetzliche Vaterschaft des Ehemanns in Fällen mit Auslandsbezug 390
   1. Das IPR der Vaterschaftsfeststellung 390
      a) Anknüpfungsfragen 390
      b) Die Vorfrage der bestehenden Mutterehe 391
         aa) Allgemeine Grundsätze 391
         bb) Selbständige oder unselbständige Anknüpfung der Vorfrage? 391

2. Sachrechtliche Fragen der Vaterschaftsfeststellung **393**
   a) Die Ehe als Grundlage von Vaterschaft und Vaterschaftsvermutungen **393**
   b) Der zeitliche Zusammenhang mit der Ehe **393**
3. Abschwächung der rechtlichen Zuordnung zum Ehemann **394**
   a) Vaterschaft oder Vaterschaftsvermutung? **394**
   b) Abschwächung durch objektive Umstände **395**
   c) Abschwächung durch abweichende Statuserklärungen **395**
   d) Abschwächung durch abweichende Personenstandseintragung **395**

V. Konkurrierende Elternschaften **396**

VI. Gleichgeschlechtliche Elternschaft **396**

Zweiter Abschnitt: **Die Feststellung des Geschlechts 398**

A. Die Zuordnung zu einem Geschlecht nach deutschem Recht **398**

I. Allgemeines **398**

II. Personen unbestimmten Geschlechts **398**

B. Fälle mit Auslandsbezug **400**

Dritter Abschnitt: **Der bei der Geburt erworbene Name des Kindes 400**

A. Der Geburtsname des Kindes nach deutschem Recht **400**

I. Allgemeines **400**
1. Rechtsentwicklung **400**
2. Die Regelungsprinzipien des Kindesnamensrecht nach dem KindRG **401**

II. Der gesetzliche Name des Kindes, dessen Eltern einen Ehenamen führen, § 1616 BGB **403**
1. Der Regelungsgrundsatz **403**
2. Der Zeitpunkt der Ehenamensführung **403**

III. Die Bestimmung des Kindesnamens bei gemeinsamer Sorge der Eltern, § 1617 BGB **404**
1. Allgemeines **404**
2. Der wählbare Name **404**
   a) Der Vorrang eines bereits bestimmten Geschwisternamens, § 1617 Abs. 1 Satz 3 BGB **404**
   b) Der »geführte« Name eines Elternteils **406**
3. Voraussetzungen und Durchführung der Namensbestimmung **407**
4. Namenserwerb bei Uneinigkeit der Eltern **407**

IV. Der Erwerb des Kindesnamens bei Alleinsorge eines Elternteils, § 1617a BGB **408**
1. Gesetzlicher Erwerb des Namens des sorgeberechtigten Elternteils, § 1617a Abs. 1 BGB **408**
2. Erteilung des Namens des nicht sorgeberechtigten Elternteils, § 1617a Abs. 2 BGB **409**
   a) Voraussetzungen der Namenserteilung **409**
   b) Die Wirkungen der Namenserteilung **410**

V. Namensbestimmung durch die zuständige Verwaltungsbehörde 410
B. Der Geburtsname des Kindes in Fällen mit Auslandsbezug 410
I. Allgemeine Anknüpfungsgrundsätze 410
II. Familienrechtliche Vorfragen 411
1. Namensrecht 411
2. Staatsangehörigkeitsrecht 411
III. Der Namenserwerb bei der Geburt 412
1. Der gesetzliche Name des Kindes einer verheirateten Frau 412
   a) Anknüpfung 412
   b) Probleme bei der Anwendung des Sachrechts 413
2. Der gesetzliche Name des Kindes einer unverheirateten Frau 414
   a) Anknüpfung 414
   b) Probleme bei der Anwendung des Sachrechts 415
3. Der durch Rechtswahl bestimmte Name des Kindes, Art. 10 Abs. 3 EGBGB 416
   a) Regelungszweck 416
   b) Der Zeitpunkt der Rechtswahl 416
   c) Der inländische Geburtseintrag als kollisionsrechtliches Anknüpfungsmerkmal 416
   d) Die wählbaren Rechte 417
   e) Die Rechtswahlbefugnis 418
   f) Sonstige Voraussetzungen der Rechtswahl 418
   g) Wirkungen der Rechtswahl 419

C. Der Vorname 420
I. Die Vornamensgebung nach deutschem Recht 420
1. Die Rechtsnatur des Vornamens 420
   a) Funktion und Stellung des Vornamens 420
   b) Vorname und »Rufname« 420
2. Grundlagen der Vornamensgebung 421
   a) Die Befugnis zur Vornamensgebung 421
      aa) Die Befugnis als Ausfluss des Sorgerechts 421
      bb) Vornamensgebung durch beide Elternteile 421
      cc) Vornamensgebung durch die allein sorgeberechtigte Mutter 422
   b) Verfahrensrechtliche und materiellrechtliche Elemente des Namenserwerbs 422
3. Allgemeine Grundsätze zur inhaltlichen Zulässigkeit von Vornamen 424
   a) Rechtsentwicklung 424
   b) Die neuere verfassungsgerichtliche Rechtsprechung 425
      aa) Die Grundsätze der BVerfG-Entscheidungen 425
      bb) Die »negative« Grenzziehung durch das BVerfG 425
   c) Die Irrelevanz der positiven Geschlechtsbezogenheit 426
   d) Irrelevanz der Herkunft und bisherigen Verwendung des Namens 427
   e) Die Konkretisierungsbedürftigkeit der maßgeblichen Kriterien 428

4. Die soziale Wirkung des Namens als einziger Maßstab 429
      a) Die für die Beurteilung relevante Bezugsgruppe 429
      b) Die Spontaneität der Beurteilung 429
      c) Zukunftswirkung statt retrospektiver Rechtfertigung 430
   5. Die Zulässigkeit im Einzelnen 430
      a) Unzulässigkeit aufgrund fehlender Namensqualität 430
      b) »Geschlechtswidrige« Namen 431
      c) Bezeichnungen, die nicht als Vornamen empfunden werden 432
         aa) Familiennamen 432
         bb) Sach-, Gattungs- und Ortsbezeichnungen 434
         cc) Unpersönliche Anredeformen 435
      d) Namen von bekannten Personen oder Gestalten der Literatur 435
      e) Sonstige das Kind belastende Namen 437
      f) Schreibweise und Aussprache 437
      g) Zulässige Zahl von Vornamen 438
      h) Fehlen der familieninternen Kennzeichnungskraft 439
  II. Der Vorname des Kindes in Fällen mit Auslandsbezug 440
   1. Anknüpfung und Reichweite des Vornamensstatuts 440
      a) Art und Weise der Vornamensgebung und Zeitpunkt des Namenserwerbs 440
      b) Die inhaltlichen Grenzen der Vornamensbestimmung 440
   2. Die Befugnis zur Vornamenserteilung im IPR 441

Teil V Änderungen des Status und des Namens nach der Geburt 443

A. **Allgemeines** 443

B. **Die Feststellung der Abstammung von der Mutter** 444

 I. **Allgemeines** 444

II. **Notwendigkeit einer späteren Mutterschaftsfeststellung** 444
   1. Fälschlich angenommene Mutterschaft 444
   2. Unbekannte Mutterschaft: Findelkind, anonyme Geburt und Kindesabgabe sowie vertrauliche Geburt 445

C. **Die Feststellung der Abstammung vom Vater** 446

 I. **Allgemeines zur Vaterschaftsanerkennung** 446
   1. Das Verhältnis der gesetzlichen zur anerkannten Vaterschaft 446
   2. Die Rechtsnatur der Anerkennungserklärung 447

II. **Wirksamkeitsvoraussetzungen der Vaterschaftsanerkennung** 447
   1. Die Anerkennungserklärung 447
      a) Inhaltliche Erfordernisse 447
      b) Persönliche Erfordernisse 449
         aa) Vaterschaftsanerkennung durch beschränkt Geschäftsfähige 449
         bb) Vaterschaftsanerkennung durch Geschäftsunfähige 450

        c) Form, Zugang   451
        d) Widerruf   451
           aa) Voraussetzungen   451
           bb) Form   452
           cc) Rechtsfolgen   452
2. Zeitpunkt der Anerkennung   452
        a) Der gesetzliche Regelfall: Anerkennung nach der Geburt   452
        b) Der Sonderfall der pränatalen Anerkennung   453
           aa) Allgemeines   453
           bb) Abweichungen von den allgemeinen Grundsätzen   453
           cc) Ehe der Mutter   454
        c) Anerkennung eines toten Kindes   454
           aa) Fehl- oder Totgeburt   454
           bb) Tod des lebend geborenen Kindes   455
3. Die Sperrwirkung der Vaterschaft eines anderen Mannes, § 1594 Abs. 2 BGB   455
        a) Allgemeines   455
        b) Schwebende Unwirksamkeit   456
        c) Schutz des leiblichen Vaters   456
        d) Das Verhältnis von Anerkennung und Adoption   457
4. Die Zustimmungserklärungen   458
        a) Allgemeines   458
        b) Zustimmung der Mutter   458
           aa) Allgemeines, Rechtsnatur der Zustimmung, Form   458
           bb) Empfangsbedürftigkeit   459
           cc) Geschäftsfähigkeit   459
        c) Zustimmung des Kindes   460
           aa) Fallgruppen   460
           bb) Geschäftsfähigkeit   461
        d) Wahrung der Kindesinteressen gegenüber der Mutter   462
           aa) Untätigkeit der Mutter   462
           bb) Zustimmung der Mutter zur Anerkennung des Nichterzeugers   463
5. Form- und Verfahrensfragen   464
        a) Form   464
        b) Zuständigkeit   464
        c) Benachrichtigungspflicht   465
        d) Übersendung an das Standesamt   465
6. Rechtsfolgen einer fehlerhaften Anerkennung   465
        a) Rechtsentwicklung   465
        b) Die Unwirksamkeit der Anerkennung   466
        c) Die Heilung einer unwirksamen Anerkennung   467

III. Die qualifizierte Drittanerkennung 468
1. Allgemeines 468
2. Die Wirksamkeitsvoraussetzungen 468
   a) Geburt des Kindes nach Anhängigkeit eines Scheidungsantrags 468
   b) Anerkennungserklärung des Dritten 469
      aa) Verhältnis zu § 1594 Abs. 2 BGB 469
      bb) Jahresfrist 470
   c) Anfechtung der anerkannten Vaterschaft 470
   d) Zustimmung der Mutter 471
   e) Zustimmungserklärung des (Noch-)Ehemanns 472
   f) Auflösung der Ehe 474
      aa) Die Scheidung der Ehe als gesetzlicher Regelfall 474
      bb) Auflösung der Ehe durch Tod des Ehemanns 474
      cc) Auflösung der Ehe durch Tod der Mutter 475
3. Personenstandsrechtliche Konsequenzen 475

IV. Die Vaterschaftsanerkennung in Fällen mit Auslandsbezug 475
1. Die Anknüpfungsregeln des Art. 19 Abs. 1 EGBGB 475
2. Die qualifizierte Drittanerkennung nach § 1599 Abs. 2 BGB in Fällen mit Auslandsbezug 476
   a) Anknüpfung 476
   b) Entsprechende Anwendung bei Geburt nach Scheidung 477
3. Konkurrierende Vaterschaften 477
   a) Doppelte Vaterschaft im Zeitpunkt der Geburt 477
   b) Die Konkurrenz des Ehemanns mit einem später anerkennenden Dritten 477
4. Zustimmungserfordernisse, Art. 23 EGBGB 479
   a) Grundregel: Die Kumulation des Abstammungsstatuts mit dem Heimatrecht des Kindes 479
   b) Formprobleme bei der Zustimmung der Mutter 481
5. Missbräuchliche Vaterschaftsanerkennung 481
   a) Die Anerkennung des Kindes einer Ausländerin durch einen deutschen Mann 481
      aa) Die angestrebte Umgehung des Ausländerrechts 481
      bb) Anknüpfung 482
      cc) Der gescheiterter Lösungsversuch des Gesetzgebers: § 1600 Abs. 1 Nr. 5 BGB und seine Aufhebung durch das BVerfG 482
   b) Die Anerkennung des Kindes einer Deutschen durch einen ausländischen Mann 484
   c) Die Anerkennung des Kindes einer Ausländerin durch einen ausländischen Mann 484
6. Besondere Probleme bei der Anwendung ausländischen Rechts 485
   a) Die Qualität des Abstammungsverhältnisses: Ausländische Rechtsordnungen mit »gespaltener Kindschaft«, insbesondere Legitimation 485
      aa) Das Problem 485
      bb) Qualifikations- und Anknüpfungsgrundsätze bei der Abstammung 485
      cc) Qualifikations- und Anknüpfungsprobleme bei der Legitimation 486
   b) Die islamrechtliche Legitimanerkennung (»iqrar«) 487

- **V. Die gerichtliche Vaterschaftsfeststellung** 488
  1. Vaterschaftsfeststellung durch ein deutsches Gericht 488
     a) Die prozessualen Möglichkeiten 488
        aa) Vaterschaftsfeststellungsverfahren 488
        bb) Vaterschaftsfeststellung nach dem Tode des Mannes oder des Kindes 489
        cc) Abweisung des Antrags auf Feststellung des Nichtbestehens der Vaterschaft 489
     b) Die materiellen Voraussetzungen 489
     c) Die Prüfung durch das Standesamt 489
  2. Die Anerkennung einer ausländischen Vaterschaftsentscheidung 490
     a) Allgemeines 490
     b) Die internationale Zuständigkeit des ausländischen Gerichts 490
     c) Der ordre public 490
- **VI. Der Name des Kindes nach späterer Feststellung der Vaterschaft** 491

- **D. Die Beseitigung einer bestehenden Vaterschaft** 492
- **I. Allgemeines** 492
- **II. Die gerichtliche Anfechtung der Vaterschaft** 493
  1. Anfechtung der gesetzlichen Vaterschaft des Ehemanns 493
  2. Anfechtung der durch Anerkennung begründeten Vaterschaft 493
  3. Das Anfechtungsverfahren 494
  4. Die Unwirksamkeit des Beschlusses 495
  5. Der Name nach Beseitigung der Vaterschaft 496
- **III. Beseitigung einer gesetzlichen Vaterschaft durch qualifizierte Drittanerkennung** 497
- **IV. Die Vaterschaftsanfechtung mit Auslandsbezug** 497
  1. Vaterschaftsanfechtungen im Inland 497
     a) Die Bestimmung des maßgeblichen Rechts, Art. 20 EGBGB 497
     b) Qualifikationsfragen 498
     c) Das Verfahren 499
  2. Die Anerkennung ausländischer Anfechtungsentscheidungen 499
  3. Probleme der Anwendung ausländischen Rechts 500
- **V. Die qualifizierte Drittanerkennung mit Auslandsbezug** 501
  1. Qualifikationsfragen 501
  2. Anknüpfung 502

- **E. Die verbindliche Feststellung der Abstammung** 503
- **I. Zweck und Reichweite** 503
  1. Allgemeines, Abgrenzungsfragen 503
  2. Anwendungsfälle 504
     a) Fälle der verbindlichen Statusfeststellung 504
     b) Die Problematik »mittelbarer Feststellungen« 504
     c) Fälle mit Auslandsberührung 505
     d) Besonderheiten bei der Feststellung durch ein ausländisches Gericht 505

II. Die Feststellung der Abstammung von der Mutter 506
III. Die Feststellung der Abstammung vom Vater 507
   1. Die positive Feststellung der Vaterschaft 507
   2. Die negative Feststellung der Nicht-Vaterschaft 508
IV. Das gerichtliche Verfahren 509

F. **Die nachträgliche Feststellung von Abstamungsvoraussetzungen** 509
I. Allgemeines; Probleme der Abgrenzung zu § 48 PStG 509
II. Einzelfälle 511
   1. Feststellung des Nichtbestehens der Ehe 511
   2. Nichtigerklärung der Ehe bei Maßgeblichkeit ausländischen Rechts 511
   3. Feststellung der Unwirksamkeit der Vaterschaftsanerkennung 511
   4. Todeserklärung und Feststellung der Todeszeit des Ehemanns der Mutter 511
   5. Feststellung der Ehe der Mutter 512
   6. Aufhebung einer rechtskräftigen Entscheidung in Ehesachen 512
   7. Aufhebung oder Änderung einer gerichtlichen Todeserklärung bzw. Feststellung der Todeszeit 512

G. **Die Adoption** 513
I. Inlandsadoptionen nach deutschem Recht 513
   1. Allgemeines 513
   2. Die grundsätzliche Prüfungskompetenz des Gerichts 514
   3. Ausnahmsweise bestehende Prüfungsbefugnisse des Standesamts 515
      a) Nichtigkeit aufgrund rechtlich nicht möglicher Rechtsfolgen 515
      b) Nichtigkeit wegen Fehlens der persönlichen Eignung 515
      c) Nichtigkeit aufgrund fundamentaler Verfahrensmängel 515
      d) Nichtigkeit der Namensbestimmung 515
   4. Nichtigkeitsgründe im Einzelnen 516
      a) Die persönliche Eignung zur Adoption 516
      b) Das Verhältnis zu einer früheren Adoption 517
      c) Personenrechtliche Voraussetzungen 518
      d) Einwilligungs- und Zustimmungserfordernisse 519
   5. Das Adoptionsverfahren 519
   6. Die Wirkungen der Adoption 519
      a) Der Eingriff in die Verwandtschaftsverhältnisse 519
      b) Der Name des Adoptivkindes 520
         aa) Der Familienname 520
         bb) Der Vorname 524
      c) Die Staatsangehörigkeit des Adoptivkindes 525
   7. Die Aufhebung des Annahmeverhältnisses 526
      a) Die gerichtliche Aufhebung des Annahmeverhältnisses 526
      b) Der Name des Kindes nach Aufhebung 526
      c) Die Aufhebung kraft Gesetzes 528

II. Inlandsadoptionen mit Auslandsbezug 528
1. Allgemeines 528
2. Die Bestimmung des maßgeblichen Adoptionsrechts 528
   a) Intertemporales Recht 528
   b) Die Anknüpfung des Adoptionsstatuts, Art. 22 Abs. 1 EGBGB 529
   c) Rück- und Weiterverweisung 530
3. Reichweite des Adoptionsstatuts; Qualifikationsfragen 530
   a) Der kollisionsrechtliche Adoptionsbegriff 530
   b) Der Unterschied von Dekret- und Vertragsadoption 531
4. Adoptionsvoraussetzungen und Zustimmungserfordernisse 531
5. Die Wirkungen der Adoption 532
   a) Allgemein 532
   b) Der Name des Adoptivkindes 532
      aa) Anknüpfung 532
      bb) Rechtswahl nach Art. 10 Abs. 3 EGBGB analog 532
      cc) Vorfragenanknüpfung 533
   c) Einzelprobleme 533
      aa) Der Name bei schwachen Adoptionen 533
      bb) Getrennte Namensführung der Adoptiveltern 534
      cc) Fehlerhafte namensrechtliche Entscheidungen 534
      dd) Der Vorname 534
6. Der ordre public 535
7. »Zweitadoptionen« und »Adoptionswiederholungen« 535
8. Das Adoptionsverfahren nach deutschem Recht 536
   a) Internationale Zuständigkeit 536
   b) Art der gerichtlichen Mitwirkung 536
9. Das Adoptionsverfahren nach dem Haager Adoptionsübereinkommen 537
   a) Die Zielsetzung des Übereinkommens 537
   b) Die materiellrechtlichen Grundsätze des Übereinkommens 537
   c) Das Adoptionsübereinkommens-Ausführungsgesetz (AdÜbAG) 538

III. Auslandsadoptionen 538
1. Allgemeines 538
2. Die Anerkennung ausländischer Adoptionen nach autonomem Recht 538
   a) Allgemeines 538
   b) Dekretadoptionen 539
      aa) Die internationale Zuständigkeit, § 109 Abs. 1 Nr. 1 FamFG 540
      bb) Der ordre public, § 109 Abs. 1 Nr. 2 bis 4 FamFG 540
      cc) Schwache Adoptionswirkungen als Anerkennungshindernis? 541
      dd) Die Problematik ausländischer Inkognito-Adoptionen 542
      ee) Reichweite der Wirksamkeitserstreckung 542
   c) Vertragsadoptionen 543

3. Die Anerkennung ausländischer Adoptionen nach dem Haager Adoptionsübereinkommen **544**
   a) Allgemeine Grundsätze der Anerkennung **544**
   b) Die Umwandlung nach Art. 27 des Übereinkommens **544**
   c) Überprüfung ausländischer Bescheinigungen **545**
4. Das Adoptionswirkungsgesetz (AdWirkG) **545**
   a) Allgemeines **545**
   b) Die Anerkennungs- und Wirkungsfeststellung gemäß § 2 AdWirkG **545**
   c) Die Umwandlung gemäß § 3 AdWirkG **546**
   d) Das Verfahren bei §§ 2, 3 AdWirkG **546**
5. Der Name des Adoptivkindes **547**
   a) Direkte Anknüpfung einer Namensfolge an den Voraustatbestand der Adoption **547**
   b) Rechtswahl nach Art. 10 Abs. 3 EGBGB analog **547**
   c) Der Name des Kindes bei getrennter Namensführung der Adoptiveltern **547**
   d) Der Vorname **548**
   e) Bestimmung des Namens durch ein ausländisches Gericht **548**

H. **Namensänderungen nach der Geburt** **548**
I. **Der Name nach Feststellung der Vaterschaft** **549**
   1. Der Kindesname bei Anwendung deutschen Rechts **549**
   2. Der Kindesname in Fällen mit Auslandsbezug **550**
      a) Anwendung des Personalstatuts, Art. 10 Abs. 1 EGBGB **550**
         aa) Die Anknüpfung an die Staatsangehörigkeit **550**
         bb) Der Staatsangehörigkeitserwerb **551**
      b) Namensbestimmung nach Art. 10 Abs. 3 EGBGB **552**
      c) Die Vaterschaftsfeststellung als Vorfrage im Namensrecht **553**
      d) Die Anwendung des ausländischen Namensrechts **553**
II. **Der Name nach Beseitigung der Vaterschaft, § 1617b Abs. 2 BGB** **553**
   1. Allgemeines **553**
   2. Voraussetzungen nach § 1617b Abs. 2 BGB **554**
      a) Familienname des Mannes als Geburtsname **554**
      b) Rechtskräftige Feststellung der Nichtvaterschaft **555**
      c) Wirksamer Antrag **555**
   3. Wirksamkeitsvoraussetzungen des Antrags **556**
      a) Antragsberechtigung **556**
      b) Zeitpunkt des Antrags **556**
   4. Namensrechtliche Konsequenzen; Sonderfälle **557**
      a) Der Grundsatz: Namenswechsel vom Vater- zum Mutternamen **557**
      b) Namensidentität zwischen Mutter und Scheinvater **557**
      c) Änderung des Familiennamens der Mutter nach Geburt des Kindes **558**
      d) Erstreckung auf den Ehenamen des Kindes **558**
   5. Fälle mit Auslandsbezug **559**

III. Die Namenserstreckung **559**
1. Allgemeines **559**
   a) Der Grundsatz der Namenserstreckung **559**
   b) Die einzelnen Tatbestände im Überblick **560**
   c) Namenserstreckung kraft Gesetzes oder durch Anschlusserklärung **561**
2. Namenserstreckung bei nachträglicher Bestimmung eines Ehenamens der Eltern, § 1617c Abs. 1 BGB **561**
   a) Die Bestimmung eines Ehenamens durch die Eltern **561**
   b) Die Anschlusserklärung des Kindes bei § 1617c Abs. 1 BGB **562**
      aa) Allgemeines **562**
      bb) Das geschäftsunfähige Kind **562**
      cc) Das beschränkt geschäftsfähige Kind vor Vollendung des 14. Lebensjahres **563**
      dd) Das beschränkt geschäftsfähige Kind nach Vollendung des 14. Lebensjahres **564**
      ee) Das geschäftsfähige Kind **564**
   c) Problemfälle **564**
      aa) Tod des Kindes **564**
      bb) Interessenkonflikte zwischen Kind und gesetzlichem Vertreter **564**
      cc) Übereinstimmung zwischen dem Geburtsnamen des Kindes und dem Ehenamen **565**
      dd) Anschluss nach Ablegung des Ehenamens durch die Eltern? **565**
3. Namenserstreckung bei Änderung des Ehenamens der Eltern, § 1617c Abs. 2 Nr. 1 BGB **566**
   a) Die Bedeutung des Begriffs »Ehename« **566**
   b) Die Rechtsgrundlage der Änderung **567**
      aa) Privatrechtliche Namensänderungen **567**
      bb) Öffentlichrechtliche Namensänderungen **568**
   c) Änderung nach dem Tod eines Elternteils **569**
4. Namenserstreckung aufgrund einer Namensänderung beim namensgebenden Elternteil, § 1617c Abs. 2 Nr. 2 BGB **570**
   a) Überblick **570**
   b) Der Katalog der Namensänderungsfälle in §§ 1617, 1617a und 1617b BGB **571**
   c) Anwendbarkeit auch in anderen Fällen? **571**
      aa) Die Ableitung des Namens von einem Elternteil als Grundvoraussetzung **571**
      bb) Namenserstreckung auch nach einer Einbenennung? **571**
   d) Die Änderung des Bezugsnamens **572**
   e) Namensrechtliche Konsequenzen **572**
5. Die Erstreckung einer Namensänderung auf den Ehenamen oder Lebenspartnerschaftsnamen, § 1617c Abs. 3 BGB **572**
   a) Der Regelungsgrundsatz **572**

        b) Materielle Voraussetzungen **573**
            aa) Allgemeines **573**
            bb) Beschränkung der Anschlusserklärung des Kindes auf seinen Geburtsnamen? **573**
            cc) Minderjährigkeit des anschließungsberechtigten Ehegatten **574**
            dd) Form der Anschlusserklärung **575**
        c) Namensrechtliche Konsequenzen **575**
            aa) Konsequenzen für den Ehenamen **575**
            bb) Mittelbare Konsequenzen für den Namen gemeinsamer Kinder **575**
            cc) Mittelbare Konsequenzen für Kinder des Ehegatten, der sich anschließt **575**
    6. Fälle mit Auslandsbezug **576**
IV. **Namensänderung aufgrund geänderter Sorgerechtsverhältnisse, § 1617b Abs. 1 BGB 576**
    1. Die Funktion des § 1617b BGB **576**
    2. Namensbestimmung bei nachträglicher gemeinsamer Sorge, § 1617b Abs. 1 BGB **577**
        a) Allgemeines **577**
        b) Die Voraussetzungen des § 1617b Abs. 1 BGB **578**
            aa) Die Begründung der gemeinsamen elterlichen Sorge **578**
            bb) Bisherige Familiennamensführung des Kindes **578**
            cc) Die wählbaren Namen **580**
            dd) Das Problem der »kalten« Einbenennung **580**
            ee) Frist für die Namensneubestimmung **581**
            ff) Anschlusserklärung des Kindes **582**
        c) Die Auswirkungen auf den Namen **583**
    3. Fälle mit Auslandsbezug **584**
V. **Die Namenserteilung gemäß § 1617a Abs. 2 BGB 585**
    1. Allgemeines **585**
        a) Der Begriff der Namenserteilung **585**
        b) Rechtsentwicklung **585**
            aa) Der rechtspolitische Hintergrund der Vorschrift **585**
            bb) § 1617a Abs. 2 BGB als Nachfolgeregelung der Einbenennung durch den Vater gemäß § 1618 Abs. 1 Satz 1 BGB a. F. **586**
    2. Voraussetzungen der Namenserteilung **586**
        a) Erklärung des sorgeberechtigten Elternteils **586**
        b) Kein Sorgerecht des Elternteils, dessen Name erteilt wird **586**
        c) Keine vom elterlichen Konsens getragene Namensführung des Kindes **587**
        d) Der zu erteilende Name **588**
        e) Zustimmungserfordernisse **589**
        f) Ledigkeit und Minderjährigkeit des Kindes **589**
    3. Sonderfälle **590**
        a) Pränatale Namenserteilung **590**
        b) Erteilung des Namens des vorverstorbenen Vaters **590**

   c) Namensbestimmung durch den später allein sorgeberechtigt gewordenen Vater **591**
   d) Namenserteilung nach dem Tod der Mutter **592**
   e) Namenserteilung nach dem Tod des Kindes **592**
  4. Fälle mit Auslandsbezug **593**
VI. **Die Namenserteilung (»Einbenennung«) gemäß § 1618 BGB 593**
  1. Allgemeines **593**
   a) Rechtsentwicklung **593**
   b) Heutiger Sinn und Zweck des § 1618 BGB – Parallelnorm in § 9 Abs. 5 LPartG **595**
  2. Die Voraussetzungen der Namenserteilung **595**
   a) Die Ehe eines Elternteils mit einem Dritten **595**
    aa) Grundsatz: Bestehen der Ehe im Zeitpunkt der Namenserteilung **595**
    bb) Ausnahme: Namenserteilung nach dem Tod des Stiefelternteils? **596**
   b) Die Aufnahme in den gemeinsamen Haushalt **597**
   c) Die elterliche Sorge **597**
    aa) Die Regelung des KindRG: Alleiniges Sorgerecht des erteilenden Elternteils **597**
    bb) Einbenennung auch bei gemeinsamem Sorgerecht **598**
   d) Minderjährigkeit und Ledigkeit des Kindes **598**
   e) Die bisherige Namensführung des Kindes **598**
  3. Die namensrechtlichen Folgen **599**
   a) Die Erteilung des Ehenamens **599**
   b) Die »substitutive« Einbenennung **600**
   c) Die »additive« Einbenennung **600**
    aa) Allgemeines **600**
    bb) Reihenfolge der Namensführung **600**
    cc) Namensketten **601**
    dd) Bildung echter Doppelnamen? **601**
   d) Die Bedeutung für weitere Kinder **601**
  4. Die notwendigen Erklärungen **602**
   a) Die Erklärung des einbenennenden Elternteils und dessen Ehegatten **602**
    aa) Abgabe und Zugang der Erklärung **602**
    bb) Widerrufbarkeit der Erklärungen **602**
   b) Die Einwilligungserklärungen **603**
    aa) Der Begriff der Einwilligung in § 1618 BGB; Formfragen **603**
    bb) Die Einwilligung des anderen Elternteils **603**
    cc) Die Einwilligung des Kindes **604**
   c) Entbehrlichkeit der Einwilligung des anderen Elternteils **604**
    aa) Ablegung des Namens durch den anderen Elternteil **605**
    bb) Tod des anderen Elternteils **605**
   d) Ersetzung der Einwilligung des anderen Elternteils, § 1618 Satz 4 BGB **606**
  5. Fälle mit Auslandsbezug **606**

I. **Die behördliche und gerichtliche Änderung und Feststellung des Namens** 607
I. **Die behördliche Namensänderung** 607
   1. Rechtsquellen und Rechtsentwicklung 607
   2. Die Voraussetzungen der behördlichen Namensänderung 607
   3. Die Wirksamkeit der öffentlichrechtlichen Namensänderung 607
      a) Wirksamkeitsvoraussetzungen 607
      b) Die Erstreckung der Namensänderung auf Kinder 609
      c) Die Rücknahme der Namensänderung 609
      d) Das Verhältnis zu nachfolgenden familienrechtlichen Namensänderungen 609
   4. Behördliche Namensänderung mit Auslandsberührung 610
      a) Die Namensänderung von Ausländern 610
      b) Anerkennung ausländischer Namensänderungen 610
      c) Das Übereinkommen über die Änderung von Namen und Vornamen 611
II. **Die behördliche Namensfeststellung** 612
   1. Allgemeines 612
   2. Die Grundsätze der Namensfeststellung 612
      a) Zweck der Namensfeststellung 612
      b) Verfahren und Rechtswirkungen 613
      c) Die Namensfeststellung mit Auslandsberührung 614
III. **Die Änderung des Vornamens von Transsexuellen** 614
   1. Allgemeines; Rechtsentwicklung 614
   2. Voraussetzungen der sog. »kleinen Lösung« 615
   3. Zuständigkeit und Verfahren 616
   4. Die gerichtliche Entscheidung 616
   5. Aufhebung und Unwirksamkeit der Entscheidung 616

J. **Die Feststellung der Geschlechtszugehörigkeit** 618
I. **Allgemeines; Entwicklung des Transsexuellenrechts** 618
   1. Die medizinische und soziale Entwicklung 618
   2. Die rechtliche Entwicklung 618
II. **Die gerichtliche Feststellung der Geschlechtszugehörigkeit** 619
   1. Voraussetzungen für die sog. »große Lösung« 619
      a) Die Voraussetzungen für die »kleine Lösung« nach § 1 Abs. 1 Nr. 1 bis 3 TSG 619
      b) Das verfassungswidrige Erfordernis der Ehelosigkeit 620
      c) Die verfassungswidrigen Erfordernisse einer Fortpflanzungsunfähigkeit und einer operativen Geschlechtsumwandlung 621
   2. Die gerichtliche Entscheidung 621
      a) Der Zwischenbescheid nach § 9 Abs. 1 und 2 TSG 621
      b) Die gerichtliche Feststellung 621
      c) Die Wirkungen der gerichtlichen Feststellung 622

Teil VI Allgemeine Fragen des internationalen Privatrechts 625

A. Allgemeine Grundsätze 625
I. Die Aufgabe des IPR 625
II. Die Funktion des IPR als »Verweisungsrecht« 626
III. Die Bedeutung des internationalen Zivilverfahrensrechts 627
IV. Der Einfluss unionsrechtlicher und staatsvertraglicher Vorschriften 628

B. Grundbegriffe und Methode des IPR 628
I. Die Qualifikation 628
  1. Die Qualifikation als Mittel zum Auffinden der maßgeblichen Kollisionsnorm 628
  2. Der Qualifikationsmaßstab 629
II. Die Anknüpfung 630
  1. Das Anknüpfungskriterium als Indiz der engsten Verbindung 630
  2. »Wandelbare« und »unwandelbare« Anknüpfungen 631
  3. Die Anknüpfung des »Personalstatuts«: Staatsangehörigkeits- und Aufenthaltsprinzip 631
  4. Anknüpfungsprobleme beim Staatsangehörigkeitsprinzip 632
     a) Das Personalstatut von Mehrstaatern 632
     b) Das Personalstatut von Staatenlosen 633
     c) Das Personalstatut von Flüchtlingen 633
     d) Die »aufgedrängte« Staatsangehörigkeit 633
  5. Die Bestimmung des gewöhnlichen Aufenthalts 634
  6. Änderung des Anknüpfungsmerkmals und »Statutenwechsel« 635
III. Art der Verweisung und Renvoi 635
  1. Art der Verweisung 636
  2. Annahme der Verweisung, Abbruch der Rückverweisung 637
IV. Unteranknüpfung 637
V. Vorfragen 638
  1. Allgemeines 638
  2. Der Gegensatz von selbständiger und unselbständiger Vorfragenanknüpfung 639
  3. Verfahrensrechtliche Vorfragen 640
VI. Substitution 640
VII. Angleichung 641
VIII. Die Vorbehaltsklausel des Art. 6 EGBGB (ordre public) 642
  1. Grundlagen 642
  2. Voraussetzungen 642
  3. Folgen 643

C. Die Bedeutung des IZVR für das Standesamt 643
I. Die Anerkennung von ausländischen Entscheidungen 643
II. »Anerkennungsprinzip«? 644

Sachregister 645

Abkürzungsverzeichnis

a. A.	anderer Ansicht
a. a. O.	am angegebenen Ort
a. E.	am Ende
a. F.	alte Fassung
a. M.	anderer Meinung
AcP	Archiv für die civilistische Praxis
AdoptG	Gesetz über die Annahme als Kind und zur Änderung anderer Vorschriften (Adoptionsgesetz) (*Schmitz/Bornhofen/Bockstette*, Nr. 35)
AdÜbAG	Gesetz zur Ausführung des Haager Übereinkommens über den Schutz von Kindern und die Zusammenarbeit auf dem Gebiet der internationalen Adoption (Adoptionsübereinkommens-Ausführungsgesetz – AdÜbAG) (*Schmitz/Bornhofen/Bockstette*, Nr. 25)
AdWirkG	Adoptionswirkungsgesetz (*Schmitz/Bornhofen/Bockstette*, Nr. 26)
AEUV	Vertrag über die Arbeitsweise der Europäischen Union, Fassung aufgrund des am 1.12.2009 in Kraft getretenen Vertrages von Lissabon
AG	Amtsgericht
Alt.	Alternative
Anh.	Anhang
Anl.	Anlage
Anm.	Anmerkung
AufenthG	Gesetz über den Aufenthalt, die Erwerbstätigkeit und die Integration von Ausländern im Bundesgebiet (Aufenthaltsgesetz) (*Schmitz/Bornhofen/Bockstette*, Nr. 65)
BayOblGZ	Sammlung der Entscheidungen des Bayerischen Obersten Landesgerichts in Zivilsachen
Bd.	Band
BeurkG	Beurkundungsgesetz (*Schmitz/Bornhofen/Bockstette*, Nr. 90)
BGB	Bürgerliches Gesetzbuch (*Schmitz/Bornhofen/Bockstette*, Nr. 30)
BGBl.	Bundesgesetzblatt
BGH	Bundesgerichtshof
BGHZ	Entscheidungen des Bundesgerichtshofes in Zivilsachen
BR-Drucks.	Bundesratsdrucksache
Brüssel-Ia-VO	Verordnung (EU) Nr. 1215/2012 vom 12.12.2012 über die gerichtliche Zuständigkeit und die Anerkennung und Vollstreckung von Entscheidungen in Zivil- und Handelssachen
Brüssel-IIa-VO	Verordnung (EG) Nr. 2201/2003 vom 27.11.2003 über die Zuständigkeit und die Anerkennung und Vollstreckung von Entscheidungen in Ehesachen und in Verfahren betreffend die elterliche Verantwortung und zur Aufhebung der Verordnung (EG) Nr. 1347/2000
BT-Drucks.	Bundestagsdrucksache

BtG	Gesetz zur Reform des Rechts der Vormundschaft und Pflegschaft für Volljährige (Betreuungsgesetz – BtG) *(Schmitz/Bornhofen/Bockstette, Nr. 37)*
Buchst.	Buchstabe
BVerfG	Bundesverfassungsgericht
BVerfGE	Entscheidungen des Bundesverfassungsgerichts
BVerwG	Bundesverwaltungsgericht
BVerwGE	Entscheidungen des Bundesverwaltungsgerichts
BVFG	Gesetz über die Angelegenheiten der Vertriebenen und Flüchtlinge (Bundesvertriebenengesetz) *(Schmitz/Bornhofen/Bockstette,* Nr. 60)
Cc	Code civil, Codice civile, Código civil
CIEC	Commission Internationale de l'Etat Civil (Internationale Zivilstandskommission)
DAVorm	Der Amtsvormund
DNotZ	Deutsche Notar-Zeitschrift
DRiZ	Deutsche Richterzeitung
EG	Vertrag zur Gründung der Europäischen Gemeinschaft in der Fassung durch den Vertrag von Nizza vom 26. 2. 2001
EGBGB	Einführungsgesetz zum Bürgerlichen Gesetzbuche *(Schmitz/ Bornhofen/Bockstette,* Nr. 30 a)
EGMR	Europäischer Gerichtshof für Menschenrechte
EheG	Ehegesetz
EheRG	Erstes Gesetz zur Reform des Ehe- und Familienrechts
EheschlRG	Gesetz zur Neuordnung des Eheschließungsrechts (Eheschließungsrechtsgesetz)
EMRK	(Europäische) Konvention zum Schutz der Menschenrechte und Grundfreiheiten
ErwSÜ	Haager Übereinkommen vom 13. 1. 2000 über den internationalen Schutz von Erwachsenen
ESÜ	(Europäisches) Übereinkommen vom 20. 5. 1980 über die Anerkennung und Vollstreckung von Entscheidungen über das Sorgerecht für Kinder und die Wiederherstellung des Sorgerechtsverhältnisses *(Schmitz/Bornhofen/Bockstette,* Nr. 227)
EuErbVO	Verordnung (EU) Nr. 650/2012 des Europäischen Parlaments und des Rates vom 4. 7. 2012 über die Zuständigkeit, das anzuwendende Recht, die Anerkennung und Vollstreckung von Entscheidungen und die Annahme und Vollstreckung öffentlicher Urkunden in Erbsachen sowie zur Einführung eines Europäischen Nachlasszeugnisses
EuGH	Gerichtshof der Europäischen Union
EuZW	Europäische Zeitschrift für Wirtschaftsrecht
FamFG	Gesetz über das Verfahren in Familiensachen und in den Angelegenheiten der freiwilligen Gerichtsbarkeit (FamFG) *(Schmitz/ Bornhofen/Bockstette,* Nr. 72)
FamNamRG	Gesetz zur Neuordnung des Familiennamensrechts (Familiennamensrechtsgesetz – FamNamRG) *(Schmitz/Bornhofen/ Bockstette,* Nr. 38)

FamRÄndG	Gesetz zur Vereinheitlichung und Änderung familienrechtlicher Vorschriften (Familienrechtsänderungsgesetz) *(Schmitz/Bornhofen/ Bockstette*, Nr. 2)
FamRBint	Der Familien-Rechts-Berater – international
FamRZ	Zeitschrift für das gesamte Familienrecht
f., ff.	folgende
FGG	Gesetz über die Angelegenheiten der freiwilligen Gerichtsbarkeit
FGG-RG	Gesetz zur Reform des Verfahrens in Familiensachen und in den Angelegenheiten der freiwilligen Gerichtsbarkeit (FGG-Reformgesetz – FGG-RG) *(Schmitz/Bornhofen/Bockstette*, Nr. 72 a)
Fn.	Fußnote
FS	Festschrift
FuR	Familie und Recht
GG	Grundgesetz für die Bundesrepublik Deutschland
ggf.	gegebenenfalls
GPR	Zeitschrift für Gemeinschaftsprivatrecht
GRCharta	Charta der Grundrechte der Europäischen Union
HKÜ	Haager Übereinkommen über die zivilrechtlichen Aspekte internationaler Kindesentführung vom 25.10.1980
h. L.	herrschende Lehre
h. M.	herrschende Meinung
Halbs.	Halbsatz
i. d. F.	in der Fassung
i. d. R.	in der Regel
i. e. S.	im engeren Sinne
i. S., i. S. d., i. S. v.	im Sinne, im Sinne des/der, im Sinne von
i. V. m.	in Verbindung mit
i. w. S.	im weiteren Sinne
IntFamRVG	Gesetz zur Aus- und Durchführung bestimmter Rechtsinstrumente auf dem Gebiet des internationalen Familienrechts (Internationales Familienrechtsverfahrensgesetz – IntFamRVG) *(Schmitz/Bornhofen/ Bockstette*, Nr. 75)
IPR	Internationales Privatrecht
IPRG	Gesetz zur Neuregelung des Internationalen Privatrechts
IPRax	Praxis des Internationalen Privat- und Verfahrensrechts
IPRspr.	Die deutsche Rechtsprechung auf dem Gebiete des Internationalen Privatrechts
IZPR	Internationales Zivilprozessrecht
IZVR	Internationales Zivilverfahrensrecht
JAmt	Das Jugendamt
JR	Juristische Rundschau
JW	Juristische Wochenschrift
JZ	Juristen-Zeitung
KindPrax	Kindschaftsrechtliche Praxis

KindRG	Gesetz zur Reform des Kindschaftsrechts (Kindschaftsrechtsreformgesetz – KindRG) (*Schmitz/Bornhofen/Bockstette*, Nr. 24)
KindRVerbG	Gesetz zur weiteren Verbesserung von Kinderrechten (Kinderrechteverbesserungsgesetz – KindRVerbG)
KJHG	Gesetz zur Neuordnung des Kinder- und Jugendhilferechts
KonsG	Gesetz über die Konsularbeamten, ihre Aufgaben und Befugnisse
KSÜ	Haager Übereinkommen vom 19.10.1996 über die Zuständigkeit, das anzuwendende Recht, die Anerkennung, Vollstreckung und Zusammenarbeit auf dem Gebiet der elterlichen Verantwortung und der Maßnahmen zum Schutz von Kindern (*Schmitz/Bornhofen/Bockstette*, Nr. 228)
LG	Landgericht
Lit.	Literatur
LPartG	Gesetz über die Eingetragene Lebenspartnerschaft (Lebenspartnerschaftsgesetz – LPartG) (*Schmitz/Bornhofen/Bockstette*, Nr. 39)
LPartÜG	Gesetz zur Überarbeitung des Lebenspartnerschaftsrechts
m.w.N.	mit weiteren Nachweisen
MDR	Monatsschrift für Deutsches Recht
Mot.	Motive zu dem Entwurfe eines bürgerlichen Gesetzbuches für das Deutsche Reich
MSA	Haager Übereinkommen vom 5.10.1961 über die Zuständigkeit der Behörden und das anzuwendende Recht auf dem Gebiet des Schutzes von Minderjährigen (*Schmitz/Bornhofen/Bockstette*, Nr. 223)
n.F.	neue Fassung
NamÄndG	Gesetz über die Änderung von Familiennamen und Vornamen (*Schmitz/Bornhofen/Bockstette*, Nr. 40)
NamÄndVwV	Allgemeine Verwaltungsvorschrift zum Gesetz über die Änderung von Familiennamen und Vornamen (*Schmitz/Bornhofen/Bockstette*, Nr. 42)
NEhelG	Gesetz über die rechtliche Stellung der nichtehelichen Kinder (*Schmitz/Bornhofen/Bockstette*, Nr. 22)
NJW	Neue Juristische Wochenschrift
NJW-RR	NJW-Rechtsprechungs-Report Zivilrecht
Nr.	Nummer/n
NVwZ	Neue Zeitschrift für Verwaltungsrecht
NZFam	Neue Zeitschrift für Familienrecht
OLG	Oberlandesgericht
OLGZ	Entscheidungen der Oberlandesgerichte in Zivilsachen
OVG	Oberverwaltungsgericht
PStG	Personenstandsgesetz (*Schmitz/Bornhofen/Bockstette*, Nr. 1)
PStG-VwV	Allgemeine Verwaltungsvorschrift zum Personenstandsgesetz (PStG-VwV)

PStRG	Gesetz zur Reform des Personenstandsrechts (Personenstandsrechtsreformgesetz – PStRG) (*Schmitz/Bornhofen/Bockstette*, Nr. 1 b)
PStV	Verordnung zur Ausführung des Personenstandsgesetzes (Personenstandsverordnung – PStV) (*Schmitz/Bornhofen/Bockstette*, Nr. 2)
RabelsZ	Zeitschrift für ausländisches und internationales Privatrecht, begründet von Ernst Rabel
RegE	Regierungsentwurf
Rdnr.	Randnummer
RGBl.	Reichsgesetzblatt
Rom-I-VO	Verordnung (EG) Nr. 593/2007 vom 17. 6. 2008 über das auf vertragliche Schuldverhältnisse anzuwendende Recht
Rom-III-VO	Verordnung (EU) Nr. 1259/2010 des Rates vom 20. 12. 2010 zur Durchführung einer Verstärkten Zusammenarbeit im Bereich des auf die Ehescheidung und Trennung ohne Auflösung des Ehebandes anzuwendenden Rechts
RPflG	Rechtspflegergesetz
Rspr.	Rechtsprechung
RzW	Rechtsprechung zum Wiedergutmachungsrecht
S.	Seite
s.	siehe
s. a.	siehe auch
SchKG	Gesetz zur Vermeidung und Bewältigung von Schwangerschaftskonflikten (Schwangerschaftskonfliktgesetz – SchKG) (*Schmitz/Bornhofen/Bockstette*, Nr. 27)
SGB VIII	Sozialgesetzbuch – Achtes Buch – Kinder- und Jugendhilfe (*Schmitz/Bornhofen/Bockstette*, Nr. 28)
Slg.	Sammlung der Rechtsprechung des Europäischen Gerichtshofes und des Gerichts Erster Instanz
sog.	sogenannt
st. Rspr.	ständige Rechtsprechung
StAG	Staatsangehörigkeitsgesetz (*Schmitz/Bornhofen/Bockstette*, Nr. 50)
StAZ	Das Standesamt
str.	streitig
TSG	Gesetz über die Änderung der Vornamen und die Feststellung der Geschlechtszugehörigkeit in besonderen Fällen (Transsexuellengesetz – TSG) (*Schmitz/Bornhofen/Bockstette*, Nr. 36)
UAbs.	Unterabsatz
Übk.	Übereinkommen
VerschÄndG	Gesetz zur Änderung von Vorschriften des Verschollenheitsrechts
VerschG	Verschollenheitsgesetz
VG	Verwaltungsgericht
VGH	Verwaltungsgerichtshof
VO	Verordnung
Vorbem.	Vorbemerkung

ZEuP	Zeitschrift für Europäisches Privatrecht
ZEV	Zeitschrift für Erbrecht und Vermögensnachfolge
ZfJ	Zentralblatt für Jugendrecht
ZGB	Zivilgesetzbuch
ZPO	Zivilprozessordnung
ZRP	Zeitschrift für Rechtspolitik
ZVglRWiss	Zeitschrift für Vergleichende Rechtswissenschaft

Literaturverzeichnis

Andrae, Internationales Familienrecht, 3. Auflage (2014)
Arndt, Die Geschichte und Entwicklung des familienrechtlichen Namensrechts in Deutschland unter Berücksichtigung des Vornamensrechts (2004)
Bäumel/Bienwald/Häußermann, Familienrechtsreformkommentar (1998), zitiert: FamRefK/*Bearbeiter*
Bamberger/Roth, Kommentar zum BGB. Band 3: §§ 1297–2385, EGBGB, 3. Auflage (2012), zitiert: *Bamberger/Roth/Bearbeiter*
v. Bar, Internationales Privatrecht. Band 2: Besonderer Teil (1991)
v. Bar/Mankowski, Internationales Privatrecht. Band 1: Allgemeine Lehren, 2. Auflage (2003)
Beitzke/Hoffmann/Sturm, Einbindung fremder Normen in das deutsche Personenstandsrecht (1985)
Bergmann/Ferid/Henrich, Internationales Ehe- und Kindschaftsrecht mit Staatsangehörigkeitsrecht, Loseblattsammlung, zitiert: *Bergmann/Ferid/Henrich*, Länderteil
Bork/Jacoby/Schwab, FamFG – Kommentar zum Gesetz über das Verfahren in Familiensachen und in den Angelegenheiten der freiwilligen Gerichtsbarkeit, 2. Auflage (2013), zitiert: *Bork/Jacoby/Schwab/Bearbeiter*
Bruns/Kemper, Lebenspartnerschaftsrecht, Handkommentar, 2. Auflage (2005), zitiert: Hk-LPartR/*Bearbeiter*
Dumoulin, Die Adelsbezeichnung im deutschen und ausländischen Recht (1997)
Erman, BGB, Handkommentar, 14. Auflage (2014), zitiert: *Erman/Bearbeiter*
Ferid, Internationales Privatrecht, 3. Aufl. (1986)
Ficker, Das Recht des bürgerlichen Namens (1950)
Forkert, Eingetragene Lebenspartnerschaften im deutschen IPR: Art. 17b EGBGB (2003)
Gaaz/Bornhofen, Personenstandsgesetz, Handkommentar, 3. Auflage (2014)
Gernhuber/Coester-Waltjen, Familienrecht, 6. Auflage (2010)
Haecker, Die Anerkennung ausländischer Entscheidungen in Ehesachen, 3. Auflage (2009)
Hailbronner/Renner/Maaßen, Staatsangehörigkeitsrecht, 5. Aufl. (2010)
Henrich, Internationales Familienrecht, 2. Auflage (2000), zitiert: *Henrich*, Int. FamR
Henrich, Internationales Scheidungsrecht, 3. Auflage (2012), zitiert: *Henrich*, Scheidungsrecht
Henrich/Wagenitz/Bornhofen, Deutsches Namensrecht, Kommentar, Loseblattsammlung (Stand Februar 2007)
Hepting/Gaaz, Personenstandsrecht mit Eherecht und Internationalem Privatrecht (Stand 42. Lieferung 2009), zitiert: *Hepting/Gaaz* Bd. 1, Bd. 2
v. Hoffmann/Thorn, Internationales Privatrecht, 9. Auflage (2007)
Jauernig, Bürgerliches Gesetzbuch, Kommentar, 15. Auflage (2014), zitiert: *Jauernig/ Bearbeiter*
Kartzke, Scheinehen zur Erlangung aufenthaltsrechtlicher Vorteile (1990)
Kegel/Schurig, Internationales Privatrecht, 9. Auflage (2004)

Kropholler, Internationales Privatrecht, 6. Auflage (2006)
M. Lipp/Wagenitz, Das neue Kindschaftsrecht, Kommentar (1999)
Loos, Namensänderungsgesetz, Kommentar, 2. Auflage (1996)
Lüderitz, Internationales Privatrecht, 2. Auflage (1992)
Münchener Kommentar zum BGB,
    Band 7: Familienrecht, §§ 1297–1588, VersAusglG, GewSchG, LPartG, 6. Auflage (2013)
    Band 8: Familienrecht II, §§ 1589–1921, SGB VIII, 6. Auflage (2012)
    Band 10: Internationales Privatrecht, ROM I-VO, ROM II-VO, EGBGB (Art. 1–24), 5. Auflage (2010), zitiert: MünchKomm/*Bearbeiter*
Münchener Kommentar zum FamFG, 2. Auflage (2013), zitiert: MünchKomm-FamFG/*Bearbeiter*
Muscheler, Das Recht der Eingetragenen Lebenspartnerschaft, Handbuch für die gerichtliche und notarielle Praxis, 2. Auflage (2004)
Nüssler, Internationales Handbuch der Vornamen (1986)
Palandt, Bürgerliches Gesetzbuch mit Nebengesetzen, 73. Auflage (2014), zitiert: *Palandt/Bearbeiter*
Pirrung, Internationales Privat- und Verfahrensrecht nach dem Inkrafttreten der Neuregelung des IPR (1987)
Raschauer, Namensrecht (1978)
Rauscher, Europäisches Zivilprozess- und Kollisionsrecht, Kommentar, Brüssel IIa VO, EG-UntVO, EG-ErbVO-E, HUntStProt 2007 (Bearbeitung 2010), zitiert: *Rauscher/Bearbeiter,* EuZPR/EuIPR
Rauscher, Internationales Privatrecht mit internationalem und europäischen Verfahrensrecht, 4. Auflage (2012), zitiert: *Rauscher,* IPR
Schmitz/Bornhofen/Bockstette, Gesetzsammlung für die Standesbeamten und ihre Aufsichtsbehörden, Loseblattsammlung (Stand 2013), zitiert: *Schmitz/Bornhofen/Bockstette,* Nr.
Staudinger, Kommentar zum Bürgerlichen Gesetzbuch mit Einführungsgesetz und Nebengesetzen,
    Buch 1: Allgemeiner Teil, Einleitung, §§ 1–14, Verschollenheitsgesetz (Neubearbeitung 2013)
    Buch 4: Familienrecht. Einleitung, §§ 1297–1362, Anhang zu §§ 1297 ff. (Neubearbeitung 2012)
    Buch 4: Familienrecht. §§ 1589–1600e BGB (Neubearbeitung 2011)
    Buch 4: Familienrecht. §§ 1616–1625 BGB (Neubearbeitung 2015)
    Buch 4: Familienrecht. §§ 1741–1772 BGB (Neubearbeitung 2007)
    Einführungsgesetz zum BGB/IPR. Einleitung zum IPR (Neubearbeitung 2012)
    Einführungsgesetz zum BGB/IPR. Art. 3–6 EGBGB, Anhang zu Art. 4 EGBGB; Anhang I, II, III, IV zu Art 5 EGBGB (Neubearbeitung 2013)
    Einführungsgesetz zum BGB/IPR. Art. 7, 9–12, 47, 48 EGBGB (Neubearbeitung 2013)
    Einführungsgesetz zum BGB/IPR. Art. 13–17b (Neubearbeitung 2011)
    Einführungsgesetz zum BGB/IPR. Art. 18 EGBGB, Anhang I–III zu Art. 18 EGBGB, Vorbem. zu Art. 19 EGBGB (Neubearbeitung 2003)
    Einführungsgesetz zum BGB/IPR. Art. 19–24 EGBGB (Neubearbeitung 2014)

Einführungsgesetz zum BGB/IPR. Art. 219–245 (Neubearbeitung 2003)
Einführungsgesetz zum BGB/IPR. Internationales Verfahrensrecht in Ehesachen (Neubearbeitung 2005), zitiert: *Staudinger/Bearbeiter*
Sturm/Sturm, Das deutsche Staatsangehörigkeitsrecht, Grundriss und Quellen (2001)
Thomsen, System des Personenstandsrechts (1962)
Völker, Das neue Verschollenheitsrecht (1951)
Wagenitz/Bornhofen, Familiennamensrechtsgesetz, FamNamRG, Kommentar (1994), zitiert: *Wagenitz/Bornhofen*, FamNamRG
Wagenitz/Bornhofen, Handbuch des Eheschließungsrechts, 2. Teil: Erläuterungen (1998), zitiert: *Wagenitz/Bornhofen*, EheschlR
Zöller, Zivilprozessordnung mit FamFG (§§ 1–185, 200–270, 433–484) und Gerichtsverfassungsgesetz, den Einführungsgesetzen, mit Internationalem Zivilprozessrecht, EU-Verordnungen, Kostenanmerkungen, Kommentar, 30. Auflage (2014), zitiert: *Zöller/Bearbeiter*

Teil I
Personenstandsverfahren und materielles Recht

A. Die Grundlagen des Personenstandsrechts

I. Die Aufgaben des Standesamts

1. Die Beurkundung des Personenstands

Die wichtigste Aufgabe der Standesämter ist die Beurkundung des Personenstands und die darauf aufbauende Erteilung von Personenstandsurkunden. I-1

§ 1 Abs. 1 Satz 1 PStG definiert den Begriff »Personenstand« als die sich aus den Merkmalen des Familienrechts ergebende Stellung einer Person innerhalb der Rechtsordnung einschließlich ihres Namens. I-2

Zum Zweck der Beurkundung führt das Standesamt das Eheregister (früher Heiratsbuch), das Lebenspartnerschaftsregister, das Geburtenregister (früher Geburtenbuch) und das Sterberegister (früher Sterbebuch), § 3 Abs. 1 Satz 1 Nr. 1 bis 4 PStG; vgl. *Gaaz/Bornhofen*, § 3 PStG Rdnr. 8 ff. Wegen Einzelheiten zur Beurkundungstätigkeit der Standesämter s. *Gaaz/Bornhofen*, § 1 PStG Rdnr. 9 ff. sowie § 9 PStG Rdnr. 5 ff. I-3

2. Die Stellung des Standesamts zwischen öffentlichem und privatem Recht

Registerführung und Ausstellung von Urkunden sind hoheitliche Tätigkeiten, die Führung der Personenstandsregister eine Aufgabe der allgemeinen inneren Verwaltung. Personenstandsrecht ist mithin öffentliches Recht. I-4

Der öffentlichrechtliche Charakter des Personenstandsverfahrens kann nicht darüber hinwegtäuschen, dass die qualitativ wichtigste Tätigkeit des Standesamts in der Anwendung *materiellen Zivilrechts* liegt. Seine wichtigste Aufgabe ist die Prüfung und Anwendung privatrechtlicher Normen. Aus ihnen ergibt sich der Inhalt der ihm obliegenden Registereinträge; daneben hat das Standesamt an personenstandsändernden Erklärungen mitzuwirken, sei es durch deren Entgegennahme, sei es durch Beurkundung oder Beglaubigung. I-5

Wegen dieser im Kern zivilrechtlichen Tätigkeit des Standesamts hat der Gesetzgeber gegen Entscheidungen des Standesamts auch den Rechtsweg zu I-6 den Zivilgerichten eröffnet (s. § 50 Abs. 1 PStG) und deren Verfahrensordnung dem FamFG unterstellt (s. § 51 Abs. 1 Satz 1 PStG). Nur die Amtsgerichte (Zivilgerichte) sind befugt, die Standesämter zur Vornahme einer Amtshandlung anzuhalten. Stimmt die Aufsichtsbehörde nicht mit der Rechtsansicht des Standesamts überein, so hat auch sie nur die Möglichkeit, eine Entscheidung des Amtsgerichts herbeizuführen, vgl. §§ 48 Abs. 2, 49 Abs. 1 PStG; dazu *Gaaz/Bornhofen*, § 48 PStG Rdnr. 7, § 49 PStG Rdnr. 9.

I-7　Eine weitere Eigentümlichkeit besteht darin, dass das Standesamt in Zweifelsfällen auch von sich aus die Entscheidung des Amtsgerichts zu der Frage herbeiführen kann, ob eine bestimmte Amtshandlung vorzunehmen ist, § 49 Abs. 2 PStG. Diese im Bereich der öffentlichen Verwaltung einmalige Regelung verpflichtet die Gerichte zur Kooperation mit dem Standesamt und zeigt die enge Verbindung des Personenstandswesens mit der Zivilrechtspflege; allgemein zu diesem Verfahren und seiner Besonderheit *Gaaz/Bornhofen*, § 49 PStG Rdnr. 18 ff.

II. Die Personenstandsbeurkundung als Beweismittel

I-8　Der wichtigste Zweck des Personenstandswesens ist es, in Gestalt der Personenstandsregister ein verlässliches Beweismittel für Personenstandsverhältnisse zu schaffen. Gemäß § 54 Abs. 1 Satz 1 PStG werden die in den Registern eingetragenen Rechtsverhältnisse als bestehend vermutet. Außenwirkung erhalten die Eintragungen durch die Personenstandsurkunden, § 54 Abs. 2 PStG.

I-9　Damit erleichtert das Personenstandswesen den zivilrechtlichen, aber auch öffentlichrechtlichen Rechtsverkehr. Wenn es in zivilrechtlichen oder Verwaltungsverfahren auf die in § 1 Abs. 1 Satz 1 PStG definierten Rechtsverhältnisse einer Person ankommt, müssen die mit der Sache befassten Gerichte und Behörden den Personenstand nicht selbst feststellen, sondern können zunächst die Personenstandsurkunden zugrunde legen.

I-10　Allerdings erschöpft sich die Beurkundung in der Schaffung von Beweismitteln. Sie hat selbst grundsätzlich keine konstitutive Wirkung. Der Nachweis der Unrichtigkeit der beurkundeten Tatsache ist jederzeit möglich, § 54 Abs. 3 Satz 1 PStG.

I-11　Dabei ist stets zu beachten, dass das Personenstandsrecht nur »Diener des materiellen Rechts« ist (so treffend *Beitzke*, StAZ 1984, 198), insbesondere bei Auslandsfällen. Das bedeutet, dass es einen materiellrechtlichen Rechtszustand immer so beurkunden muss, wie er sich im ausländischen Recht darstellt, auch wenn der Inhalt der Eintragung von dem vom deutschen Recht her Gewohnten abweicht, vgl. aber auch zu Ausnahmen etwa Rdnr. III-838 ff.

I-12　Das PStG unterscheidet die Einträge auch in formaler Hinsicht deutlich nach deren Beweiskraft: In § 3 Abs. 1 Satz 2 PStG unterscheidet das Gesetz zwischen einem urkundlichen Teil (Haupteintrag und Folgebeurkundungen), der nach § 54 Abs. 1 Satz 1 PStG an der Beweiskraft der öffentlichen Urkunde teil hat, und einem Hinweisteil, dem diese Beweiskraft gemäß § 54 Abs. 1 Satz 2 PStG nicht zukommt.

Zum Begriff der Folgebeurkundung s. allgemein § 5 Abs. 2 PStG, zum Begriff des Hinweises § 5 Abs. 3 PStG.

B. Elemente des Familienstatusrechts

Zum Aufgabengebiet des Standesamts – und damit zum Familienstatusrecht – gehören alle zivilrechtlichen Fragen, die unmittelbar oder mittelbar mit dem »Personenstand« des Menschen zusammenhängen. Hierzu gehört das *Personenrecht* mit dem Recht der Rechts- und Geschäftsfähigkeit sowie dem Recht des Namens, ferner das *Familienrecht*, soweit es den familienrechtlichen Status (Ehe, Abstammungsverhältnisse usw.) betrifft. In Fällen mit Auslandsbezug ist zudem das *internationale Privatrecht* heranzuziehen, bei dessen Anwendung – jedenfalls im Hinblick auf den Personenstand – immer noch die *Staatsangehörigkeit* eine zentrale Rolle spielt.

I-13

I. Personenrecht

1. Rechts- und Geschäftsfähigkeit

Rechtsfähigkeit bedeutet die Fähigkeit, Träger von Rechten und Pflichten zu sein, also Rechte und Pflichten zu haben. Sie ist Voraussetzung für die rechtliche Existenz des Menschen und beginnt mit der *Geburt*, § 1 BGB, s. Rdnr. II-1 ff. und Rdnr. IV-1 ff.

I-14

Die Rechtsfähigkeit des Menschen endet mit seinem *Tod*. Als Inhaber seiner Rechte und Pflichten tritt gemäß § 1922 Abs. 1 BGB sein Erbe im Wege der Universalsukzession (im Hinblick auf den gesamten Nachlass) und des Vonselbsterwerbs (direkt und ohne weiteres Zutun) an seine Stelle.

I-15

Die *Todeserklärung* beendet die Rechtsfähigkeit nicht unmittelbar, sondern hat nur die Wirkung, dass der Tod vermutet wird, §§ 9 Abs. 1 Satz 1, 44 Abs. 2 Satz 1 VerschG; s. hierzu im Einzelnen Rdnr. II-13 ff.

Während die Rechtsfähigkeit das statische Moment der Inhaberschaft von Rechten und Pflichten betrifft, bezieht sich die *Geschäftsfähigkeit* auf das dynamische Moment der Veränderung von Rechten und Pflichten durch privatautonome Gestaltung der eigenen Rechtsverhältnisse. Sie bedeutet die Fähigkeit, Rechtsgeschäfte durch Abgabe oder Entgegennahme von Willenserklärungen in eigener Person oder durch selbstbestellte Vertreter wirksam vorzunehmen, s. Rdnr. II-38 ff.

I-16

Zu den Regelungen über die Geschäftsfähigkeit gehören zum einen ihre Definition und ihre Einschränkungen (beschränkte Geschäftsfähigkeit, Geschäftsunfähigkeit) sowie zum anderen die Regelungen, auf welche Weise eine in ihrer Geschäftsfähigkeit eingeschränkte Person am Rechtsverkehr – insbesondere auch am personenstandsrelevanten Rechtsverkehr – teilnehmen kann.

I-17

2. Der Name

I-18 Der Name ist gedankliches und sprachliches Mittel zur Unterscheidung von Individuen; wegen Einzelheiten zu den Funktionen des Namens s. Rdnr. II-137 ff.

I-19 Je nach Kulturkreis und historischer Entwicklung findet man zwei- oder dreiteilige Namen, aber auch Einzelnamen, und unter ihnen wiederum unterschiedliche Namenstypen mit verschiedenen Funktionen. Das deutsche Namensrecht kennt die Zweiteilung in Vor- und Familiennamen (Nachname); dies führt zu Anpassungsproblemen in *Fällen mit Auslandsbezug* (hierzu näher Rdnr. II-243 ff.).

I-20 Der Name besitzt für die Identifizierung des Einzelnen und die Einordnung in die familiären Zusammenhänge eine außerordentlich große Bedeutung; er gehört deshalb konsequenterweise kraft ausdrücklicher gesetzlicher Anordnung zum Personenstand, § 1 Abs. 1 Satz 1 PStG.

II. Familienrecht

1. Kindschaft

I-21 Grundlage der Kindschaft ist grundsätzlich die biologische *Abstammung*. Dementsprechend versucht das Recht, die Abstammung im Rechtssinne an der biologischen zu orientieren. Dies gelingt am einfachsten bei der *Mutter*, deren Mutterschaft als unmittelbare Folge der Geburt feststeht, § 1591 BGB. Nicht so offensichtlich ist, wer der biologische *Vater* des Kindes ist; das Gesetz stellt daher auf äußere soziale Kriterien ab, die mit einer gewissen Wahrscheinlichkeit die biologische Vaterschaft indizieren, § 1592 Nr. 1 und 2 BGB. Lediglich bei der gerichtlichen Vaterschaftsfeststellung nach § 1592 Nr. 3 BGB i. V. m. § 1600d BGB oder § 182 Abs. 1 FamFG folgt die rechtliche Vaterschaft stets der biologischen; hierzu s. Rdnr. V-252 ff.

I-22 Im Lauf der Rechtsentwicklung bestand lange Zeit ein qualitativer Unterschied zwischen der *ehelichen* und der *nichtehelichen* Kindschaft. Das Kindschaftsrechtsreformgesetz von 1997 hat jedoch die *einheitliche* Kindschaft eingeführt und in § 1592 BGB auch eine regelungstechnische Gleichstellung der ehelichen und nichtehelichen Kinder vorgenommen, s. Rdnr. IV-15 ff. Damit ist der Begriff der Ehelichkeit als Statusmerkmal entfallen, ebenso das damit verklammerte Rechtsinstitut der Legitimation, s. Rdnr. IV-19.

I-23 Neben der biologischen Abstammung kennt das deutsche Recht auch eine »künstliche« Kindschaft, begründet durch eine *Adoption*, die unter dem Begriff der »Annahme als Kind« in den §§ 1741 ff. BGB geregelt ist; s. hierzu Rdnr. V-383 ff.

I-24 Kindschaft und Abstammung gehören terminologisch zum Personenstand i. S. d. § 1 Abs. 1 Satz 1 PStG.

2. Ehe und Lebenspartnerschaft

Ebenfalls zum Personenstand i. S. d. §1 Abs.1 Satz1 PStG gehört die Ehe und die – ihr in jüngster Vergangenheit immer stärker angenäherte – gleichgeschlechtliche Eingetragene Lebenspartnerschaft.   I-25

Ihre Begründung gehört zum Aufgabenbereich der Standesämter; ihre Auflösung und Aufhebung erfolgt durch die Gerichte und ist vom Standesamt lediglich in die Register zu übertragen.

III. Internationales Privatrecht und internationales Zivilverfahrensrecht (IPR und IZVR)

Einen personenstandsrechtlichen Sachverhalt dem deutschen Recht zu unterstellen ist nur dann gerechtfertigt, wenn er einen ausreichend engen Bezug zu Deutschland hat. Ist sein Bezug zum Ausland stärker als zum Inland, so kann es geboten sein, ausländische Vorschriften heranzuziehen.   I-26

Die Frage, ob deutsches oder ausländisches Zivilrecht *anzuwenden* ist, beantwortet das *internationale Privatrecht* (IPR); es ist grundsätzlich im Einführungsgesetz zum BGB (EGBGB) geregelt, wird aber teils durch Staatsverträge und – zunehmend – Rechtsakte der Europäischen Union verdrängt, vgl. auch Art. 3 Halbs. 1 EGBGB. Nach der Legaldefinition des Art. 3 Halbs. 2 EGBGB hat das IPR die Aufgabe, »bei Sachverhalten mit einer Verbindung zu einem ausländischen Staat« das maßgebliche Recht zu bestimmen.   I-27

Hat ein ausländisches Gericht oder eine ausländische Behörde über ein personenstandsrechtlich relevantes Rechtsverhältnis entschieden, so stellt sich die Frage, ob die Entscheidung *anzuerkennen* ist, d.h. im Inland Wirksamkeit entfaltet. Die Antwort gibt das *internationale Zivilverfahrensrecht* (IZVR), das neben der Anerkennung von ausländischen Entscheidungen (allgemein näher Rdnr. VI-10 f.) auch die – für den Standesbeamten jedenfalls unmittelbar weniger relevanten – Fragen der internationalen Zuständigkeit der inländischen Gerichte und die Vollstreckung ausländischer Entscheidungen regelt. Von der Anerkennung ausländischer Entscheidungen ist die »Anerkennung« ausländischer öffentlicher Urkunden (ihrer Wirkungen oder sogar ihres Inhalts) zu unterscheiden, die zunehmend auf der europäischen Ebene diskutiert wird, s. näher Rdnr. VI-86 ff.   I-28

Aufgrund des zunehmenden Auslandsbezugs der inländischen Bevölkerung (ausländische Staatsangehörigkeit, gewöhnlicher Aufenthalt im Ausland, personenstandsrelevante Vorgänge im Ausland) ist das Standesamt mit einer Vielzahl von Sachverhalten befasst, in denen sich Fragen des IPR und IZVR stellen, die daher in letzter Zeit eine immer größere Bedeutung für die Tätigkeit der Personenstandsbehörden erlangt haben.   I-29

Allgemein zu den Grundlagen des IPR und IZVR s. Rdnr. VI-1 ff.

IV. Öffentliches Recht

1. Staatsangehörigkeitsrecht

I-30 Die Staatsangehörigkeit wird definiert als die Eigenschaft, Mitglied der Gebietskörperschaft Staat zu sein. Obwohl sie im weitesten Sinne den Status einer Person betrifft, ist sie kein Aspekt des Personenstands im engeren Sinne und kein Regelungsgegenstand des »Personenrechts«, da dieses i.d.R. nur im privatrechtlichen Sinn verstanden wird. Aus diesem Grund werden im deutschen Recht – anders als etwa im romanischen Rechtskreis – Staatsangehörigkeit und Personenstand getrennt geregelt.

I-31 Allerdings spielt die Staatsangehörigkeit im Rahmen der Tätigkeit des Standesamts eine außerordentlich wichtige Rolle. Sie ist im IPR immer noch das grundsätzliche Anknüpfungskriterium des sogenannten Personalstatuts, so dass in Fällen mit Auslandsbezug das anwendbare Recht von ihr abhängt; hierzu s. Rdnr. VI-28 ff. Aus diesem Grunde ist die Staatsangehörigkeit in vielen Fällen in den Personenstandsregistern zu vermerken. Das Standesamt ist daher in vielen Fällen gezwungen, die Staatsangehörigkeit der Betroffenen zu ermitteln. Hierzu sind Grundkenntnisse des inländischen wie ausländischen Staatsangehörigkeitsrechts erforderlich; zum deutschen Recht s. *Sturm/Sturm* sowie *Hailbronner/Renner/Maaßen*.

2. Behördliche Namensänderung

I-32 Bei den Fällen, in denen sich der Name einer Person ändert, unterscheidet das deutsche Recht zwischen der privatrechtlichen und der öffentlichrechtlichen Namensänderung. Privatrechtliche Namensänderungen sind Folgen einer Änderung des Personenstands und sind i.d.R. im Zusammenhang mit diesen im BGB geregelt.

I-33 Von einer Personenstandsänderung losgelöste Namensänderungen sind im BGB zumindest im Grundsatz nicht vorgesehen. Sie können ausnahmsweise in einem besonderen *behördlichen Verfahren* angeordnet werden.

Rechtsgrundlage für die behördliche Änderung des Namens ist in erster Linie das Namensänderungsgesetz (NamÄndG) vom 5.1.1938, s. hierzu Rdnr. V-881 ff.

Eine Namensänderung kommt auch bei Transsexuellen aufgrund des § 1 des Transsexuellengesetzes (TSG) in Betracht, s. Rdnr. V-921 ff.

3. Gerichtliche Änderung der Geschlechtszugehörigkeit

I-34 Zwischen öffentlichem Recht und Privatrecht zu verorten ist die gerichtliche Änderung der Geschlechtszugehörigkeit nach dem TSG, bei der durch gerichtliche Entscheidung nicht nur der Name des Transsexuellen geändert wird, sondern auch sein rechtliches Geschlecht, s. Rdnr. V-935 ff.; zur Feststellung der Geschlechtszugehörigkeit s. Rdnr. IV-222 ff.

Teil II
Grundfragen des Personenrechts

Erster Abschnitt: Die natürliche Person

A. Rechtsfähigkeit

I. Die Geburt als Beginn der Rechtsfähigkeit

Rechtsfähigkeit ist die Fähigkeit einer Person, Träger von Rechten und Pflichten zu sein. Sie begründet die rechtliche Eigenschaft des Menschen als natürliche Person, d. h. als in den Rechtsverkehr eingebundenes und mit Außenwirkung handelndes Individuum. Die Rechtsfähigkeit beginnt mit der Vollendung der *Geburt*, § 1 BGB. Für die Feststellung der Vaterschaft und die Geltendmachung von Unterhaltsansprüchen ist aber ausnahmsweise auch ein noch nicht geborenes Kind rechts- und parteifähig, s. hierzu OLG Schleswig, StAZ 2001, 139.

Vollendet ist die Geburt mit dem vollständigen Austritt aus dem Mutterleib; die Lösung der Nabelschnur ist nicht erforderlich (Mot. I, S. 8 f.). Das Kind muss bei Vollendung der Geburt leben, mag auch gleich danach der Tod eintreten. Eine Lebendgeburt liegt vor, wenn nach dem Austritt aus dem Mutterleib das Herz geschlagen, die Nabelschnur pulsiert oder die natürliche Lungenatmung eingesetzt hat, § 31 Abs. 1 PStV. Es genügt aber auch, dass eine andere sichere Lebensfunktion, wie etwa Hirnströme, nachgewiesen wird. Lebensfähigkeit ist nicht erforderlich. Vgl. im Einzelnen *Gaaz/Bornhofen*, § 18 PStG Rdnr. 8 ff. sowie *Palandt/Ellenberger*, § 1 BGB Rdnr. 2.

Die Geburt selbst ist im Geburtenregister zu beurkunden, s. *Gaaz/Bornhofen*, § 21 PStG Rdnr. 4. Durch die Eintragung im Geburtenregister wird die Tatsache der Geburt nach §§ 21, 54 PStG bewiesen.

Seit dem 1.7.1998 ist auch eine Totgeburt zu beurkunden, § 21 Abs. 2 PStG; zum Verfahren bei einer Totgeburt *Gaaz/Bornhofen*, § 21 PStG Rdnr. 60 ff.

Eine Fehlgeburt wird nicht beurkundet, § 31 Abs. 3 Satz 2 PStV; es besteht jedoch seit dem 15.5.2013 die Möglichkeit, die Fehlgeburt anzuzeigen und eine amtliche Bescheinigung über diese zu erhalten, § 31 Abs. 3 Satz 3 und 4 PStV. Zu Einzelheiten *Gaaz/Bornhofen*, § 18 PStG Rdnr. 27 ff.

II-1

II-2

II-3

II. Der Tod als Ende der Rechtsfähigkeit

II-4 Die Rechtsfähigkeit endet mit dem Tod. Maßgebliches Kriterium für den Tod ist heute das sog. »Hirntodkriterium«; der Tod tritt ein mit dem irreversiblen Verfall der Hirnzellen. Das Standesamt ist mit dieser Feststellung nicht befasst, da ihm die Anzeige des Todes nach § 28 PStG erst dann zugeht, wenn der Tod eindeutig eingetreten ist.

III. Verschollenheit und Todeserklärung

1. Rechtsgrundlagen

II-5 Todeserklärungen ergehen auf Grundlage des Verschollenheitsgesetzes (VerschG).

2. Begriff der Verschollenheit

II-6 Nach § 2 VerschG kann ein Verschollener unter den Voraussetzungen der §§ 3 bis 7 VerschG im Aufgebotsverfahren für tot erklärt werden.

§ 1 VerschG gibt eine Definition des Begriffs der Verschollenheit. Verschollen ist, wessen Aufenthalt während längerer Zeit unbekannt ist, ohne dass Nachrichten darüber vorliegen, ob er in dieser Zeit noch gelebt hat oder gestorben ist, sofern nach den Umständen hierdurch ernstliche Zweifel an seinem Fortleben begründet werden, § 1 Abs. 1 VerschG.

II-7 Verschollen ist dagegen nicht, wessen Tod nach den Umständen unzweifelhaft ist, § 1 Abs. 2 VerschG. Hierzu zählen die Fälle, in denen Tod und Todeszeitpunkt feststehen und eine Beurkundung im Sterberegister erfolgt ist oder erfolgen kann, vgl. *Gaaz/Bornhofen*, § 28 PStG Rdnr. 5 ff.

II-8 Ist nur der *Zeitpunkt* des Todes zweifelhaft (der etwa für die Erbfähigkeit nach einem Erblasser relevant sein kann, da Erbe nur sein kann, wer zum Zeitpunkt des Todes noch lebt, § 1923 Abs. 2 BGB), so steht nicht das Verfahren zur Todeserklärung, sondern das Verfahren zur Feststellung der Todeszeit nach §§ 39 bis 45 VerschG offen, näher sogleich Rdnr. II-26 ff.

II-9 Die Feststellung der Todeszeit ist auch nach Beurkundung des Sterbefalls im Sterberegister zulässig, § 39 Satz 2 VerschG; im Aufgebotsverfahren zum Zwecke der Feststellung der Todeszeit hat die Eintragung im Sterberegister keine Beweiskraft, §§ 40, 22a VerschG. Dies bedeutet, dass die Sterbeurkunde (richtiger: die Beurkundung im Sterberegister) nicht, wie durch § 54 PStG festgelegt, in dem Aufgebotsverfahren »den Tod« des Betreffenden »beweist«.

Die Beurkundung behält jedoch den Beweiswert einer gewöhnlichen öffentlichen Urkunde (vgl. § 415 ZPO), d. h. sie beweist nach wie vor, dass eine Person oder Stelle den Tod des Betreffenden angezeigt hat (*Völker*, § 22a VerschG Anm. 3). Es bleibt der freien Beweiswürdigung des Richters überlassen, welche Schlüsse er aus der Sterbefallbeurkundung zieht. S. auch *Gaaz/Bornhofen*, § 32 PStG Rdnr. 6.

3. Das gerichtliche Aufgebotsverfahren

Die Todeserklärung erfolgt in einem gerichtlichen Aufgebotsverfahren nach §§ 2, 13 ff. VerschG.
Das Aufgebotsverfahren ist eine Angelegenheit der freiwilligen Gerichtsbarkeit, § 13 Abs. 1 VerschG, auf die grundsätzlich das FamFG Anwendung findet, wobei es sich beim Verschollenheitsverfahren nicht um ein Aufgebotsverfahren i.S.d. § 433 ff. FamFG handelt, s. *Bork/Jacoby/Schwab/Dutta*, § 433 FamFG Rdnr. 6. Es gelten jedoch weitgehend die besonderen Verfahrensvorschriften der §§ 14 bis 38 des Verschollenheitsgesetzes, § 13 Abs. 2 VerschG.

II-10

Für das Aufgebotsverfahren zur Todeserklärung sind die Amtsgerichte sachlich zuständig, § 14 VerschG; die örtliche Zuständigkeit ist in § 15 VerschG geregelt. Das Standesamt ist also selbst nicht mit der Todeserklärung befasst. Einzelheiten zum Verfahren bei *Gaaz/Bornhofen*, § 33 PStG Rdnr. 6.

II-11

In dem Beschluss, durch den der Verschollene für tot erklärt wird, ist der Zeitpunkt seines Todes festzustellen, § 23 VerschG. Der Beschluss, durch den der Verschollene für tot erklärt oder durch den die Todeszeit festgestellt wird, ist öffentlich bekannt zu machen, § 24 Abs. 1 Satz 1 VerschG.

II-12

Die Beschlüsse werden mit ihrer Rechtskraft wirksam, § 29 Abs. 1 VerschG. Beschlüsse, die auf Rechtsbeschwerde ergehen, werden mit der letzten Zustellung wirksam, § 29 Abs. 3 VerschG. Ab diesem Augenblick sind sie vom Standesamt zu beachten. Die Beschlüsse werden gemäß § 33 PStG vom Standesamt I in Berlin in einer Sammlung dauerhaft aufbewahrt; hierzu näher *Gaaz/Bornhofen*, § 33 PStG Rdnr. 12 ff.

4. Die Wirkungen der Todeserklärung

Die gerichtliche Todeserklärung begründet die Vermutung, dass der Verschollene in dem im Beschluss festgestellten Zeitpunkt gestorben ist, § 9 Abs. 1 Satz 1 VerschG. Diese Bestimmungen begründen eine gesetzliche Vermutung hinsichtlich des Todes des Verschollenen mit allgemeiner Verbindlichkeit für und gegen jedermann. Die Rechtsvermutung des § 9 Abs. 1 VerschG ersetzt den im Falle der Verschollenheit nur schwer oder überhaupt nicht erbringbaren Beweis des Todes.

II-13

Die Vermutung des § 9 Abs. 1 VerschG gilt nur bis zum Beweis der Unrichtigkeit. Der Gegenbeweis ist jederzeit auch im Einzelfall zulässig (OLG Köln, NJW-RR 2000, 1123, 1125), ohne dass es einer formellen Aufhebung des Beschlusses der Todeserklärung bedarf.

II-14

Die Todesvermutung übt ihre Wirkungen auf alle öffentlichen und privaten Rechtsverhältnisse aus. Von besonderer Bedeutung ist sie für erbrechtliche Verhältnisse, im Familienrecht, für das Unterhaltsrecht und für Versicherungsansprüche.

II-15

Sowohl im Familienrecht als auch im Personenstandsrecht werden die Todeserklärungen und die gerichtliche Feststellung der Todeszeit grundsätzlich *dem Tod* einer Person *gleichgestellt*. Zum Beispiel der Vaterschaftsfeststellung s. etwa Rdnr. IV-56 ff.

II-16

II-17 Hiervon gilt jedoch eine wichtige Ausnahme bei der *Eheschließung* (s. hierzu im Einzelnen *Hepting/Gaaz*, Bd. 2 Rdnr. III-117 ff.): Die Ehe des für tot Erklärten wird nicht durch die Todeserklärung oder die Feststellung der Todeszeit aufgelöst, sondern, falls der für tot Erklärte noch lebt (nur dann kommt es ja auf die Erklärung oder Feststellung an), erst mit der Eingehung einer neuen Ehe des anderen Ehegatten, § 1319 Abs. 2 Satz 1 BGB.

II-18 Der in einer Todeserklärung oder einer Feststellung des Todes und der Todeszeit festgestellte Zeitpunkt des Todes ist für die Frage einer *Vaterschaft* nach § 1593 BGB relevant, wenn der Ehemann bei der Geburt verschollen ist, s. Rdnr. IV-54 ff.

II-19 Das Recht des verwitweten Ehegatten, einen *früheren Namen* wieder anzunehmen (§ 1355 Abs. 5 Satz 2 BGB), steht deshalb einem Ehegatten, dessen Partner für tot erklärt wurde, nicht zu (a. A. *Berkl*, StAZ 2013, 46, 52). Zwar wird nach § 9 Abs. 1 VerschG vermutet, dass der Ehegatte gestorben ist; doch wird die Ehe ausnahmsweise erst mit der Eingehung einer neuen Ehe aufgelöst, § 1319 Abs. 2 BGB, so dass der Überlebende bis dahin nicht als verwitwet angesehen werden kann (vgl. auch *Könnecke*, StAZ 1985, 51; a. A. *Berkl*, StAZ 2013, 46, 51 f.).

5. Verhältnis zur standesamtlichen Beurkundung

II-20 Fraglich ist die Konkurrenz zwischen einer Todeserklärung nach dem Verschollenheitsgesetz und einer Eintragung im Sterberegister, wenn beide zu unterschiedlichen Ergebnissen führen. Für erstere streitet die Vermutung aus § 9 Abs. 1 Satz 1 VerschG, für letztere die Beweiskraft des § 54 PStG. Welche Norm den Vorrang hat, ergibt sich aus der zeitlichen Reihenfolge, dabei sind die folgenden beiden Fallgruppen zu unterscheiden:

II-21 In der *ersten Fallgruppe* erfolgt zunächst die Eintragung im Sterberegister, danach die Todeserklärung (bzw. die Feststellung der Todeszeit nach §§ 39 ff. VerschG). In diesem Fall geht die mit der Todeserklärung (bzw. Feststellung der Todeszeit) begründete Vermutung der Beweiskraft der zeitlich vorangegangenen standesamtlichen Eintragung vor, §§ 9 Abs. 1 Satz 2, 44 Abs. 2 Satz 2 VerschG. Die standesamtliche Eintragung im Sterberegister verliert mit dem Beschluss ihre bisherige Beweiskraft.

II-22 In der *zweiten Fallgruppe* erfolgt zunächst die Todeserklärung, danach die standesamtliche Beurkundung des Todes. Für diese Fallgruppe besteht keine ausdrückliche Regelung im Gesetz, die h. L. lässt die standesamtliche Beurkundung vorgehen (vgl. *Staudinger/Habermann*, vor § 1 VerschG Rdnr. 18 m. w. N.; *Völker*, § 9 VerschG Anm. 3).

Für diese Lösung spricht vor allem das praktische Argument, dass eine abweichende Beurkundung durch das Standesamt praktisch nur denkbar ist, wenn ein amtliches Ermittlungsverfahren stattgefunden hat oder ein Augenzeuge für den Tod auftaucht. Dann liegen aber auch neue Tatsachen vor, die die Vermutung des § 9 VerschG widerlegen.

II-23 Für den Vorrang des § 9 VerschG oder des § 54 PStG kommt es folglich entscheidend darauf an, ob die Todeserklärung oder die standesamtliche Beurkundung *zeitlich früher* erfolgt sind. Maßgeblicher Zeitpunkt dafür, ob die Todeserklärung vor oder nach der standesamtlichen Eintragung erfolgt ist, ist dabei der Zeitpunkt, in dem die Todeserklärung wirksam wird; maßgeblich ist damit die formelle Rechtskraft des gerichtlichen Beschlusses, § 29 Abs. 1 VerschG (so auch *Staudinger/Habermann*, vor § 1 VerschG Rdnr. 17; zu § 29 VerschG s. Rdnr. II-12; a. A. aber *Völker*, § 9 VerschG Anm. 2: Datum des Beschlusses maßgeblich).

6. Die Todesvermutung im standesamtlichen Verfahren

Die Rechtsvermutung der §§ 9 Abs. 1, 44 Abs. 2 VerschG kann jederzeit und von jedermann *widerlegt* werden.   II-24

Für die standesamtliche Praxis ist diese Möglichkeit nur in einem einzigen Fall von unmittelbarer Bedeutung: Eine Eheschließung darf nicht davon abhängig gemacht werden, dass die zu Unrecht erfolgte Todeserklärung eines Verlobten zuvor aufgehoben wird (vgl. AG Hamburg, StAZ 1956, 63). Zur Lebenspartnerschaft s. Rdnr. III-772 ff.

Andererseits darf das Standesamt trotz vorliegender Todeserklärung keine neue Ehe des »Überlebenden« begründen, wenn ihm bekannt ist, dass der für tot Erklärte noch lebt. Das folgt daraus, dass das Standesamt im Anmeldungsverfahren festzustellen hat, ob einer der Verlobten tatsächlich noch verheiratet oder verpartnert ist, s. Rdnr. III-58 ff.; zum Verfahren *Gaaz/Bornhofen*, § 13 PStG Rdnr. 3, 8 ff.

Erfolgt eine Todesfeststellung nach § 9 Abs. 1 VerschG durch gerichtlichen Beschluss, so erfolgt keine Berichtigung im Sterberegister. Die Todeserklärung wird (gleiches gilt für die Feststellung der Todeszeit nach §§ 39 ff. VerschG) in der Sammlung der Beschlüsse von dem Standesamt I in Berlin dauerhaft aufbewahrt, § 33 PStG; vgl. *Gaaz/Bornhofen*, § 33 PStG Rdnr. 12 ff. Die PStG-Reform hat aus Gründen der Verwaltungsvereinfachung auf das frühere Buch für Todeserklärungen verzichtet.   II-25

Aufgrund der Mitteilung des Standesamts I Berlin sind Vermerke in anderen Personenstandsregistern zu machen (*Schütz*, StAZ 1997, 245, 247 zu § 40 PStG a. F.; s. im Einzelnen *Gaaz/Bornhofen*, § 33 PStG Rdnr. 14).

Gleiches gilt für die Aufhebung eines zu Unrecht ergangenen Todeserklärungs- oder Todesfeststellungsbeschlusses gemäß §§ 30, 40 VerschG. Erst nach Aufhebung des Beschlusses kann das Standesamt einen Hinweis in die Register aufnehmen; s. *Gaaz/Bornhofen*, § 33 PStG Rdnr. 15.

IV. Die Feststellung des Todeszeitpunkts

1. Die gerichtliche Feststellung

Ist der Tod einer Person an sich nicht zweifelhaft, ist jedoch eine Eintragung im Sterberegister nicht erfolgt, so kommt eine gerichtliche Feststellung des Todes und der Todeszeit in Betracht, §§ 39 ff. VerschG. Die Verfahrensvorschriften über die Todeserklärung (Rdnr. II-10 ff.) gelten weitgehend, etwa   II-26 auch im Hinblick auf die gerichtliche Zuständigkeit, entsprechend, soweit die §§ 41 ff. VerschG keine besonderen Verfahrensregeln enthalten, § 40 VerschG. In dem Beschluss ist der Zeitpunkt des Todes festzustellen, § 44 VerschG. Für die Rechtswirkungen gilt dasselbe wie im Fall der gerichtlichen Todeserklärung, § 44 Abs. 2 Satz 2 VerschG; s. Rdnr. II-13 ff.

II-27 Ist der Tod im Sterberegister *beurkundet,* so steht hinsichtlich des Todeszeitpunktes ein Beweismittel zur Verfügung, § 54 PStG. Sofern diese standesamtliche Eintragung unrichtig ist, muss kein Feststellungs-, sondern ein Berichtigungsverfahren nach § 48 PStG eingeleitet werden.

Eine Ausnahme von diesem Grundsatz gilt aber, wenn der Antrag auf gerichtliche Feststellung der Todeszeit vom Ehegatten des Verschollenen gestellt wird. Dieser kann die Feststellung des Todeszeitpunktes im Verfahren nach §§ 39 ff. VerschG auch dann erreichen, wenn der Tod im Sterberegister bereits beurkundet ist, § 39 Satz 2 VerschG. Diese Ausnahme wird durch die unterschiedlichen Wirkungen gerechtfertigt, die sich aus § 1306 BGB und § 1319 BGB ergeben, je nachdem ob der Ehegatte des Verschollenen vor dessen Todeszeitpunkt oder danach erneut geheiratet hat, s. hierzu Rdnr. II-17, III-71 ff.

2. Die Kommorientenvermutung

II-28 Kann nicht bewiesen werden, dass von mehreren gestorbenen oder für tot erklärten Menschen der eine den anderen überlebt hat, so wird – ohne ein gesondertes gerichtliches Verfahren – vermutet, dass sie gleichzeitig gestorben sind, § 11 VerschG. Diese Vermutung des gleichzeitigen Versterbens wird »Kommorientenvermutung« genannt.

II-29 Ihre praktische Relevanz liegt vor allem im Erbrecht, da bei gleichzeitigem Versterben keine Rechte von der einen Person auf die andere übergehen können, vgl. § 1923 Abs. 1 BGB sowie Rdnr. II-8.

V. Fälle mit Auslandsbezug

1. Inländische Todeserklärungen

II-30 Gemäß Art. 9 Satz 1 EGBGB unterstehen die Todeserklärung sowie alle damit zusammenhängenden Rechtsfragen dem Heimatrecht des Verschollenen als Personalstatut (hierzu allgemein Rdnr. VI-28 ff.); eine Rück- oder Weiterverweisung ist gemäß Art. 4 Abs. 1 EGBGB zu beachten (hierzu Rdnr. VI-48 ff.).

Die Anwendung dieser Grundsätze erfolgt grundsätzlich im gerichtlichen Verfahren; das Standesamt ist damit nicht befasst, jedenfalls was die Todeserklärung (Rdnr. II-11) sowie die Feststellung des Todes und des Todeszeitpunkts anbelangt (Rdnr. II-26).

2. Die Anerkennung ausländischer Todeserklärungen

II-31 Anders verhält es sich mit der Anerkennung einer Entscheidung, in der eine Person von einem ausländischen Gericht für tot erklärt worden ist (oder der

Todeszeitpunkt festgestellt wurde); denn hier hat das Standesamt die Wirkungen dieser Entscheidung im Inland eigenständig zu prüfen.

Da die Todeserklärung nach deutschem Recht im Verfahren der freiwilligen Gerichtsbarkeit erfolgt, § 13 Abs. 1 VerschG, richtet sich die Anerkennung ausländischer Todeserklärungen als Nichtehesache nach §§ 108 f FamFG. Dies gilt auch dann, wenn die ausländische Entscheidung im streitigen Verfahren ergangen ist; denn der Grundsatz, dass die Qualifikation nach inländischem Recht zu erfolgen hat (vgl. Rdnr. VI-15 ff.), gilt auch im deutschen Verfahrensrecht.

Darauf, ob die ausländische Entscheidung in Form eines Urteils oder eines Beschlusses ergangen ist, kommt es nicht an (vgl. BGH, FamRZ 1994, 498, 498 für eine polnische Todeserklärung).

Wichtigste Anerkennungsvoraussetzung ist die *internationale Anerkennungszuständigkeit* des entscheidenden Gerichts, § 109 Abs. 1 Nr. 1 FamFG. Maßgebend ist, dass das ausländische Gericht nach den Regeln des deutschen internationalen Verfahrensrechts international zuständig gewesen wäre. Um die Anerkennungszuständigkeit festzustellen, ist die deutsche Zuständigkeitsregelung des § 12 VerschG in den ausländischen Sachverhalt zu »spiegeln«. II-32

Unerheblich für die Anerkennungsfähigkeit einer Todeserklärung ist, *welches materielle Recht* das ausländische Gericht angewendet hat und ob dies in Einklang mit dem deutschen IPR war (*Staudinger/Weick/Althammer*, Art. 9 EGBGB Rdnr. 80).

Der Grundsatz der spiegelbildlichen Anwendung des deutschen Zuständigkeitsrechts gilt jedenfalls für § 12 Abs. 1 VerschG. Ob auch die an der ordre-public-Klausel des Art. 9 Satz 2 EGBGB orientierte Ausnahmevorschrift des § 12 Abs. 2 VerschG in die Anerkennungszuständigkeit projiziert werden kann, mag auf den ersten Blick zweifelhaft sein; die Frage ist aber wohl im Ergebnis zu bejahen, denn das deutsche Recht muss ausländischen Staaten billigerweise die gleiche Kompetenz zubilligen, die es für die eigenen Gerichte in Anspruch nimmt (so auch *Bosch*, FamRZ 1994, 499, 502; *Staudinger/Weick/Althammer*, Art. 9 EGBGB Rdnr. 79). Dass neben der ausländischen Anerkennungszuständigkeit gleichzeitig auch die Entscheidungszuständigkeit deutscher Gerichte begründet gewesen wäre, hindert die Anerkennung nicht; denn § 12 Abs. 3 VerschG stellt ausdrücklich klar, dass die internationale Zuständigkeit der deutschen Gerichte nicht ausschließlich ist, vgl. allgemein auch § 106 FamFG. II-33

Ein besonderes *Anerkennungsverfahren* sieht das deutsche Recht nicht vor, § 108 Abs. 1 FamFG; es besteht jedoch die Möglichkeit eines fakultativen Anerkennungsverfahrens, § 108 Abs. 2, 3 FamFG. Sind die Voraussetzungen für die Anerkennung erfüllt, so treten die Rechtswirkungen der Entscheidung mithin *ipso iure* ein. II-34

3. Die Wirkung von Todeserklärungen

II-35 Anerkennung bedeutet Wirkungserstreckung auf das Inland; die Wirkungen einer anzuerkennenden Entscheidung entsprechen also denen im Ursprungsstaat, und können deshalb im Inland insbesondere nicht weiter gehen als im Ursprungsstaat selbst. Die materiellrechtlichen Unterschiede zwischen den verschiedenen Rechtsordnungen schlagen sich im Wirkungsumfang einer anerkennungsfähigen ausländischen Todeserklärung oder einer ihr funktionell vergleichbaren Maßnahme nieder und sind konsequent auch im Inland zu beachten.

II-36 Nach der Rechtsprechung des BGH ist aber »die Wirkung der Feststellung und die Zulässigkeit eines Gegenbeweises nach dem Heimatrecht des Verschollenen zu beurteilen« (BGH, RzW 1961, 134). Die Folgen einer Todeserklärung richten sich also nach dem gemäß Art. 9 EGBGB anzuwendenden Recht, das auch ihre Voraussetzungen beherrscht (vgl. zum polnischen Recht BGH, FamRZ 1994, 498 f. mit Anm. *Bosch*). Der Ursprungsstaat der anzuerkennenden Entscheidung muss nicht mit dem Heimatstaat des Verschollenen identisch sein, vgl. § 12 VerschG.

II-37 Hat ein deutsches Gericht eine Todeserklärung ausgesprochen oder ist eine ausländische Todeserklärung nach §§ 108 f FamFG anzuerkennen, so treten ihre Wirkungen im Inland unabhängig davon ein, ob sie auch der Heimatstaat anerkennt. Tut er dies nicht, so entsteht zwar ein »hinkendes« Rechtsverhältnis (hierzu allgemein Rdnr. VI-4). Dennoch wird die Todeserklärung in der Sammlung der Beschlüsse gemäß § 33 PStG aufbewahrt.

B. Geschäftsfähigkeit

I. Allgemeines

II-38 Von der Rechtsfähigkeit zu unterscheiden (oben Rdnr. II-1 ff.) ist die Geschäftsfähigkeit. Während die Rechtsfähigkeit das statische Moment der Trägerschaft von Rechten und Pflichten betrifft, bezieht sich die Geschäftsfähigkeit auf das dynamische Moment der Veränderung von Rechten und Pflichten durch Ausübung der Privatautonomie.

Das BGB enthält keine Definition der Geschäftsfähigkeit. Der Begriff bedeutet die Fähigkeit, Rechtsgeschäfte durch Abgabe oder Entgegennahme von Willenserklärungen (oder rechtsgeschäftsähnliche Handlungen) in eigener Person oder durch selbstbestimmte Vertreter wirksam vorzunehmen.

II-39 Das BGB normiert die Erfordernisse der Geschäftsfähigkeit nicht positiv. Die §§ 104 ff. BGB sagen vielmehr umgekehrt lediglich negativ, unter welchen Voraussetzungen ein Mensch nicht oder nicht voll geschäftsfähig ist.

Das geltende Recht kennt zwei Gründe für das Fehlen oder die Beschränkung der Geschäftsfähigkeit einer Person, nämlich jugendliches Alter (§§ 104 Nr. 1, 106 BGB) und bestimmte geistige Erkrankungen (§ 104 Nr. 2 BGB). Beide

Gründe können die für rechtsgeschäftliches Handeln zu fordernde tatsächliche Willens- und Einsichtsfähigkeit mindern, so dass Rechtsgeschäfte der betreffenden Person grundsätzlich mit einer Nichtigkeitsfolge belegt werden, s. §§ 105, 108 Abs. 1 BGB.

Für die Tätigkeit des Standesamts ist die Geschäftsfähigkeit der Beteiligten in vielen Fällen von erheblicher Bedeutung, vor allem wenn der Standesbeamte die Wirksamkeit personenstandsändernder Erklärungen zu beurteilen hat. Jedoch ist zu beachten, dass die §§ 104 ff. BGB als Normen des Allgemeinen Teils des BGB die Geschäftsfähigkeit nur im Allgemeinen regeln. Im Familienrecht finden sich zahlreiche Ausnahme- und Spezialregelungen, die den allgemeinen Vorschriften vorgehen; sie werden jeweils im Sachzusammenhang erläutert, s. etwa für die Eheschließungsvoraussetzungen Rdnr. III-41 ff.

II-40

II. Die gesetzliche Vertretung

1. Allgemeines

Die Rechtsordnung muss auch den nicht voll Geschäftsfähigen die Teilnahme am Rechtsverkehr durch Vornahme von Rechtsgeschäften und rechtsgeschäftsähnlichen Handlungen ermöglichen. Das rechtstechnische Mittel zur Erfüllung dieser Aufgabe ist das Rechtsinstitut der *Stellvertretung*. Der Vertreter kann die erforderlichen Rechtsgeschäfte für den nicht voll Geschäftsfähigen in dessen Namen und mit Wirkung für und gegen diesen vornehmen.

II-41

Das Familienrecht ordnet sowohl für den Minderjährigen als auch für den Volljährigen eine *gesetzliche Vertretungsmacht* bestimmter Personen an, die für den nicht voll Geschäftsfähigen handeln können. Zur wirksamen gesetzlichen Vertretung bei bestimmten, als besonders schwerwiegend angesehenen Rechtsgeschäften ist *zusätzlich* die Genehmigung des Familiengerichts notwendig, §§ 1643, 1819–1822 BGB.

Soweit sich im Vierten Buch des BGB keine besonderen Vorschriften zur Vertretung des Pflegebefohlenen finden, gelten die allgemeinen Regeln zur Stellvertretung in §§ 164 ff. BGB, etwa auch im Hinblick auf eine rechtsgeschäftliche Vertretungsmacht durch Vollmacht, s. Rdnr. II-44 sowie 55 f.

Auch die Vertretung des nicht voll Geschäftsfähigen spielt bei der *standesamtlichen Tätigkeit* eine wichtige Rolle, nämlich *unmittelbar* immer dann wenn personenstandsrechtlich relevante Rechtsverhältnisse durch Erklärungen beeinflusst werden und sich die Frage einer wirksamen gesetzlichen Vertretung des nicht voll Geschäftsfähigen stellt. Teils gestattet das Gesetz sogar nur den gesetzlichen Vertretern die Abgabe einer personenstandsrelevanten Erklärung, etwa dem Inhaber der elterlichen Sorge eine Rechtswahl nach Art. 10 Abs. 3 EGBGB (hierzu näher Rdnr. IV-311 ff.). Aber auch *mittelbar* ist die gesetzliche Vertretung für den Standesbeamten von Bedeutung, soweit die materiellrechtliche Grundlage für die gesetzliche Vertretung Vorfrage ist, etwa im Namensrecht, wo die §§ 1616 ff. BGB oftmals an die Frage anknüpfen, wem die elterliche Sorge für das Kind zugewiesen ist.

II-42

2. Gesetzliche Vertretung des Minderjährigen als Ausfluss der elterlichen Sorge

II-43 Bei einem Minderjährigen ist die gesetzliche Vertretung gemäß § 1629 Abs. 1 Satz 1 BGB Teil der elterlichen Sorge und steht damit dem Inhaber der elterlichen Sorge nach §§ 1626 ff. BGB zu.

a) Gemeinsame elterliche Sorge der Eltern

II-44 Steht die elterliche Sorge den Eltern gemeinschaftlich zu, so vertreten sie das Kind grundsätzlich gemeinschaftlich als Gesamtvertreter, § 1629 Abs. 1 Satz 2 Halbs. 1 BGB. Für die Passivvertretung, also die Vertretung bei der Entgegennahme von Erklärungen (§ 164 Abs. 3 BGB), genügt die Erklärung gegenüber einem Elternteil, § 1629 Abs. 1 Satz 2 Halbs. 2 BGB. Jeder Elternteil kann den anderen Elternteil nach § 167 Abs. 1 BGB zur Vornahme des Rechtsgeschäfts bevollmächtigen, so dass der handelnde Elternteil dann teilweise in Untervertretung handelt.

II-45 Den Eltern steht die elterliche Sorge – und damit die gesetzliche Vertretung – *gemeinsam* zu, wenn
– die Eltern bei der Geburt miteinander verheiratet sind (was der Standesbeamte ohnehin für die Beurkundung der Abstammung prüfen muss, s. Rdnr. IV-40 ff.), wie sich aus dem Grundsatz des § 1626 Abs. 1 BGB und einem Umkehrschluss zu der Ausnahmevorschrift in § 1626 a BGB ergibt,
– die Eltern wirksame Sorgeerklärungen (näher §§ 1626 b ff. BGB) abgegeben haben, § 1626 a Abs. 1 Nr. 1 BGB, ggf. auch bereits pränatal, § 1626 b Abs. 2 BGB,
– die Eltern später geheiratet haben, § 1626 a Abs. 1 Nr. 2 BGB, oder
– das Gericht den Eltern die gemeinsame Sorge überträgt, § 1626 a Abs. 1 Nr. 3 sowie Abs. 2 BGB – eine Neuerung aus dem Jahr 2013 (hierzu *Frank*, StAZ 2013, 269; *P. Huber/Antomo*, FamRZ 2013, 665; zum Regierungsentwurf *Coester*, FamRZ 2012, 1337), die notwendig geworden war, nachdem sowohl der EGMR als auch das BVerfG die bisherige Regelung (die dem Vater ein Sorgerecht gegen den Willen der Mutter verweigert hatte, vgl. Vorauflage Rdnr. IV-223 ff.) als konventions- bzw. verfassungswidrig gerügt hatten, s. EGMR, Nr. 22028/04 (Zaunegger), FamRZ 2010, 103; BVerfG, StAZ 2010, 297; vgl. auch EuGH, Rs. C-400/10 PPU (McB) Slg. 2010, I-8965). Nach § 1626 a Abs. 2 Satz 1 BGB überträgt das Familiengericht die elterliche Sorge (ganz oder zum Teil) beiden Elternteilen gemeinsam, wenn dies dem Kindeswohl nicht widerspricht, wobei nach Satz 2 grundsätzlich vermutet wird, dass eine gemeinsame elterliche Sorge dem Kindeswohl nicht widerspricht; zur Neuregelung s. etwa *Heilmann*, NJW 2013, 1473. Eine solche Sorgerechtsübertragung durch ein inländisches Familiengericht (vgl. zum Verfahren auch § 155a FamFG) bindet selbstverständlich auch das Standesamt.

II-46 Trotz gemeinsamer elterlicher Sorge kann jedoch ausnahmsweise dennoch ein Elternteil *alleine* gesetzlich vertretungsbefugt sein, und zwar
– soweit einer der Elternteile die elterliche Sorge allein ausübt, § 1629 Abs. 1 Satz 3 Fall 1 BGB (s. a. § 1687 Abs. 1 Satz 2 BGB bei getrennt lebenden Eltern mit gemeinsamem Sorgerecht),

– diesem Elternteil gerichtlich mit Gestaltungswirkung auch für den Standesbeamten die Entscheidung nach § 1628 BGB übertragen wurde, § 1629 Abs. 1 Satz 3 Fall 2 BGB, oder
– bei zum Kindeswohl notwendigen Rechtshandlungen, soweit Gefahr im Verzug besteht, § 1629 Abs. 1 Satz 4 Halbs. 1 BGB; in diesem Fall ist der andere Elternteil unverzüglich (§ 121 Abs. 1 Satz 1 BGB) über die Notvertretung zu unterrichten, § 1629 Abs. 1 Satz 4 Halbs. 2 BGB.

b) Alleinige elterliche Sorge eines Elternteils

Ist die elterliche Sorge alleine einem Elternteil zugewiesen, so ist dieser sorgeberechtigte Elternteil allein zur Vertretung des Kindes berechtigt, vgl. § 1629 Abs. 1 Satz 3 BGB. II-47

Ein alleiniges Sorgerecht entsteht originär nach § 1626a Abs. 3 BGB bei der Mutter, II-48
– wenn diese mit dem Vater nicht verheiratet ist (was der Standesbeamte auch hier ohnehin für die Beurkundung der Abstammung prüfen muss, s. Rdnr. IV-40 ff.)
– und weder Sorgerechtserklärungen abgegeben wurden, noch das Sorgerecht gerichtlich beiden Elternteilen gemeinschaftlich übertragen wurde, vgl. Rdnr. II-45.

Bei einer vertraulichen Geburt nach § 25 Abs. 1 SchKG ruht gemäß § 1674a BGB die elterliche Sorge, solange das Familiengericht nicht festgestellt hat, dass die Mutter dem Gericht gegenüber die für den Geburtseintrag ihres Kindes erforderlichen Angaben gemacht hat; da auch der Vater unbekannt ist, muss ein Vormund bestellt werden, der das Kind gesetzlich vertritt, s. Rdnr. II-51.

Das alleinige Sorgerecht entsteht auch dann, wenn nach zunächst bestehender gemeinsamer elterlicher Sorge ein Elternteil die elterliche Sorge verliert, und zwar insbesondere II-49
– durch Tod nach § 1680 BGB,
– anlässlich der Trennung der Eltern durch gerichtliche Übertragung nach § 1671 Abs. 1 BGB, oder
– durch gerichtliche Entziehung der elterlichen Sorge des einen Elternteils nach §§ 1666, 1666a BGB; auch diese gerichtlichen Gestaltungsentscheidungen entfalten für den Standesbeamten Bindungswirkung.
Zu weiteren Fällen s. *Palandt/Götz*, § 1626 BGB Rdnr. 6.

Auch kann es zu einem Wechsel der alleinigen elterlichen Sorge kommen, etwa durch gerichtliche Übertragung der Alleinsorge der unverheirateten Mutter auf den Vater anlässlich der Trennung der Eltern gemäß § 1671 Abs. 2 BGB. II-50

c) Ausschluss der gesetzlichen Vertretung durch die Eltern

Ausnahmsweise fehlt es an der gesetzlichen Vertretung durch die Eltern, wenn das Kind *nicht unter elterlicher Sorge* steht. Gründe hierfür sind der Tod beider Elternteile oder die Entziehung des Sorgerechts gegenüber beiden El- II-51 ternteilen nach § 1666 BGB. In diesen Fällen erhält der Minderjährige nach § 1773 BGB einen Vormund. Der Vormund ist nach § 1793 BGB gesetzlicher Vertreter des Minderjährigen als Mündel.

II-52 Sind hingegen die Eltern oder der Vormund nur an der Besorgung *einzelner Angelegenheiten* rechtlich (z. B. nach §§ 1629 Abs. 2 Satz 1, 1795 BGB) gehindert, so erhält der Minderjährige einen insoweit zur gesetzlichen Vertretung berechtigten Ergänzungspfleger nach § 1909 BGB.

3. Gesetzliche Vertretung bei Volljährigen

II-53 Die Rechtsstellung der nicht voll geschäftsfähigen Volljährigen bestimmt sich seit dem 1.1.1992 nach dem Rechtsinstitut der *Betreuung* gemäß §§ 1896 ff. BGB. Ein Betreuer wird nach § 1896 Abs. 1 Satz 1 BGB für einen Volljährigen bestellt, der aufgrund einer psychischen Krankheit oder einer körperlichen, geistigen oder seelischen Behinderung seine Angelegenheiten ganz oder teilweise nicht besorgen kann.

Der Betreuer ist *gesetzlicher Vertreter* des Betreuten; das folgt aus §§ 1902, 1896 Abs. 2 Satz 2 BGB. Die gesetzliche Vertretungsbefugnis erstreckt sich aber – anders als diejenige der Eltern oder des Vormunds – nicht auf sämtliche Angelegenheiten des Pflegebefohlenen, sondern nur auf den Aufgabenbereich, für den er bestellt worden ist, § 1902 BGB.

II-54 Die Voraussetzungen einer Betreuerbestellung umfassen damit auch die Fälle der Geschäftsunfähigkeit nach § 104 Nr. 2 BGB, gehen aber weit über diese schwerste Fallgruppe hinaus.

Die Bestellung eines Betreuers hat auf die Frage der Geschäftsfähigkeit als solche keinen Einfluss. Ist der Betreute nach § 104 Nr. 2 BGB geschäftsunfähig, kann nur der Betreuer als gesetzlicher Vertreter des Betreuten für diesen Geschäfte nach §§ 164 Abs. 1, 1902 BGB vornehmen, vgl. aber auch § 105 a BGB. Ist der Betreute hingegen geschäftsfähig, so kann sowohl dieser selbst (und zwar ohne Zustimmung des Betreuers!) als auch der Betreuer Rechtsgeschäfte wirksam vornehmen.

Das Betreuungsgericht kann jedoch nach § 1903 Abs. 1 Satz 1 BGB anordnen, dass der Betreute zu einer den Aufgabenkreis des Betreuers betreffenden Willenserklärung der Einwilligung des Betreuers bedarf; die Rechtsstellung des Betreuten ähnelt in diesem Fall einer in der Geschäftsfähigkeit beschränkten Person, §§ 1903 Abs. 1 Satz 2, 108 ff. BGB.

III. Rechtsgeschäftliche Vertretungsmacht für nicht voll Geschäftsfähige, insbesondere Vorsorgevollmacht

II-55 Personen ohne volle Geschäftsfähigkeit können unter bestimmten Umständen nicht nur über ihre gesetzlichen Vertreter am Rechtsverkehr teilnehmen, sondern auch über Personen mit rechtsgeschäftlich begründeter Vertretungsmacht, die aufgrund einer *Vollmacht* (§ 167 Abs. 1 BGB) für den nicht voll Geschäftsfähigen handeln dürfen.

Soweit der *Minderjährige* nicht geschäftsfähig ist, kann er freilich auch nicht einen Dritten bevollmächtigen; allenfalls der gesetzliche Vertreter kann eine Vollmacht für den Minderjährigen erteilen, wie dies regelmäßig geschieht, wenn ein Elternteil in rechtsgeschäftliche Handlungen des anderen Elternteils einwilligt, s. Rdnr. II-44.

Anders ist die Situation beim *Volljährigen*, der seine volle Geschäftsfähigkeit später verliert. Ein Volljähriger kann bereits bei voller Geschäftsfähigkeit einer Vertrauensperson durch Vollmacht eine Vertretungsmacht einräumen. Dies kann sogar gerade für den Fall geschehen, dass der Volljährige nicht mehr voll geschäftsfähig ist oder hilfsbedürftig ist; man spricht dann von einer *Vorsorgevollmacht*. Eine solche rechtsgeschäftliche Vertretungsmacht kann auch eine Betreuung und damit eine gesetzliche Vertretungsmacht entbehrlich machen, vgl. § 1896 Abs. 2 Satz 2 BGB, so dass lediglich eine Überwachung des Bevollmächtigten durch einen Betreuer angezeigt ist, § 1896 Abs. 3 BGB. Zu prüfen ist freilich stets, ob das Vertretergeschäft – etwa eine personenstandsrelevante Erklärung – vom Umfang der Vollmacht gedeckt ist; im Übrigen kann nur ein Betreuer den Volljährigen vertreten, soweit dieser nicht mehr geschäftsfähig ist.

II-56

IV. Anwendbares Recht in Fällen mit Auslandsbezug

1. Die Geschäftsfähigkeit

In Fällen mit Auslandsbezug richtet sich die Geschäftsfähigkeit nach dem Recht des Staates, dem die betreffende Person angehört (Personalstatut), Art. 7 Abs. 1 Satz 1 EGBGB; allgemein zur Anknüpfung des Personalstatuts Rdnr. VI-28 ff. Eine Rück- oder Weiterverweisung (allgemein Rdnr. VI-48 ff.) ist nach Art. 4 Abs. 1 Satz 1 EGBGB zu beachten, s. *Palandt/Thorn* Art. 7 EGBGB Rdnr. 1.

II-57

Die einmal erlangte Geschäftsfähigkeit wird durch einen Statutenwechsel nicht berührt, Art. 7 Abs. 2 EGBGB, wobei die Vorschriften unmittelbar nur den Statutenwechsel durch Verlust der deutschen Staatsangehörigkeit regelt, aber im Wege der Analogie allseitig auf jeden Statutenwechsel infolge eines Wechsels der Staatsangehörigkeit anzuwenden ist (*Palandt/Thorn* Art. 7 EGBGB Rdnr. 8); zum Begriff des Statutenwechsels s. Rdnr. VI-46 f. Die Vorschrift hat dadurch, dass mittlerweile fast alle Rechtsordnungen der Welt die Volljährigkeit einheitlich mit 18 Jahren eintreten lassen, kaum noch praktische Bedeutung.

II-58

2. Die (gesetzliche) Vertretungsmacht für den nicht voll Geschäftsfähigen

Die Vertretungsmacht für den nicht voll Geschäftsfähigen ist als Teilfrage selbständig anzuknüpfen, also durch einen deutschen Standesbeamten nach dem deutschen Kollisionsrecht, das allerdings in diesem Bereich durch Staatsverträge stark überlagert wird.

II-59

a) Die Anknüpfung der gesetzlichen Vertretungsmacht für den Minderjährigen, insbesondere nach dem Haager Kinderschutzübereinkommen (KSÜ)

II-60 Die gesetzliche Vertretung von nicht voll geschäftsfähigen Minderjährigen ist Ausfluss der elterlichen Sorge und war deshalb bisher kollisionsrechtlich als Aspekt des Eltern-Kind-Verhältnisses i. S. d. Art. 21 EGBGB zu qualifizieren.

II-61 Diese Situation hat sich grundsätzlich durch das Haager Übereinkommen vom 19.10.1996 über die Zuständigkeit, das anzuwendende Recht, die Anerkennung, Vollstreckung und Zusammenarbeit auf dem Gebiet der elterlichen Verantwortung und der Maßnahmen zum Schutz von Kindern (KSÜ, auszugsweise abgedruckt in *Schmitz/Bornhofen/Bockstette*, Nr. 228) geändert, das seit dem 1.1.2011 auch für die Bundesrepublik – und damit die deutschen Standesämter – verbindlich geworden ist.

Zum KSÜ s. allgemein *Benicke*, IPRax 2013, 44; *Gärtner*, StAZ 2011, 65; *Schulz*, FamRZ 2011, 156; *Siehr*, RabelsZ 2000, 715; s. a. den Bericht zum Übereinkommen von *Lagarde*, in: Actes et documents de la Dix-huitième session, hrsg. von der Conférence de La Haye de droit international privé (1998) 534.

II-62 Das KSÜ enthält u. a. Kollisionsnormen für die Zuweisung und Ausübung der elterlichen Sorge, vgl. Art. 1 Abs. 1 Buchst. c KSÜ. Die Kollisionsnormen des KSÜ sind universell ausgestaltet: Das anwendbare Recht bestimmt sich nach dem KSÜ, selbst wenn nach den Kollisionsnormen des KSÜ das Recht eines Staates anwendbar ist, der nicht Vertragsstaat des KSÜ ist, Art. 20 KSÜ. Das auf die elterliche Verantwortung anwendbare Recht wird detailliert in den Art. 15 ff. KSÜ geregelt:

II-63 Soweit die Zuweisung der elterlichen Sorge bisher nicht Gegenstand einer gerichtlichen oder behördlichen Entscheidung im Ausland oder Inland war (dazu näher Rdnr. II-83 ff.), richtet sich die *Zuweisung* und das *Erlöschen* der elterlichen Sorge kraft Gesetzes – wie nach Art. 21 EGBGB – nach dem *Recht des gewöhnlichen Aufenthalts des Kindes*, Art. 16 Abs. 1 KSÜ; zur Bestimmung des gewöhnlichen Aufenthalts ausführlich Rdnr. VI-41 ff.

II-64 Von dieser Grundregel weicht das KSÜ jedoch für die *rechtsgeschäftliche Zuweisung der elterlichen Sorge* ab: War die Zuweisung oder das Erlöschen der elterlichen Sorge Gegenstand eines Rechtsgeschäfts »ohne Einschreiten eines Gerichts oder einer Verwaltungsbehörde«, so richtet sich die durch dieses Rechtsgeschäft zugewiesene oder aufgehobene elterliche Sorge nach dem Recht des Staates, in dem das Kind zum Zeitpunkt des Wirksamwerdens des Rechtsgeschäfts seinen gewöhnlichen Aufenthalt hatte, Art. 16 Abs. 2 KSÜ (sog. Errichtungsstatut). Die deutsche Sorgeerklärung nach §§ 1626a Abs. 1 Nr. 1 BGB (näher Rdnr. II-45) stellt ein solches Rechtsgeschäft dar (*Lagarde*-Bericht, Rdnr. 103), so dass sich im Falle einer Sorgeerklärung die elterliche Sorge nach dem deutschen Errichtungsstatut richtet, wenn die Eltern für ihr Kind mit gewöhnlichem Aufenthalt in Deutschland eine Sorgeerklärung abgegeben haben, auch wenn sich das Kind später im Ausland gewöhnlich aufhält, solange dort nicht ein neues Rechtsgeschäft über die elterliche Sorge abgeschlossen wurde.

B. Geschäftsfähigkeit

IV. Anwendbares Recht in Fällen mit Auslandsbezug

Das KSÜ enthält bemerkenswerte Regelungen zum *Statutenwechsel;* zum Begriff des Statutenwechsels s. Rdnr. VI-46 f. Nach Art. 16 Abs. 3 KSÜ bleibt eine einmal nach dem Recht am gewöhnlichen Aufenthaltsort des Kindes begründete elterliche Sorge auch nach einem Aufenthaltswechsel bestehen. Nach einem Wechsel des gewöhnlichen Aufenthalts bestimmt sich die Zuweisung der elterlichen Sorge kraft Gesetzes an eine Person, die bisher noch nicht Inhaber der elterlichen Sorge ist, gemäß Art. 16 Abs. 4 KSÜ nach dem neuen Recht. Art. 16 Abs. 3 und 4 KSÜ bewirken damit im Zusammenspiel, dass sich ein Statutenwechsel nur positiv auswirkt: Durch den Wechsel des anwendbaren Rechts verliert niemand eine einmal erlangte elterliche Sorge (Abs. 3), wohl aber kann eine Person die elterliche Sorge erlangen (Abs. 4). Es kann also bei einem nichtehelichen Kind dazu kommen, dass durch den bloßen Wechsel eines gewöhnlichen Aufenthalts von Deutschland ins Ausland neben der Mutter auch der Vater Inhaber der elterlichen Sorge wird (Abs. 4) und diese Position sogar behält, wenn das Kind nach Deutschland zurückkehrt (Abs. 3).

II-65

Wichtig für die gesetzliche Vertretung des Kindes durch den Inhaber der elterlichen Sorge ist Art. 17 KSÜ, der festlegt, dass sich auch die *Ausübung* – im Gegensatz zur Zuweisung und zum Erlöschen – der elterlichen Sorge stets nach dem Recht am gewöhnlichen Aufenthalt bestimmt. Insbesondere ist nach Art. 17 Satz 2 KSÜ ein Statutenwechsel beachtlich, so dass sich auch die Ausübung einer nach einem früheren Aufenthaltsrecht begründeten elterlichen Sorge nach dem neuen Aufenthaltsrecht richtet. Für den Standesbeamten bekommt Art. 17 KSÜ vor allem Relevanz, wenn zu prüfen ist, ob der Inhaber der elterlichen Sorge das Kind bei einer personenstandsrelevanten Erklärung vertreten kann. Hier beantwortet das nach Art. 17 maßgebliche Recht die Frage nach dem Umfang der gesetzlichen Vertretungsmacht des Inhabers der elterlichen Sorge, also die Frage, ob das Vertretergeschäft – das vom gesetzlichen Vertreter für den Minderjährigen vorgenommene Rechtsgeschäft – vom Umfang der Vertretungsmacht gedeckt ist.

II-66

In Art. 19 KSÜ schützt das Übereinkommen den Rechtsverkehr – bei Platzgeschäften (Abs. 2) – in seinem *Vertrauen* auf den Bestand der gesetzlichen Vertretungsmacht nach dem Recht, in dem das Vertretergeschäft vorgenommen wurde, auch wenn nach dem eigentlich anwendbaren Recht keine Vertretungsmacht besteht. Soweit dem Standesamt Angaben vorliegen, die einen Auslandsbezug des Sachverhalts nahelegen, wird man davon auszugehen haben, dass der Standesbeamte bei amtsempfangsbedürftigen Willenserklärungen bösgläubig i. S. d. Vorschrift ist.

II-67

Das KSÜ enthält auch einige Regelungen zu allgemeinen kollisionsrechtlichen Fragen.

II-68

Zunächst wird der *Renvoi* (allgemein Rdnr. VI-48 ff.) in Art. 21 Abs. 1 KSÜ grundsätzlich ausgeschlossen: Die Verweisungen des KSÜ sind als Sachnormverweisungen anzusehen. Allerdings berücksichtigt Art. 21 Abs. 2 KSÜ im Hinblick auf die Zuweisung und das Erlöschen der elterlichen Verantwortung ausnahmsweise eine Weiterverweisung, wenn das KSÜ auf das Recht eines

Drittstaats verweist, das Kollisionsrecht dieses Staates auf das Recht eines weiteren Drittstaats verweist, das wiederum die Verweisung annimmt.

II-69 Die Anwendung eines ausländischen Rechts auf die Zuweisung der elterlichen Sorge darf nicht gegen den inländischen ordre public verstoßen, wobei hier das Kindeswohl zu berücksichtigen ist, Art. 22 KSÜ.

II-70 Das KSÜ schweigt zu der Frage, wie *Vorfragen* (zum Begriff s. Rdnr. VI-61 ff.) im Statut der elterlichen Verantwortung anzuknüpfen sind, vor allem Fragen der Abstammung und die Frage nach dem Bestand einer Ehe. Entgegen der herrschenden Ansicht zum autonomen IPR wird man im Rahmen des KSÜ solche Vorfragen unselbständig, also nach den Kollisionsnormen desRechts, das nach dem KSÜ auf die elterliche Sorge anwendbar ist, anzuknüpfen haben (anders ohne nähere Begründung OLG Köln, StAZ 2013, 319). Andernfalls würde der internationale Entscheidungseinklang – den das KSÜ bezweckt – gefährdet.

II-71 Angesichts der umfassenden Kollisionsregeln im KSÜ verbleibt im Hinblick auf die Zuweisung und Ausübung der elterlichen Sorge kaum ein Anwendungsbereich für das *autonome deutsche Kollisionsrecht* und insbesondere Art. 21 EGBGB, die vom KSÜ als vorrangigem Staatsvertrag verdrängt werden, Art. 3 Nr. 2 EGBGB. Allenfalls soweit das KSÜ sachlich nicht anwendbar ist, muss noch auf Art. 21 EGBGB zurückgegriffen werden. Das betrifft etwa die Vertretung von Personen, die nach ihrem Personalstatut auch nach Vollendung des 18. Lebensjahres noch der gesetzlichen Vertretung bedürfen; das KSÜ findet nämlich ausweislich seines Art. 2 auf Kinder über 18 Jahre keine Anwendung, s. a. zum ErwSÜ Rdnr. II-75.

II-72 Allerdings sind nach Art. 52 Abs. 1 KSÜ *bestehende Staatsverträge* vor allem mit Nichtvertragsstaaten weiterhin zu beachten. Für die Bundesrepublik betrifft dies vor allem das deutsch-iranische Niederlassungsabkommen von 1929 (RGBl. 1930 II S. 1006; BGBl. 1955 II S. 829), nach dessen Art. 8 Abs. 3 Satz 1 iranische Staatsbürger unter anderem in Bezug auf das Familienrecht und damit auch in Bezug auf die Zuweisung und Ausübung der elterlichen Sorge (OLG Bremen, NJW-RR 1992, 1288) ihrem Heimatrecht unterstehen.

II-73 Bei der Anwendung der vorstehenden kollisionsrechtlichen Grundsätze ist zu beachten, dass diese nur die kraft Gesetzes entstandene gesetzliche Vertretung erfassen. Sobald in einem gerichtlichen oder behördlichen Verfahren über die Verteilung der elterlichen Sorge entschieden worden ist, tritt die in der Entscheidung getroffene Regelung an die Stelle der gesetzlichen Rechtslage, vgl. auch Art. 18 KSÜ. Damit verlagert sich die Lösung des Falles vom Kollisionsrecht in das internationale Zivilverfahrensrecht; es geht dann nicht mehr um die Anknüpfung des für die Zuweisung und Ausübung der elterlichen Sorge maßgeblichen Rechts, sondern um die Wirksamkeit der konkret getroffenen Sorgerechtsentscheidung, in Auslandsfällen also um die Frage der Entscheidungsanerkennung (dazu sogleich näher Rdnr. II-83 ff.). Allgemein zum Gegensatz und zum Zusammenwirken von IPR und IZVR Rdnr. VI-10 f., VI-82 ff.

b) Die Anknüpfung der Vertretungsmacht für den Volljährigen, insbesondere nach dem Haager Erwachsenenschutzübereinkommen (ErwSÜ)

Auch die als Teilfrage selbständig anzuknüpfende Vertretungsmacht für einen Volljährigen richtet sich mittlerweile nicht mehr nach dem deutschen autonomen Kollisionsrecht (insbesondere nach Art. 24 EGBGB), sondern nach dem Haager Übereinkommen vom 13.1.2000 über den internationalen Schutz von Erwachsenen (ErwSÜ), das am 1.1.2009 auch für Deutschland in Kraft getreten ist und sich am Vorbild des KSÜ orientiert. II-74

Zum ErwSÜ allgemein s. *Helms*, FamRZ 2008, 1995; *Siehr*, RabelsZ 2000, 715; *Wagner*, IPRax 2007, 11; s. a. den Bericht zum Übereinkommen von *Lagarde*, in: Actes et documents de la Commission spéciale à caractère diplomatique, hrsg. von der Conférence de La Haye de droit international privé (1999) 389.

Das ErwSÜ ist nach Art. 1 auf den »Schutz von Erwachsenen anzuwenden, die aufgrund einer Beeinträchtigung oder der Unzulänglichkeit ihrer persönlichen Fähigkeiten nicht in der Lage sind, ihre Interessen zu schützen«. Als »Erwachsene« sind nach Art. 2 Abs. 1 ErwSÜ Personen zu verstehen, die das 18. Lebensjahr vollendet haben, wobei das Übereinkommen gemäß Art. 2 Abs. 2 ErwSÜ auch auf Maßnahmen anzuwenden ist, die vor der Vollendung des 18. Lebensjahres getroffen wurden. Das Übereinkommen erfasst damit grundsätzlich sämtliche Aspekte des Betreuungsrechts nach deutschem Verständnis (*Helms*, FamRZ 2008, 1995). II-75

Die Bestimmung des auf die Vertretung des Erwachsenen anzuwendenden Rechts ist ausdrücklich Regelungsziel des ErwSÜ, Art. 1 Abs. 2 Buchst. c ErwSÜ, vgl. auch Art. 17 ErwSÜ.

Die *gesetzliche* Vertretungsmacht der Fürsorgeperson für einen Volljährigen entsteht in der Regel nicht alleine von Gesetzes wegen, sondern bedarf der Entscheidung eines Gerichts (oder einer sonstigen Behörde), die eine Fürsorge anordnet, etwa nach deutschem Recht durch Bestellung eines Betreuers, s. Rdnr. II-53 f. Grundvoraussetzung für eine gesetzliche Vertretungsmacht der Fürsorgeperson ist damit, dass die Bestellung dieser Person im Inland Wirkung entfaltet. Soweit die Fürsorgeperson von einem deutschen Gericht bestellt wurde, ist dies kein Problem; auch das Standesamt ist an diese Maßnahme gebunden. Bei einer Bestellung kraft einer ausländischen Entscheidung muss diese anzuerkennen sein, was nach den Art. 22 ff. ErwSÜ zu prüfen ist (dazu noch Rdnr. II-114 f.). Entfaltet die Maßnahme danach Wirkung, so unterliegt die gesetzliche Vertretungsmacht der Fürsorgeperson demjenigen Recht, nach dem die Fürsorgeperson vom Gericht bestellt wurde. Dies folgt zwar nicht unmittelbar aus Art. 13 ErwSÜ, der vorsieht, dass das Gericht bei Schutzmaßnahmen stets sein eigenes Recht anwendet (Abs. 1), soweit der Sachverhalt keine enge Beziehung zu einem anderen Staat besitzt und der Schutz des Erwachsenen eine Anwendung des Rechts dieses Staates erfordert (Abs. 2). Aber die Maßgeblichkeit des vom Gericht auf die Bestellung angewandten Rechts für die Vertretungsmacht als unmittelbare Folge der Entscheidung folgt mittelbar aus dieser Regelung, wovon auch das Übereinkom- II-76 men ausgeht, vgl. Art. 38 ErwSÜ, der eine Bescheinigung durch das Gericht im Ursprungstaat über die Vertretungsbefugnisse (»über seine Berechtigung zum Handeln und die ihm übertragenen Befugnisse«) vorsieht, die das Gericht nach dem gemäß Art. 13 ErwSÜ von ihm angewandten Recht ausstellen wird; zur Bescheinigung sogleich noch Rdnr. II-82.

II-77 Für die Anknüpfung der *Vorsorgevollmacht* (dazu *Röthel/Woitge,* IPRax 2010, 494; *Wedemann,* FamRZ 2010, 785) enthält das ErwSÜ eine Sonderregelung in Art. 15, wobei das Übereinkommen die Vorsorgevollmacht definiert als »von einem Erwachsenen entweder durch eine Vereinbarung oder ein einseitiges Rechtsgeschäft eingeräumte[...] Vertretungsmacht, die ausgeübt werden soll, wenn dieser Erwachsene nicht in der Lage ist, seine Interessen zu schützen«.

II-78 Der Vollmachtgeber kann das auf diese Vollmacht (und die daraus resultierende rechtsgeschäftliche Vertretungsmacht) anwendbare Recht zunächst nach Art. 15 Abs. 1 letzter Halbs. ErwSÜ in Schriftform und durch ausdrückliche Erklärung *wählen,* wobei nach Abs. 2 zur Auswahl stehen: das Recht der Staatsangehörigkeit (Buchst. a) oder das Recht eines früheren gewöhnlichen Aufenthalts des Vollmachtgebers (Buchst. b) sowie das Recht des Staates, in dem sich Vermögen des Vollmachtgebers befindet, freilich begrenzt auf dieses Vermögen (Buchst. c).

Mangels Rechtswahl unterliegt die Vorsorgevollmacht kraft *objektiver Anknüpfung* dem Recht des Staates, in dem der Vollmachtgeber seinen gewöhnlichen Aufenthalt zum Zeitpunkt der Erteilung der Vorsorgevollmacht hatte, Art. 15 Abs. 1 ErwSÜ.

II-79 Nach Art. 15 Abs. 3 ErwSÜ richtet sich die »Art und Weise der Ausübung« der rechtsgeschäftlichen Vertretungsmacht nach dem Recht des Staates, in dem die Vollmacht ausgeübt wird. Die Abgrenzung zwischen Vollmachtsstatut und diesem Ausübungsstatut ist alles andere als klar; unter Art. 15 Abs. 3 ErwSÜ wird man aber etwa gerichtliche Kontroll- oder Genehmigungsvorbehalte zu zählen haben (*Helms,* FamRZ 2008, 1995, 2000).

II-80 Eine sachrechtliche Regelung zur Vorsorgevollmacht enthält Art. 16 ErwSÜ, der den nach den Art. 5 ff. ErwSÜ zuständigen Gerichten oder sonstigen Behörden eine Aufhebung oder Änderung der Vollmacht gestattet, um den Schutz des Vollmachtgebers zu wahren.

II-81 Art. 17 ErwSÜ entspricht in der Sache Art. 19 KSÜ, freilich mit der Maßgabe, dass diese Vorschrift für einen Verkehrsschutz sowohl bei einer gesetzlichen als auf bei einer rechtsgeschäftlichen Vertretungsmacht der Fürsorgeperson sorgen möchte; im Übrigen gilt das zum KSÜ Gesagte (Rdnr. II-67) entsprechend.

Auch die Kollisionsnormen des ErwSÜ sind universell anwendbar (Art. 18 ErwSÜ), ein Renvoi ist ausgeschlossen (Art. 19 ErwSÜ), Eingriffsnormen (Art. 20 ErwSÜ) und der ordre public (Art. 21 ErwSÜ) werden vorbehalten.

II-82 Bemerkenswert ist die Regelung des Art. 38 ErwSÜ, die eine *Bescheinigung* über die gesetzliche oder rechtsgeschäftliche Vertretungsmacht vorsieht. Wurde eine solche Bescheinigung auf Antrag der Fürsorgeperson ausgestellt, so wird – auch im Personenstandsverfahren – nach Art. 38 Abs. 2 ErwSÜ widerleglich vermutet, dass die bescheinigte Berechtigung zum Handeln und die bescheinigten Befugnisse der Fürsorgeperson bestehen; es handelt sich auch hierbei um eine sachrechtliche Regelung.

V. Anerkennung ausländischer Entscheidungen über die elterliche Sorge oder Betreuung

Im Hinblick auf die Vertretung nicht voll Geschäftsfähiger spielen gerichtliche Entscheidungen eine erhebliche Rolle, durch welche die (gesetzliche) Vertretungsmacht der Fürsorgeperson berührt oder sogar erst begründet wird, vor allem weil sie – nach deutschem Verständnis – die elterliche Sorge oder Betreuung betreffen. Bei Entscheidungen durch inländische Gerichte ergeben sich insoweit keine Probleme, da diese Entscheidungen ihre Wirkungen nach inländischem Verfahrensrecht auch im Personenstandsverfahren entfalten. Ausländische Entscheidungen bedürfen dagegen der Anerkennung, um ihre Wirkungen in das Inland – und damit auch das inländische Personenstandsverfahren – zu erstrecken. II-83

Die Anerkennung ausländischer Entscheidungen im Bereich der elterlichen Sorge und der Betreuung unterliegt mittlerweile zu einem großen Teil unionsrechtlichen (s. Rdnr. II-85 ff.) oder staatsvertraglichen (s. Rdnr. II-105 ff.) Sonderregelungen, die den autonomen Vorschriften des deutschen Rechts (s. Rdnr. II-116 ff.) vorgehen; s. zu Sorgentscheidungen die Skizze bei *Dutta*, StAZ 2010, 193, 194 ff. II-84

1. Die Anerkennung ausländischer Sorgerechtsentscheidungen nach der Brüssel-IIa-VO

Die Anerkennung von Sorgeentscheidungen aus anderen Mitgliedstaaten der EU (mit der Ausnahme von Dänemark) richtet sich nach der Verordnung (EG) Nr. 2201/2003 des Rates vom 27.11.2003 über die Zuständigkeit und die Anerkennung und Vollstreckung von Entscheidungen in Ehesachen und in Verfahren betreffend die elterliche Verantwortung und zur Aufhebung der Verordnung (EG) Nr. 1347/2000 (Brüssel-IIa-VO, auszugsweise abgedruckt bei *Schmitz/Bornhofen/Bockstette* Nr. 215); zu ihrem zeitlichen Anwendungsbereich s. Art. 64 Brüssel-IIa-VO. II-85

Allgemein zur Brüssel-IIa-VO s. *Busch*, IPRax 2003, 218; *Busch/Röhle*, IPRax 2004, 1338; *Coester-Waltjen*, FamRZ 2005, 241; *Gruber*, IPRax 2005, 293; *Looschelders*, JR 2006, 45, 47; *Solomon*, FamRZ 2004, 1409.

a) Der Anwendungsbereich der Brüssel-IIa-VO und ihrer Anerkennungsregeln

Die Anerkennung von Entscheidungen über die elterliche Verantwortung aus Mitgliedstaaten der EU außer Dänemark (Art. 2 Nr. 3 Brüssel-IIa-VO) ist in den Art. 21 ff. Brüssel-IIa-VO geregelt, die neben Entscheidungen in Ehesachen (dazu Rdnr. III-488 ff.) nach Art. 1 Abs. 1 Buchst. b auch Entscheidungen über II-86

die Zuweisung, Ausübung, Übertragung sowie Entziehung der elterlichen Verantwortung erfassen.
Der Begriff »elterliche Verantwortung« wird in Art. 2 Nr. 7 Brüssel-IIa-VO legal definiert und umfasst insbesondere die elterliche Sorge nach deutschem Verständnis.

Die Anerkennungsregeln der Verordnung erfassen damit insbesondere keine Maßnahmen zum Schutz von Erwachsenen, etwa Entscheidungen zur Betreuung von Volljährigen, da diese nicht die elterliche Verantwortung betreffen.

II-87   Die Anerkennungsregeln der Verordnung haben freilich nur die Anerkennung von *Entscheidungen* zum Gegenstand, vgl. Art. 2 Nr. 4 Brüssel-IIa-VO, wobei die Entscheidung nicht zwingend von einem Gericht stammen muss, sondern auch behördliche Entscheidungen anzuerkennen sind, soweit die Behörde nach Art. 2 Nr. 1 Brüssel-IIa-VO für Rechtssachen zuständig ist, die nach Art. 1 Brüssel-IIa-VO in den Anwendungsbereich der Verordnung fallen.

Private Erklärungen der Beteiligten, etwa der Eltern, die sich auf die Zuweisung der elterlichen Sorge auswirken, wie z. B. die deutsche Sorgeerklärung, sind keine Sorgeentscheidungen und damit nicht nach den Art. 21 ff. Brüssel-IIa-VO anzuerkennen. Vielmehr richtet sich die »Anerkennung« solcher ausländischer Sorgeentscheidungen nach dem Recht, das nach dem jeweils maßgeblichen Kollisionsrecht auf die elterliche Sorge anzuwenden ist, s. näher Rdnr. II-64.

II-88   Nach Art. 1 Abs. 1 Brüssel-IIa-VO ist die Verordnung nur auf *Zivilsachen* anwendbar. Aus diesem Verweis kann man jedoch nicht ableiten, dass staatliche Maßnahmen zum Schutz des Kindes, die sich auf die Zuweisung der elterlichen Sorge auswirken, ausgeklammert werden, wie etwa die staatliche Entziehung der elterlichen Sorge zum Schutz des Kindes, z. B. durch ein ausländisches Jugendamt. Zwar könnte man theoretisch Maßnahmen zum Schutz des Kindes, die der Staat in Ausübung seines Wächteramts trifft, durchaus auch als Nichtzivilsachen einordnen. Allerdings hat der EuGH entschieden, dass bei autonomer und eigenständiger Auslegung des Begriffs der Zivilsache in der Brüssel-IIa-VO sämtliche Verfahren, welche die elterliche Verantwortung betreffen, Zivilsachen sind, also auch die Entziehung der elterlichen Sorge durch eine staatliche Schutzmaßnahme, s. EuGH, Rs. C-435/06 (C) Slg. 2007, I-10141.

II-89   Wichtig ist jedoch, dass die Anerkennungsregeln der Brüssel-IIa-VO nur auf Entscheidungen des nach den Art. 8 ff. in der Hauptsache zuständigen Gerichts anwendbar sind, auch auf einstweilige Maßnahmen dieses Gerichts (vgl. EuGH, Rs. C-403/09 PPU (Detiček) Slg. 2009, I-12193, Rdnr. 47), nicht aber etwa auf einstweilige Maßnahmen außerhalb des Hauptsachegerichtsstands i. S. d. Art. 20 Brüssel-IIa-VO, da diese nur territorial im Maßnahmestaat wirken sollen, s. EuGH, Rs. C-256/09 (Purrucker I) Slg. 2010, I-7349, Rdnr. 84 ff. Nach »Purrucker I« soll eine ausländische einstweilige Maßnahme, soweit sie zu ihrer zuständigkeitsrechtlichen Basis schweigt, grundsätzlich als Maßnahme außerhalb eines Hauptsachegerichtsstands anzusehen sein.

Soweit der räumliche und sachliche Anwendungsbereich der Verordnung eröffnet ist, genießt diese Vorrang vor den Anerkennungsregeln der *Staatsverträge der Mitgliedstaaten* (s. Rdnr. II-105 ff.); dies folgt aus den Art. 59–61 Brüssel-IIa-VO, s. die Abschnitte zu den jeweiligen Staatsverträgen. Im Verhältnis zu EU-Mitgliedstaaten (außer Dänemark) richtet sich die Anerkennung von Entscheidungen somit allein nach der Brüssel-IIa-VO. II-90

Das »Günstigkeitsprinzip«, nach dem von zwei miteinander konkurrierenden Anerkennungsregeln immer die anerkennungsfreundlichere anzuwenden ist, steht diesem Vorrang nicht entgegen. Zum einen ist bereits fraglich, ob das Günstigkeitsprinzip auch im Anwendungsbereich der Verordnung gilt (zweifelnd etwa *Wagner,* FamRZ 2006, 744 (745); dafür wohl EuGH, Rs. C-256/09 (Purrucker I) Slg. 2010, I-7349, Rdnr. 92). Zum anderen – und vor allem – hält die Brüssel-IIa-VO insgesamt in der Regel günstigere Regelungen bereit (*Andrae,* IPRax 2006, 82, 88). II-91

Der Vorrang der Brüssel-IIa-VO vor den *autonomen Anerkennungsregeln* des FamFG (s. Rdnr. II-116 ff.) folgt allgemein aus dem Anwendungsvorrang des Unionsrechts vor dem nationalen Recht, der auch in § 97 Abs. 1 Satz 2 FamFG bestätigt wird. II-92

b) Die Anerkennungsvoraussetzungen

Im Rahmen der Brüssel-IIa-VO ist die Anerkennung einer ausländischen Entscheidung der Grundsatz, vgl. Art. 21 Abs. 1 Brüssel-IIa-VO. Die Nichtanerkennung ist als Ausnahme vorgesehen und ausschließlich auf der Grundlage des Art. 23 Brüssel-IIa-VO möglich. Sie ist von Amts wegen zu prüfen. Das bedeutet aber nicht, dass der Standesbeamte auch Ermittlungen von Amts wegen durchzuführen hat, solange sich aus der ausländischen Entscheidung und den vorliegenden Dokumenten sowie den Mitteilungen der Beteiligten keine Anhaltspunkte für ein Vorliegen von Anerkennungsversagungsgründen ergeben. II-93

Die in Art. 23 Brüssel-IIa-VO geregelten Anerkennungsversagungsgründe sind: II-94
a) der Verstoß gegen die öffentliche Ordnung (materieller oder verfahrensrechtlicher ordre public);
b) kein rechtliches Gehör des Kindes;
c) keine ausreichende Verteidigungsmöglichkeit der betreffenden Person;
d) kein rechtliches Gehör einer sorgeberechtigten Person;
e) eine entgegenstehende spätere Entscheidung des Anerkennungsstaats;
f) eine entgegenstehende spätere Entscheidung eines anderen Staates, die im Anerkennungsstaat ebenfalls anerkennungsfähig ist;
g) der Verstoß gegen Art. 56 Brüssel-IIa-VO.

Die internationale Zuständigkeit als Anerkennungsvoraussetzung spielt keine Rolle (Art. 24 Brüssel-IIa-VO, vgl. aber Rdnr. II-89).

Die materielle Rechtmäßigkeit der Ursprungsentscheidung darf nicht nachgeprüft werden (Art. 26 Brüssel-IIa-VO). Die formelle Rechtskraft ist keine Voraussetzung für die Anerkennung der Entscheidung, s. aber die Möglichkeit einer Aussetzung der Anerkennung (näher Rdnr. II-104).

II-95 *Zu Art. 23 Buchst. a Brüssel-IIa-VO:* Die Prüfung eines Verstoßes gegen den deutschen ordre public, der offensichtlich sein muss und nicht als Vorwand für eine unzulässige Generalüberprüfung der Entscheidung dienen darf, hat sich am Kindeswohl zu orientieren (Art. 23 Buchst a Brüssel-IIa-VO). Das Ergebnis muss ausnahmsweise für den inländischen Rechtskreis spürbar zu einer unerträglichen Lage führen und mit den wesentlichen Grundsätzen des deutschen Rechts, insbesondere den Grundrechten, unvereinbar sein. Angesichts des hohen Grundrechtsstandards in der EU wird ein solcher offensichtlicher Verstoß mit Inlandsbezug nur höchst selten in Betracht kommen. Außerdem kann der anerkennende Staat bei eigener Zuständigkeit stets ein abänderndes Urteil fällen, das inländischen Maßstäben genügt. Zudem kann der Kindeswohlvorbehalt dazu zwingen, eine eigentlich ordre-public-widrige Sorgeentscheidung doch anzuerkennen, wenn ein erneutes Verfahren dem Kindeswohl widerspräche, etwa wegen der langen Verfahrensdauer, s. *Dutta*, StAZ 2010, 193, 198.

II-96 *Zu Art. 23 Buchst. b und d Brüssel-IIa-VO:* Als spezielle Ausprägung des verfahrensrechtlichen ordre public fordert Art. 23 Buchst. b Brüssel-IIa-VO eine Anhörung des Kindes, sofern diese zu den wesentlichen Verfahrensgrundsätzen des Anerkennungsstaats gehört. Für Deutschland ist somit § 159 FamFG zu beachten. Wesentliche verfahrensrechtliche Grundsätze des Anerkennungsstaats werden bei einer unterbliebenen Anhörung des Kindes regelmäßig nicht verletzt, wenn die Anhörung des Kindes aufgrund seines Alters oder seines Reifegrads unangebracht erscheint (BGH, FamRZ 2009, 1297, 1300; vgl. auch die Wertung des Art. 11 Abs. 2 Brüssel-IIa-VO). Ebenso ist nach Buchst. d die Nichtanhörung einer sorgeberechtigten Person (etwa auch Vormund, Jugendamt) ein Anerkennungshindernis.

II-97 *Zu Art. 23 Buchst. c Brüssel-IIa-VO:* Ein Anerkennungshindernis liegt vor, wenn einer betroffenen Person wegen eines Zustellungsfehlers die Rechtsverteidigung erschwert war und sie sich nicht auf das Verfahren eingelassen hat (Art. 23 Buchst. c Brüssel-IIa-VO). Dabei ist abzuwägen, wie schwer der Verstoß für die Verteidigungsmöglichkeit wiegt. Auf einen Zustellungsfehler kann sich nicht berufen, wer sich mit der Entscheidung eindeutig einverstanden erklärt hat oder wer dem Antragsteller seinen Aufenthaltsort verheimlicht (vgl. OLG Celle, FamRZ 1998, 110, 111).

II-98 *Zu Art. 23 Buchst. e und f Brüssel-IIa-VO:* Die Anerkennung ist ausgeschlossen, wenn die Entscheidung mit einer späteren Entscheidung eines deutschen Gerichts oder einer anerkennungsfähigen Entscheidung eines ausländischen Gerichts (sei es in einem Mitgliedstaat oder einem Drittstaat) unvereinbar ist, wenn das Kind – im Fall einer Drittstaatsentscheidung – zum Entscheidungszeitpunkt seinen gewöhnlichen Aufenthalt in diesem Drittstaat hatte. Durch die Maßgeblichkeit der späteren Entscheidung wird dem wandelbaren Kindeswohl Rechnung getragen. Ein Widerspruch besteht sowohl zu abweichenden Entscheidungen über die elterliche Verantwortung als auch zu solchen, die den Status des Kindes abweichend bestimmen (z. B. Adoption, Anfechtung der Vaterschaft).

Zu Art. 23 Buchst. g Brüssel-IIa-VO: Diese Vorschrift betrifft lediglich bestimmte Unterbringungsentscheidungen, die in der standesamtlichen Praxis keine Rolle spielen sollten. II-99

c) Das Verfahren der Anerkennung

Innerhalb des Anwendungsbereichs der Verordnung ist ein besonderes Anerkennungsverfahren nicht erforderlich, Art. 21 Abs. 1 Brüssel-IIa-VO. Die Anerkennung wird nicht mit allgemein verbindlicher Wirkung festgestellt; vielmehr ist sie von der jeweils befassten Stelle (Gericht, Behörde, hier das Standesamt) *inzident* festzustellen, vgl. Art. 21 Abs. 4 Brüssel-IIa-VO. II-100

Diese Inzidentfeststellung über die Anerkennungsfähigkeit wird dadurch erleichtert, dass die Gerichte der Mitgliedstaaten, die die Entscheidungen erlassen, ein von der Verordnung vorgeschriebenes Formblatt verwenden. Dieses ist zwar in der jeweiligen Amtssprache verfasst, verwendet jedoch hinsichtlich der einzutragenden Inhalte eine europaweit identische Schablone, so dass keine Übersetzung der Eintragungen mehr erforderlich ist, sondern von der prüfenden Stelle nur mit dem deutschen Formblatt verglichen werden muss; zu den Vor- und Nachteilen dieses Systems *Dutta,* StAZ 2011, 33; *Sturm,* StAZ 2002, 193. II-101

Die Brüssel-IIa-VO stellt in ihrem Anhang II ein Formular für Entscheidungen über die elterliche Verantwortung bereit. Das Formular sieht Angaben über das ausstellende Gericht oder die Behörde, die Namen der Parteien, den Ort und die Zeit der Eheschließung, die Art der Entscheidung, eine Säumnis des Beklagten, Rechtsmittel und über die Rechtskraft vor.

Dem mit einer Sorgerechtsentscheidung aus einem anderen Mitgliedstaat konfrontierten deutschen Standesamt ist nach Art. 37 Brüssel-IIa-VO neben einer Ausfertigung der Entscheidung eine Bescheinigung gemäß Art. 39 Brüssel-IIa-VO vorzulegen, d. h. ein solches auf Antrag vom Gericht oder der Behörde des Ursprungsmitgliedstaats nach Anhang II ausgestelltes Formblatt (in Deutschland ist das Verfahren zur Erlangung einer solchen Bescheinigung nach Art. 39 Brüssel-IIa-VO für eine deutsche Entscheidung in den §§ 48 f. IntFamRVG geregelt). Fehlen diese Urkunden, kann der Standesbeamte nach Art. 38 Abs. 1 Brüssel-IIa-VO eine Frist zur Vorlage bestimmen, sich mit den vorhandenen Unterlagen begnügen oder von der Vorlage befreien, wenn keine weitere Klärung erforderlich ist. Ferner können nach Art. 38 Abs. 2 Brüssel-IIa-VO beglaubigte Übersetzungen verlangt werden. Zwar spricht diese Vorschrift nur davon, dass ein »Gericht« (legal definiert in Art. 2 Nr. 1 Brüssel-IIa-VO) die beglaubigten Übersetzungen verlangen kann; ihrem Sinn und Zweck nach gilt die Vorschrift (jedenfalls analog) auch für Standesbeamte und andere Behörden, soweit sie inzident die Anerkennungsfähigkeit einer Entscheidung prüfen, s. *Dutta,* StAZ 2010, 193, 199 mit Fn. 60. Anhand dieser Unterlagen wird dann geprüft, ob der ausländischen Entscheidung die automatische Anerkennung versagt wird. Eine Legalisation der vorzulegenden Ur- II-102 kunden oder ähnliche Förmlichkeiten sind nicht erforderlich, Art. 52 Brüssel-IIa-VO.

II-103 Art. 21 Abs. 3 Brüssel-IIa-VO eröffnet die Möglichkeit eines *fakultativen Feststellungsverfahrens;* zuständig ist das Familiengericht am Aufenthaltsort des Kindes, in dessen Bezirk ein Oberlandesgericht seinen Sitz hat (§§ 10 Nr. 1, 12 Abs. 1 IntFamRVG). Die Feststellung ist trotz Fehlens einer ausdrücklichen unionsrechtlichen oder autonomen Anordnung allgemein – und damit auch für den Standesbeamten – verbindlich (zu dieser Streitfrage s. näher *Dutta,* StAZ 2010, 193, 197 mit Fn. 40); doch dürfte eine solche Feststellung ohnehin widersprechende Entscheidungen rein faktisch verhindern, weil sich spätere Entscheidungsträger an der Feststellung orientieren werden.

II-104 Hat ein Beteiligter im Ursprungsstaat gegen die anzuerkennende Sorgeentscheidung einen Rechtsbehelf eingelegt, so gestattet Art. 27 Abs. 1 Brüssel-IIa-VO eine Aussetzung des Verfahrens, bis über den Rechtsbehelf im Ausland entschieden wurde. Art. 27 Abs. 1 Brüssel-IIa-VO beschränkt diese Aussetzungsbefugnis allerdings auf Gerichte. Auch hier (vgl. bereits Rdnr. II-102) sollte Art. 27 Abs. 1 Brüssel-IIa-VO auf andere Behörden wie Standesbeamte, die inzident eine ausländische Sorgeentscheidung nach der Brüssel-IIa-VO anerkennen müssen, analog angewendet werden, s. *Dutta,* StAZ 2010, 193, 197 f.

2. Die Anerkennung auf der Grundlage von Staatsverträgen

a) Allgemeines

II-105 Ausländische Entscheidungen über die elterliche Verantwortung, die nicht von der Brüssel-IIa-VO erfasst werden, sind vor allem Entscheidungen aus Drittstaaten sowie Dänemark; für diese Entscheidungen gelten vorrangig bestehende Staatsverträge.

II-106 Im Verhältnis der Staatsverträge untereinander und zum autonomen Recht gilt das Günstigkeitsprinzip, wonach die Anerkennungsfähigkeit nach einer der Rechtsquellen ausreicht, so ausdrücklich Art. 19 ESÜ, vgl. allgemein BGH, FamRZ 1987, 580, 582. Eine Ausnahme besteht nur im Verhältnis zwischen KSÜ und MSA (dazu Rdnr. II-111). Dieses Günstigkeitsprinzip findet wohl – entgegen Stimmen im Schrifttum (s. etwa *R. Wagner,* FamRZ 2006, 744, 745) – auch im Verhältnis zwischen der Brüssel-IIa-VO einerseits und den staatsvertraglichen sowie autonomen Anerkennungsregeln andererseits Anwendung, wie auch der EuGH angedeutet hat (EuGH, Rs. C-256/09 (Purrucker I), Slg. 2010, I-7349, Rdnr. 92).

II-107 Im Folgenden werden die einschlägigen Staatsverträge wegen ihrer jedenfalls gegenüber der Brüssel-IIa-VO geringeren praktischen Bedeutung nur in ihrem jeweiligen Anwendungsbereich skizziert; in ihrer Struktur ähneln die Anerkennungsregeln den Brüssel-IIa-Regeln, auch wenn freilich im Detail Unterschiede zu verzeichnen sind, s. die vergleichende Darstellung bei *Dutta,* StAZ 2010, 193, 195 ff. (für Sorgeentscheidungen). – Keine Rolle für das Standesamt spielt das Haager Übereinkommen über die zivilrechtlichen Aspekte internationaler Kindesentführung vom 25.10.1980 (HKÜ), welches die Rückführung widerrechtlich ins Ausland entführter oder dort zurückgehaltener Kinder betrifft. Die Rückführungsentscheidung selbst ist keine Sorgerechtsentscheidung (Art. 19 HKÜ), sondern soll das Sorgerecht und durch die Rückführung die Zuständigkeit des ursprünglichen Aufenthaltsstaats des Kindes schützen, eine Ablehnung der Rückführung nach Art. 13 HKÜ nimmt die Sorgerechtsentscheidung nicht vorweg (*Looschelders,* JR 2006, 45, 50).

Die einschlägigen Staatsverträge sehen – wie auch die Brüssel-IIa-VO – kein Anerkennungsverfahren vor; vielmehr erfolgt die Anerkennung von Rechts wegen inzident, vgl. Art. 23 Abs. 1 KSÜ, Art. 7 Satz 1 MSA, Art. 14 ESÜ, Art. 22 Abs. 1 ErwSÜ.

II-108

Möglich ist allerdings bei allen Übereinkommen (und sei es auch nur in Verbindung mit dem autonomen Recht) ein fakultatives Feststellungsverfahren auf Antrag (ausdrücklich vorgesehen in Art. 24 KSÜ, Art. 7 ESÜ i. V. m. § 32 IntFamRVG, Art. 23 ErwSÜ; zum Feststellungsverfahren beim MSA OLG Bremen, FamRZ 1997, 107 f.). Wie bei Art. 21 Abs. 3 Brüssel-IIa-VO sind die Familiengerichte zuständig.

b) Das Haager Kinderschutzübereinkommen (KSÜ)

Das Haager Übereinkommen vom 19.10.1996 über die Zuständigkeit, das anzuwendende Recht, die Anerkennung, Vollstreckung und Zusammenarbeit auf dem Gebiet der elterlichen Verantwortung und der Maßnahmen zum Schutz von Kindern (KSÜ, s. allgemein Rdnr. II-61) ordnet in seinen Art. 23 ff. eine Anerkennung von Schutzmaßnahmen (s. a. Art. 1 Abs. 1 Buchst. d sowie die Definition in Art. 3 KSÜ) aus anderen Vertragsstaaten an (Stand der Vertragsstaaten abrufbar unter <www.hcch.net>).

II-109

Soweit der KSÜ-Vertragsstaat zugleich Mitgliedstaat i. S. d. Brüssel-IIa-VO ist, richtet sich die Anerkennung nicht nach dem Übereinkommen, sondern gemäß Art. 61 Brüssel-IIa-VO nach der Verordnung: Soweit das Kind seinen gewöhnlichen Aufenthalt in der EU hat, ergibt sich dies bereits aus Art. 61 Buchst. a Brüssel-IIa-VO. Aber auch bei Kindern mit einem gewöhnlichen Aufenthalt in einem Drittstaat verdrängen nach Art. 61 Buchst. b Brüssel-IIa-VO die Anerkennungsvorschriften der Brüssel-IIa-VO diejenigen des KSÜ.

II-110

c) Das Haager Minderjährigenschutzabkommen (MSA)

Die Anerkennungsvorschrift für Schutzmaßnahmen in Art. 7 des Haager Übereinkommens über die Zuständigkeit der Behörden und das anzuwendende Recht auf dem Gebiet des Schutzes von Minderjährigen vom 5.10.1961 (Minderjährigenschutzabkommen – MSA, abgedruckt bei *Schmitz/Bornhofen/Bockstette* Nr. 223) hat durch die Brüssel-IIa-VO und das KSÜ, die beide das MSA in ihrem Anwendungsbereich nach Art. 60 Buchst. a Brüssel-IIa-VO (für Entscheidungen aus Mitgliedstaaten) bzw. Art. 51 KSÜ (für Entscheidungen aus Vertragsstaaten, die nicht zugleich Mitgliedstaaten der EU sind, vgl. Rdnr. II-110) verdrängen, seine praktische Bedeutung weitestgehend verloren. Das MSA spielt nur noch im Verhältnis zur Türkei und zu China bezüglich der Region Macao (ehemals Portugal) eine Rolle, die weder Mitgliedstaaten der EU

II-111

noch Vertragsstaaten des KSÜ, aber des MSA sind (Stand der jeweiligen Vertragsstaaten abrufbar unter <www.hcch.net>).

d) Das Europäische Sorgerechtsübereinkommen (ESÜ)

II-112 Das Europäische Übereinkommen über die Anerkennung und Vollstreckung von Entscheidungen über das Sorgerecht für Kinder und die Wiederherstellung des Sorgeverhältnisses vom 20.5.1980 (ESÜ, auszugsweise abgedruckt bei *Schmitz/Bornhofen/Bockstette*, Nr. 227) ermöglicht in Art. 7 ff. die Anerkennung und Vollstreckbarerklärung von Sorgeentscheidungen aus einem Vertragsstaat in jedem anderen Vertragsstaat (Stand der Vertragsstaaten abrufbar unter <conventions.coe.int>).

II-113 Eine Anerkennung einer Sorgeentscheidung nach dem ESÜ ist aufgrund des Günstigkeitsprinzips (dazu Rdnr. II-106) auch neben dem KSÜ und dem MSA möglich, s. ausdrücklich Art. 19 ESÜ, vgl. auch Art. 52 Abs. 1 KSÜ. Wegen des Vorrangs der Brüssel-IIa-VO (Art. 60 Buchst. d) findet das ESÜ allerdings nur noch Anwendung im Verhältnis zu Dänemark, Island, Liechtenstein, Mazedonien, Norwegen, der Republik Moldau, Schweiz, Serbien, Montenegro und der Türkei.

e) Das Haager Erwachsenenschutzübereinkommen (ErwSÜ)

II-114 Das Haager Übereinkommen vom 13.1.2000 über den internationalen Schutz von Erwachsenen (ErwSÜ, s. allgemein Rdnr. II-74) enthält in seinen Art. 22 ff. Anerkennungsregeln für Maßnahmen zum Schutz eines Erwachsenen durch einen Vertragsstaat (Stand der Vertragsstaaten abrufbar unter <www.hcch.net>), die Basis für eine (gesetzliche) Vertretung sein können, soweit sie im Inland anerkennungsfähig sind, vgl. bereits Rdnr. II-76.

II-115 Das Übereinkommen wird nicht durch die Brüssel-IIa-VO verdrängt, da diese auf Schutzmaßnahmen für Erwachsene nicht anwendbar ist, s. Rdnr. II-86. Konflikte mit anderen Staatsverträgen drohen im Hinblick auf die Entscheidung betreffend die Betreuung einer Person ebenfalls nicht.

3. Anerkennung nach autonomem Recht

II-116 Wenn weder die Brüssel-IIa-VO noch ein Staatsvertrag einschlägig sind (§ 97 Abs. 1 FamFG), richtet sich die Anerkennung einer ausländischen Entscheidung betreffend die elterliche Sorge oder die Betreuung allein nach der autonomen deutschen Regelung der §§ 108, 109 FamFG. Im Verhältnis zu den Staatsverträgen und (wohl) auch zur Brüssel-IIa-VO gilt allerdings das Günstigkeitsprinzip; wenn die autonomen Anerkennungsregeln des FamFG anerkennungsfreundlicher sind als ein Staatsvertrag, gehen jene diesen vor, s. Rdnr. II-106.

II-117 Nach § 108 Abs. 1 FamFG sind – mit Ausnahme von Entscheidungen in Ehesachen, die in § 107 FamFG geregelt sind – sämtliche ausländischen Entscheidungen, die in den sachlichen Anwendungsbereich des FamFG fallen, anzuerkennen, also auch Entscheidungen über die Zuweisung der elterlichen Sorge (vgl. § 151 Nr. 1 FamFG) sowie über die Betreuung einer Person (§ 271 FamFG).

Eines besonderen *Anerkennungsverfahrens* bedarf es bei §§ 108, 109 FamFG nicht; jedoch ist auch hier ein *fakultatives* Anerkennungsverfahren möglich, § 108 Abs. 2 Satz 1 FamFG, mit Bindungswirkung für den Standesbeamten, §§ 108 Abs. 2 Satz 2, 107 Abs. 9 FamFG. II-118

Eine Ausnahme von diesem Grundsatz ist allenfalls bei der Anerkennung einer Sorgeentscheidung nach dem FamFG zu machen, die auf einer Entscheidung in einer Ehesache beruht: Soweit die Sorgeentscheidung ohne die Entscheidung in der Ehesache keinen Bestand haben kann, ist das besondere Anerkennungsverfahren für Entscheidungen in Ehesachen nach § 107 FamFG zu durchlaufen (BGHZ 64, 19, 22; BGH, FamRZ 1982, 1203, 1205; BGH, NJW-RR 2007, 722, 724, jeweils zur Vorgängervorschrift in Art. 7 § 1 FamRÄndG; a. A. *Andrae*, § 6 Rdnr. 154: Ein Anerkennungsverband sei abzulehnen, da die Sorgeentscheidung weder materiell noch verfahrensrechtlich notwendig mit der Ehescheidung zusammenhänge und im deutschen Recht mit § 1671 BGB der Zwangsverbund abgeschafft worden sei). II-119

Eine Anerkennung nach §§ 108, 109 FamFG ist ausgeschlossen, wenn ein Anerkennungsversagungsgrund nach § 109 Abs. 1 FamFG besteht: II-120

Zunächst bedarf es einer Anerkennungszuständigkeit nach § 109 Abs. 1 Nr. 1 FamFG, die sich nach dem »Spiegelbildprinzip« richtet; das ausländische Gericht war »anerkennungszuständig«, wenn es sich auch auf der Grundlage des deutschen internationalen Zuständigkeitsrechts (zur Präzisierung des Verweises auf die deutschen Zuständigkeitsregeln näher Rdnr. III-513 ff.) hätte für zuständig halten dürfen. II-121

Dies ist bei *Sorgeentscheidungen* dann der Fall, wenn
- eine Annexzuständigkeit im Eheverfahren (§ 152 FamFG) bestand,
- das Kind die Staatsangehörigkeit des Ursprungsstaats besaß, ungeachtet der effektiven Staatsangehörigkeit (§ 99 Nr. 1 FamFG),
- das Kind dort seinen gewöhnlichen Aufenthalt hatte (§ 99 Nr. 2 FamFG) oder
- eine Fürsorgezuständigkeit bestand (§ 99 Nr. 3 FamFG).

Im Verhältnis des autonomen Rechts zum MSA gilt insoweit nicht das Günstigkeitsprinzip (oben Rdnr. II-106). Hatte das Kind bei der Entscheidung seinen Aufenthalt in einem Vertragsstaat des MSA, muss die Zuständigkeit des Entscheidungsstaats nach dem MSA bestanden haben (*Staudinger/Henrich*, Art. 21 EGBGB Rdnr. 226; a. A. *Staudinger/Kropholler*, vor Art. 19 EGBGB, Art. 7 MSA Rdnr. 445). II-122

Bei *Betreuungsentscheidungen* besteht die Anerkennungszuständigkeit gemäß § 109 Abs. 1 Nr. 1 FamFG, wenn
- der Betroffene die Staatsangehörigkeit des Ursprungsstaats besaß, ungeachtet der effektiven Staatsangehörigkeit (§ 104 Abs. 1 Satz 1 Nr. 1 FamFG),
- der Betroffene dort seinen gewöhnlichen Aufenthalt hatte (§ 104 Abs. 1 Satz 1 Nr. 2 FamFG) oder
- eine Fürsorgezuständigkeit bestand (§ 104 Abs. 1 Satz 2 FamFG). II-123

II-124　　Weiterhin darf die Entscheidung nicht gegen den ordre public verstoßen (§ 109 Abs. 1 Nr. 4 FamFG) und es muss dem Verfahrensgegner ausreichend rechtliches Gehör gewährt worden sein (§ 109 Abs. 1 Nr. 2 FamFG). Die erforderliche Anhörung des Kindes bei Sorgeentscheidungen ist nicht ausdrücklich erwähnt, aber vom verfahrensrechtlichen ordre public erfasst (vgl. § 159 FamFG).

II-125　　Frühere inländische oder anzuerkennende ausländische Entscheidungen sowie früher rechtshängige inländische Verfahren haben nach § 109 Abs. 1 Nr. 3 FamFG Vorrang, soweit die spätere Entscheidung mit ihnen unvereinbar ist. Dies ist dann nicht anzunehmen, wenn sich die Umstände gewandelt haben und eine andere Entscheidung dem Kindeswohl entspricht (*Andrae*, § 6 Rdnr. 173).

C. Probleme bei nicht feststellbarer Identität

II-126　　Die Rechtsfolgen von Rechtsfähigkeit und Geschäftsfähigkeit setzen grundsätzlich voraus, dass der Betroffene identifizierbar ist, so dass ihm seine Rechte und Pflichten und die Rechtsfolgen seiner privatautonomen Handlungen konkret zugeordnet werden können. Mittel zu dieser Identifizierung sind die Personenstandsdaten des Betroffenen. Sie ergeben sich im Normalfall aus Personenstandsurkunden, bei Ausländern meistens – aber nicht ausschließlich (KG, StAZ 2006, 13) – aus dem Ausweis oder Reisepass, sofern diese vorgelegt werden können.

II-127　　In jüngster Zeit mehren sich jedoch die Fälle, in denen der Personenstand insbesondere ausländischer Betroffener nicht festgestellt werden kann. Das Problem taucht vor allem im Zusammenhang mit der Beurkundung von Geburten auf, bei denen die Identität der Eltern nicht festgestellt werden kann.

II-128　　Grundsätzlich ist festzuhalten, dass die Unkenntnis des Personenstands die Rechts- und Geschäftsfähigkeit des Betroffenen nicht beeinträchtigt. Rechtsfähig ist gemäß § 1 BGB der »Mensch«, also das *physische* Individuum. Seine *rechtliche* Identifizierbarkeit ist keine Voraussetzung seiner Personalität. Aus diesem Grund dürfte die fehlende Identifizierbarkeit keine Auswirkungen auf das Entstehen von personenstandsrechtlichen Rechtsverhältnissen und auf die materiellrechtliche Wirksamkeit von Erklärungen der betroffenen Person haben.

II-129　　Das Problem ist zunächst ein personenstands*verfahrens*rechtliches. Es geht um die Frage, wie der Eintrag in die Personenstandsregister zu formulieren ist, wenn er sich auf Personen mit unbekanntem Status bezieht. Die Praxis folgte bisher überwiegend dem insbesondere vom OLG Hamm vertretenen »Annäherungsgrundsatz« (vgl. OLG Hamm, StAZ 2004, 201; *Gaaz/Bornhofen*, § 25 PStG Rdnr. 7), wonach die Daten so weit einzutragen sind, als man sie feststellen kann, und im Übrigen auf die verbleibende Ungewissheit hinzuweisen ist.

Diese Lösung verhindert, dass die in den ersten Personenstandseinträgen dokumentierte Ungewissheit im Lauf der Zeit nicht mehr erkennbar wird. Die statusrechtlichen Konsequenzen schlichtweg zu negieren, nur weil die Beteiligten nicht identifizierbar sind, verkennt die Subjektqualität der jeweiligen Betroffenen und läuft im Ergebnis darauf hinaus, dass Personen ungeklärter Identität keine wirksamen Rechtsbeziehungen begründen könnten.

II-130

Es ist zwar richtig, dass der durch die Eintragung schriftlich fixierte »Annäherungsstatus« im Lauf der Zeit rein faktisch zu einem Rechtsstatus erstarken kann, was rechtspolitisch unerwünscht wäre (so die gewichtigen Argumente von *Sturm*, StAZ 2005, 284 ff. mit Beispielen). Doch kann die Eigenschaft als »Mensch« und damit als Rechtssubjekt nicht von der Identifizierbarkeit abhängen (a. A. anscheinend *Sturm*, StAZ 2005, 285).

II-131

Abweichend von dieser verfahrensrechtlichen Fragestellung ist eine differenzierende Betrachtung dann geboten, wenn bestimmte *materiellrechtliche* Voraussetzungen einer Personenstandsänderung nicht festgestellt werden können. Die Praxis sucht nach einzelfallorientierten Lösungen:
So wird etwa die Vaterschaftsanerkennung eines nicht identifizierbaren Mannes als wirksam angesehen, die Vaterschaft des angeblichen Ehemanns einer nicht identifizierbaren Frau hingegen abgelehnt.
Eine Namenserteilung nach § 1617a Abs. 2 BGB ist nicht zulässig, wenn dem Kind der Name des Elternteils erteilt werden soll, dessen Identität und damit auch dessen Name nicht nachgewiesen werden kann (*Hochwald*, StAZ 2009, 151).
S. den Überblick über die Problematik und den Meinungsstand bei *Kissner*, StAZ 2005, 98; aus der Rechtsprechung LG Berlin, StAZ 2002, 369 (hierzu *Kampe*, StAZ 2009, 17); BayObLG, StAZ 2005, 43 ff., 45 ff., 104 ff.; OLG München, StAZ 2005, 360; OLG Hamm, StAZ 2004, 233; 2006, 231; 2007, 18; 2008, 231; AG Lübeck, StAZ 2007, 149; ferner *Sturm*, StAZ 2005, 281 ff.; *Vogt*, StAZ 2005, 313; *Krömer*, StAZ 2006, 151; zur Problematik der Rechtskraft eines Urteils, in dem der Beklagte nicht genau identifiziert werden kann, s. *Kraus*, StAZ 2006, 114.

II-132

Zweiter Abschnitt: Der Name allgemein

Der Name ist zunächst die »äußere Kennzeichnung einer Person zur Unterscheidung von anderen« (RGZ 91, 352; RGZ 137, 215; BGH, NJW 1959, 525); insoweit dient er staatlichen Ordnungsinteressen. Daneben ist er nach neuerem Verständnis auch »Ausdruck seiner Identität sowie Individualität und begleitet die Lebensgeschichte seines Trägers, die unter dem Namen als zusammenhängende erkennbar wird« (BVerfGE 78, 38, 49 = StAZ 1988, 164 ff.; BVerfGE 84, 9, 22 = StAZ 1991, 89 ff.).

II-133

Zunächst gehörte der Name selbst nicht zum *Personenstand* im engeren Sinne. Dennoch war er ein zentraler Begriff des Personenstandsrechts, da die Personen, deren Personenstandsfälle in den Büchern einzutragen waren,

II-134

durch ihn identifiziert wurden. Bei allen personenstandsrechtlich relevanten Vorgängen war die Identität der betroffenen Person aufgrund der Angabe des Namens feststellbar; die durch eben diese Vorgänge ausgelösten Namensänderungen mussten in die Personenstandsregister eingetragen werden. Das PStG hat diese wichtige Funktion des Namens positivrechtlich anerkannt und nennt den Namen nunmehr in der Definition des Begriffs des Personenstands, § 1 Abs. 1 Satz 1 PStG.

II-135 Aus der Sicht des Standesamts stellt sich das Namensrecht unter *zwei Aspekten* dar:

Zum einen ist zu prüfen, welche Bezeichnungen der in Rdnr. II-133 genannten Definition entsprechen und Namensqualität besitzen. Es handelt sich um eine grundlegende Frage des Personenstandsrechts; s. a. *Gaaz/Bornhofen*, § 1 PStG Rdnr. 8 ff.

II-136 Zum anderen stellt sich die Frage, welchen konkreten Namen eine Person aufgrund ihres jeweiligen personenstandsrechtlichen Status führt. Erwerb und Änderung des Namens sind typischerweise eine Folge personenstandsrechtlich relevanter Vorgänge.

Aus diesem Grund werden Einzelheiten des Namenserwerbs im Zusammenhang mit eben diesen Vorgängen kommentiert; insoweit wird auf die Teile III bis V verwiesen. Im Folgenden werden allgemeine Fragen des Namensrechts behandelt, die sich keiner dieser beiden Fragen zuordnen lassen.

A. Funktionen des Namens

II-137 Die Definition des Namensbegriffs wie auch die rechtlichen und rechtspolitischen Zwecke von Namenserwerb und Namensänderungen lassen sich nur angemessen erfassen, wenn man sich vergegenwärtigt, welche Funktionen der Name in Recht und Gesellschaft übernimmt. Als Mittel zur »äußeren Kennzeichnung« sowie als »Ausdruck der Individualität« hat er eine Doppelnatur: einerseits übernimmt er Kennzeichnungs- und Ordnungsfunktionen im Interesse der Allgemeinheit, andererseits ist er ein Individualrecht.

I. Individualisierung

1. Staatliche Ordnungsinteressen

II-138 Die offensichtlichste und wichtigste Funktion des Namens ist die Identifizierung und Individualisierung des Namensträgers. Sie dient zunächst staatlich-administrativen Ordnungsinteressen; über den Namen wird der Einzelne für die Verwaltung fassbar und erfassbar.

Die Identifizierungsfunktion setzt im Idealfall voraus, dass der Name immer derselbe bleibt. Wer seinen Namen wechselt, wechselt seine Identität.

Aus der Sicht der Verwaltung taucht er unter; aus eigener Sicht ist sein Persönlichkeitsrecht betroffen. Daher ist die *Namenskontinuität* ein elementares namensrechtliches Regelungsprinzip.

2. Der Name als Persönlichkeitsrecht

Zum anderen liegt die Individualisierungsfunktion auch im Interesse des Individuums. Jeder Mensch identifiziert sich mit seinem Namen und stellt sich durch ihn nach außen dar. Der Name ist deshalb gleichzeitig auch ein Persönlichkeitsrecht. II-139

Diese im Grundsatz immer schon anerkannte, im Detail freilich nicht strikt durchgeführte Qualifikation als Persönlichkeitsrecht ist durch das BVerfG mehrfach klar gestellt und bestätigt worden; s. etwa die Entscheidungen BVerfG, StAZ 1968, 347 ff; StAZ 1988, 164, 167; StAZ 2001, 207; auch StAZ 2004, 104. Auch der EuGH hat immer wieder betont, dass der Name einer Person »Teil ihrer Identität und ihres Privatlebens ist« und damit auch vom europäischen Grundrechtsschutz (Art. 7 GrCh und Art. 8 EMRK) erfasst sei, so etwa in EuGH, Rs. C-208/09 (Sayn-Wittgenstein) Slg. 2010, I-13693 = StAZ 2011, 77, Rdnr. 52 sowie EuGH, Rs. C-391/09 (Runevič-Vardyn) Slg. 2011, I-3787 = StAZ 2011, 274, Rdnr. 66. II-140

Besonders nachdrücklich bestätigt wurde der individuelle Charakter des Namens in der Entscheidung des BVerfG vom 18.2.2004 (StAZ 2004, 104). Hier hat das BVerfG klargestellt, dass auch der durch Ehenamensbestimmung neu erworbene Familienname des bei der Namenswahl »unterlegenen« Ehegatten zu dessen eigenem persönlichen Namen wird und nicht etwa ein nur von seinem Partner »geliehener« Name bleibt. Es hat die frühere Regelung, wonach dieser Name nicht zum Ehenamen in einer späteren Ehe gewählt werden konnte, als verfassungswidrig beanstandet und so das Gesetz zur Änderung des Ehe- und Lebenspartnerschaftsnamensrechts vom 6.2.2005 veranlasst, das dem § 1355 Abs. 2 BGB seine derzeit geltende Fassung gab (s. dazu *Wagenitz/Bornhofen,* FamRZ 2005, 1435; *Bornhofen,* StAZ 2005, 226; *Gaaz,* StAZ 2006, 161; vgl. auch *Manteuffel,* NJW 2004, 1425 sowie die Erörterungen in Teil III). II-141

Aus dem Charakter des Namens als Persönlichkeitsrecht folgt der Schutz der Namenskontinuität. Auch ein »falscher« Name ist, wenn er registriert, lange Zeit faktisch geführt und als Mittel der Identifizierung verwendet wurde, verfassungsrechtlich geschützt (BVerfG, StAZ 2001, 207, »Singh«; ähnlich auch schon BayObLG, StAZ 2000, 148; ausführlich zu diesem Schutz des tatsächlich geführten Namens *Hepting,* StAZ 2013, 1 und 34 sowie *Wall,* StAZ 2014, 151, 153 f.), so dass eine Namenskontinuität gewahrt werden muss, s. etwa OLG München, StAZ 2013, 289; KG, StAZ 2013, 314 und 347 f. Sehr viel schwächer ist der Schutz, wenn der falsche Name geführt wurde, obwohl der richtige registriert war (vgl. OLG Hamm, StAZ 2007, 175). Auch die namensrechtliche Rechtsprechung des EuGH und das darauf folgende unionsrechtliche Anerkennungsgebot (näher dazu Rdnr. II-413 ff.) kann als Ausprägung dieses Vertrauensgrundsatzes gedeutet werden (*Hepting* a.a.O.). II-142

II. Offenlegen der familiären Beziehungen

II-143 Eine weitere wichtige Aufgabe des Namens ist es, familiäre Beziehungen des Namensträgers nach außen erkennbar zu machen. Diese Aufgabe übernimmt im deutschen Recht der Familienname.

Zum einen dokumentiert Namensübereinstimmung die *familienrechtliche Zuordnung*. Wenn Mann und Frau einen einheitlichen Ehenamen führen, dokumentiert dieser, dass sie miteinander *verheiratet* sind. Wenn Abkömmlinge so heißen wie ihre Vorfahren, lässt der Name die *Abstammung* erkennen. Führt ein Kind den Ehenamen seiner Eltern, so verbinden sich die beiden Gesichtspunkte; die Namenseinheit zeigt die *familiäre Zusammengehörigkeit* der ehelichen Kernfamilie nach außen sichtbar. In zahlreichen Rechten hat der Familienname aufgrund der Liberalisierung des Namensrechts diese Funktion weitgehend verloren; man hat ihn deshalb durch Begriffe wie »Nachname« oder »Zuname« ersetzt (*Seibicke*, StAZ 2006, 294).

II-144 Zum anderen kann der Familienname auch die rechtliche *Qualität* einer familiären Zuordnung erkennbar machen. Ob ein Kind den Ehenamen seiner Mutter oder ihren Geburtsnamen führte, war früher ein Kriterium dafür, ob es »ehelich« oder »nichtehelich« war.

Wenn der Name familienrechtliche Verhältnisse erkennbar machen soll, muss er etwaigen Änderungen dieser Rechtsverhältnisse folgen und sich ebenfalls ändern. Die Offenlegungsfunktion des Namens kollidiert insoweit mit dem Prinzip der Namenskontinuität (soeben Rdnr. II-138, 142).

Ferner müsste der Name *zusammen mit* den familienrechtlichen Verhältnissen bestehen, die er dokumentiert; es müsste also ein zeitlicher Zusammenhang bestehen. Wird dieser Zusammenhang zu sehr gelockert, verwischt sich die Grenze zur »isolierten« Namensänderung, die grundsätzlich nur im öffentlichrechtlichen Namensänderungsverfahren möglich ist.

III. Selbstdarstellung

II-145 Schließlich ist der Name für den Einzelnen ein Mittel der Selbstdarstellung. Beim frei bestimmbaren Vornamen, aber auch beim Künstlernamen oder beim religiös motivierten Ordensnamen erscheint dies als selbstverständlich. Beim Familiennamen hingegen klingt es überraschend, wohl deswegen, weil der Familienname früher ein gesetzlich angeordneter Zwangsname war und keine Gestaltung zuließ. Das Gleichberechtigungsgesetz vom 18.6.1957 (BGBl. I S. 609) hat zum ersten Mal die Möglichkeit zu privatautonomer Namensgestaltung geschaffen, indem es der Frau die Möglichkeit einräumte, dem Ehenamen – der selbstverständlich der des Mannes war – ihren »Mädchennamen« anzufügen (s. näher Rdnr. III-555). Seither haben sich jedoch die Möglichkeiten, den Familiennamen durch privatautonome Erklärung zu bestimmen, mit jeder Namensrechtsreform erweitert; zur Entwicklung allgemein *Arndt*, S. 43 ff., speziell zum Ehenamensrecht etwa *Gaaz*, StAZ 2006, 157.

IV. Das geltende Namensrecht als Kompromiss zwischen gegensätzlichen Regelungszwecken

Die dargestellten Namensfunktionen führen zwangsläufig zu einem Zielkonflikt: Wenn der Name optimales Erkennungsmerkmal sein und bleiben soll, darf er sich *überhaupt nicht* ändern; wenn er die familiären Verhältnisse offenlegen soll, muss er sich *mit diesen* ändern; wenn er der Selbstdarstellung dienen soll, müsste er, losgelöst von den familiären Verhältnissen, *immer* änderbar sein. Das Namensrecht steht vor der Aufgabe, diese drei konträren Prinzipien miteinander zu harmonisieren.

II-146

B. Regelungsprinzipien des deutschen Namensrechts

I. Die Namenstypen des deutschen Rechts

Das deutsche Sachrecht unterscheidet *Vor- und Familiennamen.* Jede Person muss einen Familien- und mindestens einen Vornamen tragen; andere Namenstypen sind dem deutschen Recht unbekannt.

II-147

Dabei dient der dem Kind – im Regelfall von seinen Eltern – erteilte *Vorname* in erster Linie der Selbstdarstellung. Da er mit dem Tod des Namensträgers erlischt und nicht auf andere Personen übertragen werden kann, hat er lediglich die Individualisierungsfunktion; er ist nicht geeignet, Familienbeziehungen nach außen erkennbar zu machen. Die zur Namensgebung befugte Person ist in der Wahl des Vornamens relativ frei. Wegen Einzelheiten s. Rdnr. IV-352 ff.

II-148

Demgegenüber wird der *Familienname* nicht frei bestimmt, sondern nach Maßgabe gesetzlicher Vorschriften von anderen Personen abgeleitet. Dementsprechend kann er auch an andere Personen weitergegeben werden. Namenserwerb und Namensableitung erfolgen grundsätzlich im Zusammenhang mit einer familienrechtlichen Statusänderung. Er kann daher die Familienbeziehungen nach außen dokumentieren.

II-149

Die einzelnen familiennamensrechtlichen Tatbestände werden daher im Zusammenhang mit den jeweiligen Statusänderungen erläutert.

Den Familiennamen, den ein Kind mit der Geburt erwirbt, bezeichnet man als *Geburtsnamen*. Er wird im Regelfall vom Familiennamen eines oder beider Elternteile abgeleitet, um die Abstammung erkennbar zu machen (s. hierzu Rdnr. IV-229 ff.). Aufgrund dieser Ableitung kann es zu einer Namenserstreckung kommen, wenn sich der Familienname der namensgebenden Person ändert und die namensableitende Person dieser Änderung folgt (s. hierzu Rdnr. V-635 ff.). Dies bedeutet, dass sich der Geburtsname im Lauf des Lebens ändern kann.

II-150

Ehebezogene Sonderformen des Familiennamens sind der *Ehename* (Rdnr. III-559 ff.) und der *Begleitname* (Rdnr. III-588 ff.). Der *Ehename* – bzw. der Lebenspartnerschaftsname bei Lebenspartnern – ist ein gemeinsamer Fami-

II-151

lienname beider Ehegatten, der ihre eheliche Verbundenheit nach außen dokumentiert. Allerdings reicht die Führung gleichlautender Namen nach traditionellem deutschem Rechtsverständnis noch nicht aus; als zusätzliches Kriterium wird man verlangen müssen, dass er auf die gemeinsamen Kinder übertragen wird. Als *Begleitnamen* qualifiziert man – in Anlehnung an § 1355 Abs. 4 BGB – einen dem Ehenamen vorangestellten oder angefügten Namen, der nicht auf die nächste Generation übergeht. Wegen weiterer Einzelheiten s. *Gaaz/Bornhofen*, § 15 PStG Rdnr. 16 ff.

II-152 Ein Familienname, der sprachlich aus zwei Bestandteilen besteht, wird als *Doppelname* bezeichnet. Im Einzelnen ist zu unterscheiden.

Wird der mehrgliedrige Name als Einheit behandelt, so dass die Verbindung der beiden Namensbestandteile auch im Falle einer Personenstandsänderung oder bei der Weitergabe an Kinder nicht aufgelöst wird, so spricht man von einem »echten« Doppelnamen.

Hiervon zu unterscheiden sind »unechte« Doppelnamen, bei denen die Namensbestandteile eine unterschiedliche rechtliche Qualität besitzen und demzufolge auch ein unterschiedliches rechtliches Schicksal haben können; als Beispiel zu nennen sind hier etwa der aus Ehename und Begleitname zusammengesetzte Doppelname eines Ehegatten (s. Rdnr. II-151) oder der Doppelname spanischen Rechts, der aus einem die Generationenfolge überdauernden und einem individuellen, mit dem Tod des Namensträgers erlöschenden Namensteil besteht (hierzu Rdnr. III-690).

II. Anfechtung und Widerruf namensbestimmender Erklärungen

II-153 Seit das Gleichberechtigungsgesetz und vor allem das 1. EheRG von 1976 erstmals den Namen der privatautonomen Gestaltung öffneten und die »Dynamisierung des Namensrechts« einleiteten, sind namensrechtliche Erklärungen ein das gesamte Namensrecht beherrschender Faktor, sei es in Gestalt namensbestimmender Erklärungen im Sachrecht, sei es in Gestalt von Rechtswahlerklärungen im IPR.

Voraussetzungen und Wirkungen sind im Sachzusammenhang mit dem jeweiligen Anwendungsfall dargestellt; s. die Erläuterungen in Teil III bis VI.

II-154 Ein allgemeines Problem stellt sich mit der Frage, in welchem Umfang die allgemeinen Grundsätze der Rechtsgeschäftslehre anzuwenden sind; hierzu näher *Gaaz/Bornhofen*, § 41 PStG Rdnr. 5 ff. Insbesondere die Anwendbarkeit der Regeln über die *Irrtumsanfechtung* ist Gegenstand fortdauernder Diskussion. Das Problem wurde erstmals im Gefolge des 1. EheRG und der Einführung der gemeinsamen Ehenamensbestimmung durch die Ehegatten intensiver diskutiert. Nach damaliger allgemeiner Ansicht war die gemeinsame Erklärung der Ehegatten zur Bestimmung des Ehenamens gemäß § 1355 BGB in der damals geltenden Fassung nicht anfechtbar (OLG Braunschweig, NJW 1979, 1463; OLG Stuttgart, StAZ 1986, 354; *Beitzke*, Festschrift Mühl, 1981, 111 f.). Grund waren jedoch weniger rechtsgeschäftsdogmatische Bedenken als vielmehr die spezifisch namensrechtlichen Konsequenzen einer etwaigen Anfechtungsnichtigkeit.

Mit dem FamNamRG änderte sich die Rechtslage bei § 1355 BGB grundlegend; zudem hatte der Gesetzgeber nach dem Inkrafttreten des 1. EheRG weitere namensrechtliche Erklärungsmöglichkeiten geschaffen, bei denen die Interessenlage anders ist als in § 1355 BGB. Das Meinungsbild ist daher uneinheitlich. Eine Mindermeinung hält namensrechtliche Erklärungen für grundsätzlich anfechtbar und differenziert allenfalls nach der Interessenlage (*Wagenitz/Bornhofen*, § 1355 BGB Rdnr. 61).

II-155

Die h. M. hält jedoch an der Unanfechtbarkeit namensrechtlicher Erklärungen fest, und zwar aus grundsätzlichen Erwägungen. Es handle sich nicht um gewöhnliche Willenserklärungen im Sinne des Allgemeinen Teils des BGB, sondern um verfahrensrechtliche Erklärungen, die wegen der Nähe des Personenstandsverfahrens zur freiwilligen Gerichtsbarkeit mit Prozesshandlungen vergleichbar und aus Gründen der Rechtssicherheit nicht anfechtbar seien. Die Ordnungsfunktion des Namens verbiete es, nach der Eintragung des Namens in die Personenstandsregister eine rückwirkende Anfechtung zuzulassen (st. Rspr.; BayObLG, StAZ 1998, 79; OLG Zweibrücken, StAZ 2000, 79 und StAZ 2011, 341; OLG München, StAZ 2007, 239 und StAZ 2009, 78; OLG Hamm, StAZ 2012, 206 und 337; a. A. *Sturm*, StAZ 1994, 376 f.; *ders.*, StAZ 2005, 257; vgl. *Gaaz/Bornhofen*, § 41 PStG Rdnr. 11).

II-156

Dass die namensbestimmenden Erklärungen keine Tatbestände sind, welche die gewollte Rechtsfolge unmittelbar autonom herbeiführen, zeigt sich auch darin, dass sie nach h. M. widerrufen werden können, solange der gewählte Name nicht ins Personenstandsregister eingetragen ist, und zwar ohne dass ein Anfechtungsgrund geltend gemacht wird (vgl. *Gaaz/Bornhofen*, § 41 PStG Rdnr. 5). Aufgrund der Verklammerung der Erklärung mit dem Personenstandsverfahren sind die allgemeinen Grundsätze über die Wirkung und Vernichtbarkeit von Willenserklärungen unanwendbar, weil nicht – wie im BGB – die Interessen eines privaten Erklärungsempfängers zu schützen sind, sondern die Verfahrensinteressen einer Behörde.

II-157

III. Verpflichtung zur Abgabe namensbestimmender Erklärungen

Indem der Gesetzgeber die privatautonome Gestaltung des Namens zugelassen hat, hat er zwangsläufig die Frage aufgeworfen, ob sich die Betroffenen durch vertragliche Vereinbarung zur Ausübung oder Nichtausübung dieses Gestaltungsrechts verpflichten können.

II-158

Das Problem stellt sich insbesondere im Rahmen des Ehenamensrechts, etwa wenn sich der Ehegatte, dessen Geburtsname nicht zum Ehenamen geworden ist, vertraglich verpflichtet, nach einer etwaigen Auflösung der Ehe wieder seinen Geburtsnamen anzunehmen (hierzu s. etwa BGH, StAZ 2008, 139). Dasselbe Problem kann sich stellen, wenn ein Ehegatte nach Aufhebung der Ehe dem anderen die Fortführung des Ehenamens untersagt, was in krassen Einzelfällen unter dem Gesichtspunkt des Rechtsmissbrauchs denkbar ist (so BGH, StAZ 2005, 356, der allerdings im konkreten Fall die Voraussetzungen nicht für ausreichend hielt).

II-159   Die schwierigen und komplexen Abwägungen in einem derartigen Fall spielen jedoch für die standesamtliche Tätigkeit im Regelfall keine Rolle. Für die Führung der Personenstandsregister maßgeblich sind ausschließlich die konkret abgegebenen Erklärungen. Ob der Erklärende dadurch eine vertraglich eingegangene Pflicht verletzt oder nicht, ist aus der Sicht des Standesamts unerheblich. Streitigkeiten zwischen den Parteien einer derartigen Vereinbarung sind durch die Gerichte zu klären.

II-160   Wohl zu weit geht AG Hamburg, StAZ 2009, 310, wonach die Bestimmung eines Ehenamens wegen Sittenwidrigkeit unwirksam ist, wenn der Ehename der ersten Ehe zum neuen Ehenamen bestimmt werden soll, obwohl eine vertragliche Verpflichtung zu seiner Ablegung besteht, was vom BGH, StAZ 2008, 139, auch bestätigt wurde. Nach Ansicht des Gerichts schafft eine solche Bestimmung vollendete Tatsachen und hindert so die berechtigte Partei daran, ihr Recht durchzusetzen.

II-161   Im Regelfall wird das Standesamt nur mit der Vollstreckung einer gerichtlichen Entscheidung befasst. In dem Verfahren sind Anträge des Inhalts zu stellen, dass der Beklagte zur Abgabe einer namensbestimmenden Erklärung verurteilt wird, die das vom Kläger gewünschte namensrechtliche Ergebnis herbeiführt (wie etwa im Fall BGH, StAZ 2008, 139). Die Entscheidung wird dann in der Weise vollstreckt, dass die Erklärung mit Rechtskraft der Entscheidung als abgegeben gilt, § 894 Satz 1 ZPO (ggf. i.V.m. § 95 Abs. 1 Nr. 5 FamFG). Das Standesamt hat anschließend die Namensänderung auf der Grundlage dieser fiktiven Erklärung zu registrieren.

C. Das anwendbare Namensrecht bei Fällen mit Auslandsbezug

II-162   Bei Sachverhalten mit einer Verbindung zu einem ausländischen Staat kommt die Anwendung ausländischen Namensrechts in Betracht; es ist nach den für den deutschen Rechtsanwender maßgeblichen Kollisionsnormen das auf den Namen anwendbare Recht zu bestimmen, das sog. Namensstatut.

II-163   Die folgende Darstellung beschränkt sich auf Fragen des internationalen Namensrechts, die über die allgemeinen Grundsätze des IPR hinausgehen (s. dazu Teil VI), sich jedoch nicht einer bestimmten Personenstandsänderung zuordnen lassen und daher in den Teilen III bis V nicht erörtert werden. Wegen Einzelheiten zum Namen in der Ehe s. Rdnr. III-643 ff., zum Namen des Kindes s. Rdnr. IV-280 ff., 448 ff. und Rdnr. V-580 ff., 631 ff., 718 ff., 759 ff., 808 ff., 880, 895 ff., 918 ff.

I. Rechtsquellen des internationalen Namensrechts

1. Autonomes Recht

Das internationale Namensrecht ist im deutschen autonomen Kollisionsrecht vor allem in Art. 10 EGBGB (dazu s. Rdnr. II-170 ff.) geregelt. Zu beachten sind bei Sachverhalten mit Auslandsbezug auch die »kollisionsrechtsnahen« Regelungen des Art. 47 EGBGB (dazu s. Rdnr. II-242 ff.) und des Art. 48 EGBGB (dazu s. Rdnr. II-431 ff.); beide Vorschriften adressieren zwar strenggenommen Fragen des Sachrechts und nicht des anwendbaren Rechts, diese Fragen stellen sich aber allein in grenzüberschreitenden Situationen, so dass beide Normen im Kontext des internationalen Namensrechts zu erörtern sind.

II-164

2. Staatsverträge

Staatsverträge, die gemäß Art. 3 Nr. 1 EGBGB dem nationalen Kollisionsrecht vorgehen würden, sind im Namenskollisionsrecht nicht unmittelbar maßgeblich (wegen Einzelheiten s. *Hepting/Gaaz*, Bd. 2 Rdnr. II-248 ff.). Insbesondere das CIEC-Übereinkommen Nr. 19 über das auf Familiennamen und Vornamen anzuwendende Recht vom 5. 9. 1980 (auszugsweise abgedruckt bei *Schmitz/Bornhofen/Bockstette*, Nr. 242) ist für Deutschland nicht in Kraft, sondern allenfalls im Rahmen eines Renvoi (dazu Rdnr. II-173 ff.) zu berücksichtigen, wenn auf das Recht eines Vertragsstaats (derzeit: Italien, Niederlande, Portugal und Spanien) verwiesen wird.

II-165

Keinen Einfluss besitzt dagegen das gescheiterte CIEC-Übereinkommen Nr. 31 über die Anerkennung von Namen vom 16. 9. 2005.

In Randgebieten des Kollisionsrechts von Bedeutung sind das CIEC-Übereinkommen Nr. 4 über die Änderung von Namen und Vornamen vom 4. 9. 1958 (auszugsweise abgedruckt bei *Schmitz/Bornhofen/Bockstette*, Nr. 240) sowie das CIEC-Übereinkommen Nr. 14 über die Angabe von Familiennamen und Vornamen in den Personenstandsbüchern 13. 9. 1973 (auszugsweise abgedruckt bei *Schmitz/Bornhofen/Bockstette*, Nr. 241); s. Rdnr. II-190 ff.

II-166

3. Einfluss des primären Unionsrechts

Das Europarecht hat seit der Gründung der Europäischen Gemeinschaften das Privatrecht mehr und mehr beeinflusst, zunächst freilich nur die wirtschaftsrelevanten Rechtsgebiete. Das Namensrecht, das meist keine wirtschaftliche Bedeutung hat, blieb von dieser Entwicklung zunächst ausgenommen. Auch bisher hat der Unionsgesetzgeber keine ausdrückliche namensrechtliche Regelung geschaffen. Doch hat die Rechtsprechung des EuGH, gestützt auf das primäre Unionsrecht, insbesondere die Grundfreiheiten, das Diskriminierungsverbot und die Personenfreizügigkeit, in jüngster Zeit massiv in das internationale Namensrecht eingegriffen.

II-167

Der EuGH wandte sich gegen »hinkende« Namensverhältnisse, bei denen dieselbe Person in unterschiedlichen Staaten unterschiedliche Namen führt (allgemein zu diesem Phänomen im Namensrecht Rdnr. II-411 f.). Da auf diese Weise der bloße Wechsel des Aufenthaltstaats faktisch zu einer Namensände-

II-168

rung führen kann, die die Kontinuität des Namens beeinträchtigt, und der Aufenthaltswechsel somit zu Nachteilen führt, sah der EuGH vor allem das Freizügigkeitsrecht innerhalb der EU aus Art. 21 Abs. 1 AEUV (zuvor Art. 18 Abs. 1 EG), beeinträchtigt. Welche Konsequenzen aus dieser Rechtsprechung, namentlich aus den Entscheidungen »Konstantinidis«, »Garcia Avello«, »Runevič-Vardyn« und insbesondere »Grunkin-Paul« sowie »Sayn-Wittgenstein« zu ziehen sind, ist derzeit noch nicht endgültig geklärt, zumal auch der deutsche Gesetzgeber die Rechtsprechung des Gerichtshofs nur teilweise kodifiziert hat; wegen Einzelheiten s. Rdnr. II-414 ff.

II-169 Der derzeitige Rechtszustand des internationalen Namensrechts in der Europäischen Union ist alles andere als befriedigend. Hinkende Namensverhältnisse – und dies verdeutlicht auch die Rechtsprechung des EuGH – sind mit dem Gedanken eines Raumes der Freiheit, der Sicherheit und des Rechts kaum vereinbar, einen Raum, den die Europäische Union ihren Bürgern seit dem Vertrag von Amsterdam verspricht (nunmehr Art. 67 ff. AEUV). Jedenfalls langfristig ist deshalb der Unionsgesetzgeber gefragt, der allein das Problem hinkender Namensverhältnisse beseitigen kann durch die Vereinheitlichung der maßgeblichen Kollisionsnormen der Mitgliedstaaten sowie – flankierend – durch die Einführung eines Anerkennungsprinzips. S. den Regelungsvorschlag für eine europäische Verordnung zum internationalen Namensrecht von *Dutta/Frank/Freitag/Helms/Krömer/Pintens*, StAZ 2014, 33.

II. Die Bestimmung des maßgeblichen Namensrechts

1. Der Anknüpfungsgrundsatz des Art. 10 Abs. 1 EGBGB

II-170 Art. 10 Abs. 1 EGBGB knüpft das Recht des Namens an das Heimatrecht des Namensträgers, mithin die Staatsangehörigkeit der Person. Maßgeblich ist also das Personalstatut; allgemein zu dieser Anknüpfung und den damit zusammenhängenden Fragen Rdnr. VI-28 ff. Mit dieser Anknüpfung berücksichtigt der Gesetzgeber vorrangig das Ordnungsinteresse des Heimatstaats, aber auch die Bedeutung des Namens für die einzelne Person (BT-Drucks. 10/504, S. 47; schon BGHZ 56, 193). Sie erlaubt es, öffentliches und privates Namensrecht nach derselben Rechtsordnung zu beurteilen, auch wenn eine Anknüpfung an den gewöhnlichen Aufenthalt rechtspolitisch nicht ausgeschlossen wäre, s. näher *Dutta/Frank/Freitag/Helms/Krömer/Pintens*, StAZ 2014, 33, 35 ff.

II-171 Beruhte der Erwerb oder die Änderung des Namens auf einer Änderung des familienrechtlichen Status, wurden sie früher familienrechtlich qualifiziert und akzessorisch dem Recht unterstellt, das die Statusänderung beherrschte. Seit dem IPR-Gesetz von 1986 ist jedoch die *eigenständige* Anknüpfung des Namens an die Staatsangehörigkeit der positivrechtliche Anknüpfungsgrundsatz, der bei allen privatrechtlichen Namensänderungen zu beachten ist.

Wegen Einzelheiten der Rechtsentwicklung, der daraus entstehenden intertemporalen Probleme sowie der Bedeutung des Rechts der DDR s. *Hepting/Gaaz*, Bd. 2 Rdnr. II-152 ff.

Neben dem objektiven Anknüpfungsgrundsatz des Art. 10 Abs. 1 EGBGB stehen die *Rechtswahlmöglichkeiten* des Art. 10 Abs. 2 und 3 EGBGB, durch die von dem grundsätzlich maßgeblichen Heimatrecht abgewichen werden kann; sie betreffen die Namensführung in der Ehe und den Namen des Kindes und werden deshalb im Zusammenhang mit der Ehe (Rdnr. III-665 ff.) und der Kindschaft (Rdnr. IV-311 ff.) erörtert.

II-172

2. Rück- und Weiterverweisung, Art. 4 Abs. 1 EGBGB

Die Verweisung des Art. 10 Abs. 1 EGBGB ist gemäß Art. 4 Abs. 1 EGBGB als »Gesamtverweisung« zu verstehen (hierzu und zu den allgemeinen Grundsätzen des Renvoi s. Rdnr. VI-48 ff.). Zu einem Renvoi kann es im Namensrecht nicht nur dann kommen, wenn das von Art. 10 Abs. 1 EGBGB berufene Recht den Namen an ein anderes Kriterium anknüpft als das deutsche IPR, z. B. an den gewöhnlichen Aufenthalt oder das Domizil (vgl. BayObLG, StAZ 1987, 73), oder wenn es bei Mehrstaatern eine von Art. 5 Abs. 1 Satz 2 EGBGB abweichende Anknüpfung vorsieht (s. Rdnr. VI 32 ff.).

II-173

Eine weitere wichtige Fallgruppe beruht auf abweichender Qualifikation, etwa wenn das berufene Recht eine Namensänderung anders – z. B. familienrechtlich – qualifiziert und akzessorisch an das Statut der Statusänderung anknüpft (*Henrich*, StAZ 1998, 228; *ders.*, StAZ 1997, 229; *Hepting*, StAZ 1994, 3; zu den praktischen Auswirkungen s. etwa *Zinke*, StAZ 1978, 166; *ders.*, StAZ 1982, 223; *Heringhaus*, StAZ 1980, 126) oder wenn es die Empfangsbedürftigkeit einer namensbestimmenden Erklärung nicht als materielles, sondern als Formerfordernis ansieht (s. *Krömer*, StAZ 1999, 83 zu Österreich).

II-174

Bei den Rechtsordnungen des Common-Law-Rechtskreises ist im Rahmen des Personalstatuts häufig eine sog. »versteckte Rückverweisung« zu beachten; das anzuwendende Recht ergibt sich aus dem »Gleichlauf« mit der Zuständigkeit. Dies gilt allerdings nur im Rahmen des Privatrechts. Wenn der Angehörige eines solchen Staates seinen Namen durch schlichte Erklärung gegenüber einer Behörde oder durch Änderung des im sozialen Umfeld geführten Namens ändert (hierzu näher Rdnr. II-217 f.), ist die Namensänderung nicht von einem gerichtlichen Verfahren abhängig, so dass es keine gerichtliche Zuständigkeit gibt, aus der eine Anknüpfung abgeleitet werden könnte; in diesem Fall kommt es zu keiner Rückverweisung (LG Traunstein, StAZ 2008, 246). Die von einer Personenstandsänderung losgelöste Namensänderung ist aus der Sicht des deutschen Rechts zumindest grundsätzlich als öffentlichrechtlich zu qualifizieren (vgl. Rdnr. II-144, II-217 ff.) und folgt nicht den Regeln des internationalen *Privat*rechts; s. aber zum unionsrechtlichen Anerkennungsgebot Rdnr. II-440, V-898.

II-175

Zur Frage, ob das rückverweisende Recht seinerseits als Gesamt- oder Sachnormverweisung verstanden sein will, s. *Henrich*, StAZ 1997, 225.

II-176

Von einem Sonderfall des Renvoi kann man sprechen, wenn Ehegatten eine Rechtswahl getroffen haben, die nach Art. 10 Abs. 2 EGBGB unzulässig oder unwirksam ist, die jedoch von ihren Heimatrechten als wirksam angesehen wird. In diesem Fall wirkt die Rechtswahl im deutschen Rechtsbereich mittelbar über Art. 10 Abs. 1, Art. 4 Abs. 1 (*Kropholler*, IPR S. 326).

II-177 Maßgeblich im Rahmen des Renvoi ist – wie stets bei der Anwendung ausländischen Rechts –, welche kollisionsrechtlichen Rechtsgrundsätze der ausländische Richter oder Standesbeamte in dem konkreten Fall angewandt hätte. Lässt sich im ausländischen Recht eine ausdrückliche Kollisionsnorm nicht ermitteln, so hat man sie aus der internationalen Übung oder den Registerformalien zu erschließen (*Wohlgemuth*, StAZ 2008, 329 zu Vietnam sowie kritisch zu OLG Brandenburg, StAZ 2008, 43).

III. Die Reichweite des Namensstatuts

1. Der kollisionsrechtliche Namensbegriff

II-178 Das internationale Namensrecht und das von Art. 10 Abs. 1 EGBGB berufene »Namensstatut« regeln den »Namen« im kollisionsrechtlichen Sinne. Welche Fragen davon erfasst werden, hängt davon ab, wie man den kollisionsrechtlichen Namensbegriff qualifiziert (allgemein zum Begriff der Qualifikation Rdnr. VI-15 ff.).

Die Qualifikation im Rahmen einer deutschen Kollisionsnorm wie Art. 10 EGBGB orientiert sich grundsätzlich an den Vorstellungen des deutschen Rechts. Welche Funktion eine Kennzeichnung im Heimatstaat des Namensträgers hat, ist nach dem ausländischen Recht zu beurteilen. Die kollisionsrechtliche Einordnung, ob es sich um einen Namen handelt oder nicht, orientiert sich dann an den deutschen Systemvorstellungen.

II-179 Definiert man den Namen als sprachliche Kennzeichnung einer Person mit Unterscheidungsfunktion (s. Rdnr. I-18, II-133), so kommt man zu einem sehr weiten kollisionsrechtlichen Namensbegriff. Jede von einem ausländischen Recht vorgesehene Kennzeichnung, die sich unter diese Definition subsumieren lässt, ist als Name i. S. von Art. 10 Abs. 1 EGBGB zu qualifizieren, auch wenn sie nicht den Namenstypen des deutschen Rechts entspricht.

II-180 Im Ergebnis bedeutet dies, dass auch dem deutschen Recht unbekannte Doppelnamen, Vaternamen, Zwischennamen, Eigennamen etc. Namen im Rechtssinne sind. Eine derartige vom Heimatrecht zugewiesene Kennzeichnung darf im Inland als Name im Rechtssinne geführt werden und genießt namensrechtlichen Schutz, auch wenn sie dem deutschen Namensrecht nicht bekannt ist. Der kollisionsrechtliche Namensbegriff setzt insbesondere nicht voraus, dass die ausländische Kennzeichnung sich in die deutsche Zweiteilung von Vor- und Familiennamen einordnen lässt.

II-181 Dies kann zu Spannungen mit der deutschen Rechtsordnung führen.

Gegenüber dem deutschen Personenstandsverfahrensrecht setzt sich das ausländische Namensrecht immer durch, entsprechend dem Grundsatz, dass das Personenstandsrecht »Diener des materiellen Rechts« zu sein hat (s. Rdnr. I-11). Die fremdländischen Namen sind daher in die Personenstandsregister einzutragen, ggf. mit einem die besondere Namensfunktion erklärenden Hinweis.

Das deutsche materielle Namensrecht gibt jedoch im Falle eines Regelungswiderspruchs nicht nach; hier sind die Unterschiede im Wege der Angleichung zu überwinden (s. Rdnr. II-243 ff.).

2. Namenserwerb, -ableitung, -erstreckung

Das Namensstatut beherrscht nicht nur die Führung und die Qualität des Namens selbst, sondern auch alle privatrechtlichen *Erwerbs- und Änderungstatbestände*. Die früher vorherrschende Ansicht, wonach eine durch eine familienrechtliche Statusänderung veranlasste Namensänderung familienrechtlich zu qualifizieren sei, hat der Gesetzgeber durch Art. 10 Abs. 1 EGBGB ausdrücklich abgelehnt (s. Rdnr. II-171). II-182

Bei der *Namensableitung* ist zu differenzieren. Es handelt sich um einen Erwerbstatbestand, bei dem eine Person den Namen einer anderen als eigenen erwirbt; Beispiele aus dem deutschen Recht sind etwa die Ableitung des Kindesnamens vom Namen seiner Eltern, § 1616 BGB, oder die Ableitung des Ehenamens vom Geburtsnamen eines Ehegatten, § 1355 Abs. 2 BGB. Hier spielen zwei Namensstatute zusammen: Der Name der namengebenden Person untersteht deren Heimatrecht, die Namensableitung selbst – die sich aus der Sicht der ableitenden Person als *Namenserwerb* darstellt – untersteht dem Heimatrecht der ableitenden Person. II-183

Entsprechendes gilt für die *Namenserstreckung*, da auch hier zwei Personen betroffen sind. Die Namenserstreckung setzt eine frühere Namensableitung voraus; sie tritt ein, wenn sich die Änderung des Namens der namengebenden Person auf den bereits früher davon abgeleiteten Namen einer anderen Person auswirkt. Beispiele aus dem deutschen Recht sind etwa die Erstreckung der Änderung des Elternnamens auf den davon abgeleiteten Namen des Kindes (§ 1617c Abs. 1 und 2 BGB) oder die Erstreckung auf den Ehenamen, wenn sich der Geburtsname eines Ehegatten ändert, der zum Ehenamen bestimmt worden ist (§ 1617c Abs. 3 BGB). II-184

Um keine Namenserstreckung handelt es sich, wenn der Name erst *nach* der Namensänderung an eine andere Person weitergegeben wird (s. das Beispiel bei *Jauss*, StAZ 1996, 87).

Auf jede der beteiligten Personen ist das für sie maßgebliche Namensstatut anzuwenden. Über die ursächliche Änderung des Namens entscheidet das Namensstatut der Person, die ihn an die andere Person weitergegeben hat; über die Frage, ob sie sich auf den abgeleiteten Namen *erstreckt*, entscheidet hingegen das Namensstatut der anderen Person, an die der Name weitergegeben wurde (vgl. BayObLG, StAZ 1993, 387; im Ergebnis zutreffend *Fritsche*, StAZ 1994, 18). II-185

3. Das Erscheinungsbild des Namens

a) Die sprachliche Form

II-186 Das Namensstatut beherrscht die *sprachliche Form* des Namens. In der Regel verlangt der Heimatstaat die Namensführung in seiner offiziellen Amtssprache.

II-187 Erlaubt das Heimatrecht mehrere sprachliche Fassungen, so können im Inland beide gleichermaßen geführt werden. So erlaubte Ungarn bis 1947 ein ungarisches Adelsprädikat auch in der deutschsprachigen Form (OVG Rheinland-Pfalz, StAZ 1984, 105; OLG Hamburg, StAZ 1990, 135 m.w.N.; zur Rechtsqualität dieser unterschiedlichen Namensformen s. *Beitzke,* StAZ 1990, 138; *Silagi,* StAZ 1992, 133; zur »Übersetzung« s. Rdnr. II-213).

II-188 Auch die *Namensreihenfolge* von Individual- und Familiennamen ist eine materiellrechtliche Frage und richtet sich daher nach dem Namensstatut (OLG Rostock, StAZ 1994, 287; zum ausschließlichen Individualnamen s. KG, StAZ 1993, 9).

II-189 Das Namensstatut bestimmt ferner, ob der Name in einer *geschlechtsabhängigen Form* zu führen ist (*Staudinger/Hepting/Hausmann,* Art. 10 EGBGB Rdnr. 52). Es handelt sich dabei um eine Frage der Namensführung, nicht nur der Schreibweise, so dass die für letztere geltenden Grundsätze (dazu sogleich Rdnr. II-190 ff.) nicht heranzuziehen sind (OLG Hamm, StAZ 2005, 262).

b) Die Schreibweise und die Bedeutung des CIEC-Übereinkommens Nr. 14

II-190 Auch die Schreibweise des Namens – d.h. die Verwendung der Schriftzeichen – ist grundsätzlich dem Namensstatut unterworfen (BGH, StAZ 1993, 190; OLG Zweibrücken, StAZ 1993, 12; OLG Rostock, StAZ 1994, 288; OLG Hamburg, StAZ 2015, 81, 82; AG Rottweil, StAZ 1993, 194; allerdings ist bei einem ausländischen Ehegatten, der seinen Namen von seinem deutschen Ehegatten ableitet, die deutsche Schreibweise maßgeblich, *Hochwald,* StAZ 2008, 49). Aus diesem Grund ist eine Registereintragung, die einen in der Amtssprache des Heimatstaats unbekannten Buchstaben verwendet (LG Dessau, StAZ 2005, 17) oder einen Vornamen in einer sprachlich nicht möglichen Schreibweise wiedergibt (AG Gießen, StAZ 2005, 108), fehlerhaft und zu berichtigen.

II-191 Dies gilt auch dann, wenn die Eltern den einzutragenden Namen ihres Kindes selbst in dieser Schreibweise angegeben haben (LG Dessau, StAZ 2005, 17). Die Korrektheit der sprachlichen Bezeichnung folgt aus dem objektiven Recht und kann durch die Erklärungen der Betroffenen nur so weit beeinflusst werden, als es das Recht gestattet. Haben die Eltern einen unzulässigen Namen bestimmt, so ist der eingetragene Name unrichtig, weil es schon an einem wirksamen Namensgebungsakt fehlt (s.a. AG Gießen, StAZ 2005, 108).

II-192 Der Gebrauch der Amtssprache lässt sich bei der staatlichen Registerführung, aber auch bei der Verwendung des Namens im inländischen Rechtsverkehr freilich nicht uneingeschränkt verwirklichen. Die deutschen Personenstandsregister verwenden grundsätzlich das deutsche Alphabet. Fremde diakritische Zeichen lassen sich im Rahmen der technischen Möglichkeiten verwenden, doch wird die Grenze überschritten, wenn der Name in griechischen oder kyrillischen Buchstaben oder gar in arabischer oder chinesischer Schrift wiedergegeben werden müsste. In diesen Fällen ist es erforderlich, den ausländischen Namen in die Buchstaben der deutschen Schrift zu übertragen, sei es durch »Transkription« oder »Transliteration«.

Staatsvertragliche Sondervorschriften hierzu enthält das CIEC-Übereinkommen Nr. 14 über die Angabe von Familiennamen und Vornamen in den Personenstandsregistern vom 13. 9.1973 (abgedruckt in StAZ 1974, 101 f.).

Besteht der Name aus deutschen oder lateinischen Schriftzeichen, so ist er buchstabengetreu ohne Änderung oder Übersetzung wiederzugeben, Art. 2 des CIEC-Übereinkommen Nr. 14; auch sind die vom Heimatrecht des Namensträgers vorgesehenen diakritischen Zeichen zu verwenden (KG, StAZ 1968, 351; BayObLGZ 1977, 287, 294; OLG Oldenburg, StAZ 1990, 196). II-193

Fraglich ist, ob ein *einzelner* dem deutschen Alphabet unbekannter Buchstabe als bloßes diakritisches Zeichen behandelt werden kann, so dass man ihn ohne Transliteration oder Transkription (hierzu Rdnr. II-195) eintragen könnte; großzügig bei der Wiedergabe des türkischen Buchstaben »ı« LG Stuttgart, StAZ 1986, 168; strenger hinsichtlich des isländischen Buchstabens »ð« OLG Celle, StAZ 1998, 176. II-194

Verwendet der Heimatstaat keine lateinische Schrift und besteht demnach der ganze Name aus fremdartigen Zeichen, so ist der Name auf der Grundlage des CIEC-Übereinkommens Nr. 14 in lateinische Schrift zu übertragen, und zwar grundsätzlich nach Maßgabe der von der Internationalen Normenorganisation (ISO) empfohlenen Regeln, Art. 3 des Übk. Bei dieser Übertragung handelt es sich um eine *»Transliteration«*, die jedem ausländischen Zeichen ein oder mehrere lateinische und diakritische Zeichen so eindeutig zuordnet, dass eine verlässliche Rückübertragung des Namens aus der lateinischen in die Originalschrift möglich wird. ISO-Transliterationsnormen gibt es für die arabische (vgl. LG Berlin, StAZ 1985, 340 mit Anm. *Ludwig*, StAZ 1986, 104; LG Berlin, StAZ 1987, 314), griechische (hierzu *Görner*, StAZ 1980, 271), hebräische und kyrillische Schrift. II-195

Die Transliteration ist zu unterscheiden von der bloß phonetischen *»Transkription«*, die sich an der Aussprache des Namens orientiert, deshalb im Alltagsgebrauch vielfach praktischer erscheint, aber keine eindeutige Rückübertragung erlaubt. II-196

Ist der Name bereits in einer »anderen Urkunde« des Heimatstaats in lateinische Buchstaben übertragen worden, so ist die Transliteration entbehrlich, Art. 2 Abs. 1 des CIEC-Übereinkommens Nr. 14. In diesem Fall ist die sich aus der Urkunde ergebende Schreibweise zu übernehmen. Es muss sich um eine Urkunde des Heimatstaats handeln; ein Staatsangehörigkeitsausweis genügt nicht (vgl. *Homeyer*, StAZ 2008, 86). II-197

Die frühe Rspr. gab der Transliteration den Vorzug vor der Transkription und legte das Abkommen eng aus; als »andere Urkunden« i.S.d. Art. 2 Abs. 1 des CIEC-Übereinkommens Nr. 14. wurden zunächst nur Personenstandsurkunden des Heimatstaats angesehen. Dass die Namen etwa im Reisepass bereits phonetisch »transkribiert« oder nach einem anderen Transliterations- II-198 system umgeschrieben worden waren, spielte keine Rolle. Die Kritik verlangte, den Begriff der »anderen Urkunde« i. S. d. Art. 2 des Übk. weiter zu fassen und auch auf Reisepässe auszudehnen. In zwei grundlegenden Entscheidungen hatten sich sowohl der EuGH in der Rechtssache »Konstantinidis« (Rs. C-168/91, Slg. 1993, I-1191 = StAZ 1993, 256, s. näher Rdnr. II-414f.) als auch der BGH (StAZ 1994, 42) mit der Frage zu befassen; beide Gerichte erklärten im Ergebnis übereinstimmend die Transkription im Reisepass des Heimatstaats für vorrangig maßgeblich. Danach gilt:

Legt der ausländische Namensträger einen Reisepass – ggf. auch eine andere gleichwertige Urkunde des Heimatstaats – vor, in dem der Name bereits in lateinische Buchstaben übertragen worden ist, so hat das Standesamt diese Schreibweise in die Register zu übernehmen. Nur wenn kein derartiges Dokument vorgelegt wird, hat es den Namen in der nach Maßgabe der ISO-Normen »transliterierten« Schreibweise einzutragen.

II-199 Wird nach der Eintragung eines transliterierten Namens eine »andere Urkunde« i. S. d. Art. 2 Abs. 1 des CIEC-Übereinkommens Nr. 14 vorgelegt, aus der sich eine von der Eintragung abweichende Schreibweise ergibt, so ist davon auszugehen, dass die Eintragung von Anfang an unrichtig war. Sie ist dann entsprechend zu berichtigen (BayObLG, StAZ 1995, 170; KG, StAZ 2000, 216; OLG Hamm, StAZ 2002, 124; OLG Köln, StAZ 2006, 107; vgl. auch AG Hagen, StAZ 2005, 362, 363).

II-200 Verbindlich ist allein der derzeit gültige Reisepass; nicht der frühere eines anderen Heimatstaats (AG Saarbrücken, StAZ 2007, 298); ferner nur die Schreibweise im Feld »Name«, nicht aber die Schreibweise in der Zone für das automatische Lesen (OLG Stuttgart, StAZ 2005, 77). Bei der Auswertung griechischer Urkunden kann man sich daran orientieren, dass in Griechenland seit dem 7.10.1983 die Transliterationsnorm ELOT 743 verwendet wird (s. AG München, StAZ 2005, 79).

II-201 Bestehen *mehrere* zu unterschiedlichen Zeitpunkten ausgestellte »andere Urkunden«, so ist für die Berichtigung grundsätzlich die neueste maßgeblich, und zwar auch dann, wenn sie erst nach dem zu berichtigenden Eintrag ausgestellt wurde (OLG Hamburg, StAZ 2015, 81, 82). Dies gilt allerdings nicht, wenn die abweichende Schreibweise Folge einer späteren, nicht zurückwirkenden Änderung ist (OLG Hamm, StAZ 2006, 167 und StAZ 2002, 124; OLG Stuttgart, StAZ 2005, 77; KG, StAZ 2000, 216).

II-202 Vereinzelt kommt es vor, dass in einem Reisepass die transkribierte Form des Namens von der Originalform der Amtssprache abweicht. So hatte das OLG Hamm (StAZ 2005, 262) über einen Fall zu entscheiden, in dem der Reisepass einer griechischen Staatsangehörigen den Namen auf Griechisch in der nach griechischem Recht üblichen weiblichen Namensform wiedergab, in der transkribierten Fassung jedoch nur in der männlichen Stammform. Hier handelt es sich nur scheinbar um eine bloße Transkription in lateinische Buchstaben; in Wirklichkeit sollte die im Ausland unbekannte weibliche Namensform unterdrückt werden. Da dies nicht nur die Schreibweise, sondern die Namensführung selbst betrifft, ist Art. 2 Abs. 1 des CIEC-Übereinkommens

Nr. 14 unanwendbar; der Reisepass ist insoweit *keine* maßgebliche »andere Urkunde« (OLG Hamm a. a. O.).

IV. Kennzeichen ohne Namensqualität

1. Allgemeines

Kennzeichnungen, die nicht unter die kollisionsrechtliche Namensdefinition (s. Rdnr. II-178 ff.) subsumiert werden können, sind aus der Sicht des deutschen Rechts keine Namen i. e. S. Sie werden üblicherweise als »Namenszusätze« bezeichnet. Ob sie wirksam erworben werden und in welcher Form sie geführt werden müssen, entscheidet analog Art. 10 Abs. 1 EGBGB das Heimatrecht.

II-203

Namenszusätze können nicht unter den Tatbestand namensrechtlicher Vorschriften subsumiert werden und keine materiellen namensrechtlichen Rechtsfolgen auslösen; sie können aber im Rahmen der Angleichung zu berücksichtigen sein (s. Rdnr. II-302 ff.).

Von der materiellrechtlichen Qualifikation zu unterscheiden ist die personenstandsrechtliche Frage, ob auch Bezeichnungen ohne Namensqualität im Inland wie Namen geführt werden können und in die Personenstandsregister einzutragen sind. Die Praxis bejaht dies, wenn ein schutzwürdiges Interesse besteht. Die Frage der Eintragungsfähigkeit ist von Fall zu Fall unter Abwägung der Individualinteressen einerseits, der Zwecke und der Funktion des Personenstandswesens andererseits zu beantworten.

II-204

2. Namenszusätze ohne Kennzeichnungskraft

Kennzeichnungen, die nur das Geschlecht erkennbar machen, haben – selbst wenn sie zusätzlich Rückschlüsse auf die Religion zulassen – keine ausreichende individualisierende Funktion. Sie sind daher grundsätzlich keine Namen, werden aber als Namenszusätze in die Personenstandsregister aufgenommen. Aufgrund ihrer Häufigkeit und ihrer Nähe zum Namen haben sie die Praxis wiederholt beschäftigt. So gibt es zu den von den Angehörigen der indischen Sikh-Religion geführten Namenszusätzen »Singh« und »Kaur« eine reichhaltige Rechtsprechung (Nachweise bei Rdnr. II-302); ihnen ähnlich sind die in Vietnam gebräuchlichen Namenszusätze »Thi« und »Van«. Zu den in Pakistan gebräuchlichen Namenszusätzen »Khan« und »Begum« s. *Kauling*, StAZ 1984, 54; *Könnecke*, StAZ 1990, 229.

II-205

Religiös motivierte Namenszusätze sind schon wegen des grundrechtlichen Schutzes der Religionsausübung in das Personenstandsregister aufzunehmen (BayObLG, StAZ 2000, 235), allerdings nur auf Antrag (so offenbar AG Schöneberg, StAZ 1992, 348).

Allerdings muss man bei der Frage, ob die Bezeichnungen im Heimatstaat wirklich nur als religiöse Namenszusätze oder nicht doch als echte Namen im kollisionsrechtlichen Sinne verstanden werden, die dortige Praxis stärker berücksichtigen, als es bisher offenbar geschieht. Wenn sich etwa herausstellt, dass sich der angeblich religiöse Namenszusatz »Singh« für der Sikh-Religion

II-206

angehörende Inder im Ausland schon zu einem echten Namen verfestigt hat, kann er auch in Deutschland als Name zugrunde gelegt werden (s. Rdnr. II-305 f.).

II-207 Die dargestellten Grundsätze gelten, solange der Namensträger dem Recht untersteht, das den konkreten Namenszusatz vorsieht. Kommt der Namensträger in Berührung mit einem Recht, das derartige Namenszusätze nicht kennt, stellt sich das Problem der Angleichung; hierzu Rdnr. II-302 ff. Zur Frage des Namensschutzes, wenn der Namenszusatz fälschlich als Name geführt wurde, s. Rdnr. II-142).

3. Akademische Grade, Ehrentitel

II-208 Akademische Grade haben keine Namensqualität (vgl. BVerwGE 5, 291). Allerdings werden sie im gesellschaftlichen Verkehr vielfach wie Namenszusätze verwendet; daher waren sie nach älterer Rechtsprechung in die Personenstandsregister einzutragen (BGHZ 38, 380 = StAZ 1963, 63, der dies mit »ständiger Übung« rechtfertigte; vgl. *Gaaz*, StAZ 1985, 189). Das PStRG hat diesen Rechtszustand geändert; akademische Grade werden bei Beurkundungen in den Personenstandsregistern nicht mehr als zusätzliche Angabe zur Person eingetragen (*Gaaz/Bornhofen*, § 1 PStG Rdnr. 30).

II-209 Entsprechendes muss bei im Inland anerkannten ausländischen akademischen Graden gelten.

II-210 Bloße Ehrentitel sind auch als Namenszusätze nicht rechtlich schutzwürdig.

4. Adelsbezeichnungen

II-211 Ob Adelsbezeichnungen als Name geführt werden können, hängt zunächst davon ab, ob der Heimatstaat den Adel als besonderen Stand abgeschafft hat oder nicht. Ist der Adel abgeschafft, so entscheidet das Heimatrecht darüber, ob die Adelsbezeichnung überhaupt nicht mehr (wie z.B. in Österreich) oder wenigstens als Namensbestandteil (wie z.B. in Deutschland; vgl. *Gaaz/Bornhofen*, § 1 PStG Rdnr. 25) geführt werden darf (BayObLGZ 1971, 204, 206 = StAZ 1972, 12; BayObLGZ 1989, 147 = StAZ 1989, 345; OLG Hamburg, StAZ 2015, 12; MünchKomm/*Birk*, Art. 10 EGBGB Rdnr. 17; *Dumoulin*, S. 138 ff.).

II-212 Ist der Adel nicht abgeschafft, so enthält die Adelsbezeichnung i.d.R. eine über die bloße Individualisierung hinausgehende statusrechtliche Aussage. Bei der Zugehörigkeit zum Adel handelt es sich um einen Status, der öffentlichrechtlich zu qualifizieren ist, so dass er in die Personenstandsregister grundsätzlich nicht eingetragen werden kann. Doch hat die Adelsbezeichnung zumindest auch Namensfunktion; dieser Teilaspekt ist zivilrechtlich zu qualifizieren (*Dumoulin*, S. 140). Entscheidend ist, ob der Heimatstaat dem Adelstitel auch namensrechtliche oder namensähnliche Funktionen beilegt; ein Indiz hierfür – das allerdings nicht immer verlässlich ist, vgl. *Staudinger/Hepting/Hausmann*, vor Art. 10 EGBGB Rdnr. 25 f. – sind die Personenstandseintragungen im Heimatstaat.

Eine Übersetzung von ausländischen Adelsprädikaten ins Deutsche ist unzulässig (BayObLG, StAZ 1965, 126; BayObLGZ 1989, 147 = StAZ 1989, 345; BayObLG, StAZ 1991, 43); dies gilt nicht, wenn ein ausländisches Recht selbst die deutschsprachige Fassung gestattet (s. Rdnr. II-187). Die Problematik stellt sich neuerdings auch im Zusammenhang mit Art. 47 Abs. 1 Nr. 5 EGBGB; hierzu Rdnr. II-382.

II-213

V. Statutenwechsel

Erwirbt eine Person vor allem durch einen Wechsel der Staatsangehörigkeit ein neues Personalstatut (hierzu näher Rdnr. VI-28 ff.), so ändert sich auch das maßgebliche Namensrecht. Auch der Wechsel eines anderen Anknüpfungsmoments, etwa des gewöhnlichen Aufenthalts, kann einen Statutenwechsel im Namensrecht auslösen, etwa wenn dieses Anknüpfungsmoment im Rahmen eines Renvoi (Rdnr. VI-48 ff.) auch aus deutscher Sicht für das Namensstatut maßgeblich ist. Dieser Wechsel des anwendbaren Namensrechts bleibt wegen der allgemeinen Grundsätze zum Statutenwechsel (Rdnr. VI-46 f.) ohne Einfluss auf den Wortlaut des geführten Namens (BGH, StAZ 2014, 139, 140 f.); zur Angleichung an die Namenstypen des neuen Statuts s. Rdnr. II-251 ff. Spätere namensrechtlich relevante Vorgänge unterstehen dem neuen Recht.

II-214

Führt der familienrechtliche Vorgang, aufgrund dessen sich der Name ändert, gleichzeitig auch zu einem Wechsel der Staatsangehörigkeit, so stellt sich die Frage, ob das alte oder das neue Heimatrecht berufen ist. Bei Kindern wird man die – künftige – Namensführung sinnvollerweise an die neue Staatsangehörigkeit anknüpfen (vgl. etwa Rdnr. V-581); beim Ehenamen bevorzugt die h. M. hingegen die alte (näher Rdnr. III-645).

II-215

VI. Behördliche Namensänderung

Das Statut des Art. 10 Abs. 1 EGBGB beherrscht die privatrechtlichen Erwerbs- und Änderungstatbestände. Folgt man dem Grundsatz der lex-fori-Qualifikation (s. Rdnr. II-178 sowie VI-20 f.), so kann man sagen, dass alle namensrechtlichen Vorgänge, die im BGB geregelt sind, privatrechtlich zu qualifizieren sind. Es sind dies durchweg Fälle, in denen die namensrechtliche Rechtsfolge mit einem familien- und statusrechtlichen Vorgang zusammenhängt und – zumindest im Prinzip – die Statusänderung nach außen erkennbar macht (zu dieser Funktion des Namens Rdnr. II-143 f.).

II-216

Eine von einem personenstandsrechtlichen Vorgang losgelöste freie Namensänderung ist im deutschen Zivilrecht nicht vorgesehen und grundsätzlich der behördlichen Namensänderung (Rdnr. V-881 ff.) vorbehalten. Sie ist daher öffentlichrechtlich zu qualifizieren; dies gilt etwa auch für die Namensänderung des englischen Rechtskreises. Auf sie sind konsequent die Kollisionsnormen des IPR nicht anwendbar (vgl. LG Traunstein, StAZ 2008, 246; anders offenbar OLG München, StAZ 2013, 193; StAZ 2014, 179, für eine be-

II-217

hördliche Namensänderung nach österreichischem Recht, die das Gericht als privatrechtlichen Vorgang qualifiziert; ebenso OLG Naumburg, StAZ 2014, 338, 339). Einzelheiten der Qualifikation sind problematisch und umstritten; vgl. *Staudinger/Hepting/Hausmann*, Art. 10 EGBGB Rdnr. 66 ff. S. zu Art. 48 EGBGB jedoch Rdnr. II-440.

II-218   Die Abgrenzung von privatrechtlicher und öffentlichrechtlicher Qualifikation ist allerdings fragwürdig geworden, seit das deutsche Sachrecht namensbestimmende Erklärungen jedenfalls *zeitlich* nicht mehr an die zugrunde liegende Personenstandsänderung knüpft (s. die sehr weitgehenden §§ 1618 BGB, 1355 Abs. 3 Satz 2 BGB). Der nach deutschem Verständnis für die zivilrechtliche Qualifikation wesentliche Zusammenhang zwischen der Personenstandsänderung und ihren namensrechtlichen Folgen wird dabei so weit gelockert, dass sich die Grenze zur freien Namensänderung verwischt.

VII. »Anerkennung« im Ausland registrierter Namen

II-219   Der Ort, an dem sich der namensrechtliche Tatbestand verwirklicht, ist für die kollisionsrechtliche Anknüpfung unerheblich. Erfolgen Erwerb oder Änderung eines Namens im Ausland, so ist es denkbar, dass das dort geltende Recht der betroffenen Person einen anderen Namen zuweist, als es dem deutschen IPR entspricht. Dieser nach ausländischem Recht bestimmte Name ist jedenfalls aus der Sicht des deutschen IPR grundsätzlich irrelevant (vgl. MünchKomm/*Birk*, Art. 10 EGBGB Rdnr. 106 zum Kindesnamen). Die personenstandsrechtliche Registrierung ist grundsätzlich nur deklaratorisch, also keine »Entscheidung« i. e. S., die im Sinne des internationalen Verfahrensrechts »anzuerkennen« wäre. Es handelt sich um nichts anderes als um Fälle hinkender Namensführung (LG München, StAZ 1999, 174, bestätigt von BayObLG, StAZ 1999, 333; im Ergebnis ebenso OLG Zweibrücken, StAZ 1999, 208).

II-220   Etwas anderes gilt allerdings nach der Rechtsprechung des EuGH dann, wenn der Namenserwerb in einem anderen Mitgliedstaat der EU erfolgt und der Name dort rechtmäßig registriert worden ist. Da eine hinkende Namensführung die unionsrechtliche Freizügigkeit beeinträchtigen würde, ist die erstmalige Registrierung des Namens auch im Inland maßgeblich; damit gewinnt der Registrierungsort, an dem sich der Namenserwerb typischer Weise auch vollzogen hat, kollisionsrechtliche Bedeutung; allgemein zur europarechtlichen Entwicklung Rdnr. II-414 ff.

Auch sollte der Unionsgesetzgeber, wenn er die Vereinheitlichung des internationalen Namensrechts für die Union in Angriff nimmt (s. Rdnr. II-169), jedenfalls für in anderen Mitgliedstaaten eingetragene Namen eine gegenseitige Anerkennungspflicht erwägen, um hinkende Namensverhältnisse zu vermeiden, s. den Vorschlag bei *Dutta/Frank/Freitag/Helms/Krömer/Pintens*, StAZ 2014, 33, 40 ff.

VIII. Vorfragen im Namensstatut

Das Namensrecht wirft regelmäßig Vorfragen auf, da der Namenserwerb, die Namensableitung, aber auch die Namenserstreckung innerhalb der familiären Statusverhältnisse (Verwandtschaft, Ehe, Lebenspartnerschaft) erfolgen und von deren Bestehen abhängen, aber das Namensstatut eigenständig angeknüpft wird (s. Rdnr. II-171). Es stellt sich damit auch im Namensrecht die Frage, nach welchem Kollisionsrecht diese namensrechtsrelevanten Statusverhältnisse als Vorfrage anzuknüpfen sind.

II-221

»Selbständig« ist die Anknüpfung nach deutschem IPR, unselbständig die Anknüpfung nach dem IPR des die »Hauptfrage« – hier also die Namensfrage – beherrschenden Rechts. Welcher Methode man den Vorzug gibt, hängt davon ab, wie man die involvierten Interessen bewertet und abwägt; namentlich die sich gegenüberstehenden Rechtsgüter des internationalen Entscheidungseinklangs einerseits sowie des internen Entscheidungseinklangs andererseits.

Allgemein zum Begriff der Vorfrage sowie zum Gegensatz von selbständiger und unselbständiger Anknüpfung Rdnr. VI-61 ff.

1. Die h. M.: unselbständige Anknüpfung

Die Rechtsprechung und die wohl noch h. M. knüpfen Vorfragen im Namensstatut – anders als allgemein im IPR – grundsätzlich unselbständig an (grundlegend BGH, StAZ 1984, 194; vorher schon OLG Hamburg, StAZ 1976, 100; KG, StAZ 1979, 267; seither st. Rspr., vgl. etwa BayObLGZ 1986, 155 m. w. N. = IPRax 1987, 182 mit Anm. *Wengler;* BayObLG, StAZ 1996, 202; KG, StAZ 1988, 325 mit Anm. *Hepting;* im Ergebnis auch LG Kassel, StAZ 1992, 309).

II-222

Man begründet dies mit den Ordnungsinteressen des Heimatstaats, deren Schutz der Gesetzgeber ausdrücklich als Regelungszweck des Art. 10 Abs. 1 EGBGB genannt hat. Man müsse daher bei den vorgreiflichen Rechtsverhältnissen der Rechtsansicht des Heimatstaats folgen; nur so lasse sich sicherstellen, dass man dem Betreffenden nicht unter angeblicher Anwendung seines Heimatrechts einen Namen aufzwinge, den er nach seinem Heimatrecht niemals führen könne. Zudem enthalte das Namensrecht ein öffentlichrechtliches Element, das zu berücksichtigen sei (*Jayme,* IPRax 1981, 160, 161; *Hausmann,* StAZ 1982, 121, 128; *Beitzke,* StAZ 1984, 198; *Sturm,* StAZ 1990, 350). Außerdem erleichtere es die Rechtspraxis, wenn die inländische Namensführung mit den durch den Heimatstaat ausgestellten Pässen und Ausweisen übereinstimme (so etwa MünchKomm/*Birk,* Art. 10 EGBGB Rdnr. 18).

II-223

Als weiterer Gesichtspunkt wird die Parallelität zum Staatsangehörigkeitsrecht genannt, das den für Art. 10 Abs. 1 EGBGB maßgeblichen Anknüpfungspunkt beherrscht. Hier sind familienrechtliche Vorfragen nicht nur grundsätzlich, sondern ausnahmslos unselbständig anzuknüpfen (hierzu Rdnr. II-498 f.).

II-224

Schließlich spricht für eine Wahrung des internationalen Entscheidungseinklangs durch eine unselbständige Anknüpfung von Vorfragen gerade in der EU, dass auf diese Weise hinkende Namensverhältnisse vermieden wer-

II-225

den (zu diesem Gedanken *Wall*, StAZ 2011, 37, 41 f.), die mit der Personenfreizügigkeit in der Union nicht vereinbar sind, s. näher Rdnr. II-429 f.

2. Der Wertungswiderspruch zwischen unselbständiger Anknüpfung und Rechtswahl

II-226   Der Grundsatz der unselbständigen Anknüpfung ist fragwürdig, weil sein Regelungszweck vom positiven IPR selbst unterlaufen wird. Die unselbständige Anknüpfung will die Ordnungsinteressen des Heimatstaats respektieren. Wenn aber das Heimatrecht durch die Rechtswahl nach Art. 10 Abs. 2 und 3 EGBGB völlig abbedungen werden kann, stellt sich die Frage, warum man es bei der Vorfrage noch respektieren soll (*Hepting*, StAZ 1998, 142 f.; skeptisch auch *von Bar*, Rdnr. 67; a. A. *Sturm*, StAZ 1990, 350).

II-227   Ein Kompromissvorschlag will nach der jeweiligen Anknüpfung des Hauptfragestatuts differenzieren (vgl. *Bamberger/Roth/Mäsch*, Art. 10 EGBGB Rdnr. 10). Wenn der Name dem Heimatrecht des Art. 10 Abs. 1 EGBGB untersteht, seien die Ordnungsinteressen des Heimatstaats zu respektieren. Dies bedeutet, dass Vorfragen unselbständig anzuknüpfen sind.

Untersteht der Name aber einem Wahlstatut nach Art. 10 Abs. 2 und 3 EGBGB, so ist die Übereinstimmung mit dem Recht des Heimatstaats kein Argument mehr, weil sie ja bereits mit der Rechtswahl aufgegeben worden ist. In diesem Fall ist der interne Entscheidungseinklang hinsichtlich der familienrechtlichen Vorfragen vorrangig, und es ist selbständig anzuknüpfen.

Diese Lösung kann in Einzelfällen nicht verhindern, dass der Namensträger einen Namen führen muss, den er nach dem *gewählten* Statut eigentlich nicht führen könnte, weil dieses den zugrunde liegenden familienrechtlichen Status anders beurteilt als das deutsche IPR. Doch ist das Interesse des gewählten Rechts am Entscheidungseinklang geringer, weil der Namensträger nicht Angehöriger des betreffenden Staates ist; das deutsche Interesse am internen Entscheidungseinklang ist jedenfalls höherwertig. In der Praxis dürften diese Fälle allerdings eher selten sein, weil bei der Rechtswahl im Interesse der Umweltanpassung meist deutsches Recht gewählt wird, so dass Sachrecht und Kollisionsrecht miteinander harmonieren.

3. Störungen des internen Entscheidungseinklangs

II-228   Der BGH wich in der Entscheidung vom 9.7.1986 von seinen eigenen Grundsätzen ab und knüpfte die Vorfrage der Ehelichkeit im Kindesnamensrecht selbständig an (StAZ 1987, 16). Er beschränkte die Grundsätze der bisherigen Rechtsprechung ausdrücklich auf Kinder, deren Status als ehelich oder nichtehelich bereits feststehe. Die Frage, ob ein Kind ehelich sei, habe den »Charakter einer Weichenstellung«, die »sozusagen vor die Klammer zu ziehen und als gedanklich vorgeordnet selbständig anzuknüpfen« sei (BGH, StAZ 1987, 17; obiter BayObLG, StAZ 1991, 191; a. A. noch KG, StAZ 1988, 325 mit insoweit krit. Anm. *Hepting*, 327; für den Fall, dass die die Ehelichkeit begründende Ehe geschieden wurde, AG Duisburg, StAZ 1991, 256 mit Anm. *Otte*).

VIII. Vorfragen im Namensstatut

Das KindRG von 1997 hat die Ehelichkeit als Rechtsbegriff abgeschafft und der BGH-Rspr. scheinbar die Grundlage entzogen. Doch kann man daraus nicht den Schluss ziehen, dass nunmehr wieder alle Vorfragen unselbständig anzuknüpfen seien (so offenbar *Henrich*, StAZ 1996, 357; *ders.*, FamRZ 1998, 1401). An dem Dilemma, das den BGH zu seiner inkonsequenten Rechtsprechung veranlasst hat, hat sich nämlich durch das KindRG nichts geändert: Wer die Ordnungsinteressen des Heimatstaats wahren will, muss die inländischen Ordnungsinteressen missachten. Wer im Namensrecht unselbständig anknüpft, nimmt in Kauf, dass der im Inland geführte Name nicht mit dem im Inland bestehenden familiären Status übereinstimmt. II-229

Gerade beim Kindesnamen entsteht dieser Widerspruch zwischen dem familiären Status und dem Namen relativ häufig, weil das deutsche IPR bei der Abstammung dem Günstigkeitsprinzip folgt, mehrere Anknüpfungen zulässt und dabei die Rechtsansicht des Heimatstaats überhaupt nicht berücksichtigt. II-230

Ab welcher Grenze man einen derartigen Widerspruch als so unerträglich empfindet, dass man ihn durch selbständige Vorfragenanknüpfung auflöst, ist nur eine Frage der Wertung. Dass mit dem Begriff der Ehelichkeit denknotwendig auch die darin liegende »Weichenstellung« i. S. d. BGH-Rspr. entfallen sei, ist zu formalistisch argumentiert; denn die materiellen Probleme haben sich nur verlagert. Die nunmehr obsolete Frage nach der »Ehelichkeit« im rechtstechnischen Sinne lässt sich unschwer umformulieren in die Vorfragen, ob die Mutter des Kindes verheiratet ist und ob das Kind nur einen Elternteil hat oder zwei (ebenso auch OLG Düsseldorf, StAZ 1999, 114). Hinsichtlich dieser Statusbeziehungen besteht der alte Widerspruch unverändert fort. II-231

Beispiele aus der Rechtsprechung und Stellungnahmen in der Literatur zeigen, dass sich der interne Entscheidungseinklang in anderen Zusammenhängen ohnehin bereits gegen die angebliche Dominanz des Heimatstaats durchsetzt: II-232

Dies ist etwa dort der Fall, wo das Rechtsverhältnis eine »Erstfrage« im Tatbestand einer namensrechtlichen Kollisionsnorm ist (vgl. schon *Henrich*, StAZ 1995, 285 f. zu Art. 10 Abs. 4 EGBGB a. F.). II-233

Daneben stellte sich schon vor dem KindRG die Abgrenzungsfrage, warum nur die eheliche Abstammung den Charakter einer »Weichenstellung« haben sollte, andere wichtige Vorfragen wie Eheschließung, Scheidung oder Adoption hingegen nicht. II-234

Die bisher erörterten Gesichtspunkte legen es nahe, die BGH-Grundsätze zur »Weichenstellung« nicht nur beizubehalten, sondern zu erweitern (so auch *Kegel/Schurig*, S. 383). Selbständig anzuknüpfen wären dann etwa das Bestehen der Ehe im Ehenamensrecht (vgl. *von Bar*, Rdnr. 87), der Name des Elternteils, von dem ein Kind seinen Namen ableitet (vgl. Rdnr. IV-283), sowie die Wirksamkeit einer Adoption oder einer – ausländischem Recht unterstehenden – Legitimation (ähnlich auch *Krömer*, StAZ 1996, 48). II-235

Wenn man alle diese Durchbrechungen akzeptiert, fragt es sich freilich, warum man nicht gleich den ganzen Grundsatz fallen lässt. Die angebliche Rücksichtnahme auf das Ordnungsinteresse des Heimatstaats ist nicht nur II-236 kollisionsrechtlich fragwürdig (kritisch *von Bar,* Rdnr. 88); sie wird, wenn man den Art. 10 Abs. 2 und 3 EGBGB sowie das Günstigkeitsprinzip in Art. 19 EGBGB betrachtet, letztlich nicht ernstgenommen. Man sollte daher die Lippenbekenntnisse zur unselbständigen Vorfragenanknüpfung aufgeben und konsequent immer selbständig anknüpfen.

4. Missachtung inländischer Entscheidungen

II-237 Vorfragen können nicht nur vom IPR beantwortet werden, sondern auch vom Verfahrensrecht. Wenn ein Gericht über eine vorgreifliche Rechtsfrage rechtskräftig entschieden hat, stellt sich nicht mehr die Frage nach der materiellrechtlichen Anknüpfung, sondern nur noch die Frage, ob die Entscheidung das fragliche Rechtsverhältnis verbindlich geregelt hat. Das prozessuale Gegenstück zur unselbständigen Anknüpfung läuft hier streng genommen darauf hinaus, die Anerkennungsfähigkeit nach dem internationalen Verfahrensrecht des Namensstatuts zu beurteilen.

II-238 Dies ist zwar möglich und liegt konsequent auf der Linie der BGH-Rspr. (vgl. etwa KG, StAZ 1988, 325, allerdings bezogen auf die Frage der Ehelichkeit, die der BGH gerade nicht unselbständig anknüpfen wollte). Doch bestehen erhebliche rechtspolitische Zweifel, ob man im Interesse des Heimatstaats einen so krassen internen Widerspruch in Kauf nehmen soll. Die unselbständige Beurteilung der Vorfrage kann dazu führen, dass das deutsche IPR die Entscheidung eines deutschen Gerichts missachten muss, weil diese im Land des Hauptfragestatuts nicht anerkannt wird.

II-239 Aus diesem Grund wurden bisher schon Vorfragen, die gerichtlich entschieden worden waren, selbständig beantwortet (OLG Karlsruhe, IPRax 1998, 110, 111 mit Anm. *Henrich* 96; inzident auch OLG Hamm, StAZ 1999, 75; OLG Düsseldorf, StAZ 1999, 114; KG, StAZ 1994, 192; ebenso *Henrich/Wagenitz/Bornhofen,* Rdnr. C-241; *Hepting,* StAZ 1998, 133, 142; *Krömer,* StAZ 2003, 343). Auch ausländische Entscheidungen wurden nach deutschem IZVR anerkannt (AG Duisburg, StAZ 1991, 256 mit Anm. *Otte*).

II-240 Es ist nicht überraschend, dass gerade diese Konfliktsituation Anstoß zu einem Vorlageverfahren nach § 28 Abs. 2 FGG a. F. gegeben hat. Das BayObLG (StAZ 2003, 13 ff.) und das OLG Hamm (StAZ 2004, 171 ff.) vertraten unterschiedliche Auffassungen, wenn der Gegenstand der Vorfrage in der gestaltenden Wirkung eines inländischen Scheidungsbeschlusses liegt. Das BayObLG vertrat die unselbständige Anknüpfung; im Ergebnis orientierte es sich am ausländischen IZVR, sofern Namensstatut ein ausländisches Recht ist.

Demgegenüber befürwortete das OLG Hamm die selbständige Anknüpfung der Vorfrage; es befindet sich jedenfalls bei dieser Fallgruppe in Übereinstimmung mit der überwiegenden Rechtsprechung (Rdnr. II-239). Demnach ist die Wirksamkeit eines Scheidungsbeschlusses nach den verfahrens-rechtlichen Grundsätzen der deutschen lex fori zu beurteilen. Die vom BayObLG befürwortete unselbständige Anknüpfung bewirkt im Ergebnis eine beträchtliche Störung des internen Entscheidungseinklangs. Einzelne Stimmen in der Literatur sehen zudem einen Verstoß gegen den allgemeinen

Gleichheitssatz des Art. 3 Abs. 1 GG; denn die Rechtsprechung müsse die Wirksamkeit einer deutschen Entscheidung in unterschiedlichen Fallkonstellationen in nicht zu rechtfertigender Weise ungleich beurteilen (so *Mäsch*, IPRax 2004, 102, 103).

Es ist zu bedauern, dass der BGH die Chance zu einer Klärung, die ihm die Vorlage des OLG Hamm geboten hätte, nicht nutzen konnte. In seiner Entscheidung vom 20. 6. 2007 (StAZ 2007, 344, 346) hat er die Frage offen gelassen, weil er bei der Anknüpfung der Hauptfrage aufgrund einer Rückverweisung zur Anwendbarkeit deutschen Rechts kam, so dass der Gegensatz von selbständiger und unselbständiger Anknüpfung keine Rolle spielte. Zwar hat er in der Begründung die selbständige Anknüpfung als »herrschende Meinung« (StAZ 2007, 346) bezeichnet, doch kann man daraus keinesfalls folgern, dass er sich insoweit festgelegt hat. Die Frage ist also höchstrichterlich noch nicht entschieden, doch überwiegen in der ober- und untergerichtlichen Rspr. die Entscheidungen, die die Vorfragen selbständig anknüpfen.

5. Vorfrage und Substitution

Das kollisionsrechtliche Problem der Substitution hängt eng mit der Vorfrage zusammen (allgemein zur Substitution Rdnr. VI-70 ff.). Es stellt sich im Namensrecht dann, wenn im Tatbestand einer deutschen Vorschrift der Begriff »Name« auftaucht, Namensstatut der betroffenen Person aber ein ausländisches Recht ist, das von einem anderen Namensverständnis ausgeht als das deutsche Recht. Bei der Substitution wird überprüft, ob der ausländische Name dem deutschen Begriff wenigstens *gleichwertig* ist, so dass er ihn im Tatbestand der deutschen Vorschrift zu »substituieren«, also zu *ersetzen* vermag. Ursache des Problems ist ein Regelungswiderspruch zwischen beiden Rechten, so dass die Argumente ähnlich sind wie bei der Angleichung; hierzu vgl. Rdnr. II-260.

II-241

D. Angleichung ausländischer Namenstypen, Art. 47 EGBGB

I. Allgemeines

Ein Problem, das eher dem Sachrecht zuzuordnen ist als dem Kollisionsrecht, das freilich nur in Fällen mit Auslandsbezug auftauchen kann, ist das der namensrechtlichen Angleichung.

II-242

1. Das Problem

Das deutsche Recht kennt als Namenstypen den Vor-, den Familien- und – als Formen des Familiennamens – den Geburts-, den Ehe-, den Lebenspartnerschafts- und den Begleitnamen. Zahlreiche ausländische Rechtsordnungen kennen andere sprachliche Kennzeichnungen, die zwar »Namen« im Sinne

II-243

der weiten kollisionsrechtlichen Qualifikation sind (dazu Rdnr. II-178 ff.), aber eine dem deutschen Recht unbekannte Funktion haben.

II-244 Wenn eine deutsche Vorschrift in ihrem Tatbestand den Begriff »Name« verwendet, geht sie selbstverständlich von der deutschen Systematik aus. Richtet sich die Namensführung im konkreten Fall nach einem ausländischen Recht, so stellt sich die Frage, ob dessen Namenstypen dem deutschen Recht entsprechen und in der Lage sind, das Tatbestandsmerkmal auszufüllen.

II-245 Ist der ausländische Namenstyp dem deutschen funktionsäquivalent, so kann er ihn »substituieren«, also ersetzen; das Tatbestandsmerkmal des deutschen Rechts wird durch den ausländischen Namen ausgefüllt; allgemein zur Substitution Rdnr. VI-70 ff.

II-246 Sind die Namenstypen beider Rechte so funktionsverschieden, dass eine Substitution nicht möglich ist, sind die Regelungswidersprüche durch Angleichung zu bewältigen. Substitution und Angleichung im Namensrecht verwenden dieselben Argumente, die Grenze zwischen beiden ist fließend.

2. Rechtsentwicklung

II-247 Die Praxis hatte sich mit dem Problem der Angleichung zum ersten Mal in nennenswertem Umfang auseinander zu setzen, als größere Gruppen von deutschstämmigen Aussiedlern nach Deutschland kamen, die bisher ihren Namen nach der Namenstradition der slawischen Länder erworben und geführt hatten. Hier kam es zu einem sog. »Statutenwechsel« von einem ausländischen zum deutschen Namensrecht; die bisher geführten Namen – für die vorher ein ausländisches Namensstatut maßgeblich war – waren dem nunmehr anwendbaren deutschen Recht fremd. Der Gesetzgeber reagierte darauf durch den Erlass des § 94 BVFG (eingefügt durch Art. 1 Nr. 32 des Kriegsfolgenbereinigungsgesetzes vom 21.12.1992, BGBl. I S. 2094, abgedruckt in StAZ 1993, 55; zur Vorgeschichte der Regelung s. *Bornhofen*, StAZ 1993, 101).

II-248 Doch wurde der »Eingangsstatutenwechsel«, bei dem sich der aus dem bisher maßgeblichen fremden Recht »mitgebrachte« Name nicht unter die Namenstypen des deutschen Rechts einordnen lässt, in der Folgezeit aufgrund der zunehmenden Migration zu einem allgemeinen namensrechtlichen Phänomen und Problem des IPR, dessen Bedeutung weit über die Aussiedlerfälle hinausging und praktisch jeden Ausländer betraf, der zum deutschen Namensstatut wechselte. Konkrete Vorschläge zur Angleichung (zu den theoretischen Grundlagen s. *Hepting*, StAZ 2001, 263 ff.) wurden kontrovers diskutiert; die Rspr. war uneinheitlich (s. etwa BayObLG, StAZ 1999, 72; StAZ 1999, 296; AG Hagen, StAZ 2003, 114; LG Frankfurt a. M., StAZ 2003, 113; OLG Frankfurt a. M., StAZ 2006, 142; LG München, StAZ 2006, 169).

II-249 Schließlich entschloss sich der Gesetzgeber, im Zuge der Personenstandsrechtsreform auch die Namensangleichung zu regeln (zum Gesetzgebungsverfahren s. *Hepting/Gaaz*, Bd. 2 Rdnr. II-299 f.; *Henrich*, StAZ 2006, 197 f.). Die Neuregelung wurde als Art. 47 in ein eigenes neues Kapitel des EGBGB mit der Überschrift »Angleichung« eingefügt; gleichzeitig gab der Gesetzgeber dem

§ 94 BVFG seine aktuelle Fassung. Mit Art. 47 EGBGB hat der Gesetzgeber klargestellt, dass es sich nicht um ein vom 2. Kapitel erfasstes i.e.S. »kollisionsrechtliches« Problem handelt, da ja der Angleichungsbedarf erst entsteht, wenn die Anknüpfung abgeschlossen ist und das anwendbare Recht festgestellt ist. Vielmehr handelt es sich bei Art. 47 EGBGB um »eine namensrechtliche Sachnorm des deutschen Rechts, deren Tatbestand einen Auslandsbezug aufweist« (BGH, StAZ 2015, 78, 79).

Das Angleichungsproblem stellt sich typischerweise in zwei Fallgruppen: Zum einen bei einem *Statutenwechsel zum deutschen Recht* (Rdnr. II-251 ff.); diese Fälle werden von Art. 47 Abs. 1 EGBGB erfasst. — II-250

Zum anderen in Fällen der *Namensableitung,* in denen eine dem deutschen Recht unterstehende Person ihren »Familiennamen« von einer anderen Person ableitet, die nach ihrem maßgeblichen Namensstatut keinen Familiennamen führt (Rdnr. II-260 f.); diese Fälle werden von Art. 47 EGBGB Abs. 2 erfasst.

3. Angleichung beim »Eingangsstatutenwechsel«, Art. 47 Abs. 1 EGBGB

Art. 47 Abs. 1 EGBGB erfasst den Statutenwechsel als typische Angleichungssituation: Eine Person, die nach einem anwendbaren ausländischen Recht einen Namen erworben hat, untersteht fortan dem deutschen Recht. Man spricht aus der Sicht des inländischen IPR von einem »Eingangsstatutenwechsel«. Die bisherigen Bezeichnungen bleiben dem Wortlaut nach erhalten; insoweit gilt der Grundsatz der Fortdauer des vor dem Statutenwechsel bestehenden Zustands, im Namensrecht also der Grundsatz der Namenskontinuität (so auch *Henrich,* StAZ 2007, 197). — II-251

Die betroffene Person hat jedoch ab diesem Zeitpunkt Vor- und Familiennamen zu führen. Die bisherigen Namen sind daher in diese Zweiteilung einzuordnen und in Vor- und Familiennamen zu »transponieren«. Es handelt sich um einen Fall »intertemporaler Angleichung« (allgemein zur Transposition im Namensrecht *Hepting,* StAZ 2001, 261). Wie stets bei der »Transposition« ist zu prüfen, inwieweit das ausländische Rechtsinstitut dem deutschen funktional entspricht. Die Änderung wirkt – was der Gesetzeswortlaut mit dem Wörtchen »fortan« auch ausdrücklich klarstellt – nicht zurück (*Henrich,* StAZ 2007, 199). — II-252

Aus der Sicht des deutschen IPR handelt es sich um keinen Fall eines Statutenwechsels, wenn eine Person in zwei Ländern unterschiedliche Namen führt und von einem Land in das andere wechselt; denn dadurch ändert sich das Anknüpfungskriterium Staatsangehörigkeit nicht. Dass sich in diesem Fall die Namensführung tatsächlich ändert, ist Folge eines hinkenden Rechtsverhältnisses, nicht Folge eines Wechsels des maßgeblichen Rechts. Diese Problematik, die in jüngster Zeit Anlass zu Verfahren vor dem EuGH gegeben hat, hat mit Angleichung nichts zu tun (zur Rechtsprechung des EuGH namentlich in den Rechtssachen »Garcia Avello« und »Grunkin-Paul« und den daraus folgenden Problemen s. Rdnr. II-414 ff.). — II-253

II-254 Voraussetzung eines Eingangsstatutenwechsels ist die Änderung der kollisionsrechtlichen Anknüpfung. Bei Art. 10 Abs. 1 EGBGB ist die Staatsangehörigkeit das maßgebliche Kriterium; folglich führt die Einbürgerung zu einem Statutenwechsel. Art. 47 EGBGB kommt dagegen nicht (auch nicht analog) zur Anwendung, wenn bereits beim Namenserwerb aus deutscher Sicht deutsches Recht anwendbar gewesen war, selbst wenn die deutsche Staatsangehörigkeit erst später geklärt wurde (*Krömer*, StAZ 2014, 185).

II-255 Die Begründung eines inländischen gewöhnlichen Aufenthalts durch einen Staatenlosen, asylberechtigten Ausländer, Flüchtling o. Ä. (zum Personalstatut dieser Personengruppen s. Rdnr. VI-38 f.) müsste konsequent dieselbe Wirkung wie eine Einbürgerung haben, da sich hier ebenfalls das maßgebliche Anknüpfungskriterium ändert (s. *Hepting*, StAZ 2008, 161, 163); doch lehnt die personenstandsrechtliche Praxis die Anwendung des Art. 47 EGBGB auf Kontingentflüchtlinge ab (*Homeyer*, StAZ 2009, 83).

II-256 Auch im Gefolge eines Personenstandsfalles kann sich das Anknüpfungsmerkmal ändern, etwa durch die Vaterschaftsanerkennung eines Deutschen zum Kind einer Ausländerin, das dadurch gemäß § 4 Abs. 1 Satz 2 StAG die deutsche Staatsangehörigkeit erwirbt.

II-257 Eine Ausnahme gilt dann, wenn ein Kind durch Adoption die deutsche Staatsangehörigkeit erwirbt. Erfolgt gemäß § 1757 Abs. 4 Nr. 1 BGB eine gerichtliche Entscheidung über den Vornamen, ist diese gegenüber der Angleichung nach Art. 47 EGBGB vorrangig. Wurde im Adoptionsverfahren die Änderung des Vornamens nicht beantragt, kann dies nach erfolgter Adoption nicht durch Angleichungserklärung korrigiert werden (AG Nürnberg, StAZ 2009, 82).

II-258 Schließlich kann auch eine Rechtswahl gemäß Art. 10 Abs. 2 oder 3 EGBGB zur Maßgeblichkeit deutschen Rechts führen. Der Gesetzgeber ist ausdrücklich davon ausgegangen, dass Art. 47 Abs. 1 EGBGB auch diese Fälle erfasst (BT-Drucks. 16/1831, S. 78, so nunmehr auch BGH, StAZ 2015, 78; s.a. bereits OLG Frankfurt a.M., StAZ 2012, 50). Allerdings stellen sich Folgefragen, dazu s. Rdnr. II-299, 333 ff.

II-259 Nicht von Art. 47 EGBGB erfasst sind Fälle eines »Ausgangsstatutenwechsels«, in denen die Namensführung einer Person, die bisher dem deutschen Namensstatut unterstand, zu einem ausländischen Namensrecht wechselt. Auch hier gilt der allgemeine Grundsatz, dass der Statutenwechsel den Namenswortlaut zunächst unberührt lässt. Das neue Statut hat darüber zu entscheiden, ob und wie sich der Name ändert.

4. Angleichung bei der Namensableitung, Art. 47 Abs. 2 EGBGB

II-260 In der zweiten Fallgruppe sieht eine Vorschrift des maßgeblichen deutschen Rechts vor, dass eine Person ihren Familiennamen von einer anderen Person ableitet; zu denken ist etwa an einen Ehegatten, der den Namen seines Partners als Ehenamen, oder an ein Kind, das den Namen eines Elternteils als Geburtsnamen erwirbt. Hier stellt sich die Frage, ob ein Ausländer, der nach seinem Heimatrecht andersartige Bezeichnungen führt, diese als Familiennamen auf eine andere Person übertragen kann, die ihrerseits dem deutschen Namensstatut untersteht. Wenn die namensgebende Person keinen Familiennamen i. e. S. führt, stellen sich dieselben Wertungsprobleme wie beim Statutenwechsel, diesmal zunächst unter dem Blickwinkel der Substitution, dann unter dem der Angleichung; es fragt sich, welcher der konkret geführten Namen in der maßgeblichen deutschen Vorschrift den Begriff Familienname ausfüllen kann (s. schon Rdnr. II-241 sowie Rdnr. VI-70 f.); Art. 47 EGBGB erfasst ihn in Abs. 2.

Wie schon bei Art. 47 Abs. 1 EGBGB wird auch hier der spiegelbildliche Fall, dass eine ausländischem Recht unterstehende Person den Namen von einem Deutschen ableitet, vom Gesetzeswortlaut nicht erfasst.

In beiden Fallgruppen geht es um die Frage, welche ausländischen Bezeichnungen dem deutschen Familiennamen funktional entsprechen. Trotz der jeweils unterschiedlichen Fragestellung stimmen die maßgeblichen Wertungen im Wesentlichen überein, so dass die Argumente für beide Fallgruppen austauschbar sind. Aus diesem Grund kann Art. 47 Abs. 2 EGBGB den Abs. 1 für entsprechend anwendbar erklären.

II-261

5. Immanente Grenzen der Angleichung – Restriktive Auslegung des Art. 47 EGBGB

Nachdem der Gesetzgeber den Art. 47 EGBGB ausdrücklich als Angleichungsvorschrift qualifiziert hat, muss man seine Auslegung an dieser methodischen Aufgabe orientieren. Daraus folgt, dass die Vorschrift in gewissen Fällen restriktiv ausgelegt werden muss. Der Wortlaut des Art. 47 EGBGB ist äußerst weit gefasst und kann bei wortgetreuer Anwendung zu absurden Ergebnissen führen; pointiert meint *Mäsch*, IPRax 2008, 19, »ein Indonesier mit dem einzigen Eigennamen Suharto könne sich Goethe, Gates oder Garibaldi« nennen. Derartige Ergebnisse sind mit den Grundsätzen der Angleichung nicht zu vereinbaren. Soweit deshalb eine Einschränkung erforderlich ist, hat sie sich an der rechtspolitischen Absicht des Gesetzgebers, an den Funktionsgrundsätzen der Angleichung und an den Grundprinzipien des deutschen Namensrechts zu orientieren (s. Rdnr. II-295 zu der – in der Praxis tatsächlich erfolgten – Wahl des Namens »Ursula von der Leyen«; daher im Ansatz zutreffend AG Marburg, StAZ 2010, 210 zu Art. 47 Abs. 1 Satz 1 Nr. 5 EGBGB). Diese funktionsspezifische Einschränkung des Art. 47 EGBGB gilt allenfalls dort nicht, wo die Vorschrift über die Angleichung hinausgeht, s. Rdnr. II-375.

II-262

Aber nicht nur aus ihrer Funktion als Angleichungsvorschrift heraus bedarf Art. 47 EGBGB der Restriktion. Auch der Gleichheitssatz erfordert eine einschränkende Auslegung. Es kann nicht sein, dass in reinen Inlandsfällen der Bürger den Finessen des deutschen Namensrechts unterliegt und nur wenig Einfluss auf die Bestimmung seines Namens hat, aber in Fällen eines Statutenwechsels die große Freiheit herrscht. Solange das deutsche Namensrecht restriktiv ist, muss auch Art. 47 EGBGB restriktiv ausgelegt und auf seine Funktion zurückgeführt werden.

II-263

II-264 Eine allgemeine immanente Grenze ergibt sich bereits aus der Funktion des Art. 47 EGBGB: Ein einmal nach Art. 47 EGBGB (oder vor dessen Inkrafttreten aufgrund allgemeiner kollisionsrechtlicher Regeln) angeglichener Name kann nicht erneut nach Art. 47 EGBGB angeglichen werden; denn ein solcher Name kann nicht mehr als ein nach ausländischem Recht erworbener Name angesehen werden (OLG Hamm, StAZ 2014, 19).

II. Einzelfälle der Angleichung

1. »Sortiererklärungen« nach Art. 47 Abs. 1 Satz 1 Nr. 1 EGBGB beim Statutenwechsel

II-265 Gemäß Art. 47 Abs. 1 Satz 1 Nr. 1 EGBGB kann der Namensträger »aus dem Namen Vor- und Familiennamen bestimmen.« Bei dieser Fallgruppe spricht die standesamtliche Praxis von sog. »Sortiererklärungen«.

a) Die Abgrenzung von Fällen ohne Angleichungsbedarf

II-266 Die Vorschrift ist insofern ungenau, weil sie keine Rücksicht darauf nimmt, ob und wie die Namen vom alten Statut bereits funktional vorgeprägt sind; weil sie nicht zwischen der Führung nur eines und der Führung mehrerer Eigennamen unterscheidet; weil sie ferner den Eindruck erweckt, man könne durch die Erklärung auch die Zahl der Familiennamen bestimmen; schließlich geht sie nicht auf den Unterschied zwischen Namen und Namenszusätzen ein. Zu ihrer klarstellenden – und damit auch einschränkenden – Auslegung sind daher die allgemeinen Angleichungsgrundsätze heranzuziehen.

II-267 Art. 47 Abs. 1 Satz 1 Nr. 1 EGBGB erweckt den Anschein, als könne die betroffene Person die bisher geführten Namen nach freiem Gutdünken »sortieren« und ihnen die Funktionen des Vor- und Familiennamens nach Belieben zuweisen. Dies wäre mit allgemeinen Angleichungsgrundsätzen unvereinbar. In den Angleichungserklärungen des Art. 47 EGBGB äußert sich nicht »privatautonome Gestaltungsmacht« (so aber *Mäsch*, IPRax 2008, 18). Vielmehr ist Angleichung eine Methode objektiver Rechtsanwendung, so dass auch objektive Maßstäbe heranzuziehen sind (so auch *Henrich*, StAZ 2007, 198 f.).

II-268 Daraus folgt, dass eine Erklärung nach Art. 47 Abs. 1 Nr. 1 EGBGB nicht möglich ist, wenn die betroffene Person bereits unter der Herrschaft des alten Statuts ihre Namen *als* Vor- und Familiennamen geführt hat. Ist dies der Fall, so sind sie funktional vorgeprägt. Hier liegt nicht nur Funktions*äquivalenz* vor, sondern Funktions*identität*. Da die Namensfunktionen im alten und im neuen Statut übereinstimmen, fehlt es an dem für eine Angleichungslage typischen Regelungswiderspruch. Damit wird eine mit »Angleichung« überschriebene Vorschrift unanwendbar. Eine die bisherige Namensfunktion bestätigende »Sortiererklärung« ist unnötig, eine sie ändernde ist unzulässig. Der Namensträger ist auch ohne Erklärung auf seinen bisherigen Vor- und Familiennamen festgelegt.

II-269 Dieses Ergebnis ist evident, wenn es um Rechtsordnungen geht, die ebenfalls Vor- und Familiennamen kennen, mögen sie auch andere Begriffe verwenden (etwa »first name«, »given name«, »surname« o. Ä.). Hier sind die Namensfunktionen bereits durch das bisherige Statut festgelegt; die betroffene Person kann nicht ihren bisherigen Vornamen zum Familiennamen bestimmen (*Hepting*, StAZ 2008, 161, 167).

II-270 Dass das bisherige Heimatrecht des Namensträgers grundsätzlich andere Namenstypen kennt als das deutsche, schließt nicht aus, dass er im konkreten Fall bereits einen Familiennamen erworben hat. Es ist denkbar, dass eine dem deutschen Recht fremde Bezeichnung bereits vor dem Statutenwechsel zum deutschen Recht in einen echten Familiennamen »angeglichen« worden ist, sei es *rechtlich* durch ein vom Heimatrecht abweichendes, an ein anderes Kriterium anzuknüpfendes Namensstatut, sei es faktisch durch eine möglicherweise unrechtmäßige, aber gleichwohl den Namen faktisch vorprägende länger dauernde Namensführung (s. Rdnr. II-305 f.).

II-271 Hat eine solche Vorprägung nicht stattgefunden, hat man durch eine rechtsvergleichende Analyse festzustellen, ob einer der von der betroffenen Person geführten Namen funktional dem Familiennamen entspricht und dadurch so stark vorgeprägt ist, dass eine davon abweichende Angleichung unnötig und unzulässig ist.

b) Personen mit Vor- und Vaternamen

II-272 In zahlreichen Rechtsordnungen erwirbt das Kind den Vornamen des Vaters mit einer das Kindschaftsverhältnis indizierenden Endung, seltener allein neben dem Vornamen – dem hier interessierenden Fall –, häufiger als Zwischennamen (s. hierzu noch Rdnr. II-297 ff.). Zwar steht fest, dass der Vatername jedenfalls ein Name im Sinne des kollisionsrechtlichen Qualifikationsbegriffs ist (Rdnr. II-178 ff.); doch ist er als solcher ein Angleichungsfall.

II-273 Im Recht Islands führt eine Person neben dem oder den Vornamen und einem – fakultativen – Zwischennamen *ausschließlich* einen Vaternamen; näher *Carsten*, StAZ 2010, 136. Hier besteht jedenfalls hinsichtlich des Vornamens Funktionsidentität; er ist als solcher weiter zu führen (ebenso *Henrich*, StAZ 2007, 199) und der Namensbestimmung nach Art. 47 Abs. 1 Satz 1 Nr. 1 EGBGB nicht mehr zugänglich.

II-274 Der Vatername ist dem deutschen Familiennamen nicht funktionsgleich, aber doch funktionsähnlich, weil er kraft Gesetzes erworben wird und die Generationenfolge erkennbar macht. Im isländischen Recht übernimmt er zwangsläufig die Funktion des Familiennamens, weil daneben ein Familienname i. e. S. nicht existiert. Der Vatername ist daher zwingend in den Familiennamen zu transponieren (so schon zum alten Rechtszustand *Hepting*, StAZ 2001, 263; a. A. allerdings noch AG München, StAZ 1992, 313, das den Vaternamen nicht als funktionsgleichen Familiennamen im Sinne des deutschen Rechts ansah; anders unter Art. 47 EGBGB nunmehr wohl auch OLG Hamm, StAZ 2014, 19, 20). Zu der Frage, ob der Name in der Form abgewandelt werden kann, s. Rdnr. II-366 ff.

II-275 Bei srilankischen Staatsangehörigen, die neben einem Eigennamen einen vom Vater abgeleiteten Namen führen, sollte man annehmen, dass die für Isländer geltenden Grundsätze entsprechend anwendbar sind. Doch hat es die Rechtsprechung in einem derartigen Fall gestattet, wahlweise den einen oder anderen Namen zum Familiennamen zu bestimmen (OLG Hamm, StAZ 2006, 357; KG, StAZ 2008, 42, hierzu *Hochwald*, StAZ 2009, 49). Dies ist nicht unbedenklich und lässt sich allenfalls damit rechtfertigen, dass das srilankische Namensrecht flexibler ist als das isländische und die Kennzeichnungskraft des Eigennamens umfassender ist als die des isländischen Vornamens, insbesondere dann, wenn die Führung eines Vaternamens nicht gesetzlich vorgeschrieben ist (zum Argument der »Ambivalenz« der Eigennamen s. a. Rdnr. II-291).

II-276 In Fällen der Namensableitung (Art. 47 Abs. 2 EGBGB) kann der Vatername von den Eltern zum Geburtsnamen des Kindes, von Ehegatten zum gemeinsamen Ehenamen bestimmt werden; letzteres setzt allerdings die vorherige Wahl deutschen Rechts gemäß Art. 10 Abs. 2 EGBGB voraus (näher Rdnr. II-331 ff.).

c) Personen mit mehreren Eigennamen

II-277 In einigen ausländischen Rechtsordnungen führt eine Person nur Eigennamen, die bei der Geburt erteilt werden und mit dem Tod erlöschen. Ihr rechtliches Schicksal ist also dem der Vornamen vergleichbar; doch fehlt es an dem Gegensatz zu einem ebenfalls geführten Familiennamen und daher an einer Vorprägung. Daher ist im Falle eines Statutenwechsels einer der Eigennamen in einen Familiennamen zu transponieren.

Da alle Eigennamen die gleiche Funktion hatten, sind sie gleichwertig; jeder von ihnen ist daher als Familienname geeignet. Man kann daher dem Namensträger nach Art. 47 Abs. 1 Satz 1 Nr. 1 EGBGB freistellen, welchen er als Familiennamen wählt (BGH, StAZ 2015, 78, 80; hierzu schon *Hepting*, StAZ 2001, 265).

II-278 Allerdings ist zu beachten, dass die Angehörigen mancher asiatischen Länder, die bisher traditionell nur Eigennamen kannten, zur besseren Identifikation und in Nachahmung europäischer Bräuche freiwillig einen »Familiennamen« annehmen, der von Generation zu Generation weitergegeben wird (s. Botschaftsauskunft, StAZ 2010, 151 zu Afghanistan). Sobald sich die Führung eines solchen Namens dergestalt verfestigt, dass er in den Ausweispapieren vermerkt wird (was allerdings in Afghanistan noch nicht der Fall zu sein scheint, s. a. a. O.), ist dieser Name als Familienname vorgeprägt (wegen der Konsequenzen vgl. Rdnr. II-305 ff.); zu weiteren Ländern *Kraus*, StAZ 2014, 213.

II-279 Nicht möglich ist die Wahl von zwei Eigennamen als Familiennamen. Gewichtiger als der Wortlaut des Art. 47 Abs. 1 Satz 1 Nr. 2 EGBGB, der von *einem* Namen spricht, ist die Wertung des deutschen Namensrechts, das mehrgliedrige Familiennamen – zumindest grundsätzlich – ablehnt (*Hepting*, StAZ 2001, 267; *Homeyer*, StAZ 2003, 116; *Henrich/Wagenitz/Bornhofen*, Rdnr. C-272, so nun auch BGH, StAZ 2015, 78, 79).

Nur ausnahmsweise kann der Familienname in zweigliedriger Form bestimmt werden, etwa wenn infolge etablierter Verwaltungspraxis (z. B. durch die Schreibweise im Reiseausweis, dem Führerschein oder im Melderegister) oder faktischer Namensführung im Alltag (Namenswiedergabe in sonstigen Dokumenten, z. B. Zeugnissen etc.) bereits eine entsprechende »Verfestigung« eingetreten ist und sich ein »echter Doppelname« gebildet hat (so nun auch BGH, StAZ 2015, 78, 79 f.; vgl. auch Rdnr. II-152). II-280

Ebenfalls nicht möglich ist, dass eine Person ihre bisherigen Eigennamen ausschließlich zu Vornamen bestimmt und dann den Familiennamen gemäß Nr. 2 neu wählt. Hiergegen spricht bereits der Gesetzeswortlaut; Nr. 1 sieht vor, dass »aus dem Namen Vor- *und* Familiennamen« bestimmt werden. Daraus kann man folgern, dass die Nr. 1 heranzuziehen ist, solange die Zahl der bisher geführten Namen eine Aufteilung in Vor- und Familiennamen zulässt, so dass der Tatbestand der Nr. 2 gar nicht erfüllt sein kann (ebenso *Mäsch*, IPRax 2008, 19). Im Übrigen widerspricht die freie Neubestimmung des Familiennamens grundlegenden Prinzipien des deutschen Namensrechts (vgl. Rdnr. II-217). II-281

Vor dem Inkrafttreten des Art. 47 EGBGB hat die Rspr. zugelassen, dass die Eigennamen sämtlich zu Vornamen und der – nach dem bisherigen Namensstatut gar nicht geführte – Vatername zum Familiennamen bestimmt wurde (LG München, StAZ 2006, 168). Dies läuft letztlich auf den Neuerwerb eines Familiennamens hinaus, der zwar nicht so krass gegen die Grundsätze des deutschen Rechts verstößt wie der in Rdnr. II-295 erwähnte Extremfall (»Ursula von der Leyen«), aber nunmehr angesichts des Wortlauts von Art. 47 Abs. 1 Satz 1 Nr. 1 EGBGB nicht mehr zulässig sein dürfte (Namensbildung in erster Linie »aus dem Namensbestand«, vgl. *Kissner*, StAZ 2008, 324). II-282

Ist ein Eigenname zum Familiennamen bestimmt, bleiben alle anderen Namen bestehen, da insoweit der Grundsatz der Namenskontinuität gilt. Sie werden durch die Wahl des Familiennamens automatisch zu Vornamen im Sinne des deutschen Rechts, ohne dass es insoweit einer ausdrücklichen Bestimmung bedarf (*Hepting*, StAZ 2001, 265). II-283

Auf diese Weise können mehrere Vornamen entstehen. Art. 47 Abs. 1 Satz 1 Nr. 1 EGBGB dahin zu verstehen, dass man nur einen Namen zum Vornamen bestimmen und die anderen Namen ablegen könne, widerspräche zum einen dem Grundsatz, dass der Statutenwechsel den Wortlaut des Namens – d. h. auch den Wortlaut in voller Länge – unberührt lässt. Es widerspräche ferner dem Art. 47 Abs. 1 Satz 1 Nr. 3 EGBGB, der das Ablegen von Namensteilen nur dann zulässt, wenn sie dem deutschen Recht fremd sind. Dies ist bei einem in einen Vornamen transponierten Eigennamen nicht der Fall. II-284

In Fällen der Namensableitung (Art. 47 Abs. 2 EGBGB) kann nach denselben Grundsätzen einer der Eigennamen zum Geburtsnamen des Kindes bestimmt werden. Der namengebende Elternteil wird dadurch für den Fall einer späteren Anglcichung des *eigenen* Namens nicht präjudiziert; s. *Hepting*, StAZ 2008, 165 unter 4 b; *Mäsch*, IPRax 2008, 20. II-285

Ebenso ist es im Ergebnis möglich, dass Ehegatten einen Eigennamen zum gemeinsamen Ehenamen bestimmen. Allerdings handelt es sich dabei nicht II-286 um einen Fall von Namensableitung gemäß Art. 47 Abs. 2 EGBGB. Vielmehr müssen die Ehegatten zunächst gemäß Art. 10 Abs. 2 EGBGB deutsches Recht als Ehenamensstatut wählen, wodurch es bei einem ausländischen Ehegatten zu einem Statutenwechsel kommt (näher Rdnr. II-331 ff.). Der betroffene ausländische Ehegatte hat dann gemäß Art. 47 Abs. 1 Satz 1 Nr. 1 EGBGB einen seiner Eigennamen zum Familiennamen deutschen Rechts zu bestimmen. Damit ist die Angleichung abgeschlossen; die Ehegatten können nunmehr in *direkter* Anwendung des § 1355 Abs. 2 BGB ihren Ehenamen bestimmen.

d) Personen mit nur einem Eigennamen

II-287 Führt eine Person nur einen einzigen Eigennamen, so ist Art. 47 Abs. 1 Satz 1 Nr. 1 EGBGB nicht direkt anwendbar, da eine Bestimmung von Vor- *und* Familiennamen nicht möglich ist.

II-288 Bis zum Inkrafttreten des Art. 47 EGBGB wurde dieser Name in den Familiennamen transponiert (*Hepting*, StAZ 2001, 266; *Jauss*, StAZ 1997, 214; *Henrich/Wagenitz/Bornhofen*, Rdnr. C-275). Der fehlende Vorname konnte und musste dann nachträglich bestimmt werden (KG, StAZ 1993, 9 m. w. N.; *Hepting*, StAZ 2001, 265; vgl. auch *Jauss*, StAZ 2003, 373).

II-289 Art. 47 Abs. 1 Satz 1 Nr. 1 EGBGB hat diese Regel nunmehr so allgemein formuliert, dass es möglich erscheint, den einzigen Eigennamen zum Vornamen zu bestimmen. Im Schrifttum wird diese Konsequenz, wenn auch kritisch, akzeptiert (so *Mäsch*, IPRax 2008, 19; *Henrich*, StAZ 2007, 200). Im Ergebnis fehlt dann der Familienname, so dass dieser gemäß Nr. 2 ergänzt werden müsste.

II-290 Für diese Ansicht scheint auch der Wortlaut der Nr. 2 zu sprechen, der offenbar voraussetzt, dass der Familienname fehlen kann. Eine derartige Situation ist nur denkbar, wenn der Träger eines einzigen Namens diesen zum Vornamen bestimmt. Dass jemand vor dem Statutenwechsel überhaupt keinen Namen trägt, ist unvorstellbar.

Es fragt sich dennoch, ob diese Lösung mit Angleichungsgrundsätzen vereinbar ist. Ausgangspunkt ist die Frage nach der Funktionsäquivalenz. Nach dem Wechsel zum deutschen Namensstatut ist derjenige Name in den Familiennamen zu transponieren, der ihm unter der Herrschaft des alten Statuts funktional entsprach.

II-291 Das Problem liegt darin, dass ein einziger Eigenname zwangsläufig ambivalent ist und die Funktionen des Vor- und des Familiennamens in sich vereinigt.

Er ist einerseits Individualname, der mit dem Tod des Namensträgers erlischt und mit dem er – zwangsläufig – im persönlichen Verkehr angesprochen wird. *Mäsch* betont deshalb die Parallele zum »Rufnamen« und möchte ihn deshalb sogar *zwingend* in den Vornamen transponieren (*Mäsch*, IPRax 2008, 18; abgeschwächt *Henrich*, StAZ 2007, 200, der es jedenfalls für *möglich* hält, ihn zum Vornamen zu bestimmen).

II-292 Andererseits war dieser eine Name auch die zwangsläufig einzige Kennzeichnung im Rechtsverkehr und bei der Registerführung. Diese »öffentliche« Identifikationsfunktion des Namens ist wichtiger als die Verwendung als »Rufname« im privaten Bereich. Die Frage nach der Funktionsäquivalenz muss vorrangig lauten: Welcher Name hatte nach dem alten Statut die dem deutschen Familiennamen eigentümliche Funktion, Identifikationsmittel in Urkunden und öffentlichen Dokumenten zu sein? Es ist klar, dass auch dies nur der eine vorhandene Name sein konnte. Damit ist er durch diese vorrangigen familiennamenstypischen Funktionen so maßgeblich vorgeprägt, dass man ihn in den Familiennamen transponieren nicht nur *kann*, sondern sogar *muss* (zutreffend daher die von *Mäsch*, IPRax 2008, 18 Fn. 24 als »unvernünftig« kritisierte Entscheidung BayObLG, StAZ 1996, 41). Nur in diesem Fall führt die betroffene Person nach dem Statutenwechsel den Namen, auf den alle bisherigen Urkunden ausgestellt sind, als Familiennamen. Damit ist neben der Kontinuität des Namenswortlauts auch die Kontinuität der Namensfunktion gewahrt.

Wird der bisher einzige Eigenname zum Vornamen bestimmt, wäre die zwangsläufige Konsequenz, dass dann der fehlende Familienname gemäß Art. 47 Abs. 1 Satz 1 Nr. 2 EGBGB neu zu bestimmen wäre. Dies aber wäre ein im Ergebnis »bedenkliches und systemsprengendes Novum« (so *Mäsch*, IPRax 2008, 19), so dass man sich fragen muss, ob der Gesetzgeber die Folgen wirklich bedacht und gewollt hat. {II-293}

Für die Vornamensbestimmung gibt es wenigstens gewisse – wenn auch unpräzise und immer weiter reduzierte (s. Rdnr. IV-352 ff. – rechtliche Regeln; für die Bestimmung eines Familiennamens gibt es *keine*. Bei den Vornamen kann man diese Unbestimmtheit hinnehmen, handelt es sich doch um eine Bezeichnung, bei der die individuelle Selbstdarstellung im Vordergrund steht und sich die Bedeutung eher auf den privaten Bereich beschränkt. Beim Familiennamen, bei dem die öffentlichrechtliche Ordnungsfunktion eine größere Rolle spielt, ist freie Namensbestimmung wesentlich problematischer (s. *Hepting*, StAZ 2008, 161). {II-294}

Aus diesem Grund ist eine Angleichung unzulässig, wenn sie bei dem für die Ordnungsfunktion wichtigeren Familiennamen letztlich auf eine völlig freie Namenswahl hinausläuft, die – anders als im englischen Rechtskreis (dazu Rdnr. II-217) – dem deutschen Recht fremd ist (so *Kissner*, StAZ 2008, 324, »Ursula von der Leyen«). Es entspricht den Grundprinzipien des deutschen Namensrechts, dass der Familienname aus dem bisherigen »Namensbestand« abgeleitet wird; aus diesen Prinzipien ergeben sich die der Angleichung immanenten Grenzen (s. schon Rdnr. II-262). Daher müssen bei der Bestimmung des Familiennamens die vorhandenen Namen so weit wie möglich »verwertet« werden (so treffend *Kissner* a. a. O.). Fälle, in denen sich der Eigenname nicht zum Familiennamen eignet (insoweit abschwächend *Kissner* a. a. O.) sind angesichts der Vielfalt, mit der in- und ausländische Familiennamen im Inland geführt werden, nicht vorstellbar. {II-295}

Daher gelten auch nach dem Inkrafttreten des Art. 47 EGBGB die bisherigen Grundsätze (s. Rdnr. II-288) fort. Der einzige Eigenname einer Person ist zwingend in den Familiennamen zu transponieren. Der Vorname ist neu zu bestimmen. Weigert sich der Namensträger, einen Vornamen zu bestimmen, {II-296} so ist ihm vom Standesamt ein Vorname von Amts wegen zu erteilen; das deutsche Namensstatut lässt die Führung nur eines Familiennamens nicht zu.

e) *Personen mit Zwischennamen*

II-297 Zahlreiche Rechtsordnungen kennen einen Zwischennamen, der zwischen Vor- und Familiennamen geführt wird. Die Bildung des Namens ist unterschiedlich; in slawischen Ländern ist es oft der als Zwischenname geführte Vatername (vgl. bereits Rdnr. II-272 ff.); in anderen Ländern kann die Frau den Familiennamen der Mutter als Zwischennamen führen.

II-298 Wechselt die betroffene Person zum deutschen Personalstatut, so gilt der Grundsatz der Namenskontinuität; der Zwischenname geht zumindest dem Wortlaut nach nicht verloren (BGH, StAZ 2014, 139, 141). Allerdings stellt sich die Frage, ob er gerade *als Zwischenname* fortbesteht, da das deutsche Recht diesen Namenstyp nicht kennt.

II-299 Das Problem einer Angleichung an das deutsche Namensrecht stellt sich freilich nicht, wenn noch das alte Statut den Verlust des Zwischennamens anordnet. Dies ist etwa der Fall bei einer Frau, die nach philippinischem Namensrecht ihren Mittelnamen mit der Heirat verliert. Wählen die Ehegatten bei der Eheschließung gemäß Art. 10 Abs. 2 EGBGB deutsches Namensrecht (zur Anwendbarkeit des Art. 47 EGBGB in dieser Konstellation s. Rdnr. II-258), will ihr die h. M. den Mittelnamen belassen mit dem Argument, dass das Wahlstatut das bisherige Namensstatut verdränge (*Henrich/Wagenitz/Bornhofen*, Rdnr. C-278; *Krauss*, StAZ 2004, 138; s. a. LG Stuttgart, StAZ 2002, 341). Hier muss man allerdings die zeitliche Abfolge beachten: Die Eheschließung schafft erst die rechtliche Voraussetzung für die Rechtswahl nach Art. 10 Abs. 2 EGBGB. Zwischen ihr und dem Statutenwechsel liegt daher mindestens eine »logische Sekunde«, in der noch das alte Statut gilt und den Namen entfallen lässt (s. a. Rdnr. II-343); noch eindeutiger ist dieses Ergebnis, wenn die Rechtswahl – zulässiger Weise (s. Rdnr. III-725 ff.) – erst längere Zeit nach der Eheschließung erklärt wird.

II-300 Bleibt der Zwischenname dagegen nach dem alten Recht bestehen, so war umstritten, ob er mit dem Statutenwechsel seinen Rechtscharakter ändert. Nach einer Ansicht (etwa auch der Vorauflage Rdnr. II-262 f.) muss der Zwischenname angepasst werden. Will der Namensträger seinen Zwischennamen weiterführen, wandelt er sich von Rechts wegen in einen Vornamen. Als Alternative bleibt nur die Möglichkeit, den Zwischennamen als dem deutschen Recht fremden Namensbestandteil nach Art. 47 Abs. 1 Satz 1 Nr. 3 abzulegen (s. Rdnr. II-350 f.), gegebenenfalls auch nach Nr. 4 abzuwandeln (s. Rdnr. II-369).

II-301 Dem ist nunmehr der BGH entgegengetreten (BGH, StAZ 2014, 139, 142; hierzu *von Sachsen Gessaphe*, StAZ 2015, 65). Bereits zuvor hatte das OLG Frankfurt a. M. (StAZ 2006, 142) bei Zwischennamen das Prinzip der Namenskontinuität betont und eine objektive Angleichung abgelehnt. Ein Widerspruch zum deutschen Recht ergebe sich nur dann, wenn der Namensträger keinen vom deutschen Recht zwingend vorgeschriebenen Familiennamen führe; hier führe der Betroffene jedoch nur einen *zusätzlichen* Namen, der ohne Schwierigkeiten in die deutschen Personenstandsregister aufgenommen werden könne. Vor allem weist nun der BGH auf den persönlichkeitsrechtlichen Schutz des Namens hin, der auch den Zwischennamen erfasse, so dass eine objektive Angleichung nur aus gewichtigen öffentlichen Interessen gerechtfertigt sei, die das Gericht vorliegend nicht gefährdet sieht. Die Entscheidung des BGH wirft Fragen auf: Offen bleibt vor allem, wie man den Vaternamen in die deutsche Zweiteilung von Vor- und Familiennamen einordnen soll, etwa für Zwecke der Namensableitung. Zwar unterliegt der nach ausländischem Recht gebildete Zwischenname nach dem Statutenwechsel deutschem Recht. Wenn der Zwischenname aber nach dem BGH nunmehr im deutschen Recht in seiner »aus dem früheren Heimatrecht abgeleiteten Funktion« weitergeführt werden kann, dann bildet der Zwischenname offenbar eine namensrechtliche »Insel des ausländischen Rechts« im eigentlich vom deutschen Recht beherrschten Namen der betreffenden Person. Das weitere Schicksal des Zwischennamens beim Namensträger, aber auch bei der Namensableitung kann damit konsequenterweise nur dem ausländischen Recht des Zwischennamens unterliegen; vgl. für die Adoption etwa Rdnr. V-568.

f) Personen mit Namenszusätzen

Die rechtliche Behandlung von Namenszusätzen, insbesondere des indischen Namenszusatzes »Singh« (s. Rdnr. II-205 ff.), hat Behörden und Gerichte auch in den vergangenen Jahren wiederholt beschäftigt (vgl. etwa BVerfG, StAZ 2001, 207 ff.; BayObLG, StAZ 2000, 235, 236 und StAZ 1999, 72; LG Leipzig, StAZ 2001, 112). Personen mit indischem Namensstatut, die der Sikh-Religion angehören, führen einen Eigennamen und daneben einen Namenszusatz, der lediglich das Geschlecht erkennen lässt; »Singh« (»Löwe«) ist die Bezeichnung für Männer, »Kaur« (»Prinzessin«) für Frauen. II-302

Der Namenszusatz hat keine darüber hinausgehende Kennzeichnungskraft und ist daher kein Name i. e. S. Die personenstandsrechtliche Praxis hat ihn aber stets in den Registern erwähnt; das BVerfG hat ihn in einem Fall, in dem er lange Zeit als Name geführt worden war, einem Namen gleichgestellt (BVerfG a. a. O.). Der kollisionsrechtliche Namensbegriff, der weiter ist als der sachrechtliche, schließt ihn mit ein. Er wird daher auch von den Grundsätzen erfasst, die für den Statutenwechsel gelten. II-303

Daraus folgt zunächst der Grundsatz der Namenskontinuität; der Namenszusatz fällt durch den Statutenwechsel nicht einfach weg. Daraus folgt ferner, dass er auch von Art. 47 EGBGB erfasst wird. II-304

Zunächst kommt eine Angleichung nicht in Betracht, wenn die betroffene Person die Bezeichnung »Singh« (Entsprechendes gilt für die Bezeichnung »Kaur«) bisher bereits *als Familiennamen geführt* hat. In diesem Fall ist die Bezeichnung vorgeprägt, so dass sie als Familienname ins deutsche Recht II-305 transponiert werden muss und eine Angleichung nicht nötig und nicht möglich ist.

Dieser Aspekt ist bisher kaum beachtet worden. »Singh« wurde regelmäßig als Namenszusatz thematisiert, ohne dass untersucht worden wäre, ob sich die Bezeichnung vielleicht schon zu einem Familiennamen verfestigt hatte, *bevor* sie unter die Herrschaft des deutschen Rechts kam. Es ist aber durchaus denkbar, dass ein bisher indischer Staatsangehöriger vor seinem Wechsel zum deutschen Namensstatut einem Namensrecht unterstand, das den Namenszusatz in einen Familiennamen umgewandelt hat (Beispiele bei *Hepting,* StAZ 2008, 161, 169). Nicht einmal der indische Heimatstaat der Sikh scheint die Differenzierung nach Namen und Namenszusatz immer konsequent zu beachten (*Hepting* a.a.O. bei Fn. 57). Steht aber fest, dass die Bezeichnung bereits bisher als Familienname geführt wurde, ist sie insoweit vorgeprägt; eine Angleichung ist unnötig und unzulässig.

II-306 Ebenso ist eine »Sortiererklärung« nach Art. 47 Abs. 1 Satz 1 Nr. 1 EGBGB ausgeschlossen, wenn der Betroffene neben dem Namenszusatz bereits einen anderen echten Familiennamen geführt hat. Da dieser vorgeprägt ist und sich als Familienname durchsetzt, bleibt für den Namenszusatz nur die Funktion des Vornamens. Es ist allenfalls möglich, den Namenszusatz nach Nr. 3 abzulegen (s. Rdnr. II-354 ff.).

II-307 War die Bezeichnung bisher echter Namenszusatz oder führte die betroffene Person überhaupt nur Eigennamen, so gibt es keinen vorgeprägten Familiennamen. Die weitere Namensführung hängt nun vom Verhalten des Namensträgers ab:

II-308 Er kann die Bezeichnung »Singh« nach Art. 47 Abs. 1 Satz 1 Nr. 3 EGBGB ablegen (s. Rdnr. II-354 ff.). Tut er das nicht, so bleibt sie nach dem Grundsatz der Kontinuität des Namenswortlauts als Name erhalten, wird dabei aber auch zu einem vollwertigen Namen aufgewertet, da das deutsche Recht Bezeichnungen minderer Qualität nicht kennt. Offen ist nur noch die Ausprägung als Vor- oder als Familienname.

II-309 Daraus folgt, dass der Betroffene durch »Sortiererklärung« gemäß Art. 47 Abs. 1 Satz 1 Nr. 1 EGBGB den Namenszusatz zum Vornamen (*Hepting,* StAZ 2001, 267; LG Leipzig, StAZ 2001, 112), aber auch zum Familiennamen bestimmen kann (so schon bisher BayObLG, StAZ 2000, 235, 236 und StAZ 1999, 72; *Hepting,* StAZ 2001, 257, 266; *Bamberger/Roth/Mäsch,* Art. 10 EGBGB Rdnr. 15; a. A. *Henrich,* StAZ 2007, 200). Tut er dies, so werden die bisherigen Eigennamen zu Vornamen. Bestimmt er hingegen einen Eigennamen zum Familiennamen, wird der Namenszusatz zum Vornamen.

II-310 Bedenken gegen diese Lösung werden damit begründet, dass man einen Namenszusatz, der das Geschlecht und die Religionszugehörigkeit erkennbar mache, nicht zum Familiennamen bestimmen könne, weil diese Funktion nicht familiennamenstypisch und die Übertragung des Namens auf andere – etwa weibliche und einer anderen Religion angehörende – Personen problematisch sei (*Henrich,* StAZ 2007, 200). Dem ist entgegen zu halten, dass die Bezeichnung »Singh« nach dem Statutenwechsel kein Namenszusatz mehr ist, weil sich zusammen mit dem Namensstatut auch ihre rechtliche Qualität gewandelt hat. »Singh« ist unter der Herrschaft des deutschen Rechts zu einer neutralen Bezeichnung geworden. Einzig maßgeblich ist die Kennzeichnungsfunktion. Die bisherigen religiösen oder besonderen kulturellen Bezüge des Namens sind im neuen Statut ohne Belang (so schon *Hepting*, StAZ 2001, 266; anders noch BayObLG, StAZ 1993, 387; OLG Hamm, StAZ 1998, 258, teilweise aufgehoben durch BVerfG, StAZ 2001, 207; neuerdings *Hepting*, StAZ 2008, 161, 170).

Wenn derartige Bezüge im sozialen Milieu des Namensträgers noch eine gewisse Bedeutung haben, so ist es seine Sache, sie in der sozial angemessenen Weise einzusetzen. Es muss daher genügen, den bisherigen indischen Staatsangehörigen bei seiner Angleichungserklärung etwa dahin zu belehren, dass die zum Familiennamen bestimmte »männliche« Bezeichnung »Singh« künftig auch auf seine weiblichen Abkömmlinge übergehen könnte. Ist er damit nicht einverstanden, muss und kann er sich für eine andere Art der Angleichung entscheiden. II-311

Entsprechendes gilt für die anderen Namenszusätze, deren namensrechtliche Bedeutung ähnlich ist (s. Rdnr. II-205 ff.). Sie können – sofern sie nicht abgelegt werden – entweder zum Familien- oder zum Vornamen bestimmt werden. II-312

In jedem Fall ist darauf zu achten, dass der Namensträger nach dem Wechsel zum neuen deutschen Namensstatut einen Familiennamen führen muss. Die Möglichkeit, den Namenszusatz in einen Vornamen zu transponieren, besteht etwa dann, wenn der Betroffene zwei Eigennamen hat und sich dafür entscheidet, dass ein Eigenname Vorname und ein anderer Familienname werden soll (so wohl auch *Jauß*, StAZ 2003, 52, 53; LG Leipzig, StAZ 2001, 112), oder wenn der einzige Eigenname zum Familiennamen und der Namenszusatz Vorname wird. II-313

Die sprachliche Bedeutung des Zusatzes ist – wie bei »Singh« – ebenso unbeachtlich wie der kulturelle oder religiöse Kontext, aus dem er ursprünglich stammt. Dass der persische Namenszusatz »Mirza« »Prinz« bedeutet, schließt also die Bestimmung zum Familiennamen nicht aus (im Ergebnis ebenso – wenn auch differenzierend – *Henrich*, StAZ 2007, 200). Hat man diesen Grundsatz akzeptiert, stellt sich die Frage, warum nicht auch der Titel »Begum« zum Familiennamen bestimmt werden kann (hiergegen aber *Henrich* a. a. O.). Viele Namenszusätze waren in dem Kulturkreis, aus dem sie stammen, mit bestimmten außerrechtlichen Vorstellungen besetzt: »Khan« und »Begum« indizieren eine herausragende soziale Stellung; die Bezeichnungen »Singh« und »Kaur« haben religiöse Kennzeichnungskraft. Hielte man »Singh« und »Mirza« für wählbar, »Begum« hingegen nicht, müsste man die unterschiedliche Behandlung rechtfertigen, was nur schwer möglich sein wird, zumal in der deutschen Gesellschaft die sprachliche Bedeutung der Namenszusätze regelmäßig nicht bekannt sein wird. Dass »Mirza« ein Adelstitel ist, kann die Eignung als Name schon deswegen nicht ausschließen, weil auch das deutsche Recht seit Art. 109 Abs. 3 Satz 2 der Weimarer Reichsverfassung Adelsbezeichnungen als Namen behandelt, und die Zahl der Deutschen, die die Familiennamen Fürst, Graf, Herzog, Prinz, König und Kaiser tragen, ist Le- II-314 gion. Hier zu differenzieren, schafft in dem ohnehin komplizierten Namensrecht weitere unnötige Komplikationen.

II-315 Bedenklich ist daher die Auffassung des OLG Stuttgart, dass der Namenszusatz unberührt vom Statutenwechsel weiter bestehen könne, wenn ein Wille des Namensträgers zur namensrechtlichen Angleichung nicht erkennbar sei; dies müsse bei Eintragung in die Personenstandsregister gekennzeichnet werden (StAZ 2002, 338; vgl. *Jauß,* StAZ 2000, 182). Eine Person, die dem deutschen Namensstatut untersteht, kann keine Namenszusätze führen, da diese dem deutschen Recht unbekannt sind; außerdem ist die Angleichung ein methodisches Instrument des IPR, das auf der Grundlage des objektiv geltenden Rechts von Amts wegen anzuwenden und von einem »Angleichungswillen« des Betroffenen unabhängig ist (s. *Hepting,* StAZ 2001, 257, 263 f.; allgemein zur Angleichung ohne Angleichungserklärung s. Rdnr. II-386 ff.).

g) Personen mit Namensketten

II-316 Eine besonders komplexe Angleichungslage ergibt sich bei den sog. Namensketten, wie man sie z.B. in arabischsprachigen Rechtsordnungen antrifft (allgemein *Hepting,* StAZ 2001, 257, 267; *Henrich/Wagenitz/Bornhofen,* Rdnr. C-260 ff.; *Rohe,* StAZ 2001, 374). Hierbei werden die Namen von Vater und Großvater in die nächsten Generationen weitergegeben; vereinzelt findet man auch einen gleichbleibenden, also die Generationenfolge überdauernden Namensteil. Nach Ansicht des Gesetzgebers wird dieser Fall von Art. 47 Abs. 1 Satz 1 Nr. 1 EGBGB erfasst (BT-Drucks. 16/1831, S. 79). Doch ist der Gesetzeswortlaut, wonach der Betroffene »aus dem Namen Vor- und Familiennamen bestimmen« kann, auch hier zu undifferenziert.

II-317 Bei arabischen Namensketten lässt sich i.d.R. ein Eigenname von Abstammungsnamen unterscheiden, die ihm nachfolgen. Funktional entsprechen Eigennamen, die der persönlichen Individualisierung dienen, eher dem Vornamen, die Vater- und Großvaternamen hingegen, die die Abstammung erkennbar machen, eher einem Familiennamen. Man kann daher eine Parallele zu den isländischen Vaternamen ziehen; die Namen sind entsprechend ihrer bisherigen Funktion vorgeprägt. Allerdings setzt diese Einordnung voraus, dass das Recht des bisherigen Heimatstaats entsprechende Regeln tatsächlich kennt bzw. sie auch in der Praxis umsetzt (zu den Problemen mit irakischem Namensrecht etwa *Krömer,* StAZ 2007, 23).

II-318 Etwas anderes gilt allerdings, wenn ein Eigenname bereits unter der Herrschaft des alten Statuts mit den Funktionen eines Familiennamens geführt worden ist; hier gilt dasselbe, was schon zum Namenszusatz »Singh« gesagt wurde (Rdnr. II-305 f.).

II-319 Bei *ägyptischen* Namensketten gilt etwa der letzte Name in der Namenskette, die aus mehreren Eigennamen besteht, als Familienname (*Jauß,* StAZ 2001, 303; s.a. *Kubitz,* StAZ 2000, 180). Dies folgt daraus, dass sich die Namenskette von Generation zu Generation um einen Namen erweitert, der letzte Name aber immer unverändert bleibt, so dass aus dem letzten Namen häufig ein fester, d.h. echter Familienname wird (*Henrich/Wagenitz/Bornho-*

fen, Rdnr. C-260). Dieser Namensbestandteil ist so stark als Familienname »vorgeprägt«, dass man eine abweichende »Sortiererklärung« nach Art. 47 Abs. 1 Satz 1 Nr. 1 EGBGB nicht zulassen kann. Vater- und Großvaternamen sind in diesen Fällen nicht mehr als ergänzende Namenselemente und zusätzliche Identifikationshilfen; sie können entweder abgelegt oder zu Vornamen bestimmt werden.

Auch bei den Namensketten in *Jordanien* führt der Namensträger in jedem Fall auch einen echten Familiennamen (s. Botschaftsauskunft, StAZ 2001, 151; *Bergmann/Ferid/Henrich,* Jordanien S. 7; *Henrich/Wagenitz/Bornhofen,* Rdnr. C-261). Ein Statutenwechsel ist kein Grund, eine derartige Vorprägung des Namens aufzugeben. II-320

Im *äthiopischen* Namensrecht führt das Kind nur seinen Eigennamen und den Eigennamen des Vaters (*Bergmann/Ferid/Henrich,* Äthiopien S. 33 f.; *Nelle,* StAZ 2004, 93, 101). In der Praxis führt das Kind – zur Erleichterung der Identifizierung – oft auch den Namen des Großvaters. Daraus folgerte die bisherige Praxis, dass der Kindesname als Vorname und der Eigenname des Vaters als Familienname »vorgeprägt« sei, so dass der freiwillig geführte Großvatername nicht zum Familiennamen bestimmt werden könne (*Kubitz,* StAZ 2000, 180; *Kraus,* StAZ 2003, 342). Diese restriktive Sichtweise kann zu erheblichen praktischen Problemen führen. Die Führung des Großvaternamens ist in Äthiopien sehr verbreitet; der Pass bezeichnet den Namensträger häufig mit drei Namen. Das äthiopische Namensrecht lässt außerdem verschiedene Eigennamensformen zu. Daher ist auch hier auf der Grundlage von Art. 47 Abs. 1 Satz 1 Nr. 1 EGBGB die Wahl zwischen dem Vater- und dem Großvaternamen möglich (so bisher schon *Henrich/Wagenitz/Bornhofen,* Rdnr. C-261). II-321

Wird der bisherige Eigenname Vorname, kann man die »Abstammungsnamen« – also den Vater- *oder* den Großvaternamen – in einen Familiennamen transponieren. Zwischen ihnen hat die betroffene Person die Wahl. Da das deutsche Namensrecht grundsätzlich keine Doppelnamen zulässt, ist es nicht möglich, den Vater- *und* den Großvaternamen zum Familiennamen zu bestimmen (*Homeyer,* StAZ 2003, 116; *Henrich/Wagenitz/Bornhofen,* Rdnr. C-272). II-322

Die zweigliedrigen Abstammungsnamen »Ben Nemsi« oder »Ibn Omar« sind dabei als ein Name anzusehen (ebenso *Henrich,* StAZ 2007, 202); sie entsprechen den Familiennamen mit Vorsilbe, etwa dem niederländischen »van Beethoven«, »de Boer« oder »ter Haar« oder auch den deutschen Namen mit der Adelsbezeichnung »von«. II-323

Die nicht zum Familiennamen bestimmten Abstammungsnamen werden zwangsläufig Vornamen; allerdings wird der Betroffene in derartigen Fällen häufig eine »Ablege-Erklärung« nach Art. 47 Abs. 1 Satz 1 Nr. 3 EGBGB abgeben.

Bei Frauen können die Namensketten zu besonderen Problemen führen, weil die Abstammungsnamen die der männlichen Vorfahren sind, die mit der »weiblichen« Vorsilbe »Bint« (»Tochter des ...«) verbunden werden. Hier ist eine befriedigende Lösung oft nur durch eine Kombination von Sortier- und Ablegeerklärungen zu erreichen (Beispiele bei *Hepting,* StAZ 2008, 161, 171). Alle Namen in Vornamen zu transponieren und den Familiennamen gemäß II-324

Art. 47 Abs. 1 Satz 1 Nr. 2 EGBGB neu zu bestimmen (so etwa Henrich, StAZ 2007, 197, 202) ist eine kaum praktikable Alternative (s. Rdnr. II-281).

II-325 Lässt sich die Vorprägung allerdings nicht eindeutig feststellen, wird man dem Namensträger die Sortiererklärungen gestatten müssen.

2. »Sortiererklärungen« bei der Namensableitung, Art. 47 Abs. 2 i. V. m. Abs. 1 Satz 1 Nr. 1 EGBGB

a) Ableitung eines Kindesnamens

II-326 Die dargestellten Grundsätze gelten entsprechend, wenn ein Kind seinen Namen nach deutschem Recht von einem ausländischen Elternteil ableitet. Aus den Namen des namengebenden Elternteils ist diejenige Bezeichnung zu bestimmen, die sich als Familienname eignet und auf das namenableitende Kind übertragen werden kann.

II-327 Auch hier ist eine etwaige Vorprägung zu berücksichtigen. Führt der Elternteil einen Namen mit der Funktion eines Familiennamens, so ist die Namensableitung festgelegt; für eine Sortiererklärung ist kein Raum.

II-328 Führt der namengebende Elternteil nur Eigennamen, kann er einen dieser Namen zum Familiennamen bestimmen. Dass das Kind ihn aufgrund seines deutschen Namensstatuts als Familiennamen erwirbt, hat auf die Namensführung der Eltern keine Rückwirkung, sofern ihr Namensstatut weiterhin das ausländische Heimatrecht bleibt.

II-329 Machen die Eltern von ihrem Recht zur Sortiererklärung keinen Gebrauch, so muss das Standesamt den Geburtsnamen im Wege objektiver Rechtsanwendung (näher Rdnr. II-386 ff.) festlegen, da ein deutsches Kind einen Familiennamen tragen *muss*. Häufig wird dies der Eigenname des Vaters sein, insbesondere dann, wenn auch die Mutter des Kindes diesen Namen führt (LG Frankfurt a. M., StAZ 2003, 113, 114; s. auch LG Tübingen, StAZ 2004, 137).

II-330 Bestimmen Ehegatten, die bei der Eheschließung zunächst keine namensrechtlichen Erklärungen abgegeben haben, nachträglich einen Eigennamen zum Ehenamen, so wird der neue Ehename Geburtsname der Kinder (OLG Frankfurt a. M., StAZ 2003, 301, 302). Dies ergibt sich aus der analogen Anwendung von § 1617c Abs. 1 Satz 1 BGB (OLG Frankfurt a. M., StAZ 2003, 301, 302; BayObLG, StAZ 1998, 284, 285; siehe auch LG Frankfurt a. M., StAZ 2003, 113 sowie *Jauß*, StAZ 2003, 372, 373).

b) Ableitung eines Ehenamens

II-331 Bei der Bestimmung eines Ehenamens nimmt ein Ehegatte den Familiennamen des anderen an. Dies ist ein Fall der Namensableitung, so dass man auf den ersten Blick an die Anwendung des Art. 47 Abs. 2 EGBGB denken könnte. Andererseits erfolgt die Bestimmung eines Ehenamens durch ausländische Ehegatten in der Regel auf der Grundlage einer Wahl deutschen Rechts nach Art. 10 Abs. 2 EGBGB, was bei einem ausländischen Ehegatten zu einem Statutenwechsel führt, so dass auch Art. 47 Abs. 1 EGBGB in Betracht zu ziehen ist.

Fehlt bei *beiden* Ehegatten ein Geburtsname i. S. d. deutschen Rechts, so konnte nach bisheriger Rechtsprechung einer ihrer Eigennamen zum Ehenamen bestimmt werden (vgl. OLG Frankfurt a. M., StAZ 2003, 301; grundsätzliche Fortführung von BayObLG, StAZ 1996, 41 und StAZ 1993, 387; OLG Hamm, StAZ 1995, 238; OLG Köln, StAZ 1988, 296). Voraussetzung war allerdings, dass vorher gemäß Art. 10 Abs. 2 EGBGB deutsches Recht als Ehenamensstatut gewählt worden, es also zu einem Statutenwechsel gekommen war. Sachrechtlich folgt das Ergebnis aus einer entsprechenden Anwendung der § 1355 Abs. 2 und 3 BGB. Da alle Namen die gleiche Funktion haben, seien sie gleichwertig; jeder der Eigennamen sei daher als Ehename geeignet. II-332

Nach dem Inkrafttreten des Art. 47 EGBGB wird man genauer zwischen den beiden in Abs. 1 und 2 geregelten Angleichungsfällen unterscheiden müssen. Dass eine Rechtswahl gemäß Art. 10 Abs. 2 EGBGB zu einem Statutenwechsel führt und damit Art. 47 EGBGB anwendbar ist, wurde bereits betont (s. Rdnr. II-258). Dieser Statutenwechsel, also der Fall des Art. 47 Abs. 1 EGBGB, ist der Namensableitung, also dem Fall des Abs. 2, zeitlich und gedanklich vorgeordnet; denn der die Ableitung des Ehenamens gestattende § 1355 BGB wird ja durch den Statutenwechsel überhaupt erst anwendbar. II-333

Hier ist allerdings fraglich, wie weit die Wirkungen der Rechtswahl nach Art. 10 Abs. 2 EGBGB reichen, da sie ja nur die »Namensführung in der Ehe« dem deutschen Recht unterstellt. Die Frage stellt sich insbesondere dann, wenn ein Ehepaar gemäß Art. 10 Abs. 2 EGBGB deutsches Recht als *Ehenamensstatut* wählt, die ausländische Staatsangehörigkeit und damit das *persönliche Namensstatut* eines oder gar beider Ehegatten jedoch unverändert bleibt. Es stellt sich die Frage nach dem Verhältnis zwischen persönlichem Statut und Wahlstatut. II-334

Man könnte sagen, dass nur die »Namensführung in der Ehe« – so der Wortlaut des Art. 10 Abs. 2 EGBGB – von der Rechtswahl erfasst wird, der dahinter stehende persönliche Name hingegen weiterhin dem Heimatrecht untersteht (so *Henrich*, StAZ 2007, 203). Das mag auf den ersten Blick kollisionsrechtlich bestechend erscheinen, führt aber dann, wenn die Ehegatten einen Ehenamen bestimmen, zu Abgrenzungsproblemen. II-335

Wählt etwa ein Ausländer, der nur Eigennamen führt, mit seinem Ehegatten gemäß Art. 10 Abs. 2 EGBGB deutsches Recht, behält er mit der bisherigen Staatsangehörigkeit auch sein »persönliches« ausländisches Namensstatut. Wird nun auf der Grundlage des gewählten deutschen Rechts der Familienname der deutschen Frau zum Ehenamen bestimmt, so führt er deren Namen als Ehenamen, d. h. als Familiennamen. Wenn seine bisherigen Eigennamen, die von der Ehenamensbestimmung nicht berührt werden, weiterhin dem persönlichen Namensstatut unterstehen, müssten sie Eigennamen bleiben. Dies freilich führt zu einer Situation, in der ein und dieselbe Person nebeneinander Namen führt, die unterschiedlichen Namensstatuten unterstehen und unterschiedliche Qualität haben. II-336

Alternativ ist es denkbar, die Wirkungen der Rechtswahl auch auf den »persönlichen« Namen zu beziehen. Hierfür spricht der Wortlaut des Art. 10 Abs. 2 EGBGB, der allgemein von der »Namensführung in der Ehe« spricht, II-337 ohne zwischen Ehenamen und persönlichem Namen zu differenzieren. Die Wahl deutschen Rechts durch einen ausländischen Ehegatten würde demnach zu einem seine gesamte Namensführung erfassenden Statutenwechsel i. S. d. Art. 47 Abs. 1 EGBGB führen.

II-338 Die Folge wäre, dass ihm nicht nur die Bestimmung eines Ehenamens, sondern auch sämtliche sonstigen Möglichkeiten der Namensangleichung – also auch die »Ursprungs-« oder die »Eindeutschungserklärung« nach Art. 47 Abs. 1 Satz 1 Nr. 4 oder 5 EGBGB – zur Verfügung stehen müssten. Zu diesem Ergebnis käme man sogar dann, wenn sich zwei Ausländer dem deutschen Aufenthaltsstatut unterstellen, Art. 10 Abs. 2 Satz 1 Nr. 2 EGBGB. Die Zweifel, ob ein solches Ergebnis kollisionsrechtlich gerechtfertigt ist, werden noch verstärkt, wenn man bedenkt, dass die Rechtswahl auch nach der späteren Auflösung der Ehe fortwirkt (s. Rdnr. III-685). Gewiss war es auch bisher so, dass ein aufgrund der Rechtswahl entstandenes hinkendes Namensverhältnis die Ehe überdauerte, aber die Abweichungen vom Heimatrecht waren nicht derart krass.

II-339 Wünschenswert ist eine Lösung, die das gleichzeitige Nebeneinander von zwei sich widersprechenden Namensstatuten ebenso vermeidet wie die exzessiven Folgen einer umfassenden Rechtswahl. Nimmt man die Überschrift des Art. 47 EGBGB »Angleichung« ernst, so lässt sich die Grenze wie folgt ziehen: Das deutsche Wahlstatut erfasst den Namen des ausländischen Ehegatten so weit, wie es nötig ist, um die gewünschte Namensführung zu erreichen und dabei zu verhindern, dass die Qualität der Namen mehreren sich widersprechenden Rechten untersteht (so nun auch *Krömer*, StAZ 2013, 130, 131f.). Wo kein rechtlicher Widerspruch und damit auch keine Angleichungslage besteht, greift Art. 47 EGBGB nicht ein.

II-340 Zunächst ist klar zu stellen, dass ein betroffener ausländischer Ehegatte, noch bevor eine Ehenamensbestimmung nach §1355 Abs. 2 BGB erfolgen kann, im Wege der Sortiererklärung nach Art. 47 Abs. 1 Satz 1 Nr. 1 EGBGB Vor- und Familiennamen bestimmen muss, da §1355 BGB auf dieser Zweiteilung aufbaut, in Abs. 1 Satz 1 den Begriff des Familiennamens sogar ausdrücklich verwendet und anders als auf der Grundlage der deutschen Namenstypen gar nicht angewandt werden kann (so nun auch BGH, StAZ 2015, 78, 79; s. a. *Krömer*, StAZ 2008, 48). Damit ist die Grundlage für alle Namensführungsmöglichkeiten geschaffen, die §1355 BGB vorsieht. Weitere Angleichung ist – zumindest im Regelfall – nicht nötig, weil es keinen Regelungswiderspruch mehr gibt. Für »Ablege-«, »Ursprungs-« und »Eindeutschungserklärungen« nach Art. 47 Abs. 1 Satz 1 Nr. 3, 4 oder 5 EGBGB ist kein Raum (im Ergebnis ebenso *Henrich*, StAZ 2007, 202; anders für Ablegeerklärung OLG Frankfurt a.M., StAZ 2012, 50; *Krömer* a.a.O. sowie für die Eindeutschungserklärung *Krömer*, StAZ 2013, 130, 132).

II-341 Der durch Sortiererklärung zum neuen Familiennamen bestimmte Name des Ausländers kann nunmehr zum Ehenamen bestimmt werden. Wird der Name des anderen Ehegatten zum Ehenamen bestimmt, kann er als Begleitname hinzugefügt werden (Beispiele bei *Hepting*, StAZ 2008, 161, 165f.).

Wählen die Ehegatten deutsches Recht, weil sie getrennte Namensführung gemäß § 1355 Abs. 1 Satz 3 BGB wünschen, kann für die Angleichung nichts anderes gelten. Die Anwendung des § 1355 BGB insgesamt – also auch die getrennte Namensführung nach § 1355 Abs. 1 Satz 3 BGB – baut auf der Zweiteilung in Vor- und Familiennamen auf, setzt also eine Rechtswahl mit anschließender Sortiererklärung voraus. Die Angleichung der fremdländischen Namen, die sich aus dem Kollisionsrecht ergibt, ist der sachrechtlichen Namensführung vorgeordnet (so nun auch BGH, StAZ 2015, 78, 79).

II-342

Um das Zusammenwirken von Eheschließung, Rechtswahl nach Art. 10 Abs. 2 EGBGB und anschließender Angleichung geht es auch bei der Frage zur Anwendung des philippinischen Rechts, nach dem die Frau einen Zwischennamen führt, der mit der Eheschließung wegfällt (s. schon Rdnr. II-299). Für den Fall, dass eine Philippinin mit ihrem Ehegatten bei der Eheschließung gemäß Art. 10 Abs. 2 EGBGB deutsches Recht wählt, wird die Auffassung vertreten, dass wegen des Kontinuitätsprinzips der Zwischenname grundsätzlich erhalten bleibe (*Kraus*, StAZ 2004, 138, 139); das deutsche Wahlstatut verdränge insoweit das bisherige philippinische Namensstatut (*Henrich/Wagenitz/Bornhofen*, Rdnr. C-278; *Kraus*, StAZ 2004, 138, 139; auch LG Stuttgart, StAZ 2002, 341). Hier wird man differenzieren müssen: Da die Rechtswahl die Eheschließung voraussetzt, liegt zwischen beiden Rechtsakten eine logische Sekunde, in der noch das alte Statut gilt und den Zwischennamen entfallen lässt, bevor die Angleichung überhaupt ansetzen kann. Daher ist für eine Anwendung des Art. 47 EGBGB kein Raum.

II-343

3. Die Wahl eines fehlenden Vor- oder Familiennamens nach Art. 47 Abs. 1 Satz 1 Nr. 2 EGBGB

Gemäß Art. 47 Abs. 1 Satz 1 Nr. 2 EGBGB kann der Namensträger »bei Fehlen von Vor- oder Familiennamen einen solchen Namen wählen«. Bei dieser Fallgruppe spricht die standesamtliche Praxis auch von sog. »Ergänzungserklärungen«. Der Angleichungsfall dürfte nur selten auftreten, und wenn, dann meist im Zusammenhang mit anderen Tatbeständen des Art. 47 Abs. 1 Satz 1 EGBGB.

II-344

Die Ergänzungserklärung ist nur dann notwendig, wenn die Person vor dem Statutenwechsel nur einen *einzigen* Eigennamen geführt hat (ebenso *Mäsch*, IPRax 2008, 19; vgl. AG Hamburg, StAZ 2012, 112; a. A. *Henrich*, StAZ 2007, 197, 200), da es – jedenfalls nach der hier vertretenen restriktiven Auffassung – ausgeschlossen ist, mehrere Eigennamen ausschließlich in Vornamen zu transponieren. Allerdings kann – nach der hier vertretenen ebenfalls restriktiven Auffassung – nur der Vorname gewählt werden, da der Namensträger im Kontinuitätsinteresse auf den bisherigen Namen als Familiennamen festgelegt ist (s. Rdnr. II-295 f.).

Die Ergänzungserklärung wird ferner dann notwendig, wenn die Person ihre dem deutschen Recht fremden Namensbestandteile gemäß Art. 47 Abs. 1 Satz 1 Nr. 3 EGBGB abgelegt hat und danach nur noch ein einziger Name übrig bleibt. Da dieser Name funktional als Familienname vorgeprägt ist, steht allerdings auch hier nur die Wahl des Vornamens offen.

II-345 Bei dem gewählten Namen muss es sich nicht um einen in Deutschland üblichen Namen handeln; es geht Art. 47 Abs. 1 Satz 1 Nr. 2 EGBGB um eine Integration hinsichtlich der Namensstruktur, nicht hinsichtlich des Namens (AG Hamburg, StAZ 2012, 112), zumal im Auge des Betrachters läge, was ein in Deutschland üblicher Name wäre.

4. Das Ablegen unbekannter Namensbestandteile nach Art. 47 Abs. 1 Satz 1 Nr. 3 EGBGB

II-346 Gemäß Art. 47 Abs. 1 Satz 1 Nr. 3 EGBGB kann der Namensträger »Bestandteile des Namens ablegen, die das deutsche Recht nicht vorsieht«, d. h. die nicht als Vor- und Familiennamen vorgeprägt sind. Ist dies der Fall, *kann* der Namensbestandteil abgelegt werden, er muss es allerdings nicht. Behält die betroffene Person den Namensbestandteil bei, kann sie durch »Sortier-« (Nr. 1) und »Ergänzungs-« (Nr. 2), ggf. auch »Ursprungs-« (Nr. 4) und »Eindeutschungserklärungen« (Nr. 5) den endgültigen Namen bilden.

Bei dieser Fallgruppe spricht die standesamtliche Praxis auch von sog. »Ablegeerklärungen«.

a) Namensbestandteile mit funktionaler Vorprägung

II-347 Auch wenn das bisherige Namensstatut die Zweiteilung in Vor- oder Familiennamen nicht kennt, ist ein Name dem deutschen Recht nicht »unbekannt«, wenn er durch seine bisherige Führung entsprechend vorgeprägt ist. In diesem Fall entsteht kein Regelungswiderspruch, eine Angleichung ist nicht möglich.

II-348 Nicht von Art. 47 Abs. 1 Satz 1 Nr. 3 erfasst werden daher die Vaternamen des isländischen Rechts. Da es hier an einem Familiennamen fehlt, übernimmt der Vatername dessen Funktion. Er ist insoweit vorgeprägt und in den Familiennamen zu transponieren.

II-349 Damit entfällt auch die Möglichkeit, nur die Endung »son« gemäß Art. 47 Abs. 1 Satz 1 Nr. 3 EGBGB abzulegen. Nach Ansicht von *Henrich,* der dies für zulässig hält, könnte man dadurch z. B. den Vaternamen Olafson auf Olaf verkürzen und dann zum Vornamen bestimmen (*Henrich,* StAZ 2007, 197, 199). Da der Name Olafson jedoch aufgrund seiner Vorprägung als Familienname festgelegt ist, ist er kein »vom deutschen Recht nicht vorgesehener Namensbestandteil« i. S. d. Nr. 3 und kann nicht – auch nicht teilweise – abgelegt werden.

b) Namensbestandteile, die zu Vor- und Familiennamen hinzutreten

II-350 Offenkundig nicht den zwei Namensfunktionen des deutschen Rechts entsprechen diejenigen Bezeichnungen, die in einem Recht, das seinerseits ebenfalls die Zweiteilung von Vor- und Familiennamen kennt, zu diesen hinzutreten.

Dies trifft etwa auf die Vaternamen der slawischen Rechtsordnungen zu, aber auch auf die Elemente der Namensketten des ägyptischen oder jordanischen Rechts, sofern sie zu einem Eigen- und ggf. auch zu einem Familiennamen hinzutreten (so auch *Henrich*, StAZ 2007, 201; anders aber OLG Frankfurt a. M., StAZ 2006, 142). II-351

Bei den skandinavischen oder US-amerikanischen Mittelnamen ist zu unterscheiden: II-352

Führte eine Person den Familiennamen der Mutter als Mittelnamen, so ist dies ein dem deutschen Recht unbekannter Namenstyp. Er kann folglich abgelegt werden; geschieht dies nicht, ist er wie ein Vorname zu behandeln.

Führte eine verheiratete Frau den Mannesnamen als Familiennamen und ihren Geburtsnamen als Mittelnamen, so entspricht letzterer funktional dem vorangestellten Begleitnamen des deutschen Rechts, § 1355 Abs. 4 Satz 1 BGB. Aus diesem Grund vertritt *Henrich* die Ansicht, dass er zwingend als Begleitname vorgeprägt sei, so dass er nicht im Wege der Angleichung abgelegt, sondern nur analog § 1355 Abs. 4 Satz 4 BGB »widerrufen« werden könne. Doch besteht ein Unterschied insofern, als durch den Begleitnamen des deutschen Rechts ein zweigliedriger Familienname entsteht, der im Rechtsverkehr in dieser Form geführt werden muss, während der Mittelname der ausländischen Rechte nicht zum Bestandteil des Familiennamens wird. Man kann ihn daher als einen Namensbestandteil ansehen, der abgelegt werden kann. Wird er nicht abgelegt, kann er im Wege der Sortiererklärung nach Art. 47 Abs. 1 Satz 1 Nr. 1 EGBGB in einen Vornamen oder einen Begleitnamen transponiert werden. II-353

c) Namenszusätze

Namenszusätze sind dem deutschen Recht unbekannt und könnten daher grundsätzlich abgelegt werden (so schon bisher *Hepting*, StAZ 2001, 266; *Henrich/Wagenitz/Bornhofen*, Rdnr. C-282; nach anfänglichen Bedenken auch die personenstandsrechtliche Praxis, vgl. einerseits *Jauß*, StAZ 2000, 182, andererseits *Krauss/Jauß*, StAZ 2003, 341; zu den Namenszusätzen einer Frau »Bibi« und »Begum« *Jauß* StAZ 2003, 372), dies freilich nur dann, wenn sie echte Zusätze sind und sich nicht schon zu einem Namen verfestigt haben nach (s. Rdnr. II-305 f.). II-354

Das eben Gesagte gilt auch dann, wenn die betroffene Person danach nur noch einen einzigen Namen führt; der fehlende Name ist durch Erklärung gemäß Art. 47 Abs. 1 Satz 1 Nr. 2 EGBGB zu ergänzen. Wird der Namenszusatz nicht abgelegt, so erstarkt er zu einem vollwertigen Namen, da das deutsche Namensstatut eine andere Einteilung als Vor- und Familiennamen nicht kennt. II-355

5. Die Erklärung zwecks Rückkehr zur »ursprünglichen Form« nach Art. 47 Abs. 1 Satz 1 Nr. 4 EGBGB

II-356 Art. 47 Abs. 1 Satz 1 Nr. 4 EGBGB ermöglicht es, »die ursprüngliche Form eines nach dem Geschlecht oder dem Verwandtschaftsverhältnis abgewandelten Namens anzunehmen«.
Bei dieser Fallgruppe spricht die standesamtliche Praxis auch von sog. »Ursprungserklärungen«.

a) Nach dem Geschlecht abgewandelte Familiennamen

II-357 In zahlreichen Staaten führen Frauen ihren Familiennamen in einer weiblichen Form. Man findet die Differenzierung vor allem in den slawischen Sprachen; im Russischen hat der Name Tschaikowskij die weibliche Form Tschaikowskaja, im Tschechischen der Name Novak die weibliche Form Novakova, im Polnischen der Name Karmanski die weibliche Form Karmanska. Aber auch die Vaternamen isländischen Rechts differenzieren nach dem Geschlecht, da an den Eigennamen des Vaters die Endungen -son und -dottir angehängt werden.

II-358 Beim Statutenwechsel kann man die allgemeinen Grundsätze heranziehen. Die geschlechtsabhängige Namensform bleibt, da sie den Namenswortlaut betrifft, zunächst grundsätzlich unberührt, s. Rdnr. II-214f. (KG, StAZ 1977, 222; OLG Celle, StAZ 1981, 57; LG Oldenburg, IPRspr 1990 Nr. 8 = StAZ 1990, 196; BayObLG, StAZ 1978, 100; OLG Hamm, StAZ 1986, 10; *Marcks*, StAZ 1984, 214; *Bingel*, StAZ 1985, 315; *Bungert*, StAZ 1990, 126).

II-359 Dieses Ergebnis wurde stets als unbefriedigend empfunden, wenn eine Frau Deutsche geworden war und die dem deutschen Recht unbekannte weibliche Namensform hätte weiterführen müssen, insbesondere im Hinblick auf eine vielleicht spätere Namensableitung durch ihren Ehemann (Ehename) oder durch männliche Kinder (Geburtsname). Schon vor dem Inkrafttreten des Art. 47 EGBGB gab es vielfältige Lösungsvorschläge. So wurde unter der Geltung des alten § 13a EheG vorgeschlagen, eingebürgerten Ehegatten in Analogie zu dieser Vorschrift die Anpassung an das deutsche Recht zu ermöglichen (so *Gaaz*, StAZ 1989, 165; OLG Celle, StAZ 1981, 57, räumte der Frau sogar ein einseitiges Wahlrecht ein; s.a. *Schultheis*, StAZ 1982, 78). Das FamNamRG hatte mit der Änderung des § 13a EheG die Analogiegrundlage abgeschafft; § 94 BVFG, der das Bedürfnis nach einer solchen Anpassung ausdrücklich anerkannte (s. Rdnr. II-247ff.), wurde als speziell für Aussiedler formulierte Vorschrift angesehen und für nicht verallgemeinerungs- und analogiefähig gehalten (*Silagi*, StAZ 2004, 272; zur Auslegung von § 94 BVFG s.a. BayObLG, StAZ 2004, 167). Insgesamt war die Rechtslage ungeklärt.

II-360 Mit Art. 47 Abs. 1 Satz 1 Nr. 4 EGBGB hat der Gesetzgeber eine positivrechtliche Grundlage für die Angleichung geschaffen. Die betroffene Person – in der Praxis also i.d.R. die Frau – kann nunmehr durch Erklärung die »ursprüngliche Form« des Namens annehmen.

II-361 Dies führt freilich zu einem Dilemma, da die angeblich »ursprüngliche« Stammform des Namens häufig nichts anderes ist als die *männliche*. Kennzeichnender Weise erlaubte § 94 Abs. 1 Satz 1 Nr. 2 BVFG in der alten Fassung, »die männliche Form ihres Familiennamens anzunehmen«. § 94 BVFG wurde in diesem Punkt der Neufassung des Art. 47 EGBGB angepasst und spricht nunmehr ebenfalls von der »ursprünglichen« Form. Daraus kann man folgern, dass der männliche Name jedenfalls nicht zwingend der »ursprüngliche« ist.

Andererseits gibt es in den slawischen Sprachen bei bestimmten Namen überhaupt keine neutrale Form, sondern nur die männliche oder die weibliche; auch bei den isländischen Vaternamen gibt es Endungen nur für »Sohn« und »Tochter«, nicht auch für das neutrale »Kind«. Hier ist die Bestimmung eines geschlechtsneutralen Namens schlichtweg ausgeschlossen. · II-362

Notwendig ist eine Interpretation der Vorschrift, die diesem Umstand Rechnung trägt, aber dennoch *formal* gleichberechtigungskonform ist, indem sie jede einseitige Bevorzugung der männlichen Namensform vermeidet. · II-363

Sofern eine gebräuchliche neutrale Ursprungsform existiert, kann diese gewählt werden. Dasselbe gilt, wenn sich aus den beiden geschlechtsabhängigen Namensformen eine neutrale Form zwanglos bilden lässt, mag sie auch im Ursprungsland unbekannt sein. So wird man es etwa zulassen können, dass aus den polnischen Namen Karmanski und Karmanska der neutrale Name Karman neu gebildet wird. · II-364

Lässt sich eine neutrale Form nicht bilden, so geht die Regelung ins Leere. Sie ist dann formal gleichberechtigungskonform auszulegen, so dass sowohl Männer als auch Frauen zwischen männlicher und weiblicher Form frei wählen können. Diese Wahl wird man auch dann zulassen können, wenn sich eine neutrale Form bilden ließe; in dem dargestellten polnischen Beispiel wird also die Frau auch den Namen Karmanski zum neuen Namen bestimmen können. Auf der Grundlage dieser Grundsätze wird sich das Problem in der Praxis faktisch von selbst regeln, weil Frauen meist die männliche Form wählen werden, Männer aber kaum jemals die weibliche. · II-365

Zu der Frage, ob eine Frau die weibliche Form behalten kann, ohne sie an männliche Abkömmlinge weiter zu geben, s. *Hepting*, StAZ 2008, 161, 173 f.

b) Nach dem Verwandtschaftsverhältnis abgewandelte Namen

Hier ist zunächst zu fragen, welche Namenstypen von der Vorschrift überhaupt erfasst werden. · II-366

Zunächst ist an Vaternamen zu denken, die das Verwandtschaftsverhältnis durch eine an den Vornamen des Vaters angefügte Endung erkennen lassen. Dass sie *als Vaternamen* abgewandelt werden, kann man jedoch nur hinsichtlich der Differenzierung nach Sohn und Tochter sagen. Diese Abwandlung ist freilich nicht verwandtschafts-, sondern geschlechtsspezifisch und fällt daher unter die erste Variante.

Um der Angleichungsvorschrift überhaupt einen Anwendungsbereich zu verschaffen, muss man eine Stufe vorher ansetzen, d.h. nicht erst bei dem schon *entstandenen* Vaternamen des Kindes, sondern bereits bei seinem Ent- · II-367 stehen: Der Vorname des Vaters ist die Ursprungsform, die abgewandelt an die Kinder weiter gegeben wird. So ist etwa bei den isländischen Namen »Erikson« und »Eriksdottir« der Vorname des Vaters »Erik« die Ursprungsform, die beiden Kindesnamen die von der Verwandtschaft abhängigen (und zudem geschlechtsabhängigen) Abwandlungen. Die Kinder könnten dann durch Ursprungserklärung nach Art. 47 Abs. 1 Satz 1 Nr. 4 EGBGB den Namen Erik annehmen.

Hier hat der Gesetzgeber etwas Neues geschaffen; eine derartige Umwandlung des Vaternamens ergibt sich nicht aus den allgemeinen Grundsätzen der Angleichung.

II-368　Zu bedenken ist, dass der Vatername durch diese Umwandlung seine ursprüngliche Funktion – nämlich das Verwandtschaftsverhältnis offenkundig zu machen – verloren hat; dem Wortlaut nach ist es ein Eigenname. Soll das aber darauf hinauslaufen, dass die Kinder nunmehr – in Abweichung von den oben dargestellten Grundsätzen – ihre beiden Namen zu Vornamen bestimmen, Art. 47 Abs. 1 Satz 1 Nr. 1 EGBGB, und den dann fehlenden Familiennamen neu wählen können, Art. 47 Abs. 1 Satz 1 Nr. 2 EGBGB? Dies würde in all die Probleme münden, die eine nachträgliche Familiennamenswahl mit sich bringt. Man wird daher verlangen können, dass der bisher dem Familiennamen funktional entsprechende Vatername auch nach der »Ursprungserklärung« der Familienname bleibt. Dass typische Vornamen auch als Familiennamen geführt werden, kommt im deutschen Sprachraum häufig vor, so dass insoweit ein Angleichungsbedarf nicht besteht.

II-369　Einfacher ist die Ursprungserklärung beim slawischen Vaternamen, da dieser – als Mittelname – stets zusätzlich zu einem Familiennamen geführt wird. Da die Vorprägung dieses Familiennamens eindeutig und zwingend ist, bleibt für den abgewandelten Vaternamen nur die Funktion eines Vornamens. Aus Iwan Michailowitsch Gribow wird dann Iwan Michail Gribow. Gibt eine Frau die Ursprungserklärung ab, wird man den neu angeglichenen Vornamen wohl in die weibliche Form umwandeln müssen; Jekaterina Aleksandrowna wird dann zu Jekaterina Aleksandra.

II-370　Weitere Folgeprobleme ergeben sich, wenn es für den Eigennamen des Vaters keine weibliche Form gibt. Wie weit reicht die aus Art. 47 Abs. 1 Satz 1 Nr. 4 EGBGB fließende Befugnis, den Vaternamen abzuwandeln? Hier könnte man auf diese Fallgruppe den Rechtsgedanken des Art. 47 Abs. 1 Satz 1 Nr. 5 EGBGB übertragen, der dann, wenn ein sprachlich entsprechender Vorname nicht zur Verfügung steht, die Wahl eines neuen Vornamens gestattet.

c) Geschlechtsabhängige Vaternamen

II-371　Die isländischen Vaternamen führen zu einem weiteren Problem, da sie geschlechtsabhängig gebildet werden: Der Sohn des Erik führt den Vaternamen Erikson, die Tochter die weibliche Form Eriksdottir. *Henrich* vertritt die Ansicht, dass Erikson als Familienname des Sohnes möglich sei und in einen Familiennamen transponiert werden könne; nach der hier vertretenen restriktiven Auffassung wäre dies sogar zwingend (s. Rdnr. II-348 f.). Eine weibliche

Form wie Eriksdottir hingegen sei im deutschen Recht nicht vorgesehen und könne abgelegt werden (*Henrich*, StAZ 2007, 202).

Dagegen ist einzuwenden, dass Art. 47 Abs. 1 Satz 1 EGBGB in Nr. 4 eine Spezialvorschrift für geschlechtsabhängige Namensformen enthält, die der Nr. 3 vorgeht. Hier muss zunächst umgewandelt, erst danach darf – sofern die Voraussetzungen vorliegen – abgelegt werden. Dies führt zu einem von *Henrich* abweichenden Ergebnis. Dem deutschen Recht fremd ist nicht der Name an sich, sondern nur die weibliche Endung. Wenn die Tochter auf dem Weg einer Ursprungserklärung nach Nr. 4 zur ursprünglichen Form zurückgekehrt ist, hat sie einen nicht mehr geschlechtsspezifischen Namen (s. Rdnr. II-363 ff.). Ist er neben ihrem Vornamen der einzige Name, so entspricht er – nicht anders als beim Sohn – funktional dem deutschen Familiennamen. Er ist insoweit vorgeprägt, so dass er nicht abgelegt werden kann.

II-372

6. Die »Eindeutschungserklärung« nach Art. 47 Abs. 1 Satz 1 Nr. 5 EGBGB

Gemäß Art. 47 Abs. 1 Satz 1 Nr. 5 EGBGB kann die dem Statutenwechsel unterliegende Person »eine deutschsprachige Form ihres Vor- oder Familiennamens annehmen; gibt es eine solche Form des Vornamens nicht, so kann sie neue Vornamen annehmen«.

II-373

Bei dieser Fallgruppe spricht die standesamtliche Praxis auch von sog. »Eindeutschungserklärungen«.

a) »Eindeutschung« ist keine Angleichung

Die Vorschrift steht zwar wie der Rest des Art. 47 EGBGB unter der systematisierenden Überschrift »Angleichung«, doch muss man sich darüber im Klaren sein, dass sie – wie teilweise auch schon die Nr. 4 (s. Rdnr. II-364) – den Bereich der Angleichung i. e. S. verlässt. Zwar ist die rechtspolitische Zielsetzung aller in Art. 47 EGBGB geregelten Angleichungserklärungen ähnlich: Die Namensführung des Neubürgers, der deutsches Recht als Personalstatut erwirbt, soll an die inländischen Verhältnisse angepasst werden. Trotzdem besteht zwischen der Nr. 5 und den vorhergehenden Nummern des Art. 47 Abs. 1 Satz 1 EGBGB ein qualitativer Unterschied: Die Angleichung i. e. S. ist ein methodisches Instrument, um den Konflikt zwischen miteinander kollidierenden Regeln aufzulösen; sie setzt also einen *Normwiderspruch* voraus. An einem solchen fehlt es bei Nr. 5: Es gibt keine *Norm* des deutschen *Rechts,* die das Führen deutschsprachiger Namen gebietet. Hier wird ausschließlich die soziale Integration erleichtert.

II-374

Die Anwendung von Art. 47 Abs. 1 Satz 1 Nr. 5 EGBGB wird dadurch erheblich erschwert. Die Vorschrift ist – wie alle Nummern des Art. 47 Abs. 1 Satz 1 EGBGB – zu weit gefasst; anders als bei Nr. 1 bis 4 kann man jedoch die notwendige restriktive Auslegung (s. Rdnr. II-262 ff.) nicht an allgemeinen Angleichungsgrundsätzen orientieren, eben weil es sich nicht um einen Fall von Angleichung handelt. Die Argumentation muss sich auf rechtspolitische, bestenfalls allgemein namensrechtliche Abwägungen beschränken (zutreffend AG Marburg, StAZ 2010, 210, wonach – entsprechend dem Charakter der »Ein-

II-375

deutschungserklärung« – mindestens der erste von mehreren angenommenen Vornamen dem deutschen Sprachgebrauch entsprechen muss).

b) Der Vergleich mit § 94 BVFG

II-376 Den ersten Ansatzpunkt für eine restriktive Auslegung bietet die Parallele zu § 94 BVFG. Diese Vorschrift gestattete bereits in Abs. 1 Satz 1 Nr. 3 ihrer alten Fassung, »eine deutschsprachige Form des Familiennamens« anzunehmen, und war insoweit Vorbild für Art. 47 EGBGB. Sie zielte aber in erster Linie auf deutschstämmige Vertriebene und Spätaussiedler aus Osteuropa, deren ursprünglich deutsche Namen irgendwann einmal zwangsweise slawisiert worden waren: Aus Karl Schuster war Karel Shustar geworden, aus Peter Schmidt Pjotr Šmit. Wenn sich Angehörige dieses Personenkreises in Deutschland niederließen, lief die Eindeutschung des Namens auf eine *Rück*eindeutschung hinaus. Das rechtspolitische Ziel war einleuchtend und sinnvoll, die Reichweite der Vorschrift begrenzt, weil sie nur Vertriebene und Spätaussiedler erfasste. Man kann den Rechtsgedanken verallgemeinern und auf alle Fälle der »Rückeindeutschung« von sprachlich veränderten deutschen Namen übertragen. So wird sich auch John Miller künftig Johann Müller nennen dürfen.

c) Erleichterte Eindeutschung bei Vornamen

II-377 Art. 47 Abs. 1 Satz 1 Nr. 5 EGBGB erfasst freilich *alle* Fälle eines Statutenwechsels. Hier ist zunächst zu beachten, dass das Gesetz Vor- und Familiennamen unterschiedlich behandelt. Familiennamen dürfen nur in die deutschsprachige Form übertragen, Vornamen hingegen völlig ersetzt werden; allerdings gestattet Art. 47 Abs. 1 Satz 1 Nr. 5 EGBGB nicht die Annahme eines deutschen Namens zusätzlich zum fremdsprachigen (AG München, StAZ 2010, 334). Diese Differenzierung zwischen Familien- und Vornamen ist sinnvoll, weil die Identifikationsfunktion bei den Familiennamen wichtiger ist als bei den Vornamen, die eher den privaten Bereich berühren. Die Auslegung der Vorschrift hat sich an dieser allgemeinen Wertung zu orientieren.

II-378 Bei Vornamen kann nur eine gewisse Großzügigkeit vermeiden, dass sich die Praxis mit schwierigsten und dabei letztlich völlig sinnlosen Namensvergleichen herumplagen muss.

Nach dem Gesetzeswortlaut ist die Annahme eines neuen Vornamens davon abhängig, dass es eine deutschsprachige Form des Vornamens nicht gibt. Diese Voraussetzung stringent zu definieren ist kaum möglich und zudem sinnlos. Dass sich William in Wilhelm und Jacques in Jakob »eindeutschen« lässt, ist evident; aber gegenüber dem polnischen Wojciech erscheint die deutsche Form Adalbert schon eher als *neuer* Name.

II-379 Außerdem trifft die Frage, ob es eine deutsche Namensform gibt, nicht den Kern des Problems, und zwar aus zwei Gründen. Zum einen kommen ausländische Vornamen auch bei Deutschen immer mehr in Mode, so dass die Grenzen verschwimmen. Zum anderen kann auch ein eingedeutschter Vorname im Inland so ungebräuchlich sein, dass er fremdartig wirkt und der Namensträger ein Interesse hat, ihn nicht führen zu müssen. So kann man dem ehemaligen Polen Władysław die Wahl eines neuen Vornamens kaum deshalb verwehren, weil es dazu die deutsche Form Ladislaus gibt; denn wer sich ein wenig mit Vornamen auskennt, wird den polnischen Ursprung erkennen, und vielleicht ist es gerade das, was der Namensträger nicht wünscht. Bevor man hier schwer nachprüfbare Grenzen zu ziehen versucht, sollte man daher in allen Fällen, in denen die Eindeutschung nicht evident ist oder aus plausiblen Gründen nicht gewünscht wird, die Wahl neuer Vornamen erlauben.

Bei dem nach Art. 47 Abs. 1 Satz 1 Nr. 5 Halbs. 2 EGBGB gewählten Vornamen muss es sich nicht um einen in Deutschland üblichen, sondern lediglich zulässigen Vornamen handeln (OLG Bremen, StAZ 2012, 18; OLG Hamm, StAZ 2015, 16, 17). II-380

d) Strengere Maßstäbe bei Familiennamen

Bei den Familiennamen ist das Gesetz weniger großzügig; eingedeutscht werden kann nur ein Familienname, der in einer deutschsprachigen Form existiert (s. a. OLG Hamm, StAZ 2015, 17; StAZ 2015, 18). Deutsch*sprachig* wird ein Name dann, wenn dem Deutschen unbekannte Laute (z. B. das englische th) oder diakritische Zeichen unterdrückt werden. Zulässig ist es, den Klang des ausländischen Namens beizubehalten und ihn nur phonetisch »einzudeutschen«, etwa Ribić in Ribitsch oder Szewczyk in Scheftschik umzuändern. Dasselbe gilt in dem – bereits erwähnten – Fall, dass die Schreibweise eines phonetisch erkennbar deutschen Namens im Ausland verfälscht wurde und nunmehr in die Originalform zurückgeführt wird; so wird in den oben genannten Beispielen (Rdnr. II-376) Karel Shustar zu Karl Schuster, Pjotr Šmit zu Peter Schmidt. Schließlich wird man es auch zulassen können, dass ein schwer auszusprechender und langer Name vereinfacht und verkürzt wird (OLG München, StAZ 2009, 205), soweit nicht ein neuer Name entsteht (etwa keine Verkürzung von »Kapdikaçdi« in »Kap«, s. OLG Hamm, StAZ 2015, 18). II-381

e) Die Unzulässigkeit von Übersetzungen

Darüber hinaus will *Henrich* (StAZ 2007, 202) auch die Übersetzung der Namen zulassen. Dagegen sprechen mehrere Gründe. II-382

Zum ersten war es bisher ein anerkannter allgemeiner Grundsatz, dass die Angleichung Übersetzungen nicht erlaubt (OLG Hamburg, StAZ 1990, 135, 136); dies rechtfertigt eine entsprechend restriktive Auslegung auch bei der neuen Angleichungs*norm*. Dies muss auch für Adelsbezeichnungen gelten (s. die Parallele zu Rdnr. II-213; a. A. *Palandt/Thorn*, Art. 47 EGBGB Rdnr. 6, wonach Art. 47 Abs. 1 Satz 1 Nr. 5 EGBGB nun auch eine Übersetzung ausländischer Adelsprädikate ermögliche).

Zum zweiten stellt sich die Frage, ob etwa dann, wenn durch eine Übersetzung des Vornamens ein »deutschsprachiger Name« gebildet werden kann, die Annahme eines neuen Vornamens ausgeschlossen sein soll. Eine solche Übersetzung kann zu einem Namen führen, der ungebräuchlich und unzumutbar ist; so könnte etwa eine frankophone Frau mit dem Vornamen Merle II-383 künftig »Amsel« heißen, der Syrer Aladin »Erhabenheit des Glaubens«. Soll man etwa die leidigen Grundsätze zur Zulässigkeit von Vornamen nun auch noch auf die Angleichung projizieren? Übersetzungen übertragen den Wortsinn in die andere Sprache; Namen hingegen sind typischer Weise Kennzeichen, hinter die der Wortsinn zurücktritt. Dies gilt auch bei rein deutschen Namen; bei dem Familiennamen König denkt niemand an einen amtierenden Monarchen.

II-384 Gegen die Übersetzung von Familiennamen spricht schließlich der § 94 Abs. 1 Satz 1 Nr. 5 BVFG. Der Gesetzgeber hat diese Vorschrift zusammen mit dem Art. 47 EGBGB neu gefasst; beide haben teilweise identischen Wortlaut. In § 94 BVFG ist die Übersetzung der Namen ausdrücklich vorgesehen, nicht aber in Art. 47 EGBGB. Wenn der Gesetzgeber, der beide Vorschriften gleichzeitig geändert und aufeinander abgestimmt hat, die Übersetzungsmöglichkeit in der einen Norm vorsieht, in der anderen nicht, lässt sich folgern, dass er sie bei Art. 47 EGBGB bewusst ausschließen wollte (OLG München, StAZ 2009, 205; *Kraus*, StAZ 2009, 250).

7. Die Dogmatik von Angleichung und Angleichungserklärungen

II-385 Art. 47 EGBGB bestimmt, dass die vom Statutenwechsel betroffene Person die Angleichungserklärung vor dem Standesamt abgeben kann. Diese Formulierung wirft mehrere Fragen auf, die bereits vor dem Inkrafttreten der Neuregelung diskutiert wurden.

a) Objektive Angleichung auch ohne Angleichungserklärung?

II-386 Offen bleibt die Frage, was geschieht, wenn die betroffene Person keine Erklärung abgibt. Dass sie ihre bisherigen Namen in der ursprünglichen unangeglichenen Funktion behält, würde dazu führen, dass ein Neubürger Namen führt, die keine Vor- und Familiennamen sind. Dies ist mit dem inländischen Ordnungsinteresse unvereinbar; das deutsche Namensstatut gebietet zwingend das Nebeneinander eines Familiennamens und mindestens eines Vornamens (so nun auch BGH, StAZ 2014, 139, 141; hierzu s. a. *von Sachsen Gessaphe*, StAZ 2015, 65, 71ff.; vgl. auch BGH, StAZ 2015, 78, 79).

II-387 Die Angleichung ist in einem solchen Fall daher auch ohne Erklärung des Namensträgers vorzunehmen. Sie ist ein methodisches Instrument, um bei zwei nebeneinander anwendbaren, aber sich inhaltlich widersprechenden Rechten trotz dieses Widerspruchs zu einem sinnvollen Ergebnis zu kommen. Damit ist sie ein Fall *objektiver* Rechtsanwendung, nicht etwa autonomer Namensgestaltung, so dass sie nicht von namensbestimmenden Erklärungen des Betroffenen nach Art. 47 EGBGB abhängt. Wenn eine Angleichungslage entsteht, dann *muss* angeglichen werden, und zwar unabhängig von der Frage, ob es der hiervon Betroffene will oder nicht. Dies war schon bisher die vorherrschende Ansicht (vgl. etwa das instruktive Beispiel und die zutreffende Begründung in AG Hagen, StAZ 2003, 114, 115; offen gelassen von LG Frankfurt a. M., StAZ 2003, 113; allgemein *Hepting*, StAZ 2001, 257, 263) und gilt auch für den neuen Art. 47 EGBGB (ebenso auch BGH, StAZ 2014, 139, 141 und *Henrich*, StAZ 2007, 197, 199).

Hat man einmal akzeptiert, dass die Angleichung von der Erklärung abgekoppelt werden kann, kann man die objektive Angleichung auch gegen den Willen des Namensträgers vornehmen. Nur dort, wo der Gesetzgeber in Art. 47 EGBGB Vorschriften getroffen hat, die den Bereich der »Angleichung« i.e.S. verlassen, also bei den »Ursprungs-« und »Eindeutschungserklärungen« (s. Rdnr. II-364 und II-374 ff.) und – jedenfalls nach der Rechtsprechung des BGH – bei der »Sortiererklärung« im Hinblick auf Zwischennamen (s. Rdnr. II-301), ist eine Namensanpassung gegen den Willen der betroffenen Person ausgeschlossen: Wenn sie keine Erklärung abgibt, behält sie ihren Namen in der insoweit unveränderten Form; s.a. zur Kombination mit Art. 48 EGBGB Rdnr. II-448.   II-388

Nach dem bisher Gesagten sind Angleichungserklärungen regelmäßig nicht unverzichtbar. Sie sind keine konstitutiven Elemente der Namensbestimmung und keine Akte echter »autonomer« Gestaltung (ebenso *Henrich*, StAZ 2007, 197, 198; a.A. offenbar *Mäsch*, IPRax 2008, 18: »privatautonome Gestaltungsmacht«). Auch unter der Geltung des neuen Rechts sind sie bloße Hilfsmittel der Angleichung.   II-389

b) Die Mitwirkung des Standesamts bei einer Angleichungserklärung; Form und Frist der Erklärung

Angleichungserklärungen sind gegenüber dem Standesamt abzugeben.   II-390

Da es sich regelmäßig aber um keine autonom gestaltenden Erklärungen, sondern um bloße Hilfsmittel der Angleichung handelt, wird man nicht von einer »Empfangszuständigkeit« i.e.S. sprechen können. Was der Gesetzgeber schaffen wollte, ist eher als »Angleichungszuständigkeit« zu bezeichnen.

Das Bedürfnis, die Namen anzugleichen, entsteht im Augenblick des Statutenwechsels. Aus diesem Grund wäre es nahe liegend, dass diejenige Behörde, die nach dem Statutenwechsel als erste mit dem Namen des bisherigen Ausländers befasst ist, die Angleichung vornehmen muss; dies ist im Regelfall die Einbürgerungs- oder Ausländerbehörde (so ursprünglich *Hepting*, StAZ 2001, 264). Die Ansicht mochte dogmatisch folgerichtig sein, stieß aber auf den Widerstand der genannten Behörden, weil diese mit namensrechtlichen Fragen vorher nie befasst waren und auch künftig nicht befasst sein wollten. Der namensrechtliche Sachverstand ist traditionell bei den Standesämtern konzentriert. Die Neuregelung des Art. 47 EGBGB hat diesem Umstand Rechnung getragen.   II-391

Freilich wirft diese an der Zweckmäßigkeit orientierte Regelung dogmatische wie auch praktische Probleme auf.   II-392

Für das dogmatische Problem, dass die betroffene Person eigentlich ab dem Augenblick des Statutenwechsels den angeglichenen Namen führen müsste, hat *Henrich* eine zwar etwas spitzfindige, aber dennoch sehr schlüssige Lösung gefunden: In dem Augenblick, in dem die Einbürgerungsurkunde ausgefertigt wird, hat die betroffene Person noch die alte Staatsangehörigkeit; daher kann noch der alte Name eingetragen werden. Erst mit der Aushändigung der Urkunde tritt der Statutenwechsel ein (*Henrich*, StAZ 2007, 197, 198).

II-393 Nun ist es Sache des Betroffenen, zum Standesamt zu gehen und die Angleichung seines Namens herbeizuführen, die das Standesamt wiederum der Meldebehörde mitzuteilen hat (hierzu *Gaaz/Bornhofen*, §43 PStG Rdnr. 51ff.). In diesem Verfahren liegt viel Unsicherheit, und man kann nur hoffen, dass sich das Problem dadurch von selbst regelt, dass die Betroffenen ohne vorherige namensrechtliche Erklärung nicht die benötigten Ausweispapiere erhalten und deshalb sehr rasch den Weg zum Standesamt finden.

II-394 Angleichungserklärungen müssen nach Art. 47 Abs. 4 EGBGB grundsätzlich in öffentlich beglaubigter oder beurkundeter *Form* erfolgen, es sei denn sie werden bei der Eheschließung oder Begründung der Lebenspartnerschaft gegenüber einem deutschen Standesamt abgegeben. Die Wahrung der Form ist freilich nur dann echte Voraussetzung für eine Angleichung des Namens, wenn die Erklärung ausnahmsweise konstitutiv ist, vgl. Rdnr. II-388. Die Angleichungserklärung ist *nicht fristgebunden*, auch nicht in den Fällen des Art. 47 Abs. 2 EGBGB (*Krömer*, StAZ 2014, 185, 186 f. m. w. N.). Eine bestimmte Namensführung nach der Einbürgerung – auch über einen längeren Zeitraum – schließt eine Angleichung nicht aus (OLG Hamm, StAZ 2014, 333).

c) Die Bedeutung des »angeglichenen« Namens

II-395 Ist der Name unter der Herrschaft des neuen deutschen Namensstatuts angeglichen worden, so führt der Betroffene Vor- und Familiennamen im Sinne des deutschen Rechts. Damit hat eine vorher dem ausländischen Recht unterstehende Bezeichnung möglicherweise ihre bisherige Funktion verloren; dies ist jedoch als Folge des Statutenwechsels hinzunehmen. Unzutreffend ist also die Annahme, ein an den Familiennamen angeglichener, ursprünglich religiös motivierter Namenszusatz wie etwa »Singh« habe unter der Geltung des deutschen Rechts noch irgendeine religiöse Bedeutung (näher Rdnr. II-310 ff., II-314).

8. Das Verhältnis der Angleichungstatbestände zueinander

II-396 In Einzelfällen kann die Namensführung eines Ausländers vor dem Statutenwechsel so komplex sein, dass sie von mehreren Tatbeständen des Art. 47 Abs. 1 EGBGB gleichzeitig erfasst wird. Fraglich ist, wie sich die einzelnen Möglichkeiten zueinander verhalten.

II-397 Eine Rangfolge zwischen den einzelnen Tatbeständen ist dem Wortlaut der Vorschriften ebenso wenig zu entnehmen wie der Reihenfolge der Nummerierung. Man kann davon ausgehen, dass die einzelnen Angleichungsregeln gleichrangig nebeneinander stehen und die betroffene Person auf jede der gebotenen Möglichkeiten als erste zugreifen kann, wobei sich dann freilich aus der ersten Erklärung die Voraussetzung für eine darauf aufbauende weitere Erklärung ergeben kann.

Ausgangspunkt ist stets der aus dem Kontinuitätsprinzip folgende Grundsatz, dass der Namenswortlaut zunächst in voller Länge erhalten bleibt. Auf dieser Namensführung bauen die Angleichungserklärungen auf.

So ist es möglich, dass der bislang indische Staatsangehörige Birjut Singh zunächst den Namenszusatz Singh nach Art. 47 Abs. 1 Satz 1 Nr. 3 EGBGB ablegt, um anschließend eine Ergänzungserklärung nach Nr. 2 hinsichtlich des nunmehr fehlenden Vornamens abzugeben. Ebenso möglich ist es, dass er ihn nicht ablegt, sondern in einer »Sortiererklärung« nach Nr. 1 entweder Birjut oder Singh zum Familiennamen bestimmt; der jeweils andere Name wird dann zum Vornamen.

Die bisherige Russin Jekaterina Aleksandrowna Mussorgskaja kann den Vaternamen Aleksandrowna entweder als Zwischennamen beibehalten (s. Rdnr. II-301), ihn nach Art. 47 Abs. 1 Satz 1 Nr. 3 EGBGB ablegen oder nach Nr. 1 zum Vornamen bestimmen; tut sie letzteres, kann sie ihn, da er ein nach dem Verwandtschaftsverhältnis abgewandelter Name ist, in der Ursprungsform nach Nr. 4 annehmen, hier in der weiblichen Form Aleksandra. Den Familiennamen Mussorgskaja kann sie entweder in der männlichen (»ursprünglichen«?) Form Mussorgskij nach Nr. 4 annehmen oder aber – nach entsprechender Belehrung über eine eventuelle spätere Übertragung auf männliche Abkömmlinge – in der weiblichen Form beibehalten. Anschließend kann sie ihre Namen nach Nr. 5 »eindeutschen«, so dass sie nunmehr Katharina Alexandra heißt; beim Familiennamen wird sich die Eindeutschung darauf beschränken müssen, der deutschen Sprache unbekannte Lautverbindungen zu vereinfachen, z. B. an die Stelle der Endung »kij« das einfachere »ki« zu setzen.

E. Die Bedeutung der Namenskontinuität in Auslandsfällen allgemein

Die Identifizierungsfunktion des Namens setzt voraus, dass der Name immer derselbe bleibt. Daher ist die *Namenskontinuität* ein elementares namensrechtliches Regelungsprinzip, im Interesse von Staat und Gesellschaft ebenso wie im Interesse des Namensträgers (s. Rdnr. II-138, 141). Die Namenskontinuität darf freilich zu Gunsten anderer und höherwertiger Namensfunktionen durchbrochen werden, z. B. wenn eine Statusänderung durch eine Namensänderung nach außen dokumentiert werden soll (s. Rdnr. II-143 f.).

In Fällen mit Auslandsbezug kommt es häufig vor, dass allein aufgrund des kollisionsrechtlichen Zusammenspiels mehrerer Rechte die Namenskontinuität – sei es rechtlich, sei es auch nur faktisch – durchbrochen wird, ohne dass eine die Namensänderung rechtfertigende Personenstandsänderung dahinter steht. Diesem Problem muss das Recht begegnen, wobei die Anstöße zur Wahrung der Namenskontinuität – jedenfalls aufgrund hinkender Namensverhältnisse (s. Rdnr. II-411 ff.) – derzeit vor allem vom Unionsrecht und der Rechtsprechung des EuGH ausgehen (s. Rdnr. II-414 ff.).

I. Probleme durch Statutenwechsel

II-403   Ändert sich das Anknüpfungskriterium, so ändert sich auch das Namensstatut; der Name untersteht ab diesem Zeitpunkt dem neuen Recht; allgemein zu Begriff und Konsequenzen eines Statutenwechsels Rdnr. VI-46.

Es gilt der allgemeine Grundsatz, dass ein einmal begründetes Recht dem Inhaber durch den Statutenwechsel nicht entzogen werden darf. Für den Fall, dass der Statutenwechsel aufgrund einer Änderung der Anknüpfungsnorm erfolgt, ist dies in Art. 220 Abs. 1 EGBGB als allgemeiner Rechtsgedanke niedergelegt.

II-404   Im Namensrecht vermag dieser Grundsatz dem Interesse an Namenskontinuität zumindest hinsichtlich des *Namenswortlauts* zu genügen. Die nach dem alten Recht erworbenen Bezeichnungen bleiben grundsätzlich bestehen; dies gilt sogar für schutzwürdige Namenszusätze, die keine Namen i.e.S. sind.

II-405   Nicht aufrecht erhalten lässt sich die Kontinuität hinsichtlich der Namens*funktion*. Hatte der Name unter dem alten Statut eine Funktion, die dem neuen Statut unbekannt ist, so hat er sich dessen Namenstypen anzupassen. Dies erfolgt im Wege der Angleichung; hierzu Rdnr. II-242 ff.

II. Probleme durch Änderungen der Rechtsprechung

II-406   Ähnliche Wirkungen wie bei einem Statutenwechsel können dann eintreten, wenn sich die höchstrichterliche Rechtsprechung ändert. Theoretisch handelt es sich nur um eine Neuinterpretation von bereits bestehendem und unverändert weitergeltendem positiven Recht; faktisch freilich ändern sich die Rechtsgrundsätze, die die Praxis bisher angewandt hat.

II-407   Dass an die Stelle des typischen Gegensatzes von »alt« und »neu« der Gegensatz von »bisher falsch« und »nunmehr richtig« tritt, birgt die Gefahr, dass das Vertrauen des Bürgers in den bisherigen Rechtszustand nicht ausreichend geschützt wird. Die Grundsätze über die Änderung von Anknüpfungsnormen oder Anknüpfungskriterien sollen nach h.M. in diesem Fall nicht gelten (*v. Mangoldt*, StAZ 1990, 245 ff. m.w.N. in Fn. 23, 50 ff.; ablehnend *Hepting* zu BGH, StAZ 1991, 103, 104).

II-408   Aus diesem Grund hat etwa die Rechtsprechung wiederholt die Rückwirkung einer Rechtsprechungsänderung auf lang zurückliegende Erwerbstatbestände angenommen (etwa OLG Köln, StAZ 1975, 277; OLG Hamm, StAZ 1979, 147; LG Bonn, IPRax 1986, 45 mit Anm. *Henrich* (zum Ehenamen); OLG Bremen, StAZ 1988, 295 m.w.N.). Man kann das rein formal damit begründen, dass das Vertrauen des Rechtsverkehrs in eine »falsche« Rechtsauffassung nicht schutzwürdig ist.

Doch ist nicht zu bestreiten, dass eine scheinbar gefestigte obergerichtliche Rechtsprechung einen sehr gewichtigen Vertrauenstatbestand geschaffen hat. Dass infolge von Rechtsprechungsänderungen Mitglieder derselben Familie unterschiedliche Namen führen, ist ein kaum akzeptables Ergebnis. Für ein Wahlrecht der Eltern zur Herstellung der familiären Nameneinheit OLG Hamburg (Vorlagebeschluss), StAZ 1990, 166 (s. a. *Sturm*, IPRax 1990, 100; ähnlich *Grasmann*, StAZ 1989, 131, der allerdings den internationalen Entscheidungseinklang höher bewertet); ablehnend jedoch BGH, StAZ 1991, 103 mit Anm. *Hepting*; vgl. auch OLG Frankfurt a. M., StAZ 1986, 249.

II-409

Die Härte der Regelung wird gemildert durch die personenstandsrechtliche Regel, dass der Name in den Personenstandsregistern nicht von Amts wegen, sondern nur auf Antrag berichtigt wird (BGH a. a. O.; zu den praktischen Konsequenzen *Hepting*, StAZ 1991, 105 f.). Damit hat es der Namensträger faktisch in der Hand, ob er seinen bisherigen (»unrichtigen«) Namen behalten oder sich an die »richtige«, d. h. neue Rechtslage anpassen will.

II-410

III. Probleme durch hinkende Namensführung

Nichts mit einem Statutenwechsel zu tun hat die faktische Änderung der Namensführung beim Wechsel von einer Rechtsordnung in eine andere. Diese Änderung ist typische Folge eines sog. »hinkenden« Rechtsverhältnisses (zu diesem Begriff Rdnr. VI-4).

II-411

Auch auf Personen, die sich im Ausland aufhalten, ist aus der Sicht des geltenden deutschen Rechts das von Art. 10 EGBGB berufene Namensstatut anzuwenden. Knüpft das deutsche IPR den Namen anders an als der Aufenthaltsstaat, so kann es zu hinkender Namensführung kommen. Auch wenn die ausländische Namensführung in die dortigen Register eingetragen wird, ist sie aus inländischer Sicht »falsch« und irrelevant. Wechselt der Namensträger ins Inland, wird er so behandelt, als hätte er von Anfang an den aus deutscher Sicht »richtigen« Namen geführt (vgl. Rdnr. II-219). Nicht rechtlich, wohl aber faktisch wird er dadurch zu einer Namensänderung gezwungen.

Zwar ist dieses Ergebnis nichts anderes als die typische Konsequenz eines hinkenden Rechtsverhältnisses; doch wird es beim Namen als besonders störend empfunden: Zum einen wird der Wechsel von einer Rechtsordnung in die andere angesichts der zunehmenden grenzüberschreitenden Mobilität zu einem immer häufigeren Tatbestand, zum anderen ist der Name von alltäglicher Relevanz. Das schutzwürdige Interesse des Namensträgers an Kontinuität wird erheblich beeinträchtigt, zumal er den »falschen« Namen im Ausland ja von Rechts wegen führen *musste* (kritisch schon *Benicke/Zimmermann*, IPRax 1995, 144).

II-412

Grundsätze, mit denen dieses Ergebnis vermieden werden könnte, hat das deutsche IPR bisher noch nicht entwickelt, anders als das Recht der Europäischen Union, auf das der Gesetzgeber mittlerweile reagiert hat (sogleich Rdnr. II-413 ff.). Die Rechtswahl nach Art. 10 Abs. 2 und 3 EGBGB kann das Problem in Einzelfällen mildern (s. a. Rdnr. II-417), ist aber vom Zufall abhängig.

F. Namenskontinuität bei hinkenden Namensverhältnissen in der EU: Zwischen EuGH-Rechtsprechung und Art. 48 EGBGB

II-413 An der zuletzt genannten Fallgruppe der hinkenden Namensführung setzt die jüngste unionsrechtliche Entwicklung an. Die Rechtsprechung des EuGH hat eine Entwicklung ausgelöst, deren Ende derzeit noch nicht abzusehen ist und die mittlerweile auch den deutschen Gesetzgeber auf den Plan gerufen hat (Rdnr. II-431 ff.).

I. Die namensrechtliche Rechtsprechung des EuGH im Überblick

1. Die Entscheidung in »Konstantinidis«

II-414 Anfang der neunziger Jahre gab die Rechtssache »Konstantinidis« dem EuGH erstmals Gelegenheit, sich mit dem Namensrecht zu beschäftigen (EuGH, Rs. C-168/91 (Konstantinidis) Slg. 1993, I-1191 = StAZ 1993, 256). Es ging um die Übertragung des in griechischen Buchstaben geschriebenen Namens eines Griechen in die lateinische Schrift (zu dem Problem näher Rdnr. II-190 ff., II-195 ff.). Der EuGH entschied, dass die Niederlassungsfreiheit (nunmehr Art. 49 AEUV) beeinträchtigt sei, wenn ein Grieche, dessen Name in seinem griechischen Reisepass bereits in die lateinische Schrift transkribiert worden sei, in einem anderen EU-Mitgliedstaat – in dem er unter diesem Namen selbständig beruflich tätig ist – den Namen in davon abweichender Form führen müsse. In einem solchen Fall zwinge der Wechsel in den anderen Staat faktisch zu einer Änderung des bisher geführten Namens, was die Mobilität innerhalb der EU erschwere, jedenfalls wenn die Gefahr einer Namensverwechslung bei potentiellen Kunden bestünde.

II-415 Die Entscheidung gab – zusammen mit der ungefähr zeitgleichen Entscheidung des BGH zur Schreibweise eines griechischen Namens (StAZ 1994, 42) – den Anstoß zu der Liberalisierung der bis dahin geltenden Grundsätze zur Transliteration (hierzu Rdnr. II-198). Darüber hinaus blieb die Entscheidung in der deutschen Praxis weitgehend folgenlos. Gegenstand der Entscheidung war nicht die kollisionsrechtliche Anknüpfung des Namensstatuts, da die grundsätzliche Maßgeblichkeit des griechischen Namensstatuts unproblematisch war; ferner ging es um den Namen eines griechischen Unternehmers und dessen Niederlassungsfreiheit. Man sah daher die Namensführung allenfalls als Aspekt des Wirtschaftsverkehrs und zog keine weitergehenden Konsequenzen für das IPR und den Personenstand.

2. Die Entscheidung in »Garcia Avello«

II-416 Dies änderte sich mit der am 2.10.2003 ergangenen Entscheidung in der Rechtssache »Garcia Avello« (EuGH, Rs. C-148/02 (Garcia Avello) Slg. 2003, I-11613 = StAZ 2004, 40), in der der EuGH die hergebrachten Grundsätze des internationalen Namensrechts in Frage stellte (s. *Frank*, StAZ 2005, 161; *Henrich*, Festschrift Heldrich, 2005, 667; *Helms*, GPR 2004, 36). Anlass war die namenskollisionsrechtliche Behandlung von Kindern, die spanisch-belgische Doppelstaater waren, in Belgien lebten und dort einen nach belgischem Recht gebildeten Namen führen mussten, aber einen nach spanischen Rechtsgrundsätzen gebildeten Familiennamen führen wollten. Der Gerichtshof wertete die Tatsache, dass die belgischen Behörden den Namen der Kinder – einem Vorrang der inländischen Staatsangehörigkeit folgend (ähnlich wie bei uns nach Art. 5 Abs. 1 Satz 2 EGBGB) – nach belgischem Sachrecht gebildet und einen Antrag auf Änderung des Namens nach spanischem Recht abgelehnt hatten, als Verstoß gegen das Diskriminierungsverbot, das eine Diskriminierung nach der Staatsangehörigkeit verbietet (heute Art. 18 AEUV); kollisionsrechtlich zeigte die Entscheidung wenig Verständnis, s. a. die Kritik bei etwa *Frank*, StAZ 2005, 161; *Kohler*, Festschrift Jayme (2004), 445, 454f. (»kollisionsrechtsblindes Vorgehen«); *Pintens*, StAZ 2004, 357ff.

Einer potentiellen Diskriminierung durch den Vorrang der inländischen Staatsangehörigkeit wird im deutschen Namensrecht freilich durch die Rechtswahlmöglichkeiten in Art. 10 Abs. 2 und Abs. 3 EGBGB weitgehend abgeholfen, so dass hinsichtlich »Garcia Avello« der deutsche Gesetzgeber keinen Handlungsbedarf sah, s. BT-Drucks. 17/11049, S. 12, vgl. aber auch a. a. O. S. 15; zu verbleibenden Schutzlücken etwa *Freitag*, StAZ 2013, 69, 76. Die Entscheidung ist daher aus der Sicht des deutschen Namensrechts von geringerem Interesse; sie ist allenfalls bei der Bestimmung des Personalstatuts allgemein bedeutsam, hierzu noch Rdnr. III-427, VI-32 ff.

II-417

3. Die Entscheidungen in »Grunkin-Paul«

Mit dem Fall »Grunkin-Paul« hatte sich der EuGH zweimal zu beschäftigen. Es ging um die hinkende Namensführung eines in Dänemark geborenen und dort lebenden deutschen Kindes, das in Dänemark nach dänischem Aufenthaltsrecht einen Doppelnamen führte, in Deutschland jedoch gemäß Art. 10 Abs. 1 EGBGB dem deutschen Heimatrecht unterstand, das die Führung eines Doppelnamens nicht zuließ.

II-418

Im ersten Verfahren, ausgelöst durch den Vorlagebeschluss des AG Niebüll vom 2. 6. 2003 (FamRZ 2004, 1314), zeigten die Schlussanträge des Generalanwalts *Jacobs* (Rs. C-96/04 (Grunkin-Paul) Slg. 2006, I-3561 = IPRax 2005, 440 mit Anm. *Henrich* S. 422) abermals wenig Verständnis für die kollisionsrechtlichen Zusammenhänge. Letztlich machte er die deutsche Staatsangehörigkeitsanknüpfung in Art. 10 Abs. 1 EGBGB für das hinkende Namensrechtsverhältnis verantwortlich. Doch sind hinkende Rechtsverhältnisse eine Folge des Umstands, dass die nationalen Kollisionsrechte voneinander abweichen, insbesondere Staatsangehörigkeits- und Aufenthaltsprinzip nebeneinander existieren. Es ist verfehlt, allein eines dieser beiden Prinzipien für diese hinkenden Verhältnisse verantwortlich zu machen (s. a. *Frank*, StAZ 2005, 164f.; *Hepting/Gaaz*, Bd. 2 Rdnr. II-172b). In der Sache kam es zu keiner Entscheidung, da der EuGH (Rs. C-96/04 (Grunkin-Paul) Slg. 2006, I-3561 = FamRZ 2006, 1349) die Vorlage als unzulässig abwies.

II-419

II-420 Daraufhin legte das AG Flensburg am 16.8.2006 die Angelegenheit »Grunkin-Paul« erneut dem EuGH vor (StAZ 2007, 369), diesmal in einer Verfahrenssituation, in der anzunehmen war, dass sich der EuGH für zuständig halten würde. Die Schlussanträge der Generalanwältin *Sharpston* vom 24.4.2008 (Rs. C-353/06 (Grunkin-Paul) Slg. 2008, I-7639 = StAZ 2008, 274) wie auch die am 14.10.2008 ergangene Entscheidung des Gerichtshofs (EuGH, Rs. C-353/06 (Grunkin-Paul) Slg. 2008, I-7639 = StAZ 2009, 9 = FamRZ 2008, 2089) zeigen wesentlich mehr Verständnis für die kollisionsrechtlichen Grundlagen des Problems:

II-421 Generalanwältin *Sharpston* stellte fest, dass das Staatsangehörigkeits- und das Aufenthaltsprinzip gleichberechtigt nebeneinander stehen und dass beide auf ihre Weise kollisionsrechtlich zu rechtfertigen sind, machte also nicht mehr eines von ihnen für das hinkende Rechtsverhältnis verantwortlich. Die Anknüpfungskriterien als solche verstoßen nicht gegen das Unionsrecht (a.a.O. Rdnr. 66f.).

Es verstoße aber gegen das Recht des EU-Bürgers auf Personenfreizügigkeit innerhalb der EU, wenn er gezwungen sei, in mehreren EU-Staaten unterschiedliche Namen zu führen (a.a.O. Rdnr. 72ff., insbesondere Rdnr. 74, 79, 88, 94). Man kann dies begrifflich als »Prinzip der Einnamigkeit« bezeichnen, das innerhalb der EU von Art. 21 Abs. 1 AEUV (zuvor Art. 18 Abs. 1 EG) erzwungen wird.

II-422 Die Generalanwältin kam daher zu dem Ergebnis, dass die Behörden eines EU-Mitgliedstaats dann, wenn sie den Namen eines Unionsbürgers registrieren, nicht automatisch die »Anerkennung« eines Namens ablehnen dürfen, unter dem der Betreffende bereits in einem anderen Mitgliedstaat rechtmäßig eingetragen worden war (a.a.O. Rdnr. 94). Etwas anderes könne nur dann gelten, wenn der »Anerkennung« zwingende Gründe des Allgemeininteresses entgegenstehen, die keine Ausnahme zulassen (a.a.O. Rdnr. 80ff., 92, 94).

Dies läuft im Ergebnis darauf hinaus, dass der Name maßgeblich ist, der in einem Mitgliedstaat der EU nach Maßgabe der dort geltenden Vorschriften erstmals rechtmäßig registriert worden ist. Es ist gleichgültig ob dies auf der Grundlage des Aufenthalts- oder des Staatsangehörigkeitsprinzips erfolgte.

II-423 Der Gerichtshof ist den Anträgen der Generalanwältin in seinem Urteil vom 14.10.2008 im Wesentlichen gefolgt. In seinen Entscheidungsgründen stehen die Nachteile hinkender Namensverhältnisse für das Personenfreizügigkeitsrecht aus Art. 21 Abs. 1 AEUV (zuvor Art. 18 Abs. 1 EG) im Vordergrund (a.a.O. Rdnr. 23ff.). Auf welche Weise dieses primärrechtlich gebotene Ziel rechtstechnisch erreicht werden kann, sagt der Gerichtshof dabei nicht ausdrücklich. Da der Gerichtshof aber inhaltlich den Schlussanträgen der Generalanwältin folgt (a.a.O. Rdnr. 39), ist davon auszugehen, dass er deren Ansicht teilt und den Konflikt im Sinne der ersten Eintragung lösen will, da er sich anderenfalls dezidiert mit den Schlussanträgen der Generalanwältin hätte auseinandersetzen müssen (*Wall*, StAZ 2009, 261, 263).

4. Die Entscheidung in »Sayn-Wittgenstein«

Eine namensrechtlich bemerkenswerte weitere Entscheidung traf der Gerichtshof in der Rechtssache »Sayn-Wittgenstein« (EuGH, Rs. C-208/09 (Sayn-Wittgenstein) Slg. 2010, I-13693 = StAZ 2011, 77, hierzu *Wall*, StAZ 2011, 203). Hier hatte sich eine österreichische Staatsbürgerin in Deutschland durch einen deutschen Staatsbürger namens »Fürst von Sayn-Wittgenstein« adoptieren lassen. Das deutsche Gericht hatte der Österreicherin – unter Missachtung des Art. 10 Abs. 1 EGBGB, mithin rechtswidrig – nach deutschem Recht infolge der Adoption als Geburtsnamen den Nachnamen ihres Adoptivvaters zugesprochen und festgestellt, dass sie fortan »Fürstin von Sayn-Wittgenstein« heiße. Dieser Beschluss war wohl lediglich fehlerhaft und nicht nichtig, so dass auch die deutschen Standesämter an die rechtswidrige Namensbestimmung gebunden gewesen wären, s. Rdnr. V-424 ff. Nachdem die österreichischen Behörden diesen neuen Namen zunächst widerspruchslos in das österreichische Personenstandsregister eingetragen hatten, die deutschen Behörden eine Fahrerlaubnis und die österreichischen Konsularbehörden einen Reisepass und weitere Dokumente auf den neuen Namen ausgestellt hatten, berichtigten die österreichischen Behörden ihren Namen im Personenstandsregister auf »Sayn-Wittgenstein«. Hintergrund dieser Maßnahme ist das österreichische Adelsaufhebungsgesetz aus dem Jahr 1919, welches das Recht zur Führung von Adelsbezeichnungen aufhob.

II-424

Der Gerichtshof kam in seiner Entscheidung vom 22. 12. 2010, die auf Vorlage der österreichischen Gerichte, vor denen sich die Fürstin von bzw. Frau Sayn-Wittgenstein gegen die Berichtigung im Personenstandsregister gewehrt hatte, zunächst zu dem Ergebnis, dass vorliegend die Grundsätze aus »Grunkin-Paul« Anwendung finden. Es werde die Personenfreizügigkeit der Beschwerdeführerin aus Art. 21 Abs. 1 AEUV beschränkt, wenn sie in Deutschland alle »förmlichen Spuren, die der Name Fürstin von Sayn-Wittgenstein im öffentlichen wie auch im privaten Bereich hinterlassen hat, ändern« müsse (a. a. O. Rdnr. 67). Dabei ist es für den EuGH offenbar ohne Belang, dass (anders als in »Grunkin-Paul«) der Name »Fürstin von Sayn-Wittgenstein« in Deutschland jedenfalls im Grundsatz rechtswidrig erlangt worden war (hierzu auch *Wall*, StAZ 2011, 203, 206 ff.) und auch in keinem Personenstandsregister eingetragen wurde, da die Beschwerdeführerin den Namen über einen langen Zeitraum geführt hatte und dieser in Deutschland in zahlreichen öffentlichen und privaten Rechtsverhältnissen als Identifikationsmerkmal verwendet worden sei (a. a. O. Rdnr. 60 ff.).

II-425

Allerdings – und das war entscheidend – ist der Gerichtshof schließlich der Ansicht, dass die Beschränkung der Personenfreizügigkeit gerechtfertigt ist. Denn auch die Personenfreizügigkeit steht unter dem Vorbehalt der öffentlichen Ordnung, zu der das österreichische Adelsaufhebungsgesetz nach Ansicht des Gerichtshofs zählt (a. a. O. Rdnr. 80 ff.).

II-426

5. Die Entscheidung in »Runevič-Vardyn«

II-427 Nur der Vollständigkeit halber sei noch die Entscheidung des Gerichtshofs vom 12.5.2011 (EuGH, Rs. C-391/09 (Runevič-Vardyn) Slg. 2011, I-3787 = StAZ 2011, 274) erwähnt; näher zu dieser Entscheidung *Spellenberg*, Festschrift Pintens, 2012, 1349, 1352 ff. Auch hier hatte der Gerichtshof wie auch bereits in »Konstantinidis« lediglich über die Schreibweise eines Namens zu befinden. Tendenziell schwächt der EuGH seine Rechtsprechung aus »Konstantinidis« ab: Die Personenfreizügigkeit sei nicht verletzt, wenn ein Mitgliedstaat die Änderung einer Personenstandsregistrierung in eine Schreibweise eines anderen Mitgliedstaats verweigere (a.a.O. Rdnr. 69). Auch das Weglassen von diakritischen Zeichen für sich genommen soll unionsrechtlich unbedenklich sein (a.a.O. Rdnr. 79 ff.). Allein eine unterschiedliche Schreibweise bei demselben Namen – je nachdem, ob es um den ausländischen Ehemann oder die inländische Ehefrau geht – könne zu Zweifeln an der Identität führen, so dass insoweit schwerwiegende Nachteile und damit eine Beschränkung der Personenfreizügigkeit drohen könnten (a.a.O. Rdnr. 72 ff.), die allerdings auch gerechtfertigt sein könnten (a.a.O. Rdnr. 83 ff.). Der EuGH sah sich aber – anders als bei »Konstantinidis« – außer Stande, diese Nachteile konkret zu beurteilen und verwies den Fall insoweit an das vorlegende Gericht zurück (a.a.O. Rdnr. 77 f.).

6. Fazit: Unionsrechtliches Anerkennungsgebot

II-428 Die Entscheidung »Grunkin-Paul« – die durch »Sayn-Wittgenstein« bestätigt wurde – läuft darauf hinaus, dass die in einem anderen Mitgliedstaat jedenfalls tatsächlich erlangten Namen anzuerkennen sind (so schon *Henrich*, Festschrift Heldrich, 2005, 667, 675; allgemein zum kollisionsrechtlichen Anerkennungsprinzip s. Rdnr. VI-86 ff.; zu seiner Bedeutung im Rahmen verschiedener CIEC-Übereinkommen s. *Hepting/Gaaz*, Bd. 2 Rdnr. II-180 f.).

II. Postulat: Keine hinkenden Rechtsverhältnisse in der Union

II-429 Aus der EuGH-Rechtsprechung folgt zunächst das rechtspolitische Postulat, hinkende Namensverhältnisse in der EU zu verhindern. Diese Forderung richtet sich vor allem an den Unionsgesetzgeber, der – wie bereits angesprochen – allein das Problem hinkender Namensverhältnisse beseitigen kann, nämlich durch die Vereinheitlichung des Namenskollisionsrechts und die Einführung eines Anerkennungsprinzips, s. Rdnr. II-169. Denn würde – getreu dem Motto »ein Name in Europa« – der Name einer Person einheitlich von allen mitgliedstaatlichen Behörden nach dem gleichen Recht beurteilt (Entscheidungseinklang durch Kollisionsrechtsvereinheitlichung) und müsste ein einmal in einem Mitgliedstaat registrierter Name unionsweit anerkannt werden (Anerkennungsprinzip), so wäre eine Beschränkung der Personenfreizügigkeit durch hinkende Namensverhältnisse ausgeschlossen.

Bisher hat sich der Unionsgesetzgeber aber mit einer Lösung des Problems zurückgehalten, näher zum Stand der Dinge auf der europäischen Ebene *Dutta/Frank/Freitag/Helms/Krömer/Pintens*, StAZ 2014, 33. Deshalb müssen die Mitgliedstaaten das Ihrige beitragen, um hinkende Namensverhältnisse in der Union zu verhindern oder jedenfalls ihre Auswirkungen im jeweiligen Mitgliedstaat zu mindern und damit die Personenfreizügigkeit der Unionsbürger zu wahren.

II-430

III. Umsetzung des unionsrechtlichen Anerkennungsgebots im deutschen Recht, insbesondere durch Art. 48 EGBGB

Zwar bedarf das unionsrechtliche Anerkennungsgebot strenggenommen keiner Umsetzung im mitgliedstaatlichen Recht. Vielmehr gilt der Anerkennungsgrundsatz kraft Vorrangs des Unionsrechts unmittelbar und bindet jeden Amtsträger in der Union, auch das Standesamt. Allerdings müssen die mitgliedstaatlichen Gesetzgeber dafür sorgen, dass ihr Recht im Einklang mit Unionsrecht ist und nicht zu permanenten Unionsrechtsverstößen führt. Die (internationalen) Namensrechte sind mithin dahingehend anzupassen, dass Verstöße gegen die Personenfreizügigkeit durch hinkende Namensverhältnisse möglichst verhindert werden.

II-431

Auf den ersten Blick ist der Änderungsbedarf im deutschen Kollisionsrecht nach den Entscheidungen des EuGH relativ gering, weil die in Art. 10 Abs. 2 und 3 EGBGB vorgesehenen Rechtswahlmöglichkeiten bereits jetzt in vielen – freilich nicht in allen – Fällen ein Ergebnis ermöglichen, das den Forderungen des EuGH entspricht (so auch *Frank*, StAZ 2005, 164, s. a. Rdnr. II-417). Als problematisch erweist sich aber vor allem, dass Art. 10 Abs. 2 Satz 1 Nr. 2 EGBGB und Art. 10 Abs. 3 Satz 1 Nr. 2 EGBGB es nicht zulassen, ein ausländisches Aufenthaltsrecht zu wählen.

II-432

Der deutsche Gesetzgeber reagierte deshalb mit Wirkung zum 29.1.2013 und führte einen neuen Art. 48 EGBGB ein, der die durch die EuGH-Rechtsprechung aufgeworfenen Probleme jedenfalls für den deutschen Rechtsraum lösen soll (s. BT-Drucks. 17/11049, S. 12); s. a. den alternativen Regelungsvorschlag von *Wall*, StAZ 2012, 301. Dies ist dem Gesetzgeber aber nur zum Teil gelungen, so dass sich auch nach Einführung des Art. 48 EGBGB noch die Frage stellt, wie dem Unionsrecht jenseits des Art. 48 EGBGB im deutschen Namensrecht Wirkung verliehen werden muss, s. Rdnr. II-462 ff.

II-433

Die sachrechtliche Vorschrift des Art. 48 EGBGB räumt dem Namensträger die Möglichkeit ein, einen Namen (nicht ein Recht!) zu wählen, soweit dieser Name »während eines gewöhnlichen Aufenthalts in einem anderen Mitgliedstaat der Europäischen Union erworben[...] und dort in ein Personenstandsregister eingetragen[...]« wurde; allgemein zu Art. 48 EGBGB s. *Freitag*, StAZ 2013, 69; *Kohler/Pintens*, FamRZ 2013, 1437, 1440; *Wall*, StAZ 2013, 237; *Mankowski*, StAZ 2014, 97. Zum Verfahren der Namenswahl s. § 43 PStG.

II-434

1. Bestand des Wahlrechts nach Art. 48 EGBGB

a) Deutsches Namensstatut

II-435   Grundvoraussetzung nach Art. 48 Satz 1 Halbs. 1 EGBGB ist für das sachrechtliche Namenswahlrecht zunächst, dass deutsches Recht auf den Namen der betreffenden Person anzuwenden ist. Die Anwendbarkeit deutschen Rechts kann sich freilich nicht nur aus Art. 10 Abs. 1 EGBGB aufgrund einer deutschen Staatsangehörigkeit oder eines sonstigen deutschen Personalstatus ergeben. Deutsches Namensrecht und damit Art. 48 EGBGB kann auch bei ausländischen Staatsangehörigen – sogar bei Staatsangehörigen eines Nichtmitgliedstaats (s. *Freitag*, StAZ 2013, 69, 71 f.; s. a. Rdnr. II-476) – in Betracht kommen, nämlich bei einer Rechtswahl zugunsten deutschen Rechts nach Art. 10 Abs. 2 oder Abs. 3 EGBGB. Denkbar ist auch, dass es zur Maßgeblichkeit deutschen Rechts über einen Renvoi kommt, s. Rdnr. II-173 ff.

II-436   Es ist irrelevant, ab welchem *Zeitpunkt* der Namensträger deutschem Namensrecht unterliegt; entscheidend ist allein ein deutsches Namensstatut bei Ausübung des Wahlrechts. Insbesondere erfasst Art. 48 EGBGB auch Fälle eines Statutenwechsels, wenn der Name – etwa aufgrund eines Wechsels der Staatsangehörigkeit – zunächst dem Recht des betreffenden Mitgliedstaats unterlag und nun deutschem Recht unterliegt (anders *Freitag*, StAZ 2013, 69, 72). Zwar sorgt in solchen Fällen bereits das deutsche Namensstatut für eine Namenskontinuität hinsichtlich des auch aus deutscher Sicht im Ausland erworbenen Namens, Rdnr. II-401 ff. Diese findet aber ihre Grenze in einer Angleichung, und zwar ggf. auch gegen den Willen des Namensträgers, Rdnr. II-386 ff., während bei Art. 48 EGBGB eine Angleichung nur dann in Betracht kommt, wenn der Namensträger hierfür optiert, sogleich Rdnr. II-448.

b) Früherer gewöhnlicher Aufenthalt im EU-Ausland

II-437   Ferner muss der Namensträger in der Vergangenheit einen gewöhnlichen Aufenthalt in einem anderen Mitgliedstaat gehabt haben, Art. 48 Satz 1 EGBGB. Dabei schließt die Vorschrift nicht aus, dass der gewöhnliche Aufenthalt im EU-Ausland auch zum Zeitpunkt der Namenswahl noch andauert. Diese Voraussetzung wird den Standesbeamten vor eine alles andere als triviale Aufgabe stellen; die standesamtliche Praxis muss nicht den aktuellen gewöhnlichen Aufenthalt einer Person feststellen, was bereits schwer genug ist, sondern einen gewöhnlichen Aufenthalt in der Vergangenheit prüfen; zur Bestimmung des gewöhnlichen Aufenthalts allgemein Rdnr. VI-41 ff. Aufgrund des unionsrechtlichen Hintergrunds der Vorschrift wäre es denkbar, vor allem auf den unionsrechtlichen Begriff des gewöhnlichen Aufenthalts abzustellen, so *Mankowski*, StAZ 2014, 97, 100 f.

c) Während des gewöhnlichen Aufenthalts im EU-Ausland: Erwerb und Registrierung eines Namens

II-438   Eine Namenskontinuität ist freilich nur gefährdet, wenn der Betreffende eine namensrechtliche Position in einem anderen Mitgliedstaat erlangt hat, deren

Kontinuität es zu wahren gilt. Erforderlich ist deshalb, dass der Namensträger während der Zeit seines gewöhnlichen Aufenthalts im EU-Ausland in dem betreffenden Mitgliedstaat einen Namen erworben haben muss und dieser in ein Personenstandsregister in diesem Mitgliedstaat eingetragen wurde, Art. 48 Satz 1 EGBGB. Zu welchem Zeitpunkt der Name während eines gewöhnlichen Aufenthalts in dem betreffenden Mitgliedstaat erworben und registriert wurde, ist ohne Belang (*Freitag*, StAZ 2013, 69, 72). Auch muss der betreffende Staat noch nicht während des Erwerbs oder der Eintragung des Namens Mitgliedstaat der EU gewesen sein; es reicht aus, wenn dieser Staat im Zeitpunkt der Namenswahl nach Art. 48 EGBGB der EU angehört (KG, StAZ 2014, 301; *Wall*, StAZ 2013, 237, 243 f.; *Mankowski*, StAZ 2014, 97, 105). Ob sich der im Ausland erworbene Name bereits nach dem allgemeinen Namensstatut ergibt, ist für Art. 48 EGBGB jedenfalls dann irrelevant, wenn die Ermittlung des Namens nach dem anwendbaren Recht mit erheblichem Aufwand verbunden ist (*Wall*, StAZ 2014, 280, 283).

Der Name muss zunächst im ausländischen Mitgliedstaat *eingetragen* worden sein. Der Begriff des Personenstandsregisters ist funktional auszulegen und umfasst sämtliche Register, die eine Dokumentation des Personenstands, insbesondere des Namens, bezwecken. Es muss sich mithin nicht um ein Register nach § 3 Abs. 1 Satz 1 PStG handeln, sondern nur um ein Register das vergleichbare Funktionen erfüllt, was mangels eines ausdrücklich als solches bezeichneten Personenstandsregisters auch ein Melderegister sein kann, vgl. auch *Freitag*, StAZ 2013, 69, 70. Die Eintragung des Namens in ein Register, das primär anderen Zwecken dient, etwa einem Handelsregister oder Grundbuch, reicht nicht aus, ebenso wie die bloße Eintragung in einem Ausweisdokument, s. *Freitag*, StAZ 2013, 69, 70; weitergehend aber *Staudinger/Hepting/Hausmann*, Art. 48 EGBGB Rdnr. 14.

II-439

Allerdings genügt die bloße Registereintragung nicht; vielmehr muss der Name in dem betreffenden Mitgliedstaat auch *erworben* worden sein, was voraussetzt, dass der Name jedenfalls materiellrechtlich rechtmäßig registriert wurde (*Wall*, StAZ 2013, 237, 241 ff.; anders *Staudinger/Hepting/Hausmann*, Art. 48 EGBGB Rdnr. 16 f.; *Mankowski*, StAZ 2014, 97, 103). Auf welcher Grundlage der Namenserwerb erfolgte, lässt Art. 48 Satz 1 EGBGB offen, so dass jede Art des Namenserwerbs aus Sicht des Mitgliedstaats, in dem der Namensträger seinen gewöhnlichen Aufenthalt hatte ausreicht (*Wall*, StAZ 2013, 237, 239 ff.; *Mankowski*, StAZ 2014, 97, 103). Es muss sich nicht um einen Ersterwerb nach einem statusbegründenden oder statusverändernden Ereignis handeln (zur Diskussion, ob das unionsrechtliche Anerkennungsgebot auf solche Namenserwerbe beschränkt ist, s. Vorauflage Rdnr. II-409 f.); auch ein Zweiterwerb etwa nach einer behördlichen Namensänderung reicht aus (vgl. auch OLG München, StAZ 2014, 179), zumal auch hier das Anerkennungsgebot gilt, s. Rdnr. V-898 sowie Vorauflage Rdnr. II-417 f. Gleiches gilt für eine sonstige isolierte Namensänderung, etwa im Rahmen des englischen »deed poll«-Verfahrens (*Wall*, StAZ 2015, 41, 44 f.; a.A. AG Nürnberg, StAZ 2015, 59: für teleologische Reduktion des Art. 48 EGBGB). Freilich muss der Name nicht nach dem Sachrecht dieses Mitgliedstaats erworben worden sein; entscheidend ist, ob

II-440

ein Namenserwerb nach dem – aus Sicht des fremden Mitgliedstaats – kollisionsrechtlich maßgeblichen Namensrecht erfolgt ist, wobei irrelevant ist, ob das Kollisionsrecht des betreffenden Mitgliedstaats den Namen an die Staatsangehörigkeit, den gewöhnlichen Aufenthalt oder ein anderes Merkmal anknüpft (*Freitag*, StAZ 2013, 69 mit Fn. 4, 70). Handelt es sich beim kollisionsrechtlich berufenen Sachrecht um deutsches Namensrecht, weil aus Sicht des Kollisionsrechts des betreffenden Mitgliedstaats deutsches Recht anwendbar ist, so entsteht das Namenswahlrecht freilich nicht; das Namenswahlrecht nach Art. 48 EGBGB besteht ja nur bei deutschem Namensstatut, so dass das Namenswahlrecht in einer solchen Situation nicht die Wahl eines abweichenden Namens gestatten würde, vgl. auch *Freitag*, StAZ 2013, 69 f.

II-441 Hinsichtlich der *Namensart* enthält Art. 48 EGBGB keine Beschränkung (zu Ehenamen s. *Mankowski*, StAZ 2014, 97, 106). Man könnte deshalb – auch aufgrund des kollisionsrechtlichen Kontexts – meinen, dass jeder in einem anderen Mitgliedstaat erworbene und erlangte »Name« im kollisionsrechtlichen Sinne (hierzu s. Rdnr. II-178 ff.) erfasst wird. Diese Auslegung ist aber wohl zu eng; vielmehr wird man die Vorschrift auf sämtliche Kennzeichen einer Person (s. Rdnr. II-203 ff.) anzuwenden haben, die in einem mitgliedstaatlichen Personenstandsregister »als Name« (im Sinne des jeweiligen ausländischen Rechts) eingetragen werden, auch wenn sie die Grenze des kollisionsrechtlichen Namensbegriffs überschreiten. Denn nur bei einer solchen weiten Auslegung ist gewährleistet, dass die Rechtsprechung des EuGH, für deren Anerkennungsprinzip nicht das deutsche Kollisionsrechtsverständnis maßgeblich ist, umgesetzt wird.

2. Wirksame Ausübung des Wahlrechts nach Art. 48 EGBGB

II-442 Liegen die Voraussetzung nach Art. 48 Satz 1 EGBGB für das Wahlrecht vor, so kann der Betreffende den in dem ausländischen Mitgliedstaat erworbenen und registrierten Namen wählen, freilich nur soweit dieser vom nach deutschem Namensstatut eigentlich maßgeblichen Namen abweicht, vgl. auch Rdnr. II-440. Die Namenswahl kann isoliert – losgelöst von einem statusrechtlichen Vorgang – erfolgen (*Mankowski*, StAZ 2014, 97, 105). Im Gegensatz zur Situation bei der Angleichung nach Art. 47 EGBGB handelt es sich bei Art. 48 EGBGB um ein echtes Wahlrecht des Namensträgers; das Standesamt wird nicht von Amts wegen tätig, um dem Betreffenden den im EU-Ausland erworbenen Namen aufzudrängen, vgl. demgegenüber Rdnr. II-386 ff.

II-443 Allerdings enthält Art. 48 Satz 1 letzter Halbs. EGBGB eine Einschränkung; die Namenswahl darf nicht gegen den inländischen ordre public verstoßen, wobei sich dieser Vorbehalt freilich nicht auf das Namenswahlrecht als solches bezieht (das ja Teil des deutschen Rechts ist), sondern allein auf die Tatsache, ob der betreffende Name (der nach ausländischem Sachrecht in dem ausländischen Mitgliedstaat erworben wurde, s. Rdnr. II-440) mit wesentlichen Grundsätzen des deutschen Rechts offensichtlich unvereinbar ist; allgemein zum ordre-public-Vorbehalt Rdnr. VI-77 ff. Kein Verstoß gegen den ordre public liegt vor, wenn der Namensträger bewusst ein hinkendes Namensverhältnis herbeigeführt hat, indem er im Herkunftsmitgliedstaat isoliert einen bestimmten Namen eingetragen und erworben hat, s. *Mankowski*, StAZ 2014, 97, 105 f. Auch ist bei der Prüfung des ordre public der unionsrechtliche Hintergrund der Vorschrift zu beachten und deshalb sind im Einzelfall Abstriche vom ordre public zu machen (zu Recht *Wall*, StAZ 2015, 41, 49 gegen AG Nürnberg, StAZ 2015, 59, wonach ein Adelsprädikat gegen den deutschen ordre public verstößt, vgl. hierzu auch Rdnr. V-898). Die Frage wird demnächst der EuGH zu entscheiden haben, zur Vorlage des AG Karlsruhe s. *Mansel/Thorn/Wagner*, IPRax 2015, 1, 3 f.

Das Wahlrecht wird nach Art. 48 Satz 1 EGBGB durch eine Erklärung gegenüber dem Standesamt ausgeübt, mithin durch eine amtsempfangsbedürftige Willenserklärung des Namensträgers. Gemäß Art. 48 Satz 3 EGBGB muss die Namenswahlerklärung öffentlich beglaubigt oder beurkundet werden, vgl. auch § 43 Abs. 1 PStG. Soweit von der Namenswahlerklärung der Ehename oder Lebenspartnerschaftsname betroffen ist, muss die Erklärung durch beide Ehegatten oder Lebenspartner gemeinschaftlich erfolgen, Art. 48 Satz 4, Art. 47 Abs. 1 Satz 2 EGBGB. Zum Verfahren der Namenswahl s. § 43 PStG.

II-444

Die Ausübung des Namenswahlrechts nach Art. 48 EGBGB unterliegt keiner Frist (*Staudinger/Hepting/Hausmann*, Art. 48 EGBGB Rdnr. 23; *Freitag*, StAZ 2013, 69, 73; *Mankowski*, StAZ 2014, 97, 106). Eine erneute Ausübung des Namenswahlrechts – etwa durch Widerruf und Rückkehr zum ursprünglichen Namen – ist nicht möglich (*Freitag*, StAZ 2013, 69, 73). Allerdings kann der Namensträger nach der Ausübung des Namenswahlrechts ein neues Wahlrecht erwerben (soweit die Voraussetzungen des Art. 48 EGBGB erneut erfüllt werden) und dieses auch erneut ausüben; so auch *Mankowski*, StAZ 2014, 97, 106 f.

II-445

3. Wirkung der Namenswahl nach Art. 48 EGBGB

Mit Zugang der Namenswahlerklärung beim Standesamt (vgl. § 130 Abs. 1, 3 BGB) ändert sich der Name des Betreffenden. Dieser neue Name unterliegt allerdings fortan deutschem Recht, s. *Staudinger/Hepting/Hausmann*, Art. 48 EGBGB Rdnr. 24. Allerdings ordnet Art. 48 Satz 2 EGBGB eine *Rückwirkung* der Erklärung an: Grundsätzlich wird der Betreffende auch für den deutschen Rechtsraum so behandelt, als hätte er den Namen bereits zum Zeitpunkt der Eintragung in das ausländische Personenstandsregister getragen. Eine solche Rückwirkung allein gewährleistet eine Namenskontinuität, s. BT-Drucks. 17/11049, S. 12. Dies gilt freilich dann nur eingeschränkt, wenn aus Sicht des ausländischen Mitgliedstaats der Name bereits zuvor erworben worden war und die Eintragung rein deklaratorisch ohne zeitlichen Zusammenhang mit dem Namenserwerb erfolgte; in diesem Fall sollte man – dem Willen des Gesetzgebers entsprechend – auf den Namenserwerbszeitpunkt abstellen (so auch *Staudinger/Hepting/Hausmann*, Art. 48 EGBGB Rdnr. 25). Art. 48 Satz 2 EGBGB gestattet aber auch dem Namensträger eine ausdrückliche Namenswahlerklärung allein mit Wirkung für die Zukunft, so dass es zu einer Na-

II-446

II-447 mensänderung kommt, vgl. *Staudinger/Hepting/Hausmann*, Art. 48 EGBGB Rdnr. 27.
Für die Erstreckung der Wirkungen der Erklärung auf den Namen des Kindes gilt § 1617c BGB gemäß Art. 48 Satz 4, Art. 47 Abs. 3 EGBGB. Nicht zum Zuge kommt dagegen § 1617 Abs. 1 Satz 3 BGB und dessen Bindungswirkung.

4. Namenswahl kombiniert mit Angleichung nach Art. 47 Abs. 1 Satz 1 EGBGB

II-448 Der deutsche Gesetzgeber gestattet es dem Namensträger, seine Namenswahl nach Art. 48 EGBGB mit einer Angleichung nach Art. 47 Abs. 1 EGBGB zu kombinieren; dann wird zwar die Namenskontinuität durchbrochen und ein hinkendes Namensverhältnis aufrechterhalten bzw. neu geschaffen (*Staudinger/ Hepting/Hausmann*, Art. 48 EGBGB Rdnr. 30). Allerdings erfolgt dies – anders als regelmäßig im eigenen Anwendungsbereich des Art. 47 EGBGB (s. Rdnr. II-386 ff.) – aufgrund einer Ausübung der Entscheidungsfreiheit durch den Namensträger und kollidiert damit nicht mit der Rechtsprechung des Gerichtshofs, die dem Namensträger nicht einen Namen gegen seinen Willen aufdrängen will, s. BT-Drucks. 17/11049, S. 12.

IV. Art. 48 EGBGB als nur unzureichende Umsetzung des Unionsrechts

II-449 Zahlreiche Fälle, in denen das Unionsrecht die Anerkennung eines Namens gebietet, werden von Art. 48 EGBGB erfasst; insbesondere ist das Erfordernis einer Ausübung eines Wahlrechts nicht unionsrechtswidrig (*Freitag*, StAZ 2013, 69, 74). Bei näherem Hinsehen setzt jedoch Art. 48 EGBGB die namensrechtliche Rechtsprechung des EuGH für den deutschen Rechtsraum nicht vollumfänglich um, wie auch bereits der Bundesrat erkannt hatte, s. BT-Drucks. 17/11049, S. 15.
Worin bestehen die Umsetzungslücken dieser Vorschrift?

1. Beschränkung auf Mitgliedstaaten der EU

II-450 Art. 48 Satz 1 EGBGB begrenzt die Namenswahlfreiheit auf Namen, die in einem anderen Mitgliedstaat der EU erworben und eingetragen wurden.

II-451 Diese Beschränkung könnte dahin gehend zu eng sein, dass Teile des Unionsrechts spiegelbildlich auch für bestimmte Drittstaaten gelten, etwa die Grundfreiheiten für den übrigen Europäischen Wirtschaftsraum (also Island, Liechtenstein und Norwegen), s. Art. 28 ff. des Übereinkommens vom 2. 5. 1992 über den Europäischen Wirtschaftsraum. Zwar sieht dieses Übereinkommen keine dem AEUV vergleichbare allgemeine Personenfreizügigkeit vor, aber namentlich aus der Niederlassungsfreiheit oder auch der Arbeitnehmerfreizügigkeit lässt sich womöglich ein ähnliches Anerkennungsprinzip ableiten, vgl. auch EuGH, Rs. C-208/09 (Sayn-Wittgenstein) Slg. 2010, I-13693 = StAZ 2011, 77, Rdnr. 40 f. Dies wäre dann auch bei der Auslegung des EWR-Übereinkommens maßgeblich, vgl. auch BGHZ 164, 148. Ein Namenswahlrecht nach Art. 48 Satz 1 EGBGB besteht allerdings ausweislich seines eindeutigen Wortlauts nicht; s. *Mankowski*, StAZ 2014, 97, 105.

2. Beschränkung auf Namen aus Mitgliedstaaten eines früheren gewöhnlichen Aufenthalts

Auch sieht Art. 48 Satz 1 EGBGB eine Namenswahlfreiheit lediglich für Namen vor, die in einem Mitgliedstaat erworben und registriert wurden, als der Namensträger dort seinen gewöhnlichen Aufenthalt hatte. II-452

Zwar hatte in »Grunkin-Paul« und auch in »Sayn-Wittgenstein« der Namensträger wohl seinen gewöhnlichen Aufenthalt in dem betreffenden ausländischen Mitgliedstaat. Aber aus den Entscheidungen des EuGH ist nicht ersichtlich, dass gerade dieser territoriale Bezug durch einen gewöhnlichen Aufenthalt Voraussetzung für das Anerkennungsprinzip ist. So könnten durchaus auch andere Bezüge zum betreffenden Mitgliedstaat ausreichen, etwa lediglich ein Geburtsort oder zwischenzeitlicher Aufenthalt in diesem Staat oder eine frühere Staatsangehörigkeit dieses Mitgliedstaats, oder gar überhaupt kein enger Bezug erforderlich sein (unentschieden auch *Wall*, StAZ 2013, 237, 245, 246). Die Schlussanträge der Generalanwältin *Sharpston* enthalten hierzu lediglich einige vage Hinweise (Rs. C-353/06 (Grunkin-Paul) Slg. 2008, I-7639 = StAZ 2008, 274, Rdnr. 86 und Fn. 47). Dann wäre Art. 48 EGBGB in seinen Voraussetzungen zu eng; kritisch auch *Mankowski*, StAZ 2014, 97, 102 f.; *Wall*, StAZ 2014, 294, 298; vgl. auch *Staudinger/Hepting/Hausmann*, Art. 48 EGBGB Rdnr. 12. II-453

3. Beschränkung auf Eintragungen in einem Personenstandsregister

Art. 48 Satz 1 EGBGB gestattet eine Namenswahl nur, wenn der Name in einem ausländischen Personenstandsregister eingetragen war. II-454

Auch dies erscheint als zu engherzig. So hat der Gerichtshof in »Sayn-Wittgenstein« eine – zwar gerechtfertigte, aber dennoch bestehende – Beeinträchtigung der Personenfreizügigkeit angenommen, obwohl der Name der Beschwerdeführerin in Deutschland nicht in einem Personenstandsregister eingetragen worden war; entscheidend war für den Gerichtshof vielmehr, dass die fehlende Namenskontinuität »förmliche[...] Spuren [...] im öffentlichen wie auch im privaten Bereich« hinterlässt, innerhalb oder außerhalb eines Personenstandsregisters, vgl. EuGH, Rs. C-208/09 (Sayn-Wittgenstein) Slg. 2010, I-13693 = StAZ 2011, 77, Rdnr. 60, 62 ff. Basis für eine rechtliche Verfestigung des Namens in Deutschland war auch der Adoptionsbeschluss, s. *Spellenberg*, Festschrift Pintens, 2012, 1349, 1367. II-455

4. Beschränkung auf rechtmäßig erlangte Namen

Nach Art. 48 Satz 1 EGBGB muss der Name, den der Betreffende nach deutschem Recht wählen darf, im ausländischen Mitgliedstaat erworben worden II-456 sein, mithin – wie gesehen, s. Rdnr. II-440 – aus Sicht dieses Mitgliedstaats rechtmäßig erlangt worden sein.

II-457 Auch für dieses Rechtmäßigkeitserfordernis gibt die Rechtsprechung des EuGH wenig her. Zwar war in »Grunkin-Paul« die Erstregistrierung in dem anderen Mitgliedstaat aus Sicht der Rechtsordnung des Erstregistrierungsstaats rechtmäßig. Auch wurde in der deutschen Literatur regelmäßig eine Rechtmäßigkeit der Eintragung gefordert (*Mansel*, RabelsZ 2006, 651, 704 f.; *Koritz*, FPR 2008, 213, 214; *Mansel/Thorn/Wagner*, IPRax 2009, 1, 3; *Krömer*, StAZ 2009, 150, 151 Fn. 9), und auch Generalanwältin *Sharpston* hatte in ihren Schlussanträgen in »Grunkin-Paul« wiederholt betont, dass die Ersteintragung in Dänemark eine »rechtmäßige« gewesen war (Rs. C-353/06 (Grunkin-Paul) Slg. 2008, I-7639 = StAZ 2008, 274, Rdnr. 49, 58, 77, 79, 83, 88, 94), woraus man schließen könnte, dass es ihr auf diese Voraussetzung besonders ankam. Näher zu den Voraussetzungen einer solchen Rechtmäßigkeit *Wall*, StAZ 2010, 232 ff.

II-458 Richtigerweise wird man jedoch differenzieren müssen. Die rechtswidrige Erstregistrierung als solche ist nicht anzuerkennen. Ist jedoch aufgrund einer rechtswidrigen Erstregistrierung durch Zeitablauf ein schutzwürdiges Vertrauen des Namensträgers in den faktisch geführten Namen entstanden (vgl. zu ähnlichen Konstellationen im nationalen Recht BVerfG, StAZ 2001, 207, »Singh«, s. Rdnr. II-142), so dürfte dies eine primärrechtliche Pflicht zur »Anerkennung« auslösen (hierzu ausführlich *Wall*, StAZ 2010, 229 f.). Diese differenzierende Lösung lässt sich auch in der Rechtsprechung des Gerichtshofs nachzeichnen. So hat der EuGH in »Sayn-Wittgenstein«, wo der Namenserwerb in Deutschland rechtswidrig erfolgt war (Rdnr. II-424 f.), dennoch eine Beeinträchtigung der Personenfreizügigkeit angenommen; dies hat der Gerichtshof vor allem mit der langen Dauer (15 Jahre) begründet, während der die Beschwerdeführerin den Namen geführt hatte, s. EuGH, Rs. C-208/09 (Sayn-Wittgenstein) Slg. 2010, I-13693 = StAZ 2011, 77, Rdnr. 62 f.; hinzu kommt freilich der rechtskräftige – wenn auch rechtswidrige – Adoptionsbeschluss, auf den die Beschwerdeführerin vertrauen durfte; vgl. auch *Spellenberg*, Festschrift Pintens, 2012, 1349, 1360 f. (der deshalb den Namenserwerb in Deutschland sogar als rechtmäßig ansieht).

II-459 Damit ist Art. 48 EGBGB auch im Hinblick auf den rechtmäßigen Erwerb zu eng, im Ergebnis so auch *Staudinger/Hepting/Hausmann*, Art. 48 EGBGB Rdnr. 16 f. und *Mankowski*, StAZ 2014, 97, 99 f., die deshalb freilich eine weite Auslegung des Art. 48 EGBGB fordern.

5. Beschränkung auf Namensträger mit deutschem Namensstatut

II-460 Art. 48 Satz 1 EGBGB beschränkt das Namenswahlrecht auf Konstellationen, in denen der Name deutschem Namensrecht unterliegt.

II-461 Auch diese Begrenzung findet in der Rechtsprechung des EuGH keinen Niederschlag; eine Beeinträchtigung der Personenfreizügigkeit kann auch durch eine Nichtanerkennung eines Namens für den inländischen Rechtsraum drohen, wenn der Namensträger nicht deutscher Staatsangehöriger war (und deutsches Recht auch aus anderen Gründen nicht zu Anwendung kommt), kritisch bereits der Bundesrat, s. BT-Drucks. 17/11049, S. 15; kritisch auch *Staudinger/Hepting/Hausmann*, Art. 48 EGBGB Rdnr. 7; *Freitag*, StAZ 2013, 69, 75 f.; *Kohler/Pintens*, FamRZ 2013, 1437, 1440; *Mankowski*, StAZ 2014, 97, 99 f.

V. Umsetzung des unionsrechtlichen Anerkennungsgebots jenseits des Art. 48 EGBGB

Unklar bleibt, wie die Vorgaben des EuGH *de lege lata* umzusetzen sind, soweit das deutsche Recht insbesondere mit Art. 48 EGBGB keinen aureichenden Schutz vor hinkenden Namensverhältnissen bietet und damit das Anerkennungsprinzip des EuGH nur unzureichend umsetzt, s. soeben Rdnr. II-449 ff. Eine *analoge Anwendung* des Art. 48 EGBGB scheidet angesichts seiner abschließend formulierten Voraussetzungen aus (*Mankowski*, StAZ 2014, 97, 108 f.; für eine Analogie aber *Staudinger/Hepting/Hausmann*, Art. 48 EGBGB Rdnr. 8; *Freitag*, StAZ 2013, 69, 76; *Wall*, StAZ 2013, 237, 246 f.; StAZ 2014, 294, 298); es bleibt damit jenseits des Art. 48 EGBGB nur die Möglichkeit, unmittelbar auf die Rechtsprechung des Gerichtshofs zurückzugreifen und diese – wie vor der Einführung des Art. 48 EGBGB – mit den bisherigen Instrumenten im deutschen Rechtsraum umzusetzen; anders offenbar OLG München, StAZ 2014, 179, 180; kritisch zu dieser Entscheidung auch *Wall*, StAZ 2014, 294.

Probleme bereitet dabei insbesondere der Begriff der »Anerkennung«, den sowohl Generalanwältin *Sharpston* (StAZ 2008, 274, Rdnr. 91, 94) als auch der EuGH (StAZ 2009, 9, Rdnr. 31, 39) in der Rechtssache »Grunkin-Paul« verwendet haben, vgl. auch EuGH, Rs. C-208/09 (Sayn-Wittgenstein) Slg. 2010, I-13693 = StAZ 2011, 77, Rdnr. 68. Er hat nichts mit der international-verfahrensrechtlichen Anerkennung i. e. S. zu tun, bei der die Wirkung ausländischer *Gerichtsentscheidungen* auf das Inland erstreckt wird, und kann daher leicht zu Missverständnissen führen.

Bei der Frage, wie die »Anerkennung« *de lege lata* in Deutschland erfolgen könnte, insbesondere welche nationalen Behörden hierzu befugt sind und ob das nationale Recht ein besonderes »Anerkennungsverfahren« vorsehen kann (*Kubicki*, EuZW 2009, 366, 368), gibt es mehrere Lösungsansätze; s. die ausführliche Darstellung von *Wall*, IPRax 2010, 433 ff.

1. Auslegung des Anerkennungsgebots als primärrechtliche Zielvorgabe

Man kann die Aussagen des EuGH als bloße Zielvorgabe ansehen, die lediglich das Ziel der »Einnamigkeit« verbindlich vorschreibt, es aber der eigenen Entscheidung des »Anerkennungsstaats« überlässt, *wie* er dieses Ziel erreicht (in diesem Sinne *Funken*, FamRZ 2008, 2091, 2092; *Lipp*, StAZ 2009, 1, 8; *Martiny*, DNotZ 2009, 453, 454).

Folgt man dieser Auslegung des Art. 21 Abs. 1 AEUV, so lässt das deutsche Recht derzeit – mangels entsprechender Rechtswahlmöglichkeit in Art. 10

EGBGB (s. Rdnr. II-432) oder ausreichender Namenswahlfreiheit nach Art. 48 EGBGB (s. Rdnr. II-449 ff.) – eine sofortige Eintragung des im EU-Ausland erlangten Namens im Personenstandsregister nicht zu. Um das Ziel der »Einnamigkeit« zu erreichen, bleibt daher nur der Weg über das Namensänderungsverfahren nach dem NamÄndG (jurisPK-BGB/*Janal*, Art. 10 EGBGB Rdnr. 35; *Lipp*, StAZ 2009, 1, 8; *Martiny*, DNotZ 2009, 453, 457 f.; *Spellenberg*, Festschrift Pintens, 2012, 1349, 1372 f.; allgemein zu diesem Verfahren Rdnr. V-881 ff.).

II-467   Die Namensänderung erfordert nach §3 Abs. 1 NamÄndG einen »wichtigen Grund« (hierzu allgemein Rdnr. V-882). In unionsrechtskonformer Auslegung dieses Begriffs ist ein solcher »wichtiger Grund« immer dann zu bejahen, wenn der Mitgliedstaat Deutschland aus Art. 21 Abs. 1 AEUV verpflichtet ist, den in einem anderen Mitgliedstaat erlangten Namen »anzuerkennen« (vgl. *Staudinger/Hepting/Hausmann*, Art. 10 EGBGB Rdnr. 532; *Lipp*, StAZ 2009, 1, 8; *Mansel*, RabelsZ, 2006, 651, 705; *Mansel/Thorn/R. Wagner*, IPRax 2009, 1, 3 f.; *dies.*, IPRax 2011, 1, 6; *Spellenberg*, Festschrift Pintens, 2012, 1349, 1372 f.).

Folglich dürfte das Standesamt den in dem anderen EU-Mitgliedstaat erlangten Namen erst dann im Personenstandsregister eintragen, wenn *zuvor* der nach Art. 10 EGBGB zulässige Name eingetragen und dieser danach im behördlichen Namensänderungsverfahren geändert wurde.

2. Das Anerkennungsgebot als »versteckte« primärrechtliche Kollisionsnorm

II-468   Andererseits ist es denkbar, aus den Vorgaben des EuGH eine zwar »versteckte«, aber unmittelbar anwendbare primärrechtliche Kollisionsnorm abzuleiten (*Wall*, StAZ 2009, 261, 264 f. mit einem Formulierungsvorschlag, der in StAZ 2012, 169, 173 f., weiterentwickelt wurde). Danach führt ein Unionsbürger den Namen, der in einem Mitgliedstaat der Europäischen Union erlangt wurde.

II-469   Folgt man dieser Auslegung des Art. 21 Abs. 1 AEUV, so hat bereits das Standesamt – als erste mit der fremden Namensführung konfrontierte deutsche Behörde – diese Kollisionsnorm anzuwenden und den entgegenstehenden Art. 10 EGBGB aufgrund des Anwendungsvorrangs des Unionsrechts unangewendet zu lassen (*Krömer*, StAZ 2009, 150, 151; *Wall*, StAZ 2009, 261, 264; *ders.*, StAZ 2012, 169, 170 f. und 172 f.; *Sturm*, StAZ 2010, 146; ebenso schon *Hepting/Gaaz*, Bd. 2 Rdnr. II-183 f.). Danach kann und muss das Standesamt den rechtmäßig in einem anderen EU-Mitgliedstaat erlangten Namen sofort im Personenstandsregister eintragen.

II-470   Dies bedeutet freilich nicht, dass der Bürger europarechtlich *verpflichtet* wäre, den im EU-Ausland erlangten Namen auch in der übrigen Union zu führen. Art. 21 Abs. 1 AEUV enthält kein *Verbot* für den EU-Bürger, in der Union einen anderen Namen zu führen als den in EU-Ausland erlangten, sondern nur das Recht, ihn *nicht* führen zu müssen, wenn er es *nicht will*, s. bereits Rdnr. II-442.

3. Auslegung in der deutschen Praxis

In der deutschen Praxis besteht Unsicherheit darüber, welche der beiden Auslegungsmöglichkeiten des Art. 21 Abs. 1 AEUV die zutreffende ist – eine Frage, die freilich durch Art. 48 EGBGB an Brisanz verloren hat, die aber für die nicht von dieser Vorschrift erfassten Fälle (s. Rdnr. II-449 ff.) weiterhin von Bedeutung bleibt.

II-471

In der Rechtssache »Grunkin-Paul« folgte das beteiligte Standesamt Niebüll in der Sache der Auslegung als »versteckte« Kollisionsnorm, indem es den begehrten Doppelnamen nach der Entscheidung des EuGH sofort im Personenstandsregister eintrug.

Das Bundesministerium des Innern favorisierte demgegenüber in Reaktion auf diese Vorgehensweise eine Auslegung als primärrechtliche Zielvorgabe, indem es in einem Rundschreiben an die Innenministerien der Länder vom 30.1.2009 (V II 1 – 133 212/22) für zukünftige Fälle den Weg über das Namensänderungsverfahren nach § 3 Abs. 1 NamÄndG wies.

In einem der Rechtssache »Grunkin-Paul« vergleichbaren Sachverhalt sah das OLG München (StAZ 2010, 76, 77) – ohne dies freilich ausdrücklich anzusprechen – in Art. 21 Abs. 1 AEUV der Sache nach eine unmittelbar anwendbare »versteckte« primärrechtliche Kollisionsnorm (*Wall*, IPRax 2010, 433, 436; vgl. auch *Mansel/Thorn/R. Wagner*, IPRax 2011, 1, 6). Nur auf Grundlage dieser Prämisse konnte das Gericht in seinen Entscheidungsgründen auf den Anwendungsvorrang des Unionsrechts abstellen (s. Rdnr. II-469) und das Standesamt als verpflichtet ansehen, den Doppelnamen sofort im Geburtsregister einzutragen.

II-472

Zwar wäre es wünschenswert, wenn Klarheit darüber herrschen würde, ob Art. 21 Abs. 1 AEUV eine »versteckte« Kollisionsnorm enthält oder aber nur eine Zielvorgabe; allerdings handelt es sich bei der Umsetzung des Anerkennungsprinzips nicht um eine Frage der Auslegung und Reichweite des Primärrechts (anders noch Vorauflage Rdnr. II-402). Das Unionsrecht entscheidet wie das Verfassungsrecht nur den konkreten Einzelfall, nicht aber abstrakt über die Umsetzung einer Unionsrechtsregel. Es ist damit Aufgabe des jeweiligen Rechtsanwenders über die unionsrechtskonforme Umsetzung zu befinden. Zur Rolle des Standesamts und der Standesamtsaufsicht in diesen Fällen s. Rdnr. II-483 ff.

II-473

VI. Voraussetzungen eines über Art. 48 EGBGB hinausgehenden unionsrechtlichen Anerkennungsgebots

Unklar sind bisher zudem die genauen Voraussetzungen, unter denen deutsche Behörden einen in einem anderen EU-Mitgliedstaat zeitlich früher erlangten Namen auch jenseits der Möglichkeit einer Namenswahl nach Art. 48 EGBGB »anerkennen« müssen. Es ist daher davon auszugehen, dass der EuGH in künftigen Verfahren Gelegenheit erhalten wird, zu Voraussetzungen und

II-474

Grenzen einer europarechtlichen Anerkennungspflicht Stellung zu nehmen und seine bisherige Rechtsprechung zu konkretisieren.

II-475 Es wurde bereits darauf hingewiesen, dass für eine unionsrechtliche Anerkennungspflicht
– der Namensträger nicht einen gewöhnlichen Aufenthalt in dem anderen Mitgliedstaat gehabt haben muss (Rdnr. II-452 f.),
– eine Eintragung im Personenstandsregister in dem anderen Mitgliedstaat nicht erforderlich ist (Rdnr. II-454 f.) und der Name nicht rechtmäßig erlangt worden sein muss (Rdnr. II-456).

1. Räumlich-persönlicher Anwendungsbereich

II-476 Fest steht, dass sich eine primärrechtliche Pflicht zur Anerkennung jedenfalls aus Art. 21 Abs. 1 AEUV nur für den Namen einer Person ergeben kann, die Unionsbürger im Sinne von Art. 20 AEUV ist, vgl. für den Europäischen Wirtschaftsraum Rdnr. II-450 f. Eine primärrechtliche Pflicht zur Anerkennung eines in einem anderen Mitgliedstaat erlangten Namens nach Art. 21 Abs. 1 AEUV besteht daher z. B. dann nicht, wenn der Name eines Türken in Dänemark erstmalig registriert wurde, da der Namensträger Drittstaater ist und sich insoweit nicht auf das Freizügigkeitsrecht aus Art. 21 Abs. 1 AEUV berufen kann. Es ist deshalb verwunderlich, dass Art. 48 EGBGB sein Namenswahlrecht – das ja gerade das Anerkennungsgebot umsetzen soll, auch wenn dies nur zum Teil gelingt – auch für Angehörige von Drittstaaten vorsieht, soweit nur deutsches Namensrecht anwendbar ist, s. *Staudinger/Hepting/Hausmann*, Art. 48 EGBGB Rdnr. 13; *Freitag*, StAZ 2013, 69, 71 f.; *Mankowski*, StAZ 2014, 97, 104.

II-477 Eine primärrechtliche Pflicht zur Anerkennung setzt zudem voraus, dass der Name, um dessen »Anerkennung« es geht, in einem anderen EU-Mitgliedstaat erlangt wurde, vgl. auch hier für den Europäischen Wirtschaftsraum Rdnr. II-450 f.; allgemein zu Drittstaatenfällen *Wall*, StAZ 2014, 356, ferner OLG München, StAZ 2014, 366. Eine Anerkennungspflicht besteht also z. B. dann nicht, wenn der Name eines deutsch-türkischen Doppelstaaters erstmalig in der Türkei registriert wurde. In diesem Fall könnte sich der Namensträger zwar als EU-Bürger *persönlich* auf das Freizügigkeitsrecht berufen; dieses Recht erlaubt ihm *sachlich* aber nur, *innerhalb der EU* einen einheitlichen Namen zu führen. Dass der EU-Bürger im Nicht-Mitgliedstaat Türkei ggf. einen anderen Namen führen muss als im EU-Mitgliedstaat Deutschland, verbietet das Unionsrecht nicht.

2. Namensführung unter Geschwistern

II-478 Ungeklärt sind auch Bestehen und Umfang einer Anerkennungspflicht in Bezug auf die Namensführung unter Geschwistern; der EuGH brauchte hierzu in der Rechtssache »Grunkin-Paul« keine Stellung zu beziehen (vgl. EuGH, Rs. C-353/06 (Grunkin-Paul) Slg. 2008, I-7639 = StAZ 2009, 9, Rdnr. 33). Probleme könnten hierbei in Zukunft in zwei verschiedenen Sachverhaltskonstellationen auftreten:

Zum einen ist denkbar, dass in Fällen wie in »Grunkin-Paul« das Kind später im Inland ein Geschwister bekommt. Hier erscheint es überlegenswert, den Rechtsgedanken des § 1617 Abs. 1 Satz 3 BGB heranzuziehen und den in dem anderen EU-Mitgliedstaat erlangten Namen des ersten Kindes auch auf die Namensführung später geborener Kinder zu erstrecken. II-479

Wird hingegen zuerst ein Kind in Deutschland geboren und erhält dort den Namen nach deutschem Recht und wird später ein Geschwister in einem anderen EU-Mitgliedstaat geboren und dort rechtmäßig unter einem anderen Namen registriert, so könnte der Grundsatz der Namenseinheit aus § 1617 Abs. 1 Satz 3 BGB einer primärrechtlichen Anerkennungspflicht als Rechtfertigungsgrund entgegenstehen (erwogen von Generalanwältin *Sharpston*, Rs. C-353/06 (Grunkin-Paul) Slg. 2008, I-7639 = StAZ 2008, 274, Rdnr. 86). II-480

3. Auswirkungen eines Statutenwechsels

Wenig beachtet wird bisher auch die Frage, wie sich ein etwaiger Statutenwechsel aus Sicht der Rechtsordnung des ausländischen Mitgliedstaats auswirkt, vgl. zum Statutenwechsel aus deutscher Sicht dagegen Rdnr. II-403 ff. Das Problem wird deutlich, wenn man den Sachverhalt des Falls »Grunkin-Paul« dahingehend abwandelt, dass das Kind seinen gewöhnlichen Aufenthalt dauerhaft nach Deutschland verlegt (im Originalfall hatte das Kind seinen gewöhnlichen Aufenthalt bei Erstregistrierung *und* im Zeitpunkt des Verfahrens vor dem EuGH in Dänemark, vgl. Schlussanträge der Generalanwältin *Sharpston* in Rs. C-353/06 (Grunkin-Paul) Slg. 2008, I-7639 = StAZ 2008, 274, Rdnr. 21; EuGH, a.a.O. = StAZ 2009, 9, Rdnr. 5). Aus Sicht des dänischen Kollisionsrechts, das dem Aufenthaltsprinzip folgt (s. Rdnr. II-418), kommt es durch die Verlegung des gewöhnlichen Aufenthalts zu einem Statutenwechsel (allgemein zum Begriff Rdnr. VI-46). II-481

Ob die bisherige Namensführung »anzuerkennen« ist, sollte davon abhängen, wie der ausländische Mitgliedstaat (hier also Dänemark) auf den Statutenwechsel »reagiert«: Schützt das Recht des Erstregistrierungsstaats – wie etwa das deutsche Recht, s. Rdnr. II-403 ff. – das Interesse des Namensträgers an der Kontinuität des bisherigen Namens, so führt dies dazu, dass der bisher geführte Name trotz Statutenwechsels in Deutschland »anzuerkennen« ist. Hält die Rechtsordnung des ausländischen Mitgliedstaats das Interesse des Namensträgers an Namenskontinuität hingegen insoweit für nicht schutzwürdig, besteht auch keine Grundlage für eine europarechtliche Anerkennungspflicht. II-482

VII. Folgen für die Arbeit der Personenstandsbehörden: Der Standesbeamte auf dem Weg nach Europa

Die nur teilweise Umsetzung des Anerkennungsprinzips durch Art. 48 EGBGB (s. Rdnr. II-449 ff.), der Streit um die Umsetzung der primärrechtlichen Vorgaben (s. Rdnr. II-462 ff.) und die Ungewissheit über die Reichweite der primär- II-483 rechtlichen Anerkennungspflicht im Einzelnen (s. Rdnr. II-474 ff.) zeigen, dass die namensrechtliche Rechtsprechung des EuGH erst am Anfang steht und weiterer Konkretisierung bedarf. Dabei fällt es nach der europarechtlichen Kompetenzordnung in den Aufgabenbereich des EuGH, Inhalt und Grenzen der Personenfreizügigkeit zu bestimmen (s. bereits Rdnr. II-473).

II-484 Sofern das Standesamt mit einem Fall konfrontiert wird, dessen Lösung sich der bisherigen EuGH-Rechtsprechung nicht sicher entnehmen lässt, sollte daher eine Klärung durch den EuGH angestrebt werden. Da das Standesamt als Verwaltungsbehörde nach europäischem Verfahrensrecht keine Möglichkeit hat, den EuGH direkt anzurufen, sollte es einen Fall, in dem ein Bürger die »Anerkennung« eines Namens aus einem anderen EU-Mitgliedstaat verlangt und dem nicht nach Art. 48 EGBGB abgeholfen werden kann, nach § 49 Abs. 2 Satz 1 PStG dem Amtsgericht vorlegen. Das Amtsgericht ist dann nach Art. 267 AEUV (zuvor Art. 234 EG) zur Vorlage an den EuGH berechtigt.

II-485 Eine negative Kostenfolge für das Standesamt bzw. für die Standesamtsaufsicht ist bei dieser Verfahrensweise nicht zu befürchten. Zwar gilt die Vorlage an das Amtsgericht nach § 49 Abs. 2 Satz 2 PStG als Ablehnung der Amtshandlung, so dass die Standesamtsaufsicht nach allgemeinen Grundsätzen des Kostenrechts zur Kostentragung verpflichtet ist, wenn sich nach Durchführung des Verfahrens eine (unions-)rechtliche Pflicht zur Eintragung des abgelehnten Namens – und damit zur Vornahme der Amtshandlung – ergibt. Von der Auferlegung der Kosten kann aber abgesehen werden, wenn das Standesamt bzw. die Standesamtsaufsicht in Ermangelung von hinreichend konkreter Rechtsprechung des EuGH berechtigte Zweifel an der Rechtmäßigkeit der Eintragung haben durfte (in diesem Sinne ausdrücklich OLG München, StAZ 2010, 76, 79).

Dritter Abschnitt: Die Staatsangehörigkeit

A. Der Begriff der Staatsangehörigkeit

II-486 Die Staatsangehörigkeit wird definiert als die Eigenschaft, Mitglied der Gebietskörperschaft Staat zu sein. Jeder Staat regelt hoheitlich die Voraussetzungen, unter denen er einer Person die Zugehörigkeit gewährt oder verweigert. Es handelt sich um eine Frage des öffentlichen Rechts. Die Staatsangehörigkeit ist im deutschen Recht geregelt im Staatsangehörigkeitsgesetz (StAG). Neben die Staatsangehörigkeit tritt in der EU die Unionsbürgerschaft, die nach Art. 20 AEUV an die Staatsangehörigkeit eines Mitgliedstaats geknüpft ist und neben diese tritt, Unionsbürgern etwa besondere Rechte verleiht; für das Standesamt sind vor allem die namensrechtlichen Folgen der Unionsbürgerschaft von Interesse, s. Rdnr. II-413 ff.

Nicht nur die Erwerbstatbestände, sondern auch die Erwerbsvoraussetzungen werden ausschließlich von dem Staat geregelt, um dessen Angehörigkeit es geht; kein Staat kann dem anderen vorschreiben, wen er als seinen Angehörigen in Anspruch nehmen darf oder nicht darf. Zu den kollisionsrechtlichen Konsequenzen dieses Grundsatzes s. Rdnr. II-499 f.

II-487

Was die Gründe für den Erwerb der Staatsangehörigkeit durch Geburt angeht, lassen sich in den nationalen Staatsangehörigkeitsrechten rechtsvergleichend das Abstammungsprinzip (»ius sanguinis«, »Recht des Blutes«) und das Territorialitäts- oder Geburtsortsprinzip (»ius soli«, »Recht des Bodens«) unterscheiden. Beim Abstammungsprinzip erwirbt das Kind die Staatsangehörigkeit der Eltern, beim Territorialitätsprinzip die Staatsangehörigkeit des Staates, in dem es geboren wird.

II-488

Eine Darstellung des Staatsangehörigkeitsrechts ist nicht Gegenstand dieses Handbuchs; die vorliegende Darstellung beschränkt sich darauf, die Zusammenhänge des Staatsangehörigkeitsrechts mit dem IPR zu erläutern.

II-489

B. Die Bedeutung der Staatsangehörigkeit für das Standesamt

I. Die rechtliche Bedeutung der Staatsangehörigkeit

Auch wenn die Staatsangehörigkeit im weitesten Sinn den Status einer Person betrifft, handelt es sich nicht um einen Aspekt des Personenstands im engeren Sinne. Staatsangehörigkeitsrecht ist kein »Personenrecht« im Sinne des Privatrechts. Im deutschen Recht werden Staatsangehörigkeit und Personenstand – anders als im romanischen Rechtskreis – getrennt, s. *Sturm/Sturm*, Rdnr. 226 f.

II-490

Die Trennung von Personenstand und Staatsangehörigkeit führt dazu, dass Hinweise auf die Staatsangehörigkeit oder deren Änderung am öffentlichen Glauben der Personenstandsregister nicht teilhaben, § 54 Abs. 1 Satz 2 PStG; diesbezügliche Eintragungen haben keine konstitutive Wirkung (OVG Hamburg, StAZ 2010, 183). Allerdings regelt das Staatsangehörigkeitsrecht einen öffentlichrechtlichen Status von außerordentlich großer praktischer Bedeutung.

II-491

Die Staatsangehörigkeit spielt deshalb eine so wichtige Rolle, weil sie im IPR immer noch das primär maßgebliche Anknüpfungskriterium für das sog. »Personalstatut« ist und daher oft das vom Standesamt anzuwendende Recht bestimmt, s. Rdnr. VI-28 ff. Deswegen ist stets die Staatsangehörigkeit der Betroffenen festzustellen und oft auch in die Personenstandsregister einzutragen.

II-492

II. Die Feststellung der Staatsangehörigkeit durch das Standesamt

II-493 Wenn das Standesamt die Staatsangehörigkeit einer Person in die Register einzutragen oder das anwendbare Recht an sie anzuknüpfen hat, muss es sich insoweit Gewissheit verschaffen.

Abgesehen von der Beurkundung einer Geburt, bei der das Standesamt die Staatsangehörigkeit des neugeborenen Kindes selbst ermitteln muss (s. Rdnr. II-494), hat es die Erwerbsgründe der Staatsangehörigkeit nicht zu prüfen, sondern kann verlangen, dass die betroffene Person ihm ihre deutsche Staatsangehörigkeit nachweist. Es ist nicht Aufgabe des Standesamts, Staatsangehörigkeitsfragen in eigener Zuständigkeit zu entscheiden, s. *Gaaz/Bornhofen*, § 12 PStG Rdnr. 34 ff.

II-494 Die Staatsangehörigkeit eines im Inland geborenen Kindes hat das Standesamt selbst festzustellen, § 4 Abs. 3 Satz 2 StAG. Dabei ist neben dem traditionellen Abstammungsprinzip (»ius-sanguinis-Prinzip«) in den Fällen des § 4 Abs. 3 StAG neuerdings auch das »ius-soli-Prinzip« maßgeblich, bei dem die Geburt in Deutschland die deutsche Staatsangehörigkeit vermittelt. Das ius-soli-Prinzip eines ausländischen Rechts kann typischerweise nur dann eingreifen, wenn das Kind in dem betreffenden Staat geboren wird; in einem solchen Fall fehlt es aber schon an der Beurkundungszuständigkeit nach § 21 PStG.

II-495 Für den Erwerb nach § 4 Abs. 3 StAG muss das Standesamt eigene Ermittlungen anstellen und Feststellungen treffen, § 34 PStV.

Angaben über die Tatbestandsvoraussetzungen des § 4 Abs. 3 StAG obliegen zunächst den Anzeigeerstattern, das Standesamt muss deren Richtigkeit aber von der zuständigen Ausländerbehörde bestätigen lassen. Diese kann in einer amtlichen Auskunft die Aufenthaltszeiten und Aufenthaltstitel der Eltern des Kindes mitteilen.

II-496 Zum Verfahren im Einzelnen *Wachsmann*, StAZ 2000, 220 und StAZ 2005, 22; *Krömer*, StAZ 2000, 363, 363; *Schmid*, StAZ 2005, 65, 66.

Zur Rechtmäßigkeit des Aufenthalts eines Elternteils beim Staatsangehörigkeitserwerb nach § 4 Abs. 3 StAG *Homeyer*, StAZ 2007, 183.

Zur Ableitung der deutschen Staatsangehörigkeit nach § 4 Abs. 3 StAG von dem vor Geburt des Kindes verstorbenen Vater *Hochwald*, StAZ 2009, 317; VG Arnsberg, StAZ 2010, 246.

Zur Berechnung der Aufenthaltsdauer in Fällen des § 4 Abs. 3 Satz 1 Nr. 1 StAG nach erfolglosem Asylantrag BVerwG, StAZ 2007, 302.

II-497 Hat ein Ausländer die Einbürgerung durch falsche Angaben erschlichen, so schließt Art. 16 Abs. 1 Satz 2 GG nach der Rechtsprechung des BVerfG (StAZ 2006, 200) die Rücknahme der Einbürgerung nicht grundsätzlich aus; zu den verfassungsrechtlichen Bedenken s. *Silagi*, StAZ 2006, 134; zur unionsrechtlichen Zulässigkeit EuGH, Rs. C-135/08 (Rottmann) Slg. 2010, I-1467 = StAZ 2010, 141. Das Standesamt ist mit dieser Problematik nicht unmittelbar befasst, da die Rücknahme der Einbürgerung in die Zuständigkeit der Verwaltungsbehörde fällt. Für das Personenstandsrecht bedeutet die Rücknahme der Einbürgerung, dass das an die Staatsangehörigkeit angeknüpfte deutsche Personal-

statut rückwirkend unanwendbar wird; im Regelfall wird der Betroffene staatenlos.
Die Feststellung des ius-soli-Erwerbs nach §4 Abs. 3 StAG ist keine Amtshandlung im Sinne von §49 PStG; hieraus folgt, dass das Standesamt bei Zweifeln keine Möglichkeit zur Vorlage an das Amtsgericht hat (*Wachsmann*, StAZ 2005, 22). II-498

III. Vorfragen im Staatsangehörigkeitsrecht

Das Staatsangehörigkeitsrecht knüpft den Erwerb oder Verlust der Staatsangehörigkeit meist an familienrechtliche Vorgänge wie Eheschließung oder Abstammung. Es handelt sich insoweit um familienrechtliche Vorfragen im Tatbestand einer staatsangehörigkeitsrechtlichen Norm (zum Begriff der Vorfrage näher Rdnr. VI-61 ff.). II-499

Da jeder Staat bestimmt, welche Personen er als Angehörige in Anspruch nimmt und welche nicht, sind familienrechtliche Vorfragen im Staatsangehörigkeitsrecht strikt und ausschließlich unselbständig anzuknüpfen (s. etwa *v. Mangoldt*, JZ 1984, 821; MünchKomm/*Sonnenberger*, Einl. IPR Rdnr. 571; *Kropholler*, IPR S. 227). Maßgeblich ist also immer das IPR des Staates, um dessen Staatsangehörigkeit es geht. II-500

Teil III
Ehe und Lebenspartnerschaft

Erster Abschnitt: Allgemeines

A. Der Rechtsbegriff »Ehe«

Die bürgerliche Ehe ist die auf freiem Entschluss beruhende, unter Wahrung bestimmter gesetzlicher Formen eingegangene Vereinigung von Mann und Frau zu einer grundsätzlich auf Lebenszeit angelegten Lebensgemeinschaft, die vom Recht anerkannt und – neben der Lebenspartnerschaft (dazu Rdnr. III-742 ff.) – als die *intensivste* partnerschaftliche Beziehung geregelt ist (vgl. BVerfGE 29, 166).

III-1

Diese Definition der Ehe stellt – auch im Hinblick auf die für das Standesamt relevanten Aspekte – folgende Merkmale klar:

III-2

Die Ehe ist vom *Recht,* also ausschließlich von staatlicher Normsetzung geregelt; dies verbietet eine *religiöse* Überhöhung der bürgerlichen Ehe.

Wer sich einem religiösen Eheverständnis verpflichtet fühlt, ist nicht gehindert, die daraus folgenden Verhaltensanforderungen *neben* denen des bürgerlichen Eherechts zu beachten; dies stellt § 1588 BGB ausdrücklich klar. Die Abschaffung des Voraustrauungsverbots im Zuge der Personenstandsrechtsreform (s. Rdnr. III-181) hat die rechtliche Unabhängigkeit noch einmal betont. Die bürgerliche Ehe als rein staatliches Rechtsinstitut wird von der religiösen Ehe nicht berührt.

Die Ehe ist als *intensivste personale Partnerschaft* rechtlich anerkannt und geregelt.

III-3

Dies schließt die rechtliche Anerkennung und Regelung anderer Partnerschaftsverhältnisse nicht aus. In manchen Ländern ist die nichteheliche Lebensgemeinschaft als Partnerschaft minderer Intensität geregelt (allgemeine rechtsvergleichende Darstellungen des Rechts der nichtehelichen Lebensgemeinschaft etwa bei *Frank,* FamRZ 2004, 841; *Röthel,* StAZ 2006, 34; *Schwenzer,* RabelsZ 2007, 705; *Verschraegen,* FamRZ 2000, 65).

Eine ständig zunehmende Zahl von Rechtsordnungen akzeptiert gleichgeschlechtliche Partnerschaften (bahnbrechend war etwa Dänemark, s. *Wacke,* FamRZ 1990, 347 f.). Der deutsche Gesetzgeber hat die seit dem LPartG positiv-rechtlich anerkannte und geregelte gleichgeschlechtliche Verbindung als *Le-*

III-4

benspartnerschaft bezeichnet, aber nicht als *Ehe*. Aus dieser begrifflichen Gegenüberstellung folgt, dass die Ehe nach deutschem Rechtsverständnis immer noch eine *Verbindung von Mann und Frau* sein muss, s.a. BVerfGE 105, 313, 345 = StAZ 2002, 293 sowie z.B. §§ 1355 Abs. 2, 1362 Abs. 1, 1366 Abs. 2 Satz 2 BGB, die voraussetzen, dass die Ehe Mann und Frau vorbehalten ist. Die Abgrenzung ist praktisch wichtig, weil von ihr die kollisionsrechtliche Qualifikation der Begriffe Ehe und Partnerschaft abhängt (s. Rdnr. III-316 ff., auch Rdnr. III-838 ff. zu »gleichgeschlechtlichen Ehen« ausländischen Rechts). Im Sachrecht ist die Unterscheidung zwischen Ehe und Lebenspartnerschaft dagegen vorwiegend lediglich noch eine Frage der Bezeichnung, nachdem vor allem das BVerfG über den allgemeinen Gleichheitssatz (Art. 3 Abs. 1 GG) beide Institute in der Sache zunehmend annähert, s. etwa BVerfG, StAZ 2013, 184.

III-5 Obwohl sich die staatlichen Eherechte der europäischen Staaten im Laufe der Zeit einander angenähert haben, bleiben Unterschiede, die für ein binationales Paar nach wie vor erhebliche Schwierigkeiten bedeuten können. Eine materielle Rechtsangleichung innerhalb Europas ist gleichwohl noch in weiter Ferne; auch die Einführung einer optionalen »Europäischen Ehe« (vgl. *Dethloff*, StAZ 2006, 253) ist derzeit nicht mehr als ein rechtspolitischer Wunsch.

B. Die Teilbereiche des Eherechts und ihre Bedeutung für das Standesamt

III-6 Das Recht der bürgerlichen Ehe ist im Vierten Buch des BGB geregelt, und zwar im Ersten Abschnitt. Die Teile, die für das Standesamt relevant sind, umfassen im Wesentlichen den Zweiten Titel über die *Eheschließung*, §§ 1303 bis 1312 BGB, sowie das im Fünften Titel geregelte *Ehenamensrecht*, § 1355 BGB. In beiden Bereichen ist das Standesamt der für die korrekte Rechtsanwendung hauptverantwortliche staatliche Funktionsträger. Alle anderen Bereiche sind für die Arbeit des Standesamts ohne oder nur von geringer praktischer Relevanz.

III-7 Der Erste Titel des Abschnitts über die bürgerliche Ehe, der das *Verlöbnis* regelt, ist für das Standesamt ebenso irrelevant wie der übrige Fünfte Titel über das Recht der *Ehewirkungen* (mit Ausnahme des Ehenamensrechts) und der Sechste Titel über das *eheliche Güterrecht*.

III-8 Der Vierte Titel enthält die – sonst systematisch nirgends einzuordnenden – Sonderregeln über die *Wiederverheiratung im Falle der Todeserklärung und der Feststellung der Todeszeit*. Die Beschlüsse selbst sind Sache des Gerichts (s. Rdnr. II-10 ff.); die komplexen Rechtsfolgen des gerichtlichen Beschlusses sind jedoch vom Standesamt im Rahmen des Eheschließungsverfahrens zu beachten (s. Rdnr. II-17 und III-65).

III-9 Nur mittelbar betroffen ist das Standesamt vom Dritten Titel, der die *Eheaufhebung* regelt. Zum einen muss es bei der Eheschließung eine etwaige

Aufhebbarkeit im Rahmen der präventiven Kontrolle beachten (s. Rdnr. III-19); zum anderen muss es eine etwa erfolgte Aufhebung in die Personenstandsregister eintragen, § 16 Abs. 1 Satz 1 Nr. 3, 1. Variante PStG (s. *Gaaz/Bornhofen*, § 16 PStG Rdnr. 16 ff.). Die Aufhebung selbst ist den Gerichten vorbehalten.

Ähnlich verhält es sich mit der im Siebten Titel geregelten *Ehescheidung*. Sie ist – wie schon die Eheaufhebung – für das Standesamt insoweit bedeutsam, als es die Auflösung der Ehe in die Personenstandsregister übertragen muss, § 16 Abs. 1 Satz 1 Nr. 3, 2. Variante PStG. Mit der Scheidung selbst hat das Standesamt nichts zu tun; aus § 1564 Satz 1 BGB, in Fällen mit Auslandsbezug auch aus Art. 17 Abs. 2 EGBGB, folgt das »Ehescheidungsmonopol« der Gerichte. Zudem ist, anders als bei der Eheaufhebung, auch die präventive Kontrolle ausgeschlossen.

In Fällen mit Auslandsbezug kann der Prüfungsumfang des Standesamts im Hinblick auf die Eheauflösung weiter sein als in reinen Inlandsfällen; vgl. Rdnr. III-467 ff. Allerdings tritt wegen § 1309 Abs. 2 BGB bei der Prüfung der Eheschließungsvoraussetzungen weithin der OLG-Präsident im Befreiungsverfahren an die Stelle des Standesamts; s. Rdnr. III-237 und *Gaaz/Bornhofen*, § 13 PStG Rdnr. 26, § 12 PStG Rdnr. 53 ff.

III-10

C. Eherecht und Grundgesetz

Das Grundgesetz gewährt jedermann das Recht auf freie Eheschließung und Familiengründung, Art. 6 Abs. 1 GG. Auch Art. 12 EMRK und Art. 9 GRCharta gewährleisten das Recht auf Eingehung der Ehe.

III-11

In Fällen mit Auslandsbezug kann sich nach der Rspr. des BVerfG deutsches Verfassungsrecht auch auf die Anwendung *ausländischen Eherechts* auswirken; zu den Grundsätzen und Auswirkungen der »Spanier-Entscheidung« des BVerfG (Abwehr ausländischer Ehehindernisse, Bedeutung für den ordre public im IPR) s. Rdnr. III-364 ff.

III-12

Umstritten ist nach wie vor das *formelle Eheschließungsrecht*. Bis in die neueste Zeit wurde immer wieder vorgetragen, dass der Zwang zur obligatorischen Zivilehe gegen die Grundsätze der Religionsausübungs- und Gewissensfreiheit (Art. 4 Abs. 1 und 2 GG) verstoße.

III-13

Die h. M. sah jedoch zu Recht keinen Verfassungsverstoß; durch die Trennung der bürgerlichen Ehe vom religiösen Bereich (§ 1588 BGB) bleibt die Freiheit zur religiösen Eheschließung erhalten (zur Diskussion einerseits *Bosch*, FamRZ 1981, 360, andererseits *Meyer-Teschendorf*, StAZ 1982, 325 ff., 329 f.; *Bosch/Hegnauer/Hoyer*, FamRZ 1997, 1313). Dass die fakultative religiöse Eheschließung verfassungsrechtlich ebenfalls möglich wäre, ist eine andere Frage; doch steht fest, dass die derzeitige Rechtslage jedenfalls nicht verfassungswidrig ist.

Die Bedenken sind umso weniger begründet, seit die Personenstandsrechtsreform das »Voraustrauungsverbot« des § 67 PStG a. F. abgeschafft hat.

III-14

Die religiöse Eheschließung kann nunmehr auch schon vor der standesamtlichen stattfinden, hat freilich nach wie vor keine zivilrechtlichen Wirkungen (Rdnr. III-181 f.).

III-15 Die verfassungsrechtlichen Probleme des *Ehenamensrechts* wurzeln demgegenüber nicht in Art. 6 GG, sondern sind eine Folge des Gleichberechtigungsgrundsatzes, Art. 3 Abs. 2 GG; hierzu Rdnr. III-555 ff. Außerdem könnte die namensrechtliche Rspr. des EuGH zur Freizügigkeit aus Art. 21 Abs. 1 AEUV (zuvor Art. 18 Abs. 1 EG) in Zukunft auch auf das Ehenamensrecht ausstrahlen, s. Rdnr. II-440.

Zweiter Abschnitt: Die Eheschließungsvoraussetzungen

A. Allgemeines

I. Rechtsentwicklung

III-16 Ein Eherecht, das in etwa dem heutigem Verständnis der Ehe (s. Rdnr. III-1 ff.) entspricht, entstand in Europa erstmals ab dem 12. Jahrhundert unter dem Einfluss der katholischen Kirche. Das kanonische Eheschließungsrecht kannte eine komplexe Vielzahl von Eheverboten. Mit der Reformation, in deren Gefolge das Eherecht tendenziell dem kirchlichen Einfluss entzogen wurde, begann eine allmähliche Erosion religiös motivierter Ehehindernisse, gleichzeitig entwickelten sich Eheverbote, in denen der weltliche Gesetzgeber die Eheschließungen aus Gründen rechtspolitischer Zweckmäßigkeit zu steuern versuchte. Seit dem Inkrafttreten des Grundgesetzes müssen sich alle Ehehindernisse am Maßstab des Art. 6 Abs. 1 GG messen lassen; dies führte zu ihrem weiteren schrittweisen Abbau, der mit dem *Eheschließungsrechtsgesetz* (EheschlRG) von 1998 seine wohl endgültige Grenze erreicht hat; allgemein zur Reform des Eheschließungsrechts *Barth/Wagenitz*, FamRZ 1996, 833; *Bosch*, FamRZ 1997, 65, 138; *Finger*, FuR 1996, 124; *Gaaz*, StAZ 1998, 241; *Hepting*, StAZ 1996, 257; *ders.*, FamRZ 1998, 713; Einzelheiten zur Rechtsentwicklung bei *Hepting/Gaaz*, Bd. 2 Rdnr. III-40 ff.; für einen europäischen Rechtsvergleich s. *Heiderhoff*, StAZ 2014, 193.

II. Die Systematik der Eheschließungsvoraussetzungen

1. Die Unschärfe des Begriffs »Ehevoraussetzungen«

III-17 Als Bestandteil des kanonischen Eheschließungsrechts der katholischen Kirche war das Recht der Ehevoraussetzungen in Europa schon sehr früh positivrechtlich normiert. Entsprechend früh begann die Bildung und rechtswissenschaftliche Durchdringung der eherechtlichen Begriffe. Auch in der Systematik und Begrifflichkeit des modernen staatlichen Rechts wirkt der Einfluss des kanonischen Eherechts fort.

Dennoch gelang der Dogmatik keine alle Probleme umfassende, in sich geschlossene Systematisierung. Jeder Begriff, jede dichotomische Gegenüberstellung erfasste immer nur einen beschränkten, oft auch nur oberflächlichen Aspekt. Das EheschlRG hat einige dieser Systemfehler ausgeräumt; eine völlig konsequente Systematisierung ist jedoch auch ihm nicht gelungen (vgl. *Hepting*, FamRZ 1998, 714 f.; *Hepting/Gaaz*, Bd. 2 Rdnr. III-44 ff.).

2. Die Ehevoraussetzungen und ihre rechtliche Qualifikation

a) Die »präventive« und »repressive« Funktion der Ehevoraussetzungen

Versucht man, die Eheschließungsvoraussetzungen von ihrer Bedeutung im Eheschließungsverfahren her zu erklären und zu begreifen, so sind *drei zeitliche Abschnitte* zu unterscheiden: die Vorbereitung der Eheschließungshandlung, der Eheschließungsvorgang selbst sowie der daran anschließende Verheiratetenstatus der Ehegatten.

III-18

aa) Im *ersten Abschnitt*, der dem personenstandsrechtlichen *Anmeldeverfahren* entspricht, wird die Eheschließungshandlung vorbereitet. In diesem Stadium prüft das Standesamt diejenigen Ehevoraussetzungen, die – sei es positiv, sei es negativ – vorliegen müssen, damit es die Ehegatten überhaupt zur Eheschließung zulassen kann. Man kann daher von Ehe*zulassungs*voraussetzungen sprechen.

III-19

Fehlt eine solche Voraussetzung, so hat das Standesamt seine Mitwirkung zu verweigern, um eine fehlerhafte Eheschließung zu verhindern (§ 1310 Abs. 1 Satz 2 BGB). Die Ehezulassungsvoraussetzungen haben in diesem Stadium des Verfahrens eine *präventive* Funktion.

bb) Im *zweiten Abschnitt*, beim *Eheschließungsvorgang* selbst, müssen die materiellen und formellen Tatbestandsmerkmale der Eheschließung selbst beachtet werden, also die Ehe*begründungs*voraussetzungen. In erster Linie gehören hierzu die Erklärung des Ehekonsenses durch die Verlobten sowie die Mitwirkung des Standesamts. Da sich deren Fehlen zwangsläufig erst nach dem – fehlerhaften – Eheschließungsakt feststellen lässt, ist für Prävention kein Raum.

III-20

cc) Im *dritten Abschnitt* ist der Eheschließungsvorgang abgeschlossen und entfaltet seine *Statuswirkung*. Hier stellt sich die Frage, ob und wie ein etwaiges Fehlen von Ehezulassungs-, aber auch Ehebegründungsvoraussetzungen den Bestand der Ehe beeinflusst. In diesem Stadium gewinnen alle Ehevoraussetzungen nachträglich eine *repressive* Funktion. Die Rechtsfolgen eines Regelverstoßes können von Sanktionslosigkeit über Aufhebbarkeit bis zur Nichtexistenz der Ehe reichen. Welche dieser Rechtsfolgen eintritt, wird vom Recht für jede einzelne Ehevoraussetzung positiv angeordnet und hängt von deren jeweiligem rechtspolitischen Gewicht ab; ob es sich um eine Ehezulassungs- oder Ehebegründungsvoraussetzung handelt, ob sie im Gesetz positiv oder negativ formuliert war usw., spielt keine Rolle. Dies bestätigt die Er-

III-21

kenntnis, dass die bisherigen Systematisierungsversuche keinen Rückschluss auf die rechtliche Bedeutung einer Ehevoraussetzung zulassen.

b) Einseitige und zweiseitige Ehehindernisse

III-22 Ehehindernisse lassen sich einteilen in »einseitige« und »zweiseitige«. Einseitige erfassen nur den Verlobten, in dessen Person sie begründet sind, zweiseitige hingegen beide Verlobte. Erstere sagen, ob ein Verlobter überhaupt heiraten darf, die letzteren hingegen, ob er den *anderen Verlobten* heiraten darf. Praktisch bedeutsam wird die Unterscheidung nur in Fällen mit Auslandsbezug, in denen sich die Ehefähigkeit beider Verlobter nach unterschiedlichen Rechten richtet; näher Rdnr. III-257 ff.

c) Systematisierung der Eheschließungsvoraussetzungen nach der Fehlerfolge

III-23 Andere gebräuchliche Einteilungen orientieren sich daran, welche *Rechtsfolgen* der Verstoß gegen eine Eheschließungsvorschrift nach sich zieht.

III-24 aa) Die frühere Einteilung in *Nichtigkeits-* und *Aufhebungsgründe* unterschied nach den Rechtsfolgen der Auflösbarkeit ex tunc (Nichtigerklärung) und ex nunc (Aufhebung); diese Unterscheidung ist mit dem EheschlRG, das die Nichtigkeit hier abgeschafft hat, entfallen.

III-25 bb) Geblieben ist der Gegensatz von »trennenden« und »aufschiebenden« Ehehindernissen (MünchKomm/*Wellenhofer*, Vor § 1306 BGB Rdnr. 2).

Aufschiebende Ehehindernisse sind sanktionslos, eine verbotswidrig geschlossene Ehe ist voll *gültig*. Nach dem EheschlRG ist als einziges Beispiel das Eheverbot der Adoptivverwandtschaft übriggeblieben, § 1308 BGB (s. Rdnr. III-113 ff.); in der Wirkung gleichgestellt sind die in § 1312 BGB geregelten Erfordernisse der Eheschließungshandlung (s. Rdnr. III-197).

Trennende Ehehindernisse machen die Ehe fehlerhaft; die verbotswidrig geschlossene Ehe ist zunächst wirksam, aber *aufhebbar*. Hierzu gehören die Eheschließungsvoraussetzungen der §§ 1303, 1304, 1306, 1307 BGB; ihnen entsprechen die in § 1311 BGB geregelten formellen Erfordernisse der Eheschließungshandlung (vgl. Rdnr. III-197).

III-26 Materielle Ehehindernisse i.e.S., die zu einer *Nichtehe* führen, gibt es nicht, sofern man nicht das – ungeschriebene – »Verbot« der Gleichgeschlechtlichkeit hier einordnet (dazu näher Rdnr. III-52). Eine Nichtehe folgt stets aus dem Fehlen wesentlicher Elemente des von § 1310 Abs. 1 Satz 1 BGB geregelten Eheschließungs*vorgangs* (z. B. der fehlenden Eheschließungserklärung, Rdnr. III-162, oder der fehlenden Mitwirkung des Standesbeamten, Rdnr. III-172).

III-27 Der Gesetzgeber hat mit dem EheschlRG die Fehlerfolge als maßgebliches Systematisierungskriterium herangezogen. Unabhängig davon, ob es sich um formelle oder materielle, objektive oder subjektive Voraussetzungen handelt, sind in § 1310 Abs. 1 Satz 1 BGB die Nichtigkeitsgründe, in § 1311 BGB die Aufhebungsgründe und in § 1312 BGB die keine Fehlerfolgen nach sich ziehenden Eheschließungserfordernisse zusammengefasst; s. a. Rdnr. III-159.

B. Persönliche Ehevoraussetzungen (»Ehefähigkeit«)

I. Die Ehemündigkeit, § 1303 BGB

1. Voraussetzungen der Ehemündigkeit

Nach § 1303 Abs. 1 BGB soll die Ehe nicht vor Eintritt der Volljährigkeit »eingegangen« werden. Bei der Berechnung ist § 187 Abs. 2 BGB heranzuziehen. Zur Rechtsentwicklung der Ehemündigkeit im gesamteuropäischen Rahmen s. *Dethloff/Maschwitz*, StAZ 2010, 162.

Maßgeblich ist der Zeitpunkt der Eheschließung; die Anmeldung ist deshalb schon vorher zulässig.

III-28

2. Die Befreiung vom Erfordernis der Ehemündigkeit

Wenn ein über 16-jähriger Minderjähriger vor Eintritt der Volljährigkeit die Ehe schließen will, hat ihn das Standesamt darauf hinzuweisen, dass ihm das zuständige Familiengericht Befreiung erteilen muss.

III-29

Antragsbefugt ist der Minderjährige. Er bedarf hierzu nicht der Zustimmung seines gesetzlichen Vertreters (näher Rdnr. II-43 ff.); ob dieser die beabsichtigte Eheschließung billigt oder nicht, wird erst im Rahmen des Verfahrens berücksichtigt.

Stellt der gesetzliche Vertreter den Antrag, so ist das Einverständnis des Minderjährigen nachzuweisen. Ein Antrag gegen den Willen des Minderjährigen ist unzulässig. Dass die Eheschließung ein höchstpersönliches Rechtsgeschäft ist, strahlt auch auf alle vorbereitenden Erklärungen aus.

Für die Befreiung nach § 1303 Abs. 2 bis 4 BGB ist das Familiengericht zuständig. Da es sich nach dem Willen des Gesetzgebers hierbei um eine Kindschaftssache im Sinne von § 151 Nr. 1 FamFG handelt (BT-Drucks. 16/6308, S. 234), ergibt sich die örtliche Zuständigkeit aus § 152 Abs. 2 FamFG. Örtlich zuständig ist daher das Gericht, in dessen Bezirk der minderjährige Verlobte seinen gewöhnlichen Aufenthalt hat.

III-30

Das Verfahren richtet sich insbesondere nach den Vorschriften des Dritten Abschnitts des Zweiten Buchs des FamFG, d.h. nach den § 151 bis § 168a FamFG. Praktisch relevant sind dabei die Anhörungspflichten von Minderjährigem (§ 159 Abs. 1 FamFG), Eltern (§ 160 FamFG) und Jugendamt (§ 162 Abs. 1 FamFG). Daneben hat das Gericht nach dem Amtsermittlungsgrundsatz (§ 26 FamFG) auch den anderen Verlobten persönlich anzuhören (MünchKomm/*Wellenhofer*, § 1303 BGB Rdnr. 24 m. w. N.).

Die Entscheidung ergeht durch Beschluss. Wird durch den Beschluss Befreiung erteilt, muss er den Partner des Minderjährigen konkret bezeichnen und, falls dieser noch nicht volljährig ist, das Wirksamwerden des Beschlusses ausdrücklich auf den Eintritt der Volljährigkeit des Partners aufschiebend befristen (vgl. *Wagenitz/Bornhofen*, EheschlRG Rdnr. 1-9).

III-31

Der Beschluss wird mit der Bekanntgabe an den Minderjährigen oder, wenn der Antrag vom gesetzlichen Vertreter gestellt wurde, mit der Bekanntgabe an diesen wirksam, § 40 Abs. 1 FamFG. Rechtskräftig wird er frühestens mit Ablauf der einmonatigen Beschwerdefrist, § 45 Satz 1 FamFG i. V. m. § 63 Abs. 1 FamFG.

III-32 Ein die Befreiung versagender Beschluss kann mit der Beschwerde angefochten werden, § 58 Abs. 1 FamFG. Da es sich bei der Befreiung vom Erfordernis der Ehemündigkeit oder deren Ablehnung um eine Entscheidung handelt, welche nur auf Antrag erlassen wird (§ 1303 Abs. 2 BGB), richtet sich die Beschwerdeberechtigung nach § 59 Abs. 2 FamFG. Das Recht zur Beschwerde gegen den zurückweisenden Beschluss steht danach nur dem Antragsteller zu, nicht dem anderen Verlobten.

Gegen den die Befreiung gewährenden Beschluss kann sich gemäß § 59 Abs. 1 FamFG der gesetzliche Vertreter oder ein sonstiger Inhaber der elterlichen Sorge mit der Beschwerde wehren, s. MünchKomm/*Wellenhofer*, § 1302 BGB Rdnr. 21. Daneben ist das Jugendamt beschwerdeberechtigt, § 162 Abs. 3 Satz 2 FamFG.

III-33 Die – ohnehin geringe – praktische Bedeutung der Beschwerde wird dadurch weiter verringert, dass eine gegen die Befreiung gerichtete Beschwerde zwar den Eintritt der formellen Rechtskraft der angefochtenen Entscheidung hindert (vgl. § 45 Satz 2 FamFG), wegen § 40 Abs. 1 FamFG aber nicht deren Vollziehbarkeit (*Bork/Jacoby/Schwab/Elzer*, § 40 FamFG Rdnr. 22). Sie kann also die vom Minderjährigen beabsichtigte Eheschließung nicht hindern. Sobald die Ehe geschlossen ist, hat sich das anhängige Beschwerdeverfahren in der Hauptsache erledigt. Diese Grundsätze machen eine Beschwerde gegen den befreienden Beschluss praktisch bedeutungslos.

3. Die materiellen Voraussetzungen der Befreiung

a) Alterserfordernisse

III-34 Der Minderjährige muss das 16. Lebensjahr im Zeitpunkt der Befreiung vollendet haben, § 1303 Abs. 2 BGB. Ein bereits vorher gestellter Antrag ist verfahrensrechtlich zulässig, die Sachentscheidung darf jedoch nicht vor dem 16. Geburtstag erfolgen.

III-35 Der künftige Ehegatte des Antragstellers muss volljährig sein. Anders als beim Minderjährigen selbst ist hier nicht der Zeitpunkt der Befreiungsentscheidung, sondern der der beabsichtigten Eheschließung maßgeblich (*Staudinger/Löhnig*, § 1303 BGB Rdnr. 10). Ggf. ist die Befreiungsentscheidung auf den 18. Geburtstag des Verlobten aufschiebend zu befristen.

b) Prüfung der »Ehereife«

III-36 Die Befreiung nach § 1303 Abs. 2 BGB ersetzt die fehlende Ehemündigkeit des Minderjährigen. Die Prüfung des Gerichts hat sich daher auf die Frage zu beschränken, ob die beabsichtigte Eheschließung dem Kindeswohl entspricht.

III-37 Die Ansicht, dass im Rahmen des Befreiungsverfahrens auch andere Eheschließungshindernisse zu berücksichtigen seien, weil es dann, wenn die Ehe aus anderen Gründen ohnehin nicht geschlossen werden dürfe, am Rechtsschutzbedürfnis für das Befreiungsverfahren fehle, ist bedenklich. Das Gericht hat nur die Umstände zu ermitteln, die nötig sind, um die konkrete Ehereife eines noch nicht 18-jährigen Verlobten zu beurteilen (vgl. OLG Saarbrücken, StAZ 2007, 297). Werden ihm dabei die Voraussetzungen eines anderen Eheschließungshindernisses bekannt, so kann es sie nur insoweit berücksichtigen, als sie sich unter das Kriterium des Kindeswohls subsumieren lassen (vgl. OLG Jena, StAZ 1997, 70, das eine beabsichtigte Scheinehe als dem Wohl des Minderjährigen abträglich ansah).

c) Das Wohl des Minderjährigen

Nach § 1303 Abs. 2 BGB »kann« das Familiengericht die Befreiung erteilen. Mit dieser Formulierung begründet das Gesetz die Befreiungsbefugnis des Gerichts; es räumt nicht etwa ein Ermessen ein. Ist eine Gefährdung des Kindeswohls nicht zu besorgen, so muss das Familiengericht den Minderjährigen befreien, s. OLG Hamm, FamRZ 2010, 1801.

III-38

d) Fehlen bzw. Unbegründetheit eines Widerspruchs des gesetzlichen Vertreters

Wird dem Befreiungsantrag des Minderjährigen nicht widersprochen, so hat es mit der Prüfung von etwaigen dem Wohl des Minderjährigen entgegenstehenden Gesichtspunkten sein Bewenden.

III-39

Widerspricht jedoch ein hierzu Berechtigter dem Befreiungsantrag, so ist die Befreiung nach § 1303 Abs. 3 BGB nur zulässig, wenn dieser Widerspruch nicht auf »triftigen Gründen« beruht.

Den Maßstab dafür, ob Gründe »triftig« sind oder nicht, setzt auch in diesem Zusammenhang das Kindeswohl. Persönliche Interessen des Widerspruchsberechtigten oder seiner Familie reichen nicht aus (MünchKomm/Wellenhofer, § 1303 BGB Rdnr. 17).

4. Wirkungen der Befreiung

Die Befreiung macht den Minderjährigen nicht generell ehemündig; vielmehr befreit sie ihn für eine konkret beabsichtigte Eheschließung mit einem bestimmten Partner vom Erfordernis der Ehemündigkeit. Für eine Eheschließung mit einem anderen Partner bräuchte der Minderjährige eine erneute Befreiung. Ist die Befreiung erteilt, so kann der Minderjährige die beabsichtigte Ehe ohne weitere Einwilligung des gesetzlichen Vertreters schließen, § 1303 Abs. 4 BGB. Zur Bestimmung des Ehenamens s. Rdnr. III-573.

III-40

II. Die Geschäftsfähigkeit, § 1304 BGB

1. Der Grundsatz des § 1304 BGB

§ 1304 BGB regelt die Geschäftsunfähigkeit als persönliches Eheschließungs*hindernis*, also als eine *negativ* formulierte Ehezulassungsvoraussetzung;

III-41

sachliche Konsequenzen folgen hieraus nicht (vgl. auch *Gaaz/Bornhofen*, § 13 PStG Rdnr. 6 f.).

Die Vorschrift tritt selbständig neben § 1303 BGB; die Fälle der Geschäftsunfähigkeit und der mangelnden Ehemündigkeit können sich überschneiden, etwa wenn ein Eheunmündiger geisteskrank ist.

III-42   Eine Befreiung vom Ehehindernis der Geschäftsunfähigkeit ist nicht möglich; es wird auch durch die Einwilligung des gesetzlichen Vertreters nicht beseitigt.

Die von einem Geschäftsunfähigen geschlossene Ehe ist jedoch keine völlig wirkungslose »Nichtehe«; sie ist gemäß §§ 1314 Abs. 1, 1304 BGB nur aufhebbar und sogar gemäß § 1315 Abs. 1 Satz 1 Nr. 2 BGB heilbar.

2. Die Merkmale der Geschäftsunfähigkeit

a) Die positivrechtliche Regelung

III-43   § 1304 BGB verlangt Geschäftsfähigkeit. Zur Definition dieses Begriffs ist § 104 BGB heranzuziehen; s. bereits allgemein Rdnr. II-38 ff.

Die in § 104 Nr. 1 BGB geregelte Geschäftsunfähigkeit des noch nicht siebenjährigen Kindes spielt bei Eheschließungen typischerweise keine Rolle.

Praktische Bedeutung hat hingegen die Geschäftsunfähigkeit wegen andauernder Geistesstörung, § 104 Nr. 2 BGB, bei der es auf den tatsächlichen Geisteszustand ankommt. Da die Entmündigung, bei der die Geschäftsunfähigkeit generell durch Gerichtsbeschluss begründet wurde, durch das Betreuungsgesetz abgeschafft worden ist (s. Rdnr. III-49 ff.), hat das Standesamt die Voraussetzungen des § 104 Nr. 2 BGB in jedem Einzelfall konkret zu prüfen; hierzu näher *Böhmer*, StAZ 1992, 65, 66; AG Bremen, StAZ 1992, 272; LG München, StAZ 1994, 258.

III-44   Der Begriff der Geschäftsfähigkeit im Eherecht ist anders zu definieren als in der allgemeinen Rechtsgeschäftslehre. Praxis und Schrifttum bezeichnen sie als »Ehegeschäftsfähigkeit« (BayObLG, StAZ 1996, 229; *Finger*, StAZ 1996, 225, 228; LG Osnabrück, StAZ 2001, 176; BGH, StAZ 2012, 311). Maßgeblich ist nicht die Fähigkeit des Verstandes, sondern die Einsicht in das Wesen der Ehe und die Freiheit des Willensentschlusses (so BayObLG und BGH a. a. O.); ehegeschäftsunfähig ist, »wer Sinn und Bedeutung der Ehe nicht einzusehen vermag« (so der Gesetzesvorschlag von *Finger* a.a.O.; zustimmend *Wagenitz/ Bornhofen*, EheschlRG Rdnr. 1-29). Das BVerfG hat diese »partielle Geschäftsfähigkeit für die Eheschließung« anerkannt und als »von der Eheschließungsfreiheit geschützt« bezeichnet (BVerfG, StAZ 2003, 234).

b) Das Verhältnis der Geschäftsunfähigkeit zur vorübergehenden Störung der Geistestätigkeit

III-45   Eine nur vorübergehende Bewusstlosigkeit oder Störung der Geistestätigkeit lässt die grundsätzlich bestehende Geschäftsfähigkeit unberührt, macht aber die im Zustand der Geistesstörung abgegebene konkrete Erklärung fehlerhaft.

Das BGB regelt eine vorübergehende Geistesstörung nicht bei der Ehefähigkeit, §§ 1303, 1304 BGB, sondern nur bei den Fehlerfolgen. Ihr Vorliegen ist – abweichend von der Grundsatzregel des Allgemeinen Teils, dem § 105 Abs. 2 BGB – kein Nichtigkeitsgrund, sondern macht die Ehe gemäß § 1314 Abs. 2 Nr. 1 BGB nur aufhebbar.

Für das Standesamt folgt daraus kein wesentlicher rechtlicher Unterschied. Beide Formen der Geistesstörung sind von der Anmeldung bis zur Eheschließungshandlung präventiv zu berücksichtigen, § 1310 Abs. 1 Satz 2 BGB (allgemein zur präventiven Wirkung von Eheschließungshindernissen Rdnr. III-18 ff.).

III-46

Im Anmeldefahren wird das Standesamt bei einer nur vorübergehenden Geistesstörung die Möglichkeit einer eventuellen Besserung des Geisteszustands berücksichtigen. Stellt es bei der Anmeldung eine derartige Störung fest, wird es die Verlobten zu einem erneuten Besprechungstermin bitten, an dem die Störung beendet ist und es sich ein Bild von den geistigen Fähigkeiten des betroffenen Verlobten machen kann, und danach ggf. seine Traubereitschaft mitteilen, § 13 Abs. 4 Satz 1 PStG. Auch dies schließt umgekehrt nicht den Fall aus, dass der betroffene Verlobte im Zeitpunkt der Eheschließung erneut geistesgestört ist, so dass das Standesamt die konkrete Eheschließung verweigern muss (§§ 1310 Abs. 1 Satz 2 Halbs. 2, 1314 Abs. 2 Nr. 1 BGB).

III-47

Wenn das Standesamt zu der Überzeugung kommt, dass ein Verlobter dauerhaft geschäftsunfähig ist, wird es den Verlobten mitteilen, dass es die Eheschließung nicht vornehmen werde, § 13 Abs. 4 Satz 1 PStG. Dies schließt nicht aus, dass sich die Verlobten in einem »lichten Augenblick« erneut vorstellen und die – dann mögliche – Eheschließung wünschen.

III-48

3. Die Ehefähigkeit des Betreuten

Einem Volljährigen, der seine Angelegenheiten nicht mehr selbst besorgen kann, kann ein Betreuer bestellt werden, §§ 1896 ff. BGB. Dadurch wird die Geschäftsfähigkeit jedoch grundsätzlich nicht berührt; das Gericht kann allenfalls unter den Voraussetzungen des § 1903 Abs. 1 BGB einen Einwilligungsvorbehalt anordnen. Wegen Einzelheiten s. Rdnr. II-53 f.

III-49

Da die Betreuung die Geschäftsfähigkeit nicht aufhebt, ein Einwilligungsvorbehalt sich zudem nicht auf Erklärungen erstrecken darf, die auf die Eingehung einer Ehe gerichtet sind, § 1903 Abs. 2 BGB, hat die Betreuung keine unmittelbare rechtliche Auswirkung auf die Ehefähigkeit. Das Standesamt hat zunächst von der grundsätzlichen Ehefähigkeit eines Betreuten auszugehen, und zwar auch dann, wenn ein umfassender Einwilligungsvorbehalt angeordnet worden ist.

III-50

Dies bedeutet nicht, dass ein Betreuer stets die Ehe schließen könnte; denn die Regelung des § 104 Nr. 2 BGB wird durch die Betreuung nicht verdrängt. Das Standesamt wird den Umstand, dass ein Betreuer bestellt ist, stets als Hinweis verstehen müssen, dass es die Geschäftsfähigkeit des Verlobten besonders aufmerksam prüfen muss; dies gilt vor allem dann, wenn

III-51

sogar ein Einwilligungsvorbehalt angeordnet ist. Die Prüfung selbst folgt jedoch den allgemein für § 104 Nr. 2 BGB entwickelten Regeln (Rdnr. II-38 ff., III-43 f.); die letzte Entscheidung liegt beim Standesamt; wegen Einzelheiten s. a. *Böhmer,* StAZ 1990, 213; *Wagenitz/Bornhofen,* EheschlRG Rdnr. 1-30.

III. Das Geschlecht der Verlobten; Transsexualität

III-52 Die Geschlechtsverschiedenheit der Verlobten ist keine Eheschließungsvoraussetzung im regelungstechnischen Sinne, da man bei einer gleichgeschlechtlichen Verbindung nach deutschem Recht begrifflich nicht von einer »Ehe« sprechen kann (s. Rdnr. III-4); zu Personen mit unbestimmtem Geschlecht s. Rdnr. IV-224 ff. Gleichgeschlechtliche Partner können daher keine Ehe eingehen; doch dürfte dies kaum als »Hindernis« empfunden werden, da sie das Standesamt auf die praktisch gleichwertige eingetragene Lebenspartnerschaft nach dem LPartG verweisen kann; hierzu im Einzelnen Rdnr. III-752 ff.

III-53 Rechtsfragen tauchen hier allenfalls im Zusammenhang mit der Transsexualität eines Verlobten auf. So ist es denkbar, dass ein rechtlich gleichgeschlechtliches Paar eine Ehe eingehen oder ein rechtlich verschiedengeschlechtliches Paar eine Lebenspartnerschaft begründen möchte, weil einer der Verlobten sich dem anderen Geschlecht zugehörig fühlt und nach der sexuellen Ausrichtung und Identität der Verlobten die Ehe bzw. Lebenspartnerschaft die »richtige« Partnerschaftsform wäre. Dennoch ist in solchen Fällen den Verlobten eine Eheschließung oder Begründung einer Lebenspartnerschaft zu versagen. Vielmehr sind die Betreffenden auf die Änderung des rechtlichen Geschlechts durch Feststellung der Geschlechtszugehörigkeit nach §§ 8 ff. TSG zu verweisen, nach deren Abschluss eine Eheschließung oder Begründung einer Lebenspartnerschaft möglich ist. Dieses Prozedere wurde auch vom BVerfG (BVerfGE 128, 109 = StAZ 2011, 141) gutgeheißen, wobei das Gericht die Voraussetzungen für eine Änderung des rechtlichen Geschlechts weiter abgesenkt hat, gerade auch um den Betreffenden die Eingehung der »richtigen« Partnerschaftsform zu ermöglichen; näher zum Transsexuellenrecht s. Rdnr. V-921 ff., V-935 ff. und insbesondere zur Auswirkung einer Personenstandsänderung auf eine bestehende Ehe s. Rdnr. V-956; zur Problematik bei Fällen mit Auslandsbezug Rdnr. III-321 ff.; zur entsprechenden Problematik bei der Lebenspartnerschaft Rdnr. III-761.

C. Das Nichtvorliegen eines »Eheverbots«, §§ 1306 bis 1308 BGB

I. Allgemeines

III-54 Das BGB regelt die Eheverbote in den §§ 1306 bis 1308 in Abgrenzung von der Ehefähigkeit. Besondere Konsequenzen folgen aus dieser Gegenüberstellung nicht; sie hat eher deskriptiv-ordnende als systematisierende Funktion; allgemein zur Begriffsbildung Rdnr. III-17 ff. Es handelt sich um ein Ehe*zulassungs*hindernis mit präventiver Wirkung; wenn das Standesamt ein Eheverbot feststellt, hat es bereits die Eheschließung abzulehnen.

II. Das Eheverbot der »Doppelpartnerschaft«, § 1306 BGB

1. Allgemeines

§ 1306 BGB regelt den Grundsatz der Einehe (Monogamie), der ein elementares Prinzip aller vom kanonischen Recht beeinflussten Eherechte ist.   III-55

Das Monogamieprinzip ist Bestandteil des deutschen ordre public. Speziell auf Auslandsfälle zielt die Umschreibung des von der Vorschrift erfassten Adressatenkreises: Sie betrifft »Personen, die die Ehe miteinander eingehen wollen«, also beide Verlobte, und bringt damit zum Ausdruck, dass es sich um ein sog. »zweiseitiges Ehehindernis« handelt; zu den praktischen Folgen der Zweiseitigkeit s. Rdnr. III-259.

Mit dem Inkrafttreten des LPartG ist die Lebenspartnerschaft als personale Statusbeziehung auf Lebenszeit neben die Ehe getreten. Da sie wie diese Ausschließlichkeit beansprucht, ist es konsequent, dass eine bestehende Lebenspartnerschaft eine spätere Eheschließung ebenso hindert wie eine bestehende Ehe. An die Stelle des »Verbots der Doppelehe« ist das »Verbot der Doppelpartnerschaft« oder auch »Gebot der Einpaarigkeit« (*Palandt/Brudermüller*, § 1 LPartG Rdnr. 1) getreten; s. a. Rdnr. III-762 ff. für die Lebenspartnerschaft.   III-56

Die Prüfung des Eheverbots impliziert eine doppelte Fragestellung. Zunächst ist zu fragen, ob einer der Verlobten bereits eine Ehe oder Lebenspartnerschaft mit einer anderen Person begründet hat. Waren die Verlobten bisher nicht oder jedenfalls nicht wirksam verheiratet oder verpartnert, so greift das Eheverbot des § 1306 BGB nicht ein. Wenn das Standesamt die Frage jedoch bejaht, stellt sich die daran anschließende Frage, ob diese frühere Ehe oder Lebenspartnerschaft wirksam aufgelöst worden ist; hierzu Rdnr. III-62 ff. Allgemein zur Prüfung der tatsächlichen Voraussetzungen *Gaaz/Bornhofen*, § 13 PStG Rdnr. 8 ff.   III-57

2. Bestehen einer die Eheschließung hindernden Partnerbeziehung

a) Bestehen einer Ehe

Das Eheverbot des § 1306 1. Alt. BGB setzt eine bestehende Ehe mit einer »dritten Person« voraus. Eine zweite Eheschließung mit demselben Ehegatten wird also nicht gehindert und kann dann sinnvoll sein, wenn die Ehegatten Zweifel an der Gültigkeit ihrer ersten Eheschließung haben (*Homeyer*, StAZ 2003, 50).   III-58

Das Standesamt hat im Anmeldungsverfahren festzustellen, ob einer der Verlobten verheiratet ist; zum Verfahren *Gaaz/Bornhofen*, § 13 PStG Rdnr. 8 ff.   III-59

Nur eine wirksam geschlossene Ehe kann das Eheverbot begründen. Dass ein Eheschließender mit einem Dritten förmlich verlobt ist oder in nichtehelicher Lebensgemeinschaft lebt, hindert die Ehe nicht. Dasselbe gilt, wenn ein Verlobter eine fehlerhafte Ehe geschlossen hat, die nichtig ist (»Nichtehe«).

Ist die Vorehe zwar fehlerhaft, aber nur aufhebbar, so ist die zweite Eheschließung erst dann möglich, wenn die Ehe aufgehoben und der Aufhebungsbeschluss rechtskräftig geworden ist.

b) Bestehen einer Lebenspartnerschaft

III-60   Das Eheverbot des § 1306 2. Alt. BGB setzt eine bestehende Lebenspartnerschaft mit einer »dritten Person« voraus.

III-61   Die Frage, ob die Eheschließung mit dem Partner der Lebenspartnerschaft möglich ist, stellt sich im Prinzip nicht, weil die Lebenspartnerschaft begriffsnotwendig gleichgeschlechtlich, die Ehe begriffsnotwendig verschiedengeschlechtlich ist. Eine Ausnahme ist allerdings denkbar, wenn einer der bisherigen Lebenspartner sein Geschlecht gewechselt hat: In diesem Fall kann die Ehe geschlossen werden (LG Berlin, StAZ 2008, 146; AG Köln, StAZ 2014, 305). Mit der Eheschließung löst sich die Lebenspartnerschaft automatisch auf (AG Köln, StAZ 2014, 305).

3. Auflösung einer die Eheschließung hindernden Partnerbeziehung

III-62   War auch nur einer der Verlobten bereits verheiratet oder verpartnert, so folgt als zweiter Prüfungsschritt die Feststellung, ob die Vorehe oder die Lebenspartnerschaft wirksam aufgelöst worden ist oder nicht.

Dies kann entweder durch *Tod* oder durch *Gerichtsentscheidung* geschehen sein. Allgemein zu den Voraussetzungen der gerichtlichen Eheauflösung Rdnr. III-465 f.

III-63   Die Fragen nach der präventiven und der repressiven Wirkung des Eheverbots sind zu den Zeitpunkten, in denen sie sich jeweils stellen, voneinander unabhängig zu beurteilen. Dies kann dazu führen, dass das Eheverbot im Lauf der Zeit zu widersprüchlichen Ergebnissen führt.

Wenn z. B. die Scheidung der Vorehe eines Verlobten in einem Personenstandsregister beurkundet worden ist, kann der betroffene Verlobte i. d. R. ohne weiteres eine neue Ehe schließen, da jedes Eheschließungsstandesamt im Vertrauen auf die Vermutungswirkung des § 54 Abs. 1 Satz 1 PStG die Vorehe für aufgelöst und den Verlobten für ehefähig halten wird. Die *präventive* Funktion des Eheverbots wird sich in diesem Fall nicht auswirken, selbst wenn das Familien- oder Sterberegister falsch ist und die vermeintlich aufgelöste Ehe noch besteht.

III-64   Stellt sich später die Unrichtigkeit heraus, ist die Vermutung des § 54 Abs. 1 Satz 1 PStG widerlegt. Damit steht fest, dass die frühere Ehe fortbesteht. Die zweite Ehe ist bigamisch und aufhebbar. Das Eheverbot des § 1306 BGB entfaltet seine *repressive* Wirkung, und zwar ohne Rücksicht darauf, dass das Eheschließungsverfahren formal korrekt war und nicht anders hätte durchgeführt werden können, und völlig unabhängig davon, ob die Verlobten hinsichtlich des Fortbestehens der früheren Ehe bösgläubig oder gutgläubig waren. Auf Kenntnis oder Unkenntnis der Verlobten oder des Standesamts kommt es bei § 1306 BGB nicht an.

Besonderheiten sind zu beachten, wenn der verschollene Ehegatte oder Lebenspartner einer früheren Ehe oder Lebenspartnerschaft für tot erklärt oder wenn der Zeitpunkt seines Todes gerichtlich festgestellt worden ist. Allgemein zu den Voraussetzungen und Wirkungen einer Todeserklärung bzw. Feststellung der Todeszeit Rdnr. II-5 ff., II-13 ff.; zu Fällen mit Auslandsbezug Rdnr. III-471 ff. Besonders hervorzuheben ist, dass aufgrund der Todeserklärung nicht etwa die Ehe aufgelöst wird; es wird lediglich der Tod des Verschollenen vermutet, § 9 Abs. 1 Satz 1 VerschG. Zu den Rechtsfolgen im Einzelnen *Hepting/Gaaz*, Bd. 2 Rdnr. III-117 ff. Zu den Auswirkungen auf die zweite Ehe oder Lebenspartnerschaft s. Rdnr. III-464 sowie III-772 ff.

III-65

III. Das Eheverbot der Verwandtschaft, § 1307 BGB

1. Regelungszweck

Das Eheverbot der Verwandtschaft wird mit vielerlei Gründen gerechtfertigt (»eugenisches« Argument: Verstärkung negativer Erbanlagen; »sozial-psychologisches« Argument: Freihalten der *Kern*familie von sexuellen Beziehungen, Eindeutigkeit der familiären Rollenzuweisung; wegen Einzelheiten s. etwa *Hepting/Gaaz*, Bd. 2 Rdnr. III-123 ff.); logisch zwingend ist keines der vorgebrachten Argumente. Doch ist das Eheverbot der Verwandtschaft in allen Rechts- und Kulturkreisen bekannt und respektiert; als »Exogamiegebot« und »Inzestverbot« ist es bereits in allen frühen Gesellschaften nachweisbar (*Siebert*, Das Inzestverbot in der normativen Architektur früher Gesellschaften, 1998). Seine rechtspolitische Rechtfertigung ist nicht umstritten (BVerfGE 120, 224 = FamRZ 2008, 757, wonach § 173 Abs. 2 Satz 2 StGB, der den Beischlaf zwischen Geschwistern unter Strafe stellt, mit dem GG vereinbar ist).

III-66

Die Reichweite des Eheverbots hat sich im Lauf seiner historischen Entwicklung stark verändert. Im kanonischen Recht waren die verbotenen Verwandtschaftsgrade sehr weit gezogen. Außerdem erfasste das Verbot auch die Schwägerschaft und die sog. »geistige Verwandtschaft« und ging damit über den engeren Begriff der Blutsverwandtschaft hinaus.

III-67

Der gegenwärtige Rechtszustand geht zurück auf das EheschlRG von 1998. Es hat das Eheverbot der Schwägerschaft beseitigt und verbietet jetzt nur noch die Ehe zwischen »echten« Verwandten in einem auf die *Kern*familie reduzierten Bereich.

2. Die verbotenen Verwandtschaftsverhältnisse

Das Eheverbot wegen Verwandtschaft besteht nach § 1307 BGB zwischen Verwandten in gerader Linie sowie zwischen Verwandten in der Seitenlinie, sofern es sich um voll- oder halbbürtige Geschwister handelt. Zur Feststellung

III-68

der verbotenen Verwandtschaftsverhältnisse s. *Gaaz/Bornhofen*, § 13 PStG Rdnr. 16 ff.

III-69 Verwandte in gerader Linie sind Personen, von denen die eine von der anderen – unmittelbar oder mittelbar – abstammt (§ 1589 Abs. 1 Satz 1 BGB), also Eltern und Kinder, Großeltern und Enkel.

Nicht verwandt, sondern in gerader Linie verschwägert sind Stiefvater und Stieftochter (Stiefmutter und Stiefsohn), Schwiegervater und Schwiegertochter (Schwiegermutter und Schwiegersohn); für sie besteht kein Eheverbot mehr.

III-70 Verwandte in der Seitenlinie sind Personen, die nicht in gerader Linie miteinander verwandt sind, aber von derselben dritten Person abstammen, (§ 1589 Abs. 1 Satz 2 BGB), also z. B. Geschwister, Onkel und Nichte, Vetter und Kusine.

Verwandtschaft in der Seitenlinie begründet ein Eheverbot nur für die Ehe zwischen vollbürtigen und halbbürtigen Geschwistern. Vollbürtige Geschwister sind Personen, die beide Eltern gemeinsam haben; halbbürtige Geschwister haben nur einen gemeinsamen Elternteil (Vater oder Mutter). Das Verbot erfasst also die Seitenverwandtschaft zweiten Grades, da die Verwandtschaft zwischen Geschwistern durch zwei Geburten vermittelt wird.

III-71 Die soziale Geschwisterrolle bleibt außer Betracht (s. schon Rdnr. III-66). Dies betrifft etwa »zusammengebrachte« Kinder, die Ehegatten aus früheren Ehen oder Beziehungen »mitgebracht« haben und die zusammen aufgewachsen sind (sog. Patchworkfamilien).

Für genetisch nicht miteinander verwandte »Adoptivgeschwister« gilt die Sonderregelung des § 1308 BGB; s. Rdnr. III-103 ff.

III-72 Seitenverwandte ab dem dritten Grad können heiraten; dies sind etwa Onkel und Nichte, Tante und Neffe, erst recht die nur im vierten Grad seitenverwandten Vettern und Kusinen.

3. Die Voraussetzungen der Verwandtschaft

a) Der Gegensatz von Verwandtschaft im rechtlichen und im leiblichen Sinne

III-73 § 1307 BGB spricht von »Verwandtschaft« und verwendet damit einen Rechtsbegriff, der in § 1589 BGB mit Hilfe des weiteren Rechtsbegriffs »Abstammung« definiert wird. Abstammung im Rechtssinne ist die nach Maßgabe der §§ 1591 bis 1600d BGB begründete familienrechtliche Statusbeziehung; s. allgemein Rdnr. IV-15 ff. sowie V-4 ff.

Im Gegensatz hierzu steht die »leibliche« Verwandtschaft. Sie wird durch die biologische oder genetische Abstammung vermittelt, an die sich die vom Gesetz geregelte Abstammung im Rechtssinne zwar weitestgehend anzunähern versucht, von der sie aber abweichen kann, im Sonderfall der Adoption sogar abweichen *will*.

III-74 Bei der praktischen Anwendung des § 1307 BGB erhebt sich die Frage, ob und wie die leibliche neben der rechtlichen Verwandtschaft zu berücksichtigen ist. Die Fragestellung ist ungewohnt, weil die Begriffe der Verwandtschaft und Abstammung sonst i. d. R. nur im Rechtssinne zu verstehen sind.

Beim Eheverbot der Verwandtschaft ergibt sich jedoch sowohl aus dem Regelungszweck als auch aus dem Inhalt der §§ 1307, 1308 BGB, dass die rechtliche und die leibliche Verwandtschaft nebeneinander berücksichtigt werden müssen.

b) Die Bedeutung der beiden Verwandtschaftsbegriffe

aa) Der Regelungszweck des § 1307 BGB

Das Eheverbot der Verwandtschaft verfolgt mehrere Ziele: Zum einen will es aus eugenischen Gründen »Inzucht« verhindern (s. Rdnr. III-66), zum anderen aus sozial-psychologischen Gründen die Klarheit der familiären Rollenverteilung sicherstellen (s. Rdnr. III-66). III-75

Das eugenische Argument verbietet die Eheschließung zwischen Blutsverwandten; maßgeblich sind also die leiblichen – bzw. genauer: die genetischen – Abstammungsverhältnisse. III-76

Beim sozial-psychologischen Argument geht es hingegen um die familiäre Rollenverteilung. Diese orientiert sich eher an dem vom Recht zugeordneten Verwandtenstatus als an der leiblichen Abstammung. Augenfälligstes Beispiel hierfür ist die Minderjährigenadoption, bei der die Annehmenden die vom Recht angeordnete Rolle der Eltern übernehmen, ohne dass ein leibliches Abstammungsverhältnis besteht. Zu denken ist aber auch an einen Ehemann, der bei den in der Ehe geborenen Kindern die vom Recht zugewiesene Vaterrolle übernimmt, ohne dass er ihr biologischer Erzeuger ist, gleichgültig, ob er den Ehebruch seiner Frau nicht erfahren oder mit dem Mantel des Stillschweigens bedeckt hat. III-77

bb) Der Regelungsinhalt der §§ 1307 Satz 2, 1308 Abs. 1 BGB

Dass rechtliche und leibliche Verwandtschaft nebeneinanderstehen, wird durch die eherechtliche Bedeutung der Adoption positivrechtlich bestätigt, also durch jenes Rechtsverhältnis, bei dem der Gegensatz zwischen beiden Arten der Verwandtschaft besonders krass hervortritt. III-78

Dass die leibliche Verwandtschaft zu beachten ist, zeigt § 1307 Satz 2 BGB, indem er das *leibliche* Verwandtschaftsverhältnis des Adoptivkindes zu seiner Ursprungsfamilie zum Ehehindernis erklärt, obwohl es *rechtlich* erloschen ist. III-79

§ 1308 Abs. 1 BGB zeigt wiederum, dass auch das durch die Adoption begründete, also rein rechtliche Verwandtschaftsverhältnis ein Eheverbot begründet, die leibliche Verwandtschaft also nicht allein entscheidend ist. III-80

cc) Die Dominanz der leiblichen Verwandtschaft

Leibliche und rechtliche Verwandtschaft sind nicht notwendig kongruent. Dies wirft die Frage auf, welche von den beiden sich im Konfliktfalle als maßgebliche »Verwandtschaft« i. S. von § 1307 BGB durchsetzt. III-81

Die Antwort lässt sich auch hier aus den Sonderregeln über die Adoptivverwandtschaft, §§ 1307 Satz 2, 1308 Abs. 1 BGB, ableiten.

§ 1307 Satz 2 BGB stellt allgemein klar, dass die leibliche Verwandtschaft die Ehe hindert; eine Vorschrift, die diesen Grundsatz durchbricht, fehlt. III-82

§ 1308 Abs. 1 BGB sieht vor, dass eine ausschließlich rechtliche Verwandtschaft die Ehe zunächst ebenfalls hindert. Allerdings sind hier Durchbrechungen möglich, sei es dadurch, dass das hindernde Rechtsverhältnis selbst aufgehoben wird, § 1308 Abs. 1 Satz 2 BGB, sei es dadurch, dass das Familiengericht von seiner Verbotswirkung Befreiung erteilt, § 1308 Abs. 2 BGB. Noch weiter in diese Richtung geht § 1766 Satz 1 BGB. Wenn Adoptivkind und Adoptivelternteil verbotswidrig geheiratet *haben*, hat sich der Konflikt durch den Gesetzesverstoß verschärft. Das Gesetz löst ihn zu Lasten der rechtlichen Adoptivverwandtschaft, die ipso iure aufgelöst wird.

III-83 Verallgemeinert man diese Regelung, so zeigt sich folgendes Rangverhältnis zwischen den beiden Verwandtschaftsbegriffen:

Das Eheverbot der leiblichen Verwandtschaft hindert die Eheschließung stets und ohne Befreiungsmöglichkeit.

Das Eheverbot der Verwandtschaft im Rechtssinne tritt grundsätzlich dahinter zurück. Es ist in einem förmlichen Verfahren auszuräumen, soweit dies vorgesehen ist, sei es durch Befreiung vom Verbot, sei es durch Aufhebung des verbotsbegründenden Rechtsverhältnisses selbst. Unterbleibt dies, so setzen sich die leiblichen Verwandtschaftsverhältnisse als vorrangig durch.

c) Das regelungstechnische Verhältnis von rechtlicher und leiblicher Verwandtschaft

III-84 aa) Grundsätzlich ist die *bestehende Verwandtschaft im Rechtssinne* zunächst »positiv bindend« (so *Wagenitz/Bornhofen*, EheschlRG Rdnr. 1-76); d. h. sie hindert die Eheschließung zunächst auch dann, wenn sie der biologischen Realität nicht entspricht. Man kann im Eheschließungsverfahren ein *rechtlich* bestehendes Eheverbot nicht inzident mit dem Argument überspielen, dass es tatsächlich nicht bestehe.

III-85 Dieses Ergebnis ist ohne weiteres hinnehmbar, soweit es darum geht, das Eheschließungsverfahren von der *inzidenten Anfechtung* vorgreiflicher Abstammungsverhältnisse freizuhalten. Die ehehindernde Wirkung der Verwandtschaft kann in jedem Fall nur durch eine Gerichtsentscheidung ausgeräumt werden.

III-86 Soweit das Recht die Nachprüfung und allgemein verbindliche rechtliche Beseitigung von nicht den Tatsachen entsprechenden Abstammungsverhältnissen einem gerichtlichen Statusverfahren vorbehält, ist es den Ehewilligen jedenfalls möglich, das Ehehindernis zunächst in einem solchen Verfahren auszuräumen.

Eine derartige anfechtbare Verwandtschaft im Rechtssinne besteht bei der Vaterschaft in den Fällen des § 1592 Nr. 1 und 2 BGB. Beide Vorschriften begründen eine gesetzliche Vaterschaft, § 1600c Abs. 1 BGB, die in einem Vaterschaftsanfechtungsverfahren beseitigt werden kann. Zur Frage der Zumutbarkeit und zu alternativen Lösungsmöglichkeiten s. Rdnr. III-88 a. E., III-93 a. E.

III. Das Eheverbot der Verwandtschaft, § 1307 BGB

Problematisch sind die Fälle, in denen das Recht keine Möglichkeit vorsieht, eine Verwandtschaft im Rechtssinne zu beseitigen, obwohl sie biologisch »unrichtig« ist. Beruht etwa die rechtliche Vaterschaft eines Mannes auf § 1592 Nr. 1 oder 2 BGB, so ist sie gemäß § 1599 Abs. 1 BGB nicht mehr anfechtbar, wenn die Fristen des § 1600b BGB verstrichen sind.

III-87

Theoretisch bestehen hier zwei Lösungsmöglichkeiten, um eine den leiblichen Verwandtschaftsverhältnissen gemäße Ehefähigkeit herzustellen: Entweder man lässt die Anfechtung der Abstammung ausnahmsweise doch zu (vgl. Rdnr. III-88), oder man begnügt sich mit der gerichtlichen Feststellung, dass die Betroffenen, obgleich rechtlich miteinander verwandt, dennoch die Ehe schließen können (näher Rdnr. III-93 a. E.).

So kann man etwa bei schlichter Versäumung der Vaterschaftsanfechtungsfrist mit § 1600b Abs. 6 BGB helfen, auch wenn die Regelungsabsicht des Gesetzgebers hierbei in eine andere Richtung ging. Wenn man das Tatbestandsmerkmal der Unzumutbarkeit im Lichte des Art. 6 Abs. 1 GG auslegt, lässt sich durchaus vertreten, dass das Eheverbot eine unzumutbare Folge der nur im Rechtssinne bestehenden Vaterschaft darstellt.

III-88

Besonders problematisch sind jedoch die Fälle, in denen die Beteiligten von der Anfechtungsmöglichkeit *bewusst* keinen Gebrauch gemacht haben, etwa weil sie die leiblichen Abstammungsverhältnisse im Interesse einer ungestörten Familienbeziehung nicht aufdecken wollten: Hier mit § 1600b Abs. 6 BGB zu operieren, würde bedeuten, dass man die Beteiligten dazu zwingt, eine von ihnen bewusst akzeptierte und bejahte *soziale* Familienbeziehung rechtlich zu zerstören, nur um eine biologisch unbedenkliche Eheschließung auch rechtlich vollziehbar zu machen. So müsste etwa ein von seinem Scheinvater wie ein leibliches Kind aufgezogener Sohn die von ihm wie auch dem Scheinvater bejahte und positiv gelebte rechtliche Vaterschaft nur deshalb anfechten, um eine mit ihm genetisch nicht verwandte »Schein-Halbschwester« heiraten zu können. Zur Lösung dieses Problems s. Rdnr. III-93 a. E.

III-89

Wurde die Vaterschaft eines bestimmten Mannes nach § 1592 Nr. 3 BGB in einem Statusverfahren rechtskräftig festgestellt, so steht die Rechtskraft einem erneuten Verfahren auch dann entgegen, wenn die erste Entscheidung falsch ist. Im Hinblick auf Art. 6 Abs. 1 GG wird man in einem solchen Fall ein Wiederaufnahmeverfahren zulassen müssen, vgl. auch § 185 FamFG. Sobald die erste gerichtliche Entscheidung aufgehoben wird, ist das Eheverbot ausgeräumt.

III-90

Die moderne Fortpflanzungsmedizin hat dazu geführt, dass auch im Verhältnis zur Mutter derartige Probleme entstehen können. § 1591 BGB begründet die Mutterschaft der biologischen Mutter, der gebärenden Frau; die genetische Mutterschaft kann in den Fällen einer »Eispende« davon abweichen. Macht man die Anwendung des § 1307 BGB von der vorrangigen genetischen Verwandtschaft abhängig (s. Rdnr. III-81 ff.), so dürfte die rechtliche Verwandtschaft, die durch die lediglich gebärende Mutter vermittelt wird, eigentlich kein Eheverbot begründen. Anders als bei der Vaterschaft im Rechtssinne, die durch eine Anfechtungsklage an die genetische »angepasst« werden kann,

III-91

sieht das BGB bei der Mutter jedoch keine Korrekturmöglichkeit vor. Dies mag abstammungsrechtlich sinnvoll sein; betrachtet man das Ergebnis jedoch nur unter dem Aspekt des § 1307 BGB, ist es in Anbetracht des Art. 6 Abs. 1 GG zumindest nicht unbedenklich.

III-92   Ein Statusverfahren, das die genetische Verwandtschaft feststellt, müsste sich über den eindeutigen § 1591 BGB hinwegsetzen und ist daher unzulässig (*Wagenitz/Bornhofen*, EheschlRG Rdnr. 1-91). Möglich erscheint jedoch ein gerichtliches Verfahren, in dem – ohne statusrechtliche Änderung der Verwandtschaft – gerichtlich festgestellt wird, dass zwei konkrete Verlobte trotz einer im Rechtssinne bestehenden Mutterschaft und der dadurch begründeten Verwandtschaft im Rechtssinne die Ehe schließen dürfen.

III-93   Hat man aber die Zulässigkeit eines solchen Feststellungsverfahrens bei der nicht genetischen Mutterschaft akzeptiert, wird man aufgrund des Gleichheitsgrundsatzes nicht umhin können, die nicht genetische Scheinvaterschaft ebenso zu behandeln. Die gerichtliche Feststellung, dass zwei leiblich verwandte Verlobte die Ehe schließen dürfen, muss also möglich sein, ohne dass deshalb die Vaterschaft im Rechtssinne angefochten werden muss; hierdurch lassen sich die in Rdnr. III-88 dargestellten Problemfälle lösen (so *Erman/Roth*, § 1307 BGB Rdnr. 3).

III-94   Etwas anderes gilt, wenn sich das die Ehe hindernde Verwandtschaftsverhältnis nur aus den Eintragungen in die Personenstandsregister ergibt, aber nach materiellem Recht nicht entstanden ist. Zwar wird dann nach § 54 Abs. 1 PStG zunächst vermutet, dass das angegebene Verwandtschaftsverhältnis besteht. Diese Vermutung kann aber in jedem Verfahren widerlegt werden (§ 54 Abs. 3 PStG); eines besonderen Statusverfahrens bedarf es nicht. Die Eintragung selbst kann nach Maßgabe der §§ 46 ff. PStG berichtigt werden. Die unrichtige Personenstandseintragung begründet also kein materielles Ehehindernis. Wollen hiervon Betroffene die Ehe eingehen und stellt das Standesamt fest, dass die Eintragung falsch ist, so wird es veranlassen, dass zuvor das Personenstandsregister berichtigt wird.

III-95   bb) Die *nicht bestehende Verwandtschaft im Rechtssinne* ist hingegen *nicht* »negativ bindend« (so *Wagenitz/Bornhofen*, EheschlRG Rdnr. 1-77). Dass keine Verwandtschaft im Rechtssinne besteht, bedeutet nicht zwingend, dass das Eheverbot nicht eingreift.

Dieser allgemeine Gedanke liegt auch dem § 1307 Satz 2 BGB zugrunde. Nach § 1755 Abs. 1 BGB erlischt mit der Adoption grundsätzlich das Verwandtschaftsverhältnis des Kindes und seiner Abkömmlinge zu den bisherigen – leiblichen – Verwandten. *Rechtlich* besteht also *kein* ehehinderndes Verwandtschaftsverhältnis des Adoptivkindes zu seiner Ursprungsfamilie mehr. Dies bedeutet jedoch nicht, dass es die Ehe schließen könnte, weil das Bestehen der tatsächlichen leiblichen Abstammung dem rechtlichen Nichtbestehen vorgeht.

III-96   Man kann also ein *rechtlich nicht* bestehendes Eheverbot durchaus *positiv* damit begründen, dass es tatsächlich besteht. Das Recht will das Eheschließungsverfahren zwar von der inzidenten *Anfechtung* rechtlich *bestehender*

Verwandtschaftsverhältnisse freihalten, nicht aber von der inzidenten *Feststellung* rechtlich *nicht bestehender.*

Dies bedeutet, dass die biologische Verwandtschaft eines Kindes mit seinem Erzeuger das Eheverbot des § 1307 BGB auch dann begründet, wenn das Recht diese Abstammung negiert, weil gemäß § 1592 Nr. 1 oder 2 BGB ein anderer Mann Vater im Rechtssinne ist.

III-97

d) Die Ermittlung der leiblichen Verwandtschaft

In der standesamtlichen Praxis schafft der Vorrang der leiblichen vor der rechtlichen Verwandtschaft erhebliche Feststellungsprobleme.

III-98

Grundsätzlich ist das Standesamt verpflichtet, die für die Eheschließung relevanten Tatsachen zu ermitteln. Zwar kann es die Eheschließenden auffordern, die zur Feststellung der Eheschließungsvoraussetzungen erforderlichen Nachweise zu beschaffen und vorzulegen. Gerade bei den Verwandtschaftsverhältnissen wird es sich jedoch stets auf die Eintragungen in den Personenstandsregistern verlassen und i. d. R. von sich aus gar nicht auf den Gedanken kommen, deren biologische Richtigkeit in Frage zu stellen.

Ehewillige, die im Rechtssinne verwandt sind und daher rechtlich nicht heiraten dürfen, werden stets von sich aus geltend machen, dass zwischen ihnen keine leibliche Verwandtschaft besteht. Dies gibt dem Standesamt den Anstoß, in die Ermittlungen einzutreten. Es ist allerdings auch in diesem Fall nicht verpflichtet, von sich aus die wahren Abstammungsverhältnisse festzustellen, sondern kann den Ehewilligen aufgeben, ihrerseits die hierfür erforderlichen Nachweise beizubringen; in Betracht kommt insbesondere ein erbbiologisches Gutachten, das feststellt, dass zwischen den Beteiligten keine genetische Verbindung besteht (*Wagenitz/Bornhofen*, EheschlRG Rdnr. 1-92).

III-99

Wenn Personen die Ehe schließen wollen, die nicht im Rechtssinne, wohl aber biologisch miteinander verwandt sind, ist zu differenzieren.

III-100

Ist das ursprüngliche Verwandtschaftsverhältnis durch Adoption aufgelöst worden, so gilt § 1307 Satz 2 BGB; die leiblichen Verwandtschaftsbeziehungen sind mit Hilfe der Personenstandsregister feststellbar.

Problematischer sind die Fälle, in denen leibliche und rechtliche Verwandtschaft aus anderen Gründen auseinanderfallen, etwa wenn zwei Ehewillige denselben leiblichen Vater haben, einer von ihnen aber aufgrund der Vermutung des § 1592 Nr. 1 BGB rechtlich einem anderen Mann zugeordnet wird. Das Standesamt wird sich auf die Personenstandseintragungen verlassen und gar nicht auf den Gedanken kommen, die leiblichen Verwandtschaftsverhältnisse zu überprüfen. In derartigen Fällen muss man hinnehmen, dass eine wirksame präventive Kontrolle nicht möglich ist. Vgl. auch *Wagenitz/Bornhofen*, EheschlRG Rdnr. 1-77 und 1-92 f.

III-101

4. Rechtswirkungen

Die genetische Verwandtschaft ist ein »indispensables« Ehehindernis; Befreiung kann nicht erteilt werden. Sie ist ein »trennendes« Ehehindernis und macht die Ehe aufhebbar, § 1314 Abs. 1 BGB. Eine Heilung ist ausgeschlossen.

III-102

IV. Das aufschiebende Eheverbot der Adoptivverwandtschaft, § 1308 BGB

1. Allgemeines; Regelungszweck

III-103 Das Ehehindernis wegen Adoptivverwandtschaft fand sich bereits im ursprünglichen PStG von 1875 und wurde später in § 1311 BGB a.F. (1896) übernommen und in § 10 EheG a.F. (1938) und § 7 EheG a.F. (1946) fortgeführt. Diesen Vorschriften lag allerdings noch das Verständnis der Adoption als Vertrag mit schwachen Wirkungen zugrunde.

Das Adoptionsgesetz von 1976 führte als Grundsatz die Dekretadoption mit starken Wirkungen ein; konsequent erweiterte es den von § 7 EheG a.F. erfassten Personenkreis. Das EheschlRG von 1998 hat diese Regelung als § 1308 ins BGB übernommen.

III-104 Was den Regelungszweck angeht, so spielt das eugenische Argument (s. Rdnr. III-66) keine Rolle, da zwischen Adoptivverwandten im Normalfall gerade keine leibliche Verwandtschaft besteht. Dies erklärt auch die Reaktion des Rechts: Grundsätzlich soll die familiäre Rollenordnung erhalten werden; die Adoptivverwandtschaft ist insoweit ein präventiv zu berücksichtigendes Ehehindernis. Ist es vertretbar, von ihr abzuweichen, kann das Familiengericht Befreiung erteilen, § 1308 Abs. 2 BGB (Rdnr. III-111); ist das Annahmeverhältnis schon aufgelöst, stellt sich das Problem ohnehin nicht (§ 1308 Abs. 1 Satz 2 BGB).

III-105 Hat die präventive Kontrolle versagt und ist die Ehe verbotswidrig geschlossen worden, so setzt die repressive Wirkung des Eheverbots ein, freilich mit überraschender Zielrichtung: Das Recht resigniert angesichts der vollendeten Tatsachen und stabilisiert die soziale Rolle, die sich faktisch durchgesetzt hat, nämlich die der Ehegatten; die Ehe ist wirksam und nicht aufhebbar (s. Rdnr. III-113). Die Kollision mit der Rolle als Adoptivverwandte wird dadurch gelöst, dass das insoweit nicht mehr »effektive« Adoptionsverhältnis aufgehoben wird, § 1766 Satz 1 BGB.

2. Der betroffene Personenkreis

III-106 Das Eheverbot besteht, soweit durch die Annahme als Kind eine Verwandtschaft »im Sinne von § 1307« begründet worden ist. Erfasst werden also grundsätzlich Verwandte in gerader Linie sowie vollbürtige und halbbürtige Geschwister, sofern das Verwandtschaftsverhältnis auf Adoption beruht.

III-107 In welchem Umfang die Adoption ein Verwandtschaftsverhältnis begründet hat, ergibt sich aus §§ 1754 Abs. 1 und 2, 1770 Abs. 1, 1772 Abs. 1 BGB. Daraus folgt etwa, dass zwischen der durch Erwachsenenadoption angenommenen Adoptivtochter und dem leiblichen Sohn des Annehmenden kein Ehehindernis besteht, weil § 1770 Abs. 1 BGB das Verwandtschaftsverhältnis nicht auf die Verwandten des Annehmenden erstreckt (AG Bad Hersfeld, StAZ 2007, 275).

III-108 Dass das *rechtliche* Verwandtschaftsverhältnis des Kindes und seiner Abkömmlinge zu den bisherigen Verwandten mit der Adoption erlischt (§ 1755

Abs. 1 Satz 1 BGB), ändert nichts daran, dass die *leibliche* Verwandtschaft besteht bleibt. Sie ist im Rahmen des § 1307 BGB zu berücksichtigen; s. a. Rdnr. III-81 ff.

3. Rechtswirkungen

a) Die Adoptivverwandtschaft als zeitlich begrenztes Ehehindernis

Anders als z. B. bei der Blutsverwandtschaft i. S. d. § 1307 BGB, aber ähnlich wie bei einer das Bigamieverbot des § 1306 BGB begründenden Ehe, lässt sich das Ehehindernis des § 1308 Abs. 1 Satz 1 BGB rechtlich beseitigen, indem man die Adoptivbeziehung aufhebt.   III-109

Aus diesem Grund stellt § 1308 Abs. 1 Satz 2 BGB klar, dass das Eheverbot nur besteht, solange das durch die Annahme als Kind begründete Rechtsverhältnis nicht aufgelöst ist.

Die Aufhebung des Annahmeverhältnisses erfolgt durch gerichtliche Entscheidung, §§ 1760, 1763, 1771 BGB. Damit fällt das Eheverbot weg. Wird das Annahmeverhältnis nur zu einem von zwei Elternteilen aufgehoben, so bleibt das Eheverbot zwischen dem anderen Elternteil und dem Kind sowie dessen Abkömmlingen bestehen.   III-110

b) Adoptivverwandtschaft als dispensables Ehehindernis

Seit dem AdoptG von 1976 besteht die Möglichkeit zur Befreiung vom Eheverbot der Adoptivverwandtschaft in der Seitenlinie; § 1308 Abs. 2 BGB hat diese Regelung unverändert übernommen. Das Familiengericht kann die Ehe zwischen Geschwistern zulassen, deren Verwandtschaft auf der Annahme beruht.   III-111

Vom Eheverbot der Adoptivverwandtschaft in gerader Linie kann Befreiung nicht erteilt werden.

c) Adoptivverwandtschaft als aufschiebendes Ehehindernis

Das Eheverbot der Adoptivverwandtschaft hat präventive Wirkung. Das Standesamt muss die Mitwirkung bei der Eheschließung ablehnen, wenn es erkennt, dass die Voraussetzungen des Ehehindernisses vorliegen und Befreiung nicht erteilt worden ist.   III-112

Die verbotswidrig geschlossene Ehe ist jedoch vollgültig; dies folgt daraus, dass § 1308 BGB im Katalog der Aufhebungsgründe in § 1314 Abs. 1 BGB nicht genannt ist.   III-113

Dies gilt auch dann, wenn Adoptivverwandtschaft in gerader Linie bestand, bei der die Befreiung nach § 1308 Abs. 2 BGB nicht möglich gewesen wäre. In diesem Fall wird der Konflikt zwischen Adoptivkindschaft und Ehe zugunsten der Ehe gelöst; das zwischen den Ehegatten bestehende Annahmeverhältnis wird kraft Gesetzes aufgehoben, § 1766 Satz 1 BGB.

Allerdings stellt § 1766 Satz 2 BGB klar, dass diese Aufhebung des Annahmeverhältnisses nicht umfassend ist, sondern dass die Rechtsfolgen der §§ 1764, 1765 BGB nicht eintreten. Der Angenommene wird nicht wieder Mit-   III-114 glied seiner leiblichen Ursprungsfamilie; das Verwandtschaftsverhältnis zu den übrigen Mitgliedern der neuen Familie bleibt bestehen; sein Name ändert sich nicht.

Heiratet also ein Mann seine Adoptivtochter, so wird die Vater-Kind-Beziehung aufgelöst, nicht aber die Großeltern-Enkelin-Beziehung zu den Eltern des bisherigen Adoptivvaters und jetzigen Ehemanns. Der Mann, bisheriger Adoptivvater, bleibt auch Adoptivgroßvater eines Kindes der Frau, dessen Stiefvater er durch die Eheschließung wird.

III-115 Ist die verbotswidrig geschlossene Ehe aus anderen Gründen als dem Verstoß gegen § 1308 Abs. 1 Satz 1 BGB fehlerhaft und deshalb aufhebbar, so wird das Annahmeverhältnis trotzdem gemäß § 1766 Satz 1 BGB aufgelöst. Wird die Ehe später aufgehoben, lebt es nicht wieder auf, da die Aufhebung nicht auf die Eheschließung zurückwirkt.

Eine nichtige Ehe (»Nichtehe«) hat hingegen keinerlei Rechtswirkungen; sie lässt das Annahmeverhältnis unberührt.

D. Der ungestörte Wille zur Ehe

I. Allgemeines

III-116 Die Eheschließung ist ein familienrechtliches Rechtsgeschäft, das durch die Willenserklärungen der beiden Verlobten zustande kommt. Es ist daher nur konsequent, wenn man – wie generell bei Willenserklärungen – zwischen dem objektiven Erklärungstatbestand und dem dahinterstehenden Willen unterscheidet.

Für die Eheschließung kommt es im Wesentlichen nur auf den objektiven Erklärungstatbestand an, s. a. Rdnr. III-134. Die Erklärung jedes Verlobten muss objektiv darauf gerichtet sein, mit dem anderen Verlobten die Ehe einzugehen. Ist diese Voraussetzung, deren Feststellung in aller Regel keine Probleme aufwirft, erfüllt, so kommt eine Ehe zustande.

III-117 Allerdings weicht das Eheschließungsrecht auf der Willensseite von der allgemeinen Rechtsgeschäftslehre ab. Um die Entscheidungsfreiheit der Verlobten zu wahren, setzt das Recht auf der Ebene des subjektiven Erklärungstatbestands keinen Handlungswillen und auch kein (ggf. lediglich potentielles) Erklärungsbewusstsein voraus; zudem stellt es den Verlobten bei Fehlen des Geschäftswillens (etwa wegen eines Irrtums oder einer Drohung) kein Anfechtungsrecht nach §§ 119 ff. BGB zur Verfügung.

Vielmehr übernehmen die auf den Ehewillen bezogenen Eheschließungsvoraussetzungen die Funktion, einen ungestörten Willen zur Ehe zu gewährleisten. So muss ein Verlobter grundsätzlich geschäftsfähig sein; er muss also in der Lage sein, einen rechtlich relevanten Willen zu bilden (wegen Einzelheiten s. Rdnr. III-43 f.). Ist er i. S. d. § 104 BGB geschäftsunfähig, ist die Ehe jedoch nicht unwirksam, sondern nur aufhebbar gemäß §§ 1314 Abs. 1, 1304 BGB. Auch sonstige Störungen bei der Willensbildung, insbesondere die nur vorübergehende Geistesstörung eines ansonsten grundsätzlich Geschäftsfähigen (§ 1314 Abs. 2 Nr. 1 BGB; zur Abgrenzung Rdnr. III-119), haben auf die Wirksamkeit der Eheschließung zunächst keinen Einfluss und können allenfalls nachträglich als Aufhebungsgrund geltend gemacht werden.

II. Störungen bei der Bildung des Ehewillens, § 1314 Abs. 2 BGB

1. Bewusstlosigkeit und Störung der Geistestätigkeit

Eine Ehe kann aufgehoben werden, wenn sich ein Ehegatte bei der Abgabe der Eheschließungserklärung im Zustand der Bewusstlosigkeit oder vorübergehender Störung der Geistestätigkeit befand, § 1314 Abs. 2 Nr. 1 BGB. III-118

Ist dieser Zustand bei der Eheschließung offenkundig, so kann das Standesamt die Mitwirkung verweigern, § 1310 Abs. 1 Satz 2 Halbs. 2 BGB.

Als Aufhebungsgrund ist § 1314 Abs. 2 Nr. 1 BGB lebensfremd; eine derartig weitgehende Willensstörung dürfte nur in sehr wenigen Fällen unbemerkt bleiben (freiwillig genommene Drogen, Psychopharmaka).

Die Tatbestandsmerkmale der Geistesstörung sind ähnlich wie bei der Geschäftsunfähigkeit; der entscheidende Unterschied liegt darin, dass die Störung in den Fällen der §§ 1304, 104 BGB eine dauerhafte, in den Fällen des § 1314 Abs. 2 Nr. 1 BGB hingegen eine nur vorübergehende ist. Jedenfalls muss auch in den Fällen der vorübergehenden Geistesstörung – in an § 104 Nr. 2 BGB orientierter Ergänzung des Wortlauts des § 1314 Abs. 2 Nr. 1 BGB wie auch des § 105 Abs. 2 BGB – eine freie Willensbestimmung des Erklärenden ausgeschlossen sein (*Wagenitz/Bornhofen*, EheschlRG Rdnr. 1-106). III-119

Dass die Geistesstörung eine vorübergehende sein muss, macht für das Standesamt und seine präventive Kontrolle keinen praktischen Unterschied. Es wird keine Eheschließung vornehmen, sobald es eine Störung der Geistestätigkeit feststellt, gleichgültig, ob diese dauernd oder vorübergehend ist. III-120

2. Irrtum

Das EheschlRG hat die rechtlich bedeutsamen Irrtumsfälle reduziert. Während die §§ 31, 32 EheG noch die – kaum jemals praxisrelevanten – Tatbestände des Erklärungsirrtums und des Irrtums über die Identität des anderen Verlobten für rechtserheblich erklärten und mit dem Irrtum über die persönlichen Eigenschaften des anderen Ehegatten in Bereiche übergriff, die sinnvollerweise dem Scheidungsrecht zugewiesen sein sollten, regelt § 1314 Abs. 2 Nr. 2 BGB nur noch den Fall, dass ein Ehegatte nicht weiß, dass es sich um eine Eheschließung handelt. III-121

Bei der normalen standesamtlichen Inlandseheschließung von Deutschen ist ein derartiger Irrtum praktisch nicht vorstellbar. Das Beispiel der nicht ernst genommenen religiösen Eheschließung verfängt bei Inlandseheschließungen nicht, weil die Ehe wegen Art. 13 Abs. 3 Satz 1 EGBGB ohnehin nichtig ist (s. Rdnr. III-402 ff.). III-122

III-123   Auch das Beispiel, dass ein sprachunkundiger Ausländer den Sinn des Eheschließungsaktes nicht erfasst (so *Wagenitz/Bornhofen*, EheschlRG Rdnr. 1-107 mit Hinweisen zur kollisionsrechtlichen Anwendbarkeit), ist wenig lebensnah. Denkbare Anwendungsfälle des § 1314 Abs. 2 Nr. 2 BGB können jedoch Auslandseheschließungen sein. Dafür, dass etwa ein an die standesamtliche Eheschließungsform gewöhnter Deutscher eine wirksame »Blitzheirat« im Ausland für einen nicht ernstzunehmenden Jux halten kann, gibt die Praxis durchaus Beispiele (vgl. etwa *Jayme*, StAZ 1982, 208 zu den sog. »Nevada-Ehen«; hierzu auch *Paschen*, StAZ 1991, 200).

III-124   Die präventive Wirkung des Aufhebungsgrundes spielt für das Standesamt wegen der fehlenden Praxisrelevanz bei Inlandseheschließungen wohl schon rein tatsächlich keine Rolle. Zudem ist nicht vorstellbar, dass es wegen eines offenkundigen Inhaltsirrtums die Eheschließung *verweigern* müsste; denn der irrende Verlobte wird, über seinen Irrtum aufgeklärt, die Eheschließungserklärung ohnehin unterlassen.

Die praktische Bedeutung der Vorschrift beschränkt sich daher auf die repressive Aufhebbarkeit; dazu Rdnr. III-224 ff.

3. Täuschung

III-125   Nach § 1314 Abs. 2 Nr. 3 BGB ist die Ehe aufhebbar, wenn ein Ehegatte über bestimmte rechtlich relevante Eheschließungsmotive arglistig getäuscht worden ist und der andere Ehegatte von dieser zumindest gewusst hat. Die Anforderungen an die Arglist sind gering; es genügt – auch bedingter – Vorsatz.

III-126   Die Vorschrift ist die eherechtliche Spezialnorm zu § 123 BGB. Sie unterscheidet sich von ihr nicht nur in der Rechtsfolge (Aufhebung ex nunc statt Anfechtung ex tunc), sondern auch darin, dass § 123 BGB die *freie* Willensbildung an sich schützt, § 1314 Abs. 2 Nr. 3 BGB hingegen nur die Bildung eines *normativen* Willens, der das Wesen der Ehe objektiv richtig würdigt. Der Ursächlichkeitszusammenhang zwischen der Täuschung einerseits, dem Eheschließungswillen andererseits muss also nicht nur objektiv festgestellt, sondern auch am Maßstab des »Wesens der Ehe« bewertet werden. Diese Bewertung hängt von der Ausgestaltung des jeweiligen Einzelfalls ab.

III-127   Was die präventive Wirkung des § 1314 Abs. 2 Nr. 3 BGB angeht, so dürfte es für das Standesamt kaum möglich sein, eine Eheschließung wegen Täuschung eines Verlobten zu verweigern. Wenn es ihm gelingt, den getäuschten Verlobten davon zu überzeugen, dass er Opfer arglistiger Machenschaften geworden ist, wird dieser ohnehin von der Eheschließung Abstand nehmen.

III-128   Gelingt dies dem Standesamt nicht, ist es in einer unglücklichen Beweissituation: Sowohl der täuschende Verlobte als auch der, der die Täuschung nicht wahrhaben will, werden ihm gegenüber den Tatbestand des § 1314 Abs. 2 Nr. 3 BGB vehement bestreiten. Theoretisch kann das Standesamt die Eheschließung zwar auch im Widerspruch zu den ausdrücklichen Behauptungen beider Verlobter verweigern, z.B. wenn es die gegenteiligen Informationen aus der Familie des Getäuschten für glaubwürdig hält; doch würde eine solche Entscheidung gerade auch von dem getäuschten Verlobten als Affront empfunden.

In Fällen, in denen die Täuschung den Zweck verfolgt, dem Täuschenden lediglich ausländerrechtliche Vorteile zu verschaffen, kann man ggf. auf den Tatbestand des § 1314 Abs. 2 Nr. 5 BGB ausweichen; ist dies nicht »offenkundig« feststellbar (vgl. Rdnr. III-150 ff.), wird das Standesamt i.d.R. nicht umhinkönnen, die Ehe zu schließen und sich darauf zu verlassen, dass der Getäuschte durch die Möglichkeit einer späteren Eheaufhebung und durch § 1318 BGB ausreichend geschützt wird.

III-129

4. Drohung

Nach § 1314 Abs. 2 Nr. 4 BGB führt eine Drohung, die einen Ehegatten zum Eheschluss bestimmt hat, zur Aufhebbarkeit der Ehe.

III-130

Drohung ist die Ankündigung eines künftigen Übels, auf dessen Eintritt der Drohende Einfluss zu haben behauptet, ferner die Ankündigung, ein bestehendes Übel werde fortdauern, obwohl der Drohende zu dessen Beseitigung verpflichtet und in der Lage ist. Anders als bei der Täuschung kommt es auf ein Mitwissen des anderen Ehegatten nicht an; die Drohung kann ausschließlich von einem Dritten ausgehen.

III-131

Die Drohung muss rechtswidrig sein. Rechtswidrigkeit wird üblicherweise aus dem verfolgten Zweck, dem angedrohten Mittel oder der Zweck-Mittel-Relation abgeleitet (*Wagenitz/Bornhofen*, EheschlRG Rdnr. 1-109); bei § 1314 Abs. 2 Nr. 4 BGB kann sie sich, da die Eheschließung per se kein rechtswidriger Zweck ist, nur aus der Unerlaubtheit des angedrohten Mittels oder daraus ergeben, dass der Einsatz eines an sich erlaubten Mittels zur Erzwingung der Eheschließung anstößig ist. Wegen Einzelheiten s. die Nachweise bei Münch-Komm/*Wellenhofer*, § 1314 BGB Rdnr. 25.

III-132

Bei der Drohung ist es in der Praxis durchaus denkbar, dass der Aufhebungsgrund auch präventiv beachtet werden muss, § 1310 Abs. 1 Satz 2 Halbs. 2 BGB (allgemein zur präventiven Wirkung von Eheschließungshindernissen Rdnr. III-18 ff.). Hat das Standesamt aufgrund bestimmter Umstände während des Anmeldeverfahrens oder bei der unmittelbaren Vorbereitung des Eheschließungstermins den Verdacht, einer der Verlobten werde möglicherweise zur Eheschließung gezwungen, so kann es versuchen, sich durch ein persönliches Gespräch mit dem Betroffenen Gewissheit zu verschaffen. Anders als in den Fällen der Täuschung oder des kollusiven Eingehens einer Scheinehe wird der betroffene Verlobte hier eher bereit sein, mit dem Standesamt zu kooperieren. Da die Befragung dem Interesse des vermeintlich Bedrohten dient, verstößt sie nicht gegen den – dem Begriff der »Offenkundigkeit« in § 1310 Abs. 1 Satz 2 Halbs. 2. BGB zugrunde liegenden (s. Rdnr. III-150 ff.) – Verhältnismäßigkeitsgrundsatz.

III-133

In einem solchen Fall kann die präventive Kontrolle durch das Standesamt eine große Bedeutung gewinnen, da es als neutrale Instanz die Eheschließung leichter verweigern kann als der Bedrohte, der es möglicherweise auch nach dem Gespräch mit dem Standesamt nicht wagt, seine wahre Überzeugung offenzulegen.

5. Rechtsmissbräuchliche Eheschließungsmotive (»Scheinehen«)

a) Ausgangspunkt: Die Eheschließung als formaler Erklärungsakt

III-134   Die Eheschließung ist ein rechtsgeschäftlicher Akt (näher Rdnr. III-161), bei dem die Verlobten erklären, »die Ehe eingehen zu wollen«, § 1310 Abs. 1 Satz 1 BGB. Die relevante Erklärung ist nur auf die »Eingehung«, also die Begründung des Ehebandes gerichtet; der Wille, den so geschaffenen formalen Rahmen mit Inhalten zu füllen, gehört nicht zum objektiven Tatbestand der Eheschließungserklärung. Die Verpflichtung zur ehelichen Lebensgemeinschaft tritt nicht ein, weil sie rechtsgeschäftlich gewollt ist, sondern ist eine von § 1353 Abs. 1 BGB angeordnete gesetzliche Folge.

Auch die Eheschließungserklärung eines Paares, das keine eheliche Lebensgemeinschaft beabsichtigt, begründet daher eine Ehe. Damit ist die Möglichkeit eines Missbrauchs der Eheschließungsform zu ehefremden Zwecken dem Eheschließungsrecht systemimmanent.

b) Die Vorgeschichte des § 1314 Abs. 2 Nr. 5 BGB

III-135   Die Missbrauchsproblematik erhielt im Laufe der siebziger und achtziger Jahre des letzten Jahrhunderts eine unerwartete Aktualität, als sich Eheschließungen zwischen Ausländern und Deutschen, durch die der ausländische Partner ausschließlich aufenthaltsrechtliche Vorteile erlangen wollte, zu einem Massenphänomen entwickelten. In der Praxis setzte sich hierfür das allgemeine Schlagwort »Scheinehen« durch; es ist allerdings irreführend, weil die darin angedeutete Parallele zum »Scheingeschäft« nicht besteht. Statt eine tatsächlich nicht gewollte Ehe zum Schein zu schließen, wollen die »Ehegatten« das formale Band der Ehe wirklich, weil sich ja sonst der mittelbar erstrebte aufenthaltsrechtliche Zweck nicht erreichen ließe. Genauer wäre es daher, von »Aufenthaltsehen« zu sprechen.

III-136   Die schließlich überwiegende Rechtsprechung gestattete es dem Standesamt, im Falle einer evidenten Aufenthaltsehe die Mitwirkung bei der Eheschließung zu verweigern, und zwar mit zwei Argumenten: Zum einen sei die »Aufenthaltsehe« ein Missbrauch der Eheschließungsform und der Institution der Ehe, der schon nach allgemeinen Rechtsgrundsätzen abgewehrt werden könne, ohne dass deswegen ein neuer und von den damaligen §§ 16, 28 EheG verbotener Nichtigkeits- oder Aufhebungsgrund geschaffen werden müsse; zum anderen impliziere die Zweckbestimmung als »Aufenthaltsehe« typischerweise eine inhaltliche Bedingtheit und zeitliche Begrenztheit der geschlossenen Ehe, so dass in Fällen, in denen ihr Charakter bei der Eheschließung evident hervortrete, der Tatbestand des – dem jetzigen § 1311 Satz 2 BGB entsprechenden – § 13 Abs. 2 EheG erfüllt sei (s. a. Rdnr. III-165; wegen Einzelheiten s. *Hepting*, FamRZ 1998, 713, 719 m. w. N.).

Die von vielen erhoffte Lösung durch den Gesetzgeber schien zunächst auszubleiben. Der Regierungsentwurf zum EheschlRG verzichtete auf eine Regelung, wohl weil er der Ansicht war, dass die Lösung des Problems nicht im Eheschließungs-, sondern im Ausländerrecht zu suchen sei, wo man den Anreiz zum Eingehen einer Aufenthaltsehe beseitigen müsse (so *Barth/Wagenitz*, FamRZ 1996, 833, 839). Dies wäre der durchaus richtige Lösungsansatz gewesen; doch entschloss sich schließlich der Rechtsausschuss für eine eherechtliche Lösung und machte den Rechtsmissbrauch in § 1314 Abs. 2 Nr. 5 zum förmlichen Eheaufhebungsgrund. Über den gleichzeitig angepassten § 1310 Abs. 1 Satz 2 BGB wurde damit die präventive Abwehr von Aufenthaltseheschließungen positivrechtlich verankert.

III-137

c) Der Rechtsmissbrauch der Ehe als eigentlicher Aufhebungsgrund

Die Ehe ist gemäß § 1314 Abs. 2 Nr. 5 BGB aufhebbar, wenn die Ehegatten sich bei der Eheschließung darüber einig waren, dass sie keine Verpflichtung zur ehelichen Lebensgemeinschaft begründen wollen.

III-138

Die Missbrauchsabsicht – also die Absicht der Verlobten, die Ehe rechtsmissbräuchlich als Mittel für ein nicht eherechtliches Ziel einzusetzen – ist zwar im Wortlaut des § 1314 Abs. 2 Nr. 5 BGB nicht erwähnt; sie ist jedoch ein ungeschriebenes Tatbestandsmerkmal, das aufgrund der Rechtsentwicklung und des Regelungszwecks zwingend in die Vorschrift hineingelesen werden muss (*Hepting*, FamRZ 1998, 713, 722). Die Formulierung, dass die Eheschließenden »keine Verpflichtung gemäß § 1353 Abs. 1 begründen wollten«, ist zu weit geraten; sie würde etwa auch die alten Ehehindernisse der Namensehe und der Staatsangehörigkeitsehe (s. *Hepting/Gaaz*, Bd. 2 Rdnr. III-106) wieder aufleben lassen, was aber nicht die Absicht des Gesetzgebers war. Angesichts der Gesetzgebungsgeschichte sollte man den § 1314 Abs. 2 Nr. 5 BGB teleologisch auf das rechtspolitisch konkret Gewollte reduzieren, nämlich auf ausländerrechtlich motivierte Scheinehen.

III-139

d) Der typische Auslandsbezug der Scheinehenproblematik

Die Scheinehenproblematik tritt typischerweise in Fällen mit Auslandsbezug auf, weil der Verlobte, der sich aufenthaltsrechtliche Vorteile verspricht, stets Ausländer ist. Auf die daraus folgenden kollisionsrechtlichen Fragestellungen wird in Rdnr. III-329 ff. näher eingegangen.

III-140

Bemerkenswert ist ferner die europarechtliche Dimension des Problems: Eine Entschließung des Rates der Europäischen Union über Maßnahmen zur Bekämpfung von Scheinehen vom 4.12.1997 (Abl. EG C 382/1 vom 16.12.1997) hat konkrete Kriterien formuliert, nach denen in den Mitgliedstaaten beurteilt werden soll, ob eine Scheinehe beabsichtigt ist oder nicht (hierzu näher *Finger*, FuR 1998, 289). Seit 2007 ist die Richtlinie 2004/38/EG (Unionsbürger-Aufenthaltsrichtlinie) in Kraft, nach deren Art. 35 die Mitgliedstaaten die Maßnahmen erlassen können, die notwendig sind, um die durch diese Richtlinie verliehenen Rechte im Falle von Rechtsmissbrauch oder Betrug – wie z. B. durch Eingehung von Scheinehen – zu verweigern, aufzuheben oder zu

III-141

widerrufen. Mittlerweile liegt auch ein Handbuch der EU-Kommission zum Vorgehen gegen mutmaßliche Scheinehen vor, s. Mitteilung der Kommission, KOM (2014) 604 endg., insbesondere S. 7 ff.

III-142 Dieser typische Auslandsbezug darf jedoch nicht darüber hinwegtäuschen, dass es ausschließlich um die Anwendung des § 1310 Abs. 1 Satz 2 Halbs. 2 BGB, also einer Vorschrift des deutschen Rechts geht, und dass die Feststellung der die Eheschließung hindernden Willensdefizite ausschließlich ein Problem des deutschen Personenstandsrechts ist. Theoretisch könnte sich das Problem auch in einem reinen Inlandsfall stellen, sofern man nicht – wie hier vorgeschlagen (Rdnr. III-139) – den Anwendungsbereich der Vorschrift auf die ausländerrechtlich motivierten Scheinehen beschränkt.

e) Unterscheidung von präventiver und repressiver Kontrolle

III-143 Wie alle zu einer fehlerhaften Ehe führenden Eheschließungsdefizite hat auch die Rechtsmissbrauchsabsicht einen präventiven und einen repressiven Aspekt; näher zu dieser Unterscheidung Rdnr. III-18 ff.

Als Aufhebungsgrund – also repressiv – ist der Tatbestand der Aufenthaltsehe relativ leicht feststellbar. Bei nachträglicher Betrachtung lässt sich aus dem Verhalten nach der Eheschließung folgern, ob die Ehegatten den Willen zur Lebensgemeinschaft hatten. Haben sie tatsächlich eine Lebensgemeinschaft begründet, so kann die Frage nach dem Motiv der Eheschließung dahinstehen; selbst wenn sie bei der Eheschließung die Missbrauchsabsicht gehabt haben sollten, wäre ihre Ehe nunmehr nach § 1315 Abs. 1 Satz 1 Nr. 5 BGB geheilt.

III-144 Das Standesamt ist aber eher mit der problematischen Feststellung im Rahmen des § 1310 Abs. 1 Satz 2 Halbs. 2 BGB befasst. Bei der präventiven Anwendung der Vorschrift muss der Standesbeamte aus objektiven Umständen auf innere Motive schließen, die die Betroffenen vor ihm typischerweise zu verbergen suchen.

III. Die Feststellung von Willensdefiziten

1. Materiellrechtliche Prüfungsgrundsätze

a) Der ungestörte Wille als vermuteter Regelfall

III-145 Durch die teils positive, teils negative Formulierung verteilt § 1310 Abs. 1 Satz 2 BGB die materielle Beweislast bei der Präventivkontrolle von Eheschließungsvoraussetzungen und Aufhebungsgründen. Grundsatz ist der Halbs. 1, wonach der Standesbeamte die Mitwirkung an der Eheschließung nicht verweigern darf, wenn die Eheschließungsvoraussetzungen vorliegen. Die Ehewilligen haben daher im Anmeldungsverfahren nur die Grundvoraussetzungen darzulegen und die erforderlichen Informationen beizuschaffen (vgl. dazu *Gaaz/Bornhofen*, § 13 PStG Rdnr. 3 ff.).

III-146 Ist dies geschehen, hat das Standesamt zunächst davon auszugehen, dass die Eheschließenden geistig gesund sind, sich frei von Irrtümern und Drohungen zur Eheschließung bzw. Anmeldung eingefunden haben etc. und eben auch *ehewillig* sind.

b) Der Aufhebungsgrund als Ausnahmetatbestand

Wenn das Standesamt nach § 1310 Abs. 1 Satz 2 Halbs. 2 »die Mitwirkung verweigern« will, beruft es sich auf einen Aufhebungsgrund nach § 1314 Abs. 2 BGB und damit auf einen Ausnahmetatbestand. Daher liegt die materielle Beweislast insoweit bei ihm. III-147

Diesem Grundsatz entspricht auch § 13 Abs. 2 PStG; er erlaubt dem Standesamt nähere Ermittlungen nur dann, wenn bereits »konkrete Anhaltspunkte« für einen Aufhebungsgrund vorliegen. Zieht man eine Parallele zum »Anfangsverdacht« im Strafverfahrensrecht, so müssen »zureichende tatsächliche Anhaltspunkte« vorliegen, § 152 Abs. 2 StPO; bloße Vermutungen genügen nicht (OLG Naumburg, StAZ 2006, 14, 15). S. a. *Gaaz/Bornhofen*, § 13 PStG Rdnr. 19 ff.; zum Verdacht einer Scheinehe s. etwa auch LG Itzehoe, StAZ 2006, 15. III-148

Wenn allerdings derartige Anhaltspunkte bestehen, ist das Standesamt zu weiteren Ermittlungen nicht nur berechtigt, sondern auch verpflichtet. Letzteres steht zwar nicht in § 13 Abs. 2 PStG, der nur als Kann-Vorschrift formuliert ist; es folgt aber mittelbar aus § 1310 Abs. 1 Satz 2 Halbs. 2 BGB, da das Standesamt bei offenkundiger Aufhebbarkeit der Ehe seine Mitwirkung bei der Eheschließung verweigern *muss*; ebenso *Wagenitz/Bornhofen*, EheschlRG Rdnr. 1-123. III-149

Ist das Standesamt zu weiteren Ermittlungen verpflichtet, so hat es die Aufgabe, die von § 1310 Abs. 1 Satz 2 Halbs. 2 BGB verlangte »Offenkundigkeit« eines Aufhebungsgrundes festzustellen. Nur wenn nach der Sachlage *offenkundig* ist, dass die Ehe aufhebbar wäre, darf der Standesbeamte seine Mitwirkung verweigern, ein bloßer Verdacht hierfür reicht dagegen nicht aus (LG Köln, StAZ 2003, 84; AG Saarbrücken, StAZ 2000, 177, 178). III-150

Es handelt sich um einen unbestimmten Rechtsbegriff, dessen Bedeutung unklar ist. Die h. M. bestimmt den Grad der Offenkundigkeit nach dem Grad der Gewissheit (so etwa *Wagenitz/Bornhofen*, EheschlRG Rdnr. 1-121: »sich aufdrängende Plausibilität«; OLG Düsseldorf, StAZ 2008, 222, 223: »die Ermittlungsergebnisse müssen schlagend für eine Aufenthaltsehe sprechen«). III-151

Hier besteht – wie stets bei ausfüllungsbedürftigen Rechtsbegriffen – die Gefahr, dass die eine Leerformel durch die andere ersetzt wird. Notwendig ist stets eine Konkretisierung von Einzelfall zu Einzelfall. Konkrete Anhaltspunkte für eine beabsichtigte sog. »Scheinehe« nennt etwa das AG Saarbrücken (StAZ 2006, 235, 236), das gleichwohl darauf hinweist, dass die Indizien nicht isoliert betrachtet werden dürfen, sondern dass es einer Gesamtbetrachtung bedarf. III-152

2. Der zulässige Umfang der Aufklärung

III-153 Die Ermittlung der relevanten Tatsachen ist Aufgabe des Standesamts. Zu den Hilfsmitteln, die nach Ansicht des Gesetzgebers bei der Feststellung eines Aufhebungsgrundes zulässig sind, s. *Gaaz/Bornhofen,* § 13 PStG Rdnr. 21 ff.
Da § 1310 Abs. 1 Satz 2 Halbs. 2. BGB allgemein formuliert ist und auf alle Tatbestände des § 1314 Abs. 2 BGB verweist, stellt sich das Problem theoretisch bei allen Aufhebungsgründen; praktisch relevant wird es in erster Linie bei den Aufenthaltsehen.

III-154 Speziell bei dieser Fallgruppe kann die Entschließung des Rates der EU sowie das Handbuch der Kommission (s. Rdnr. III-141) als erste Orientierungshilfe dienen. Materielle Indizien, die zunächst den Verdacht und später die Gewissheit einer Scheinehe begründen können, sind hiernach etwa das Fehlen einer für beide Partner verständlichen Sprache; der Umstand, dass sich die Partner vor der Eheschließung nie begegnet sind (einen intensiven Kontakt über das Internet als ausreichend erachtend KG, StAZ 2012, 370); widersprüchliche Angaben hinsichtlich der Personalien, der Umstände des beiderseitigen Kennenlernens oder sonstiger sie betreffender wichtiger Informationen; die Zahlung eines Geldbetrages für die Eingehung der Ehe; ferner der Umstand, dass ein oder beide Partner bereits früher Scheinehen eingegangen sind oder sich unbefugt in einem Mitgliedstaat aufgehalten haben.
Fragen dieses Inhalts wird man als zumutbar ansehen können, darüber hinausgehende – etwa in die Intimsphäre eindringende – hingegen nicht. Ebenso dürfte es mit Maßnahmen sein, die über den § 13 Abs. 2 PStG hinausgehen; so dürften etwa Hausbesuche unzulässig sein. Ausführlicher hierzu *Hepting/Gaaz,* Bd. 2 Rdnr. III-224 f.
Zum weiteren Verfahren und zu der Frage, ob eine Zweifelsvorlage nach § 49 Abs. 2 PStG zulässig ist, s. *Gaaz/Bornhofen,* § 13 PStG Rdnr. 25.

Dritter Abschnitt: Die Eheschließungshandlung

A. Allgemeines

I. Rechtsentwicklung

III-155 § 1310 Abs. 1 Satz 1 BGB normiert die beiden wesentlichen konstitutiven Voraussetzungen der Ehe: Zum einen die Erklärung des Eheschließungskonsenses durch die Verlobten, zum anderen die Mitwirkung des Standesbeamten.
Beide wurzeln im kanonischen Eherecht, wonach die Ehe (nur) durch den Konsens der Ehegatten materiell begründet wird, es allerdings formell der Mitwirkung des Priesters bedarf. Das dadurch geschaffene Eheschließungs-

konzept beherrscht – in säkularisierter Form – auch noch den heutigen § 1310 Abs. 1 BGB.

Vom dogmatischen Konzept der Eheschließung (Vertrag oder Hoheitsakt) zu unterscheiden ist das rechtspolitische Verhältnis zwischen staatlicher und religiöser Eheschließungsform. In diesem Punkt setzte das PStG von 1875 rigoros den staatlichen Machtanspruch durch: Die bürgerliche Ehe konnte nur in der staatlichen Form geschlossen werden (obligatorische Zivilehe); eine zusätzliche religiöse Eheschließungszeremonie war zugelassen (§ 1588 BGB), durfte aber bei Strafe nicht vor der standesamtlichen Eheschließung erfolgen (§ 67 PStG a. F.). Das letztgenannte »Voraustrauungsverbot« wurde erst im Zuge der PStG-Reform im Jahre 2009 abgeschafft, doch hat sich der familienrechtliche Rechtszustand dadurch nicht wirklich geändert (s. Rdnr. III-182). III-156

Ein Indiz für den Stellenwert der standesamtlichen Mitwirkung ist zum einen die Fehlerfolge, zum anderen deren Heilbarkeit. Dass die nicht standesamtlich geschlossene Ehe nicht nur vernichtbar, sondern nichtexistent (»Nichtehe«) ist, erscheint als konsequente Durchführung der in Rdnr. III-405 dargestellten Grundsätze; an dieser Fehlerfolge hat sich seit dem PStG von 1875 nichts geändert. Gewandelt hat sich jedoch die rechtspolitische Einstellung zur Heilbarkeit; Einzelheiten hierzu bei Rdnr. III-210 ff. III-157

II. Die Unterscheidung von materiellen und formellen Erfordernissen

Das BGB regelt sowohl die Form als auch den Inhalt der Eheschließungserklärung, trennt sie aber nicht nach einzelnen Vorschriften. In § 1310 BGB sind die Erklärungen ein materiellrechtliches, die Anwesenheit des Standesbeamten ein formelles Erfordernis; in § 1311 BGB betrifft die persönliche und gleichzeitige Anwesenheit die Form, die Beschränkung der Erklärungswirkungen durch Bedingung oder Befristung hingegen den Inhalt. III-158

Der Grund ist, dass das BGB die Eheschließungsvoraussetzungen nicht nach materiellen und formellen Erfordernissen, sondern nach der Fehlerfolge systematisiert; vgl. Rdnr. III-23 ff. Verstöße gegen § 1310 BGB – gleich ob formell oder materiell – führen zur Nichtigkeit (i. S. von Nichtehe), Verstöße gegen § 1311 BGB zur Aufhebbarkeit, § 1312 BGB – der ausschließlich Formregeln aufstellt – bleibt völlig sanktionslos. III-159

Die Systematisierung nach Fehlerfolgen ist sachrechtlich sinnvoll, da das konkrete Ergebnis einer Rechtsverletzung für die Praxis wichtiger ist als die dogmatische Einordnung. III-160

Im Kollisionsrecht allerdings spielt der Gegensatz von materiellen und formellen Voraussetzungen eine zentrale Rolle. Für erstere gilt gemäß Art. 13 Abs. 1 EGBGB das Heimatrecht eines jeden Verlobten, für letztere bei im Inland geschlossenen Ehen gemäß Art. 13 Abs. 3 Satz 1 EGBGB grundsätzlich deutsches Recht; zur Abgrenzung s. Rdnr. III-394 ff.

B. Der materielle Ehekonsens

I. Die Eheschließungserklärungen, § 1310 Abs. 1 BGB

III-161 Im kanonischen Recht, der historischen Wurzel aller europäischen Eherechte, ist der Konsens der Partner der alleinige konstitutive Faktor einer Eheschließung (vgl. Rdnr. III-155 f.). Im deutschen Recht wirkt dieses Eheschließungskonzept in dem Grundsatz fort, dass die Eheschließung ein »familienrechtlicher Vertrag« ist, der durch die Verlobten selbst geschlossen wird (s. nur *Gernhuber/Coester-Waltjen*, § 11 Rdnr. 10-14). Das Standesamt muss dabei zwar mitwirken; doch ist dies kein materielles Erfordernis, sondern eine Frage der Form.

III-162 Die übereinstimmende Erklärung der Verlobten zielt auf die »Eingehung« der Ehe, also auf die Begründung des Ehebandes. Diese Erklärung ist die notwendige und wesentliche Voraussetzung einer Eheschließung; ohne sie kommt eine Ehe nicht zustande, auch keine fehlerhafte und aufhebbare. Eine Erklärung dieses Inhalts ist aber auch ausreichend. Die Begründung einer ehelichen Lebensgemeinschaft muss von der Erklärung und konsequent auch vom subjektiven Willen der Eheschließenden *nicht* umfasst sein, s. Rdnr. III-117; zur Bedeutung dieses Umstands im Falle einer »Scheinehe« s. Rdnr. III-135.

II. Inhaltliche Einschränkungen, § 1311 Satz 2 BGB

III-163 Nach § 1311 Satz 2 BGB können die Eheschließungserklärungen der Verlobten nicht unter einer Bedingung oder einer Zeitbestimmung abgegeben werden.

III-164 In Inlandsfällen spielt die Vorschrift in der Praxis keine Rolle, weil die Verlobten einen derartigen Vorbehalt typischerweise nicht äußern werden, um die Eheschließung nicht zu gefährden. Die Bedingung oder Befristung des Ehewillens muss aber – wie dieser selbst – objektiv erklärt werden. Bei im Ausland geschlossenen Ehen ist ein solcher Vorbehalt denkbar, etwa wenn im islamischen Rechtskreis das Ehehindernis der Religionsverschiedenheit dadurch umgangen wird, dass die Verlobten »nur« eine »Zeitehe« schließen (dazu etwa *Krömer*, StAZ 2008, 147); doch handelt es sich dann um eine Frage der Aufhebbarkeit, die die Tätigkeit des Standesamts nicht direkt betrifft.

III-165 Vor dem Inkrafttreten der §§ 1310 Abs. 1 Satz 2 Halbs. 2, 1314 Abs. 2 Nr. 5 BGB versuchten einzelne Gerichte, Scheinehen (Aufenthaltsehen) mit Hilfe dieser Vorschrift – des damaligen § 13 Abs. 2 EheG – zu verhindern (zum Problem s. Rdnr. III-136; im Einzelnen etwa BayObLG, StAZ 1982, 306). Eine Eheschließung ohne Willen zur Lebensgemeinschaft, die nur den Zweck verfolge, einem Ausländer aufenthaltsrechtliche Vorteile zu verschaffen, sei zwangsläufig nur für eine begrenzte Zeit gewollt und verstoße daher gegen das Befristungsverbot. Diese Argumentation war ein Versuch, die damals noch nicht positiv geregelten Scheinehen mit einer Konstruktion praeter legem zu bewältigen; sie vernachlässigte jedoch das in der vorhergehenden Rdnr. erläuterte Erfordernis der objektiven Feststellbarkeit (so auch OLG Hamburg, StAZ 1983, 130; vgl. *Beitzke*, StAZ 1983, 1, 3). Gerade wer die Ehe mit Missbrauchsabsicht schließt, wird sich hüten, dies objektiv zu erklären; ein *geheimer* Vorbehalt bei der Eheschließung ist jedoch unbeachtlich.

Unklar ist, wie der Standesbeamte in dem unwahrscheinlichen Fall zu reagieren hätte, wenn Verlobte tatsächlich eine ausdrückliche Bedingung oder Befristung erklärten. Die so geschlossene Ehe wäre aufhebbar, § 1314 Abs. 1 BGB, so dass man annehmen sollte, dass der Standesbeamte die Mitwirkung an der Eheschließung verweigern kann. § 1310 Abs. 1 Satz 2 Halbs. 2 BGB bezieht sich jedoch nur auf § 1314 Abs. 2 BGB, nicht auch auf § 1311 BGB.

§ 1310 Abs. 1 Satz 2 Halbs. 1 BGB wiederum bezieht sich auf die »Voraussetzungen der Eheschließung«, also auf diejenigen Erfordernisse, die man als Eheschließungszulassungsvoraussetzungen bezeichnen kann (s. Rdnr. III-19 und III-54); zu diesen gehört die Erklärung des Ehewillens, um deren inhaltliche Beschränkung es bei § 1311 Satz 2 BGB geht, aber gerade nicht mehr.

Das merkwürdige Ergebnis wäre, dass der Standesbeamte eine vor seinen Augen offensichtlich fehlerhaft geschlossene Ehe dennoch ins Eheregister eintragen müsste. Die so geschlossene Ehe könnte auf Antrag eines jeden Ehegatten aufgehoben werden, § 1316 Abs. 1 Nr. 1 BGB, und wäre erst nach fünf Jahren geheilt, § 1315 Abs. 2 Nr. 2 BGB.

Hier dürfte es sich um ein Redaktionsversehen handeln. Der neu geschaffene § 1310 Abs. 1 Satz 2 Halbs. 2 BGB will durch seine Verweisung auf § 1314 Abs. 2 BGB den allgemeinen Rechtsgedanken ausdrücken, dass auch Willensdefizite der präventiven Kontrolle unterliegen, sofern sie sich schon bei der Eheschließung zeigen. Betrachtet man die in § 1314 Abs. 1 BGB genannten Aufhebungsgründe, so zeigt sich, dass die dort zitierten §§ 1303, 1304, 1306 und 1307 BGB objektiv feststellbare Ehezulassungshindernisse regeln, § 1311 BGB hingegen Defizite bei der Willensbildung. Es entspricht daher dem Regelungszweck des § 1310 Abs. 1 Satz 2 Halbs. 2 BGB, seine Bezugnahme auch auf § 1314 Abs. 1 BGB und damit auch auf § 1311 BGB auszudehnen.

Der Standesbeamte wird also bedingt oder befristet erklärte Erklärungen zurückweisen und die Verlobten auffordern, entweder unbeschränkte Erklärungen abzugeben oder die Eheschließungsabsicht überhaupt aufzugeben. Dass trotz *ausdrücklich* bedingter oder befristeter Erklärungen die Trauungszeremonie ordnungsgemäß abgeschlossen wird, ist praktisch kaum vorstellbar; sollte dies doch vorkommen, ist die so geschlossene Ehe zunächst wirksam, aber aufhebbar, § 1314 Abs. 1 BGB.

Ein *geheimer* Vorbehalt, die Ehe nicht als unbedingte und unbefristete zu wollen, ist unerheblich; s. Rdnr. III-169.

III. Geheimer Vorbehalt; Abgrenzung zu Scheinehen

Die Vorschriften des Allgemeinen Teils des BGB über die Willenserklärung (§§ 116 ff. BGB) sind im Eheschließungsrecht nicht anwendbar. Sie regeln vornehmlich etwaige Interessenkonflikte zwischen Erklärendem und Erklärungsempfänger, lassen also das spezifisch eherechtliche Interesse der Allgemeinheit an Klarheit und Eindeutigkeit der Statusbeziehung außer Acht.

Aus diesem Grund ist etwa der geheime Vorbehalt, die Eheschließung nicht zu wollen, in jedem Fall unbeachtlich. Die Eheschließung ist entgegen § 116 Satz 2 BGB selbst dann nicht nichtig, wenn der andere Verlobte den Vorbehalt kennt. Allerdings schließt der einvernehmliche geheime Vorbehalt i. d. R. die Absicht ein, die eheliche Lebensgemeinschaft nicht aufzunehmen; es handelt sich dann um einen Fall der aufhebbaren Scheinehe, § 1314 Abs. 2 Nr. 5 BGB.

III-170 Zu bedenken ist jedoch, dass umgekehrt die Scheinehe nicht generell mit einem geheimen Vorbehalt gleichgestellt werden kann. In aller Regel haben die Scheineheschließenden keinen Vorbehalt gegen die Eheschließung selbst, da sie das formale Eheband ja gerade herbeiführen wollen, um die daran geknüpften Rechtsvorteile auszunützen. Der – von § 1314 Abs. 2 Nr. 5 BGB zutreffend umschriebene – Wille, keine Lebensgemeinschaft zu begründen, lässt den Willen zur Eheschließung unberührt (s. a. Rdnr. III-134).

C. Die Eheschließungsform

III-171 Die Eheschließungsform ist in den §§ 1310 bis 1312 BGB geregelt; die drei Vorschriften enthalten sowohl materielle als auch formelle Erfordernisse. Sie sind nach der Fehlerfolge bzw. – positiv gewendet – nach dem Gewicht der dort vorgeschriebenen Voraussetzungen systematisiert (näher Rdnr. III-23 ff.).

Nicht zur Eheschließungsform gehören die verfahrensrechtlichen Erfordernisse des PStG, z. B. die Eintragung ins Eheregister etc. Sie sind demzufolge keine materiellen Wirksamkeitsvoraussetzungen, sondern werden gemäß § 15 Abs. 1 PStG »im Anschluss an die Eheschließung beurkundet«, d. h. wenn der Eheschließungstatbestand bereits vollendet ist.

I. Die Abgabe der Erklärung vor dem Standesbeamten, § 1310 Abs. 1 BGB

1. Das Erfordernis der Mitwirkung des Standesbeamten

III-172 Die Eheschließungserklärungen der Verlobten müssen vor einem Standesbeamten abgegeben werden. Ein Verstoß gegen dieses Erfordernis führt zu einer Nichtehe (zum historischen Hintergrund Rdnr. III-210 f.). Dieser Grundsatz der obligatorischen Zivilehe ist nach ganz herrschender Auffassung mit dem Grundgesetz vereinbar; s. allgemein *Meyer-Teschendorf*, StAZ 1982, 325, 329 f.

III-173 In diesem Zusammenhang kann die Frage auftauchen, ob die Eheschließungserklärungen »im Standesamt« abgegeben werden müssen, da Verlobte häufig den Wunsch äußern, die Ehe an anderen Orten zu schließen. Die Gemeinden sind im Rahmen ihrer Organisationshoheit befugt, eine andere Örtlichkeit innerhalb des Standesamtsbezirks durch Widmung zum Ort für Trauungen zu bestimmen. Ist eine solche Widmung nicht erfolgt, ist die Trauung grundsätzlich nur im Standesamt möglich (AG Cottbus, StAZ 2006, 17).

Die Eheschließungserklärungen sind nur dann vor dem Standesbeamten abgegeben, wenn dieser zur Entgegennahme der Erklärungen bereit ist. Ist der Standesbeamte zur Mitwirkung nicht bereit, so entsteht keine Ehe, auch wenn er körperlich anwesend ist. — III-174

Fraglich ist, ob neben der inneren Bereitschaft auch die objektive Fähigkeit zur Mitwirkung vorliegen muss. Daran könnte es fehlen, wenn ein Standesbeamter entweder geschäftsunfähig ist oder unter Alkohol- oder sonstigem Drogeneinfluss steht (s. *Meier*, StAZ 1985, 272). — III-175

Nähme man Unfähigkeit zur Mitwirkung an, so wäre die dennoch geschlossene Ehe konsequent nichtig (Nichtehe). Dies erscheint als eine sehr harte Konsequenz, so dass man im Interesse der Eheschließenden die Grenze zur Mitwirkungsunfähigkeit sehr hoch ansetzen muss. Gewisse Ausfallerscheinungen bei einem grundsätzlich mitwirkungsbereiten und -fähigen Standesbeamten, der die formellen und materiellen Erfordernisse einer Eheschließung noch korrekt zu beachten vermag, sind ohne Einfluss auf die Wirksamkeit der Eheschließung.

Bei darüber hinausgehender Beeinträchtigung kommt Nichtigkeit (Nichtehe) in Betracht; doch dürfte sich das Problem kaum jemals in voller Schärfe stellen. Regelmäßig ist die Unfähigkeit des Standesbeamten in derartigen Fällen offenkundig, so dass sich die Verlobten seiner Mitwirkung widersetzen werden und die Eheschließungszeremonie ohnehin nicht bis zur abschließenden Beurkundung durchgeführt wird. Wird die Trauung dennoch vollzogen und mit dem Eintrag ins Eheregister abgeschlossen, so ist zumindest der für die Heilung nach § 1310 Abs. 3 Nr. 1 BGB erforderliche Vertrauenstatbestand geschaffen (s. Rdnr. III-218 f.). — III-176

§ 1310 Abs. 1 BGB ist auch verletzt, wenn sich der Standesbeamte zunächst zur Eheschließung bereit erklärt hat, die Verlobten ihn aber mit Erklärungen überrumpeln, mit denen er vorher nicht gerechnet hat und rechnen musste, z. B. mit inhaltlichen Einschränkungen des Ehewillens nach § 1311 Satz 2 BGB (zu dem Problem Rdnr. III-163 ff.). — III-177

2. Die Pflicht des Standesbeamten zur Mitwirkung

Der Standesbeamte ist rechtlich verpflichtet, an der Eheschließung mitzuwirken, wenn die materiell- und formellrechtlichen Voraussetzungen für die Eheschließung erfüllt sind und er keinen relevanten Mangel im Ehewillen erkennt, § 1310 Abs. 1 Satz 2 BGB; zur »präventiven« Verweigerung seiner Mitwirkung bei Vorliegen eines Mangels s. Rdnr. III-147 ff. — III-178

Daneben kommt eine Verweigerung auch bei berechtigten Zweifeln an der Identität des Verlobten in Betracht (LG Bochum, StAZ 2009, 110).

Liegt aber kein solcher Fall vor und verweigert der Standesbeamte dennoch seine Mitwirkung, so mag dies rechtswidrig sein; es ändert jedoch nichts daran, dass die Ehe ohne ihn nicht wirksam geschlossen werden kann.

In diesem Fall haben die Verlobten beim Gericht den Antrag zu stellen, das Standesamt zur Vornahme der Eheschließung anzuweisen, § 49 Abs. 1 PStG.

III-179 In diesem Zusammenhang stellt sich die Frage, ob und in welchem Umfang der Standesbeamte verpflichtet ist, auch außerhalb der Dienstzeiten an Eheschließungen mitzuwirken. Der BGH hat in seiner Entscheidung vom 13.7.1989 (StAZ 1989, 310) klargestellt, dass die Amtspflichten des Standesbeamten nicht nur unter personenstandsrechtlichen Aspekten zu sehen sind, sondern dass sie etwa auch dem Schutz des mit der Eheschließung verbundenen Interesses eines Verlobten an der Erlangung einer Hinterbliebenenrente dienen. Daraus folge die Amtspflicht, im Falle der akuten Todesgefahr eines Verlobten eine unverzügliche Eheschließung zu ermöglichen. Wie die daraus folgenden Pflichten zu konkretisieren sind, lässt sich nur für den jeweiligen Einzelfall beantworten. Grundsätzlich muss der Standesbeamte in Notfällen auch außerhalb der Dienstzeit zur Mitwirkung bereit sein; zu einer »Dauerpräsenz« rund um die Uhr oder zur Organisation eines »Bereitschaftsdiensts« sind die Personenstandsbehörden jedoch nicht verpflichtet. Wegen Einzelheiten s. *Bosch,* FamRZ 1989, 1949 und FamRZ 1990, 578; *Bingel,* StAZ 1989, 382; *Fritsche,* StAZ 1991, 113.

III-180 Dass die Mitwirkung des Standesbeamten unverzichtbares Wirksamkeitserfordernis ist, ändert nichts daran, dass man sie als bloßes Formelement begreift (ausführlich *Coester,* StAZ 1996, 34 f.); ehebegründende Wirkung haben allein die Erklärungen der Verlobten. Dies ist historisch zu erklären (s. Rdnr. III-161 f.) und scheint der Rolle des Standesamts manchmal nicht ganz gerecht zu werden. Dass man gleichwohl an der Formqualifikation festhalten sollte, hat seinen Grund im IPR: Die – rechtspolitisch wünschenswerte (vgl. Rdnr. III-405) – Mitwirkung des Standesbeamten bei Inlandseheschließungen lässt sich über die Formqualifikation und den Art. 13 Abs. 3 EGBGB am einfachsten durchsetzen (hierzu näher Rdnr. III-402 ff.).

3. Das Verhältnis der standesamtlichen zur religiösen Eheschließung

III-181 Vom Grundsatz der obligatorischen Zivilehe zu unterscheiden ist die Frage, ob und zu welchem Zeitpunkt eine zusätzliche religiöse Eheschließungszeremonie zulässig ist. Das frühere Personenstandsrecht sah in § 67 PStG a. F. das sog. »Voraustrauungsverbot« vor; ein Religionsdiener, der eine religiöse Eheschließungszeremonie vornahm, bevor die Ehe vor dem Standesamt geschlossen wurde, beging eine Ordnungswidrigkeit. Die Verfassungsmäßigkeit dieser Vorschrift wurde wiederholt angezweifelt; s. etwa *Coester,* StAZ 1996, 38 ff.; *Bosch/Hegnauer/Hoyer,* FamRZ 1997, 1313; *Weismann/Bosch,* FamRZ 1998, 939; zu den ursprünglichen Reformplänen s. *Bornhofen,* StAZ 1996, 161, 169. Die Personenstandsrechtsreform hat die Vorschrift ersatzlos gestrichen; zur historischen Entwicklung *Koch,* StAZ 2010, 129. Nunmehr ist es gleichgültig, ob die religiöse Eheschließung vor oder nach der standesamtlichen stattfindet.

III-182 Die Praxis befürchtet allerdings unerwünschte tatsächliche Entwicklungen. Man erwartet, dass künftig zahlreiche Paare nur noch religiös heiraten und auf den anschließenden Gang zum Standesamt verzichten. Dadurch entsteht eine religiös geschlossene »Ehe«, die aber aus der Sicht des Zivilrechts nur eine feierlich begründete nichteheliche Lebensgemeinschaft ist. Die Befürchtung, dass insbesondere Verlobte aus einem anderen Kulturkreis – etwa solche mit einem muslimischen Personalstatut oder auch nur mit muslimischem kulturellem Hintergrund – nur religiös heiraten, weil sie allein die religiöse Eheschließung für wichtig und wirksam halten, ist nicht von der Hand zu weisen; im Ergebnis würden die rechtliche und die soziale Ehe auseinanderfallen, mit allen damit verbundenen Unzuträglichkeiten. Andererseits brächte dies wohl nur eine graduelle Verschlechterung des bisherigen Zustands, denn schon bisher haben sich etwa muslimische Geistliche häufig über das (faktisch niemals sanktionierte) Voraustrauungsverbot hinweggesetzt und religiöse Ehen geschlossen, die rechtlich Nichtehen waren.

4. Die Eigenschaft als Standesbeamter

Standesbeamter ist, wer rechtswirksam zum Standesbeamten bestellt worden ist. Dies wird in § 2 Abs. 1 Satz 1 PStG vorausgesetzt. Die Bestellung bezieht sich stets auf einen bestimmten Standesamtsbezirk. Außerhalb seines Bezirks hat der Standesbeamte nur die Befugnisse einer Privatperson (s. *Krömer*, StAZ 2003, 51).

III-183

Die Bestellung selbst wie auch die Organisation des Standesamtswesens ist Sache der Länder (s. *Gaaz/Bornhofen*, § 2 PStG Rdnr. 6 ff.).

Wurde die Ehe vor einer Person geschlossen, die nicht rechtswirksam zum Standesbeamten bestellt war, also etwa auch durch einen Standesbeamten außerhalb seines Bezirks, so ist es dennoch möglich, dass sie unter den Voraussetzungen des § 1310 Abs. 2 BGB gültig zustande gekommen ist; s. *Krömer* a.a.O. und im Folgenden Rdnr. III-185 ff.

III-184

5. Die Mitwirkung eines Schein-Standesbeamten

Nach § 1310 Abs. 2 BGB gilt als Standesbeamter im Sinne des Abs. 1 auch eine Person, die, ohne Standesbeamter zu sein, das Amt eines Standesbeamten öffentlich ausgeübt und die Ehe in das Eheregister eingetragen hat.

III-185

Durch die Fiktion des § 1310 Abs. 2 BGB wird klargestellt, dass die Eheschließung vor dem Nichtstandesbeamten unter den vorgeschriebenen Voraussetzungen dieselben Rechtswirkungen hat wie eine nach Abs. 1 vorgenommene.

Der Nichtstandesbeamte muss das Amt eines Standesbeamten »öffentlich ausgeübt« haben.

III-186

Eine öffentliche Ausübung des Amts liegt vor, wenn der Nichtstandesbeamte innerhalb des Standesamts in der Funktion des Standesbeamten tätig geworden ist. Geschützt wird der gute Glaube der Eheschließenden an die Befugnis einer Person, die nach außen den vollständigen Vertrauenstatbestand einer ordnungsgemäßen Eheschließung setzt. Der Vertrauensschutz ist abstrakt und von der konkreten Gut- oder Bösgläubigkeit der Beteiligten unabhängig (MünchKomm/*Wellenhofer*, § 1310 BGB Rdnr. 14).

III-187 Zusätzlich ist erforderlich, dass der Nichtstandesbeamte die Eheschließung in das Eheregister eingetragen hat.
Die Eintragung muss von dem Nichtstandesbeamten selbst vorgenommen worden sein; allerdings genügt es, wenn er eine bereits von einem Angestellten vorbereitete Eintragung unterschrieben hat. Keinesfalls darf der Nichtstandesbeamte den Eheeintrag, nachdem er von den Ehegatten unterschrieben worden ist, dem eheschließungsbefugten Standesbeamten zur Unterschrift vorlegen (MünchKomm/*Wellenhofer*, § 1310 BGB Rdnr. 14). Der Standesbeamte würde durch Leistung der Unterschrift eine Falschbeurkundung begehen; die Ehe wäre eine Nichtehe.

II. Persönliche Anwesenheit der Verlobten, § 1311 Satz 1, 1. Alt. BGB

III-188 § 1311 Satz 1, 1. Alt. BGB verlangt die persönliche Anwesenheit der Verlobten vor dem Trauungsorgan. Aus diesem Grund hat das Standesamt die Identität der Verlobten festzustellen; hierzu näher *Gaaz/Bornhofen*, § 12 PStG Rdnr. 25 und § 14 PStG Rdnr. 15.

III-189 Damit soll die Freiheit und Ernstlichkeit der Willensbildung überprüfbar gemacht und der persönliche Charakter des Rechtsgeschäfts durch besondere Feierlichkeit betont werden. Dies sind typische Formzwecke, so dass die h. M. die persönliche Anwesenheit als Formerfordernis ansieht.

III-190 Das Erfordernis der persönlichen Anwesenheit beider Verlobter verbietet die sog.»Handschuhehe«, bei der ein anderer als der Eheschließende den Ehewillen äußert (zu diesem Begriff allgemein *Jacobs*, StAZ 1992, 5). Zu Fällen mit Auslandsbezug s. Rdnr. III-396.

III-191 Die Vorschrift ist bei reinen Inlandsfällen von geringer praktischer Bedeutung, da das Bewusstsein vom Erfordernis gleichzeitiger Anwesenheit in der Bevölkerung weit verbreitet ist. Denkbar sind allenfalls Fälle, in denen einer der Verlobten plötzlich erkrankt und, um die Eheschließung nicht hinauszögern zu müssen, einen »Vertreter« sendet, der mit Wissen des anderen Verlobten an seine Stelle tritt.

III-192 Bemerkt der Standesbeamte, dass der persönlich erschienene Verlobte nicht derjenige ist, für den das Anmeldungsverfahren durchgeführt wurde und für den er den Eheeintrag vorbereitet hat, stellt sich die Frage nach der Zulässigkeit eines präventiven Einschreitens nicht anders als in den Fällen des § 1311 Satz 2 BGB (dazu Rdnr. III-166 ff.). Obwohl die persönliche Anwesenheit ein Erfordernis des – in § 1314 Abs. 2 BGB nicht genannten – § 1311 BGB ist, kann man hier wie dort mit Hilfe des dem § 1310 Abs. 1 Satz 2 Halbs. 2 BGB zugrunde liegenden allgemeinen Rechtsgedankens rechtfertigen, dass der Standesbeamte bereits die Mitwirkung an der Eheschließung verweigert.

III-193 Wenn der Standesbeamte die Vertretung bzw. Botenschaft nicht erkennt und bei der Eheschließung mitwirkt, kommt die Ehe mit dem zustande, mit dem sie nach dem Willen beider Beteiligten zustandekommen soll, nämlich mit dem nicht erschienenen vertretenen Verlobten. Da er die Person ist, die der Standesbeamte bereits in den vorbereiteten Eheeintrag eingetragen hat, ist auch das Eheregister richtig. Die Ehe ist wirksam geschlossen, freilich aufhebbar nach §§ 1314 Abs. 1, 1311 BGB.

III. Gleichzeitige Anwesenheit der Verlobten, § 1311 Satz 1, 2. Alt. BGB

Während das Erfordernis der persönlichen Anwesenheit die Stellvertretung verbietet, aber nichts über die zeitliche Verklammerung der Erklärungen aussagt, betrifft das Erfordernis der gleichzeitigen Anwesenheit der Verlobten den Erklärungszeitpunkt. Die Verlobten müssen nach § 1311 Satz 1, 2. Alt. BGB die Eheschließungserklärungen nicht nur selbst, sondern auch in zeitlichem Zusammenhang abgeben; eine zwar persönliche, aber zeitlich auseinanderfallende Abgabe der Erklärungen ist unzulässig. Zum rechtspolitischen und historischen Hintergrund *Butzert*, StAZ 2015, 6.

III-194

Erfolgen die Eheschließungserklärungen nacheinander jeweils in Abwesenheit des anderen Verlobten, so kann dieser sie zwangsläufig nur schriftlich und nachträglich zur Kenntnis nehmen; die Ehe ist dann zwar wirksam, aber aufhebbar, §§ 1314 Abs. 1, 1311 BGB.

III-195

Die Vorschrift hat in Inlandsfällen kaum praktische Bedeutung. Eher von historischem Interesse ist die als »Ferntrauung« ausgestaltete Feldtrauung deutscher Soldaten mit ihrer in der Heimat zurückgebliebenen Braut nach der Personenstandsverordnung der Wehrmacht vom 17.10.1942 (RGBl. I S. 597). Sie war eine Sonderform der Eheschließung, die auf die gleichzeitige Anwesenheit (nicht allerdings auf die persönliche Erklärung!) der Verlobten verzichtete.

III-196

IV. Die Erfordernisse des § 1312 BGB

In § 1312 BGB hat der Gesetzgeber diejenigen Erfordernisse zusammengefasst, deren Fehlen folgenlos bleibt. Hervorzuheben ist, dass die Gegenwart von zwei Zeugen seit dem EheschlRG nur noch fakultativ ist und vom Willen der Eheschließenden abhängig ist.

III-197

Die unter Verstoß gegen § 1312 BGB geschlossene Ehe ist wirksam und nicht aufhebbar; wegen Einzelheiten zum Ablauf der Eheschließungszeremonie s. näher *Gaaz/Bornhofen*, § 14 PStG Rdnr. 8 ff.

Vierter Abschnitt: Die Folgen einer fehlerhaften Eheschließung

A. Allgemeines

I. Die Fehlerfolgen als repressive Wirkung der Eheschließungsvoraussetzungen

III-198 Das erkennbare Fehlen einer Eheschließungsvoraussetzung oder eines ordnungsgemäßen Ehewillens berechtigt und verpflichtet das Standesamt, bereits die Mitwirkung bei der Eheschließung zu verweigern (präventive Wirkung).

Übersieht das Standesamt, dass eine Eheschließungsvoraussetzung fehlt, oder leidet die Eheschließung selbst an einem Mangel, so ist die geschlossene Ehe fehlerhaft; das Gesetz ordnet konkrete Fehlerfolgen an (repressive Wirkung).

Allgemein zum Nebeneinander von präventiver und repressiver Wirkung Rdnr. III-18 ff.

III-199 Die repressiven Folgen sind völlige Unwirksamkeit oder Aufhebbarkeit der Ehe. Bei Unwirksamkeit kommt eine Ehe überhaupt nicht zustande (nichtige Ehe, früher »Nichtehe«; dazu Rdnr. III-206 ff.), bei Aufhebbarkeit ist sie wirksam, kann aber durch Gerichtsentscheidung aufgehoben werden (§§ 1313 ff. BGB).

Bei der Verletzung einzelner Eheschließungsvoraussetzungen (den sog. »aufschiebenden« Ehehindernissen) oder bestimmter Formvorschriften (§ 1312 BGB) verzichtet das Recht auf eine repressive Reaktion; die Ehe ist voll gültig (s. Rdnr. III-25).

II. Die Bedeutung der Fehlerfolgen für die Arbeit des Standesamts

III-200 Mit der präventiven Kontrolle, der anschließenden Eheschließungshandlung und dem abschließenden Eintrag im Eheregister ist die Aufgabe des Standesamts grundsätzlich beendet. Mit etwaigen repressiven Rechtsfolgen eines Eheschließungsfehlers hat es nur eingeschränkt zu tun.

III-201 Die Aufhebbarkeit einer einmal geschlossenen Ehe hat das Standesamt niemals selbst zu prüfen. Wegen des Aufhebungsmonopols der Gerichte, § 1313 Satz 1 BGB, kann es zunächst davon ausgehen, dass die Ehe wirksam ist; der Eheeintrag begründet insoweit die Vermutung des § 54 PStG, auf die es sich verlassen kann. Wenn ihm ein rechtskräftiger Aufhebungsbeschluss vorgelegt wird, § 1313 Satz 2 BGB, hat es davon auszugehen, dass die Ehe aufgelöst *ist*; eine sachliche Überprüfung des Aufhebungsgrundes steht ihm nicht zu. Es hat sich darauf zu beschränken, die Aufhebung einzutragen; s. a. *Gaaz/Bornhofen*, § 16 PStG Rdnr. 16.

Hingegen spielt die Nichtigkeit einer Eheschließung (in der früheren Terminologie »Nichtehe«; dazu Rdnr. III-206 ff.) in der standesamtlichen Praxis eine größere Rolle.

Da die Ehe von Anfang an nicht existiert, bedarf es keiner gerichtlichen und allgemein verbindlichen Gestaltungsentscheidung, um sie aufzulösen. Ihre Nichtexistenz kann in jedem Verfahren, in dem sie als Vorfrage auftaucht, inzident geprüft werden.

Der Begriff der Vorfrage wird hauptsächlich im IPR verwendet; doch ist das Phänomen, dass im Tatbestand einer Vorschrift ein Rechtsbegriff auftaucht, der von einer anderen Vorschrift beherrscht wird, ein allgemeines und auch im Sachrecht feststellbares Problem.

III-202

Der Bestand der Ehe kann sich in allen denkbaren Verfahren als Vorfrage stellen, z.B. im Scheidungsrecht (als Vorfrage, ob überhaupt eine scheidbare Ehe besteht), im Unterhaltsrecht (als Tatbestandsvoraussetzung der §§ 1360 ff. BGB), im Rentenversicherungsrecht (als Vorfrage, ob die Frau »Witwe« ist).

III-203

Für das Standesamt stellt sich der Bestand der Ehe im Eheschließungsrecht als Vorfrage, ob ein Verlobter bereits verheiratet ist, vgl. Rdnr. III-59; im Rahmen des Abstammungsrechts als Vorfrage, ob das Kind von einer verheirateten Frau abstammt, § 1592 Nr. 1 BGB; vgl. Rdnr. IV-42; im Rahmen des Namensrechts als Vorfrage, ob die Personen, die die nachträgliche Wahl eines Ehenamens erklären wollen, verheiratet sind, § 1355 Abs. 2 und 3 BGB und Rdnr. III-574; usw.

Selbst eine isolierte, also von einer Vorfrage losgelöste – wenn auch nicht letztverantwortliche – Überprüfung ist denkbar. Hält das Standesamt, welches das Eheregister führt, eine Ehe für nichtig (nicht existent), so kann es eine Berichtigung herbeiführen, indem es einen Berichtigungsantrag nach § 48 Abs. 2 Satz 1 PStG stellt; näher *Gaaz/Bornhofen*, § 48 PStG Rdnr. 7, 13, 26. Das Berichtigungsverfahren ist unabhängig davon, ob der Bestand der Ehe im konkreten Augenblick für irgendeine andere Rechtsfolge vorgreiflich ist.

III-204

Lediglich »aufschiebende« Ehehindernisse sowie nicht sanktionierte Formvorschriften (vgl. Rdnr. III-25) bleiben ohne rechtliche Konsequenz; hier ist eine nachträgliche Überprüfung nicht nötig.

III-205

B. Die nichtige Ehe (»Nichtehe«)

I. Der Begriff der nichtigen Ehe nach dem EheschlRG

Eine im früheren Sprachgebrauch so bezeichnete »*Nichtehe*« liegt vor, wenn durch die Eheschließung keinerlei Ehewirkungen hervorgebracht werden. Das Nichtbestehen der Ehe kann zwar im Statusverfahren (§§ 121 ff. FamFG) festgestellt werden (s. § 121 Nr. 3 FamFG), aber – seit der Streichung des alten § 638 Satz 2 ZPO im Jahr 1998 – lediglich mit Wirkungen zwischen den Beteiligten, also inter partes, nicht erga omnes (näher *Frank*, StAZ 2012, 236, mit berechtigter Kritik de lege ferenda); auch wenn eine solche Feststellung nicht

III-206

erfolgt ist, kann sich jeder in jedem Verfahren auf das Nichtbestehen der Ehe berufen.

III-207   Unter einer »*nichtigen*« Ehe verstand das EheG vor dem Inkrafttreten des EheschlRG eine Ehe, die zunächst wirksam, aber mit einer Nichtigkeitsklage rückwirkend vernichtbar war, §§ 16 ff., 23 EheG. Zur Vernichtung bedurfte es also eines Gestaltungsurteils. Damit wich das Eherecht in unglücklicher und unnötiger Weise vom allgemeinen zivilrechtlichen Sprachgebrauch ab; denn in der Terminologie des Allgemeinen Teils des BGB bedeutet Nichtigkeit Unwirksamkeit von Anfang an.

III-208   Nach dem EheschlRG gibt es die »Nichtigkeit« in diesem eherechtlichen Sinne nicht mehr; sie ist nicht etwa nur terminologisch umbenannt, sondern als Rechtsinstitut abgeschafft worden. Damit kann der Begriff auch im Eherecht in der üblichen Bedeutung des Allgemeinen Teils verwendet werden. Die Standesämter sollten sich daher des Begriffs der »nichtigen Ehe« bedienen, wenn sie eine »Nichtehe« meinen.

II. Der Tatbestand der nichtigen Ehe

III-209   Die Eheschließungsvoraussetzungen, deren Fehlen zu einer nichtigen Ehe (»Nichtehe«) führt, sind in § 1310 BGB zusammengefasst; daneben besteht schon aufgrund der allgemeinen Ehedefinition (s. Rdnr. III-4, III-52) die ungeschriebene Voraussetzung der Geschlechtsverschiedenheit.

III. Die Heilung der nicht standesamtlich geschlossenen Ehe

1. Allgemeines, Rechtsentwicklung

III-210   Schon der erste Blick auf den Katalog der Nichtigkeitsgründe zeigt, dass die Modalitäten der Mitwirkung des Standesamts bei der Eheschließung im deutschen Eheschließungsrecht, historisch bedingt, eine überragende Bedeutung besitzen. Das PStG von 1875, das auf dem Höhepunkt des Kulturkampfs entstand, enthielt in seinem § 41 die rigorose Bestimmung, dass innerhalb des Deutschen Reichs »eine Ehe rechtsgültig nur vor dem Standesbeamten geschlossen werden« könne (zur Rechtsentwicklung s. *Hepting/Gaaz*, Bd. 2 Rdnr. III-226 ff.). Vor dem historischen Hintergrund des PStG erschien es als rechtspolitisch konsequent, dass die Heilung einer nichtstandesamtlichen Eheschließung ausgeschlossen war.

III-211   Die Folgen waren gravierend, vor allem in Fällen mit Ausländerbeteiligung. Art. 13 Abs. 3 EGBGB erzwang die Form des deutschen Rechts, und die Gerichte weigerten sich zunächst rigoros, das Regelungsdefizit durch Rechtsfortbildung auszugleichen (s. etwa die schreiend ungerechten Entscheidungen BSGE 10, 1 = FamRZ 1959, 278; BSG, FamRZ 1972, 131; FamRZ 1978, 240 und FamRZ 1981, 767 mit Anm. *Bosch*). Erst die »Witwenrenten-Entscheidung« des BVerfG vom 30.11.1982 (BVerfGE 62, 323 = FamRZ 1983, 251 mit Anm. *Bosch* = IPRax 1984, 88; *Bayer/Knörzer/Wandt*, FamRZ 1983, 770) brachte eine Korrektur der Ergebnisse, ohne freilich die eherechtlichen Grundlagen ändern zu können.

Erst das EheschlRG hat mit § 1310 Abs. 3 BGB eine eherechtliche Heilungsmöglichkeit geschaffen, die den Vertrauensschutz freilich auf formale Vertrauenstatbestände beschränkt (zur Kritik s. Rdnr. III-217). Zur Heilung, wenn die Voraussetzungen nach § 1310 Abs. 3 BGB bereits vor dem EheschlRG erfüllt wurden, s. *Kraus*, StAZ 2006, 266, 268.

III-212

2. Die Voraussetzungen der Heilung

a) Allgemeines

Ist die Ehe nichtig, weil *kein Standesbeamter mitgewirkt* hat, so kann sie unter den Voraussetzungen des § 1310 Abs. 3 BGB geheilt werden. Voraussetzungen sind zum einen ein amtlich gesetzter Vertrauenstatbestand, zum anderen ein eheliches Zusammenleben von einer gewissen Dauer.

III-213

Die nicht standesamtlich geschlossene Ehe ist die einzige Fallgruppe der nichtigen Ehen, bei der die Heilung möglich ist.

III-214

Ist die Ehe hingegen nichtig, weil es an den Eheschließungserklärungen fehlt, so ist Heilung nicht möglich (§ 1310 Abs. 3 BGB e contrario); die »Ehegatten« müssen die Ehe erneut schließen. Mit diesem Erfordernis will das Gesetz verhindern, dass eine Verbindung, die zunächst als nichteheliche Lebensgemeinschaft gedacht war, durch Zeitablauf und einen amtlich gesetzten Vertrauenstatbestand zu einer Ehe erstarkt (*Wagenitz/Bornhofen*, EheschlRG Rdnr. 4-42).

Gleiches gilt, wenn die »Ehegatten« gleichen Geschlechts sind; hier ist freilich auch eine erneute Eheschließung ausgeschlossen.

Bei der Regelung des *geschützten Vertrauenstatbestands* zeigt sich, dass der Gesetzgeber nach wie vor der Mitwirkung eines Standesbeamten die entscheidende Bedeutung beimisst. Die drei Tatbestände des § 1310 Abs. 3 Nr. 1 bis 3 BGB werden ausschließlich vom Standesbeamten gesetzt (wegen weiterer Einzelheiten s. Rdnr. III-218 ff.).

III-215

Die Vorschrift nennt folgende Fälle:
– Eintragung ins Eheregister; Voraussetzung ist, dass die Ehegatten in einem inländischen Standesamt heiraten (§ 1310 Abs. 3 Nr. 1 BGB);
– Eintragung eines Hinweises auf die Eheschließung ins Geburtenregister, § 1310 Abs. 3 Nr. 2 BGB i. V. m. § 21 Abs. 3 Nr. 2 PStG;
– Entgegennahme einer familienrechtlichen – in der Praxis meist namensrechtlichen – Erklärung durch das Standesamt und Erteilen einer diesbezüglichen Bescheinigung, § 1310 Abs. 3 Nr. 3 BGB.

Als *zeitliche Voraussetzung* verlangt § 1310 Abs. 3 BGB, dass das eheliche Zusammenleben mindestens zehn Jahre, beim Tod eines Ehegatten mindestens fünf Jahre gedauert hat.

III-216

b) Kritik

III-217 § 1310 Abs. 3 BGB bedeutet ohne Zweifel einen erheblichen Fortschritt gegenüber der früheren unbefriedigenden Regelung, kann jedoch nicht alle Problemfälle bewältigen. Die Heilung ist an rein formal-verfahrensrechtliche Vertrauenstatbestände geknüpft, so dass weiterhin das Risiko besteht, dass vermeintlichen Ehegatten wegen irgendwelcher Verfahrensdefizite der Verheiratetenstatus verweigert wird.

Sinnvoller wäre es, auf einen allgemeiner umschriebenen, materiell definierten Tatbestand abzustellen, den man »gutgläubig gelebte Ehe« nennen könnte (so *Coester*, StAZ 1988, 128 f.; zustimmend *Hepting*, IPRax 1994, 355, 360; s. a. *Frank*, StAZ 2011, 236). Wegen Einzelheiten der Kritik s. a. *Hepting/Gaaz*, Bd. 2 Rdnr. III-290 ff.

3. Die Vertrauenstatbestände im Einzelnen

a) Eintragung der Ehe in das Eheregister

III-218 Die Nichtehe kann geheilt werden, wenn sie das Standesamt in das Eheregister eingetragen hat, § 1310 Abs. 3 Nr. 1 BGB.

III-219 Die Eintragung ins *Eheregister* spielt als Vertrauenstatbestand eine nur geringe Rolle. Da sie gemäß § 15 PStG »im Anschluss an die Eheschließung« zu erfolgen hat, ist die eingetragene Ehe i. d. R. nicht heilungsbedürftig: Wenn der zuständige eheschließende Standesbeamte selbst einträgt, ist die Ehe überhaupt nicht fehlerhaft; tut es ein Scheinstandesbeamter, so folgt die Heilung schon aus § 1310 Abs. 2 BGB.

Von der Vorschrift erfasst wird also allenfalls der Fall, dass die Ehe von einem Scheinstandesbeamten geschlossen, aber von dem zuständigen Standesamt beurkundet wird (s. Rdnr. III-187). Wer der Ansicht ist, dass ein betrunkener Standesbeamter nicht mitwirkungs*fähig* ist, kommt mangels Mitwirkung zunächst zu einer Nichtehe; doch kann derselbe Standesbeamte in nüchternem Zustand seine fehlende Mitwirkung nachträglich über § 1310 Abs. 3 Nr. 1 BGB heilen (s. Rdnr. III-175 ff.).

b) Eintragung eines Hinweises in das Geburtenregister

III-220 Die Nichtehe kann geheilt werden, wenn das Standesamt im Zusammenhang mit der Beurkundung der Geburt eines gemeinsamen Kindes der Ehegatten einen Hinweis auf die Eheschließung in das Geburtenregister eingetragen hat, § 1310 Abs. 3 Nr. 2 BGB.

III-221 Dieser Tatbestand ist erfüllt, wenn die Eheschließung der Eltern gemäß § 21 Abs. 3 Nr. 2 PStG im Hinweisteil des Geburtseintrags vermerkt wird; s. näher *Gaaz/Bornhofen*, § 21 PStG Rdnr. 64.

c) Entgegennahme einer familienrechtlichen Erklärung

III-222 Die Nichtehe kann geheilt werden, wenn das Standesamt von den Ehegatten eine familienrechtliche Erklärung, die zu ihrer Wirksamkeit eine bestehende

Ehe voraussetzt, entgegengenommen hat und den Ehegatten hierüber eine in Rechtsvorschriften vorgesehene Bescheinigung erteilt worden ist, § 1310 Abs. 3 Nr. 3 BGB. Eine Zusammenstellung von Einbürgerungsunterlagen durch das Standesamt reicht hierfür nicht aus (OLG Frankfurt a. M., StAZ 2014, 207, 208).

Die Vorschrift ist zwar allgemein formuliert, zielt aber auf eine ganz konkrete Fallgruppe ab, nämlich auf namensrechtliche Erklärungen, etwa nach § 1355 BGB und Art. 10 Abs. 2 EGBGB. Geben Ehegatten eine solche Erklärung ab, so hat das Standesamt den Bestand der Ehe als materiellrechtliche Vorfrage zu prüfen und zu bejahen, bevor es die Erklärung entgegennimmt (näher Rdnr. III-574). Entsprechendes gilt für die Angleichungserklärung nach Art. 47 EGBGB – auch wenn sie nicht konstitutiv ist, s. Rdnr. II-386 ff. – oder die Namenswahl nach Art. 48 EGBGB, sofern sie den Bestand einer Ehe voraussetzen, vgl. Art. 47 Abs. 1 Satz 2 bzw. Art. 48 Satz 4 EGBGB. Jedenfalls über die Angleichungserklärung nach Art. 47 EGBGB ist gemäß § 46 PStV eine Bescheinigung zu erteilen, die nach Ansicht des Gesetzgebers einen ausreichend starken Vertrauenstatbestand begründet.

III-223

C. Die aufhebbare Ehe

I. Der Begriff der Aufhebbarkeit

Die Aufhebbarkeit der Ehe ist die allgemeine und repressive Folge, mit der das Recht in den meisten Fällen auf eine fehlerhafte Eheschließung reagiert. Bei ganz elementaren Fehlern tritt Nichtigkeit ein (s. Rdnr. III-206 ff.); bei unwesentlichen Fehlern (s. z. B. § 1312 BGB) bzw. dann, wenn sich eine Rechtsgüterkollision auf andere und einfachere Weise lösen lässt (z. B. bei der Adoptivverwandtschaft, s. Rdnr. III-113), reagiert das Eherecht überhaupt nicht und lässt den Fehler sanktionslos. Das breite Spektrum möglicher Fehlertatbestände zwischen diesen beiden Extremen wird von der Aufhebbarkeit erfasst.

III-224

Aufhebung bedeutet, dass die Ehe auf Antrag durch gerichtliche Entscheidung aufgelöst wird, § 1313 Satz 1 und 2 BGB, und zwar nicht rückwirkend (ex tunc), sondern mit Wirkung für die Zukunft (ex nunc).

Die Aufhebung einer Ehe steht allein den Gerichten zu, § 1313 Satz 1 BGB (»Auflösungsmonopol«; vgl. entsprechend auch § 1564 Satz 1 BGB).

III-225

Daher sind die repressiven Folgen der Aufhebbarkeit für das Standesamt irrelevant; s. schon Rdnr. III-201. Sobald der Eheschließungsvorgang beendet ist, hat es, gestützt auf die Vermutung des § 54 PStG, die aufhebbare Ehe als mit vollen Rechtswirkungen bestehende Ehe so zu beachten, wie sie sich aus den Personenstandsregistern ergibt. Der dem Tatbestand der Aufhebbarkeit begründende Eheschließungsfehler ist für seine Tätigkeit bedeutungslos; es hat kein Recht und auch keinen Anlass, ihn zu überprüfen.

Wird ihm ein rechtskräftiger Aufhebungsbeschluss vorgelegt, so hat das Standesamt die Auflösung der Ehe als Rechtstatsache hinzunehmen. Seine

Tätigkeit beschränkt sich darauf, die Statusänderung in die Personenstandsregister zu übertragen. Auch hier hat es weder das Recht noch den Anlass, das Ergebnis der gerichtlichen Entscheidung zu überprüfen.

III-226 Große Bedeutung haben die Aufhebbarkeitstatbestände allerdings in ihrer präventiven Funktion; hierzu s. § 1310 Abs. 1 Satz 2 Halbs. 2 i. V. m. § 1314 Abs. 2 BGB; zur analogen Anwendbarkeit in den Fällen des § 1314 Abs. 1 BGB, in denen der § 1310 Abs. 1 Satz 2 Halbs. 2 BGB nicht eingreift, s. Rdnr. III-166 ff. sowie III-192.

II. Die Tatbestände der aufhebbaren Ehe

III-227 Bei der Regelung der Aufhebungsgründe verwendet das Gesetz unterschiedliche Regelungstechniken.

§ 1314 Abs. 1 BGB verweist auf ausdrücklich geregelte Eheschließungsvoraussetzungen und erklärt ihr Fehlen zum Aufhebungsgrund. Dies ist der Fall bei Verstößen gegen die Regeln über die Ehefähigkeit (Ehemündigkeit und Geschäftsfähigkeit, §§ 1303, 1304 BGB), bei einem Verstoß gegen die Eheverbote der Doppelehe und der Verwandtschaft, §§ 1306, 1307 BGB, sowie bei den in § 1311 BGB genannten Mängeln des Eheschließungsvorgangs.

III-228 Demgegenüber bedient sich § 1314 Abs. 2 BGB nicht der Verweisungstechnik, sondern umschreibt die Aufhebungsgründe selbst. Im Wesentlichen handelt es sich hier um Fehler bei der Bildung des Eheschließungswillens. Aus der Reihe fällt der vom EheschlRG neu eingefügte Aufhebungsgrund der rechtsmissbräuchlichen Scheinehe, § 1314 Abs. 2 Nr. 5 BGB; hier handelt es sich nicht um den Fall einer Störung des Eheschließungswillens, sondern um ein vom Gesetz missbilligtes und sanktioniertes Eheschließungsmotiv, s. näher Rdnr. III-134 ff.

III. Die Folgen der Aufhebbarkeit

III-229 Die Aufhebung erfolgt durch einen gestaltenden Beschluss. Die für das Standesamt einzig relevante Rechtsfolge der Aufhebung ist die statusrechtliche Auflösung der Ehe selbst. Die sog. »Aufhebungsfolgen« in § 1318 BGB betreffen nur die daran anschließenden weiteren Konsequenzen der Eheauflösung, berühren also nicht den Tätigkeitsbereich des Standesamts.

III-230 Bemerkenswert für die standesamtliche Praxis ist allenfalls die negative Regelung, dass § 1318 BGB in den Abs. 2 bis 5 den § 1355 Abs. 5 BGB nicht erwähnt; hierzu Rdnr. III-621 ff.

IV. Die Heilung der aufhebbaren Ehe

III-231 Die Heilung aufhebbarer Ehen ist in § 1315 BGB zusammengefasst. Die Einzelheiten sind für die Tätigkeit des Standesamts unerheblich. Solange die Ehe nicht aufgehoben ist, muss es ohnehin von ihrer Vollwirksamkeit ausgehen

(s. Rdnr. III-201), gleichgültig, ob sich der Heilungstatbestand verwirklicht hat oder nicht. Die Frage nach der Heilung stellt sich ausschließlich im gerichtlichen Aufhebungsverfahren, wo die Rechtsfolge des § 1315 Abs. 1 und 2 BGB ggf. die beantragte Aufhebung ausschließt. Den Beschluss hat das Standesamt ohne Überprüfungsmöglichkeit hinzunehmen und im Falle einer Aufhebung in das Eheregister zu übertragen, § 16 Abs. 1 Satz 1 Nr. 3, 1. Variante PStG; s. hierzu *Gaaz/Bornhofen*, § 16 PStG Rdnr. 16 ff.

Fünfter Abschnitt: Eheschließungen mit Auslandsbezug

A. Qualifikations- und Verfahrensfragen

I. Die Bedeutung von IPR und IZVR

Bei Eheschließungen mit einem Bezug zum Ausland sind die Vorschriften des internationalen Privatrechts (IPR) und internationalen Zivilverfahrensrechts (IZVR) zu beachten. Die allgemeinen Grundsätze des IPR und IZPR sind in Teil VI erläutert. Die folgende Kommentierung beschränkt sich darauf, die eherechtlichen Besonderheiten darzustellen.

III-232

II. Die Unterscheidung von materiellen Voraussetzungen, Form und Verfahren

Betrachtet man die Eheschließung als umfassenden Gesamttatbestand, der mit der Anmeldung beim Standesamt (§ 12 PStG) beginnt und mit der Beurkundung im Eheregister endet (§ 15 PStG), so umfasst er eine Vielzahl von Elementen, die teils als materiellrechtliche Erfordernisse, teils als Formvoraussetzungen, teils als Bestandteile des Personenstandsverfahrens zu qualifizieren sind. Die systematische Einordnung im Gesetz ist nicht immer folgerichtig (s. z. B. Rdnr. III-17 ff.). Anders als im Sachrecht hat die Einordnung im Kollisionsrecht erhebliche praktische Konsequenzen; denn von ihr hängt die Qualifikation (vgl. Rdnr. III-251 ff.) und damit die kollisionsrechtliche Anknüpfung jeder einzelnen Frage ab.

III-233

III. Die praktische Bedeutung des internationalen Eheschließungsrechts für das Standesamt

1. Die Bedeutung für die zu schließende Ehe selbst

Für das Standesamt, das eine Ehe mit Ausländerbeteiligung schließen soll, hat die kollisionsrechtliche Bestimmung des maßgeblichen Rechts, insbeson-

III-234

dere aber die Anwendung ausländischen Eheschließungsrechts eine nur eingeschränkte Bedeutung.

III-235 Das Standesamt hat im Anmeldeverfahren die Staatsangehörigkeit der Verlobten festzustellen; vgl. *Gaaz/Bornhofen,* § 12 PStG Rdnr. 34. Bei deutschen Verlobten kommt es über Art. 13 Abs. 1 EGBGB, ggf. i. V. m. Art. 5 Abs. 1 Satz 2 EGBGB, sogleich zur Anwendbarkeit deutschen Rechts.

III-236 Bei anderen Verlobten hat es zu prüfen, ob sie zu einer Personengruppe gehören, auf die kraft Sonderanknüpfung des Personalstatuts ebenfalls deutsches Recht anzuwenden ist, also ob sie Staatenlose, Flüchtlinge, Asylberechtigte usw. sind (hierzu näher *Gaaz/Bornhofen,* § 12 PStG Rdnr. 36; vgl. auch allgemein Rdnr. VI-38 f.). Bejaht es diese Frage, so kommt es ebenfalls zur Anwendbarkeit deutschen Rechts.

In all diesen Fällen kann es die materiellen Eheschließungsvoraussetzungen nach deutschem Recht bestimmen. Die Eheschließungsform (Art. 13 Abs. 3 Satz 1 EGBGB) und das Personenstandsverfahren richten sich ohnehin nach deutschem Recht.

III-237 Bei anderen ausländischen Verlobten verweist Art. 13 Abs. 1 EGBGB das Standesamt auf ausländisches Recht.

In diesem Fall greift § 1309 BGB ein; der ausländische Verlobte hat ein *Ehefähigkeitszeugnis* vorzulegen, Abs. 1, bzw. sich von der Vorlage *befreien* zu lassen, Abs. 2.

Diese Regelung entlastet das Standesamt – zumindest im Grundsatz – von der oft schwierigen Prüfung ausländischen Rechts; die Untersuchung, ob das ausländische IPR zurück- oder weiterverweist (s. Rdnr. III-246), die Prüfung der Ehefähigkeit nach dem maßgeblichen ausländischen Statut sowie die Frage, ob ersatzweise deutsches Recht herangezogen werden muss, Art. 13 Abs. 2 EGBGB, werden dem Standesamt entweder durch die das Ehefähigkeitszeugnis ausstellende ausländische Behörde oder den OLG-Präsidenten abgenommen.

Dem Standesamt vorbehalten ist die Prüfung des Ehewillens bei §§ 1310 Abs. 1 Satz 2 Halbs. 2, 1314 Abs. 2 BGB, die als verfahrensrechtliche Regelungen unabhängig vom Eheschließungsstatut zu prüfen sind (s. Rdnr. III-254), insbesondere im Zusammenhang mit den Aufenthaltsehen (näher Rdnr. III-134 ff. und III-325).

III-238 Dass das Standesamt regelmäßig nicht bis zur eigentlichen Prüfung des ausländischen Rechts vordringt, bedeutet allerdings nicht, dass dieses überhaupt nicht beachtet werden müsste. Das Standesamt ist gemäß § 12 Abs. 3 PStG verpflichtet, bei der Vorbereitung eines etwaigen Befreiungsantrags eines ausländischen Verlobten alle Informationen zu sammeln, die der OLG-Präsident braucht, um die Befreiung zu erteilen. Dazu muss es aber wissen, worauf es rechtlich ankommt. Zum Nachweis der Identität und der Staatsangehörigkeit s. etwa OLG Rostock, StAZ 2007, 208; ferner *Gaaz/Bornhofen,* § 12 PStG Rdnr. 37 f.

III-239 Fälle, in denen die eigenverantwortliche Prüfung des ausländischen Eheschließungsrechts dem Eheschließungsstandesamt obliegt, sind die Ausnahme.

Möglich ist etwa, dass ein ausländischer Verlobter ein – inhaltlich falsches – Ehefähigkeitszeugnis vorlegt, obwohl er nach Überzeugung des Standesamts nach seinem Heimatrecht nicht ehefähig ist. Da das Standesamt an das Ehefähigkeitszeugnis wie auch an die Befreiung nicht gebunden ist (vgl. BGHZ 46, 87, 92 = StAZ 1966, 287; näher *Gaaz/Bornhofen*, § 12 PStG Rdnr. 65), hat es nunmehr die Eheschließungsvoraussetzungen selbst zu überprüfen. Ein Befreiungsverfahren nach § 1309 Abs. 2 BGB darf nicht stattfinden, da der Ausländer ja ein Ehefähigkeitszeugnis vorgelegt hat. Das Standesamt muss und kann dann über die Ehefähigkeit selbst entscheiden.

Ferner hat das Standesamt etwa bei der beabsichtigten »Aufenthaltsehe« eines Ausländers nicht nur das rein tatsächliche Fehlen des Eheschließungswillens festzustellen, sondern auch zu prüfen, ob daraus nach ausländischem Recht die Aufhebbarkeit der Ehe folgt (s. Rdnr. III-326), sofern man nicht ohnehin der Ansicht ist, dass es die Eheschließung aufgrund des – stets *deutschen* – ordre public verweigern darf (s. Rdnr. III-335).

III-240

2. Die Ehe als Vorfrage

Die Frage nach den Wirksamkeitsvoraussetzungen einer Ehe stellt sich nicht nur im Eheschließungsverfahren selbst, sondern auch dann, wenn der Rechtsbegriff »Ehe« im Tatbestand einer anderen Vorschrift auftaucht (sog. »Vorfrage«; hierzu schon Rdnr. III-203). Diese Vorschrift kann materiellrechtlich, aber auch verfahrensrechtlich sein; zur Nachbeurkundung einer im Ausland geschlossenen Ehe *Helms*, StAZ 2014, 201.

III-241

Um festzustellen, ob das Tatbestandsmerkmal »Ehe« erfüllt ist, muss man in diesem Fall die Wirksamkeitsvoraussetzungen der konkret geschlossenen Ehe kollisionsrechtlich gesondert anknüpfen und sachrechtlich überprüfen.

Dabei ist umstritten, ob Vorfragen generell »selbständig« – d. h. nach deutschem IPR – oder »unselbständig« – d. h. nach dem Recht der Hauptfrage – anzuknüpfen sind. In der letzten Zeit scheint sich mehr und mehr die Auffassung durchzusetzen, dass die Frage nicht generell beantwortet werden kann, sondern von Fallgruppe zu Fallgruppe neu bewertet werden muss (s. allgemein MünchKomm/*Sonnenberger,* Einl. IPR Rdnr. 533 ff.; s. a. Rdnr. VI-61 ff.).

III-242

So wie die kollisionsrechtliche Prüfung der Voraussetzungen einer *zu schließenden* Ehe der *präventiven* Wirkung der Ehehindernisse entspricht, so entspricht die spätere Prüfung, ob eine bereits *geschlossene* Ehe kollisionsrechtlich wirksam ist, der *repressiven* Wirkung.

III-243

Beide Wirkungen unterstehen demselben Statut; denn es gilt der Grundsatz, dass das Recht, das rechtliche Erfordernisse aufstellt und durch die Missachtung dieser Erfordernisse verletzt wird, auch über die Fehlerfolgen entscheidet (Rdnr. III-250).

In diesem Zusammenhang steht auch die Frage, ob eine Ehe, die nach den im Eheschließungszeitpunkt maßgeblichen Statuten zunächst fehlerhaft war, durch einen Statutenwechsel geheilt werden kann. Wenn die Ehegatten später eine enge kollisionsrechtliche Beziehung zu einer anderen Rechtsordnung begründen, die die Ehe als wirksam ansieht, liegt es nahe, die Ehe nach

III-244

dem neuen Statut zu beurteilen und als wirksam zu behandeln (allgemein zu der Problematik MünchKomm/*Coester*, Art. 13 EGBGB Rdnr. 17 ff., 165; *Staudinger/Mankowski*, Art. 13 EGBGB Rdnr. 90 ff.).

B. Das IPR der materiellen Ehevoraussetzungen

I. Der Anknüpfungsgrundsatz, Art. 13 Abs. 1 EGBGB

III-245 Gemäß Art. 13 Abs. 1 EGBGB unterstehen die materiellen Eheschließungsvoraussetzungen dem Heimatrecht jedes Verlobten. Sie sind also für jeden Verlobten gesondert anzuknüpfen; maßgeblich ist sein jeweiliges »Personalstatut«; hierzu allgemein Rdnr. VI-31 ff. Aus diesem Grund hat das Standesamt stets die Staatsangehörigkeit der Verlobten festzustellen; vgl. *Gaaz/Bornhofen*, § 12 PStG Rdnr. 34.

III-246 Eine etwaige Rück- oder Weiterverweisung des Heimatrechts ist zu beachten (Art. 4 Abs. 1 Satz 1 EGBGB).

III-247 Gehören beide Verlobte unterschiedlichen Staaten an, so sind demzufolge die Vorschriften beider Heimatrechte nebeneinander anzuwenden. Dabei gilt der Grundsatz des »ärgeren Rechts«: Wenn auch nur eines der beiden Heimatrechte die Eheschließung verbietet, kann die Ehe nicht geschlossen werden.

Im Ergebnis kommt man also zu einer »Kumulation« beider Statute; doch ist die Verschiedenheit der jeweiligen Bezugs- und Anknüpfungspersonen zu beachten.

III-248 Das Eheschließungsstatut beherrscht alle materiellrechtlichen Eheschließungsvoraussetzungen, die das Standesamt bzw. der die Befreiung vom Ehefähigkeitszeugnis aussprechende OLG-Präsident bei der *präventiven* Kontrolle im Anmeldungsverfahren zu überprüfen hat. Hierzu gehören Ehemündigkeit und Ehefähigkeit, die ggf. nötige Zustimmung Dritter sowie die Eheverbote (»Eheschließungs*zulassungs*voraussetzungen«, vgl. Rdnr. III-19), aber auch die Grundvoraussetzung der Verschiedengeschlechtlichkeit (s. Rdnr. III-52). Eheschließungsvoraussetzung ist ferner das Fehlen von bereits vor der Eheschließung erkennbaren und rechtlich beachtlichen Willensmängeln; vgl. Rdnr. III-521 sowie *Gaaz/Bornhofen*, § 13 PStG Rdnr. 3.

Von Art. 13 Abs. 1 EGBGB erfasst werden ferner die materiellrechtlichen Elemente des *Eheschließungsvorgangs* selbst; hierzu näher Rdnr. III-392 f.

III-249 Hingegen gilt Art. 13 Abs. 1 EGBGB nicht für die Eheschließungsform; hierzu Art. 11 Abs. 1, 13 Abs. 3 EGBGB und Rdnr. III-394 ff.

III-250 Schließlich beherrscht das Eheschließungsstatut auch die *repressiven* Wirkungen einer materiellrechtlich fehlerhaften Eheschließung. Hier gilt der allgemeine Grundsatz, dass die Folgen einer Rechtsverletzung dem verletzten Recht zu entnehmen sind (MünchKomm/*Coester*, Art. 13 EGBGB Rdnr. 110).

Sehen die Heimatrechte der beiden Verlobten unterschiedlich weitreichende Fehlerfolgen vor, so entscheidet auch hier das »ärgere Recht« (vgl. MünchKomm/*Coester*, Art. 13 EGBGB Rdnr. 115; *Staudinger/Mankowski*, Art. 13

EGBGB Rdnr. 443 ff.). So setzt sich etwa die Rechtsfolge der Nichtehe gegenüber der Vernichtbarkeit durch, letztere gegenüber der Aufhebbarkeit, usw.

II. Die Eheschließungsvoraussetzungen im Einzelnen

1. Allgemeines

a) Qualifikationsfragen

aa) Das Statut des Art. 13 Abs. 1 EGBGB beherrscht zunächst alle materiellrechtlichen Voraussetzungen, die vorliegen müssen, damit ein Verlobter zur Eheschließungshandlung überhaupt *zugelassen* werden kann (vgl. Rdnr. III-19); allerdings müssen sie ihrem Rechtscharakter nach privatrechtlich sein (s. Rdnr. III-256). Hierzu gehören zunächst die üblichen Eheschließungsvoraussetzungen wie die Ehefähigkeit und das Nichtvorliegen von Eheverboten. III-251

Zur Anknüpfung der Form s. Rdnr. III-394 ff.

bb) Unter Art. 13 Abs. 1 EGBGB fallen ferner der materielle Ehewille und seine etwaigen Defizite. Als Ehe*hindernisse* i.e.S. können sie sich allerdings nur dann auswirken, wenn sie bereits vor der Eheschließung berücksichtigt werden können. III-252

Ob sie während des Vorbereitungsverfahrens überhaupt schon erkennbar sind, ist ein Problem der Tatsachenfeststellung (vgl. Rdnr. III-145 ff.; ähnlich wohl auch *Gaaz/Bornhofen,* § 13 PStG Rdnr. 19 ff.).

Rechtlich entscheidend ist die Frage, ob das Standesamt, das ein solches Willensdefizit erkannt hat, die Mitwirkung verweigern darf. Im deutschen Recht ist diese Verweigerung in § 1310 Abs. 1 Satz 2 Halbs. 2 BGB geregelt, also in dem Gesetz, das grundsätzlich die materiellen Eheschließungsvoraussetzungen beherrscht. Auf den ersten Blick könnte man daraus folgern, dass die Verweigerungsbefugnis materiellrechtlich zu qualifizieren und dem Eheschließungsstatut zu unterstellen sei. Die Folge wäre, dass das Standesamt eine Ehe, die nach dem maßgeblichen ausländischen Statut offensichtlich aufhebbar wäre, dennoch schließen müsste, wenn dieses Statut eine dem § 1310 Abs. 1 Satz 2 Halbs. 2 BGB entsprechende Regel nicht kennt. III-253

Doch ist § 1310 Abs. 1 Satz 2 Halbs. 2 BGB keine materiellrechtliche Vorschrift, sondern eine systemwidrig ins BGB eingestellte Vorschrift des Verfahrensrechts. Sie gehört eigentlich in das PStG, dessen § 13 Abs. 4 Satz 1 sie funktional entspricht, und ist eines von zahlreichen Beispielen für die ungenaue Systematisierung des Eheschließungsrechts (s. schon Rdnr. III-18 ff.; insoweit zutreffend *Wagenitz/Bornhofen,* EheschlRG Rdnr. 5-67). Sie wendet sich also ausschließlich an das Standesamt, welches das Eheschließungsverfahren durchführt und gilt damit auch, wenn die materiellen Eheschließungsvoraussetzungen ausländischem Recht unterliegen; zu den Konsequenzen für die präventive Verhinderung aufhebbarer Ehen s. Rdnr. III-329 ff. III-254

cc) Ob eine Eheschließungsvoraussetzung dem deutschen Recht bekannt ist oder nicht, spielt keine Rolle. Zwar gilt nach h.M. der Grundsatz, dass nach der inländischen lex fori zu qualifizieren ist (s. Rdnr. VI-15 ff.); dies bedeutet III-255 jedoch nicht, dass nur ein der lex fori bekanntes Rechtsinstitut unter den deutschen Systembegriff der Eheschließungsvoraussetzung eingeordnet werden könnte (vgl. MünchKomm/*Sonnenberger*, Einl. IPR Rdnr. 496 ff.). Es besagt vielmehr, dass fremde Rechtsinstitute bei dem Systembegriff eingeordnet werden, dem sie der Funktion nach am ehesten entsprechen. Die Funktion selbst wird dem ausländischen Recht entnommen, die Ordnungskriterien hingegen dem deutschen Recht.

III-256 Allerdings muss der Zweck der ausländischen Eheschließungsvoraussetzung *privat*rechtlich sein, wenn sie im internationalen *Privat*recht beachtet werden soll. Dies schließt öffentlichrechtliche, politische, religiöse usw. Ehehindernisse aus dem Anwendungsbereich des Art. 13 Abs. 1 EGBGB aus. Die konkrete Abgrenzung kann nur gesondert für jedes einzelne Eheschließungserfordernis erfolgen; s. Rdnr. III-340, III-354 ff., III-361 ff.

b) Einseitige und zweiseitige Ehehindernisse

III-257 Die Unterscheidung von einseitigen und zweiseitigen Ehehindernissen kann nur im internationalen Eherecht praxisrelevant werden (s. schon Rdnr. III-22). Im internen Eherecht spielt die Differenzierung keine Rolle; dort ist die Eheschließung stets verboten, gleichgültig um welches Ehehindernis es sich handelt und in der Person welches Verlobten es vorliegt. Die Zweiseitigkeit spielt erst dann eine Rolle, wenn über Art. 13 Abs. 1 EGBGB auf jeden Verlobten ein anderes Recht anwendbar wird.

III-258 Stellt eines der von Art. 13 Abs. 1 EGBGB berufenen Rechte ein *ein*seitiges Ehehindernis auf, so ist dies nur bei dem Verlobten zu beachten, der eben diesem Recht untersteht.

So ist z. B. das Erfordernis der Ehemündigkeit in § 1303 BGB einseitig (MünchKomm/*Coester*, Art. 13 EGBGB Rdnr. 48); ein ehemündiger deutscher Verlobter kann also aus Sicht der deutschen materiellen Eheschließungsvoraussetzungen einen jüngeren ausländischen Partner heiraten, da § 1303 BGB für diesen nicht gilt.

III-259 Ist das Ehehindernis hingegen *zwei*seitig, so hindert es die Eheschließung auch dann, wenn es nur in der Person des anderen Verlobten vorliegt, unabhängig davon, ob es nach dessen Personalstatut die Eheschließung hindert oder nicht.

So ist z. B. das Eheverbot der Doppelehe in § 1306 BGB zweiseitig. Ein verheirateter Deutscher kann also nicht noch einmal heiraten (insoweit einseitige Wirkung); doch kann auch ein lediger Deutscher einen bereits verheirateten Ausländer nicht heiraten, selbst wenn dessen Heimatrecht die Mehrehe erlaubt (insoweit zweiseitige Wirkung); vgl. RGZ 151, 313; MünchKomm/*Coester*, Art. 13 EGBGB Rdnr. 61.

III-260 Ob ein Ehehindernis zweiseitig ist, ist durch Auslegung der jeweiligen Sachnorm zu ermitteln (MünchKomm/*Coester* a. a. O. Rdnr. 48). So hat etwa das EheschlRG durch die Neuformulierung des § 1306 BGB klargestellt, dass die Doppelehe ein zweiseitiges Eheverbot ist, indem es ausdrücklich auf beide Eheschließende abstellt (s. Rdnr. III-295).

c) Befreiung von Ehehindernissen

aa) Abgrenzungsfragen

Ob von einem Ehehindernis überhaupt befreit werden kann, ist eine materiellrechtliche Frage; hierüber entscheidet das Eheschließungsstatut, das das Hindernis aufstellt. III-261

Von der Befreiungs*möglichkeit* ist die Befreiung *selbst* zu unterscheiden, sei es durch eine Behörde oder durch ein Gericht; die Befreiung selbst ist ein verfahrensrechtliches Problem, das unter zwei Aspekten auftreten kann: Zum einen stellt sich die Frage, ob ein deutsches Gericht zur Befreiung international zuständig ist, zum anderen die Frage, ob eine bereits durch ein ausländisches Gericht ausgesprochene Befreiung im Inland anzuerkennen und wirksam ist.

Von der Befreiung von einem Ehehindernis ist die Befreiung von der Beibringung des Ehefähigkeitszeugnisses nach § 1309 Abs. 2 BGB zu unterscheiden. Hierbei handelt es sich lediglich um die Befreiung von einem verfahrensrechtlichen Ehefähigkeitsnachweis, die sich stets nach dem Recht des die Ehe schließenden Standesamts richtet. III-262

bb) Die internationale Entscheidungszuständigkeit

Unionsrechtliche und staatsvertragliche Zuständigkeitsvorschriften sind auch hier grundsätzlich vorrangig zu beachten, vgl. § 97 FamFG. III-263

Der eherechtliche Teil der Brüssel-IIa-VO (Rdnr. II-85) ist unanwendbar, weil die Befreiung als Voraussetzung der Eheschließung nicht in den sachlichen Anwendungsbereich gemäß Art. 1 Abs. 1 Buchst. a Brüssel-IIa-VO fällt. Allerdings kann es sich bei der Befreiung eines Minderjährigen vom Erfordernis der Ehemündigkeit um eine Frage der »Ausübung der elterlichen Verantwortung« handeln, die nach Art. 1 Abs. 1 Buchst. b Brüssel-IIa-VO als Kindschaftssache in den Anwendungsbereich der Verordnung fällt. Der EuGH zieht den sachlichen Anwendungsbereich des kindschaftsverfahrensrechtlichen Teils der Verordnung weit. Grundsätzlich wird jede staatliche Maßnahme, die sich auf die elterliche Verantwortung auswirkt, von der Verordnung erfasst (s. EuGH, Rs. C-435/06 (C) Slg. 2007, I-10141, Rdnr. 33). Auf die Befreiung von Ehehindernissen, welche die elterliche Verantwortung betreffen (wie sie näher in Art. 2 Nr. 7 sowie Art. 1 Abs. 2, 3 Brüssel-IIa-VO umrissen wird), sind somit die Zuständigkeitsvorschriften der Art. 8 ff. Brüssel-IIa-Verordnung anwendbar. Dies betrifft vor allem Befreiungen vom Ehemündigkeitserfordernis sowie die Ersetzung einer verweigerten elterlichen Zustimmung (näher Rdnr. III-278). Die Zuständigkeitsvorschriften der Verordnung sehen in Art. 8 Abs. 1 grundsätzlich eine internationale Zuständigkeit der Gerichte desjenigen Mitgliedstaats vor, in dem das Kind bei der Antragstellung seinen gewöhnlichen Aufenthalt hat.

Art. 1 des Pariser CIEC-Übereinkommens zur Erleichterung der Eheschließung im Ausland vom 10.9.1964 (BGBl. 1969 II S. 451 = StAZ 1970, 12; *Schmitz/ Bornhofen/Bockstette*, Nr. 212; s. a. Rdnr. III-443) begründet eine Aufenthaltszuständigkeit für Angehörige der Vertragsstaaten. Deutschland hat jedoch die Geltung des ersten Titels des Abkommens und damit auch des Art. 1 ausgeschlossen.

III-264 Das MSA (Rdnr. II-111) sowie das KSÜ (Rdnr. II-109) erfassen grundsätzlich Fälle, in denen die Befreiung von einem Ehehindernis als »Schutzmaßnahme« i. S. dieser beiden Staatsverträge qualifiziert werden kann; auch dies betrifft vor allem Befreiungen vom Ehemündigkeitserfordernis sowie die Ersetzung einer verweigerten elterlichen Zustimmung (näher Rdnr. III-279); allerdings können auch die Befreiung von anderen Ehehindernissen bei minderjährigen Verlobten eine Schutzmaßnahme darstellen. Jedoch werden diese Übereinkommen im Verhältnis zwischen den an der Verordnung beteiligten Mitgliedstaaten der EU durch die Brüssel-IIa-VO verdrängt, wie Art. 60 Buchst. a Brüssel-IIa-VO für das MSA klarstellt; die Zuständigkeitsregeln des KSÜ werden nach Art. 61 Buchst. a Brüssel-IIa-VO jedenfalls dann von der Verordnung überlagert, wenn das betreffende Kind seinen gewöhnlichen Aufenthalt in der EU hat, was immer der Fall ist, wenn ein mitgliedstaatliches Gericht die allgemeine Zuständigkeit nach Art. 8 Abs. 1 Brüssel-IIa-VO geltend macht. Es kann sich damit allenfalls eine Zuständigkeit nach dem KSÜ ergeben, wenn das Kind seinen gewöhnlichen Aufenthalt außerhalb der EU hat.

III-265 Greifen auch die Brüssel-IIa-VO und das KSÜ nicht ein, weil die Befreiung vom Ehehindernis nicht als Kindschaftssache i. S. d. Brüssel-IIa-VO oder Schutzmaßnahme i. S. d. KSÜ zu qualifizieren ist, so richtet sich die internationale Zuständigkeit nach dem autonomen deutschen Verfahrensrecht, somit nach dem FamFG.

Für eine Befreiung von Ehehindernissen *nach deutschem Recht* sind die deutschen Gerichte nach dem FamFG jedenfalls dann international zuständig, wenn der betreffende Verlobte Deutscher ist.

Bei der Befreiung vom Ehehindernis der fehlenden Ehemündigkeit nach § 1303 BGB würde sich die internationale Zuständigkeit deutscher Gerichte – soweit weder die Brüssel-IIa-VO noch das KSÜ zur Anwendung kommen (s. Rdnr. III-263 f.) – aus § 99 Abs. 1 Satz 1 Nr. 1 FamFG ergeben, da es sich nach dem Willen des Gesetzgebers hierbei um eine Kindschaftssache i. S. von § 151 Nr. 1 FamFG handelt (BT-Drucks. 16/6308, S. 234), s. hierzu auch Rdnr. III-30.

Ist einer der Verlobten Deutscher, so sind deutsche Gerichte für die Befreiung vom Ehehindernis der Adoptivverwandtschaft nach § 101 Nr. 1 FamFG zuständig, da es sich hierbei nach § 186 Nr. 4 FamFG um eine Adoptionssache handelt.

III-266 Problematisch ist, ob deutsche Gerichte außerhalb des Anwendungsbereichs der Brüssel-IIa-VO auch dann nach dem FamFG international zuständig sein können, wenn der Verlobte Ausländer ist und die Befreiung von einem *ausländischen* Ehehindernis verlangt.

Unter Geltung des FGG leitete man eine Zuständigkeit deutscher Gerichte aus §§ 43 Abs. 1, 35b FGG a. F. ab. Aus dem Wortlaut dieser Normen ließ sich eine Fürsorgezuständigkeit sowohl in Fällen herleiten, in denen der betroffene Verlobte minderjährig war als auch in Fällen, in denen er volljährig war, s. *Hepting/Gaaz*, Bd. 2 Rdnr. III-345 ff.

Der Gesetzgeber hat die Regelungen der §§ 43 Abs. 1, 35b FGG a. F. allerdings nur in § 99 Abs. 1 FamFG übernommen, der auf die Kindschaftssachen im Sinne von § 151 FamFG Bezug nimmt (BT-Drucks. 16/6308, S. 220). Hat der ausländische Verlobte seinen gewöhnlichen Aufenthalt im Inland, so ergibt sich die internationale Zuständigkeit für die Befreiung vom ausländischen Ehehindernis der fehlenden Ehemündigkeit – in Anlehnung an die Befreiung nach § 1303 BGB – aus § 99 Abs. 1 Satz 1 Nr. 2 FamFG i. V. m. § 151 Nr. 1 FamFG; die örtliche Zuständigkeit kann sich insbesondere aus § 152 Abs. 3 FamFG ergeben.

Probleme bereiten nach Inkrafttreten des FamFG allerdings Fälle, in denen der ausländische Verlobte die Befreiung von einem ausländischen Ehehindernis der Adoptivverwandtschaft begehrt. Die internationale Zuständigkeit deutscher Gerichte in diesem Fall aus § 101 Nr. 2 FamFG herzuleiten, steht der Wortlaut des § 186 Nr. 4 FamFG entgegen, der nur die Befreiung vom inländischen Eheverbot der Adoptivverwandtschaft nach § 1308 BGB als Adoptionssache definiert.

Der Gesetzgeber des FamFG hat dabei jedoch den Fall nicht bedacht, dass in den Fällen des § 101 Nr. 2 FamFG für die Befreiung von einem etwaigen Ehehindernis der Adoptivverwandtschaft nach Art. 13 Abs. 1 EGBGB das ausländische Sachrecht maßgeblich sein kann. Da das FamFG – anders als §§ 43 Abs. 1, 35b FGG a. F. – mithin keine Regelung der internationalen Zuständigkeit für die Befreiung von einem ausländischen Ehehindernis der Adoptivverwandtschaft mehr enthält, besteht eine Regelungslücke, die sich durch eine analoge Anwendung des § 186 Nr. 4 FamFG schließen lässt. In diesen Fällen lässt sich eine internationale Zuständigkeit deutscher Gerichte daher über § 101 FamFG begründen.

Ungeklärt ist auch, ob deutsche Gerichte in Fällen international zuständig sind, in denen der ausländische Verlobte die Befreiung von einem ausländischen Ehehindernis begehrt, für das es im deutschen Sachrecht keine Entsprechung gibt (z. B. Ehehindernis der Milchverwandtschaft oder der Geschlechtsgemeinschaft, vgl. MünchKomm/*Coester*, Art. 13 EGBGB Rdnr. 54 m. w. N.).

Während nach altem Recht eine internationale Zuständigkeit deutscher Gerichte aus dem weiten Wortlaut der §§ 43 Abs. 1, 35b FGG a. F. hergeleitet werden konnte (s. *Hepting/Gaaz*, Bd. 2 Rdnr. III-347 m. w. N.), lässt sich eine solche mit dem Wortlaut der §§ 98 ff. FamFG nicht mehr vereinbaren; insbesondere eine internationale Zuständigkeit deutscher Gerichte nach § 99 Abs. 1 Satz 1 Nr. 2 FamFG oder nach § 99 Abs. 1 Satz 2 FamFG scheitert daran, dass die Befreiung von einem ausländischen Ehehindernis bei volljährigen Verlobten keine Kindschaftssache im Sinne von § 151 FamFG ist (so auch MünchKomm/*Coester*, Art. 13 EGBGB Rdnr. 93).

Aus dem materiellrechtlichen Art. 13 Abs. 2 EGBGB lässt sich die verfahrensrechtliche Zuständigkeit deutscher Gerichte nicht herleiten (so aber MünchKomm/*Coester*, Art. 13 EGBGB Rdnr. 94). In Betracht kommt jedoch eine analoge Anwendung des § 99 Abs. 1 FamFG: Dass die Ersetzung der §§ 43 Abs. 1, 35b FGG a. F. durch § 99 Abs. 1 FamFG i. V. m. § 151 FamFG nach dem Wortlaut des Gesetzes die allgemeine Fürsorgezuständigkeit für einen volljährigen ausländischen Verlobten mit gewöhnlichem Aufenthalt im Inland entfallen lässt, hat der Gesetzgeber des FamFG nicht beabsichtigt. Hätte der Gesetzgeber die allgemeine Fürsorgezuständigkeit abschaffen wollen, so wäre es zu erwarten gewesen, dass er diese Entscheidung begründet; die Materialien enthalten hierzu jedoch nichts (vgl. BT-Drucks. 16/6308, S. 220). Dass die allgemeine Fürsorgezuständigkeit nach §§ 43 Abs. 1, 35b FGG a. F. nach dem Wortlaut des FamFG entfallen ist, erweist sich demnach als eine unbeabsichtigte Lücke der Neuformulierung im FamFG, die sich durch eine Analogie zu § 99 Abs. 1 FamFG schließen lässt.

cc) Die Anerkennung ausländischer Befreiungen

III-269 Während die internationale Zuständigkeit für die gerichtliche Befreiung in der Standesamtspraxis unmittelbar von geringerer Bedeutung ist, stellt sich auch für das Standesamt die Frage, ob eine ausländische Befreiungsentscheidung bei der Prüfung der Eheschließungsvoraussetzung von Bedeutung ist.

III-270 Soweit die gerichtliche Befreiung in den Anwendungsbereich der Brüssel-IIa-VO fällt, also die Befreiung nicht nur sachlich erfasst (s. Rdnr. III-263), sondern auch aus einem Mitgliedstaat der EU (mit Ausnahme Dänemarks) stammt, sind auch die Anerkennungsregeln dieser Verordnung für Entscheidungen in Kindschaftssachen maßgeblich (näher hierzu Rdnr. II-86 ff.). Erfolgte die Befreiung von einem Ehehindernis in einem Vertragsstaat des KSÜ oder MSA auf deren Grundlage (s. Rdnr. III-264), so richtet sich die Anerkennung nach den Anerkennungsregeln dieser Übereinkommen (näher hierzu Rdnr. II-105 ff.), wobei bei Vertragsstaaten sowohl des KSÜ als auch des MSA das KSÜ auch hier Vorrang genießt (s. Rdnr. II-111). Das KSÜ und das MSA kommen dagegen nicht zur Anwendung, wenn die Befreiungsentscheidung aus einem Vertragsstaat stammt, der zugleich Mitgliedstaat der EU ist (s. Rdnr. II-110, II-111).

III-271 In allen anderen Fällen – also bei Befreiungsentscheidungen, die entweder nicht in den sachlichen Anwendungsbereich der Brüssel-IIa-VO, des KSÜ oder des MSA fallen oder aus Drittstaaten stammen – erfolgt die Anerkennung nach Maßgabe des autonomen deutschen Rechts. Grundlage ist daher § 108 FamFG. Wichtigste Voraussetzung ist die internationale Zuständigkeit des ausländischen Gerichts; um sie festzustellen, sind gemäß § 109 Abs. 1 Nr. 1 FamFG die Zuständigkeitsvorschriften des deutschen IZVR auf den ausländischen Fall zu »spiegeln«; vgl. – allerdings noch zum Rechtszustand vor dem FamFG – *Kampe*, StAZ 2008, 348; zur Präzisierung des Verweises auf die deutschen Zuständigkeitsregeln näher Rdnr. II-551 ff.

Wendet man die Zuständigkeitsregelung des § 99 Abs. 1 FamFG analog auch auf dem deutschen Sachrecht unbekannte, für volljährige Verlobte geltende Ehehindernisse an (s. Rdnr. III-268), so erweist sich die Zuständigkeitsregelung nach § 99 Abs. 1 FamFG als relativ großzügig. Die Anerkennung einer ausländischen Befreiung dürfte daher kaum jemals an der fehlenden Anerkennungszuständigkeit des Gerichts scheitern. Auch eine gleichzeitig bestehende konkurrierende internationale Zuständigkeit der deutschen Gerichte steht der Anerkennung einer ausländischen Befreiung nicht entgegen, da die deutsche Zuständigkeit gemäß § 106 FamFG nicht ausschließlich ist und die ausländische nicht verdrängt.

2. Die Ehefähigkeit

a) Allgemeine Anknüpfungsgrundsätze

Die Ehefähigkeit ist eine »Voraussetzung der Eheschließung« i.S.d. Art.13 Abs.1 EGBGB. Orientiert man sich bei der Qualifikation an den deutschen Systemvorstellungen, so gehört hierzu die Ehemündigkeit sowie die Frage, ob ein Geschäftsfähiger die Ehe schließen kann. Beide Fragen richten sich für jeden Verlobten nach seinem Personalstatut. III-272

Von der Frage, ob ein Geschäftsunfähiger die Ehe schließen kann, ist die Frage zu unterscheiden, ob er überhaupt geschäftsunfähig ist. Es handelt sich dabei um eine Rechtsfrage, die vom Tatbestand der anzuwendenden Sachnorm – bei Maßgeblichkeit des deutschen Rechts also vom Tatbestand des §1304 BGB – aufgeworfen wird, also um eine »Vorfrage« (allgemein hierzu Rdnr. VI-61 ff.). Sie ist selbständig anzuknüpfen, also stets gemäß Art.7 EGBGB nach dem Heimatrecht des Ehewilligen zu beurteilen (h.M., statt vieler MünchKomm/*Coester*, Art.13 EGBGB Rdnr. 39 m.w.N.). III-273

Fehlende Ehemündigkeit ist nach wohl h.M. ein einseitiges Ehehindernis (zu dem Begriff Rdnr. III-257 ff.). Ein ehemündiger Deutscher kann also einen nach dessen Heimatrecht ehemündigen ausländischen Verlobten auch dann heiraten, wenn dieser nach deutschem Recht noch nicht ehemündig wäre. III-274

Gegen »Kinderehen« ausländischer Verlobter hilft der ordre public (Art.6 EGBGB); näher Rdnr. III-281. *Staudinger/Mankowski*, Art.13 EGBGB Rdnr. 203 will die 16-Jahres-Grenze des deutschen Rechts (§1303 Abs.2 BGB) dadurch international durchsetzen, dass er sie als zweiseitiges Ehehindernis definiert; doch werden hier wohl Auslegungs- und ordre-public-Gesichtspunkte unzulässig vermengt. III-275

Das berufene Recht entscheidet über die Altersgrenzen, über etwaige Zustimmungserfordernisse, sowie über die grundsätzliche Zulässigkeit einer Befreiung (hierzu grundsätzlich Rdnr. III-261 ff.). III-276

b) Verfahrensfragen

Sieht das maßgebliche Eheschließungsstatut eine Befreiung vom Erfordernis der Ehemündigkeit vor, so stellen sich auch die bereits angerissenen Fragen des IZVR, insbesondere nach der internationalen Zuständigkeit der deutschen Gerichte (s. allgemein Rdnr. III-263 ff.) und – für das Standesamt vor allem von Interesse – nach der Anerkennung einer ausländischen Befreiungsentscheidung (s. allgemein Rdnr. III-269 ff.). III-277

Problematisch ist in diesem Zusammenhang vor allem die Frage, ob die Brüssel-IIa-VO sachlich anwendbar ist, vor allem im Hinblick auf die internationale Zuständigkeit (Rdnr. III-263) und die Anerkennung ausländischer Entscheidungen (Rdnr. III-270). Der eherechtliche Anwendungsbereich des Art.1 Abs.1 Buchst. a Brüssel-IIa-VO ist eindeutig nicht eröffnet. Aber auch an der III-278

Anwendbarkeit des kindschaftsrechtlichen Teils der Verordnung nach Art. 1 Abs. 1 Buchst. b Brüssel-IIa-VO könnte man zweifeln, wenn – wie im deutschen Recht – die gerichtliche Befreiung im Vordergrund steht und die Vorbehalte des Sorgeberechtigten im Befreiungsverfahren lediglich berücksichtigt werden (s. Rdnr. III-38 f.). Man könnte deshalb jedenfalls für eine Befreiung vom Ehemündigkeitserfordernis nach deutschem Recht zum Schluss kommen, dass es sich hierbei nicht um eine Regelung der »Ausübung der elterlichen Sorge« i. S. d. Art. 1 Abs. 1 Buchst. b Brüssel-IIa-VO handelt, sondern dass eine solche Befreiung dem Rechtsinstitut der Volljährigerklärung näher steht, die gemäß Art. 1 Abs. 3 Buchst. d Brüssel-IIa-VO ausdrücklich aus dem Anwendungsbereich ausgeschlossen ist (so MünchKomm/*Siehr*, Anh. I zu Art. 21 EGBGB Rdnr. 59; *Andrae*, Int. FamR § 1 Rdnr. 89 sowie die Vorauflage Rdnr. III-283).

Die Brüssel-IIa-VO ist dagegen in jedem Fall anwendbar, wenn nach einem ausländischen Recht die Eheschließung des noch nicht Ehefähigen von der Zustimmung des Sorgeberechtigten abhängt und bei dessen Weigerung die Zustimmung gerichtlich ersetzt werden muss. Hierbei handelt es sich sicherlich um eine Frage der »Ausübung der elterlichen Verantwortung« i. S. d. Art. 1 Abs. 1 Buchst. b Brüssel-IIa-VO. Richtigerweise ist aber nicht nur auf das Ersetzen der Zustimmung, sondern auch auf eine Befreiung vom Ehemündigkeitserfordernis die Brüssel-IIa-VO anzuwenden. Die Befreiung wirkt sich – und sei es auch nur mittelbar – auf die elterliche Verantwortung aus, wie vom EuGH gefordert (s. Rdnr. III-263): Mit dem Erfordernis einer gerichtlichen Befreiung von der Ehemündigkeit weist das Gesetz dem Staat Befugnisse zu, die andernfalls dem Inhaber der elterlichen Sorge als Teil seines Sorgerechts zustünden, was im deutschen Recht durch den Vorbehalt des Sorgeberechtigten im Befreiungsverfahren (s. Rdnr. III-39) verdeutlicht wird.

III-279   Ähnlich wird man auch für den sachlichen Anwendungsbereich von KSÜ und MSA zu entscheiden haben, soweit diese neben der Brüssel-IIa-VO bei der internationalen Zuständigkeit (Rdnr. III-264) sowie der Anerkennung ausländischer Entscheidungen (Rdnr. III-270) überhaupt eine Rolle spielen. Die Unterscheidung von Befreiung und Ersetzung der Zustimmung sowie ihre Auswirkungen auf die internationalen Zuständigkeitsvorschriften wurden bisher nicht eingehend erörtert.

c) Statutenwechsel

III-280   War der Verlobte nach seinem früheren Heimatrecht ehemündig, hat er aber inzwischen die (effektive) Staatsangehörigkeit eines Staates erworben, nach dessen Recht er nicht ehemündig ist, so kann der Rechtsgedanke des Art. 7 Abs. 2 EGBGB entsprechend herangezogen werden. Das bedeutet, dass eine aus dem früheren Personalstatut »mitgebrachte« Ehemündigkeit auch nach einem Statutenwechsel zu beachten ist (*Staudinger/Mankowski*, Art. 13 EGBGB Rdnr. 206). Sollte das frühere Personalstatut ein unerträglich niedriges Ehemündigkeitsalter vorsehen, so hilft der ordre public, s. Rdnr. III-275.

d) Ordre public

III-281 Da die Ehemündigkeit ein einseitiges Ehehindernis ist (s. Rdnr. III-274), kann ein deutscher Verlobter die Ehe theoretisch auch mit einem außerordentlich jungen ausländischen Partner schließen, wenn dessen Heimatrecht ein entsprechend niedriges Ehemündigkeitsalter kennt. Extremfälle sind mit Hilfe des Art. 6 EGBGB (allgemein Rdnr. VI-77 ff.) zu verhindern. Die Grenze im Einzelnen ist umstritten, wird aber zwischen dem 15. und 16. Lebensjahr zu ziehen sein (vgl. zum Meinungsstand *Frank*, 2012, 129 f.); so hat das KG, StAZ 2012, 142 die Eheschließung einer 14 Jahre alten Verlobten für ordre-public-widrig gehalten.

Ein Eingreifen des ordre public ist umso eher vertretbar, als es internationalen Tendenzen und staatsvertraglichen Bemühungen entspricht, »Kinderehen« zurückzudrängen; vgl. hierzu *Staudinger/Mankowski*, Art. 13 EGBGB Rdnr. 203 m.w.N., der das Problem selbst mit einem ungeschriebenen zweiseitigen Eheverbot der Kinderehe bewältigen will, s. bereits Rdnr. III-275.

Zu beachten ist freilich, dass das Alter der Verlobten nicht der einzige Faktor bei der ordre-public-Prüfung ist, sondern neben dem Alter der Ehegatten zum Zeitpunkt der Entscheidung insbesondere auch zu berücksichtigen ist, ob eine vergleichbare Eheschließung nach deutschem Recht lediglich aufhebbar (und ggf. sogar bestätigbar!) wäre (s. die Kritik von *Frank*, 2012, 129 an KG, StAZ 2012, 142).

III-282 Erlaubt eine ausländische Rechtsordnung die Eheschließung durch einen Geschäftsunfähigen, so widerspricht dies ebenfalls grundlegenden deutschen Gerechtigkeitsvorstellungen; bei ausreichendem Inlandsbezug verstößt das Ergebnis gegen den ordre public, Art. 6 EGBGB.

3. Das Eheverbot der Verwandtschaft

III-283 Das Eheschließungsstatut des Art. 13 Abs. 1 EGBGB beherrscht die Frage, ob Verwandtschaft ein Ehehindernis begründet. Dabei ist der Qualifikationsbegriff Verwandtschaft äußerst weit zu ziehen. Er geht über den sachrechtlichen Begriff des deutschen Rechts hinaus und umfasst alle tatsächlichen und rechtlichen Beziehungen, die zwischen den betroffenen Personen ein besonderes Näheverhältnis begründen, aus dem das jeweils anwendbare Statut ein Ehehindernis ableitet. Das Eheschließungsstatut entscheidet also über folgende Eheverbote:
– zunächst die eigentliche Verwandtschaft durch Abstammung, wobei die verbotenen Verwandtschaftsgrade auch weiter reichen können als im deutschen Recht;
– ferner das verwandtschaftsähnliche Verhältnis der Schwägerschaft;
– das gleichsam die »faktische« Schwägerschaft sanktionierende Eheverbot der Geschlechtsgemeinschaft;
– durch soziale Näheverhältnisse begründete Eheverbote wie z.B. das der islamrechtlichen Milchverwandtschaft (*Staudinger/Mankowski*, Art. 13 EGBGB Rdnr. 226, 232; *Forstner*, StAZ 1987, 197, 211) oder der (allerdings eher als religiös zu qualifizierenden) »geistigen Verwandtschaft« (s. Rdnr. III-358).

Zum Eheverbot der Adoptivverwandtschaft s. Rdnr. III-286 ff.

Soweit die schädliche Nähebeziehung – anders als im deutschen Recht (Rdnr. III-81 ff.) – vornehmlich rechtlich definiert wird, ergibt sich eine ähnliche Vorfragen- und Substitutionsproblematik wie bei dem Eheverbot der Adoptivverwandtschaft; dazu Rdnr. III-288 f., III-290.

III-284 Widerspricht das Ehehindernis in seiner Art, ggf. auch in der Reichweite (Zahl der verbotenen Grade) dem deutschen ordre public, stellt sich allerdings die Frage, ob die Eheschließung nicht doch nach Art. 13 Abs. 2 EGBGB möglich ist.

III-285 Die durch Verwandtschaft und Schwägerschaft begründeten Ehehindernisse wirken notwendig zweiseitig (zu dem Begriff Rdnr. III-257 ff.), da das Näheverhältnis stets beide Verlobte im gleichen Verhältnis erfasst; es ist z. B. nicht möglich, dass der eine Verlobte mit dem anderen verwandt ist, der andere hingegen nicht.

4. Das Eheverbot der Adoptivverwandtschaft

a) Anknüpfungsgrundsätze

III-286 Die Adoptivverwandtschaft ist ein nicht durch biologische Faktoren, sondern durch Rechtsakt begründetes »Näheverhältnis« und damit letztlich eine Spielart der allgemeinen Verwandtschaft im Qualifikationssinne, so dass das darauf gegründete Eheverbot schon deshalb dem Eheschließungsstatut des Art. 13 Abs. 1 EGBGB – und nicht etwa dem Adoptionsstatut – zu unterstellen ist.

Bei einem Verstoß kollidiert die Eheschließung allerdings nicht mit biologisch vorgegebenen und damit vom Recht nicht abänderbaren Beziehungen, sondern mit einem vom Recht begründeten, also »künstlichen« Verwandtschaftsverhältnis, so dass die Interessenkonflikte anders sind als bei dem Eheverbot der biologisch begründeten Verwandtschaft und eine gesonderte Erörterung rechtfertigen. Dies zeigt sich schon im Sachrecht, wo die Adoptivverwandtschaft abweichend von der »normalen« Verwandtschaft geregelt ist (s. Rdnr. III-103 ff.); es gilt aber auch im Kollisionsrecht, wo Eheschließungs- und Adoptionsstatut gegeneinander abzugrenzen sind.

III-287 Das Eheschließungsstatut bestimmt, *ob* ein Adoptionsverhältnis ein Ehehindernis begründet oder nicht; es regelt den Umfang des von dem Eheverbot betroffenen Personenkreises sowie die Auswirkungen einer verbotswidrigen Eheschließung auf den Bestand der Ehe. Das Ehehindernis ist – wie auch das der Verwandtschaft (s. Rdnr. III-285) – notwendig zweiseitig (*Staudinger/Mankowski*, Art. 13 EGBGB Rdnr. 347 m. w. N.).

III-288 Ob das Adoptionsverhältnis tatsächlich besteht, ist hingegen eine Vorfrage.

Ihre Anknüpfung ist umstritten (s. allgemein Rdnr. VI-61 ff.). Seit die meisten Rechtsordnungen im Adoptionsrecht auf das sog. »Dekretsystem« übergegangen sind, wonach Adoptionen nicht mehr durch Vertrag, sondern durch gerichtliche Entscheidung zustande kommen, stellt sich die Vorfrage in der Regel unter dem verfahrensrechtlichen Aspekt, ob eine erfolgte gerichtliche

Adoption als wirksam anzusehen ist oder nicht. Damit verlagert sich der Schwerpunkt auf die selbständige Anknüpfung (im Ergebnis ebenso *Staudinger/Mankowski*, Art. 13 EGBGB Rdnr. 348 ff.).

Deutsche Adoptionsbeschlüsse sind im Inland stets wirksam, unabhängig davon, ob sie im Ausland anerkannt werden oder nicht; insoweit ist ihre Wirksamkeit stets aus der Sicht des deutschen Rechts, also »selbständig« zu beurteilen. III-289

Bei ausländischen Adoptionsbeschlüssen käme es im Falle »unselbständiger« Beurteilung darauf an, ob sie vom Eheschließungsstatut anerkannt werden. Auch hier wird man jedoch selbständig anerkennen müssen; eine ausländische Adoption ist dann als Ehehindernis zu beachten, wenn der Adoptionsbeschluss nach deutschem IZVR im Inland anzuerkennen ist (ebenso *Staudinger/Mankowski* a. a. O.; zur Anerkennung von Auslandsadoptionen s. Rdnr. V-516 ff.).

b) Abgrenzungsfragen

Das Nebeneinander von Eheschließungs- und Adoptionsstatut wirft eine Reihe von Abgrenzungs- und Qualifikationsfragen auf. III-290

So stellt sich etwa die Frage, ob eine Auslandsadoption mit schwachen Wirkungen geeignet ist, den am deutschen Recht orientierten Adoptionsbegriff des § 1308 Abs. 1 BGB auszufüllen (»Substitution«; zu dem Problem näher *Hepting*, StAZ 1986, 305, 309 ff., allgemein Rdnr. VI-70 ff.). Die hierzu nötigen Bewertungsmaßstäbe finden sich in den §§ 1766, 1768 Abs. 1, 1770 BGB; demnach hält das deutsche Recht auch schwache Adoptionsverhältnisse für mit einer gleichzeitigen Ehe unvereinbar.

Ferner stellt sich die Frage, ob § 1766 BGB (hierzu Rdnr. III-113 ff.) bzw. eine vergleichbare ausländische Vorschrift adoptions- oder eheschließungsrechtlich zu qualifizieren ist. III-291

Dabei kommt es darauf an, bei welchem der beiden Rechtsinstitute die Folgen eintreten. Dass das bestehende Adoptionsverhältnis erlischt, also hinter eine verbotswidrig geschlossene Ehe zurücktritt, ist dem Adoptionsstatut zu unterstellen, da sich der Verstoß auf die Adoption und nicht auf die Ehe auswirkt.

Umgekehrt ist eine Vorschrift, die den Konflikt zwischen Adoption und Ehe zugunsten der Adoption löst, diese also fortbestehen lässt und die Ehe zwischen Adoptivverwandten für fehlerhaft erklärt, als eheschließungsrechtlich zu qualifizieren, da sich hier der Verstoß bei der Ehe und nicht bei der Adoption auswirkt. III-292

Wenn das jeweilige Heimatrecht auch nur eines der beiden Verlobten die Ehe absolut nichtig sein lässt (»Nichtehe«), greift auch § 1766 BGB nicht ein. Da es – gemäß dem Grundsatz des »ärgeren Rechts« (s. Rdnr. III-247) – schon an der vorausgesetzten wirksamen »Ehe« fehlt, erlischt das Adoptionsverhältnis nicht. III-293

Ist die Ehe allerdings nicht nichtig, sondern nur aufhebbar, greift § 1766 BGB ein.

III-294 In jedem Fall muss der Konflikt zwischen Ehe und Adoption zugunsten eines der beiden Rechtsverhältnisse gelöst werden. Wenn das Nebeneinander von Eheschließungs- und Adoptionsstatut dazu führt, dass gleichzeitig eine Ehe und ein Adoptionsverhältnis zwischen denselben Personen besteht, verstößt dies gegen den deutschen ordre public. Der Konflikt ist dann nach der Wertentscheidung des deutschen Rechts zu lösen, d.h. nach dem Rechtsgedanken des § 1766 BGB durch Auflösung des Adoptionsverhältnisses (wie hier *Staudinger/Mankowski*, Art. 13 EGBGB Rdnr. 352).

5. Das Eheverbot der Doppelehe

a) Anknüpfungsgrundsätze

III-295 Ob eine bereits geschlossene Ehe eine weitere Eheschließung hindert, richtet sich nach dem Statut des Art. 13 Abs. 1 EGBGB. Das Eheverbot der Doppelehe ist aus der Sicht eines Rechts mit Monogamieprinzip stets zweiseitig (zu diesem Begriff Rdnr. III-257 ff.); im deutschen Recht ergibt es sich aus der Formulierung des § 1306 BGB, der ausdrücklich auf *beide* eheschließenden Personen abstellt.

Da die Heimatrechte der beiden Verlobten kumulativ heranzuziehen sind (Rdnr. III-245), kann die Ehe nicht geschlossen werden, wenn auch nur eines der beiden Rechte die Doppelehe verbietet.

III-296 Wenn das Heimatrecht der beiden Verlobten die Polygamie erlaubt, ist eine bereits im Ausland geschlossene Mehrehe nicht fehlerhaft, wenn alle Beteiligten einverstanden sind (näher *Helms*, StAZ 2012, 2, 3 f.).

Soll die Mehrehe jedoch vor einem deutschen Standesamt erst geschlossen werden, setzt sich das Monogamieprinzip als Bestandteil des deutschen ordre public (allgemein Rdnr. VI-77 ff.) gegen das ausländische Eheschließungsstatut durch (*Helms*, StAZ 2012, 2 f.). Das von Art. 13 Abs. 1 EGBGB berufene Recht wird nicht angewandt. Das Grundrecht der Eheschließungsfreiheit, Art. 6 Abs. 1 GG, schützt nur die monogame Ehe; die polygame Eheschließung ist, auch wenn sie von einem religiösen Recht gebilligt wird, keine Frage der verfassungsrechtlich geschützten Religionsausübung (*Staudinger/Mankowski*, Art. 13 EGBGB Rdnr. 252).

b) Die Vorfrage der bestehenden Vorehe

aa) Allgemeines

III-297 Das Eheverbot der Doppelehe wirft die Vorfrage auf, ob einer der Verlobten in einer wirksamen anderen Ehe verheiratet ist. Dies führt insbesondere dann zu Schwierigkeiten, wenn einer der Verlobten in einer »hinkenden« Ehe lebt, deren Bestand im Inland anders beurteilt wird als im Ausland. Bei der Fragestellung ist zu differenzieren. Das Bigamieverbot wirft zunächst die Frage auf, ob eine Vorehe wirksam geschlossen worden ist; darauf baut die weitere Frage auf, ob eine etwa geschlossene Vorehe wirksam – beispielsweise durch eine Scheidung – aufgelöst worden ist.

Ob Vorfragen »selbständig« – d. h. nach deutschem IPR – oder »unselbständig« – d. h. nach dem Recht der Hauptfrage – anzuknüpfen sind, ist umstritten (s. allgemein Rdnr. VI-61 ff.). Eine vordringende Meinung will die Frage nicht generell beantworten, sondern von Fallgruppe zu Fallgruppe neu bewerten (s. Rdnr. III-242). III-298

Gerade beim Eheverbot der Doppelehe zeigt die Vielfalt der möglichen Fallkonstellationen, dass eine generelle Aussage in der Tat nicht möglich ist. Die Vorfrage des bestehenden Ehebandes kann im Folgenden nur anhand von Fallgruppen erörtert werden.

bb) Im Inland unwirksame Eheschließung
In Deutschland unwirksame hinkende Eheschließungen sind in erster Linie eine Folge des Art. 13 Abs. 3 Satz 1 EGBGB, der bei Inlandsehen die Inlandsform zwingend vorschreibt (näher Rdnr. III-402 ff.). Hat z. B. der Angehörige eines Staates mit religiöser Eheschließungsform im Inland vor einem Geistlichen geheiratet, der nicht nach Art. 13 Abs. 3 Satz 2 EGBGB ordnungsgemäß ermächtigt war, so ist die Verbindung aus deutscher Sicht wegen Verstoßes gegen die Ortsform (§ 1310 Abs. 1 Satz 1 BGB) eine nichtige Ehe (Rdnr. III-209), während sie im Heimatstaat des betreffenden Verlobten möglicherweise wirksam ist. Derartige Fälle können in Zukunft häufiger auftreten als bisher, weil die PStG-Reform das Voraustrauungsverbot des § 67 PStG a. F. abgeschafft hat (zu dem Problem s. Rdnr. III-182). III-299

Fälle, in denen eine im Ausland erfolgte Eheschließung im Inland unwirksam ist, sind hingegen selten. Bei Auslandsehen gilt uneingeschränkt Art. 11 Abs. 1 EGBGB, der sowohl die Form des Eheschließungsstatuts (Art. 13 Abs. 1 EGBGB) als auch die Ortsform gelten lässt (s. a. Rdnr. III-399). Wegen dieser großzügigeren Anknüpfung ist Formunwirksamkeit sehr selten. III-300

Für den deutschen Partner einer wegen Art. 13 Abs. 3 Satz 1 EGBGB, § 1310 Abs. 1 Satz 1 BGB unwirksamen Nichtehe führen selbständige wie auch unselbständige Anknüpfung der Vorfrage zur Maßgeblichkeit deutschen Rechts; er kann also wieder heiraten, ohne dass man für dieses Ergebnis den ordre public bemühen müsste (so auch MünchKomm/*Coester*, Art. 13 EGBGB Rdnr. 73). III-301

Bei einem ausländischen Partner, der in seinem Heimatstaat als verheiratet angesehen wird, führt eine unselbständige Anknüpfung zum Ehehindernis der Doppelehe. Knüpft man hingegen selbständig an, so kann er im Inland erneut die Ehe schließen, da er aus deutscher Sicht nicht verheiratet ist. Die Lösung des Konflikts ist umstritten. Die wohl überwiegende Ansicht erlaubt dem Ausländer in einem solchen Fall die erneute Heirat im Inland (etwa KG, StAZ 2012, 107, 108), was auf eine selbständige Anknüpfung der Vorfrage hinausläuft (*Staudinger/Mankowski*, Art. 13 EGBGB Rdnr. 274; a. A. OLG Hamm, NJW 1970, 1509; *Beitzke*, StAZ 1952, 170). III-302

Vorzugswürdig ist jedoch die von MünchKomm/*Coester*, Art. 13 EGBGB Rdnr. 73 vorgeschlagene weitere Differenzierung, die sich um Harmonie mit derjenigen Rechtsordnung bemüht, zu der tatsächlich der engste Bezug besteht. Ist die im Inland unwirksame Vorehe im Ausland längere Zeit tatsäch- III-303 lich gelebt worden und hält der andere »Ehegatte« noch an ihr fest, so hat sie kollisionsrechtlich ein anderes Gewicht, als wenn beide Partner nach kurzer Zeit wieder auseinanderstreben; in diesem Fall ist der internationale Entscheidungseinklang höher zu bewerten als der interne. Deshalb wird man die Vorfrage unselbständig anknüpfen und die hinkende Vorehe als Ehehindernis ansehen müssen.

cc) Im Ausland unwirksame Eheschließung

III-304 In Deutschland wirksame, hingegen im Ausland unwirksame Ehen entstehen dann, wenn das Heimatrecht eines der Ehegatten eine andere als die standesamtliche – in der Regel eine religiöse – Eheschließungsform zwingend vorschreibt (ist sie fakultativ zugelassen, sind allenfalls Fälle der vorhergehenden Fallgruppe denkbar). Eine solche Rechtslage bestand lange Zeit im Verhältnis zu Griechenland (vgl. etwa LG Aurich, FamRZ 1973, 54; OLG Stuttgart, FamRZ 1976, 359; BGH, NJW 1980, 1229); seit dem Inkrafttreten des Gesetzes Nr. 1250/1982 vom 19. 7. 1982 ist jedoch auch in Griechenland die fakultative Zivilehe zugelassen; formnichtige Ehen wurden rückwirkend geheilt (vgl. StAZ 1982, 291; *Chiotellis*, IPRax 1982, 169; *Pouliadis*, IPRax 1982, 214). Heute sind staatliche Rechtsordnungen mit derartig starker religiöser Fundierung wohl nur noch im islamischen Rechtskreis denkbar, ferner in Rechtsordnungen, die das Familienrecht nicht staatlich regeln, sondern den anerkannten Religionsgemeinschaften zur Ausgestaltung überlassen.

III-305 In diesen Fällen ist die Vorfrage der bestehenden Ehe nach h. M. selbständig anzuknüpfen; der ausländische Verlobte ist im deutschen Rechtskreis wirksam verheiratet und kann keine neue Ehe schließen (*Palandt/Thorn*, Art. 13 EGBGB Rdnr. 6; KG, FamRZ 1976, 353; a. A. *Jayme/Siehr*, StAZ 1976, 345 f.). Dies ist als Grundsatz richtig; allerdings sollte man auch hier bereit sein, ggf. weiter zu differenzieren und ausnahmsweise die unselbständige Anknüpfung zuzulassen, wenn dies der kollisionsrechtlichen »Konfliktminimierung« dient (MünchKomm/*Coester*, Art. 13 EGBGB Rdnr. 73; s. schon Rdnr. III-302). Wenn etwa der andere Ehegatte der hinkenden Vorehe im Ausland – das ihn ja als unverheiratet ansieht – bereits anderweitig geheiratet hat, besteht kaum ein kollisionsrechtliches Interesse, den ausländischen Verlobten an seiner hinkenden Eheschließung festzuhalten und von ihm ein inländisches Ehescheidungsverfahren zu fordern.

dd) Im Heimatstaat unwirksame Ehescheidung

III-306 Wird eine Ehescheidung im Heimatstaat eines ausländischen Verlobten nicht anerkannt, so sieht das Eheschließungsstatut des Art. 13 Abs. 1 EGBGB ihn bzw. seinen künftigen Ehepartner noch als verheiratet an, obwohl die Ehe im Inland aufgelöst ist.

Dieser Sachverhalt lag den sog. »Spanier-Fällen« der Rechtsprechung zugrunde (s. etwa BGH, StAZ 1964, 129; StAZ 1966, 287; StAZ 1972, 170; StAZ 1977, 307, jeweils m. w. N., zur »Spanier-Entscheidung« des BVerfG s. Rdnr. III-364 f.). Im Verhältnis zu Spanien stellt sich das Problem heute nicht mehr, da bereits seit dem Gesetz vom 7. 7. 1981 deutsche Scheidungssprüche in Spanien anerkannt werden können (s. *Rau*, StAZ 1981, 289); doch bleibt es im Verhältnis zu Staaten, die eine deutsche Scheidungsentscheidung nicht anerkennen, immer noch relevant (vgl. MünchKomm/*Coester*, Art. 13 EGBGB Rdnr. 53).

Der BGH vertrat zunächst in ständiger Rechtsprechung die unselbständige Anknüpfung (so, wenn auch unklar, in StAZ 1964, 129, 131 und StAZ 1972, 170); das IPRG 1986 hat mit Art. 13 Abs. 2 EGBGB die Lösung des BGH ins Gesetz übernommen. Indem das EGBGB die wichtige und umstrittene Fallgruppe der »Spanier-Fälle« mit Hilfe einer speziellen ordre-public-Klausel bewältigt (vgl. Rdnr. III-364 ff.), stellt es klar, dass es von einer unselbständigen Vorfragenanknüpfung ausgeht; denn bei selbständiger Anknüpfung der Vorfrage »Ehe« würde man in den »Spanier-Fällen« ja gar nicht bis zur Prüfung des ordre public vordringen, weil dann aus der Sicht des deutschen IPR bzw. IZVR die Ehe durch eine Inlandsscheidung in jedem Fall aufgelöst wäre.

III-307

ee) Im Inland unwirksame Ehescheidung
Ist der ausländische Verlobte nach seinem Heimatrecht geschieden, die Scheidung aber im Inland nicht wirksam, so wäre er bei unselbständiger Anknüpfung ehefähig, bei selbständiger hingegen nicht. Wichtig sind insbesondere zwei Fallgruppen:

III-308

Die Unwirksamkeit einer *inländischen Privatscheidung*, die gegen das »Scheidungsmonopol« der deutschen Gerichte verstößt (dazu Rdnr. III-9 sowie III-478 ff.), ist auch im Rahmen der Vorfrage zu beachten; dies läuft auf eine selbständige Anknüpfung hinaus.

III-309

Bei einer *ausländischen gerichtlichen Scheidung*, die im Inland nicht anerkannt wird, ist der Ausländer aus der Sicht des deutschen Rechts noch verheiratet, während womöglich sein Heimatstaat – aus dem die Scheidung stammt oder in dem sie jedenfalls anerkannt wird – die Ehe als aufgelöst und ihn folglich als ehefähig ansieht.

III-310

Hier ist danach zu differenzieren, ob die Scheidung vom Gericht eines Mitgliedstaats der EU oder von einem Gericht außerhalb der Union ausgesprochen wurde. Bei einer mitgliedstaatlichen Entscheidung richtet sich die Anerkennung nach der Brüssel-IIa-VO, es sei denn die Entscheidung stammt aus Dänemark; ein Anerkennungsverfahren ist nicht vorgeschrieben, allerdings fakultativ möglich (s. Rdnr. III-499, III-504). Liegen nach der Verordnung die Anerkennungsvoraussetzungen vor, ist die Scheidung im Inland wirksam. Auslandsscheidungen eines Gerichts außerhalb der EU entfalten dagegen nur dann Rechtswirkungen im Inland, wenn die Anerkennung nach § 107 FamFG (Rdnr. III-519 ff.) festgestellt worden ist.

Im Einzelnen ist jedoch zu differenzieren:
Ist das Anerkennungsverfahren noch nicht durchgeführt worden, so ist der Verlobte im Inland wegen § 107 FamFG auch dann noch verheiratet, wenn das Scheidungsurteil an sich anerkennungsfähig ist. Das Standesamt kann bis zum Abschluss des Anerkennungsverfahrens die Ehe nicht schließen und wird den betroffenen Verlobten auffordern, sich um die Anerkennung zu bemühen; ein etwa eingeleitetes Befreiungsverfahren nach § 1309 Abs. 2 BGB ist auszusetzen (*Palandt/Thorn*, Art. 13 EGBGB Rdnr. 7). Ggf. muss der Ausländer sogar zwei Anerkennungsverfahren durchführen (s. das Beispiel bei *Staudin-*

III-311

ger/Mankowski, Art. 13 EGBGB Rdnr. 307 ff.). Sobald das Urteil anerkannt ist, ist der Verlobte nach deutschem wie auch nach seinem Heimatrecht ehefähig.

III-312 Dieser Weg ist nicht gangbar, wenn die ausländische Ehescheidung im Inland nicht anerkennungsfähig ist. Hier kann der betroffene Verlobte im Inland keine neue Ehe schließen.

Von der Wiederverheiratungsfähigkeit (dazu sogleich Rdnr. III-315) zu unterscheiden ist die Frage nach dem Verheiratetenstatus eines nicht anerkannt Geschiedenen, der in seinem ausländischen Heimatstaat eine neue Ehe geschlossen hat. In diesem Fall ist er aus der Perspektive des deutschen Rechts, das die erste Ehe als nicht aufgelöst ansieht, bigamisch verheiratet (näher *Staudinger/Mankowski*, Art. 13 EGBGB Rdnr. 314 f.). Die daraus folgenden Fragen nach Bestand und Auflösbarkeit der beiden konkurrierenden Ehen betreffen aber jedenfalls nicht die Tätigkeit des Eheschließungsstandesbeamten.

III-313 Die h. M. knüpft also beim Bigamieverbot die Vorfrage des bestehenden Ehebandes nach einer im Inland unwirksamen Ehescheidung durchweg selbständig an. Aus Art. 13 Abs. 2 EGBGB lassen sich keine Rückschlüsse auf die Anknüpfung ziehen, da die Vorschrift diese Fälle überhaupt nicht erfasst; Art. 13 Abs. 2 EGBGB will die Eheschließung gegenüber dem ausländischen Recht erleichtern, während hier ja gerade das ausländische Recht eheschließungsfreundlich wäre und nur das deutsche Recht die Eheschließung erschwert, indem es die ausländische Ehescheidung nicht anerkennt.

ff) Im Heimatstaat unwirksame Todeserklärung

III-314 Die in den vorhergehenden Ausführungen dargestellten Grundsätze gelten entsprechend auch für die Frage, ob eine inländische oder im Inland anerkannte ausländische Todeserklärung (s. Rdnr. II-31 ff.) die Ehefähigkeit des überlebenden ausländischen Ehegatten wiederhergestellt hat (vgl. Münch-Komm/*Coester*, Art. 13 EGBGB Rdnr. 78 f.). Dass Art. 13 Abs. 2 Nr. 3 EGBGB in der zweiten Regelungsalternative den Fall einer inländischen Todeserklärung ebenfalls mit Hilfe des ordre public bewältigt, zeigt, dass der Gesetzgeber auch hier (s. Rdnr. III-307) von einer unselbständigen Vorfragenanknüpfung ausgeht. Vgl. auch Rdnr. III-389 f.

c) Die Wiederverheiratungsfähigkeit als eigenständige Frage

III-315 Die vorhergehenden Ausführungen zeigen, dass man beim Eheverbot der Doppelehe nicht nur zwei Vorfragen beantworten muss (s. Rdnr. III-297), sondern dass bei der zweiten Vorfrage – der nach der Auflösung der Vorehe – zwei Aspekte zu unterscheiden sind: Zum einen die statusrechtliche Vorfrage, ob die Vorehe wirksam aufgelöst ist, zum anderen die nachgeordnete Frage, ob ein ausländischer Verlobter aufgrund dieser Eheauflösung die Fähigkeit erworben hat, sich wieder zu verheiraten. Beides ist nicht notwendig miteinander verklammert; denn wo sich die Wiederverheiratungsfähigkeit infolge unselbständiger Vorfragenanknüpfung vom deutschen Recht löst und nach dem ausländischen Heimatrecht des Verlobten zu beurteilen ist, kann dieser nach deutschem Recht geschieden, aber dennoch nicht ehefähig sein (dazu auch *Kampe*, StAZ 2007, 125).

Es handelt sich hierbei um die typische Problematik der sog. »Spanier-Fälle«, in denen die Ehe eines Spaniers durch ein deutsches Gericht mit Wirkung für das Inland aufgelöst worden war, das maßgebliche spanische Heimatrecht ihm jedoch gleichwohl die Wiederheirat verweigerte, weil es die deutsche Ehescheidung nicht anerkannte. Das Problem wird seit dem IPRG mit Hilfe des Art. 13 Abs. 2 EGBGB bewältigt; wegen Einzelheiten s. Rdnr. III-364 ff.

6. Das Geschlecht der Verlobten

a) Die Problematik gleichgeschlechtlicher »Ehen«

Die Geschlechtsverschiedenheit ist ungeschriebene Voraussetzung der Eheschließung, da eine gleichgeschlechtliche Verbindung nach deutschem Verständnis begrifflich keine Ehe sein kann (Rdnr. III-4), sondern eine »Lebenspartnerschaft«. Das Problem einer gleichgeschlechtlichen »Ehe« kann sich daher nur in Fällen mit Auslandsbezug stellen. | III-316

Wenn zwei gleichgeschlechtliche Ausländer eine nach ausländischem Recht mögliche »Ehe« schließen wollen, stellt sich die kollisionsrechtliche Frage, wie das gewünschte Rechtsinstitut zu qualifizieren ist. Eine gewichtige Ansicht im Schrifttum qualifiziert es als Ehe (wegen der Nachweise im Einzelnen s. Rdnr. III-838 ff.). Auf die materiellen Voraussetzungen einer solchen Ehe wären dann die von Art. 13 Abs. 1 EGBGB berufenen Rechte anwendbar. Dies würde die Eingehung einer solchen »Ehe« in vielen Fällen unmöglich machen, weil dann die Heimatrechte beider »Verlobter« ein solches Rechtsinstitut kennen müssten und die »Eheschließung« scheitert, wenn auch nur eines dieser beiden Rechte sie ablehnt. | III-317

Wenn die Eingehung einer gleichgeschlechtlichen »Ehe« nach den Heimatrechten beider Partner möglich ist, stellt sich die Frage, in welcher Form das deutsche Standesamt diese »Ehe« begründen soll. Es wäre dann wohl konsequent, die normale Eheschließungsform zu beachten; müsste die so begründete »Ehe« aber auch in das Eheregister und nicht in das Lebenspartnerschaftsregister eingetragen werden? Diese Überlegungen zeigen, dass die eherechtliche Qualifikation spätestens im Personenstandsverfahren an ihre Grenzen stößt. | III-318

Vorzugswürdig ist daher die Meinung des überwiegenden Schrifttums, das in der gleichgeschlechtlichen »Ehe« – trotz der anderen Bezeichnung – eine Lebenspartnerschaft sieht (wegen der Nachweise im Einzelnen s. Rdnr. III-841). Eine gleichgeschlechtliche Beziehung ist nach deutschem Recht nur als Lebenspartnerschaft möglich, und die kollisionsrechtliche Qualifikation hat sich an den Systembegriffen der deutschen lex fori zu orientieren (allgemein zu dem Grundsatz der lex-fori-Qualifikation Rdnr. VI-15 ff.). Daher sind zwei gleichgeschlechtliche Personen, die eine von ihrem Heimatrecht vorgesehene »Ehe« schließen wollen, darauf hinzuweisen, dass sie im Inland nur die vom deutschen Recht vorgesehene Lebenspartnerschaft begründen können. In diesem Fall ist ihr Heimatrecht irrelevant, da bei einer Begrün- | III-319 dung im Inland gemäß Art. 17b Abs. 1 EGBGB das deutsche LPartG zur Anwendung kommt (näher Rdnr. III-812).

III-320 Haben gleichgeschlechtliche Personen im Ausland eine nach dem dortigen Recht zulässige »Ehe« begründet, so ist auch dieses Rechtsinstitut als Lebenspartnerschaft zu qualifizieren; konsequent ist Art. 17b EGBGB anwendbar, nicht Art. 13 Abs. 1 EGBGB, s. Rdnr. III-841. Sofern die Wirkungen dieser »Ehe« über diejenigen einer deutschen Lebenspartnerschaft hinausgehen, gilt die »Kappungsgrenze« des Art. 17b Abs. 4 EGBGB. Unzutreffend wäre es, die nach ausländischem Recht begründete »Ehe« deshalb als völlig wirkungslos anzusehen, weil das deutsche Recht ein solches Rechtsinstitut überhaupt nicht kenne und die Wirkungen deshalb auf null gekappt werden müssten. Dies würde es den Partnern einer solchen »Ehe« ermöglichen, im Inland eine erneute Lebenspartnerschaft mit einem Dritten einzugehen, und dadurch hinkende Rechtsverhältnisse herbeizuführen (vgl. auch Rdnr. III-835 ff.).

b) *Die Eheschließung von Transsexuellen*

III-321 Die Geschlechtszugehörigkeit wurde zu einem rein tatsächlichen Problem, sobald die Medizin in der Lage war, Geschlechtsumwandlungen chirurgisch durchzuführen; aus der Anfangszeit dieser Entwicklung s. etwa Präsident OLG Hamm, StAZ 1974, 69, der allerdings die Befreiung von der Beibringung des Ehefähigkeitszeugnisses wegen Verstoßes gegen den ordre public (damals noch!) versagte.

Seit dem Inkrafttreten des Transsexuellengesetzes (TSG), das auch die rechtliche Änderung der Geschlechtszugehörigkeit erlaubt (näher zum Transsexuellenrecht Rdnr. V-935 ff.), ist sie eine Rechtsfrage (Vorfrage). Gleichzeitig haben sich mit dem Inkrafttreten des TSG die Maßstäbe des ordre public verschoben (s. nunmehr Rdnr. III-323).

III-322 Das Geschlecht des Verlobten hängt davon ab, ob seine ursprüngliche Geschlechtszugehörigkeit ggf. durch eine wirksame gerichtliche Entscheidung wirksam geändert worden ist oder nicht. Ist die Entscheidung im Ausland ergangen, stellt sich die Frage der Anerkennung; mangels einschlägiger unionsrechtlicher oder staatsvertraglicher Instrumente richtet sich die Anerkennung nach den autonomen Anerkennungsregeln in §§ 108 ff. FamFG, die bei einer Qualifikation nach der lex fori Entscheidungen über Personenstandsänderungen von Transsexuellen erfassen, vgl. §§ 4 Abs. 1, 9 Abs. 3 Satz 1 TSG (Verweis auf das FamFG für Verfahren nach dem TSG); für die Anerkennungszuständigkeit im Rahmen des Spiegelbildprinzips des § 109 Abs. 1 Nr. 1 FamFG s. § 2 Abs. 2 TSG, § 105 FamFG. Der Verlobte ist im Eheschließungsverfahren als dem Geschlecht zugehörend anzusehen, dem er *rechtlich* zugeordnet ist; um die biologischen Hintergründe hat sich das Standesamt nicht zu kümmern.

III-323 Von der Frage, ob das Geschlecht geändert wurde, ist die Frage zu trennen, ob der Ausländer unter seinem neuen Geschlecht heiraten darf. Maßgeblich ist grundsätzlich das Heimatrecht; verbietet es dem transsexuellen Verlobten die Ehe, nachdem sich dieser in Deutschland einer Geschlechtsumwandlung unterzogen hat, so ist Art. 6 Abs. 1 GG verletzt, der über Art. 13 Abs. 2 EGBGB zu berücksichtigen ist (BVerfG, StAZ 2007, 9; LG Stuttgart, StAZ 1999, 15; vgl. auch AG Hamburg, StAZ 1984, 42; s. a. Rdnr. III-53).

7. Willensdefizite als Ehehindernis im IPR

a) Qualifikation, Anknüpfung

Der Wille zur Eheschließung ist ein materielles Erfordernis und untersteht daher ebenfalls dem Art. 13 Abs. 1 EGBGB. Er ist zwar in erster Linie ein Element der Eheschließungshandlung, bei der er geäußert wird (s. Rdnr. III-394 ff.); doch schließt dies nicht aus, dass Willensdefizite ausnahmsweise schon vor der Eheschließung – also präventiv als »Ehehindernis« i. w. S. – berücksichtigt werden können, sofern sie zu diesem Zeitpunkt bereits feststellbar sind. III-324

Bei der Qualifikation ist zwischen materiellen Ehehindernissen und ihrer Berücksichtigung im Eheschließungsverfahren zu unterscheiden. III-325

Das materielle Eheschließungsstatut regelt nur das Willenserfordernis selbst. Es bestimmt, welche inhaltlichen Anforderungen an den Willen des Verlobten und an seine Eheschließungsmotive gestellt werden müssen, und beherrscht etwaige Fehlerfolgen (s. a. Rdnr. III-248 ff.).

Demgegenüber ist § 1310 Abs. 1 Satz 2 Halbs. 2 BGB eine Verfahrensvorschrift, die das weitere Verfahren regelt, wenn ein Aufhebungsgrund festgestellt wird. Dies führt zu einem Zusammenspiel von deutschem Personenstandsverfahrensrecht und Eheschließungsstatut.

Das Standesamt hat stets den verfahrensrechtlichen § 1310 Abs. 1 Satz 2 Halbs. 2 BGB zu beachten und die Eheschließung zu verweigern, wenn die Ehe aufhebbar ist (näher Rdnr. III-254). Auch die tatsächliche Feststellung, welchen Ehewillen die Verlobten haben, ist Sache des standesamtlichen Verfahrens (s. Rdnr. III-147 ff.). Da auch die Befreiung vom Erfordernis des Ehefähigkeitszeugnisses ein Teil des personenstandsrechtlichen Verfahrens zur Feststellung der Ehefähigkeit ist, kann der OLG-Präsident im Verfahren nach § 1309 Abs. 2 BGB auch Willensdefizite feststellen, insbesondere die Absicht einer Scheineheschließung (*Gaaz/Bornhofen*, § 12 PStG Rdnr. 60; KG, StAZ 2004, 9, 10). III-326

Ob die Ehe aufgrund eines bestimmten Willensdefizits fehlerhaft und aufhebbar ist, ist hingegen eine Frage des materiellen Rechts und grundsätzlich nach den von Art. 13 Abs. 1 EGBGB berufenen Rechten zu beurteilen. Das Standesamt kann also die Eheschließung nur dann ablehnen, wenn das Heimatrecht mindestens eines Verlobten das Willensdefizit sanktioniert und daran die Aufhebbarkeit der Ehe (bzw. eine funktionsähnliche Rechtsfolge) knüpft. III-327

Lässt das Heimatrecht eine bestimmte Willensbildung sanktionslos, verzichtet es also auf repressive Folgen, so kann das deutsche Standesamt auch keine präventive Kontrolle nach § 1310 Abs. 1 Satz 2 Halbs. 2 BGB ausüben. III-328

b) Scheinehen im IPR

III-329 Die dargestellten Qualifikations- und Anknüpfungsgrundsätze haben die missliche Konsequenz, dass das Verbot von »Scheinehen« dem von Art. 13 Abs. 1 EGBGB berufenen Eheschließungsstatut untersteht (zur sachrechtlichen Problematik s. Rdnr. III-134 ff.). Der die Aufenthaltsehe schließende Ausländer untersteht also nicht dem deutschen § 1314 Abs. 2 Nr. 5 BGB, sondern seinem eigenen Heimatrecht, das in vielen Fällen den Aufhebungsgrund der Scheinehe nicht kennt.

III-330 Fehlt es an einer positivrechtlichen Regelung der »Aufhebbarkeit« i. S. d. § 1310 Abs. 1 Satz 2 Halbs. 2 BGB, so steht das verfahrensrechtliche Mittel, die Mitwirkung an der Scheineheschließung zu verweigern, mangels eines materiellrechtlichen Voraustatbestands nicht zur Verfügung. Entgegen der Ansicht von *Wagenitz/Bornhofen*, EheschlRG Rdnr. 5-67 kann also die verfahrensrechtliche Qualifikation des § 1310 Abs. 1 Satz 2 Halbs. 2 BGB (s. Rdnr. III-254) eine rechtsmissbräuchliche Eheschließung allein nicht abwehren.

III-331 Zumindest wenn der einem Ausländer die Aufenthaltserlaubnis vermittelnde Verlobte Deutscher ist oder kraft Sonderanknüpfung dem deutschen Personalstatut (hierzu allgemein Rdnr. VI-28 ff.) untersteht, ist die Ehe i. d. R. dennoch repressiv aufhebbar bzw. präventiv verhinderbar, weil bei einer Aufenthaltsehe *beide* Partner den inneren Vorbehalt haben, also auch der Verlobte, auf den § 1314 Abs. 2 Nr. 5 BGB anwendbar ist, und weil sich bei Art. 13 Abs. 1 EGBGB das »ärgere Recht« durchsetzt (MünchKomm/*Coester*, Art. 13 EGBGB Rdnr. 115; KG, StAZ 2001, 298).

III-332 Nur in dem Fall, dass der deutsche Partner den Willen zur Lebensgemeinschaft hat, der ausländische hingegen nicht (vgl. *Kartzke*, S. 103 ff.; *Spellenberg*, StAZ 1987, 33 ff., 36), wäre § 1314 Abs. 2 Nr. 5 BGB unanwendbar.

Sollte ein Standesbeamter die feste Überzeugung gewinnen, dass ein Ausländer seinen gutgläubigen und ehewilligen deutschen Partner zur Eingehung einer bloßen Aufenthaltsehe missbrauchen will, läge eigentlich ein Fall des § 1314 Abs. 2 Nr. 3 BGB vor, so dass man nicht auf die Nr. 5 zurückgreifen müsste. Eine solche Situation mag rein tatsächlich durchaus vorkommen (»Liebe macht blind«); die Eheschließung deswegen zu verweigern, dürfte aber wegen unüberwindlicher Feststellungs- und Beweisschwierigkeiten kaum möglich sein (s. a. Rdnr. III-127 f.).

III-333 Die eigentlichen Problemfälle, in denen das Scheinehenverbot des § 1314 BGB Abs. 2 Nr. 5 BGB leerzulaufen droht, treten dann ein, wenn ein Ausländer die Scheinehe nicht mit einem Deutschen, sondern mit dem im Inland ansässigen Angehörigen eines anderen EU-Mitgliedstaats eingehen will, der ihm über unionsrechtliche Vorschriften ebenfalls ein Bleiberecht sichert. Wenn keines der betroffenen Heimatrechte eine den §§ 1310 Abs. 1 Satz 2 Halbs. 2, 1314 Abs. 2 Nr. 5 BGB entsprechende Regelung kennt, könnte man eine solche Eheschließung zumindest auf der Grundlage der allgemeinen Anknüpfungsgrundsätze nicht verhindern; s. a. *Gaaz/Bornhofen*, § 13 PStG Rdnr. 28.

III-334 In solchen Situationen rächt sich, dass in der Regelung der §§ 1310 Abs. 1 Satz 2 Halbssatz 2, 1314 Abs. 2 Nr. 5 BGB die eigentliche Absicht des Gesetzgebers, Aufenthaltsehen zu verhindern, nicht deutlich hervortritt. Infolge der neutralen Formulierung fällt das entscheidende Tatbestandsmerkmal, die Aufhebbarkeit, unter den Art. 13 Abs. 1 EGBGB und entzieht sich daher bei Ausländern – also gerade derjenigen Personengruppe, auf die die Regelung zielt – dem deutschen Recht.

Dass der Gesetzgeber nicht an schlicht aufhebbare, sondern an *rechtsmissbräuchliche* Ehen dachte (s. Rdnr. III-137, 139), macht aus dem Eheaufhebungsgrund eine Abwehrklausel des ordre public. Dies kommt zwar im Gesetzeswortlaut nicht deutlich zum Ausdruck, doch ist der ordre public die einzige Möglichkeit, rechtsmissbräuchliche Scheinehen unabhängig von der kollisionsrechtlichen Anknüpfungslage zu verhindern (dafür *Gaaz/Bornhofen*, § 13 PStG Rdnr. 28; MünchKomm/*Coester*, Art. 13 EGBGB Rdnr. 59; a. A. *Staudinger/ Mankowski*, Art. 13 EGBGB Rdnr. 341; diskutiert, aber mangels Entscheidungserheblichkeit offen gelassen von KG, StAZ 2001, 298). Sein Eingreifen setzt voraus, dass man jede Rechtsordnung, die das präventive Eheschließungshindernis der Rechtmissbrauchsabsicht nicht kennt, als insoweit ordre-public-widrig ansieht.

III-335

Der für das Eingreifen des ordre public erforderliche Inlandsbezug ist ausreichend stark, wenn durch die Eheschließung ein Aufenthaltsrecht im Inland bzw. in der EU begründet werden soll. Bedenken, dass es nicht unionsfreundlich ist, das Eheschließungsrecht eines anderen Mitgliedstaats der EU als ordre-public-widrig abzuwehren, lassen sich mit dem Hinweis auf die erwähnte Entschließung des Rates der EU (s. Rdnr. III-141) zerstreuen: Wenn es ein Mitgliedstaat versäumt, dieser Entschließung zu folgen und Aufenthaltsehen zu verhindern, handelt er eher unionsunfreundlich als ein Staat, der die unionsrechtlichen Vorgaben sogar zum Inhalt seines ordre public macht.

III-336

Grundlage des ordre public sind elementare Rechtsgrundsätze des *deutschen* Rechts; es ist daher mit den Regelungszwecken des Ehefähigkeitszeugnisses und des Befreiungsverfahrens (s. Rdnr. III-237) vereinbar, wenn die Prüfung allein dem Standesamt überlassen wird, zumal dieses durch § 13 Abs. 2 PStG die hierfür erforderlichen Befugnisse erhält (so wohl auch *Gaaz/Bornhofen*, § 13 PStG Rdnr. 19 ff.). Der OLG-Präsident muss also bei der Feststellung der Missbrauchsabsicht nicht notwendig beteiligt werden. Ist diese von vornherein offenkundig, so ist das Befreiungsverfahren nach § 1309 Abs. 2 BGB entbehrlich (s. *Gaaz/Bornhofen*, § 13 PStG Rdnr. 28).

III-337

Nach Ansicht des OLG Naumburg (StAZ 2008, 224) ist der Antrag auf Befreiung von der Beibringung des Ehefähigkeitszeugnisses schon wegen fehlenden Rechtsschutzbedürfnisses unzulässig, wenn das Rechtsinstitut der Ehe missbraucht würde.

III-338

8. Dem deutschen Recht unbekannte Eheschließungsvoraussetzungen

Über Art. 13 Abs. 1 EGBGB sind grundsätzlich auch solche Eheschließungsvoraussetzungen zu beachten, die das deutsche Recht nicht kennt.

III-339

Dies bereitet i.d.R. keine Probleme, sofern es sich um *ehe*rechtliche Regelungen i.e.S. handelt. Dies ist eindeutig bei Eheverboten, die das deutsche Recht früher selbst kannte und mittlerweile aufgehoben hat, z.B. bei Geschlechtsgemeinschaft, Schwägerschaft, Wartefrist, Auseinandersetzungszeugnis, Ehebruch, Namensehe usw. Bei Eheverboten, die der deutsche Gesetzgeber wegen Verfassungswidrigkeit abgeschafft hat, ist stets zu prüfen, ob sie gegen den ordre public verstoßen.

III-340 Schwierig sind jedoch die Abgrenzungs- und Qualifikationsprobleme bei Eheverboten, deren eherechtlicher Zweck nicht eindeutig feststellbar ist. Sie müssen zunächst *privat*rechtlich sein; wenn sie öffentlichrechtliche Zwecke verfolgen oder Strafcharakter haben, fallen sie schon bei der Qualifikation aus dem Anwendungsbereich des Art. 13 Abs. 1 EGBGB heraus und sind überhaupt nicht anwendbar. Steht fest, dass sie privatrechtlich sind, so stellt sich – bei fremdartigen Ehehindernissen besonders häufig – die Frage nach dem ordre public.

Allgemeine Aussagen sind kaum möglich; die Abgrenzung und Bewertung kann nur fall- oder fallgruppenweise erfolgen.

a) Die Abgrenzung materiellrechtlicher Erfordernisse von Form- und Verfahrenserfordernissen

aa) Mitwirkung eines Priesters und Traubereitschaftserklärung

III-341 Einzelne Staaten fordern von ihren Angehörigen eine religiöse Trauung und qualifizieren die Mitwirkung eines Priesters als materielles Wirksamkeitserfordernis. Das deutsche IPR sieht hier jedoch allein eine Frage der Form und erzwingt über Art. 13 Abs. 3 Satz 1 EGBG die Inlandsform der Zivilehe (näher Rdnr. III-402 ff.).

Die Praxis verlangt deshalb häufig eine »Traubereitschaftserklärung« des zuständigen Geistlichen, um die religiöse Eheschließungszeremonie sicherzustellen und so hinkende Ehen zu vermeiden; vgl. Nr. 12.7 PStG-VwV. Hierbei handelt es sich jedoch nicht um ein materielles Eheschließungserfordernis, sondern um eine unverbindliche Aufforderung; das Standesamt kann die Vorlage der Traubereitschaftserklärung nicht erzwingen; vgl. Nr. 12.7 PStG-VwV.

bb) Das Heimataufgebot

III-342 Einzelne Staaten verlangen von ihren Angehörigen, dass sie ein sog. »Heimataufgebot« durchführen, bevor sie im Ausland die Ehe schließen. Das Aufgebot ist nach fast einhelliger Ansicht eine Frage der Form (BGHZ 29, 137, 140 = FamRZ 1959,143; RGZ 88, 191, 193).

III-343 Nun betrifft die Form die äußeren Umstände der Eheschließungserklärungen, was auf das Aufgebot nicht recht passt; genauer betrachtet ist es ein verfahrensrechtliches Hilfsmittel zur Feststellung der Ehefähigkeit. Doch führt die formelle ebenso wie die verfahrensrechtliche Qualifikation zu dem übereinstimmenden Ergebnis, dass bei einer Inlandseheschließung das Heimataufgebot nicht durchzuführen ist.

Eine Ausnahme gilt allerdings bei italienischen Verlobten. Nach Art. 5 Abs. 3 des Haager Eheschließungsabkommens vom 12. 6.1902 (*Schmitz/Bornhofen/Bockstette*, Nr. 210; s. a. Rdnr. III-443) muss dem deutschen Standesamt vor der Eheschließung nachgewiesen werden, dass ein vom Heimatstaat des Verlobten vorgeschriebenes Aufgebot durchgeführt worden ist. Der einzige praktische Anwendungsfall dieser Vorschrift ist das Aufgebot nach Art. 115 Abs. 2 ital. Cc (zu Einzelheiten *Staudinger/Mankowski*, Art. 13 EGBGB Rdnr. 4, 11). III-344

Das CIEC-Übereinkommen zur Erleichterung der Eheschließung im Ausland vom 10. 9.1964 (*Schmitz/Bornhofen/Bockstette*, Nr. 212; s. Rdnr. III-443) enthält in Art. 4 und 5 Abs. 2 gewisse Vorschriften über das Aufgebot, die aber keine praktische Bedeutung haben (wegen Einzelheiten s. *Staudinger/Mankowski*, Art. 13 EGBGB Rdnr. 14 ff.). III-345

b) Die islamrechtliche Brautgabe

Schwierigkeiten bereitet seit jeher die Qualifikation der in islamischen Rechtsordnungen (zum Charakter »religiösen« Rechts s. Rdnr. III-354 f.) vorgesehenen Brautgabe (*mahr*) – die Übertragung eines Vermögensgegenstandes durch den Ehemann auf die Ehefrau zur freien Verfügung. Entsprechend ihren vielfältigen Funktionen (zu Inhalt und Zweck des Rechtsinstituts s. etwa *Dilger*, StAZ 1981, 229; *Dutta/Yassari*, StAZ 2014, 289; *Krüger*, FamRZ 1977, 114; *Wiedensohler*, StAZ 1989, 3; *Yassari*, StAZ 2003, 198; *dies.*, StAZ 2009, 366) hat sie Bezüge zum Eheschließungs-, Ehewirkungs-, Ehegüter- und Scheidungsrecht (zu der sich daraus ergebenden Qualifikationsproblematik siehe etwa BGH, IPRax 2011, 85). III-346

Eine Brautgabe wird regelmäßig bei der Eheschließung ausdrücklich vereinbart. Geleistet werden kann sie vom Ehemann sofort oder aber auch erst zu einem späteren Zeitpunkt. Wurde eine Brautgabe bei der Eheschließung nicht vereinbart oder sogar ausgeschlossen, so berührt dies die Eheschließung in den meisten vom islamischen Recht geprägten Rechtsordnungen nicht. Vielmehr wird als vermögensrechtliche Folge der wirksamen Eheschließung der Ehefrau ein Anspruch gegen den Ehemann auf eine übliche Brautgabe eingeräumt. III-347

Fraglich ist vor diesem Hintergrund, ob das Standesamt die Eheschließung von Verlobten, auf die eine vom islamischen Recht geprägte Rechtsordnung anzuwenden ist, von der Vorlage eines entsprechenden Brautgabeversprechens abhängig machen muss. III-348

Dies könnte nur dann der Fall sein, wenn die Vereinbarung einer Brautgabe nach dem betreffenden Recht Wirksamkeitsvoraussetzung ist. Denn dann ist das Erfordernis einer Brautgabe kein Formerfordernis (so tendenziell *Henrich*, Festschrift Sonnenberger, 2004, S. 389, 392) und damit nicht vom Formstatut erfasst; die Brautgabevereinbarung dient nicht der Objektivierung oder Verkörperung des ehebegründenden Willens (vgl. Rdnr. III-394 ff.); vielmehr ist sie dann Bestandteil des Eheschließungswillens selbst und unterfällt damit dem Eheschließungsstatut (s. *Dutta/Yassari*, StAZ 2014, 289 f.;

Rohe, StAZ 2006, 93, 99; MünchKomm/*Coester*, Art. 13 EGBGB Rdnr. 60; *Staudinger/Mankowski*, Art. 13 EGBGB Rdnr. 381). Da dessen notwendiger Inhalt vom Eheschließungsstatut vorgeschrieben wird, kann dieses auch Erklärungsinhalte verlangen, die über den bloßen Ehebegründungswillen hinausgehen. Folglich greifen die allgemeinen Grundsätze zur kollisionsrechtlichen Behandlung von Willensdefiziten ein (s. Rdnr. III-324 ff.). Das deutsche Standesamt könnte die Eheschließung nur verweigern, wenn die fehlerhaft geschlossene Ehe zumindest aufhebbar wäre (s. Rdnr. III-326).

III-349 Allerdings gehen die islamischen Rechtsordnungen diesen Schritt nur selten und erheben das Brautgabeversprechen, wie bereits angedeutet, meist nicht zur Eheschließungsvoraussetzung (*Dutta/Yassari*, StAZ 2014, 289); überwiegend hat die Brautgabe allein eine vermögensrechtliche Funktion und lässt die Wirksamkeit der Eheschließung unberührt (für eine ehewirkungsrechtliche Qualifikation deshalb mittlerweile auch BGH, IPRax 2011, 85). Anders ist die Rechtslage allenfalls vereinzelt in islamischen Rechtsordnungen mit malikitischer Tradition, wobei jedoch bei näherem Hinsehen auch hier für die Wirksamkeit der Eheschließung das Fehlen einer Brautgabevereinbarung an sich meist unschädlich ist, sondern allenfalls der *ausdrückliche* Ausschluss einer Brautgabe (näher *Dutta/Yassari*, StAZ 2014, 289, 291 f. sowie 293; vgl. auch *Rohe*, StAZ 2006, 93, 99). Damit fällt die Brautgabe meist aus dem Anwendungsbereich des Art. 13 Abs. 1 EGBGB heraus und ist für das Standesamt unbeachtlich. Konsequent darf auch der OLG-Präsident die Befreiung nach § 1309 Abs. 2 BGB nicht von einer Brautgabevereinbarung abhängig machen.

c) Die Wartezeit

III-350 Das Ehehindernis der allgemeinen »Frauenwartefrist« soll die Klarheit der Abstammungsverhältnisse sichern; die Frau soll nach der Auflösung einer Vorehe erst dann wieder heiraten, wenn ein etwaiges Kind aus der Vorehe bereits geboren wäre.

Die Wartefrist war früher in § 8 EheG geregelt und ist durch das EheschlRG von 1998 abgeschafft worden, besteht aber in einigen ausländischen Rechtsordnungen noch fort. Sie ist eindeutig eherechtlich zu qualifizieren und daher im Rahmen des Art. 13 Abs. 1 EGBGB zu beachten.

III-351 Der Streit, ob das Ehehindernis einseitig oder zweiseitig ist (zu diesem Begriff Rdnr. III-257 ff.; zum Streitstand *Staudinger/Mankowski*, Art. 13 EGBGB Rdnr. 356 ff.), ist im Sinne der einseitigen Geltung zu beantworten: Das Ehehindernis wendet sich sachlich nur gegen Frauen; es ist wenig sinnvoll, eine Frau der Wartefrist zu unterwerfen, nur weil es das Heimatrecht des Mannes kennt (so auch *Staudinger/Mankowski* a. a. O.).

d) Heiratsverbote mit Strafcharakter

III-352 Manche Rechtsordnungen kennen jedoch auch Wartefristen mit Sanktionscharakter, die einen erzieherischen oder abschreckenden Zweck verfolgen, so etwa Wartefristen nach einer Scheidung wegen Ehebruchs oder sonstigen

Verschuldens (wie es bis 1.1.2000 Art. 150 des schweizerischen ZGB kannte). Wenn man sie als *straf*rechtlich qualifiziert (vgl. etwa *Scholl*, StAZ 1974, 169), fallen sie schon nicht unter Art. 13 Abs. 1 EGBGB und sind bei einer Inlandsheirat nicht zu beachten (s. Rdnr. III-340).

Überzeugender ist es jedoch, ein solches Eheverbot nicht als Strafe zu qualifizieren, sondern als spezielle eherechtliche Sanktion, die funktionell dem früheren Ehehindernis des Ehebruchs entspricht (so *Staudinger/Mankowski*, Art. 13 EGBGB Rdnr. 365 m. w. N.). Die Folge ist, dass ein derartiges vom Eheschließungsstatut ausgesprochenes Eheverbot grundsätzlich zu beachten ist. Im konkreten Ergebnis dürfte sich die zweite Auffassung allerdings kaum von der ersten unterscheiden. Vor allem aufgrund der weit gefassten besonderen ordre-public-Klausel des Art. 13 Abs. 2 EGBGB sind Strafwartefristen im Regelfall unbeachtlich: Ein Eheverbot mit Sanktionscharakter fällt angesichts des von Schuldkategorien völlig gelösten Eheverständnisses unter dessen Nr. 3, und Nr. 1 lässt bereits einen relativ schwachen Inlandsbezug genügen.

III-353

e) Religiöse Ehehindernisse

Die Bezeichnung »religiöse Ehehindernisse« ist ungenau. Die Gebote einer Religionsgemeinschaft bilden ein Normensystem, das ausschließlich für die Gläubigen gilt und zumindest im Grundsatz nicht in den Bereich staatlichen Rechts übergreift. Für die Rechtsanwendung relevant werden solche Normen erst dadurch, dass der Staat sie aufgreift und in staatliches Recht umsetzt, oder dass er kraft staatlicher Regelungsbefugnis schlichtweg auf religiöse Normen verweist, sie für maßgeblich erklärt und mit staatlicher Sanktion ausstattet. In beiden Fällen handelt es sich seiner *Quelle* nach nicht um religiöses, sondern um staatliches Recht, und zwar – soweit die Rechtsbeziehungen zwischen Individuen geregelt werden – um staatliches Privatrecht.

III-354

»Religiöses Recht« ist also keine qualitativ andersartige Rechtsmaterie wie Strafrecht und öffentliches Recht, die man durch Qualifikation umgehen könnte; vielmehr ist es staatliches Privatrecht, dessen Inhalte von religiösen Vorstellungen geprägt sind. Als solches ist es im Rahmen des Eheschließungsstatuts grundsätzlich anwendbar; allerdings stellt sich oftmals die Frage nach dem ordre public (allgemein Rdnr. VI-77 ff.) mit besonderer Schärfe.

III-355

Das Ehehindernis der *Religionsverschiedenheit* war früher sehr umstritten (zum Problem *Mergenthaler*, StAZ 1965, 134; *Neuhaus*, StAZ 1965, 279; aus der kontroversen älteren Rechtsprechung etwa OLG München, FamRZ 1970, 656 gegen OLG Oldenburg, StAZ 1969, 40). Grundsätzlich als Teil des Eheschließungsstatuts anwendbar wurde es im Gefolge von BGH, StAZ 1971, 195 bei ausreichendem Inlandsbezug mit dem ordre public abgewehrt; vgl. etwa OLG Hamm, StAZ 1977, 101; zur Rechtslage im Verhältnis zum Iran *Krüger*, StAZ 1984, 337; *Elwan*, IPRax 1986, 124. Dies gilt jedenfalls dann, wenn die Ehe im Inland geschlossen werden soll; doch wird man auch eine im Ausland geschlossene Ehe, bei der das Ehehindernis der Religionsverschiedenheit nicht beach-

III-356

III-357 tet wurde, als im Inland voll wirksam ansehen müssen (so auch *Sturm*, StAZ 2010, 7).

III-357 Seit dem IPRG 1986 greift in diesen Fällen grundsätzlich der Art. 13 Abs. 2 EGBGB ein. Angesichts der verfassungsrechtlichen Religionsneutralität des Staates ist das Ehehindernis jedoch ein derartig gravierender Verstoß gegen den ordre public, dass man bei den Anforderungen an den Inlandsbezug sogar noch hinter dessen Nr. 1 zurückgehen kann. Zudem sind »zumutbare Schritte« i. S. d. Nr. 2 nicht gangbar. Das Ehehindernis ließe sich nur durch Übertritt zu einer anderen Religion ausräumen; dies aber ist stets unzumutbar.

Im Ergebnis sind daher Fälle, in denen das Ehehindernis der Religionsverschiedenheit *nicht* am deutschen ordre public scheitert, kaum vorstellbar (ebenso *Staudinger/Mankowski*, Art. 13 EGBGB Rdnr. 397).

III-358 Ebenso zu bewerten ist das dem deutschen Eheverständnis fremde Ehehindernis der *»geistigen Verwandtschaft«* etwa zwischen Paten und Patenkind (s. *Staudinger/Mankowski*, Art. 13 EGBGB Rdnr. 392). Die Härte dieses Eheverbots folgt insbesondere aus dem Umstand, dass die religiösen Grundsätze keine Befreiung erlauben. Es verstößt daher i. d. R. gegen den ordre public.

III-359 Umstritten ist jedoch das Ehehindernis der *höheren Weihen* in Rechtsordnungen, die den religiösen Grundsatz, wonach römisch-katholische Priester nicht die Ehe schließen können, in das staatliche Recht übernommen haben. Das Ehehindernis widerspricht zwar grundlegenden Wertvorstellungen des deutschen Rechts; doch besteht in derartigen Fällen die Möglichkeit eines kirchlichen Dispenses, der die Ehefähigkeit wieder herstellt (s. *Staudinger/Mankowski*, Art. 13 EGBGB Rdnr. 391).

III-360 Daher ist das Eheverbot nach allgemeiner Ansicht grundsätzlich mit der Eheschließungsfreiheit unvereinbar, Art. 13 Abs. 2 Nr. 3 EGBGB; jedoch muss der ausländische Verlobte nach Nr. 2 zunächst die ihm zumutbaren Schritte unternehmen, um den Dispens zu erlangen. Erst wenn sie erfolglos bleiben, kann die Ehe geschlossen werden, sofern der in Art. 13 Abs. 2 Nr. 1 EGBGB geforderte Inlandsbezug besteht.

Die Gegenansicht hält das Ehehindernis der höheren Weihen für eine so gravierende Verletzung der Eheschließungsfreiheit, dass sie dem ausländischen Verlobten nicht einmal die Durchführung des Dispensverfahrens zumuten will (so etwa OLG Hamm, OLGZ 1974, 103 = StAZ 1974, 66). Dies ist jedoch mit dem Regelungszweck des Art. 13 Abs. 2 Nr. 2 EGBGB nicht vereinbar; wie hier etwa MünchKomm/*Coester*, Art. 13 EGBGB Rdnr. 87; zur Begründung näher Rdnr. III-373.

f) Öffentlichrechtlich oder politisch motivierte Ehehindernisse

III-361 Vereinzelt findet man Eheverbote, die auf den ersten Blick öffentlichrechtliche oder politische Zwecke zu verfolgen scheinen; zu denken ist etwa an Eheverbote für Beamte oder an das Verbot der Eheschließung mit Ausländern (hierzu *Staudinger/Mankowski*, Art. 13 EGBGB Rdnr. 404 ff.).

Man könnte daran denken, diese Ehehindernisse als »öffentlichrechtlich« zu qualifizieren und damit von vornherein aus dem Anwendungsbereich des von Art. 13 Abs. 1 EGBGB berufenen *privat*rechtlichen Statuts auszugrenzen. Die Vorschriften wären dann schon kraft Qualifikation unanwendbar (s. Rdnr. III-340), ihre Abwehr durch den ordre public entbehrlich.

Doch greifen hier dieselben Bedenken wie bei den »religiösen« Ehehindernissen: Die Vorschriften regeln die Eheschließung zwischen Mann und Frau und sind daher vom Regelungsgegenstand her Privatrecht. Dass sie mittelbar öffentliche Zwecke verfolgen, macht sie noch nicht zum öffentlichen Recht. III-362

Sie als privatrechtlich anzusehen, daher grundsätzlich zu beachten und notfalls mit Hilfe des ordre public abzuwehren, ist auch vom Ergebnis her sinnvoll. III-363

Der ordre public greift in diesen wie auch in anderen Fällen nur dann ein, wenn das ausländische Recht die Heirat definitiv ausschließt. Macht es die Ehefähigkeit von einem besonderen Befreiungsverfahren abhängig, so ist es dem ausländischen Verlobten zumutbar, dieses Verfahren durchzuführen oder wenigstens zu versuchen, Art. 13 Abs. 2 Nr. 2 EGBGB (näher Rdnr. III-372 ff.). Der Regelungszweck dieser Vorschrift ist es, hinkende Ehen zu verhindern; er rechtfertigt ein solches Bemühen auch im Falle eines öffentlichrechtlich motivierten Eheverbots. Er wird aber nicht erreicht, wenn man das Verbot von vornherein aus Art. 13 Abs. 1 EGBGB ausgrenzt und für unmaßgeblich hält.

III. Die Anwendung deutschen Rechts gemäß Art. 13 Abs. 2 EGBGB

1. Art. 13 Abs. 2 EGBGB als spezielle ordre-public-Klausel

a) Die Rechtsentwicklung bis zum IPRG von 1986

Ansatzpunkt für die Konkretisierung des ordre-public-Grundsatzes in Fällen, in denen das ausländische Recht strenger ist als das deutsche, ist der Beschluss des BVerfG vom 4.5.1971 (»Spanier-Entscheidung«, BVerfG, StAZ 1971, 189), in dem das BVerfG über die Ehefähigkeit eines Spaniers befinden musste, der eine geschiedene Deutsche heiraten wollte. In diesem Beschluss, der über Art. 13 EGBGB hinaus das gesamte IPR revolutionierte, stellte das BVerfG fest, dass nicht nur das deutsche Kollisionsrecht, sondern auch das anwendbare ausländische Recht an der Verfassung, insbesondere an den Grundrechten zu messen sei. III-364

Wie dies konkret zu geschehen habe, ließ das BVerfG offen. Es deutete zwei Möglichkeiten an: entweder die Neuentwicklung eines »Verfassungskollisionsrechts« oder die Durchsetzung der Grundrechte im Rahmen des ordre public; die nähere Ausgestaltung überließ es der Rechtsprechung. Die Gerichte neigten nach anfänglichen Unklarheiten letztlich der ordre-public-Lösung zu, wohl weil sie ihnen vom IPR her vertraut erschien. Der ordre public wurde damit, entsprechend der Formulierung des BVerfG, zum »Einfallstor der Grundrechte« in das ausländische Recht. III-365

III-366 In Anlehnung an die Rechtsprechung hat der Gesetzgeber durch das IPRG in Art. 13 Abs. 2 EGBGB eine Vorschrift geschaffen, die er als spezielle Ausprägung des ordre public (allgemein Rdnr. VI-77 ff.) verstand (vgl. RegE vom 20.5.1983, BR-Drucks. 222/83, S. 53).

b) Konsequenzen für die Auslegung der Vorschrift

III-367 Die enge Anlehnung an die Rechtsprechung vor dem IPRG erlaubt es, Art. 13 Abs. 2 EGBGB in deren Sinne auszulegen. Dies ist insofern wichtig, als die Vorschrift missverständlich formuliert ist und es daher notwendig werden kann, bei Auslegungsschwierigkeiten auf Anhaltspunkte außerhalb des Gesetzes zurückzugreifen.

III-368 Art. 13 Abs. 2 EGBGB verlangt, dass nach dem maßgeblichen Eheschließungsstatut »eine Ehevoraussetzung fehlt«.

Die Formulierung ist insoweit unklar, als sie nichts über das Vorfragenproblem aussagt (zum Folgenden s. a. Rdnr. III-297 ff.). Hängt die Ehefähigkeit von einer Vorfrage ab, die das maßgebliche Eheschließungsstatut verneint, so fehlt zwar aus der Sicht *dieses* Rechts die Ehefähigkeit. Dies bedeutet jedoch nicht, dass man zwingend zur Anwendung von Art. 13 Abs. 2 EGBGB kommt; denn wenn das deutsche IPR die Beantwortung der Vorfrage gar nicht dem Eheschließungsstatut überlässt (unselbständige Anknüpfung), sondern selbst entscheidet (selbständige Anknüpfung), kommt es u. U. bereits im Rahmen des Art. 13 Abs. 1 EGBGB zu dem Ergebnis, dass die Ehefähigkeit besteht, vgl. Rdnr. III-307. In diesen Fällen ist also die Eheschließung schon nach allgemeinen Anknüpfungsgrundsätzen möglich, ohne dass man den ordre public des Art. 13 Abs. 2 EGBGB bemühen müsste.

III-369 Man muss daher Art. 13 Abs. 2 EGBGB allgemeiner verstehen, als er formuliert ist; er ist immer dann zu prüfen, wenn im Rahmen der allgemeinen kollisionsrechtlichen Grundsätze die Anwendung ausländischen Rechts zu dem konkreten sachlichen Ergebnis führt, dass die Ehe nicht geschlossen werden kann. In dieser Interpretation spiegelt sich der allgemeine Grundsatz wider, dass am Maßstab des ordre public nicht die abstrakte Norm, sondern stets nur das konkrete Ergebnis zu messen ist (allgemein MünchKomm/*Sonnenberger,* Art. 6 EGBGB Rdnr. 44 m. w. N.).

III-370 Ferner ordnet Art. 13 Abs. 2 EGBGB an, dass beim Vorliegen der in Nr. 1 bis 3 genannten Voraussetzungen »deutsches Recht anzuwenden« ist. Auch diese Formulierung ist nicht geglückt. Sie ähnelt dem Anwendungsbefehl einer normalen Kollisionsnorm und kann dadurch den Eindruck erwecken, als enthalte sie lediglich eine alternative Anknüpfung des Eheschließungsstatuts, etwa nach dem Günstigkeitsprinzip. Dies aber würde dem ordre-public-Charakter der Vorschrift nicht gerecht: Deutsches Recht wird im Rahmen des ordre public nicht etwa zum anwendbaren Eheschließungsstatut, sondern wehrt nur Übergriffe eines ausländischen Statuts ab; näher Rdnr. III-379 ff.

2. Die einzelnen Voraussetzungen des Art. 13 Abs. 2 EGBGB

a) Ausreichender Inlandsbezug

Art. 13 Abs. 2 Nr. 1 EGBGB regelt den Inlandsbezug, der für das Eingreifen des ordre public stets erforderlich ist. III-371
Mindestens einer der Verlobten muss seinen gewöhnlichen Aufenthalt im Inland haben oder Deutscher sein. Mit dieser Regelung hat der Reformgesetzgeber die von der Rechtsprechung entwickelten personenbezogenen Anforderungen an den Inlandsbezug abgeschwächt und damit den Anwendungsbereich des ordre public erweitert.

Daneben ist zu beachten, dass ein Inlandsbezug auch dadurch entsteht, dass deutsche Gerichte oder Behörden bei der Feststellung oder Herstellung der Ehefähigkeit mitwirken. Dieser Fall ist zwar von Art. 13 Abs. 2 Nr. 3 EGBGB eigens erfasst; doch sollte der innere Zusammenhang mit Art. 13 Abs. 2 Nr. 1 EGBGB nicht übersehen werden (s. Rdnr. III-375 ff.).

b) Zumutbares Bemühen

Nach Art. 13 Abs. 2 Nr. 2 EGBGB müssen die Verlobten alle zumutbaren Schritte unternommen haben, um die nach dem ausländischen Recht fehlende Ehevoraussetzung zu erfüllen. III-372

Mit dieser Regelung wollte der Reformgesetzgeber den Konflikt des deutschen ordre public mit dem ausländischen Recht so gering wie möglich halten und verhindern, dass Ehen »nach vorschneller Anwendung deutschen Rechts unnötigerweise ›hinken‹«.

Unzumutbar sind etwaige rechtliche Schritte auch dann, wenn sie »von vornherein wegen der Praxis des Heimatstaats aussichtslos sind« (RegE vom 20.5.1983, BR-Drucks. 222/83, S. 53).

Abzulehnen ist jedoch die Ansicht, bei der Konkretisierung der Zumutbarkeit komme es darauf an, ob ein Ehehindernis mehr oder weniger einleuchtend, sinnvoll, gravierend usw. sei. Eine rechtspolitische Bewertung des ausländischen Eheverbots liefert keine maßgeblichen Zumutbarkeitskriterien. Es geht nicht um die Belästigung des Verlobten durch ein sinnlos erscheinendes Ehehindernis, sondern um das kollisionsrechtliche Problem, dass jeder Verstoß gegen ein ausländisches Eheverbot, auch wenn es nach inländischen Wertvorstellungen absurd erscheinen mag, eine *hinkende Ehe* provozieren kann. *Diese* Folge zu vermeiden ist Zweck von Art. 13 Abs. 2 Nr. 2 EGBGB (wie hier MünchKomm/*Coester,* Art. 13 EGBGB Rdnr. 31 m.w.N. zum Diskussionsstand sowie Rdnr. 87 zum Ehehindernis der höheren Weihen). III-373

Wo immer sich ein bestehendes Ehehindernis mit zumutbaren Mitteln und in zumutbarer Frist ausräumen lässt, muss zunächst diese Möglichkeit ausgeschöpft werden, gleich welcher Art das Ehehindernis ist. So muss etwa ein Paar, das im Inland heiraten möchte, eine nach dem Heimatrecht zwischen den Verlobten bestehende registrierte Partnerschaft zuvor in eine Ehe umwandeln lassen, wenn nach dem Heimatrecht diese Partnerschaft einer Eheschließung entgegensteht (KG, StAZ 2014, 15); eine Beendigung der Partnerschaft ist dagegen nicht zumutbar, weil die Partner sonst im Zeitraum zwischen Beendigung der Partnerschaft und Eheschließung ihre gegenseitigen Rechte als Partner aufgeben müssten (KG, StAZ 2012, 107).

III-374 Der Zwang, sich zur Herstellung der Ehefähigkeit lästigen Formalien unterziehen zu müssen, tangiert allein für sich die Eheschließungsfreiheit nicht in grundrechtswidriger Weise. Dass der deutsche ordre public nicht verletzt sein kann, zeigt § 107 FamFG, in dem das deutsche Recht selbst bei Auslandsscheidungen derartige Erfordernisse aufstellt. Erst wenn das Verfahren erfolglos abgeschlossen ist oder wenn die Verfahrensanforderungen »unzumutbar« sind, ist der vom ordre public geschützte Bereich der Eheschließungsfreiheit berührt.

c) Unvereinbarkeit mit der Eheschließungsfreiheit

III-375 Nach Art. 13 Abs. 2 Nr. 3 EGBGB muss es mit der Eheschließungsfreiheit unvereinbar sein, die Eheschließung zu versagen.

Diese Vorschrift stellt die Bedeutung des Grundrechts des Art. 6 Abs. 1 GG für den ordre public heraus und konkretisiert insoweit den Art. 6 Satz 2 EGBGB. Sie greift damit die Grundgedanken der »Spanier-Entscheidung« des BVerfG auf (dazu Rdnr. III-364 f.).

III-376 Im 2. Halbs. der Vorschrift sind zwei Sonderfälle ausdrücklich erfasst; die Formulierung »insbesondere« stellt jedoch klar, dass es sich nicht um einen abschließenden Tatbestand, sondern lediglich um Beispielsfälle handelt. Allgemein formuliert handelt es sich um Fälle, in denen das Heimatrecht eines ausländischen Verlobten diesen noch als verheiratet ansieht, obwohl seine Vorehe aus deutscher Sicht aufgrund einer gerichtlichen Entscheidung aufgelöst ist.

III-377 Der erste Sonderfall betrifft die Wiederheirat eines Verlobten, dessen frühere Ehe durch eine deutsche *Entscheidung* bzw. eine in Deutschland anerkannte ausländische *Entscheidung* (näher Rdnr. III-483 ff.) aufgelöst worden ist; insoweit greift Art. 13 Abs. 2 Nr. 3 EGBGB bewusst die Problematik der »Spanier-Entscheidung« und der auf sie aufbauenden Rechtsprechung auf (RegE vom 20. 5. 1983, BR-Drucks. 222/83; vgl. Rdnr. III-364 ff.). Zur Privatscheidung der Vorehe s. Rdnr. III-387 f.

Der zweite Sonderfall betrifft die Wiederheirat eines Verlobten, dessen früherer Ehegatte durch eine deutsche oder im Inland anerkannte ausländische Entscheidung (s. näher Rdnr. III-390) für tot erklärt worden ist. Diese Fallgruppe war bereits vor dem IPRG 1986 in Art. 13 Abs. 2 EGBGB geregelt.

III-378 Bei beiden Sonderfällen beruht der Verstoß gegen das Grundrecht der Eheschließungsfreiheit darauf, dass eine in Deutschland wirksame Entscheidung im Heimatstaat eines ausländischen Verlobten nicht anerkannt wird. Wenn – wie wohl im Regelfall – im Zusammenhang mit dieser Entscheidung die deutsche Justiz tätig geworden ist, sei es, dass ein deutsches Gericht die Ehe geschieden, sei es, dass eine deutsche Landesjustizverwaltung die Anerkennung einer ausländischen Entscheidung verbindlich festgestellt hat, sprechen zwei weitere Gründe für das Eingreifen des ordre public: Zum einen stellt ein inländisches Verfahren einen besonders starken Inlandsbezug her (s. a. Rdnr. III-371), zum anderen ist die deutsche Rechtsordnung durch die Nichtanerkennung einer deutschen Entscheidung unmittelbar berührt.

3. Die Rechtsfolge: »Anwendung deutschen Rechts«?

Die Rechtsfolge des Art. 13 Abs. 2 EGBGB ist unglücklich formuliert. Dass »deutsches Recht anzuwenden« ist, lässt den ordre-public-Charakter der Vorschrift nicht erkennen; es geht primär nicht um die Anknüpfung und Anwendung deutschen, sondern um die Abwehr ausländischen Rechts (s. schon Rdnr. III-370).

Dass die von Art. 13 Abs. 2 EGBGB angeordnete Rechtsfolge nicht nur schlichte »Anwendung« deutschen Rechts sein kann, ergibt sich auch aus der Vorfragenproblematik, die den Anstoß zu den »Spanier-Fällen« und damit überhaupt zur Normierung von Art. 13 Abs. 2 EGBGB gegeben hat (s. Rdnr. III-306 f.). Die Anwendung deutschen Rechts als Eheschließungs- und damit Hauptfragestatut ist dem Vorfragenproblem gedanklich vorgeordnet, die Anwendung des ordre public – und damit des Art. 13 Abs. 2 EGBGB – ist ihm hingegen nachgeordnet; zudem hat die »Anwendung« deutschen Rechts im Rahmen des ordre public eine andere Qualität.

Ein Beispiel kann dies verdeutlichen: Wenn das Eheschließungsstatut eines Ausländers die Doppelehe verbietet und ihn wegen einer hinkenden, also nicht wirksamen Ehescheidung für nicht ehefähig hält (so die Fallkonstellation der »Spanier-Fälle«), macht es keinen Unterschied, statt dessen deutsches Recht »anzuwenden«; denn man käme dann nur zu § 1306 BGB, der ebenfalls die Doppelehe verbietet, also mit dem ausländischen Recht inhaltlich übereinstimmt.

Es handelt sich also nicht um ein Problem der ersatzweisen Anwendung deutschen Rechts, sondern um ein Vorfragenproblem; man kann die Ehefähigkeit des Ausländers nur dann bejahen, wenn man entweder selbständig anknüpft und die Auflösung der ersten Ehe nach deutschem Kollisionsrecht beurteilt, oder aber unselbständig anknüpft und die Nichtanerkennung der Ehescheidung durch seinen Heimatstaat mit dem ordre public abwehrt (zur Auseinandersetzung um diese Grundsätze im Zusammenhang mit der Rechtsprechung zu den »Spanier-Fällen« s. Rdnr. III-306 f.). Die Formulierung des Art. 13 Abs. 2 EGBGB, es sei »deutsches Recht anzuwenden«, trifft keine dieser beiden Lösungen genau.

Orientiert man sich daran, dass der Gesetzgeber nur die anhand der »Spanier-Fälle« entwickelten Grundsätze der Rechtsprechung konsolidieren und verallgemeinern wollte, ist der negative Abwehrcharakter des ordre public hervorzuheben und die Vorschrift wie folgt zu lesen:

»Liegt nach dem Heimatrecht eines ausländischen Verlobten ein Ehehindernis vor, das aus der Sicht des deutschen Rechts nicht besteht, so steht es der Eheschließung dann nicht entgegen, wenn die Voraussetzungen der Nr. 1 bis 3 erfüllt sind.«

III-384 Infolge der missverständlichen Formulierungen ist der Anwendungsbereich der Vorschrift im Schrifttum nach wie vor umstritten; unklar ist vor allem ihre Reichweite und ihr Verhältnis zur allgemeinen ordre-public-Klausel des Art. 6 EGBGB (zum Streitstand etwa MünchKomm/*Coester*, Art. 13 EGBGB Rdnr. 27 f.).

III-385 Eine Folge dieser Unklarheit ist es etwa, wenn behauptet wird, dass Art. 13 Abs. 2 EGBGB nur dann eingreife, wenn das ausländische Ehehindernis nicht bereits wegen Verstoßes gegen den inländischen ordre public ausgeschaltet sei (*Schulz*, StAZ 1991, 32, 34). Richtigerweise ist Art. 13 Abs. 2 EGBGB als spezielle Ausprägung des ordre public stets vor Art. 6 EGBGB zu prüfen.

III-386 Dies bedeutet allerdings nicht, dass Art. 13 Abs. 2 EGBGB den Art. 6 EGBGB völlig ausschließt. Er fasst die Wertungen, die bei der Eheschließung eine Rolle spielen, typisierend zusammen und ist wegen dieser größeren Konkretheit vor dem Art. 6 EGBGB anzuwenden, hat aber nicht die Absicht, die ordre-public-Problematik *abschließend* zu regeln. Wenn in einem Extremfall die Typenbildung des Art. 13 Abs. 2 EGBGB nicht ausreicht, um einem besonders krassen Wertungswiderspruch gerecht zu werden, kann man anschließend auf die direkte Anwendung der allgemeinen Vorbehaltsklausel übergehen; dies ist z. B. dann der Fall, wenn ein ausländisches Recht so eklatant grundrechtswidrig ist, dass der ordre public bereits bei einem Inlandsbezug eingreift, der geringer ist als der von Art. 13 Abs. 2 Nr. 1 EGBGB verlangte (z. B. beim Eheverbot der Religionsverschiedenheit, s. Rdnr. III-357).

4. Problematische Fallgruppen

a) Privatscheidungen

III-387 Fraglich ist, inwieweit Art. 13 Abs. 2 Nr. 3 EGBGB auch *Privatscheidungen* erfasst (zu dem gesamten Problemkreis der Wirksamkeit von Privatscheidungen näher Rdnr. III-478 ff., III-539 ff.). Soweit ausländische Privatscheidungen unter Mitwirkung eines Gerichts oder einer Behörde stattgefunden haben, unterliegen sie dem Anerkennungsverfahren nach § 107 FamFG (vgl. Rdnr. III-549 ff.). Die Durchführung dieses Verfahrens stellt den notwendigen Inlandsbezug her, so dass man eine anerkannte Privatscheidung als »Entscheidung« i. S. d. Art. 13 Abs. 2 Nr. 3 EGBGB wird ansehen können. Sie ermöglicht daher dem betroffenen Verlobten die Wiederheirat.

III-388 Bei einer wirksamen rein rechtsgeschäftlichen Privatscheidung ohne Mitwirkung eines Hoheitsträgers dürfte Art. 13 Abs. 2 Nr. 3 EGBGB hingegen nicht eingreifen; zum einen ist der Inlandsbezug einer derartigen – zwangsläufig rein ausländischen (s. Rdnr. III-478 ff.) – Privatscheidung gering; zum anderen sind die Belange der deutschen Rechtsordnung nicht wesentlich tangiert, solange die deutschen Behörden nicht einmal mit der Anerkennung befasst waren; schließlich ist die reine Privatscheidung ein dem deutschen Rechtsverständnis so fremdartiges Rechtsinstitut, dass es unangemessen ist, ihre Wirksamkeit ausgerechnet mit dem deutschen ordre public durchzusetzen.

b) »Hinkende« Todeserklärungen

Ein von Art. 13 Abs. 2 Nr. 3 EGBGB ausdrücklich geregelter Sonderfall ist die im Ausland nicht anerkannte »hinkende« Todeserklärung. Die in der Praxis wohl wenig bedeutsame Vorschrift bestätigt – ebenso wie beim Sonderfall der hinkenden Ehescheidungen – den Grundsatz, dass die Vorfrage, ob die frühere Ehe besteht oder aufgelöst ist, unselbständig anzuknüpfen ist (zum Gedankengang s. Rdnr. III-314); ebenso sind die das Eingreifen des ordre public rechtfertigenden Gesichtspunkte ähnlich wie im Fall hinkender Ehescheidungen.

III-389

Allerdings ist der Tatbestand der Vorschrift etwas enger gefasst, da sich die Formulierung »hier anerkannte Entscheidung« in Art. 13 Abs. 2 Nr. 3 EGBGB offensichtlich nur auf die erste Fallgruppe der hinkenden Ehescheidungen bezieht. Nach Ansicht des Reformgesetzgebers sollte allerdings eine »mit Wirkung für das Inland ausgestattete Todeserklärung« einer deutschen gleichwertig sein und somit dem Art. 13 Abs. 2 Nr. 3 EGBGB genügen (RegE, BR-Drucks. 222/83, S. 53). Zur Anerkennung ausländischer Todeserklärungen s. Rdnr. II-31 ff.

III-390

c) Religiöse Ehehindernisse

Im Gefolge der »Spanier-Entscheidung« verstärkte sich die Tendenz, *religiöse Ehehindernisse* wegen des Verfassungsgebots staatlicher Religionsneutralität zurückzudrängen; wegen Einzelheiten s. Rdnr. III-354 ff.

III-391

Im Zuge dieser Entwicklung geht man in der Abwehr von Eheverboten, die den deutschen Wertvorstellungen besonders krass widersprechen, noch über den Art. 13 Abs. 2 EGBGB hinaus, etwa indem man die Anforderungen an den Inlandsbezug abschwächt (vgl. Rdnr. III-357).

Es geht allerdings zu weit, wenn man diese Eheverbote derartig gering achtet, dass man dem Verlobten nicht einmal mehr ein mögliches Befreiungsverfahren zumutet; hierzu näher Rdnr. III-360, III-373.

C. Das IPR der Eheschließungshandlung

I. Die materiellrechtliche Wirksamkeit der Eheschließung

Mit der Eheschließungshandlung treten Formfragen in den Vordergrund. Dies führt gelegentlich dazu, dass man den Eheschließungsakt bei oberflächlicher Betrachtung ausschließlich als Formproblem begreift und seine materielle Komponente übersieht. Doch hat auch die Eheschließungshandlung materielle Elemente, die nach Art. 13 Abs. 1 EGBGB den Heimatrechten der Verlobten unterstehen und nicht dem nach Art. 11 Abs. 1, 13 Abs. 3 EGBGB zu bestimmenden Formstatut.

III-392

Qualifiziert man die Ehe als einen familienrechtlichen Vertrag zwischen den Verlobten, bei dem die wechselseitig abgegebenen Erklärungen die Rechtsfolge des Ehebandes erzeugen (s. Rdnr. III-161), so stellt der erklärte *Wille*

III-393

den materiellen Faktor der Eheschließung dar. Sein Vorliegen sowie die etwaigen Rechtsfolgen eines Fehlens bzw. einer Willensstörung richten sich nach dem jeweiligen Eheschließungsstatut jedes Verlobten. Die äußeren Umstände der Eheschließungserklärungen gehören hingegen zur Form.

II. Die Form der Eheschließung

1. Qualifikationsfragen: Was gehört zur Form?

III-394 Die Form ist das »*Mittel* einer Willenserklärung«, die »*Art und Weise* der Erklärung« (vgl. *Bernard*, Formbedürftige Rechtsgeschäfte, 1979, S. 31 ff.); sie ist also das objektive Element der Erklärung im Kontrast zu dem durch sie erklärten subjektiven Willen. Formerfordernisse sind mithin diejenigen Anforderungen, die man an die *Objektivierung* des rechtsgeschäftlichen Willens stellt, während die Bildung des Willens selbst dem subjektiven Tatbestand zuzurechnen ist.

Mit der Frage, ob die so ermittelten Erfordernisse einem der typischen Formzwecke – Warnzweck, Beweiszweck, Beratungszweck – dienen, lässt sich die Formeigenschaft weiter konkretisieren.

Mit Hilfe dieser Vorüberlegungen kann man in jedem Einzelfall begründen, ob ein konkretes Eheschließungserfordernis materiell oder formell ist.

III-395 Die Mitwirkung einer bestimmten Trauungsperson bei der Eheschließung wird im deutschen IPR nicht als materielle Eheschließungsvoraussetzung qualifiziert, sondern als Frage der Eheschließungsform (vgl. BGHZ 43, 220 = StAZ 1965, 152; MünchKomm/*Coester*, Art. 13 EGBGB Rdnr. 134).

Qualifiziert man die Ehe nach den Systemvorstellungen des deutschen Sachrechts als Vertrag, so ist der geäußerte rechtsgeschäftliche Wille das einzige materielle Element (vgl. Rdnr. III-161 sowie III-393). Die Mitwirkung des Standesamts wäre nur dann ein materielles Element, wenn sie der konstitutiv ehebegründende Akt wäre; dies ist sie aber nach deutschem Rechtsverständnis gerade *nicht* (s. Rdnr. III-180). Damit ist sie nur Bestandteil des äußeren Rahmens der Erklärungen und somit ein Teil der Form.

III-396 Qualifikationsfragen zwischen materiellem und formellem Eheschließungsstatut werfen auch sog. »Handschuhehen« auf, bei denen die Verlobten die zur Eheschließung erforderlichen Willenserklärungen – anders als nach deutschem Recht erforderlich, § 1311 Satz 1, 1. Alt. BGB – nicht bei persönlicher Anwesenheit abgeben (s. Rdnr. III-188 ff.), sondern sich eines Boten oder Vertreters bedienen. Richtigerweise ist bei solchen Handschuhehen zu differenzieren (s. aus der Rspr. etwa BGHZ 29, 137; KG, OLGZ 1973, 435; OLG Hamm, StAZ 1986, 134; OLG Karlsruhe, StAZ 1994, 286; BayObLG, StAZ 2001, 66; OLG Zweibrücken, StAZ 2011, 371):

Die *Stellvertretung in der Erklärung*, bei welcher der Bote oder Vertreter ohne Entscheidungsfreiheit die vom abwesenden Verlobten vorgegebene Erklärung übermittelt oder abgibt, betrifft die Form der Eheschließung; eine solche Handschuhehe ist damit nur als wirksam geschlossen anzusehen, wenn die Botenschaft oder gebundene Stellvertretung nach dem Formstatut zulässig ist. Zur Bestimmung des Formstatuts in diesen Fällen s. Rdnr. III-401.

Besitzt der Vertreter dagegen eine Entscheidungsfreiheit hinsichtlich der Eheschließung, dann ist die Zulässigkeit einer solchen Handschuhehe als materielle Eheschließungsvoraussetzung zu qualifizieren und richtet sich gemäß Art. 13 Abs. 1 EGBGB nach dem Heimatrecht der Verlobten; eine solche *Stellvertretung im Willen* wird aber, selbst wenn sie nach dem ausländischen Heimatrecht gestattet ist, regelmäßig gegen den deutschen ordre public verstoßen (s. KG, NJOZ 2004, 2138).

Zu Schwierigkeiten bei der Abgrenzung zwischen Stellvertretung in der Erklärung und im Willen s. AG Offenbach, StAZ 2011, 155, wo das Gericht die Willensfreiheit der minderjährigen Verlobten bereits bei der Zustimmung zur Eheschließung durch den gebundenen Vertreter gefährdet ansah und einen ordre-public-Verstoß bejahte.

Das Problem, dass ein ausländischer Staat von seinen Angehörigen eine religiöse Trauung fordert, die er auf der Grundlage eines anderen Eheverständnisses als materielles Wirksamkeitserfordernis qualifiziert, stellte sich früher vor allem bei Eheschließungen von Griechen und Spaniern (s. etwa LG Bremen, StAZ 1976, 172); es hat, seit diese Staaten ihr nationales und internationales Eheschließungsrecht reformiert haben, an Schärfe verloren (allgemein zum Problem Rdnr. III-414 ff.). Auch wenn der Angehörige eines solchen Staates die Ehe schließen will, setzt sich die deutsche Qualifikation gegen das ausländische Recht durch.

III-397

2. Die Grundsatzanknüpfung des Art. 11 EGBGB

Grundsätzlich wird das Formstatut gemäß Art. 11 EGBGB angeknüpft. Art. 11 Abs. 1 EGBGB stellt im Interesse der Wirksamkeit eines Rechtsgeschäfts zwei alternative Anknüpfungen zur Verfügung. Für die Formwirksamkeit genügt es also, wenn entweder das »Geschäftsstatut« oder das »Ortsrecht« beachtet werden. Bei der Eheschließung sind dies entweder die kumulativ maßgeblichen materiellen Eheschließungsstatute des Art. 13 Abs. 1 EGBGB oder aber das am Ort der Eheschließung geltende Recht.

III-398

Als Grundsatz gilt bei Auslandseheschließungen uneingeschränkt diese alternative Anknüpfung. Faktisch kommt sie jedoch nur eingeschränkt zum Tragen; in der Praxis steht im Regelfall nur die Ortsform zur Verfügung (s. *Sturm*, StAZ 2010, 2; dort auch zahlreiche Beispiele zu ausländischen Formvorschriften). Ist die Ortsform gewahrt, so ist die Ehe aus der Sicht des deutschen IPR wirksam zustande gekommen; ob sie auch in einem Drittstaat – etwa dem Heimatstaat eines Verlobten – als wirksam angesehen wird, ist unerheblich (OLG München, StAZ 2010, 208).

III-399

Bei Eheschließungen im Inland wird Art. 11 Abs. 1 EGBGB von Art. 13 Abs. 3 EGBGB verdrängt, der ausschließlich die Ortsform vorschreibt.

III-400

Die Verortung der Eheschließung für Zwecke des Art. 11 Abs. 1 EGBGB (aber auch des Art. 13 Abs. 3 EGBGB) bereitet regelmäßig keine allzu großen Schwie-

III 401

rigkeiten, da die Ehegatten die Ehe meist auf dem Territorium eines Staates schließen werden.

Bei einer Eheschließung unter Abwesenden ohne Ort einer Eheschließungszeremonie kommt bei einer Auslandseheschließung Art. 11 Abs. 2 EGBGB zum Zuge, sodass alternativ mehrere Ortsrechte über Formgültigkeit der Eheschließung entscheiden. Sobald sich jedoch einer der Ehegatten im Inland befindet, handelt es sich um eine Inlandseheschließung (s. Münch-Komm/*Coester*, Art. 13 EGBGB Rdnr. 131), die nach Art. 13 Abs. 3 Satz 1 EGBGB allein deutschem Recht unterliegt (hierzu sogleich Rdnr. III-402 ff.).

Bei einer »Handschuhehe« (dazu Rdnr. III-396) ist für die Verortung der Eheschließung gemäß Art. 11 Abs. 3 EGBGB der Ort entscheidend, an dem der Vertreter oder Bote gehandelt hat.

Problematisch sind allenfalls Eheschließungen in sog. Funktionshoheitsräumen, wo die Hoheitsgewalt des Staates begrenzt ist. Praktisch betrifft dies vor allem Eheschließungen auf See, wie sie zunehmend von Kreuzfahrtunternehmen angeboten werden. Gestattet hier das Eheschließungsrecht des Flaggenstaats – etwa maltesisches Recht – eine Eheschließung durch Mitwirkung des Kapitäns, so stellt sich die Frage, wo die Ehe geschlossen wurde, wenn sich das Schiff zum Zeitpunkt der Eheschließung im Küstengewässer, in der ausschließlichen Wirtschaftszone (AWZ) oder über dem Festlandssockel oder auf Hoher See befand – alles Gebiete des Meeres, die unterschiedlich stark der staatlichen Hoheitsgewalt unterliegen. Auf Grundlage einer funktionalen Betrachtungsweise wird man eine solche Eheschließung auf See für Zwecke der Art. 11 Abs. 1, 13 Abs. 3 EGBGB grundsätzlich im Flaggenstaat zu verorten haben (zu Details s. *Dutta*, StAZ 2014, 44; s. a. *Krömer*, StAZ 2008, 350).

Zur Eheschließung in einer ausländischen Botschaft *Wall*, StAZ 2014, 246.

3. Die Ausnahmeregel »Inlandsehe – Inlandsform«, Art. 13 Abs. 3 Satz 1 EGBGB

a) Der Anknüpfungsgrundsatz

III-402   Der Anknüpfungsgrundsatz des Art. 11 Abs. 1 EGBGB wird bei Eheschließungen im Inland von Art. 13 Abs. 3 EGBGB durchbrochen, dessen Satz 1 mit dem schlagwortartigen Grundsatz »Inlandsehe – Inlandsform« umschrieben wird. Wird eine Ehe in Deutschland geschlossen, so gilt für alle Erfordernisse, die als Formelemente zu qualifizieren sind, das deutsche Recht.

Dieser Grundsatz gilt auch dann, wenn beide Verlobte Ausländer sind; allerdings lässt das deutsche IPR hier unter bestimmten Voraussetzungen Ausnahmen zu; hierzu Rdnr. III-409 ff., III-427 f.

Als Inland gilt hierbei auch das Gelände einer ausländischen diplomatischen Vertretung (diese sind insofern nicht exterritorial, s. *Krömer*, StAZ 2005, 112 sowie BGHZ 82, 34, 44 = StAZ 1982, 7, 8), zur Verortung einer Eheschließung auf See s. Rdnr. III-401.

III-403   Das Formerfordernis, das in der Praxis stets die größten Probleme aufgeworfen hat, ist die zwingend vorgeschriebene Mitwirkung des Standesamts, da ihr Fehlen die schärfste Fehlerfolge auslöst. Schließen Verlobte die Ehe nach den Vorschriften ihres Heimatrechts, aber nicht in der vom BGB vorgesehenen standesamtlichen Form, so kommt eine Ehe zustande, die nach ihrem Heimatrecht gültig und im Heimatstaat wirksam sein mag, in Deutschland aber nichtig ist (Nichtehe, »hinkende Ehe«).

b) Der Regelungszweck der Vorschrift

Das Schrifttum hat die Vorschrift anfangs überwiegend kritisiert (so etwa schon *Müller-Freienfels*, Ehe und Recht, 1962, S. 116 Fn. 1; *Dölle*, Familienrecht Bd. I, 1964, S. 226) und als eine vom ordre-public-Gedanken beherrschte Durchbrechung des Art. 11 EGBGB bewertet (vgl. *Ferid*, Rdnr. 3-29,2). Es argumentierte vor allem mit allgemeinen kollisionsrechtlichen Interessen: Das Verbot der dem Ausländer vertrauten religiösen Form verstoße gegen die in Art. 13 Abs. 1 EGBGB niedergelegte kollisionsrechtliche Wertung; die dadurch provozierten hinkenden Ehen verstießen gegen das Ideal des internationalen Entscheidungseinklangs. III-404

Dem ist entgegenzuhalten, dass der Grundsatz der obligatorischen Zivilehe im deutschen Sachrecht nicht auf prinzipieller Geringschätzung der religiösen Form beruht, sondern auf der Zweckmäßigkeitserwägung, dass man die Prüfung der bei einer Eheschließung auftretenden schwierigen Rechtsfragen am besten bei einer spezialisierten Behörde mit ausgebildeten Beamten konzentriert. Der Zwang zur standesamtlichen Form verhindert fehlerhafte Ehen und fördert die Klarheit der Registerführung (so auch *Otto*, StAZ 1973, 135; OLG Frankfurt a. M., StAZ 1977, 312, 313). Bei der rechtlich komplexeren Eheschließung mit Ausländerbeteiligung gewinnen diese Gesichtspunkte besonderes Gewicht. III-405

c) Art. 13 Abs. 3 Satz 1 EGBGB als Konsequenz des öffentlichrechtlichen Charakters der Eheschließung

Vielfach wird auch übersehen, dass sich der Grundsatz »Inlandsehe – Inlandsform« allein mit internationalprivatrechtlichen Kategorien nicht angemessen erfassen lässt. Denn die Richtigkeit der Eheschließung und Klarheit der Register liegen im öffentlichen Interesse, wie das Personenstandsrecht insgesamt. III-406

Vereinzelt wurden der öffentlichrechtliche Charakter der Eheschließung und seine Rückwirkung auf das Kollisionsrecht in Rechtsprechung und Schrifttum durchaus erkannt. III-407

So hat das Reichsgericht bereits früh klargestellt, dass Art. 13 Abs. 3 EGBGB der völkerrechtlichen Norm Rechnung trage, wonach sich jeder Staat in Ausübung staatlicher Hoheitsrechte auf sein eigenes Gebiet beschränken müsse (RG, JW 1931, 1338).

Der BGH hob den öffentlichrechtlichen Charakter der Eheschließung hervor, wenn er es als einen »Grundsatz des deutschen Rechts« bezeichnete, »dass die Mitwirkung bei der Eheschließung ausschließlich eine Funktion des Staates ist« (BGHZ 43, 213, 224 = StAZ 1965, 152, 154).

III-408 Die Eheschließung durch das Standesamt ist Wahrnehmung von Hoheitsaufgaben. Der Grundsatz der obligatorischen Zivilehe betrifft daher nicht nur die zivilrechtliche Form, sondern besagt, dass eine Eheschließung im Inland staatliche Mitwirkung erfordert. Ist aber die standesamtliche Eheschließung hoheitliche Tätigkeit, so erweist sich Art. 13 Abs. 3 Satz 1 EGBGB als gesetzgeberische Konsequenz des bereits vom Reichsgericht hervorgehobenen Grundsatzes.

III. Abweichen von der Inlandsform durch eine »ermächtigte Person«, Art. 13 Abs. 3 Satz 2 EGBGB

1. Allgemeines

III-409 Zu dem in Art. 13 Abs. 3 Satz 1 EGBGB niedergelegten Grundsatz »Inlandsehe – Inlandsform« gab es im internen deutschen Recht zunächst keine Ausnahme; die Vorläufervorschrift des Satzes 2 wurde erst durch das Gesetz Nr. 52 des Kontrollrates für Deutschland vom 21. 4.1947 (ABl. KR S. 273) als § 15a in das EheG von 1946 eingefügt und sollte es den Angehörigen der Besatzungsmächte ermöglichen, die Ehe in der Form ihres Heimatrechts zu schließen (zur Entstehungsgeschichte *Sonnenberger*, StAZ 1964, 289 ff.).

III-410 Wer den Art. 13 Abs. 3 EGBGB ausschließlich als Sondervorschrift zu Art. 11 EGBGB sieht, die obligatorische Zivilehe also als eine internationalprivatrechtliche Frage der Form qualifiziert (vgl. BGHZ 43, 213, 220 = StAZ 1965, 152, 153), wird auch die Eheschließung durch eine ermächtigte Trauungsperson als ausschließlich internationalprivatrechtliche Regelung verstehen. Auch hier ist jedoch zu bedenken, dass die Mitwirkung bei der Eheschließung Hoheitstätigkeit ist. Art. 13 Abs. 3 Satz 2 EGBGB ist daher nicht nur eine internationalprivatrechtliche Formvorschrift, sondern durchbricht allgemeine Grundsätze des internationalen öffentlichen Rechts insoweit, als sie dem Funktionsträger eines ausländischen Staates die Eheschließung – und damit die Ausübung hoheitlicher Tätigkeit – im Inland gestattet (vgl. schon *Sonnenberger*, StAZ 1964, 291f.). Aufgrund dieses Ausnahmecharakters verbietet sich auch eine analoge und allseitige Anwendung des Art. 13 Abs. 3 Satz 2 EGBGB auf eine Eheschließung im Ausland; hier bleibt es bei Art. 11 Abs. 1 EGBGB (OLG Frankfurt a. M., StAZ 2014, 206, 209).

2. Die ordnungsgemäße Ermächtigung der Trauungsperson

a) Die Voraussetzungen einer »ordnungsgemäßen Ermächtigung«

III-411 Art. 13 Abs. 3 Satz 2 EGBGB setzt die ordnungsgemäße Ermächtigung der Trauungsperson voraus. Was darunter zu verstehen ist, war lange Zeit umstritten; die heutige Auslegung beruht auf der immer noch grundlegenden Leitentscheidung des BGH vom 22. 1.1965 (BGHZ 43, 213 = StAZ 1965, 152). Als ordnungsgemäße Ermächtigung ist nach Ansicht des BGH jedes staatliche Handeln anzusehen, durch das der Entsendestaat zu erkennen gibt, dass er »die

Gewähr für eine seinen Gesetzen entsprechende formgerechte Eheschließung übernimmt« (BGH a. a. O.) und dafür »bürgt, dass die Mitwirkung der ermächtigten Person an der in Deutschland vollzogenen Eheschließung im Sinne seiner Rechtsordnung eine wirksame Ehe begründet«. Die Ermächtigung müsse darauf gerichtet sein, »gerade im Ausland bei Eheschließungen mitzuwirken«.

Die Analyse der BGH-Entscheidung zeigt, dass es im Wesentlichen auf zwei Kriterien ankommt: III-412

(1) Zum einen muss die ermächtigte Person in quasi-staatlicher Funktion tätig werden. Dies bestätigt die Erkenntnis, dass die Eheschließung öffentlichrechtliche Bedeutung hat (s. Rdnr. III-406 ff.). Bei einem Priester kommt es entscheidend darauf an, ob er in ausschließlich religiöser oder daneben auch in hoheitlicher Funktion tätig wird.

(2) Zum zweiten muss sich die Ermächtigung gerade auf Eheschließungen im Ausland beziehen. Eine Norm, die generell – also auch für Inlandseheschließungen in dem betreffenden Staat – die religiöse Eheschließung vorschreibt, ist eine allgemeine Formvorschrift, die den spezifischen Auslandsbezug nicht erkennen lässt.

Wegen des öffentlichrechtlichen Gedankens der »Gewährübernahme« durch den ermächtigenden Staat ist der einzig ausschlaggebende Faktor, der eine Person zur Trauung geeignet macht, die »ordnungsgemäße Ermächtigung«. Er allein hat konstituierende Kraft. Wen die ausländische Regierung konkret ermächtigt, ist ihr überlassen. Es ist nicht erforderlich, dass die Trauungsperson Angehöriger des ermächtigenden Staates ist. Insbesondere bei religiösen Eheschließungen von Ausländern islamischer Religion ist oft zu beobachten, dass der Geistliche, der die Ehe schließt, dazu von einem Staat ermächtigt ist, dem er nicht angehört (*Bornhofen*, StAZ 1981, 271). III-413

b) Die Eheschließung vor einem Religionsdiener

Der BGH stellt in der grundlegenden Entscheidung BGHZ 43, 213 (s. Rdnr. III-411) fest, dass es für die ordnungsgemäße Ermächtigung i. S. d. Art. 13 Abs. 3 Satz 2 EGBGB nicht schon ausreicht, wenn das Recht eines Staates die religiöse Eheschließung allgemein als wirksam anerkennt. Eine positive Definition der ordnungsgemäßen Ermächtigung von Geistlichen gab der BGH nicht; er beschränkte sich lediglich auf die Feststellung, dass jedenfalls die staatliche Benennung gegenüber dem Auswärtigen Amt genüge. III-414

Auf der Grundlage der BGH-Grundsätze lassen sich die folgenden Fall- und Regelungsvarianten bilden (vgl. auch *Hepting*, StAZ 1987, 154 ff.). III-415

aa) Religiöse Eheschließungen kraft kirchlicher Zuständigkeit

Religiös fundierte allgemeine Vorschriften, wonach eine Ehe nur unter Mitwirkung eines Priesters geschlossen werden kann und erst danach zivilrechtlich anerkannt und wirksam wird, sind keine ordnungsgemäße Ermächtigung. Für eine solche ausschließlich kraft religiöser Zuständigkeit geschlossene Ehe kann das Recht nicht die vom BGH geforderte staatliche »Gewähr« bieten (s. Rdnr. III-411, III-413). III-416

III-417 Ähnlich ist die Rechtslage in Ländern, in denen das gesamte Familien- und Erbrecht nicht staatlich organisiert, sondern der Gerichtsbarkeit der anerkannten religiösen Gemeinschaften überlassen ist; ein solcher Rechtszustand besteht etwa in einigen vom Islam geprägten Rechtsordnungen. Konsequent sind islamische Geistliche nicht i. S. d. Art. 13 Abs. 3 Satz 2 EGBGB »ordnungsgemäß ermächtigt«, sofern nicht ein zusätzlicher Ermächtigungsakt – z. B. die Benennung gegenüber dem Auswärtigen Amt, s. Rdnr. III-418 – erfolgt ist; vgl. etwa OLG Köln, StAZ 1981, 326 (pakistanisch-indische Verlobte vor dem islamischen Shia-Shariat-Priester); AG Bonn, StAZ 1982, 249 (algerischer Mufti).

bb) Religiöse Eheschließungen durch individuell benannte Personen

III-418 Die Ermächtigung setzt also eine konkret-individuelle Kompetenzzuweisung voraus. Im Regelfall benennt die Botschaft des ausländischen Staates dem Auswärtigen Amt durch Verbalnote die zu Eheschließungen in der Bundesrepublik Deutschland nach Art. 13 Abs. 3 Satz 2 EGBGB ermächtigten Personen, deren Befugnisse freilich regional begrenzt werden können; s. *Kraus*, StAZ 2015, 90, 91. Wegen Einzelheiten s. *Hepting/Gaaz*, Bd. 2 Rdnr. III-499 ff.

cc) Religiöse Eheschließung durch generell bestimmte Geistliche

III-419 Wenn Geistliche durch einen staatlichen Akt ausdrücklich dazu ermächtigt werden, Eheschließungen im Ausland vorzunehmen, gilt dies als ordnungsgemäße Ermächtigung, und zwar auch dann, wenn eine Benennung gegenüber dem Auswärtigen Amt nicht erfolgt.

III-420 Positivrechtliche Beispiele hierfür bieten einzelne nordeuropäische Rechtsordnungen.

In Schweden ermächtigt § 5 Abs. 1 des Gesetzes über gewisse internationale Rechtsverhältnisse betreffend Ehe und Vormundschaft i. d. F. des Gesetzes 2005:431 (*Bergmann/Ferid/Henrich*, Schweden S. 39 ff.).) die Regierung, durch Verordnung mit einem diplomatischen oder konsularischen Amt oder mit der Anstellung als Geistlicher die Befugnis zu verbinden, in einem fremden Staat Trauungen nach schwedischem Recht vorzunehmen.

III-421 Ein durch eine solche Verordnung ausdrücklich ermächtigter Geistlicher ist »ordnungsgemäß ermächtigte Person« i. S. d. Art. 13 Abs. 3 Satz 2 EGBGB, da sich aus der schwedischen Regelung sowohl seine spezielle staatliche Eheschließungsbefugnis als auch der Auslandsbezug ergibt (ebenso *Staudinger/ Mankowski*, Art. 13 EGBGB Rdnr. 637). Er kann wirksame Eheschließungen selbst dann vornehmen, wenn die Verordnung nur im schwedischen Verordnungsblatt veröffentlicht und nicht – wie im Verhältnis zu Spanien und Griechenland üblich – dem Auswärtigen Amt mitgeteilt worden ist.

III-422 Die Frage, ob Militärgeistliche, welche die Ehe von Angehörigen der im Ausland stationierten Truppen schließen können, religiöse oder staatliche Funktionsträger sind, kann dahinstehen, da ihre Befugnis stets auf einer besonderen Vorschrift beruht, die in jedem Fall für eine ordnungsgemäße Ermächtigung i. S. d. Art. 13 Abs. 3 Satz 2 EGBGB ausreicht (s. a. Rdnr. III-424 ff.).

c) Die Eheschließung vor einem Konsularbeamten

Die »ordnungsgemäße Ermächtigung« von diplomatischen oder konsularischen Vertretern wirft i. d. R. keine Schwierigkeiten auf. Im Regelfall genügt eine Vorschrift des Rechts des Entsendestaats, die den Konsularbeamten ausdrücklich die Befugnis zur Eheschließung oder generell zu standesamtlicher Tätigkeit verleiht, vergleichbar etwa dem früheren § 8 Abs. 1 Konsulargesetz, der durch die PStG-Reform abgeschafft wurde (vgl. *Buchheit*, StAZ 1994, 263 zu Sri Lanka). Eine staatsvertragliche Regelung, die Konsularbeamte zu Eheschließungen ermächtigt, genügt selbstverständlich ebenfalls dem Art. 13 Abs. 3 Satz 2 EGBGB; dies gilt allerdings nicht für das Wiener Konsularübereinkommen, das nur eine Aufgabenzuweisung, nicht aber eine Ermächtigung enthält (ebenso *Staudinger/Mankowski*, Art. 13 EGBGB Rdnr. 630; näher Rdnr. III-447 ff.).

III-423

d) Die Eheschließung vor sonstigen staatlichen Funktionsträgern

Religiöse und konsularische Eheschließungen machen die Hauptanwendungsfälle des Art. 13 Abs. 3 Satz 2 EGBGB aus; doch lassen sich mit den bisher auf der Grundlage der BGH-Rechtsprechung entwickelten Grundsätzen auch die Fälle lösen, in denen irgendein anderer Funktionsträger eines ausländischen Staates zur Eheschließung ermächtigt wird, zumal BGHZ 43, 222 ausdrücklich »Verwaltungsstellen und Armeegeistliche« nennt.

III-424

In der Praxis bedeutsam sind vor allem Eheschließungen vor Truppenoffizieren und Truppengeistlichen, sofern man letztere nicht ohnehin der Fallgruppe der religiösen Eheschließungen zuordnen will. Die staatliche Vorschrift, die ihnen standesamtliche Befugnisse zuweist, begründet eine ausreichende Ermächtigung zur Eheschließung.

Ob diese Ermächtigung auch den für Art. 13 Abs. 3 Satz 2 EGBGB erforderlichen Auslandsbezug hat, ist durch Auslegung des ausländischen Rechts zu ermitteln; in aller Regel wird dies zu bejahen sein, da es rechtspolitisches Motiv aller derartigen Vorschriften ist, eine besondere standesamtliche Zuständigkeit gerade für im Ausland stationierte Truppenteile zu begründen. Kennzeichnend ist hier die Entscheidung des OLG Hamm, StAZ 1986, 69, die genau den entscheidenden Gesichtspunkt, nämlich die »Reichweite der Ermächtigung«, anspricht: Die Feststellung, dass Art. 88 belg. Cc die Eheschließungen von *Stationierungs*streitkräften und ihrer Angehörigen regelt, impliziert, dass die dort geregelte Trauungsbefugnis belgischer Offiziere auch für Eheschließungen im Stationierungsland, d. h. also im jeweiligen Ausland gilt.

III-425

Ebenso bestimmt das ausländische Recht, auf welchen Personenkreis sich die Trauungsbefugnis erstreckt (OLG Hamm, StAZ 1986, 70 mit insoweit kritischer Stellungnahme von *Beitzke*, IPRax 1987, 18 f.).
Einer ausdrücklichen Benennung gegenüber deutschen Behörden bedarf es nicht (so zutreffend OLG Hamm a. a. O.).

III-426

3. Die ausländische Staatsangehörigkeit der Eheschließenden

III-427 Neben der ordnungsgemäßen Ermächtigung der Trauungsperson setzt Art. 13 Abs. 3 Satz 2 voraus, dass keiner der Verlobten Deutscher ist.

Wenn einer der Verlobten neben einer ausländischen auch die deutsche Staatsangehörigkeit besitzt, kann die Ehe nicht nach Art. 13 Abs. 3 Satz 2 EGBGB geschlossen werden, und zwar sogar dann, wenn die ausländische Staatsangehörigkeit die effektive ist: Wegen Art. 5 Abs. 1 Satz 2 EGBGB steht deutschen Mehrstaatern stets nur die Inlandsform zur Verfügung. Das Ergebnis kann rechtspolitisch nicht überzeugen, ist aber angesichts des eindeutigen Gesetzeswortlauts hinzunehmen (kritisch auch *Staudinger/Mankowski*, Art. 13 EGBGB Rdnr. 623). Allerdings wird man Art. 5 Abs. 1 Satz 2 EGBGB im Rahmen des Art. 13 Abs. 3 Satz 2 EGBGB nicht anwenden können, wenn es um den Konflikt zwischen einer deutschen Staatsangehörigkeit und der Staatsangehörigkeit eines anderen Mitgliedstaats der EU geht. Nach der Rechtsprechung des EuGH in »Garcia Avello« (Rdnr. II-416 f.) wird eine solche Andersbehandlung von Unionsbürgern mit und ohne inländische Staatsangehörigkeit zu deren Lasten (Versagung des Privilegs nach Art. 13 Abs. 3 Satz 2 EGBGB) wohl als Diskriminierung nach Art. 18 AEUV zu werten sein; s. allgemein Rdnr. VI-37.

III-428 Staatenlose sind keine »Deutschen« und unterliegen daher nicht dem Zwang zur Ortsform. Ein staatenloser Verlobter kann also vor einer vom Heimatstaat des anderen Verlobten ermächtigten Person mit diesem die Ehe schließen.

Sind beide Verlobte staatenlos, so müssen sie in der Inlandsform des Art. 13 Abs. 3 Satz 1 EGBGB heiraten; eine nach Art. 13 Abs. 3 Satz 2 EGBGB geschlossene Ehe ist nicht formgültig, weil keiner die Staatsangehörigkeit des ermächtigenden Staates besitzt.

4. Form und Registrierung einer Eheschließung gemäß Art. 13 Abs. 3 Satz 2 EGBGB

a) Die Eheschließungsform

III-429 Bei der Form einer Eheschließung nach Art. 13 Abs. 3 Satz 2 EGBGB ist zu beachten, dass ausländisches und deutsches Recht nebeneinander Formerfordernisse aufstellen:

Grundsätzlich richten sich die Formvoraussetzungen nach dem Recht des ermächtigenden Staates. Werden seine Formvorschriften verletzt, so beherrscht dieses Recht auch die Fehlerfolgen.

Darüber hinaus verlangt Art. 13 Abs. 3 Satz 2 EGBGB, dass die Ehe »vor« der ermächtigten Person geschlossen wird; insoweit handelt es sich um ein Formerfordernis des deutschen Rechts (vgl. *Staudinger/Mankowski*, Art. 13 EGBGB Rdnr. 653 ff.).

III-430 Problematisch sind hier insbesondere Fälle, in denen das Heimatrecht der Eheschließenden die Mitwirkung der Trauungsperson nicht als konstitutives Element der Eheschließung ansieht, sondern die Eheschließung als privates

III. Abweichen von der Inlandsform durch eine »ermächtigte Person«, Art. 13 Abs. 3 Satz 2 EGBGB

Rechtsgeschäft begreift, das allein durch den rechtsgeschäftlichen Konsens der Partner zustande kommt (wie etwa grundsätzlich im Recht des Islam). Richtigerweise wird man hier darauf abstellen, dass Art. 13 Abs. 3 Satz 2 EGBGB eine Ausnahme zu Satz 1 – dem Vorrang der Inlandsform – darstellt und die deutschen Formvorstellungen gerade durchbrochen werden. Es reicht damit aus, dass die Trauperson bei Art. 13 Abs. 3 Satz 2 EGBGB hoheitlich tätig wird. Zu Grenzfällen s. *Hepting/Gaaz*, Bd. 2 Rdnr. III-518 ff.

b) Registrierung und Nachweis einer gemäß Art. 13 Abs. 3 Satz 2 EGBGB geschlossenen Ehe

aa) Die Eintragung in das Standesregister des ermächtigenden Staates
Die gemäß Art. 13 Abs. 3 Satz 2 EGBGB geschlossene Ehe muss von einer hierzu ordnungsgemäß ermächtigten Person in ein Standesregister eingetragen werden. Registerführer und Trauungsperson können, müssen aber nicht identisch sein; letzterenfalls ist es Sache der Trauungsperson, die Eheschließungsdokumente dem Registerführer zuzusenden.

Entscheidend ist, dass es sich – wie auch bei der Ermächtigung der Trauungsperson – um eine staatliche Ermächtigung handelt; denn auch hinsichtlich der Registerführung muss der ermächtigende Staat die Gewähr dafür übernehmen, dass die mit der Eheschließung zusammenhängenden standesamtlichen Aufgaben ordnungsgemäß wahrgenommen werden. Die Eintragung allein in ein Kirchenbuch genügt daher nicht (vgl. BGHZ 43, 213, 226 = StAZ 1965, 152, 155). Wie die Eintragung im Einzelnen zu erfolgen hat, bestimmt das Recht des ermächtigenden Staates. Die Abschrift der Eintragung genügt daher für den Nachweis der Eheschließung auch dann, wenn sie hinter den formellen Anforderungen des deutschen Personenstandsrechts zurückbleibt.

Die Registrierung ist weder Bestandteil der von Art. 13 Abs. 3 Satz 2 Halbs. 1 EGBGB vorausgesetzten Eheschließungsform, noch wird sie von Art. 13 Abs. 3 Satz 2 Halbs. 2 EGBGB als konstitutives Wirksamkeitserfordernis vorgeschrieben. Eine nach Art. 13 Abs. 3 Satz 2 EGBGB geschlossene Ehe ist daher theoretisch auch dann formell und materiell wirksam, wenn es an der Registrierung fehlt. In der Praxis kann jedoch die Eheschließung ohne die in Art. 13 Abs. 3 Satz 2 Halbs. 2 EGBGB erwähnte Abschrift des Registereintrags nicht bewiesen werden, so dass der Eintrag in seinen praktischen Auswirkungen für den deutschen Rechtsbereich letztlich auf eine Wirksamkeitsvoraussetzung hinausläuft (ebenso *Staudinger/Mankowski*, Art. 13 EGBGB Rdnr. 646). Der Nachweis durch andere Beweismittel ist jedoch grundsätzlich zulässig (vgl. BayObLG, StAZ 1988, 259; ebenso MünchKomm/*Coester*, Art. 13 EGBGB Rdnr. 141). Wer annimmt, dass die Eintragung nicht nur den »vollen«, sondern den »ausschließlichen« Beweis erbringt, entfernt sich vom Wortlaut der Vorschrift (so aber *Staudinger/Mankowski*, Art. 13 EGBGB Rdnr. 648).

Da die Registereintragung nicht konstitutiv ist, kann sie etwaige Mängel der Eheschließungsform nicht heilen. Eine Inlandseheschließung vor einer Trauungsperson, die aus der Sicht des deutschen Rechts nicht ordnungsge-

III-431

III-432

III-433

III-434

mäß ermächtigt war, bleibt im deutschen Rechtsbereich eine nichtige Ehe, auch wenn sie in das ausländische Standesregister eingetragen und dem deutschen Standesamt eine Abschrift der Eintragung vorgelegt wird.

bb) Die Beweiswirkung der Registrierung

III-435 Gemäß Art. 13 Abs. 3 Satz 2 Halbs. 2 EGBGB erbringt eine beglaubigte Abschrift der Eintragung der so geschlossenen Ehe in das Standesregister, das von der dazu ordnungsgemäß ermächtigten Person geführt wird, den vollen Beweis der Eheschließung.

Dieser Formulierung lässt sich entnehmen, dass die Registrierung durch den ermächtigenden Staat nicht das Bestehen der Ehe an sich, sondern nur die Ehe*schließung*, also den formellen Akt, beweist. Dies entspricht der systematischen Stellung des Art. 13 Abs. 3 Satz 2 EGBGB, der ja nur den Grundsatz »Inlandsehe – Inlandsform« des Art. 13 Abs. 3 Satz 1 EGBGB in einem Sonderfall durchbricht, die Anknüpfung der materiellen Ehevoraussetzungen gemäß Art. 13 Abs. 1 EGBGB hingegen unberührt lässt.

III-436 Auch wenn die Ehe in der Form des Art. 13 Abs. 3 Satz 2 EGBGB geschlossen und ordnungsgemäß registriert worden ist, sind die materiellen Eheschließungsvoraussetzungen für jeden der Verlobten nach seinem Eheschließungsstatut, d. h. in aller Regel nach seinem Heimatrecht zu beurteilen. Das jeweilige Eheschließungsstatut beherrscht auch die Folgen einer fehlenden materiellen Ehevoraussetzung (s. Rdnr. III-250). Es kann also sein, dass eine Ehe im deutschen Rechtsbereich als fehlerhaft angesehen wird, obwohl sie im Standesregister des ermächtigenden Staates registriert worden ist.

III-437 Ferner beweist die Registrierung nur, dass der Eheschließungsakt vor der Trauungsperson stattgefunden hat, nicht aber auch, dass diese aus der Sicht des deutschen Rechts »ordnungsgemäß ermächtigt« war. Die von einer nicht ermächtigten Person geschlossene Ehe ist daher in Deutschland auch dann unwirksam, wenn sie in das ausländische Standesregister eingetragen worden ist; die Registerabschrift hat in diesem Fall nicht den von Art. 13 Abs. 3 Satz 2 Halbs. 2 EGBGB angeordneten Beweiswert.

III-438 Bei den sonstigen Formvoraussetzungen, die sich nach dem Recht des ermächtigenden Staates richten (vgl. Rdnr. III-429 ff.), wird man aufgrund der Registereintragung annehmen können, dass sie beachtet worden sind. Das Recht des ermächtigenden Staates entscheidet über die Rechtsfolgen eines Formverstoßes; man kann in der Praxis im Regelfall davon ausgehen, dass eine nach dem Recht des ermächtigenden Staates formfehlerhafte Ehe gar nicht ins Register eingetragen worden wäre.

cc) Die Übertragung der Eheschließung in die deutschen Personenstandsregister

III-439 Die Abschrift der Eintragung in das ausländische Standesregister erbringt zwar den vollen Beweis, dass die Eheschließung stattgefunden hat. Doch genügt sie oft nicht den Bedürfnissen des inländischen Rechtsverkehrs; eine fremdsprachige Abschrift des ausländischen Registereintrags kann praktische Schwierigkeiten aufwerfen. Daher ist es geboten, die Eheschließung in die deutschen Personenstandsregister zu übertragen, um auf diese Weise die

Ausstellung der dem inländischen Rechtsverkehr vertrauten deutschen Personenstandsurkunden mit ihrer Beweiswirkung nach § 54 Abs. 1 Satz 1 PStG zu ermöglichen.

Bis zur PStG-Reform war der zweckmäßigste Weg die Eintragung in ein Familienbuch; s. hierzu noch *Hepting/Gaaz*, Bd. 2 Rdnr. III-530 ff. Seit die Personenstandsrechtsreform das Familienbuch abgeschafft hat, ist die Nachbeurkundung nach § 34 Abs. 2 PStG an ihre Stelle getreten; s. *Gaaz/Bornhofen*, § 34 PStG Rdnr. 9.

Stellen die Ehegatten keinen Antrag nach § 34 Abs. 2 PStG, so bewendet es bei der Regelung des Art. 13 Abs. 3 Satz 2 Halbs. 2 EGBGB. Sie haben dann in allen Fällen, in denen sie ihre Eheschließung nachweisen müssen, die beglaubigte Abschrift aus dem ausländischen Register vorzulegen. III-440

IV. Abweichen von der Inlandsform aufgrund von Völkerrecht

1. Die Eheschließung von Personen mit persönlicher Immunität

Personen mit persönlicher Immunität unterliegen kraft Völkerrechts dem Recht ihres Heimatstaats, etwa diplomatische Vertreter grundsätzlich nur der Hoheitsgewalt ihres Entsendestaats, vgl. Art. 31 des Wiener Übereinkommens über diplomatische Beziehungen vom 18.4.1961 (abgedruckt bei *Schmitz/Bornhofen/Bockstette*, Nr. 295). Weder gilt für sie der Formzwang des Art. 13 Abs. 3 Satz 1 EGBGB, noch bedürfen sie der Ausnahme des Art. 13 Abs. 3 Satz 2 EGBGB. Auch hier zeigt sich der hoheitliche Charakter der Mitwirkung des Standesamts (s. a. Rdnr. III-406 ff.). III-441

Eheschließungen zwischen solchen Personen sind allerdings sehr selten. Keineswegs darf die persönliche Immunität so verstanden werden, als wären die Gesandtschaftsgebäude als »Ausland« anzusehen (s. Rdnr. III-402). Auch Eheschließungen in den Räumlichkeiten einer ausländischen Botschaft finden im Inland statt. Immun können nur Personen und Völkerrechtssubjekte sein.

2. Staatsvertragliche Sondervorschriften über die Eheschließungsform

Art. 13 Abs. 3 Satz 1 EGBGB tritt gemäß Art. 3 Nr. 2 EGBGB hinter etwaige völkerrechtliche Vereinbarungen zurück. III-442

Wenn ein multilaterales Übereinkommen oder ein zweiseitiger Staatsvertrag unmittelbar eine besondere Eheschließungsbefugnis ausländischer Funktionsträger begründet, kommt der Grundsatz »Inlandsehe – Inlandsform« nicht zum Tragen. Wenn die staatsvertraglich festgelegten Voraussetzungen erfüllt sind, kann die befugte Person im Inland eine wirksame Ehe begründen, ohne dass es auf Art. 13 Abs. 3 Satz 2 EGBGB ankäme, also auch ohne dass die von der BGH-Rechtsprechung geforderten Voraussetzungen einer »ordnungsgemäßen Ermächtigung« vorliegen müssten.

Die praktische Bedeutung der Staatsverträge, welche die Eheschließungsform betreffen, ist jedoch gering.

a) Multilaterale Staatsverträge

III-443 In Betracht kommen folgende multilaterale Eheschließungsübereinkommen:
– Das Haager Eheschließungsabkommen vom 12.6.1902 (abgedruckt bei *Schmitz/Bornhofen/Bockstette*, Nr. 210) gilt heute nur noch im Verhältnis zu Italien (zum Heimataufgebot s. Rdnr. III-344). Was die Ermächtigung zur Eheschließung angeht, ist es ohne praktische Bedeutung, da sich seine Art. 5 und 6 mit dem deutschen Recht weitestgehend decken; näher *Staudinger/Mankowski*, Art. 13 EGBGB Rdnr. 4 ff.

– Das UN-Übereinkommen über die Erklärung des Ehewillens, das Heiratsmindestalter und die Registrierung von Eheschließungen vom 7.11.1962 (abgedruckt bei *Schmitz/Bornhofen/Bockstette*, Nr. 211) verfolgt vor allem den Zweck, weltweit gewisse Mindeststandards bei der Eheschließung zu setzen. Art. 1 Abs. 1 Halbs. 2 verlangt die Anwesenheit von Trauzeugen, ist aber nur Sollvorschrift, so dass § 1312 Satz 2 BGB i.d.F. des EheschlRG unbedenklich ist (vgl. *Wagenitz/Bornhofen*, EheschlRG Rdnr. 3-35: »Kompromiss«).

Art. 1 Abs. 2 scheint die Ferntrauung zu erlauben, ist aber nicht als unmittelbar anwendbare Vorschrift zu verstehen, sondern als Ermächtigung der Vertragsstaaten, ggf. eine entsprechende Regelung zu erlassen.

– Das CIEC-Übereinkommen zur Erleichterung der Eheschließung im Ausland vom 10.9.1964 (abgedruckt bei *Schmitz/Bornhofen/Bockstette*, Nr. 212) gilt im Verhältnis zu den Niederlanden, zur Türkei und zu Spanien. Auch dieses Abkommen ist für Art. 13 Abs. 3 Satz 2 EGBGB ohne eigenständige praktische Bedeutung; vgl. *Staudinger/Mankowski*, Art. 13 EGBGB Rdnr. 16 ff.

– Wegen der Bedeutung des Wiener Konsularübereinkommens vom 24.4.1963 für konsularische Eheschließungen s. Rdnr. III-447 ff.

b) Zweiseitige Staatsverträge

III-444 Auch die zweiseitigen Staatsverträge, die ausländischen konsularischen Vertretern die Befugnis zu Eheschließungen in Deutschland einräumen, haben keine besondere Relevanz (Nachweise zu den geltenden Verträgen bei *Staudinger/Mankowski*, Art. 13 EGBGB Rdnr. 29 ff.).

III-445 Konsularverträge bringen allenfalls eine praktische Erleichterung bei der Anwendung des Art. 13 Abs. 3 Satz 2 EGBGB, weil man bei einer auf einem solchen Vertrag beruhenden konsularischen Eheschließung ohne weiteres davon ausgehen kann, dass der Konsularbeamte durch den Vertrag »ordnungsgemäß« ermächtigt« ist (so *Böhmer*, StAZ 1969, 232).

III-446 Sollte ein Staatsvertrag in Voraussetzungen oder Rechtsfolgen »eheschließungsfeindlicher« sein als Art. 13 Abs. 3 Satz 2 EGBGB, so geht er trotz Art. 3 Nr. 2 EGBGB nicht der nationalen Regelung vor, da ein Staatsvertrag stets eine bestimmte Begünstigung von Angehörigen der Vertragsstaaten sichern, inhaltlich günstigere nationale Regelungen jedoch nicht ausschließen will. Im Ergebnis setzt also Art. 13 Abs. 3 Satz 2 EGBGB den Mindeststandard (BayObLG, StAZ 1988, 259 ff.; *Bürgle*, IPRax 1983, 281, 284).

3. »Ordnungsgemäße Ermächtigung« durch das Wiener Konsularübereinkommen?

Lange Zeit zweifelhaft war die Bedeutung des Wiener Übereinkommens über konsularische Beziehungen (WÜK) vom 24.4.1963 (abgedruckt bei *Schmitz/Bornhofen/Bockstette*, Nr. 296). Durch Art. 5 WÜK ist den Konsularbeamten eines jeden Vertragsstaats die standesamtliche Tätigkeit als konsularische *Aufgabe* übertragen, allerdings nur in den Grenzen, die das Recht des Empfangsstaats zieht. III-447

Im deutschen Recht werden diese Grenzen von Art. 13 Abs. 3 EGBGB gezogen. Es kommt also darauf an, ob die Aufgabenzuweisung in Art. 5 Buchst. f WÜK geeignet ist, den Begriff »ordnungsgemäße Ermächtigung« i.S.d. Art. 13 Abs. 3 Satz 2 EGBGB auszufüllen. Die Frage zu bejahen hätte für die Praxis außerordentlich weitreichende Auswirkungen, da dem Übereinkommen über 170 Staaten beigetreten sind. Die Konsularbeamten aller dieser Vertragsstaaten wären dann im Inland eheschließungsbefugt. III-448

Dass Art. 5 Buchst. f WÜK allein für sich keine ausreichende Ermächtigung i.S.d. Art. 13 Abs. 3 Satz 2 EGBGB sein kann (ebenso *Staudinger/Mankowski*, Art. 13 EGBGB Rdnr. 630; vorsichtiger *Wagenitz/Bornhofen*, EheschlRG Rdnr. 5-92), zeigten die durch das PStRG abgeschafften §§ 8 Abs. 1, 19 KonsG, die sonst überflüssig gewesen wären. III-449

Wegen weiterer Einzelheiten s. *Hepting/Gaaz*, Bd. 2 Rdnr. III-541 ff.

D. Das IPR der Ehewirkungen

I. Das Ehewirkungsstatut als allgemeines »Partnerschaftsstatut«

Das Statut der allgemeinen Ehewirkungen wird von Art. 14 EGBGB geregelt; es spielt in dem für die Standesämter relevanten Bereich keine große Rolle. Eine selbständige Feststellung des Ehewirkungsstatuts durch das Standesamt ist allenfalls noch bei der Feststellung der Abstammung des Kindes einer verheirateten Frau erforderlich, Art. 19 Abs. 1 Satz 3 EGBGB, freilich nur dann, wenn es nicht schon über die einfacheren Anknüpfungen des Art. 19 Abs. 1 Satz 1 und 2 EGBGB zur Abstammungsfeststellung kommen kann. III-450

Ebenfalls vom Ehewirkungsstatut erfasst wird das Ehegüterrecht, Art. 15 Abs. 1 EGBGB, mit dem das Standesamt aber kaum in Berührung kommt; s. für das Adoptionsstatut auch Art. 22 Abs. 1 Satz 2 EGBGB. Mittelbar kann das Ehewirkungsstatut bei der Todeserklärung eine Rolle spielen (s. Rdnr. III-473); zur analogen Anwendung des Art. 14 EGBGB bei Lücken der Rom-III-VO im Zusammenhang mit Privatscheidungen s. Rdnr. III-545.

II. Die Anknüpfung des Ehewirkungsstatuts

1. Die »Kaskadenanknüpfung« des Art 14 Abs. 1 EGBGB

III-451 Das Gesetz bestimmt das Ehewirkungsstatut zunächst mit Hilfe objektiver Kriterien durch eine gestaffelte Anknüpfung, bei der mehrere Anknüpfungen in gesetzlich festgelegter Rangordnung hintereinanderstehen. Erst wenn auf der vorrangigen Stufe eine Anknüpfung nicht möglich ist, kann man auf die jeweils nächstfolgende Stufe übergehen. Diese Rangfolge besteht zum einen zwischen Nr. 1 bis 3 des Art. 14 Abs. 1 EGBGB; zum anderen besteht auch innerhalb der Nr. 1 und 2 ein Rangverhältnis zwischen dem *derzeit* gemeinsamen und dem *letzten* gemeinsamen Anknüpfungskriterium.

Man spricht bei dieser Anknüpfungstechnik von einer »Anknüpfungsleiter« (im Hinblick auf die Urheberschaft des deutschen Rechtswissenschaftlers *Kegel* auch von der »*Kegel*schen Leiter«); manche bevorzugen den Begriff »Kaskadenanknüpfung«, weil das Übergehen von einer vorrangigen auf eine nachrangige Anknüpfung weniger mit einem Hinauf- als vielmehr einem Hinabsteigen gleichgesetzt werden sollte.

a) Art. 14 Abs. 1 Nr. 1 EGBGB

III-452 Gemäß Art. 14 Abs. 1 Nr. 1, 1. Alt. EGBGB ist in erster Linie das gemeinsame Heimatrecht der Ehegatten maßgeblich; für Staatenlose gilt wegen Art. 5 Abs. 2 EGBGB, für Flüchtlinge, Asylberechtigte usw. wegen der hierfür vorgesehenen Sonderanknüpfungen das Recht des gemeinsamen gewöhnlichen Aufenthalts (hierzu Rdnr. VI-38 f.).

Bei Mehrstaatern ist Art. 5 Abs. 1 EGBGB zu beachten; maßgeblich ist die »effektive« Staatsangehörigkeit. Ist ein Ehegatte erst anlässlich der Eheschließung Mehrstaater geworden, weil er dadurch kraft Gesetzes die Staatsangehörigkeit des anderen Ehegatten erworben hat, so ist die neu hinzuerworbene (sog. »aufgedrängte«) Staatsangehörigkeit in der Regel zunächst nicht effektiv; sie kann aber im Verlauf der Ehe zur effektiven werden.

Ist eine von mehreren Staatsangehörigkeiten die deutsche, so geht diese gemäß Art. 5 Abs. 1 Satz 2 EGBGB der bzw. den anderen auch dann vor, wenn sie nicht effektiv ist, s. allgemein Rdnr. VI-32 ff.

III-453 Haben die Ehegatten derzeit keine (effektiv) gemeinsame Staatsangehörigkeit, so ist hilfsweise das Recht desjenigen Staates anzuwenden, dem beide Ehegatten zuletzt angehörten, sofern einer von ihnen diesem Staat noch angehört, Art. 14 Abs. 1 Nr. 1, 2. Alt. EGBGB.

Hinter dieser Regelung steht der Gedanke der Kontinuität: Hatten die Ehegatten während des Verlaufs ihrer Ehe zunächst eine (effektiv) gemeinsame Staatsangehörigkeit, so soll das zunächst als Ehewirkungsstatut maßgebliche gemeinsame Heimatrecht auch dann anwendbar bleiben, wenn einer von beiden später eine andere Staatsangehörigkeit erwirbt, solange nur der andere Ehegatte die alte Staatsangehörigkeit beibehält.

III-454 Die Konsequenzen sind überraschend und nicht unbedenklich. Hat etwa einer der Ehegatten die Staatsangehörigkeit des Staates erworben, in dem sich beide gewöhnlich aufhalten, so begründet das Zusammentreffen von Aufenthalt und einseitiger Staatsangehörigkeit objektiv einen so engen Bezug zu diesem Staat, dass der Kontinuitätsgedanke wertungsmäßig zurücktreten müsste (kritisch etwa auch MünchKomm/*Siehr*, Art. 14 EGBGB Rdnr. 17). Dennoch ist die Vorschrift wortgetreu anzuwenden; eine Korrektur des rechtspolitisch fragwürdigen Ergebnisses muss dem Gesetzgeber überlassen bleiben.

b) Art. 14 Abs. 1 Nr. 2 EGBGB

Haben und hatten die Ehegatten niemals ein gemeinsames Heimatrecht, so ist in zweiter Linie das Recht am gemeinsamen gewöhnlichen Aufenthalt der Ehegatten anzuwenden, Art. 14 Abs. 1 Nr. 2, 1. Alt. EGBGB. Die Ehegatten müssen nicht den gleichen Wohnort haben; da der Begriff »Aufenthalt« hier im Anknüpfungssinne verwendet wird (allgemein Rdnr. VI-41 ff.), genügt es, wenn sie sich gewöhnlich im selben Rechtsgebiet aufhalten.   III-455

Haben die Ehegatten derzeit keinen gemeinsamen gewöhnlichen Aufenthalt, so stellt Art. 14 Abs. 1 Nr. 2, 2. Alt. EGBGB hilfsweise auf das Recht des letzten gemeinsamen Aufenthalts ab, sofern ihn einer der Ehegatten seither ununterbrochen beibehalten hat (vgl. den Wortlaut »noch ... hat«). Die Anknüpfung entspricht der in Art. 14 Abs. 1 Nr. 1, 2. Alt. EGBGB und dient wie diese dem Kontinuitätsinteresse.   III-456

Wenn ein Ehegatte derzeit wieder im Staat des letzten gemeinsamen Aufenthalts lebt, ohne diesen Aufenthalt in der Zwischenzeit ununterbrochen beibehalten zu haben, so ist Art. 14 Abs. 1 Nr. 2 EGBGB nicht anwendbar; doch kann die erneute Begründung des früheren Aufenthalts ein Indiz dafür sein, dass zu diesem Staat die »engste Verbindung« i. S. d. Art. 14 Abs. 1 Nr. 3 EGBGB besteht.   III-457

c) Art. 14 Abs. 1 Nr. 3 EGBGB

Versagt auch die Anknüpfung des Art. 14 Abs. 1 Nr. 2 EGBGB, so ist das Recht desjenigen Staates heranzuziehen, dem die Ehegatten auf andere Weise gemeinsam am engsten verbunden sind, Art. 14 Abs. 1 Nr. 3 EGBGB.   III-458

Bei dieser Vorschrift handelt es sich um eine Generalklausel, die es erlaubt, allen Umständen des Einzelfalles Rechnung zu tragen. Es sind daher alle denkbaren Gesichtspunkte, die eine enge Verbindung begründen können, umfassend zu berücksichtigen und abzuwägen: soziale Bindungen, Sprache und Kultur, Berufstätigkeit, schlichter Aufenthalt, ein bereits gestellter Einbürgerungsantrag, ggf. auch der Ort der Eheschließung oder des geplanten ehelichen Wohnsitzes (wegen Einzelheiten s. *Staudinger/Mankowski*, Art. 14 EGBGB Rdnr. 65 ff.).

Problematisch ist, allein die *geplante* eheliche Lebensführung zu berücksichtigen, weil dann subjektive Kriterien die objektiven Anknüpfungsmerkmale des Art. 14 Abs. 1 Nr. 1 und 2 EGBGB verdrängen. Die bloße Behauptung der Ehegatten, sie fühlten sich einem bestimmten Rechtsgebiet am engsten verbunden, kann die Anwendung des Art. 14 Abs. 1 Nr. 3 EGBGB für sich kaum   III-459 rechtfertigen, da sie faktisch auf eine Rechtswahl hinausliefe, die vom EGBGB in dieser Form nicht vorgesehen ist.

2. Rück- oder Weiterverweisung

III-460 Eine Rück- oder Weiterverweisung (Renvoi) durch das zunächst berufene Recht ist gemäß Art. 4 Abs. 1 EGBGB grundsätzlich zu beachten (zu dem Begriff Rdnr. VI-48 ff.).

III-461 Umstritten ist, ob dieser Grundsatz auch für das gemäß Art. 14 Abs. 1 Nr. 3 EGBGB angeknüpfte Statut der »engsten Verbindung« gilt (zum Streitstand *Staudinger/Mankowski*, Art. 14 EGBGB Rdnr. 96 f. m. w. N.).

Sinnvoller erscheint es, den Renvoi zu beachten. Wenn dasjenige Recht, das als Statut der »engsten Verbindung« in Betracht kommt, selbst gar nicht angewandt werden will, sondern seinerseits auf ein anderes Recht verweist, ist dies ein Zeichen dafür, dass es die »Enge« der Verbindung offenbar anders einschätzt als das deutsche IPR; man sollte dann diese Einschätzung und den darin liegenden Renvoi akzeptieren und den internationalen Entscheidungseinklang nicht dadurch gefährden, dass man an einer Anknüpfung festhält, die nicht mehr ist als die letzte subsidiäre Hilfsanknüpfung auf der Anknüpfungsleiter des Art. 14 Abs. 1 EGBGB (im Ergebnis ebenso *Staudinger/Mankowski* a. a. O.).

3. Wandelbarkeit und Unwandelbarkeit des Statuts

III-462 Da das Gesetz die Anknüpfung nach Art. 14 Abs. 1 EGBGB nicht auf einen bestimmten Zeitpunkt fixiert, ist sie »wandelbar«; maßgeblich ist immer das *jeweilige* Ehewirkungsstatut.

Sobald es jedoch aufgrund der Verweisung einer anderen Kollisionsnorm anwendbar ist und andere familienrechtliche Rechtsverhältnisse beherrscht, ist die Frage nach Wandelbarkeit oder Unwandelbarkeit neu zu beurteilen, und zwar stets anhand der verweisenden Kollisionsnorm. So stellt etwa Art. 19 Abs. 1 Satz 3 EGBGB auf die Geburt des Kindes bzw. die Auflösung der Ehe, Art. 22 Abs. 1 Satz 2 EGBGB auf die Vornahme der Adoption ab; dadurch wird die Anknüpfung unwandelbar auf das zu diesem Zeitpunkt maßgebliche Ehewirkungsstatut festgelegt. Das einmal berufene Statut beherrscht auch die später auftretenden Rechtsfragen der Abstammung und der Adoption, und zwar auch dann, wenn das Ehewirkungsstatut in der Zwischenzeit gewechselt hat.

Sechster Abschnitt: Die Auflösung der Ehe

A. Auflösungsgründe

I. Auflösung durch Tod oder Todeserklärung

Dass das Eheband durch den (nachgewiesenen) Tod eines Ehegatten aufgelöst wird, ist eine im deutschen Recht selbstverständliche und daher nicht ausdrücklich geregelte Folge des Grundsatzes, dass die Ehe auf Lebenszeit geschlossen wird, § 1353 Abs. 1 BGB.   III-463

Etwas anderes gilt allerdings, wenn der Tod eines Ehegatten aufgrund einer Todeserklärung oder der gerichtlichen Feststellung der Todeszeit nur *vermutet* wird, §§ 9 Abs. 1 Satz 1, 44 Abs. 2 VerschG (s. a. Rdnr. II-13 ff., II-17).   III-464

Hat der für tot Erklärte die Todeserklärung tatsächlich überlebt, so besteht seine Ehe de jure fort (*Berkl*, StAZ 2013, 46, 52). Doch führt die Todesvermutung dazu, dass der andere Ehegatte in jedem Fall eine neue Ehe eingehen kann; das Gesetz löst diesen Konflikt zu Gunsten der zweiten Ehe, § 1319 Abs. 2 Satz 1 BGB.

II. Gerichtliche Auflösung der Ehe nach deutschem Sachrecht

Außer durch den Tod kann eine Ehe im deutschen Recht nur durch gerichtliche Entscheidung aufgelöst werden.   III-465

Materiellrechtlich stehen zwei Auflösungsgründe zur Verfügung; die Eheaufhebung sanktioniert Fehler *bei* der Eheschließung (s. Rdnr. III-198 f., III-224 ff.), §§ 1313 ff. BGB, die Ehescheidung das Scheitern der Ehe *nach* der Eheschließung, §§ 1564 ff. BGB. Verfahrensrechtlich handelt es sich beide Male um Ehesachen, § 121 Nr. 1 und 2 FamFG.

In beiden Fällen haben die Gerichte das Eheauflösungsmonopol, §§ 1313 Satz 1, 1564 Satz 1 BGB. Die Ehe ist mit Rechtskraft der gerichtlichen Entscheidung aufgelöst.

Auch wenn eine Ehe in verschiedenen Staaten wiederholt geschlossen wurde, gilt sie als geschieden, wenn sich der spätere deutsche Scheidungsbeschluss lediglich auf die erste Eheschließung bezieht (*Krömer*, StAZ 2009, 251).

Das Standesamt hat mit der Ehescheidung oder Eheaufhebung selbst weder materiell- noch verfahrensrechtlich etwas zu tun.   III-466

Es hat die Auflösung der Ehe erst und nur dann zu beachten, wenn ihm ein entsprechender, mit einem Rechtskraftzeugnis versehener Beschluss vorliegt. Auch anschließend beschränkt sich seine Bewertung des Beschlusses auf eine rein formale Prüfung der äußerlichen Korrektheit. Eine inhaltliche oder verfahrensrechtliche Überprüfung erfolgt nicht. Das Standesamt beachtet die durch die richterliche Gestaltung herbeigeführte »Tatbestandswirkung« des Beschlusses und trägt die Eheauflösung in die Personenstandsregister ein.

B. Die Auflösung der Ehe in Fällen mit Auslandsbezug

III-467 Bei Eheauflösungen mit Auslandsbezug reicht die Prüfungspflicht des Standesamts weiter als in Inlandsfällen. Hier muss es, bevor es die Statusänderung in die Personenstandsregister einträgt, ihre Voraussetzungen umfassender prüfen als in reinen Inlandsfällen.

I. Tod und Todeserklärung

1. Auflösung durch Tod

III-468 Dass der *Tod* die Ehe *an sich* als Lebensgemeinschaft auflöst, ist auch in anderen Rechtsordnungen selbstverständlich.

III-469 Für das Eherecht bedeutet dies allerdings nicht zwingend, dass sofort die uneingeschränkte Wiederverheiratungsfähigkeit des überlebenden Ehegatten hergestellt wird. In Rechtsordnungen mit »Wartezeit« besteht zunächst ein – zeitlich befristetes – Ehehindernis; s. Rdnr. III-350 f.

III-470 Rechte, welche die Wiederverheiratung von Witwen generell verbieten, das eheliche *Band* also noch über das Ende der Lebensgemeinschaft hinaus fortbestehen lassen, sind wohl nur noch von historischem Interesse. Hierzu gehörten etwa das Recht der mittelalterlichen orientalisch-katholischen Kirche oder das traditionelle Hindu-Recht. In Indien dürfte diese Regelung bereits seit dem Hindu Widows Remarriage Act 15/1856 keine Rolle mehr spielen, das eine Wiederverheiratung von Witwen gestattet.

2. Die Wirkungen der Todeserklärung

III-471 Bei der *Todeserklärung* oder funktionsäquivalenten Rechtsinstituten sind mehrere Fragen zu unterscheiden.

Zunächst stellt sich die Frage, ob eine *wirksame Todeserklärung* vorliegt. In Fällen mit Auslandsbezug kann sie sich unter zwei Aspekten stellen: Zum einen als inländische Todeserklärung eines Ausländers; hiervon ist das Standesamt nicht betroffen, s. Rdnr. II-30; zum anderen als ausländische Todeserklärung, bei der sich die Frage stellt, ob sie im Inland anerkannt werden kann; hierzu Rdnr. II-31 ff.

III-472 Da Anerkennung gleichbedeutend ist mit *Wirksamkeits*erstreckung, bestimmt das die konkrete Todeserklärung beherrschende Recht – also das Recht des Entscheidungsstaats, dessen kollisionsrechtliche Anknüpfung u. U. von der des Art. 9 Satz 1 EGBGB abweichen kann – auch über den Umfang der Rechtswirkungen, z. B. ob der für tot Erklärte als tot gilt oder ob sein Tod nur vermutet wird; wegen Einzelheiten s. Rdnr. II-35 ff.

III-473 Anschließend stellt sich die Frage, welchen Einfluss die Todeserklärung auf die *bestehende Ehe* des für tot Erklärten hat.

Diese Frage kann nicht dem Statut der Todeserklärung, d.h. allein dem Personalstatut des Verschollenen (Art. 9 Satz 1 EGBGB) unterstehen, da auch die Interessen des anderen Ehegatten kollisionsrechtlich berücksichtigt werden müssen.

Da es sich um die Auflösung einer nicht schon fehlerhaft geschlossenen, sondern erst durch spätere Umstände beendeten Ehe handelt, liegt es nahe, das letzte Ehewirkungsstatut heranzuziehen (so in Analogie zum bisherigen Art. 17 Abs. 1 Satz 1 EGBGB auch *Staudinger/Mankowski*, Art. 13 EGBGB Rdnr. 322; zur Anknüpfung des Ehewirkungsstatuts s. Rdnr. III-451 ff.). Das Statut entscheidet darüber, ob die Ehe mit der Todeserklärung konstitutiv aufgelöst *ist* oder nur als aufgelöst *vermutet wird*. Maßgeblich ist der Zeitpunkt der Todeserklärung.

Hiervon zu trennen ist die weitere Frage, ob der Ehegatte des für tot Erklärten wieder heiraten kann. Seine Ehefähigkeit richtet sich nach Art. 13 Abs. 1 EGBGB. Im Rahmen des berufenen Eheschließungsstatuts sind die Wirksamkeit der Todeserklärung und ihre Auswirkungen auf die frühere Ehe Vorfragen. Aus Art. 13 Abs. 2 Nr. 3 EGBGB ergibt sich, dass sie unselbständig anzuknüpfen sind; ob der überlebende Ehegatte heiraten kann, hängt also davon ab, ob sein Heimatrecht die Todeserklärung für wirksam hält oder nicht; wegen Einzelheiten s. Rdnr. III-314, III-389 f.

III-474

II. Ehescheidung und -aufhebung durch Rechtsvorgänge im Inland

1. Inländische Gerichtsentscheidungen

Bei inländischen Gerichtsentscheidungen gelten einheitlich die bei Rdnr. III-466 dargestellten Grundsätze. Es macht für das Standesamt kaum einen Unterschied, ob an dem Verfahren Deutsche oder Ausländer beteiligt waren; es hat in jedem Fall die Gestaltungswirkung der Entscheidung bei der Beantwortung von Vorfragen zu beachten und in die Personenstandsregister zu übertragen.

III-475

Insbesondere ist die Wirkung eines inländischen Auflösungsverfahrens mit Ausländerbeteiligung unabhängig davon, ob es im ausländischen Heimatstaat des bzw. der geschiedenen Ehegatten anerkannt wird. Die Anerkennungsfähigkeit spielt allenfalls eine gewisse Rolle im Rahmen der internationalen Zuständigkeit (§ 98 Abs. 1 Nr. 4 FamFG); aber selbst wenn ein Gericht hiergegen verstoßen und seine Zuständigkeit zu Unrecht angenommen haben sollte, macht dieser Verfahrensfehler die Entscheidung nur fehlerhaft und im Rechtsmittelverfahren aufhebbar, aber nicht unwirksam. Wird die Entscheidung im Ausland nicht anerkannt, besteht eine »hinkende Ehe«, die hinzunehmen ist.

III-476

Allenfalls wenn es in dem (sehr seltenen!) Falle der Immunität eines Beteiligten schon an der deutschen Gerichtsbarkeit fehlt (vgl. Rdnr. III-441), ist die Entscheidung auch im Inland wirkungslos.

Dass die Ehe im Inland aufgelöst ist, bedeutet aber nicht zwingend, dass die Ehegatten eine neue Ehe schließen können. Die Frage, ob die Entscheidung die alte Ehe scheidet, ist zu trennen von der Frage, ob dadurch die Ehefähigkeit wiederhergestellt wird. Die erste Frage ist nach internationalem

III-477

Scheidungsverfahrensrecht zu beurteilen, die zweite stellt sich im internationalen Eheschließungsrecht als »Vorfrage« im Rahmen des von Art. 13 Abs. 1 EGBGB berufenen Eheschließungsstatuts, insbesondere beim Eheverbot der Doppelehe. Beide Antworten können im Falle einer unselbständigen Anknüpfung der Vorfrage auseinanderfallen (wegen Einzelheiten s. Rdnr. III-306 f., III-315).

2. Privatscheidungen im Inland

III-478 Ist eine Ehe im Inland anders als durch ein staatliches Gericht geschieden worden (z. B. durch privates Rechtsgeschäft oder ein religiöses Gericht), so ist sie für den deutschen Rechtsbereich nicht wirksam aufgelöst. Im Inland gilt das »Scheidungsmonopol« der deutschen Gerichte, Art. 17 Abs. 2 EGBGB. Dies gilt auch dann, wenn das maßgebliche Scheidungsstatut, das nunmehr durch die Rom-III-VO bestimmt wird (vgl. auch Art. 3 Nr. 1 Buchst. d EGBGB, s. näher Rdnr. III-540 ff.), eine solche Scheidung für wirksam hält. Art. 17 Abs. 2 EGBGB ist als Vorschrift des deutschen Scheidungsverfahrensrechts zu qualifizieren, die nicht vom Scheidungsstatut erfasst wird, s. BT-Drucks. 17/11049, S. 10; vgl. auch *Gärtner*, StAZ 2012, 357, 359 ff.

III-479 Im Einzelfall wirft dies die Abgrenzungsfrage auf, ob eine Ehe im Inland oder im Ausland geschieden wurde. Die (für ein etwaiges Anerkennungsverfahren zuständigen, s. Rdnr. III-519, III-549 ff.) Landesjustizverwaltungen legen den Begriff der Inlandsscheidung tendenziell weit aus, um den Bereich des gerichtlichen »Scheidungsmonopols« zu erweitern; die Praxis ist jedoch nicht ganz einheitlich. Nach der strengeren Auffassung begründet *jeder,* nach der Gegenansicht ein *wesentlicher* im Inland vorgenommener Teilakt den relevanten Inlandsbezug, der die Scheidung wegen Art. 17 Abs. 2 EGBGB unwirksam macht. Vorzugswürdig ist die letztgenannte Auffassung, die den Landesjustizverwaltungen (bzw. den OLG-Präsidenten) einen sachgerechten Bewertungsspielraum einräumt; bei nur minimalen Inlandskontakten ist das hinter dem Scheidungsmonopol stehende staatliche Interesse nicht berührt. Ob der inländische Teilakt konstitutiv ist oder nicht, spielt für die Wesentlichkeit keine Rolle; entscheidend ist das Gewicht im Rahmen des Gesamttatbestands. So liegt eine Inlandsscheidung etwa auch dann vor, wenn eine im Inland erklärte rechtsgeschäftliche Ehescheidung erst durch die anschließende Registrierung im Ausland wirksam wird.

III-480 So war etwa eine Privatscheidung, bei welcher der Ehemann in Tel Aviv den Scheidebrief ausstellen ließ, ihn der Ehefrau in Frankfurt übergab und die Scheidung in Tel Aviv registriert wurde, nach dem als materielles Scheidungsstatut maßgeblichen jüdischen Recht wirksam, blieb aber in Deutschland wirkungslos (so BayObLG, FamRZ 1985, 1258). Entscheidend ist der für die Eheauflösung konstitutive Akt der Übergabe und Annahme des Scheidebriefs durch die Ehefrau. Da dieser in Deutschland erfolgte, galten die Eheleute wegen des Gerichtsmonopols aus hiesiger Sicht als noch verheiratet (zustimmend *Herfarth*, IPRax 2002, 17; a. A. *Scheftelowitz*, FamRZ 1995, 593). Gleiches gilt für die islamrechtliche Verstoßungsscheidung, bei der der Ort der Erklärung und nicht der einer nachfolgenden Registrierung entscheidet. Wird ein Vertreter eingeschaltet, ist auf den Ort abzustellen, wo dieser das zur Scheidung führende Rechtsgeschäft vorgenommen hat (AG Hamburg, FamRZ 2000, 958).

Von der Frage, ob eine inländische Privatscheidung materiell wirksam ist, ist die verfahrensrechtliche Frage zu unterscheiden, ob das Verfahren nach § 107 FamFG zur allgemein verbindlichen Feststellung ihrer Wirksamkeit zulässig ist (zu diesem Verfahren näher Rdnr. III-549 ff.). III-481

Die Rspr. bejaht dies in Fällen, in denen eine Privatscheidung unter Mitwirkung einer ausländischen Behörde *im Inland* vorgenommen wurde (BGH, StAZ 1982, 8; BayObLG, FamRZ 1985, 75 und 1258). Für den Antrag auf Anerkennung bedeutet dies, dass er zulässig ist. Er ist allerdings stets unbegründet, weil eine inländische Privatscheidung wegen Verstoßes gegen das gerichtliche »Scheidungsmonopol« unwirksam ist (Art. 17 Abs. 2 EGBGB; s.a. Rdnr. III-553).

Handelt es sich um eine reine Privatscheidung ohne Mitwirkung einer Behörde, kann ihre Unwirksamkeit in jedem Verfahren inzident festgestellt werden. Ein Anerkennungsverfahren nach § 107 FamFG ist dagegen mangels einer potentiell anerkennungsfähigen Entscheidung nicht möglich; es bleibt lediglich eine gerichtliche Feststellung des Bestehens der Ehe nach § 121 Nr. 3 FamFG, freilich mit Wirkung nur zwischen den Beteiligten, s. Rdnr. III-206. III-482

III. Ehescheidung und -aufhebung im Ausland

1. Allgemeines zur Anerkennung von Ehescheidungen

Ist eine Ehe im Ausland durch eine gerichtliche oder behördliche Entscheidung aufgelöst worden, so hängt die Frage, ob die Auflösung im deutschen Rechtsbereich wirksam ist, von der Anerkennung der ausländischen Entscheidung ab. Anerkennung ist hier im prozessualen Sinne zu verstehen. Sie bedeutet Wirksamkeitserstreckung; die Rechtswirkung der ausländischen Entscheidung wird auf das Inland erstreckt. Konsequenz dieses Grundsatzes ist, dass die Entscheidung im Inland keine anderen Wirkungen entfalten kann als im Ursprungsstaat; Anerkennung ist lediglich Wirkungs*erstreckung*, nicht auch Wirkungs*anpassung* und Wirkungs*änderung*. III-483

Hiervon zu unterscheiden ist die materielle »Anerkennung« von Rechtslagen, die im Ausland ohne Mitwirkung eines Gerichts nur aufgrund des Gesetzes *entstanden* sind. Um diese materiellrechtliche Form der Anerkennung handelt es sich etwa, wenn die Wirksamkeit einer im Ausland erfolgten Privatscheidung zu beurteilen ist; hierzu näher Rdnr. III-539 ff. III-484

Die Anerkennung im prozessualen Sinne ist, da es sich um eine Frage des IZVR handelt, nicht Regelungsgegenstand des EGBGB. Sie richtet sich in erster Linie nach den vorrangig anwendbaren Vorschriften des Unionsrechts (sogleich Rdnr. III-488 ff.), nachrangig nach etwaigen Staatsverträgen; nur wenn weder Unionsrecht noch Staatsverträge eingreifen, bleibt es beim nationalen deutschen Verfahrensrecht (sodann Rdnr. III-510 ff.). An Staatsverträgen sind III-485 lediglich zweiseitige Abkommen zu beachten; wegen Einzelheiten s. den Überblick bei *Staudinger/Mankowski*, Art. 17 EGBGB Rdnr. 4; s. a. Rdnr. III-507 ff.

III-486 Einschlägige mehrseitige Abkommen – etwa das CIEC-Abkommen über die Anerkennung von Entscheidungen in Ehesachen vom 8.9.1967 (StAZ 1967, 320) und das Haager Abkommen über die Anerkennung von Scheidungen sowie Trennungen von Tisch und Bett vom 1.6.1970 sind in Deutschland nicht in Kraft getreten.

III-487 Hat eine anerkannte Entscheidung die Ehe vernichtet bzw. aufgelöst, so werden die von der Entscheidung ausgelösten Rechtswirkungen – und nur diese, s. Rdnr. III-483 – auf den deutschen Rechtsbereich erstreckt; die Ehe ist auch im Inland aufgelöst. Ist die Entscheidung dagegen nicht anerkennungsfähig bzw. ist eine etwa erforderliche Entscheidung der Landesjustizverwaltung (bzw. des OLG-Präsidenten) über die Anerkennungsfähigkeit noch nicht ergangen, so besteht die Ehe im deutschen Rechtsbereich – dann als »hinkende« Ehe – fort.

Die Anerkennungsfrage stellt sich insbesondere bei einer erneuten Eheschließung, weil die maßgeblichen Eheschließungsstatute i. d. R. das Bigamieverbot kennen, so dass die Auflösung einer Vorehe Vorfrage im Rahmen des sachlichen Eheschließungsrechts ist; hierzu schon Rdnr. III-306 f., III-315.

2. Die Anerkennung auf der Grundlage der Brüssel-IIa-VO

III-488 Die Anerkennung gerichtlicher Scheidungsaussprüche aus Mitgliedstaaten der EU – mit Ausnahme von Dänemark – richtet sich nach der Brüssel-IIa-VO (s. die allgemeinen Hinweise in Rdnr. II-85), welche für Ehesachen die Brüssel-II-VO (näher hierzu *Helms*, FamRZ 2001, 257 ff.) abgelöst hat. Einzelheiten zur intertemporalen Problematik (s. Art. 64 Brüssel-IIa-VO) bei *Hepting/Gaaz*, Bd. 2 Rdnr. III-587a; *Sturm*, StAZ 2002, 193, 197.

a) Der Anwendungsbereich der Brüssel-IIa-VO

III-489 Von der Brüssel-IIa-VO erfasst werden alle Entscheidungen in Ehesachen, die in einem anderen EU-Staat (außer Dänemark) ergangen sind. Die Staatsangehörigkeit der Ehegatten ist für die Anwendbarkeit der Brüssel-IIa-VO ohne Bedeutung.

III-490 Ehesachen betreffen nach Art. 1 Abs. 1 Buchst. a »die Ehescheidung, die Trennung ohne Auflösung des Ehebandes und die Ungültigerklärung einer Ehe«. Letzteres verweist im deutschen Recht auf die Eheaufhebung. Nicht anwendbar ist die Verordnung jedenfalls nach überwiegender Ansicht auf Entscheidungen, die eine gleichgeschlechtliche Ehe oder Lebenspartnerschaft beenden, s. *Andrae/Abbas*, StAZ 2011, 97, 99 f.

III-491 Nach der Brüssel-IIa-VO anzuerkennen sind die Entscheidungen eines »Gerichts«. Hierunter sind nach Art. 2 Nr. 1 Brüssel-IIa-VO alle staatlichen Stellen zu verstehen, die für die von der Verordnung erfassten Rechtssachen zuständig sind, also nicht nur Gerichte i. e. S., sondern auch Standesämter oder Notare, wenn diese die Ehescheidung aussprechen (s. *Kissner*, StAZ 2014, 58; s. bereits allgemein Rdnr. II-87). Entscheidungen von Kirchengerichten in Italien, Portugal und Spanien, die nach Art. 1671 Codex iuris canonici vor Priestern geschlossene Ehen auflösen, entfalten innerstaatlich erst mit der Anerkennung durch die zuständigen Zivilgerichte Wirkung; deshalb wird nur dieser staatliche Umsetzungsakt von Art. 2 Nr. 1 Brüssel-IIa-VO erfasst.

Umstritten ist die Anwendbarkeit der Brüssel-IIa-VO bei der Anerkennung von Entscheidungen, die das Bestehen einer Ehe feststellen. Dafür spricht die umfassende Regelung der Brüssel-IIa-VO von Fragen rund um den Bestand der Ehe als Statussache (so *Pirrung*, ZEuP 1999, 834, 843f.). Allerdings erfasst Art. 1 Abs. 1 Buchst. a nur Gestaltungsentscheidungen. Außerdem käme es zu Wertungswidersprüchen, wenn eine in Deutschland als Nichtehe einzustufende Lebensform im Ausland als Ehe festgestellt würde und diese Entscheidung anerkannt werden müsste. Für Feststellungsentscheidungen bleibt somit nur das förmliche Anerkennungsverfahren nach § 107 FamFG. III-492

Ebenfalls nicht von der Brüssel-IIa-VO umfasst sind klagabweisende Entscheidungen (Art. 2 Nr. 4 Brüssel-IIa-VO und Erwägungsgrund 15 zur Brüssel-II-VO), für die in den Bescheinigungen der Standesämter keine Eintragungsmöglichkeit besteht und die für die Arbeit des Standesamts keine Bedeutung haben. III-493

b) Die Anerkennungsvoraussetzungen

aa) Allgemeines
Im Rahmen der Brüssel-IIa-VO ist die Anerkennung einer ausländischen Entscheidung der Grundsatz, s. bereits Rdnr. II-93. Die Nichtanerkennung ist als Ausnahme vorgesehen und ausschließlich auf der Grundlage des Art. 22 Brüssel-IIa-VO möglich. Sie ist von Amts wegen zu prüfen, s. bereits Rdnr. II-93. III-494

Die in Art. 22 Brüssel-IIa-VO geregelten Nichtanerkennungsgründe sind: III-495
a) der Verstoß gegen die öffentliche Ordnung (materieller oder verfahrensrechtlicher ordre public);
b) keine ausreichende Verteidigungsmöglichkeit des Antragsgegners;
c) eine entgegenstehende rechtskräftige Entscheidung des Anerkennungsstaats;
d) eine entgegenstehende rechtskräftige Entscheidung eines anderen Staates, die im Anerkennungsstaat ebenfalls anerkannt wird.

Im Gegensatz zu § 109 Abs. 1 Nr. 1 FamFG spielt die internationale Zuständigkeit als Anerkennungsvoraussetzung keine Rolle mehr (Art. 24 Brüssel-IIa-VO). Dies rechtfertigt sich daraus, dass das Gericht eines Mitgliedstaats mit der Brüssel-IIa-VO ohnehin dieselbe Zuständigkeitsregelung angewandt hat, die auch für deutsche Gerichte gilt.

Die materielle Rechtmäßigkeit der Ursprungsentscheidung darf nicht nachgeprüft werden (Art. 26 Brüssel-IIa-VO). Die formelle Rechtskraft ist keine Voraussetzung für die Anerkennung der Entscheidung, wohl aber für die Eintragung in die Personenstandsbücher (Art. 21 Abs. 2 Brüssel-IIa-VO).

bb) Verstoß gegen den deutschen ordre public

III-496 Ein Verstoß der ausländischen Scheidungsentscheidung gegen den deutschen ordre public muss offensichtlich sein und darf nicht als Vorwand für eine unzulässige Generalüberprüfung dienen. Das Ergebnis muss ausnahmsweise zu einer für den inländischen Rechtskreis spürbar unerträglichen Rechtslage führen und mit den wesentlichen Grundsätzen des deutschen Rechts, insbesondere den Grundrechten, unvereinbar sein. Angesichts des hohen Grundrechtsstandards in der EU wird ein solcher offensichtlicher Verstoß mit Inlandsbezug nur höchst selten in Betracht kommen. Allein die Tatsache, dass die Ehe nach deutschem Recht nicht hätte geschieden werden können, reicht jedenfalls nicht aus; auch die Abweichungen im Scheidungsverfahren eines anderen Mitgliedstaats werden regelmäßig nicht so groß sein, dass ein ordre-public-Verstoß in Betracht kommt (zum Ganzen s. *Rauscher/Rauscher*, EuZPR/EuIPR, Art. 22 Brüssel-IIa-VO Rdnr. 9 ff.).

cc) Zustellungsfehler

III-497 Ein Anerkennungshindernis liegt vor, wenn einer Partei wegen eines Zustellungsfehlers die Rechtsverteidigung erschwert war und sie sich nicht auf das Verfahren eingelassen hat (Art. 22 Buchst. b Brüssel-IIa-VO). Dabei ist abzuwägen, wie schwer der Verstoß für die Verteidigungsmöglichkeit wiegt. Auf einen Zustellungsfehler kann sich nicht berufen, wer sich mit der Entscheidung eindeutig einverstanden erklärt hat.

dd) Widerspruch zu früheren Entscheidungen

III-498 Die Anerkennung ist ferner ausgeschlossen, wenn die Entscheidung mit einer früheren Entscheidung eines deutschen Gerichts oder einer anerkannten Drittstaatentscheidung unvereinbar ist, wobei im letzteren Fall das Verfahren nach § 107 FamFG bereits abgeschlossen sein muss. Ein solcher Widerspruch besteht nicht zwischen einer scheidungsabweisenden Entscheidung und einer nunmehr anzuerkennenden Scheidungsentscheidung, wohl aber, wenn vor der anzuerkennenden Scheidungsentscheidung bereits die Nichtehe festgestellt oder die Scheidung zu einem abweichenden Zeitpunkt ausgesprochen wurde.

c) Das Verfahren der Entscheidungsanerkennung

aa) Inzidententscheidung

III-499 Innerhalb des Anwendungsbereichs der Verordnung ist ein besonderes Anerkennungsverfahren weder nötig noch zulässig, Art. 21 Abs. 1 Brüssel-IIa-VO. Dass das Anerkennungsverfahren nach § 107 FamFG nicht durchgeführt werden darf, bedeutet letztlich, dass die Anerkennung nicht mit allgemein verbindlicher Wirkung, sondern von der jeweils befassten Stelle (Gericht, Behörde, hier Standesamt) inzident festzustellen ist. Auch die Feststellung, dass eine Ehescheidung nicht anerkennungsfähig ist, kann inzident getroffen werden.

III-500 Besteht Streit über die Anerkennungsfähigkeit oder haben die Betroffenen aus anderen Gründen ein Interesse an einer gerichtlichen Feststellung, so kann ein entsprechender Antrag beim Familiengericht gestellt werden, § 10 IntFamRVG i. V. m. Art. 21 Abs. 3 Brüssel-IIa-VO; s. näher Rdnr. III-504 ff.

Diese Inzidentfeststellung über die Anerkennungsfähigkeit wird dadurch erleichtert, dass die Gerichte bzw. Verwaltungsbehörden der EU-Mitgliedstaaten, die die Entscheidungen erlassen, gemäß Art. 39 Brüssel-IIa-VO ein einheitliches Formblatt ausstellen; zu diesem Schablonensystem s. Rdnr. II-101. Anhang I zur Brüssel-IIa-VO sieht ein Formular für Entscheidungen in Ehesachen (Scheidung/Ungültigerklärung/Trennung ohne Auflösung des Ehebandes) vor. III-501

Dem deutschen Standesamt ist nach Art. 37 Brüssel-IIa-VO neben einer Ausfertigung der ausländischen Entscheidung grundsätzlich auch das Formblatt vorzulegen. Da die Formblätter nur auf Antrag ausgestellt werden und die Parteien einer Auslandsehescheidung diesen Antrag meist vergessen, besteht in der Praxis das Problem, dass dem Standesamt oft nur die Entscheidung selbst vorgelegt wird. Auch damit kann aber die Auflösung der Ehe nachgewiesen werden, Nr. A 6.2.1 PStG-VwV. III-502

Fehlt eine Urkunde, kann die Aufsichtsbehörde nach Art. 38 Brüssel-IIa-VO eine Frist zur Vorlage bestimmen, sich mit den vorhandenen Unterlagen begnügen oder von der Vorlage befreien, wenn keine weitere Klärung erforderlich ist. Zu Einzelheiten s. Rdnr. II-101. III-503

bb) Das fakultative Feststellungsverfahren
Art. 21 Abs. 3 Brüssel-IIa-VO eröffnet die Möglichkeit eines fakultativen Feststellungsverfahrens durch das Familiengericht (§§ 10, 12 IntFamRVG). Zu Einzelheiten s. Rdnr. II-103. III-504

Schwebt ein solches Feststellungsverfahren, darf das Standesamt die Anerkennungsfähigkeit nicht inzident prüfen, sondern muss die Entscheidung abwarten; auf diese Weise wird sichergestellt, dass das Standesamt nicht vorab inzident entscheidet und seine Eintragung möglicherweise der später ergehenden gerichtlichen Entscheidung widerspricht. Diese Wartepflicht gilt aber nicht in anderen Verfahren, etwa wenn das Bestehen der Ehe Vorfrage in einer erb- oder versorgungsrechtlichen Angelegenheit ist. III-505

In vielen Fällen wird für das Anerkennungsverfahren das besondere Feststellungsinteresse fehlen, so dass es bei der inzidenten Prüfung bleibt. Das Feststellungsinteresse fehlt etwa, wenn eine inzidente Anerkennung durch das Standesamt ohne Weiteres möglich wäre, aber trotzdem sofort das Familiengericht angerufen wird. Wenn das Standesamt hingegen die Inzidentanerkennung und damit auch eine evtl. Wiederverheiratung verweigert, steht der Weg zum Familiengericht nach Art. 21 Abs. 3 Brüssel-IIa-VO offen; er schließt das Verfahren nach den §§ 48 ff. PStG aus. Auch für eine negative Feststellungsklage z. B. durch den früheren Ehemann, der nicht als Vater ins Geburtenregister eingetragen werden möchte, wird das Feststellungsinteresse regelmäßig bestehen, weil ein einfacheres Verfahren nicht eröffnet ist. III-506

3. Anerkennung auf der Grundlage von Staatsverträgen

III-507 Zum Verhältnis zwischen Brüssel-IIa-VO und staatsvertraglichen Anerkennungsregeln s. bereits Rdnr. II-106.

III-508 Multilaterale Abkommen über die Anerkennung ausländischer Ehescheidungen sind in Deutschland nicht in Kraft getreten. Bilaterale Abkommen mit EU-Mitgliedstaaten sind durch die Brüssel-IIa-VO gegenstandslos geworden, Art. 59 Abs. 1 Brüssel-IIa-VO, wobei wohl auch hier das Günstigkeitsprinzip gelten würde s. Rdnr. II-106. Im Verhältnis zu Drittstaaten werden bilaterale Staatsverträge nicht von der Verordnung berührt; zu erwähnen ist etwa das deutsch-schweizerische Abkommen über die gegenseitige Anerkennung und Vollstreckung von gerichtlichen Entscheidungen und Schiedssprüchen vom 2.11.1929 (s. *Haecker*, S. 206) und der deutsch-tunesische Vertrag über Rechtsschutz und Rechtshilfe, die Anerkennung und Vollstreckung gerichtlicher Entscheidungen in Zivil- und Handelssachen sowie über die Handelsschiedsgerichtsbarkeit vom 19.7.1966 (s. *Haecker*, S. 122).

III-509 Da bilaterale Staatsverträge die rechtliche Besserstellung der betroffenen Bürger der vertragsschließenden Staaten bezwecken, gilt der Grundsatz, dass die Anerkennung alternativ nach den Übereinkommen oder nach § 109 FamFG möglich ist; heranzuziehen ist die jeweils anerkennungsfreundlichste Regelung, wobei die Anerkennungsvoraussetzungen allerdings einheitlich einer der beiden Rechtsquellen entnommen werden müssen.

4. Anerkennung nach autonomem deutschen Recht

a) Die Anerkennungsvoraussetzungen des § 109 FamFG

III-510 Wenn auch keine Staatsverträge eingreifen, gelten die Anerkennungsvorschriften des nationalen deutschen Verfahrensrechts; s. bereits Rdnr. II-116. Maßgeblich für die Anerkennungs*voraussetzungen* ist § 109 FamFG.

Bei ausländischen Entscheidungen in Ehesachen ist zusätzlich ein besonderes Anerkennungsverfahren nach § 107 FamFG erforderlich; näher Rdnr. III-519 ff.

III-511 Die in § 109 Abs. 1 Nr. 1 FamFG geforderte *Anerkennungszuständigkeit* bestimmt sich grundsätzlich durch eine spiegelbildliche Anwendung der Vorschriften über die Entscheidungszuständigkeit. Demnach muss geprüft werden, ob bei hypothetischer Anwendung der deutschen Zuständigkeitsnormen der ausländische Richter für die Scheidung zuständig gewesen wäre.

III-512 Unklar ist, ob in diesem Fall die Zuständigkeitsvorschriften des FamFG oder die der Brüssel-IIa-VO in die ausländische Entscheidung zu spiegeln sind.

Die bisher h. M. zieht die Vorschriften des FamFG heran (s. etwa *Zöller/Geimer*, § 109 FamFG Rdnr. 4, 18 ff.). Dies lässt sich auf den ersten Blick damit rechtfertigen, dass bei der Entscheidung eines Drittstaats der Unionsbezug so gering ist, dass er die Anwendung der Brüssel-IIa-VO nicht rechtfertigt.

Spiegelt man demnach die nationalen Zuständigkeitsvorschriften der §§ 98 bis 105 FamFG, so sind ausländische Gerichte dann anerkennungszuständig, wenn
– ein Ehegatte zum Zeitpunkt der Eheschließung oder -scheidung dem Staat angehörte, dessen Behörden oder Gerichte die Ehe aufgelöst haben (§ 98 Abs. 1 Nr. 1 FamFG), oder
– ein Ehegatte seinen gewöhnlichen Aufenthalt im Entscheidungsstaat hatte (§ 109 Abs. 2 Satz 1 FamFG; die Erweiterung des § 98 Abs. 1 Nr. 4 FamFG erfasst auch die Fälle des § 98 Abs. 1 Nr. 2 und 3 FamFG) oder
– die Eheauflösung von den Heimatstaaten beider Ehegatten anerkannt wird (§ 109 Abs. 2 Satz 2 FamFG, wobei umstritten ist, ob bei Mehrstaatern alle Staaten die Entscheidung anerkennen müssen oder nur die effektive Staatsangehörigkeit gemäß Art. 5 Abs. 1 Satz 1 EGBGB Ausschlag gebend ist.

Allerdings ist zu bedenken, dass sich bei Inlandsscheidungen die internationale Zuständigkeit deutscher Gerichte – jenseits einer Restzuständigkeit nach Art. 7 Brüssel-IIa-VO – stets nach der Brüssel-IIa-VO richtet, selbst wenn beide Ehegatten keine Unionsbürger sind.

Es erscheint daher überlegenswert, ob man die Zuständigkeitsvorschriften der Brüssel-IIa-VO auch in Fällen mit Drittstaatenbezug in die Spiegelung des § 109 Abs. 1 Nr. 1 FamFG mit einbezieht (befürwortend in diesem Sinne etwa *Henrich*, Scheidungsrecht Rdnr. 51), sei es, dass man sie alternativ – d. h. neben § 98 Abs. 1 FamFG – in die Spiegelung nach § 109 Abs. 1 Nr. 1 FamFG mit einbezieht, sei es, dass man sie exklusiv – d. h. anstelle des § 98 Abs. 1 FamFG – für die Spiegelung des § 109 Abs. 1 Nr. 1 FamFG heranzieht.

III-513

Sofern man davon ausgeht, dass sich die Zuständigkeit »nach deutschem Recht« im Sinne von § 109 Abs. 1 Nr. 1 FamFG alternativ aus einer Spiegelung des § 98 Abs. 1 FamFG oder der Art. 3 ff. Brüssel-IIa-VO ergeben kann (in diesem Sinne MünchKomm-FamFG/*Rauscher*, § 109 FamFG Rdnr. 12), dürfte diese Ansicht praktisch kaum relevant werden; denn die enger gefassten Art. 3 ff. Brüssel-IIa-VO könnten keine Anerkennungszuständigkeit des Drittstaatsgerichts begründen, die ihm nicht schon aufgrund der Spiegelung des § 98 Abs. 1 FamFG oder aufgrund des § 109 Abs. 2 FamFG (s. Rdnr. III-512) zusteht.

III-514

Praktisch relevant kann die Frage der für die Spiegelung maßgeblichen Normen nur dann werden, wenn man die Art. 3 ff. Brüssel-IIa-VO exklusiv, d. h. anstelle des § 98 Abs. 1 FamFG, für die Spiegelung nach § 109 Abs. 1 Nr. 1 FamFG heranzieht (so *Henrich*, Scheidungsrecht Rdnr. 51) und soweit die Art. 3 ff. Brüssel-IIa-VO hinter den großzügigeren §§ 98 Abs. 1, 109 Abs. 2 FamFG zurückbleiben. Dies lässt sich damit begründen, dass man den gesamten Abschnitt 1 des Kapitels II der Brüssel-IIa-VO »spiegeln« müsse, also nicht nur die zuständigkeitsbegründenden Vorschriften der Art. 3 bis 5 Brüssel-IIa-VO, sondern auch die Sperrwirkung, welche Art. 6 f. Brüssel-IIa-VO gegenüber nationalem Zuständigkeitsrecht entfalten. Die Frage wird bisher im Schrifttum wenig diskutiert (dezidiert ablehnend freilich MünchKomm-FamFG/*Rauscher*, § 109 FamFG Rdnr. 12).

III-515

Nach dem Wortlaut des § 109 Abs. 1 Nr. 1 FamFG bestimmt sich die Anerkennungszuständigkeit »nach deutschem Recht«. Dieser Begriff scheint auf

III-516

den ersten Blick auf das FamFG zu verweisen, lässt sich aber grammatisch auch dahingehend auslegen, dass damit das gesamte in Deutschland geltende Zuständigkeitsrecht gemeint ist, unabhängig von seiner Herkunft. Demnach ließen sich auch die Art. 3 ff. Brüssel-IIa-VO als »deutsches Recht« ansehen, da diese Vorschriften aufgrund von Art. 288 Abs. 2 Satz 2 AEUV unmittelbar in Deutschland gelten.

III-517   Argumentationshilfe könnte eine Parallele zur Brüssel-Ia-VO bieten; die Frage, ob bei der Anerkennung deutsche oder (in Deutschland geltende) europäische Zuständigkeitsvorschriften zu »spiegeln« sind, stellt sich auch außerhalb des Familienrechts bei § 328 Abs. 1 Nr. 1 ZPO in Bezug auf die Art. 4 ff. Brüssel-Ia-VO.

Auf den ersten Blick scheint dieser Begründungsansatz wenig ergiebig zu sein, da auch hier sehr umstritten ist, ob im Rahmen des § 328 Abs. 1 Nr. 1 ZPO (auch) die Zuständigkeitsvorschriften der Art. 4 ff. Brüssel-Ia-VO zu spiegeln sind (so *etwa Kern*, ZZP 2007, 31, 45 ff.) oder ausschließlich die nationalen Zuständigkeitsvorschriften der §§ 12 ff. ZPO (so *Zöller/Geimer*, § 328 ZPO Rdnr. 102a; *Schärtl*, IPRax 2006, 438, 442). Doch wollen auch die letztgenannten Autoren, die eine Spiegelung der Brüssel-Ia-Vorschriften grundsätzlich ablehnen, eine Ausnahme für den Fall machen, in dem sich aus europäischem Zuständigkeitsrecht – wie etwa im Fall des Art. 24 Brüssel-Ia-VO – ein ausschließlicher Gerichtsstand eines EU-Mitgliedstaats ergibt (a. a. O.). Überträgt man diese Überlegung auf den § 109 Abs. 1 Nr. 1 FamFG, so müsste im Bereich der Brüssel-IIa-VO die Sperrwirkung der Art. 6 f. Brüssel-IIa-VO, die die Ausschließlichkeit eines nach Art. 3 Brüssel-IIa-VO in einem EU-Mitgliedstaat begründeten Gerichtsstands sicherstellt, ebenfalls beachtet werden. Es wäre dann systematisch konsequent, die Sperrwirkung der Art. 6 f. Brüssel-IIa-VO im Rahmen des § 109 Abs. 1 Nr. 1 FamFG zu berücksichtigen, indem man dort exklusiv die Art. 3 ff. Brüssel-IIa-VO spiegelt, wo nach Art. 6 f. Brüssel-IIa-VO ein Rückgriff auf die nationalen Zuständigkeitsnormen ausgeschlossen ist. Dagegen lässt sich allerdings einwenden, dass die ausschließlichen Gerichtsstände des Art. 22 Brüssel-Ia-VO einen sehr viel stärkeren sachlichen Bezug zum Gerichtsstand haben als die des Art. 3 Brüssel-IIa-VO und es nicht gerechtfertigt ist, die in Art. 3 Abs. 1 Brüssel-IIa-VO liegende Privilegierung von EU-Bürgern auch gegenüber dem außereuropäischen Ausland durchzusetzen.

Die Frage bedarf noch der obergerichtlichen Klärung.

III-518   Hinsichtlich der *übrigen Anerkennungshindernisse* (fehlerhafte Zustellung, Verstoß gegen den ordre public, entgegenstehende inländische oder frühere anzuerkennende ausländische Entscheidung) ähnelt § 109 Abs. 1 FamFG den betreffenden Normen der Brüssel-IIa-VO.

Ein ordre-public-Verstoß liegt nicht schon darin, dass die Scheidung nicht durch gerichtliche Entscheidung erfolgt ist (zum norwegischen Fylkesmann OLG Schleswig, StAZ 2009, 43). Allerdings muss das ausländische Verfahren rechtsstaatlich verlaufen sein. So muss rechtliches Gehör gewährt worden sein und es dürfen Behauptungen und Beweisanträge nicht gänzlich unberücksichtigt geblieben sein (OLG Köln, FamRZ 1995, 306, 307 zu § 328 ZPO). In diesen Fällen ist der Verstoß aber nur dann unerträglich, wenn der Betroffene alle Rechtsmittel zur Beseitigung des Verstoßes genutzt hat (BayObLG, FamRZ 2002, 1637, 1639).

In Abweichung von den allgemeinen Anerkennungsvoraussetzungen des § 328 ZPO verzichtet § 109 Abs. 4 FamFG bei den von § 107 FamFG umfassten Entscheidungen in Ehesachen auf das Erfordernis der Gegenseitigkeit (wie schon Art. 7 § 1 Abs. 1 Satz 2 FamRÄndG).

b) Das Anerkennungsverfahren nach § 107 FamFG

aa) Allgemeines, Zweck

Grundsätzlich entfalten ausländische Entscheidungen dann, wenn die Anerkennungsvoraussetzungen vorliegen, ihre Rechtswirkungen im Inland ohne besonderen förmlichen Anerkennungsakt (s. in Familiensachen § 108 Abs. 1 FamFG, sonst § 328 ZPO); allenfalls wenn aus der Entscheidung vollstreckt werden soll, bedarf es eines zusätzlichen Verfahrens (vgl. z. B. § 110 FamFG, §§ 722, 723 ZPO). — III-519

Ausländische Entscheidungen in Ehesachen bilden eine Ausnahme, jedenfalls soweit nicht vorrangige unionsrechtliche oder staatsvertragliche Anerkennungsregeln (Rdnr. III-488 ff.) greifen, vgl. § 97 FamFG. Hier wird in einem besonderen behördlichen Verfahren geprüft, ob die Anerkennungsvoraussetzungen erfüllt sind, und die Wirkungserstreckung auf das Inland mit allgemein bindender Wirkung festgestellt, § 107 FamFG; zuständig sind die Landesjustizverwaltungen bzw. die OLG-Präsidenten. Hierzu im Einzelnen *Heiderhoff*, StAZ 2009, 328.

Das Verfahren und seine konkrete Ausgestaltung verfolgen insbesondere zwei Zwecke. — III-520

Zum einen wird die wichtige Statusfrage, ob Ehegatten aufgrund einer ausländischen Entscheidung geschieden sind oder nicht, für den deutschen Rechtsbereich allgemein verbindlich festgelegt; dies verhindert, dass die Anerkennung der Ehescheidung in unterschiedlichen Verfahren jeweils inzident geprüft und möglicherweise unterschiedlich beurteilt wird.

Zum anderen werden die Personenstandsbehörden, die eigentlich primär zur Feststellung von Statusverhältnissen zuständig wären, von der Prüfung u. U. schwieriger Rechtsfragen befreit, indem die Zuständigkeit für die Anerkennungsfeststellung auf die Landesjustizverwaltungen übertragen wird.

Gemäß § 107 Abs. 1 Satz 2 FamFG ist das Feststellungsverfahren dann entbehrlich, wenn ein Gericht des Staates entschieden hat, dem beide Ehegatten zur Zeit der Entscheidung angehört haben. In diesem Fall geht der Gesetzgeber davon aus, dass die Ehe aus der Sicht des Heimatstaats eindeutig aufgelöst und dass dies so problemlos feststellbar ist, dass man sie jeder betroffenen Behörde inzident zur Entscheidung überlassen kann. — III-521

Dieser Optimismus mag hinsichtlich der internationalen Zuständigkeit berechtigt sein, § 109 Abs. 1 Nr. 1 FamFG (vgl. aber Rdnr. III-512 ff.); bei den Anerkennungsvoraussetzungen der § 109 Abs. 1 Nr. 2 bis 4 FamFG können aber durchaus Zweifelsfragen bleiben. Aus diesem Grund kann auch bei Heimat- — III-522 staatentscheidungen fakultativ ein Anerkennungsverfahren eingeleitet werden (vgl. BGH, FamRZ 1990, 1228 zu Art. 7 § 1 FamRÄndG). Wird es nicht beantragt, führt § 107 Abs. 1 Satz 2 FamFG jedoch nicht zu einer automatischen Anerkennung der Ehescheidung. Die Vorschrift befreit nur von der Pflicht zur Durchführung des Anerkennungs*verfahrens*, so dass in diesen Fällen das Standesamt vor dem Hintergrund des § 109 FamFG inzident zu entscheiden hat.

III-523 Besitzen die Ehegatten neben der Staatsangehörigkeit des Staates, dessen Gericht entschieden hat, die Staatsangehörigkeit eines anderen ausländischen Staates, so steht dies der Anwendung von § 107 Abs. 1 Satz 2 FamFG nicht entgegen. Ist hingegen einer der Ehegatten auch-deutscher Mehrstaater, so verbleibt es entsprechend dem Rechtsgedanken des Art. 5 Abs. 1 Satz 2 EGBGB bei der Regel, dass die Entscheidung der förmlichen Anerkennung durch die Landesjustizverwaltung bedarf (BayObLGZ 1990, 226; 1992, 376); dasselbe gilt, wenn einer der Ehegatten zur Zeit der gerichtlichen Entscheidung aufgrund der Sonderanknüpfung für Staatenlose, Asylberechtigte, Flüchtlinge u. ä. dem deutschen Recht unterstand (vgl. *Krzywon*, StAZ 1989, 95).

bb) Voraussetzungen des Verfahrens

III-524 In dem Verfahren nach § 107 FamFG geht es um die Anerkennung einer ausländischen Entscheidung, durch die eine bestehende Ehe aufgelöst wird.

Auch Entscheidungen über die Trennung von Tisch und Bett, die nur die Pflicht zur ehelichen Lebensgemeinschaft aufheben, werden von § 107 FamFG erfasst, die dort gewählte Formulierung »Scheidung unter Aufrechterhaltung des Ehebandes« ist nicht ganz glücklich, aber in der Sache eindeutig (vgl. BayObLG, StAZ 1990, 226). Diese Entscheidungen sind im Inland wirksam, sobald das Anerkennungsverfahren durchgeführt ist; doch werden die Ehegatten durch sie selbstverständlich nicht schon ehefähig (in diesem Sinne *Staudinger/Mankowski*, Art. 13 EGBGB Rdnr. 301).

III-525 Was den hoheitlichen Charakter der »Entscheidung« angeht, wird die Vorschrift sehr extensiv ausgelegt. Privatscheidungen werden verfahrensrechtlich ebenso behandelt wie eine Entscheidung i. S. d. § 107 FamFG, sofern ein Gericht oder eine Behörde mitgewirkt hat (näher Rdnr. III-549 ff.). Dies bedeutet, dass der Regelungsbereich des Anerkennungsverfahrens nach § 107 FamFG weiter ist als der prozessuale Begriff »Entscheidung«; dies führt ferner dazu, dass im Rahmen des Verfahrens jeweils unterschiedliche Maßstäbe zu beachten sind. Ist eine hoheitliche Entscheidung i. e. S. anzuerkennen, ist Maßstab der § 109 FamFG; wurde die Ehe im Ausland durch die rechtsgeschäftliche Erklärung (unter Mitwirkung einer Behörde oder eines Gerichts) aufgelöst, handelt es sich also materiell um eine Privatscheidung, hat die Landesjustizverwaltung auch im Rahmen des Feststellungsverfahrens die Wirksamkeit nach der Rom-III-VO (näher Rdnr. III-539 ff.), nicht nach § 109 FamFG zu beurteilen.

III-526 Bei rein inländischen Privatscheidungen stellt sich die Frage nach der Anerkennung ohnehin nicht; sie sind unwirksam (s. Rdnr. III-478 ff.).

cc) Die Durchführung des Verfahrens

Die Entscheidung der Landesjustizverwaltung ergeht auf Antrag. Antragsbefugt ist, wer ein rechtliches Interesse an der Anerkennung glaubhaft macht. Dies gilt in jedem Fall für eine Person, die nach Auflösung oder Nichtigerklärung ihrer früheren Ehe eine neue Ehe eingehen will. III-527

Zuständig ist die Landesjustizverwaltung des Landes, in dem ein Ehegatte der betroffenen Ehe seinen gewöhnlichen Aufenthalt hat, § 107 Abs. 2 Satz 1 FamFG. III-528

Hat keiner der Ehegatten seinen gewöhnlichen Aufenthalt im Inland, so ist die Justizverwaltung des Landes zuständig, in dem eine neue Ehe geschlossen oder eine Lebenspartnerschaft begründet werden soll; die Justizverwaltung kann den Nachweis verlangen, dass die Eheschließung oder Lebenspartnerschaftsbegründung angemeldet ist, § 107 Abs. 2 Satz 2 FamFG. Soweit eine Zuständigkeit nach den vorstehenden Vorschriften nicht gegeben ist, ist die Justizverwaltung des Landes Berlin zuständig, § 107 Abs. 2 Satz 3 FamFG. Die Anrufung einer zuständigen Justizverwaltung schließt die Zuständigkeit der anderen aus (§ 2 FamFG analog). Eine einmal begründete Zuständigkeit entfällt nach Antragstellung nicht mehr (sog. »perpetuatio fori«).

Die Entscheidung über die Anerkennung steht dann, wenn die Voraussetzungen des § 107 Abs. 1 FamFG vorliegen, ausschließlich der Landesjustizverwaltung zu (»Feststellungsmonopol«). Eine Klage auf Feststellung der Wirkungserstreckung der Ehescheidung in das Inland wäre wegen Unzulässigkeit des Rechtswegs abzuweisen; zudem würde wegen der Möglichkeit des § 107 Abs. 1 FamFG ein Rechtsschutzbedürfnis fehlen (*Prütting/Helms/Helms*, § 121 FamFG Rdnr. 10). III-529

Zweifelhaft ist, ob dies auch in Fällen des § 107 Abs. 1 Satz 2 FamFG (Heimatstaatentscheidung) gilt, in denen das Anerkennungsverfahren entbehrlich ist. Wenn die Ehegatten ein Interesse an einer allgemein verbindlichen Feststellung der Scheidungswirkung haben, können sie nach Ansicht des BGH ein freiwilliges Anerkennungsverfahren nach § 107 FamFG beantragen (vgl. Rdnr. III-522). Konsequent wird man sagen müssen, dass auch diese Möglichkeit einer Feststellungsklage vorgeht. III-530

Die Entscheidung der Landesjustizverwaltung wird mit der Bekanntmachung an den Antragsteller wirksam (§ 107 Abs. 6 Satz 2 FamFG); die Landesjustizverwaltung kann allerdings in ihrer Entscheidung bestimmen, dass sie erst nach Ablauf einer bestimmten Frist wirksam wird (§ 107 Abs. 6 Satz 3 FamFG). Vor Ablauf dieser Frist darf eine neue Ehe nicht geschlossen werden. III-531

Die Entscheidung der Landesjustizverwaltung kann von dem Ehegatten, der die Entscheidung nicht beantragt hatte, beim OLG angefochten werden (§ 107 Abs. 6 Satz 1 FamFG). Der Antrag ist nunmehr gemäß §§ 107 Abs. 7 Satz 3, 63 FamFG fristgebunden. Er hat keine aufschiebende Wirkung; er kann sogar noch gestellt werden, wenn der andere Ehegatte eine neue Ehe eingegangen ist. III-532

Allerdings kann das OLG die Wirksamkeit der Entscheidung der Landesjustizverwaltung einstweilen aussetzen (vgl. § 107 Abs. 7 Satz 3 und § 64 Abs. 3

FamFG); während der Dauer der Aussetzung darf eine neue Ehe nicht geschlossen werden.

III-533 Weist das OLG den Antrag auf Anerkennung der ausländischen Entscheidung ab oder stellt es fest, dass die ausländische Entscheidung nicht anerkannt wird, so gilt die frühere Ehe als fortbestehend.

Dies kann aufgrund der in Rdnr. III-532 dargestellten Grundsätze dazu führen, dass eine in der Zwischenzeit geschlossene neue Ehe bigamisch ist, und zwar auch dann, wenn die Ehegatten der neuen Ehe auf die anerkennende Entscheidung der Landesjustizverwaltung vertraut haben. Der Gesetzgeber des FamRÄndG hatte seinerzeit diese Folgen bewusst in Kauf genommen (vgl. *Massfeller*, StAZ 1961, 303).

III-534 Nach alter Rechtslage war die Entscheidung des OLG nicht anfechtbar, Art. 7 Abs. 6 a. E. FamRÄndG, während nun die Rechtsbeschwerde zum BGH eröffnet ist, §§ 107 Abs. 7 Satz 3, 70 ff. FamFG.

dd) Die Wirkung der Entscheidung

III-535 Die Entscheidung der Landesjustizverwaltung hat komplexe, dogmatisch schwer zu erfassende Wirkungen. Einerseits ist sie dem Grundsatz nach nur deklaratorisch; denn sie stellt fest, dass die ausländische Entscheidung anerkennungsfähig ist, d. h. dass ihre Wirkungen in dem Zeitpunkt eingetreten *sind*, den das ausländische Recht als maßgebend ansieht. Andererseits hat sie eine quasi-gestaltende Wirkung; denn bis zur Feststellung kann sich niemand auf die Auflösung der Ehe berufen, danach gilt sie mit allgemein bindender Wirkung als eingetreten (MünchKomm-FamFG/*Rauscher*, § 107 FamFG Rdnr. 50 ff.).

III-536 Das Standesamt muss und darf also die Anerkennung nicht mehr selbst prüfen und ist an die Feststellung der Behörde gebunden; seine Stellung ist dieselbe wie gegenüber einer gerichtlichen Entscheidung. Umgekehrt darf das Standesamt, wenn es die Entscheidung der Landesjustizverwaltung für unrichtig hält, die Eheschließung nicht aus diesem Grunde verweigern. Der Nachweis der Bestandskraft ist nicht erforderlich (*Kissner*, StAZ 2010, 249). Eine Nachprüfung der Entscheidung steht ihm, da die Entscheidung allgemein bindend ist, nicht zu.

III-537 Dies bedeutet z. B., dass das Standesamt eine neue Ehe auch dann nicht schließen darf, wenn die Voraussetzungen für die Anerkennung nach § 109 FamFG offensichtlich gegeben sind; denn bis zur Feststellung entfaltet die ausländische Entscheidung im Inland keine Rechtswirkung (OLG Hamburg, StAZ 2015, 14, 15; vgl. auch BGH, FamRZ 1958, 180).

III-538 Ist eine neue Ehe ohne die nach § 107 FamFG erforderliche Feststellung geschlossen worden, so ist sie wegen Verstoßes gegen § 1306 BGB gemäß § 1314 Abs. 1 BGB aufhebbar, weil die frühere Ehe für den deutschen Rechtsbereich noch nicht als aufgelöst betrachtet werden kann. Wird die Anerkennung der ausländischen Entscheidung nachträglich herbeigeführt, so entfällt der Aufhebungsgrund für die spätere Ehe, weil aufgrund der Entscheidung der Landesjustizverwaltung feststeht, dass die frühere Ehe im Zeitpunkt der Eingehung der neuen Ehe nicht mehr bestand (vgl. BGH, FamRZ 1961, 427).

5. Privatscheidungen im Ausland

a) Die Anknüpfung der materiellen Wirksamkeit von Privatscheidungen

Ausländische Privatscheidungen wie die islamische Verstoßung, der jüdische Scheidebrief und die Auflösungsverträge nach japanischem, koreanischem und thailändischem Recht (vgl. BGHZ 110, 267; *Nishitani*, IPRax 2002, 49; BGH, FamRZ 1994, 434; BGH, StAZ 2008, 318) sind Rechtsgeschäfte. Sie unterstehen dem materiellen Scheidungsstatut und wirken unmittelbar materiellrechtlich, wenn dessen Voraussetzungen erfüllt sind. Es bedarf also keines gerichtlichen oder behördlichen Gestaltungsaktes. III-539

Das Scheidungsstatut bestimmt sich mittlerweile nicht mehr nach Art. 17 Abs. 1 EGBGB (zum alten Recht s. Vorauflage Rdnr. III-550), sondern nach der Verordnung (EU) Nr. 1259/2010 des Rates vom 20. 12. 2010 zur Durchführung einer Verstärkten Zusammenarbeit im Bereich des auf die Ehescheidung und Trennung ohne Auflösung des Ehebandes anzuwendenden Rechts (Rom-III-VO). III-540

Allgemein zur Rom-III-VO s. *Helms*, FamRZ 2011, 1765; *Gärtner*, StAZ 2012, 357; *Hau*, FamRZ 2013, 249; *Mörsdorf-Schulte*, RabelsZ 2013, 786; *Rösler*, RabelsZ 2014, 155.

Die Kollisionsregeln der Rom-III-VO – die nicht nur die Ehescheidung, sondern auch die Trennung ohne Auflösung des Ehebandes erfassen, nicht aber die Aufhebung der Ehe, s. Art. 1 Rom-III-VO – sind zunächst universell ausgestaltet und bezeichnen das anwendbare Recht auch dann, wenn es sich um das Recht eines Staates handelt, der nicht durch die Verordnung gebunden wird, Art. 4 Rom-III-VO. III-541

Vorrangig unterliegt das Scheidungsstatut dem von den Ehegatten gewählten Recht, wobei die Ehegatten nach Art. 5 Abs. 1 Rom-III-VO nur eine *beschränkte Rechtswahlfreiheit* haben und nur aus einem bestimmten Kreis von Rechten wählen können, nämlich konkret: III-542
– das Recht des Staates, in dem die Ehegatten zum Zeitpunkt der Rechtswahl ihren gewöhnlichen Aufenthalt haben, oder
– das Recht des Staates, in dem die Ehegatten zuletzt ihren gewöhnlichen Aufenthalt hatten, sofern einer von ihnen zum Zeitpunkt der Rechtswahl dort noch seinen gewöhnlichen Aufenthalt hat, oder
– das Recht des Staates, dessen Staatsangehörigkeit einer der Ehegatten zum Zeitpunkt der Rechtswahl besitzt, oder
– das Recht des Staates des angerufenen Gerichts.

Die Rechtswahl ist formgebunden, wobei die Formregelung an Komplexität kaum zu überbieten ist und sich aus einem Zusammenspiel von Verordnung (Art. 7 Rom-III-VO) und mitgliedstaatlichem Kollisionsrecht (bei uns Art. 46 d Abs. 1 EGBGB) ergibt. Das Zustandekommen und die materielle Wirksamkeit der Rechtswahl folgen aus Art. 6 Rom-III-VO. Eine Rechtswahl kann von den Ehegatten in Deutschland bis zum Schluss der mündlichen Verhandlung im ersten Rechtszug erfolgen, s. Art. 5 Abs. 2, 3 Rom-III-VO i. V. m. Art. 46 d Abs. 2 EGBGB.

III-543 Haben die Parteien das anwendbare Recht nicht gewählt, so richtet sich die *objektive Anknüpfung* des Scheidungsstatuts nach Art. 8 Rom-III-VO. Danach unterliegt die Scheidung, einer europäisierten *Kegel*schen Leiter (vgl. bereits Rdnr. III-451) folgend:
– dem Recht des Staates, in dem die Ehegatten zum Zeitpunkt der Anrufung des Gerichts ihren gewöhnlichen Aufenthalt haben, oder anderenfalls
– dem Recht des Staates, in dem die Ehegatten zuletzt ihren gewöhnlichen Aufenthalt hatten, sofern dieser nicht vor mehr als einem Jahr vor Anrufung des Gerichts endete und einer der Ehegatten zum Zeitpunkt der Anrufung des Gerichts dort noch seinen gewöhnlichen Aufenthalt hat, oder anderenfalls
– dem Recht des Staates, dessen Staatsangehörigkeit beide Ehegatten zum Zeitpunkt der Anrufung des Gerichts besitzen, oder anderenfalls
– dem Recht des Staates des angerufenen Gerichts.

III-544 Diese Kollisionsregeln der Rom-III-VO finden auch auf Privatscheidungen Anwendung (*Gärtner*, StAZ 2012, 357, 358 f.; *Hau*, FamRZ 2013, 249, 250). Zwar geht die Verordnung von einer gerichtlichen Scheidung aus, indem sie die Rechtswahl auf die Dauer des gerichtlichen Verfahrens beschränkt und bei der objektiven Bestimmung des Scheidungsstatuts auf den Zeitpunkt der Anrufung des Gerichts abhebt. Aber diese Probleme stellten sich in Deutschland auch bereits nach dem bisherigen Art. 17 Abs. 1 EGBGB (s. Vorauflage Rdnr. III-550) und sind durch eine entsprechende Auslegung der Kollisionsnormen zu beheben. So kann man vor allem bei der zeitlichen Anknüpfung im Rahmen des Art. 8 Rom-III-VO nicht auf die Anrufung des Gerichts abstellen. Maßgeblich ist vielmehr der Zeitpunkt, zu dem der andere Ehepartner erstmals förmlich von der Scheidung oder dem Scheidungsverlangen erfährt (*Gärtner*, StAZ 2012, 357, 363; so zu Art. 17 Abs. 1 EGBGB BayObLG, FamRZ 1994, 1263, 1264; a. A. – Abgabe der Erklärung – *Rauscher*, IPR § 8 Rdnr. 798). Auch können die Ehegatten für ihre Privatscheidung nur ein Recht nach Art. 5 Abs. 1 Buchst. a, b und c Rom-III-VO wählen, nicht aber das Recht des angerufenen Gerichts (Buchst. d), das es ja bei der Privatscheidung nicht gibt und das deshalb auch bei der objektiven Anknüpfung nach Art. 8 Buchst. d Rom-III-VO nicht zum Zuge kommen kann (*Andrae*, § 4 Rdnr. 180, 182). Diese Anwendung der Kollisionsnormen der Rom-III-VO auf Privatscheidungen erfolgt allerdings nicht kraft autonomen deutschen Rechts, sondern ist Konsequenz einer entsprechenden Auslegung der Verordnung (anders *Andrae*, Int. FamR § 4 Rdnr. 178).

III-545 Jedoch stößt die Rom-III-VO bei ausländischen Privatscheidungen an ihre Grenzen, jedenfalls bei der objektiven Anknüpfung. Es sind hier durchaus Konstellationen denkbar, in denen Art. 8 Rom-III-VO zu keinem anwendbaren Recht führt, da alle Verweise ins Leere gehen, weil der Auffangtatbestand des Art. 8 Buchst. d Rom-III-VO bei Privatscheidungen nicht anwendbar ist (s. vorige Rdnr.). Ein Rückgriff auf das autonome Kollisionsrecht verbietet sich freilich (anders *Andrae*, Int. FamR § 4 Rdnr. 182: analoge Anwendung des Art. 14 Abs. 1 EGBGB), da ansonsten der Entscheidungseinklang in der Union gestört würde. Es bedarf deshalb einer autonom-europäischen Lösung. Als Auffanganknüpfung bietet sich das Recht des Staates an, zu dem die Ehegatten die engste Verbindung aufweisen – ein nachrangiges Anknüpfungsmoment, das im europäischen Kollisionsrecht (vor allem in der Rom-I-VO, der Rom-II-VO und der EuErbVO) als solches verbreitet ist und auch bei der Lückenfüllung im Rahmen der Rom-III-VO herangezogen werden kann.

Bei Privatscheidungen ist besonders auf den *ordre public* zu achten. Maßgeblich ist die materiellrechtliche Generalklausel des Art. 12 Rom-III-VO, da es sich ja um die Anwendung ausländischen Rechts, nicht – wie bei § 109 Abs. 1 Nr. 4 FamFG – um die Anerkennung einer ausländischen Entscheidung handelt. Allerdings ist die Privatscheidung nicht immer ohne weiteres ordre-public-widrig; vielmehr ist in jedem konkreten Fall zu prüfen, ob sie zu einem im Inland als unerträglich empfundenen Ergebnis führt. III-546

Verstößt etwa ein muslimischer Ehemann nach islamrechtlichem Scheidungsstatut im Ausland seine ebenfalls muslimische Ehefrau gegen ihren Willen, so mag das Ergebnis aus deutscher Sicht die Menschenwürde und den Gleichberechtigungsgrundsatz verletzten; es fehlt jedoch am Inlandsbezug, wenn die Beteiligten keinen inländischen Aufenthalt haben. Auch Art. 10, 2. Alt. Rom-III-VO führt zu keinem anderen Ergebnis. Nach dieser Vorschrift ist das Recht des Staates des angerufenen Gerichts anzuwenden, wenn das von der Verordnung bestimmte Scheidungsstatut einem der Ehegatten »aufgrund seiner Geschlechtszugehörigkeit keinen gleichberechtigten Zugang zur Ehescheidung« bietet. Es ist bereits fraglich, ob diese Vorschrift Anwendung findet, wenn die Ehefrau nach dem betreffenden Recht zwar keine Privatscheidung durch Verstoßung durchführen kann, wohl aber eine gerichtliche Scheidung. Vor allem aber soll diese Vorschrift – die eine abstrakte Normenkontrolle des ausländischen Rechts vorsieht und daher eng ausgelegt werden sollte – nur verhindern, dass ein mitgliedstaatliches Gericht gezwungen wird, eine Scheidung nach einem gleichberechtigungswidrigen Recht auszusprechen; über die »Anerkennung« einer Privatscheidung im Einzelfall entscheidet der allgemeine ordre-public-Vorbehalt nach Art. 12 Rom-III-VO.

Bei einem deutschen Staatsangehörigen, der seinem ausländischen Ehegatten in seinen Heimatstaat gefolgt ist, ist i. d. R. ausländisches Scheidungsrecht maßgeblich, weil Art. 8 Buchst. a Rom-III-VO das gemeinsame Aufenthaltsrecht beruft. Erlaubt dieses z. B. die Verstoßungsscheidung, so kann die deutsche Frau über Art. 12 Rom-III-VO geschützt werden, weil der Inlandsbezug stark ist. Allerdings wird man schon inhaltlich keinen ordre-public-Verstoß annehmen können, wenn die Ehefrau mit der Rechtsfolge einverstanden ist und selbst das Anerkennungsverfahren beantragt, weil sich die Verstoßung dann nicht unerträglich auswirkt (vgl. OLG Koblenz, NJW-RR 1993, 70). III-547

Auch ohne Beteiligung eines deutschen Staatsangehörigen wird man einen ordre-public-Verstoß annehmen können, wenn der Bezug zum Scheidungsstaat schwach ist. Wenn etwa ein Franzose seine italienische Ehefrau nach dem gemeinsamen islamischen Aufenthaltsrecht gegen ihren Willen verstößt, dürfte es für den Inlandsbezug schon ausreichen, dass die Scheidung in ein deutsches Register einzutragen ist; vielleicht kann man hier auch von den ersten Ansätzen eines *europäischen* ordre public sprechen. III-548

b) Die Notwendigkeit eines Anerkennungsverfahrens

III-549 Für das Anerkennungsverfahren nach § 107 FamFG (näher Rdnr. III-519 ff.) kommt es darauf an, ob die Scheidung durch rein privaten Akt ohne jegliche Mitwirkung einer staatlichen Stelle stattgefunden hat oder ob eine Behörde oder ein Gericht mitgewirkt hat. Steht die Mitwirkung einer mitgliedstaatlichen Behörde im Raum, so entfällt ein Anerkennungsverfahren von vornherein, da insoweit allenfalls die Brüssel-IIa-VO zur Anwendung käme, die ein solches zwingendes Anerkennungsverfahren gerade nicht vorsieht, s. Rdnr. III-499.

III-550 Die Wirksamkeit einer rein rechtsgeschäftlichen Privatscheidung ohne Mitwirkung einer Behörde wurde früher in jedem Fall inzident festgestellt, ohne dass es eines besonderen Anerkennungsverfahrens bedurfte (vgl. etwa *Kegel*, IPRax 1983, 25; zur Zulässigkeit einer etwaigen Feststellungsklage AG Hamburg, IPRspr. 1982 Nr. 66 A). Doch sind die materiellen Wirksamkeitsvoraussetzungen einer Privatscheidung kaum einfacher zu beurteilen als die Anerkennungsvoraussetzungen einer Entscheidung, und das Bedürfnis nach einer allgemein verbindlichen Feststellung ist hier nicht geringer als dort. Gegen ein Anerkennungsverfahren bei reinen Privatscheidungen sprechen daher keine sachlichen Gründe, sondern allenfalls der Gesetzeswortlaut des § 107 Abs. 1 Satz 1 FamFG (»Entscheidung«). Aus diesem Grund hat sich in Literatur und Praxis allmählich die Meinung durchgesetzt, dass auch bei Privatscheidungen das Anerkennungsverfahren durchzuführen ist (s. schon *Otto*, FamRZ 1976, 279; ferner *Lüderitz*, Festschrift Baumgärtel, 1990, 333, 343; a. A. *Heiderhoff*, StAZ 2009, 328, 331).

III-551 Nach heute h. M. ist das Verfahren nach § 107 FamFG immer durchzuführen, wenn eine ausländische Behörde in irgendeiner Form, und sei es auch nur registrierend, bei der Ehescheidung mitgewirkt hat (BGHZ 82, 34, 43 f. = StAZ 1982, 7, 8; BGHZ 110, 267, 270 = StAZ 1990, 221; BayObLG, StAZ 1994, 255 = IPRax 1995, 324 mit Anm. *Börner* S. 309; OLG Celle, FamRZ 1998, 757; KG, StAZ 2013, 287; s. schon Rdnr. III-525). Der Feststellungsantrag ist dann zulässig, obwohl es strenggenommen an einer anzuerkennenden Entscheidung nach §§ 107 ff. FamFG fehlt. Zu weit geht aber sicherlich eine Praxis, die selbst bei Scheidungen ohne jede behördliche Mitwirkung ein Feststellungsverfahren für notwendig hält (Präsidentin OLG Frankfurt a. M., StAZ 2003, 137). Hier existiert keine ausländische staatliche Maßnahme, die anerkannt werden kann. Richtigerweise hat das Standesamt selbst, soweit es auf das Bestehen der privat geschiedenen Ehe ankommt, die Wirksamkeit der Privatscheidung nach dem anwendbaren Recht zu prüfen.

III-552 Ob der Feststellungsantrag – soweit er zulässig ist – begründet ist, hängt zum einen davon ab, ob die materiellen Erfordernisse des Scheidungsstatuts (Rom-III-VO; hierzu Rdnr. III-539 ff.) gewahrt sind. § 109 FamFG ist bei Privatscheidungen unanwendbar. Es muss feststehen, dass die Scheidungswirkungen nach dem berufenen materiellen Recht eingetreten sind.

III-553 Des Weiteren muss sich der gesamte Tatbestand der rechtsgeschäftlichen Ehescheidung im Ausland abgespielt haben. Wenn auch ein wesentlicher Teilakt im Inland stattgefunden hat, ist der Feststellungsantrag zwar zulässig, aber stets unbegründet, weil die Privatscheidung in einem solchen Fall gegen das inländische »Ehescheidungsmonopol« der Gerichte verstoßen hat, Art. 17 Abs. 2 EGBGB (hierzu schon näher Rdnr. III-479 ff., s. a. Rdnr. III-9, III-309).

Siebter Abschnitt: Der Name in der Ehe

A. Namensführung in der Ehe nach deutschem Recht

I. Rechtsentwicklung

Die Tradition, einen gemeinsamen Ehenamen (zum Namen allgemein Rdnr. II-133 ff.) zu führen, ist in der Mehrheit der deutschen Bevölkerung immer noch recht fest verwurzelt; doch ist der Ehename als Rechtsinstitut nicht so alt, wie oft behauptet wird; zudem ist er im Wesentlichen auf den deutschen Rechtskreis beschränkt. III-554

Im Ehenamensrecht konnte sich der Gleichberechtigungsgedanke nur sehr langsam durchsetzen. Nach dem ursprünglichen § 1355 BGB von 1896 erhielt die Frau den Familiennamen des Mannes. Auch nach dem Inkrafttreten des Art. 3 Abs. 2 GG hielt man die Vorschrift nach wie vor für anwendbar und der Vorrang des Mannesnamens wurde aus einem institutionellen Eheverständnis heraus gerechtfertigt und verfassungsrechtlich mit Art. 6 Abs. 1 GG begründet. Ein erster zaghafter Schritt zur namensrechtlichen Besserstellung der Frau war das Recht, dem Mannesnamen wenigstens den eigenen »Mädchennamen« anzufügen (Gleichberechtigungsgesetz vom 18. 7. 1957). III-555

Das 1. EheRG stellte Mann und Frau nur insofern gleich, als die Ehegatten entweder den Mannes- oder den Frauennamen zum Ehenamen bestimmen konnten. Für den Fall, dass sich die Ehegatten nicht auf einen Ehenamen einigen konnten, blieb es freilich beim Mannesvorrang. Der Ehegatte, dessen Name nicht zum Ehenamen bestimmt worden war, hatte das Recht, seinen Geburtsnamen als »Begleitnamen« voranzustellen oder anzufügen. Erst in seiner Entscheidung vom 5. 3. 1991, also fast fünfzehn Jahre nach Inkrafttreten des EheRG, hatte das BVerfG Gelegenheit, diese Regelung für verfassungswidrig zu erklären (BVerfGE 84, 9 = StAZ 1991, 89). III-556

Auch das FamNamRG von 1993 sah im – als »gemeinsamer Familienname« definierten – Ehenamen das Namensideal und den Regelungsgrundsatz. Während aber im bisherigen Recht der Ehename noch zwingend vorgeschrieben war, war nunmehr auch die getrennte Namensführung zulässig. Der bei der Ehenamensbestimmung »unterlegene« Ehegatte hatte nach wie vor das Recht zum Voranstellen oder Anfügen des Geburtsnamens. III-557

Abgesehen von einer späteren Änderung des § 1355 Abs. 3 BGB durch das KindRG (s. Rdnr. III-574) und der vom BVerfG erzwungenen Korrektur des III-558

§ 1355 Abs. 2 Satz 2 BGB a. F. (dazu Rdnr. III-565) geht das heute geltende Ehenamensrecht im Wesentlichen auf diese vom FamNamRG geschaffene Regelung zurück.

Nähere Einzelheiten zur Rechtsentwicklung und zum jeweiligen Übergangsrecht bei *Hepting/Gaaz*, Bd. 2 Rdnr. III-615 ff.; s. ferner den zusammenfassenden Überblick bei *Gaaz*, StAZ 2006, 157.

II. Der Ehename

1. § 1355 Abs. 1 Satz 1 und 2 BGB als Regelungsgrundsatz

III-559 In § 1355 Abs. 1 Satz 1 BGB schreibt das Gesetz vor, dass die Ehegatten einen Ehenamen bestimmen »sollen«. Da es bei Abs. 1 Satz 1 an einer echten »Sanktion« fehlt, enthält die Vorschrift nicht mehr als einen unverbindlichen Appell an die Verlobten, dem sie sich durch schlichtes Nichtstun entziehen können, ohne deshalb Rechtsnachteile gewärtigen zu müssen (vgl. *Wagenitz/ Bornhofen*, FamNamRG § 1355 BGB Rdnr. 30: »energische Einladung«).

III-560 Der Grund für die letztlich überflüssige Normierung dürfte darin liegen, dass der Ehename vom Regelungsinhalt her der Grundsatz sein sollte, von der Regelungstechnik her jedoch die bloße Ausnahme ist (s. Rdnr. III-579 ff.). Diesen Widerspruch von Wertung und rechtlicher Ausgestaltung sucht Abs. 1 Satz 1 zu kompensieren; dies ändert jedoch nichts daran, dass die Vorschrift »ohne nennenswerte praktische Relevanz« bleibt (so *Wagenitz/Bornhofen*, FamNamRG § 1355 BGB Rdnr. 30). Es ist zweifelhaft, ob der von Abs. 1 Satz 1 begründeten »Pflicht« der Ehegatten überhaupt Rechtsqualität zukommt.

2. Die wählbaren Namen

a) Der Geburtsname von Mann oder Frau

III-561 Zum Ehenamen kann der Geburtsname des Mannes oder der der Frau bestimmt werden, § 1355 Abs. 2, 1. Alt. BGB. Geburtsname ist gemäß § 1355 Abs. 6 BGB der Name, der zur Zeit der Eheschließung in die Geburtsurkunde einzutragen ist.

Diese Legaldefinition berücksichtigt alle im Kindschaftsrecht wurzelnden Namensänderungen, die sich vor der Eheschließung ereignet haben, sowie eine eventuell öffentlichrechtliche Namensänderung nach dem NamÄndG; zu diesen Änderungen s. vor allem Teil V. Nicht berücksichtigt wird eine Namensänderung durch Bestimmung eines Ehenamens sowie das darauf aufbauende Hinzufügen eines Begleitnamens.

III-562 Dass der gewählte Geburtsname »zum Ehenamen« bestimmt wird, zeigt ebenso wie die zeitliche Fixierung auf den Erklärungszeitpunkt, dass der Name in diesem Augenblick eine neue Qualität erlangt und sich vom Geburtsnamen, von dem er sich herleitet, rechtlich löst. Er ist dann auch für den Ehegatten, dessen Name gewählt wurde, nicht mehr Geburtsname, sondern eben Ehename.

Dies hat Konsequenzen im Falle einer Änderung des Geburtsnamens. Der aus dem Geburtsnamen abgeleitete Ehename bleibt grundsätzlich unverändert. Die Erstreckung der Namensänderung auf den Ehenamen verlangt eine gemeinsame Erklärung der Ehegatten, § 1617c Abs. 3 BGB.

Geburtsname i. S. d. § 1355 Abs. 6 BGB kann auch ein »echter« Doppelname sein, der aus zwei gleichwertigen Namensgliedern besteht (s. Rdnr. II-152). Ein »unechter« Doppelname, der durch Hinzufügen eines Begleitnamens zum Ehenamen entstanden ist, fällt nicht unter die Legaldefinition des Abs. 6. III-563

Das FamNamRG hatte die wählbaren Namen auf die Geburtsnamen von Mann und Frau beschränkt. Das BVerfG hat die Regelung teilweise beanstandet und eine Änderung des Abs. 2 erzwungen (s. Rdnr. III-567). III-564

b) Der zur Zeit der Erklärung geführte Name von Mann oder Frau

Da die Ehegatten zunächst nur den Geburtsnamen des Mannes oder der Frau wählen konnten, war ein im Zeitpunkt der Eheschließung geführter Name (der sog. »Präsenzname«), wenn er nicht der Geburtsname war, nicht wählbar. Diese Regelung wollte vor allem verhindern, dass ein gemäß § 1355 Abs. 5 Satz 1 BGB weitergeführter Name aus einer früheren Ehe zum Ehenamen einer neuen Ehe wurde. Die Regelung wollte die Interessen des ehemaligen Ehegatten schützen, von dem der Ehename übernommen worden war (*Wagenitz/Bornhofen*, FamRZ 2005, 1426). III-565

Die Regelung war insofern überraschend, als ein Ehegatte den Ehenamen der Vorehe zwar nicht auf seinen neuen Partner übertragen konnte, wohl aber auf gemeinsame Kinder aus der zweiten Ehe, wenn er diesen Namen »zur Zeit der Erklärung führte«, § 1617 Abs. 1 Satz 1 BGB. Hier lag ein Wertungswiderspruch zwischen Ehe- und Kindesnamensrecht (vgl. *Wagenitz/Bornhofen*, FamNamRG § 1355 BGB Rdnr. 38), möglicherweise auch zwischen miteinander konkurrierenden Verfassungsprinzipien (*Wagenitz/Bornhofen* a. a. O. Rdnr. 39). III-566

Nachdem das Bundesverfassungsgericht die Beschränkung für nicht vereinbar mit Art. 2 Abs. 1 GG i. V. m. Art. 1 Abs. 1 GG erklärt hatte (BVerfG, StAZ 2004, 104; hierzu *Manteuffel*, NJW 2004, 1773), hat der Gesetzgeber durch das Gesetz zur Änderung des Ehe- und Lebenspartnerschaftsnamens vom 6. 2. 2005 (dazu *Wagenitz/Bornhofen*, FamRZ 2005, 1425 ff.) auch die Wahl des zum Zeitpunkt der Eheschließung geführten Namens des Mannes oder der Frau (des sog. »Präsenznamens«) ermöglicht, s. § 1355 Abs. 2, 2. Alt. BGB. III-567

War ein Ehegatte bereits mehrmals verheiratet, kann mittelbar auch der Ehename einer weiter zurückliegenden Ehe zum Ehenamen bestimmt werden. Zwar kann der in der Erstehe geführte Ehename nach der Auflösung der Zweitehe nicht unmittelbar als Ehename der neuen (Dritt-)Ehe gewählt werden; der betroffene Ehegatte kann jedoch zunächst gemäß § 1355 Abs. 5 Satz 2 BGB den Ehenamen der Zweitehe ablegen und den Ehenamen der Erstehe wieder annehmen. Als »geführter« Name steht dieser wieder angenommene Ehename nun auch als Ehename für die Drittehe zur Wahl (*Wagenitz/Bornhofen*, FamNamRG § 1355 BGB Rdnr. 117). Sofern die Namenskette nicht durch die III-568

Wiederannahme des Geburtsnamens unterbrochen wurde, ist ein solcher Rückgriff auf jeden früher geführten Ehenamen möglich (*Wagenitz/Bornhofen*, FamRZ 2005, 1425 ff.). Zur Ehenamensbestimmung bei Wiederheirat, wenn beide Ehegatten nach der Scheidung den bisherigen Namen beibehalten haben, s. *Wachsmann*, StAZ 2005, 365.

c) Das Verbot der Doppelnamenbildung

III-569 Nicht durchgesetzt hat sich der Vorschlag, einen aus den Namen von Mann und Frau zusammengesetzten Doppelnamen zum Ehenamen bestimmen zu können. Der Gesetzgeber schreckte vor den mit Doppelnamen und Namensketten verbundenen praktischen Problemen im Rechtsverkehr und bei der Registerführung zurück; er befürchtete wohl auch grundlegende Verschiebungen im allgemeinen Namensverständnis. Allerdings setzte er sich damit in Widerspruch zu seinem eigenen rechtspolitischen Ideal, dem gemeinsamen Ehenamen (s. Rdnr. III-557, III-559 ff.); denn der Doppelname würde von Ehegatten, die sich nicht auf einen ihrer Geburtsnamen einigen können, möglicherweise als Ehenamenskompromiss akzeptiert, während ihnen jetzt nur die getrennte Namensführung bleibt.

III-570 Das BVerfG hat in seiner Entscheidung vom 7.2.2002 festgestellt, dass das Verbot des Doppelnamens jedenfalls nicht gegen die Verfassung verstößt (BVerfG, StAZ 2002, 168 = FamRZ 2002, 530).

III-571 Allerdings können nach der Neufassung des § 1355 Abs. 2 BGB und aufgrund der nun möglichen Wahl des »Präsenznamens« (s. Rdnr. III-567) Doppelnamen zum Ehenamen bestimmt werden. Die zwei Namen rühren dann allerdings nicht von beiden Ehegatten her, sondern nur von einem, wenn dieser im Zeitpunkt der Eheschließung den Ehenamen aus einer früheren Ehe und einen hinzugefügten Begleitnamen führt. Wird ein solcher aktuell geführter »unechter« Doppelname als Ehename gewählt, entsteht ein »echter« Doppelname (*Bornhofen*, StAZ 2005, 230), der in der zweigliedrigen Form auch an die Kinder aus dieser Ehe übertragen werden kann.

3. Rechtsnatur, Zeitpunkt, Wirksamkeit der Erklärungen

III-572 Die Erklärungen sind namensgestaltende, amtsempfangsbedürftige rechtsgeschäftliche Willenserklärungen, s. § 1355 Abs. 2, 3 BGB; wegen der hierfür geltenden allgemeinen Regelungsgrundsätze s. Rdnr. II-53 ff. Zum Verfahren bei Erklärungen anlässlich der Eheschließung s. *Gaaz/Bornhofen*, § 14 PStG Rdnr. 17 ff.

III-573 Die beschränkte Geschäftsfähigkeit eines minderjährigen Verlobten (§§ 106 ff. BGB) wird in der Praxis bei der Namensbestimmung i. d. R. nicht gesondert beachtet, wohl weil die von § 1303 Abs. 2 BGB geforderte Befreiung vom Erfordernis der Ehemündigkeit implizit die Befugnis zur Bestimmung des Ehenamens begründet. Nach dieser wohl herrschenden Ansicht ist das Standesamt nicht verpflichtet, eine gesonderte Einwilligung des gesetzlichen Vertreters zum »Namensverzicht« eines minderjährigen Eheschließenden zu verlangen (im Ergebnis ebenso *Beitzke*, Festschrift Flume, 1978, 329 f.; *Könnecke*, StAZ 1977, 176).

Die Bestimmung des Ehenamens setzt nur eine bestehende Ehe voraus und ist daher zu jedem Zeitpunkt zwischen Eheschließung und Auflösung der Ehe möglich. Der früheste mögliche Zeitpunkt ist »bei der Eheschließung«, bei der die Erklärung gemäß § 1355 Abs. 3 Satz 1 BGB auch abgegeben werden »soll«, d. h. im Rahmen der Eheschließungszeremonie. Um dem Wortlaut des § 1355 Abs. 1 Satz 1 BGB zu genügen, sollte das Standesamt die namensbestimmenden Erklärungen erst nach der Traufrage entgegennehmen, weil man erst zu diesem Zeitpunkt von einer Erklärung der »Ehegatten« sprechen kann. Das Erklärungsrecht war zunächst auf fünf Jahre nach der Eheschließung begrenzt (zur Rechtsentwicklung s. *Hepting/Gaaz*, Bd. 2 Rdnr. III-662); seit dem KindRG endet es erst mit der Auflösung der Ehe, weil dann die Betroffenen keine Ehegatten mehr sind. Zu den Erklärungsrechten nach Auflösung der Ehe s. § 1355 Abs. 5 BGB und Rdnr. III-624 ff.

III-574

Zur Bestimmung eines Ehenamens müssen beide Ehegatten die Erklärung nach § 1355 Abs. 2 BGB abgeben. Da jedoch das Standesamt der Erklärungsempfänger ist, nicht der jeweils andere Ehegatte, handelt es sich um parallele inhaltsgleiche Erklärungen, nicht um einen Vertragsschluss.

III-575

Fraglich ist, ob die Erklärungen gleichzeitig abgegeben werden müssen. Ein Argument für die gleichzeitige Abgabe ist der Wortlaut des § 1355 Abs. 3 Satz 2 BGB, der von »der Erklärung« – nicht »den Erklärungen« – spricht, also eine einheitliche Erklärungshandlung nahezulegen scheint.

III-576

Andererseits handelt es sich um parallele, also unverbundene Erklärungen, die zudem erst durch den *Zugang* beim *Standesamt* (nicht etwa beim anderen Ehegatten!) wirksam werden, §§ 1355 Abs. 2, 130 Abs. 3 BGB. Sie sind also von der Gleichzeitigkeit der *Abgabe* unabhängig.

Zudem wäre eine gleichzeitige Abgabe, wenn sie denn ein besonderes Solemnitätsindiz sein sollte, ein Element der Form; § 1355 Abs. 3 Satz 2 BGB enthält aber eine ausdrückliche Formvorschrift, und es ist kaum anzunehmen, dass der Gesetzgeber über die Beglaubigung hinausgehende Formerfordernisse verlangt, wenn er sie dort nicht ausdrücklich geregelt hat.

III-577

Man wird also getrennte Erklärungen zulassen können. Die Ehenamensbestimmung wird in dem Augenblick wirksam, in dem die letzte der beiden Erklärungen bei dem empfangszuständigen Standesamt (§ 41 Abs. 2 PStG) eingeht.

III-578

III. Getrennte Namensführung

1. § 1355 Abs. 1 Satz 3 BGB als regelungstechnischer Grundsatz

Bestimmen die Verlobten bei der Eheschließung keinen Ehenamen, so führen sie ihren zur Zeit der Eheschließung geführten Namen auch nach der Eheschließung, § 1355 Abs. 1 Satz 3 BGB.

III-579

Die Bestimmung eines Ehenamens setzt also einen besonderen positiven Akt der Ehegatten voraus, während der schlichte Grundtatbestand einer Eheschließung, bei der namensrechtlich nichts geschieht, zu getrennten Namen führt. Die Eheschließung mit folgender getrennter Namensführung ist daher der regelungstechnische Grundfall, die Eheschließung mit Erwerb eines Ehenamens der – durch die gemeinsame namensbestimmende Erklärung herausgehobene – Spezialfall.

Die getrennte Namensführung ist jedoch nicht der endgültige Rechtszustand; die Ehegatten können den Ehenamen auch noch später bestimmen (s. § 1355 Abs. 3 Satz 2 BGB und Rdnr. III-574).

III-580   Die Führung getrennter Namen tritt grundsätzlich dann ein, wenn die Verlobten »keinen Ehenamen bestimmen«. Es genügt also, wenn sie keine Erklärung abgeben. Dies entspricht der vom Gesetzgeber gewollten Funktion der Vorschrift als subsidiärer gesetzlicher Auffangregel.

III-581   Dasselbe gilt aber auch, wenn die Ehegatten einen unzulässigen Ehenamen bestimmen. Da die Erklärung unwirksam ist, sind die Ehegatten so zu behandeln, als hätten sie überhaupt nichts erklärt; sie führen also ihre bisherigen Namen weiter.

2. Der »zur Zeit der Eheschließung geführte Name«

III-582   Gemäß § 1355 Abs. 1 Satz 3 BGB führen Ehegatten den »zur Zeit der Eheschließung geführten« Namen auch nach der Eheschließung.

III-583   a) In Betracht kommt zunächst der Geburtsname, aber auch ein in einer früheren Ehe erworbener Ehename; es kommt nur darauf an, dass er im Zeitpunkt der Eheschließung noch *geführt wird.*

Hatte der Ehegatte dem Ehenamen aus der Vorehe nach § 1355 Abs. 4 BGB einen Begleitnamen hinzugefügt, so führt er den daraus gebildeten Doppelnamen auch in der neuen Ehe weiter, sofern er ihn im Zeitpunkt der Eheschließung noch geführt hat.

III-584   b) Dass auf die tatsächliche Führung im *Zeitpunkt der Eheschließung* abzustellen ist, bedeutet nur scheinbar eine Beschränkung, denn ein Ehegatte, der bereits mehrfach verheiratet war, kann seinen Namen vorher durch Erklärungen ändern. Wer z. B. seine dritte Ehe schließt, noch den Ehenamen aus der zweiten Ehe führt, aber in der Ehe gerne den Ehenamen aus der ersten Ehe führen möchte, kann vor der Heirat zunächst nach § 1355 Abs. 5 Satz 2, 2. Variante BGB zu diesem Namen zurückkehren (allgemein zu den Gestaltungsmöglichkeiten Rdnr. III-568, III-631 ff.). Da dies unmittelbar vor der Eheschließung möglich ist, kann er seine Namensführung in der Ehe bewusst beeinflussen.

III-585   c) Dass die Ehegatten ihren bisherigen Namen »auch nach der Eheschließung führen«, bedeutet, dass sie ihn schlichtweg behalten, ohne dass sich seine jeweilige Rechtsqualität ändert.

Dies hat Konsequenzen für spätere Namensänderungen. Führt ein Ehegatte seinen Geburtsnamen, so kann sich dieser aufgrund allgemeiner Regeln, etwa durch Adoption, Legitimation, Namenserstreckung oder behördliche Namensänderung, nach der Eheschließung ändern; vgl. etwa Rdnr. II-150.

Führt er einen Ehenamen aus einer früheren Ehe, so verliert dieser dadurch, dass er nunmehr in der neuen Ehe weitergeführt wird, nicht die Qualität eines Ehenamens. Der Ehegatte ist also auch nach der erneuten Eheschließung mit dem Zusatz »geborene(r)« in die Personenstandsregister einzutragen; er kann ferner auch nach der neuen Eheschließung von seinen in § 1355 Abs. 4 und 5 BGB eingeräumten Erklärungsrechten Gebrauch machen; er kann also den früheren Ehenamen wieder ablegen, kann dadurch ggf. auch – wenn er bereits in dritter Ehe lebt – zum Ehenamen einer noch weiter zurückliegenden Ehe zurückkehren; kann sich aber auch darauf beschränken, nur die Hinzufügung eines etwaigen Begleitnamens zu widerrufen; umgekehrt kann er dem Ehenamen aus der früheren Ehe einen Begleitnamen hinzufügen.

III-586

Alle diese vom Gesetz gewährten Änderungsmöglichkeiten werden durch die erneute Eheschließung nicht berührt. Da sie allein den einseitig geführten Namen des jeweiligen Ehegatten betreffen, bedarf dieser nicht der Zustimmung seines Partners.

III-587

IV. Die Anfügung eines Begleitnamens

1. Regelungszweck

Mit dem FamNamRG hat sich die Regelung des Begleitnamens abermals einen Schritt weiter von ihren Ursprüngen entfernt: Der anfängliche Zweck, der ehenamensrechtlich benachteiligten Frau gewisse Mindestrechte auf den eigenen Namen zu gewähren (hierzu *Hepting/Gaaz*, Bd. 2 Rdnr. III-621, 624 ff.), ist angesichts der nunmehr vollständig verwirklichten Gleichberechtigung entfallen. Heute liegt der Zweck des Begleitnamens nicht mehr im Abschwächen einer Gleichberechtigungswidrigkeit, sondern allgemein im Abmildern der Nachteile, die einem Ehegatten daraus entstehen, dass er zugunsten eines gemeinsamen Ehenamens auf seinen eigenen Namen »verzichtet«.

III-588

2. Der hinzuzufügende Name

a) Der Geburtsname

Gemäß § 1355 Abs. 4 Satz 1, 1. Alt. BGB kann der Ehegatte seinen Geburtsnamen als Begleitnamen hinzufügen. Die Vorschrift dient dem Interesse des Namensträgers, seine Abstammungsverhältnisse offenzulegen, da sie die verwandtschaftliche Beziehung zu den Eltern des hinzufügenden Ehegatten erkennbar macht.

III-589

Für den Geburtsnamen gilt die Definition des § 1355 Abs. 6 BGB.

III-590

Der Ehegatte kann den Geburtsnamen daher nur in der Form hinzufügen, in der er zum Zeitpunkt der Abgabe der Erklärung – gemeint ist die Hinzufügung des Begleitnamens – in die Geburtsurkunde einzutragen ist. Änderungen des ursprünglichen Geburtsnamens (etwa durch Namenserstreckung, Adoption, behördliche Namensänderung usw.) sind zu berücksichtigen.

III-591   Die Frage, ob sich eine spätere Änderung des Geburtsnamens auch auf den Begleitnamen auswirkt, hängt davon ab, ob der Begleitname mit dem Hinzufügen eine eigene rechtliche Qualität bekommt oder ob er »Geburtsname« i. e. S. bleibt; wegen des entsprechenden Problems bei der Bestimmung des Ehenamens s. Rdnr. III-562.

Anders als der Ehename, der die Namenseinheit von Ehegatten und ihren gemeinsamen Kindern bezweckt und sich daher – als eine an der Gemeinschaft orientierte Kennzeichnung – von der Person des einzelnen Ehegatten löst, ist der Begleitname ein rein persönlicher Name. Zudem soll der zum Begleitnamen bestimmte Geburtsname auch die Abstammungsverhältnisse offenlegen und nicht nur dem Kontinuitätsinteresse des Namensträgers dienen. Diese Aufgabe erfüllt er als hinzugefügter Name nur dann, wenn er einer Status- und Namensänderung folgt.

Richtigerweise ist die Entscheidung über Auswirkungen einer Änderung des Geburtsnamens auf den Begleitnamen dem betroffenen Ehegatten zu überlassen, s. näher zum Verbrauch der Erklärungsrechte Rdnr. III-612 f.

b) Der zur Zeit der Erklärung geführte Name

III-592   § 1355 Abs. 4 Satz 1, 2. Alt. BGB berücksichtigt das Kontinuitätsinteresse des Namensträgers, indem es auch die Hinzufügung des Namens erlaubt, den der Ehegatte in dem Zeitpunkt führt, in dem sich sein Name ändert.

III-593   Praktischer Hauptanwendungsfall ist der in einer früheren Ehe erworbene Name. Doch kann der Ehegatte durchaus ein Interesse daran haben, den Geburtsnamen in seiner Eigenschaft als »im Zeitpunkt der Erklärung geführter Name« hinzuzufügen. Ändert sich später der Geburtsname, so erfasst diese Änderung auch den Begleitnamen, wenn er »als Geburtsname« vorangestellt worden ist (vgl. Rdnr. III-591). Als »im Zeitpunkt der Erklärung geführter Name« bleibt er hingegen im Kontinuitätsinteresse unverändert. Der hinzufügende Ehegatte kann also bei der Erklärung nach § 1355 Abs. 4 Satz 1 BGB beide Fälle berücksichtigen.

III-594   Eine ähnliche Interessenlage besteht, wenn sich der Geburtsname zwischen der Erklärung über die Bestimmung des Ehenamens und der Namenshinzufügung nach § 1355 Abs. 4 BGB geändert hat. Hier wirkt es sich aus, dass die Absätze 4 und 6 jeweils auf einen anderen Zeitpunkt abstellen: Abs. 4 auf den Zeitpunkt der Bestimmung des Ehenamens, Abs. 6 hingegen auf den Zeitpunkt der Hinzufügung des Begleitnamens. Der betroffene Ehegatte kann daher den bei der Ehenamensbestimmung geführten früheren Geburtsnamen auch dann noch als Begleitnamen hinzufügen, wenn er sich mittlerweile geändert hat, und er es nach Abs. 6 nicht mehr könnte.

3. Doppelnamen und »Namensketten«

III-595   Wird dem Ehenamen ein Begleitname hinzugefügt, so entsteht ein – wenn auch »unechter« – Doppelname. Er wird deswegen als »unecht« bezeichnet, weil der hinzugefügte Namensteil höchstpersönlich ist und wegen § 1616 BGB nicht auf die gemeinsamen Kinder übertragen werden kann (zur Abgrenzung von »echten« Doppelnamen s. Rdnr. III-600).

Sind Ehename oder Begleitname oder gar beide ihrerseits Doppelnamen, so könnten drei- oder viergliedrige Mehrfachnamen entstehen.

III-596 Vor dem FamNamRG musste der Ehegatte den Ehenamen wie auch den Begleitnamen stets in voller Länge führen. Dies führte dazu, dass ein Ehegatte in mehreren aufeinanderfolgenden Ehen ganze »Namensketten« zu bilden vermochte (zum »Sammeln« von Namen s. etwa *Ruthe*, FamRZ 1976, 412; vgl. auch *Wacke*, FamRZ 1977, 513). Das FamNamRG hat diesen Rechtszustand geändert; bei der Regelung des Begleitnamens folgt das Gesetz kompromisslos dem Grundsatz, dass kein Name mehr als zwei Bestandteile haben soll.

III-597 Ist bereits der Ehename zweigliedrig, so ist ein Begleitname – durch den der gesamte Name zwangsläufig mindestens dreigliedrig würde – ausgeschlossen, § 1355 Abs. 4 Satz 2 BGB. Ist der Ehename ein-, der hinzuzufügende Name hingegen zweigliedrig, so kann nur eines dieser beiden Namensglieder dem Ehenamen hinzugefügt werden, § 1355 Abs. 4 Satz 3 BGB. In keinem Fall kann der Name, den ein Ehegatte führt, im Ergebnis mehr als zwei Namensglieder haben.

III-598 Die Verfassungsmäßigkeit dieser Regelung ist angezweifelt, aber von den Gerichten bestätigt worden (so schon BayObLG, StAZ 2003, 269; ebenso hinsichtlich der Auswirkung im öffentlichrechtlichen Namensänderungsverfahren VG Oldenburg, StAZ 2008, 82 und OVG Lüneburg, StAZ 2008, 347; nunmehr BVerfG, StAZ 2009, 179 ff. und StAZ 2010, 207 f.).

III-599 Die Formulierung des § 1355 Abs. 4 Satz 3 BGB stellt klar, dass einer der beiden Bestandteile des Begleitnamens »hinzugefügt« wird, d. h. dass der Hinzufügende selbst in seiner Erklärung darüber bestimmen kann, aber auch bestimmen muss, welcher Namensbestandteil geführt und welcher unterdrückt werden soll.

Konsequent muss in einem solchen Fall die hinzufügende Erklärung den betreffenden Namensbestandteil eindeutig erkennen lassen; tut sie dies nicht, so ist sie unwirksam (s. a. Rdnr. III-603).

III-600 § 1355 Abs. 4 Satz 2 und 3 verwendet den Begriff »mehrere Namen«. Damit ist klargestellt, dass alle mehrgliedrigen Bezeichnungen erfasst werden, bei denen jeder einzelne Namensbestandteil als selbständiger Name angesehen werden kann (vgl. OLG Jena, StAZ 2007, 121). Dies ist der Fall bei echten Doppelnamen (Schmidt-Rottluff, Müller-Meiningen), ferner bei sog. »genannt-Namen« (Kron genannt Eulenhorst, vgl. *Illner*, StAZ 1993, 84), da das Bindewort »genannt« dem sonst bei Doppelnamen üblichen Bindestrich entspricht (zu Herkunft und Funktion der »genannt-Namen« *Loos*, StAZ 1968, 108). Davon zu unterscheiden sind Namen, die aus mehreren Worten bestehen, von denen aber zumindest eines nicht als selbständiger Name denkbar ist (z. B. die flämischen Namen »ter Haar«, »van Beethoven«; »unten Schrievers«). Derartige Wortkombinationen zählen als ein Name.

III-601 Entsprechendes gilt für ehemalige Adelsbezeichnungen, die nunmehr gemäß Art. 109 Abs. 3 Satz 2 der Weimarer Reichsverfassung Bestandteile des Namens sind (das Partikel »von«, die Adelsbezeichnungen Freiherr, Graf, Ritter o. Ä.). Sie sind nur unselbständige Namensbestandteile, nicht etwa Glieder eines Mehrfachnamens, so dass die gesamte ungekürzte Adelsbezeichnung mit einem weiteren Namen kombiniert werden kann.

Die Adelsbezeichnungen teilen mit dem Namen, zu denen sie gehören, die Stellung innerhalb eines Doppelnamens. Eva Berner, geb. Gräfin von Allen muss sich also nach einer Namensvoranstellung Eva Gräfin von Allen-Berner nennen. Wird ihr Geburtsname zum Ehenamen und stellt der Mann seinen Namen als Begleitnamen voran, so heißt er Berner-Graf von Allen. Unzulässig ist es, das frühere Adelsprädikat vor den Gesamtnamen oder zum ersten Namen zu ziehen (Graf von Berner-Allen).

Enthält sowohl der Geburtsname des Mannes als auch der der Frau ein früheres Adelsprädikat, so gelten keine Besonderheiten. Lauten die Geburtsnamen »Freiherr von Amberg« und »Gräfin von Emsen«, und wird der Mannesname zum Ehenamen, so heißt die Frau nach einer Namensanfügung »Freifrau von Amberg-Gräfin von Emsen«.

III-602   Die Gesamtregelung ist rechtspolitisch nicht unproblematisch, weil sie den Ehenamen und den hinzugefügten Namen in Satz 2 und 3 von § 1355 Abs. 4 BGB jeweils anders behandelt. Beim zweigliedrigen Begleitnamen erlaubt Abs. 4 Satz 3 die Wahl zwischen beiden Namensbestandteilen und damit eine gewisse Flexibilität. Der zweigliedrige Geburtsname, der zum Ehenamen bestimmt werden soll, muss hingegen zwingend in voller Länge geführt werden und schließt nach Abs. 4 Satz 2 das Hinzufügen eines Begleitnamens schlichtweg aus; hierzu näher *Hepting/Gaaz*, Bd. 2 Rdnr. III-711 ff.

4. Rechtsnatur und allgemeine Wirksamkeitsvoraussetzungen der Erklärung

III-603   Die Namenshinzufügung ist eine form- und amtsempfangsbedürftige Willenserklärung, § 1355 Abs. 4 Satz 1, 4 BGB; für sie gelten die allgemeinen Grundsätze über ehenamensrechtliche Erklärungen; s. Rdnr. II-153 ff.

Ist nicht erkennbar, welcher Namensbestandteil hinzugefügt werden soll, so ist die Erklärung unwirksam. Dies gilt insbesondere dann, wenn ein Ehegatte erklärt, er wolle seinen Doppelnamen in voller Länge hinzufügen; eine derartige inhaltlich unzulässige Erklärung hat keine Rechtswirkungen. Das Standesamt hat eine solche Erklärung zurückzuweisen. Weitere Nachteile entstehen für den Ehegatten nicht. Das Namenshinzufügungsrecht wird durch eine unzulässige Erklärung nicht verbraucht; er kann daher anschließend ohne Weiteres einen zulässigen Begleitnamen bestimmen.

III-604   In der Geschäftsfähigkeit beschränkte Ehegatten bedürfen keiner Zustimmung ihres gesetzlichen Vertreters, da das Hinzufügen eines Begleitnamens keinen rechtlichen Nachteil mit sich bringt (§ 107 BGB), der Ehegatte insbesondere keinen Namen verliert, sondern nur einen weiteren Namensbestandteil hinzuerwirbt. Dass ein Doppelname in der Alltagspraxis schwerfällig und lästig sein kann, ist kein rechtlicher, sondern nur ein tatsächlicher Nachteil, s. im Übrigen Rdnr. III-573.

5. Keine Zustimmung des anderen Ehegatten

Die Erklärung, mit der ein Ehegatte dem Ehenamen einen Begleitnamen hinzufügt, ist von der Zustimmung seines Ehepartners unabhängig (*Diederichsen*, NJW 1976, 1171; MünchKomm/*v. Sachsen Gessaphe*, § 1355 BGB Rdnr. 29).

III-605

Die Frage, ob Vereinbarungen der Ehegatten über die Annahme eines Begleitnamens bindend sind oder nicht, ist umstritten (nach früherem Recht nein, *Wacke*, FamRZ 1977, 513 mit Nachw. in Fn. 93), hat aber für das Standesamt keine praktische Bedeutung. Derartige Vereinbarungen mögen Verpflichtungen zwischen den Ehegatten begründen, doch beeinflussen sie das Voranstellungsrecht nicht unmittelbar, s. allgemein Rdnr. II-158 ff. Für das Standesamt kommt es nur darauf an, was der nach § 1355 Abs. 4 BGB berechtigte Ehegatte ihm gegenüber erklärt.

III-606

6. Der Zeitpunkt der Namenshinzufügung

Die Erklärung kann nur dann Wirksamkeit entfalten, wenn die Ehe rechtswirksam geschlossen ist und die beiden Ehegatten einen Ehenamen bestimmt haben. Der frühest mögliche Zeitpunkt ist also bei der Eheschließung, sofern die Ehegatten dort einen Ehenamen bestimmen; hierzu näher *Gaaz/Bornhofen*, § 14 PStG Rdnr. 19.

III-607

Nach der Eheschließung ist das Hinzufügen eines Begleitnamens unbefristet möglich, solange der Name des anderen Ehegatten als Ehename geführt wird. Die Erklärung kann noch während der gesamten Dauer der Ehe nachgeholt werden.

§ 1355 Abs. 5 Satz 2, 3. Variante BGB stellt klar, dass die Hinzufügung eines Begleitnamens auch noch nach Auflösung der Ehe möglich ist, und zwar auch hier ein Voranstellen oder Anfügen seines Geburtsnamens oder des von ihm zur Zeit der Bestimmung des Ehenamens geführten Namens, s. a. Rdnr. III-630.

III-608

Das Hinzufügen eines Begleitnamens nach § 1355 Abs. 4 BGB ist nicht mehr möglich, wenn der Ehegatte den Ehenamen nicht mehr führt. Dabei ist es unerheblich, wodurch diese Namensänderung eingetreten ist.

7. Der Widerruf der hinzufügenden Erklärung

Der Ehegatte, der dem Ehenamen einen Begleitnamen hinzugefügt hat, kann seine Erklärung gemäß § 1355 Abs. 4 Satz 4 BGB widerrufen. Das gilt auch, wenn eine behördliche Änderung des Ehenamens vorgenommen wurde und der Ehegatte, von dessen Namen sich der Ehename nicht ableitet, seinen Namen dem Ehenamen hinzugefügt hatte; denn dieser Teil des Namens bleibt ein »persönlicher Namensteil«, der nicht Bestandteil des Familiennamens geworden ist und daher von dem behördlichen Akt nicht berührt wird (*Wachsmann*, StAZ 2005, 365, 366).

III-609

Der Widerruf erfolgt auf die gleiche Weise wie die Erklärung; die in Rdnr. III-603 ff. dargestellten Grundsätze gelten daher entsprechend.

III-610   Der Begriff Widerruf ist missverständlich; er bedeutet nicht, dass der Widerruf die Hinzufügung als solche beseitigt, so dass etwa rückwirkend der alte Zustand wieder hergestellt würde. Vielmehr wirkt der Widerruf nur für die Zukunft. Gemeint ist, dass der Ehegatte einen hinzugefügten Begleitnamen wieder ablegen kann.

8. Der Verbrauch der Erklärungsrechte

III-611   Sowohl die Hinzufügung des Begleitnamens als auch der Widerruf können nur einmal erklärt werden. § 1355 Abs. 4 Satz 4 Halbs. 1 BGB gestattet, die Namenshinzufügung zu widerrufen, so dass der Ehegatte zur alten Namensführung zurückkehren kann. Eine erneute Namenshinzufügung ist gemäß Abs. 4 Satz 4 Halbs. 2 ausgeschlossen, so dass sich die Frage nach einem erneuten Widerruf gar nicht stellt.

Ist das Voranstellungsrecht durch Widerruf verbraucht, so bedarf jede weitere Namensänderung eines behördlichen Verfahrens nach dem NamÄndG (hierzu allgemein Teil V).

III-612   Zu unbefriedigenden Ergebnissen führt diese Regelung in jenen Fällen, in denen ein Ehegatte dem Ehenamen seinen Geburtsnamen hinzugefügt hat und sich dieser Geburtsname später ändert (s. Rdnr. III-591). Will der betroffene Ehegatte den alten Geburtsnamen nicht mehr führen, so erlaubt ihm das Gesetz in § 1355 Abs. 4 Satz 4 BGB nur, ihn ganz abzulegen. Ihn durch den nunmehr geänderten Geburtsnamen zu ersetzen, würde eine erneute Erklärung erfordern, die von Satz 4 Halbs. 2 ausgeschlossen wird.

Ebenso unbefriedigend wäre es freilich, die Änderung des Geburtsnamens automatisch auf den Begleitnamen zu erstrecken; dies widerspräche möglicherweise dem Interesse eines Ehegatten, der eine kontinuierliche Namensführung wünscht.

III-613   Wenn sich der als Begleitname hinzugefügte Geburtsname später ändert, sollte der betroffene Ehegatte statt des Widerrufs nach § 1355 Abs. 4 Satz 4 BGB ausnahmsweise den alten gegen den neuen Begleitnamen austauschen können.

9. Die namensrechtliche Bedeutung des Begleitnamens

III-614   a) Der Ehename und der Begleitname werden durch Bindestrich verbunden (KG, StAZ 2013, 379). Sie bilden zusammen den persönlichen Familiennamen des betreffenden Ehegatten.

Im Rechts- und Amtsverkehr ist der vollständige Doppelname zu führen. Innerhalb der rein gesellschaftlichen Sphäre ist es jedoch zulässig und auch durchaus üblich, nur einen Namensbestandteil zu verwenden.

III-615   b) Namensrechtliche Wirkungen bleiben auf den Doppelnamen führenden Ehegatten beschränkt. Der andere Ehegatte darf selbst nur den Ehenamen führen, nicht auch den Doppelnamen seines Partners. Er kann auch nicht seinerseits einen anderen Begleitnamen – etwa aus einer früheren Ehe – voranstellen; wenn sein Geburtsname Ehename geworden ist, hat er gemäß § 1355 Abs. 4 Satz 1 BGB kein Voranstellungsrecht.

c) Der Begleitname war bis zum FamNamRG nicht auf Kinder übertragbar. Seit der Zwang zum Ehenamen abgeschafft und getrennte Namensführung in der Ehe erlaubt ist, ist es möglich, dass auch ein von einer verheirateten Frau geborenes Kind gemäß § 1617 Abs. 1 Satz 1 BGB den Namen erwirbt, den ein Elternteil führt. Ist dies der Ehename aus einer früheren Ehe in Verbindung mit einem Begleitnamen, so ist dieser Doppelname der persönliche Familienname des betreffenden Elternteils. Das Kind erwirbt ihn also in seiner zweigliedrigen Form, und zwar nunmehr als »echten« Doppelnamen. Damit ist der Begleitname in seiner Bedeutung aufgewertet worden.   III-616

d) Der Begleitname ist abhängig von der Führung des Ehenamens, den er »begleitet«.   III-617

Bei Auflösung der Ehe durch Tod oder Scheidung bleibt die Namensführung zunächst unverändert; der Ehegatte behält gemäß § 1355 Abs. 5 Satz 1 BGB den Ehenamen und, damit verbunden, auch den Begleitnamen. Legt er jedoch nach § 1355 Abs. 5 Satz 2 BGB den Ehenamen der aufgelösten Ehe ab, so erlischt auch ein etwaiger Begleitname.

Geht der Ehegatte, der in und auch noch nach seiner ersten Ehe einen Ehe- und einen Begleitnamen führte, eine zweite Ehe ein, und nimmt er in dieser einen neuen Ehenamen an, so erlischt mit dem alten Ehenamen auch der Begleitname. Will er auch in der neuen Ehe einen Begleitnamen führen, so bedarf es einer erneuten Erklärung nach § 1355 Abs. 4 Satz 1 BGB.   III 618

V. Der Name nach Auflösung der Ehe

1. Der Grundsatz der Namenskontinuität, § 1355 Abs. 5 Satz 1 BGB

Für einen *geschiedenen* oder *verwitweten* Ehegatten gilt zunächst der Grundsatz der Namenskontinuität.   III-619

Dass er, wenn er mit seinem Partner keinen Ehenamen bestimmt hatte, seinen bisher in der Ehe geführten Namen weiter behält, ist eine vom Gesetz nicht weiter geregelte Selbstverständlichkeit. Er behält aber gemäß § 1355 Abs. 5 Satz 1 BGB auch den Ehenamen, falls er einen solchen geführt hat.   III-620

Ist die Ehe *aufhebbar*, so gilt zunächst nichts anderes; beide Ehegatten führen einen Ehenamen, sofern sie einen solchen bestimmt haben. Auch kann der Ehegatte, dessen Geburtsname nicht zum Ehenamen bestimmt worden ist, bis zur rechtskräftigen Aufhebung einen Begleitnamen hinzufügen.   III-621

Wird die Ehe *aufgehoben*, so bestimmt § 1318 Abs. 1 BGB, dass Scheidungsfolgen nur in den Fällen eintreten, in denen Abs. 2 besonders darauf verweist. § 1355 BGB ist dort nicht erwähnt.

Man könnte hieraus folgern, dass die in § 1355 Abs. 5 Satz 1 BGB angeordnete Namenskontinuität, die das Gesetz ausdrücklich nur dem verwitweten und geschiedenen Ehegatten vorbehält, für den Ehegatten einer aufgelösten Ehe nicht gilt. Er müsste dann mit Aufhebung der Ehe den etwa angenommenen Ehenamen wieder aufgeben und erhielte wieder den Familiennamen, den er vor der Eheschließung geführt hat (so OLG Celle, StAZ 2014, 144).   III-622

III-623 Dieses Ergebnis wäre zum einen unsinnig und entspräche zum anderen nicht dem dogmatischen Konzept des Ehenamens: Er wird mit der Eheschließung erworben, und zwar als *eigener*, nicht nur als »geliehener« Name. Dieser Erwerbstatbestand fällt, ebensowenig wie bei der Ehescheidung, mit der Aufhebung nicht etwa weg; vielmehr wird die Ehe nur ex nunc aufgelöst. Die Aufhebung darf also den Ehenamen nicht in Frage stellen. Auch ist die Aufhebung von ihren Voraussetzungen her nicht gravierender als eine Ehescheidung, so dass sich eine härtere namensrechtliche Konsequenz nicht rechtfertigen ließe. Der Gesetzgeber hat bei § 1318 BGB das Ehenamensrecht offenbar übersehen; die Lücke lässt sich problemlos mit der analogen Anwendung von § 1355 Abs. 5 BGB füllen (ebenso *Wagenitz/Bornhofen*, EheschlRG Rdnr. 4-29 f.; a. A. OLG Celle, StAZ 2014, 144, 146 f.; zustimmend *Wall*, StAZ 2014, 151, allerdings unter Hinweis auf einen möglichen Vertrauensschutz in die Fortführung des »erheirateten« Namens, dazu allgemein Rdnr. II-142).

2. Namensänderungen nach Auflösung der Ehe, § 1355 Abs. 5 Satz 2 BGB

III-624 Die Namenskontinuität wird durchbrochen, wenn der Ehegatte durch Erklärung einen früheren Namen annimmt; sie wird zumindest abgeschwächt, wenn er dem in der Ehe geführten Ehenamen einen Begleitnamen hinzufügt. Beide Möglichkeiten werden vom Gesetz gestattet; sie stehen im freien Belieben des Ehegatten und sind allein von den in § 1355 Abs. 5 BGB genannten Voraussetzungen abhängig.

III-625 Bei der Bestimmung des Namens, den der Ehegatte wieder annehmen bzw. als Begleitnamen hinzufügen kann, verwendet § 1355 Abs. 5 BGB dieselben Begriffe wie Abs. 4, nämlich »Geburtsname« und »zur Zeit der Eheschließung geführter Name«. Man kann daher die zu Abs. 4 entwickelten Grundsätze (hierzu Rdnr. III-589 ff.) insoweit auch auf Abs. 5 übertragen.

a) Die Anwendbarkeit der Vorschrift

III-626 § 1355 Abs. 5 BGB geht in Satz 1 von dem – auch dem Abs. 1 Satz 1 entsprechenden – Idealfall aus, dass die Ehegatten einen Ehenamen führen. Auf diesem Satz 1 bauen die folgenden Sätze des Abs. 5 systematisch auf. Dies bedeutet, dass die Sätze 2 und 3 nur dann anwendbar sind, wenn die Ehegatten einen Ehenamen bestimmt hatten.

Diese Annahme wird dadurch bestätigt, dass die Varianten 2 und 3 von Satz 2 ebenfalls die Bestimmung eines Ehenamens voraussetzen. Auch die Wiederannahme des Geburtsnamens nach Variante 1 macht nur im Zusammenhang mit der Ehenamensführung Sinn. Hat der Ehegatte in einer Ehe, in der kein Ehename bestimmt worden ist, seinen Geburtsnamen geführt, so scheidet eine »Wiederannahme« dieses Namens ohnehin aus; hat er hingegen einen in einer früheren Ehe erworbenen Ehenamen geführt, den er nunmehr zugunsten seines Geburtsnamens ablegen will, so hängt dies mit eben dieser Vorehe, nicht aber mit der zuletzt aufgelösten Ehe zusammen. Bezogen auf die Vorehe kann der Ehegatte die Erklärung nach § 1355 Abs. 5 Satz 2, 1. Variante BGB abgeben; dann handelt es sich aber wieder um eine Ehe mit Ehenamensführung.

Insgesamt lässt sich daher feststellen, dass § 1355 Abs. 5 BGB nur in Fällen eingreift, in denen eine Ehe mit Ehenamensführung aufgelöst wurde.

Allerdings beschränkt § 1355 Abs. 5 BGB das Recht, den Namen zu ändern, nicht auf den Ehegatten, dessen Geburtsname nicht zum Ehenamen geworden ist. Auch der andere Ehegatte hat nach Auflösung der Ehe die Möglichkeit, einen anderen Namen anzunehmen, sofern die Voraussetzungen des § 1355 Abs. 5 BGB erfüllt sind. Dies ist z. B. denkbar in folgenden Fällen:
– der Ehegatte will den bei der Bestimmung des Ehenamens geführten Namen annehmen, der nicht sein Geburtsname, sondern der Ehename aus einer Vorehe ist;
– der Geburtsname hat sich während der Ehe geändert, ohne dass sich die Änderung auf den Ehenamen erstreckt hat (hierzu Rdnr. III-562); der Ehegatte will nunmehr seinen neuen Geburtsnamen annehmen;
– der Geburtsname hat sich während der Ehe geändert und die Ehegatten haben die Änderung auch auf den Ehenamen erstreckt. Der Ehegatte, dessen Geburtsname zum Ehenamen geworden war, möchte nun den früheren Geburtsnamen als den zur Zeit der Bestimmung des Ehenamens geführten Namen wieder annehmen.

III-627

b) Die Wiederannahme des Geburtsnamens

Gemäß § 1355 Abs. 5 Satz 2, 1. Variante BGB kann der Ehegatte seinen Geburtsnamen wieder annehmen. Geburtsname i. S. d. § 1355 Abs. 6 BGB ist in diesem Fall der Name, der in die Geburtsurkunde in dem Zeitpunkt einzutragen ist, in dem der Ehegatte seine Wiederannahmeerklärung gemäß Abs. 5 abgibt. Der Zeitpunkt der Bestimmung des Ehenamens ist nicht maßgeblich; seither eingetretene Änderungen des Geburtsnamens werden also berücksichtigt (anders als in den Fällen der Rdnr. III-629).

III-628

c) Die Wiederannahme des zur Zeit der Ehenamensbestimmung geführten Namens

Gemäß § 1355 Abs. 5 Satz 2, 2. Variante BGB kann der Ehegatte den zur Zeit der Eheschließung geführten Namen wieder annehmen. Hier sind zahlreiche Fallvarianten denkbar; es kommt in jedem Fall darauf an, welchen Namen der betroffene Ehegatte bei der Eheschließung konkret geführt hat.

In Betracht kommen folgende Namen:
– der Ehename aus einer früheren Ehe, sofern er bei der (letzten) Eheschließung noch geführt und nicht schon gemäß § 1355 Abs. 5 BGB aufgegeben worden war;
– der Ehename aus der früheren Ehe in Verbindung mit einem hinzugefügten Begleitnamen, sofern der Ehegatte diesen »unechten Doppelnamen« im Zeitpunkt der letzten Eheschließung noch geführt hat. Da der persönliche Name des Ehegatten nach Auflösung der früheren Ehe aus beiden Namensbestandteilen besteht, wird er auch als Doppelname in voller Länge wieder an-

III-629

genommen. Zur Möglichkeit, den Begleitnamen durch eine weitere Erklärung abzulegen, s. § 1355 Abs. 4 Satz 4 BGB und Rdnr. III-634.
– der Geburtsname zur Zeit der Bestimmung des Ehenamens, der der zu diesem Zeitpunkt »geführte Name« war. Gegenüber der Wahl des »Geburtsnamens« i. e. S. nach § 1355 Abs. 5 Satz 2, 1. Variante BGB bedeutet dies vor allem dann einen praktischen Unterschied, wenn sich der Geburtsname i. S. der Definition des § 1355 Abs. 6 BGB, also der in die Geburtsurkunde einzutragende Name, seit der Eheschließung geändert hat.

d) Das Hinzufügen eines Begleitnamens

III-630 Gemäß § 1355 Abs. 5 Satz 2, 3. Variante BGB kann der Ehegatte wie bei Abs. 4 dem Ehenamen aus der aufgelösten Ehe seinen Geburtsnamen oder den von ihm zur Zeit der Bestimmung des Ehenamens geführten Namen hinzufügen; zu Einzelheiten s. Rdnr. III-589 ff.

e) Das Kombinieren von verschiedenen Namen aus verschiedenen Ehen

III-631 Trotz der soeben dargestellten Einschränkung beim Hinzufügen eines Begleitnamens gibt das Gesetz den Ehegatten insgesamt eine außerordentliche Flexibilität bei der Gestaltung ihres Namens. Die Abs. 4 und 5 des § 1355 BGB ergänzen sich zu einer vielfältigen Regelung, die es einem Ehegatten ermöglicht, den Ehenamen der letzten Ehe, den Geburtsnamen und einen in früherer Ehe erworbenen Ehenamen (ggf. in Verbindung mit einem Begleitnamen) jeweils allein oder aber in Kombination mit anderen zu führen.

III-632 Gibt der Ehegatte die Erklärung nach § 1355 Abs. 5 Satz 2, 2. Variante BGB ab, so erlangt er erneut die Rechtsstellung eines Ehegatten, der den Ehenamen aus einer nunmehr aufgelösten Ehe führt. Damit wird Abs. 5, diesmal bezogen auf die vorhergehende Ehe, erneut anwendbar; denn der Wortlaut der Vorschrift setzt nicht voraus, dass es sich bei der aufgelösten Ehe um die jeweils letzte handelt. Der Ehegatte hat also, aufbauend auf dem wieder angenommenen Ehenamen aus der früheren Ehe, abermals die Möglichkeiten der Absätze 4 und 5: Er kann auch dem wieder angenommenen Ehenamen den Geburtsnamen als Begleitnamen hinzufügen, Abs. 5 Satz 2, 3. Variante; umgekehrt kann er, wenn er bei der Bestimmung des Ehenamens der späteren Ehe diesen früheren Ehenamen in Verbindung mit einem Begleitnamen geführt hatte, zu der damaligen Namensführung nach Abs. 5 Satz 2, 2. Variante zurückkehren und dann den Begleitnamen nunmehr nach Abs. 4 Satz 4 widerrufen. Er kann ferner, falls er auch vor dieser zurückliegenden Ehe verheiratet war, unter den Voraussetzungen des Abs. 5 abermals auf den Ehenamen der früheren Ehe zurückgehen, wodurch er sich auf einer tieferen Stufe erneut die Möglichkeit eröffnet, auch diesen Ehenamen nach Abs. 4 mit einem Begleitnamen zu kombinieren; u. a. m. Hier ergibt sich eine kaum mehr überschaubare Vielfalt von möglichen Namensführungsvarianten.

III-633 Damit wurden die außerordentlich großzügigen Möglichkeiten zur Namensbestimmung nach Auflösung der Ehe, die bereits das 1. EheRG geschaffen hatte, von den späteren Reformgesetzen kaum eingeschränkt. Dies ist umso bemerkenswerter, als das Schrifttum die frühere »Dynamisierung« heftig kritisiert hat. Dass ein Ehegatte nach der Auflösung seiner späteren Ehe wieder den Ehenamen einer früheren Ehe annehmen und diesem einen Begleitnamen voranstellen kann, wurde bereits von der älteren h.M. als »evidente gesetzgeberische Fehlleistung« bezeichnet (vgl. *Wacke*, FamRZ 1977, 514; vgl. auch BT-Drucks. 7/3119, S. 9). Gleichwohl hat der Gesetzgeber des FamRG diese Kritik nicht aufgegriffen.

f) Widerruf; Verbrauch des Erklärungsrechts

§ 1355 Abs. 5 Satz 3 BGB verweist auf Abs. 4 und damit auch auf dessen Satz 4. Nach dem Wortlaut der Vorschrift müsste man also die Erklärung nach Abs. 5 einmal widerrufen können. Die h.m. lehnt dies jedoch ab und beruft sich dabei auf einen angeblich eingeschränkten Regelungswillen des Gesetzgebers (OLG Frankfurt a.M., StAZ 2010, 12, 13 mit Nachw.; auch *Kraus*, StAZ 2005, 211, 212). Angesichts der soeben kritisierten grundsätzlichen »Dynamisierung« des Namensrechts kann man freilich bezweifeln, ob die Regelung noch irgendeine Einschränkung zulässt.

III-634

g) Rechtsnatur und Zeitpunkt der Erklärung

Die Erklärungen nach § 1355 Abs. 5 BGB sind formgebundene, amtsempfangsbedürftige rechtsgeschäftliche Willenserklärungen, s. § 1355 Abs. 5 Satz 2, 3, Abs. 4 Satz 5 BGB; die allgemeinen Grundsätze über namensrechtliche Erklärungen (s. Rdnr. II-153 ff.) gelten entsprechend.

III-635

Die Namensänderung darf von keiner Bedingung abhängig gemacht werden.

III-636

Es schadet allerdings nicht, wenn die Erklärung »für den Fall der Ehescheidung« abgegeben wird; denn die Auflösung der Ehe ist gesetzliche Voraussetzung des Erklärungsrechts und daher nur eine unschädliche sog. »Rechtsbedingung«.

Das Gesetz sieht keine Frist vor; die Erklärungen können also auch noch lange Zeit nach der Auflösung der Ehe abgegeben werden.

III-637

Es ist nach dem Gesetzeswortlaut sogar möglich, den Ehenamen aus einer früheren Ehe, der in einer neuen Ehe gemäß § 1355 Abs. 1 Satz 3 BGB als Individualname weiter geführt wird, während dieser Zweitehe gemäß § 1355 Abs. 5 Satz 2 BGB abzulegen, so dass sich – völlig losgelöst von irgendeiner Personenstandsänderung – mitten in der Ehe plötzlich der Name des Ehegatten ändern kann (so auch *Coester*, FuR 1994, 3: § 1355 Abs. 1 Satz 3 BGB bewirke »keine Versteinerung des fortgeführten Individualnamens«).

h) Die Wiederannahme eines früheren Namens im Verhältnis zu Dritten

Die Wiederannahme eines früheren Namens ist, ähnlich wie die Voranstellung eines Begleitnamens, eine persönliche Angelegenheit des betreffenden Ehegatten.

III-638

III-639 aa) Die Wirkung der Erklärung nach § 1355 Abs. 5 BGB erstreckt sich nicht auf eheliche Abkömmlinge. Kinder aus der aufgelösten Ehe können sich der Annahme eines früheren Namens durch ihren Elternteil weder widersetzen noch anschließen; sie behalten den Ehenamen, den ihre Eltern in der Ehe geführt haben, als Geburtsnamen.
Der Fall, dass kein Ehename geführt wurde, wird von Abs. 5 nicht erfasst (s. Rdnr. III-626).

III-640 bb) Die Zustimmung des früheren Ehepartners einer durch Scheidung oder Aufhebung aufgelösten Ehe ist für den Verzicht auf den bisher geführten Ehenamen nicht erforderlich. Ebenso bedarf die Wiederannahme des Ehenamens einer früheren Ehe nicht der Zustimmung des früheren Ehepartners, aber auch nicht näher Verwandter (z. B. der Eltern) des verstorbenen Ehegatten.

i) Namensuntersagung

III-641 Das frühere Recht kannte ein eherechtliches Namensuntersagungsrecht; es wurde bereits durch das 1. EheRG abgeschafft (zur Rechtsentwicklung s. *Hepting/Gaaz*, Bd. 2 Rdnr. III-733 f., 736 ff., 740). Doch soll in besonders schweren Fällen missbräuchlicher Namensführung der betroffene Ehegatte einen Anspruch auf Ablegung des Ehenamens haben; Anspruchsgrundlage sei § 12 BGB (vgl. OLG Braunschweig, FamRZ 1979, 913: der Mann hatte den Namen der Frau durch Heirat erschlichen, um ungestört Straftaten begehen zu können).

III-642 Der betroffene ehemalige Ehegatte erfüllt seine Verpflichtung, indem er die in § 1355 Abs. 5 BGB vorgesehene Erklärung abgibt. Für das Standesamt ergeben sich hierbei keine Besonderheiten. Weigert sich der verpflichtete Ehegatte, so kann der andere gegen ihn gerichtlich vorgehen, ein Urteil auf Abgabe der Erklärung erwirken und aus diesem vollstrecken (vgl. allgemein Rdnr. II-158 ff.).

In einem derartigen Fall muss das Standesamt erst dann tätig werden, wenn der betreibende Ehegatte ein Urteil vorlegt, das den Beklagten zur Abgabe der von § 1355 Abs. 5 Satz 2 BGB vorgesehenen Erklärung verurteilt. Ein solches Urteil wird gemäß § 894 Satz 1 ZPO vollstreckt; mit Rechtskraft gilt die Erklärung als abgegeben. Das Standesamt verfährt auf der Grundlage einer vollstreckbaren Ausfertigung des Urteils so, als wäre die Erklärung vom Ehegatten selbst abgegeben worden. Die Erklärung wird in dem Augenblick wirksam, in dem das zuständige Standesamt das rechtskräftige Urteil entgegennimmt; ist es zu diesem Zeitpunkt noch nicht rechtskräftig, so ist der Zeitpunkt des Eintritts der Rechtskraft maßgeblich.

B. Namensführung in der Ehe in Fällen mit Auslandsbezug

I. Allgemeines

Die Anwendung der bisher dargestellten namensrechtlichen Grundsätze setzt voraus, dass deutsches Recht die Namensführung der Ehegatten beherrscht. In Fällen mit Auslandsbezug ist gemäß Art. 3 EGBGB mit Hilfe des IPR festzustellen, welches Recht Anwendung findet. Zu den damit zusammenhängenden Fragen s. allgemein Rdnr. VI-1 ff. Zu den allgemeinen Grundsätzen des internationalen Namensrechts s. Rdnr. II-162 ff.

III-643

II. Die Maßgeblichkeit des Personalstatuts, Art. 10 Abs. 1 EGBGB

1. Die Bestimmung des maßgeblichen Namensstatuts

Die Namensführung richtet sich gemäß Art. 10 Abs. 1 EGBGB bei jedem Ehegatten nach dem Recht des Staates, dem er angehört (d.h. seinem »Personalstatut« i. S. d. Art. 5 EGBGB). Allgemein zur Anknüpfung des Personalstatuts Rdnr. VI-28 ff.

III-644

Bei unterschiedlicher Staatsangehörigkeit der beiden Ehegatten untersteht die Namensführung also zwei verschiedenen Rechten; wegen der sich daraus u. U. ergebenden Probleme s. Rdnr. III-648 ff.

Ist einer der Ehegatten Mehrstaater, so gelten zunächst die allgemeinen Grundsätze; maßgeblich ist die effektive Staatsangehörigkeit, Art. 5 Abs. 1 Satz 1 EGBGB; die deutsche Staatsangehörigkeit geht jedoch in jedem Fall vor, auch wenn sie nicht effektiv ist, Art. 5 Abs. 1 Satz 2 EGBGB (s. a. Rdnr. VI-34 ff.).

III-645

Speziell bei Ehegatten stellt sich die Frage, ob auf die Staatsangehörigkeit vor oder nach der Eheschließung abzustellen ist, wenn ein Ehegatte durch die Eheschließung kraft Gesetzes die Staatsangehörigkeit des anderen erwirbt. Nach Ansicht des BGH (StAZ 1979, 63) und einiger Obergerichte (vgl. OLG Hamm, StAZ 1979, 147; KG, StAZ 1982, 135) ist eine solche »aufgedrängte Staatsangehörigkeit« unbeachtlich; demnach wäre stets nur auf die Staatsangehörigkeit vor Eheschließung abzustellen. Doch muss man hier differenzieren. Wenn etwa eine Frau durch die Eheschließung die Staatsangehörigkeit ihres Ehemanns erwirbt und ihre alte verliert, ist es sinnlos, an die verlorene voreheliche Staatsangehörigkeit anzuknüpfen. Gehört ein Ehegatte infolge der Eheschließung mehreren Staaten an, so entscheidet hier wie auch sonst die effektive Staatsangehörigkeit (so auch *Henrich/Wagenitz/Bornhofen*, Rdnr. C-177).

Die Rück- oder Weiterverweisung (»Renvoi«) durch das von Art. 10 Abs. 1 EGBGB berufene Heimatrecht eines ausländischen Ehegatten ist gemäß Art. 4 Abs. 1 EGBGB zu beachten; hierzu allgemein Rdnr. VI-48 ff.

III-646

Zu einem Renvoi kann es zum einen dadurch kommen, dass das ausländische Recht das Namens- oder Personalstatut anders anknüpft als das deutsche IPR und z.B. auf das Wohnsitz- oder Aufenthaltsrecht verweist. Er ist aber zum anderen auch dann möglich, wenn das von Art. 10 Abs. 1 EGBGB berufene Recht den Ehenamen anders qualifiziert. Während das deutsche IPR den Ehenamen – zumindest dem Grundsatz nach – bei der allgemein für den Namen geltenden Anknüpfungsnorm des Art. 10 Abs. 1 EGBGB einordnet, qualifizieren ihn zahlreiche ausländische Rechte als persönliche Ehewirkung. Diese andere Qualifikation und die sich daraus ergebende Verweisung auf das vom ausländischen IPR berufene Ehewirkungsstatut ist im Rahmen des Art. 4 Abs. 1 EGBGB zu beachten (vgl. auch *Henrich*, IntFamR S. 43 mit Beispielen).

Art. 4 Abs. 1 EGBGB gilt nur in den Fällen, in denen der Ehename kraft objektiver Anknüpfung dem Personalstatut untersteht, Art. 10 Abs. 1 EGBGB. Haben die Ehegatten das Ehenamensstatut nach Art. 10 Abs. 2 EGBGB gewählt, so gilt Art. 4 Abs. 2 EGBGB; ein Renvoi ist ausgeschlossen.

III-647   Art. 10 Abs. 1 EGBGB wird durch die Rechtswahlmöglichkeit in Abs. 2 durchbrochen und in seiner praktischen Bedeutung stark abgeschwächt. Wegen der Einzelheiten s. Rdnr. III-665 ff.

2. Die gleichzeitige Anwendung zweier Personalstatute

a) Kollisionsrechtliche Übereinstimmung der beiden Personalstatute

III-648 Kollisionsrechtliche Übereinstimmung besteht, wenn beide Ehegatten das gleiche Personalstatut haben; sei es, dass sie dem gleichen Staat angehören oder kollisionsrechtlich den Angehörigen dieses Staates gleichgestellt (Flüchtlinge, Asylberechtigte o. Ä.) sind, sei es, dass das Heimatrecht des einen auf das Personalstatut des anderen zurück- oder weiterverweist. In diesem Fall wird das für beide maßgebliche gleiche Sachrecht angewandt; Regelungswidersprüche sind ausgeschlossen.

b) Sachrechtliche Übereinstimmung der beiden Personalstatute

III-649 Sachrechtliche Übereinstimmung besteht, wenn die beiden Verlobten zwar unterschiedliche Personalstatute haben, diese aber die gleiche Namensführung vorsehen.

III-650 Manche Autoren nehmen inhaltliche Übereinstimmung schon dann an, wenn sich die Namensführung der Ehegatten nach ihrem jeweiligen Personalstatut nicht gegenseitig ausschließt.

Beispiel (nach *Henrich*, IPRax 1986, 334): Nach dem Heimatrecht des Mannes behält jeder Ehegatte seinen Namen; nach dem Heimatrecht der Frau erwirbt die Frau den Mannesnamen als Ehenamen. Die Führung des Mannesnamens durch den jeweiligen Ehegatten entspricht scheinbar jedem dieser Rechte, jedenfalls beschränkt auf »seinen« Ehegatten.

Dieser Einzelbetrachtung der Ehegatten ist entgegenzuhalten, dass das Ehenamensrecht immer beide Ehegatten erfassen will, und zwar selbst wenn es keinen gemeinsamen Ehenamen bildet, so dass man die Namensführung des einzelnen Ehegatten nicht isoliert betrachten kann (so auch MünchKomm/*Birk*, Art. 10 EGBGB Rdnr. 68; *Hepting*, StAZ 1994, 3; a. A. anscheinend *Palandt/Thorn*, Art. 10 EGBGB Rdnr. 12). Man kann kaum sagen, dass eine

Rechtsordnung mit Ehenamen und eine andere mit getrennter Namensführung inhaltlich übereinstimmen.

Als Ergebnis einer – im Folgenden dargestellten – »Angleichung« ist die dargestellte Lösung freilich sinnvoll, denn sie ist der beste Kompromiss zwischen den beiden beteiligten Rechtsordnungen.

3. Das Überwinden von Regelungswidersprüchen durch »Angleichung«

Stimmen die beiden Personalstatute nicht überein, muss man die sich widersprechenden Vorschriften miteinander harmonisieren, d. h. man muss sie »angleichen« (allgemein zur Angleichung Rdnr. VI-74 ff.). | III-651

a) Art. 10 Abs. 2 als Beispiel »kollisionsrechtlicher Angleichung«

Normwidersprüche werden von der sog. »kollisionsrechtlichen Angleichung« dadurch bewältigt, dass man sie von vornherein *vermeidet*, indem man die Regelungsharmonie bereits auf der Ebene der kollisionsrechtlichen Anknüpfung hergestellt (zum Problem s. *Hepting*, StAZ 1980, 326). Die Rechtswahl nach Art. 10 Abs. 2 EGBGB hat Angleichungsfunktion insoweit, als sie das Nebeneinander und damit auch die mögliche Widersprüchlichkeit zweier Personalstatute durch ein einheitliches gewähltes Recht ersetzt. | III-652

Allerdings erscheint die Rechtswahl in Art. 10 Abs. 2 EGBGB als ein eigenwertiges Anknüpfungsprinzip, das so eigenständige kollisionsrechtliche Zwecke verfolgt (bei Art. 10 Abs. 2 EGBGB etwa Umweltanpassung, Rücksicht auf die Lebensplanung der Ehegatten u. a.; vgl. Rdnr. III-668), dass sie in aller Regel nicht unter dem Aspekt der Angleichung gesehen wird. Dennoch kann dieser Gedanke bei der Auslegung des Art. 10 Abs. 2 EGBGB u. U. ein ergänzender Gesichtspunkt sein. | III-653

b) Die »materiellrechtliche Angleichung«

Spricht man von Angleichung, so denkt man in aller Regel nicht an die internationalprivatrechtlichen Lösungen, sondern meint die sog. »materiellrechtliche Angleichung«, bei der die beiden kollidierenden Rechte zwar nebeneinander maßgeblich bleiben, aber inhaltlich so »umgebogen« werden, dass der Normwiderspruch auf der Ebene des materiellen Rechts entfällt (vgl. *Hepting*, StAZ 1980, 326). Sie ist seit der Regelung des Art. 47 EGBGB als methodisches Instrument positivrechtlich anerkannt; doch war die Angleichung der Personalstatute der beiden Ehegatten in den Fällen des Art. 10 Abs. 1 EGBGB bereits vorher ein anerkannter Anwendungsfall sachrechtlicher Angleichung. | III-654

4. Fallgruppen, Einzelbeispiele

Treffen unterschiedliche Ehenamensstatute aufeinander, so ist eine Namensführung zu ermitteln, die jedem der beiden so weit wie möglich entspricht. Dies läuft in der Regel darauf hinaus, dass sich zunächst das starrere der beiden Rechte durchsetzt; der ihm unterstehende Ehegatte darf nicht von der Namensführung abweichen, die ihm sein Heimatrecht gestattet. Anschlie- | III-655 ßend ist zu fragen, wie das flexiblere Namensstatut des anderen Ehegatten auf diese Situation reagiert, insbesondere ob es dann noch Variationsmöglichkeiten zulässt.

III-656 Zieht man hieraus die praktischen Konsequenzen, so ergeben sich für deutsch-ausländische Ehen unterschiedliche Ergebnisse, je nachdem, welchem Regelungstyp das ausländische Recht folgt.

Keine Probleme treten auf, wenn beide Statute in der von den Ehegatten gewünschten Namensführung übereinstimmen; hierzu näher Rdnr. III-649 f. Hier ist eine Angleichung i. e. S. nicht erforderlich.

Keine Übereinstimmung besteht dann, wenn jedes der beiden Personalstatute den Ehenamen auf andere Weise bestimmt, also z. B. das eine durch Namenswahl, das andere durch Gesetz; erst recht, wenn das eine Statut einen Ehenamen kennt, das andere aber nicht. Hier ist eine Angleichung nötig.

Im Einzelnen sind zweckmäßigerweise Fallgruppen zu bilden.

III-657 *Fallgruppe 1*: Das deutsche Recht trifft mit einem ausländischen Recht zusammen, das ebenfalls die gemeinsame Bestimmung eines Ehenamens erlaubt.

Wählen die Ehegatten eine Namensführung, die nach beiden Rechten möglich ist, so handelt es sich um einen Fall von Übereinstimmung; eine Angleichung ist nicht nötig.

Ist ein Recht bei den Wahlmöglichkeiten großzügiger als das andere, setzt sich das starrere Recht durch; wählbar ist nur eine von beiden Rechtsordnungen erlaubte Namensführung.

III-658 Ein deutscher Ehegatte, der mit seinem ausländischen Partner einen vom deutschen Recht nicht erlaubten Namen – z. B. einen Doppelnamen – wählt, ist so zu behandeln, als hätte er überhaupt nichts erklärt. Er muss folglich nach deutschem Recht seinen bisherigen Namen behalten, § 1355 Abs. 1 Satz 3 BGB. Der andere Ehegatte muss sich, wenn er auf übereinstimmende Namensführung Wert legt, mit einer von § 1355 Abs. 2 BGB zugelassenen Namensform zufriedengeben. Will er hingegen auf alle Fälle einen Doppelnamen führen, so ist zu prüfen, ob ihm sein Heimatrecht eine entsprechende einseitige Namensbestimmung gestattet; für den deutschen Partner bewendet es auch in diesem Fall bei der Ersatzlösung, also bei der Fortführung des bisherigen Namens.

III-659 *Fallgruppe 2*: Das deutsche Recht trifft mit einem ausländischen Recht zusammen, in dem die Ehe keine namensrechtlichen Auswirkungen hat und jeder Ehegatte seinen Namen behalten muss.

In diesem Fall ist das ausländische Recht das starrere; der ausländische Ehegatte behält also in jedem Fall seinen bisherigen Namen. Das deutsche Recht ist flexibler, muss sich aber anpassen. Der Deutsche führt also ebenfalls seinen bisherigen Namen weiter, § 1355 Abs. 1 Satz 3 BGB.

III-660 *Fallgruppe 3*: Im ausländischen Recht wird kraft Gesetzes der Mannesname Ehename.

Ist der Mann Deutscher, die Ehefrau Ausländerin, so wird im Ergebnis der Mannesname zum gemeinsamen Ehenamen. Für den Mann bleibt es mangels gemeinsamer Namensbestimmung beim bisherigen Namen, § 1355 Abs. 1

Satz 3 BGB; die Frau erwirbt diesen Mannesnamen nach Maßgabe ihres ausländischen Heimatrechts.

Ist der Mann Ausländer, die Frau Deutsche, so ist das ausländische Recht das starrere. Der Mann behält seinen Namen kraft Gesetzes. Die Frau muss, da der Mann an einer gemeinsamen Ehenamensbestimmung nicht mitwirken kann, gemäß § 1355 Abs. 1 Satz 3 BGB weiterhin ihren bisherigen Namen führen; vgl. Rdnr. III-655. III-661

Das Problem stellte sich insbesondere in deutsch-türkischen Ehen. Die dargestellte Lösung führte, obwohl sie sich aus der wortgetreuen Anwendung der beiden Rechte ergab, dennoch zu einem Ergebnis, das beiden Rechtsordnungen widersprach; denn sowohl das türkische Recht als auch § 1355 Abs. 1 Satz 1 BGB verlangen im Grundsatz eine gemeinsame Namensführung beider Ehegatten. Trotz vereinzelter Kritik im Schrifttum (*Hepting/Gaaz*, Bd. 2 Rdnr. III-825 ff.) hielt die h. M. an dieser Lösung fest. III-662

Den Durchbruch brachte die Entscheidung des OLG Stuttgart, StAZ 2006, 361, die den Ehegatten im Ergebnis die Führung des gemeinsamen Ehenamens ermöglichte. Während die kritische Literatur vorgeschlagen hatte, das *deutsche* Recht dadurch anzugleichen, dass an die Stelle der gemeinsamen Namensbestimmung eine einseitige Anpassung durch die Frau trete (*Hepting/Gaaz*, Bd. 2 Rdnr. III-827), unternahm das OLG eine Angleichung des *türkischen* Rechts dahingehend, dass der türkische Ehemann an einer – im türkischen Recht nicht vorgesehenen – gemeinsamen Namensbestimmung mitwirken könne, deren Wirkung freilich nur auf die Frau beschränkt sei. III-663

Ob diese Lösung »weniger überzeugend« ist als die der Literatur (kritisch *Krömer*, StAZ 2007, 242), mag dahinstehen; es liegt im Wesen der Angleichung, dass die betroffenen Rechte inhaltlich »umgebogen« werden müssen, und ob man nun das deutsche oder das türkische Recht »biegt«, macht methodisch keinen großen Unterschied. So oder so entfernt sich die sachrechtliche Angleichung vom positiven Recht. Wichtiger ist die Aussage des Gerichts, dass nunmehr in Fällen der Fallgruppe 3 den Ehegatten die Bestimmung eines Ehenamens ermöglicht wird. III-664

III. Rechtswahl nach Art. 10 Abs. 2 EGBGB

1. Allgemeines, Regelungszweck

Art. 10 Abs. 2 EGBGB durchbricht die grundsätzliche Geltung der jeweiligen Personalstatute durch die den Ehegatten eingeräumte Möglichkeit gemeinsamer Rechtswahl. III-665

Die Vorschrift spricht zwar von »Namensbestimmung«, verwendet also einen eigentlich sachrechtlichen Begriff; doch erlaubt sie nach h. M. die Wahl des maßgeblichen Rechts (MünchKomm/*Birk*, Art. 10 EGBGB Rdnr. 71; *Palandt/Thorn*, Art. 10 EGBGB Rdnr. 14, 16; a. A. *Sturm*, StAZ 1995, 256 m. w. N. in Fn. 8 ff.).

Die Rechtswahl kann frühestens bei der Eheschließung erklärt werden; hierzu *Gaaz/Bornhofen*, § 14 PStG Rdnr. 20. Seit dem FamNamRG ist auch die nachträgliche Rechtswahl möglich; näher Rdnr. III-725 ff.

III-666 Die Rechtswahl nach Art. 10 Abs. 2 EGBGB ist insbesondere in den Fällen hilfreich, in denen die Personalstatute der beiden Ehegatten voneinander abweichen. In diesen Fällen kann der Konflikt der zwei widerstreitenden Rechte durch einvernehmliche Rechtswahl ausgeräumt werden (»kollisionsrechtliche Angleichung«, s. Rdnr. III-652 f.).

III-667 Die Ehegatten können allerdings auch dann ihr Ehenamensstatut gemäß Art. 10 Abs. 2 EGBGB wählen, wenn man über die beiden Personalstatute zur gleichen Namensführung käme wie nach dem gewählten Recht. Grund hierfür ist, dass sich die Bedeutung des jeweiligen Statuts nicht nur in der augenblicklichen Namensführung erschöpft; vielmehr beherrscht es auch spätere namensrechtliche Tatbestände (s. Rdnr. III-684 ff.).

III-668 Daneben gibt die Rechtswahl den Ehegatten die Möglichkeit, die Namensführung dem Recht ihrer sozialen Umwelt anzupassen. Sie können bereits bei der Eheschließung künftige Entwicklungen der ehelichen Lebensgemeinschaft berücksichtigen, z. B. die geplante Übersiedlung in den Heimatstaat eines der Ehegatten; mit diesem Gesichtspunkt argumentierte bereits die Begründung des Regierungsentwurfs zum IPRG von 1986, das die generelle Wahl des Ehenamensstatuts erstmals ins Gesetz einführte (vgl. BR-Drucks. 222/83 S. 47 f.; *Pirrung*, S. 130).

III-669 Die genannten Gesichtspunkte sind rechtspolitisches Motiv für Art. 10 Abs. 2 EGBGB und werden in der Regel die ausschlaggebenden Beweggründe bei der Rechtswahl sein; der Standesbeamte sollte sie während des Anmeldungsverfahrens mit den Verlobten erörtern. Sie sind jedoch keine materiellen Voraussetzungen der Rechtswahl.

Dies mag für das Standesamt sehr bequem sein. Es muss nur die Voraussetzungen von Art. 10 Abs. 2 Satz 1 Nr. 1 und 2 EGBGB prüfen; auch wenn es die Rechtswahl durch die Ehegatten für unüberlegt und ungerechtfertigt hält, kann und braucht es sie nicht zurückzuweisen. Ob die Ergebnisse auch inhaltlich sinnvoll sind, ist freilich eine andere Frage; allgemein zur Kritik etwa *Hepting*, StAZ 1994, 5 f.

III-670 Das gewählte Recht ist anzuwenden, ohne dass ein etwaiger Renvoi (s. Rdnr. VI-48 ff.) zu berücksichtigen wäre, da eine Rechtswahl immer auf die Sachvorschriften verweist, Art. 4 Abs. 2 EGBGB. In Fällen, in denen das IPR des Heimatstaats eines Ehegatten zurück- oder weiterverweist, kann das gewählte Heimatrecht von seinem Personalstatut abweichen.

Beispiel: Eine deutsche Frau heiratet einen in Deutschland domizilierten Briten mit gemäß Art. 4 Abs. 3 Satz 2 EGBGB englischem Personalstatut. Englisches Recht verweist auf deutsches Recht zurück, so dass sich die Namensführung beider Ehegatten nach deutschem Recht bestimmt. Englisches Recht als gemäß Art. 10 Abs. 2 EGBGB gewähltes Statut ist hingegen trotz des Renvoi maßgeblich, so dass sich die Namensführung beider Ehegatten nach englischem Recht bestimmt.

Von der kollisionsrechtlichen Wahlerklärung nach Art. 10 Abs. 2 EGBGB zu unterscheiden ist eine vom gewählten Recht vorgesehene gemeinsame sachrechtliche Namenswahl. Wollen z. B. gemischtnationale Verlobte einen gemeinsamen Ehenamen i. S. d. § 1355 Abs. 1 Satz 1 BGB bestimmen, so müssen sie zwei Erklärungen abgeben: zunächst die Optionserklärung für das deutsche Recht und anschließend die sachrechtliche Erklärung nach § 1355 Abs. 3 BGB.

III-671

Umgekehrt gibt die Rechtswahl einem deutschen Verlobten auch die Möglichkeit, sich der Regelungsstrenge des deutschen Rechts zu entziehen und z. B. das Heimatrecht eines Ehegatten zu wählen, das die Führung eines Doppelnamens gestattet (s. *Kampe*, StAZ 2007, 149).

III-672

2. Die wählbaren Rechte

a) Das Verhältnis von objektiver Anknüpfung und Rechtswahl

Art. 10 Abs. 2 EGBGB knüpft die wählbaren Sachrechte, entsprechend seiner jeweiligen rechtspolitischen Zielsetzung, an bestimmte objektive Anknüpfungskriterien, nämlich an die Staatsangehörigkeit eines Ehegatten (Nr. 1) bzw. an den gewöhnlichen Aufenthalt im Inland (Nr. 2).

III-673

Dabei ist zu beachten, dass es sich nicht um »normale« kollisionsrechtliche Anknüpfungen handelt, da sie ja das anzuwendende Recht noch nicht konkret festlegen, sondern nur seine Wahl erlauben und rechtfertigen. Der eigentliche kollisionsrechtliche Gesichtspunkt, der die Maßgeblichkeit des gewählten Rechts begründet, ist die autonome Erklärung der Ehegatten. Mit der Rechtswahl wird das gewählte Recht von seiner objektiven Anknüpfung unabhängig: es ist dann »Wahlstatut«, nicht mehr Heimat- oder Aufenthaltsrecht.

Konsequent führt eine spätere Änderung der Staatsangehörigkeit bzw. des Aufenthaltsortes der Ehegatten nicht zu einem »Statutenwechsel«; sie lässt die Maßgeblichkeit des »Wahlstatuts« unberührt (anders OLG Frankfurt a. M., StAZ 2013, 352, 354). Allenfalls ließe sich darüber nachdenken, ob nach dem deutschen Rechtswahlstatut (hierzu Rdnr. III-692) ein Wechsel der Staatsangehörigkeit oder des Aufenthaltsorts die Geschäftsgrundlage für die Rechtswahl entfallen lässt.

III-674

b) Wahl des Heimatrechts eines Ehegatten, Art. 10 Abs. 2 Satz 1 Nr. 1 EGBGB

Die Ehegatten können gemeinsam das Recht eines Staates, dem einer von ihnen angehört, zum Ehenamensstatut wählen. Diese Möglichkeit besteht unabhängig davon, um welche Staatsangehörigkeit es sich handelt oder wo die Ehegatten ihren gewöhnlichen Aufenthalt haben.

III-675

Ist ein Ehegatte Mehrstaater, so lässt die Formulierung »ungeachtet des Art. 5 Abs. 1« die Wahl eines jeden dieser Heimatrechte zu, d. h. auch die eines nicht effektiven. Dies gilt sogar dann, wenn der Mehrstaater auch die deutsche Staatsangehörigkeit besitzt, da Art. 5 Abs. 1 Satz 2 EGBGB mit ausgeschlossen wird.

III-676

III-677 Diese Regelung dehnt den Kreis der wählbaren Rechte weit aus. Sie erspart dem Standesamt die Prüfung, welche Staatsangehörigkeit die effektive ist. Art. 10 Abs. 2 Satz 1 Nr. 1 EGBGB stellt nur auf die Staatsangehörigkeit ab; wählbar ist das Recht – und zwar wegen Art. 4 Abs. 2 EGBGB das Sachrecht – des Heimatstaats.

Es gibt Fälle, in denen Heimatrecht und Personalstatut auseinanderfallen, etwa aufgrund einer Rück- oder Weiterverweisung durch das IPR des Heimatstaats (s. Rdnr. III-646) oder aufgrund einer Sonderanknüpfung des Personalstatuts bei Asylberechtigten, Flüchtlingen usw. (vgl. Rdnr. VI-38 f.). In diesen Fällen wird man entsprechend dem Gesetzeswortlaut die Wahl des Heimatrechts gestatten müssen. Der kollisionsrechtliche Rechtfertigungsgrund ist derselbe wie bei der Anknüpfung an die nicht effektive Staatsangehörigkeit von Doppelstaatern (s. Rdnr. III-676): Die Ehegatten sollen bereits jetzt die Möglichkeit haben, geplante künftige Entwicklungen zu berücksichtigen.

III-678 Im Inland domizilierte Angehörige eines Staates, der das Personalstatut an den Aufenthalt oder das Domizilprinzip knüpft, können also bei Eheschließung das Recht ihres Heimatstaats wählen, auch wenn sie erst später dort ihren Aufenthalt oder ihr Domizil begründen wollen.

Auch Asylberechtigte, Flüchtlinge usw. mit gewöhnlichem Aufenthalt im Inland können das Recht ihres Heimatstaats wählen, wenn sie hoffen, nach einer späteren Änderung der politischen Verhältnisse wieder dorthin zurückkehren zu können. Dass in derartigen Fällen das Personalstatut an den deutschen Aufenthaltsort angeknüpft wird, ist ein Grundsatz, der den Interessen der betroffenen Personen dienen soll; sie können aber auf den Schutz dieser Sonderanknüpfung verzichten (vgl. auch *Henrich*, Namensrecht S. 39 unter Hinweis auf OLG Hamm, StAZ 1983, 73). Der Grundsatz bedeutet jedenfalls nicht, dass diese Personen kollisionsrechtlich stets und in jeder Hinsicht wie Deutsche behandelt werden müssten.

c) Wahl des deutschen Aufenthaltsrechts eines Ehegatten, Art. 10 Abs. 2 Satz 1 Nr. 2 EGBGB

III-679 Hat wenigstens einer der Verlobten zur Zeit der Eheschließung seinen gewöhnlichen Aufenthalt im Inland, so können beide deutsches Recht als Ehenamensstatut wählen.

Art. 10 Abs. 2 Satz 1 Nr. 2 EGBGB folgt also dem Aufenthaltsprinzip, und zwar soweit, dass nur einer der Ehegatten einen inländischen Aufenthalt haben muss. Die Vorschrift bedeutet eine erhebliche »Dynamisierung« des Namensrechts, weil es nicht auf den gemeinsamen gewöhnlichen Aufenthalt ankommt und auch Verlobte mit derselben ausländischen Staatsangehörigkeit von ihrem gemeinsamen Personalstatut durch Rechtswahl abweichen können.

III-680 Dennoch wird die vom Gesetzgeber beabsichtigte »umweltbezogene« namensrechtliche Integration in den deutschen Lebensbereich nicht in allen Fällen des Art. 10 Abs. 2 EGBGB gelingen. Bei einer Ehe zwischen Ausländern bleibt zumindest der fremdländische Klang des Ehenamens, gleichgültig, ob der Mannes- oder der Frauenname gewählt wird.

Als Aufenthaltsrecht wählbar ist nach dem Wortlaut der Vorschrift nur deutsches Recht. Ein gewöhnlicher Aufenthalt im Ausland ist für die Rechtswahl ohne Bedeutung (MünchKomm/*Birk,* Art. 10 EGBGB Rdnr. 88; *Palandt/ Thorn,* Art. 10 EGBGB Rdnr. 15). Diese Regelung hat das FamNamRG aus dem IPRG übernommen, obwohl sie vielfach als zu eng kritisiert wird (vgl. *Sturm,* StAZ 1995, 259); wahrscheinlich geht sie auf die BGH-Entscheidung vom 12. 5. 1971 zurück, in der der BGH erstmals die Anpassung an das deutsche Aufenthaltsrecht zuließ (StAZ 1971, 216), und ist von dort ohne weitere Überlegungen in das positive Recht übernommen worden (vgl. schon *Hepting,* StAZ 1977, 158 unter 2). Die besonderen Nachteile dieser Bevorzugung deutschen Rechts zeigen sich freilich nicht so sehr bei Inlandseheschließungen, sondern vielmehr bei Rechtswahlerklärungen im Ausland bzw. – insoweit als Konsequenz der Namensrechtsreform – bei der nunmehr zulässigen Rechtswahl nach der Eheschließung (hierzu Rdnr. III-728).

III-681

Art. 10 Abs. 2 Satz 1 Nr. 2 EGBGB setzt voraus, dass mindestens ein Ehegatte seinen gewöhnlichen Aufenthalt im Inland hat.

III-682

3. Die Reichweite der Rechtswahl

Die Rechtswahl nach Art. 10 Abs. 2 EGBGB durchbricht den Grundsatz des Art. 10 Abs. 1 EGBGB (Maßgeblichkeit des Personalstatuts) und führt zu einem eigenständigen »Wahlstatut« des Ehenamens.

III-683

Die Reichweite des gewählten Ehenamensstatuts ist mit einem Qualifikationsproblem verknüpft. Das nach Art. 10 Abs. 2 EGBGB gewählte Recht beherrscht den Namen in der Ehe, d. h. alle namensrechtlichen Folgen, die damit zusammenhängen, dass der Namensträger verheiratet ist (MünchKomm/ *Birk,* Art. 10 EGBGB Rdnr. 80 f.). Für alle anderen namensrechtlichen Regelungen, in deren Tatbestand die Ehe des Namensträgers keine Rolle spielt, bewendet es beim Grundsatz des Art. 10 Abs. 1 EGBGB. Einen Grenzfall stellt es dar, wenn das gewählte Recht den Ehegatten eine Namensänderung gestattet, diese aber nicht notwendig von einer Eheschließung abhängt. Die Praxis hält auch dieses Recht für wählbar, wenn ein eindeutiger Bezug zwischen Namensführung und Ehe besteht (*Kampe,* StAZ 2007, 149, a. A. *Henrich,* StAZ 1996, 129, 131).

Mit Hilfe dieser Überlegungen lässt sich auch die Frage beantworten, wie lange die Rechtswahl zeitlich nachwirkt.

III-684

Ehenamensrechtlich zu qualifizieren ist nicht nur die Bestimmung des Ehenamens anlässlich der Eheschließung, sondern auch eine etwaige spätere Änderung, sofern sie ehebezogen ist. Ein Ehegatte, auf den kraft Rechtswahl deutsches Recht anzuwenden ist, kann also nach der Eheschließung die Erklärung gemäß § 1355 Abs. 4 BGB abgeben und dem Ehenamen einen Begleitnamen hinzufügen (BayObLGZ 1990, 285 = StAZ 1991, 69).

Ehenamensrechtlich zu qualifizieren und daher dem gewählten Recht zu unterstellen ist auch die Namensführung nach Auflösung der Ehe.

III-685

Das deutsche Recht regelt den Namen des geschiedenen Ehegatten in § 1355 Abs. 5 BGB, ordnet ihn also beim Ehenamensrecht ein und nicht bei den Scheidungsfolgen. Da das deutsche IPR grundsätzlich nach der inländischen »lex fori« qualifiziert, gilt diese Einordnung auch für das Kollisionsrecht (ebenso *Henrich*, IPRax 1986, 336).

Dies bedeutet, dass das nach Art. 10 Abs. 2 EGBGB gewählte Recht auch über die Scheidung hinaus maßgeblich ist (vgl. *Henrich*, IPRax 1986, 336; MünchKomm/*Birk*, Art. 10 EGBGB Rdnr. 95; obiter BayObLGZ 1990, 285, 287 = StAZ 1991, 69; a. A. *v. Bar*, Bd. 2 Rdnr. 76 bei Fn. 287).

Eine etwaige vom deutschen IPR abweichende Qualifikation durch das nach Art. 10 Abs. 2 EGBGB gewählte ausländische Recht ist – anders als bei einem gemäß Art. 10 Abs. 1 EGBGB angeknüpften Ehenamensstatut, vgl. Rdnr. III-646 – nicht zu beachten, da die Rechtswahl nach Art. 10 Abs. 2 EGBGB auf die Sachnormen des Ehenamensstatuts verweist, Art. 4 Abs. 2 EGBGB.

III-686 Nicht ehenamensrechtlich zu qualifizieren ist eine nach der Eheschließung erfolgte behördliche Namensänderung. In diesen Fällen bleibt es – schon wegen des deutlich erkennbaren öffentlichrechtlichen Bezugs des Namens – beim Grundsatz des Art. 10 Abs. 1 EGBGB und bei der Maßgeblichkeit des Heimatrechts (s. Rdnr. II-216 ff. sowie V-895 ff.). Das gleiche gilt, wenn für die Namensänderung kein behördlicher Akt nötig ist, sondern eine private Erklärung an die Öffentlichkeit genügt (vgl. AG Hagen, IPRax 1985, 294 und dazu *Henrich*, IPRax 1985, 273).

III-687 Dagegen ist die Frage, ob und wie eine derart erfolgte Namensänderung auf den gemeinsam geführten Ehenamen zurückwirkt, wiederum ehenamensrechtlich zu qualifizieren und dem gewählten Ehenamensstatut zu unterstellen. Haben die Ehegatten z. B. deutsches Ehenamensrecht gewählt, so gilt der Grundsatz, dass ein gemeinsamer Ehename durch die Zustimmung beider Ehegatten gerechtfertigt sein muss, § 1355 Abs. 2 EGBGB. Dieser Grundsatz führt zu dem Ergebnis, dass die ausländische Namensänderung nur dann den gemeinsam geführten Ehenamen erfasst, wenn sich der deutsche Partner ihr anschließt (*Henrich*, IPRax 1985, 274; vgl. auch Nr. 56 NamÄndVwV).

4. Probleme der Rechtsanwendung

III-688 Da die Rechtswahl nach Art. 10 Abs. 2 EGBGB – als Mittel »kollisionsrechtlicher Angleichung«, vgl. Rdnr. III-652 – zur Anwendung eines einzigen Sachrechts auf beide Ehegatten führt, treten Regelungskollisionen i. d. R. nicht auf.

III-689 Wird ein Recht gewählt, das einen Ehenamen kennt, so ergeben sich Schwierigkeiten allenfalls bei der Frage, ob der Name eines ausländischen Ehegatten überhaupt geeignet ist, zum Ehenamen bestimmt zu werden. Ob der Ehename kraft Gesetzes erworben wird oder durch Erklärung bestimmt wird, macht keinen Unterschied. Das Problem tritt regelmäßig nur bei einer Rechtswahl auf, da die Anwendung der beiden Personalstatute in derartigen Fällen meist zu getrennten Namen führt; es handelt sich um einen Fall der in Art. 47 Abs. 2 EGBGB geregelten Angleichung; vgl. etwa Rdnr. II-286.

Wird der Familienname eines ausländischen Ehegatten, der nach seinem Heimatrecht einen Doppelnamen führt, auf der Grundlage des gewählten deutschen Rechts zum Ehenamen bestimmt, so wird der volle zweigliedrige Name zum Ehenamen.

III-690

Ob nach dem ausländischen Recht beide Namensglieder oder nur eines auf die nächste Generation übertragen werden können, spielt für den Ehenamen keine Rolle. Eine Entscheidung des BGH (BGHZ 106, 5 = StAZ 1989, 372, ergangen auf Vorlagebeschluss des BayObLGZ 1987, 418 = StAZ 1988, 199), die aus dieser Differenzierung Folgen für die Doppelnamen spanischen Rechts ableiten wollte, sorgte vorübergehend für erhebliche Irritationen; doch ist der BGH in der Entscheidung vom 23.12.1998 (StAZ 1999, 206 = IPRax 2000, 428 mit Anm. *Hepting/Bauer* S. 394) selbst wieder zu der ursprünglichen Rechtsposition zurückgekehrt. Wegen Einzelheiten s. *Hepting/Gaaz*, Bd. 2 Rdnr. III-859 ff.

5. Modalitäten der Rechtswahl

Die Rechtswahl erfolgt durch gemeinsame Erklärung der Ehegatten. Die Rechtswahl als kollisionsrechtliches Rechtsgeschäft ist nach Art. 10 Abs. 2 Satz 1 EGBGB amtsempfangsbedürftig. Erfolgt die Rechtswahl im Rahmen der Eheschließung, so teilt sie die Eheschließungsform (s. a. Rdnr. III-712), bei einer nachträglichen Rechtswahl gilt Art. 10 Abs. 2 Satz 2 EGBGB.

III-691

Soweit Art. 10 Abs. 2 EGBGB das rechtsgeschäftliche Zustandekommen und die Wirksamkeit der Rechtswahl nicht regelt, findet auf dieses Rechtsgeschäft deutsches Recht Anwendung (so im Ergebnis auch LG Düsseldorf, StAZ 2012, 146, 147). Zwar könnte man auch hier – wie etwa bei Art. 6 Abs. 1 Rom-III-VO – das von den Ehegatten gewählte Recht zum Rechtswahlstatut erheben. Aber die jedenfalls faktisch regelmäßige Einbindung der Rechtswahl in personenstandsrechtliche Vorgänge im Inland rechtfertigt es, auf das Zustandekommen und die Wirksamkeit der Rechtswahl die lex fori anzuwenden (vgl. im Ergebnis auch MünchKomm/*Birk*, Art. 10 EGBGB Rdnr. 77).

III-692

IV. Besonderheiten bei Eheschließung im Ausland

1. Die Auslandseheschließung als abgeschlossener namensrechtlicher Tatbestand

Haben Ehegatten die Ehe im Ausland geschlossen, so stellt sich das Problem der Namensführung aus einem anderen Blickwinkel als bei einer Inlandseheschließung. Kommen die Ehegatten zum ersten Mal mit der deutschen Rechtsordnung in Berührung, so ist der namensrechtliche Erwerbstatbestand, nämlich die Eheschließung, bereits abgeschlossen.

III-693

Der ausländische Eheschließungsstaat hat den Ehegatten bereits die von seinem eigenen Recht vorgeschriebenen Namen zugeordnet, sie moglicherweise auch schon in die dortigen Personenstandsregister eingetragen. Da die Kollisions- und Sachnormen des Eheschließungsstaats u. U. von denen des

III-694

deutschen Rechts abweichen, ist es möglich, dass der im Eheschließungsstaat gebildete, möglicherweise auch bereits von den Ehegatten geführte Name anders lautet, als wenn deutsches internationales Ehenamensrecht angewandt worden wäre.

Das deutsche Recht kann darauf in unterschiedlicher Weise reagieren.

a) Die rückwirkende Anknüpfung nach Art. 10 EGBGB

III-695 Die früher einzig mögliche und als selbstverständlich angesehene Lösung geht dahin, die Namensfolgen der ausländischen Eheschließung nach deutschem IPR zu bestimmen, rückwirkend bezogen auf den Eheschließungszeitpunkt.

III-696 Der Name der Ehegatten wird von Anfang an den von Art. 10 EGBGB berufenen Rechten unterstellt. Der einzige Unterschied zu einer Inlandseheschließung kann darin bestehen, dass zum einen die vom deutschen IPR berufenen Rechtswahlmöglichkeiten, zum anderen die von den maßgeblichen Sachrechten eingeräumten Namensbestimmungsmöglichkeiten nicht ausgeschöpft worden sind. Ansonsten wird die Namensführung der Ehegatten nicht anders beurteilt, als wenn sie die Ehe im Inland geschlossen hätten.

III-697 Hat die Eheschließung nicht in einem Mitgliedstaat der EU stattgefunden, sind diese Grundsätze nach wie vor maßgeblich. Zu den sich daraus ergebenden Konsequenzen s. Rdnr. III-701ff. Insbesondere führt diese Ansicht dann, wenn das IPR des Eheschließungsstaats vom deutschen abweicht, häufig zu einem »hinkenden« Namensverhältnis.

b) Die Weiterführung eines anlässlich der Eheschließung in der EU erlangten Namens

III-698 Im Gefolge der namensrechtlichen EuGH-Rechtsprechung (s. Rdnr. II-414ff.) gilt statt des soeben dargestellten Grundsatzes das unionsrechtliche Anerkennungsgebot, wenn die Eheschließung in einem Mitgliedstaat der EU erfolgte und mindestens ein Ehegatte Unionsbürger ist.

Ein Unionsbürger darf nicht gezwungen werden, nach dem Wechsel in einen anderen EU-Mitgliedstaat einen anderen Namen zu führen (s. Rdnr. II-428, II-429).

III-699 Der EuGH hatte sich zwar mit Fällen hinkender *Kindes*namen zu befassen; doch lassen sich seine Grundsätze auch auf das *Ehe*namensrecht übertragen (so auch *Kampe*, StAZ 2009, 281).

Es verwundert deshalb nicht, dass der insoweit offen formulierte Art. 48 EGBGB auch auf im EU-Ausland nach Eheschließung erworbene und registrierte Namen anwendbar ist (s. Rdnr. II-439ff.), obwohl freilich auch hier Art. 48 EGBGB zu eng ist (s. Rdnr. II-449ff.); zu den Konsequenzen dieser Lückenhaftigkeit s. Rdnr. II-462ff.

III-700 Dass ein Unionsbürger beim Grenzübertritt innerhalb der EU nicht zu einem Namenswechsel *gezwungen* werden darf, bedeutet im Umkehrschluss, dass die Ehegatten, die sich nach einer Auslandseheschließung im Inland niederlassen, die Möglichkeit haben, *freiwillig* den Namen zu führen, der sich aus der Anwendung des deutschen IPR ergibt, s. Rdnr. II-442, II-470. Grundsätzlich führen sie – rückwirkend bezogen auf den Eheschließungszeitpunkt – den Namen, der sich bei Anwendung ihrer beiden Personalstatute ergibt, Art. 10 Abs. 1 EGBGB; vgl. Rdnr. III-695 ff. sowie die folgenden Randnummern.

2. Die Rechtslage bei rückwirkender Anknüpfung

a) Gemeinsames Personalstatut

Bei der rückwirkenden Anknüpfung gelten kollisionsrechtlich dieselben Grundsätze wie bei Inlandseheschließungen, s. Rdnr. III-644 ff.   III-701

Haben die Ehegatten dasselbe Personalstatut, so bereitet die Namensbestimmung in der Regel keine Schwierigkeiten. Da auf beide dasselbe Recht angewandt wird, kommt es insbesondere zu keinen Normwidersprüchen.

Ist auf beide Ehegatten deutsches Recht anwendbar, wurde der Name anlässlich der Eheschließung jedoch nach einem anderen Recht – i. d. R. dem Recht des Eheschließungsstaats – gebildet, so hatten die Ehegatten oft keine Möglichkeit, einen Ehenamen zu bestimmen. In einem solchen Fall können die Ehegatten die Erklärung gemäß § 1355 Abs. 3 BGB nach der Rückkehr ins Inland abgeben. Es handelt sich um eine nachträgliche sachrechtliche Namensbestimmung (vgl. Rdnr. III-574), nicht um eine Rechtswahl.   III-702

b) Unterschiedliche Personalstatute

Haben die Ehegatten unterschiedliche Personalstatute und stimmen diese inhaltlich nicht überein, so ist der Normenwiderspruch im Wege der Angleichung zu lösen (hierzu allgemein Rdnr. III-651 ff.); das zu Inlandseheschließungen Gesagte gilt hier entsprechend.   III-703

Insbesondere führt ein deutscher Ehegatte, der bei der Eheschließung keine Möglichkeit hatte, zusammen mit seinem Partner einen Ehenamen zu bestimmen oder eine sonstige namensrechtliche Erklärung abzugeben, gemäß § 1355 Abs. 1 Satz 3 BGB den bei der Eheschließung geführten Namen weiter. Hat das Recht des Eheschließungsstaats in diesem Fall einer deutschen Frau den Mannesnamen zugewiesen, so ist diese Namensführung aus der Sicht des deutschen Rechts »falsch«; es handelt sich dann um eine »hinkende« Namensführung.   III-704

Häufiger, doch ebenfalls kollisionsrechtlich unproblematisch sind Fälle, in denen der Ehename nach objektivem Recht gebildet wurde, ohne dass die Ehegatten irgendeine Erklärung abgeben konnten. Hier liegt eindeutig keine Rechtswahl vor, auch wenn die Ehegatten Namen, die ihnen vom Recht des Eheschließungsstaats kraft Gesetzes zugewiesen werden, widerspruchslos hinnehmen und in der Folgezeit im Rechtsverkehr führen; es bleibt dann beim Grundsatz des Art. 10 Abs. 1 EGBGB.   III-705

In beiden Fällen kann man sich bei der Feststellung, ob eine Erklärung stattgefunden hat oder nicht, auf den Inhalt der Heiratsurkunde stützen; vgl. BayObLG, StAZ 1990, 15.

c) Die gemeinsame Rechtswahl nach Art. 10 Abs. 2 EGBGB

aa) Zulässigkeit der Rechtswahl bei Auslandseheschließungen

III-706 Art. 10 Abs. 2 EGBGB i.d.F. des IPRG erfasste dem Wortlaut nach nur Inlandseheschließungen; die h.M. wandte sie jedoch analog auch auf Auslandseheschließungen an (*Henrich*, IPRax 1986, 335; *Reichard*, StAZ 1987, 64). Das FamNamRG hat klargestellt, dass die Rechtswahl vom Eheschließungsort unabhängig ist. Daher ist auch eine im Ausland erfolgte Rechtswahl zu beachten.

bb) Die wählbaren Rechte

III-707 Auch bei einer Auslandseheschließung haben die Ehegatten nur die Wahl zwischen den von Art. 10 Abs. 2 EGBGB angebotenen Rechten. Gibt ihnen das Recht des Eheschließungsstaats eine weiter gehende Wahlmöglichkeit, so ist dies jedenfalls aus der Sicht des deutschen IPR unbeachtlich. Etwas anderes kann nur gelten, wenn die gewählte Namensführung nach dem unionsrechtlichen Anerkennungsgebot ohne Rücksicht auf das deutsche IPR im Inland »anzuerkennen« ist (s. Rdnr. III-698 ff.).

III-708 Bei Auslandseheschließungen ist dieser Katalog der wählbaren Rechte unzulänglich. Wenn man die Rechtswahl mit dem Gesichtspunkt der Umweltanpassung rechtfertigen will (vgl. Rdnr. III-668), wäre die Anpassung an das Recht des gemeinsamen Aufenthaltsstaats der beiden Ehegatten geradezu der Idealfall, in dem der Regelungsgedanke seine Überzeugungskraft voll entfalten könnte. Doch wird gerade diese Situation von Art. 10 Abs. 2 EGBGB nicht erfasst. Das Recht des ausländischen Aufenthaltsstaats kann allenfalls dann gewählt werden, wenn einer der Ehegatten auch dessen Staatsangehörigkeit besitzt, Abs. 2 Nr. 1; damit wird die Umweltanpassung freilich von Zufälligkeiten abhängig (s. a. *Staudinger/Hepting/Hausmann*, Art. 10 EGBGB Rdnr. 376 f.).

III-709 *Sturm*, StAZ 1995, 259 will daher mit einer »spiegelbildlichen« Anwendung des Art. 10 Abs. 2 EGBGB auch die Wahl eines ausländischen Aufenthaltsrechts zulassen. Dies wäre rechtspolitisch sinnvoll, ist allerdings mit dem Gesetzeswortlaut kaum zu vereinbaren.

III-710 Vor dem Hintergrund der EuGH-Rechtsprechung (s. Rdnr. II-414 ff.) wäre eine derartige Erweiterung des Wahlrechts de lege ferenda eine Maßnahme, um den Anforderungen des EuGH zu genügen (vgl. Rdnr. II-432; so auch *Sturm*, StAZ 2010, 11), gerade auch außerhalb der von Art. 48 EGBGB erfassten Konstellationen.

cc) Form

III-711 Wie die Form der Rechtswahlerklärung anzuknüpfen ist, ist umstritten.

Einerseits wird behauptet, die Formvoraussetzungen seien in Art. 10 Abs. 2 EGBGB selbst normiert, so dass der Rückgriff auf das allgemeine Formstatut des Art. 11 Abs. 1 EGBGB ausgeschlossen sei (*Palandt/Thorn*, Art. 10 EGBGB Rdnr. 14; OLG Düsseldorf, StAZ 2010, 110, 112). Das Argument, es fehle eine dem Art. 3 Abs. 5 Rom-I-VO vergleichbare Vorschrift, überzeugt jedoch nicht, da letzteres eine schuldvertragsrechtliche Sondernorm ist und die allgemeine Regelung des Art. 11 EGBGB für »Rechtsgeschäfte« die Namenswahlerklärungen auch ohne besondere Verweisungsnorm zu erfassen vermag. Außerdem muss diese Ansicht die Besonderheiten der ausländischen Ortsform letztlich doch berücksichtigen, indem sie »funktionelle Gleichwertigkeit« prüft (*Palandt/Thorn* a. a. O.). Sinnvoller erscheint daher die Anknüpfung gemäß Art. 11 Abs. 1 EGBGB (*Hepting*, StAZ 1994, 7).

Damit untersteht die Form der Rechtswahlerklärung alternativ dem Ortsrecht und dem Geschäftsstatut, Art. 11 Abs. 1 EGBGB. | III-712

Das ausländische Ortsrecht wird keine spezifisch namensrechtliche Vorschrift bereithalten, wenn es – wie meist – die Wahl des Namensstatuts nicht kennt. In diesen Fällen geht die Verweisung auf die Ortsform ins Leere.

Geschäftsstatut der Rechtswahl als kollisionsrechtlichem Rechtsgeschäft ist das deutsche Recht (s. Rdnr. III-692). Es verlangt – nicht anders als in Inlandsfällen (s. Rdnr. III-691) – die Einbindung in die Eheschließungsform. Gemeint ist damit nicht die deutsche, sondern die jeweilige Eheschließungsform, für die wiederum Art. 11 EGBGB gilt: Art. 10 Abs. 2 Satz 1 EGBGB folgt – jenseits der nachträglichen Rechtswahl nach Satz 2 – dem Grundsatz, dass die Rechtswahlerklärungen in derselben Form erklärt sein müssen wie der Eheschließungswille.

dd) Amtsempfangsbedürftigkeit
Gemäß Art. 10 Abs. 2 EGBGB ist die Erklärung amtsempfangsbedürftig. Der Zugang bei dem empfangszuständigen Amtsträger ist kein formelles, sondern ein materielles Wirksamkeitserfordernis; es wird daher nicht von Art. 11 EGBGB erfasst, sondern folgt – bei Inlands- wie bei Auslandseheschließungen – direkt aus Art. 10 Abs. 2 EGBGB. Die die Erklärung entgegennehmende Behörde muss einem deutschen Standesamt gleichwertig sein (OLG Düsseldorf, StAZ 2010, 112). | III-713

Erfolgt die Rechtswahl bei Eheschließung, ist das Standesamt, das die Trauung vornimmt, empfangszuständig. Erfolgt die Eheschließung in einem Land, das die religiöse Eheschließung mit anschließender Transkription in ein Zivilstandsregister zulässt, so wird man nicht den trauenden Religionsdiener, sondern das registrierende Standesamt als empfangszuständig anzusehen haben. | III-714

Zu der wirksamen Rechtswahl anlässlich einer Auslandseheschließung gehört die Bereitschaft der empfangszuständigen Person, eine solche Erklärung überhaupt entgegenzunehmen. | III-715

Wenn das Recht des Eheschließungsstaats eine namensrechtliche Erklärung nicht vorsieht, kann man davon ausgehen, dass die Trauungsperson sie auch im konkreten Fall nicht entgegengenommen hat (BayObLGZ 1989, 363, 366 = StAZ 1990, 15; dazu auch *Hepting*, StAZ 1994, 7). Diese am Inhalt des ausländischen Rechts orientierte Vermutung ist widerlegt, wenn die Ehegatten nachweisen, dass der ausländische Standesbeamte ausnahmsweise bereit war, eine entsprechende Erklärung entgegenzunehmen.

Dieser Nachweis wird nur dann gelingen, wenn die Namensbestimmung als solche in den Heiratsdokumenten vermerkt ist. Der bloße Umstand, dass die Ehegatten die Heiratsurkunde mit einem bestimmten Namen unterschrieben haben, ist noch keine ausreichende Wahl des diese Namensfüh- | III-716 rung rechtfertigenden Rechts (so auch BayObLG a.a.O.), da er die Freiwilligkeit der Wahl nicht erkennen lässt.

Die praktischen Ergebnisse sind ähnlich wie beim Formerfordernis; der inländische Rechtsverkehr kann sich auf den Inhalt der ausländischen Personenstandseintragungen oder -urkunden stützen.

ee) Inhalt, Auslegung

III-717 Die Rechtswahl muss auch bei einer Auslandseheschließung durch gemeinsame Erklärung erfolgen, die im Hinblick auf das Zustandekommen und die Wirksamkeit der Rechtswahl im Übrigen deutschem Recht unterliegt (s. Rdnr. III-692).

Bei der ausländischen Eheschließung ist das Verhalten der Ehegatten auf seinen Erklärungswert hin auszulegen.

Voraussetzung ist, dass die Ehegatten die Möglichkeit und das Bewusstsein hatten, sich zwischen verschiedenen Möglichkeiten entscheiden zu können.

III-718 Unproblematisch sind Fälle, in denen das IPR des Eheschließungsstaats eine ausdrückliche Rechtswahl vorsieht, da dann das Standesamt eine entsprechende kollisionsrechtliche Erklärung der Ehegatten anregt und entgegennimmt; sie sind aber in der Praxis selten, da nur wenige Rechte eine dem Art. 10 Abs. 2 EGBGB ähnliche Regel kennen.

III-719 Häufiger, doch ebenfalls kollisionsrechtlich unproblematisch sind Fälle, in denen der Ehename nach objektivem Recht gebildet wurde, ohne dass die Ehegatten irgendeine Erklärung abgeben konnten. Hier liegt eindeutig keine Rechtswahl vor, auch wenn die Ehegatten Namen, die ihnen vom Recht des Eheschließungsstaats kraft Gesetzes zugewiesen werden, widerspruchslos hinnehmen und in der Folgezeit im Rechtsverkehr führen; es bleibt dann beim Grundsatz des Art. 10 Abs. 1 EGBGB.

In beiden Fällen kann man sich bei der Feststellung, ob eine Erklärung stattgefunden hat oder nicht, auf den Inhalt der Heiratsurkunde stützen; vgl. BayObLG, StAZ 1990, 15.

III-720 Problematisch sind daher nur die Fälle, in denen die Ehegatten bei der Eheschließung ihren Namen durch sachrechtliche Erklärung bestimmt haben. Hier liegt objektiv wie subjektiv eine namensbestimmende Erklärung vor; fraglich ist nur, ob sie auch die Bestimmung des maßgeblichen Statuts umfasst. Es handelt sich also um eine Auslegungsfrage.

Haben die Ehegatten eine sachrechtliche Namensbestimmung getroffen, so genügt dies für Art. 10 Abs. 2 EGBGB, wenn die gewählte Namensführung die Wahl eines bestimmten maßgeblichen Rechts eindeutig einschließt (s. etwa OLG Düsseldorf, StAZ 2010, 110, 112). Es ist dann unerheblich, ob sich die Ehegatten darüber im Klaren waren, eine kollisionsrechtliche Rechtswahlerklärung abzugeben.

III-721 Wählen die Ehegatten eine Namensführung, die nach verschiedenen wählbaren Ehenamensrechten gleichermaßen möglich ist, so fehlt es an der notwendigen Eindeutigkeit.

Da ein eindeutiger Schluss auf das der Namensführung zugrunde liegende Recht nicht möglich ist, gilt für jeden Ehegatten sein Personalstatut (zur sachrechtlichen Übereinstimmung der Personalstatute s. a. Rdnr. III-649 f.; a. A. offenbar *Reichard*, StAZ 1987, 64, der die Frage der Rechtswahl offenlassen will).

Die Wahl bezieht sich auf die namensrechtlichen Vorschriften des gewählten Rechts, nicht aber auf den nach diesem Recht geführten Namen selbst. Dieser ist im Rahmen der gewählten Vorschriften nur eine Vorfrage, muss daher gesondert beurteilt werden und weicht ggf. von dem nach dem gewählten Recht zu führenden Namen ab (dies verkennt OLG Düsseldorf, StAZ 2010, 110).

Die Rechtswahl muss deswegen so eindeutig und klar nachweisbar sein, weil ihre Wirkungen zeitlich über die Eheschließung hinausreichen und auch später noch eine Rolle spielen können (zur zeitlichen Reichweite der Rechtswahl s. Rdnr. III-684 ff.). Lässt das deutsche IPR eine nicht aktenkundige Rechtswahl unberücksichtigt, weil der Nachweis nicht geführt werden kann, so gilt sie als nicht erfolgt; die Ehegatten haben gemäß Art. 10 Abs. 2 EGBGB die Möglichkeit einer nachträglichen Rechtswahl.

3. Rechtswahl nach der Rückkehr ins Inland

Haben die Ehegatten anlässlich einer Auslandseheschließung keine Rechtswahl nach Art. 10 Abs. 2 EGBGB getroffen, entweder weil sie es nicht wollten oder weil sie dazu nicht die rechtliche Möglichkeit hatten, so ist die Rechtslage nicht anders als bei einer Inlandseheschließung. Eine nachträgliche Rechtswahl ist unter denselben Voraussetzungen möglich, die auch bei einer Inlandseheschließung zu beachten wären; hierzu nunmehr Rdnr. III-725 ff.

V. Namensbestimmende Erklärungen nach der Eheschließung

1. Nachträgliche Rechtswahl

a) Regelungszweck

Seit dem FamNamG erlaubt das internationale Namensrecht, das Ehenamensstatut auch noch nach der Eheschließung zu wählen. Ob die Ehe im Inland oder im Ausland geschlossen worden ist, macht dabei keinen Unterschied.

Die rechtspolitischen Motive der Regelung sind nicht ganz klar. Eine gewisse Rolle gespielt haben mag der Gedanke an eine Parallelität zwischen Sach- und Kollisionsrecht: Da § 1355 Abs. 3 Satz 2 BGB die Ehenamensbestimmung auch noch nach der Eheschließung zuließ, sollte auch für die Rechtswahl Entsprechendes gelten.

Ein weiterer denkbarer Regelungszweck ist die nachträgliche Umweltanpassung; der typische Fall dürfte sein, dass Ehegatten nach einer Auslandseheschließung ins Inland übersiedeln und sich hier gemäß Art. 10 Abs. 2 Satz 1 Nr. 2 EGBGB dem deutschen Aufenthaltsrecht unterwerfen. Allerdings ist die Rechtswahl – wie auch sonst (vgl. Rdnr. III-669) – nicht auf Fälle beschränkt, in denen dieser Anpassungseffekt tatsächlich erreicht wird.

Da der Gesetzgeber seine rechtspolitischen Absichten im Tatbestand nicht berücksichtigt hat, sind zahlreiche Fallvarianten denkbar, bei denen die an keine weiteren Voraussetzungen geknüpfte Wahlfreiheit teilweise zu eng, teilweise auch zu weit ist.

III-728 So gibt der Wortlaut den Ehegatten keine Möglichkeit, nach der Übersiedlung ins Inland die Namensführung nach dem Recht des bisherigen Aufenthaltsstaats zu wählen, um dadurch Namenskontinuität herbeizuführen. Etwas anderes gilt nur dann, wenn (zufällig) einer der Ehegatten die (auch ineffektive) Staatsangehörigkeit dieses Staates besitzt (zum praktischen Bedürfnis nach einer solchen Anpassungsmöglichkeit etwa *Hepting*, StAZ 1994, 8). Allerdings wird bei Übersiedlung innerhalb der EU die Namenskontinuität nunmehr auf der Grundlage der europarechtlichen Rechtsprechung des EuGH erreicht (s. hierzu Rdnr. III-698 ff.).

III-729 Andere Beispielsfälle zeigen, dass dem Gesetzgeber die Wahlfreiheit zu weit geraten ist.

So können etwa Ehegatten, von denen einer Deutscher, der andere deutsch-ausländischer Doppelstaater ist, während ihrer Ehe ohne jeden äußeren Anlass von ihrem gemeinsamen deutschen Personalstatut auf das ausländische Heimatrecht des Doppelstaaters überwechseln, Art. 10 Abs. 2 Satz 1 Nr. 1 EGBGB (vgl. *Hepting*, StAZ 1994, 7).

III-730 Das Extrem der Wahlfreiheit wird erreicht, wenn zwei rein ausländische Ehegatten ohne gewöhnlichen Aufenthalt im Inland eines ihrer Heimatrechte (und möglicherweise nicht einmal ein effektives!) nach Art. 10 Abs. 2 Satz 1 Nr. 1 EGBGB zum Ehenamensstatut bestimmen und auf diese Weise für den deutschen Rechtsbereich (und möglicherweise nur für diesen) eine Namensführung herbeiführen, die sich von der Rechtsansicht ihrer Heimatrechte völlig löst.

Ein solches Ergebnis schießt weit über das Ziel einer Umweltanpassung hinaus. Dennoch ist es vom Gesetzeswortlaut her kaum zu verhindern.

b) Rechtswahlvoraussetzungen

III-731 Hinsichtlich der wählbaren Rechte gilt das in Rdnr. III-673 ff. Gesagte entsprechend. Maßgeblich sind die Voraussetzungen im Zeitpunkt der Rechtswahlerklärung.

Ob die Ehe im Inland oder im Ausland geschlossen wurde, macht keinen Unterschied; auch differenziert das Gesetz nicht danach, ob die nachträgliche Rechtswahlerklärung im Inland oder im Ausland abgegeben wird.

III-732 Bei Inlandserklärungen ist die Formvorschrift des Art. 10 Abs. 2 Satz 2 EGBGB zu beachten.

Bei Auslandserklärungen genügt gemäß Art. 11 Abs. 1, 2. Alt. EGBGB die Ortsform, allerdings nur, wenn das dortige Recht eine solche Form überhaupt zur Verfügung stellt. Ist dies nicht der Fall, so bewendet es bei Art. 10 Abs. 2 Satz 2 EGBGB als dem Geschäftsrecht; allerdings genügt dann eine der öffentlichen Beglaubigung funktionsentsprechende und gleichwertige Form, s. hierzu Rdnr. III-711 f.

Bei Inlands- wie auch Auslandserklärungen ist die von Art. 10 Abs. 2 Satz 1 EGBGB geforderte Amtsempfangsbedürftigkeit der Erklärung zu beachten.

c) Keine frühere Rechtswahl

Art. 10 Abs. 2 EGBGB erlaubt die Rechtswahl bei oder nach der Eheschließung; die erstere schließt demnach die letztere aus.

III-733

Verallgemeinert man diesen Grundsatz, so ließe sich daraus folgern, dass das Ehenamensstatut nur einmal gewählt werden darf. Auch eine Rechtswahl, die erst nach der Eheschließung erfolgt, würde spätere Erklärungen ausschließen.

Für diese restriktive Auslegung spräche der Grundsatz der Namenskontinuität. Jede Änderung des Namens beeinträchtigt seine Kennzeichnungsfunktion. Dass in vielen Rechtsordnungen bei einer Eheschließung sachrechtliche Namensänderungen üblich sind, rechtfertigt es, bei dieser Gelegenheit auch eine Änderung des Namensstatuts zuzulassen. Ist diese kollisionsrechtliche Änderung unterblieben, mag sie das Ehepaar später nachholen; doch ist schon dies ein erheblicher Eingriff in die Namenskontinuität. Eine weitere Rechtswahl verliert den Bezug zur Ehe; es handelt sich dann nicht mehr um die Bestimmung des mit der Ehe erworbenen Namens, sondern um seine spätere Änderung zum Zwecke der Anpassung an geänderte Umstände. Gerade weil sich Art. 10 Abs. 2 EGBGB ggf. von seinem eigentlichen Motiv, der Umweltbezogenheit, im Ergebnis völlig entfernt (vgl. Rdnr. III-668 f.), führt eine mehrfache Rechtswahl zu voraussetzungsloser und damit unkontrollierbarer namensrechtlicher Gestaltungsfreiheit.

III-734

Doch lässt sich hiergegen einwenden, dass der Gesetzgeber und die Rechtsprechung die Namenskontinuität als Rechtsgrundsatz mittlerweile so stark relativiert haben, dass man darauf keine stringente Argumentation mehr aufbauen kann, s. a. Rdnr. III-727 ff. Eine restriktive Auslegung kann in Einzelfällen zur Folge haben, dass Ehegatten, die ihren Aufenthaltsstaat mehrfach ändern oder deren Leben anders verlaufen ist, als sie es sich bei der ersten Rechtswahl vorgestellt haben (vgl. Rdnr. III-653: »Lebensplanung«), ihre Namensführung nicht noch einmal anpassen können. Die gesetzliche Regelung in Art. 47 EGBGB geht über die Angleichung i. e. S. hinaus und zeigt, dass Namenskontinuität kein dominierendes namensrechtliches Prinzip mehr ist (näher Rdnr. II-374 ff.). Daher kann man eine mehrfache Rechtswahl nicht mehr zwingend ausschließen; vielmehr kann in näher zu bestimmenden Einzelfällen eine erneute Rechtswahl möglich sein, obwohl die Ehegatten von dem Wahlrecht nach Art. 10 Abs. 2 EGBGB schon einmal Gebrauch gemacht haben.

III-735

2. Nachträgliche sachrechtliche Erklärungen zur Namensführung

a) Anfängliche rechtliche Unmöglichkeit der Namensbestimmung

Um keinen Fall einer Rechtswahl handelt es sich, wenn deutsche Ehegatten bei ihrer Auslandseheschließung keine rechtliche Möglichkeit hatten, einen

III-736

Ehenamen zu bestimmen, weil der ausländische Standesbeamte nicht bereit war, entsprechende Erklärungen entgegen zu nehmen. Wenn sie die Erklärung später im Inland nachholen, ist eine Rechtswahl unnötig, da deutsches Recht ohnehin als von Anfang an nach Art. 10 Abs. 1 EGBGB maßgeblich anzusehen ist. Es handelt sich um die schlichte nachträgliche Bestimmung eines Ehenamens nach § 1355 Abs. 3 Satz 2 BGB, nicht anders als in einem reinen Inlandsfall.

III-737 Faktisch führt dies zu einer Änderung der bisherigen Namensführung, die allerdings freiwillig geschieht, so dass hinsichtlich der namensrechtlichen EuGH-Rechtsprechung (s. Rdnr. II-414 ff.) keine Bedenken bestehen, s. Rdnr. II-442, II-470, III-700.

III-738 Entsprechendes galt zunächst für den Fall, dass ein ausländischer Ehegatte erst während der Ehe einen als Ehenamen geeigneten Familiennamen erwarb; ab diesem Augenblick konnte ihn der deutsche Ehegatte zum Ehenamen bestimmen, ohne dass es hierzu einer nachträglichen Rechtswahl bedurft hätte. Der in der Praxis häufigste Fall, in dem sich der Erwerb des Ehenamens nach deutschem Recht richtet, wird seit dem Inkrafttreten von Art. 47 EGBGB von dessen Abs. 2 erfasst, wodurch die Namensableitung wesentlich erleichtert wurde (näher Rdnr. II-331 ff.).

b) Nachträglicher Statutenwechsel zum deutschen Recht

III-739 Ähnlich ist die Rechtslage dann, wenn die Ehegatten bei der Eheschließung einem ausländischen Namensstatut unterstanden und später nicht durch eine Rechtswahl, sondern z. B. aufgrund einer Einbürgerung unter die Herrschaft des deutschen Namensrechts kommen. Nach einem solchen Statutenwechsel zum deutschen Recht stehen den Ehegatten alle sachrechtlichen Namensbestimmungsmöglichkeiten des § 1355 BGB offen, ggf. in Verbindung mit einer vorhergehenden Angleichung nach Art. 47 EGBGB.

III-740 Sie können also auch dann, wenn sie vorher im Ausland unter Anwendung ausländischen Rechts bereits einen Ehenamen bestimmt hatten, nach Maßgabe des § 1355 Abs. 1 Satz 1 und Abs. 2 BGB einen neuen Ehenamen bestimmen (BGH, StAZ 2001, 211 auf Vorlage von BayObLG, StAZ 1999, 270 und OLG Frankfurt a. M., StAZ 2000, 209; OLG München, StAZ 2012, 21; OLG Frankfurt a. M., StAZ 2013, 352, 353).

III-741 Dass ihnen alle Namensbestimmungsmöglichkeiten des § 1355 BGB offenstehen, bedeutet aber auch, dass sie den nach ausländischem Recht bestimmten Ehenamen aufgeben und auf der Grundlage des nunmehr allein maßgeblichen deutschen Rechts zur getrennten Namensführung nach § 1355 Abs. 1 Satz 3 BGB übergehen können (OLG Frankfurt a. M., StAZ 2006, 263; *Krömer*, StAZ 2008, 290; zum Kindesnamen in diesen Fällen siehe Rdnr. V-720).

Achter Abschnitt: Die Lebenspartnerschaft

A. Allgemeines

I. Rechtsentwicklung

Ende der 1980er Jahre kam in Deutschland die Forderung auf, gleichgeschlechtlichen Paaren eine institutionalisierte Lebensform zur Verfügung zu stellen. Nachdem Dänemark im Jahr 1989 als erstes Land eine registrierte Partnerschaft eingeführt hatte und in der Folgezeit weitere skandinavische Staaten nachgezogen hatten, erhielten die Befürworter einer gleichgeschlechtlichen Partnerschaft mit dem Regierungswechsel 1998 rechtspolitischen Auftrieb. Dies führte trotz der Kritik konservativer Kreise und der katholischen Kirche zu einem Entwurf eines Lebenspartnerschaftsgesetzes. Dessen materiellrechtlicher Teil trat am 1.8.2001 in Kraft (Lebenspartnerschaftsgesetz – LPartG vom 16.2.2001). Verfahrensrechtliche Fragen wurden ausgegliedert, um die Zustimmungspflicht des von den unionsregierten Ländern dominierten Bundesrats zu vermeiden. Nachdem das BVerfG (StAZ 2002, 293) die Verfassungsmäßigkeit der Einführung einer Lebenspartnerschaft bejaht hatte, erging 2004 das Gesetz zur Überarbeitung des Lebenspartnerschaftsrechts (Gesetz vom 15.12.2004), das die Lebenspartnerschaft weiter der Ehe annäherte. Das BVerfG hat in der Folgezeit die Rechte eingetragener Lebenspartner gestärkt und über den Gleichheitssatz in Art. 3 Abs. 1 GG faktisch der Schutz der Ehe nach Art. 6 Abs. 1 GG auf Lebenspartnerschaften ausgeweitet, s. etwa zum Verbot der Sukzessivadoption (BVerfG, StAZ 2013, 184, dazu Rdnr. V-406). Es läge demnach nahe zu fordern, dass der Gesetzgeber die Lebenspartnerschaft als das bezeichnet, was sie – auch nach der Rechtsprechung des BVerfG – mittlerweile ist: als gleichgeschlechtliche Ehe, s. etwa *Sanders*, StAZ 2010, 175, 179. Allerdings ist diese Forderung allenfalls für Sachverhalte ohne Auslandsbezug berechtigt; solange nicht eine Mehrzahl der Rechtsordnungen gleichgeschlechtlichen Paaren eine Statusbeziehung verweigert, wird man jedenfalls im Kollisionsrecht zwischen gleichgeschlechtlichen Statusbeziehungen und der traditionellen Ehe unterscheiden müssen, s. Rdnr. III-838 ff. sowie *Coester-Waltjen*, Festschrift Brudermüller, 2014, 73, 75.

III-742

II. Die Zuständigkeit des Standesamts

Bis zum PStRG war die Regelung der Zuständigkeit zur Registrierung von Lebenspartnerschaften den Ländern überlassen; bis auf Bayern hatten alle Bundesländer dem Standesamt zumindest in der Regel die Zuständigkeit für die Begründung von Lebenspartnerschaften direkt übertragen; in einzelnen Fällen wurde es von den ursprünglich zuständigen Stellen beauftragt.

III-743

III-744   In der Praxis führte diese uneinheitliche Behördenzuständigkeit zu erheblichen Problemen: Die Lebenspartnerschaft ist materiellrechtlich ein relevantes Merkmal des Personenstands und muss vom Standesamt – etwa bei Vorliegen eines Eheverbotes, § 1306 BGB, s. Rdnr. III-60 f. – berücksichtigt werden.
   Ein Mitteilungsverkehr zwischen den einzelnen Standesämtern, wie er sich für Eheschließungen bewährt hat, fand aber zwischen den unterschiedlichen zuständigen Behörden nicht in gleichem Maße statt.

III-745   Das PStRG vom 19.2.2007 hat die Zuständigkeit für Lebenspartnerschaftssachen vereinheitlicht. Nach § 1 Abs. 1 Satz 1 LPartG i.d.F. des PStRG ist seit dem 1.1.2009 bundeseinheitlich das Standesamt zuständig.

III-746   § 23 LPartG i.d.F. des PStRG sieht allerdings eine Öffnungsklausel vor, die den Ländern gestattet, abweichende Zuständigkeiten beizubehalten, sofern nur die Einrichtung eines Lebenspartnerschaftsregisters gesichert ist. Da es keinen sachlichen Grund für eine gespaltene Behördenzuständigkeit gibt, und die bei Begründung einer Lebenspartnerschaft auftretenden Fragen und Probleme materiell denen bei der Eheschließung entsprechen, mit denen das Standesamt tagtäglich konfrontiert ist (s. Rdnr. III-744), sprechen Effizienzgesichtspunkte rechtspolitisch für eine Zuständigkeit der Standesämter für die Begründung der Ehe wie auch der Lebenspartnerschaft.

III-747   Die Form der Begründung der Lebenspartnerschaft ist in § 1 Abs. 2 LPartG n.F. angelehnt an die Form der Eheschließung in § 1312 BGB. § 1 Abs. 2 LPartG n.F. ersetzt damit die bisherigen landesrechtlichen Regelungen in den Ausführungsgesetzen zum Lebenspartnerschaftsgesetz.

III-748   § 17 Satz 1 PStG verweist für die Begründung einer Lebenspartnerschaft auf die für die Ehe geltenden Vorschriften der §§ 11, 12 Abs. 1, 2, 13 bis 16 PStG.

III. Aufgaben des Standesamts

III-749   Den Standesämtern obliegt, soweit sie zuständig sind, die Mitwirkung
   – bei der Begründung der Lebenspartnerschaft;
   – bei namensrechtlichen Erklärungen bezüglich eines Lebenspartnerschaftsnamens;
   – bei der Namenserteilung an das Kind eines Lebenspartners.
   Die Aufhebung der Lebenspartnerschaft erfolgt gemäß § 15 LPartG durch ein Gericht. Hier wirkt das Standesamt also nicht mit, sondern hat sich auf die bloße Eintragung zu beschränken.
   Die PStG-Reform hat ein Lebenspartnerschaftsregister geschaffen. Die Neufassung des § 23 LPartG gestattet es den Ländern allerdings, abweichende Zuständigkeiten und Verfahren beizubehalten.
   Werden vom Standesamtsmodell abweichende Registrierungssysteme erst nach dem Inkrafttreten des PStG n.F. geschaffen, muss zumindest die Einrichtung eines Lebenspartnerschaftsregisters gesichert sein.
   Hinsichtlich der Eintragungen verweist § 17 PStG allgemein auf die für die Ehe geltenden Vorschriften.

Die landesrechtlichen Vorschriften über die Eintragungen unterscheiden sich in erster Linie hinsichtlich der Zuständigkeiten; im Übrigen gibt es geringfügige Unterschiede in Bezug auf den Ort der Eintragung und die Mitteilungspflichten der Standesämter.

Daneben gibt es Fälle, in denen die Standesämter das Bestehen einer Lebenspartnerschaft als Vorfrage prüfen müssen, weil sie bei der Beurteilung einer anderen Rechtsfrage vorgreiflich ist; dies ist der Fall III-750
– bei der Begründung einer Lebenspartnerschaft,
– bei einer Heirat.

Die internationalprivat- und auslandsrechtlichen Probleme der Lebenspartnerschaft stellen sich fast ausschließlich in diesem letztgenannten Zusammenhang als Vorfrage, da das Standesamt bei der Begründung einer Lebenspartnerschaft im Inland wegen Art. 17b Abs. 1 Satz 1 EGBGB stets das deutsche Recht anwenden kann (näher Rdnr. III-803 ff.). III-751

B. Die Begründung der Lebenspartnerschaft im Standesamt

I. Die Voraussetzungen der Eingehung einer Lebenspartnerschaft

Ist das Standesamt die zuständige Behörde für die Begründung der Lebenspartnerschaft, so hat es – ähnlich wie bei der Begründung einer Ehe – die Voraussetzungen für die Eingehung der Lebenspartnerschaft zu prüfen. Stellt das Standesamt fest, dass ein solches Hindernis vorliegt, darf es nicht an der Begründung der Lebenspartnerschaft mitwirken (*Lipp*, StAZ 2002, 354, 356). Wegen der Ähnlichkeit beider Rechtsinstitute orientiert sich der Aufbau der Erläuterung an der Gliederung zu den Voraussetzungen der Eheschließung, s. Rdnr. III-28 ff. III-752

1. Lebenspartnerschaftsmündigkeit

Nach § 1 Abs. 3 Nr. 1 LPartG müssen beide Lebenspartner volljährig sein. Dabei ist § 187 Abs. 2 BGB bei der Berechnung mit heranzuziehen. Maßgeblich ist daher der Zeitpunkt der Eingehung der Lebenspartnerschaft; die Anmeldung ist auch schon vorher zulässig. Zur ähnlichen Situation bei der Ehe s. Rdnr. III-28. III-753

Das Gesetz ist bei der Bestimmung der Mündigkeit für eine Lebenspartnerschaft strenger als bei der Ehemündigkeit. Bei der Ehe ist nach § 1303 Abs. 2 BGB eine Befreiung vom Volljährigkeitserfordernis möglich, wenn ein Verlobter über sechzehn Jahre alt ist, s. Rdnr. III-29 ff. Diese Möglichkeit hat der Gesetzgeber für Lebenspartner bewusst nicht vorgesehen (Hk-LPartR/ *Kemper*, § 1 LPartG Rdnr. 7), wobei die Verfassungsmäßigkeit dieser Ungleichbehandlung durchaus hinterfragt werden kann (*Lack*, StAZ 2013, 275, 282). III-754

Zur Begründung einer Lebenspartnerschaft mit einer Person, die jünger als 18 Jahre ist, kann es nur in Fällen mit Auslandsberührung kommen, wenn ein ausländisches Recht ein niedrigeres Volljährigkeitsalter vorsieht (s. Rdnr. III-815).

2. Geschäftsfähigkeit

III-755 Im LPartG i.d.F. vom 1.8.2001 fehlte zunächst eine Vorschrift, die den für die Geschäftsfähigkeit bei der Ehe geltenden §§ 1304, 1314 Abs. 2 Nr. 1 BGB entsprach. Das LPartG regelte die Lebenspartnerschaft als einen Vertrag, für dessen Wirksamkeit die für Rechtsgeschäfte allgemein geltenden Vorschriften des BGB maßgeblich waren, insbesondere die §§ 104 ff. BGB (*Lipp*, StAZ 2002, 354, 358).

Sachlich ergaben sich hieraus allerdings keine Unterschiede zur Ehe. Das Standesamt musste prüfen, ob die Willenserklärung der Registrierungswilligen wegen dauerhafter Geschäftsunfähigkeit nach §§ 104 Nr. 2, 105 Abs. 1 BGB oder wegen vorübergehender Geschäftsunfähigkeit nach § 105 Abs. 2 BGB nichtig waren und bei Bejahung dieser Frage die Mitwirkung bei der Registrierung verweigern (*Lipp*, StAZ 2002, 354, 358).

Durch das LPartÜG vom 15.12.2004 ist § 15 Abs. 2 Satz 2 LPartG mit Wirkung vom 1.1.2005 in das Gesetz aufgenommen worden, der auf die vorübergehende Geschäftsunfähigkeit des § 1314 Abs. 2 Nr. 1 BGB verweist. Sachlich hat sich dadurch jedoch nichts geändert, s. im Einzelnen Rdnr. III-757.

a) Die Merkmale der Geschäftsunfähigkeit

III-756 Wie bei der Ehe stellt sich auch bei der Lebenspartnerschaft die Frage, ob der Begriff der Geschäftsunfähigkeit anders bestimmt werden kann als nach § 104 Nr. 2 BGB. Bei der Ehe geht die Rechtsprechung davon aus, dass es eine »partielle Geschäftsfähigkeit« für die Ehe gibt, wenn eine Einsicht in das Wesen der Ehe besteht (BayObLG, StAZ 1996, 229 = FamRZ 1997, 294; hierzu Rdnr. III-44).

Diese Grundsätze finden auch Anwendung bei der Lebenspartnerschaft, auch hier gibt es eine »partielle Geschäftsfähigkeit« für die Eingehung einer Lebenspartnerschaft, wenn eine Einsicht in das Wesen der Lebenspartnerschaft besteht (MünchKomm/*Wacke*, § 1 LPartG Rdnr. 8; *Finger*, MDR 2001, 199, 200).

III-757 Befindet sich einer der Lebenspartner in einem Zustand vorübergehender Störung der Geistestätigkeit, so war dessen Willenserklärung zur Eingehung einer Lebenspartnerschaft nach dem LPartG i.d.F. vom 1.8.2001 bis 31.12.2004 nach § 105 Abs. 2 BGB nichtig, s. Rdnr. III-755.

Gemäß § 15 Abs. 2 Satz 2 LPartG ist die vorübergehende Geistesstörung kein Nichtigkeitsgrund mehr, sondern macht die Lebenspartnerschaft (nur) aufhebbar, vgl. Rdnr. III-45. Für das Standesamt ergeben sich daraus keine praktischen Unterschiede. Erkennt es das Vorliegen eines Tatbestandsmerkmals des § 1314 Abs. 2 Nr. 1 BGB, so muss es die Mitwirkung an der Begründung einer Lebenspartnerschaft verweigern; das praktische Verfahren in diesen Fällen entspricht Rdnr. III-46 ff.

b) Lebenspartnerschaftsfähigkeit des Betreuten

Wie bei der Eheschließung kann sich ein Einwilligungsvorbehalt bei der Betreuung nach §§ 1896 ff. BGB nicht erstrecken auf die Willenserklärung des Betreuten, die auf Begründung einer Lebenspartnerschaft gerichtet ist, § 1903 Abs. 2 BGB. Die Betreuung hat daher keine unmittelbar rechtlichen Auswirkungen auf die Fähigkeit zur Eingehung einer Lebenspartnerschaft (zur gleichen Situation bei der Ehe s. Rdnr. III-49 ff.). III-758

Freilich wird die Regelung des § 104 Nr. 2 BGB durch die Betreuung nicht verdrängt; das Standesamt muss daher eine eventuelle Geschäftsunfähigkeit individuell nach § 104 Nr. 2 BGB feststellen, s. Rdnr. III-51.

3. Gleichgeschlechtlichkeit; Transsexualität

Nach § 1 Abs. 1 Satz 1 LPartG können nur zwei Personen gleichen Geschlechts die Lebenspartnerschaft eingehen; zu Personen mit unbestimmtem Geschlecht s. Rdnr. IV-224 ff. Verschlossen ist das Rechtsinstitut der Lebenspartnerschaft damit den verschiedengeschlechtlichen Partnern einer nichtehelichen Lebensgemeinschaft. Für diese Personen gibt es keine Alternative zur Ehe, wenn sie eine rechtliche institutionalisierte Partnerschaft wünschen. III-759

Damit unterscheidet sich das deutsche Recht von ausländischen Rechtsordnungen, die eine verschiedengeschlechtliche institutionalisierte Partnerschaft neben der Ehe vorsehen, vgl. den Überblick über die Ausgestaltung von Lebensgemeinschaften in Europa bei *Röthel*, StAZ 2006, 34, 36 ff.; speziell zum französischen pacte civil de solidarité (PACS) s. *Ferrand*, FamRZ 2000, 517 ff.

Die Homosexualität ist keine Voraussetzung der Lebenspartnerschaft. Auf die sexuelle Orientierung der Lebenspartner kommt es daher nicht an (LG Stade, StAZ 2003, 48; *Lipp*, StAZ 2002, 354, 355), mag auch der Gesetzgeber in erster Linie an diese Fälle gedacht haben. III-760

In den meisten Fällen ist das Standesamt gar nicht in der Lage, die sexuelle Orientierung zu überprüfen. Aber selbst dann, wenn die Registrierungswilligen dem Standesamt gegenüber offen erklären, dass sie nicht homosexuell sind, darf es die Mitwirkung an der Begründung der Lebenspartnerschaft nicht verweigern (so auch *Muscheler*, Rdnr. 117; a.A.: MünchKomm/*Wacke*, § 1 LPartG Rdnr. 13). Von einem Rechtsmissbrauch lässt sich nicht sprechen (so aber MünchKomm/*Wacke*, a.a.O.), wenn der Gesetzgeber die Verpflichtung zu partnerschaftlicher Gemeinschaft in § 2 LPartG – anders als für die Ehe in § 1353 Abs. 1 Satz 2 BGB – bewusst ohne Bezug zur Sexualität gefasst hat (vgl. zu den Unterschieden *Kaiser*, StAZ 2006, 65, 67).

Fragen wirft die Beteiligung Transsexueller auf (zum Transsexuellenrecht s. allgemein Rdnr. V-921 ff., V-935 ff.). Zum einen stellt sich auch hier die Schwierigkeit, dass vor einer Änderung der rechtlichen Geschlechtszugehörigkeit nach dem TSG das ursprüngliche rechtliche Geschlecht über die mögliche Partnerschaftsform (Ehe oder Lebenspartnerschaft) entscheidet, die sich nicht mit der sexuellen Ausrichtung des Transsexuellen decken muss; zur entsprechenden Problematik bei der Ehe bereits Rdnr. III-53. III-761

Probleme bereiteten in der Vergangenheit zum anderen Fälle, in denen der Transsexuelle im Zeitpunkt der angestrebten Registrierung bisher nur die sog. »kleine Lösung« nach §§ 1 ff. TSG gewählt hat, bei der der Transsexuelle nur den Namen seinem neuen Geschlecht anpasst, nicht aber die sog. »große Lösung« nach §§ 8 ff. TSG, die nach § 10 Abs. 1 TSG dazu führt, dass der Transsexuelle personenstandsrechtlich dem neuen Geschlecht zugeordnet wird. Transsexuelle mit subjektiv homosexuellem Partnerschaftswunsch konnten zwar rechtlich die Ehe eingehen, mussten damit aber ihren im Wege der »kleinen Lösung« gewonnenen Namen aufgeben (§ 7 Abs. 1 Nr. 3 TSG a. F.) und verbauten sich durch die Ehe die Möglichkeit einer »großen Lösung«, die eine Änderung des Personenstands ausschloss (§ 8 Abs. 1 Nr. 2 TSG a. F.).

Diese Schwierigkeiten haben jedoch durch die Liberalisierung des Transsexuellenrechts erheblich an Brisanz verloren. Das BVerfG hat mittlerweile in zahlreichen Entscheidungen die Auswirkungen einer Ehe oder Lebenspartnerschaft im Transsexuellenrecht beseitigt sowie die ursprünglich sehr hohen Anforderungen der »großen Lösung« faktisch auf die deutlich niedrigeren Anforderungen der »kleinen Lösung« herabgesenkt, näher Rdnr. V-935 ff. Die Rechtsprechung des BVerfG hat die Problematik an ihrer Wurzel gepackt: im Transsexuellenrecht, das dem Einzelnen losgelöst von einer Ehe oder Lebenspartnerschaft (s. Rdnr. V-945 f.) eine rechtliche Neuzuordnung seines Geschlechts ermöglicht. Für die Begründung der Lebenspartnerschaft kann es damit allein auf die rechtliche Geschlechtszugehörigkeit ankommen (vgl. BVerfGE 128, 109 = StAZ 2011, 141). Zu den Folgen einer Personenstandsänderung auf eine bestehende Lebenspartnerschaft s. Rdnr. V-956.

4. Lebenspartnerschaftsverbot der »Doppelpaarigkeit«, § 1 Abs. 3 Nr. 1 LPartG

a) Allgemeines

III-762 Eine Lebenspartnerschaft kann nicht geschlossen werden, wenn einer der beiden Registrierungswilligen verheiratet oder in einer anderen Lebenspartnerschaft verpartnert ist, § 1 Abs. 3 Nr. 1 LPartG. Der Begriff des »Führens« einer Lebenspartnerschaft in § 1 Abs. 3 Nr. 1 LPartG meint dabei das Bestehen der Lebenspartnerschaft als personenstandsrechtliches Statusverhältnis, nicht aber das tatsächliche Ausleben dieser Partnerschaft (*Schwab*, FamRZ 2001, 385, 389; *Lipp*, StAZ 2002, 354, 256). Die Voraussetzung des § 1 Abs. 3 Nr. 1 LPartG entspricht dem für Eheleute geltenden Eheverbot des § 1306 BGB. Es gilt allgemein das Prinzip der »Einpaarigkeit« (*Palandt/Brudermüller*, § 1 LPartG Rdnr. 1; MünchKomm/*Wacke*, § 1 LPartG Rdnr. 9).

III-763 Das Standesamt muss zunächst in einem ersten Schritt prüfen, ob einer der Beteiligten bereits eine Ehe oder eine Lebenspartnerschaft mit einer anderen Person geschlossen hat. Wenn das Standesamt diese Frage bejaht, stellt sich in einem zweiten Schritt die Frage, ob die frühere Ehe oder Lebenspartnerschaft aufgelöst worden ist; zur parallelen Situation bei der Eheschließung s. Rdnr. III-57. Die Regelung verwendet den Begriff Lebenspartnerschaft im Sinne des deutschen LPartG; zu der Frage, ob und inwieweit eine nach ausländischem Recht begründete partnerschaftliche Beziehung diesen Begriff auszufüllen vermag, s. Rdnr. III-827 f.

b) Vorhergehende wirksame Lebenspartnerschaft oder Ehe

Das Verbot einer bestehenden Lebenspartnerschaft in § 1 Abs. 3 Nr. 1 LPartG setzt dem Wortlaut nach voraus, dass eine Partnerschaft mit einer anderen Person besteht. III-764

Möglich ist daher die Wiederholung der Partnerschaftsbegründung mit dem bisherigen Lebenspartner, etwa wenn die Registrierungswilligen Zweifel an der Gültigkeit ihrer Lebenspartnerschaft haben (*Lipp*, StAZ 2002, 354, 356).

Auch ohne ernstliche Zweifel können die Registrierungswilligen erneut eine Lebenspartnerschaft begründen, wenn sie bereits im Ausland eine Lebenspartnerschaft begründet haben, etwa weil sie ihr die stärkeren Wirkungen des deutschen Rechts beilegen wollen. Der Gesetzgeber geht von dieser Möglichkeit in den § 1 Abs. 3 Nr. 1 LPartG, Art. 17b Abs. 3 EGBGB ohne weiteres aus (vgl. BT-Drucks. 14/3751, S. 61); zu den Konsequenzen im IPR s. Rdnr. III-819. III-765

Nach seinem Wortlaut lässt § 1 Abs. 3 Nr. 1 LPartG eine Lebenspartnerschaft nicht zu, wenn die Registrierungswilligen mit irgendeiner Person verheiratet sind, so dass auch eine zwischen den Lebenspartnern bestehenden Ehe die Eingehung einer Lebenspartnerschaft ausschließt. Auf den ersten Blick scheint es sich dabei um eine Situation zu handeln, die ohnehin nicht eintreten kann: Da die Ehe Verschiedengeschlechtlichkeit voraussetzt, scheitert eine Lebenspartnerschaft ja ohnehin an der Voraussetzung der Gleichgeschlechtlichkeit aus § 1 Abs. 1 LPartG, s. Rdnr. III-759. III-766

Allerdings ergibt sich hier bei Transsexuellen in Zukunft durchaus ein eigener Anwendungsbereich, nachdem das BVerfG die Norm des § 8 Abs. 1 Nr. 2 TSG für verfassungswidrig und damit für nicht anwendbar erklärt hat (vgl. Rdnr. V-45). Wenn die Ehe die Personenstandsänderung des § 10 Abs. 1 TSG überdauert, stellt sich die Frage, ob nach Durchführung der »großen Lösung« eine Lebenspartnerschaft (die dann nicht mehr an § 1 Abs. 1 LPartG scheitern würde) auch neben einer bereits bestehenden Ehe zwischen denselben Partnern möglich ist. Diese Frage ist wohl zu bejahen, um den Partnern die nach ihrer sexuellen Ausrichtung »richtige« Partnerschaft nicht zu verweigern, s. Rdnr. III-61, vgl. auch Rdnr. III-53. III-767

c) Wirksame Auflösung einer vorherigen Ehe bzw. Lebenspartnerschaft

aa) Auflösung durch Tod oder gerichtliche Entscheidung

War einer der Registrierungswilligen bereits verheiratet, so ist danach zu prüfen, ob die Ehe wirksam aufgelöst worden ist. Die Prüfung für das Standesamt verläuft hier ähnlich wie in den Fällen des § 1306 BGB, s. hierzu Rdnr. III-62 ff., III-463 ff.; zu Fällen mit Auslandsbezug s. Rdnr. III-467 ff., III-475 ff. III-768

Das Gesetz spricht in § 15 Abs. 1 LPartG von der »Aufhebung« der Lebenspartnerschaft. Dieser Begriff ist jedoch schlecht gewählt, da eine Verwechslungsgefahr mit der Aufhebung nach §§ 1313 ff. BGB besteht. § 15 LPartG enthält zwar seit dem 1.1.2005 auch solche Aufhebungsgründe (vgl. § 15 Abs. 2 III-769

Satz 2 LPartG), funktional entspricht die »Aufhebung« aber ansonsten (vgl. § 15 Abs. 2 Satz 1 Nr. 1 bis 3 LPartG) der Scheidung bei der Ehe. Man sollte daher besser von »Auflösung« der Lebenspartnerschaft sprechen (so auch: Münch-Komm/*Wacke*, § 15 LPartG Rdnr. 1).

III-770   Wie bei der Ehescheidung besteht ein Monopol der Gerichte zur Auflösung der Lebenspartnerschaft, § 15 Abs. 1 LPartG.

Die Lebenspartnerschaft ist mit Rechtskraft der gerichtlichen Entscheidung aufgelöst. Zwar hat der Gesetzgeber eine dem § 1564 Satz 2 BGB entsprechende Regelung nicht in das LPartG mit aufgenommen; diese Norm ist aber im Grunde genommen überflüssig, weil selbstverständlich. Die Lebenspartnerschaft ist dementsprechend mit Rechtskraft des Aufhebungsbeschlusses aufgelöst (*Muscheler*, Rdnr. 537).

III-771   Das Standesamt hat mit der Auflösung der Lebenspartnerschaft selbst weder materiellrechtlich noch verfahrensrechtlich etwas zu tun. Es hat die Auflösung erst und nur dann zu beachten, wenn ihm ein entsprechender mit Rechtskraftzeugnis versehener Beschluss vorliegt. Insoweit bestehen keine Unterschiede zur gerichtlichen Auflösung einer Ehe; zum rein formalen Prüfungsumfang des Standesamts im Einzelnen s. daher Rdnr. III-466.

bb) Der Sonderfall der Verpartnerung nach Todeserklärung

III-772   Wurde der Ehegatte oder Lebenspartner eines der beiden Registrierungswilligen für tot erklärt, so wird der Tod des Verschollenen vermutet, § 9 Abs. 1 Satz 1 VerschG, s. Rdnr. II-13 ff.; allgemein zur Todeserklärung s. Rdnr. II-5 ff.

Wenn der Tod vermutet wird, steht § 1 Abs. 3 Nr. 1 LPartG der Eingehung einer (neuen) Lebenspartnerschaft nicht entgegen.

III-773   Rechtlich kompliziert wird die Lage dann, wenn der für tot Erklärte die Verschollenheit nachweislich überlebt hat, so dass die Vermutung des § 9 Abs. 1 Satz 1 VerschG widerlegt ist. Nach allgemeinen Regelungsgrundsätzen ist die Ehe bzw. (erste) Lebenspartnerschaft damit nicht aufgelöst, die neue (zweite) Lebenspartnerschaft wäre demnach unwirksam (so in der Tat *Muscheler*, Rdnr. 135). Die Regelung wäre insoweit anders als bei Eingehung einer neuen (zweiten) Ehe: Hier ist nach § 1319 Abs. 2 Satz 1 BGB die erste Ehe unwirksam, s. Rdnr. II-17 f. und III-464.

III-774   Überlegenswert erscheint jedoch eine analoge Anwendung des § 1319 Abs. 2 Satz 1 BGB auf die Lebenspartnerschaft, mit der Folge, dass die Ehe bzw. Lebenspartnerschaft mit dem für tot Erklärten mit Eingehung der (neuen) Lebenspartnerschaft aufgelöst ist (hierfür MünchKomm/*Wacke*, § 1 LPartG Rdnr. 9; dagegen *Berkl*, StAZ 2013, 46, 52 f). Für eine solche Analogie spricht, dass der (vermeintlich) überlebende Ehegatte bzw. Lebenspartner das langwierige Todeserklärungsverfahren durchlaufen hat und in seinem Vertrauen auf die Auflösung der ersten rechtlich institutionalisierten Partnerschaft gleichermaßen schutzwürdig ist, mag nun die neue rechtlich institutionalisierte Partnerschaft eine Ehe (dann findet § 1319 BGB direkte Anwendung, s. Rdnr. III-464) oder eine Lebenspartnerschaft nach dem LPartG sein (dann analoge Anwendung des § 1319 BGB).

Vgl. allgemein zum ähnlich schutzwürdigen Vertrauen von Lebenspartnern und Ehegatten in den Bestand ihrer rechtsverbindlichen und auf Dauer angelegten Partnerschaft BVerfG, StAZ 2002, 293, 301.

5. Lebenspartnerschaftsverbot der Verwandtschaft, § 1 Abs. 3 Nr. 2, Nr. 3 LPartG

a) Regelungszweck

Wegen der fehlenden Möglichkeit gleichgeschlechtlicher Paare zur natürlichen Fortpflanzung scheiden alle genetischen (eugenischen) Überlegungen aus, die für das Eheverbot der Verwandtschaft in § 1307 BGB maßgebend waren (*Lipp*, StAZ 2002, 354, 357).

Der Sinn des Partnerschaftsverbots der Verwandtschaft liegt – wie schon bei der Ehe, s. Rdnr. III-66 – darin, die Eindeutigkeit der familiären Rollenzuweisung zu gewährleisten und engste Familienkreise von sexuell bestimmten Spannungen frei zu halten (*Lipp*, StAZ 2002, 354, 357).

b) Die Voraussetzungen der Verwandtschaft

Die verbotenen Verwandtschaftsverhältnisse entsprechen im Grundsatz denen bei der Ehe, vgl. zum Folgenden Rdnr. III-68 ff. Die Lebenspartnerschaft ist verboten zwischen Verwandten in gerader Linie, § 1 Abs. 3 Nr. 2 LPartG, und zwischen vollbürtigen und halbbürtigen Geschwistern, § 1 Abs. 3 Nr. 3 LPartG.

aa) Der Gegensatz von Verwandtschaft im rechtlichen und im biologischen Sinne

§ 1 Abs. 3 Nr. 2 LPartG stellt auf den Begriff der »Verwandtschaft in gerade Linie« ab, der in § 1589 Satz 1 BGB mit Hilfe des weiteren Begriffs der »Abstammung« definiert wird. Auch § 1 Abs. 3 Nr. 3 LPartG beruht – ohne dies ausdrücklich festzulegen – auf der Verwandtschaft in der Seitenlinie nach § 1589 Satz 2 BGB.

Neben dieser »rechtlichen« Verwandtschaft der §§ 1589 ff. BGB besteht eine »leibliche« Verwandtschaft, die durch die biologische Abstammung vermittelt wird. Bei der praktischen Anwendung der § 1 Abs. 3 Nr. 2, 3 LPartG stellt sich die Frage, ob und wie die leibliche neben der rechtlichen Verwandtschaft zu berücksichtigen ist; zur Parallele bei der Anwendung des § 1307 BGB im Falle einer Eheschließung s. Rdnr. III-73 ff.

bb) Die Irrelevanz der leiblichen Verwandtschaft

Anders als bei den Eheverboten der §§ 1307 Satz 2, 1308 Abs. 1 BGB besteht wegen der fehlenden Möglichkeit gleichgeschlechtlicher Paare zur natürlichen Fortpflanzung kein Grund, aus eugenischen Gründen »Inzucht« zu verhindern, s. Rdnr. III-775. Der einzige Grund für das Partnerschaftsverbot der Verwandtschaft kann demnach das sozial-psychologische Argument der familiären Rollenverteilung sein, s. Rdnr. III-776. Folglich kann es nur auf die diese familiäre Rollenverteilung indizierende rechtliche Verwandtschaft ankommen (so auch *Lipp*, StAZ 2002, 354, 357).

III-780 Das Gesetz bestätigt diesen Gedanken durch das systematische Argument, dass in § 1 Abs. 3 Nr. 2 LPartG eine dem § 1307 Satz 2 BGB entsprechende Regelung fehlt: Das rechtlich durch Adoption erloschene, biologisch gleichwohl fortbestehende Verwandtschaftsverhältnis hindert die Eingehung einer Lebenspartnerschaft nicht; § 1307 Satz 2 BGB kann mangels Geeignetheit zur Verfolgung eines legitimen Zwecks nicht analog angewendet werden (*Lipp*, StAZ 2002, 354, 357; a. A.: MünchKomm/*Wacke*, § 1 LPartG Rdnr. 11).

6. Das aufschiebende Lebenspartnerschaftsverbot der Adoptivverwandtschaft analog § 1308 BGB

III-781 Wenig überzeugend in Bezug auf den Zweck des Partnerschaftsverbots der Verwandtschaft ist es, dass § 1 Abs. 3 Nr. 2 LPartG keine dem § 1308 Abs. 1 BGB entsprechende Regelung enthält: Zwischen Adoptivelternteil und Adoptivkind besteht ja eine rechtliche Verwandtschaft (vgl. § 1754 BGB), die eine gelebte familiäre Rollenverteilung zwischen Adoptivelternteil und Adoptivkind indiziert. Der von § 1308 Abs. 1 BGB intendierte Zweck, die familiäre Rollenzuweisung zu schützen (s. Rdnr. III-66), wäre bei Eingehung einer Lebenspartnerschaft aber genauso gefährdet wie bei Eingehung der Ehe (*Lipp*, StAZ 2002, 354, 357), s. Rdnr. III-776. Diese gleiche Interessenlage gebietet es, § 1308 BGB analog auf die Begründung einer Lebenspartnerschaft anzuwenden und diese Norm in den Katalog des § 1 Abs. 3 LPartG hineinzulesen.

III-782 Die für die Analogie erforderliche Regelungslücke ist gegeben (a. A. *Erman/Kaiser*, § 1 LPartG Rdnr. 9), da der Gesetzgeber nicht begründet hat, warum der Verweis auf § 1308 BGB unterblieben ist: BT-Drucks. 14/3751, S. 36 erklärt lediglich lapidar, dass die Lebenspartnerschaft zwischen engen Verwandten ausgeschlossen sein soll, ohne dabei das besondere Problem der Adoptivverwandtschaft anzusprechen.

III-783 Die Frage ist allerdings in der Rechtsprechung bisher nicht geklärt. Für eine Analogie zu § 1308 BGB (wie hier) auch MünchKomm/*Wacke*, § 1 LPartG Rdnr. 11; *Lipp*, StAZ 2002, 354, 357; im Ergebnis ähnlich auch *Schwab*, FamRZ 2001, 385, 389, der die Adoptivelternschaft direkt unter § 1 Abs. 3 Nr. 2 LPartG subsumiert, dabei aber die flexiblen Dispensmöglichkeiten der §§ 1308 Abs. 1 Satz 2, 1308 Abs. 2 BGB vergibt; a. A. (überhaupt kein Lebenspartnerschaftsverbot bei Adoptivverwandtschaft): *Erman/Kaiser*, § 1 LPartG Rdnr. 9.

Wird das Standesamt mit einem solchen Fall einer angestrebten Lebenspartnerschaft zwischen Adoptivverwandten konfrontiert, so sollte es daher nach § 49 Abs. 2 Satz 1 PStG die Entscheidung des Amtsgerichts herbeiführen.

III-784 Bejaht man eine analoge Anwendung des § 1308 BGB auf die Lebenspartnerschaft, so entsprechen die Auswirkungen, insbesondere die Möglichkeit des Dispenses nach § 1308 Abs. 1 Satz 2 BGB (analog) und § 1308 Abs. 2 BGB (analog) denen bei der Eheschließung, s. Rdnr. III-109 ff.

III-785 Wendet man das Verbot des § 1308 BGB analog auch auf eine Lebenspartnerschaft zwischen Adoptivelternteil und Adoptivkind an, so behält es dadurch insbesondere seinen Charakter als präventives Verbot, s. Rdnr. III-112 ff. Daraus folgt: Das Standesamt muss die Mitwirkung bei Eingehung der Lebensspartnerschaft ablehnen, wenn es erkennt, dass die Voraussetzungen des Lebenspartnerschaftsverbotes vorliegen und die Befreiung hiervon nicht erteilt worden ist.

Davon zu unterscheiden ist die Rechtsfolge, wenn das Standesamt die Lebenspartnerschaft geschlossen hat, obwohl es das nach Rdnr. III-785 nicht hätte tun dürfen: Die Lebenspartnerschaft ist hier vollgültig, s. entsprechend Rdnr. III-113. In analoger Anwendung des § 1766 BGB bricht die Registrierung der Lebenspartnerschaft dann die Adoptivkindschaft; so auch MünchKomm/ *Wacke*, § 1 LPartG Rdnr. 11; a. A. (Unwirksamkeit der Lebenspartnerschaft – durchaus konsequent, wenn man die analoge Anwendung des § 1308 BGB ablehnt!) *Muscheler*, Rdnr. 142; a. A. auch *Lipp*, StAZ 2002, 354, 357 (allerdings inkonsequent, da analoge Anwendung des § 1308 BGB bejahend). III-786

II. Der Wille zur Begründung der Lebenspartnerschaft

1. Die präventive Kontrolle von Willensdefiziten

a) Willensmängel der § 1314 Abs. 2 Nr. 1 bis 4 BGB

Durch LPartÜG vom 15.12.2004 wurde § 15 Abs. 2 Satz 2 LPartG mit Wirkung vom 1.1.2005 in das Gesetz aufgenommen, der auf die Willensmängel der § 1314 Abs. 2 Nr. 1 bis 4 BGB verweist. Zuvor waren die allgemeinen Regeln über Willensmängel nach §§ 119 ff. BGB anzuwenden (*Lipp*, StAZ 2002, 354, 358), so dass das Überarbeitungsgesetz die Auswirkungen von Willensmängeln durch die Bezugnahme auf den Katalog der § 1314 Abs. 2 Nr. 1 bis 4 BGB erheblich eingeschränkt hat (Hk-LPartR/*Kemper*, § 1 LPartG Rdnr. 31). III-787

Bei der Eheschließung verpflichtet § 1310 Abs. 1 Satz 2 Halbs. 2 BGB das Standesamt zur präventiven Kontrolle: Es muss die Mitwirkung an der Eheschließung verweigern, wenn offensichtlich ist, dass die Ehe nach § 1314 Abs. 2 BGB aufhebbar wäre. Im LPartG fehlt eine entsprechende Regelung für die Mitwirkung an der Begründung einer Lebenspartnerschaft. Nur der besonders praxisrelevante § 1314 Abs. 2 Nr. 5 BGB findet in § 1 Abs. 3 Nr. 4 LPartG eine Entsprechung, s. Rdnr. III-791. III-788

Gleichwohl ist § 1310 Abs. 1 Satz 2 Halbs. 2 BGB auf die Begründung einer Lebenspartnerschaft analog anzuwenden (so wohl auch *Palandt/Brudermüller*, § 1 LPartG Rdnr. 5). Dass der Verweis auf § 1314 Abs. 2 Nr. 1 bis 4 BGB in § 15 Abs. 2 Satz 2 LPartG aufgenommen wurde, hängt damit zusammen, dass die dort genannten Willensmängel typischerweise erst nach Eingehen der Lebenspartnerschaft bekannt werden. Bei der Einfügung des § 15 Abs. 2 Satz 2 LPartG hat der Gesetzgeber übersehen, eine dem § 1310 Abs. 1 Satz 2 Halbs. 2 BGB entsprechende Prüfungspflicht des Standesamts zu normieren. Die Gleichbehandlung mit der Ehe gebietet es, dass das Standesamt seine Mitwirkung bei Vorliegen eines Grundes von § 1314 Abs. 2 Nr. 1 bis 4 BGB auch bei Begründung einer Lebenspartnerschaft verweigert (*Palandt/Brudermüller*, § 1 LPartG Rdnr. 5; so bereits zur früheren Rechtslage *Lipp*, StAZ 2002, 354, 359). III-789

III-790 Hinsichtlich des Inhalts der Aufhebungsgründe, auf die § 15 Abs. 2 Satz 2 LPartG verweist, kann auf die Kommentierung des Eheschließungsrechts verwiesen werden. Zu § 1314 Abs. 2 Nr. 1 BGB, der die Prüfung des bis 31.12.2004 maßgeblichen § 105 Abs. 2 BGB fortsetzt (vgl. Rdnr. III-757), s. Rdnr. III-118 ff.; zur Unkenntnis § 1314 Abs. 2 Nr. 2 BGB s. Rdnr. III-121 ff.; zur arglistigen Täuschung nach § 1314 Abs. 2 Nr. 3 BGB s. Rdnr. III-125 ff.; zur Drohung nach § 1314 Abs. 2 Nr. 4 BGB s. Rdnr. III-130 ff.

b) Rechtsmissbräuchliche Motive für die Begründung einer Lebenspartnerschaft (»Schein-Lebenspartnerschaften«)

III-791 § 1 Abs. 3 Nr. 4 LPartG enthält eine dem § 1314 Abs. 2 Nr. 5 BGB entsprechende Regelung. Das Gesetz regelt dabei allerdings nicht, wie die Voraussetzung des § 1 Abs. 3 Nr. 4 LPartG vom Standesamt überprüft werden kann (*Lipp*, StAZ 2002, 354, 357). Als Verfahrensregel gehört diese in die Ausführungsgesetze der Länder. Enthalten diese keine besondere Regelung (vgl. § 2 Abs. 4 Satz 1 Nds. AGLPartG, der nur das »ob« der Prüfung regelt, nicht aber die Intensität), so besteht eine Lücke.

III-792 Da der Wille der Registrierungswilligen dem Standesamt regelmäßig verborgen bleibt, bietet sich als praktikable Lösung die analoge Anwendung des § 1310 Abs. 1 Satz 2 Halbs. 2 BGB an (so auch *MünchKomm/Wacke*, § 1 LPartG Rdnr. 12; im Ergebnis ebenso *Lipp*, StAZ 2002, 354, 358 unter Verweis auf die Grundsätze zur Scheinehe; wohl auch *Finger*, MDR 2001, 199, 200 f.); zur ähnlichen Situation bei Überprüfung der Willensmängel nach § 15 Abs. 2 Satz 2 LPartG i. V. m. § 1314 Abs. 2 Nr. 1 bis 4 BGB s. Rdnr. III-788 f.

III-793 Das Standesamt muss demnach seine Mitwirkung an der Registrierung der Lebenspartnerschaft verweigern, wenn offenkundig ist, dass die Voraussetzungen des § 1 Abs. 3 Nr. 4 LPartG vorliegen. Der Prüfungsumfang entspricht somit den §§ 1314 Abs. 2 Nr. 5, 1310 Abs. 1 Satz 2 Halbs. 2 BGB bei der Ehe, s. hierzu Rdnr. III-153 ff.

III-794 Der Wortlaut des § 1 Abs. 3 Nr. 4 LPartG ist – ebenso wie der des § 1314 Abs. 2 Nr. 5 BGB – viel zu weit geraten; entsprechend der gesetzgeberischen Vorstellung ist dieser teleologisch auf die Vermeidung von »Aufenthaltslebenspartnerschaften« zu reduzieren, d. h. auf Fälle, in denen die Begründung der Lebenspartnerschaft nur oder vorwiegend zu dem Zweck dient, dem ausländischen Partner eine Aufenthaltsgenehmigung zu verschaffen, s. Rdnr. III-139; ebenso *Lipp*, StAZ 2002, 354, 358; *Kaiser*, FamRZ 2002, 866, 869; a. A.: MünchKomm/*Wacke*, § 1 LPartG Rdnr. 12.

Zum Prüfungsumfang des Standesamts s. Rdnr. III-153 ff.; zu den Hilfsmitteln vgl. § 13 Abs. 2 PStG und *Gaaz/Bornhofen*, § 13 PStG Rdnr. 20 ff.

2. Der Wille als materielle Voraussetzung der Lebenspartnerschaft

a) Die Erklärungen zur Eingehung der Lebenspartnerschaft, § 1 Abs. 1 Satz 1 LPartG

Wie bei der Ehe (vgl. § 1310 Abs. 1 BGB) sind übereinstimmende Erklärungen der Registrierungswilligen erforderlich, die auf eine Eingehung der Lebenspartnerschaft zielen, § 1 Abs. 1 Satz 1 LPartG; zur Ehe vgl. Rdnr. III-161 ff.   III-795

Da es sich bei der Lebenspartnerschaft um einen Vertrag handelt (s. Rdnr. III-755), müssen die Willenserklärungen dem anderen Erklärenden gegenüber abgegeben werden und diesem zugehen, § 130 Abs. 1 BGB. Die Mitwirkung des Standesamts ist nur ein Formerfordernis, aber kein materiell die Lebenspartnerschaft begründender Akt (*Muscheler*, Rdnr. 149). Der durch das PStRG geänderte Wortlaut des § 1 Abs. 1 Satz 1 LPartG (»gegenüber dem Standesbeamten«) sollte sicherlich keine Amtsempfangsbedürftigkeit einführen; die Vorschrift ist vielmehr i. S. d. § 1310 Abs. 1 Satz 1 BGB (dazu Rdnr. III-161) zu verstehen (so auch MünchKomm/*Wacke*, § 1 LPartG Rdnr. 1).

§ 1 Abs. 1 Satz 1 LPartG verlangt die gleichzeitige und persönliche Anwesenheit vor dem Standesbeamten. Die Vorschrift entspricht damit inhaltlich der Regelung des § 1311 Satz 1 BGB für die Ehe. Zum Erfordernis der persönlichen Anwesenheit s. Rdnr. III-188 ff.; zur gleichzeitigen Anwesenheit s. Rdnr. III-194 ff.   III-796

b) Inhaltliche Beschränkungen, § 1 Abs. 1 Satz 2 LPartG

Nach § 1 Abs. 1 Satz 2 LPartG können die Erklärungen nicht unter einer Bedingung oder einer Zeitbestimmung abgegeben werden. Das Standesamt muss seine Mitwirkung verweigern, wenn dies der Fall ist (*Muscheler*, Rdnr. 157). Diese inhaltliche Einschränkung entspricht dem § 1311 Satz 2 BGB bei der Ehe, zu Einzelheiten s. daher Rdnr. III-163 ff.   III-797

c) Die Abgabe vor dem Standesbeamten, § 1 Abs. 1 Satz 1 LPartG

Die Begründung der Lebenspartnerschaft kann nach § 1 Abs. 1 Satz 1 LPartG nur vor dem Standesbeamten erfolgen, s. a. Rdnr. III-795.   III-798

Die Zuständigkeit richtete sich bis zur PStG-Reform ausschließlich nach Landesrecht. Die dadurch entstehende uneinheitliche Behördenzuständigkeit sollte durch die Reform vereinheitlicht und insbesondere bei den Standesämtern konzentriert werden; zu diesem Zweck verweist nunmehr auch der neu eingefügte § 17 PStG auf die Vorschriften über die Eheschließung.

Allerdings steht diese Regelung unter dem Vorbehalt des § 23 LPartG, der den Ländern abweichende Sonderregeln gestattet; s. näher *Gaaz/Bornhofen*, § 17 PStG Rdnr. 5.

3. Der Name in der Lebenspartnerschaft

Das Namensrecht der Lebenspartnerschaft ist in § 3 LPartG geregelt. Diese Norm ist der Regelung über den Ehenamen in § 1355 BGB bis ins Detail nach-   III-799 gebildet (MünchKomm/*Wacke*, § 3 LPartG Rdnr. 1). Der einzige – praktisch irrelevante – Unterschied liegt darin, dass Ehegatten nach § 1355 Abs. 1 Satz 1 BGB einen gemeinsamen Familiennamen (Ehenamen) führen sollen, Lebenspartner nach § 3 Abs. 1 Satz 1 LPartG einen gemeinsamen Namen (Lebenspartnerschaftsnamen) bestimmen können (MünchKomm/*Wacke*, § 3 LPartG Rdnr. 1; *Schwab*, FamRZ 2001, 385, 390).

Es kann daher umfassend auf die Kommentierung zum Namen in der Ehe verwiesen werden, s. Rdnr. III-559 ff.

C. Fälle mit Auslandsbezug

I. Allgemeines

1. Anwendungsfälle

III-800 Eine Lebenspartnerschaft mit Auslandsbezug kann für das Standesamt in zwei Fällen bedeutsam werden:

Zum einen kann gemäß § 35 PStG eine Lebenspartnerschaft »im Sinne des Lebenspartnerschaftsgesetzes«, die ein Deutscher nach ausländischem Recht begründet hat, in das durch die Personenstandsrechtsreform neu geschaffene Lebenspartnerschaftsregister eingetragen werden (näher Rdnr. III-820 ff.).

Zum anderen kann das Bestehen einer Lebenspartnerschaft eine »Vorfrage« im Rahmen der vom Standesamt heranzuziehenden Sachnormen sein (s. etwa Rdnr. III-60, III-764, III-817).

III-801 Auslandsbezug hat aus der Sicht des deutschen Standesamts nur eine im Ausland geschlossene Lebenspartnerschaft. Wird eine Lebenspartnerschaft im Inland begründet, so handelt es sich kollisionsrechtlich um einen Inlandsfall, da das deutsche IPR in Art. 17b Abs. 1 Satz 1 EGBGB allein auf den Registrierungsort abstellt (näher Rdnr. III-803 f.). Die ausländische Staatsangehörigkeit oder der gewöhnliche ausländische Aufenthalt eines oder beider Beteiligten begründet also keinen kollisionsrechtlich relevanten Auslandsbezug.

III-802 Die Wirksamkeit einer im Ausland begründeten Lebenspartnerschaft ist in jedem Fall inzident festzustellen. Ein förmliches Anerkennungsverfahren ist nicht vorgesehen, nach altem Recht nicht einmal eine Registrierung in einem inländischen Register.

2. Die Anknüpfungsgrundsätze des Art. 17b EGBGB

III-803 Nach Art. 17b Abs. 1 Satz 1 EGBGB unterliegen die Begründung, Wirkungen und Auflösung der Lebenspartnerschaft den Sachvorschriften des Register führenden Staates.

Der Qualifikationsbegriff »Lebenspartnerschaft« ist hier weit auszulegen. Kriterien sind eine förmliche Begründung, ein daraus folgender Status mit Rechtswirkungen, die allerdings schwächer ausgestaltet sein können als im deutschen LPartG, und die Abgrenzbarkeit von einer Ehe (*Andrae*, Int. FamR

§ 10 Rdnr. 3). Das letztgenannte Kriterium führt zu der Frage, wie das deutsche Recht reagieren soll, wenn eine ausländische Rechtsordnung das Rechtsinstitut der Ehe auch gleichgeschlechtlichen Partnern (hierzu Rdnr. III-838 ff.) bzw. die Lebenspartnerschaft auch verschiedengeschlechtlichen Partnern öffnet (hierzu Rdnr. III-845 ff.).

Maßgeblich ist also in aller Regel das Recht des Staates, in dem die Lebenspartnerschaft geschlossen und eingetragen wird. Ist die Registrierung – wie etwa beim PACS des französischen Rechts (dazu Rdnr. III-759) – auch in Auslandsvertretungen möglich, untersteht die dort begründete Lebenspartnerschaft dem Recht des Entsendestaats. Die Lebenspartnerschaft wird zwar im Inland begründet, doch ist die Registereintragung in der Auslandsvertretung dieser Rechtsordnung zuzuordnen. III-804

Das Gesetz beruft also – anders als Art. 13 Abs. 1 EGBGB bei der Eheschließung – nicht das Personalstatut (zu diesem Begriff s. Rdnr. VI-28 ff.). Dies ist auf den ersten Blick kollisionsrechtlich überraschend, da eine Lebenspartnerschaft die Partner in ihren persönlichen Belangen nicht weniger betrifft als eine Ehe. Der rechtspolitische Grund der Regelung war, dass eine dem Art. 13 Abs. 1 EGBGB entsprechende Anknüpfung sehr oft auf ausländische Rechte verweisen würde, welche die Lebenspartnerschaft nicht kennen; ihre Begründung wäre dann nicht möglich. Mit Art. 17b Abs. 1 Satz 1 EGBGB begünstigte der Gesetzgeber die Eingehung von Lebenspartnerschaften, da ein Staat, der ihre Registrierung vorsieht, sie zwangsläufig als Rechtsinstitut kennen muss. III-805

Wurden in mehreren Staaten Lebenspartnerschaften begründet, so löst Art. 17b Abs. 3 EGBGB den Konflikt, indem er das Statut der zuletzt begründeten Lebenspartnerschaft für maßgeblich erklärt. III-806

Die Verweisung des Art. 17b Abs. 1 Satz 1 EGBGB ist ausdrücklich Sachnormverweisung. Abweichend von Art. 4 Abs. 1 EGBGB ist eine Rück- oder Weiterverweisung durch das IPR des berufenen Rechts nicht zu prüfen (BT-Drucks. 14/3751, S. 60). III-807

Sonderanknüpfungen bestehen für erb- und unterhaltsrechtliche Fragen sowie Fragen eines Versorgungsausgleichs, die allerdings für die standesamtliche Arbeit nicht bedeutsam sind. III-808

Die namensrechtlichen Folgen einer Lebenspartnerschaft unterliegen gemäß Art. 10 Abs. 1 EGBGB dem jeweiligen Heimatrecht der Lebenspartner. Insoweit bringt Art. 17b EGBGB keine Abweichung von allgemeinen Grundsätzen. III-809

Allerdings eröffnet Art. 17b Abs. 2 Satz 1 EGBGB wie bei Ehegatten die Wahlmöglichkeiten nach Art. 10 Abs. 2 EGBGB.

Problematisch ist die Anwendbarkeit des Art. 10 Abs. 2 Satz 3 EGBGB auf gemeinsame Kinder. Auch bei Lebenspartnerschaften ist es denkbar, dass die Partner etwa aufgrund einer Stiefkindadoption nach § 9 Abs. 7 LPartG, einer Sukzessivadoption nach § 9 Abs. 7 LPartG n. F. (dazu Rdnr. V-406), einer nach ausländischem Recht zulässigen und anerkannten gemeinsamen Adoption oder einer nach ausländischem Recht begründeten verschiedengeschlechtlichen Lebenspartnerschaft ein gemeinsames Kind haben. III-810

III-811 Ist das Kind eines Partners Stiefkind des anderen, richtet sich sein Name nach dem seines Elternteils; es könnte nach deutschem Recht nur durch eine Einbenennung (vgl. § 9 Abs. 5 LPartG) den Lebenspartnerschaftsnamen erhalten. Dies bestimmt sich allerdings nach dem über Art. 10 Abs. 1 EGBGB zu ermittelnden Personalstatut des Kindes, ggf. auch nach dem gemäß Art. 10 Abs. 3 Nr. 3 EGBGB gewählten Heimatrecht des Einbenennenden, nicht aber nach dem von Art. 17b Abs. 1 Satz 1 EGBGB berufenen Registrierungsstatut der Partnerschaft. Dasselbe gilt auch, wenn ausnahmsweise beide Partner Eltern des Kindes sind.

Unbeschadet einer Rechtswahl nach Art. 10 Abs. 3 EGBGB wird also bezüglich des Kindesnamens das Personalstatut nicht durch das Partnerschaftswirkungsstatut verdrängt (MünchKomm/*Coester*, Art. 17b EGBGB Rdnr. 70 f.).

II. Die Begründung von Lebenspartnerschaften im Inland

1. Deutsches Recht als Partnerschaftsstatut

III-812 Wird die Lebenspartnerschaft im Inland begründet und registriert, so führt Art. 17b Abs. 1 Satz 1 EGBGB zur Anwendbarkeit deutschen Sachrechts, also des LPartG. Staatsangehörigkeit und gewöhnlicher Aufenthalt der Beteiligten spielen keine Rolle, so dass sich in Deutschland ein Ausländer auch dann verpartnern kann, wenn sein Heimatrecht die Lebenspartnerschaft verbietet. Was das maßgebliche Statut angeht, handelt es sich um einen Inlandsfall.

2. Vorfragen

a) Allgemeines

III-813 Ausländisches Recht spielt eine Rolle, wenn das deutsche Partnerschaftsstatut eine Vorfrage aufwirft, die eigenständig anzuknüpfen ist. Zum Begriff der Vorfrage s. Rdnr. VI-61. Die wichtigsten Vorfragen stellen sich bei der Prüfung des § 1 Abs. 3 LPartG.

Da die registrierende inländische Stelle wegen Art. 17b Abs. 1 Satz 1 EGBGB stets deutsches Sachrecht anwendet, kann der Streit um die selbständige oder unselbständige Anknüpfung von Vorfragen (s. Rdnr. VI-63 ff.) dahinstehen; da das sog. »Hauptfragestatut« immer das deutsche Recht ist, führen beide Anknüpfungsmethoden stets zur Anwendung des deutschen Rechts.

III-814 Grundsätzlich ist bei Vorfragen danach zu unterscheiden, ob ein – inländisches oder ausländisches – Gericht bereits eine Entscheidung getroffen hat oder ob die Rechtsfrage noch nicht entschieden ist und materiellrechtlich geprüft werden muss. Im erstgenannten Fall stellt sich nur die Frage nach der Wirksamkeit und damit Anerkennungsfähigkeit der Gerichtsentscheidung. Im letztgenannten Fall hat das Standesamt die Rechtsfrage unter Anwendung des IPR und des von diesem berufenen Sachrechts zu beantworten.

b) Volljährigkeit

Zunächst verlangt § 1 Abs. 3 Nr. 1, 1. Variante LPartG, dass die künftigen Partner volljährig sind. Hier handelt es sich um eine Vorfrage, die nach Art. 7 Abs. 1 EGBGB gesondert anzuknüpfen und dem Heimatrecht des jeweiligen Partners zu unterstellen ist (*Muscheler*, Rdnr. 124). III-815

c) Bestehende Ehe

Ebenfalls wird eine Vorfrage aufgeworfen, wenn § 1 Abs. 3 Nr. 1, 2. Variante LPartG die Begründung der neuen Lebenspartnerschaft davon abhängig macht, dass die Beteiligten nicht verheiratet sind. III-816
Die Prüfung folgt denselben Grundsätzen wie bei der Eheschließung, bei der im Rahmen von § 1306 BGB ebenfalls der Bestand einer Partnerbeziehung zu prüfen ist; s. etwa Rdnr. III-58 f.

d) Partnerschaft mit einer dritten Person

Des Weiteren macht § 1 Abs. 3 Nr. 1, 2. und 3. Variante LPartG die Begründung der neuen Lebenspartnerschaft davon abhängig, dass keine Partnerschaft mit einer dritten Person besteht. Eine bestehende Lebenspartnerschaft ist ein Eingehungshindernis, wenn eine neue Lebenspartnerschaft mit einem anderen Partner begründet werden soll; hierzu s. Rdnr. III-764 ff. III-817

Die Prüfung hat mehrstufig zu erfolgen: III-818
Zunächst ist festzustellen, ob die Partnerschaftswilligen bereits eine andere Partnerschaft begründet haben und nach welchem Recht sie registriert wurde; s. hierzu Rdnr. III-823 ff.
Bejaht man dies, so stellt sich die anschließende Frage, ob die ausländische Lebenspartnerschaft geeignet ist, das Eingehen einer neuen Partnerschaft zu hindern; dies steht insbesondere im Zusammenhang mit Art. 17b Abs. 4 EGBGB und dem ordre public (hierzu Rdnr. III-833 ff.).
Kommt man auch hier zu einem positiven Ergebnis, greift grundsätzlich das Partnerschaftshindernis des § 1 Abs. 3 Nr. 1, 3. Variante LPartG ein; doch stellt sich dann die abschließende Frage, ob die frühere Partnerschaft wirksam aufgelöst wurde (hierzu Rdnr. III-853 ff.).
Zu den Wirkungen einer ausländischen Lebenspartnerschaft allgemein *Krömer*, StAZ 2005, 21.

Dass im Ausland bereits eine Partnerschaft zwischen denselben Partnern geschlossen wurde, hindert eine erneute Begründung in Deutschland nicht, s. Rdnr. III-764. Ihr Bestehen ist daher keine Vorfrage i. e. S., da von ihr keine Rechtsfolge abhängt; die Prüfung, ob sie wirksam begründet wurde, ist nicht erforderlich. Die neue Partnerschaft nach deutschem Recht kann auf alle Fälle begründet werden. III-819
Auch hinsichtlich der Wirkungen ist es nicht erforderlich, die Wirksamkeit der älteren ausländischen Lebenspartnerschaft zu überprüfen, da wegen Art. 17b Abs. 3 EGBGB ohnehin nur die zuletzt begründete deutsche Partnerschaft zu beachten ist.

III. Nach ausländischem Recht begründete Lebenspartnerschaften

1. Die Registrierung nach § 35 PStG

III-820 Hat ein Deutscher im Ausland eine Lebenspartnerschaft i. S. d. LPartG begründet, so kann gemäß § 35 PStG die Lebenspartnerschaft auf Antrag im Lebenspartnerschaftsregister beurkundet werden; für den Besitz der deutschen Staatsangehörigkeit ist der Zeitpunkt der Antragstellung maßgebend. Deutschen gleichgestellt sind die Personengruppen, auf die kraft Sonderanknüpfung deutsches Recht als Personalstatut anwendbar ist.

III-821 § 35 PStG verlangt, dass es sich um eine Lebenspartnerschaft »im Sinne des Lebenspartnerschaftsgesetzes« handelt. Hier hat das Standesamt auf der Grundlage der von Art. 17b Abs. 1 Satz 1 EGBGB berufenen ausländischen Vorschriften zu prüfen, ob die familienrechtlichen Wirkungen denen des LPartG entsprechen.

III-822 Die Registrierung bedeutet keine allgemein verbindliche Feststellung, dass die Lebenspartnerschaft wirksam ist, sondern hat nur die bei Personenstandsregistern übliche Beweiswirkung des § 54 PStG. Sie wird aber in der Praxis meist dazu führen, dass ohne weitere Nachprüfung von dem registrierten Tatbestand ausgegangen wird.

2. Die Feststellung der Wirksamkeit

a) Formwirksamkeit

III-823 Nach Ansicht des Gesetzgebers umfasst »die Anknüpfung an das Entstehungsstatut ... auch Formfragen« (BT-Drucks. 14/3751, S. 60). Das Verhältnis zu Art. 11 EGBGB ist unklar. Nach einer Ansicht ist Art. 11 EGBGB nicht anzuwenden (*Palandt/Thorn*, Art. 17b EGBGB Rdnr. 3); andererseits lässt sich die Aussage der Gesetzesbegründung ohne weiteres mit Art. 11 Abs. 1 EGBGB vereinbaren, weil das Entstehungsstatut als Geschäftsstatut nach dessen Alt. 1 ohnehin berufen ist. In der Sache entstehen wegen des regelmäßigen Gleichlaufs von Orts- und Geschäftsstatut ohnehin keine Probleme.

III-824 Wenn eine Lebenspartnerschaft in einer ausländischen Vertretung in Deutschland geschlossen und registriert wurde, untersteht sie auch hinsichtlich der Form ausschließlich dem ausländischen Partnerschaftsstatut (s. schon Rdnr. III-803). Eine Ermächtigung der ausländischen Behörde nach Art. 13 Abs. 3 Satz 2 EGBGB ist nicht erforderlich. Der Grundsatz »Inlandsehe – Inlandsform« in Art. 13 Abs. 3 Satz 1 EGBGB ist bei einer Lebenspartnerschaft nicht – auch nicht analog – anzuwenden (MünchKomm/*Coester*, Art. 17b EGBGB Rdnr. 26).

b) Materielle Wirksamkeit

III-825 Die materielle Wirksamkeit dieser Lebenspartnerschaft untersteht dem Recht des Registrierungsstaats, und zwar beruft Art. 17b Abs. 1 Satz 1 EGBGB ausdrücklich die Sachvorschriften. Abweichend von Art. 4 Abs. 1 EGBGB sind daher Rück- oder Weiterverweisungen nicht zu beachten.

Wenn eine Lebenspartnerschaft im Ausland registriert wurde, ist dies ein gewichtiges Indiz dafür, dass die Vorschriften des Registrierungsstaats beachtet worden sind.
Allerdings hat die Registrierung im Regelfall keine konstitutive Wirkung, schließt also die materiellrechtliche Nachprüfung nicht aus. Sollte jedoch ein Staat seiner Registrierung konstitutive Wirkung beilegen, so dass auch materiell fehlerhaft geschlossene Lebenspartnerschaften wirksam sind, wäre dies im Rahmen von Art. 17b Abs. 1 Satz 1 EGBGB zu beachten.

III-826

3. Die rechtliche Qualität der ausländischen Lebenspartnerschaft

§ 35 PStG verlangt, dass es sich um eine Lebenspartnerschaft »im Sinne des Lebenspartnerschaftsgesetzes« handelt.

III-827

Hier kann man keine völlige Gleichheit mit der deutschen Lebenspartnerschaft verlangen. Es handelt sich um einen gesetzlich geregelten Fall der Substitution (zu diesem Begriff Rdnr. VI-70 ff.), für die es genügt, wenn die ausländische Partnerschaft der deutschen funktionsentsprechend ist. Daher reicht eine Partnerschaft im Sinne des kollisionsrechtlichen Qualifikationsbegriffs aus (s. Rdnr. III-803). Dass eine Partnerschaft mit stärkeren Wirkungen darunter fällt, zeigt schon Art. 17b Abs. 4 EGBGB, da sonst die von dieser Vorschrift gezogene »Kappungsgrenze« (s. Rdnr. III-830) sinnlos wäre. Eine Partnerschaft mit schwächeren Wirkungen muss aber ebenfalls berücksichtigt werden. Zweck der Registrierung ist es, den Rechtsverkehr darüber zu informieren, dass zwischen den Partnern ein Statusverhältnis besteht, aus dem besondere Rechtsfolgen abgeleitet werden. Jede Partnerschaft, die derartige Rechtsfolgen nach sich zieht, ist daher im Interesse der Rechtsklarheit einzutragen.

Für diese weite Auslegung des § 35 PStG spricht, dass der Bundesrat die Formulierung »im Sinne des Lebenspartnerschaftsgesetzes« durch »eingetragene Partnerschaft« ersetzen wollte, um den Gleichlauf mit Art. 17b EGBGB zu unterstreichen (BT-Drucks. 16/1831, S. 64). Dem widersprach die Bundesregierung zwar; es müsse feststehen, dass nur eine dem LPartG entsprechende »Personenkonstellation« eintragungsfähig sei (BT-Drucks. 16/1831, S.75). Sie widersprach aber nicht der Forderung nach einer nur funktionalen Vergleichbarkeit mit der deutschen Partnerschaft. Die aus der Sicht des Personenstandsrechts wichtigste Rechtsfolge ist das aufgrund der Partnerschaft entstehende Ehe- und Partnerschaftshindernis, das im Rahmen von § 1 Abs. 3 Nr. 1 LPartG zu beachten ist.

III-828

4. Ausländische Lebenspartnerschaften und ordre public

a) Ordre-public-widrige Wirkungen der Lebenspartnerschaft

Eine im Ausland wirksame Lebenspartnerschaft kann ausnahmsweise im Inland unbeachtlich sein, wenn sie Wirkungen entfaltet, die dem deutschen ordre public widersprechen.

III-829

Hier ist zunächst der Art. 17b Abs. 4 EGBGB (sog. »Kappungsgrenze«) heranzuziehen; bei dieser Vorschrift handelt es sich um eine positivrechtliche Aus-

III-830

prägung des ordre public (MünchKomm/*Coester*, Art. 17b EGBGB Rdnr. 84: »spezielle Vorbehaltsklausel«; *Staudinger/Mankowski*, Art. 17b EGBGB Rdnr. 84: »spezielle ordre-public-Klausel«). Sie bestimmt, dass die Wirkungen einer ausländischen Lebenspartnerschaft nicht weiter gehen dürfen, als es das deutsche Recht vorsieht.

III-831 Das Verhältnis der Vorschrift zur allgemeinen ordre-public-Klausel des Art. 6 EGBGB ist ungeklärt. Zunächst kann man ihr die gesetzgeberische Wertung entnehmen, dass jede über das deutsche Recht hinausgehende Rechtswirkung als im Ergebnis unerträglich anzusehen ist. Ungeregelt ist jedoch der für ein Eingreifen des ordre public erforderliche Inlandsbezug (s. allgemein Rdnr. VI-79), der von Art. 17b Abs. 4 EGBGB nicht ausdrücklich vorausgesetzt wird, während er in den sonstigen Konkretisierungen des ordre public im EGBGB in aller Regel positiv geregelt ist (z. B. in Art. 13 Abs. 2: deutscher Aufenthalt, deutsche Staatsangehörigkeit).

III-832 Sinnvollerweise ist Art. 17b Abs. 4 EGBGB im Sinne der zu Art. 6 EGBGB entwickelten Grundsätze auszulegen, so dass die weitergehenden Wirkungen einer ausländischen Lebenspartnerschaft nur dann nicht beachtet werden, wenn sie im Inland zu einem unerträglichen Ergebnis führen (zum Inlandsbezug s. MünchKomm/*Coester*, Art. 17b EGBGB Rdnr. 96; *Andrae*, § 10 Rdnr. 27; a. A. *Erman/Hohloch*, Art. 17b EGBGB Rdnr. 10; *R. Wagner*, IPRax 2001, 281, 292). Man kann die strikte Anwendung der Vorschrift dann damit rechtfertigen, dass es für den Inlandsbezug bereits ausreicht, wenn eine inländische Stelle über die Wirkungen zu entscheiden hat.

b) Die ordre-public-widrige Eingehung der Lebenspartnerschaft

III-833 Aufgrund dieser Verklammerung mit Art. 6 EGBGB ergeben sich Besonderheiten, wenn nicht nur die Wirkungen, sondern bereits die Begründung der Lebenspartnerschaft gegen den ordre public verstößt.

Zu denken ist z. B. an eine Lebenspartnerschaft von Halbgeschwistern oder an eine Scheinpartnerschaft, die das Partnerschaftsstatut – anders als § 1 Abs. 3 Nr. 4 LPartG – für wirksam hält, zu letzterer vgl. Rdnr. III-329 ff.

III-834 Das Schrifttum bewältigt auch diese Fälle mit Art. 17b Abs. 4 EGBGB. Da eine derartige Lebenspartnerschaft in Deutschland keinerlei Wirkung hätte, wird auch die Wirkung der ausländischen Lebenspartnerschaft auf null »gekappt« (MünchKomm/*Coester*, Art. 17b EGBGB Rdnr. 100; *Andrae*, Int. FamR § 10 Rdnr. 34).

III-835 Hier wird man jedoch differenzieren müssen. Folge des Art. 17b Abs. 4 EGBGB ist sicher, dass aus dieser Lebenspartnerschaft im Inland keine Rechte abgeleitet werden können.

Eine Folge vollständiger »Kappung« wäre aber auch, dass einer der Partner im Inland eine erneute Lebenspartnerschaft mit einer dritten Person begründen könnte; denn wenn die ausländische Partnerschaft in Inland keinerlei Rechtswirkungen entfaltet, wäre die Vorfrage nach einer bestehenden Partnerschaft in § 1 Abs. 3 Nr. 1 LPartG negativ zu beantworten. Im Ergebnis käme man zu einem hinkenden Rechtsverhältnis, denn die betreffende Person hätte in unterschiedlichen Ländern zwei unterschiedliche Lebenspartner. Damit würde das Ziel des Art. 17b Abs. 4 EGBGB, »einen Kompromiss zwischen Vertrauensschutz für die Beteiligten einerseits und Sicherheit und Leichtigkeit des Rechtsverkehrs im Inland andererseits« zu schaffen (BT-Drucks. 14/3751, S. 61), offensichtlich verfehlt.

Man kann dieses Ergebnis vermeiden, indem man den Art. 17b Abs. 4 EGBGB vor dem Hintergrund des Art. 6 EGBGB auslegt (für eine direkte Anwendung von Art. 6 EGBGB *Henrich*, FamRZ 2002, 137, 138). Das inländische Recht negiert die Wirkungen der ausländischen Partnerschaft nur, soweit sie dem deutschen ordre public widersprechen.

III-836

Dies gilt jedenfalls dann, wenn aus der vom deutschen Recht missbilligten Partnerschaft Rechte abgeleitet werden.

Soweit die Wirkung darin besteht, die Begründung einer neuen Lebenspartnerschaft zu verbieten, kann man nicht sagen, dass dieses Ergebnis dem deutschen ordre public widerspräche. Hinkende Rechtsverhältnisse zu vermeiden liegt im Interesse der deutschen Rechtsordnung. Dass das Partnerschaftshindernis ein Grundrecht verletzt, wird man ebenfalls nicht sagen können; der betroffene Partner hat die Möglichkeit, die Auflösung der ausländischen Partnerschaft zu betreiben und so seine Partnerschaftsfähigkeit wieder herzustellen.

III-837

5. Sonderformen der Lebenspartnerschaft

a) Die gleichgeschlechtliche »Ehe«

Schwierigkeiten ergeben sich, wenn eine im Ausland begründete gleichgeschlechtliche Partnerschaft von dem ihr zugrunde liegenden Recht der Ehe völlig gleichgestellt wird und ausdrücklich als »Ehe« bezeichnet wird, wie das in einer zunehmenden Anzahl der Rechtsordnungen der Fall ist.

III-838

Hier wird sowohl die Qualifikation als Lebenspartnerschaft – mit konsequenter Anwendung des Art. 17b EGBGB – als auch die als Ehe – mit Maßgeblichkeit des Art. 13 EGBGB – vertreten.

Eine Qualifikation nach Art. 13 ff. direkt oder analog (*Röthel*, IPRax 2002, 496, 498; *Forkert*, S. 78 ff.; *Thorn*, Festschrift Jayme, 2004, 955, 958; *Kissner*, StAZ 2010, 119) orientiert sich am Begriff »Ehe«. Entscheidender Unterschied zwischen Ehe und Lebenspartnerschaft sei nicht die Frage der Gleich- oder Verschiedengeschlechtlichkeit, sondern die Ausprägung der partnerschaftlichen Bindung. Bezeichne ein Recht die gleichgeschlechtliche Lebensform als Ehe und statte es sie eheähnlich aus, bestehe eine größere Nähe zu Art. 13 EGBGB.

III-839

Im praktischen Ergebnis führt diese Ansicht relativ häufig zur Fehlerhaftigkeit und damit zur Unwirksamkeit der Partnerschaft. Die gleichgeschlechtliche Ehe ist nur dann voll wirksam, wenn die von Art. 13 Abs. 1 EGBGB berufenen Heimatrechte beider Partner dieses Rechtsinstitut kennen. Außerdem müsste man die Verweisung, wie sonst bei Art. 13 Abs. 1 EGBGB, gemäß Art. 4 Abs. 1 EGBGB als Gesamtverweisung auf das IPR der jeweiligen

III-840

Rechtsordnung verstehen, was zu Schwierigkeiten führt, wenn dieses die gleichgeschlechtliche Ehe nicht kennt und damit auch nicht regelt.

III-841 Demgegenüber kommt das überwiegende Schrifttum im Wege der »funktionalen Qualifikation« auf der Grundlage des deutschen Rechts (allgemein zur Qualifikation nach der »lex fori« Rdnr. VI-19 ff.) zu Art. 17b EGBGB; s. etwa *Andrae/Abbas*, StAZ 2011, 97, 102 f.; *Bruns*, StAZ 2010, 187; MünchKomm/*Coester*, Art. 17b EGBGB Rdnr. 144 ff.; *Coester-Waltjen*, Festschrift Brudermüller, 2014, 73, 76; *Dörner*, Festschrift Jayme, 2004, 143, 151; *Mankowski/Höffmann*, IPRax 2011, 247, 250 ff.; *Wasmuth*, Festschrift Kegel, 2002, 237, 239–243. Dieser Qualifikation einer gleichgeschlechtlichen »Ehe« nach ausländischem Recht als Lebenspartnerschaft – der sich mittlerweile auch die Rechtsprechung angeschlossen hat (KG, StAZ 2011, 181; OLG Zweibrücken, StAZ 2011, 184; OLG München, StAZ 2011, 308; LG Kaiserslautern, StAZ 2011, 114; AG Münster, StAZ 2010, 211; vgl. auch VG Berlin, StAZ 2010, 373) – kann zugestimmt werden: In dem für die Qualifikation maßgeblichen deutschen Recht wird die Ehe als verschiedengeschlechtliche Partnerschaft definiert (s. a. Rdnr. III-4), so dass für gleichgeschlechtliche Beziehungen nur die Qualifikation als Lebenspartnerschaft in Betracht kommt. Dieser begriffliche und systematische Unterschied kann durch eine inhaltliche Gleichstellung der Lebenspartnerschaft mit der Ehe nicht überspielt werden. Zudem verfolgt das Rechtsinstitut der gleichgeschlechtlichen Ehe in den betreffenden Staaten das rechtspolitische Ziel, die Benachteiligung gleichgeschlechtlicher Lebensformen zu überwinden; gerade dies entspricht auch der Zielsetzung des Art 17b EGBGB (hierzu auch *Bruns*, StAZ 2010, 187).

III-842 Die Abgrenzung hat erhebliche Bedeutung für die Praxis, und zwar bei der Begründung, der Auflösung und der Registrierung einer im Ausland begründeten gleichgeschlechtlichen Ehe.

Bei einer im Ausland begründeten derartigen Verbindung wäre die materielle Wirksamkeit nach Art. 13 EGBGB, nicht nach Art. 17b Abs. 1 Satz 1 EGBGB zu beurteilen; diese Kumulation würde in vielen Fällen zu einer unwirksamen »Ehe« führen, da dann die Heimatrechte beider Partner das Rechtsinstitut kennen müssten. Ferner stellt sich die Frage, ob diese »Ehe« auch der Form nach wie eine gleichgeschlechtliche Ehe geschlossen werden müsste.

Was die Auflösung angeht, so hätten bei einer als Ehe einzustufenden Beziehung gemäß Art. 17 Abs. 2 EGBGB im Inland nur die deutschen Gerichte das »Auflösungsmonopol«; bei einer ausländischen Auflösung müsste ein Verfahren nach § 107 FamFG eingeleitet werden.

III-843 Von besonderer Bedeutung für die Standesamtspraxis ist die Frage, ob eine solche im Ausland geschlossene »Ehe« als Lebenspartnerschaft nach § 35 PStG zu registrieren ist (verneinend *Kissner*, StAZ 2010, 119) oder ob – die Wirksamkeit der »Ehe« unterstellt – gemäß § 34 PStG eine Eintragung ins Eheregister zu erfolgen hat; hierzu *Gaaz/Bornhofen*, § 35 PStG Rdnr. 8.

III-844 Qualifiziert man hingegen die gleichgeschlechtliche »Ehe« als Lebenspartnerschaft, beherrscht das nach Art. 17b Abs. 1 Satz 1 EGBGB berufene Recht des Registrierungsstaats die Begründung wie auch die Auflösung (so auch AG Münster, StAZ 2010, 211). Dadurch wird die Rechtsanwendung erheblich vereinfacht, denn ein Recht, das die Registrierung zulässt, wird auch stets Regeln über die materiellrechtlichen Eingehungsvoraussetzungen und die Auflösung vorsehen. Die verfahrensrechtliche Konsequenz ist, dass die »Ehe« nach § 35 PStG als Lebenspartnerschaft zu registrieren ist (KG, StAZ 2011, 181; OLG Zweibrücken, StAZ 2011, 184, 185; OLG München, StAZ 2011, 308, 309).

b) Die verschiedengeschlechtliche »Lebenspartnerschaft«

Eine verschiedengeschlechtliche Lebenspartnerschaft ist dem deutschen Recht unbekannt. Doch steht die Lebenspartnerschaft in einigen Rechtsordnungen auch verschiedengeschlechtlichen Paaren offen. Im Rahmen der Vorfrage kann es jedoch darauf ankommen, ob eine solche Lebenspartnerschaft nach ausländischem Recht begründet wurde oder wieder aufgelöst worden ist.   III-845

Bei der Qualifikation stellen sich ähnliche Probleme wie bei der gleichgeschlechtlichen »Ehe«. Die deutsche lex fori kennt als verschiedengeschlechtliche Verbindung nur die Ehe und beschränkt die Lebenspartnerschaft auf gleichgeschlechtliche Beziehungen. Die verschiedengeschlechtliche Lebenspartnerschaft ist einem der beiden Qualifikationsbegriffe zuzuordnen.

Betont man den Aspekt der Verschiedengeschlechtlichkeit und bedenkt man, dass nach deutschem Recht die Ehe der einzige institutionelle Rahmen für ein Zusammenleben verschiedengeschlechtlicher Partner ist, so liegt eine Qualifikation analog Art. 13 ff. EGBGB nahe (*Staudinger/Mankowski*, Art. 17b EGBGB Rdnr. 101 f.; *Krömer*, StAZ 2009, 187). Bei der Begründung einer solchen Partnerschaft müssten daher die Heimatrechte beider Partner kumulativ herangezogen werden. Die Auflösung im Inland müsste nach scheidungsrechtlichen Vorschriften erfolgen, bei Auflösung im Ausland müsste im Verfahren nach § 107 FamFG festgestellt werden, ob eine wirksame »Scheidung« vorliegt.   III-846

Die herrschende Meinung ordnet heterosexuelle Lebenspartnerschaften allerdings bei Art. 17b EGBGB ein, entweder direkt (etwa *v. Hoffmann/Thorn*, § 8 Rdnr. 73b) oder doch wenigstens analog (etwa *MünchKomm/Coester*, Art. 17b EGBGB Rdnr. 132; *Dörner*, Festschrift Jayme, 2004, 143, 151; *R. Wagner*, IPRax 2001, 281, 292). Alleine die Tatsache, dass das deutsche Recht die verschiedengeschlechtliche Lebenspartnerschaft nicht kennt, rechtfertige keine Anwendung der eherechtlichen Kollisionsnormen; die Lebensform stehe in größerer Nähe zur Lebenspartnerschaft.   III-847

Wie schon bei der gleichgeschlechtlichen »Ehe« wird man sich an der rechtspolitischen Zielsetzung orientieren können. Will man die Anerkennung der verschiedengeschlechtlichen Lebenspartnerschaft erleichtern, spricht dies für die Einordnung bei Art. 17b EGBGB, da die Qualifikation nach Art. 13 ff. EGBGB nur dann zu ihrer Wirksamkeit führen würde, wenn die Heimatländer beider Partner diese Form der Partnerschaft kennen (vgl. Rdnr. III-805). Freilich wäre dann die Konsequenz, dass etwa Deutsche, denen ihr Heimatrecht eine derartige Rechtsform versagt, im Ausland eine verschiedenge-   III-848 schlechtliche Partnerschaft begründen könnten, die in Deutschland wirksam wäre (*Krömer*, StAZ 2009, 189).

III-849 Andererseits müsste dann, wenn diese kollisionsrechtliche Situation eintritt – etwa eine Französin und ein Franzose im Inland eine Partnerschaft begründen möchten – in Deutschland ein Eheschließungsverfahren durchgeführt werden. Es ist fraglich, ob die Vertreter der eherechtlichen Qualifikation diese Konsequenz ziehen würden. Die Einordnung bei Art. 17b EGBGB führt dazu, dass die Partnerschaft nur in einem Staat begründet wird, der sie als Rechtsinstitut kennt und daher auch ihre Voraussetzungen und Wirkungen regelt. Aus diesen Gründen ist auch hier die Ansicht der h. M. vorzuziehen.

III-850 Was die Rechtswirkungen einer solchen Partnerschaft angeht, so besteht Übereinstimmung darin, dass sie nötigenfalls mit Hilfe des ordre public zurückgedrängt werden müssen; entweder über die Anwendung seiner positivrechtlichen Konkretisierung in Art. 17b Abs. 4 EGBGB (»Kappungsgrenze«; so *v. Hoffmann/Thorn*, § 8 Rdnr. 73j a. E.; *Bamberger/Roth/Heiderhoff*, Art. 17b EGBGB Rdnr. 46) oder über die Generalklausel des Art. 6 EGBGB (*R. Wagner*, IPRax 2001, 281, 292).

III-851 Fraglich ist, wie weit dieses Zurückdrängen gehen muss. Man könnte die radikale Ansicht vertreten, dass die verschiedengeschlechtliche Partnerschaft dem deutschen Recht unbekannt sei, dass ein nicht existierendes Rechtsinstitut zwangsläufig keinerlei Wirkungen habe und dass man demzufolge die Wirkungen einer ausländischen Partnerschaft über Art. 17b Abs. 4 EGBGB stets auf null reduzieren müsse. So weit will aber im Schrifttum niemand gehen. Vielfach wird sogar die Anwendung des Art. 17b Abs. 4 EGBGB auf verschiedengeschlechtliche Partnerschaften abgelehnt (*Wasmuth*, Festschrift Kegel, 2002, 237, 245); die Vorschrift beziehe sich aufgrund ihrer Entstehungsgeschichte nur auf die gleichgeschlechtliche Lebenspartnerschaften im Sinne des LPartG. Für heterosexuelle Partnerschaften fehle es an einem tauglichen Vergleichsmaßstab für eine Kappung; eine Korrektur habe im Einzelfall über die Generalklausel des Art. 6 EGBGB zu erfolgen.

III-852 Soweit die Diskussion um die Fragen kreist, ob etwa gleichgeschlechtliche Partnerschaften benachteiligt würden, wenn man nur den allgemeinen ordre public eingreifen lasse (so etwa *Gebauer/Staudinger*, IPRax 2002, 275, 281 f.; *Wasmuth*, a. a. O.), oder ob es Art. 6 Abs. 1 GG gar verbiete, ein Institut in Konkurrenz zur Ehe zuzulassen, das gleiche Rechte und geringere Pflichten beinhalte (so MünchKomm/*Coester*, Art. 17b EGBGB Rdnr. 135 unter Hinweis auf BVerfG, StAZ 2002, 293), ist sie für das Standesamt ohne Bedeutung. Es ist von der Frage nach den Rechtswirkungen der verschiedengeschlechtlichen Partnerschaft nur insoweit betroffen, als es ihren Bestand als Vorfrage im Rahmen des Verbots der »Doppelpaarigkeit« (s. Rdnr. III-817 ff.) zu prüfen hat, nicht aber die daraus folgenden Rechte und Pflichten. Auf diese Differenzierung läuft auch die Literaturmeinung hinaus, die zwischen den Voraussetzungen – d. h. also dem Bestand – und den Rechtswirkungen der verschiedengeschlechtlichen Partnerschaft unterscheidet und nur die letzteren dem Art. 17b Abs. 4 EGBGB unterwerfen will (*v. Hoffmann/Thorn*, § 8 Rdnr. 73j). Insgesamt entspricht es – unabhängig von den Rechtswirkungen im Übrigen – der mittlerweile h. M., dass eine bestehende verschiedengeschlechtliche Partnerschaft das Eingehen einer Ehe mit einer anderen Person im Inland verhindert. Die bei der gleichgeschlechtlichen Lebenspartnerschaft angeführten Gründe gelten entsprechend; es liegt nicht im Interesse des deutschen ordre public, hinkende Rechtsverhältnisse zu provozieren (s. Rdnr. III-835 ff.).

IV. Die Auflösung einer Lebenspartnerschaft mit Auslandsbezug

1. Die Auflösung der Lebenspartnerschaft im Inland

Gemäß Art. 17b Abs. 1 Satz 1 EGBGB untersteht nicht nur die Begründung, sondern auch die Auflösung einer Lebenspartnerschaft dem Sachrecht des registrierenden Staates. Eine in Deutschland registrierte Lebenspartnerschaft ist daher nach §§ 15 ff. LPartG durch richterliche Entscheidung aufzuheben. Sie ist kollisionsrechtlich als Inlandsfall zu behandeln, auch wenn die Partner eine ausländische Staatsangehörigkeit haben. Eine im Ausland begründete Lebenspartnerschaft ist nach den Sachvorschriften des Registrierungsstaats aufzulösen. Verfahrensrechtlich sind §§ 269, 270 FamFG zu beachten. III-853

Wird eine Lebenspartnerschaft im Inland aufgelöst, so ergeht in jedem Fall die Entscheidung eines Gerichts. Das Standesamt ist daran gebunden und hat kein Recht und keine Pflicht zur Nachprüfung.

2. Die Auflösung der Lebenspartnerschaft durch ein ausländisches Gericht

Ist eine im Inland wirksame Partnerschaft im Ausland aufgelöst worden, so stellt sich die Frage, ob die Auflösung im Inland anzuerkennen bzw. wirksam ist. Im Rahmen des § 1 Abs. 3 Nr. 1 LPartG handelt es sich um eine Vorfrage, wenn davon die Eingehung einer neuen Lebenspartnerschaft mit einem anderen Partner abhängt. Je nachdem muss zwischen einer gerichtlichen und einer sonstigen Auflösung unterschieden werden. III-854

Der Grundsatz, dass eherechtliche Vorschriften nicht eingreifen, gilt zunächst für die Anwendbarkeit der Brüssel-IIa-VO (s. allgemein Rdnr. II-85). Sie findet nach h. M. keine Anwendung auf Lebenspartnerschaften (s. etwa *Staudinger/Spellenberg*, IntVerfR Ehe Art. 1 EheGVO Rdnr. 11). Des Weiteren erfasst sie nach unionsrechtsautonomer Auslegung auch keine gleichgeschlechtlichen »Ehen« (etwa *Rauscher/Rauscher*, EuZPR/EuIPR, Art. 1 Brüssel-IIa-VO Rdnr. 7 f.). III-855

Die Anerkennung einer gerichtlichen Auflösung richtet sich damit stets nach §§ 108 f. FamFG, und zwar auch dann, wenn das Gericht eines EU-Mitgliedstaats entschieden hat (s. a. Nr. A 6.3 PStG-VwV). Um die internationale Anerkennungszuständigkeit nach § 109 Abs. 1 Nr. 1 FamFG festzustellen, ist § 103 FamFG in den ausländischen Fall zu »spiegeln«. Demnach ist die Zuständigkeit dann gegeben, wenn die Entscheidung in einem Staat getroffen wurde, dem ein Partner angehört oder bei Begründung angehörte (§ 103 Abs. 1 Nr. 1 FamFG), in dem einer seinen gewöhnlichen Aufenthalt hat (§ 103 Abs. 1 III-856

Nr. 2 FamFG) oder vor dessen zuständiger Stelle die Lebenspartnerschaft begründet wurde (§ 103 Abs. 1 Nr. 3 FamFG). Ferner steht § 103 FamFG einer Anerkennung nicht entgegen, wenn der Register führende Staat die Entscheidung anerkennt, § 109 Abs. 3 FamFG.

III-857 Vor dem Inkrafttreten des FamFG war es umstritten, ob die Landesjustizverwaltung im Verfahren nach Art. 7 § 1 FamRÄndG über die Anerkennungsfähigkeit zu entscheiden hatte (dafür etwa MünchKomm/*Coester*, Art. 17b EGBGB Rdnr. 125; dagegen etwa *R. Wagner*, IPRax 2001, 281, 288).

III-858 Im FamFG hat der Gesetzgeber in Kenntnis dieser Diskussion darauf verzichtet, die Lebenspartnerschaftssache in § 107 FamFG zu erwähnen und sich damit der zuletzt genannten Ansicht angeschlossen. Die Anerkennung von Entscheidungen über die Auflösung von Lebenspartnerschaften soll sich demnach nicht nach § 107 FamFG, sondern nach § 108 FamFG richten, der in Abs. 1 die Inzidentanerkennung vorsieht und allenfalls die fakultative Entscheidung nach § 108 Abs. 2 FamFG ermöglicht.

III-859 Die Personenstandsbehörden haben daher die Vorfrage, ob eine Lebenspartnerschaft im Ausland aufgelöst wurde, grundsätzlich inzident zu beantworten. Ihre Entscheidung hat keine allgemein verbindliche Wirkung. Aus diesem Grund ist es möglich, dass eine andere Behörde, der sich die Vorfrage in anderem Zusammenhang stellt, sie anders beantwortet und die interne Entscheidungsharmonie gestört wird.

3. Auflösung einer Lebenspartnerschaft ohne gerichtliche Mitwirkung

III-860 Die Auflösung der Lebenspartnerschaft richtet sich nach dem Recht, das bereits die Begründung beherrscht hat, nämlich nach dem Recht des Registrierungsstaats, Art. 17b Abs. 1 Satz 1 EGBGB.

Sieht dieses Recht die Auflösung der Lebenspartnerschaft durch die Personenstandsbehörde vor, so ist hierzu grundsätzlich auch das deutsche Standesamt befugt (MünchKomm/*Coester*, Art. 17b EGBGB Rdnr. 37 ff.; *Palandt/ Thorn*, Art. 17b EGBGB Rdnr. 6).

III-861 Die Gegenmeinung geht auch in diesen Fällen vom Auflösungsmonopol der Gerichte aus und stützt sich auf eine Analogie zu Art. 17 Abs. 2 EGBGB (*Forkert*, S. 186 ff.). Dafür spricht zwar das Argument, dass bei einer Auflösung der Lebenspartnerschaft ebenso wie bei der Ehe ein Interesse an Rechtssicherheit besteht. Doch hat das Argument des Kindesschutzes, das das Gerichtsmonopol bei der Ehescheidung rechtfertigt (darauf abstellend BT-Drucks. 10/504, S. 61), bei Lebenspartnerschaften nicht dieselbe Bedeutung, so dass es gerechtfertigt ist, den Auflösungsmodus allein dem materiellen Registerstatut zu unterstellen (MünchKomm/*Coester*, Art. 17b EGBGB Rdnr. 38).

III-862 Man kann die Notwendigkeit einer gerichtlichen Entscheidung auch nicht damit begründen, dass sie vom deutschen Verfahrensrecht vorgesehen und daher als prozessual zu qualifizieren sei. Da sich ein inländisches Verfahren grundsätzlich nach der deutschen lex fori richtet (s. Rdnr. VI-20), könnte man argumentieren, dass die prozessuale Qualifikation die Auflösungszuständigkeit der deutschen Gerichte nach sich ziehe. Doch ist die Frage, ob ein staatliches Organ tätig wird und, wenn ja, welches, nicht prozessual, sondern materiellrechtlich zu qualifizieren. Es ist kennzeichnend, dass das Scheidungsmonopol der deutschen Gerichte in materiellrechtlichen, nicht in prozessualen Vorschriften geregelt ist, nämlich in Art. 17 Abs. 2 EGBGB und in § 1564 Satz 1 BGB. Wenn sich das Gerichtsmonopol allein aus dem Verfahrensrecht ergäbe, wäre Art. 17 Abs. 2 EGBGB überflüssig. Eine Lebenspartnerschaft kann daher im Inland auch durch eine andere Behörde als ein Gericht aufgelöst werden. Gegen die materiellrechtliche Qualifikation des Art. 17 Abs. 2 EGBGB spricht freilich, dass der Gesetzgeber diese Vorschrift anlässlich des Inkrafttretens der Rom-III-VO als verfahrensrechtlich qualifiziert hat, s. Rdnr. III-478.

Doch stellt sich die Frage, ob der deutsche Standesbeamte überhaupt an die Stelle seines ausländischen Kollegen treten kann. Ein ausländisches Gesetz, das die Personenstandsbehörden für zuständig erklärt, weist die Befugnis zunächst dem Standesamt der eigenen Rechtsordnung zu. Bei der Frage, ob ein deutsches Standesamt dessen Funktion übernehmen kann, handelt es sich um ein Problem der Substitution (dazu Rdnr. VI-70 ff.). Hier wird man differenzieren müssen. Die materiellrechtliche Anwendung des die Auflösung beherrschenden Rechts allein dürfte keine Probleme bereiten. Problematisch ist die Auflösung allerdings dann, wenn das Standesamt nach ausländischem Recht Eintragungen vorzunehmen hat, für die dem deutschen Standesbeamten die verfahrensrechtlichen Voraussetzungen fehlen, er etwa die Auflösung in ein Register eintragen muss, das im Inland nicht geführt wird.

III-863

Die Frage lässt sich daher nur von Einzelfall zu Einzelfall beantworten (grundsätzlich offen MünchKomm/*Coester*, Art. 17b EGBGB Rdnr. 40; *Henrich*, FamRZ 2002, 137, 141). Verlangt das maßgebliche Statut eine personenstandsrechtliche Registrierung, empfiehlt es sich aus Gründen der Rechtssicherheit, das ausländische Standesamt nicht durch das deutsche zu substituieren, solange keine länderübergreifend einheitlichen Eintragungsarten vorgesehen sind. Ob das ausländische Registerstatut eine Substitution durch das deutsche Standesamt zulässt, ist schwierig und kaum zuverlässig festzustellen (in diese Richtung *Andrae*, § 10 Rdnr. 45).

III-864

Teil IV
Status und Name des Kindes im Zeitpunkt der Geburt

Erster Abschnitt: Die Feststellung der Abstammung

A. Der zeitliche Bezug zur Geburt

I. Die Geburt als Beginn der Rechtsbeziehungen

Die Rechtsfähigkeit und damit die rechtliche Existenz des Menschen beginnt grundsätzlich mit der Geburt, § 1 BGB, s. Rdnr. II-1 ff. Regeln, die das noch ungeborene Kind betreffen (z. B. §§ 1594 Abs. 4, 1713 f., 1912, 1923 Abs. 2, 2101 Abs. 1 BGB), sind die Ausnahme. IV-1

Die Geburt ist also der grundsätzliche Zeitpunkt des Entstehens der personen- und familienrechtlichen Rechtsbeziehungen wie z. B. der Abstammungsbeziehungen, der Führung eines Geburtsnamens und des Eingebettetseins in die elterliche Sorge. IV-2

Die *registerrechtliche* Konsequenz ist, dass der Geburtseintrag, mit dem der Beginn der kindlichen Existenz in den Personenstandsregistern dokumentiert wird, grundsätzlich den Zustand im Zeitpunkt der Geburt wiedergibt; vgl. hierzu allgemein *Gaaz/Bornhofen*, § 21 PStG Rdnr. 6. IV-3

II. Gestreckte Tatbestände im Geburtseintrag

Der allgemeine Grundsatz, dass sich Statusfeststellung und Statusdokumentation auf den Zeitpunkt der Geburt beziehen, steht im Spannungsverhältnis zu dem Umstand, dass die rechtliche Überprüfung und Feststellung, welchen Status das Kind hat, erst nach der Geburt erfolgt, und dass folglich auch die personenstandsrechtliche Eintragung zwangsläufig erst nach der Geburt erfolgen kann. Die Subsumtion unter die abstammungs- und namensrechtlichen Vorschriften findet also zu einem Zeitpunkt statt, an dem die Rechtsfolgen eigentlich schon als eingetreten gelten. Dies stellt allerdings den Grund- IV-4 satz nicht in Frage, solange der subsumierende Standesbeamte auf die rechtliche Situation abstellt, die im Zeitpunkt der Geburt bestanden hat.

IV-5 Im Einzelnen ist weiter zu differenzieren. Von den Fällen, in denen ein personenstandsrelevanter Tatbestand bereits im Zeitpunkt der Geburt erfüllt ist und erst nachher *festgestellt* wird, sind die Fälle zu unterscheiden, in denen sich ein Tatbestand erst nach der Geburt *verwirklicht*.

IV-6 Ein Beispiel für die erstgenannte Fallgruppe ist etwa die Feststellung der Abstammung des Kindes einer verheirateten Frau. Auch wenn das Standesamt erst nach der Geburt *feststellt*, welche Frau das Kind geboren hat und mit welchem Mann sie verheiratet ist, sind die Tatbestandsmerkmale der §§ 1591, 1592 Nr. 1 BGB bereits im Zeitpunkt der Geburt *erfüllt*. Ähnlich ist es beim Kind einer nicht verheirateten Frau, wenn die Voraussetzungen einer pränatalen Vaterschaftsanerkennung bereits im Zeitpunkt der Geburt vollständig erfüllt sind.

IV-7 Zur anderen Fallgruppe gehören etwa namensbestimmende Erklärungen oder eine Vaterschaftsanerkennung, die nach der Geburt, aber noch vor deren Beurkundung wirksam werden. Hier handelt es sich um einen gestreckten Tatbestand, der spätestens mit der Geburt des Kindes beginnt und dann über mehrere aufeinander folgende Elemente zu einer Rechtsfolge führt, die dann – aber auch nur dann – unmittelbar auf den Geburtszeitpunkt bezogen wird, wenn sie noch im Geburtseintrag berücksichtigt werden kann. Der auf die Geburt zurückbezogene Status ist also in den Geburtseintrag aufzunehmen, obwohl sich die statusbegründenden Umstände erst nach der Geburt ereignet haben.

IV-8 Diese Verklammerung von materiellem und Verfahrensrecht hat Konsequenzen für beide Rechtsgebiete. Verfahrensrechtlich führen nach der Geburt eintretende Umstände, die nicht mehr im Geburtseintrag berücksichtigt werden konnten, zu einer nachträglichen »Änderung« des Personenstands oder Namens, die gemäß § 27 PStG in einer Folgebeurkundung beigeschrieben werden muss. Materiellrechtlich besteht bis zum Abschluss des Geburtseintrags ein Schwebezustand. Ob das von einer nicht verheirateten Frau geborene Kind im Zeitpunkt seiner Geburt vaterlos ist oder einen anerkennenden Mann zum Vater hat, hängt materiellrechtlich (!) davon ab, ob sich der gestreckte Tatbestand der §§ 1594 ff. BGB noch vor der Beurkundung der Geburt vollendet oder nicht.

IV-9 Gewiss werden auch zahlreiche Rechtsfolgen, die erst *nach* der Beurkundung der Geburt eintreten, materiell auf den Geburtszeitpunkt zurückbezogen, so dass der Begriff »Änderung des Personenstands« missverständlich ist. Wenn etwa zunächst der Ehemann der Mutter als Vater des Kindes eingetragen und seine Vaterschaft später wirksam angefochten wird, wird durch die Folgebeurkundung der Anfechtung selbstverständlich klargestellt, dass der Ehemann *von Anfang an* nicht der Vater des Kindes war. Entsprechendes gilt, wenn das Kind zunächst als vaterlos eingetragen und der Vater später festgestellt wird; das Gesetz trägt dem Rechnung, indem es danach unterscheidet, ob eine Vaterschaft »besteht« oder ob ihre »Rechtswirkungen geltend gemacht werden können« (vgl. §§ 1594 Abs. 1, 1600d Abs. 4 BGB).

Bei Anwendung ausländischen Rechts ist es möglich, dass sogar die Vaterschaft des Ehemanns der Mutter im Zeitpunkt der Geburt noch nicht endgültig feststeht, sondern dass das maßgebliche Statut die Widerlegung der Vaterschaftsvermutung zulässt oder zusätzliche Tatbestandsmerkmale verlangt, die sich erst nach der Geburt erfüllen; hierzu etwa Rdnr. IV-211 f., IV-213 f. (zum italienischen Recht). In diesem Fall ist sogar die Feststellung der Vaterschaft des Ehemanns ein »gestreckter Tatbestand«, der zu einem materiellrechtlichen Schwebezustand führt und erst dann abgeschlossen ist, wenn die Geburt mit den bis dahin eingetretenen Abstammungsverhältnissen im Geburtenregister beurkundet wird.

Entsprechend den in BGHZ 90, 129 (= StAZ 1984, 194) festgelegten Grundsätzen hat das deutsche Personenstandsrecht auf solche materiellrechtlichen Besonderheiten des ausländischen Rechts Rücksicht zu nehmen. Das Standesamt wird daher in einem solchen Fall alle Vorgänge, die über den Status des Kindes entscheiden, bei der Eintragung berücksichtigen und auf den Geburtszeitpunkt zurückbeziehen, auch wenn sie erst zwischen Geburt und Beurkundung stattgefunden haben.

Die Eintragung ins Personenstandsregister entfaltet dabei materiellrechtliche Wirkung. Sie gibt nicht nur einen kraft Gesetzes entstandenen Rechtszustand wieder, sondern hat konstitutive Wirkung, indem sie den bisher »offenen« Schwebezustand beendet und den Status des Kindes – allerdings mit Rückwirkung auf den Geburtszeitpunkt – zum ersten Male verbindlich festlegt.

Es ist mit dem Charakter des Geburtenregisters als »Entwicklungsbuch« (vgl. *Thomsen*, System des Personenstandsrechts, 1962, Rdnr. 37) durchaus vereinbar, einen solchen erst nach der Geburt verbindlich festgestellten Personenstand einzutragen, da das Kind vorher nicht etwa einen »anderen« oder »unrichtigen«, sondern überhaupt keinen Status hatte. Man »überspringt« und vernachlässigt mit dieser Eintragung nicht etwa einen früheren Personenstand, weil ein solcher in Folge des Schwebezustands noch nicht bestand; vielmehr dokumentiert man den einzigen, den das Kind definitiv und von Anfang an erworben hat.

Aus demselben Grund widerspricht diese Praxis nicht dem personenstandsrechtlichen Grundsatz, dass eine der Geburt nachfolgende verbindliche Feststellung des Personenstandes nicht im Geburtseintrag selbst, sondern nur in einer Folgebeurkundung (§ 27 PStG) verlautbart werden kann.

B. Abstammung bei Anwendung deutschen Rechts

I. Allgemeines; Rechtsentwicklung

Das Kindschaftsrecht des BGB von 1896 unterschied nicht nur begrifflich zwischen ehelichen und nichtehelichen – im damaligen Sprachgebrauch »unehelichen« – Kindern, sondern benachteiligte die nichtehelichen Kinder sowohl statusrechtlich als auch statusfolgenrechtlich erheblich gegenüber den ehelichen. Eine dem heutigen Rechtsverständnis entsprechende Vaterschaft mit allgemein verbindlicher Statuswirkung war im BGB nicht vorgesehen. Die Regelung war mit dem Grundgesetz nicht mehr zu vereinbaren.

IV-16 Mit dem Nichtehelichengesetz (NEhelG) vom 19.8.1969 wollte der Gesetzgeber den Verfassungsauftrag des Art. 6 Abs. 5 GG verwirklichen. Das Ziel der Gleichstellung wurde im *Abstammungsrecht* im Wesentlichen erreicht, nicht jedoch im *Statusfolgenrecht*. Die nichteheliche Abstammung war zwar echte Verwandtschaft, aber doch ein Status minderer Qualität.

IV-17 Das Kindschaftsrechtsreformgesetz (KindRG) vom 16.12.1997, das am 1.7.1998 in Kraft trat, suchte nicht nur die Gleichstellung zu verwirklichen. Sein Regelungsziel im Abstammungsrecht, das über den Art. 6 Abs. 5 GG hinausging, war die »*Vereinheitlichung* des Abstammungsrechts für eheliche und nichteheliche Kinder« (BT-Drucks. 13/4899, S. 52). Daneben brachte es tiefgreifende Änderungen im Recht der elterlichen Sorge.

IV-18 Das positive Recht regelt nunmehr auch die Mutterschaft, die vorher als so selbstverständlich angesehen wurde, dass eine ausdrückliche Regelung entbehrlich erschien. In § 1591 BGB hat sich der Gesetzgeber für den Vorrang der biologischen vor der genetischen Mutter entschieden; s. a. Rdnr. IV-23 ff.

IV-19 Die regelungstechnische Gleichstellung von ehelichen und nichtehelichen Kindern fand ihren positivrechtlichen Niederschlag in § 1592 BGB. Die gesetzliche Vaterschaft des Ehemanns nach § 1592 Nr. 1 BGB steht gleichrangig neben der nach Nr. 2 oder 3 begründeten; sie hat keine andere Qualität. Die früheren Begriffe Ehelichkeit, Nichtehelichkeit und Legitimation sind entfallen.

IV-20 In dem Umstand, dass die Frau verheiratet ist, sieht das Gesetz nach wie vor ein entscheidendes Indiz für die Vaterschaft des Ehemanns, § 1592 Nr. 1 BGB. Sie entsteht im Augenblick der Geburt, unabhängig davon, ob tatsächliche Gesichtspunkte dafür oder dagegen sprechen.

IV-21 Auf die Frage, wie die gesetzlich entstehende, aber im konkreten Fall biologisch unrichtige oder höchst unwahrscheinliche Vaterschaft des Ehemanns beseitigt werden kann, hat das KindRG eher konservativ und formalistisch reagiert. Es verlangt im Grundsatz eine Vaterschaftsanfechtung und sieht kaum Möglichkeiten vor, die Vaterschaft des Ehemanns auch ohne förmliches Verfahren auszuräumen. Einzelne Rechtsordnungen insbesondere des romanischen Rechtskreises gehen in dieser Hinsicht sehr viel weiter (s. Rdnr. IV-211 ff.). Der Gesetzgeber des KindRG hat derartige Lösungen erwogen (s. etwa die Stellungnahme des Bundesrats in BT-Drucks. 13/4899, S. 147, wonach die Erklärungen von Mutter und Ehemann allein ausreichen sollten), aber ausdrücklich abgelehnt (BT-Drucks. 13/4899, S. 53).

IV-22 Nur in Fällen, in denen bereits die Scheidung der Mutterehe anhängig ist, kann die gesetzliche Vaterschaft des Ehemanns unter den Voraussetzungen des § 1599 Abs. 2 BGB von der Vaterschaft eines anerkennenden Dritten verdrängt werden (dazu näher Rdnr. IV-72 ff.). Im Vergleich zu einigen ausländischen Rechten und etwa dem Vorschlag des Bundesrats sind die Voraussetzungen dieser Durchbrechung ziemlich streng; dennoch bedeutet § 1599

Abs. 2 BGB einen – wenn auch vorsichtigen – ersten Schritt in Richtung auf eine aufgelockerte Vaterschaftsvermutung hin.

II. Die Feststellung der Mutterschaft

1. Die Geburt als Voraussetzung der Mutterschaft

Entsprechend dem römischrechtlichen Grundsatz »mater semper certa est« war es im deutschen Rechtskreis lange Zeit selbstverständlich, dass die Frau, die ein Kind geboren hatte, seine Mutter im Rechtssinne war. Der Grundsatz ist fragwürdig geworden, seit die moderne Fortpflanzungsmedizin mit der Leihmutterschaft eine »gespaltene« Mutterschaft ermöglicht, d. h. eine Situation, in der ein Kind genetisch nicht von der Frau abstammt, die es geboren hat, sondern von der Frau, von der die Eizelle stammt, sei es die Wunschmutter oder die Eizellenspenderin. IV-23

Der Gesetzgeber musste daher eingreifen und klarstellen, ob die »biologische« oder die »genetische« Mutterschaft den Vorrang haben sollte. In § 1591 BGB hat er sich für die alleinige Maßgeblichkeit der biologischen Mutterschaft entschieden (vgl. OLG Stuttgart, StAZ 2012, 209); Mutter des Kindes ist die Frau, die es geboren hat. Im praktischen Ergebnis hat sich daher für das Standesamt nichts geändert; es hat die Frau, die das Kind geboren hat, als Mutter zu registrieren; s. zu »Müttern« mit unbestimmten Geschlecht Rdnr. IV-225 f.; zu Frau-zu-Mann-Transsexuellen s. Rdnr. V-995. IV-24

Die alleinige Maßgeblichkeit der Geburt schließt es aus, die Lebenspartnerin einer Frau, die während bestehender Lebenspartnerschaft ein Kind geboren hat, als »Mutter II« in das Geburtenregister einzutragen, s. Rdnr. IV-40; zur Co-Mutterschaft nach ausländischem Recht s. Rdnr. IV-218 ff. IV-25

2. Das Auseinanderfallen von genetischer und biologischer Mutterschaft

Die nunmehr medizinisch mögliche »gespaltene Mutterschaft« kann zu einer Problemsituation führen, die bei der Vaterschaft seit jeher regelungsbedürftig, bei der Mutterschaft hingegen neu ist, nämlich zum Auseinanderfallen von rechtlicher und tatsächlicher Abstammung. Leihmutterschaft begründet über § 1591 BGB die Mutterschaft der Frau, die das Kind »nur« geboren hat. Mit einer Abstammung, die man – wie oben erwähnt – als *genetische* Herkunft definiert, stimmt diese rechtliche Zuordnung nicht überein. IV-26

Während das BGB bei der Vaterschaft regelungstechnische Mittel vorsieht, um eine der genetischen Abstammung widersprechende rechtliche Zuordnung zu korrigieren (Anfechtungsklage, neuerdings auch die qualifizierte Drittanerkennung des § 1599 Abs. 2 BGB; s. Rdnr. IV-72 ff.), fehlen entsprechende Regeln über die Mutterschaft. Das Gesetz sieht keine »Scheinmutterschaft« vor, die durch Anfechtung zu beseitigen wäre. Die rechtliche Zuordnung durch § 1591 BGB ist dauerhaft und unveränderbar; ein Statusverfahren nach § 169 FamFG ist stets ausgeschlossen (*Palandt/Brudermüller*, § 1591 BGB Rdnr. 2). IV-27

Zu Leihmutterschaftsfällen mit Auslandsbezug s. Rdnr. IV-155 ff.; zur Vaterschaftsanerkennung s. Rdnr. V-26.

IV-28 Indem das Kindschaftsrecht der genetischen Mutter die Möglichkeit nimmt, das aus ihrer Eizelle stammende Kind jemals für sich zu beanspruchen, verstärkt es mittelbar das Verbot bestimmter Reproduktionstechniken (§ 1 des Embryonenschutzgesetzes, § 13c des Adoptionsvermittlungsgesetzes), indem es die von der genetischen Mutter verfolgten Absichten unterläuft (vgl. auch BT-Drucks. 13/4899, S. 82 f.).

IV-29 Der Unterschied zwischen genetischer und biologischer Mutterschaft wird dann relevant, wenn es auf die genetische Abstammung entscheidend ankommt. Zu denken ist hier an das vom BVerfG anerkannte Recht des Kindes auf Kenntnis seiner Abstammung (BVerfG, StAZ 1989, 109; 1994, 252; 1997, 272). Für das Standesamt praxisrelevant ist das Eheverbot der Verwandtschaft, § 1307 BGB, bei dem es stets auf die biologisch-genetische Herkunft ankommt; s. Rdnr. IV-81 ff.

IV-30 Die Mutterschaft nach § 1591 BGB entfaltet keine »Sperrwirkung«. Da eine allgemein verbindliche Statusklärung nicht möglich ist, muss die inzidente Feststellung der genetischen Beziehung zulässig sein (s. a. Rdnr. IV-36 ff. zur Inzidentfeststellung der biologischen Vaterschaft, bei der sich das Problem schon länger stellt). Für eine gerichtliche Klärung steht nur ein allgemeiner Feststellungsantrag nach § 256 ZPO zur Verfügung, allerdings mit den hierfür typischen eingeschränkten Wirkungen. Mit ihm kann zwar gerichtlich festgestellt werden, dass das Kind genetisch nicht von seiner Mutter abstammt; doch dadurch wird die rechtliche Verwandtschaftsbeziehung an sich nicht verändert. Außerdem ist die Feststellung nicht allgemein verbindlich, sondern wirkt nur zwischen den Parteien.

Unabhängig von dieser Möglichkeit eines gerichtlichen Verfahrens stellt sich in der standesamtlichen Praxis das kaum lösbare Problem, wie das Standesamt das Vorliegen bzw. Nichtvorliegen einer genetischen Beziehung von sich aus erkennen und inzident überprüfen soll.

3. Unbekannte Identität der Mutter

IV-31 In seltenen Fällen ist die Identität der Mutter bei der Beurkundung der Geburt des Kindes unbekannt, etwa bei einem Findelkind, einer anonymen Geburt, einer anonymen Kindesabgabe oder einer vertraulichen Geburt nach dem SchKG. In diesen Fällen bleibt es bei der rechtlichen Mutterschaft der unbekannten Frau (und ggf. einer Vaterschaft eines mit ihr verheirateten Mannes); allerdings ist die Mutter verfahrensrechtlich nicht festzustellen, kann aber nachträglich festgestellt werden; zum Problem näher Rdnr. V-8 ff.

III. Die Feststellung der Vaterschaft

1. Allgemeines

Während das BGB vor dem KindRG die eheliche und die nichteheliche Vaterschaft in zwei völlig getrennten Abschnitten (§§ 1591 ff., 1600a ff. BGB a. F.) regelte, gibt es seit der Reform nur noch die einheitliche Vorschrift des § 1592 BGB, die schlechthin die »Vaterschaft« regelt. Zwar spielt bei den Abstammungsvoraussetzungen die Frage, ob die Mutter des Kindes verheiratet ist oder nicht, nach wie vor eine Rolle; doch handelt es sich insoweit nur um eine Reaktion des Rechts auf eine typische *soziale* Situation, nicht um eine *normative* Diskriminierung. IV-32

Ein Mann (zu Personen mit unbestimmten Geschlecht s. Rdnr. IV-225 f.) wird grundsätzlich dann und nur dann als Vater im Rechtssinne angesehen, wenn eine der Voraussetzungen des § 1592 BGB vorliegt; umgekehrt ist die Inanspruchnahme der Vaterschaft ohne eine dieser Voraussetzungen grundsätzlich ausgeschlossen (vgl. BT-Drucks. 13/4899, S. 83). Diese Grundsätze schaffen die für Abstammungsverhältnisse notwendige Rechtsklarheit und geben insbesondere dem Standesamt die Grundlage für seine Eintragungen. IV-33

Bei der gemäß § 1592 BGB begründeten Abstammung handelt es sich um die Vaterschaft im Rechtssinne auf der Grundlage gesetzlicher Tatbestände. Die biologische Vaterschaft kann hiervon abweichen. Um die – grundsätzlich wünschenswerte – Übereinstimmung von rechtlicher und biologischer Vaterschaft zu erreichen, lässt das Recht die Korrektur des rechtlichen Abstammungsverhältnisses zu, wenn der gesetzliche Vater nicht der biologische ist. Allerdings geschieht diese Korrektur in jeweils stark formalisierten Verfahren zur »Anfechtung der Vaterschaft«, §§ 1599 Abs. 1, 1600 ff. BGB, das die neuen Abstammungsverhältnisse mit allgemein verbindlicher Wirkung feststellt und auf diese Weise abermals die für Statusverhältnisse notwendige Rechtsklarheit herbeiführt (hierzu Rdnr. V-281 ff.). IV-34

Ferner erlaubt § 1599 Abs. 2 BGB seit dem KindRG, die gesetzliche Vaterschaft des Ehemanns unter bestimmten Voraussetzungen durch eine qualifizierte Drittanerkennung auszuräumen (hierzu näher Rdnr. IV-72 ff.). IV-35

§ 1592 BGB sowie die stark formalisierten Verfahren zur allgemein verbindlichen Korrektur einer gesetzlichen Vaterschaft scheinen eine Inzidentfeststellung der von der Rechtslage abweichenden genetischen Vaterschaft schlechthin auszuschließen. Doch lässt die h. M. in Ausnahmefällen eine Durchbrechung zu, sofern die inzidente Abstammungsüberprüfung den Status des Kindes und die sich daraus ergebenden Rechtsfolgen nicht unmittelbar berühren (s. etwa BGH, FamRZ 2008, 1424; s. a. *Feuerborn*, FamRZ 1991, 515, 519 ff.). IV-36

Für das Standesamt spielt die Inzidentüberprüfung eine geringe Rolle. Der einzige Fall, bei dem es die von der Rechtslage abweichenden genetischen Abstammungsverhältnisse berücksichtigen muss, ist das Eheverbot der Verwandtschaft, § 1307 BGB; hierzu Rdnr. III-73 ff. Für die Rechtslage im Zeitpunkt der Geburt spielt das Problem keine Rolle. IV-37

IV-38 Die Vaterschaftstatbestände entfalten eine Sperrwirkung, deren Inhalt im Einzelnen davon abhängt, ob die Vaterschaft kraft Gesetzes bei der Geburt entsteht oder aufgrund eines besonderen rechtlichen Aktes begründet wird.

IV-39 Die Vaterschaft des Muttergatten nach § 1592 Nr. 1 BGB entsteht im Zeitpunkt der Geburt. Sie schließt, solange sie nicht wirksam angefochten worden ist, die Vaterschaft eines anderen Mannes aus, § 1594 Abs. 2 BGB.

Anders verhält es sich mit der Sperrwirkung in den Fällen des § 1592 Nr. 2 und 3 BGB, in denen die Vaterschaft durch einen positiven Akt festgestellt werden muss. Bis zur Vaterschaftsanerkennung besteht die »Rechtsausübungssperre« des § 1594 Abs. 1 BGB, die es grundsätzlich verbietet, die Rechtswirkungen der Vaterschaft vorher geltend zu machen; eine inhaltlich entsprechende Regelung bringt § 1600d Abs. 4 BGB für den Fall der gerichtlichen Vaterschaftsfeststellung. Sobald die Vaterschaft wirksam festgestellt ist, hat sie dieselbe Sperrwirkung wie die Vaterschaft nach § 1592 Nr. 1 BGB.

2. Ehe der Mutter, § 1592 Nr. 1 BGB

a) Die Vaterschaft des Muttergatten als Grundsatz

IV-40 Der Mann, der zum Zeitpunkt der Geburt mit der Mutter verheiratet ist, *ist* im Rechtssinne der Vater des Kindes, § 1592 Nr. 1 BGB. Es ist terminologisch falsch, wenn die Literatur in diesem Zusammenhang häufig von einer »Vaterschaftsvermutung« spricht, vgl. Rdnr. IV-206.

Eine Lebenspartnerschaft der Mutter reicht als gesetzlicher Zurechnungsgrund für die Vaterschaft nicht aus (AG Hamburg, StAZ 2009, 275; AG Hannover, StAZ 2011, 116; OLG Celle, StAZ 2011, 150, 151 f.); zur Verfassungskonformität dieser Regelung s. BVerfG, StAZ 2011, 13 sowie EGMR, Nr. 8017/11 (B. und G. B. ./. Deutschland), StAZ 2014, 10. Zur gleichgeschlechtlichen Elternschaft bei Fällen mit Auslandsbezug s. Rdnr. IV-218 ff.

IV-41 Die Vaterschaft des Muttergatten nach § 1592 Nr. 1 BGB entsteht im Zeitpunkt der Geburt. Sie schließt, solange sie nicht wirksam angefochten worden ist, die Vaterschaft eines anderen Mannes aus, § 1594 Abs. 2 BGB. Der Vorrang der nach § 1592 Nr. 1 BGB begründeten Vaterschaft gilt auch für eine gerichtlich festgestellte Vaterschaft, solange nicht zugleich die Vaterschaft des Muttergatten angefochten wurde; der Vaterschaftsfeststellungsbeschluss ist andernfalls wegen Verstoßes gegen § 1600d Abs. 1 BGB nichtig (OLG München, StAZ 2012, 208).

IV-42 Die einzige personenstandsrechtlich relevante Ausnahme hiervon ist der Fall einer pränatalen qualifizierten Drittanerkennung nach § 1599 Abs. 2 BGB (hierzu Rdnr. IV-72 ff.).

b) Geburt während bestehender Ehe

IV-43 Das Kind wird dem Ehemann zugeordnet, wenn die Ehe mit der Mutter im Zeitpunkt der Geburt besteht. Zum rechtlichen Bestand der Ehe s. Rdnr. IV-62 ff.

Diesen Grundsatz ergänzt § 1593 BGB für diejenigen Fälle, in denen die Ehe zwar nicht mehr besteht, aber durch Tod aufgelöst worden ist (hierzu näher Rdnr. IV-48 ff.).   IV-44

Hieraus folgt im Gegenschluss, dass in einem Fall, in dem die Ehe nicht durch Tod, sondern durch *Scheidung* aufgelöst worden ist, der ehemalige Ehemann – anders als nach früherem Recht – nicht mehr der gesetzliche Vater ist.   IV-45

Freilich ist die Regelung immer noch relativ zurückhaltend, da sie auf die Rechtskraft der Scheidung abstellt. Wenn man bedenkt, dass der Zeitraum von Trennung und Scheidung oft eine beträchtliche Länge erreicht, kann die leibliche Vaterschaft des Noch-Ehemanns auch bei einem während des Scheidungsverfahrens geborenen Kind höchst unwahrscheinlich sein.   IV-46

Doch ermöglicht das Gesetz in diesen Fällen mit dem »qualifizierten Anerkenntnis« des § 1599 Abs. 2 BGB (dazu Rdnr. IV-72 ff.), sogleich die Übereinstimmung von rechtlicher und genetischer Abstammung herbeizuführen.   IV-47

c) Ausnahme: Geburt nach dem Tod des Ehemanns, § 1593 BGB

aa) Geburt nach spätestens 300 Tagen, § 1593 Satz 1 BGB
§ 1593 Satz 1 BGB enthält eine Sondervorschrift zu § 1592 Nr. 1 BGB. Ist der Ehemann der Mutter vor der Geburt verstorben, dann ist er nicht mehr »zum Zeitpunkt der Geburt mit der Mutter des Kindes verheiratet«; doch ist seine Vaterschaft grundsätzlich wahrscheinlich, wenn die Empfängniszeit noch in die Ehe fiel. Das Gesetz zieht hieraus die Konsequenz und ordnet an, dass der verstorbene Ehemann Vater eines Kindes ist, das innerhalb von 300 Tagen nach Auflösung der Ehe geboren wird.   IV-48

Für die Berechnung der Frist gelten die §§ 187, 188 Abs. 1 BGB. Der Todestag des Mannes ist gemäß § 187 Abs. 1 BGB nicht mitzurechnen. Die Frist beginnt also erst mit dem Tage, der dem Tage folgt, an dem der Mann gestorben ist. Sie endet mit dem Ablauf des 300. Tages (§ 188 Abs. 1 BGB).   IV-49

bb) Sonderfall: Geburt nach überlanger Schwangerschaft, § 1593 Satz 2 BGB
Wird das Kind später als 300 Tage nach dem Tod des Ehemanns geboren, so greift die Vaterschaftszurechnung nach §§ 1592 Nr. 1, 1593 Satz 1 BGB nicht ein. Der verstorbene Ehemann ist also grundsätzlich nicht der gesetzliche Vater des Kindes.   IV-50

Steht fest, dass das Kind innerhalb eines Zeitraumes empfangen worden ist, der weiter als 300 Tage vor dem Tage der Geburt zurückliegt, so ist zugunsten der Vaterschaft des Ehemanns »dieser Zeitraum maßgebend«, § 1593 Satz 2 BGB. Damit greift das Gesetz noch einmal den dem § 1593 Satz 1 BGB zugrunde liegenden Rechtsgedanken auf: Wenn die Empfängnis des Kindes zeitlich in die Ehe fällt, ist der Ehemann der Vater. Der Unterschied zwischen Satz 1 und Satz 2 liegt in den Beweisanforderungen: Wird das Kind spätestens 300 Tage nach Auflösung der Ehe geboren, so wird der zeitliche Zusammenhang von Ehe und Empfängnis und damit die Vaterschaft gesetzlich unterstellt; das Standesamt hat ohne Weiteres den verstorbenen Ehemann als Vater einzutragen. Wird das Kind hingegen später geboren, so muss der Emp-   IV-51 fängniszeitpunkt bzw. – damit zusammenhängend – die entsprechend längere Schwangerschaftsdauer von demjenigen, der sich darauf beruft, bewiesen werden.

IV-52   § 1593 Satz 2 BGB ist lediglich eine Ergänzung von Satz 1, der seinerseits auf die gesetzliche Vaterschaft nach § 1591 Nr. 1 BGB verweist. Daher gehört die Vorschrift zu den gesetzlichen Vaterschaftstatbeständen, die das Standesamt selbständig und eigenverantwortlich zu prüfen hat. Es muss sich also selbst Gewissheit über die Länge der Schwangerschaft verschaffen; es kann gerichtliche Hilfe allenfalls dadurch erlangen, dass es die Beurkundung der Geburt einstweilen zurückstellt und gemäß § 49 Abs. 2 PStG die Entscheidung des Amtsgerichts herbeiführt.

IV-53   Da der verstorbene Ehemann in den Fällen einer überlangen Schwangerschaft der von §§ 1592 Nr. 1, 1593 Satz 1 und 2 BGB berufene gesetzliche Vater *ist*, ist ein Geburtseintrag, der ihn nicht ausweist, inhaltlich unrichtig. Hat das Standesamt das Kind als vaterlos beurkundet, etwa weil der Beweis der überlangen Schwangerschaft zunächst nicht oder nicht rechtzeitig geführt wurde, ist der Geburtseintrag zu berichtigen.

cc) Geburt nach Verschollenheit und Todeserklärung des Ehemanns

IV-54   Ist der Ehemann der Mutter im Zeitpunkt der Geburt verschollen bzw. ist er aufgrund der Verschollenheit für tot erklärt worden, so besteht eine komplexe ehe- und kindschaftsrechtliche Gemengelage, die nicht frei von Widersprüchen ist.

IV-55   Zunächst ist festzuhalten, dass die Verschollenheit allein für sich kein kindschaftsrechtlicher Tatbestand ist. Obwohl sie eigentlich ein außerordentlich gewichtiges Indiz gegen die Vaterschaft sein müsste, wird das Kind unter den Voraussetzungen des § 1592 Nr. 1 BGB dennoch dem verschollenen Ehemann zugerechnet. Hier wird die formale, an Rechtsklarheit und am Bestand der Ehe orientierte Konzeption des Kindschaftsrechts im BGB (s. schon Rdnr. IV-32 ff.) besonders deutlich.

IV-56   Das Kindschaftsrecht reagiert auf die Verschollenheit erst dann, wenn sie über §§ 2 ff. VerschG zu einer Todeserklärung des Ehemanns geführt hat (dazu Rdnr. II-5 ff.); es bewältigt sie mit den Regeln über die Vaterschaft des verstorbenen Ehemanns, wobei an die Stelle des Todes die Todeserklärung tritt.

IV-57   Allerdings ist dieser Regelungsgrundsatz nicht widerspruchsfrei durchgeführt. Aufgrund der Todeserklärung wird der Tod des Ehemanns nur vermutet, § 9 Abs. 1 Satz 1 VerschG, also nicht etwa allgemein verbindlich festgestellt. Die Todesvermutung ist jederzeit (z. B. durch die Rückkehr des Mannes) widerlegbar. Konsequenterweise wird die Ehe durch die Todeserklärung nicht aufgelöst, s. Rdnr. III-464.

Daher wäre der verschollene Ehemann auch nach der Todeserklärung »mit der Mutter des Kindes verheiratet«, so dass eigentlich noch die Voraussetzungen des § 1592 Nr. 1 BGB vorlägen; vice versa könnte § 1593 Satz 1 BGB nicht eingreifen, da dieser voraussetzt, dass »die Ehe durch Tod aufgelöst wurde«. Auch die Todeserklärung könnte also an der Vaterschaft des verschollenen Ehemanns nichts ändern.

Dieses Ergebnis entspricht aber nicht der Absicht des Gesetzgebers. Die Vaterschaft des Ehemanns soll primär von der Todeserklärung abhängen, konkret also von der Frage, ob seither die Empfängnisfrist von 300 Tagen verstrichen ist, nicht von der formal fortbestehenden Ehe. Das BGB will die Vaterschaft mit den für den verstorbenen Ehemann geltenden Regeln lösen, nur dass an die Stelle des Todes die Todeserklärung tritt. Im Widerspruch zwischen eherechtlichen und kindschaftsrechtlichen Wertungen setzt sich das Kindschaftsrecht durch; der für tot Erklärte ist nicht der Vater, auch wenn seine Ehe als nicht aufgelöst gilt (vgl. BT-Drucks. 13/4899, S. 84). IV-58

Wird die Todesvermutung später widerlegt, etwa durch Rückkehr des Mannes, so steht fest, dass das Kind von Anfang an nicht vaterlos war; der zurückgekehrte Ehemann gilt als Vater des Kindes. Dass der zurückgekehrte Mann mit an Sicherheit grenzender Wahrscheinlichkeit nicht der wirkliche Vater ist, verhindert dieses Ergebnis nicht; gerade im Fall der Todeserklärung werden die gesetzliche Vaterschaft des Ehemanns und der Vorrang der Rechtsklarheit vor der Vaterschaftswahrscheinlichkeit mit besonderer Rigorosität durchgesetzt. IV-59

dd) Geburt in einer zweiten Ehe
Bei der Anwendung der §§ 1592 Nr. 1, 1593 Satz 1 BGB ist es denkbar, dass zwei Ehemänner die Väter des Kindes sind. IV-60

Wird ein Kind innerhalb von 300 Tagen seit dem Tod bzw. der Todeserklärung eines früheren Ehemanns der Mutter geboren, ist diese aber zur Zeit der Geburt des Kindes bereits wieder verheiratet, führt § 1593 Satz 1 BGB zur Vaterschaft des früheren, § 1593 Nr. 1 BGB zur Vaterschaft des zweiten Ehemanns.

Entsprechendes gilt, wenn die verheiratete Mutter eine zweite bigamische Ehe geschlossen hat, da die erste Ehe fortbesteht und die zweite Ehe zwar aufhebbar, aber zunächst wirksam ist.

Der zuerst geschilderte Konflikt der beiden Vaterschaften wird von § 1593 Satz 3 BGB aufgelöst, der bestimmt, dass das Kind in einem solchen Fall dem späteren Ehemann der Mutter zugeordnet wird. Nur dieser ist daher im Geburtseintrag anzugeben. Widerspricht dies der wirklichen Abstammung des Kindes, so kann und muss die Vaterschaft angefochten werden. IV-61

Die Wertung des § 1593 Satz 3 BGB spricht auch für eine Vaterschaft des Ehemannes aus der zweiten bigamischen Ehe.

d) Der rechtliche Bestand der Ehe

aa) Die sachrechtlich fehlerhafte Ehe
§ 1591 Nr. 1 BGB und § 1593 BGB setzen voraus, dass die Ehe der Mutter mit dem Vater des Kindes im Zeitpunkt der Geburt rechtswirksam besteht bzw. beim Tod des Vaters bestand. Das Standesamt hat die Wirksamkeit der Ehe bei der Beurkundung der Geburt selbständig zu überprüfen. IV-62

Die Frage nach dem Bestand der Mutterehe stellt sich unter unterschiedlichen Aspekten. IV-63

Zunächst hat das Standesamt zu prüfen, ob die Ehe wirksam zustande gekommen ist. Ist die Ehe fehlerhaft geschlossen worden, stellt sich die weitere Frage, ob der Fehler zu Nichtigkeit der Ehe (früher: zu einer »Nichtehe«, s. Rdnr. III-206 ff.) oder nur zu Aufhebbarkeit führt.

IV-64   Hat das Standesamt das Zustandekommen einer wirksamen Ehe bejaht, so stellt sich die Frage, ob sie vor dem für die Vaterschaftsfeststellung maßgeblichen Zeitpunkt wirksam aufgelöst worden ist. In Betracht kommt hier entweder die Scheidung oder die Aufhebung der Ehe. Die Auflösung der Ehe durch Tod des Ehemanns kann in diesem Zusammenhang dahinstehen, da hierfür § 1593 Satz 1 BGB einen eigenen Vaterschaftstatbestand vorsieht.

IV-65   Ist die Ehe der Mutter mit einem so schweren Mangel behaftet, dass sie nichtig ist (früher: »Nichtehe«), so fehlt es am Tatbestand des § 1592 Nr. 1 BGB; der scheinbare »Ehemann« der Mutter ist nicht der gesetzliche Vater des Kindes. Das Standesamt prüft die Nichtigkeit selbständig und in eigener Verantwortung; zu den Tatbeständen der Nichtigkeit s. Rdnr. III-209.

IV-66   Ist die Ehe infolge ihrer Fehlerhaftigkeit aufhebbar, so hat das Standesamt zunächst von ihrem wirksamen Fortbestehen auszugehen (vgl. OLG Jena, StAZ 2014, 178 zu einer bigamischen Zweitehe des Mannes). Es ist nicht befugt, von sich aus den Bestand der Ehe in Frage zu stellen, da die Aufhebung dem Gericht vorbehalten ist, § 1564 Satz 1 BGB.

Ergibt sich das Tatbestandsmerkmal der bestehenden Ehe aus einer ihm vorliegenden Personenstandsurkunde, so ist der Ehemann als Vater des Kindes einzutragen. Umgekehrt hat das Standesamt dann, wenn die Ehe gerichtlich aufgehoben worden ist und dies durch einen rechtskräftigen Aufhebungsbeschluss nachgewiesen wird, von ihrer Unwirksamkeit auszugehen, ohne dass es befugt wäre, die Richtigkeit der Entscheidung in Frage zu stellen.

bb) Die Ehe als kollisionsrechtliche Vorfrage

IV-67   Die Frage nach dem Bestand der Mutterehe kann im IPR Probleme aufwerfen; denn es handelt sich um eine »Erstfrage« (Rdnr. VI-66) im Rahmen des Art. 19 Abs. 1 Satz 3 EGBGB bzw. um eine »Vorfrage« im Rahmen der §§ 1592 Nr. 1, 1593 Satz 1 BGB, für deren Beantwortung besondere Grundsätze gelten. Wegen Einzelheiten s. Rdnr. IV-110 ff. und IV-189 ff.

e) »Nichtgelten« der Vaterschaft aufgrund eines Anfechtungsbeschlusses

IV-68   § 1599 Abs. 1 BGB bestimmt, dass die vaterschaftsbegründenden Vorschriften der §§ 1592 Nr. 1 und 2, 1593 BGB »nicht gelten«, wenn ein rechtskräftiger Anfechtungsbeschluss vorliegt.

Zur Anfechtung selbst s. Rdnr. V-275 ff.

IV-69   Der Wortlaut der Vorschrift ist wenig glücklich formuliert; dass die genannten Vorschriften »nicht gelten«, bedeutet lediglich, dass die von ihnen angeordnete gesetzliche Rechtsfolge der Vaterschaft des Ehemanns dann nicht eintritt, wenn gerichtlich – und damit vorrangig – die Nicht-Vaterschaft festgestellt ist.

IV-70   Für die Rechtslage im – hier zu erörternden – Zeitpunkt der Geburt bzw. des Geburtseintrags hat § 1599 Abs. 1 BGB keine Bedeutung. Eine Vaterschaftsanfechtung erfolgt notwendigerweise stets nach der Beurkundung der Geburt; vorher fehlt es für eine Anfechtung an der Rechtsgrundlage (OLG Rostock, StAZ 2007, 275).

Wird die Vaterschaftsanfechtung erst später rechtskräftig und wirksam, so stellt sich die Rechtsfolge des § 1599 Abs. 1 BGB aus der Sicht des PStG als nachträgliche Personenstandsänderung dar, § 27 Abs. 3 PStG; s. hierzu Rdnr. V-269 ff. und *Gaaz/Bornhofen*, § 27 Rdnr. 38 ff. IV-71

f) »Nichtgelten« der Vaterschaft aufgrund einer qualifizierten Drittanerkennung

aa) Zweck und Funktion der Vorschrift
Die §§ 1592 Nr. 1, 1593 BGB »gelten« ebenfalls nicht, wenn ein Fall der qualifizierten Drittanerkennung i. S. d. § 1599 Abs. 2 BGB vorliegt. Hinsichtlich der Formulierung gilt das in Rdnr. IV-69 zu § 1599 Abs. 1 BGB Gesagte; wenn und sobald der Tatbestand des § 1599 Abs. 2 BGB erfüllt und die qualifizierte Vaterschaftsanerkennung durch einen Dritten wirksam geworden ist, ist der Noch-Ehemann der Mutter nicht (mehr) der Vater des Kindes. IV-72

Die qualifizierte Drittanerkennung hat also hinsichtlich des Muttergatten dieselbe Wirkung wie ein Vaterschaftsanfechtungsbeschluss; die gesetzliche Vaterschaft des § 1592 Nr. 1 BGB wird beseitigt. Zutreffend wird daher gesagt, dass die qualifizierte Drittanerkennung nach § 1599 Abs. 2 BGB gleichzeitig die Wirkung einer »Vaterschafts*ab*erkennung« habe. IV-73

Die vor dem KindRG unbekannte Ausnahmeregel führt das rechtspolitische Anliegen der §§ 1592 Nr. 1, 1593 Satz 1 und 2 BGB, wonach eine Geburt nach Scheidung der Ehe nicht mehr die Vaterschaft des ehemaligen Ehemanns indiziert (s. Rdnr. IV-45), einen konsequenten Schritt weiter. Es erlaubt nunmehr während des Verfahrens zur Scheidung der Mutterehe, also in einer Situation, in der die Vaterschaft des Noch-Ehemanns der Mutter bereits äußerst unwahrscheinlich ist, die wirksame Anerkennung der Vaterschaft durch einen Dritten, i. d. R. durch den neuen Partner der Mutter. Die Indizwirkung der Ehe der Mutter ist durch das Scheidungsverfahren und die dahinter stehende Zerrüttung der Lebensgemeinschaft stark abgeschwächt. Trotzdem sind die Voraussetzungen, die das Gesetz aufstellt, relativ streng; § 1599 Abs. 2 BGB verlangt, dass *alle* anderen Betroffenen – also neben dem Kind und der Mutter *auch* der Noch-Ehemann – zustimmen. IV-74

Die Vorschrift war rechtspolitisch umstritten, ist aber in einem Kindschaftsrecht, das dem Prinzip der Vaterschaftswahrscheinlichkeit stärker als bisher Raum gibt, ein folgerichtiger – und angesichts der sehr weitgehenden Erfordernisse sogar ziemlich vorsichtiger – Schritt in die richtige Richtung. Sie vermeidet einerseits eine Vaterschaft, die der biologischen Abstammung mit an Sicherheit grenzender Wahrscheinlichkeit widerspräche, andererseits aber auch die Vaterlosigkeit des Kindes, und erreicht Rechtsklarheit und -beständigkeit, indem es alle Betroffenen in die Statusbegründung einbindet und so etwaige spätere Konflikte minimalisiert. IV-75

bb) Voraussetzungen und Wirkung

IV-76 Zu den Voraussetzungen der qualifizierten Drittanerkennung näher Rdnr. V-154 ff.

Die Rechtsfolge des § 1599 Abs. 2 BGB ist negativ; sie schließt die Vaterschaft des Ehemanns aus. Diese »Aberkennung« der gesetzlichen Vaterschaft ist jedoch nur die Kehrseite der Anerkennung durch einen Dritten, die dessen Vaterschaft begründet.

Das die Geburt beurkundende Standesamt, das das Kind einer verheirateten oder verwitweten Frau einträgt und dabei prüft, ob die Vaterschaft des Ehemanns »nicht gilt«, muss also primär prüfen, ob ein Dritter das Kind gemäß §§ 1594 ff. BGB wirksam anerkannt hat. Wenn es dies bejaht, ist die negative Wirkung des § 1599 Abs. 2 BGB die konsequente Folge; in dem Augenblick, in dem der Anerkennende Vater des Kindes wird, erlischt die bisherige Vaterschaft des Noch-Ehemanns.

IV-77 Wie bei allen Abstammungsfeststellungen wird der neu begründete Status auf die Geburt zurückbezogen. Für die Art der Eintragung kommt es jedoch darauf an, ob die Anerkennung vor oder nach der Beurkundung der Geburt eingetragen wird; insoweit gelten für die qualifizierte Drittanerkennung keine anderen Grundsätze als für die Anerkennung schlechthin. Ist der Noch-Ehemann und bisherige Vater bereits im Geburtenregister eingetragen, so wird der Geburtseintrag nicht etwa dahingehend »berichtigt«, dass an Stelle des fälschlich eingetragenen Noch-Ehemanns der Anerkennende der »richtige« Vater sei; vielmehr ist der neue Status Gegenstand einer Folgebeurkundung i.S.d. § 27 PStG; s.a. *Gaaz/Bornhofen*, § 21 PStG Rdnr. 40 und § 27 PStG Rdnr. 8 ff.

IV-78 Es ist möglich, dass eine qualifizierte Anerkennung schon vor der Beurkundung der Geburt wirksam wird; in diesem Fall folgt im Gegenschluss aus § 27 PStG, dass der Anerkennende bereits in den Geburtseintrag aufzunehmen ist, so dass der Ehemann registerrechtlich überhaupt nicht in Erscheinung tritt. Die §§ 1592 Nr. 1, 1593 BGB »gelten« dann von Anfang an nicht; vgl. *Gaaz/Bornhofen*, § 21 PStG Rdnr. 40. Dies entspricht dem allgemeinen Grundsatz, dass Rechtsvorgänge, die sich auf den Zeitpunkt der Geburt beziehen, auch dann in den Geburtseintrag aufzunehmen sind, wenn sie sich zwar erst nach der Geburt, aber noch vor deren Beurkundung ereignet haben (dazu allgemein Rdnr. IV-4 ff.).

IV-79 In der Praxis werden derartige Fälle allerdings relativ selten sein. Zwar sind Anerkennungs- wie Zustimmungserklärungen bereits vor der Geburt zulässig, § 1594 Abs. 4 BGB i.V.m. §§ 1595 Abs. 3, 1599 Abs. 2 Satz 2 Halbs. 2 BGB, und werden jedenfalls dann, wenn sich die Betroffenen frühzeitig verständigt und geeinigt haben, oft schon vor der Beurkundung der Geburt abgegeben. Die Vorschrift, die dennoch im Regelfall die Eintragung des Anerkennenden in den Geburtseintrag hindert, ist § 1599 Abs. 2 Satz 3 BGB; die Wirksamkeit der Anerkennung hängt nicht nur von den Erklärungen, sondern auch von der Rechtskraft des Scheidungsbeschlusses ab. Auf dessen Gang haben die Beteiligten nur wenig Einfluss. In vielen Fällen wird das Standesamt mit dem Geburtseintrag nicht bis zur Rechtskraft des Beschlusses warten können, so dass in Fällen qualifizierter Drittanerkennung die Eintragung im Regelfall nach § 27 Abs. 1 PStG erfolgt.

3. Die Anerkennung eines vaterlosen Kindes, § 1592 Nr. 2 BGB

Während die Vaterschaft des Muttergatten kraft Gesetzes eintritt, verlangt § 1592 Nr. 2 BGB einen statusbegründenden Akt, nämlich eine Vaterschaftsanerkennung. Im – hier zu erörternden – Zeitpunkt der Geburt bzw. des Geburtseintrags hängt das Abstammungsverhältnis daher davon ab, ob eine Anerkennung bereits erfolgt und wirksam geworden ist. | IV-80

§§ 1594 Abs. 4, 1595 Abs. 3 BGB erlauben es, die Anerkennungs- und Zustimmungserklärungen bereits vor der Geburt abzugeben (pränatale Anerkennung). In diesem Falle wird die Vaterschaft erst mit der Vollendung der Geburt begründet; vorher kann sie keine Rechtswirkung entfalten, weil das Kind erst mit der Geburt die Rechtsfähigkeit erlangt (§ 1 BGB), d. h. die Fähigkeit, Beteiligter einer familienrechtlichen Abstammungsbeziehung zu sein. | IV-81

Näher zur pränatalen Vaterschaftsanerkennung in den Rdnr. V-54 ff. | IV-82

4. Die gerichtliche Vaterschaftsfeststellung

Gemäß § 1592 Nr. 3 BGB ist Vater des Kindes der Mann, dessen Vaterschaft gerichtlich festgestellt ist. | IV-83

Da das Vaterschaftsfeststellungsverfahren erst nach der Geburt des Kindes beginnen kann, ist die gerichtlich festgestellte Vaterschaft nie in den Geburtseintrag aufzunehmen, sondern stets Gegenstand einer Folgebeurkundung.

Zu Einzelheiten deshalb im Teil V, s. Rdnr. V-252 ff.

C. Die Abstammung in Fällen mit Auslandsbezug

I. Allgemeines; Rechtsentwicklung

Ebenso wie das Sachrecht kannte auch das IPR bis zum KindRG den Gegensatz von ehelicher und nichtehelicher Abstammung. Die Vorschriften vor der IPR-Reform von 1986 waren lückenhaft und offen gleichberechtigungswidrig; aber auch das IPR-Reformgesetz sah in den Art. 19 und 20 EGBGB für jeden der beiden Abstammungstypen noch eine eigene Kollisionsnorm vor und ging davon aus, dass die eheliche Abstammung günstiger sei als die nichteheliche und daher vorrangig geprüft werden müsse. Allgemein zur Rechtsentwicklung *Hepting/Gaaz*, Bd. 2 Rdnr. IV-142 ff. | IV-84

Erst mit der Kindschaftsrechtsreform von 1998 wurde die rechtliche Unterscheidung von ehelichen und nichtehelichen Kindern abgeschafft. Seit der Reform kennt das Recht nur noch die Begriffe »Abstammung« und »Kindschaft« schlechthin. Beide sind so neutral, dass sie geeignet sind, auch die | IV-85

Mutterschaft zu erfassen. Konsequenterweise gibt es für die Abstammung nur noch eine Kollisionsnorm, nämlich den Art. 19 Abs. 1 EGBGB.

Für Übergangsfälle ist Art. 220 Abs. 1 und 2 EGBGB entsprechend heranzuziehen; Einzelheiten zur Begründung bei *Hepting/Gaaz*, Bd. 2 Rdnr. IV-153 ff.

IV-86 Die Anfechtung der Abstammung, früher in Art. 19 Abs. 1 EGBGB a. F. mit geregelt, wird von dieser Kollisionsnorm nicht mehr erfasst; für sie bietet nunmehr der Art. 20 EGBGB eine eigene Anknüpfung.

IV-87 Art. 19 Abs. 1 EGBGB bietet für das Abstammungsstatut mehrere Anknüpfungen. Das Gesetz will im Interesse des Kindes ein bestimmtes sachrechtliches Ergebnis, nämlich die Feststellung der Abstammung, erleichtern. Die berufenen Rechte sind alternativ anzuwenden; wenn auch nur eines von ihnen die Abstammung bejaht, ist sie aus der Sicht des deutschen IPR eingetreten. Die Alternativität der Anknüpfungen fördert also einen dem Kind günstigen Status, so dass man insoweit vom »Günstigkeitsprinzip« spricht.

IV-88 Staatsverträge gehen gemäß Art. 3 Nr. 2 EGBGB den Anknüpfungsnormen des autonomen Kollisionsrechts vor. Unmittelbar auf die Abstammungsfeststellung zielte das CIEC-Übereinkommen Nr. 6 über die Feststellung der mütterlichen Abstammung nichtehelicher Kinder von 1962. Seine praktische Bedeutung blieb allerdings gering. Wegen Einzelheiten s. Rdnr. IV-186 f.

II. Die Anknüpfungsgrundsätze

1. Qualifikation

IV-89 Die von Art. 19 Abs. 1 EGBGB berufenen Statute beherrschen die Voraussetzungen der Abstammung von Vater *und* Mutter.

IV-90 Dem Abstammungsstatut sind alle diejenigen Vorschriften zu entnehmen, die eine *Abstammung begründen*; ferner diejenigen Vorschriften, die eine gesetzliche Abstammungsregel durchbrechen und auf diese Weise bereits das *Entstehen* des Eltern-Kind-Verhältnisses *verhindern* (wegen Beispielen s. Rdnr. IV-205 ff.), und zwar unter Berücksichtigung aller Besonderheiten, in denen ein ausländisches Recht ggf. von der Regelung des BGB abweicht.

Wird hingegen eine bereits *entstandene* Eltern-Kind-Beziehung *nachträglich beseitigt*, ist dies als Anfechtung zu qualifizieren und nach Art. 20 EGBGB anzuknüpfen.

2. Art. 19 Abs. 1 Satz 1 EGBGB: Gewöhnlicher Aufenthalt des Kindes

IV-91 Die Abstammung richtet sich nach dem Recht des Staates, in dem das Kind seinen gewöhnlichen Aufenthalt hat. Diese Kollisionsregel wurde erstmals durch das KindRG eingeführt. Sie brachte Neuerungen in dreierlei Hinsicht:

IV-92 Zum einen stellt Art. 19 Abs. 1 Satz 1 EGBGB erstmals das Kind als Anknüpfungspersonen in den Mittelpunkt und nicht mehr die Eltern.

Zum anderen knüpft die Vorschrift unmittelbar an den gewöhnlichen Aufenthalt an, während das IPRG in der bis zum KindRG geltenden Fassung noch am Vorrang des Staatsangehörigkeitsprinzips festhielt. Zu den rechtspolitischen Grundlagen dieser Anknüpfung s. *Hepting/Gaaz*, Bd. 2 Rdnr. IV-166 f. Schließlich ist die Anknüpfung wandelbar; hierzu Rdnr. IV-98.

IV-93 Maßgeblich ist der tatsächliche Aufenthalt des Kindes. Ein von den Eltern juristisch abgeleiteter Aufenthalt, der vom tatsächlichen Verbleib des Kindes unabhängig ist, ist im deutschen IPR kollisionsrechtlich irrelevant (s. etwa *Kropholler*, S. 289). Allgemein zum Begriff des gewöhnlichen Aufenthalts s. Rdnr. VI-41 ff.

IV-94 Den Ausschlag gibt die soziale Einbettung in die Umwelt. Ein neu geborenes Kind wird stets den tatsächlichen Aufenthalt der Personen teilen, von denen es versorgt wird, meist also den seiner Eltern bzw. seiner Mutter. Damit ist der Aufenthalt des Kindes letztlich doch von den Eltern abhängig, wenn auch nicht rechtlich, so doch faktisch.

IV-95 Das Aufenthaltsrecht beherrscht die Abstammung von *beiden* Elternteilen, und zwar unabhängig davon, ob die Mutter verheiratet ist oder nicht.

IV-96 Gegenüber der Rechtslage vor dem KindRG hat Art. 19 Abs. 1 Satz 1 EGBGB eine praktische Erleichterung gebracht, weil es häufig zu einem Gleichlauf von Beurkundungszuständigkeit und anwendbarem Recht kommt. Für die Beurkundung einer Inlandsgeburt ist ein deutsches Standesamt zuständig; andererseits wird ein im Inland geborenes Kind meist auch seinen gewöhnlichen Aufenthalt im Inland haben. Dies hat zur Folge, dass das deutsche Geburtsstandesamt in den meisten Fällen zunächst die ihm vertrauten §§ 1591, 1592 BGB heranziehen kann.

Erst wenn diese Vorschriften ein Abstammungsverhältnis nicht begründen, muss es auf die alternativen Statute übergehen.

IV-97 Dies bedeutet, anders gesagt, dass Art. 19 Abs. 1 Satz 1 EGBGB nur dann nicht auf deutsches Abstammungsrecht verweist, wenn das Kind trotz seiner Geburt im Inland eine nur vorübergehende Inlandsbeziehung hat. Dies ist etwa dann der Fall, wenn sich die Mutter bzw. die Eltern nur zur Ausbildung oder zum Urlaub im Inland aufhalten; häufig ist es auch der Fall, dass in einer grenznahen Klinik Kinder geboren werden, deren Mütter im Nachbarland wohnen und nur zur Entbindung in das inländische Krankenhaus gekommen sind.

IV-98 Die Anknüpfung ist *wandelbar*, weil sie nicht auf einen bestimmten Zeitpunkt bezogen ist. Dies bricht mit dem hergebrachten Grundsatz, dass Statusverhältnisse »im Interesse der Stabilität und der internationalen Entscheidungsharmonie an einem festen Zeitpunkt ansetzen« müssen (so ausdrücklich noch der Gesetzgeber des IPRG 1986: RegE, BT-Drucks. 10/504, S. 65 f.; s. a. *Looschelders*, IPRax 1999, 420, 423). Die Wandelbarkeit des Abstammungsstatuts war so umstürzend neu, dass *Henrich* anfangs sogar an ein Redaktionsversehen des Gesetzgebers glauben wollte (StAZ 1999, 2: »Versehen«); sie beruht aber durchaus auf einer bewussten Entscheidung des Gesetzgebers (BT-Drucks. 13/4899, S. 137, hierzu *Looschelders*, a. a. O.; für Wandelbarkeit auch *Palandt/Thorn*, Art. 19 EGBGB Rdnr. 4; *Andrae*, Int. FamR § 5 Rdnr. 16; a. A. *Kegel/Schurig*, S. 914).

Zu den aus der Wandelbarkeit folgenden Problemen s. Rdnr. IV-120 ff.

3. Art. 19 Abs. 1 Satz 2 EGBGB: Staatsangehörigkeit der Eltern

IV-99 Außer nach dem Aufenthaltsrecht des Kindes kann die Abstammung auch nach dem Recht des Staates bestimmt werden, dem der in Frage stehende Elternteil angehört. Maßgeblich ist also das Heimatrecht des jeweiligen Elternteils als Personalstatut.

IV-100 Für die Anknüpfung des Personalstatuts gelten die allgemeinen Grundsätze; s. Rdnr. VI-28 ff. Zum Renvoi beim Günstigkeitsprinzip s. Rdnr. IV-147 ff.

IV-101 Auch diese Anknüpfung ist wandelbar (*Palandt/Thorn*, Art. 19 EGBGB Rdnr. 5; *Andrae*, Int. FamR § 5 Rdnr. 18); der Gesetzgeber hielt »unter Berücksichtigung des Satzes 1 und der verhältnismäßig wenigen Fälle einer Änderung der Staatsangehörigkeit« nicht an der Unwandelbarkeit fest (BT-Drucks. 13/4899, S. 137 f.).

IV-102 Die Anknüpfung gilt für die Mutter, ihren Ehemann sowie für einen nicht mit ihr verheirateten Mann, erfasst allerdings nur die Abstammung von der Person, an deren Staatsangehörigkeit jeweils angeknüpft wird.

4. Art. 19 Abs. 1 Satz 3 EGBGB: Ehewirkungsstatut der Elternehe

a) Anknüpfungsgrundsätze

IV-103 Ist die Mutter verheiratet, untersteht die Abstammung alternativ auch dem Recht, das im Zeitpunkt der Geburt bzw. im Zeitpunkt eines vorzeitigen Todes des Ehemanns nach Art. 14 Abs. 1 EGBGB die allgemeinen Ehewirkungen beherrscht. Zur Anknüpfung des Ehewirkungsstatuts s. Rdnr. III-450 ff.

IV-104 Für die Abstammung maßgeblich ist nur das objektiv bestimmte Ehewirkungsstatut nach Art. 14 Abs. 1 EGBGB, nicht aber ein gemäß Art. 14 Abs. 2 bis 4 EGBGB gewähltes Recht.

IV-105 Haben die Eltern dieselbe Staatsangehörigkeit, so kommt das gemeinsame Heimatrecht zur Anwendung, Art. 14 Abs. 1 Nr. 1 EGBGB; dies entspricht im Ergebnis der Anknüpfung nach Art. 19 Abs. 1 Satz 2 EGBGB (s. Rdnr. IV-99). Haben die Eltern unterschiedliche Staatsangehörigkeiten, entscheidet der gemeinsame Aufenthalt, Art. 14 Abs. 1 Nr. 2 EGBGB; dies läuft aber, da der Aufenthalt von Mutter und Kind i. d. R. übereinstimmen dürfte, auf die Anknüpfung des Art. 19 Abs. 1 Satz 1 EGBGB hinaus.

IV-106 Eine eigenständige kollisionsrechtliche Funktion hat Art. 19 Abs. 1 Satz 3 EGBGB also nur in eng begrenzten Sonderfällen, etwa wenn Ehegatten unterschiedlicher Nationalität bei der Geburt bereits getrennt leben und die Mutter mit Kind den Staat des letzten gemeinsamen Ehewohnsitzes verlassen hat. Hier ist neben dem Recht des neuen Aufenthaltsorts (Art. 19 Abs. 1 Satz 1 EGBGB) auch das des alten als Ehewirkungsstatut anwendbar.

IV-107 Die Anknüpfung ist aufgrund der zeitlichen Fixierung eindeutig unwandelbar. Das Ehewirkungsstatut bleibt also auch dann alternativ maßgeblich, wenn die Ehe der Mutter nach der Geburt aufgelöst und die Abstammung erst später festgestellt wird.

Dass das Ehewirkungsstatut auch noch nach der Auflösung der Ehe zu beachten ist, zeigt Art. 19 Abs. 1 Satz 3 EGBGB selbst, indem er in Halbs. 2 ausdrücklich auch den Fall des vorzeitigen Todes erfasst.

Allerdings ist diese zeitliche Bezugnahme sehr undifferenziert: Der Wortlaut des Art. 19 Abs. 1 Satz 3 Halbs. 2 EGBGB verweist auch dann auf das Ehewirkungsstatut der früheren Ehe, wenn der Tod des Ehemanns lange zurückliegt. Das Kollisionsrecht vernachlässigt also den notwendigen zeitlichen Zusammenhang zwischen Vorehe und Geburt, d. h. konkret die Bedeutung der Empfängniszeit für die Vaterschaft des verstorbenen Ehemanns, vielmehr überlässt es diese Frage dem berufenen Sachrecht (vgl. Rdnr. IV-200 ff.). Doch kann die Anknüpfung offen gelassen werden, wenn von vornherein feststeht, dass keines der irgendwie in Betracht kommenden Sachrechte eine Vaterschaft des vorverstorbenen Ehemanns annehmen wird. IV-108

b) Reichweite des Ehewirkungsstatuts

Das Ehewirkungsstatut als Familienstatut ist für die Abstammung von beiden Eheleuten maßgeblich, d. h. von der Mutter und ihrem – ggf. vorverstorbenen – Ehemann. IV-109

Seine Anwendung ist auf diese beiden Personen zu beschränken; die Vaterschaft eines ehefremden Dritten hat zum Wirkungsstatut der von ihm gebrochenen Ehe keinen einleuchtenden kollisionsrechtlichen Bezug (vgl. auch MünchKomm/*Klinkhardt*, Art. 19 EGBGB Rdnr. 12; *Hepting*, StAZ 2000, 34; a. A. Palandt/*Thorn*, Art. 19 EGBGB Rdnr. 7).

c) Der Bestand der Ehe als Anknüpfungsvoraussetzung

aa) Die bestehende Ehe als »Erstfrage«

Art. 19 Abs. 1 Satz 3 EGBGB setzt voraus, dass »die Mutter verheiratet« ist. Die Ehe der Mutter ist also eine Tatbestandsvoraussetzung des Art. 19 Abs. 1 Satz 3 EGBGB und damit eine »Vorfrage«; als Merkmal im Tatbestand einer Kollisionsnorm hat sie zudem den besonderen Charakter einer »Erstfrage« mit der Folge, dass sie immer selbständig nach dem Kollisionsrecht anzuknüpfen ist, in dem sie sich stellt (zu diesen Begriffen s. v. *Hoffmann/Thorn*, § 6 Rdnr. 42 ff.; *Kegel/Schurig*, S. 373 ff.). Es muss sich – da es um die Auslegung eines in einer deutschen Kollisionsnorm angesprochenen Systembegriffs geht – um eine Ehe der Mutter nach deutschem Verständnis handeln, so dass etwa eine nichteheliche Lebensgemeinschaft, eingetragene Lebenspartnerschaft oder gleichgeschlechtliche Ehe (auch wenn diese nach ausländischem Recht mit Statuswirkungen ausgestattet ist) nicht ausreicht, vgl. aber auch Rdnr. IV-219 f. Ohnehin würde man bei einer – und sei es auch nur analogen – Anwendung des Art. 19 Abs. 1 Satz 3 EGBGB auf Lebenspartnerschaften oder gleichgeschlechtliche Ehen die Kappungsgrenze des Art. 17 b Abs. 4 EGBGB anwenden müssen, s. OLG Celle, StAZ 2011, 150, 153. IV-110

bb) Die Wirksamkeit der Eheschließung

IV-111 Knüpft man den Bestand der Ehe selbständig an, so beurteilt sich die Frage, ob die Ehe wirksam geschlossen worden ist, hinsichtlich der materiellen Voraussetzungen nach dem Eheschließungsstatut des Art. 13 EGBGB, hinsichtlich der Form nach Art. 11 Abs. 1 bzw. – bei Inlandseheschließungen – nach § 13 Abs. 3 EGBGB. Wegen Einzelheiten s. Rdnr. III-233 ff.

IV-112 Die Frage, welche Rechtsfolgen die Fehlerhaftigkeit der Ehe nach sich zieht, untersteht nach allgemeinen Grundsätzen dem verletzten Recht. Aus verschiedenen Intensitätsstufen der Fehlerhaftigkeit können sich jeweils unterschiedliche Rechtsfolgen ergeben.

IV-113 Ordnet das verletzte Statut an, dass eine Ehe aufgrund der Fehlerhaftigkeit überhaupt nicht wirksam zu Stande gekommen ist (nichtige Eheschließung, früher »Nichtehe«), so fehlt es an einer wirksamen Mutterehe und damit an der Anwendungsvoraussetzung des Art. 19 Abs. 1 Satz 3 EGBGB. Die Frage nach einem Ehewirkungsstatut stellt sich mangels Ehe überhaupt nicht, so dass die alternative Anknüpfung entfällt.

IV-114 Ist die fehlerhafte Ehe aus der Sicht des verletzten Statuts mit Wirkung ex nunc aufhebbar, ist sie zunächst entstanden und bis zur Aufhebung wirksam. Dasselbe gilt, wenn die Ehe nach dem maßgeblichen verletzten Recht mit Rückwirkung, also ex tunc vernichtbar ist (vernichtbare Ehe, früher »nichtige Ehe«). Diese Fehlerfolge ist im deutschen Recht durch das EheschlRG abgeschafft worden (vgl. Rdnr. III-207), mag aber in ausländischen Rechten noch vorgesehen sein.

cc) Die Wirksamkeit einer Eheauflösung

IV-115 Ist eine frühere Ehe der Kindesmutter im Zeitpunkt der Geburt durch gerichtliche Entscheidung aufgelöst, so ist zu differenzieren.

Eine inländische Entscheidung ist stets ohne Weiteres verbindlich; maßgeblich ist der Zeitpunkt der Rechtskraft. Ob die Ehegatten Ausländer oder Inländer sind, ist unerheblich; ebenso wenig kommt es darauf an, ob die deutsche Entscheidung im Heimatstaat eines ausländischen Ehegatten anerkannt wird. Die Ehe ist für den deutschen Rechtsbereich aufgelöst, so dass Art. 19 Abs. 1 Satz 3 EGBGB nicht eingreift und das Ehewirkungsstatut nicht angewandt werden kann. Eine unselbständige Anknüpfung – wie sie bei der sachrechtlichen Vorfrage möglich ist, s. Rdnr. IV-193 ff. – scheidet bei der Erstfrage aus.

IV-116 Ist die Ehe durch eine ausländische Entscheidung aufgelöst worden oder ist im Ausland das Nichtbestehen der Ehe festgestellt worden, so kommt es darauf an, ob die Entscheidung in einem Mitgliedstaat der EU ergangen ist oder nicht. Wegen der Anerkennung im Einzelnen s. Rdnr. III-483 ff.

IV-117 Ist die Entscheidung nicht in einem Mitgliedstaat der EU ergangen, so entfaltet sie im Inland grundsätzlich nur dann Wirkungen, wenn die Landesjustizverwaltung bzw. der Präsident des OLG das Anerkennungsverfahren nach § 107 FamFG durchgeführt hat, es sei denn, dass ein Gericht des Staates entschieden hat, dem beide Ehegatten zur Zeit der Entscheidung angehört haben; wegen Einzelheiten s. Rdnr. III-519 ff. Dies ist auch bei der Beurkundung einer Geburt zu beachten.

Da die Ehe ohne die Feststellung der Landesjustizverwaltung im Inland noch nicht als aufgelöst anzusehen wäre, hätte das Standesamt konsequenterweise das Ehewirkungsstatut dieser Ehe heranziehen, und zwar auch dann, wenn die Anerkennungsvoraussetzungen objektiv vorliegen und abzusehen ist, dass die Ehe demnächst auch im Inland als aufgelöst angesehen werden wird. IV-118

Dies ist auf den ersten Blick unbefriedigend, wird freilich in der Praxis kaum jemals relevant, da es auf das Ehewirkungsstatut nur noch in sehr wenigen Fällen entscheidend ankommt (s. schon Rdnr. IV-106). IV-119

5. Die Problematik der Wandelbarkeit der Anknüpfungen

a) Grundsätzliche Konsequenzen der wandelbaren Anknüpfung

Art. 19 Abs. 1 Satz 1 und 2 EGBGB knüpft das Abstammungsstatut an den Kindesaufenthalt bzw. die Staatsangehörigkeit der potentiellen Eltern, ohne einen maßgeblichen Anknüpfungszeitpunkt festzulegen. Damit sind die Anknüpfungen nach Satz 1 und 2 wandelbar. Die Voraussetzungen und die rechtlichen Möglichkeiten, die Abstammung eines Kindes festzustellen, können sich mit dem gewöhnlichen Aufenthalt bzw. mit der Staatsangehörigkeit seiner Eltern ändern. IV-120

Die Konsequenz, dass ein bisher vaterloses Kind nach dem neuen Abstammungsstatut einen Vater bekommen kann, wird als mit dem Günstigkeitsprinzip vereinbar hingenommen (Einzelheiten hierzu bei Rdnr. IV-132 ff.). Dass ein Kind jedoch einen bereits feststehenden Vater durch Aufenthaltsänderung wieder hätte verlieren sollen, stieß rasch auf – teilweise heftige – Kritik im Schrifttum (*Henrich*, StAZ 1998, 3: »nicht akzeptabel«; *Rauscher*, IPR Rdnr. 982: »unvertretbar«; auch *Looschelders*, IPRax 1999, 423; *Andrae*, Int. FamR § 5 Rdnr. 16); dagegen scheinen einige die Ergebnisse kritiklos zu akzeptieren (OLG Hamm, FamRZ 2012, 1504, 1505; *Palandt/Thorn*, Art. 19 EGBGB Rdnr. 4). IV-121

b) Statutenwechsel nach wirksamer Begründung eines Abstammungsverhältnisses

aa) Das Schrifttum setzt sich mit der unerwünschten Konsequenz des Wegfalls einer bereits entstanden Abstammungsbeziehung in unterschiedlicher Weise auseinander. *Henrich* verlangt, den Art. 19 Abs. 1 EGBGB »einschränkend zu interpretieren« (StAZ 1998, 3) und die Wandelbarkeit auf Fälle zu beschränken, in denen sie dem vorher vaterlosen Kind zu einem Vater verhilft; *Looschelders*, IPRax 1999, 424, will prüfen, ob eine nach dem alten Statut abgegebene Vaterschaftsanerkennung der Anerkennung nach neuem Statut gleichgesetzt werden kann (»Substitution«), und folgt bei der gesetzlichen Vaterschaft eher der Linie *Henrichs*. IV-122

IV-123   Derartige Lösungen finden sich zwar im Hinblick auf die elterliche Sorge in Ansätzen auch im KSÜ, s. Rdnr. II-65. Der nächstliegende Weg führt aber über die allgemein etablierten Grundsätze zum Statutenwechsel, auf deren Maßgeblichkeit erstaunlicherweise erst *Dörner*, Festschrift Henrich (2000) 119, 125, mit der gebotenen Deutlichkeit hingewiesen hat. Am ehesten entspricht ihr noch der Vorschlag von *Rauscher* (IPR Rdnr. 982), der den »intertemporalen Grundsatz des Erhalts wohlerworbener Rechte« heranzieht, also einen Grundsatz, der häufig – wenn auch nicht ganz korrekt, vgl. etwa *v. Hoffmann/Thorn*, § 12 Rdnr. 28 – mit den Regeln über den Statutenwechsel gleichgesetzt wird.

IV-124   Wenn man die Regeln über den Statutenwechsel zu Grunde legt, sind folgende Fallgruppen zu beachten: Zum einen sind die Fälle eines sog. »Eingangsstatutenwechsels« (d.h. eines Wechsels von einem ausländischen zum deutschen Recht) von denen eines sog. »Ausgangsstatutenwechsels« (Wechsel vom deutschen zu einem ausländischen Recht) und denen eines »neutralen Statutenwechsels« (Wechsel zwischen zwei ausländischen Statuten) zu unterscheiden; zum anderen ist darauf zu achten, ob die Abstammung zum Zeitpunkt dieses Statutenwechsels – sei es aufgrund einer Anerkennung, sei es kraft Gesetzes – bereits wirksam begründet oder noch ein offener Tatbestand ist.

IV-125   bb) Beim Eingangsstatutenwechsel zum deutschen Recht können ohne weiteres die allgemeinen Grundsätze des deutschen Kollisionsrechts herangezogen werden, wonach Tatbestände, die im Zeitpunkt des Statutenwechsels abgeschlossen sind, dem alten Statut unterfallen (s. etwa *v. Hoffmann/Thorn*, § 5 Rdnr. 103). Ein Kind, das nach dem bisher maßgeblichen Statut wirksam einem Elternteil zugeordnet worden ist, behält demnach diese Abstammungsbeziehung. Dies bedeutet z.B. positiv, dass die Vaterschaft zu einem Kind, die nach dem Ausgangsstatut wirksam entstanden ist, auch dann fortbesteht, wenn sie nach deutschem Recht nicht entstanden wäre; es bedeutet allerdings auch negativ, dass über die Sperre des § 1594 Abs. 2 BGB auch die Vaterschaft desjenigen Mannes verhindert wird, der das Kind nach deutschem Recht anerkennen könnte.

IV-126   cc) Beim Ausgangsstatutenwechsel wird gesagt, dass das neue Statut über den Fortbestand einer bereits entstandenen Abstammungsbeziehung zu entscheiden habe (*Dörner*, Festschrift Henrich, 2000, 126). Hier ist freilich zu differenzieren. Es ist sicher richtig, dass das deutsche Recht keinen Einfluss darauf hat, wie etwa der neue Aufenthaltsstaat des Kindes seine Abstammung rechtlich beurteilt und faktisch durchsetzt. Doch wird die Auffassung des deutschen Rechts hierdurch nicht zwingend präjudiziert.

IV-127   Wenn ein Abstammungsverhältnis nach dem Ausgangsstatut wirksam entstanden ist, kann man es – den Grundsätzen des deutschen IPR entsprechend – auch noch nach dem Wechsel ins neue Aufenthaltsstatut aufrecht erhalten. Dies mag zu einem hinkenden Rechtsverhältnis führen, doch muss man hier abwägen zwischen den hinter den deutschen IPR-Grundsätzen stehenden kollisionsrechtlichen Gerechtigkeitsinteressen einerseits und dem

Interesse an der Entscheidungsharmonie mit dem neuen Aufenthaltsstaat andererseits.

Diese Abwägung hängt davon ab, wie intensiv die deutschen Gerechtigkeitsinteressen berührt sind. Ist Ausgangsstatut ein ausländisches Recht, so sind inländische Interessen relativ wenig betroffen; hier mag man sich dem neuen Statut unterordnen und die mit dem Statutenwechsel eintretende Statusänderung akzeptieren. Allerdings ist der Widerspruch zu den Wertvorstellungen des deutschen IPR so krass, dass auch in diesem Fall ein Verstoß gegen den ordre public denkbar ist (*Dörner*, a.a.O.). IV-128

Ist aber das deutsche Recht Ausgangsstatut, so besteht eine danach wirksam begründete Abstammung aus deutscher Sicht auch dann fort, wenn sie vom neuen Statut nicht akzeptiert wird. Zur Begründung kann man etwa auf Art. 7 Abs. 2 EGBGB zurückgreifen, der die nach deutschem Recht begründete Geschäftsfähigkeit auch beim Ausgangsstatutenwechsel fortbestehen lässt und insoweit einen verallgemeinerungsfähigen Rechtsgedanken enthält. IV-129

Da in Deutschland geborene und in einem deutschen Geburtenregister beurkundete Kinder meist auch ihren ersten gewöhnlichen Aufenthalt in Deutschland haben, hat dies zur Folge, dass die im Geburtseintrag beurkundeten Abstammungsverhältnisse von einem späteren Wechsel zu einem anderen Statut nicht berührt werden, so dass dadurch die Richtigkeit des Geburtenregisters aus deutscher Sicht nicht berührt wird. IV-130

dd) Eine gerichtliche Abstammungsfeststellung wird von der Wandelbarkeit des Art. 19 Abs. 1 Satz 1 EGBGB nicht berührt. In diesem Fall treten an die Stelle der materiell-kollisionsrechtlichen Anknüpfungsnormen die verfahrensrechtlichen Grundsätze über die Verbindlichkeit und Anerkennung von gerichtlichen Entscheidungen; die rechtskräftige Entscheidung überdauert auch einen späteren Statutenwechsel (*Looschelders*, IPRax 1999, 424; *Dörner*, Festschrift Henrich, 2000, 125). IV-131

c) Statutenwechsel vor wirksamer Begründung eines Abstammungsverhältnisses

Kommt es zu einem Statutenwechsel, bevor die Abstammung nach dem alten Statut wirksam begründet ist, so handelt es sich nicht um einen »abgeschlossenen Vorgang«, sondern um einen noch offenen Tatbestand, der dem neuen Statut untersteht, s. Rdnr. IV-124. Die Abstammungsbeziehung kann daher ab dem Augenblick des Statutenwechsels in vollem Umfang nach dem neuen Recht festgestellt werden. IV-132

Dies bedeutet, dass ein Kind, dessen väterliche Abstammung bisher mangels Tatbestands nicht abschließend festgestellt werden konnte, nach einem neuen Statut, das weniger strenge Anforderungen kennt, einen Vater bekommen kann. Insoweit fördert die wandelbare Anknüpfung die Abstammungsfeststellung; sie entspricht also dem Günstigkeitsprinzip (s. dazu Rdnr. IV-87). IV-133

Besonderheiten sind zu beachten, wenn die Abstammung im neuen Statut Rechtsfolge eines gestreckten Tatbestands ist, von dem einige Merkmale noch unter der Herrschaft des alten Statuts verwirklicht worden sind. Hier IV-134 entscheidet das neue Statut darüber, ob diese tatsächlichen Vorgänge ausreichen, um die Tatbestandsmerkmale der Abstammung zu erfüllen. Ein derartiger Fall tritt etwa ein, wenn unter der Herrschaft des alten Statuts zwar eine Anerkennungserklärung abgegeben worden ist, nicht aber die etwa erforderlichen Zustimmungserklärungen, so dass der Gesamttatbestand noch nicht »abgeschlossen« ist. Erfüllt die Anerkennungserklärung die Anforderungen des neuen Statuts, so muss sie nicht wiederholt werden; für die Abstammungsfeststellung genügt es, wenn die noch fehlenden Zustimmungserklärungen abgegeben werden.

IV-135   In diesem – und nur diesem – Zusammenhang kann sich das Problem stellen, das von *Looschelders* als »Substitution« bezeichnet wird (IPRax 1999, 420; s. Rdnr. IV-122). Dabei ist der hier angesprochene Fall einer Anerkennung vor Statutenwechsel der Variante des »Handelns unter falschem Recht« zuzuordnen. Wenn die frühere Anerkennung den Anforderungen des neuen Statuts genügt, beschränkt sich das Problem auf die Frage, ob man unter die Normen des neuen Statuts auch Vorgänge subsumieren kann, die sich vor seiner Anwendbarkeit ereignet haben.

d) Bedeutung dieser Grundsätze für den Geburtsstandesbeamten

IV-136   aa) Bei der Beurkundung der Geburt spielt die Wandelbarkeit des Abstammungsstatuts in der Praxis keine große Rolle. Das Standesamt errichtet den Geburtseintrag zeitnah zur Geburt; in der kurzen Zeitspanne zwischen den beiden Vorgängen werden sich die Anknüpfungsmerkmale des Art. 19 Abs. 1 Satz 1 und 2 EGBGB nur selten ändern. Sonderfälle sind denkbar, etwa wenn sich die Beurkundung der Geburt einige Zeit hinzieht und z. B. die Eltern des Kindes in der Zwischenzeit eingebürgert worden sind oder den Aufenthaltsort verlegt haben.

IV-137   In diesen Fällen stellt sich die Frage, ob das Geburtsstandesamt die Wandelbarkeit beachten und die Abstammung bereits direkt nach Maßgabe des neuen Statuts in den Geburtseintrag aufnehmen kann. Hierbei ist zu unterscheiden, ob die Abstammung nach dem ursprünglichen Statut bereits wirksam begründet worden ist oder nicht.

IV-138   bb) Im letztgenannten Fall, in dem das *Ausgangsstatut noch keine Abstammung begründet hat*, ist der Vorgang nicht »abgeschlossen« und die Abstammungsfeststellung richtet sich ausschließlich nach dem neuen Statut (s. Rdnr. IV-132 ff.). Hier kann das Standesamt die Abstammung von vornherein so ins Geburtsregister eintragen, wie sie sich aus dem neuen Eingangsstatut ergibt. Es handelt sich dabei nicht etwa um einen Fall, in dem der Geburtseintrag einen Zustand angibt, der zwar erst nach der Geburt entstanden ist, aber zweckmäßigerweise gleich ins Geburtenregister einzutragen ist, sondern um die Eintragung eines materiellrechtlich im Augenblick der Geburt bestehenden Vorgangs; denn die Abstammung ist gar nicht anders denkbar als eine mit dem Augenblick der Geburt entstehende Verwandtschaftsbeziehung.

IV-139   cc) Anders ist es in den Fällen, in denen das *Ausgangsstatut bereits ein Abstammungsverhältnis begründet hat*. Hier führen die allgemeinen Grundsätze zum Statutenwechsel dazu, dass die von dem ursprünglich – wenn auch nur kurzzeitig – maßgeblichen Statut begründete Abstammung durch den Wechsel zum neuen Statut nicht wieder wegfallen darf (s. Rdnr. IV-122 ff.). Der Geburtseintrag hat daher den Status des Kindes so wiederzugeben, wie er dem Ausgangsstatut entspricht.

In bestimmten Fällen kann diese Lösung trotz ihrer dogmatischen Stringenz zu Ergebnissen führen, die kollisionsrechtlich unbefriedigend sind, weil das Ausgangsstatut den Status des Kindes mit erheblichen Konsequenzen für die Zukunft festlegt, obwohl es kurz danach bedeutungslos wird. Wenn etwa eine von einem Ausländer geschiedene Deutsche kurz nach der Scheidung ein Kind bekommt, das von dem konservativen Heimatrecht des ehemaligen Ehemanns noch als »ehelich« angesehen wird, setzt sich dieses Ergebnis auch dann durch, wenn der Mann kurze Zeit später in Deutschland eingebürgert wird und damit sein Heimatrecht jede kollisionsrechtliche Bedeutung verliert. IV-140

Der kollisionsrechtliche Bezug der Abstammung zum Ausgangsstatut mag größer sein, wenn zwischen der Geburt und dem Geburtseintrag ein längerer Zeitraum liegt und der Statutenwechsel erst relativ spät stattgefunden hat. Dies kann der Fall sein, wenn eine Eintragung nach §§ 36 f. PStG erfolgt. IV-141

6. Das Verhältnis der Anknüpfungen zueinander

a) Das kollisionsrechtliche »Günstigkeitsprinzip« in Art. 19 EGBGB

aa) Rechtsentwicklung

Art. 19 Abs. 1 EGBGB bietet für das Abstammungsstatut mehrere Anknüpfungen. Diese Anknüpfungstechnik geht auf das IPRG 1986 zurück, das im Abstammungsrecht erstmals dem »Günstigkeitsprinzip« folgte. Die Anknüpfungsregeln der Art. 19 und 20 EGBGB a. F. wollten nicht nur das Recht mit dem kollisionsrechtlich engsten Bezug zum Sachverhalt bestimmen, sondern darüber hinaus im Interesse des Kindes bestimmte sachrechtliche Ergebnisse – zum einen die Feststellung der Abstammung überhaupt, zum anderen seine »Ehelichkeit« – fördern. Zu diesem Zweck verwiesen sie auf eine Mehrzahl von Rechten, die alternativ anzuwenden waren. Wenn auch nur eines von ihnen die »günstige« Rechtsfolge vorsah, war sie aus der Sicht des deutschen IPR eingetreten. IV-142

Das KindRG hat die Ehelichkeit im Sachrecht als besondere Statusqualität abgeschafft. Damit ist sie auch als kollisionsrechtlicher Anknüpfungsgegenstand entfallen. Die Anknüpfungsnorm des Art. 19 EGBGB erfasst nun eine einheitlich verstandene »Abstammung«. IV-143

Geblieben ist die Frage nach dem Verhältnis zwischen den drei nebeneinander stehenden Anknüpfungen in Art. 19 Abs. 1 EGBGB. Die Frage ist bis heute umstritten. Die personenstandsrechtliche Praxis projizierte das bis zum KindRG maßgebliche »Günstigkeitsprinzip« auch in den neuen Art. 19 Abs. 1 EGBGB; der Gesetzgeber wolle mit den drei Anknüpfungsvarianten die Feststellung der Abstammung nach Möglichkeit erleichtern. Sie kam so zu Alter- IV-144 nativität und damit zur Gleichwertigkeit der Anknüpfungen. Allgemein zum Diskussionsstand *Hepting/Gaaz*, Bd. 2 Rdnr. IV-230 ff.; *Frank*, StAZ 2009, 65.

IV-145 Für die von den Standesämtern vertretene Ansicht spricht die Praktikabilität. Das Standesamt, das eine bestimmte Abstammungsbeziehung feststellen muss, hat die Möglichkeit, dasjenige der von Art. 19 Abs. 1 Satz 1 bis 3 EGBGB berufenen Rechte heranzuziehen, auf dessen Grundlage es das erwünschte »günstige« Ergebnis – »Feststellung der Abstammung« – am einfachsten und damit auch am schnellsten begründen kann.

bb) Günstigkeit bei konkurrierenden Elternschaften

IV-146 Bei bestimmten Fallkonstellationen kann das Nebeneinander gleichwertiger Anknüpfungen dazu führen, dass ein Kind aufgrund der alternativ berufenen Statute möglicherweise zwei Väter oder – seltener – zwei Mütter im Rechtssinne hat. Hier stellt sich die Frage, ob diese Konkurrenz mit Hilfe des Günstigkeitsprinzip gelöst werden kann; s. näher Rdnr. IV-215 ff.

b) Bedeutung des Günstigkeitsprinzips für den Renvoi

IV-147 Eine Rück- oder Weiterverweisung (Renvoi; zum Begriff s. Rdnr. VI-48 ff.) durch eines der von Art. 19 Abs. 1 EGBGB berufenen Rechte ist zwar gemäß Art. 4 Abs. 1 EGBGB grundsätzlich zu beachten; doch gilt dies gemäß Art. 4 Abs. 1 Satz 1 Halbs. 2 EGBGB dann nicht, wenn die Anwendung eines anderen als des zunächst berufenen Rechts »dem Sinn der Verweisung widersprechen« würde.

IV-148 Art. 19 Abs. 1 EGBGB verweist auf mehrere Rechte, weil dadurch die Wahrscheinlichkeit erhöht wird, dass wenigstens ein Recht das günstige Ergebnis einer Abstammung anordnet. Die Mehrzahl der Anknüpfungen ist also ein wesentliches Element der Günstigkeit. Aus diesem Grund ist die h. M. der Ansicht, dass es dem Sinn der Verweisung widerspräche, wenn durch das IPR der berufenen Rechte die Zahl der maßgeblichen Statute wieder verringert würde. Allgemein zur Diskussion und zur Problematik des Renvoi beim Günstigkeitsprinzip *Hepting/Gaaz*, Bd. 2 Rdnr. IV-250 ff.

IV-149 Man wird daher die Gesamtverweisung nach Art. 4 Abs. 1 EGBGB und die Sachnormverweisung im Interesse eines »günstigen« Ergebnisses kombinieren können und müssen: Der Renvoi ist jedenfalls dann zu prüfen, wenn das Sachrecht der von Art. 19 Abs. 1 EGBGB berufenen Rechtsordnung die Abstammung verneint; denn dann könnte aufgrund einer etwaigen Weiterverweisung u. U. eine weitere Rechtsordnung berufen sein, nach der sich möglicherweise doch eine Abstammung feststellen lässt.

IV-150 Für die praktische Rechtsanwendung bedeutet dies, dass die Beachtung und die Nichtbeachtung des Renvoi ebenso gleichrangige, gegenseitig austauschbare Alternativen darstellen wie die Anwendung der von Art. 19 Abs. 1 EGBGB nebeneinander angebotenen Statute; um zu dem vom Günstigkeitsprinzip geförderten Ziel der Abstammungsfeststellung zu kommen, ist jeder kollisionsrechtliche Weg gleichermaßen zulässig.

IV-151 Das Standesamt kann daher die Entscheidung, ob es das Sachrecht oder das Kollisionsrecht der von Art. 19 Abs. 1 Satz 1 EGBGB berufenen Statute heranzieht, davon abhängig machen, welchen der beiden Regelungskomplexe es am schnellsten und zuverlässigsten feststellen kann. In einem Fall, in dem deutsches Recht nicht berufen ist, aber auch nur eines der von Art. 19 Abs. 1 EGBGB berufenen Statute auf deutsches Recht zurückverweist, kann es sogleich die ihm vertrauten §§ 1591 ff. BGB heranziehen. Steht die Abstammung nach diesen Vorschriften fest, so ist es nicht mehr nötig, das Sachrecht des zurückverweisenden Rechts zu prüfen. Wenn es die Abstammung bejaht, kommt es ohnehin zu keinem anderen Ergebnis als das deutsche Recht; wenn es sie verneint, wäre dies unerheblich, da in diesem Fall im Interesse der Abstammungsfeststellung die Rückverweisung beachtet werden müsste.

Wenn allerdings das kraft Rückverweisung anwendbare deutsche Recht nicht zur Abstammungsfeststellung führen sollte, ist es möglich, auf die Sachnormen des verweisenden Rechts zurückzugreifen. IV-152

III. Die Feststellung der Mutterschaft in Fällen mit Auslandsbezug

1. Das Kollisionsrecht der Mutterschaftsfeststellung

Die einheitliche Anknüpfung des Abstammungsstatuts im Art. 19 Abs. 1 EGBGB gilt gleichermaßen für die Vaterschaft und die Mutterschaft. Die Abstammung des Kindes von seiner Mutter richtet sich nach den von Art. 19 Abs. 1 EGBGB alternativ berufenen Rechten. Die in Rdnr. IV-89 ff. dargestellten allgemeinen Anknüpfungsgrundsätze gelten daher grundsätzlich auch für die Mutterschaft. IV-153

Soweit das Abstammungsstatut die Mutterschaft von bestimmten rechtlichen Voraussetzungen abhängig macht, für die es eine eigene Kollisionsnorm gibt, handelt es sich um Vorfragen. Wirft ein ausländisches Recht Vorfragen auf, die dem deutschen Recht unbekannt sind, sind sie ausnahmsweise unselbständig anzuknüpfen; denn wenn die Vorfrage aus der Sicht des deutschen Rechts irrelevant ist, besteht kein inländisches kollisionsrechtliches Interesse, sie nach deutschem IPR zu beurteilen. Hier ist nach dem IPR derjenigen Rechtsordnung anzuknüpfen, die die Vorfrage aufwirft. IV-154

Das Problem der dem deutschen Recht unbekannten Vorfrage taucht insbesondere bei der dem deutschen Recht fremden Mutterschaftsanerkennung auf; hierzu näher Rdnr. IV-182.

2. Besonderheiten bei »künstlicher« Mutterschaft

a) Die durch künstliche Fortpflanzung erlangte Elternschaft als Regelungsgegenstand des Abstammungsstatuts

Die Fortschritte der modernen Fortpflanzungsmedizin wirft nicht nur im deutschen Recht die Frage nach der Zuweisung der rechtlichen Mutterschaft auf (s. Rdnr. IV-23 ff.), sondern auch in grenzüberschreitenden Konstellationen, wenn – gerade in Konstellationen einer durch künstliche Fortpflanzung erlangten Mutterschaft – verschiedene Rechtsordnungen zu unterschiedli- IV-155 chen Lösungen kommen, Unterschiede, die sich die Wuncheltern oftmals bewusst zunutze machen wollen (»Reproduktionstourismus«).

IV-156 Dies betrifft zunächst die »Ersatzmutterschaft«; sie entsteht durch die Befruchtung der Eizelle einer Ersatzmutter mit dem Samen des Wunschvaters, die das Kind für den Wunschvater und die (regelmäßig unfruchtbare) Wunschmutter austrägt. Wenn die Ersatzmutter das Kind schließlich zur Welt bringt, ist sie nicht nur die biologische, sondern auch die genetische Mutter des Kindes. Es ist nicht ausgeschlossen, dass eine Rechtsordnung allein aufgrund der Ersatzmutterschaftsvereinbarung der Wunschmutter die rechtliche Mutterschaft zuweist, anders als nach deutschem Recht, nach dem allein die Ersatzmutter aufgrund ihrer biologischen Mutterschaft auch rechtliche Mutter des Kindes ist (Rdnr. IV-23 ff.).

IV-157 Für die »Leihmutterschaft« kennzeichnend ist demgegenüber, dass ihr eine bereits befruchtete Eizelle eingepflanzt wird, sie also ein genetisch völlig fremdes Kind austrägt und zur Welt bringt. Hier fallen genetische und biologische Mutterschaft auseinander, so dass die Rechtsordnung darüber entscheiden muss, welcher der beiden Mutterschaften sie bei der rechtlichen Zuordnung des Kindes den Vorzug gibt.

IV-158 Der Begriff der Abstammung in Art. 19 Abs. 1 EGBGB ist so weit gefasst, dass nicht nur die genetische und die biologische Mutterschaft, sondern auch die kraft Vereinbarung zwischen den Wunscheltern und der Ersatzmutter begründete Mutterschaft darunter fällt (vgl. *Benicke*, StAZ 2013, 101, 106). Es kommt darauf an, dass die betreffende Rechtsordnung ein neu geborenes Kind rechtlich einer bestimmten Frau als Mutter zuordnet; an welche Voraussetzungen sie dabei anknüpft, ist für die Qualifikation gleichgültig.

IV-159 Damit sind die von Art. 19 Abs. 1 EGBGB alternativ berufenen Rechte auch auf die Probleme der »künstlichen Mutterschaft« anzuwenden, und zwar unabhängig davon, an welche Kriterien sie die Mutterschaft knüpft.

b) Mutterschaft der Wunschmutter nach ausländischem Abstammungsstatut

IV-160 Eine vom deutschen Recht abweichende Mutterschaft der Wunschmutter (ggf. sogar neben der Ersatz- oder Leihmutter) kann sich zunächst aus der Anwendbarkeit ausländischen Abstammungsrechts nach Art. 19 Abs. 1 EGBGB ergeben.

Zum einen kann nach Art. 19 Abs. 1 Satz 2 EGBGB das Staatsangehörigkeitsrecht der Wunschmutter – was selten der Fall sein wird – dieser die Mutterschaft zuweisen.

Denkbar sind aber – zum anderen – auch Fallkonstellationen, in denen das Kind seinen gewöhnlichen Aufenthalt in einem Staat mit einer rechtlichen Anerkennung der Wunschmutterschaft hat und deshalb dessen Recht nach Art. 19 Abs. 1 Satz 1 EGBGB anwendbar ist. Gerade wenn das Kind in einem solchen Staat geboren wird und die Wuncheltern dort zunächst mit dem Kind verbleiben, etwa weil die deutschen Behörden für das Kind keine Reisedokumente ausstellen, kann ein gewöhnlicher Aufenthalt des Kindes (s. allgemein

Rdnr. VI-41 ff.) begründet werden (VG Köln, StAZ 2014, 180, 181; restriktiver VG Berlin, StAZ 2012, 382).

c) Mutterschaft der Wunschmutter aufgrund der Anerkennung einer ausländischen Abstammungsentscheidung

Eine vom deutschen Recht abweichende Mutterschaft der Wunschmutter kommt aber auch – losgelöst vom kollisionsrechtlich anwendbaren Abstammungsrecht – in Betracht, wenn diese Mutterschaft durch eine ausländische Entscheidung begründet oder verbindlich festgestellt wird und die Entscheidung nach §§ 108 f. FamFG im Inland anzuerkennen ist (näher *Benicke*, StAZ 2013, 101, 103 ff.; *Duden*, StAZ 2014, 164; *R. Wagner*, StAZ 2012, 294, 295 f.); zu den Anerkennungshindernissen des § 109 FamFG vgl. auch Rdnr. III-510 ff.). Dokumentiert die »Entscheidung« lediglich eine bereits nach dem ausländischen Recht von Gesetzes wegen bestehende Mutterschaft der Wunschmutter, ohne diese verbindlich festzustellen, so handelt es sich nicht um eine Entscheidung (*Duden*, StAZ 2014, 164, 165 f.; vgl. auch VG Köln, StAZ 2014, 182, 183); vielmehr ist dann zu prüfen, ob das ausländische Recht kollisionsrechtlich berufen ist. Ausreichend ist allerdings, dass die Entscheidung Wirkungen entfaltet, die über die gesetzliche Abstammungsrechtslage hinausgehen. Maßgeblich für die Prüfung der Anerkennungszuständigkeit nach § 109 Abs. 1 Nr. 1 FamFG ist § 100 FamFG, freilich spiegelbildlich angewandt; eine Zuständigkeit des ausländischen Gerichts wird sich regelmäßig bereits aus der ausländischen Staatsangehörigkeit der Ersatz- oder Leihmutter (§ 100 Nr. 1 FamFG) ergeben (s. *Benicke*, StAZ 2013, 101, 105 f.).

IV-161

d) Grenze des deutschen ordre public

Zentrale Frage sowohl bei der Anwendung ausländischen Abstammungsrechts als auch bei der Anerkennung einer ausländischen Abstammungsentscheidung ist freilich die Frage, ob eine Mutterschaft der Wunschmutter gegen die deutsche öffentliche Ordnung (Art. 6 EGBGB bzw. § 109 Abs. 1 Nr. 4 FamFG) verstößt (ausführlich zur Diskussion *Benicke*, StAZ 2013, 101, 109 ff.; *C. Mayer*, IPRax 2014, 57; zum europarechtlichen Hintergrund *Engel*, StAZ 2014, 353; für einen Verstoß gegen den anerkennungsrechtlichen ordre public KG, StAZ 2013, 348).

IV-162

Zunächst zeigt § 1591 BGB, dass der deutsche Gesetzgeber die biologische Mutter gegenüber der genetischen bevorzugt; hinzu kommt, dass in Deutschland die Vermittlung einer Ersatz- oder Leihmutterschaft sowie zahlreiche der hierbei typischerweise verbreiteten Befruchtungstechniken verboten und teilweise sogar mit Strafe bewehrt sind, s. §§ 13 c, d des Adoptionsvermittlungsgesetz sowie § 1 Abs. 1 des Embryonenschutzgesetzes. Hinter diesen Vorschriften könnte der deutsche ordre public stehen (*Looschelders*, IPRax 1999, 423).

IV-163

Dennoch sprechen die besseren Argumente gegen eine ordre-public-Widrigkeit einer rechtlichen Mutterschaft der Wunschmutter kraft ausländischen Rechts oder kraft einer ausländischen Entscheidung, wie nunmehr

IV-164

auch der BGH für die Wunschelternschaft eingetragener Lebenspartner bestätigt hat (BGH, StAZ 2015, 51; hierzu *C. Mayer*, StAZ 2015, 33). Auf der Strecke bleibt bei der Annahme eines ordre-public-Verstoßes nämlich oftmals das Interesse des Kindes an einer rechtlichen Anerkennung einer faktisch-gelebten Beziehung zu den Wunscheltern; das Kind hat an der – im Inland geächteten – Fortpflanzungstechnik nicht mitgewirkt und darf aus dem Verhalten seiner Wunscheltern keine Nachteile erleiden. Solche Nachteile sind nicht von der Hand zu weisen, wenn eine Abstammung von den Wunscheltern im Inland nicht anerkannt wird, obwohl faktisch eine Eltern-Kind-Beziehung zwischen Kind und Wunscheltern besteht, nicht aber zwischen Kind und Ersatz- oder Leihmutter, zumal wenn diese im Ausland nicht als die rechtliche Mutter angesehen wird und ihre Dienstleistung gegen Entgelt erbracht hat. Hinzu kommt auch, dass – verweigert man der Wunschmutter die nach ausländischem Recht bestehende Mutterschaft – eine Staatenlosigkeit des Kindes droht, da aufgrund eines hinkenden Abstammungsverhältnisses aus Sicht der jeweils beteiligten Staaten das Kind womöglich nicht von einem Inländer abstammt.

Diese auch verfassungsrechtlich geschützten Interessen des Kindes an der Anerkennung seiner faktischen (und auch genetischen) Familienbeziehung und der Staatsangehörigkeit sollten nicht vorschnell zu Präventionszwecken (Abschreckung potentieller Wunscheltern) geopfert werden. Denn die Annahme eines ordre-public-Verstoßes ändert nichts mehr daran, dass das Kind geboren und damit die im Inland geächtete Fortpflanzungstechnik im Ausland erfolgreich durchgeführt wurde.

Auch ein Verweis der Wunscheltern und des Kindes auf die Möglichkeit einer Adoption ermöglicht keinen Rückgriff auf den ordre-public-Vorbehalt in der Abstammungsfrage. Denn eine solche Adoption ist gerade in grenzüberschreitenden Ersatz- oder Leihmutterschaftsfällen oftmals keine Alternative zum Schutz der faktischen Familienbeziehung: Eine Auslandsadoption wird ausscheiden, wenn nach dem maßgeblichen ausländischen Recht das Kind bereits rechtlich von den Wunscheltern abstammt, und eine Inlandsadoption wird nicht möglich sein, wenn das Kind sich noch im Ausland befindet und mangels deutscher Staatsangehörigkeit (keine Abstammung von einem Deutschen wegen ordre-public-Verstoß) auch nicht ohne Weiteres einreisen kann; s. zudem § 1741 Abs. 1 Satz 2 BGB.

IV-165 Die grundsätzliche Anerkennung einer Mutterschaft der Wunschmutter nach ausländischem Recht führt zu Folgefragen:
– Ebenfalls nicht ordre-public-widrig ist zunächst eine über die Mutterschaft der Wunschmutter *abgeleitete Abstammung* von einem anderen Elternteil nach ausländischem Recht, etwa vom Ehemann oder einem anerkennenden Dritten als Wunschvater. Das gleiche gilt für eine *originäre Abstammung* des anderen Elternteils, etwa eine Vaterschaft des Wunschvaters allein aufgrund einer Vereinbarung mit der Leihmutter, wie nach kalifornischem Recht. Dabei ist das *Geschlecht* des anderen Elternteils irrelevant; zur gleichgeschlechtlichen Elternschaft nach ausländischem Recht s. näher Rdnr. IV-218 ff.

– Die Anerkennung einer Mutterschaft der Wunschmutter nach ausländischem Recht kann bei unterschiedlichen Abstammungsstatuten zu *konkurrierenden Mutterschaften* führen, wenn eines der anderen Statute etwa eine Mutterschaft der Ersatz- oder Leihmutter vorsieht. Erachtet man die Mutterschaft der Wunschmutter gerade aus Kindeswohlerwägungen (vgl. Rdnr. IV-164) als ordre-public-gemäß, so muss sich diese Wertung im Rahmen des Günstigkeitsprinzips auch für einen Vorrang dieser Mutterschaft durchsetzen.

3. Besonderheiten bei der Mutterschaftsanerkennung

a) Die Mutterschaftsanerkennung als ein Rechtsinstitut des romanischen Rechtskreises

aa) Die Regelungsprinzipien und ihre historischen Grundlagen
In einigen Staaten des romanischen Rechtskreises gilt der Grundsatz »mater semper certa est« nur für die verheiratete Mutter. Dagegen entsteht die rechtliche Beziehung zwischen einer unverheirateten Mutter und ihrem Kind erst durch die Anerkennung der Mutterschaft; erkennt die Mutter nicht freiwillig an, kann sie ggf. durch Gerichtsentscheidung festgestellt werden.

IV-166

Die Mutterschaftsanerkennung wurzelt in der Rechtstradition der romanischen Länder. In früheren Jahrhunderten gab es an vielen Findelhäusern eine Drehlade, durch die eine unverheiratete Mutter ihr Kind ins Innere des Hauses schieben konnte, ohne gesehen zu werden. So konnte sie sich unerkannt eines unerwünschten Kindes entledigen (*Mezger*, FamRZ 1955, 276 f.; *Schwoerer*, RabelsZ 1951, 65 f.). Mit dem Rechtsinstitut der Mutterschaftsanerkennung integrierte der französische Cc das hinter dieser Praxis stehende Prinzip ins nationale französische Familienrecht. Neuere Entwicklungen in Deutschland (»Babyklappe«) knüpfen an diese Tradition an (s. Rdnr. V-11 ff.).

IV-167

bb) Die Rechtsentwicklung im Gefolge der »Marckx-Entscheidung«
Bereits seit längerer Zeit kann man feststellen, dass die Mutterschaftsanerkennung im internationalen Vergleich mehr und mehr an Bedeutung verliert. Zahlreiche Staaten des romanischen Rechtskreises knüpfen die Mutterschaft der unverheirateten Frau mittlerweile direkt an die Tatsache der Geburt. In Europa gingen die Niederlande 1948 zum Abstammungsprinzip über, Portugal 1977, Luxemburg 1979, Spanien 1981 und Belgien in der Kindschaftsrechtsreform von 1987 (vgl. *Pintens*, StAZ 1988, 20).

IV-168

Diese Entwicklung wurde gefördert durch die »Marckx-Entscheidung« des Europäischen Gerichtshofs für Menschenrechte vom 13.6.1979 (StAZ 1981, 23; kritisch *Sturm*, FamRZ 1982, 1150 mit Darstellung der abweichenden Sondervoten einzelner Richter sowie Nachweisen zum ausländischen Schrifttum; zu den Auswirkungen auf die standesamtliche Praxis s. *Marcks*, StAZ 1985, 260). Das Gericht stellte darin fest, dass das belgische Recht, das damals noch eine Mutterschaftsanerkennung verlangte, gegen Art. 14 EMRK verstoße. Diese Entscheidung war der maßgebliche Anstoß für die belgische Reform von 1987 (dazu *Pintens*, StAZ 1988, 20) und stieß freilich auch auf heftige Kritik insbe-

IV-169

sondere in Frankreich, das sich – ebenso wie Italien – bisher nicht veranlasst sah, die Mutterschaftsanerkennung abzuschaffen.

cc) Einzelprobleme der Rechtsanwendung

IV-170   Immerhin haben auch Frankreich und Italien, die im Grundsatz an der Mutterschaftsanerkennung festhalten, die tatsächlichen Anforderungen ziemlich abgeschwächt. Eine ausdrückliche Anerkennungserklärung ist nicht in jedem Fall nötig.

IV-171   In Frankreich hat etwa bereits seit dem Jahr 1972 der rein tatsächliche »Statusbesitz« des Kindes (»possession d'état«), verbunden mit der Eintragung der Mutter in das Geburtenregister, die gleichen Wirkungen wie eine ausdrückliche Mutterschaftsanerkennung; man sieht offenbar in dem Umstand, dass die Mutter das Kind als eigenes behandelt, gleichsam eine konkludente Anerkennungserklärung (Art. 337 Cc a. F.).

IV-172   Seit 2005 genügt für eine Mutterschaft gemäß Art. 311-25 Cc die Nennung der Mutter im Geburtsregister.

IV-173   Eine Mutterschaftsanerkennung ist damit nur statthaft, wenn eine Eintragung der Mutter unterblieben ist, näher *Frank*, StAZ 2012, 190.

b) Das IPR der Mutterschaftsanerkennung

aa) Die Mutterschaftsanerkennung im System der allgemeinen Anknüpfungsgrundsätze

IV-174   Berufen die Anknüpfungsregeln des deutschen IPR (Art. 19 Abs. 1 EGBGB, s. Rdnr. IV-89 ff.; bis zum KindRG Art. 20 EGBGB a. F.) ein Abstammungsstatut, das bei einer nicht verheirateten Frau eine Mutterschaftsanerkennung verlangt, so hängt die Mutterschaft von einer solchen Anerkennung ab.

IV-175   Da seit dem KindRG auch auf die Mutterschaft sämtliche der von Art. 19 Abs. 1 EGBGB alternativ berufenen Abstammungsstatute angewandt werden können, ist die praktische Relevanz der Mutterschaftsanerkennung erheblich zurück gegangen. Wenn auch nur eines der von Art. 19 Abs. 1 Satz 1 und 2 EGBGB alternativ berufenen Rechte die Frau als Mutter ansieht, steht ihre Mutterschaft aus der Sicht des deutschen IPR fest. Einer Anerkennung bedarf es daher nur noch in den Fällen, in denen sowohl der (durch die Mutter vermittelte, s. Rdnr. IV-94) gewöhnliche Aufenthalt des Kindes als auch die Staatsangehörigkeit der Mutter auf ein Recht mit Mutterschaftsanerkenntnis verweisen.

IV-176   Daher stellt sich das Problem bei einer in Deutschland lebenden Französin künftig nicht mehr; hier wird die Aufenthaltsanknüpfung des Art. 19 Abs. 1 Satz 1 EGBGB stets zum deutschen § 1591 BGB führen und die Anerkennung entbehrlich machen.

Zu der Frage, ob auch in diesen Fällen im Interesse des internationalen Entscheidungseinklangs eine Mutterschaftsanerkennung zu gestatten ist, s. Rdnr. IV-184.

IV-177   Das maßgebliche Abstammungsstatut entscheidet darüber, ob und unter welchen Voraussetzungen eine Mutterschaftsanerkennung nötig ist oder nicht; es regelt ferner alle besonderen Voraussetzungen der Anerkennung, also etwa die Fragen, ob eine minderjährige Mutter der Zustimmung ihres gesetzlichen Vertreters bedarf, ob Stellvertretung zulässig ist und wer der Anerkennung zustimmen muss. Zum Zustimmungserfordernis nach Art. 23 EGBGB s. Rdnr. IV-180 ff.

bb) Die Form der Mutterschaftsanerkennung
Die Form der Mutterschaftsanerkennung richtet sich entweder nach dem die Abstammung materiell beherrschenden Recht (»Geschäftsstatut«) oder aber nach dem Ortsrecht, Art. 11 Abs. 1 EGBGB. Das CIEC-Mutterschaftsfeststellungsübereinkommen (Übereinkommen Nr. 6) von 1962 (näher Rdnr. IV-186 f.) enthält keine besonderen Vorschriften über die Form. IV-178

Ist das deutsche Recht Ortsrecht, stellt § 44 Abs. 2 PStG eine standesamtliche Form zur Verfügung. Daneben bleibt eine Mutterschaftsanerkennung nach Maßgabe des Geschäftsstatuts, d.h. des die Anerkennung voraussetzenden ausländischen Abstammungsstatuts, stets möglich. IV-179

cc) Die Zustimmungserfordernisse, Art. 23 EGBGB
Die zur wirksamen Anerkennung erforderlichen Zustimmungserklärungen Dritter müssen zusätzlich nach dem Recht desjenigen Staates vorliegen, dem das Kind angehört, Art. 23 EGBGB. IV-180

Hierbei ist jedoch zu beachten, dass Kinder, die von ihrer Mutter anerkannt werden müssen, vor der Anerkennung typischerweise staatenlos sind, da es an der den Staatsangehörigkeitserwerb vermittelnden Abstammungsbeziehung ja noch fehlt. Daher sind auf diese Kinder die Sondervorschriften über die Anknüpfung des Personalstatuts von Staatenlosen heranzuziehen. Art. 5 Abs. 2 EGBGB wie auch die – meist vorrangigen – spezialgesetzlichen Sonderanknüpfungen berufen in derartigen Fällen mit i.d.R. übereinstimmendem Ergebnis das Aufenthalts- bzw. Wohnsitzrecht, s. Rdnr. VI-38 f. IV-181

dd) Vorfragen
Anerkennungsvoraussetzungen, die das IPR in einer eigenen Kollisionsnorm erfasst, sind als »Vorfragen« anzuknüpfen (zu diesem Begriff Rdnr. VI-61 ff.). Da der deutschen Rechtsordnung das Rechtsinstitut der Mutterschaftsanerkennung fremd ist, hat sie kein eigenes kollisionsrechtliches Interesse daran, die Anerkennungsvoraussetzung zu bestimmen. Daher sind die von dem maßgeblichen Abstammungsstatut aufgeworfenen Vorfragen ausnahmsweise unselbständig, d.h. nach dessen IPR anzuknüpfen (allgemein zum Gegensatz von selbständiger und unselbständiger Anknüpfung Rdnr. VI-63 ff.). IV-182

c) Anerkennung trotz abweichenden Mutterschaftsstatuts?

Verweist auch nur eine der alternativen Anknüpfungen des Art. 19 Abs. 1 EGBGB auf ein Recht, das keine Mutterschaftsanerkennung verlangt, so entstehen die Rechtsbeziehungen zwischen Mutter und Kind ohne weiteres aufgrund der Tatsache der Geburt, s. Rdnr. IV-175 f. Eine Mutterschaftsanerkennung ist dann jedenfalls für den deutschen Rechtsbereich abstammungsrechtlich überflüssig und ohne materiellrechtliche Wirkung. IV-183

IV-184 Dennoch kann die Mutter auch in derartigen Fällen ein Interesse an einer Mutterschaftsanerkennung haben, wenn sie sicherstellen will, dass die Abstammungsbeziehung auch mit Wirkung für einen Staat mit Mutterschaftsanerkennung festgestellt ist. Wenn ein ausländischer Staat die allein durch die Geburt begründete Rechtsbeziehung zwischen Mutter und Kind nicht anerkennt, entsteht ein für die Beteiligten nachteiliges »hinkendes« Abstammungsverhältnis.

IV-185 Aus diesem Grund ermöglicht § 27 Abs. 2 PStG, der insoweit den Art. 3 des CIEC-Mutterschaftsfeststellungsübereinkommens ergänzt (hierzu Rdnr. IV-186), eine Mutterschaftsanerkennung auch dann, wenn sie von einem kollisionsrechtlich eigentlich nicht maßgeblichen Recht verlangt wird.

d) Das CIEC-Mutterschaftsfeststellungsübereinkommen von 1962

IV-186 Um die grundlegenden Unterschiede zwischen den Rechtsordnungen mit und ohne Mutterschaftsanerkennung zu überbrücken, hat die Bundesrepublik Deutschland am 12. 9.1962 das CIEC-Übereinkommen Nr. 6 über die Feststellung der mütterlichen Abstammung nichtehelicher Kinder unterzeichnet; es trat am 24. 7.1965 in Kraft (BGBl. II 1965 S. 17, 1163).

IV-187 Zweck des Übereinkommens ist es, den Nachweis der mütterlichen Abstammung eines nicht in der Ehe geborenen Kindes in den Vertragsstaaten zu vereinheitlichen und damit die Schwierigkeiten zu beseitigen, die sich aus der Verschiedenheit der nationalen Rechtssysteme, des Abstammungssystems und des Anerkennungssystems, ergeben (so die Präambel zu dem Übereinkommen; s. Denkschrift, StAZ 1965, 66). Da bisher kein einziger Staat mit Mutterschaftsanerkennung dem Abkommen beigetreten ist, hat es seinen Zweck nicht erreicht; da mit derartigen Beitritten wohl auch künftig nicht zu rechnen ist, kann man die Vereinheitlichungsbemühungen der CIEC als gescheitert ansehen.

Wegen Einzelheiten s. *Hepting/Gaaz,* Bd. 2 Rdnr. IV-311 ff.

IV. Die gesetzliche Vaterschaft des Ehemanns in Fällen mit Auslandsbezug

1. Das IPR der Vaterschaftsfeststellung

a) Anknüpfungsfragen

IV-188 Bei der Feststellung der Vaterschaft des Ehemanns hat die Ehe eine kollisionsrechtliche wie auch sachrechtliche Bedeutung. Sie ist eine kollisionsrechtliche »Erstfrage« (s. Rdnr. IV-110) bei der Anknüpfung nach Art. 19 Abs. 1 Satz 3 EGBGB (Ehewirkungsstatut); im Sachrecht kann sie als »Vorfrage« in allen von Art. 19 Abs. 1 EGBGB berufenen Statuten eine Rolle spielen; denn hier wird sie regelmäßig Grundlage der jeweiligen sachrechtlichen Vaterschaftsvermutungen zu Gunsten des Ehemanns sein; hierzu sogleich Rdnr. IV-189 ff.

b) Die Vorfrage der bestehenden Mutterehe

aa) Allgemeine Grundsätze

Die Ehe der Mutter hat in praktisch allen Rechtsordnungen – im Einzelnen unterschiedliche – Bedeutung für die Feststellung der Vaterschaft. Damit ist sie eine »Vorfrage«, die im Tatbestand der abstammungsrechtlichen Vorschriften als Tatbestandsmerkmal auftaucht. Sie darf nicht nach den Normen des Abstammungsstatuts beantwortet werden, sondern ist kollisionsrechtlich eigenständig zu beurteilen (allgemein zu Begriff und Anknüpfung der »Vorfrage« Rdnr. VI-61 ff.).

IV-189

Ob Vorfragen selbständig oder unselbständig anzuknüpfen sind, ist im Einzelnen umstritten (zur sog. »Erstfrage« s. Rdnr. IV-110); die herrschende pragmatische Ansicht geht dahin, die Frage von Fall zu Fall, also fallgruppen- und interessenorientiert zu entscheiden. Bei selbständiger Anknüpfung setzt sich die kollisionsrechtliche Auffassung des deutschen Rechts, bei unselbständiger Anknüpfung die Ansicht des vom deutschen Recht berufenen Hauptfragenstatuts durch. Der Unterschied zeigt sich im Falle einer »hinkenden« Ehe, die von der einen Rechtsordnung als bestehend, von der anderen als unwirksam und nicht existent angesehen wird.

IV-190

Die Frage nach dem Bestand der Ehe stellt sich in der Praxis unter zwei Aspekten. Zum einen geht es um die Frage, ob sie überhaupt wirksam geschlossen worden ist, zum anderen um die Frage, ob eine ordnungsgemäß geschlossene Ehe wirksam aufgelöst worden ist. Hängt die Wirksamkeit der Ehe (z. B. ihre wirksame Auflösung) von einer ausländischen Gerichtsentscheidung ab, so ist die Vorfrage nicht internationalprivatrechtlich, sondern internationalverfahrensrechtlich zu beantworten; es kommt dann jeweils darauf an, ob die die Ehe auflösende Entscheidung bzw. die Todeserklärung im Inland anzuerkennen ist (s. Rdnr. III-467 ff.).

IV-191

Wird, wie etwa im deutschen Recht, aufgrund einer Todeserklärung nicht die Ehe aufgelöst, sondern nur der Tod des Ehemanns vermutet, so ist die Todeserklärung bei der Vorfrage der Ehe noch nicht zu berücksichtigen, da sie ja deren Bestand nicht berührt; sie ist erst im Rahmen der sachrechtlichen Abstammungsnormen zu beachten (näher Rdnr. IV-57 ff.). Dort allerdings führt sie zu dem Ergebnis, dass das nach Ablauf der Empfängniszeit geborene Kind nicht von dem als tot vermuteten Ehemann der Mutter abstammen kann.

IV-192

bb) Selbständige oder unselbständige Anknüpfung der Vorfrage?

Nach wohl immer noch h. M. ist die Ehe der Mutter selbständig anzuknüpfen (OLG Hamm, FamRZ 2007, 656; OLG Hamburg, StAZ 2015, 14; *Staudinger/Henrich*, Art. 19 EGBGB Rdnr. 34, jeweils m. w. N.). Dass sich diese Ansicht zunächst durchsetzte (grundlegend BGHZ 43, 213, 218 = StAZ 1965, 152), hatte seinen Grund darin, dass man unerträgliche Störungen des internen Entscheidungseinklangs befürchtete, wenn der »Ehemann« einer aus deutscher Sicht *nicht* verheirateten Frau gesetzlicher Vater ihres Kindes war.

IV-193

Allerdings hat sich die Ausgangslage durch die Kindschaftsrechtsreform geändert. Die genannten Störungen wurden früher deshalb als unerträglich empfunden, weil interne Widersprüche zwischen Ehelichkeit und Nichtehe-

IV-194

lichkeit die damals noch als elementar empfundene Frage der Statusqualität betrafen, die der BGH in anderem Zusammenhang als »zentrale Weichenstellung« und als für die Vorfragenanknüpfung entscheidend bezeichnet hatte (BGH, StAZ 1987, 16 zur Vorfrage der Ehelichkeit im Namensrecht). Nachdem das KindRG den Gegensatz von Ehelichkeit und Nichtehelichkeit abgeschafft hat, haben sich die bisherigen internen Widersprüche entschärft; dafür sind Störungen des internationalen Entscheidungseinklangs jetzt stärker spürbar; näher zur Abwägung *Hepting/Gaaz*, Bd. 2 Rdnr. IV-341 ff.

IV-195   Eine selbständige Anknüpfung der Vorfrage ist nur dann geboten, wenn die Abstammung nach dem von Art. 19 Abs. 1 Satz 3 EGBGB berufenen Ehewirkungsstatut festgestellt werden soll; denn hier ist der Bestand der Mutterehe eine »Erstfrage«, von der schon die Anwendung der Kollisionsnorm selbst abhängt (s. Rdnr. IV-110, zu diesem Begriff näher Rdnr. VI-66).

IV-196   Bei den beiden anderen Anknüpfungsalternativen der Art. 19 Abs. 1 Satz 1 und 2 EGBGB ist die Frage einzelfallorientiert zu beantworten. Das Günstigkeitsprinzip legt es nahe, die Vorfragen so anzuknüpfen, dass die Feststellung eines Abstammungsverhältnisses begünstigt wird. Im Schrifttum wird daher teilweise eine alternative Anknüpfung vorgeschlagen; man müsse sowohl das IPR des Hauptfragestatuts als auch das deutsche IPR befragen, ob es die Ehe als bestehend ansieht oder nicht, und diejenige Anknüpfung bevorzugen, die die Frage bejaht (*Andrae*, § 5 Rdnr. 40). Die Mehrfachanknüpfung des Abstammungsstatuts setzt sich also auf bei der Vorfragenanknüpfung fort und wird zudem durch die Kombination alternativer Anknüpfungen vervielfacht, vgl. zum renvoi Rdnr. IV-147 ff.

Demgegenüber wird vertreten, dass bereits eine konsequent unselbständige Anknüpfung zu einem den Kindesinteressen günstigen Ergebnis führt. Die Wirksamkeit der Ehe ist also jeweils nach dem IPR desjenigen von Art. 19 Abs. 1 Satz 1 oder 2 EGBGB berufenen Rechts zu beurteilen, nach dem die Abstammung konkret festgestellt wird. Dies gilt gleichermaßen für die internationalprivatrechtliche Frage, ob die Ehe wirksam begründet wurde, wie auch für die internationalverfahrensrechtliche Frage, ob eine bestehende Ehe wirksam aufgelöst wurde (zu den Einzelheiten der Argumentation s. *Hepting/Gaaz*, Bd. 2 Rdnr. IV-329 ff.).

IV-197   Die h.M. beurteilt die Vorfrage hingegen selbständig nach deutschem Recht. Dies soll insbesondere dann gelten, wenn die Ehe der Mutter durch einen deutschen Scheidungsbeschluss aufgelöst worden ist, weil sich eine rechtskräftige deutsche Entscheidung bei der Vorfrage immer durchsetzen müsse (so *Staudinger/Henrich*, Art. 19 EGBGB Rdnr. 35; *Mäsch*, IPRax 2004, 102; *Krömer*, StAZ 2007, 304 f. m. w. N., s. a. zur Problematik im Namensrecht Rdnr. II-237 ff.). Geht man grundsätzlich vom Vorrang des Verfahrensrechts vor dem materiellen Kollisionsrecht aus, so ist dieses Ergebnis folgerichtig, man muss dann aber hinnehmen, dass das Günstigkeitsprinzip des Art. 19 Abs. 1 EGBGB abgeschwächt wird. Dies zeigt sich etwa, wenn man den von *Krömer* a.a.O. zugrunde gelegten Fall abwandelt: Wenn es keinen anerkennungswilligen Mann gäbe, hätte das Kind bei unselbständiger Anknüpfung wenigstens den Ehemann zum – wenn auch unwahrscheinlichen – Vater, bei selbständiger Anknüpfung wäre es vaterlos.

2. Sachrechtliche Fragen der Vaterschaftsfeststellung

a) Die Ehe als Grundlage von Vaterschaft und Vaterschaftsvermutungen

Die Rechtsvergleichung zeigt, dass praktisch alle Rechtsordnungen von dem Grundsatz ausgehen, dass der Ehemann der Mutter als Vater des Kindes anzusehen ist (vgl. etwa *Schwenzer*, FamRZ 1985, 1 ff.; *Kropholler*, AcP 185, 260 f.). Im Einzelnen freilich ist diese Regel jeweils unterschiedlich ausgestaltet; ihre Tatbestandsmerkmale variieren ebenso wie die Voraussetzungen, unter denen sie widerlegt oder erschüttert werden kann. IV-198

Wichtigste Voraussetzung ist – neben dem Bestand der Ehe selbst – ein zeitlicher Zusammenhang; der wahrscheinliche Zeitpunkt der Empfängnis muss grundsätzlich in einen Zeitraum fallen, in dem die Mutter verheiratet war. IV-199

b) Der zeitliche Zusammenhang mit der Ehe

Den zeitlichen Zusammenhang zwischen Geburt und Ehe erfasst das Recht mit dem Tatbestandsmerkmal der Empfängniszeit. Die Mutter muss während eines gesetzlich definierten Zeitraums vor der Geburt verheiratet gewesen sein. Die Empfängniszeit spielt vor allem dann eine Rolle, wenn das Kind nach Auflösung einer früheren Ehe geboren wird, da die Vaterschaftsvermutung für den Ehemann nur dann eingreift, wenn die Ehe zumindest während eines Teils der Empfängniszeit bestand. In Fällen mit Auslandsbezug kommt es allein auf die sachrechtliche Regelung an, da das deutsche Kollisionsrecht auf eine eigene Regelung verzichtet (vgl. Rdnr. IV-108). IV-200

Im internationalen Vergleich dauert die Empfängniszeit meist 300 Tage. Das BGB setzte sie ursprünglich bei 302 Tagen fest (§ 1592 Abs. 1 BGB a. F.), hat sich aber mit dem KindRG an die international übliche Dauer angepasst (§§ 1593 Satz 1, 1600d Abs. 3 BGB). IV-201

In IPR-Fällen sind die unterschiedlichen Längen der Empfängniszeit im Rahmen des Günstigkeitsprinzips und der alternativen Anknüpfungen in Art. 19 Abs. 1 EGBGB praktisch bedeutsam. Je länger die Empfängniszeit ist, desto größer ist die Wahrscheinlichkeit, dass das Kind dem Ehemann der Mutter zugeordnet werden kann. Von mehreren alternativ anwendbaren Rechten ist daher stets dasjenige das »günstigste«, das die längste Empfängniszeit vorsieht. IV-202

Hat die Mutter kurz vor der Geburt zum zweiten Mal geheiratet und ist die frühere Ehe erst kurz vor der Eheschließung aufgelöst worden, so kann es sein, dass sich die Empfängniszeit mit beiden Ehen überschneidet. Viele Rechte – so auch das deutsche, § 1593 Satz 3 BGB – lösen diese Konkurrenz zu Gunsten des zweiten Ehemanns. Andere ziehen innerhalb der Empfängniszeit eine zeitliche Grenze; wird das Kind innerhalb einer bestimmten Frist nach Auflö- IV-203 sung der ersten Ehe geboren, so gilt es als Kind des ersten Ehemanns; wird es später geboren, als Kind des zweiten.

IV-204 Wenn auf die Abstammung von den beiden Ehemännern jeweils verschiedene Statute anwendbar sind, ist es denkbar, dass von zwei inhaltlich unterschiedlichen Rechten beide Ehemänner als Vater angesehen werden. Ähnlich wie in den Fällen, in denen der Ehemann als gesetzlicher Vater mit einem anerkennenden Dritten konkurriert (dazu Rdnr. V-199 ff.), kommt es zu einem Normenwiderspruch. Im Falle der gesetzlichen Vaterschaft von zwei Ehemännern erscheint es »günstiger«, das Kind dem biologisch wahrscheinlicheren Vater zuzuordnen. Dieses Kriterium spricht für den zweiten Ehemann und führt damit kollisionsrechtlich zu demselben Ergebnis, das auch im deutschen Sachrecht vorgesehen ist (§ 1593 Satz 3 BGB).

3. Abschwächung der rechtlichen Zuordnung zum Ehemann

a) Vaterschaft oder Vaterschaftsvermutung?

IV-205 Auch wenn alle Rechtsordnungen den Ehemann der Mutter grundsätzlich für den Vater des Kindes halten, ist diese Regel im Detail unterschiedlich ausgestaltet. Die Tatbestandsmerkmale der rechtlichen Zuordnung von Vater und Kind variieren ebenso wie die Voraussetzungen, unter denen sie widerlegt oder erschüttert werden können.

IV-206 Ein erster grundlegender Unterschied liegt darin, ob der Ehemann der Vater des Kindes *ist* oder ob er als Vater *vermutet wird*. § 1592 Nr. 1 BGB verwirklicht den ersten Regelungstyp; er baut zwar *inhaltlich* auf der Vermutung auf, dass der Ehemann der Vater des Kindes ist, doch ordnet er *regelungstechnisch* das Kind direkt dem Ehemann zu. Die Abstammung tritt kraft Gesetzes auch dann ein, wenn die äußeren Umstände der Geburt die Vaterschaft des Ehemanns als höchst unwahrscheinlich, ja als praktisch unmöglich erscheinen lassen (AG Lübeck, StAZ 2003, 48, 49).

IV-207 Demgegenüber gibt es Rechtsordnungen, in denen die Ehe eine Vaterschaftsvermutung im regelungstechnischen Sinn begründet, die auch außerhalb eines Gerichtsverfahrens mit unmittelbarer Rechtswirkung widerlegt oder erschüttert werden kann. Geschieht dies, bevor die Geburt im deutschen Geburtenregister beurkundet wird und greift demzufolge die Ehelichkeitsvermutung nicht ein, so ist es nicht möglich, den Ehemann der Mutter als ehelichen Vater des Kindes einzutragen.

IV-208 Die Frage, wie weit die Ehelichkeitsvermutung reicht und unter welchen Voraussetzungen sie als widerlegt anzusehen ist, untersteht nicht dem deutschen Personenstandsrecht, sondern richtet sich in vollem Umfang nach dem maßgeblichen ausländischen Sachrecht, dem sich das Personenstandsverfahren unterzuordnen hat (BGHZ 90, 129 = StAZ 1984, 194); zur dienenden Funktion des Personenstandsrechts s. Rdnr. I-11.

b) Abschwächung durch objektive Umstände

Auch wenn Ehe und Empfängniszeit formal zusammentreffen, kann die Vaterschaft des Ehemanns aufgrund objektiver Umstände äußerst unwahrscheinlich sein; etwa wenn sich die Ehegatten getrennt haben, wenn sie in Scheidung leben, wenn die Frau mit einem anderen Mann zusammenlebt, wenn der Ehemann verschollen ist oder während der gesamten Empfängniszeit im Gefängnis war. Die Reaktion der einzelnen Rechtsordnungen auf derartige Sachverhalte ist unterschiedlich. IV-209

Das deutsche Recht weicht vom Grundsatz der Vaterschaft des Ehemanns nur im Falle eines qualifizierten Drittanerkenntnisses nach § 1599 Abs. 2 BGB ab (s. Rdnr. V-150 ff.). Wegen Beispielen aus anderen Rechtsordnungen s. *Hepting/Gaaz*, Bd. 2 Rdnr. IV-388 f. IV-210

c) Abschwächung durch abweichende Statuserklärungen

In anderen Fällen hängt die Vaterschaft des Ehemanns von personenstandsbezogenen Erklärungen ab. Bekannt ist der Beispielsfall nach italienischem Recht, über den der BGH am 15. 2. 1984 entschieden hat (BGHZ 90, 194 = StAZ 1984, 194; hierzu *Klinkhardt*, IPRax 1986, 21; *Sturm*, IPRax 1987, 1): Die Mutter ist verheiratet, doch hat ein anderer als der Ehemann die Vaterschaft zu dem Kind anerkannt. Im italienischen Recht gilt zwar grundsätzlich der Ehemann der Mutter als Vater des in der Ehe empfangenen Kindes, Art. 231 c. c.; bis zur Registrierung ist jedoch die Anerkennung durch einen Dritten möglich, Art. 250 Cc, auch wenn die Elternteile bereits anderweitig verheiratet sind. Durch eine solche Anerkennung wird die Ehelichkeitsvermutung erschüttert; das Kind ist dann als außerhalb einer Ehe geboren anzusehen und auch im deutschen Geburtenregister ohne Angabe des Ehemanns der Mutter einzutragen. IV-211

Ebenfalls zur Fallgruppe der statusbeeinflussenden Erklärungen gehört die Regelung, mit der das portugiesische Recht die Vaterschaft bei einer Geburt kurz nach Eheschließung bewältigt. Das deutsche Recht stellt hier die Empfängnis vor und in der Ehe in den Abstammungswirkungen gleich; dagegen ist im portugiesischen Recht die Abstammungsvermutung bereits widerlegt, wenn die Mutter oder der Ehemann bei der Beurkundung der Geburt erklären, dass der Ehemann nicht der Vater ist, Art. 1828 Cc. IV-212

Soweit ein derartiges Recht die Vaterschaft des Ehemanns beherrscht, sind diese Regeln zu beachten. Da sie nicht eine entstandene Vaterschaft des Ehemanns beseitigen, sondern sie bereits am Entstehen hindern, unterstehen sie dem Abstammungsstatut des Art. 19 Abs. 1 EGBGB, nicht dem Anfechtungsstatut des Art. 20 EGBGB.

d) Abschwächung durch abweichende Personenstandseintragung

In manchen ausländischen Rechtsordnungen ist die Vaterschaft erst dann festgestellt, wenn das Kind als ehelich im Geburtenregister eingetragen ist. Da die Eintragung von einem Antrag abhängig ist, der vom Antragsteller – im IV-213

IV-214 Regelfall von der Mutter – formuliert wird, hat es der Antragsteller praktisch in der Hand, die Vaterschaftsvermutung eingreifen zu lassen oder nicht.
Beispielsfälle bietet auch hier das italienische Recht; s. etwa BGHZ 90, 129 = StAZ 1984, 194; OLG Stuttgart, StAZ 1985, 106; auch *Rauscher*, StAZ 1985, 194; weitere Einzelheiten bei *Hepting/Gaaz*, Bd. 2 Rdnr. III-402 ff.

V. Konkurrierende Elternschaften

IV-215 Vom Kollisionsrecht hervorgerufene doppelte Abstammungsverhältnisse sind immer dann denkbar, wenn zwei Abstammungsstatute gleichzeitig nebeneinander anwendbar sind und diese das Kind unterschiedlichen Eltern zuordnen. Eine allgemeine Lösung der Konkurrenzproblematik verbietet sich; vielmehr bedarf jede Fallgruppe individueller Betrachtung.

IV-216 Zwar sind konkurrierende Elternschaften kein neues Phänomen; sie konnten auch nach früherem Recht entstehen, etwa wenn die Mutter kurz nach einer Scheidung eine neue Ehe eingegangen war (zu dieser Fallgruppe einer konkurrierenden Vaterschaft s. a. Rdnr. IV-204). Doch hat mit den Mehrfachanknüpfungen des Art. 19 EGBGB die Gefahr derartiger Widersprüche zugenommen.

IV-217 Die häufigste Konkurrenz ist die der gesetzlich vermuteten Vaterschaft des Ehemanns einerseits und der Vaterschaft eines anerkennenden Dritten andererseits. Sie wird im Zusammenhang mit der Vaterschaftsanerkennung näher erörtert; dazu Rdnr. V-199 ff.

Konkurrierende Mutterschaften können sich in Ersatz- oder Leihmutterschaftsfällen ergeben, wenn eine Mutterschaft der Wunschmutter nach ausländischem Recht anerkannt wird; hierzu Rdnr. IV-165.

VI. Gleichgeschlechtliche Elternschaft

IV-218 Bei der gleichgeschlechtlichen Elternschaft handelt es sich nicht um ein Problem konkurrierender Elternschaft, da nicht zwei nebeneinander anwendbare Abstammungsstatute zu unterschiedlichen Ergebnissen hinsichtlich der Vater- oder Mutterschaft eines Kindes kommen (hierzu Rdnr. IV-215 ff.). Vielmehr sieht beim Phänomen der gleichgeschlechtlichen Elternschaft ein Abstammungsstatut vor, dass ein Kind zwei gleichgeschlechtliche Elternteile hat (sog. »Co-Vaterschaft« oder »Co-Mutterschaft«).

IV-219 Bei einem *deutschen* Abstammungsstatut scheidet eine solche gleichgeschlechtliche Elternschaft aus. Insbesondere kann eine Partnerin der Mutter des Kindes mangels Ehe nicht nach § 1592 Nr. 1 BGB »Vater« des Kindes sein. Nach deutschem Recht ist eine Lebenspartnerschaft kein Vaterschaftszurechnungsgrund (s. Rdnr. IV-40). Das gilt im Übrigen auch für eine im Ausland geschlossene gleichgeschlechtliche »Ehe« (zur Anknüpfung dieser Vorfrage s. Rdnr. III-838 ff.). Hierbei handelt es sich um eine Frage der Substitution (s. Rdnr. VI-70 ff.); zu fragen ist, ob eine gleichgeschlechtliche Ehe nach ausländischem Recht die in § 1592 Nr. 1 BGB vorausgesetzte Ehe als gleichwertig substituiert. Eine solche Substitution ist abzulehnen, da man die gleichgeschlechtliche »Ehe« – wenn man sie aus Sicht des deutschen Rechts als Lebenspartnerschaft qualifiziert – konsequenterweise nach der Kappungsgrenze des Art. 17b Abs. 4 EGBGB auf die Wirkungen einer Lebenspartnerschaft nach dem LPartG zurückstutzen muss, was auch bei der Auslegung des Ehebegriffs im deutschen Abstammungsrecht nicht unberücksichtigt bleiben darf (vgl. auch *Helms*, StAZ 2012, 2, 7f.). Ferner ließe sich die »Ehefrau« der Mutter nur mit Schwierigkeiten als »Mann« i. S. d. § 1592 BGB ansehen, s. a. Rdnr. IV-226. Auch eine »Zweitmutterschaft« der genetischen Mutter neben der gebärenden Mutter nach § 1591 BGB kommt nicht in Betracht (OLG Köln, StAZ 2014, 364).

Anders stellt sich die Situation womöglich bei einem *ausländischen* Abstammungsstatut dar, das – anders als das deutsche Recht – eine gleichgeschlechtliche Elternschaft vorsieht, etwa eine Mutterschaft der mit der Mutter verheirateten Ehefrau (s. etwa die Konstellation in OLG Celle, StAZ 2011, 150; allgemein hierzu *Sieberichs*, StAZ 2015, 1). Knüpft man diese Vorfrage selbständig an und qualifiziert die gleichgeschlechtliche »Ehe« demgemäß als Lebenspartnerschaft, so muss geprüft werden, ob diese »Lebenspartnerschaft« im ausländischen Abstammungsstatut die gleichgeschlechtliche »Ehe« substituiert, was meist zu bejahen sein wird (s. a. *Helms*, StAZ 2012, 2, 7f. mit Fn. 68, 70); wenn das Abstammungsstatut eine gleichgeschlechtliche Elternschaft der Ehefrau der Mutter vorsieht, so wird dies auch gelten, wenn nach ausländischem Recht die gleichgeschlechtliche »Ehe« im Ausland lediglich als »Lebenspartnerschaft« aufrechterhalten wird. Bei einer selbständigen Anknüpfung der Vorfrage (hierfür Rdnr. IV-193 ff.) bestünde ohne Weiteres eine gleichgeschlechtliche Elternschaft, wenn aus Sicht des Abstammungsstatuts die gleichgeschlechtliche »Ehe« wirksam ist.

IV-220

Knüpft die gleichgeschlechtliche Elternschaft nach dem ausländischen Abstammungsstatut dagegen nicht an ein gleichgeschlechtliches Statusverhältnis an, sondern an eine Anerkennungserklärung des betreffenden Elternteils, etwa der Partnerin der Mutter oder eine Vereinbarung mit der Leihmutter, dann kommt es ebenfalls zu einer gleichgeschlechtlichen Elternschaft auch aus deutscher Sicht – ein Grund mehr, eine abstammungsrechtliche Vorfrage nach einer gleichgeschlechtlichen Statusbeziehung unselbständig anzuknüpfen (zutreffend *Helms*, StAZ 2012, 2, 7).

Auch hier kann sich – gerade in Fällen einer Leihmutterschaft – eine gleichgeschlechtliche Elternschaft aus einer ausländischen Entscheidung ergeben, etwa eine Co-Vaterschaft der Wunscheltern (s. BGH, StAZ 2015, 51). Zu dessen Anerkennung gilt das zur »künstlichen« Mutterschaft Gesagte, s. Rdnr. VI-161.

Eine gleichgeschlechtliche Elternschaft verstößt nicht gegen den deutschen ordre public (Art. 6 EGBGB bzw. § 109 Abs. 1 Nr. 4 FamFG). Auch das deutsche Recht kennt eine gleichgeschlechtliche Elternschaft, etwa im Rahmen der Stiefkindadoption oder Sukzessivadoption durch Lebenspartner (s. Rdnr. V-406); diese Wertung ist bei der Auslegung des ordre-public-Vorbehalts zu beachten (*Helms*, StAZ 2012, 2, 8).

IV-221

Zweiter Abschnitt: Die Feststellung des Geschlechts

A. Die Zuordnung zu einem Geschlecht nach deutschem Recht

I. Allgemeines

IV-222 Das Bürgerliche Gesetzbuch enthält keine Regelungen, auf welche Weise das Geschlecht des Kindes ermittelt wird, insbesondere stellt das Gesetz keine Zuordnungskriterien zu einem Geschlecht auf. Allenfalls indirekt lassen sich Rückschlüsse über die rechtliche Bestimmung des Geschlechts eines Menschen zu. So ermöglicht das TSG eine Änderung der rechtlichen Geschlechtszugehörigkeit, wenn sich eine Person seelisch einem anderen Geschlecht zugehörig fühlt als dem anhand körperlicher Merkmale bestimmten, näher Rdnr. V-935 ff. Diese nachträgliche Möglichkeit, den Geschlechtsstatus zu ändern, impliziert, dass nach bürgerlichem Recht das Geschlecht einer Person allein nach körperlichen Merkmalen zugewiesen wird. Jedes andere Merkmal, etwa psychischer oder sozialer Natur, wäre ohnehin nicht geeignet, da es bei der Geburt nicht mit Sicherheit festgestellt werden kann.

IV-223 Die Zuweisung zu einem Geschlecht besitzt aber auch eine personenstandsrechtliche Komponente. Das Geschlecht eines Kindes ist im Geburtenregister zu beurkunden, § 21 Abs. 1 Nr. 3 PStG. Allerdings ist diese Beurkundung nicht konstitutiv; sie löst jedoch die Vermutungswirkungen des § 54 PStG aus. Stellt sich später heraus, dass das Geschlecht fehlerhaft beurkundet wurde, so ist der Eintrag – je nach Konstellation – nach §§ 47, 48 PStG zu berichtigen; diese Berichtigung ist von der rechtlichen Änderung der Geschlechtszugehörigkeit nach dem TSG zu unterscheiden, s. Rdnr. V-939.

II. Personen unbestimmten Geschlechts

IV-224 Das bürgerliche Recht kennt nur das weibliche oder männliche Geschlecht. Seit dem Gesetz zur Änderung personenstandsrechtlicher Vorschriften vom 7.5.2013 schafft allerdings ein neuer § 22 Abs. 3 PStG mit Wirkung vom 1.11.2013 die Möglichkeit, bei intersexuellen Kindern, die aufgrund ihrer körperlichen (vgl. Rdnr. IV-222) Merkmale weder dem männlichen noch dem weiblichen Geschlecht zugeordnet werden können, die Geschlechtsangabe im Geburtseintrag offen zu lassen; damit wird kein drittes Geschlecht begründet, vgl. Nr. 21.4.3 S. 3 PStG-VwV.

IV-225 Dieses nun personenstandsrechtlich anerkannte »unbestimmte Geschlecht« (der Begriff taucht wohl erstmalig bei *Sieberichs*, FamRZ 2013, 1181 auf) führt freilich zu Schwierigkeiten, wenn rechtliche Vorschriften auf eine Person mit unbestimmtem Geschlecht anzuwenden sind, die an das männliche oder weibliche Geschlecht anknüpfen. Denn, soweit von § 22 Abs. 3 PStG Gebrauch gemacht wird, besteht keine Vermutungswirkung nach § 54 PStG für das männliche oder weibliche Geschlecht. Erst wenn der Betreffende später einem Geschlecht zugeordnet werden kann und das Geschlecht nach § 27 Abs. 3 Nr. 4 PStG beurkundet wurde, besteht eine Vermutungswirkung für dieses Geschlecht.

Für die in der Personenstandspraxis relevanten Fragen ist zu differenzieren: IV-226
– Nachdem beim *Vornamen* nur noch geschlechtswidrige Namen unzulässig sind (s. Rdnr. IV-389 ff.), kommt es für den Vornamen eines Kindes mit unbestimmten Geschlecht darauf an, ob der gewählte Vorname eine Belastung darstellt. Zulässig sind damit – solange das Geschlecht unbestimmt ist – geschlechtsneutrale Namen. Bei mehreren Namen sollte aber auch eine Kombination aus Namen mit männlichem und weiblichem Geschlechtsbezug möglich sein; die Erfahrung zeigt, dass sich intersexuelle Kinder später regelmäßig dem einen oder anderen Geschlecht zugehörig fühlen und dann zwischen den Namen wählen können, ohne auf eine Namensänderung angewiesen zu sein. Denn bei einer nachträglichen Beurkundung des Geschlechts nach § 27 Abs. 3 Nr. 4 PStG kann der Vorname nicht neu bestimmt werden, vgl. Nr. 27.8 S. 2 PStG-VwV.
– Personen mit unbestimmtem Geschlecht können nach geltendem Recht weder eine *Ehe* schließen noch eine *Lebenspartnerschaft* begründen, da beide Rechtsinstitute von einem bestimmten Geschlecht der Ehegatten bzw. Lebenspartner ausgehen, vgl. Rdnr. III-52 f. bzw. Rdnr. III-759 ff., so auch *Helms*, Festschrift Brudermüller, 2014, 301, 306. Selbst zwei Personen mit unbestimmtem Geschlecht können keine Lebenspartnerschaft begründen, da sie mangels eines bestimmten Geschlechts wohl kaum als »zwei Personen gleichen Geschlechts« i. S. d. § 1 Abs. 1 Satz 1 LPartG anzusehen sind; anders offenbar *Theilen*, StAZ 2014, 1, 6. – Es ist freilich zweifelhaft, ob diese Verweigerung einer rechtlich anerkannten und geschützten Beziehung zu einer anderen Person, mit dem Grundgesetz vereinbar ist, so auch *Theilen*, StAZ 2014, 1, 6 f. Da das Standesamt keine verfassungsgerichtliche Klärung herbeiführen kann, sollte es die Angelegenheit – wenn der Betreffende nicht bereit ist, sich nach § 27 Abs. 3 Nr. 4 PStG einem Geschlecht zuweisen zu lassen – gemäß § 49 Abs. 2 Satz 1 PStG dem Amtsgericht vorlegen, das nach Art. 100 Abs. 1 Satz 1 GG zur Vorlage an das BVerfG berechtigt ist.
– Ungeklärte Fragen wirft das unbestimmte Geschlecht auch im *Abstammungsrecht* auf, wo die Mutterschaft und die Vaterschaft jeweils an das weibliche oder männliche Geschlecht der Mutter oder des Vaters anknüpfen, vgl. Rdnr. IV-23 ff. bzw. Rdnr. IV-32 ff. Bereits im geltenden Recht wird man hier die Begriffe »Frau« (§ 1591 BGB) und »Mann« (§ 1592 BGB) wohl funktional auszulegen haben, so tendenziell de lege ferenda auch *Helms*, Festschrift Brudermüller, 2014, 301, 306 f. Wird ein Kind von einer Person mit unbestimmtem Geschlecht geboren, so wäre diese Person Mutter nach § 1591 BGB. Werden Voraussetzungen des § 1592 BGB bei einer Person unbestimmten Geschlechts erfüllt, so bestünde eine Vaterschaft dieser Person. Will der Standesbeamte eine Klärung dieser abstammungsrechtlichen Fragen herstellen, so bleibt auch hier nur die Zweifelsvorlage nach § 49 Abs. 2 Satz 1 PStG.

B. Fälle mit Auslandsbezug

IV-227 Die Frage, welchem Geschlecht eine Person zugewiesen ist, unterliegt ihrem jeweiligen »Personalstatut«; zu dessen Bestimmung allgemein Rdnr. VI-28 ff. Zwar findet sich im EGBGB für die Geschlechtszugehörigkeit keine ausdrückliche Kollisionsnorm. Als Eigenschaft der Person ist die Geschlechtszugehörigkeit aber der Rechts- und Geschäftsfähigkeit vergleichbar, so dass Art. 7 Abs. 1 Satz 1 EGBGB analog herangezogen werden kann (*Gössl*, StAZ 2013, 301, 302 f.; vgl. auch *Palandt/Thorn* Art. 7 EGBGB Rdnr. 6).

IV-228 Fragen bei der Anwendung ausländischen Rechts stellen sich vor allem dann, wenn das ausländische Recht – anders als das deutsche Recht – ein drittes Geschlecht neben dem männlichen oder weiblichen Geschlecht kennt. Ein solches drittes Geschlecht verstößt nicht gegen den deutschen ordre public (*Gössl*, StAZ 2013, 301, 303). Bei der Anwendung deutscher geschlechtsabhängiger Normen sind diese Personen allerdings – im Wege einer kollisionsrechtlichen Transposition (*Gössl*, StAZ 2013, 301, 304 f.) – wie Personen mit unbestimmten Geschlecht zu behandeln, dazu Rdnr. IV-225 f.

Dritter Abschnitt: Der bei der Geburt erworbene Name des Kindes

A. Der Geburtsname des Kindes nach deutschem Recht

I. Allgemeines

1. Rechtsentwicklung

IV-229 Bis zur Kindschaftsrechtsreform des Jahres 1998 war das Namensrecht des Kindes, ebenso wie das Abstammungs- und Sorgerecht, vom Gegensatz »ehelich – nichtehelich« beherrscht. Das eheliche Kind führte den Ehenamen seiner Eltern. Dieser war zunächst stets der Name des Vaters, konnte aber seit dem 1. EheRG, das die gemeinsame Ehenamensbestimmung einführte, auch der Name der Mutter sein (allgemein zum Ehenamensrecht Rdnr. III-554 ff.).

Das nichteheliche Kind führte grundsätzlich den Namen seiner Mutter. Der Erwerb des Namens des Vaters war nur als Folge aufwändiger statusändernder Verfahren oder Namenserteilungen möglich.

IV-230 Der gegenwärtige Rechtszustand beruht auf dem KindRG vom 16.12.1997 (Rdnr. IV-17 ff.), das den Gegensatz »ehelich – nichtehelich« beseitigte. Damit entfiel auch die bisherige namensrechtliche Differenzierung. Der Gesetzgeber musste Regeln formulieren, die einheitlich auf alle Kinder angewendet werden konnten, gleichgültig, ob diese von einer verheirateten oder einer unverheirateten Frau geboren worden waren. Der mit der Mutter nicht verheiratete Vater durfte zumindest im Prinzip nicht schlechter gestellt sein als der mit ihr verheiratete.

Weitere Einzelheiten zur Rechtsentwicklung bei *Hepting/Gaaz*, Bd. 2 Rdnr. IV-515 ff.

2. Die Regelungsprinzipien des Kindesnamensrecht nach dem KindRG

Der Gesetzgeber des KindRG stand im Namensrecht vor einem ähnlichen Problem wie bei der elterlichen Sorge; einerseits hatte er Kinder verheirateter und nicht verheirateter Eltern rechtlich gleich zu stellen, andererseits war es angesichts der sozialen Vielgestaltigkeit eheloser Vaterschaftsverhältnisse ausgeschlossen, alle Kinder tatsächlich völlig gleich zu behandeln. Damit stellte sich die Wertungsfrage, in welcher familiären Konstellation eine Gleichstellung der Kinder von verheirateten und unverheirateten Eltern angemessen sei. IV-231

Das KindRG löste dieses Problem in ähnlicher Weise wie beim Sorgerecht, indem es die dort geltenden Wertmaßstäbe in das Namensrecht projizierte und das bisherige Namensrecht der »ehelichen« Familie in ein Namensrecht der »harmonischen« Familie umwandelte (vgl. *Hepting*, StAZ 1998, 144). Entscheidendes Kriterium ist das gemeinsame Sorgerecht beider Eltern, dazu näher Rdnr. II-44 ff. Konkrete Voraussetzung war damit bisher eine Ehe der Eltern oder die gemeinsame Sorgeerklärung, beides durchaus Indizien für eine »harmonische« Familie. Hinzu kommt nunmehr freilich auch die gerichtliche Übertragung der gemeinsamen Sorge auf beide Elternteile nach § 1626 a Abs. 1 Nr. 3 sowie Abs. 2 BGB, auch gegen den Willen der Mutter, bei der die »Harmonie« mithin erzwungen wird. IV-232

Allerdings muss man im Namensrecht der »harmonischen« Familie weiter differenzieren. Wenn den Eltern das Sorgerecht deswegen gemeinsam zusteht, weil sie miteinander verheiratet sind, ist sowohl die Führung eines gemeinsamen Ehenamens als auch getrennte Namensführung denkbar. IV-233

Haben sich die Eltern durch die Wahl eines Ehenamens für familiäre Namenseinheit entschieden, so ist die gemeinsame Namensführung gleichsam Indiz für eine auch namensrechtliche »Harmonie«. Dadurch ist der Name der Kinder präjudiziert, weil die Bestimmung des gemeinsamen Ehenamens gleichsam in die Namensführung der Kinder hinein verlängert wird. Ein Kind erhält in diesem Fall den Ehenamen seiner Eltern, § 1616 BGB (näher Rdnr. IV-242 ff.). IV-234

Wenn verheiratete Eltern in der Ehe getrennte Namen führen, stehen dem Gesetzgeber zwei unterschiedliche Regelungsmodelle zur Wahl: Entweder erwirbt das Kind einen aus dem mütterlichen und dem väterlichen Namen zusammengesetzten Doppelnamen oder es erwirbt den Namen nur eines Elternteils, wobei beim letztgenannten Modell mehrere Varianten denkbar sind. IV-235

Das BGB lehnt »echte« Doppelnamen grundsätzlich ab; zu Ausnahmen s. Rdnr. IV-260 f., IV-269; s. a. die Möglichkeit eines Substituts Rdnr. IV-447. Kriti- IV-236 ker dieser Regelung haben sowohl vor dem Bundesverfassungsgericht als auch vor dem Europäischen Gerichtshof für Menschenrechte geltend gemacht, dass das Verbot des Doppelnamens die Grund- bzw. Menschenrechte verletzte; doch haben beide Gerichte die Regelung des BGB für zulässig gehalten (BVerfG, StAZ 2002, 168, in dem sich das Gericht allerdings in erster Linie mit dem Doppelnamensführung von Ehegatten auseinandersetzt und den Namen des Kindes nur beiläufig erwähnt; EGMR, Nr. 33572/02 (von Rehlingen ./. Deutschland), StAZ 2008, 375; hierzu rechtsvergleichend *Gaaz*, StAZ 2008, 365).

IV-237   Im deutschen Recht gelten bei »harmonischer« Elternschaft dieselben Regeln, gleichgültig ob die Eltern verheiratet oder unverheiratet sind; Mutter und Vater, denen die elterliche Sorge gemeinsam zusteht, müssen einen Namen, den einer von ihnen führt, einvernehmlich zum Kindesnamen bestimmen, § 1617 Abs. 1 BGB (näher Rdnr. IV-246 ff.). Nur wenn sie sich nicht einigen können, kommt es zu einer Mitwirkung des Gerichts, § 1617 Abs. 2 BGB (wegen Einzelheiten s. Rdnr. IV-264 ff.).

IV-238   Wenn die Eltern weder verheiratet noch gemeinsame Sorgeerklärungen abgegeben haben, fehlt es an dem wesentlichen Indiz für eine »harmonische Elternschaft«. In diesem Fall erwirbt das Kind kraft Gesetzes den Namen des sorgeberechtigten Elternteils, § 1617a Abs. 1 BGB (näher Rdnr. IV-268 ff.). Überträgt das Gericht den Eltern die gemeinsame Sorge nach § 1626a Abs. 1 Nr. 3 sowie Abs. 2 BGB, was erst nach der Geburt des Kindes geschehen kann (vgl. § 155a Abs. 1 Satz 2 FamFG) und regelmäßig auch erst nach der Beurkundung der Geburt (vgl. Rdnr. IV-240), so kann der Name gemäß § 1617b BGB nachträglich neu bestimmt werden, näher Rdnr. V-725 ff.

IV-239   Durch das KindRG von 1998 hat die elterliche Sorge im Namensrecht eine doppelte Bedeutung gewonnen. Zum einen ist sie der Voraustatbestand, von dem abhängt, ob der Name des Kindes nach den für die »harmonische Familie« geltenden Grundsätzen bestimmt werden kann oder nicht; zum anderen hängt es vom Sorgerecht ab, wer etwaige namensrechtliche Erklärungen zur Bestimmung des Kindesnamens abgeben kann.

IV-240   Der Geburtsname des Kindes ist in den Geburtseintrag aufzunehmen, auch wenn die Vorgänge, die die gemeinsame Sorge begründen und damit mittelbar den Namenserwerb beeinflussen, erst zwischen der Geburt und ihrer Beurkundung erfolgt sind. Zu diesem Grundsatz allgemein Rdnr. IV-4 ff.; s. a. *Gaaz/Bornhofen*, § 21 PStG Rdnr. 18.

IV-241   Zu den Funktionen des Geburtsnamens, die vor allem bei der Namensänderung nach der Geburt deutlich werden, s. a. Rdnr. V-572 ff.

II. Der gesetzliche Name des Kindes, dessen Eltern einen Ehenamen führen, § 1616 BGB

1. Der Regelungsgrundsatz

Führen die Eltern einen Ehenamen, erwirbt ihn zwingend auch das Kind, § 1616 BGB. In dieser Vorschrift lebt die bisherige Regelung des Namens »ehelicher« Kinder inhaltlich unverändert fort, doch ist sie sprachlich an das Prinzip der »einheitlichen Kindschaft« angepasst, weil sie nicht mehr an den ehelichen Status des Kindes, sondern nur an den statusneutralen gemeinsamen ehelichen Namen der Eltern anknüpft.

IV-242

2. Der Zeitpunkt der Ehenamensführung

Grundsätzlich müssen die Eltern den Ehenamen im Zeitpunkt der Geburt führen.

IV-243

Ist die Ehe der Eltern im Zeitpunkt der Geburt bereits aufgelöst, so ist zu unterscheiden. Ist der Vater vor der Geburt gestorben und steht seine Vaterschaft aufgrund von § 1593 Satz 1 BGB fest (näher Rdnr. IV-48 ff.), so muss er im Zeitpunkt seines Todes den Ehenamen geführt haben.

Umstritten ist die Rechtslage dann, wenn die Ehe vor der Geburt durch Scheidung aufgelöst worden ist. Bei wortlautgetreuer Auslegung des § 1616 BGB greift diese Vorschrift auch dann nicht ein, wenn beide Ehegatten nach der Scheidung ihren Ehenamen weiter führen, denn dann handelt es sich nicht um den Ehenamen der »Eltern« des Kindes, da gemäß §§ 1592 Nr. 1, 1593 BGB der ehemalige Ehemann der Mutter nicht der Vater ist (s. Rdnr. IV-45). Nach Ansicht von *Wagenitz*, FamRZ 1998, 1545 berührt die Auflösung der Ehe nicht die rechtliche Qualifikation eines von beiden Ehegatten fortgeführten gemeinsamen Namens als Ehename und hindert somit nicht die Tradierung des Namens auf ein gemeinsames Kind; vgl. auch *Kraus*, StAZ 2001, 216, wonach das Kind vorrangig den Ehenamen seiner Eltern erwirbt.

IV-244

Zur Anwendung des § 1616 BGB bei Wiederheirat der Eltern nach Scheidung und zur Abgrenzung von § 1617a Abs. 1 BGB, wenn der geschiedene Ehegatte die Vaterschaft anerkennt und beide Elternteile ihren Namen nach der Scheidung nicht geändert haben, s. *Jauß*, StAZ 2005, 328.

Bestimmen die Eltern erst nach der Geburt des Kindes einen Ehenamen, so kommt es darauf an, ob die Namensbestimmung vor oder nach der Beurkundung der Geburt erfolgt. Regelungstechnisch handelt es sich um einen Fall der gesetzlichen Namenserstreckung nach § 1617c Abs. 1 BGB; zu Einzelheiten s. Rdnr. V-645 ff. und *Gaaz*, StAZ 2000, 358. Wenn die Bestimmung des Ehenamens allerdings noch vor der Beurkundung der Geburt des Kindes erfolgt, gilt der allgemeine Grundsatz, dass Namensänderungen, die noch im Geburtseintrag berücksichtigt werden können, auf den Zeitpunkt der Geburt zurückwirken; hierzu näher allgemein Rdnr. IV-4 ff.

IV-245

III. Die Bestimmung des Kindesnamens bei gemeinsamer Sorge der Eltern, § 1617 BGB

1. Allgemeines

IV-246 Führen die Eltern keinen Ehenamen und steht ihnen die Sorge gemeinsam zu, so haben sie einen der Namen, die der Vater oder die Mutter zur Zeit der Erklärung führt, durch einvernehmliche Erklärung gegenüber dem Standesamt zum Geburtsnamen des Kindes zu bestimmen, § 1617 Abs. 1 Satz 1 BGB.
Zur Zuweisung der elterlichen Sorge s. Rdnr. II-43 ff.

IV-247 Was den Zeitpunkt der Bestimmung angeht, so ist zu differenzieren. Materiellrechtlich hat die Bestimmung innerhalb eines Monats nach der Geburt des Kindes zu erfolgen; wenn diese Frist ungenutzt verstreicht, greift § 1617 Abs. 2 BGB ein; hierzu Rdnr. IV-264 ff.

IV-248 Sind die Eltern verheiratet (und haben deshalb gemeinsame elterliche Sorge, s. Rdnr. II-45) und führen sie einen Ehenamen, so findet § 1617 BGB keine Anwendung. Vielmehr ist die Bestimmung eines davon abweichenden Kindesnamens ausgeschlossen, § 1616 BGB (s. schon Rdnr. IV-242). Dies ist Folge der familiären Namenseinheit, zu der sich die Eltern durch die Ehenamenswahl selbst entschlossen haben.

IV-249 Das Namensbestimmungsrecht ist Ausfluss, die Namensbestimmung selbst Ausübung des gemeinsamen elterlichen Sorgerechts der Eltern, nicht etwa natürliche Folge ihrer Elternstellung. Daraus folgt, dass das Namensbestimmungsrecht nur dann entsteht, wenn die Eltern das gemeinsame Sorgerecht erwerben. Es ist zudem das maßgebliche Kriterium für die Bewertung der Familiensituation und Indiz für die »harmonische Elternschaft«, bei der der Gesetzgeber die bisher nur der ehelichen Familie vorbehaltene Namensbestimmung auch auf unverheiratete Eltern ausgedehnt hat (s. Rdnr. IV-232).

Ist die elterliche Sorge nach Eintritt der Volljährigkeit erloschen, ohne dass die Eltern den Geburtsnamen bestimmt haben (etwa weil die Geburt bisher im Inland nicht beurkundet wurde), so steht das Namensbestimmungsrecht dem Kind zu (AG Berlin-Schöneberg, StAZ 2014, 304).

2. Der wählbare Name

a) Der Vorrang eines bereits bestimmten Geschwisternamens, § 1617 Abs. 1 Satz 3 BGB

IV-250 Haben die Eltern den Geburtsnamen eines Kindes gemäß § 1617 Abs. 1 Satz 1 BGB bestimmt, so gilt diese Bestimmung auch für die weiteren Kinder, § 1617 Abs. 1 Satz 3 BGB. Dies bedeutet, dass bei der späteren Geburt eines weiteren Kindes die Namensbestimmung nach § 1617 Abs. 1 Satz 1 BGB ausgeschlossen ist. Die nachgeborenen Kinder erwerben kraft Gesetzes den Geburtsnamen der vorgeborenen Geschwister.

Die Vorschrift ist verfassungsgemäß. Das BVerfG, StAZ 2003, 8, 9 hat die Vereinbarkeit der inhaltsgleichen Vorgängervorschrift § 1616 Abs. 2 Satz 3 a. F. mit Art. 3 Abs. 3 Satz 1 GG und mit Art. 3 Abs. 2 GG bestätigt. Zwar begrenze die

A. Der Geburtsname des Kindes nach deutschem Recht

III. Die Bestimmung des Kindesnamens bei gemeinsamer Sorge der Eltern, § 1617 BGB

Vorschrift die Auswahlmöglichkeiten der Eltern hinsichtlich der Namen, die sie zum Geburtsnamen des Kindes bestimmen können, doch treffe dies Vater und Mutter gleichermaßen, eine Benachteiligung von Frauen entstünde also nicht (BVerfG a. a. O.).

Ein »weiteres Kind« i. S. d. Vorschrift ist aber nicht nur ein später *geborenes* Kind, sondern aufgrund des Verweises des § 1617b Abs. 1 Satz 4 BGB auf § 1617 BGB und damit auch auf dessen Absatz 1 Satz 3 auch ein solches, für das die Eltern später erst die *gemeinsame Sorge begründen*; das Wahlrecht des § 1617b Abs. 1 BGB kann also beim zweiten Kind nicht ausgeübt werden, wenn nach Begründung der gemeinsamen Sorge für das erste Kind dessen Geburtsname bestimmt worden ist (*Homeyer*, StAZ 2004, 179; ähnlich *Wachsmann*, StAZ 2003, 305, 306). — IV-251

In den Fällen des § 1617 Abs. 1 Satz 3 BGB kann das Standesamt den für ein vorgeborenes Kind bestimmten Geburtsnamen ohne Weiteres in den Geburtseintrag des nachgeborenen Kindes eintragen; für eine davon abweichende Namensbestimmung ist kein Raum. — IV-252

Allerdings sind Fallkonstellationen denkbar, in denen der Regelungsgedanke der Vorschrift hinter andere Prinzipien zurücktritt. Zweck der Vorschrift ist die Namenseinheit der Geschwister. Wenn schon die Eltern verschiedene Namen führen, soll wenigstens der Name der gemeinsamen Kinder die Familieneinheit nach außen dokumentieren, und zwar unabhängig davon, ob es sich um eine eheliche oder nichteheliche Familie handelt. — IV-253

Bei der Lösung von im Gesetz nicht ausdrücklich geregelten Zweifelsfragen hat man sich an diesen Regelungszielen zu orientieren.

Daraus folgt etwa, dass § 1617 Abs. 1 Satz 3 BGB dann nicht eingreift, wenn das erstgeborene Kind vor der Geburt des nachgeborenen bereits gestorben ist. Hier besteht die Gefahr von voneinander abweichenden Geschwisternamen nicht, so dass sich die Eltern neu entscheiden können, welchen Namen sie nach § 1617 Abs. 1 Satz 1 BGB zum Kindesnamen bestimmen wollen (so auch *Palandt/Götz*, § 1617 BGB Rdnr. 6). — IV-254

In anderen Fällen lassen es Rechtsprechung und personenstandsrechtliche Praxis ohne große Bedenken zu, dass Kinder unterschiedliche Namen erwerben. So entfaltet die Namensgebung für ein erstgeborenes Kind nicht verheirateter, aber gemeinsam sorgeberechtigter Eltern Bindungswirkung nur für solche nachgeborenen Kinder, für die ebenfalls die gemeinsame elterliche Sorge begründet wird. Solange eine gemeinsame elterliche Sorge nicht besteht, kann die Mutter einem nachgeborenen Kind gemäß § 1617a Abs. 2 BGB den Namen des Vaters erteilen; der Rechtsgedanke des § 1617 Abs. 1 Satz 3 BGB ist hier nicht maßgeblich (OLG Hamm, StAZ 2005, 15). — IV-255

Fraglich ist, was gelten soll, wenn die Eltern vor der Geburt des zweiten Kindes die Ehe geschlossen und einen Ehenamen bestimmt haben, und ein früher geborenes gemeinsames Kind bei der Eheschließung älter als fünf Jahre war und es deshalb nicht zu einer Namenserstreckung nach § 1617c Abs. 1 BGB gekommen ist. Hier kollidieren die beiden Grundsätze der Namenseinheit; § 1616 BGB will Namensübereinstimmung innerhalb der Kernfamilie, § 1617 Abs. 1 Satz 3 BGB Namensübereinstimmung unter den Geschwistern er- — IV-256 reichen. Vorrangig ist hier das Regelungsziel des § 1616 BGB (*Palandt/Götz*, § 1617 BGB Rdnr. 6). Die unterschiedlichen Namen der Geschwister beruhen auf der Entscheidung der Eltern, für ihr erstes Kind keine Namensanschlusserklärung i. S. d. § 1617c Abs. 1 Satz 1 BGB abzugeben.

IV-257 Ebenfalls fraglich ist, ob der Rechtsgedanke des § 1617 Abs. 1 Satz 3 BGB auch dann gilt, wenn ein erstgeborenes Kind gemäß § 1616 BGB den damaligen Ehenamen eines Elternteils erworben hat und dieser ihn – nach erfolgter Ehescheidung – in der Zwischenzeit wieder abgelegt hat. Hier ist keines der beiden Regelungsziele zu erreichen; die – ursprüngliche – Kernfamilie, deren Namenseinheit über § 1616 BGB geschützt werden sollte, besteht nach der Scheidung nicht mehr; die nachgeborenen Geschwister sind nur Halbgeschwister, da sie ja i. d. R. vom neuen Partner des Elternteils stammen. Auch hier stellt sich die Frage, ob die Namensübereinstimmung mit den Eltern oder die mit den Geschwistern vorrangig ist.

Da §§ 1616, 1617 BGB auf die *jeweiligen* Eltern des Kindes abstellen, wird man den Eltern der nachgeborenen Kinder und damit der neuen Partnerschaft den Vorzug geben müssen; dies bedeutet, dass § 1617 Abs. 1 Satz 3 BGB die erneute Namensbestimmung bei späteren Kindern *nicht* ausschließt, wenn sich in der Zwischenzeit der Name der Eltern geändert hat (so auch *Jauß*, StAZ 2005, 328, 329; vgl. auch OLG Stuttgart, StAZ 2013, 221, 222).

b) Der »geführte« Name eines Elternteils

IV-258 § 1617 Abs. 1 Satz 1 BGB erlaubt die Bestimmung des Namens, den der Vater oder die Mutter zur Zeit der Erklärung *führt*.

Dieser Name kann der Geburtsname des betreffenden Elternteils sein. Da es auf die Namensführung im Zeitpunkt der Erklärung ankommt, sind Änderungen des Geburtsnamens, die zwischen der Geburt des Elternteils und der späteren Namensbestimmung erfolgt sind, zu berücksichtigen; dies läuft praktisch auf die Definition des Geburtsnamens in § 1355 Abs. 6 BGB hinaus.

IV-259 Ferner kann auch der vom Geburtsnamen abweichende Ehename aus einer früheren Ehe zum Namen des Kindes bestimmt werden, sofern ihn der betreffende Ehegatte im Zeitpunkt der Namensbestimmung noch führt.

IV-260 Auch ein aus dem Ehenamen einer früheren Ehe und dem hinzugefügten Begleitnamen gebildeter »unechter« Doppelname ist der im Zeitpunkt der Namensbestimmung »geführte« Name eines Elternteils und kann daher zum Namen des Kindes bestimmt werden (*Homeyer*, StAZ 2000, 278, 279). Dadurch erwirbt das Kind einen »echten« Doppelnamen, da sich die beim Elternteil noch bestehende Differenzierung zwischen Ehenamen und Begleitnamen beim Kind nicht mehr fortsetzt.

IV-261 Zwar wird die Bildung von Doppelnamen vom BGB eigentlich missbilligt (vgl. etwa § 1355 Abs. 4 Satz 2 und 3 BGB); doch ist das Ergebnis angesichts des ausdrücklichen Gesetzeswortlauts hinzunehmen.

3. Voraussetzungen und Durchführung der Namensbestimmung

Das Standesamt hat vor der Beurkundung des Geburtsnamens festzustellen, ob die Eltern bereits ein früher geborenes gemeinsames Kind haben. In diesem Fall ist der Name des nachgeborenen Kindes bereits festgelegt; s. Rdnr. IV-250 ff. IV-262

Haben die Eltern kein gemeinsames vorgeborenes Kind, hat das Standesamt festzustellen, ob sie für das neu geborene Kind das gemeinsame elterliche Sorgerecht haben, dazu näher Rdnr. II-44 ff. IV-263

Sind Eltern, die keinen Ehenamen führen, im Zeitpunkt der Geburt verheiratet, so folgt ihr Sorgerecht ohne Weiteres aus § 1626 Abs. 1 BGB i.V.m. dem Gegenschluss aus § 1626a Abs. 1 BGB; die Voraussetzung der bestehenden Ehe der Eltern muss das Standesamt im Rahmen der Abstammungsfeststellung ohnehin prüfen, § 1592 Nr. 1 BGB.

Sind die Eltern im Zeitpunkt der Geburt nicht verheiratet, so muss das Standesamt feststellen, ob sie Sorgeerklärungen abgegeben haben oder – was selten bereits zu diesem Zeitpunkt der Fall sein wird – das Gericht beiden die elterliche Sorge übertragen hat. Ist dies nicht der Fall, gilt § 1617a Abs. 1 BGB; hierzu Rdnr. IV-268 ff.

4. Namenserwerb bei Uneinigkeit der Eltern

Bestimmen die Eltern den Geburtsnamen nicht innerhalb eines Monats nach der Geburt, so wird das Familiengericht von Amts wegen tätig und überträgt das Namensbestimmungsrecht einem Elternteil, § 1617 Abs. 2 Satz 1 BGB. Ergänzend besteht eine Mitteilungspflicht des Standesamts, durch den das Familiengericht von dem Handlungsbedarf erfährt, § 168a Abs. 2 FamFG; s. *Gaaz/Bornhofen*, § 21 PStG Rdnr. 17. Im Verfahren vor dem Familiengericht haben die Eltern die letzte Gelegenheit, sich zu einigen und den Namen des Kindes gemeinsam zu bestimmen. IV-264

Kommt es auch hier zu keinem Einvernehmen zwischen den Eltern, so überträgt das Gericht die Namensbestimmung einem Elternteil. Ab dem Zeitpunkt dieser Entscheidung ist eine gemeinsame Namensbestimmung der Eltern nicht mehr möglich. Die einseitige Bestimmung des berechtigten Elternteils tritt an die Stelle der gemeinsamen Erklärung der Eltern und hat dieselben Wirkungen wie diese, § 1617a Abs. 2 Satz 2 BGB. Das Bestimmungsrecht des anderen Elternteils lebt auch dann nicht wieder auf, wenn der andere Elternteil von seinem Bestimmungsrecht keinen Gebrauch macht; vielmehr gilt dann § 1617 Abs. 2 Satz 4 BGB. Faktisch sind die Eltern allerdings auch jetzt nicht gehindert, den Kindesnamen einvernehmlich zu wählen; denn der erklärungsberechtigte Elternteil kann ohne Weiteres den Namen bestimmen, auf den er sich vorher mit seinem Partner geeinigt hat. IV-265

Das einseitige Erklärungsrecht ist gesetzlich nicht befristet; doch kann das Familiengericht eine Frist setzen, § 1617 Abs. 2 Satz 3 BGB. Im Interesse einer IV-266 raschen Klärung der Namensverhältnisse sollte das Gericht von dieser Möglichkeit sogleich Gebrauch machen. Wenn es die Frist nicht schon in dem das Bestimmungsrecht übertragenden Beschluss gesetzt hat, hat es die Fristsetzung nachzuholen, sobald sich herausstellt, dass der bestimmungsberechtigte Elternteil die Erklärung verzögert. In diesen Fällen hat das Standesamt in analoger Anwendung von § 168a Abs. 2 FamFG die Pflicht, dem Familiengericht mitzuteilen, dass der bestimmungsberechtigte Elternteil die Erklärung bisher nicht abgegeben hat.

IV-267 Ist die vom Familiengericht gesetzte Frist ungenutzt verstrichen, so führt das Kind kraft Gesetzes den Namen des bestimmungsberechtigten Elternteils, § 1617 Abs. 2 Satz 4 BGB. Eine Wiedereinsetzung in den vorigen Stand ist für die Versäumung der durch richterlichen Beschluss gesetzten materiell wirkenden Ausschlussfrist im Bereich des § 1617 BGB nicht möglich (OLG Hamm, StAZ 2004, 11, 12). In diesen Fällen hat das Standesamt wegen der erheblichen Verzögerung in aller Regel die Geburt des Kindes bereits beurkundet. Da der Geburtsname noch nicht im Geburtseintrag berücksichtigt werden konnte, ist eine Folgebeurkundung erforderlich.

IV. Der Erwerb des Kindesnamens bei Alleinsorge eines Elternteils, § 1617a BGB

1. Gesetzlicher Erwerb des Namens des sorgeberechtigten Elternteils, § 1617a Abs. 1 BGB

IV-268 Führen die Eltern keinen Ehenamen und steht die elterliche Sorge nur einem von ihnen zu, so erhält das Kind den Namen, den der sorgeberechtigte Elternteil im Zeitpunkt der Geburt führt, § 1617a Abs. 1 BGB. Sorgeberechtigt ist wegen § 1626a Abs. 3 BGB im Regelfall die Mutter.

IV-269 »Geführter« Name des Elternteils ist selbst im Falle eines »unechten« Doppelnamens der *vollständige* Name mit beiden Bestandteilen. Da der Name gemäß § 1617a Abs. 1 BGB kraft Gesetzes erworben wird, besteht keine Möglichkeit, dem Kind nur den einen Teil des Namens zu erteilen (*Homeyer*, StAZ 2000, 278, 279).

Bei geschlechtsspezifisch abgewandelten ausländischen Namen (dazu allgemein Rdnr. II-357) wird die vom sorgeberechtigten Elternteil konkret geführte Form unverändert übernommen. Ist dieses Ergebnis unerwünscht, kann der Name durch Erklärung entsprechend Art. 47 Abs. 1 Satz 1 Nr. 4 i. V. m. Abs. 2 EGBGB angepasst werden (OLG München, StAZ 2009, 11).

IV-270 Fraglich ist, ob die Vorschrift des § 1617a Abs. 1 BGB den (wohl seltenen) Fall erfasst, in dem die Eltern verheiratet sind, aber im Zeitpunkt der Geburt getrennt leben und einem Elternteil noch vor der Beurkundung der Geburt nach § 1671 Abs. 1 BGB die alleinige elterliche Sorge übertragen wird. Hier liegen im Zeitpunkt der Geburt noch die Voraussetzungen des § 1617 Abs. 1 BGB vor, im Zeitpunkt der Erklärung jedoch bereits die Voraussetzungen des § 1617a Abs. 1 BGB. Für die Maßgeblichkeit des Erklärungszeitpunktes, also für die Lösung nach § 1617a Abs. 1 BGB spricht der Umstand, dass § 1617 Abs. 1 BGB selbst auf den zur Zeit der Erklärung geführten Namen abstellt. Zudem wird in der Ehekrise der Eltern eine einvernehmliche Namensbestimmung häufig nicht zu Stande kommen, so dass der schwerfällige Verfahrensmechanismus des § 1617 Abs. 2 BGB in Gang gesetzt werden müsste; hierbei ist es kaum vorstellbar, dass das Familiengericht die Namensbestimmung dem Elternteil überträgt, dem vorher die elterliche Sorge entzogen worden ist, so dass das Ergebnis ohnehin stets mit dem des § 1617a Abs. 1 BGB übereinstimmen wird. Sollten die Eltern ausnahmsweise ein anderes Ergebnis wünschen, bleibt immer noch der Weg über § 1617a Abs. 2 BGB.

Lebt der sorgeberechtigte Elternteil des Kindes bei der Geburt in einer eingetragenen Lebenspartnerschaft, so erhält das Kind nach § 1617a Abs. 1 BGB den Lebenspartnerschaftsnamen dieses Elternteils. Die Dokumentation der Lebenspartnerschaft im Geburtseintrag ist nicht möglich (*Wachsmann*, StAZ 2005, 268f.). IV-271

Der Namenserwerb gemäß § 1617a Abs. 1 BGB entfaltet keine Bindungswirkung. § 1617 Abs. 1 Satz 3 BGB gilt auch nicht analog für ein zweitgeborenes Kind. Auch wenn das erste Kind gemäß § 1617a Abs. 1 BGB den Namen der Mutter führt, kann die Mutter dem zweiten Kind gemäß § 1617 Abs. 2 BGB den Namen des Vaters erteilen (*Kissner*, StAZ 2005, 49). IV-272

2. Erteilung des Namens des nicht sorgeberechtigten Elternteils, § 1617a Abs. 2 BGB

a) Voraussetzungen der Namenserteilung

Die Vorschrift setzt – nunmehr neutral formuliert – die Regelung des alten Rechts fort, wonach der nichteheliche Vater eines Kindes diesem seinen Namen erteilen konnte (§ 1618 Abs. 1 Satz 1, 2. Alt. BGB a. F.). IV-273

Wenn die Namenserteilung im Geburtseintrag berücksichtigt werden soll, muss die Abstammung von Mutter und Vater bereits bei der Beurkundung der Geburt geklärt sein. Des Weiteren muss einem Elternteil die alleinige elterliche Sorge für das Kind zustehen. Schließlich müssen die Namenserteilung durch den sorgeberechtigten Elternteil sowie die Einwilligung des anderen Elternteils erklärt worden und dem zur Beurkundung der Geburt zuständigen Standesamt zugegangen sein. Eine Einwilligung des Kindes ist nicht nötig, da dieses bei Beurkundung seiner Geburt das fünfte Lebensjahr typischerweise noch nicht vollendet hat. IV-274

Bei der Namenserteilung durch eine minderjährige Mutter ist weder die Zustimmung ihres eigenen noch die des gesetzlichen Vertreters des Kindes erforderlich; auch der minderjährige Vater bedarf zu seiner Einwilligung nicht der Zustimmung seines gesetzlichen Vertreters (*Frank*, StAZ 2008, 265; *Hochwald*, StAZ 2008, 290). IV-275

§ 1617a Abs. 2 Satz 3 BGB verlangt grundsätzlich die öffentliche Beglaubigung; diese kann nach allgemeinen Regeln durch die weitergehende Form der öffentlichen Beurkundung ersetzt werden. Fraglich ist, ob die Beglaubigung auch dann nötig ist, wenn die Namensbestimmung bereits vor der Be- IV-276 urkundung der Geburt erfolgt, die Erklärungen also im Rahmen der standesamtlichen Ermittlungen zur Vorbereitung des Geburtseintrags abgegeben werden. Die Praxis scheint hier nicht einheitlich zu sein; *Homeyer*, StAZ 2000, 54 will auch pränatale Erklärungen beglaubigen lassen. Doch dürfte im praktischen Regelfall zumindest Nr. 9.1 PStG-VwV eingreifen, wonach eine standesamtliche Niederschrift über die Erklärung der öffentlichen Beglaubigung entspricht.

b) Die Wirkungen der Namenserteilung

IV-277 Mit dem Wirksamwerden der Erklärungen erhält das Kind den Familiennamen des nicht sorgeberechtigten Elternteils. Tritt diese Rechtsfolge ein, bevor die Geburt beurkundet worden ist, so ist in den Geburtseintrag nur der neue Name aufzunehmen.

IV-278 Ergibt sich später, dass das Kind in Wirklichkeit nicht von dem angeblichen nicht sorgeberechtigten Elternteil abstammt, so ist die Namenserteilung von Anfang an unwirksam.

V. Namensbestimmung durch die zuständige Verwaltungsbehörde

IV-279 Die vorstehenden Grundsätze können freilich nur zum Zuge kommen, wenn die Abstammung des Kindes jedenfalls von der Mutter geklärt ist, also kein Fall eines Findelkindes, einer anonymen Geburt, einer anonymen Kindesabgabe oder einer vertraulichen Geburt nach dem SchKG vorliegt (zur nachträglichen Mutterschaftsfeststellung in diesen Fällen s. Rdnr. V-8 ff.). Jedenfalls für die vertrauliche Geburt und das Findelkind enthält das Gesetz eine Regelung: Die zuständige Verwaltungsbehörde bestimmt den Vor- und Familiennamen, §§ 21 Abs. 2 a Satz 2, 24 Abs. 2 Satz 1 Fall 2 PStG; s. hierzu *Gaaz/Bornhofen*, § 21 PStG Rdnr. 67 und § 24 PStG Rdnr. 8. Gleiches gilt auch für die gesetzlich ausdrücklich nicht geregelte anonyme Geburt oder Kindesabgabe; s. *Gaaz/Bornhofen*, § 25 PStG Rdnr. 23.

Zu den Auswirkungen einer nachträglichen Feststellung der Mutterschaft auf den von der Behörde bestimmten Namen s. *Berkl*, StAZ 2014, 65, 71.

B. Der Geburtsname des Kindes in Fällen mit Auslandsbezug

I. Allgemeine Anknüpfungsgrundsätze

IV-280 Das internationale Namensrecht ist in Art. 10 EGBGB geregelt, zu den allgemeinen Grundsätzen des internationalen Namensrechts s. Rdnr. II-162 ff.

Art. 10 Abs. 1 EGBGB beruft mangels Rechtswahl (dazu Rdnr. IV-311 ff.) das Heimatrecht des Kindes als Personalstatut. Allgemein zu dessen Bestimmung s. Rdnr. VI-28 ff.

II. Familienrechtliche Vorfragen

1. Namensrecht

Im Namensrecht sind familienrechtliche Vorfragen nach bisher h. M. grundsätzlich unselbständig anzuknüpfen; allgemein zur Vorfragenproblematik Rdnr. VI-61ff. Dieser Grundsatz wurde – wie überhaupt die Maßgeblichkeit des Heimatrechts nach Art. 10 Abs. 1 EGBGB – damit gerechtfertigt, dass der Name die Ordnungsinteressen des Heimatstaats des Namensträgers berühre; man müsse daher auch bei vorgreiflichen Rechtsverhältnissen der Rechtsansicht des Heimatstaats folgen. Doch hat der Grundsatz im Lauf der Rechtsentwicklung seine Berechtigung verloren, sofern er sie (insbesondere im Hinblick auf die Rechtswahlmöglichkeiten des Art. 10 Abs. 2 und 3 EGBGB) jemals hatte; zu den Einzelheiten der Argumentation s. Rdnr. II-221ff. IV-281

Zutreffend ist daher die im Schrifttum und vereinzelt auch in der Rspr. vordringende Auffassung, familienrechtliche Vorfragen grundsätzlich selbständig anzuknüpfen. Für den Namen des neugeborenen Kindes bedeutet dies, dass die Abstammung von Vater und Mutter, aber auch die elterliche Sorge als Voraussetzungen für etwaige namensrechtliche Erklärungen, nur nach deutschem IPR zu beurteilen sind. IV-282

Auch der Name der Eltern, von dem der Kindesname abgeleitet wird, ist eine Vorfrage. Führt ein Elternteil, von dem das Kind seinen Namen ableitet, nach deutschem IPR einen anderen Namen als aus der Sicht des Heimatrechts des Kindes, so führt die unselbständige Anknüpfung zum Erwerb eines Namens, der von der inländischen Namensführung seines Elternteils abweicht. Dies wäre eine erhebliche Störung des internen Entscheidungseinklangs und bestätigt abermals die Auffassung, dass Vorfragen selbständig anzuknüpfen sind. IV-283

2. Staatsangehörigkeitsrecht

Allerdings ist zu beachten, dass im Staatsangehörigkeitsrecht, von dem das Anknüpfungskriterium des Art. 10 Abs. 1 EGBGB und damit mittelbar der Name abhängt, Vorfragen strikt unselbständig anzuknüpfen sind (s. Rdnr. II-499f.). Wenn man dieselben Vorfragen im Rahmen des Namensrechts selbständig anknüpft, kann dies zu Widersprüchen führen. IV-284

Die Staatsangehörigkeit wird i. d. R. über die Abstammung vermittelt. Auch wenn praktisch alle Rechtsordnungen eine Vaterschaftsvermutung zugunsten des Ehemanns der Mutter kennen, steht dessen Vaterschaft im Zeitpunkt der Geburt manchmal noch nicht fest, sondern wird erst durch nachfolgende Faktoren endgültig bestimmt. IV-285

In diesem Fall entsteht mit der Geburt ein Schwebezustand, der erst durch die später nachfolgenden Umstände beendet wird, dann allerdings mit Rückwirkung auf den Zeitpunkt der Geburt (allgemein zu diesem Problem Rdnr. IV-4ff.). In einem solchen Fall entscheidet das maßgebliche Tatbestandsmerkmal, von dem die Vaterschaft des Ehemanns abhängt, gleichzeitig auch über die abgeleitete(n) Staatsangehörigkeit(en) des Kindes, hiervon ab- IV-286 hängend über das Namensstatut des Kindes, innerhalb dessen wiederum über den konkret erworbenen Namen.

III. Der Namenserwerb bei der Geburt

1. Der gesetzliche Name des Kindes einer verheirateten Frau

a) Anknüpfung

IV-287 Mit der Geburt erwirbt das Kind seinen Geburtsnamen, und zwar grundsätzlich nach Maßgabe seines Personalstatuts, Art. 10 Abs. 1 EGBGB.

IV-288 Das Kind einer verheirateten Frau hat in aller Regel von Geburt an zwei Elternteile, da praktisch jede Rechtsordnung eine dem § 1592 Nr. 1 BGB entsprechende Regel kennt und zunächst von der Vaterschaft des Ehemanns ausgeht (zu den Sonderfällen, in denen die gesetzliche Vaterschaft bereits mit Rückwirkung auf die Geburt beseitigt werden kann, s. Rdnr. IV-209 ff.).

IV-289 Haben die Eltern unterschiedliche Staatsangehörigkeiten, so ist das Kind häufig Mehrstaater. Hier ist Art. 5 Abs. 1 EGBGB zu beachten. Grundsätzlich maßgeblich ist die sog. »effektive« Staatsangehörigkeit. Ist auch nur ein Elternteil Deutscher, untersteht das Kind wegen § 4 Abs. 1 Satz 1 StAG i. V. m. Art. 5 Abs. 1 Satz 2 EGBGB stets dem deutschen Namensrecht. Wegen der Rechtswahlmöglichkeit nach Art. 10 Abs. 3 EGBGB verstößt dieser Vorrang der inländischen Staatsangehörigkeit auch gegenüber einer anderen EU-Staatsangehörigkeit nicht gegen das Diskriminierungsverbot, s. Rdnr. II-417, III-427 sowie Rdnr. VI-37.

IV-290 In Fällen, in denen das Kind eines Ausländers dessen Staatsangehörigkeit nicht sogleich mit der Geburt erwirbt, sondern erst nach einer Registrierung (Beispiel bei *Henrich*, StAZ 1989, 159; vgl. auch *Illner*, StAZ 1997, 215), ist zunächst Art. 5 Abs. 2 EGBGB heranzuziehen (so auch *Jauss*, StAZ 1997, 20). Dies kann zu unbefriedigenden Ergebnissen führen, wenn die Beziehung zum Aufenthaltsrecht nur schwach ist. Im Inland ließen sie sich zwar mit einer Rechtswahl nach Art. 10 Abs. 3 EGBGB verhindern (so *Henrich* a. a. O.); doch muss man stets mit Fällen rechnen, in denen es dazu nicht kommt.

IV-291 Die materiellrechtliche Lösung bringt zwar i. d. R. das ausländische Staatsangehörigkeitsrecht selbst, indem es den späteren Erwerb der Staatsangehörigkeit in derartigen Fällen auf die Geburt zurückbezieht. Dies ändert aber nichts an der verfahrensrechtlich unglücklichen Situation, dass das Standesamt immer dann, wenn es die Geburt vor dem Eintritt dieser Rückwirkung beurkundet, das von Art. 5 Abs. 2 EGBGB berufene Aufenthaltsrecht anwenden muss, obwohl es weiß, dass es höchstwahrscheinlich in naher Zukunft zu einem Statutenwechsel hin zum Heimatrecht kommen wird.

IV-292 In der Praxis dürfte das Problem freilich vielfach dadurch entschärft werden, dass ein Kind mit einem nur sehr schwachen Bezug zum Inland meistens nur den schlichten Aufenthalt im Inland, den gewöhnlichen aber in seinem Heimatstaat hat, so dass sich die Anknüpfungen der Art. 5 Abs. 2 und

Art. 10 Abs. 1 EGBGB decken. Allgemein zu den Problemen eines rückwirkenden Staatsangehörigkeitserwerbs Rdnr. IV-305 f.

Kinder von Asylberechtigten und ausländischen Flüchtlingen teilen nicht automatisch den Status ihrer Eltern (BVerfG, NVwZ 1985, 260 und NVwZ 1991, 978; BVerwGE 75, 304 = JZ 1987, 508). Dies kann man kollisionsrechtlich dahin verstehen, dass sie ein individuelles Personalstatut haben und weiterhin ihrem ausländischen Heimatrecht unterstehen, also im Ergebnis ein anderes Personalstatut haben als ihre Eltern (so ausdrücklich OLG Düsseldorf, StAZ 1989, 282). In jedem Fall besteht die Möglichkeit, die Anwendung des Heimatrechts zu wählen, s. Rdnr. IV-317. IV-293

Welches Recht die Namensführung der Eltern beherrscht, ist ohne Einfluss auf das Statut des Kindesnamens; insbesondere erfasst eine Rechtswahl nach Art. 10 Abs. 2 EGBGB nicht auch den Namen des Kindes (OLG Frankfurt a.M., OLGZ 1990, 281 = StAZ 1990, 165). Zur Vorfrage der elterlichen Namensführung s. Rdnr. IV-283. IV-294

b) Probleme bei der Anwendung des Sachrechts

aa) Die Rechtsvergleichung zeigt mehrere Regelungstypen, die alle – wenn auch in unterschiedlicher Weise – den Namen des von einer verheirateten Frau geborenen Kindes von den Namen seiner Eltern ableiten (Einzelheiten bei *Staudinger/Hepting/Hausmann*, vor Art. 10 EGBGB Rdnr. 99 ff.). IV-295

Innerhalb der einzelnen Rechtsordnungen bilden Kindes- und Elternnamensrecht ein aufeinander abgestimmtes Regelungsgefüge. Haben Eltern und Kind unterschiedliche Namensstatute, kann diese Regelungsharmonie gestört sein. In diesen Fällen sind etwaige Regelungswidersprüche im Wege der Angleichung zu überwinden.

bb) Ein Namensstatut, das sowohl gemeinsame als auch getrennte Namensführung der Eltern zulässt, hält i.d.R. für beide Varianten eine Regelung bereit. IV-296

Setzt das Kindesrecht getrennte Namensführung voraus, führen die Eltern hingegen einen Ehenamen, so leitet das Kind den Namen von dem Elternteil ab, den sein Personalstatut bestimmt; dass der andere Elternteil ebenso heißt, hat keine weitere Bedeutung.

cc) Schwierigkeiten bereiten Fälle, in denen das Namensstatut des Kindes ausschließlich den Erwerb des Ehenamens vorsieht, die Eltern jedoch getrennte Namen führen. Sofern das Kindesrecht für diesen Fall besondere Vorschriften bereithält, so sind diese heranzuziehen. Sie entscheiden auch darüber, ob eine Namensbestimmung auf den Zeitpunkt der Geburt zurückwirkt (LG Berlin, StAZ 1989, 354 zu Art. 220 Abs. 5 EGBGB a.F.). IV-297

Fehlt es an solchen Sonderregeln, so sind die allgemeinen Grundsätze der Angleichung zu beachten; es handelt sich dabei allerdings nicht um einen Anwendungsfall des Art. 47 EGBGB. Da das Personalstatut des Kindes auf den Ehenamen abstellt, orientiert man sich sinnvollerweise an dem Regelungsmechanismus, mit dem es den Ehenamen bestimmt hätte, sofern es insoweit maßgeblich gewesen wäre. Herrscht z.B. im Heimatrecht des Kindes beim IV-298

Ehenamen der Grundsatz des Mannesvorrangs (wegen Beispielen s. *Staudinger/Hepting/Hausmann*, vor Art. 10 EGBGB Rdnr. 65 ff.), so hat man diese Wertentscheidung auf den Erwerb des Kindesnamens zu projizieren; es erwirbt demnach den Namen seines Vaters. Ein den ordre public auslösender Verstoß gegen den Gleichberechtigungsgrundsatz dürfte darin nicht liegen, da bei einem allein ausländischen Kind kein starker Inlandsbezug besteht.

IV-299　Ließe das Kindesrecht hingegen eine gemeinsame Wahl des Ehenamens durch Ehegatten zu, können die Eltern dementsprechend den Kindesnamen wählen. Ein etwaiger subsidiärer Mannesvorrang beim Ehenamen ist auch hier zu beachten.

IV-300　dd) Ein Kind, das seinen Namen von einem zweigliedrigen Ehe- oder Elternnamen ableitet, erwirbt beide Namensbestandteile als Geburtsnamen und führt danach einen echten Doppelnamen.

2. Der gesetzliche Name des Kindes einer unverheirateten Frau

a) Anknüpfung

IV-301　Anknüpfungskriterium ist auch hier die Staatsangehörigkeit, die das Kind bei der Geburt erwirbt. Familienrechtliche Vorfragen sind im Staatsangehörigkeitsrecht strikt unselbständig anzuknüpfen (s. Rdnr. II-499 f.). Daraus können sich – wie auch beim Namen des ehelichen Kindes – Widersprüche zum Namensstatut ergeben.

IV-302　Das Kind einer nicht verheirateten Frau, dessen Vater noch nicht feststeht, erwirbt i.d.R. zunächst die Staatsangehörigkeit der Mutter.

Zu beachten ist allerdings, dass dies eine Mutterschaft im Rechtssinne voraussetzt; daran kann es fehlen, wenn das Heimatrecht der Mutter ein Mutterschaftsanerkenntnis verlangt (vgl. Rdnr. IV-166 ff.). Solange das Kind im Rechtssinne mutterlos ist, ist es staatenlos; gemäß Art. 5 Abs. 2 EGBGB ist dann das Aufenthaltsrecht Personalstatut des Kindes.

IV-303　Mit der von der Mutter abgeleiteten Staatsangehörigkeit *kann* die des Vaters konkurrieren, sofern und sobald dessen Vaterschaft festgestellt ist. Hat ein Kind beide Staatsangehörigkeiten erworben, so gilt Art. 5 Abs. 1 EGBGB; zur Frage der Effektivität s. Rdnr. IV-289.

IV-304　Beim Staatsangehörigkeitserwerb vom Vater sind unterschiedliche Regelungsmodelle zu beachten.

Wenn der Staatsangehörigkeitserwerb ex nunc ab Vaterschaftsfeststellung eintritt, kann der *mit der Geburt* erworbene Name nur dann an eine vom Vater abgeleitete Staatsangehörigkeit angeknüpft werden, wenn die Vaterschaft vor oder spätestens gleichzeitig mit dem Erwerb der mütterlichen Staatsangehörigkeit (etwa durch pränatale Anerkennung) festgestellt worden ist; ansonsten kommt es bei späterer Vaterschaftsfeststellung nur zu einem Statutenwechsel.

IV-305　Wenn hingegen der Staatsangehörigkeitserwerb vom Vater fiktiv auf die Geburt zurückbezogen wird, so ist das Namensstatut des Kindes von Geburt an festgelegt, gleichgültig wann die Vaterschaftsfeststellung erfolgt (so im

Falle des § 4 Abs. 1 StAG, s. *Sturm*, StAZ 1994, 273, 278; *Bamberger/Roth/Mäsch*, Art. 10 EGBGB Rdnr. 58; BayObLG, StAZ 1996, 200, 201).

Rechtlich-theoretisch kommt es weder zu einem Statutenwechsel noch zu einer Änderung des Namens; das Kind führt ab der Geburt einen Namen nach dem vom Vater abgeleiteten Heimatrecht.

Die tatsächlichen Auswirkungen der Rückwirkungsfiktion sind jedoch gravierend. Der bis zur Vaterschaftsfeststellung *zu Recht* (!) geführte Name erweist sich möglicherweise als von Anfang an falsch. Obwohl dann die Personenstandseintragungen nur *berichtigt* werden müssen, bedeutet die Rückwirkung für das Kind faktisch eine Namensänderung, weswegen die Praxis – dogmatisch fragwürdig, aber vom Ergebnis her plausibel – die Vorschrift des § 27 PStG über die *Änderung* des Namens vorzuziehen scheint (vgl. *von Bargen*, StAZ 1994, 122). Damit gehört die Frage eher in den Problemkreis der Namensänderu*ngen* nach der Geburt; hierzu s. Teil V. Zu denken ist auch an einen Vertrauensschutz des Namensträgers; dazu Rdnr. II-142.   IV-306

b) Probleme bei der Anwendung des Sachrechts

aa) Das von einer unverheirateten Frau geborene Kind erwirbt in vielen Rechtsordnungen den Namen seiner Mutter. Dieser Grundsatz steht allerdings in manchen Rechtsordnungen unter dem Vorbehalt, dass die Mutterschaft im Rechtssinne festgestellt ist (vgl. *Staudinger/Hepting/Hausmann*, vor Art. 10 EGBGB Rdnr. 124, 126).   IV-307

Er entspricht auch dem deutschen Recht in all den Fällen des § 1617 a Abs. 1 BGB, in denen entweder die Vaterschaft im Zeitpunkt der Geburt noch nicht feststeht oder aber die gemeinsame Sorgeerklärung noch nicht abgegeben bzw. die gemeinsame Sorge nicht gerichtlich übertragen worden ist.

Ist die Mutter in einem solchen Falle verwitwet oder geschieden, so erhält das Kind im deutschen Recht den Familiennamen, den die Mutter zur Zeit der Geburt führt; dies kann auch der Ehename der früheren Ehe sein. Manche ausländischen Rechte kennen jedoch auch die Regelung, dass die Frau dem Kind nur ihren Mädchennamen, nicht aber den Ehenamen aus der aufgelösten Ehe übertragen kann; in diesem Fall kommt es zu ungleicher Namensführung von Mutter und Kind, die aus deutscher Sicht unerwünscht sein mag, aber dennoch zu beachten ist, wenn ein derartiges Recht Namensstatut ist. Namensübereinstimmung ist in einem solchen Fall ggf. mit Hilfe des Art. 10 Abs. 3 EGBGB zu erreichen; hierzu Rdnr. IV-311 ff.   IV-308

bb) Der Erwerb des Namens des Vaters setzt in jedem Fall die Vaterschaftsfeststellung voraus. Die Vaterschaft ist eine Vorfrage; sie war nach bisher h. M. grundsätzlich unselbständig anzuknüpfen; doch sollte man nach dem KindRG generell zur selbständigen Anknüpfung übergehen; wegen der Einzelheiten s. Rdnr. IV-281 ff.   IV-309

Das Namensstatut entscheidet über alle namensrechtlichen Konsequenzen der Vaterschaftsfeststellung; es bestimmt ferner, ab welchem Zeitpunkt die namensrechtlichen Wirkungen eintreten, insbesondere, ob der Erwerb des Vaternamens auf den Geburtszeitraum rückbezogen wird. Wegen der un-   IV-310 terschiedlichen Regelungsmodelle s. *Staudinger/Hepting/Hausmann*, vor Art. 10 EGBGB Rdnr. 128 ff.

Hat der Vater die Befugnis, den Namen nach der Vaterschaftsfeststellung allein zu bestimmen, so kann die Abgrenzung zur Einbenennung problematisch sein (vgl. hierzu *Henrich*, StAZ 1989, 164).

3. Der durch Rechtswahl bestimmte Name des Kindes, Art. 10 Abs. 3 EGBGB

a) Regelungszweck

IV-311 Die Namensbestimmung nach Art. 10 Abs. 3 EGBGB ermöglicht es dem Inhaber der elterlichen Sorge, die Namensführung des Kindes an die Familiensituation und die soziale Umgebung anzupassen und dabei ggf. auch die künftige Lebensplanung zu berücksichtigen. Außerdem kann sie die Rechtsanwendung vereinfachen, indem sie eine problematische objektive Anknüpfung nach Art. 10 Abs. 1 entbehrlich macht (z.B. wenn sich der Staatsangehörigkeitserwerb des Kindes, die Effektivität der Staatsangehörigkeit oder auch ein Renvoi durch das Heimatrecht des Kindes nur unter großen Schwierigkeiten feststellen lassen; s. a. *Henrich*, StAZ 1989, 159 f.; StAZ 1996, 133; StAZ 1997, 227).

b) Der Zeitpunkt der Rechtswahl

IV-312 Bis zum Inkrafttreten des KindRG musste die Rechtswahl gemäß Art. 10 Abs. 3 EGBGB a. F. – d.h. bei in der Ehe geborenen Kindern – vor der Beurkundung der Geburt erfolgen. Die neu gefasste Vorschrift zieht keine zeitliche Grenze mehr; die Formvorschrift des Abs. 3 Satz 2 stellt im Gegenteil klar, dass »nach der Beurkundung der Geburt abgegebene Erklärungen« generell möglich sind.

IV-313 In Fällen, in denen durch die Rechtswahl der unmittelbar mit der Geburt erworbene Name beeinflusst werden soll, erzwingt zwar nicht das Kollisionsrecht, wohl aber die Rückwirkung auf die Geburt eine zeitliche Begrenzung.

IV-314 Seit dem KindRG erlaubt das Gesetz auch eine Rechtswahl nach der Geburt des Kindes. Der Zeitpunkt der Rechtswahl ist aber immer noch bedeutsam für die Frage, ob sich die Rechtswahl auf den Namens*erwerb* bei der *Geburt* auswirkt oder ob sie nur eine dem Erwerb nachfolgende Namensänderung herbeiführt. Für die hier erörterte erstgenannte Fallgruppe ist es nach wie vor nötig, dass die Rechtswahl vor der Beurkundung der Geburt erklärt wird (Rdnr. IV-4 ff.).

c) Der inländische Geburtseintrag als kollisionsrechtliches Anknüpfungsmerkmal

IV-315 Art. 10 Abs. 3 EGBGB erlaubt die Abwahl des grundsätzlich maßgeblichen Heimatrechts. Diese Rechtswahlfreiheit wurde von Teilen des Schrifttums (etwa in der Vorauflage Rdnr. IV-336) als zu weitgehend empfunden; sie soll nur dann gerechtfertigt sein, wenn ein Mindestbezug zum Inland besteht, da sonst kein legitimes Interesse bestehe, den Anknüpfungsgrundsatz zu durchbrechen. Es stehe dem deutschen IPR nicht zu, in einem reinen Auslandsfall, in dem die Eltern Ausländer sind und das Kind im Ausland geboren wird, eine Abwahl des vom ausländischen Recht berufenen Namensrechts zu ermöglichen. Eine solche Rechtswahl solle allenfalls im Rahmen des Renvoi zu beachten sein, wenn das von Art. 10 Abs. 1 EGBGB berufene Heimatrecht sie anerkennt (vgl. nunmehr auch *Staudinger/Hepting/Hausmann*, Art. 10 EGBGB Rdnr. 366, 380, 404).

Diese Ansicht kann nicht mehr aufrechterhalten werden (so etwa auch *Palandt/Thorn*, Art. 10 EGBGB Rdnr. 20). Sie unterwirft im Ergebnis Art. 10 Abs. 3 EGBGB einer ungeschriebenen Metakollisionsnorm (Bezug zum Inland), für die sich im EGBGB kein Anhaltspunkt finden lässt. Im Gegenteil: Das deutsche Kollisionsrecht (einschließlich seiner Rechtswahlvorschriften) ist in jedem Fall mit Auslandsberührung anwendbar (Art. 3 EGBGB), ohne dass es eines Bezugs zum Inland bedarf. Auch ist in der Sache nicht einzusehen, aus welchen Gründen – wenn sich das deutsche Kollisionsrecht für eine Rechtswahlfreiheit entscheidet – diese Wertung dahin gehend eingeschränkt werden soll, dass das kraft objektiver Anknüpfung maßgebliche Recht eine Mitsprache erhalten soll.

IV-316

d) Die wählbaren Rechte

Alternativ gewählt werden kann ein – auch nicht »effektives« – Heimatrecht eines Elternteils, Art. 10 Abs. 3 Satz 1 Nr. 1, Art. 5 Abs. 1 EGBGB. Bei einem Kind, das sein deutsches Personalstatut von einem Flüchtling, Asylberechtigten o. Ä. ableitet (s. Rdnr. IV-293 f.), kann also das Recht des Staates gewählt werden, aus dem die Familie geflohen ist (*Henrich*, StAZ 1989, 160), auch wenn das Personalstatut mittlerweile deutsches Recht ist. Wählbar ist ferner deutsches Aufenthaltsrecht, Art. 10 Abs. 3 Satz 1 Nr. 2 EGBGB, wenn einer der beiden Elternteile seinen gewöhnlichen Aufenthalt im Inland hat. Der Aufenthaltsort des Kindes ist für die Anknüpfung irrelevant. Die Rechtswahlmöglichkeit nach Art. 10 Abs. 3 Satz 1 Nr. 3 EGBGB (zugunsten des Rechts des Staates, dem der Namenserteilende angehört) besitzt neben Nr. 1 nur dann Bedeutung, wenn der Inhaber der Sorge nicht zugleich Elternteil ist.

IV-317

Die Wahl des Vaterrechts nach Art. 10 Abs. 3 Satz 1 Nr. 1 EGBGB setzt als Erstfrage (zum Begriff Rdnr. VI-66) voraus, dass die Vaterschaft im Rechtssinne feststeht, und zwar im Zeitpunkt der Rechtswahl und – wenn die Rechtswahl noch im Geburtseintrag berücksichtigt werden soll – noch vor der Beurkundung der Geburt. Beim Kind einer verheirateten Frau dürfte dies stets der Fall sein; beim Kind einer unverheirateten Frau muss die Vaterschaft noch vor der Rechtswahl anerkannt worden sein. Hat der Vater schon vor der Geburt anerkannt, muss auch eine pränatale Namensbestimmung möglich sein; wie die Anerkennung steht sie unter dem Vorbehalt, dass das Kind lebend geboren wird.

IV-318

Ist die Vaterschaft noch nicht festgestellt, so hat das Kind i. d. R. nur die Staatsangehörigkeit seiner Mutter. Eine Wahl nach Abs. 3 Satz 1 Nr. 1 kann daher zu keinem neuen Namensstatut führen; Abs. 3 Satz 1 Nr. 2 gibt hingegen

IV 319

die Möglichkeit, das deutsche Aufenthaltsrecht einer ausländischen Mutter zu wählen.

IV-320 Vor dem KindRG wurde vereinzelt vertreten, dass die Rechtswahl einem namensrechtlichen Günstigkeitsprinzip diene und daher nur die Rechte gewählt werden dürften, die dem Kind günstig seien. Sinnvoller ist es, dem Inhaber der Sorge zu überlassen, welche Namensführung er für die dem Kind »günstige« hält (so zum Rechtszustand vor dem KindRG *v. Bar*, Bd. 2 Rdnr. 81; *Henrich*, StAZ 1989, 161; *Böhmer*, StAZ 1990, 121; MünchKomm/*Birk*, Art. 10 EGBGB Rdnr. 124; a. A. AG Rottweil 29.3.1989, IPRax 1990, 127 mit Anm. *Henrich*). Zur Frage, ob der Begriff »Familienname« in Abs. 3 die Wahl eines Rechts ausschließt, das keinen Familiennamen kennt, s. OLG Stuttgart, StAZ 2010, 265 sowie *Staudinger/Hepting/Hausmann*, Art. 10 Rdnr. 389.

e) Die Rechtswahlbefugnis

IV-321 Zur Rechtswahl befugt ist der Inhaber der elterlichen Sorge. Die Rechtswahl zwingt also dazu, stets im Rahmen einer Erstfrage (zum Begriff Rdnr. VI-66) das Sorgerecht festzustellen. Wer gesetzlicher Vertreter ist, entscheidet das Statut des Eltern-Kind-Verhältnisses, also regelmäßig das Aufenthaltsrecht des Kindes, sofern nicht eine gerichtliche Entscheidung über das Sorgerecht ergangen ist, deren verfahrensrechtliche Anerkennung die kollisionsrechtliche Anknüpfung verdrängt (ausführlich dazu Rdnr. II-59 ff., II-83 ff.).

f) Sonstige Voraussetzungen der Rechtswahl

IV-322 aa) Die materielle Wirksamkeit der Erklärung richtet sich nach demselben Recht, das die Rechtswahlfrage aufwirft, also – wie im Ehenamensrecht, s. Rdnr. III-692 – nach deutschem Recht.

Das Erfordernis der öffentlichen Beglaubigung besteht nach Abs. 3 Satz 2 nur bei Erklärungen nach der Beurkundung der Geburt. Doch kann auch eine Erklärung vor dem Geburtseintrag nicht völlig formlos möglich sein (zu den Bedenken s. *Hepting*, StAZ 1998, 138). Allerdings ist es nicht erforderlich, Abs. 3 Satz 2 auch auf diese Fälle auszudehnen (so noch *Hepting* a. a. O.), wenn eine standesamtliche Niederschrift die Beglaubigung ersetzt, Nr. 9.1 PStG-VwV; vgl. zu diesem Problem auch Rdnr. IV-276.

IV-323 Ob ein Recht gewählt wird und welches, ist Auslegungsfrage (vgl. dazu jüngst OLG München, StAZ 2009, 241). In eindeutigen Fällen kann man eine sachliche Namenswahl auch als Wahl desjenigen Rechts auslegen, das die gewünschte Namensführung als einziges gestattet; doch wird sich dieses Problem in der Praxis nie stellen, da eine Rechtswahl vor Eintragung der Geburt nur im Inland erfolgen kann und das empfangszuständige Standesamt immer auf eine eindeutige Erklärung hinwirken wird.

IV-324 bb) Die Rechtswahlerklärung ist amtsempfangsbedürftig. Es handelt sich nicht um eine Frage der Form; vielmehr ist der Zugang entsprechend § 130 Abs. 1, 3 BGB eine materielle Wirksamkeitsvoraussetzung.

Bis zum KindRG war die Rechtswahl mit der Beurkundung der Geburt zeitlich und damit auch verfahrensmäßig verklammert; konsequent erklärte

§ 31a Abs. 2 Satz 1 PStG a. F. das hierfür zuständige Standesamt auch für empfangszuständig.

Bei einer Rechtswahl, die bereits den im Zeitpunkt der Geburt erworbenen Namen beeinflusst, wird man an diesem Grundsatz festhalten können, zumal in § 45 PStG eine entsprechende Regelung fortbesteht. Ist ein Kind im Inland geboren, richtet sich die Empfangszuständigkeit nach §§ 18, 21 PStG (Geburtsort des Kindes); ist ein deutsches Kind im Ausland geboren, so ist gemäß § 45 Abs. 2 Satz 2, 3 PStG das Standesamt zuständig, in dessen Zuständigkeitsbereich das Kind seinen Wohnsitz oder gewöhnlichen Aufenthalt hat. Ergibt sich danach keine Zuständigkeit, so ist das Standesamt I in Berlin zuständig, also dasselbe, das gemäß § 36 PStG auch zur Beurkundung der Geburt zuständig wäre.

IV-325

g) Wirkungen der Rechtswahl

aa) Art. 10 Abs. 3 EGBGB erlaubt nicht die punktuelle sachrechtliche Bestimmung eines Namens nach einem anderen Recht, sondern regelt die umfassende kollisionsrechtliche Wahl des künftigen Namensstatuts (ganz h. M., MünchKomm/*Birk*, Art. 10 EGBGB Rdnr. 115; *Staudinger/Hepting/Hausmann*, Art. 10 EGBGB Rdnr. 387; OLG Frankfurt a. M., StAZ 2008, 10).

IV-326

bb) Aufgrund einer wirksamen Rechtswahl sind die Sachvorschriften des gewählten Rechts anzuwenden. Eine Rück- oder Weiterverweisung ist nicht zu beachten, Art. 4 Abs. 2 EGBGB.

IV-327

Sieht das gewählte Recht vor, dass der gesetzliche Vertreter bzw. die Eltern den Namen des Kindes bestimmen können, so entsteht dieses sachrechtliche Namensbestimmungsrecht als Folge der kollisionsrechtlichen Rechtswahl; beides ist nach Voraussetzungen und Wirkungen zu unterscheiden (BayObLG, StAZ 1997, 275).

Die Rechtswahl wirkt nach h. M. nur für das jeweilige Kind (*Henrich*, StAZ 1996, 134; MünchKomm/*Birk*, Art. 10 EGBGB Rdnr. 118; *Palandt/Thorn*, Art. 10 EGBGB Rdnr. 23). Danach kann über jeweils unterschiedliche Wahlstatute jedes Kind einer Familie einen anderen Namen erwerben. Dieses kollisionsrechtliche Ergebnis steht im Widerspruch zur Wertung des § 1617 Abs. 1 Satz 3 BGB, wonach eine sachrechtliche Namensbestimmung stets die weiteren Kinder erfasst; dies gilt insbesondere dann, wenn die Eltern einen Ehenamen führen. Gewiss verfolgt das Kollisionsrecht andere Zwecke als das Sachrecht. Dennoch sollte man den Rechtsgedanken des § 1617 Abs. 1 Satz 3 BGB als Grundsatz auch in das IPR projizieren und Ausnahmen nur dann zulassen, wenn sich zwischen der ersten Rechtswahl und der Geburt eines nachgeborenen Kindes die kollisionsrechtlichen Rahmenbedingungen, also z. B. Staatsangehörigkeit oder Aufenthalt der Eltern, geändert haben, so dass bei dem neuen Kind ein anderer kollisionsrechtlicher Anpassungsbedarf besteht als bei den älteren (vgl. *Hepting*, StAZ 1998, 139).

IV-328

Zu Anfechtung, Widerruf und Abänderung der Rechtswahl s. OLG Celle, StAZ 2014, 274.

IV-329 cc) Zeitlich wirkt die mit der Beurkundung der Geburt verklammerte Rechtswahl auf diese zurück (allgemein zu dieser Frage Rdnr. IV-4 ff.). Das Kind hat also den Namen, mit dem es ins Geburtenregister eingetragen wird, bereits im Zeitpunkt der Geburt erworben, auch wenn die Rechtswahl erst nach der Geburt erfolgt (so schon BayObLG, StAZ 1993, 388).

C. Der Vorname

I. Die Vornamensgebung nach deutschem Recht

1. Die Rechtsnatur des Vornamens

a) Funktion und Stellung des Vornamens

IV-330 Der im deutschen Recht so bezeichnete »Vorname« (prénom, first name, forename) ist der Individualname des Namensträgers, den er unabhängig von seinen jeweiligen Familienbeziehungen erwirbt und führt; zur Namensstruktur im deutschen Recht s. Rdnr. II-147 ff. Jede Rechtsordnung kennt einen solchen der Einzelperson zugeordneten »Eigennamen«, den sie mit der Geburt erwirbt und der mit ihrem Tod erlischt.

IV-331 Die Vorsilbe »Vor-« stellt klar, dass er an erster Stelle steht und dass ihm weitere Namen – üblicherweise der Familienname, ggf. auch ein Zwischenname – folgen; doch ist dies eine eurozentrische Betrachtungsweise, da es zahlreiche außereuropäische Rechtordnungen gibt, die den Familiennamen dem Individualnamen voranstellen (z. B. vor allem in Afrika und Asien; wegen Vietnam s. *Wohlgemuth*, StAZ 1989, 32 f. und OLG Rostock, StAZ 1994, 287; innerhalb Europas Ungarn, s. *Krömer*, StAZ 1993, 222).

b) Vorname und »Rufname«

IV-332 Werden einem Kind mehrere Vornamen beigelegt, so ist es üblich, dass einer dieser Namen als Rufname gebraucht wird. Im täglichen Leben wird nur dieser Vorname geführt.

IV-333 Der rechtspolitischen Forderung, eine ausdrückliche Rechtsgrundlage für eine Hervorhebung des Rufnamens zu schaffen (s. etwa *Gundrum*, StAZ 1968, 277, 278), ist der Gesetzgeber bislang nicht gefolgt.

IV-334 Die Änderung des Rufnamens steht dem Sorgeberechtigten bzw. dem Namensträger jederzeit frei. Auch wenn im Geburtenregister ein Vorname als Rufname kenntlich gemacht ist, ist der Namensträger nicht gehindert, sich später eines anderen seiner Vornamen als Rufnamen zu bedienen. Aus diesem Grund ist es unzulässig, weil unnötig, Änderungen des Rufnamens personenstandsrechtlich zu verlautbaren; eine behördliche Namensänderung ist ebenso ausgeschlossen wie eine Unterstreichung des neuen Rufnamens im Geburtseintrag oder die Eintragung einer Folgebeurkundung über die Wahl eines anderen Vornamens als Rufnamen.

2. Grundlagen der Vornamensgebung

a) Die Befugnis zur Vornamensgebung

aa) Die Befugnis als Ausfluss des Sorgerechts

Das Recht und die Pflicht, dem Kind einen oder mehrere Vornamen beizulegen, hat derjenige, dem die Sorge für die Person des Kindes zusteht. Bei der Vornamensgebung handelt es sich nicht um einen Akt der gesetzlichen Vertretung des Kindes, sondern um einen Akt der Personensorge (OVG Brandenburg, StAZ 2005, 326). Dies ergibt sich nunmehr in Analogie zu §§ 1617 und 1617a BGB aus der allgemeinen Befugnis der Sorgeberechtigten, dem Kind einen Namen zu erteilen.

IV-335

Konsequenterweise müsste einem Vormund auch das Vornamensbestimmungsrecht zustehen. Namensgebung und elterliche Sorge sind jedoch nicht immer notwendig deckungsgleich. So übt etwa die minderjährige unverheiratete Mutter zumindest die tatsächliche Personensorge aus; ist neben ihr ein Vormund oder Pfleger sorgeberechtigt, so setzt sich bei Meinungsverschiedenheiten die Auffassung der Mutter durch, § 1673 Abs. 2 Satz 3 BGB. Daneben sind Fälle denkbar, in denen auch ein von der Ausübung des Sorgerechts völlig ausgeschlossener Elternteil die Befugnis haben sollte, an der Namensgebung mitzuwirken; vgl. etwa *Diederichsen*, Festschrift Henrich, 2000, 102 zum Beispiel der geschäftsunfähigen Mutter.

IV-336

Ist die Person unbekannt, die als Ausfluss ihres Sorgerechts den Vornamen bestimmen könnte, was beim Findelkind, einer anonymen Geburt, einer anonymen Kindesabgabe oder einer vertraulichen Geburt nach dem SchKG der Fall ist (zur Mutterschaftsfeststellung in diesen Fällen s. Rdnr. V-8 ff.), so bestimmt die zuständige Verwaltungsbehörde – und nicht der Vormund des Kindes – auch den Vornamen, s. Rdnr. IV-279; die elterliche Sorge der Mutter ruht insoweit, vgl. auch § 1674a BGB. Die Vaterschaft eines Mannes, dem die elterliche Sorge zustehen könnte und der deshalb an der Vornamensbestimmung zu beteiligen wäre, lässt sich nicht feststellen, s. *Berkl*, StAZ 2014, 65, 69.

IV-337

bb) Vornamensgebung durch beide Elternteile

Das Personensorgerecht steht nach § 1626a Abs. 1 BGB dem Vater und der Mutter dann gemeinsam zu, wenn sie verheiratet sind, eine Sorgeerklärung abgegeben haben oder beiden gerichtlich die gemeinsame Sorge übertragen wurde (näher Rdnr. II-44 ff.). Kommt eine Einigung der Eltern über den Vornamen des Kindes nicht zustande, so können sie das Familiengericht anrufen. Der Richter ist nicht berechtigt, dem Kind selbst die Vornamen zu erteilen; er kann die Personensorge, soweit sie das Recht zur Vornamensgebung umfasst, einem Elternteil entziehen und dem anderen Elternteil allein übertragen, § 1628 BGB.

IV-338

Besondere Vorschriften sind zu beachten, wenn die Eltern getrennt leben oder wenn ein Elternteil aus tatsächlichen oder rechtlichen Gründen verhindert ist, die Sorge für die Person des Kindes auszuüben, §§ 1671 ff. BGB (s. Rdnr. II-48 f.).

IV-339

IV-340   Das Standesamt muss die Eintragung der angezeigten Vornamen ablehnen, wenn sie nicht dem Willen *aller* Personensorgeberechtigten entsprechen. Da die gemeinsame Entscheidung der Eltern eine materielle Wirksamkeitsvoraussetzung der Namenserteilung ist, hat das Kind einen nur von einem Elternteil bestimmten und angezeigten Namen nicht wirksam erhalten; würde der Name eingetragen, so wäre das Geburtenregister unrichtig.

IV-341   Bei dem Kind einer verheirateten Frau bzw. einem Kind, dessen Eltern eine Sorgeerklärung abgegeben haben oder denen das Gericht die gemeinsame Sorge übertragen hat, sollte das Standesamt deshalb darauf hinwirken, dass die Eltern gemeinsam die Bestimmung des Vornamens unterschreiben. Zeigt ein Elternteil die Geburt mündlich an, so sollte die Erklärung zumindest ausdrücklich dahin lauten, dass die beigelegten Vornamen auch dem Willen des anderen Elternteils entsprechen.

IV-342   Im Falle einer qualifizierten Drittanerkennung (§ 1599 Abs. 2 BGB) wird die Vaterschaftsanerkennung trotz der Möglichkeit, sie während der noch bestehenden Ehe der Mutter abzugeben, erst mit der Rechtskraft des dem Scheidungsantrag stattgebenden Beschlusses wirksam. Die leiblichen Eltern können daher bei der Geburt des Kindes noch nicht dessen Vor- und Familiennamen bestimmen (*Wachsmann*, StAZ 2003, 217).

cc) Vornamensgebung durch die allein sorgeberechtigte Mutter
IV-343   Bis zur Heirat der Eltern bzw. zur Abgabe einer Sorgeerklärung oder gerichtlichen Übertragung der elterlichen Sorge steht die Personensorge allein der unverheirateten Mutter zu, § 1626a Abs. 3 BGB. Eine bis dahin von ihr getroffene Vornamenswahl ist daher endgültig wirksam. Sie ist auch dann nicht zu berichtigen, wenn der Vater später nach Abgabe der Sorgeerklärung oder gerichtlichen Übertragung der elterlichen Sorge eine vermeintliche Verletzung seiner Mitwirkungsrechte beanstandet (vgl. *Nappenbach*, StAZ 1998, 337; AG München, StAZ 2010, 51).

IV-344   Die Regelung weicht damit von derjenigen ab, die der Gesetzgeber in Fällen der nachträglichen Begründung der elterlichen Sorge für den Familiennamen getroffen hat, §§ 1617a Abs. 1, 1617b BGB (vgl. *Diederichsen*, Festschrift Henrich, 2000, 102).

b) Verfahrensrechtliche und materiellrechtliche Elemente des Namenserwerbs

IV-345   Eine besondere Form der Erklärung ist nicht vorgeschrieben; doch ist es zweckmäßig, eine unterschriebene Erklärung der Personensorgeberechtigten über den Vornamen zu verlangen. Da die meisten Geburten heutzutage in Krankenhäusern oder ähnlichen Einrichtungen erfolgen und von diesen angezeigt werden, ist die Gefahr eines Hör- und Übertragungsfehlers wesentlich größer als bei einer mündlichen Anzeige durch einen nahen Angehörigen (vgl. *Fischer*, Anm. zu LG Würzburg, StAZ 1968, 197). Dies gilt mit Einschränkungen auch bei der mündlichen Anzeige durch die Hebamme, den Arzt oder eine andere Person.

IV-346   Die Eintragung des Vornamens in das Geburtenregister hat nach wohl noch immer herrschender Auffassung keine konstitutive, sondern nur deklaratorische Bedeutung (s. *Gaaz/Bornhofen,* § 21 PStG Rdnr. 23; BayObLG, StAZ 2000, 148).

Nach dieser Ansicht erwirbt das Kind die Vornamen nicht erst durch die Eintragung; es führt sie bereits vorher, sobald sie ihm mit materiellrechtlicher Wirkung erteilt worden sind. Diese Erteilung ist an keine Form gebunden. Sie erfolgt, indem die Personensorgeberechtigten vor oder nach der Geburt des Kindes den Namen festlegen; gemeinsam sorgeberechtigte Eltern müssen sich einigen (vgl. LG Würzburg, StAZ 1968, 197). Die Eintragung in das Geburtenregister schließt die Vornamensgebung ab und macht die getroffene Wahl unabänderlich (*Gaaz/Bornhofen,* § 21 PStG Rdnr. 23; AG Mönchengladbach, StAZ 2015, 21; vgl. auch OLG Hamm, StAZ 2007, 175 bei Maßgeblichkeit ausländischen Namensrechts); bis dahin können die Eltern ihre Entscheidung ändern.

Auch wenn sich die h. M. auf eine seit langem gefestigte Rechtsprechung stützen kann, vermag sie das zeitliche Auseinanderfallen von materiell wirksamem Namenserwerb und Unwiderruflichkeit nicht plausibel zu erklären (ebenso auch *Staudinger/Hilbig-Lugani,* § 1616 BGB Rdnr. 27: »... nicht frei von Widersprüchen«). *Raschauer,* S. 115, hält daher die Anzeige für konstitutiv. Seine Auffassung hat den Vorzug, dass Wirksamkeit und Unwiderruflichkeit zeitlich zusammenfallen; andererseits tritt bei seiner Lösung die Rolle der materiellen Namensbestimmung, insbesondere die der elterlichen Einigung, zu sehr in den Hintergrund.

IV-347

Richtigerweise wird man das materielle und das verfahrensrechtliche Element als gleichwertig ansehen müssen (im Ansatz ähnlich *Staudinger/Hilbig-Lugani* a. a. O.): Der Name ist konstitutiv festgelegt, sobald sich eine wirksame Namensbestimmungserklärung mit der Eintragung im Geburtenregister deckt. Dass sich die Eltern auf einen Namen einigen, mag im Verhältnis zwischen ihnen zu einer gewissen Gebundenheit führen; im Außenverhältnis bleibt es ohne Wirkung. Da die Namensgebung noch nicht abgeschlossen ist, können sie ihre Entscheidung ändern. Seine allgemeinverbindliche Kennzeichnungskraft erhält der Name erst mit Anzeige und Eintragung; damit ist die Namensgebung abgeschlossen (vgl. auch AG München, StAZ 2010, 51). Da es sich hierbei um Verfahrensakte handelt, gelten diese Grundsätze auch dann, wenn der Namenserwerb materiellrechtlich einem ausländischen Recht untersteht (s. OLG Hamm, StAZ 2007, 175).

IV-348

Dass die Namenswahl der Eltern allein für sich den Namen nicht schon konstitutiv »festlegt«, zeigen die häufigen Fälle, in denen die Eltern ihre Entscheidung vor der Angabe und Eintragung mehrmals umstoßen. Es ist völlig unangemessen, jede einzelne dieser Sinnesänderungen als eine materiell wirksame »Namensänderung« des Kindes anzusehen.

IV-349

Wird ein Name eingetragen, der nicht wirksam gewählt worden ist, so fehlt es an der erforderlichen Deckung von Namensbestimmung und Eintragung; der eingetragene Name ist nicht wirksam erworben, das Geburtenregister falsch. Dies gilt auch dann, wenn ein inhaltlich unzulässiger – z. B. geschlechtswidriger, s. Rdnr. IV-369, IV-389 ff. – Name bestimmt wird (OLG Düsseldorf, StAZ 2010, 11). Wird ein nicht wirksam bestimmter Name dennoch

IV-350

eingetragen, so kann die Eintragung berichtigt und die wirksame Namensbestimmung (ggf. mit weiteren Vornamen) »nachgeschoben« werden (*Staudinger/Hilbig-Lugani*, § 1616 BGB Rdnr. 36; OLG Düsseldorf, StAZ 2010, 11, 12; AG Mönchengladbach, StAZ 2015, 21); dies gilt auch dann, wenn die Eltern aufgrund einer fehlerhaften Beratung im Standesamt gezwungenermaßen einen Namen bestimmt haben, den sie eigentlich nicht wollten (AG Gießen, StAZ 2010, 48).

IV-351　Die hier vorgeschlagene Lösung erscheint dogmatisch einleuchtender als die h. M., entfernt sich aber kaum von deren allgemein akzeptierten praktischen Ergebnissen. Übereinstimmung besteht insbesondere in dem zuletzt genannten Punkt: Sind andere Vornamen eingetragen, als sie dem Kind wirksam erteilt worden sind, so ist der Geburtseintrag zu berichtigen (vgl. BayObLG, StAZ 1981, 26; StAZ 1995, 106; StAZ 1999, 331; *Gaaz/Bornhofen*, § 21 PStG Rdnr. 23).

3. Allgemeine Grundsätze zur inhaltlichen Zulässigkeit von Vornamen

a) Rechtsentwicklung

IV-352　Die inhaltlichen Grenzen der Vornamenserteilung sind im Gesetz nicht geregelt. Die Rechtsprechung war daher gezwungen, aus der Abwägung der gegenläufigen Interessen allgemeine Grundsätze in Form von Generalklauseln zu entwickeln. Zunächst sah man den entscheidenden Gegensatz im Spannungsverhältnis zwischen der persönlichen Freiheit der Eltern und den Geboten der allgemeinen »Sitte und Ordnung«, wobei letztere eher im Sinne der Wahrung staatlich-öffentlicher Interessen gesehen wurden (vgl. grundlegend BGHZ 29, 256 = StAZ 1959, 210; BGHZ 30, 132 = StAZ 1959, 236; BGH, StAZ 1979, 238; ferner etwa BayObLG, StAZ 1981, 23, 24; OLG Celle, StAZ 1976, 80 f.; OLG Köln, StAZ 1977, 105; OLG Braunschweig, StAZ 1978, 184; OLG Hamburg, StAZ 1980, 193).

IV-353　Die Erkenntnis, dass durch den Vornamen auch und vor allem die individuellen Interessen des Kindes als Namensträger betroffen sind, hat sich deshalb erst relativ spät durchgesetzt (grundlegend *Gernhuber*, StAZ 1983, 265). Soweit die Rechtsprechung diesen Gedanken aufgriff, band sie ihn zunächst in das überkommene Konzept ein; aus Sitte und Ordnung ergebe sich die Pflicht der Personensorgeberechtigten, das Persönlichkeitsrecht des Kindes zu achten (vgl. OLG Zweibrücken, StAZ 1983, 346; AG Münster, StAZ 1973, 167; allgemein zur Rechtsentwicklung *Hepting/Gaaz*, Bd. 2 Rdnr. III-687 ff.).

IV-354　Ebenfalls relativ spät erkannte man, dass es sich nicht nur um ein ordnungspolitisches, sondern auch um ein verfassungsrechtliches Problem handelt. Maßgeblicher Ausgangspunkt ist die verfassungsgerichtliche Rechtsprechung. Das BVerfG hat in den letzten Jahren in mehreren Entscheidungen die inhaltlichen Schranken des Namensbestimmungsrechts konkretisiert (BVerfG, StAZ 2002, 72; StAZ 2004, 109; StAZ 2006, 50; StAZ 2009, 76); die obergerichtliche Rechtsprechung ist dem gefolgt (BGH, StAZ 2008, 282; OLG Hamm, StAZ 2005, 75; StAZ 2005, 139; OLG Karlsruhe, StAZ 2006, 265; KG, StAZ 2007, 204; StAZ 2009, 271).

b) Die neuere verfassungsgerichtliche Rechtsprechung

aa) Die Grundsätze der BVerfG-Entscheidungen

Grundlegend war die Entscheidung des BVerfG vom 30.1.2002, StAZ 2002, 72, in der es eigentlich um die Zulässigkeit von Doppelnamen ging, in der das Gericht jedoch grundlegende Aussagen zum Namen allgemein und damit auch zum Vornamen machte.

IV-355

Der Name helfe dem heranwachsenden Kind, seine Identität zu finden und gegenüber anderen zum Ausdruck zu bringen. Die Namensgebung solle dem Kind die Chance für die Entwicklung seiner Persönlichkeit eröffnen und seinem Wohl dienen, dessen Wahrung den Eltern als Recht und Pflicht gleichermaßen anvertraut sei. Zur Namensgebung gehöre die Namenswahl. Sie in Ausübung der Verantwortung für das Kind zu treffen, sei Teil des Elternrechts aus Art. 6 Abs. 2 GG.

Dies betreffe die Wahl eines Vornamens für das Kind, der ausschließlich der Individualität einer Person Ausdruck verleihe, den Einzelnen bezeichne und diesen von anderen unterscheide. Es sei zuvörderst Aufgabe der Eltern, ihrem Kind in freier gemeinsamer Wahl einen Namen zu bestimmen, den es sich selbst noch nicht geben könne.

IV-356

Diesem Recht der Eltern zur Vornamenswahl für ihr Kind dürfe allein dort eine Grenze gesetzt werden, wo seine Ausübung das Kindeswohl zu beeinträchtigen droht (so schon BVerfG, StAZ 1968, 347ff.). Der Staat sei in Wahrnehmung seines Wächteramtes nach Art. 6 Abs. 2 Satz 2 GG nicht nur berechtigt, sondern auch verpflichtet, das Kind als Grundrechtsträger vor verantwortungsloser Namenswahl durch die Eltern zu schützen. Für einen darüber hinausgehenden Eingriff in das Elternrecht auf Bestimmung des Vornamens für ihr Kind biete Art. 6 Abs. 2 GG keine Grundlage.

IV-357

Von verantwortungsloser Namenswahl könne man daher nur sprechen, wenn ein Vorname die naheliegende Gefahr begründe, dass er Befremden oder Anstoß erregen, den Namensträger der Lächerlichkeit preisgeben und ihn in der Entfaltung seiner Persönlichkeit beeinträchtigen werde.

IV-358

Auch wenn das BVerfG damit klar gestellt hat, dass staatliche Ordnungsinteressen bei der Namenswahl keine Rolle spielen dürfen, werden durch den Schutz des Kindeswohls öffentliche Belange mittelbar mitberücksichtigt; denn in gewissem Umfang laufen Kindes- und Ordnungsinteressen parallel. Dennoch handelt es sich nur um einen Rechtsreflex; das einzige maßgebliche Kriterium ist das Wohl des Kindes.

IV-359

bb) Die »negative« Grenzziehung durch das BVerfG

Während die frühere Rechtsprechung versuchte, die inhaltlich zulässigen Vornamen mit Hilfe positiver Kriterien zu bestimmen und zu sagen, welche Namen man erteilen dürfe, ist die Abgrenzung des BVerfG negativ; es beschränkt sich darauf zu sagen, welche Namen man nicht erteilen dürfe. Damit gibt es innerhalb des positiven Bereichs der Namen, die man erteilen darf, keine konkreten Vorgaben mehr.

IV-360

Das BVerfG hat in seinen Entscheidungen festgelegt, welche positiven Anforderungen nicht mehr gestellt werden dürfen.

IV-361

Die Gebräuchlichkeit eines Vornamens sei jetzt keine positive Voraussetzung mehr (so aber noch OLG Karlsruhe, StAZ 2004, 76), da sie nur der Ordnungsfunktion des Namens diene und nicht auf das allein maßgebliche Kindeswohl abstelle (BVerfG, StAZ 2006, 51). Damit sind etwa Bezeichnungen, die auch Familiennamen sein könnten, nicht mehr grundsätzlich ausgeschlossen (BVerfG a. a. O.: »Anderson«, s. näher Rdnr. IV-396 ff. sowie IV-444 ff.).

Zum anderen ist die Geschlechtsbezogenheit eines Namen keine Zulässigkeitsvoraussetzung mehr (BVerfG 5.12.2008, StAZ 2009, 76 »Kiran«, Verfassungsbeschwerde gegen die Entscheidung des OLG München, StAZ 2007, 122).

IV-362 Die obergerichtliche Rechtsprechung hat diese Grundsätze des BVerfG aufgegriffen und weiter konkretisiert. Unzulässig ist ein Name, der die naheliegende Gefahr begründet, dass er das Kind in der Entfaltung seiner Persönlichkeit hindert; er darf nicht Befremden oder Anstoß erregen, den Namensträger der Lächerlichkeit preisgeben und ihn in der Entfaltung seiner Persönlichkeit beeinträchtigen (so schon OLG Hamm, StAZ 1995, 236; 1996, 208, 209).

IV-363 Verallgemeinert man diese Aussagen, so kann man sie unter zwei Aspekten sehen:

Die Fragen nach der »Gebräuchlichkeit« und der Geschlechtsbezogenheit weisen in die Vergangenheit: Hier geht es um die Herkunft und die bisherige Verwendung des Namens: Wurde der Name bisher schon als Vorname gebraucht? Wurde er in anderen Kulturkreisen als Vorname gebraucht? Wurde er Kindern dieses Geschlechts erteilt? Wurden mit ihm typischerweise Familien benannt und keine Individuen? Diese Fragen sind jetzt unzulässig.

IV-364 Daraus folgt im Umkehrschluss der zweite Aspekt: Zulässig ist jetzt nur noch die *in die Zukunft gerichtete* Frage nach den sozio-kulturellen *Auswirkungen* des erteilten Namens: Wird er Befremden oder Anstoß erregen, den Namensträger der Lächerlichkeit preisgeben, ihn in der Entfaltung seiner Persönlichkeit beeinträchtigen?

IV-365 Damit hat ein Paradigmenwechsel stattgefunden, der die bisher in den Kommentaren erörterten »Kataloge« zulässiger oder auch unzulässiger Namen zum größten Teil gegenstandslos macht. Er zwingt dazu, die Kriterien der Zulässigkeitskontrolle neu zu formulieren. Die Praxis muss sich von den überkommenen Merkmalen und Abwägungen lösen. Dies erscheint jedoch nicht als Verlust, wenn man bedenkt, dass das bisherige Vornamensrecht trotz aller Rechtsgrundsätze und Kriterien ein Konglomerat von unsystematischen und in sich widersprüchlichen Einzelentscheidungen geblieben ist (s. z. B. den Vornamen »Mika«, zugelassen von AG Gießen, StAZ 2008, 248, abgelehnt von AG Flensburg, StAZ 2007, 179).

Für die Praxis lassen sich aus der BVerfG-Rspr. die im Folgenden dargestellten Schlussfolgerungen ziehen.

c) Die Irrelevanz der positiven Geschlechtsbezogenheit

IV-366 Dass der Vorname das Geschlecht des Kindes erkennen lassen müsse, war früher allgemeine Auffassung (zur Rechtsentwicklung s. *Hepting/Gaaz*, Bd. 2 Rdnr. IV-736 ff.). Nachdem der Grundsatz in jüngster Vergangenheit auch von den Instanzgerichten in Zweifel gezogen wurde (s. etwa AG Bielefeld, StAZ 2008, 108: »Danny«; LG Bielefeld, StAZ 2009, 81: »Kimi«), hat ihn die neuere BVerfG-Rspr. (s. Rdnr. IV-361) für unerheblich erklärt. Nach Auffassung des BVerfG gibt es keinen Grundsatz des positiven Rechts, dass der Name eines Kindes über sein Geschlecht informieren müsse. Auch das Interesse des Kindes erfordere keinen eindeutig geschlechtsbezogenen Namen.

Von einer Gefährdung des Kindeswohls sei nur dann auszugehen, wenn »der gewählte Vorname dem Kind offensichtlich und nach keiner Betrachtungsweise die Möglichkeit biete, sich anhand des Vornamens mit seinem Geschlecht zu identifizieren« (BVerfG, StAZ 2009, 76, 78 bei Rdnr. 17). IV-367

Daher können nunmehr auch neutrale Namen erteilt werden, und zwar allein für sich. Damit ist die ältere Rechtsprechung zur Geschlechtsbezogenheit des Namens (s. die Nachweise bei *Hepting/Gaaz*, Bd. 2 Rdnr. IV-737 ff.) weitgehend gegenstandslos geworden. IV-368

Die Geschlechtsbezogenheit eines Vornamens spielt nur noch im Rahmen der »negativen« Abgrenzung durch das BVerfG (s. Rdnr. IV-360 ff.) eine Rolle: Das Wohl des Kindes wird beeinträchtigt, wenn ihm der gewählte Vorname die Identifikation mit seinem Geschlecht unmöglich macht (s. BVerfG, StAZ 2009, 76, 78; »Grundsatz des negativen Geschlechtsbezugs«, so *Grünenberger*, AcP 2007, 314, 335). Es ist aber auch denkbar, dass ein offensichtlich geschlechtswidriger Name das Wohl des Kindes dadurch beeinträchtigt, dass er es der Lächerlichkeit preisgibt. Dies läuft darauf hinaus, dass offensichtlich geschlechts*widrige* Namen nicht erteilt werden dürfen; wegen Einzelheiten s. Rdnr. IV-389 ff. IV-369

d) Irrelevanz der Herkunft und bisherigen Verwendung des Namens

Wenn der Name keine *positive* Kennzeichnungsfunktion mehr hat und nur noch einer negativen Kontrolle unterliegt, muss es auch kein »gebräuchlicher« Vorname mehr sein. So wenig wie er ein typisch *männlicher* oder *weiblicher* Vorname sein muss, muss er überhaupt ein typischer Vorname sein. Solange der Name nicht die Interessen des Kindes verletzt, haben die Eltern nicht nur ein Namens*erteilungs*recht, sondern auch ein Namens*erfindungs*recht; jede sprachliche Kennzeichnung kann als Name erteilt werden, sofern sie nicht die vom BVerfG genannten kindschädigenden Wirkungen hat. IV-370

Damit hat das BVerfG die Grenze zwischen gebräuchlichen Vornamen und erfundenen Fantasienamen aufgehoben. Gerade die Entscheidung BVerfG, StAZ 2009, 76 macht das deutlich: Ob die Eltern das Kind »Kiran« genannt haben, weil es eine hinduistische Bedeutung hat, oder weil ihnen der Wohlklang dieser Lautverbindung gefallen hat, kann rechtlich keinen Unterschied machen. Entscheidend ist nur, dass das Kind aufgrund seines Namens in der Allgemeinheit – die den hinduistischen Hintergrund sowieso nicht kennt – nicht lächerlich gemacht und gehänselt wird. IV-371

Bedenkt man die potentielle grenzenlose Vielfalt ausländischer Vornamen, so zeigt sich, dass die Grenze zwischen einem im Ausland existierenden Namen und einer völligen Neuschöpfung auch bisher schon nicht nur IV-372

»hauchdünn« (*Dörner*, StAZ 1980, 171), sondern für die Belange der Rechtspraxis schlichtweg nichtexistent war. Wenn Eltern ihrem Kind eine im Inland mit keiner konkreten Bedeutung besetzte Buchstabenkombination als Vornamen erteilen wollen, kann es keinen Unterschied machen, ob dieses Wort zufällig in irgendeiner afrikanischen Stammessprache als Vorname gebräuchlich ist oder nicht.

IV-373 Damit ist die bisherige Praxis der Prüfung ausländischer Vornamen überflüssig geworden. Die Frage, ob eine sprachliche Bezeichnung im Ausland als Vorname bekannt ist oder nicht, spielt keine Rolle mehr.

IV-374 In Fällen mit Auslandsbezug hat man »ungebräuchliche« Vornamen bisher damit gerechtfertigt, dass ausländische Vorstellungen und Gebräuche auch im Rahmen eines deutschen Namensstatuts zu berücksichtigen seien, wenn die Familie eine kulturelle Beziehung zu einem anderen Staat habe (vgl. OLG Hamm, StAZ 1983, 71; KG, StAZ 1993, 9, 11; AG Berlin-Schöneberg, StAZ 1997, 16; AG Arnsberg, StAZ 2008, 77; *Dörner*, IPRax 1983, 287f.).

IV-375 Mit dieser Begründung haben es die Gerichte in der Vergangenheit etwa gestattet, dem deutschen Recht unbekannte Namenstypen oder -zusätze als Vornamen zu erteilen, z. B. amerikanische (OLG Hamm, StAZ 1983, 71; AG Berlin-Schöneberg, StAZ 1997, 16) oder dänische (*Kubitz*, StAZ 1997, 244) Zwischennamen oder den indischen Namenszusatz »Kaur« (LG Stuttgart, StAZ 1988, 82).

IV-376 Diese kulturelle Beziehung ist künftig als positiver Rechtfertigungsgrund »ungebräuchlicher« Vornamen nicht mehr nötig, weil das BVerfG die Grenzen der Zulässigkeit weiter gezogen hat und derartige Namen jetzt schon prinzipiell erlaubt sind (s. Rdnr. IV-360 ff.). Unter einem anderen Blickwinkel wird sie allerdings auch künftig eine Rolle spielen, und zwar bei der Frage, ob der Name als lächerlich oder entwürdigend empfunden wird; denn hier kommt es maßgeblich auf das soziale Umfeld an, das ganz entscheidend von dem kulturellen Milieu geprägt wird, in dem das Kind aufwächst (hierzu Rdnr. IV-379 ff.).

e) Die Konkretisierungsbedürftigkeit der maßgeblichen Kriterien

IV-377 Das BVerfG hat das Vornamensrecht erheblich vereinfacht, indem es einen Teil der bisherigen positiven Erfordernisse für unbeachtlich erklärte. Geblieben ist jedoch das Problem, dass die Zulässigkeitsvoraussetzungen unbestimmte Rechtsbegriffe sind, die sich nicht i. e. S. definieren lassen, sondern von Einzelfall zu Einzelfall konkretisiert werden müssen. Erschwerend kommt hinzu, dass die Maßstäbe der Konkretisierung zum einen nicht rechtlich, sondern sozial sind, und zum anderen eine Prognose verlangen: Die Frage geht dahin, ob das Kind in einer für seine Person relevanten sozialen Gruppe (soziale Komponente) herabgesetzt und lächerlich gemacht werden *wird* (Prognose).

IV-378 Diese Schwierigkeiten schließen es aus, präzise subsumtionsfähige Kriterien zu formulieren. Man wird daher auch im künftigen Vornamensrecht nur nach Gesichtspunkten geordnete Fallgruppen bilden können (s. Rdnr. IV-

385 ff.). Allerdings zwingt die Rspr. des BVerfG dazu, diese Ordnungsgesichtspunkte neu zu bestimmen.

4. Die soziale Wirkung des Namens als einziger Maßstab

a) Die für die Beurteilung relevante Bezugsgruppe

Es kommt darauf an, dass das Kind in seinem sozialen Umfeld nicht benachteiligt wird. Maßgeblich kann nur das Namensverständnis der »Allgemeinheit« sein. | IV-379

Dies verkennt die Rspr. in zahlreichen Fällen, wenn sie etwa einen konkreten Namen sprach- oder religionswissenschaftlich analysiert, um daraus Rückschlüsse für die Zulässigkeit oder Unzulässigkeit zu ziehen. Für die Frage, ob das Kind im Kindergarten oder in der Schule von den Gleichaltrigen gehänselt wird oder als Erwachsener im sozialen Leben auf Ablehnung stößt, dürfte die Ansicht von »muslimischen Rechtsgelehrten« (so KG, StAZ 2009, 271, 272 zu »Djehad«) keine Rolle spielen. Die Entscheidung des KG sieht die Problematik zu theoretisch; wenig später verweigerte eine Ärztin einem Jugendlichen, der den Namen in der türkischen Form »Cihad« führte, die Behandlung, weil sie ihn als eine islamistische Provokation empfand (Süddeutsche Zeitung vom 5.2.2010, Frankfurter Allgemeine Zeitung vom 6.2.2010). Auch wenn die Ärztin überreagiert hat, zeigt der Fall doch, dass es weniger auf etymologische Forschung ankommt als auf Verständnis im sozialen Umfeld. | IV-380

Auch dass das Wort »Aranya« nach Auskunft von Indologen auf indisch »Wald« heißt (hierzu BGH, StAZ 1979, 238; OLG Karlsruhe, StAZ 1981, 26; *Hepting/Gaaz*, Bd. 2 Rdnr. IV-700), ist völlig bedeutungslos, solange das Wort in den Ohren des Durchschnittsbürgers auf der Straße »wie ein Vorname klingt« und keine negativen Assoziationen auslöst. | IV-381

Dabei ist zu bedenken, dass das soziale Umfeld vom sprachlichen und kulturellen Hintergrund des Bevölkerungsteils abhängt, in dem das Kind aufwächst. Dieser mag für das Standesamt oder auch den die standesamtliche Entscheidung überprüfenden Richter im Einzelfall schwer feststellbar sein, insbesondere eine Zukunftsprognose erfordern; doch ist die Entscheidung kaum schwerer zu treffen als eine Grenzziehung nach Maßgabe der bisher angewandten Kriterien. Unabhängig vom konkreten ethnischen Milieu wird das deutsche Sprachverständnis vorrangig zu berücksichtigen sein, sofern zu erwarten ist, dass das Kind in Deutschland aufwächst, da es mit ihm über kurz oder lang zwangsläufig konfrontiert sein wird (Kindergarten, Schule); ergänzend muss das Sprachverständnis des ethnischen Milieus berücksichtigt werden, in das das Kind integriert ist. | IV-382

b) Die Spontaneität der Beurteilung

Daneben hat man darauf abzustellen, wie das soziale Umfeld *spontan* auf einen bestimmten Namen reagiert. Wenn die Mitmenschen beim erstmaligen Erwähnen eines Namens unwillkürlich mit spöttischem Schmunzeln oder | IV-383 aggressiver Ablehnung reagieren, nützt es wenig, dass der Namensträger anschließend erklären könnte, dass sein Name nach Auskunft von Sprachgelehrten eine besonders hochsinnige Bedeutung habe. Es kann nicht darauf ankommen, ob ein Mitbürger mit höherer Bildung nach einigem Nachdenken erkennt, dass ein Name auch andere, positiv besetzte Bedeutungen haben kann. Der maßgebliche »Empfängerhorizont« ist eben nicht der normative eines »verständigen Rechtsgenossen«, sondern der tatsächliche des sprichwörtlichen »Manns auf der Straße« (zutreffend OLG Schleswig, StAZ 2009, 80, das auf das »offenkundige durchschnittliche Namensverständnis« abstellt).

c) Zukunftswirkung statt retrospektiver Rechtfertigung

IV-384   Dass die Frage nach den drohenden Nachteilen für das Kind zu einer Prognose zwingt, schließt es ferner aus, rechtfertigende Erklärungen in der Vergangenheit zu suchen.

Dass eine sprachliche Kennzeichnung in der Vergangenheit als Vorname geführt wurde, ist zum einen nicht nötig, wenn man sie künftig auch so »für einen Vornamen halten kann«.

Es ist aber auch nicht ausreichend, wenn der Name aus anderen Gründen künftig belastend sein kann (wie etwa der Vorname »Adolf« unmittelbar nach dem Ende der Nazizeit).

Auch die – schon oben als irrelevant bezeichneten (s. Rdnr. IV-380) – Stellungnamen von Sprach- und Rechtsgelehrten können nur etwas über die bisherige Bedeutung eines Namens aussagen, aber nichts über die künftigen spontanen Reaktionen im sozialen Umfeld des Kindes.

5. Die Zulässigkeit im Einzelnen

a) Unzulässigkeit aufgrund fehlender Namensqualität

IV-385   Ohne dass man auf die sozialen Auswirkungen des Vornamens achten müsste, folgt bereits aus der Namensdefinition, dass es sich beim Vornamen um eine *sprachliche* Bezeichnung, d. h. um ein selbständiges und vollständiges Wort handeln muss.

Abkürzungen und unselbständige Namenszusätze wie »jr.«, »jun.«, »II«, sind – anders als etwa in den USA – als Vornamen nicht zulässig, weil sie keine Namen i.e.S. sind. Sie sind Ergänzungen, die den Namensträger von anderen Personen mit demselben Vornamen unterscheidbar machen sollen (vgl. AG Köln, StAZ 1979, 206). Ebenso ausgeschlossen ist es, ein Kind mit einer Ziffer zu benennen, da der Name eine sprachliche Kennzeichnung ist.

IV-386   Diese bereits aus der Namensdefinition abgeleitete Einschränkung dürfte sich allerdings in vielen Fällen mit dem vom BVerfG formulierten Vorbehalt decken, da derartige Namenszusätze in einem sozialen Umfeld, in dem sie ungebräuchlich sind, den Namensträger der Lächerlichkeit preisgeben können.

IV-387   Hingegen dürfte nach der neueren BVerfG-Rspr. das ausgeschriebene Wort »Junior« zulässig sein, da es eine selbständige sprachliche Bezeichnung darstellt, die nicht mit negativen Vorstellungen besetzt ist (abgelehnt noch von AG Hamburg, StAZ 1980, 198).

Nach wie vor unzulässig (ablehnend schon AG Tübingen, StAZ 1997, 381) ist die Kombination »Noah ben Abraham«, denn hier werden dem Kind nicht nur Vor*namen*, sondern bewusst ein Namens*zusatz* erteilt. Gegen die Kombination der *zwei* Vornamen Noah Abraham bestehen hingegen keine Bedenken; dasselbe gilt von Noah Ben Abraham, weil hier Ben (Kurzform von Benjamin) als echter Vorname erscheint.   IV-388

b) »Geschlechtswidrige« Namen

Die Geschlechtsbezogenheit spielt nur unter dem vom BVerfG hervorgehobenen »negativen« Aspekt eine Rolle. Geschlechtsneutrale Namen sind für das Kind keine Belastung und daher unbeschränkt möglich (so etwa AG Bielefeld, StAZ 2008, 108: »Danny« ist als Name, der nicht eindeutig auf das Geschlecht schließen lässt, zulässig).   IV-389

Das Kindeswohl wird jedoch beeinträchtigt, wenn der Name eindeutig auf das andere Geschlecht hinweist; zu Personen mit unbestimmten Geschlecht s. Rdnr. IV-225 f. Zum einen wird dem Kind die Identifikation mit seinem eigenen Geschlecht erschwert; zum anderen ist es mit großer Wahrscheinlichkeit den Hänseleien der Gleichaltrigen und im späteren sozialen Leben der Lächerlichkeit ausgesetzt.   IV-390

Bei der Abgrenzung zwischen geschlechtsneutralen und geschlechtswidrigen Namen wird man – entsprechend den oben dargestellten Grundsätzen (Rdnr. IV-379 ff.) – auf das spontane Verständnis der »Allgemeinheit« abstellen müssen. Dass etwa die Figur »Galadriel« in Tolkiens »Herr der Ringe« weiblich ist, war zum Zeitpunkt der Entscheidung OLG Köln, StAZ 1977, 105, wohl noch nicht allgemein bekannt, so dass die Erteilung als männlicher Vorname – bei dem zudem die Assoziation mit »Gabriel« möglich ist – nach den Grundsätzen des BVerfG möglich gewesen wäre; mittlerweile mag sich dies nicht zuletzt aufgrund des erfolgreichen Kinofilms geändert haben. Dabei ist auf die soziale Eingliederung des Kindes zu achten; einem Knaben, der gemäß § 4 Abs. 3 StAG die deutsche Staatsangehörigkeit erworben hat, aber im türkischen Milieu aufwächst, darf kein eindeutig weiblicher türkischer Vorname erteilt werden (so, wenn auch ungenau, OLG Düsseldorf, StAZ 2010, 11).   IV-391

Keinen eindeutigen Geschlechtsbezug haben Vornamen, die von signifikanten Bevölkerungsteilen als einerseits weiblich, andererseits männlich angesehen werden. So konnten z.B. die Namen Simone, Nicola oder Andrea schon bisher Kindern beiderlei Geschlechts erteilt werden. Die groteske Auseinandersetzung um den Namen »Heike« in den achtziger Jahren (Einzelheiten bei *Hepting/Gaaz*, Bd. 2 Rdnr. IV-741) wäre vor dem Hintergrund der neuen BVerfG-Rspr. völlig undenkbar.   IV-392

Als einzige Ausnahme kann der eindeutig weibliche Vorname »Maria« auch Kindern männlichen Geschlechts in Verbindung mit einem oder mehreren männlichen Vornamen erteilt werden (so bereits OLG Darmstadt, StAZ 1932, 64; vgl. auch BGHZ 30, 135 = StAZ 1959, 236; LG Tübingen, StAZ 1982,   IV-393

248 f.). Da diese Namensführung einer alten deutschen Tradition entspricht, dürfte sie in der Gesellschaft akzeptiert werden, ohne dass dem Namensträger daraus soziale Beeinträchtigungen entstehen. Zurückhaltender wird man sein müssen, wenn neben einem ersten geschlechtsgemäßen Namen die weiteren geschlechtswidrigen Namen nur in einem ausländischen Kulturkreis üblich sind (s. OLG Brandenburg, StAZ 2015, 57).

c) Bezeichnungen, die nicht als Vornamen empfunden werden

IV-394 Dass die Eltern grundsätzlich ein Namenserfindungsrecht haben und *jede* – auch eine völlig neue – sprachliche Bezeichnung als Vornamen wählen können, schließt nicht aus, dass einzelne Worte ausnahmsweise so stark mit anderen Vorstellungen »besetzt« sind, dass sie von der Verkehrsanschauung spontan nicht als Vorname empfunden werden. Wenn dies zu Missverständnissen und zu einer Belastung des Kindes führen kann, sind sie als Vornamen unzulässig.

IV-395 Auf die bisherige Praxis kann zurückgegriffen werden, soweit sie sich ebenfalls am Kindeswohl orientiert hat, während staatliche Ordnungsinteressen keine Rolle mehr spielen.

aa) Familiennamen

IV-396 Nach der bisher h. M. waren insbesondere *Familiennamen* nicht als Vornamen eintragungsfähig. Hier haben sich durch die Rspr. des BVerfG die Akzente verschoben.

IV-397 Das Argument, dass ihnen die Eignung zur Kennzeichnung der individuellen Persönlichkeit fehle, weil die Verkehrsanschauung den Familiennamen als Kennzeichen eines bestimmten *Familienzusammenhangs* ansehe und nicht als Mittel zur Individualisierung einer *Einzelperson*, hat angesichts der rechtlichen wie auch sozialen Entwicklungen an Überzeugungskraft verloren. Zum einen hat der Familienname seine Funktion zur Kennzeichnung des Familienzusammenhangs weitgehend verloren, seit die Dynamisierung des Namensrechts selbst innerhalb einer Kernfamilie unterschiedliche Namen ermöglicht.

IV-398 Zum anderen gibt es Familiennamen in einer derartigen Vielfalt, dass sie in vielen Fällen nicht als solche empfunden werden und die Grenze zum frei bestimmten Fantasienamen verfließt. Hier ist zu differenzieren, wobei abermals die Verkehrsanschauung der »Allgemeinheit« den Maßstab darstellt, s. Rdnr. IV-379 ff.

IV-399 Bei Namen, die häufige und typische Familiennamen sind, fehlt es nicht an der Kennzeichnungskraft, denn sie individualisieren ihren Träger kaum schlechter als ein in dessen Geburtsjahrgang häufiger »Modename«. Dass die Gefahr der Verwechslung mit dem wirklichen Familiennamen besteht oder dass der Anschein eines Doppelnamens entstehen kann, betrifft eher staatliche Ordnungsinteressen, die aber nach der Rspr. des BVerfG nicht mehr dominierend sind.

IV-400 Doch besteht bei als typisch empfundenen Familiennamen die Gefahr, dass dem Kind die mit dem Vornamen einhergehende Identitätsfindung und

Individualiserung nicht mehr möglich ist (BGH, StAZ 2008, 282 zum Beispielsnamen »Schmitz«; kritisch *Henrich*, FamRZ 2008, 1333).

Außerdem besteht die Gefahr, dass das Kind künftig verspottet und gehänselt wird. Diese Beeinträchtigung dürfte umso größer sein, je »familiennamenstypischer« der Wortlaut ist und je eher er sich im sozialen Umfeld als Familienname aufdrängt. Je mehr er als Familienname aufgefasst wird, desto häufiger wird das Kind späteren Namensverwechslungen oder auch Hänseleien ausgesetzt sein. Aus diesem Grund sind *typische* Bezeichnungen, bei denen sich die Einordnung als Familienname geradezu aufdrängt, als Vornamen unzulässig.

IV-401

Dies ist etwa der Fall bei häufigen Familiennamen wie »Müller«, »Mayer« oder »Schmidt«. Auch »Schröder« ist aus diesem Grund unzulässig (ebenso OLG Frankfurt a.M., StAZ 1985, 106; *Staudinger/Hilbig-Lugani*, § 1616 BGB Rdnr. 65). Dass dieser Name in der bekannten Comic-Serie »Die Peanuts« als Vorname auftaucht (»Schroeder«), spielt keine Rolle, da die Verwendung eines Namens im Ausland die Zulässigkeit im Inland weder positiv noch negativ präjudiziert (s. Rdnr. IV-363).

IV-402

Dass ein Name im Ausland als Vorname *unbekannt* ist, schließt seine Führung im Inland nicht aus. Umgekehrt kann aus dem Umstand, dass er im Ausland als Vorname *bekannt* ist, nicht zwingend gefolgert werden, dass er im Inland zulässig sein *müsse*. Eine Ausnahme mag gelten, wenn ein Name im sozialen Umfeld des Kindes als Vorname empfunden wird (s. Rdnr. IV-382).

IV-403

Bezeichnungen, die der Herkunft nach Familiennamen sind, mit denen die Verkehrsanschauung jedoch nicht spontan die Vorstellung von einem Familiennamen verbindet, sind nicht von vornherein unzulässig. Sie stehen auf gleicher Stufe mit den Fantasienamen. Auch wenn sie irgendwo als Familienname verwendet werden, sind sie doch nicht mit dieser typischen Bedeutung besetzt, so dass Beeinträchtigungen des Kindes nicht zu befürchten sind. Sie sind daher grundsätzlich zulässig (BayObLG, StAZ 1991, 313: »Adermann«; OLG Frankfurt a.M., StAZ 2000, 237: »Birkenfeld«; OLG Karlsruhe, StAZ 2006, 265: »Anderson«; OLG Frankfurt a.M., StAZ 2012, 19: »Bock«; OLG München, StAZ 2012, 179: »Ciuraj«). Dasselbe muss für Bezeichnungen gelten, die in fremden Kulturkreisen als Zwischen- oder Vaternamen geführt werden (KG, StAZ 2007, 204: »Christiansdottir«; LG Frankfurt a.M., StAZ 2009, 338: ein aus dem Vornamen des Vaters abgeleiteter, mit slawischer weiblicher Endung versehener Vatername ist als weiterer Vorname für ein Mädchen möglich, s.a. AG Bielefeld, StAZ 2009, 339).

IV-404

Wenn ein Familienname diesen Anforderungen genügt, ist es unschädlich, wenn einem Kind, das den Familiennamen eines Elternteils führt, der Familienname des anderen Elternteils als Vorname erteilt wird, auch als weiterer Vorname s. Rdnr. IV-447. Das geltende Recht kennt keinen »Verbrauch« des elterlichen Namens als Vorname des Kindes (BGH, StAZ 2008, 282: »Lütkc«).

IV-405

Beeinträchtigungen sind jedoch dann zu befürchten, wenn das Kind bereits einen Familiennamen führt, der seinerseits ein typischer Vorname ist. Wenn etwa einem Kind, das den – nicht seltenen – Familiennamen Martin

IV-406

oder Jakob führt, der Vorname Müller beigelegt würde, wären spätere für das Kind unerträgliche Missverständnisse unausweichlich.

IV-407 Wenn man die Zulässigkeit von diesen wenigen Gesichtspunkten abhängig macht, vermeidet man die höchst komplexen und dem Standesamt letztlich nicht zumutbaren Prüfungen, ob die Führung des Familiennamens ausnahmsweise Ausdruck echter Familientradition ist (hierzu *Hepting/Gaaz*, Bd. 2 Rdnr. IV-714), ob ein Name allgemein oder nur einer »gebildeten Minderheit« als Familienname bekannt ist (hierzu *Hepting/Gaaz*, Bd. 2 Rdnr. IV-716), oder ob ihm in irgendeiner fremden Sprache eine nicht familiennamenstypische Bedeutung zukommt. Die differenzierende ältere Rechtsprechung (s. *Hepting/Gaaz*, Bd. 2 Rdnr. IV-712 ff.) wird dadurch weitgehend gegenstandslos.

bb) Sach-, Gattungs- und Ortsbezeichnungen

IV-408 Bei Sach-, Gattungs-, und Ortsbezeichnungen gelten die Grundsätze zum »Assoziativnamen« entsprechend. Wenn eine Kennzeichnung im inländischen Sprachgebrauch bzw. nach dem Sprachempfinden einer relevanten Bevölkerungsgruppe spontan als Sachbezeichnung erkannt und verstanden wird (dazu *Diederichsen*, Festschrift Henrich, 2000, 107 f.), besteht die Gefahr, dass sie das Kind der Lächerlichkeit preisgibt. Sie ist daher als Vorname unzulässig. (»Grammophon«, AG Hamburg, StAZ 1973, 165; »Wiesengrund«, Schweizer BG, StAZ 1982, 219. »Windsbraut« wurde hingegen zugelassen von LG Ravensburg, StAZ 1985, 166; »Pfefferminze«, AG Traunstein, StAZ 1997, 40; »Waldmeister«, OLG Bremen, StAZ 2014, 303).

IV-409 Dasselbe gilt, wenn sich die Namensbildung zwar nicht an einem Sach-, Gattungs- oder Ortsbegriff orientiert, aber an einem sonstigen Begriff, der negativ besetzt ist und das Kind lächerlich machen oder herabwürdigen kann. Unzulässig sind Namen, die die Eltern aus der Verärgerung über die Zeugung des Kindes heraus erteilen (»Pillula«, »Ogino«, für die es jedoch keine Belege in der Rechtsprechung gibt, vgl. *Nappenbach*, StAZ 1998, 339); ferner medizinische Krankheitsbezeichnungen (»Gastritis«, vgl. *Diederichsen*, NJW 1981, 708). Abgelehnt wurde der Name »Borussia«, mit dem im täglichen Sprachgebrauch ein Fußballverein assoziiert wird (AG Kassel, StAZ 1997, 240).

IV-410 Nicht als Name erteilt werden kann die Bezeichnung einer Märchengestalt, die kein echter Vorname ist, sondern nur Sachassoziationen weckt (z. B. »Schneewittchen«, »Rotkäppchen«; vgl. BayObLG, StAZ 1981, 21, 26; der echte Vorname einer Figur aus der Kinder- und Jugendliteratur wurde hingegen als zulässig angesehen, vgl. Rdnr. IV-423: »Momo«, »Pumuckl«).

IV-411 »Fanta« wurde zugelassen (LG Köln, StAZ 1999, 147); es handelt sich dabei zwar um einen Produktnamen, zugleich aber auch um einen im afrikanischen Kulturkreis verbreiteten Namen, so dass der Bekanntheitsgrad des Produkts den Namen nicht maßgeblich prägt. »Puschkin« wurde abgelehnt; die Begründung, dass es sich um einen russischen Familiennamen handle, lässt sich nach den Entscheidungen des BVerfG nicht mehr halten; allenfalls bleibt der von AG München, StAZ 1983, 351 herangezogene Grund, dass es die Bezeichnung einer Wodkamarke sei; allerdings kann hier angesichts der Verbreitung des Namens im russischen Kulturkreis nichts anderes als bei »Fanta« gelten, zumal »Fanta« als Produktbezeichnung sehr viel bekannter sein dürfte als »Puschkin«.

Fremdsprachliche Sachbezeichnungen, deren Bedeutung dem allgemeinen inländischen Sprachverständnis unbekannt ist, stehen Fantasienamen gleich. Entscheidend kann nicht das Fachwissen eines Sprachwissenschaftlers sein, sondern die spontane Verkehrsanschauung im deutschen Sprachraum. Derartige Bezeichnungen sind wie Fantasienamen zu behandeln (dazu *Hepting/Gaaz*, Bd. 2 Rdnr. IV-785 ff.). IV-412

Dasselbe gilt für naturwissenschaftliche Sachbezeichnungen, deren fachliche Bedeutung für die Allgemeinheit nicht sofort erkennbar ist und die sich nach Klang und einzelnen Wortbestandteilen als Vornamen eignen. Wegen Beispielen s. *Hepting/Gaaz*, Bd. 2 Rdnr. IV-785 ff. Auch Ortsbezeichnungen können vornamenstauglich sein (AG Berlin-Schöneberg, StAZ 2012, 244: »London«, jedenfalls als weiterer Vorname). IV-413

cc) Unpersönliche Anredeformen
Aus denselben Gründen sind unpersönliche Anredeformen wie »Kumpel«, »Herr« oder Nachnamensbestandteile aus ehemaligen Adelsbezeichnungen (»Graf«, »Prinz«, »Ritter«) als Vornamen ungeeignet. Sie sind mit anderen Bedeutungen so stark besetzt, dass sie Missverständnisse provozieren und somit eine Belastung für das Kind werden können. IV-414

Bei der ausländischen Form einer derartigen Bezeichnung ist zu fragen, ob das inländische Sprachverständnis die vornamensfremde Bedeutung des ausländischen Wortes ohne Weiteres erkennt oder nicht. Eine Bezeichnung, die im deutschen Sprachgebrauch bekannt ist und auch durch die Medien (Regenbogenpresse?) mit einer bestimmten Bedeutung vorgeprägt ist, gibt Grund für Missverständnisse und kann daher nicht als Vorname erteilt werden (zu Recht abgelehnt: »Princess Anne«, OLG Hamburg, StAZ 1965, 75). Die Grenzziehung im Einzelfall kann schwierig sein (vgl. LG Augsburg, StAZ 1998, 345: Erkennt die inländische Verkehrsanschauung sofort, dass »Roi« auf Französisch »König« bedeutet? Zur Kritik s. *Seibicke*, StAZ 1999, 45 und *Diederichsen*, Festschrift Henrich, 2000, 111). IV-415

Zulässig ist »Mikado« (LG Braunschweig, StAZ 1998, 209). Der Gebrauch als Bezeichnung für den japanischen Kaiser (in Japan insoweit ungebräuchlicher und geschlechtsneutraler, aber möglicher Vorname), ein Geschicklichkeitsspiel oder ein Produkt der Lebensmittelindustrie stehe nicht im Vordergrund. IV-416

d) Namen von bekannten Personen oder Gestalten der Literatur

Bei Bezeichnungen, die im allgemeinen Verständnis mit bestimmten Personen, ggf. auch Ereignissen der jüngeren Vergangenheit und Gegenwart verknüpft sind, besteht die Gefahr, dass die Eltern das Kind zum »lebenden Plakat« ihrer aktuellen politischen Überzeugung oder gesellschaftlichen Bewunderung machen (vgl. *Staudinger/Hilbig-Lugani*, § 1616 BGB Rdnr. 68 m. w. N.). IV-417

Hier ist zu differenzieren: Wird nur der gebräuchliche Vorname der bewunderten Person gewählt, so ist er mit normalen Maßstäben zu messen; ein IV-418 an sich zulässiger Vorname kann nicht allein dadurch unzulässig sein, dass er mit dem Vornamen einer bekannten Person der Zeitgeschichte übereinstimmen (bedenklich daher LG München, StAZ 1973, 88, das »Che« in der Verbindung »Che-Michael« für unzulässig hält).

IV-419 Wird jedoch eine Bezeichnung gewählt, die durch den Bezug zu dem betreffenden Ereignis oder zu der betreffenden Person überhaupt erst verständlich wird, so ist sie unzulässig, wenn sie zu einer Belastung für das Kind werden kann, weil es Hänseleien oder negativen Fragen ausgesetzt ist. So wäre wohl »Che« in der Verbindung »Che-Guevara« unzulässig; für Beispiele aus der Vergangenheit, insbesondere der Nazizeit (»Landsturmine«, »Gneisenauette«, »Heydrich«) vgl. *Diederichsen*, NJW 1981, 706. Zu Recht abgelehnt »Heydrich« als männlicher Vorname (AG Traunstein, StAZ 1994, 317), weil er in engem Zusammenhang mit dem Dritten Reich gesehen, somit negativ beurteilt werden und das Kindeswohl gefährden kann.

IV-420 Ein ähnliches Problem stellt sich, wenn der Name auch ein Begriff ist, der von der Verkehrsanschauung mit einer politischen oder sonst programmatischen Aussage verbunden wird. Mehr als bedenklich daher KG, StAZ 2009, 271, das »Djehad« deswegen als Vornamen zulässt, weil es im Arabischen nicht nur die im Inland aus den Medien bekannte Bedeutung »heiliger Krieg« habe, sondern auch ein mit positiv-ethischem Verständnis besetzter Vorname sei. Das Gericht begründet dies mit einer sprachwissenschaftlichen Interpretation auf der Grundlage der »Meinung der meisten muslimischen Rechtsgelehrten«.

IV-421 Dass eine derartige subtile Betrachtungsweise dem allein maßgeblichen Verständnis der Allgemeinheit nicht entspricht, zeigen die in Rdnr. IV-380 genannten Medienberichte; zu Recht kritisch deshalb *Wall*, NJOZ 2010, 2344.

IV-422 Von dem besonders in Spanien und in lateinamerikanischen Ländern sehr gebräuchlichen Vornamen »Jesus« wurde für den deutschen Sprachbereich zunächst angenommen, er sei so stark mit religiösen Vorstellungen besetzt, dass er bei einem deutschen Kind unzulässig sei (vgl. AG Bielefeld, StAZ 1964, 165). Aufgrund fortschreitendem Austausch der Kulturen hat sich die Beurteilung geändert: Angesichts seiner Verbreitung muss der Name auch in Deutschland akzeptiert werden. Hänseleien seien für den Namensträger zwar nicht auszuschließen (vgl. OLG Frankfurt a.M., StAZ 1999, 173), aber hinzunehmen, zumal der Name anders als im Deutschen ausgesprochen wird.

IV-423 Ähnliche Grundsätze gelten bei Namen von Märchen- oder Romangestalten. Wären sie als Vornamen – auch als Fantasienamen – nach allgemeinen Kriterien zulässig, so schadet die Assoziation allein für sich nicht; zulässig sind daher z.B. »Momo« (BayObLG, StAZ 1981, 21) und »Monja« (LG Hagen, StAZ 1973, 49).

IV-424 Unzulässig sind sie jedoch dann, wenn sie durch die Assoziation und durch den Klang des Namens lächerlich wirken und das Kind den Hänseleien anderer Kinder aussetzen können. Diese Gefahr für das Kindeswohl wird allerdings verringert, wenn dem Kind daneben ein weiterer unbedenklicher Vorname erteilt wird, da es durch das Führen des anderen Namens als »Rufname« (dazu Rdnr. IV-332 ff.) den Beeinträchtigungen entgehen kann.

Die Rechtsprechung war in dieser Hinsicht relativ großzügig; zugelassen wurden etwa »Pumuckl« (OLG Zweibrücken, StAZ 1983, 349), »Winnetou« in der Verbindung »Tillmann-Winnetou« (AG Darmstadt, StAZ 1975, 134); »Speedy« (OLG Karlsruhe, StAZ 1999, 45 mit ablehnender Kritik *Seibicke*, StAZ 1999, 45).

IV-425

Einzelne Entscheidungen stellen zutreffend darauf ab, dass sich mit dem Namen keine negativen Vorstellungen verbinden dürfen. Mit diesem Argument zugelassen wurde »Godot« (LG Hannover, StAZ 1997, 15 zu »Warten auf Godot« von Samuel Beckett; Anm. *Korb*, StAZ 1997, 16); ebenso der der Zeichentrickserie »Familie Feuerstein« entlehnte Fantasiename »Pebbles« (AG Bayreuth, StAZ 1993, 356).

IV-426

Konsequent müssten negativ besetzte Namen unzulässig sein (treffend *Dörner*, StAZ 1981, 26: »Märchenbösewichter haben keine Chance«). Hier ist freilich die Frage zu stellen, ob der negative Gehalt des Namens der »Allgemeinheit« bekannt ist.

IV-427

e) Sonstige das Kind belastende Namen

Neben den bisher dargestellten Fallgruppen sind andere Einzelfälle denkbar, in denen der Vorname das Kindeswohl beeinträchtigt; für sie hat sich durch die neuere Rspr. des BVerfG wenig geändert.

IV-428

Lächerlich und unzulässig sind Namensverstümmelungen wie z. B. »Fifi«, »Dodo«, ebenso andere Bezeichnungen, die lächerliche Assoziationen hervorrufen (z. B. »Rosenherz«, AG Nürnberg, StAZ 1994, 118).

IV-429

Als lächerlich oder belastend empfunden werden auch überlange, komplizierte Namen (»Jan-Marius-Severin« oder »Hansjörg-Wolfdietrich«; vgl. *Drewello*, StAZ 1982, 46), wobei zu bedenken ist, dass mit einem Bindestrich verbundene Namensteile als ein (!) Name angesehen werden.

IV-430

Eine Belastung des Kindes kann sich auch aus einem kaum aussprechbaren Namenswortlaut ergeben. Abgelehnt wurde »Mechipchamueh« (LG Gießen, StAZ 1999, 44); zugelassen hingegen »Chandra-Gupta« (LG München I, StAZ 1976, 370).

IV-431

f) Schreibweise und Aussprache

Der Name ist in der Schreibweise einzutragen, die die zur Namensgebung Berechtigten verlangen. Neben dem gebräuchlichen »Hans« kann auch »Hanns« oder »Hannes« erteilt werden, ebenso »Karl« oder »Carl«, »Karoline« oder »Caroline«, »Walter« oder »Walther«, »Helmut«, »Hellmuth« oder »Helmuth« usw. Auch bei zusammengesetzten Namen sind zum Teil verschiedene Schreibweisen möglich, z. B. »Karl-Heinz« und »Karlheinz«. Wird eine Schreibweise angegeben, die möglicherweise auf ein Missverständnis zurückgeht, sollte das Standesamt die Sorgeberechtigten vor der Eintragung darauf hinweisen. Wegen Zusammensetzungen mit Bindestrich s. *Hepting/ Gaaz*, Bd. 2 Rdnr. IV-759. Wählen die Eltern eine Schreibweise mit diakritischen Zeichen, so ist dies als Ausfluss ihres Rechts, den Vornamen zu bestimmen, zu akzeptieren (OLG München, StAZ 2011, 15: »Zoë«).

IV-432

IV-433   Soweit die ältere Rechtsprechung Namen ihrer Schreibweise wegen ablehnte (Nachweise bei *Hepting/Gaaz*, Bd. 2 Rdnr. IV-781 ff.), argumentierte sie vielfach damit, dass aufgrund der unkonventionellen Schreibweise das Geschlecht nicht erkennbar sei; dieser Gesichtspunkt ist mittlerweile nicht mehr maßgeblich (s. Rdnr. IV-368 f. und IV-389 ff.).

IV-434   Die Grenze der Zulässigkeit ist wie stets erreicht, wenn eine ungewöhnliche Schreibweise lächerlich wirkt und dadurch das Kindeswohl beeinträchtigt ist. Aus diesem Grund abgelehnt wurden z. B. »Wolangsche« (vgl. *Sachse*, StAZ 1967, 255); »Ssonia« (LG Bielefeld, StAZ 1977, 199); »Jenevje« (als Eindeutschung des französischen Vornamens »Genevieve«, AG Kleve, StAZ 1994, 288). Hier hat sich durch die neuere Rspr. des BVerfG wenig geändert.

IV-435   Die von der deutschen abweichende Aussprache fremdländischer – insbesondere angloamerikanischer – Namen rechtfertigt keine Zurückweisung (vgl. OLG Hamm, StAZ 1995, 236). Die Rezeption neuer fremdländischer Vornamen führt notwendig auch zur Neuschöpfung oder Einverleibung fremdartiger Schreib- und Sprechweisen (vgl. MünchKomm/*v. Sachsen Gessaphe*, nach § 1618 BGB Rdnr. 10). Die Eindeutschung eines fremdsprachigen Vornamens kann im Rahmen der üblichen Regeln weder verlangt noch verboten werden.

g) Zulässige Zahl von Vornamen

IV-436   Die Zahl der Vornamen ist im Gesetz nicht beschränkt. Dennoch entspricht es der h. M., dass die Zahl begrenzt sein muss.

Dies im Einzelnen zu begründen, fällt freilich nicht leicht. Die Vornamensbestimmungspflicht der Eltern wird bei zu vielen Vornamen nicht vernachlässigt. Die Selbstidentifikation des Kindes wird nicht gefährdet, ebenso wenig ist es Hänseleien ausgesetzt, da es im täglichen Leben nur seinen Rufnamen als den eigentlich kennzeichnenden einzigen Vornamen führt (a. A. MünchKomm/*Hinz*, 3. Aufl. 1992, § 1616 BGB Rdnr. 13).

IV-437   Doch eben weil die verfassungsrechtlich geschützten Interessen des Kindes nicht zentral berührt werden, ist es zulässig, eine zahlenmäßige Beschränkung mit allgemeinen staatlichen Ordnungsinteressen zu begründen. Die Grenze dürfte dort liegen, wo die ordnungsgemäße Führung von Registern oder die Ausstellung von Urkunden (Personenstandsurkunden, Pässe und Ausweise, Schulzeugnisse etc.) beeinträchtigt wird.

IV-438   Unklar ist, wo die Grenze zu ziehen ist. Die h. M. scheint vier Namen als gerade noch zulässig anzusehen (vgl. AG Hamburg, StAZ 1980, 198; *Diederichsen*, NJW 1981, 706; *Gernhuber*, StAZ 1983, 269; vier bis fünf: OLG Düsseldorf, StAZ 1998, 343, weitere Nachweise bei *Staudinger/Hilbig-Lugani*, § 1616 BGB Rdnr. 57 f.); doch verkraftet die staatliche Registerführung möglicherweise auch eine höhere Zahl (so auch *Homeyer*, StAZ 2005, 20, 21). Vertretbar daher AG Berlin-Schöneberg, StAZ 1980, 198, und OLG Köln, StAZ 1988, 82, die sieben Vornamen für zulässig halten (vgl. *Dörner*, StAZ 1980, 170).

Andererseits zutreffend AG Hamburg, StAZ 1970, 286, das dreizehn Vornamen für unzulässig hält (ähnlich *Homeyer* a. a. O.).

Die zulässige Zahl der Vornamen hängt auch davon ab, ob ein beachtlicher Grund für mehrere Vornamen erkennbar ist, etwa die Familientradition oder die Zahl der Paten des Kindes (vgl. OLG Köln, StAZ 1988, 82). Dies wirft freilich die schwierige Wertungsfrage auf, welche Gründe »beachtlich« sind. IV-439

Ein beachtlicher Grund liegt nicht vor, wenn dem Kind eine Vielzahl von Namen (hier zwölf) aus verschiedenen Kulturen und Religionen gegeben werden soll, da eine solche Namensgebung nicht dem Wohl des Kindes, sondern der Selbstdarstellung der Eltern dient (OLG Düsseldorf, StAZ 1998, 343). IV-440

Unzulässig sind mehr als zweigliedrige Kombinationen von Vornamen (vgl. *Seibicke*, StAZ 1995, 322). Nicht möglich ist es, einem Kind zweimal den gleichen Vornamen zu geben (»Tom Tom«; AG Bremen, StAZ 1991, 255). IV-441

h) Fehlen der familieninternen Kennzeichnungskraft

Fehlt einem Vornamen die familieninterne Kennzeichnungskraft, so könnte man auf den ersten Blick meinen, dass dies nur staatliche Ordnungs- und Registrierungsinteressen berühre und er deshalb nicht unzulässig sein könne. Doch bedeutet es auch einen Nachteil für das Kind, wenn es nicht in der Lage ist, innerhalb seiner Familie zu einer eigenen Namensidentität zu gelangen. Die Entscheidungen, wonach die Kinder eines Ehepaares unterschiedliche Vornamen erhalten müssen, damit sie in den Urkunden auch ohne Angabe des Geburtsdatums voneinander unterschieden werden können (s. *Danner*, StAZ 1964, 116; *Dörner*, StAZ 1973, 238 f.; *Drewello*, StAZ 1983, 73), entsprechen also auch der neueren Rspr. des BVerfG. IV-442

Wenn bei Geschwistern einer von mehreren Vornamen übereinstimmt, besteht die Gefahr von Identitätstäuschungen oder Verwechslungen, da es einen verbindlich festgelegten Rufnamen nicht gibt. Die Geschwister sind nicht daran gehindert, alle den übereinstimmenden Rufnamen zu gebrauchen. Die Rspr. lässt übereinstimmende Namen zu, wenn die Kinder daneben einen jeweils unterschiedlichen Vornamen tragen (OLG Hamm, StAZ 1983, 71; BayObLG, StAZ 1986, 38 f.; AG Tübingen, StAZ 1996, 336). IV-443

Ein ähnlicher Fall von Namensübereinstimmung ergibt sich, wenn der in den angloamerikanischen Ländern häufige Zwischenname (»middle name«) der Mutter, der meist ihr Mädchenname ist, dem deutschen Kind als Vorname erteilt werden soll (vgl. OLG Frankfurt a. M., StAZ 1976, 363; OLG Hamm, StAZ 1983, 71 mit kritischer Anm. *Drewello*). IV-444

Dass der Name der Herkunft nach der voreheliche *Familien*name der Mutter ist, spielt keine Rolle, wenn man Familiennamen nicht generell ausschließt, sondern auf sie die für Fantasienamen geltenden Grundsätze anwendet (s. Rdnr. IV-396 ff.; BGH, StAZ 2008, 282: »Lütke«). Auch derartige Namen sind daher geeignet, als Vornamen erteilt zu werden (OLG Karlsruhe, StAZ 2014, 51; anders aber KG, StAZ 1999, 171; OLG Köln, StAZ 2002, 43). IV-445

Von der grundsätzlichen Geeignetheit der Namen zu unterscheiden ist die Frage, ob eine unerträgliche Verwechslungsgefahr besteht, wenn Mutter und Kind einen dem Wortlaut nach gleichen Namen führen. Im administrativen Bereich ist die Verwechslungsgefahr gering, da die amtliche Identifizierung IV-446 der Personen durchaus zwischen Vornamen und Zwischennamen zu unterscheiden vermag. Zudem ist die »öffentliche Ordnung« ohnehin kein das Vornamensrecht dominierender Faktor mehr.

IV-447 Richtig ist, dass die Bestimmung des Familiennamens eines der beiden Elternteile zum weiteren Vornamen im Erscheinungsbild einem zusammengesetzten Familiennamen (Doppelnamen) nahe käme, der nach deutschem Namensrecht unzulässig ist (zu diesem Argument s. KG, StAZ 1997, 36). Dies betrifft freilich nur die Namensführung im gesellschaftlichen Verkehr. Personenstandsrechtlich bliebe es dabei, dass der eine Name der »einfache« Familienname, der scheinbar zweite Namensbestandteil jedoch nur Vorname ist. Das Kindeswohl wird jedenfalls durch den Eindruck eines vermeintlichen Doppelnamens nicht gefährdet (OLG Karlsruhe, StAZ 2014, 51, 53; vgl. auch OLG Frankfurt a.M., StAZ 2012, 19, 20; OLG München, StAZ 2012, 179). Eltern können damit als Substitut für einen als Geburtsnamen unzulässigen Doppelnamen den Familiennamen desjenigen Elternteils, der sich bei der Wahl des Geburtsnamens des Kindes nicht durchsetzt, als weiteren Vornamen erteilen.

II. Der Vorname des Kindes in Fällen mit Auslandsbezug

1. Anknüpfung und Reichweite des Vornamensstatuts

IV-448 Auch der Vorname untersteht grundsätzlich dem Personalstatut des Kindes, Art. 10 Abs. 1 EGBGB. Eine Rechtswahl nach Art. 10 Abs. 3 EGBGB ist hinsichtlich des Vornamens nicht möglich, sondern bezieht sich nur auf den Familiennamen des Kindes, s. a. OLG Karlsruhe, StAZ 201, 51, 52.

a) Art und Weise der Vornamensgebung und Zeitpunkt des Namenserwerbs

IV-449 Das Namensstatut entscheidet über die Art und Weise der Vornamensgebung (BayObLG, StAZ 1980, 63) und über den Zeitpunkt des Namenserwerbs. Wegen der Befugnis zur Vornamenserteilung s. Rdnr. IV-457.

IV-450 Dies kann zu Reibungen mit dem Personenstandsrecht führen, wenn der Namenserwerb durch Ereignisse außerhalb des standesamtlichen Verfahrens festgelegt wird, wie z.B. durch Taufe (wie früher in Griechenland; vgl. *Chiotellis*, StAZ 1977, 277).

b) Die inhaltlichen Grenzen der Vornamensbestimmung

IV-451 Das Namensstatut entscheidet grundsätzlich auch die inhaltlichen Grenzen der Vornamensbestimmung (vgl. OLG Düsseldorf, OLGZ 1989, 276 = StAZ 1989, 282; AG Berlin-Schöneberg, StAZ 1997, 40). Doch lässt sich dieser Grundsatz in der Praxis nur mit großen Schwierigkeiten handhaben. Regeln, die die Vornamensgebung beschränken, sind in ausländischen Rechtsordnungen – ebenso wie im deutschen Recht – oft nicht gesetzlich niedergelegt, sondern beruhen auf gesellschaftlichen Normen und Gebräuchen, die allenfalls durch die Rechtsprechung zu Rechtssätzen konkretisiert werden. Ihre Ermittlung im konkreten Einzelfall kann sehr schwierig sein (vgl. *Staudinger/Hepting/Hausmann*, vor Art. 10 EGBGB Rdnr. 148 ff.); zudem ist nicht auszuschließen, dass diese Regeln nur für »Heimatlandsfälle« gelten wollen und das ausländische Recht in Fällen, bei denen die Betroffenen in Deutschland leben, möglicherweise großzügiger ist.

Ebenso wie in Inlandsfällen steht die Vornamensgebung unter dem Vorbehalt, dass das Kindeswohl nicht beeinträchtigt werden darf. Der Schutz des allgemeinen Persönlichkeitsrechts, Art. 2 Abs. 1 GG i. V. m. Art. 1 Abs. 1 GG, ist ein Menschenrecht, das auch bei Ausländerbeteiligung beachtet werden muss. Das Kindeswohl ist Schutzgut des ordre public und setzt sich gegen die Vorschriften oder auch die Großzügigkeit eines ausländischen Namensrechts durch, Art. 6 EGBGB. Damit sind die Grundsätze der BVerfG-Rspr. auch bei Kindern mit ausländischem Namensstatut zu beachten. Als Inlandsbezug wird man verlangen müssen, dass das Kind seinen gewöhnlichen Aufenthalt in Deutschland hat. — IV-452

Bei einem Kind mit gewöhnlichem Aufenthalt im Ausland wird man daher grundsätzlich den Namen registrieren können, den die zur Namensgebung befugten Personen erteilen; eine inhaltliche Überprüfung findet mangels Inlandsbezugs nicht statt. — IV-453

Bei Inlandsfällen mit Auslandsbezug kann es schwierig sein, die für die soziale Wirkung des Namens maßgebliche Bezugsgruppe (s. Rdnr. IV-379 ff.) zu bestimmen. Bei Kindern, die in ein ausländisches Milieu hineinwachsen werden, gibt die Gebräuchlichkeit des Namens in diesem Milieu zumindest einen positiven Hinweis. Zusätzlich hat das Standesamt darauf zu achten, dass der fremdländische Name im deutschsprachigen Umfeld nicht anstößig oder lächerlich wirkt, da ein Kind mit gewöhnlichem Aufenthalt im Inland zwangsläufig immer auch einen Bezug zur deutschsprachigen »Allgemeinheit« haben wird. — IV-454

Wenn ein Kind mit ausländischem Namensstatut im Inland aufwächst, muss es möglich sein, ihm *einen* im deutschen Sprachraum üblichen Namen zu erteilen, selbst wenn sein Heimatrecht »ausländische« Namen eigentlich nicht zulässt, um die künftige Integration im Inland nicht zu erschweren. — IV-455

Etwas anderes gilt, wenn das Kind mit einem bereits im Ausland erworbenen und geführten Namen ins Inland übersiedelt. Hier ist bei der dem ordre public zugrunde liegenden Abwägung zu berücksichtigen, dass auch das Interesse des Namensträgers an Namenskontinuität (näher Rdnr. II-401 ff.) ein Schutzgut ist, das berücksichtigt werden muss (vgl. OLG Bremen, StAZ 1996, 86 gegen LG Bremen, StAZ 1996, 46: »Frieden Mit Gott Allein Durch Jesus Christus« bei einem 15-jährigen Südafrikaner verstößt nicht gegen den ordre public; insoweit zustimmend *Seibicke*, StAZ 1997, 99). — IV-456

2. Die Befugnis zur Vornamenserteilung im IPR

Unklar ist, welches Recht die Befugnis zur Namensgebung beherrscht. — IV-457

Die früher herrschende Auffassung zog das Statut der Eltern-Kind-Beziehung heran (vgl. OLG Karlsruhe, StAZ 1986, 286; LG Berlin, StAZ 1983, 348; AG Duisburg, StAZ 1987, 283; *Krüger*, StAZ 1982, 33).

Nach heute h.M. ist auch hierfür das Namensstatut des Art. 10 Abs. 1 EGBGB maßgeblich (OLG Hamm, StAZ 1985, 131; OLG Düsseldorf, StAZ 1989, 282; AG Berlin-Schöneberg, StAZ 1997, 39; *Stenz*, StAZ 1980, 174; *Dörner*, IPRax 1983, 287 zu OLG Hamm, IPRax 1983, 296; *Henrich*, IPRax 1992, 51; offengelassen von OLG Frankfurt a.M., StAZ 1990, 71, 72; OLG Stuttgart, StAZ 2003, 141; OLG Frankfurt a.M., StAZ 2005, 14; OLG Köln, StAZ 2005, 202). Ursprünglich wollte diese Ansicht vor allem die unzulänglichen – insbesondere verfassungswidrigen – Anknüpfungen des Eltern-Kind-Verhältnisses nach dem alten IPR umgehen (so ganz deutlich *Dörner*, IPRax 1983, 288); seit der IPR-Reform von 1986 besteht hierzu keine Notwendigkeit mehr.

IV-458   Richtigerweise ist zu differenzieren. Ausgangspunkt ist wegen Art. 10 Abs. 1 EGBGB stets das Namensstatut; es bestimmt, wer zur Namensgebung befugt ist. Es umschreibt den befugten Personenkreis üblicher Weise mit Rechtsbegriffen wie z. B. »Eltern«, »gesetzliche Vertreter« oder »Inhaber der elterlichen Sorge«. Insoweit handelt es sich um »Vorfragen« (zu diesem Begriff s. Rdnr. VI-61ff.). Da bei der Neubestimmung eines Vornamens der interne Entscheidungseinklang nicht gefährdet ist, kann man sie unselbständig anknüpfen und dem Kollisionsrecht des maßgeblichen Namensstatuts folgen. Dies führt im Ergebnis zur umfassenden Maßgeblichkeit des Namensstatuts.

Teil V
Änderungen des Status und des Namens nach der Geburt

A. Allgemeines

Die Einteilung in status- und namensrechtliche Verhältnisse, die unmittelbar mit der Geburt des Kindes entstehen, und solche, die durch etwaige später nachfolgende Änderungen entstehen, folgt nicht nur allgemeinem Ordnungsdenken, sondern hat konkrete verfahrensrechtliche Gründe. Das Personenstandsrecht unterscheidet einerseits die Angaben, die nach der Geburt gemäß § 21 PStG in den Geburtseintrag aufzunehmen sind und grundsätzlich den Rechtszustand im Zeitpunkt der Geburt wiedergeben sollen, sowie andererseits die Angabe der späteren Status- und Namensänderungen, die gemäß § 27 PStG Gegenstand einer Folgebeurkundung sind. V-1

Zum verfahrensrechtlichen Verhältnis der beiden Vorschriften zueinander s. a. *Gaaz/Bornhofen*, § 21 PStG Rdnr. 30, 35, 38, 46 und 70.

Allerdings ist zu beachten, dass status- und namensbestimmende Vorgänge, die zwar *nach* der Geburt, aber *vor* der Beurkundung erfolgen, und die auf die Geburt zurückwirken, noch im Geburtseintrag berücksichtigt werden können. Sie werden so angesehen, als seien sie bereits im Geburtszeitpunkt erfolgt. V-2

Der eigentlich maßgebliche Zeitpunkt, der über die Abgrenzung von § 21 PStG und § 27 PStG entscheidet, ist daher nicht die Geburt selbst, sondern der Zeitpunkt ihrer Beurkundung.

Hierzu und zu dem daraus folgenden Schwebezustand zwischen Geburt und Geburtseintrag s. Rdnr. IV-4 ff.

Es gibt status- und namensbestimmende Erklärungen, die sowohl vor als auch nach der Beurkundung der Geburt erfolgen können. Je nachdem werden die von ihnen herbeigeführten Rechtswirkungen auf den Geburtszeitpunkt zurückbezogen und gemäß § 21 PStG in den Geburtseintrag aufgenommen oder erst später gemäß § 27 PStG beurkundet. V-3

Die Darstellung des materiellen Rechtszustandes orientiert sich an dem gesetzlichen Regelungstypus, der in diesen Fällen von einer nachträglichen Erklärung ausgeht, d. h. einer Erklärung, die erst nach der Beurkundung der Geburt erfolgt.

B. Die Feststellung der Abstammung von der Mutter

I. Allgemeines

V-4 § 1591 BGB knüpft die rechtliche Mutterschaft ausschließlich an den Tatbestand der Geburt. Der Gesetzgeber versagt also mit dem KindRG im Fall einer »Leihmutterschaft« der genetischen Mutterschaft jegliche Wirkung gegenüber der biologischen; näher hierzu Rdnr. IV-23 ff.

Eine spätere rechtliche Korrektur der Mutterschaft, etwa in Form einer »Mutterschaftsanfechtung«, ist daher nicht vorgesehen, auch wenn sich herausstellt, dass die Eizelle nicht von der Frau stammt, die das Kind geboren hat.

V-5 Das deutsche Recht verlangt für die Begründung der Mutterschaft keine besondere Erklärung in Form einer Mutterschaftsanerkennung. Allein die Geburt begründet das Statusverhältnis zwischen Mutter und Kind. Das deutsche Recht unterscheidet sich damit von anderen Rechtsordnungen, die ein Mutterschaftsanerkenntnis zur Begründung des Statusverhältnisses verlangen, hierzu Rdnr. IV-166 ff.

Das Statusverhältnis entsteht daher bereits mit dem Zeitpunkt der Geburt.

II. Notwendigkeit einer späteren Mutterschaftsfeststellung

V-6 Dass die gemäß § 1591 BGB kraft Gesetzes eingetretene Mutterschaft nach § 21 PStG registriert wird, ist der weitaus überwiegende Regelfall.

Nur in Sonderfällen kann die Mutter erst nach der Geburt festgestellt und eingetragen werden. Wegen der unmittelbaren Wirkung des § 1591 BGB hat diese spätere Feststellung jedoch nie den Status begründende, sondern immer nur den Status klärende Wirkung. Die Rechtsfolge des § 1591 BGB ist im Augenblick der Geburt auch dann eingetreten, wenn die Mutter tatsächlich unbekannt geblieben ist.

1. Fälschlich angenommene Mutterschaft

V-7 Dass eine Frau, die das Kind nicht geboren hat, fälschlich als Mutter im Rechtssinne angesehen wird, ist z. B. denkbar, wenn das Kind in der Entbindungsklinik verwechselt wurde. Erweist sich die zunächst angenommene Mutter-Kind-Zuordnung später als falsch, so kommt es nicht zu einer *Änderung* der Mutterschaft im Rechtssinne, denn diese wurde bereits bei der Geburt im Verhältnis zu der wahren biologischen Mutter begründet; vielmehr war die Eintragung im Geburtenregister von Anfang an objektiv falsch. Personenstandsrechtlich kommt es daher nur zu einer Berichtigung nach § 48 PStG, nicht zu einer Personenstandsänderung im Sinne des § 27 PStG; vgl. zur Abgrenzung der beiden Vorschriften *Gaaz/Bornhofen*, § 27 PStG Rdnr. 36.

2. Unbekannte Mutterschaft: Findelkind, anonyme Geburt und Kindesabgabe sowie vertrauliche Geburt

Ebenfalls nicht um ein materiellrechtliches, sondern nur um ein tatsächliches und verfahrensrechtliches Problem handelt es sich dann, wenn die Frau, die das Kind geboren hat, unbekannt ist. V-8

So ist etwa die Mutter eines *Findelkindes* nach § 1591 BGB Mutter im Sinn des materiellen Rechts, auch wenn sie als Person nicht fassbar ist und personenstandsrechtlich nicht in den Geburtseintrag aufgenommen werden kann. Auch in diesem Fall bedeutet die spätere Feststellung und Eintragung der Mutter nur eine Klärung, nicht aber eine Änderung des Personenstands. V-9

Dies gilt unbeschadet der Notwendigkeit, in derartigen Fällen regelmäßig eine gerichtliche Feststellung der (rechtlich von Anfang an bestehenden) Mutterschaft durchzuführen. Da das die Mutterschaft begründende Ereignis, die Geburt durch eine ganz bestimmte Frau, für das Standesamt meist nicht mehr ohne weiteres ermittelbar ist, etwa für Zwecke des § 26 PStG, sollte das Abstammungsverhältnis im Interesse der Rechtsklarheit allgemein verbindlich festgestellt werden, vgl. auch § 5 PStV. V-10

Neben dem Abstammungsverfahren nach § 169 FamFG ist bei zunächst ungeklärter Mutterschaft aber auch ein Berichtigungsverfahren nach § 48 PStG zulässig (BayObLG, StAZ 1978, 37, 38; OLG Bremen, FamRZ 1995, 1291, 1293). Gegenüber dem Berichtigungsverfahren hat das Abstammungsverfahren jedoch den Vorteil, dass eine rechtskraftfähige Feststellung der Mutter mit allgemein verbindlicher Wirkung erreicht wird, § 184 Abs. 2 FamFG.

Weiterere Anwendungsfälle der dargestellten Grundsätze ergeben sich bei der *anonymen Geburt* und der *anonymen Kindesabgabe* (»Babyklappe«), die durch das SchKG nicht auf eine ausdrückliche rechtliche Basis gestellt, sondern nur um die Möglichkeit einer »vertraulichen Geburt« ergänzt wurden, dazu sogleich Rdnr. V-12. V-11

Wenn sich eine Mutter, die zunächst keine Angaben zu ihrer Person gemacht und das Kind anonym geboren oder abgegeben hat, später zu ihrem Kind bekennt oder aufgrund der von ihr zurückgelassenen Informationen von ihrem Kind wieder gefunden wird, ist sie jedenfalls nach derzeit geltendem Recht ohne weiteres Mutter im Rechtssinne; denn der materiell-abstammungsrechtliche Grundsatz des § 1591 BGB gilt auch in diesem Falle. Wie beim Findelkind wird man jedoch im Interesse der Rechtsklarheit ein förmliches Feststellungsverfahren durchführen müssen, da die Geburt auch in diesem Fall gerade wegen der Anonymität der Mutter nicht mehr nachweisbar ist.

Zu den personenstandsrechtlichen Konsequenzen s. *Gaaz/Bornhofen*, § 25 PStG Rdnr. 21 ff.

Ebenfalls verfahrensrechtliche Besonderheiten bestehen jedoch bei einer sog. *vertraulichen Geburt* nach dem SchKG, die der Gesetzgeber Müttern in Not neben der rechtlich nicht ausdrücklich geregelten anonymen Geburt und der anonymen Kindesabgabe anbietet (und deren Erfolg angesichts der bürokratischen Hürden alles andere als gewiss ist, s. *Helms*, FamRZ 2014, 609). Auch hier ändert die vom Staat geschützte Anonymität der Mutter nichts an V-12 deren rechtlicher Mutterschaft, die nach § 21 Abs. 2a Satz 1 PStG freilich nicht eingetragen wird; s. *Gaaz/Bornhofen,* § 21 PStG Rdnr. 66 f. sowie § 18 PStG Rdnr. 33 f. (zum Verfahren und zur Anzeige allgemein). Hiervon geht auch der neue § 1674a Satz 1 BGB aus, der ein Ruhen der elterlichen Sorge der Mutter anordnet, was deren Mutterschaft voraussetzt. Legt die Mutter ihre Identität nach der Beurkundung der Geburt offen oder möchte das Kind die Mutterschaft personenstandsrechtlich erfassen lassen, so bedarf es ähnlich wie bei den anderen Fällen einer unbekannten Mutterschaft eines gerichtlichen Verfahrens. Zwar existiert ein Herkunftsnachweis, in den das Kind nach Vollendung seines 16. Lebensjahres grundsätzlich Einsicht nehmen kann, § 31 Abs. 1 SchKG. Aber es fehlt eine – etwa dem § 26 PStG entsprechende – Rechtsgrundlage für die Berichtigung des Geburtseintrags, so dass auch hier das Gericht zu bemühen ist (s. Rdnr. V-10). Insbesondere liegt keine »sonstige Änderung des Personenstandes des Kindes« i. S. d. § 27 Abs. 3 Nr. 1 PStG vor (a. A. *Berkl,* StAZ 2014, 65, 71); die Mutterschaft bestand nach § 1591 BGB bereits zum Zeitpunkt der Geburt.

C. Die Feststellung der Abstammung vom Vater

V-13 Die Abstammung vom Vater kann sich nach der Geburt durch die Feststellung der Vaterschaft eines neuen Mannes in zweierlei Weise ändern: durch ein Vaterschaftsanerkenntnis (sogleich Rdnr. V-14 ff.) und durch gerichtliche Vaterschaftsfeststellung (sodann Rdnr. V-252 ff.). Beide Wege zum neuen Vater setzen grundsätzlich voraus, dass zum Zeitpunkt der Feststellung der Vaterschaft kein anderer Mann Vater des Kindes ist, s. jedoch zur qualifizierten Drittanerkennung Rdnr. V-150 ff. Notfalls ist die bestehende Vaterschaft eines anderen Mannes zunächst zu beseitigen, dazu Rdnr. V-269 ff.

I. Allgemeines zur Vaterschaftsanerkennung

1. Das Verhältnis der gesetzlichen zur anerkannten Vaterschaft

V-14 Bis zum KindRG von 1998 bestanden zwischen der gesetzlichen Vaterschaft des Ehemanns der Mutter und der anerkannten Vaterschaft eines nicht mit der Mutter verheirateten Mannes erhebliche rechtliche Unterschiede. Nach dem BGB von 1896 begründete nur die gesetzliche Vaterschaft des Ehemanns der Mutter eine vollwertige, weil »eheliche« Kindschaft. Ein Vaterschaftsanerkenntnis begründete keine Verwandtschaft; die Folgen beschränkten sich im Wesentlichen auf die Unterhaltspflicht (sog. »Zahlvaterschaft«). Zur Rechtsentwicklung s. *Hepting/Gaaz,* Bd. 2 Rdnr. IV-15 ff.

V-15 Durch das NEhelG von 1970 wurde eine Gleichstellung von gesetzlicher und anerkannter Vaterschaft wenigstens insoweit erreicht, als an die Stelle der »Zahlvaterschaft« eine echte verwandtschaftliche Beziehung zwischen dem nichtehelichen Kind und dem anerkennenden Vater trat. Im Statusfolgenrecht bestanden aber weiterhin gravierende Unterschiede, weshalb das BGB die eheliche und nichteheliche Verwandtschaft auch in zwei getrennten Abschnitten regelte (§§ 1591 ff., 1600a ff. BGB a. F.), vgl. Rdnr. IV-15 ff.

Durch die Kindschaftsrechtsreform erfolgte eine inhaltliche und auch regelungstechnische Gleichstellung (vgl. Rdnr. IV-31 ff.). Die gesetzliche Vaterschaft aufgrund der Ehe mit der Mutter (§ 1592 Nr. 1 BGB) und der Erklärung des anerkennenden Mannes (§ 1592 Nr. 2 BGB) sind zwei nebeneinander stehende und gleichwertige vaterschaftsbegründende Tatbestände, die beide zur selben Rechtsfolge führen, nämlich zu einem vollwertigen Abstammungsverhältnis. Damit hat das BGB mit dem KindRG die »einheitliche Kindschaft« verwirklicht. V-16

2. Die Rechtsnatur der Anerkennungserklärung

Die Anerkennung der Vaterschaft im Sinne der §§ 1592 Nr. 2, 1594 ff. BGB ist die einseitige formgebundene Erklärung des Mannes, dass er ein bestimmtes Kind als von ihm stammend betrachtet wissen will und bereit ist, die Folgen der Vaterschaft auf sich zu nehmen (vgl. MünchKomm/*Wellenhofer*, § 1594 BGB Rdnr. 4, 6). V-17

Die dogmatische Einordnung der Anerkennung ist umstritten (s. *Hepting/ Gaaz*, Bd. 2 Rdnr. V-24 ff.), hat aber nur geringe praktische Relevanz. Die Folgen der Anerkennungserklärung ergeben sich ohnehin nicht aus der allgemeinen Rechtsgeschäftslehre, sondern sind in den §§ 1594 ff. BGB speziell geregelt. V-18

Allenfalls hat die Nähe zu einem Rechtsgeschäft zur Folge, dass Beschränkungen der Geschäftsfähigkeit zu beachten sind, dazu näher Rdnr. V-31 ff. V-19

Im Übrigen ist die Anerkennung nur dann unwirksam, wenn sie den Erfordernissen der §§ 1594 ff. BGB nicht entspricht, § 1598 Abs. 1 BGB. Die Anerkennung kann daher nicht nach den Bestimmungen der allgemeinen Rechtsgeschäftslehre angefochten werden (§§ 142 Abs. 1, 119 ff. BGB) oder nichtig sein (§§ 138, 134 BGB), ausführlich Rdnr. V-136 f.

Inhaltlich hängt die Wirksamkeit einer Vaterschaftsanerkennung nicht davon ab, dass der Anerkennende wirklich der Vater des Kindes ist, Rdnr. V-20 ff.

II. Wirksamkeitsvoraussetzungen der Vaterschaftsanerkennung

1. Die Anerkennungserklärung

a) Inhaltliche Erfordernisse

aa) Anerkennen kann nur, wer behauptet, Vater des Kindes zu sein. V-20
Dass der Anerkennende der wirkliche Vater des Kindes ist, ist keine Tatbestandsvoraussetzung der Anerkennung und kann es auch nicht sein, da die freiwillige Anerkennung eine positive Vaterschaftsfeststellung ja gerade überflüssig machen soll. Rein tatsächlich kommt es also auf die genetische Vaterschaft des Anerkennenden nicht an.

V-21 Damit nimmt das Gesetz in Kauf, dass ein Mann die Vaterschaft wissentlich zu Unrecht anerkennt (vgl. OLG Köln, StAZ 2003, 111; auch KG, StAZ 2002, 241). Zu den missbräuchlichen Vaterschaftsanerkenntnissen, durch die aufenthaltsrechtliche Vorteile verschafft werden sollen, s. Rdnr. V-217 ff.

V-22 Wenn *rechtlich* bereits verbindlich feststeht, dass der Anerkennende nicht der Vater des Kindes ist, ist die Anerkennung ausgeschlossen. Dies ist der Fall, wenn die Mutter verheiratet ist, weil dann seit der Geburt die gesetzliche Vaterschaft des Ehemanns besteht, § 1592 Nr. 1 BGB; Unsicherheit hinsichtlich des Familienstands der Mutter hindert aber die Beurkundung der Vaterschaft nicht (OLG Hamm, StAZ 2006, 213 bei fehlenden Identitätspapieren der Mutter). Wenn bereits ein anderer Mann die Vaterschaft wirksam anerkannt hat oder gerichtlich als Vater festgestellt worden ist, ist jede weitere Anerkennung (schwebend) unwirksam, § 1594 Abs. 2 BGB; hierzu Rdnr. V-73 ff.

V-23 Eine frühere Anerkennung kann die Sperrwirkung des § 1594 Abs. 2 BGB jedoch nur dann entfalten, wenn alle Wirksamkeitsvoraussetzungen vorliegen. Wenn ein anderer Mann die Vaterschaft zu demselben Kind anerkannt hat, die Mutter aber noch nicht zugestimmt hat, ist die erste Anerkennung noch nicht wirksam, §§ 1598 Abs. 1, 1595 Abs. 1 BGB. Eine weitere Anerkennungserklärung ist also nicht ausgeschlossen. Die Mutter hat es dann in der Hand, welche dieser Anerkennungen durch ihre Zustimmung wirksam wird und die Sperrwirkung auslöst, vgl. Rdnr. V-97.

V-24 Besondere Fragen ergeben sich beim Vaterschaftsanerkenntnis eines ursprünglich weiblichen Transsexuellen (vgl. *Krömer*, StAZ 2002, 50). Wenn lediglich der weibliche Vorname gemäß §§ 1, 7 TSG in einen männlichen geändert worden ist (sog. »kleine Lösung«, vgl. Rdnr. V-921 ff.), scheitert ein Vaterschaftsanerkenntnis daran, dass der Anerkennende rechtlich als Frau anzusehen ist. Wird ein Vaterschaftsanerkenntnis nach Änderung der Geschlechtszugehörigkeit gemäß §§ 8 ff. TSG (sog. »große Lösung«, vgl. Rdnr. V-939 ff.) abgegeben, so bestimmen sich Rechte und Pflichten nach dem neuen Geschlecht, § 10 TSG. Allerdings ist § 11 TSG zu beachten; dazu Rdnr. V-955.

Zu Personen mit unbestimmtem Geschlecht s. Rdnr. IV-226.

V-25 Dass das Kind von einer Leihmutter geboren wurde, schließt die Vaterschaftsanerkennung nicht aus (AG Nürnberg, StAZ 2010, 182).

V-26 bb) Die Anerkennungserklärung muss sich auf ein bestimmtes Kind beziehen.

V-27 cc) Die Anerkennung muss freiwillig abgegeben werden. Ist ein Mann nicht bereit, die Vaterschaft anzuerkennen, so wird die Vaterschaft durch das Gericht nach §§ 1592 Nr. 3, 1600 d BGB unmittelbar festgestellt. Eine Entscheidung, welche die Anerkennung erzwingt oder ersetzt, entspräche dem »Anerkennungssystem« und ist dem deutschen Recht fremd.

V-28 dd) Die Erklärung kann nur unbedingt und unbefristet abgegeben werden, § 1594 Abs. 3 BGB. Unzulässig ist also eine Anerkennung für den Fall, dass die Vaterschaft nicht aufgrund eines Vaterschaftsgutachtens ausgeschlossen ist, oder unter dem Vorbehalt, dass die Kindesmutter während der Empfängniszeit keinen Mehrverkehr hatte.

Reine Rechtsbedingungen, bei denen die Wirksamkeit der Anerkennung von einem ohnehin gesetzlich vorgeschriebenen Erfordernis abhängig gemacht wird, sind hingegen unschädlich, da bei ihnen die Rechtsklarheit nicht über das im Gesetz selbst vorgeschriebene Maß hinaus beeinträchtigt wird.   V-29

Beispiele sind etwa die Anerkennung für den Fall, dass die Mutter zustimmt (§ 1595 Abs. 1 BGB), oder die pränatale Anerkennung unter der Bedingung, dass das Kind lebend geboren wird (vgl. Rdnr. V-54 ff.).

Die Anerkennung der Vaterschaft zu dem von einer verheirateten Frau geborenen Kind unter der Bedingung, dass die Ehelichkeit angefochten und das Kind dadurch nichtehelich würde, war ursprünglich nicht zulässig (OLG Stuttgart, StAZ 1981, 348; OLG Karlsruhe, StAZ 1986, 287 mit Anm. *Otto*). Der BGH (StAZ 1987, 167) hat jedoch klargestellt, dass es sich um eine zulässige Rechtsbedingung handle. Das KindRG hat diese Rechtsprechung aufgegriffen und die Streitfrage in § 1594 Abs. 2 BGB geregelt.   V-30

b) Persönliche Erfordernisse

Die Anerkennung ist grundsätzlich höchstpersönlich zu erklären, § 1596 Abs. 1 BGB. Die Anerkennung durch einen rechtsgeschäftlich bevollmächtigten Vertreter ist ausgeschlossen, § 1596 Abs. 4 BGB.   V-31

Nach dem Tode des Vaters ist die Anerkennung ausgeschlossen; weder seine Erben noch seine Eltern können das Kind anerkennen. Die Vaterschaft kann dann nur noch gerichtlich festgestellt werden.

aa) Vaterschaftsanerkennung durch beschränkt Geschäftsfähige

Als rechtsgeschäftliche oder zumindest geschäftsähnliche Erklärung setzt die Anerkennung voraus, dass der Anerkennende geschäftsfähig ist. Wer minderjährig oder aus sonstigen Gründen in der Geschäftsfähigkeit beschränkt ist (näher Rdnr. II-38 ff.), bedarf der Zustimmung seines gesetzlichen Vertreters, § 1596 Abs. 1 Satz 2 BGB. Die Mitwirkung des Familiengerichts (z. B. durch eine Genehmigung) ist bei der Anerkennung durch einen beschränkt Geschäftsfähigen nicht vorgesehen.   V-32

Der gesetzliche Vertreter ist in seiner Entscheidung, ob er der Anerkennung seitens des beschränkt Geschäftsfähigen zustimmt, völlig frei. Das Familiengericht kann eine vom gesetzlichen Vertreter verweigerte Zustimmung nicht ersetzen. Ist in einem derartigen Fall die Anerkennungserklärung wegen fehlender Zustimmung unwirksam, so muss die Mutter oder das Kind die gerichtliche Feststellung der Vaterschaft nach § 1600d BGB betreiben.   V-33

Der beschränkt Geschäftsfähige muss die Anerkennungserklärung in jedem Fall selbst abgeben; ausgeschlossen ist, dass der gesetzliche Vertreter selbst im Namen des beschränkt Geschäftsfähigen die Anerkennung erklärt. Für die Zustimmung des gesetzlichen Vertreters gelten die folgenden Grundsätze.   V-34

(1) *Empfangsbedürftigkeit:* Nach früherem Recht war die Zustimmung des gesetzlichen Vertreters eine einseitige empfangsbedürftige Willenserklärung. Nach dem KindRG hält die überwiegenden Ansicht im Schrifttum die   V-35

Zustimmung des gesetzlichen Vertreters nicht mehr für empfangsbedürftig; erforderlich ist nur noch die Übersendung nach § 1597 Abs. 2 BGB (Münch-Komm/*Wellenhofer*, § 1596 BGB Rdnr. 3; *Staudinger/Rauscher*, § 1596 BGB Rdnr. 5).

V-36 (2) *Zeitpunkt*: Nach altem Recht konnte die Zustimmung des gesetzlichen Vertreters zeitlich nicht nur vor (wegen § 182 BGB), sondern auch nach der Anerkennung erklärt werden, § 1600e Abs. 3 BGB a. F. Im KindRG fehlt eine dem § 1600e Abs. 3 BGB a. F. vergleichbare Regelung; doch hat sich nach h. M. sachlich nichts geändert. Der Gesetzgeber wollte mit § 1600e Abs. 3 BGB a. F. in erster Linie die Frist beseitigen; der Ausschluss einer (nachträglichen) Genehmigung des gesetzlichen Vertreters war nicht gewollt (vgl. MünchKomm/*Wellenhofer*, § 1596 BGB Rdnr. 3; *Staudinger/Rauscher*, § 1596 BGB Rdnr. 6).

V-37 (3) *Form:* Bis zum KindRG musste die Zustimmung des gesetzlichen Vertreters öffentlich beglaubigt werden, § 1600e Abs. 1 Satz 2 BGB a. F.

Nach dem KindRG bedarf jetzt auch die Zustimmung des gesetzlichen Vertreters der öffentlichen Beurkundung; insoweit gilt für alle Erklärungen die einheitliche Formvorschrift des § 1597 Abs. 1 BGB; s. Rdnr. V-129 ff. Auch für die Zustimmung des gesetzlichen Vertreters soll, wegen der personenstandsrechtlichen Tragweite der Anerkennung, auf die Kontroll- und Warnfunktion der öffentlichen Beurkundung nicht verzichtet werden.

bb) Vaterschaftsanerkennung durch Geschäftsunfähige

V-38 Bei einem Geschäftsunfähigen (§ 104 BGB) weicht das Gesetz vom Grundsatz der Höchstpersönlichkeit ab; für ihn handelt der gesetzliche Vertreter, § 1596 Abs. 1 Satz 3 BGB. Die Regelung ist rechtspolitisch bedenklich, da sie eine Anerkennung auch gegen den Willen des »Anerkennenden« zulässt. In einem solchen Fall wäre die gerichtliche Vaterschaftsfeststellung sinnvoller und das Kind dadurch auch ausreichend geschützt.

Die Anerkennungserklärung wird vom gesetzlichen Vertreter im Namen des Geschäftsunfähigen abgegeben; sie bedarf gemäß § 1597 Abs. 1 BGB der öffentlichen Beurkundung.

Zu Beurkundungszuständigkeit und -verfahren s. *Gaaz/Bornhofen*, § 44 PStG Rdnr. 3 ff.

V-39 Die Vaterschaftsanerkennung des gesetzlichen Vertreters muss vom Familiengericht genehmigt werden, § 1596 Abs. 1 Satz 3 BGB.

Bereits vor Inkrafttreten des KindRG war umstritten, ob die Genehmigung des Familiengerichts auch *nach* der Anerkennung ausgesprochen werden konnte.

Die wohl h. M. im Schrifttum hielt eine Anerkennung ohne vorherige Genehmigung für unwirksam (*Lange*, NJW 1970, 299; *Göppinger*, DRiZ 1970, 143). Die Frage ist auch nach dem KindRG umstritten; die h. M. im Schrifttum hält die nachträgliche Genehmigung nach wie vor für nicht möglich (*Palandt/Brudermüller*, § 1596 BGB Rdnr. 3; MünchKomm/*Wellenhofer*, § 1596 BGB Rdnr. 7).

V-40 In der Praxis kann sich das Problem den Standesämtern in zweifacher Hinsicht stellen. Zum einen in Fällen des § 44 Abs. 1 Satz 1 PStG dem Standesamt, das die Anerkennungserklärung des gesetzlichen Vertreters beurkundet, zum anderen dem Standesamt, das die Vaterschaft in das Geburtenregister einzutragen hat, da es die Eintragung ablehnen muss, wenn die Anerkennung *vor* der Genehmigung erfolgte und deshalb nach h. M. unheilbar nichtig ist.

Das Standesamt ist nicht berufen, die Streitfrage materiellrechtlich zu entscheiden. Es muss jedoch diejenige Lösung wählen, die einen personenstandsrechtlich unrichtigen Geburtseintrag verhindert. Daher wird es entsprechend der herrschenden Meinung nicht eintragen, bevor die Genehmigung des Familiengerichts vorliegt, und ggf. den gesetzlichen Vertreter auf das Verfahren nach § 49 PStG verweisen. V-41

c) Form, Zugang

Die Anerkennungserklärung bedarf der öffentlichen Beurkundung, § 1597 Abs. 1 BGB, näher Rdnr. V-129 ff. V-42

Der Wirksamkeitstatbestand der Anerkennungserklärung ist mit der Beurkundung vollendet. V-43

Die Zustimmung der Mutter oder des Kindes (§ 1595 Abs. 1, 2 BGB) ist zwar Wirksamkeitsvoraussetzung der Anerkennung als Rechtsgeschäft, aber nicht etwa Annahme der Anerkennungserklärung im Sinne des Vertragsrechts nach den §§ 147 ff. BGB (MünchKomm/*Wellenhofer*, § 1594 BGB Rdnr. 6).

Die Anerkennung ist keine empfangsbedürftige Willenserklärung, sondern nur nach § 1597 Abs. 2 BGB benachrichtigungsunterworfen (allgemeine Ansicht). Auf einen Zugang bei Mutter oder Kind kommt es daher nicht an. Ein Widerruf der Anerkennung vor Zugang bleibt unbeachtlich; § 130 Abs. 1 Satz 2 BGB ist nicht anwendbar.

d) Widerruf

aa) Voraussetzungen

Die Anerkennung kann innerhalb eines Jahres nach Beurkundung widerrufen werden, wenn sie bis dahin nicht wirksam geworden ist, § 1597 Abs. 3 Satz 1 BGB. Das ist vor allem dann der Fall, wenn die nach § 1595 Abs. 1 BGB erforderliche Zustimmungserklärung der Mutter nicht vorliegt. V-44

Mit dem KindRG ist die Regelung des § 1600e Abs. 3 BGB a. F. und damit die sechsmonatige Frist für die Erteilung der Zustimmung entfallen; diese ist nunmehr zeitlich unbeschränkt möglich, s. Rdnr. V-96. Dadurch entstünde ein unzumutbar langer Schwebezeitraum für den Anerkennenden. Um dies zu verhindern, gibt § 1597 Abs. 3 BGB dem Anerkennenden die Möglichkeit, diesen Schwebezustand nach einem Jahr durch Widerruf zu beenden (BT-Drucks. 13/4899, S. 85). An die Stelle der starren gesetzlichen Beendigung des Schwebezustands durch Ablauf der sechsmonatigen Frist (§ 1600e Abs. 3 BGB a. F.) ist nun eine flexiblere Beendigung durch eine Art von Gestaltungsrecht des Anerkennenden getreten. V-45

Ist die Anerkennung bereits wirksam geworden, ist ein Widerruf nicht mehr möglich. Behauptet der Anerkennende, er sei nicht der Vater des Kindes, bleibt – auch im Fall einer bewusst unrichtigen Anerkennung – nur der V-46

Weg über die Vaterschaftsanfechtung (KG, StAZ 2002, 241; *Wachsmann*, StAZ 2002, 177, 178).

bb) Form

V-47 Für den Widerruf gelten die Formvorschriften des § 1597 Abs. 1, 2 BGB entsprechend, § 1597 Abs. 3 Satz 2 BGB. Der Widerruf bedarf daher ebenfalls der öffentlichen Beurkundung, s. *Gaaz/Bornhofen*, § 44 PStG Rdnr. 25 f.

V-48 Die praktisch besonders wichtige öffentliche Beurkundung durch die Urkundsperson des Jugendamtes nach § 59 Abs. 1 Satz 1 Nr. 1 SGB VIII (KJHG) war bisher für den Widerruf der Anerkennung nicht möglich (*Wanitzek*, FamRZ 2003, 730, 736).

Diese »Beurkundungslücke« hat der Gesetzgeber durch Art. 3 Nr. 1 KindRVerbG vom 9. 4. 2002 geschlossen. Im Einklang mit § 1597 Abs. 1, 3 Satz 2 BGB sind jetzt für *alle* Erklärungen im Zusammenhang mit der Vaterschaftsanerkennung die gleichen Möglichkeiten der öffentlichen Beurkundung vorgesehen; insoweit kann auf die Rdnr. V-129 ff. verwiesen werden.

cc) Rechtsfolgen

V-49 Liegen alle Voraussetzungen der §§ 1594 ff. BGB vor und ist die Anerkennung wirksam geworden, so scheidet ein Widerruf aus; es kommt dann nur noch eine Anfechtung der Vaterschaft gemäß §§ 1599 Abs. 1, 1600 BGB in Betracht.

V-50 Außerhalb des Anwendungsbereichs von § 1597 Abs. 3 BGB ist die Anerkennung ab dem Zeitpunkt der Beurkundung unwiderruflich. Insbesondere kommt ein Widerruf nach § 130 Abs. 1 Satz 2 BGB nicht in Betracht (s. Rdnr. V-43).

V-51 Hat der Mann seine Anerkennung wirksam nach § 1597 Abs. 3 BGB widerrufen, so ist gleichwohl eine erneute Anerkennung durch denselben Mann nicht ausgeschlossen.

2. Zeitpunkt der Anerkennung

a) Der gesetzliche Regelfall: Anerkennung nach der Geburt

V-52 Das Gesetz geht davon aus, dass die Anerkennung nach der Geburt erklärt wird, da es für die pränatale Anerkennung in § 1594 Abs. 4 BGB eine besondere Erlaubnisnorm für erforderlich hält. Die folgende Darstellung geht daher, was die materiellrechtlichen Voraussetzungen anbetrifft, von diesem Regelfall aus.

V-53 Personenstandsrechtlich ist jedoch weiter zu differenzieren, da der maßgebliche Zeitpunkt, der über die Beurkundung der Vaterschaft entscheidet, nicht die Geburt selbst, sondern der Geburtseintrag ist. Wird die Anerkennung erst nach der Geburt erklärt, aber noch vor deren Beurkundung wirksam, so ist der Anerkennende bereits als Vater in den Geburtseintrag aufzunehmen; s. Rdnr. IV-4 ff. und *Gaaz/Bornhofen*, § 21 PStG Rdnr. 46, § 27 PStG Rdnr. 8. Wird die Vaterschaft erst nach der Beurkundung der Geburt wirksam anerkannt, so ist der Vater in einer Folgebeurkundung nach § 27 PStG einzutragen; näher *Gaaz/Bornhofen*, § 27 PStG Rdnr. 8 ff.

b) Der Sonderfall der pränatalen Anerkennung

aa) Allgemeines
Mit § 1594 Abs. 4 BGB berücksichtigt der Gesetzgeber die Erfahrung, dass sich nichteheliche Väter unmittelbar nach der Empfängnis ihrer Verantwortung mehr bewusst sind und daher bereitwilliger die Anerkennung erklären. Außerdem führt die pränatale Anerkennung zu einer frühzeitigen psychischen Entlastung der Mutter. V-54

bb) Abweichungen von den allgemeinen Grundsätzen
Grundsätzlich gelten für die pränatale Anerkennung die allgemeinen Regeln zur Vaterschaftsanerkennung; wegen Einzelheiten hierzu Rdnr. V-20 ff. Daneben sind jedoch Besonderheiten zu beachten: V-55

Nach § 1594 Abs. 3 BGB ist »eine Anerkennung unter einer Bedingung oder Zeitbestimmung unwirksam«. Die Wirksamkeit einer pränatalen Anerkennung steht zwangsläufig unter der Bedingung, dass das Kind lebend geboren wird. Dennoch ist sie zulässig, da es sich nicht um eine gewillkürte, sondern um eine Rechtsbedingung handelt. V-56

Eine *präkonzeptionelle* Anerkennung, also eine Anerkennung bereits vor der Empfängnis, ist nicht möglich, auch nicht im Rahmen einer künstlichen Befruchtung (*Staudinger/Rauscher*, § 1594 BGB Rdnr. 51; a.A. etwa Münch-Komm/*Wellenhofer*, § 1594 BGB Rdnr. 41, jedenfalls de lege ferenda). V-57
S. hierzu auch *Krömer*, StAZ 2002, 125, 126; *Hochwald*, StAZ 2009, 48.

Haben zwei »Väter« pränatal die Vaterschaft anerkannt und wurden beide Vaterschaftsanerkenntnisse mit Zustimmung der Mutter abgegeben sind, so soll nach OLG München, StAZ 2010, 46 maßgeblich diejenige Anerkennung sein, bei welcher der zweiaktige Tatbestand von Erklärung und Zustimmung erstmals erfüllt ist (Prioritätsgrundsatz); auf die Wahrscheinlichkeit der biologischen Vaterschaft kommt es nicht an. V-58

Zur ggf. notwendigen Zustimmung des Kindes bei der pränatalen Vaterschaftsanerkennung s. Rdnr. V-116.

Eine Anerkennung vor der Geburt muss etwa so formuliert werden, dass die Vaterschaft zu dem »aus der gegenwärtigen Schwangerschaft der ... zu erwartenden Kind« anerkannt wird. Führt die Schwangerschaft zu einer Mehrlingsgeburt, so ist die Anerkennung nach § 133 BGB dahin auszulegen, dass sie sich auf sämtliche Kinder bezieht (MünchKomm/*Wellenhofer*, § 1594 BGB Rdnr. 41). V-59

Kommt es zu einer Fehl- oder Totgeburt, so wird die pränatale Anerkennungserklärung hinsichtlich der Statusfolgen unwirksam (*Staudinger/Rauscher*, § 1594 BGB Rdnr. 51; MünchKomm/*Wellenhofer*, § 1594 BGB Rdnr. 26; *Jauß*, StAZ 2003, 119). Soweit gerichtliche Entscheidungen die Anerkennung auch zu einem totgeborenen Kind für möglich halten (AG Hannover, StAZ 2001, 142, 143; AG Stuttgart, StAZ 2003, 144), hat dies nur die registerrechtlichen Konsequenzen des § 21 PStG (vgl. *Kubitz*, StAZ 1999, 151); allgemein zur Beurkundung eines totgeborenen Kindes *Gaaz/Bornhofen*, § 21 PStG Rdnr. 60 ff. V-60

V-61 Wie jede Anerkennung ist auch die pränatale Anerkennung grundsätzlich nicht widerruflich, auch nicht vor der Geburt des Kindes (*Wachsmann*, StAZ 2002, 177, 178). Möglich bleibt allein ein Widerruf nach § 1597 Abs. 3 BGB; wegen der abzuwartenden Jahresfrist kann dieser erst nach der Geburt des Kindes erfolgen.

cc) Ehe der Mutter

V-62 Heiratet die Mutter *nach* der Geburt des Kindes einen anderen als den Anerkennenden, so bleibt es bei der Anerkennung und Vaterschaft des Anerkennenden nach § 1592 Nr. 2 BGB, da eine Sperrwirkung nach §§ 1592 Nr. 1, 1594 Abs. 2 BGB im Zeitpunkt der Geburt nicht besteht.

V-63 Umstritten ist die Wirksamkeit einer pränatalen Vaterschaftsanerkennung jedoch dann, wenn die Mutter noch *vor* der Geburt einen anderen als den Anerkennenden heiratet.

V-64 Die h. M. ordnet das Kind dem Ehemann nach § 1592 Nr. 1 BGB zu (AG Bremen, StAZ 2000, 267, 268; *Staudinger/Rauscher*, § 1594 BGB Rdnr. 53, MünchKomm/*Wellenhofer*, § 1594 BGB Rdnr. 42; *Frank*, StAZ 2003, 129, 133).

V-65 Während nach früherem Recht die Zuordnung zum Ehemann deshalb erfolgte, um die Zahl ehelicher Kinder zu erhöhen, sei der Vorrang des Ehemanns jetzt unmittelbar aus dem Gesetz ableitbar. Im Zeitpunkt der Geburt bestehe die Vaterschaft des Ehemanns nach § 1592 Nr. 1 BGB. Die Sperrwirkung nach § 1594 Abs. 2 BGB habe Vorrang vor der pränatalen Anerkennung nach § 1594 Abs. 4 BGB.

Die Zuordnung zum Ehemann ergebe sich auch aus einem Gegenschluss zu § 1599 Abs. 2 BGB. Nur auf dem Wege der qualifizierten Drittanerkennung (s. Rdnr. V-150 ff.) könne die Zuordnung zum Ehemann beseitigt werden (*Staudinger/Rauscher*, § 1594 BGB Rdnr. 53).

V-66 Wird eine pränatale Anerkennung erklärt, obwohl die Mutter *noch* verheiratet ist, so ist zwar zu erwarten, dass bei der Geburt des Kindes zunächst § 1594 Abs. 2 BGB eingreift. Die Vaterschaftsanerkennung ist aber nicht schlichtweg unwirksam; vielmehr ist sie nur »nicht wirksam, solange die Vaterschaft eines anderen Mannes besteht«. Damit wird – abweichend vom Wortlaut des § 1600b Abs. 3 BGB a. F. – klargestellt, dass sie nur schwebend unwirksam ist, also in dem Augenblick wirksam wird, in dem die vorher bestehende Vaterschaft des anderen Mannes wegfällt, s. allgemein Rdnr. V-78 ff.

c) Anerkennung eines toten Kindes

aa) Fehl- oder Totgeburt

V-67 Wurde das Kind tot geboren, so geht eine spätere Vaterschaftsanerkennung mangels Rechtsfähigkeit des Kindes (§ 1 BGB) materiellrechtlich ins Leere, vgl. Rdnr. V-60.

V-68 Die Anerkennung ist aber dennoch möglich (vgl. grundlegend BayObLG, StAZ 2000, 369); sie hat insoweit registerrechtliche Bedeutung, als der Anerkennende in diesen Fällen gemäß § 27 Abs. 1 PStG als Vater beigeschrieben werden kann (AG Hamburg, StAZ 2000, 152, 153; AG Münster, StAZ 2003, 273).

Insoweit besteht kein Unterschied zu einer pränatalen Anerkennung, bei der die Eintragung des Anerkennenden nach § 21 Abs. 2 PStG ebenfalls möglich ist, s. Rdnr. V-60. In beiden Fällen dient die Eintragung ins Geburtenregister letztlich einer »juristischen Trauerhilfe« (AG Hamburg a. a. O.).   V-69

bb) Tod des lebend geborenen Kindes
Bis zum KindRG war eine Anerkennung nach dem Tode des lebend geborenen Kindes nicht mehr möglich; in Betracht kam nur noch die gerichtliche Feststellung gemäß § 1600n Abs. 2 BGB a. F.   V-70

Das KindRG hat die Zustimmung des Kindes durch die der Mutter ersetzt (hierzu ausführlich Rdnr. V-90 ff.). Die Mutter handelt dabei aus eigenem Recht und nicht als Stellvertreterin des Kindes, so dass es auf dessen Mitwirkung nicht mehr ankommt.   V-71

Aus diesem Grund sieht die h. M. die postmortale Vaterschaftsanerkennung nach dem KindRG als zulässig an (BayObLG, StAZ 2000, 369 und 370; AG Hamburg, StAZ 2000, 152; AG Hannover, StAZ 2001, 142; *Palandt/Brudermüller*, § 1594 BGB Rdnr. 8; *Jauß*, StAZ 2003, 119; MünchKomm/*Wellenhofer*, § 1595 BGB Rdnr. 11; ablehnend *Staudinger/Rauscher*, § 1595 BGB Rdnr. 35; *Krömer*, StAZ 2001, 42, 43.   V-72

3. Die Sperrwirkung der Vaterschaft eines anderen Mannes, § 1594 Abs. 2 BGB

a) Allgemeines

§ 1594 Abs. 2 BGB verdeutlicht das Gebot der Rechtsklarheit bei der Vaterschaftsfeststellung, mit der einander widersprechende Vaterschaftstitel nicht vereinbar sind. Es besteht eine Exklusivität der Vaterschaftstatbestände; eine Doppelvaterschaft ist im deutschen Abstammungsrecht nicht möglich. Zur konkurrierenden und gleichgeschlechtlichen Elternschaft s. Rdnr. IV-215 ff., IV-218 ff.   V-73

Eine Doppelvaterschaft wäre auch verfassungsrechtlich rechtfertigungsbedürftig. Ein Nebeneinander von zwei Vätern, denen zusammen mit der Mutter jeweils die gleiche grundrechtlich zugewiesene Elternverantwortung für das Kind zukommt, entspricht nicht der Vorstellung von elterlicher Verantwortung, die Art. 6 Abs. 2 Satz 1 GG zugrunde liegt (BVerfG, FamRZ 2003, 816, 819). Freilich hat der Gesetzgeber den Grundsatz der Exklusivität der Vaterschaft mittlerweile aufgeweicht und dem leiblichen Vater neben dem rechtlichen Vater in § 1686a BGB Umgangs- und Auskunftsrechte eingeräumt.   V-74

Dass die Vaterschaftsanerkennung mit einer bereits bestehenden Vaterschaft kollidiert, ist vor allem dann denkbar, wenn ein Kind während der Ehe seiner Mutter geboren wurde und nach § 1592 Nr. 1 BGB der Ehemann kraft Gesetzes Vater des Kindes ist.   V-75

Soll anerkannt werden, obwohl eine Vaterschaft nach §§ 1592 Nr. 1, 1593 BGB besteht, so muss der Ehemann, der leibliche Vater, die Mutter oder das Kind diese Vaterschaft erst gemäß §§ 1599 Abs. 1, 1600 BGB anfechten, näher dazu Rdnr. V-275 ff. Mit Rechtskraft des – der Anfechtung stattgebenden – Be-   V-76 schlusses fällt das Hindernis des § 1594 Abs. 2 BGB weg, und die zuvor (schwebend) unwirksame Anerkennung kann volle Wirksamkeit erlangen.

Eine Auflockerung des Grundsatzes, dass die Vaterschaft erst nach den §§ 1599 Abs. 1, 1600 ff. BGB angefochten werden muss, bringt in bestimmten Sonderfällen die sog. »qualifizierte Drittanerkennung« gemäß § 1599 Abs. 2 BGB, hierzu Rdnr. V-150 ff.

V-77 Dass bereits eine Vaterschaft aufgrund einer anderen Anerkennung besteht, ist zwar theoretisch möglich, aber praktisch höchst unwahrscheinlich, da in einem solchen Fall die Mutter gemäß § 1595 Abs. 1 BGB zugestimmt hat und es in aller Regel an ihrer Zustimmungserklärung für die zweite Vaterschaftsanerkennung fehlen wird; s. aber für den Fall kollidierender pränataler Vaterschaftsanerkennungen Rdnr. V-58.

b) Schwebende Unwirksamkeit

V-78 Vor dem KindRG war ein Anerkenntnis, das mit einer bestehenden Vaterschaft kollidierte, unheilbar unwirksam und musste im Falle einer späteren rechtskräftigen Anfechtung dieser Vaterschaft wiederholt werden, § 1600b Abs. 3 BGB a. F.

V-79 Bei einer nach §§ 1591, 1593 BGB a. F. bestehenden Vaterschaft des Ehemanns (und nur bei dieser!) ließ der BGH allerdings das Anerkenntnis unter der Bedingung der wirksamen Ehelichkeitsanfechtung zu; er sah hierin eine zulässige Rechtsbedingung (vgl. Rdnr. V-29 f., V-56). Damit war für diese Fälle eine schwebende Unwirksamkeit erreicht.

V-80 Der Gesetzgeber hat diese Regelung durch das KindRG aufgegriffen. Wie sich aus dem Gesetzeswortlaut des § 1594 Abs. 2 BGB (»solange«) ergibt, ist eine im Widerspruch zu § 1594 Abs. 2 BGB abgegebene Anerkennungserklärung nunmehr stets schwebend unwirksam (vgl. BT-Drucks. 13/4899, S. 84). Eine während des Bestehens einer anderen Vaterschaft abgegebene Anerkennungserklärung muss also nach deren Wegfall nicht wiederholt werden.

V-81 Anders als nach altem Recht gilt dies nicht mehr nur bei einer bestehenden Vaterschaft des Ehemanns, sondern einheitlich auch für die (freilich selteneren) Fälle einer anderen Anerkennung oder gerichtlichen Vaterschaftsfeststellung (vgl. *Staudinger/Rauscher*, § 1594 BGB Rdnr. 35).

c) Schutz des leiblichen Vaters

V-82 Der leibliche Vater konnte ursprünglich seine Position als rechtlicher Vater des Kindes nicht erzwingen, wenn der Ehemann als gesetzlicher Vater angesehen wurde. Die Vaterschaft des anderen Mannes musste daher erst durch Anfechtung nach §§ 1599 Abs. 1, 1600e a. F. BGB beseitigt werden; dies stand aber nicht in der Macht des leiblichen Vaters, denn er gehörte nicht zum Kreis der Anfechtungsberechtigten in § 1600 Abs. 1 BGB.

V-83 In der Literatur fanden sich zahlreiche Stimmen, die diesen *ausnahmslosen* Ausschluss des Anfechtungsrechts des leiblichen Vaters – und damit auch die Unmöglichkeit, auch die rechtliche Position als Vater einzunehmen – für

3. Die Sperrwirkung der Vaterschaft eines anderen Mannes, § 1594 Abs. 2 BGB

verfassungswidrig hielten (*Schumann*, FamRZ 2000, 389, 391; *Frank*, StAZ 2003, 129, 132 f.; a. A. aber BGH, StAZ 1999, 20).

Das BVerfG hat diese Bedenken aufgegriffen und § 1600 BGB a. F. für mit Art. 6 Abs. 2 Satz 1 GG unvereinbar erklärt, soweit er den leiblichen Vater eines Kindes ausnahmslos von der Anfechtung der für das Kind anerkannten Vaterschaft ausschloss (BVerfG, StAZ 2003, 210, 214). Darauf hat der Gesetzgeber den § 1600 Abs. 1 Nr. 2 BGB ins Gesetz eingefügt; vgl. *Höfelmann*, FamRZ 2004, 745 ff.; näher zur Rechtsentwicklung auch *Hepting/Gaaz*, Bd. 2 Rdnr. V-94 ff.); s. zu den Rechten des leiblichen, aber nicht rechtlichen Vaters auch Rdnr. V-74.

V-84

Berechtigt zur Anfechtung der Vaterschaft ist gemäß § 1600 Abs. 1 Nr. 2 BGB auch der Mann, der an Eides statt versichert, der Mutter des Kindes während der Empfängniszeit beigewohnt zu haben. Die Anfechtung ist ausgeschlossen, wenn zwischen dem Kind und dem bisherigen, rechtlichen Vater eine »sozial-familiäre Beziehung« besteht, § 1600 Abs. 2 BGB. Diese Einschränkung des Anfechtungsrechts ist verfassungsgemäß (BGH, StAZ 2007, 235).

V-85

Mit dem Begriff der »sozial-familiären Beziehung« hat sich der Gesetzgeber bemüht, die Vorgaben des BVerfG umzusetzen. In § 1600 Abs. 4 Satz 1 BGB definiert er die sozial-familiäre Beziehung als »Übernahme tatsächlicher Verantwortung«. Diese liegt in der Regel vor, wenn der bisherige, rechtliche Vater mit der Mutter des Kindes verheiratet ist oder mit dem Kind längere Zeit in häuslicher Gemeinschaft zusammengelebt hat, § 1600 Abs. 4 Satz 2 BGB; wurde das Verfahren bewusst und manipulativ verzögert, ist auf den Beginn des Verfahrens als maßgeblichen Zeitpunkt abzustellen, OLG Karlsruhe, StAZ 2010, 243.

V-86

d) Das Verhältnis von Anerkennung und Adoption

Keine die Anerkennung hindernde Vaterschaft im Sinne des § 1594 Abs. 2 BGB liegt vor, wenn sie auf der Adoption des Kindes beruht. Dieses erhält zwar durch die Adoption die Rechtsstellung eines Kindes des Annehmenden, § 1754 BGB, nicht aber eine Vaterschaft im Sinne von § 1592 Nr. 1 BGB. Auch § 1755 BGB, wonach mit der Adoption die bisherigen Verwandtschaftsverhältnisse erlöschen, steht einer späteren Anerkennung der Vaterschaft nicht entgegen, weil es sich bei der Adoption nicht um eine auf der Abstammung beruhende Eltern-Kind-Beziehung handelt.

V-87

Das Abstammungsverhältnis zwischen dem Kind und seinen leiblichen Eltern ist nach der Adoption – wenn auch eingeschränkt – weiterhin rechtlich relevant. Zum einen ist, wenn die Adoption aufgehoben wird, ein Wiederaufleben der leiblichen Verwandtschaftsverhältnisse möglich, § 1764 Abs. 3 BGB; zum anderen ist beim Ehehindernis der Verwandtschaft auch die leibliche Abstammung zu berücksichtigen, nicht die nur rechtlich begründete Adoptivverwandtschaft, vgl. § 1307 Satz 2 BGB und Rdnr. III-78 ff.

V-88

Darüber hinaus dient die Anerkennung der Verwirklichung des grundgesetzlich geschützten Rechtes des Kindes auf Kenntnis seiner eigenen Abstammung (hierzu BVerfG, StAZ 1989, 109; 1994, 252; 1997, 272).

V 89

4. Die Zustimmungserklärungen

a) Allgemeines

V-90 Vor dem NEhelG von 1970 war das Vaterschaftsanerkenntnis auch ohne Zustimmung des Kindes wirksam; dies war angesichts der nur beschränkten Rechtswirkungen rechtspolitisch vertretbar. Das NEhelG verlangte die Zustimmung des Kindes; die Zustimmung der Mutter war weder vor noch nach dem NEhelG erforderlich. Näher zur Rechtsentwicklung *Hepting/Gaaz*, Bd. 2 Rdnr. V-108 ff.

V-91 Das KindRG hat das grundsätzliche Erfordernis der *Zustimmung der Mutter* neu eingeführt, § 1595 Abs. 1 BGB. Damit sollen vor allem aufgedrängte Anerkennungen vermieden werden. Die Mutter gibt die Erklärung aus eigenem Recht ab, nicht als Vertreterin des Kindes (BT-Drucks. 13/4899, S. 54).

V-92 Die *Zustimmung des Kindes* ist hingegen grundsätzlich entfallen; zu den Ausnahmen nach § 1595 Abs. 2 BGB s. Rdnr. V-103 ff.

Dafür wurden vorwiegend Praktikabilitätsgründe angeführt. Die Mutter habe im Regelfall die uneingeschränkte elterliche Sorge, müsste also eine Zustimmung zur Vaterschaftsanerkennung zum einen aus eigenem Recht, zum anderen als gesetzliche Vertreterin des Kindes abgeben, §§ 1629 Abs. 1, 1626, 1626a Abs. 3 BGB. Da diese beiden Erklärungen stets übereinstimmen würden, hielt es die amtliche Begründung für einen »sinnlosen Formalismus«, von der Mutter zwei Erklärungen zu verlangen.

V-93 Konsequent ist damit die Vaterschaftsanerkennung jetzt auch nach dem Tod des Kindes möglich, s. dazu Rdnr. V-72.

V-94 Diese (vermeintliche) Vereinfachung durch das KindRG ist rechtspolitisch umstritten und wird im Schrifttum nach wie vor heftig kritisiert, da sie die Rechte des Kindes missachtet (vgl. *Gaul*, FamRZ 1997, 1441, 1450; *Staudinger/ Rauscher*, § 1595 BGB Rdnr. 5; *MünchKomm/Wellenhofer*, § 1595 BGB Rdnr. 3). Die rechtspolitische Diskussion betrifft aber nicht die Arbeit der Standesämter.

b) Zustimmung der Mutter

aa) Allgemeines, Rechtsnatur der Zustimmung, Form

V-95 Die Zustimmung der Mutter ist eine Willenserklärung im Sinne des § 182 BGB. Sie ist grundsätzlich höchstpersönlich abzugeben, § 1596 Abs. 1 Satz 4 BGB i. V. m. § 1596 Abs. 1 Satz 1 BGB; die Erklärung durch einen Bevollmächtigten ist nicht zulässig (§ 1596 Abs. 4 BGB).

V-96 Die Zustimmung der Mutter unterliegt keiner Frist. Allerdings besteht nach einem Jahr eine Widerrufsmöglichkeit des Anerkennenden, wenn die Anerkennung, etwa wegen fehlender Zustimmung der Mutter, unwirksam ist, § 1597 Abs. 3 BGB; s. Rdnr. V-44 ff.

Die Zustimmung ist formbedürftig nach § 1597 Abs. 1 BGB, s. a. Rdnr. V-129 ff. Die Erklärung zu Protokoll eines Gerichts ist ausreichend (*Krömer*, StAZ 2004, 49, 50).

Wenn vor der Zustimmung mehrere Männer die Vaterschaft zu demselben Kind anerkannt haben, so entscheidet die Zustimmung der Mutter, welche dieser Anerkennungen wirksam wird. Gleichzeitig werden dadurch alle anderen Anerkennungserklärungen unwirksam; s. Rdnr. V-23. Dies bedeutet im Ergebnis, dass die Mutter unter mehreren Anerkennenden die Wahl hat. Stimmt die Mutter gleichzeitig mehreren Vaterschaftsanerkenntnissen zu, so wird keines wirksam, weil sie sich gegenseitig blockieren; das Gleiche gilt im Fall einer sukzessiven Zustimmung, zu verschiedenen Vaterschaftsanerkenntnissen, die jedoch wegen einer zunächst bestehenden rechtlichen Vaterschaft des Ehemanns der Mutter wegen § 1594 Abs. 2 BGB schwebend unwirksam waren, aber gleichzeitig mit der gerichtlichen Feststellung der Nichtvaterschaft des Ehemanns wirksam wurden (*Homeyer*, StAZ 2008, 116); im Übrigen gilt der Prioritätsgrundsatz, auch bei pränatalen Vaterschaftsanerkenntnissen, s. Rdnr. V-58. V-97

Eine Ersetzung der Zustimmung der Mutter – insbesondere für den Fall, dass sich die Mutter weigert, der Anerkennung zuzustimmen – ist nicht möglich; vgl. *Jauß*, StAZ 2000, 157. V-98

bb) Empfangsbedürftigkeit
Bis zum KindRG war die Zustimmung empfangsbedürftig und musste gegenüber dem Anerkennenden oder dem Standesamt erklärt werden, § 1600c Abs. 2 BGB a. F. V-99

Das KindRG hat diese Regelung nicht übernommen, die Gesetzesbegründung äußert sich nicht eindeutig dazu, ob auf die Empfangsbedürftigkeit verzichtet werden sollte. Dennoch entspricht es allgemeiner Ansicht im Schrifttum, dass die Zustimmung nach dem KindRG *nicht* mehr empfangsbedürftig ist (vgl. *Staudinger/Rauscher*, § 1595 BGB Rdnr. 11; MünchKomm/*Wellenhofer*, § 1597 BGB Rdnr. 6).

cc) Geschäftsfähigkeit
Bei *beschränkter Geschäftsfähigkeit* der Mutter verweist § 1596 Abs. 1 Satz 4 BGB auf die für die Anerkennung des Vaters geltenden Vorschriften des § 1596 Abs. 1 Satz 1 und 2 BGB. Insoweit gelten die obigen Ausführungen sinngemäß; s. Rdnr. V-32 ff. Zur Zustimmung einer nach ihrem Heimatrecht noch nicht volljährigen Ausländerin s. *Kraus*, StAZ 2007, 93. V-100

Insbesondere ist auch die Zustimmung des gesetzlichen Vertreters nach überwiegender Ansicht nicht empfangsbedürftig, s. Rdnr. V-35. Die Zustimmung des gesetzlichen Vertreters ist zeitlich auch nach der Zustimmungserklärung der Mutter möglich, s. Rdnr. V-36. Für die Zustimmung des gesetzlichen Vertreters ist die öffentliche Beurkundung gemäß § 1597 Abs. 1 BGB erforderlich, s. Rdnr. V-37, V-42. V-101

Ist die Mutter *geschäftsunfähig*, so kann der gesetzliche Vertreter an ihrer Stelle die Zustimmung abgeben, § 1596 Abs. 1 Satz 3 und 4 BGB. V-102

c) Zustimmung des Kindes

V-103   Nach der Neuregelung des KindRG ist die eigene Zustimmung des Kindes zur Vaterschaftsanerkennung nur noch dann erforderlich, wenn der Mutter die elterliche Sorge insoweit nicht zusteht, § 1595 Abs. 2 BGB. Dies ist etwa der Fall, wenn die Mutter minderjährig ist und ihre elterliche Sorge gemäß § 1673 Abs. 2 BGB ruht (LG Halle, StAZ 2010, 266). Bei einer pränatalen Anerkennung stellt sich die Frage, wer das noch nicht geborene Kind vertreten soll; hierzu näher *Wachsmann*, StAZ 2002, 246.

V-104   Auch in diesen Fällen ist daneben weiterhin die Zustimmung der Mutter erforderlich (BT-Drucks. 13/4899, S. 84; *Staudinger/Rauscher*, § 1595 BGB Rdnr. 23; *MünchKomm/Wellenhofer*, § 1595 BGB Rdnr. 11; a. A. AG Biberach, JAmt 2001, 303). Das Erfordernis der mütterlichen Zustimmung ergibt sich aus dem Wortlaut des § 1595 Abs. 2 BGB (»auch«). Ein Redaktionsversehen liegt hierin nicht.

V-105   Die Zustimmung des Kindes ist nicht empfangsbedürftig. Sie ist formbedürftig nach § 1597 Abs. 1 BGB, s. näher Rdnr. V-129 ff. und *Gaaz/Bornhofen*, § 44 PStG Rdnr. 17.

aa) Fallgruppen

V-106   Im Einzelnen ergeben sich folgende Fallgruppen zu § 1595 Abs. 2 BGB:

(1) *Volljährigkeit:* Die Zustimmung des Kindes ist, neben der Zustimmung der Mutter, bei Volljährigkeit des Kindes erforderlich (BT-Drucks. 13/4899, S. 85).

V-107   (2) *Sorgerechtsentzug:* Das gleiche gilt, wenn die elterliche Sorge einem Vormund oder Pfleger zusteht, dessen Wirkungskreis die Vaterschaftsfeststellung umfasst, weil der Mutter das Sorgerecht nach § 1666 BGB entzogen wurde oder dieses nach § 1673 ff. BGB ruht.

V-108   (3) *Anerkennung durch den Ehemann:* Die Zustimmung des Kindes ist auch dann erforderlich, wenn der Anerkennende der Ehemann der Mutter ist. Dieser Fall kann allerdings nur eintreten, wenn die Eheschließung *nach* der Geburt des Kindes erfolgt ist, da ansonsten ein Fall des § 1592 Nr. 1 BGB vorliegt und eine Anerkennung durch den Ehemann überflüssig ist.

Ist der Anerkennende der Ehemann, so ist die Mutter gemäß §§ 1629 Abs. 2 Satz 1, 1795 Abs. 1 Nr. 1 BGB (analog) von der gesetzlichen Vertretung des Kindes ausgeschlossen. Anerkennung des Ehemanns und Zustimmung der Mutter sind zwar kein zweiseitiges Rechtsgeschäft mit dem Ehemann i. S. d. §§ 145 ff. BGB (vgl. Rdnr. V-43), es besteht aber eine vergleichbare Interessenlage (a. A. *Frank*, StAZ 2013, 133, 135).

§ 1629 Abs. 2 Satz 3 letzter Halbs. BGB steht dem hier schon deshalb nicht entgegen, da die Verhinderung der Mutter *kraft Gesetzes* und nicht durch gerichtliche Beschränkung eintritt (vgl. LG Berlin, StAZ 1985, 14; *Staudinger/ Rauscher*, § 1595 BGB Rdnr. 22; *MünchKomm/Wellenhofer*, § 1595 BGB Rdnr. 10; a. A. *Frank*, StAZ 2013, 133, 135).

V-109   (4) *Bestehende Vaterschaft eines anderen Mannes:* Der Zustimmung des Kindes bedarf es hingegen nicht, wenn ein anderer Mann das Kind anerkennen will, der Ehemann aber nach § 1592 Nr. 1 BGB noch Vater des Kindes ist.

Zwar ist die Mutter nach §§ 1626 Abs. 1, 1629 Abs. 1 BGB nicht alleinige Sorgerechtsinhaberin, sondern nur Mitinhaberin der elterlichen Sorge (mit ihrem Ehemann); dessen Mitwirkung ist aber nicht notwendig, da die Anerkennung ohnehin erst bei rechtskräftiger Anfechtung der Vaterschaft des Ehemanns wirksam wird, § 1594 Abs. 2 BGB (vgl. Rdnr. V-76; *Staudinger/Rauscher*, § 1595 BGB Rdnr. 21).

(5) *Tod der Mutter:* Umstritten ist, ob eine Anerkennung mit Zustimmung des Kindes nach § 1595 Abs. 2 BGB auch nach dem Tod der Mutter möglich ist. V-110

Nach einer in der Literatur vertretenen Ansicht (*Staudinger/Rauscher*, § 1595 BGB Rdnr. 15; MünchKomm/*Wellenhofer*, § 1595 BGB Rdnr. 8) entfällt mit dem Tod der Mutter das Zustimmungserfordernis des § 1595 Abs. 1 BGB. V-111

Demgegenüber hält die Praxis nach dem Tod der Mutter eine Anerkennung nach §§ 1594 ff. BGB nicht mehr für möglich (LG Koblenz, StAZ 2003, 303; *Krömer*, StAZ 2002, 175, 176; *Kissner*, StAZ 2007, 303; auch *Palandt/Brudermüller*, § 1595 BGB Rdnr. 3); in Betracht komme allein ein gerichtliches Vaterschaftsfeststellungsverfahren nach § 1600d BGB. Dafür spricht die Begründung zum RegE (BT-Drucks. 13/4899, S. 54) und der Umstand, dass die Zustimmung des Kindes grundsätzlich *neben* die (weiterhin erforderliche) Zustimmung der Mutter, nicht aber an deren Stelle tritt; s. Rdnr. V-104; eingehende weitere Begründung bei *Kissner*, StAZ 2007, 303; tendenziell so auch *Frank*, StAZ 2013, 133, 135 f. V-112

bb) Geschäftsfähigkeit

Für ein Kind, das geschäftsunfähig oder noch nicht 14 Jahre alt ist, kann nur der gesetzliche Vertreter der Anerkennung zustimmen, § 1596 Abs. 2 Satz 1 BGB; die Altersgrenze wurde durch Art. 1 Nr. 2 Buchst. n AdoptG von 18 auf 14 Jahre herabgesetzt (kritisch hierzu *Bosch*, FamRZ 1976, 406). V-113

Im Übrigen kann ein Kind, das in der Geschäftsfähigkeit beschränkt ist, nur selbst zustimmen; es bedarf hierzu allerdings der Zustimmung des gesetzlichen Vertreters, § 1596 Abs. 2 Satz 2 BGB. V-114

Da § 1596 Abs. 2 BGB ausschließlich auf die Fälle des § 1595 Abs. 2 BGB Bezug nimmt, in denen die fehlende elterliche Sorge der Mutter gerade Voraussetzung für das Zustimmungserfordernis des Kindes ist, kann sie auch niemals gesetzliche Vertreterin im Sinne von § 1596 Abs. 2 BGB sein. V-115

Fehlt die elterliche Sorge völlig und hat das Kind keine anderen Sorgeberechtigten, so wird es durch einen Vormund vertreten, § 1773 Abs. 1 BGB.

Fehlt der Mutter die elterliche Sorge lediglich für den Bereich der Vaterschaftsfeststellung, so ist die Bestellung eines Ergänzungspflegers nach § 1909 BGB erforderlich. Gesetzlicher Vertreter ist daher gewöhnlich das Jugendamt, vgl. § 55 Abs. 2 SGB VIII.

Bei der pränatalen Anerkennung nach § 1594 Abs. 4 BGB kann die Zustimmung des Kindes nicht durch einen Sorgeberechtigten als gesetzlichem Vertreter erfolgen, da die elterliche Sorge erst mit der Geburt eintritt. Es bedarf daher der Bestellung eines Pflegers für die Leibesfrucht nach § 1912 BGB (*Staudinger/Rauscher*, § 1595 BGB Rdnr. 31). V-116

V-117　　Für die Zustimmung des gesetzlichen Vertreters des Kindes ist keine familiengerichtliche Genehmigung erforderlich. Im Übrigen gelten dieselben Grundsätze wie für die Zustimmung des gesetzlichen Vertreters des Anerkennenden und für die Zustimmung des gesetzlichen Vertreters der Mutter (*Staudinger/Rauscher*, § 1596 BGB Rdnr. 26).

Die Zustimmung des gesetzlichen Vertreters des Kindes ist daher nicht empfangsbedürftig; s. Rdnr. V-101. Sie unterliegt der Form des § 1597 Abs. 1 BGB; s. Rdnr. V-37, V-42. Eine der Zustimmung des Kindes zeitlich nachfolgende Zustimmung des gesetzlichen Vertreters ist wirksam.

d) Wahrung der Kindesinteressen gegenüber der Mutter

V-118　　Nach der problematischen Neuregelung durch das KindRG (s. Rdnr. V-90 ff.) stellt sich die Frage, wie die Interessen des Kindes, den biologisch-genetischen Vater auch rechtlich als Vater zugeordnet zu bekommen, gegenüber der Mutter durchgesetzt werden können.

aa) Untätigkeit der Mutter

V-119　　Die Wahrung des Kindesinteresses ist notwendig, wenn die Mutter die Zustimmung zur Anerkennung des leiblichen Vaters (grundlos) verweigert.

V-120　　Eine Ersetzung der Zustimmung der Mutter ist nicht vorgesehen, s. Rdnr. V-98.

Eine Anerkennung kann auch nicht durch den Entzug des Sorgerechts nach § 1666 BGB erreicht werden, da hierdurch die Zustimmung der Mutter nicht entbehrlich wird, sondern weiterhin kumulativ neben der des Kindes (§ 1594 Abs. 2 BGB) vorliegen muss, s. Rdnr. V-104 (unrichtig daher AG Biberach, JAmt 2001, 303).

V-121　　Verweigert die Mutter die Zustimmung, so kommt nur ein gerichtliches Vaterschaftsfeststellungsverfahren gemäß § 1600d BGB in Betracht. Dies entspricht der gesetzgeberischen Intention. Da im Rahmen eines gerichtlichen Ersetzungsverfahrens letztlich die gleichen Beweise erhoben werden müssten wie im Vaterschaftsfeststellungsverfahren, die Ersetzung aber nur zur Wirksamkeit der Anerkennung und damit zu einer anfechtbaren Vaterschaft führt, soll in diesem Fall direkt das (sicherere) Vaterschaftsfeststellungsverfahren durchgeführt werden (BT-Drucks. 13/4899, S. 54).

V-122　　Wenn der biologisch-genetische Vater eine Anerkennungserklärung abgegeben hat, hat er zu erkennen gegeben, dass er die Rolle als Vater auch rechtlich einnehmen will. Es ist dann einigermaßen wahrscheinlich, dass er auch ein gerichtliches Vaterschaftsfeststellungsverfahren nach § 1600d BGB betreiben wird.

V-123　　Fraglich ist, wie das Kindesinteresse geltend gemacht werden kann, wenn auch der leibliche Vater kein Vaterschaftsfeststellungsverfahren nach § 1600d BGB beginnt.

Verweigert die Mutter die Zustimmung zur Anerkennung, so wird sie in aller Regel auch das gerichtliche Vaterschaftsfeststellungsverfahren nach § 1600d BGB weder im eigenen Namen noch im Namen des Kindes (als dessen gesetzlicher Vertreter) betreiben. An ihre Stelle muss daher ein Ergänzungspfleger treten. Dies setzt jedoch voraus, dass der Mutter insoweit die elterliche Sorge nicht zusteht. Zu diesem Zweck soll der Mutter nach der amtlichen Begründung zum KindRG gemäß § 1666 BGB das Sorgerecht entzogen werden können (BT-Drucks. 13/4899, S. 54).

Mit der Durchführung des Verfahrens hat das Standesamt allerdings nichts zu tun; erst wenn die Entscheidung ergangen ist, kommt es zu einer Folgebeurkundung nach § 27 PStG, s. Rdnr. V-275 ff.   V-124

bb) Zustimmung der Mutter zur Anerkennung des Nichterzeugers
Eine Gefährdung der Kindesinteressen besteht auch dann, wenn die Mutter bewusst der Anerkennung des Nichterzeugers zustimmt, und dadurch dem Kind den leiblichen Vater vorenthält. Dies gilt insbesondere dann, wenn die Mutter den leiblichen Vater geradezu ausschließen will und deshalb der Anerkennung des Nichterzeugers zustimmt, während bereits ein Vaterschaftsfeststellungsverfahren in Bezug auf den leiblichen Vater anhängig ist.   V-125

Um die Interessen des Kindes zu wahren, muss der Mutter die elterliche Sorge über die Entscheidung zur Zustimmung zur Anerkennung entzogen werden. Dadurch werden die Voraussetzungen des § 1595 Abs. 2 BGB herbeigeführt; es wird eine eigene Zustimmung des Kindes erforderlich, die ein Pfleger als gesetzlicher Vertreter abgeben bzw. bei Bedarf verweigern kann.   V-126

Umstritten ist allerdings, auf welche Norm der Sorgerechtsentzug gestützt werden kann. Teilweise wird bei einer bewusst gegen die wirkliche (leibliche) Vaterschaft gerichteten Ausübung der Zustimmung ein Sorgerechtsentzug nach § 1666 BGB zugelassen; andere stützen einen Sorgerechtsentzug auf eine analoge Anwendung der §§ 1629 Abs. 2 Satz 3, 1796 BGB, so dass eine *konkrete* Interessenkollision zwischen Kind und Mutter erforderlich ist (s. zum Streitstand *Staudinger/Rauscher*, § 1595 BGB Rdnr. 17; MünchKomm/*Wellenhofer*, § 1595 BGB Rdnr. 8).   V-127

Wurde ein möglicher Sorgerechtsentzug versäumt, so wird die Anerkennung mit Zustimmung der Mutter wirksam.   V-128

In diesem Fall kann diese Vaterschaft nur noch nachträglich durch Anfechtung gemäß §§ 1599 Abs. 1, 1600 Abs. 1 BGB beseitigt werden. Das Kind ist nach § 1600 Abs. 1 BGB anfechtungsberechtigt. Der an und für sich vertretungsberechtigten Mutter kann nach § 1666 BGB das Sorgerecht entzogen werden, so dass ein Ergänzungspfleger die Vaterschaftsanfechtung als gesetzlicher Vertreter des Kindes betreiben kann (KG, StAZ 2002, 241, 242, allerdings nur in einem »obiter dictum«; *Staudinger/Rauscher*, § 1595 BGB Rdnr. 18). Im Übrigen kann auch der bewusst wahrheitswidrig Anerkennende die Vaterschaftsanfechtung betreiben; diese ist nicht etwa wegen Rechtsmissbrauchs im Sinne eines »venire contra factum proprium« ausgeschlossen (OLG Köln, StAZ 2003, 111, 112).

5. Form- und Verfahrensfragen

a) Form

V-129 Alle Erklärungen, die für die Wirksamkeit der Anerkennung bedeutsam sind, bedürfen der Form der öffentlichen Beurkundung, § 1597 Abs. 1 BGB. Das sind im Einzelnen:
- die Anerkennungserklärung, s. Rdnr. V-42;
- die Zustimmung der Mutter, s. Rdnr. V-96;
- die etwa erforderliche Zustimmung des Kindes, s. Rdnr. V-105;
- die etwa erforderliche Zustimmung des gesetzlichen Vertreters, s. Rdnr. V-37, V-101, V-117;
- ein etwaiger Widerruf der Anerkennung, s. Rdnr. V-47.

Wegen Einzelheiten s. *Gaaz/Bornhofen*, § 44 PStG Rdnr. 17 ff.; zum Begriff der öffentlichen Urkunde allgemein s. § 415 Abs. 1 ZPO; zum Inhalt der Urkunde *Gaaz/Bornhofen*, § 44 PStG Rdnr. 14.

b) Zuständigkeit

V-130 Zuständig zur Beurkundung von Vaterschaftsanerkennungen sind
aa) die *Notare* (§ 20 Abs. 1 BNotO, § 1 Abs. 1 BeurkG);
bb) die *Amtsgerichte* (§ 62 Abs. 1 Nr. 1 BeurkG), und zwar funktionell dort der Rechtspfleger (§ 3 Nr. 1 Buchst. f RPflG);
cc) die *Jugendämter* durch die Urkundsperson beim Jugendamt (§ 59 Abs. 1 Satz 1 Nr. 1 SGB VIII (KJHG));
dd) jedes *Standesamt* (§ 44 Abs. 1 PStG). Es gibt für die Beurkundung der Vaterschaftsanerkennung keine besondere örtliche Zuständigkeit (vgl. *Gaaz/Bornhofen*, § 44 PStG Rdnr. 3 ff., 17);
ee) die zur Beurkundung befugten *Konsularbeamten* der Auslandsvertretungen der Bundesrepublik Deutschland (§§ 10, 18, 19 KonsularG).
ff) Ferner sieht § 180 FamFG vor, dass eine Anerkennungserklärung auch in der mündlichen Verhandlung des Abstammungsverfahrens zur Niederschrift des *Gerichts* erklärt werden kann; eine Abgabe der Erklärung in einem anderen Verfahren ist dagegen formunwirksam, s. BGH, StAZ 2013, 251, 252 zur Zustimmung des Ehemanns im Scheidungsverfahren zur qualifizierten Drittanerkennung nach § 1599 Abs. 2 BGB, für die § 1597 Abs. 1 BGB ebenfalls gilt, s. Rdnr. V-179.

V-131 Das Beurkundungsverfahren richtet sich nach der für die jeweilige Urkundsperson geltenden Verfahrensordnung. Wegen der maßgeblichen Vorschriften in dem Falle, dass ein Standesbeamter die Vaterschaftsanerkennung beurkundet, s. *Gaaz/Bornhofen*, § 44 PStG Rdnr. 7 ff.

Die Prüfung, ob die Voraussetzungen der Urkundsform erfüllt sind, obliegt dem Standesamt, das die Vaterschaftsanerkennung ins Geburtenregister einträgt.

c) Benachrichtigungspflicht

Dem Vater des Kindes, der Mutter und dem Kind sind beglaubigte Abschriften der Anerkennungserklärung zu übersenden, § 1597 Abs. 2 BGB. V-132

Die überwiegende Ansicht geht davon aus, dass ein Verstoß gegen die Pflicht zur Übersendung nicht zur Unwirksamkeit der Anerkennung führt (*Staudinger/Rauscher*, § 1598 BGB Rdnr. 9). Dafür spricht, dass die Anerkennungserklärung nicht als empfangsbedürftige Erklärung ausgestaltet ist; s.a. Rdnr. V-43. Diese gesetzgeberische Entscheidung würde praktisch unterlaufen, wenn man die Übersendung zu einer echten Wirksamkeitsvoraussetzung aufwerten würde. V-133

d) Übersendung an das Standesamt

Um zu verhindern, dass eine wirksam abgegebene Erklärung dem Rechtsverkehr verborgen bleibt, ist die Urkundsperson gemäß § 44 Abs. 3 PStG, § 1597 Abs. 2 BGB verpflichtet, dem Geburtsstandesamt, ggf. dem Standesamt I in Berlin, eine beglaubigte Abschrift der Anerkennungserklärung zu übermitteln. V-134

Alle für die Wirksamkeit der Anerkennung bedeutsamen Erklärungen sind nicht empfangsbedürftig, s. schon Rdnr. V-43 (Anerkennungserklärung), V-99 (Zustimmung der Mutter), V-105 (Zustimmung des Kindes), V-101, V-117 (Zustimmung des gesetzlichen Vertreters). V-135

Die Kenntnisnahme durch das zur Eintragung zuständige Standesamt ist daher kein materielles Wirksamkeitserfordernis, sondern nur eine rein tatsächliche Voraussetzung für die Eintragung im Geburtenregister. Erfährt das Standesamt nichts von der Anerkennung und unterbleibt deshalb die Folgebeurkundung, so ist das Geburtenregister unrichtig. Das Personenstandsrecht verhindert dies, indem es die jeweilige Urkundsperson gesetzlich verpflichtet, dem zur Eintragung zuständigen Standesamt eine beglaubigte Abschrift der Anerkennungserklärung zu übersenden, § 44 Abs. 3 Satz 1 PStG und § 1597 Abs. 2 BGB. Die gesetzliche Übersendungspflicht gleicht das Fehlen der materiellrechtlichen Empfangsbedürftigkeit aus.

Zu den Rechtsfolgen, wenn die nach § 1597 Abs. 2 BGB erforderliche Übersendung an das Geburtsstandesamt unterbleibt, s. MünchKomm/*Wellenhofer*, § 1597 BGB Rdnr. 6, 8; zum weiteren Verfahren s. *Gaaz/Bornhofen*, § 27 PStG Rdnr. 8 ff. und § 44 PStG Rdnr. 3 ff.

6. Rechtsfolgen einer fehlerhaften Anerkennung

a) Rechtsentwicklung

Vor Inkrafttreten des NEhelG konnte sich die Unwirksamkeit der Anerkennung auch aus Normen des Allgemeinen Teils des BGB, etwa aus §§ 134, 138, 142 Abs. 1 i.V.m. §§ 119 ff. BGB, ergeben. Das NEhelG hat durch die Regelung des § 1600f Abs. 1 BGB a.F. eine Berücksichtigung der allgemeinen Unwirksamkeitsgründe gesperrt; aus Gründen der Rechtssicherheit sollten diese nur im V-136

V-137   Das KindRG hat die Regelung des § 1600f Abs. 1 BGB a. F. in § 1598 Abs. 1 BGB aufgegriffen. Weil die Beschränkung der Berücksichtigung von Unwirksamkeitsgründen auf solche der »vorstehenden Vorschriften« weiterhin durch den Zusatz »nur« deutlich hervorgehoben ist, besteht kein Anlass, die Vorschrift anders als § 1600f Abs. 1 BGB a. F. aufzufassen (KG, StAZ 2002, 241, 241). Dafür spricht auch die amtliche Begründung (BT-Drucks. 13/4899, S. 85).

Rahmen der gerichtlichen Anfechtung der Vaterschaft geltend gemacht werden können (vgl. BGH, StAZ 1985, 129).

b) Die Unwirksamkeit der Anerkennung

V-138   Nach § 1598 Abs. 1 BGB ist eine Anerkennung unwirksam, wenn sie den Erfordernissen der §§ 1594 bis 1597 BGB nicht genügt, und zwar ohne dass es einer Anfechtung oder eines förmlichen Verfahrens zur Feststellung der Unwirksamkeit bedarf. Die Anerkennung ist so zu behandeln, als wäre sie nicht erfolgt; eine erneute Anerkennung ist durch § 1594 Abs. 2 BGB nicht ausgeschlossen.

V-139   Dass die Anerkennungserklärung dem Vater, der Mutter und dem Kind nicht übersendet wurde (§ 1597 Abs. 2 BGB), führt allerdings nach h. M. nicht zur Unwirksamkeit der Anerkennung, s. Rdnr. V-133 ff.

V-140   Ist die Anerkennung beurkundet worden, weil das Standesamt die Unwirksamkeit nicht erkannte, so ist der Eintrag zu berichtigen, § 48 PStG.

Die Beteiligten können die Unwirksamkeit zudem gerichtlich geltend machen, indem sie einen Antrag auf Feststellung der Unwirksamkeit der Anerkennung stellen.

V-141   Aus der Verwendung des Wortes »nur« in § 1598 Abs. 1 BGB ergibt sich, dass diese Regelung abschließend ist, s. Rdnr. V-137. Aus anderen als den vorstehend genannten Gründen kann eine Vaterschaftsanerkennung nicht unwirksam sein; vgl. KG, StAZ 2002, 241.

Dies bedeutet insbesondere, dass eine bewusst wahrheitswidrige Anerkennung der Vaterschaft nicht etwa gemäß §§ 134, 138 BGB nichtig ist (OLG Köln, FamRZ 2002, 630; *Palandt/Brudermüller*, § 1598 BGB Rdnr. 2; zu missbräuchlichen Vaterschaftsanerknnnungen s. Rdnr. V-222). Sie kann lediglich gemäß §§ 1599 Abs. 1, 1600 ff. BGB gerichtlich angefochten werden.

V-142   Ferner kann eine Anerkennungserklärung, die auf einem Willensmangel im Sinne der §§ 119 ff. BGB beruht, nicht gemäß §§ 142 Abs. 1, 143 Abs. 1 BGB durch einseitige Gestaltungserklärung vernichtet, sondern nur im Verfahren nach §§ 1599 Abs. 1, 1600 ff. BGB angefochten werden. Die Willensmängel sind dann ausschließlich im Rahmen des § 1600c Abs. 2 BGB (Beweisregelung) zu berücksichtigen.

In den Fällen der §§ 123, 124 BGB kommt zudem eine Hemmung der zweijährigen Anfechtungsfrist des § 1600b Abs. 1 BGB in Betracht, solange die Drohung andauert, § 1600b Abs. 5 Satz 1 BGB.

V-143   Auch sämtliche Zustimmungserklärungen sind nur dann unwirksam, wenn sie den Anforderungen der §§ 1594 BGB bis 1597 BGB nicht genügen, § 1598 Abs. 1 BGB. Auch hier kommt eine Unwirksamkeit nach §§ 142 Abs. 1,

119 ff. BGB oder §§ 134, 138 BGB nicht in Betracht. Der Gesetzgeber hat insoweit den vor dem KindRG bestehenden Streit, ob die abschließenden Unwirksamkeitsgründe des § 1600f BGB a. F. auch für die Zustimmungserklärungen galten, im Sinne der bisher h. M. entschieden.

c) Die Heilung einer unwirksamen Anerkennung

Fraglich ist, ob eine fehlerhafte Anerkennung nachträglich geheilt werden kann. V-144

Palandt/Brudermüller, § 1598 BGB Rdnr. 3 hält jede materielle Heilung einer unwirksamen Anerkennung für ausgeschlossen; die Anerkennung müsse wiederholt werden. Doch gilt dies wohl nur für die Anerkennungserklärung des Mannes selbst. Im Übrigen ist zu differenzieren; soweit die Wirksamkeit von Umständen abhängt, die zu der Anerkennungserklärung hinzutreten müssen, sind diese nachholbar. So kann etwa eine formungültige Zustimmungserklärung ohne weiteres formwirksam wiederholt werden. In diesem Fall handelt es sich nicht um »Heilung« i. e. S., sondern nur um die nachträgliche Vollendung des gesetzlichen Wirksamkeitstatbestands.

Den Sondertatbestand einer Heilung durch Zeitablauf regelt § 1598 Abs. 2 BGB. Wenn seit der Eintragung in ein deutsches Personenstandsregister fünf Jahre verstrichen sind, ist die Anerkennung wirksam, auch wenn die Erfordernisse der §§ 1594 ff. BGB nicht vorgelegen haben. V-145

Es handelt sich jedoch nur um eine Heilung formaler Mängel. Die Anfechtung der Anerkennung wegen Nichtbestehens der Vaterschaft (§§ 1599 Abs. 1, 1600 BGB) ist dadurch nicht ausgeschlossen (vgl. BGH, StAZ 1985, 129, 130; *Staudinger/Rauscher*, § 1598 BGB Rdnr. 18). V-146

§ 1598 Abs. 2 BGB ist ebenfalls nicht anwendbar auf die Anerkennungssperre des § 1594 Abs. 2 BGB. Eine wegen Bestehens einer anderen Vaterschaft unwirksame Anerkennung kann nicht nach § 1598 Abs. 2 BGB wirksam werden, da ansonsten eine unzulässige Doppelvaterschaft entstünde, dies widerspräche einem Grundprinzip des Abstammungsrechts (*Staudinger/Rauscher*, § 1598 BGB Rdnr. 18; MünchKomm/*Wellenhofer*, § 1598 BGB Rdnr. 24; OLG Rostock, StAZ 2008, 345, 345; OLG Karlsruhe, StAZ 2015, 19, 20; zu den verfassungsrechtlichen Grundlagen s. Rdnr. V-74). V-147

Bei dem »deutschen Personenstandsregister« handelt es sich in erster Linie um das Geburtenregister; hierzu allgemein *Gaaz/Bornhofen*, § 21 PStG Rdnr. 6 ff. Die Eintragung in ein ausländisches Personenstandsregister hat keine Wirkung. V-148

Die Übersendung einer beglaubigten Abschrift der Anerkennung an das Standesamt I in Berlin gemäß § 44 Abs. 3 Satz 1 PStG steht der Eintragung in ein deutsches Personenstandsregister nicht gleich; eine Heilung durch Zeitablauf kann in derartigen Fällen nur dann eintreten, wenn die Geburt des Kindes nach § 36 PStG beurkundet worden ist. V-149

Die Berechnung der Fünfjahresfrist richtet sich nach §§ 187, 188 Abs. 2 BGB.

III. Die qualifizierte Drittanerkennung

1. Allgemeines

V-150 Das KindRG hat mit § 1599 Abs. 2 BGB eine Vaterschaftsanerkennung mit besonderen Wirkungen eingeführt, die man in der personenstandsrechtlichen Praxis meist als »qualifizierte Drittanerkennung« bezeichnet. Das Gesetz erlaubt unter bestimmten Voraussetzungen die Anerkennung der Vaterschaft zu dem Kind einer verheirateten Frau, das wegen § 1592 Nr. 1 BGB eigentlich bereits den Ehemann zum Vater hat; vgl. bereits Rdnr. IV-40 ff.

V-151 Die Erklärungen der an der Drittanerkennung nach § 1599 Abs. 2 BGB Beteiligten haben eine doppelte Wirkung, nämlich
– einerseits die einer wirksam abgegebenen Anerkennung nach §§ 1594 ff. BGB (vaterschaftsbegründende Wirkung);
– andererseits die einer rechtskräftigen Entscheidung im Vaterschaftsanfechtungsverfahren nach § 1599 Abs. 1 BGB (vaterschaftsbeseitigende Wirkung).

V-152 Die Drittanerkennung nach § 1599 Abs. 2 BGB hat zur Folge, dass die Vaterschaft des Ehemanns mit Wirkung gegenüber jedermann rückwirkend auf den Zeitpunkt der Geburt entfällt. Gleichzeitig wird der anerkennende Dritte dem Kind als Vater zugeordnet. Diese Zuordnung wirkt auf den Zeitpunkt der Geburt zurück, d.h. das Verwandtschaftsverhältnis zwischen Kind und Drittem entsteht nicht erst mit dem Wirksamwerden der Anerkennung, sondern es wird als seit dem Geburtszeitpunkt bestehend angesehen.

V-153 Die durch die qualifizierte Drittanerkennung hervorgerufene statusrechtliche Veränderung wird oft erst *nach* der Geburt des Kindes eintreten, da sie von der Rechtskraft des Scheidungsausspruchs abhängt. Darauf haben die Parteien keinen Einfluss.

Bis zur rechtskräftigen Scheidung hat das Standesamt das Kind als Kind der Mutter und ihres Ehemanns einzutragen; eine »Vorwirkung« des § 1599 Abs. 2 BGB gibt es nicht (*Staudinger/Rauscher*, § 1599 BGB Rdnr. 114; *Jauß*, StAZ 1999, 81), vgl. Rdnr. V-183.

2. Die Wirksamkeitsvoraussetzungen

a) Geburt des Kindes nach Anhängigkeit eines Scheidungsantrags

V-154 Die Vaterschaftsanerkennung nach § 1599 Abs. 2 BGB ist nur dann möglich, wenn das Kind zwischen Anhängigkeit des Scheidungsantrags (§ 124 Satz 1 FamFG) und Rechtskraft der dem Antrag stattgebenden Entscheidung geboren wird.

Wird das Kind vor Anhängigkeit des Scheidungsantrags geboren, greift die Regel des § 1592 Nr. 1 BGB ein; es kommt nur eine Anfechtung der Vaterschaft des Ehemanns gemäß § 1599 Abs. 1 BGB in Betracht.

V-155 Allerdings darf man keine zu formalistischen Maßstäbe anlegen. Es genügt, wenn ein erster Scheidungsantrag zum Zeitpunkt der Rechtshängigkeit eines zweiten Antrags noch anhängig ist und nur aus formalen (prozessualen) Gründen nicht Grundlage des späteren Scheidungsausspruchs wird *(Kiss-*

ner, StAZ 2009, 116, 117); ebenso wenn der Scheidungsantrag nur hilfsweise gestellt wird (AG Saarbrücken, StAZ 2006, 77).

Wird das Kind nach Rechtskraft des dem Scheidungsantrag stattgebenden Beschlusses geboren, greift die Zuordnung nach § 1592 Nr. 1 BGB zum Ehemann ohnehin nicht mehr ein. Damit fehlt es an dem für § 1599 Abs. 2 BGB kennzeichnenden Spannungsverhältnis zwischen der Vaterschaft des (Noch-) Ehemanns und des Dritten. Der Dritte kann hier die Vaterschaft direkt nach den §§ 1592 Nr. 2, 1594 ff. BGB anerkennen. V-156

Wegen Fällen mit Auslandsbezug, in denen eines der alternativ anwendbaren Statute des Art. 19 Abs. 1 EGBGB das Kind auch in diesem Fall dem Ex-Ehemann zuordnet, s. Rdnr. V-198.

Die *Anhängigkeit* des Scheidungsantrags ist von der *Rechtshängigkeit* zu unterscheiden; letztere tritt erst mit der Zustellung des Antrags an den Antragsgegner ein (zur Abgrenzung s. *Sachse*, StAZ 2003, 53). Dass der zur Zeit der Geburt anhängige Scheidungsantrag aus formalen Gründen zurückgenommen und anschließend neu gestellt wird, hindert die Anwendung des § 1599 Abs. 2 BGB nicht (OLG Köln, StAZ 2007, 21). V-157

Kommt es zu einer Fehl- oder Totgeburt des Kindes, so hat die qualifizierte Drittanerkennung insoweit verfahrensrechtliche Bedeutung, als der Anerkennende – bei Vorliegen der übrigen Voraussetzungen des § 1599 Abs. 2 BGB – nach § 27 PStG als Vater zu beurkunden ist, vgl. auch Rdnr. V-60. V-158

Ob eine qualifizierte Drittanerkennung noch nach dem Tode des lebend geborenen Kindes möglich ist, ist parallel zu der Frage zu entscheiden, ob man auch bei der »normalen« Anerkennung eine postmortale Vaterschaftsanerkennung zulässt (*Jauß*, StAZ 2003, 119); dies sollte man mit der Rechtsprechung bejahen; s. Rdnr. V-70 ff.

Die Voraussetzung der Geburt des Kindes nach Anhängigkeit des Scheidungsantrags trägt dem Umstand Rechnung, dass zu diesem Zeitpunkt die Vaterschaft des (Noch-)Ehemanns, auch angesichts der Trennungszeiten (§ 1566 BGB) äußerst unwahrscheinlich ist. V-159

b) Anerkennungserklärung des Dritten

Erforderlich ist eine Anerkennung durch den Dritten. Diese muss die allgemeinen Voraussetzungen der §§ 1594 ff. BGB erfüllen, hierzu Rdnr. V-20 ff. V-160

Grundlage der erleichterten Zuordnung zum Erzeuger in Scheidungsfällen ist nach der Intention des Gesetzgebers, dass das Kind rechtlich nicht ohne Vater ist (MünchKomm/*Wellenhofer*, § 1599 BGB Rdnr. 56). Nur wenn der Erzeuger seine Vaterschaft einräumt und formgerecht seine Anerkennung erklärt, kann die gerichtliche Anfechtung der Vaterschaft des Ehemanns vermieden werden.

aa) Verhältnis zu § 1594 Abs. 2 BGB

§ 1599 Abs. 2 Satz 1 Halbs. 2 BGB erklärt die Sperre des § 1594 Abs. 2 BGB, wonach eine Vaterschaftsanerkennung nicht wirksam wird, solange die Vaterschaft eines anderen Mannes besteht, für nicht anwendbar. Diese Hürde beseitigt § 1599 Abs. 2 Satz 1 Halbs. 2 BGB, indem er die Anerkennung eine juris- V-161 tische Sekunde *vor* der Beseitigung der Zuordnung nach § 1592 Nr. 1 BGB erstarken lässt (*Staudinger/Rauscher*, § 1599 BGB Rdnr. 91).

bb) Jahresfrist

V-162　Der Dritte muss die Vaterschaft bis zum Ablauf eines Jahres nach Rechtskraft des Scheidungsausspruchs anerkennen, § 1599 Abs. 2 Satz 1 BGB. Durch die Jahresfrist soll im Interesse der Statusklarheit ein unnötig langer Schwebezustand vermieden werden (BT-Drucks., 13/4899, S. 53).

Die Fristberechnung erfolgt nach §§ 187 Abs. 1, 188 Abs. 2 BGB.

V-163　Umstritten ist, ob innerhalb der Jahresfrist des § 1599 Abs. 2 Satz 1 BGB nur die Anerkennungserklärung des Mannes im Sinne von § 1594 BGB vorliegen muss, oder ob innerhalb der Frist *alle* Wirksamkeitserfordernisse nach §§ 1594 ff. BGB gegeben sein müssen, insbesondere auch die Zustimmung der Mutter nach § 1595 Abs. 1 BGB; hierzu Rdnr. V-173 ff.

c) Anfechtung der anerkannten Vaterschaft

V-164　Umstritten sind die Rechtsfolgen, wenn die Anerkennung des Dritten durch nachträgliche Anfechtung nach §§ 1599 Abs. 1, 1600 ff. BGB wieder beseitigt wird.

V-165　Teilweise wird angenommen, dass die frühere Vaterschaft des Ehemanns nach § 1592 Nr. 1 BGB wieder auflebt (*Veit*, FamRZ 1999, 902, 905 ff.).

Dafür spricht, dass bei der qualifizierten Drittanerkennung die Aberkennung der Vaterschaft des Ehemanns und Anerkennung des Dritten eng verbunden und quasi nur »zwei Seiten einer Medaille« sind. Im Umkehrschluss zu dem Ausnahmetatbestand des § 1599 Abs. 2 Satz 1 BGB gelten die §§ 1592 Nr. 1, 1593 BGB, sobald eine der Voraussetzungen nicht vorliegt. Bisweilen wird auch noch auf eine analoge Anwendung des § 1593 Satz 4 BGB abgestellt (*Jauernig/Berger/Mansel*, §§ 1599–1600c Rdnr. 18). Schließlich wäre das Kind ansonsten vaterlos. Durch die Anerkennungserklärung des Dritten in § 1599 Abs. 2 BGB soll aber gerade sichergestellt werden, dass das Kind rechtlich nicht ohne Vater bleibt, vgl. Rdnr. V-160.

V-166　In Extremfällen ist sogar ein »Aushandeln« zwischen den Beteiligten denkbar. So könnte etwa der Dritte die Vaterschaft schon in dem Bewusstsein und der Absicht anerkennen, sie unmittelbar danach wieder anzufechten. Einziger Zweck dieser »Schaukel«, d. h. eines geplanten mehrfachen Wechsels der Statuszuordnung durch den Dritten, könnte es sein, dass der Ehemann seine Vaterschaft schnell und ohne Vaterschaftsanfechtungsverfahren nach §§ 1599 Abs. 1, 1600 ff. BGB ablegen kann; der Dritte ist hierbei für ihn lediglich das Mittel.

V-167　Dies wäre sogar dann möglich, wenn der Ehemann tatsächlich der leibliche Vater des Kindes ist. Im Rahmen der qualifizierten Drittanerkennung wird die leibliche Verwandtschaft überhaupt nicht geprüft. Bei der darauf folgenden Anfechtung der Vaterschaft durch den Dritten kommt es nur auf *dessen* Verwandtschaft zum Kind an.

Die Anfechtung durch den Dritten ist auch nicht deshalb ausgeschlossen, weil der Dritte bei der Anerkennung wusste, dass er nicht der leibliche Vater ist. Anders als etwa das österreichische oder das schweizerische Recht setzt das deutsche Recht keinen Willensmangel für die Anfechtung einer Anerkennung voraus (vgl. *Frank*, StAZ 2003, 129, 133).

Lässt man die Vaterschaft des Ehemanns wieder aufleben, so wird die Gefahr einer solchen »Statusschaukel« von vornherein ausgeschlossen.

Der Ehemann kann die »wieder aufgelebte« Vaterschaft seinerseits durch Anfechtung nach §§ 1599 Abs. 1, 1600 ff. BGB beseitigen. Für die Anfechtungsfrist gilt § 1600b Abs. 2 Satz 2 BGB analog, d. h. die Anfechtungsfrist läuft erst ab rechtskräftiger Anfechtung der Anerkennung des Dritten (*Veit*, FamRZ 1999, 902, 907). | V-168

Überwiegend wird jedoch angenommen, dass bei einer Anfechtung der Anerkennung die frühere Vaterschaft des Ehemanns nicht wieder auflebt und das Kind (zunächst) vaterlos bleibt (MünchKomm/*Wellenhofer*, § 1599 BGB Rdnr. 68; *Staudinger/Rauscher*, § 1599 BGB Rdnr. 111; *Gaul*, FamRZ 2000, 1461, 1466; *Helms*, FuR 1996, 178, 183). | V-169

Dies ergibt sich systematisch aus einen Umkehrschluss zu § 1593 Satz 4 BGB. Eine ähnliche Vorschrift, die ein Wiederaufleben anordnet, fehlt in § 1599 Abs. 2 BGB. Eine analoge Anwendung des § 1593 Satz 4 BGB scheitert am Fehlen einer Regelungslücke. Das Problem der Rückrechnung wurde im Gesetzgebungsverfahren gesehen und diskutiert, vgl. BT-Drucks. 13/4899, S. 84 (*Gaul*, FamRZ 2000, 1461, 1466). | V-170

Außerdem wird nach Beendigung des Verfahrens gemäß § 1599 Abs. 2 BGB das Interesse des Ehemanns an Rechtsklarheit geschützt. Die Interessen des Kindes werden hingegen nicht übermäßig beeinträchtigt. Eine gerichtliche Feststellung der Vaterschaft nach § 1600d Abs. 1 BGB bleibt möglich. Diese kann sich ggf. auch gegen den (vormaligen) Ehemann richten. | V-171

Begreift man die qualifizierte Drittanerkennung nicht als einen privatautonomen Akt über den Status des Kindes, sondern als eine Situation, in der die Wahrscheinlichkeit für den Ehemann als Vater des Kindes nach der Lebenserfahrung ohnehin äußerst gering ist (s. Rdnr. V-159), so ist die wirksame (!) Anerkennung auch dann ein gewichtiges Indiz gegen den Ehemann als Vater, wenn sie später angefochten wird. Insofern ist die Interessenlage auch nicht mit den Fällen des § 1593 Satz 4 BGB vergleichbar (BT-Drucks. 13/4899, S. 83). | V-172

Ficht der Dritte nach einer qualifizierten Drittanerkennung seine Vaterschaft an, so erscheint es vorzugswürdig, die durchaus mögliche Vaterschaft des Ehemanns (»Versöhnungskind«) im Wege der gerichtlichen Vaterschaftsfeststellung nach § 1600d BGB zu klären.

d) Zustimmung der Mutter

Wie bei jeder Anerkennung muss auch die Mutter der qualifizierten Drittanerkennung zustimmen, § 1595 Abs. 1 BGB. | V-173

Umstritten war aber, ob die Jahresfrist des § 1599 Abs. 2 Satz 1 BGB auch für die Zustimmung der Mutter gilt. Dabei handelt es sich um die Frage, wie der Begriff »anerkennen« in § 1599 Abs. 2 BGB auszulegen ist.

C. Die Feststellung der Abstammung vom Vater

V-174   aa) Teilweise wurde der Begriff »anerkennen« in § 1599 Abs. 2 Satz 1 BGB lediglich als die Anerkennungs*erklärung* des Mannes im Sinne von § 1594 BGB verstanden (OLG Zweibrücken, StAZ 2000, 80 f.; *Palandt/Brudermüller*, § 1599 BGB Rdnr. 11). Nach dieser Ansicht war die Zustimmungserklärung der Mutter daher nicht befristet.

V-175   bb) Von anderen Stimmen wurde der Begriff »anerkennen« jedoch in dem Sinne ausgelegt, dass damit der gesamte zusammengesetzte Vorgang der Statusbegründung nach §§ 1594 ff. BGB gemeint sei. Demnach war innerhalb der Jahresfrist des § 1599 Abs. 2 BGB eine *wirksame* Anerkennung erforderlich, d. h. innerhalb der Frist hatten alle Wirksamkeitsvoraussetzungen vorzuliegen (OLG Stuttgart, StAZ 2004, 274; AG Darmstadt, StAZ 2008, 179; *Wachsmann*, StAZ 2000, 375, 376; wohl auch *Gaul*, FamRZ 2000, 1461, 1466). Auch die Zustimmung der Mutter musste demnach (in der Form des § 1597 Abs. 1 BGB) innerhalb eines Jahres ab Rechtskraft der Scheidung erfolgen.

V-176   cc) Mittlerweile hat sich der BGH der zuerst genannten Auffassung angeschlossen, wonach allein die Anerkennungserklärung des Mannes der Jahresfrist des § 1599 Abs. 2 BGB unterliegt (BGH, StAZ 2013, 251; s. a. bereits OLG Köln, StAZ 2011, 48; OLG Oldenburg, StAZ 2011, 49; OLG Brandenburg, StAZ 2011, 333); die Zustimmung der Mutter – und des Ehemanns (s. Rdnr. V-180) – ist folglich nicht fristgebunden.

e) Zustimmungserklärung des (Noch-)Ehemanns

V-177   Für die Vaterschaftsanerkennung nach § 1599 Abs. 2 BGB ist neben der Zustimmung der Mutter immer die Zustimmung des Mannes erforderlich, der im Zeitpunkt der Geburt des Kindes mit der Mutter verheiratet ist, § 1599 Abs. 2 Satz 2 Halbs. 1 BGB.

V-178   Hierdurch soll gewährleistet sein, dass zwischen Mutter, (Noch-)Ehemann und Dritten Einigkeit über die Zuordnung des Kindes besteht. In die Rechtsstellung des bisher als Vater vermuteten Mannes wird nur mit seiner Zustimmung eingegriffen, dem Ehemann kann also nicht etwa durch kollusives Zusammenwirken von Mutter und Drittem das Kind entzogen werden.

Die Zustimmung des Ehemanns erfolgt nicht im Namen des Kindes, sondern aus eigenem Recht.

Durch die Zustimmung des Ehemanns wird die objektiv angenommene geringe Wahrscheinlichkeit von dessen Vaterschaft bei Geburt des Kindes während des laufenden Scheidungsverfahrens bestätigt.

V-179   Die Zustimmung des Ehemanns
– unterliegt aufgrund der Verweisung in § 1599 Abs. 2 Satz 2 Halbs. 2 BGB denselben Voraussetzungen wie die Anerkennung des Dritten;
– ist deshalb bedingungsfeindlich, § 1594 Abs. 3 BGB, wobei eine Rechtsbedingung der künftigen Rechtskraft der Ehescheidung nicht schadet, vgl. Rdnr. V-29;
– ist vor der Geburt des Kindes möglich, § 1594 Abs. 4 BGB; dies impliziert, dass die Zustimmung auch vor Anhängigkeit des Scheidungsantrags zulässig ist;

- ist grundsätzlich höchstpersönlich, §§ 1596 Abs. 1 Satz 1 bis 3, Abs. 3, 4 BGB, vgl. Rdnr. V-31 ff.;
- bedarf der Form der öffentlichen Beurkundung, § 1597 Abs. 1 BGB; s. Rdnr. V-129 ff.;
- kann auch als vorherige Zustimmung (Einwilligung) vor der Anerkennungserklärung des leiblichen Vaters erteilt werden (*Kraus*, StAZ 2005, 238, 239);
- kann nur zu einer bestimmten Vaterschaftsanerkennung erteilt werden und muss daher Angaben über persönliche Daten des Vaters und der Mutter enthalten (*Kraus* a. a. O.).

Wie bei der Zustimmung der Mutter war umstritten, ob die Zustimmung des Ehemanns innerhalb der Jahresfrist des § 1599 Abs. 2 BGB vorliegen muss; hierfür etwa AG Darmstadt, StAZ 2008, 179. Nach der höchstrichterlichen Rechtsprechung sind die Zustimmungserklärungen bei der qualifizierten Drittanerkennung nicht fristgebunden, s. zum Ganzen bereits Rdnr. V-173 ff.

V-180

Eine beglaubigte Abschrift der Zustimmung des Ehemanns ist an den Anerkennenden, die Mutter und ggf. das Kind zu übersenden, §§ 1599 Abs. 2 Satz 2 Halbs. 2, 1597 Abs. 2 BGB.

V-181

Fraglich ist, ob auch beglaubigte Abschriften der anderen Erklärungen *an den Ehemann* zu übersenden sind. Die Verweisung in § 1599 Abs. 2 Satz 2 Halbs. 2 BGB auf § 1597 Abs. 2 BGB sieht das zwar nicht ausdrücklich vor. § 1597 Abs. 2 BGB soll jedoch die Information der Beteiligten gewährleisten. In den Fällen der qualifizierten Drittanerkennung gehört zu den Beteiligten aber auch der Ehemann. § 1597 Abs. 2 BGB ist daher erweiternd dahin gehend auszulegen, dass die Erklärungen auch an den Ehemann zu übersenden sind, wenn ein Verfahren nach § 1599 Abs. 2 BGB angestrebt wird (*Staudinger/Rauscher*, § 1599 BGB Rdnr. 99).

Stirbt der Ehemann vor Rechtskraft des Scheidungsausspruchs, wird dadurch seine Zustimmung nicht entbehrlich (MünchKomm/*Wellenhofer*, § 1599 BGB Rdnr. 65; *Staudinger/Rauscher*, § 1599 BGB Rdnr. 100; *Krömer*, StAZ 2002, 175, 176).

V-182

Das gilt selbst dann, wenn der Ehemann *vor* der Geburt des Kindes stirbt. Zwar ist nach dem Wortlaut des § 1599 Abs. 2 Satz 2 BGB die Zustimmung des Ehemanns nicht erforderlich, da er im Zeitpunkt der Geburt nicht (genauer: nicht mehr) mit der Mutter verheiratet ist. Die Zustimmung des Ehemanns ist aber vor allem ein Indiz für die objektiv geringere Vaterschaftswahrscheinlichkeit, s. Rdnr. V-178. Der Tod des Ehemanns ist hierfür irrelevant und lässt daher die Voraussetzung seiner Zustimmung nicht entfallen.

Hat der Ehemann die Zustimmung zu Lebzeiten nicht erklärt, so ist eine qualifizierte Drittanerkennung ausgeschlossen.

f) Auflösung der Ehe

aa) Die Scheidung der Ehe als gesetzlicher Regelfall

V-183 Die qualifizierte Drittanerkennung wird nach § 1599 Abs. 2 Satz 3 BGB frühestens mit Rechtskraft des dem Scheidungsantrag stattgebenden Beschlusses wirksam (das Gesetz spricht noch vom »Urteil«).

Die Notwendigkeit des rechtskräftigen Scheidungsbeschlusses substituiert die sonst das Wirksamwerden der Anerkennung hindernde Bestimmung des § 1594 Abs. 2 BGB, die gemäß § 1599 Abs. 2 Satz 1 Halbs. 2 BGB nicht gilt. Auf diese Weise wird sichergestellt, dass nicht gleichzeitig eine Zuordnung zu zwei Vätern vorliegt. Dadurch, dass die Anerkennung erst mit Rechtskraft des Scheidungsausspruchs wirksam wird, wird gleichzeitig verhindert, dass das Kind einem Dritten zugeordnet wird, obwohl die Ehe noch besteht.

Liegen bis auf die Rechtskraft des Scheidungsausspruchs alle Voraussetzungen des § 1599 Abs. 2 BGB vor, so ist das Kind im Geburtenregister demnach als Kind der Mutter und ihres Ehemanns einzutragen; eine »Vorwirkung« des Abs. 2 kommt nicht in Betracht, vgl. Rdnr. V-153.

V-184 Kommt es nicht zur rechtskräftigen Scheidung, kann auch die auf der Zuordnung zum wahrscheinlicheren Vater beruhende Rechtfertigung des Statuswechsels nicht eingreifen. Wenn der Scheidungsantrag abgewiesen oder zurückgenommen wird, dann bleibt es bei der Vermutung aus der Ehe gemäß § 1592 Nr. 1 BGB.

Die Anerkennungserklärung des Dritten ist in diesem Fall schwebend unwirksam nach § 1594 Abs. 2 BGB, bis die Vaterschaft des Ehemanns durch Anfechtung nach §§ 1599 Abs. 1, 1600 ff. BGB beseitigt wird. Die Vaterschaftsanerkennung des Dritten vollzieht sich in diesem Fall nach den allgemeinen Regeln der §§ 1592 Nr. 2, 1594 ff. BGB.

bb) Auflösung der Ehe durch Tod des Ehemanns

V-185 Problematisch ist der Fall, dass der Ehemann nach Anhängigkeit des Scheidungsantrags, aber vor Eintritt der Rechtskraft stirbt. Nach § 131 FamFG kann danach keine Rechtskraft des Scheidungsbeschlusses mehr eintreten, die Drittanerkennung nach § 1599 Abs. 2 BGB könnte daher nicht wirksam werden.

V-186 Gleichwohl ist nach allgemeiner Ansicht auch in diesem Fall eine Drittanerkennung möglich. Ansonsten wäre der Verweis auf § 1593 BGB weitgehend überflüssig (so MünchKomm/*Wellenhofer*, § 1599 BGB Rdnr. 65; *Staudinger/ Rauscher*, § 1599 BGB Rdnr. 89; *Krömer*, StAZ 2002, 175, 176). An die Stelle der Rechtskraft der Scheidung tritt der Tod des Ehemanns.

Notwendig ist in diesen Fällen allerdings, dass der Ehemann bereits vor seinem Tod der Anerkennung zugestimmt hat, s. Rdnr. V-182.

V-187 Damit stellt sich als Folgeproblem, wann die Jahresfrist des § 1599 Abs. 2 Satz 1 BGB zu laufen beginnt.

Lässt man die Frist stets mit dem Tod des Ehemanns (anstelle des rechtskräftigen Scheidungsbeschlusses) beginnen, so beginnt der Fristablauf in den Fällen des § 1593 Satz 1 BGB bereits *vor* der Geburt des Kindes. Zwar ist nach § 1594 Abs. 4 BGB auch eine pränatale Anerkennung möglich, der potentielle

Vater wird sich die Frage der Anerkennung aber meist erst nach der Geburt des Kindes stellen. Das spricht dafür, im Wege einer korrigierenden Auslegung die Jahresfrist erst ab der Geburt des Kindes laufen zu lassen, wenn diese zeitlich später als der Tod des Ehemanns liegt (*Staudinger/Rauscher*, § 1599 BGB Rdnr. 94; *Krömer*, StAZ 2002, 175, 176).

cc) Auflösung der Ehe durch Tod der Mutter
Stirbt die Mutter nach Anhängigkeit des Scheidungsantrags, aber vor Eintritt der Rechtskraft, so ersetzt der Tod der Mutter ebenfalls die Voraussetzung der Rechtskraft der Scheidung. Mit dem Zeitpunkt ihres Todes beginnt die Jahresfrist des § 1599 Abs. 2 Satz 1 BGB für die Anerkennung zu laufen. V-188

Umstritten ist, ob in diesen Fällen die Mutter vor ihrem Tod der Anerkennung zugestimmt haben muss, oder ob die Anerkennung durch Zustimmung des Kindes gleichwohl wirksam werden kann, hierzu Rdnr. V-110 ff.

3. Personenstandsrechtliche Konsequenzen

Ist die Anerkennung im Zeitpunkt der Beurkundung der Geburt bereits wirksam, so ist nur der Anerkennende als Vater in den Geburtseintrag aufzunehmen (vgl. den Grundsatz in Nr. 21.1 PStG-VwV). V-189

Da die Rechtswirkungen der Vaterschaftsanerkennung nach § 1599 Abs. 2 Satz 3 BGB erst mit Rechtskraft des Scheidungsbeschlusses eintreten, wird das Standesamt im Regelfall zunächst den Ehemann als Vater ins Geburtenregister eintragen, auch wenn bereits eine Drittanerkennung erfolgt ist; vgl. *Gaaz/Bornhofen*, § 21 PStG Rdnr. 42. Erst nach Rechtskraft des Scheidungsbeschlusses erfolgt die Beurkundung des Anerkennenden als Vater nach § 27 PStG; hierzu auch *Gaaz/Bornhofen*, § 27 PStG Rdnr. 8 ff., 27 f. Zu einer pränatalen qualifizierten Drittanerkennung bei einer Totgeburt s. *Hochwald*, StAZ 2015, 25. V-190

IV. Die Vaterschaftsanerkennung in Fällen mit Auslandsbezug
1. Die Anknüpfungsregeln des Art. 19 Abs. 1 EGBGB

Für die durch Anerkennung begründete Vaterschaft gelten seit dem KindRG grundsätzlich dieselben kollisionsrechtlichen Regeln wie für die gesetzliche Vaterschaft des Muttergatten. Sie richtet sich nach Art. 19 Abs. 1 EGBGB, und zwar alternativ nach dem Aufenthaltsrecht des Kindes (Satz 1) bzw. nach dem Heimatrecht des Mannes, dessen Vaterschaft festgestellt werden soll (Satz 2). Das Ehewirkungsstatut des Satz 3 kann auf die Vaterschaft eines ehefremden Dritten nicht angewandt werden. Wegen Einzelheiten s. Rdnr. IV-103 ff., IV-109. V-191

Die anwendbaren Statute beherrschen die materiellen Voraussetzungen der Vaterschaftsfeststellung. Hierzu gehört auch die Frage, welche Personen der Vaterschaftsanerkennung zustimmen müssen; gemäß Art. 23 EGBGB sind die vom Heimatrecht des Kindes vorgeschriebenen Zustimmungen zusätzlich erforderlich. V-192

V-193 Zu der Frage, wie sich die Anknüpfungen des Art. 19 Abs. 1 EGBGB zueinander verhalten, s. Rdnr. IV-142 ff.; für die dort vertretene Alternativität der Anknüpfungen (Rdnr. IV-144 f.) auch OLG Schleswig, StAZ 2003, 170; *Sturm*, StAZ 2003, 354. Ist die Vaterschaftsanerkennung nach einem der alternativ maßgeblichen Statute wirksam, so steht die Vaterschaft auch dann fest, wenn sich die Eltern und das Kind mittlerweile in einem Staat aufhalten, in dem die deutsche Vaterschaftsanerkennung nicht anerkannt wird (OLG Schleswig a. a. O.).

Zu bereits im Zeitpunkt der Geburt konkurrierenden Vaterschaften vgl. Rdnr. IV-146, IV-215, V-199 f., zur nachträglichen Konkurrenz Rdnr. V-201 ff.

2. Die qualifizierte Drittanerkennung nach § 1599 Abs. 2 BGB in Fällen mit Auslandsbezug

a) Anknüpfung

V-194 Unter den Voraussetzungen des § 1599 Abs. 2 BGB kann ein Dritter trotz einer nach § 1592 Nr. 1 BGB oder § 1593 BGB bestehenden Vaterschaft wirksam die Vaterschaft anerkennen; damit wird durch einen einheitlichen rechtlichen Akt sowohl seine Vaterschaft neu begründet als auch die bisher bestehende Vaterschaft des Noch-Ehemanns beseitigt; wegen der sachrechtlichen Einzelheiten s. Rdnr. V-150 ff.

V-195 Aus der Sicht des *Anerkennenden* ist die qualifizierte Drittanerkennung als Akt der Abstammungs*feststellung* zu qualifizieren. Maßgeblich ist daher die Kollisionsnorm des § 19 Abs. 1 EGBGB; hierzu allgemein Rdnr. IV-89 ff. Wenn eine der vorgesehenen alternativen Anknüpfungen auf deutsches Recht verweist, ist § 1599 Abs. 2 BGB jedenfalls hinsichtlich seiner abstammungs*begründenden* Funktion anwendbar.

V-196 Dass eines der für die Abstammung vom Ehemann alternativ maßgeblichen Abstammungsstatute von dessen Vaterschaft ausgeht, hindert die Drittanerkennung nicht. Da auch bei alleiniger Maßgeblichkeit deutschen Rechts die Drittanerkennung die bestehende Vaterschaft des Ehemanns und die Anerkennungssperre des § 1594 Abs. 2 BGB überwindet, kann nichts anderes gelten, wenn sich die Vaterschaft des Ehemanns aus einem anderen Abstammungsstatut ergibt.

V-197 Aus der Sicht des *Ehemanns* ist die qualifizierte Drittanerkennung hingegen ein Rechtsakt, der seine Vaterschaft *beseitigt*. Es handelt sich zwar nicht um eine gerichtliche Anfechtung der Vaterschaft im engeren Sinne; doch kann sie im praktischen Ergebnis wie eine Vaterschaftsanfechtungsentscheidung wirken (vgl. etwa auch die Parallelität der namensrechtlichen Folgen, Rdnr. V-617), weshalb für diesen Funktionsaspekt das Anfechtungsstatut in Betracht kommt, wegen Einzelheiten zu den vaterschaftsbeseitigenden Wirkungen der qualifizierten Drittanerkennung mit Auslandsbezug s. Rdnr. V-323 ff.

b) Entsprechende Anwendung bei Geburt nach Scheidung

Ihrem Wortlaut nach erfasst § 1599 Abs. 2 BGB nur die Anerkennung eines während des Scheidungsverfahrens, nicht aber eines erst nach Abschluss des Scheidungsverfahrens geborenen Kindes. Dies ist aus der Sicht des deutschen Sachrechts konsequent, weil in diesem Fall gemäß §§ 1592 Nr. 1, 1593 BGB eine Zuordnung zum Ehemann ohnehin nicht mehr erfolgt. Richtet sich die Abstammung nach einer ausländischen Rechtsordnung, die auch noch bei Geburt nach der Scheidung von der Vaterschaft des Ehemanns ausgeht, so besteht nach den Wertungen des deutschen Rechts erst recht ein Bedürfnis für die vereinfachte Beseitigung dieser Vaterschaft durch qualifizierte Drittanerkennung. § 1599 Abs. 2 BGB ist daher – soweit das Kollisionsrecht hinsichtlich des Anerkennenden auf deutsches Recht verweist – entsprechend anwendbar (so im Ergebnis auch LG Saarbrücken, StAZ 2005, 18, 19).

V-198

3. Konkurrierende Vaterschaften

a) Doppelte Vaterschaft im Zeitpunkt der Geburt

Das Problem, dass bei einer Vaterschaftsanerkennung mehrere Männer als Vater desselben Kindes in Betracht kommen, kann sich bereits im Zeitpunkt der Geburt stellen; zu dem Konflikt allgemein bereits Rdnr. IV-215 ff. Das BayObLG (StAZ 2002, 143 = IPRax 2002, 405 mit Aufsatz *Hepting*, 388; vgl. auch *Hepting*, StAZ 2002, 131 ff.) hat die Alternativität der Anknüpfungen bestätigt; ebenso auch OLG Schleswig, StAZ 2003, 170; LG Leipzig, StAZ 2002, 146; AG München, StAZ 2002, 147. Bei zeitgleich eintretenden Vaterschaften – konkret: bei einer mit der gesetzlichen Vaterschaft konkurrierenden pränatalen Anerkennung (zu Fällen konkurrierender gesetzlicher Vaterschaften s. Rdnr. IV-204) – gilt das Günstigkeitsprinzip: Der wahrscheinlicheren Vaterschaft gebührt der Vorrang. Dass der anerkennende Mann als *wahrscheinlicher* Vater Vorrang vor dem gesetzlichen hat, ist mittlerweile fragwürdig geworden (im Grundsatz offen gelassen von AG Regensburg, FamRZ 2003, 1856; zu einem Fall, in dem die Vaterschaft des Anerkennenden als weniger wahrscheinlich anzusehen war, OLG Celle, StAZ 2007, 82; zur Problematik bei Anerkennungen nach der Geburt s. Rdnr. V-206 ff.).

V-199

Die soeben erörterten Fallvarianten beziehen sich auf den Zeitpunkt der Geburt, so dass je nach Wahrscheinlichkeit der Vaterschaft der Anerkennende oder der Ehemann der Mutter sofort als Vater in den Geburtseintrag aufzunehmen ist.

V-200

b) Die Konkurrenz des Ehemanns mit einem später anerkennenden Dritten

Problematisch und noch ungeklärt sind die Fälle, in denen die Vaterschaftsanerkennung *nach* der Geburt erfolgt, also zu einem Zeitpunkt, in dem die gesetzliche Vaterschaft des Ehemanns nach einem der alternativ maßgeblichen Statute bereits feststeht. Hier entsteht eine Konfliktsituation immer dann, wenn eines der alternativ anwendbaren Abstammungsstatute keine

V-201

V-202 Anerkennungssperre vorsieht und die Anerkennung trotz der bereits bestehenden Vaterschaft des Ehemanns zulässt.
Wer hier das kollisionsrechtliche Prioritätsprinzip vertritt (*Palandt/Thorn*, Art. 19 EGBGB Rdnr. 6; BayObLG, StAZ 2002, 143; LG Leipzig, StAZ 2002, 147; OLG Köln, StAZ 2013, 319, 320; OLG Hamm, StAZ 2014, 239; s. a. OLG Hamm, FamRZ 2009, 126; KG, FPR 2011, 410; OLG Karlsruhe, StAZ 2015, 19, 20), gibt der bereits bei der Geburt feststehenden Vaterschaft des Ehemanns in jedem Fall den Vorrang vor einer erst später begründeten Vaterschaft des Anerkennenden. Dies bedeutet, dass die Alternativität der von Art. 19 Abs. 1 EGBGB berufenen Statute in dem Augenblick entfällt, in dem eine Vaterschaft nach einem dieser Rechte erstmals feststeht.

V-203 Doch kann aus der bisherigen Rechtsprechung – trotz der scheinbar eindeutigen Äußerungen der Gerichte – kein zwingender Schluss auf das Prioritätsprinzip gezogen werden. Die bisherigen Entscheidungen betrafen Fälle, in denen eine echte Konkurrenz zweier Väter nicht vorlag, weil die Anerkennung schon nach Maßgabe der jeweils maßgeblichen Statute *sachrechtlich* nicht wirksam war. Das alternativ maßgebliche Heimatrecht des Anerkennenden war in der Entscheidung des BayObLG und des OLG Hamm das türkische, in der Entscheidung des LG Leipzig und des OLG Köln das deutsche Recht; beide Rechte schließen die Anerkennung aus, wenn bereits die Vaterschaft eines anderen Mannes feststeht (»Anerkennungssperre«; zum deutschen Recht s. § 1594 Abs. 2 BGB). Auf eine *kollisionsrechtliche* Priorität kam es also nicht an, weil sich der zeitliche Vorrang des Ehemanns bereits aus dem Sachrecht ergab.

V-204 Damit handelt es sich bei den Aussagen zur kollisionsrechtlichen Bewältigung der konkurrierenden Vaterschaft in den genannten Fällen um ein beiläufiges »obiter dictum«, auf das es für die Lösung des konkreten Falles nicht ankam. Einen Fall, in dem die spätere Vaterschaftsanerkennung sachrechtlich wirksam war, weil das maßgebliche Statut – wie z. B. das italienische Recht – die Anerkennungssperre der bestehenden gesetzlichen Vaterschaft nicht kennt und es zu dem typischen Nebeneinander zweier Väter kommen kann, hatten die Gerichte nicht zu entscheiden (vgl. *Hepting*, IPRax 2002, 391).

V-205 Daher kann aus den bisherigen Entscheidungen die Geltung eines kollisionsrechtlichen Prioritätsprinzips zumindest *dogmatisch* nicht zwingend gefolgert werden. Kennt das Heimatrecht des nachträglich anerkennenden Mannes keine dem § 1594 Abs. 2 BGB entsprechende Anerkennungssperre, so hält es die Anerkennung für wirksam. Es kommt demnach kollisionsrechtlich zu einer Konkurrenz zweier Väter.

V-206 Die Lösung des Konflikts verlangt daher eine wertende Entscheidung. In *Hepting/Gaaz* Bd. 2 Rdnr. IV-424, IV-434 wurde vorgeschlagen, ihn mit Hilfe eines sachrechtlichen Günstigkeitskriteriums, nämlich mit dem Kriterium der Vaterschaftswahrscheinlichkeit, zu lösen und den Anerkennenden als Vater anzusehen (auch *Hepting*, IPRax 2002, 391). Dieses Ergebnis beruht auf zwei Prämissen. Zum einen sei anzunehmen, dass der ehemalige Ehemann der Mutter mit größter Wahrscheinlichkeit nicht der leibliche Vater des Kindes sei. Des Weiteren sei anzunehmen, dass ein Mann nur dann zu einer freiwilligen Anerkennung bereit sei, wenn er sich für den Erzeuger des Kindes halte und halten dürfe.

Die erste Prämisse erscheint nach wie vor als richtig. Sie wird rechtsvergleichend bestätigt durch den international feststellbaren Trend, die Fälle der gesetzlichen Vaterschaft des ehemaligen Ehemanns einzuschränken, wie er sich auch in der Neufassung des § 1592 Nr. 1 BGB durch das KindRG niedergeschlagen hat.   V-207

Doch sind bei der zweiten Prämisse mittlerweile Zweifel angebracht. Die Diskussion um die missbräuchlichen Vaterschaftsanerkennungen (hierzu Rdnr. V-217 ff.) hat gezeigt, dass es eine zu optimistische Sichtweise ist, den Anerkennenden immer als den leiblichen Vater anzusehen. Insbesondere der Umstand, dass gemäß § 1595 Abs. 1 BGB im Regelfall nur noch die Zustimmung der Mutter erforderlich ist, hat manipulative Anerkennungen erleichtert. Dies kann sich auf die Wertentscheidungen im Kollisionsrecht insoweit auswirken, als man in Fällen kollidierender Vaterschaften nicht mehr ohne weiteres vom generellen Vorrang der anerkannten Vaterschaft ausgehen kann. Grundsätzlich kritisch gegenüber einer Lösung nach dem Günstigkeitsprinzip *Frank*, StAZ 2009, 65.   V-208

Verzichtet man auf eine am Günstigkeitsprinzip orientierte Bewertung der konkurrierenden Vaterschaften, so läuft dies im Ergebnis auf das Prioritätsprinzip der Rechtsprechung hinaus.

4. Zustimmungserfordernisse, Art. 23 EGBGB

a) Grundregel: Die Kumulation des Abstammungsstatuts mit dem Heimatrecht des Kindes

Das nach Art. 19 Abs. 1 EGBGB maßgebliche Abstammungsstatut beherrscht alle Aspekte der Vaterschaftsfeststellung. Es entscheidet also auch darüber, welche Personen der Vaterschaftsanerkennung zustimmen müssen und wie dies zu erfolgen hat; hinsichtlich der Form gilt allerdings Art. 11 Abs. 1 EGBGB. Abstammungsstatut ist das Recht, nach dem die Vaterschaft konkret festgestellt wird. Es ist weder nötig noch zulässig, die Zustimmungserfordernisse der von Art. 19 Abs. 1 EGBGB alternativ berufenen Vaterschaftsstatute zu kumulieren.   V-209

Art. 19 Abs. 1 EGBGB wird ergänzt durch Art. 23 EGBGB, der grundsätzlich neben dem Abstammungsstatut auch das Heimatrecht des Kindes beruft (Satz 1). Die von beiden Statuten vorgeschriebenen Zustimmungserfordernisse sind zu kumulieren; sind sie jeweils unterschiedlich ausgestaltet, so gilt das strengere Recht.   V-210

Nach Art. 23 Satz 1 EGBGB ist grundsätzlich das Recht des Staates zu beachten, dem das Kind angehört. Eine Staatsangehörigkeit, die das Kind erst aufgrund der Vaterschaftsanerkennung erwirbt, ist bei Art. 23 Satz 1 EGBGB noch nicht zu berücksichtigen (ebenso *Staudinger/Henrich*, Art. 23 EGBGB Rdnr. 5; OLG Frankfurt a. M., StAZ 1988, 12 und StAZ 1997, 12).

C. Die Feststellung der Abstammung vom Vater

V-211 Das Heimatrecht wird als Personalstatut berufen; es gelten daher Art. 5 EGBGB sowie die ihn ergänzenden Sondervorschriften; allgemein zur Bestimmung des Personalstatuts s. Rdnr. VI-28 ff.
Umstritten ist, ob eine Rück- oder Weiterverweisung (Renvoi; zum Begriff s. Rdnr. VI-48 ff.) durch das Heimatrecht des Kindes zu beachten ist oder ob sie dem Sinn der Verweisung widerspricht, Art. 4 Abs. 1 Satz 1 EGBGB.

Henrich zweifelt am Sinn des Renvoi, da Art. 23 EGBGB ein Mitspracherecht des Heimatrechts des Kindes begründen wolle, es sich also um eine Sachnormverweisung handeln könne. Wegen des Gesetzeswortlauts des Art. 4 Abs. 1 EGBGB will er den Renvoi dennoch grundsätzlich beachten und nur im Einzelfall abweichen. Jedenfalls dann, wenn das Recht, auf das Art. 23 EGBGB verweist, eine besondere Anknüpfung für die Zustimmung des Kindes oder dritter Personen vorsieht, sollen Rück- und Weiterverweisung zu beachten sein (*Staudinger/Henrich*, Art. 23 EGBGB Rdnr. 6).

V-212 Vorzuziehen ist jedoch die Auffassung, die eine Rück- und Weiterverweisung generell nicht beachtet (*Palandt/Thorn*, Art. 23 EGBGB Rdnr. 2; im Falle einer Adoption zustimmend BayObLG, FamRZ 1988, 868 und 2002, 1142, wenn auch ohne weitere Begründung). Sie lässt sich auch mit dem Gesetzeswortlaut vereinbaren; denn Art. 23 EGBGB verweist nicht auf einen der für Kollisionsnormen typischen Qualifikations- und Anknüpfungsbegriffe, sondern unmittelbar auf ein Sacherfordernis des maßgeblichen Rechts, so dass man ihn auch als Sachnormverweisung interpretieren kann (so *Palandt/Thorn*, Art. 3a EGBGB Rdnr. 2; *Kropholler*, S. 423).

V-213 Statt des Kindesrechts ist ausnahmsweise deutsches Recht anzuwenden, wenn es zum Wohl des Kindes erforderlich ist, Art. 23 Satz 2 EGBGB. Die Vorschrift erklärt also in Fällen, in denen die Interessen des Kindes durch die Anwendung ausländischen Rechts beeinträchtigt werden, stattdessen das deutsche Recht für anwendbar. Diese Funktion entspricht der des ordre public und zeigt, dass Art. 23 Satz 2 EGBGB eine spezielle positivrechtliche Ausprägung des in Art. 6 Satz 1 EGBGB niedergelegten allgemeinen Grundsatzes ist.

V-214 Hieraus lassen sich wiederum Gesichtspunkte entwickeln, mit deren Hilfe der ausfüllungsbedürftige Begriff des Kindeswohls ausgelegt werden kann. Der Bezug zum ordre public erlaubt einen Rückgriff auf dessen allgemeine Prinzipien (Abhängigkeit vom Inlandsbezug, Maßgeblichkeit des konkreten praktischen Ergebnisses, Einfluss der Grundrechte etc.). Außerdem folgt daraus, dass man Art. 23 Satz 2 EGBGB als Ausnahmevorschrift eng auslegen muss (so auch *Palandt/Thorn*, Art. 23 EGBGB Rdnr. 6; MünchKomm/*Klinkhardt*, Art. 23 EGBGB Rdnr. 30; vgl. OLG Celle, StAZ 1989, 9; OLG Frankfurt a. M., StAZ 1997, 12; *Staudinger/Henrich*, Art. 23 EGBGB Rdnr. 32).

V-215 Trotzdem bleibt gerade im Recht des Vaterschaftsanerkenntnisses der Anwendungsbereich des Art. 23 Satz 2 EGBGB unklar. Der Gesetzgeber sah sein Hauptanwendungsgebiet offenbar im Adoptionsrecht (s. BT-Drucks. 10/504, S. 73; zum alten Recht *Pirrung*, S. 166). Beim Vaterschaftsanerkenntnis dürfte Art. 23 Satz 2 EGBGB vor allem dort bedeutsam werden, wo das Vaterschaftsfeststellungsstatut mit dem Heimatrecht des Kindes übereinstimmt. In diesen Fällen kann das Kindesrecht die ihm von Art. 23 Abs. 1 EGBGB zugedachte

Schutzfunktion nicht wahrnehmen, so dass Art. 23 Satz 2 EGBGB das deutsche Recht als Korrektiv für Extremfälle bereithalten muss.

b) Formprobleme bei der Zustimmung der Mutter

Bis zum KindRG warf eine nach ausländischem Recht erforderliche Zustimmung der Mutter Formprobleme auf, weil das deutsche Recht, das ihre Zustimmung nicht verlangte, hierfür keine Ortsform bereithielt. Diese Probleme sind mit der Reform entfallen, da die Mutter nun auch nach deutschem Recht (gemäß § 1595 Abs. 1 BGB) der Vaterschaftsanerkennung zustimmen muss. Zur Zustimmung der ausländischen Mutter zu einer missbräuchlichen Anerkennung zwecks Erlangung eines Aufenthaltstitels s. Rdnr. V-221.   V-216

Zur Zustimmung einer nach ihrem Heimatrecht noch minderjährigen Mutter s. *Kraus*, StAZ 2007, 93.

5. Missbräuchliche Vaterschaftsanerkennung

Seit Inkrafttreten des KindRG haben sich Vaterschaftsanerkennungen gehäuft, die allein den Zweck verfolgen, einen Aufenthaltstitel bzw. die deutsche Staatsangehörigkeit zu verschaffen, vgl. *Frank*, StAZ 2006, 281 in Fn. 2; *Helms*, StAZ 2007, 69; *Gaaz*, StAZ 2007, 75, 76. Man spricht hier von sog. »Scheinvaterschaften«, also Vaterschaften, bei denen weder eine leibliche noch eine sozial-familiäre Beziehung zwischen Anerkennendem und Kind gegeben ist und eine sozial-familiäre Beziehung auch nicht angestrebt wird (*Gaaz* a. a. O.).   V-217

Im Einzelnen sind dabei drei Sachverhaltskonstellationen zu unterscheiden (vgl. zum Ganzen auch die Zusammenstellung in BT-Drucks. 16/3291, S. 10; *Arendt/Rojahn*, FPR 2007, 395).

a) Die Anerkennung des Kindes einer Ausländerin durch einen deutschen Mann

In der ersten Sachverhaltskonstellation erkennt ein deutscher Mann die Vaterschaft für das Kind einer unverheirateten oder geschiedenen ausländischen Mutter an, die keinen Aufenthaltstitel in Deutschland (mehr) hat (vgl. die Sachverhalte in VG Frankfurt a. M., StAZ 2005, 237 f.; VGH Hessen, StAZ 2006, 237).   V-218

aa) Die angestrebte Umgehung des Ausländerrechts

Durch die Vaterschaftsanerkennung streben die Beteiligten einen Aufenthaltstitel für die ausländische Mutter in Deutschland an. Mit der wirksamen Vaterschaftsanerkennung durch einen Deutschen erwirbt das Kind nach § 4 Abs. 1 StAG die deutsche Staatsangehörigkeit. Aus der deutschen Staatsangehörigkeit des Kindes ergibt sich für die ausländische Mutter nach § 28 Abs. 1 Satz 1 Nr. 3 AufenthG ein Anspruch auf Erteilung der Aufenthaltserlaubnis in Deutschland, damit sie die Personensorge über das Kind ausüben kann (vgl. BT-Drucks. 16/3291, S. 10; VGH Hessen, StAZ 2006, 237; *Frank*, StAZ 2006, 281, 281; *Helms*, StAZ 2007, 69, 69; *Gaaz*, StAZ 2007, 75, 76). Der Aufenthaltstitel der   V-219

Mutter ist nicht davon abhängig, dass sie ihren Lebensunterhalt selbständig sichern kann, § 28 Abs. 1 Satz 2 AufenthG.

bb) Anknüpfung

V-220 Die Vaterschaftsanerkennung durch einen deutschen Mann weist insofern einen Auslandsbezug auf, als die der Anerkennung zustimmende Mutter ausländische Staatsangehörige ist.

Gleichwohl richtet sich die Vaterschaftsanerkennung regelmäßig nach den §§ 1594 ff. BGB. Zum einen verweist Art. 19 Abs. 1 Satz 1 EGBGB auf das deutsche Sachrecht. Das Kind hat in den »Missbrauchsfällen« seinen Aufenthalt – zusammen mit seiner Mutter – regelmäßig in Deutschland; es geht den Beteiligten ja regelmäßig gerade darum, den Aufenthalt von Mutter und Kind in Deutschland mittels der Vaterschaftsanerkennung fortsetzen zu können.

Zum anderen führt auch die alternative Anknüpfung des Art. 19 Abs. 1 Satz 2 EGBGB (zum Verhältnis allgemein Rdnr. IV-142 ff., V-191 ff.) zur Anwendung deutschen Rechts, da der anerkennende Vater die deutsche Staatsangehörigkeit besitzt.

V-221 Etwaige Zustimmungserfordernisse zur Vaterschaftsanerkennung unterliegen ebenfalls dem Abstammungsstatut des Art. 19 Abs. 1 EGBGB (s. Rdnr. V-192), so dass auch hier deutsches Sachrecht anwendbar ist.

Darüber hinausgehende Zustimmungserfordernisse können sich allerdings nach Art. 23 Satz 1 EGBGB aus dem Heimatrecht des Kindes ergeben. Dabei ist auf das Heimatrecht des Kindes abzustellen, das dieses vor der Vaterschaftsanerkennung hat (s. Rdnr. V-210), so dass die aufgrund der Vaterschaftsanerkennung zu erwerbende deutsche Staatsangehörigkeit nach § 4 Abs. 1 StAG außer Betracht bleibt. Leitet das Kind seine Staatsangehörigkeit von seiner Mutter ab, so können sich weitere Zustimmungserfordernisse aus dem Heimatrecht der Mutter ergeben.

cc) Der gescheiterter Lösungsversuch des Gesetzgebers: § 1600 Abs. 1 Nr. 5 BGB und seine Aufhebung durch das BVerfG

V-222 Auf Grundlage des geltenden Rechts lässt sich eine missbräuchliche Vaterschaftsanerkennung, die ausschließlich der Erlangung eines Aufenthaltstitels für Mutter und Kind dient, nicht vermeiden. Gemäß § 1598 Abs. 1 BGB ist eine Anerkennung nur dann unwirksam, wenn sie den in §§ 1594 bis 1597 BGB genannten Erfordernissen nicht genügt; auch eine bewusst wahrheitswidrige Vaterschaftsanerkennung ist mithin wirksam, s. Rdnr. V-141; so auch die Einschätzung des Gesetzgebers bezüglich der Missbrauchsfälle, BT-Drucks. 16/3291, S. 10; vgl. auch VGH Hessen, StAZ 2006, 237; OLG Hamm (Strafsenat), StAZ 2008, 244; *Hochwald*, StAZ 2007, 183.

Das Standesamt darf seine Mitwirkung an der Eintragung einer missbräuchlichen Vaterschaftsanerkennung zur Erlangung eines Aufenthaltstitels daher nur dann verweigern, wenn die Erfordernisse der §§ 1594 bis 1597 BGB nicht gegeben sind.

V-223 Die Erfordernisse der §§ 1594 bis 1597 BGB (vgl. die zusammenfassende Aufstellung in Rdnr. V-138 ff.) sind in den Fällen einer missbräuchlichen Anerkennung aber regelmäßig gegeben. Das gilt insbesondere für die nach deutschem Sachrecht nach § 1595 Abs. 1 BGB erforderliche Zustimmung der Mutter (s. Rdnr. V-95 ff.). Diese Zustimmung liegt in den Missbrauchsfällen regelmäßig vor, da es der ausländischen Mutter ja gerade darum geht, ihren eigenen Aufenthaltsstatus über § 28 Abs. 1 Satz 1 Nr. 3 AufenthG zu sichern (s. Rdnr. V-219).

Der Gesetzgeber reagierte jedoch bemerkenswert schnell auf die Problematik und änderte das BGB durch das »Gesetz zur Ergänzung des Rechts zur Anfechtung der Vaterschaft« (zum Gesetzgebungsverfahren s. *Frank*, StAZ 2006, 281 ff.; *Helms*, StAZ 2007, 69 ff.; *Gaaz*, StAZ 2007, 75 ff.; *Arendt/Rojahn*, FPR 2007, 395 ff.; zur Regelung selbst *Kühnel*, StAZ 2010, 355).   V-224

Der Gesetzgeber schuf in § 1600 Abs. 1 Nr. 5 BGB die Möglichkeit, dass eine von den Ländern zu bestimmende Behörde nunmehr eine missbräuchliche Vaterschaftsanerkennung anfechten kann. Voraussetzung war nach einem neuen § 1600 Abs. 3 BGB, dass zwischen dem Kind und dem Anerkennenden keine sozial-familiäre Beziehung besteht oder im Zeitpunkt der Anerkennung oder seines Todes bestanden hat und durch die Anerkennung rechtliche Voraussetzungen für die erlaubte Einreise oder den erlaubten Aufenthalt des Kindes oder eines Elternteils geschaffen werden; zur ratio legis s. BT-Drucks. 16/3291, S. 13 ff.   V-225

Wurde die Vaterschaft durch gerichtliche Entscheidung im Verfahren nach § 1600 Abs. 1 Nr. 5 BGB angefochten, so war diese Entscheidung für das Standesamt verbindlich. Es hatte grundsätzlich kein Recht zur Überprüfung, ob die gerichtliche Entscheidung inhaltlich richtig war und ob das Verfahren korrekt durchgeführt wurde; eine Ausnahme galt allenfalls dann, wenn die Entscheidung so gravierende Fehler aufweist, dass sie unwirksam war; hierzu Rdnr. V-289 ff.   V-226

Doch war die missbräuchliche Vaterschaftsanerkennung bereits bei der Beurkundung im Geburtenregister relevant. Nach § 44 Abs. 1 Satz 3 PStG sollte das Standesamt die Beurkundung ablehnen, wenn offenkundig ist, dass die Anerkennung der Vaterschaft nach § 1600 Abs. 1 Nr. 5 BGB anfechtbar wäre (vgl. hierzu BT-Drucks. 16/7506, Satz 3 und S. 9; allgemein zu den Auswirkungen des Gesetzes für die standesamtliche Praxis *Gaaz*, StAZ 2007, 75, 79 ff.). Zu den Schwierigkeiten bei der Anwendung des § 44 Abs. 1 Satz 3 PStG s. die Vorauflage Rdnr. V-221 ff. Auch war das Standesamt in diesen Verdachtsfällen nach § 87 Abs. 2 Nr. 4 AufenthG verpflichtet, unverzüglich die Ausländerbehörde zu unterrichten (BT-Drucks. 16/3291, S. 16); zum Vorgehen in diesen Fällen s. *Gaaz*, StAZ 2007, 75, 81.   V-227

Allerdings hat sich der Lösungsversuch des Gesetzgebers als nicht erfolgreich erwiesen. Mit Beschluss vom 17.12.2013 hat das BVerfG § 1600 Abs. 1 Nr. 5 BGB für nichtig erklärt, da diese Vorschrift in seinen Augen gegen das Grundgesetz verstößt, s. BVerfG, StAZ 2014, 80 sowie die Vorlage des AG Hamburg, StAZ 2010, 306. Insbesondere qualifiziert das BVerfG die Möglichkeit einer behördlichen Vaterschaftsanfechtung aufgrund seiner Fernwirkungen im Staatsangehörigkeitsrecht – mit der Behördenanfechtung verliert das Kind seine deutsche Staatsangehörigkeit – als nach Art. 16 Abs. 1 Satz 1 GG absolut verbotene Entziehung der Staatsangehörigkeit. Auch genüge die Ausgestal-   V-228

C. Die Feststellung der Abstammung vom Vater

tung der Behördenanfechtung nicht den Anforderungen des Art. 16 Abs. 1 Satz 2 GG an einen sonstigen Verlust der Staatsangehörigkeit.
Die Nichtigerklärung des § 1600 Abs. 1 Nr. 5 BGB durch das BVerfG berührt auch die Arbeit des Standesamts; auch Vorschriften, die wie § 44 Abs. 1 Satz 3 PStG oder § 87 Abs. 2 Nr. 4 AufenthG auf die Situation des § 1600 Abs. 1 Nr. 5 BGB verweisen (s. Rdnr. V-227), gehen damit ins Leere. Ob und auf welche Weise der Gesetzgeber auf die Entscheidung des BVerfG – die nur wenig Spielraum belässt – reagieren wird, ist derzeit offen.

b) Die Anerkennung des Kindes einer Deutschen durch einen ausländischen Mann

V-229   In der zweiten Sachverhaltskonstellation, in der sich das Missbrauchspotential der Vaterschaftsanerkennung zeigt, erkennt ein ausländischer Mann die Vaterschaft für das Kind einer Deutschen an, ohne dass zwischen ihm und dem Kind eine sozial-familiäre Beziehung angestrebt wird.

Durch die Vaterschaftsanerkennung soll hier dem ausländischen Mann ohne gesicherten Aufenthalt ein Aufenthaltsrecht in Deutschland gesichert werden. Da das Kind über seine Mutter nach § 4 Abs. 1 StAG die deutsche Staatsangehörigkeit besitzt, kann der anerkennende Vater ein Aufenthaltsrecht aus § 28 Abs. 1 Satz 1 Nr. 3 AufenthG zur Ausübung der Personensorge beanspruchen (BT-Drucks. 16/3291, S. 10; *Gaaz*, StAZ 2007, 75, 76).

V-230   Nach der allgemeinen kollisionsrechtlichen Anknüpfung richtet sich die Anerkennung nach Art. 19 Abs. 1 EGBGB. Danach ist nach Art. 19 Abs. 1 Satz 1 EGBGB das Recht des Staates maßgeblich, in dem das Kind seinen gewöhnlichen Aufenthalt hat, nach Art. 19 Abs. 1 Satz 2 EGBGB alternativ das Heimatrecht des anerkennenden Vaters. Fallen beide Anknüpfungen auseinander (etwa wenn das Kind – wie regelmäßig – seinen gewöhnlichen Aufenthalt in Deutschland hat), so kommt es nach dem Günstigkeitsprinzip darauf an, dass die Vaterschaftsanerkennung nach einem der beiden Rechte wirksam ist, s. Rdnr. V-193.

V-231   Vor der Entscheidung des BVerfG vom 17.12. 2013 (s. Rdnr. V-228) stellte sich die Frage, ob das Standesamt nach dem Günstigkeitsprinzip die Beurkundung einer Vaterschaftsanerkennung nach dem über Art. 19 Abs. 1 Satz 2 EGBGB berufenen Heimatrecht des anerkennenden Mannes gemäß § 44 Abs. 1 Satz 3 PStG nur dann verweigern darf, wenn auch das Heimatrecht des Mannes (Art. 20 EGBGB) die Anfechtung einer rechtsmissbräuchlichen Vaterschaftsanerkennung zulässt (dazu Vorauflage Rdnr. V-223). Diese Problematik hat sich jedoch mit der Nichtigkeitserklärung des § 1600 Abs. 1 Nr. 5 BGB erledigt, da bereits nach deutschem Recht eine Anfechtung der rechtsmissbräuchlichen Vaterschaftsanerkennung nicht mehr möglich ist.

c) Die Anerkennung des Kindes einer Ausländerin durch einen ausländischen Mann

V-232   Erkennt ein ausländischer Mann mit einem gesicherten Aufenthaltsstatus die Vaterschaft für das Kind einer ausländischen Mutter ohne diesen Status

an, und erwirbt das Kind nach § 4 Abs. 3 StAG die deutsche Staatsangehörigkeit, so erwirbt die Mutter hierdurch ein Aufenthaltsrecht nach § 28 Abs. 1 Satz 1 Nr. 3 AufenthG.
Die Ausführungen zur Anerkennung durch einen deutschen Mann (s. Rdnr. V-218 ff.) gelten daher entsprechend. Zu dieser Fallgruppe ausdrücklich auch BT-Drucks. 16/3291, S. 10; *Helms*, StAZ 2007, 69, 69; *Gaaz*, StAZ 2007, 75, 76.

6. Besondere Probleme bei der Anwendung ausländischen Rechts

a) Die Qualität des Abstammungsverhältnisses: Ausländische Rechtsordnungen mit »gespaltener Kindschaft«, insbesondere Legitimation

aa) Das Problem
Bis zum KindRG unterschied das deutsche Recht zwischen ehelichen und nichtehelichen Kindern, und zwar im Sachrecht wie im IPR. Hingegen wurden in einer ständig wachsenden Zahl ausländischer Rechtsordnungen die nichtehelichen Kinder nicht benachteiligt, sondern hatten denselben »meistbegünstigten« Status wie eheliche; man sprach insoweit von Rechtsordnungen mit »einheitlicher Kindschaft«. Bis zum KindRG waren die Qualifikation und die Anknüpfung im deutschen IPR unklar und umstritten, weil Abstammung und Statusqualität nicht präzise unterschieden werden konnten. Das deutsche IPR, orientiert an einem Sachrecht, das die einheitliche Kindschaft nicht kannte, verwendete einen einzigen undifferenzierten Nichtehelichkeitsbegriff, der gleichermaßen »Geburt außerhalb der Ehe« und »Minderbegünstigung« bedeutete.   V-233

Mit dem KindRG hat das deutsche Recht gleichsam das Lager gewechselt; nunmehr kennt auch das BGB nur noch die einheitliche Kindschaft. Damit stellen sich die kollisionsrechtlichen Probleme unter einem anderen Blickwinkel.   V-234

bb) Qualifikations- und Anknüpfungsgrundsätze bei der Abstammung
Zunächst spiegelt sich die Änderung der sachrechtlichen Grundsätze auch im positiven Kollisionsrecht. Die bisherigen getrennten Kollisionsnormen für eheliche und nichteheliche Kindschaft, Art. 19 und Art. 20 EGBGB a. F., sind in einem einheitlichen Art. 19 EGBGB aufgegangen; er enthält nur noch Anknüpfungsregeln für die Abstammung an sich.   V-235

Da gleichzeitig auch das Rechtsinstitut, das die Aufwertung der nichtehelichen zur ehelichen Kindschaft beherrschte, nämlich die Legitimation, im Sachrecht überflüssig geworden ist, hat das KindRG konsequent auch die bisherige Kollisionsnorm für das Legitimationsstatut, Art. 22 EGBGB a. F., beseitigt.   V-236

Nach wie vor kommt es zu Reibungen zwischen dem deutschen Recht und ausländischen Rechtsordnungen, nur dass sich nunmehr die Vorzeichen umgekehrt haben. Während bisher das deutsche IPR mit ausländischen Rechtsordnungen fertig werden musste, die nur die vom deutschen Sachrecht abweichende einheitliche Kindschaft kannten, entstehen die Spannungen jetzt   V-237 im Verhältnis zu denjenigen Rechten, die noch zwischen ehelichen und nichtehelichen Kindern unterscheiden.

V-238 Was die bloße Begründung der Abstammungsverhältnisse angeht, hat sich die Rechtslage aus der Sicht des deutschen Rechts vereinfacht. Es fragt nur noch nach der Abstammung, nicht mehr nach der Statusqualität; ist die Abstammung nach einem der von Art. 19 EGBGB berufenen Statute festgestellt, so hat es damit sein Bewenden.

cc) Qualifikations- und Anknüpfungsprobleme bei der Legitimation

V-239 Probleme bereitet jedoch die kollisionsrechtliche Bewältigung der Legitimation, die in den Ländern, die die einheitliche Kindschaft noch nicht konsequent eingeführt haben, nach wie vor bekannt ist. Das deutsche IPR wird auch künftig mit ausländischen Kindern konfrontiert sein, die aus der Sicht ihres Heimatrechts bei Geburt nichtehelich sind bzw. nach der Geburt legitimiert werden. Hier zeigt sich eine Lücke im deutschen IPR, das nach der Abschaffung von Art. 21 EGBG a. F. keine Kollisionsnorm mehr bietet.

V-240 Die einfachste *materiellrechtliche* Lösung geht über das ausländische Kollisionsrecht. Der Rechtsbegriff Legitimation kann nur noch bei Anwendung einer *ausländischen* Vorschrift auftauchen, und zwar als Vorfrage. Das umstrittene Problem, ob Vorfragen selbständig oder unselbständig anzuknüpfen sind (s. allgemein Rdnr. VI-63 ff.), lässt sich hier ohne Schwierigkeiten lösen. Selbständige Anknüpfung bietet sich schon deswegen nicht an, weil das EGBGB keine Kollisionsnorm mehr vorsieht. Sinnvoll ist hingegen die unselbständige Anknüpfung (MünchKomm/*Klinkhardt*, Art. 21 EGBGB Rdnr. 24; *Palandt/Thorn*, Art. 19 EGBGB Rdnr. 8; *Henrich*, StAZ 1997, 353, 357); sie wird leicht möglich sein, weil ein Recht, das die Legitimation kennt und als Vorfrage aufwirft, i. d. R. auch eine Kollisionsnorm bereithält.

V-241 Das Ergebnis wird durch materielle Überlegungen bestätigt. Das deutsche Recht verfolgt bei einem Rechtsinstitut, das es im Sachrecht abgeschafft hat, auch keine eigenen kollisionsrechtlichen Interessen mehr; es kann daher die Anknüpfung unbesorgt einem Recht überlassen, das die Legitimation noch für wichtig hält.

V-242 Deutsche Belange werden allenfalls dann wieder berührt, wenn die ausländische Kollisionsnorm – etwa durch Anknüpfung an Aufenthalt oder Domizil – auf deutsches Recht verweist. Hier wird es darauf ankommen, wie das ausländische IPR diese Verweisung versteht, insbesondere den bei der Anknüpfung verwendeten Systembegriff »Legitimation« interpretiert. Wenn es dem deutschen Recht die Frage, ob ein Kind einen vollen oder einen minderen Kindesstatus hat, ganz allgemein und umfassend überlässt, dann wird man sogleich den einheitlichen Kindschaftsbegriff des deutschen Rechts heranziehen können, so dass es auf die Ehe der Eltern nicht ankommt. Wenn es aber mit dem Begriff Legitimation wirklich nur die konkrete Statusaufwertung von Nichtehelichkeit zu Ehelichkeit versteht, ist fraglich, ob es auf ein Recht ohne ein derartiges Rechtsinstitut überhaupt verweisen will; doch lässt sich dieses Problem durch die im folgenden dargestellte Lösung umgehen.

Diese Lösung setzt beim Legitimationsbegriff des ausländischen Sachrechts an. Wenn ein anzuwendendes ausländisches Recht diesen Begriff verwendet, so wird es ihn an anderer Stelle definieren, also konkret bestimmen, dass die Legitimation die Abstammung von Mutter und Vater sowie die Eheschließung der Eltern voraussetzt. Damit hat man die Legitimation sachrechtlich auf Mutterschaft, Vaterschaft und Eheschließung »hinunterdefiniert« und kann jede dieser drei »Unter-Vorfragen« einzeln anknüpfen. Formal wäre sogar eine selbständige Anknüpfung möglich, da das deutsche Kollisionsrecht für die drei genannten Einzelelemente Kollisionsnormen bereithält. Doch erscheint, da – wie oben dargestellt – das Anknüpfungsinteresse fehlt, die unselbständige Anknüpfung auch hier als sinnvoller, so dass der zweite Lösungsweg im Ergebnis mit dem ersten übereinstimmt.

V-243

Während die materiellrechtliche Problematik der Legitimation mit diesen Lösungsansätzen relativ einfach zu bewältigen ist, wurde die Frage, ob eine Legitimation ausländischen Rechts eine in die deutschen Register einzutragende Personenstandsänderung ist, lebhaft und kontrovers diskutiert; hierzu BayObLG, StAZ 1999, 274; OLG Stuttgart, StAZ 2000, 151; BayObLG, IPRax 2000, 135 mit Aufsatz *Huber*, 116; *Hepting*, StAZ 1999, 97 ff.; *Hepting/Fuchs*, IPRax 2001, 114; *Staudinger/Henrich*, Art. 19 EGBGB Rdnr. 80 ff.; zum Personenstandsverfahren s. *Gaaz/Bornhofen*, § 27 PStG Rdnr. 4 ff.

V-244

b) Die islamrechtliche Legitimanerkennung (»iqrar«)

Lange Zeit umstritten waren die Qualifikation und die Anknüpfung der islamrechtlichen Legitimanerkennung (»iqrar«), in der sich Abstammungs- und Legitimationsfragen in einer dem deutschen Recht fremdartigen Weise überlagern.

V-245

Dem Islam sind die Begriffe Nichtehelichkeit und Legitimation fremd. Legitim ist nur ein in einer erlaubten Geschlechtsverbindung gezeugtes Kind. Ist es außer der Ehe (»in Sünde«) gezeugt, so kann es auch durch eine nachträgliche Ehe seiner Eltern nicht legitimiert werden; ja, es kann von seinem Vater nicht einmal »als nichteheliches Kind« anerkannt werden, da die Anerkennung einer lediglich leiblichen Vaterschaft ausgeschlossen ist (hierzu und zum Folgenden *Wengler*, StAZ 1964, 149 ff.; *Dilger*, StAZ 1978, 235; *ders.*, ZvglRWiss 1978, 286; auch *Voss*, StAZ 1985, 62 ff.; *Klinkhardt*, IPRax 1985, 192).

V-246

Diese harten Rechtswirkungen werden vom islamischen Recht dadurch gemildert, dass das Kind von seinem Vater »als legitimes Kind« anerkannt werden kann. Mit dieser Erklärung gibt der Vater schlüssig zu verstehen, dass zwischen ihm und der Mutter eine legitime Geschlechtsverbindung bestanden habe. Ob dies tatsächlich zutrifft, wird nicht näher überprüft. Mit dieser rechtlichen Konstruktion genügt das islamische Recht formal den Geboten des Koran. Im praktischen Ergebnis ermöglicht es jedoch die Anerkennung eines außerhalb einer Ehe geborenen Kindes, freilich nur mit der starken Rechtsfolge der Ehelichkeit. Das Kind hat vor der Legitimanerkennung überhaupt keinen Vater, danach aber ist es sogleich »ehelich«, und zwar – da die

V-247

Erklärung des Mannes ja bereits die Legitimität der Zeugung indiziert – rückwirkend ab seiner Geburt.

V-248 Qualifikation und Anknüpfung waren bis zum KindRG heftig umstritten (s. näher *Hepting/Gaaz*, Bd. 2 Rdnr. V-269). Das KindRG hat die kollisionsrechtlichen Probleme stark vereinfacht. Qualifiziert man grundsätzlich nach der deutschen lex fori, so hat man die Systembegriffe der inländischen Kollisionsnorm ebenso auszulegen wie die entsprechenden Systembegriffe im Sachrecht. Anders als bei der Legitimation, bei der die ausländischen Rechtsordnungen den Status des Kindes *aufwerten*, wird durch die Legitimanerkennung der Kindesstatus gerade nicht *geändert*; vielmehr wird durch die Legitimanerkennung die Vaterschaft *begründet*, und zwar als vollwertige, wie es auch dem deutschen Recht entspricht.

V-249 Daher stellt sich nach deutschem Verständnis eine islamische Legitimanerkennung nur noch als ein Akt der Abstammungsbegründung dar. Im Ergebnis ist – anders als bei der Legitimation i.e.S. – nur Art. 19 Abs. 1 EGBGB anzuwenden (*Krömer*, StAZ 2000, 274).

V-250 Zu beachten ist freilich, da die ggf. nur schwer feststellbaren Vorschriften des islamischen Rechts in der Praxis nur dann herangezogen werden müssen, wenn sämtliche Anknüpfungsvarianten des Art. 19 Abs. 1 EGBGB auf das islamische Recht verweisen. Wenn eines der maßgeblichen Statute ein nicht-islamisches Recht ist, kann das Standesamt auf dessen Regelung ausweichen.

V-251 Aus der früheren Rspr. und Lit. vgl. BGHZ 55, 188 = StAZ 1971, 219; BGH, StAZ 1978, 98, 99; OLG Köln, StAZ 1978, 244 und StAZ 1979, 241; OLG Frankfurt a.M., StAZ 1984, 158; *Dilger*, StAZ 1978, 236; *Klinkhardt*, IPRax 1985, 195; *Wengler*, StAZ 1985, 269.

V. Die gerichtliche Vaterschaftsfeststellung

1. Vaterschaftsfeststellung durch ein deutsches Gericht

a) Die prozessualen Möglichkeiten

aa) Vaterschaftsfeststellungsverfahren

V-252 Wird die Vaterschaft nicht anerkannt (dazu Rdnr. V-14 ff.), so ist sie auf Antrag des Kindes, der Mutter oder des Mannes, der das Kind gezeugt hat, gerichtlich festzustellen, § 1600d BGB. Der Kreis der Antragsberechtigten hat sich durch die Streichung des § 1600e BGB a.F. nicht erweitert (MünchKomm/*Wellenhofer*, § 1600d BGB Rdnr. 14). Dieses Feststellungsverfahren ist eine Abstammungssache nach § 169 Abs. 1 Nr. 1 FamFG und damit eine Familiensache nach § 111 Nr. 3 FamFG.

Das nach §§ 23a Abs. 1 Satz 1 Nr. 1, 23b Abs. 1 GVG zuständige Familiengericht entscheidet durch Beschluss. Der Beschluss, durch den das Familiengericht über den Antrag auf Feststellung der Vaterschaft entscheidet, wird erst mit Rechtskraft wirksam, § 184 Abs. 1 Satz 1 FamFG. Er wirkt für und gegen alle, § 184 Abs. 2 FamFG.

bb) Vaterschaftsfeststellung nach dem Tode des Mannes oder des Kindes

Nach dem Tode des Mannes ist die Vaterschaft auf Antrag des Kindes oder der Mutter, nach dem Tode des Kindes auf Antrag der Mutter oder des Vaters durch das Familiengericht durch Beschluss festzustellen, vgl. § 181 Satz 1 FamFG. Verlangt jedoch keiner der Beteiligten die Fortsetzung des Verfahrens, gilt es als in der Hauptsache erledigt, § 181 Satz 2 FamFG.   V-253

cc) Abweisung des Antrags auf Feststellung des Nichtbestehens der Vaterschaft

Eine – in der Praxis allerdings seltene – Sonderform der gerichtlichen Vaterschaftsfeststellung stellt die Abweisung eines negativen Vaterschaftsfeststellungsantrags dar. Weist das Gericht den Antrag eines Mannes, der Mutter oder des Kindes auf Feststellung des Nichtbestehens der Vaterschaft ab, weil es den Mann als Vater festgestellt hat, so spricht es dies in der Beschlussformel aus, § 182 Abs. 2 FamFG. Eine solche Entscheidung hat die Wirkung des § 184 Abs. 2 FamFG, sie stellt also die Vaterschaft mit Wirkung für und gegen alle fest.   V-254

b) Die materiellen Voraussetzungen

Das Gericht prüft die rechtlichen Voraussetzungen der Vaterschaftsfeststellung nach materiellem Recht unter Einschluss des IPR. Es hat daher zunächst den Art. 19 Abs. 1 EGBGB heranzuziehen und das anzuwendende Abstammungsstatut zu bestimmen; hierfür gelten die oben dargestellten kollisionsrechtlichen Grundsätze zur Vaterschaftsfeststellung (s. Rdnr. IV-89 ff.).   V-255

Findet deutsches Recht Anwendung, so ist der Mann als Vater festzustellen, der das Kind gezeugt hat (§ 1600d Abs. 1 BGB). § 1600d Abs. 2 Satz 1 BGB enthält zugunsten des Kindes die Vermutung der Vaterschaft desjenigen Mannes, welcher der Mutter während der Empfängniszeit beigewohnt hat; doch gilt die Vermutung gemäß Satz 2 dann nicht, wenn »nach Würdigung aller Umstände schwerwiegende Zweifel an der Vaterschaft verbleiben«. Auf kollisionsrechtliche wie sachrechtliche Einzelheiten ist an dieser Stelle nicht weiter einzugehen, da sie das Standesamt nicht betreffen.   V-256

c) Die Prüfung durch das Standesamt

Das Standesamt trägt den Vater allein aufgrund der gerichtlichen Entscheidung ein; zur Überprüfung ihrer inhaltlichen Richtigkeit ist es grundsätzlich nicht befugt; vgl. *Gaaz/Bornhofen*, § 27 PStG Rdnr. 22.   V-257

Eine Ausnahme besteht dann, wenn die Entscheidung so grob fehlerhaft ist, dass man sie als ein »Nichturteil« ansehen muss, das unbeachtlich ist. Hierfür sind schlichte Rechtsanwendungsfehler und falsche Begründungen i. d. R. nicht ausreichend, s. a. Rdnr. V-290 ff. Nichtigkeit ist aber dann anzunehmen, wenn bereits aus dem Tenor erkennbar ist, dass die Entscheidung zu widersprüchlichen und nicht hinnehmbaren Folgen führt, etwa wenn sie zwischen den falschen Parteien ergangen ist oder zu dem Ergebnis führt, dass das Kind zwei Väter hätte (vgl. etwa *Kissner*, StAZ 2003, 277).

2. Die Anerkennung einer ausländischen Vaterschaftsentscheidung

a) Allgemeines

V-258 Wurde die Vaterschaft durch ein ausländisches Gericht festgestellt, so erfährt dies das Standesamt in der Regel dadurch, dass ihm von den Beteiligten eine Ausfertigung der gerichtlichen Entscheidung vorgelegt wird. Eine Information von Amts wegen findet im internationalen Rechtsverkehr nicht statt; sofern es Staatsverträge über zwischenstaatliche Mitteilungspflichten gibt, gelten sie nicht für Vaterschaftsentscheidungen.

Wird eine ausländische Entscheidung vorgelegt, so gelten die allgemeinen Grundsätze; vgl. *Gaaz/Bornhofen*, § 27 PStG Rdnr. 23 ff., § 44 PStG Rdnr. 27 f.

Ob die ausländische Vaterschaftsfeststellungsentscheidung anzuerkennen ist, richtet sich nach §§ 108 Abs. 1, 109 FamFG.

b) Die internationale Zuständigkeit des ausländischen Gerichts

V-259 Wichtigste Anerkennungsvoraussetzung ist die internationale Zuständigkeit des ausländischen Gerichts (sog. »Anerkennungszuständigkeit«). Zu ihrer Überprüfung sind die Vorschriften des deutschen IZVR über die internationale Zuständigkeit deutscher Gerichte in den ausländischen Sachverhalt zu »spiegeln«, § 109 Abs. 1 Nr. 1 FamFG.

Die internationale Zuständigkeit richtet sich nach § 100 FamFG, wobei § 106 FamFG ausdrücklich klarstellt, dass seine Anknüpfungen nicht ausschließlich sind. Daher ist ein ausländisches Gericht immer dann international zuständig i. S. d. § 109 Abs. 1 Nr. 1 FamFG, wenn das Kind, die Mutter, der Vater oder der Mann, der an Eides statt versichert, der Mutter während der Empfängniszeit beigewohnt zu haben, entweder die Staatsangehörigkeit des Entscheidungsstaats besaß oder dort seinen gewöhnlichen Aufenthalt hatte. S. zur Anerkennung von Abstammungsentscheidungen bei der »künstlichen« Mutterschaft Rdnr. IV-161.

c) Der ordre public

V-260 Gemäß § 109 Abs. 1 Nr. 4 FamFG darf die Anerkennung der Entscheidung nicht zu einem Ergebnis führen, das mit wesentlichen Grundsätzen des deutschen Rechts – insbesondere mit den Grundrechten – unvereinbar ist. Es handelt sich hier um die prozessuale Variante des kollisionsrechtlichen ordre-public-Vorbehalts; auch die Nr. 2 und 3 des § 109 Abs. 1 FamFG lassen sich als spezielle Ausprägungen des prozessualen ordre public begreifen.

V-261 Bei einer die Vaterschaft eines Mannes bejahenden Entscheidung ist ein Verstoß gegen den ordre public kaum mehr denkbar. Im Gefolge des den Art. 19 Abs. 1 EGBGB beherrschenden Günstigkeitsprinzips haben sich seit der IPR-Reform von 1986 die Maßstäbe des ordre public verschoben. Zum einen hat sich durch die alternative Anknüpfung die Zahl der anwendbaren Rechte vergrößert; entsprechend verringert hat sich die Gefahr eines Widerspruchs zum deutschen Kollisionsrecht. Zum anderen entspricht eine die Vaterschaft bejahende Entscheidung stets der dem Günstigkeitsprinzip zu

Grunde liegenden Wertung; es kann deshalb allenfalls dann gegen den ordre public verstoßen, wenn die Vaterschaftsfeststellung eklatant gegen die Rechtsprinzipien des deutschen Abstammungsrechts verstößt, z. B. wenn sich das ausländische Gericht nicht um die Feststellung der leiblichen Vaterschaft bemüht hat, sondern lediglich formalen Gesichtspunkten gefolgt ist (vgl. *Habscheid*, FamRZ 1981, 1146).

Eher denkbar ist ein Verstoß gegen § 109 Abs. 1 Nr. 4 FamFG bei einer Entscheidung, welche die Vaterschaft verneint. Wird diese Entscheidung im Inland anerkannt, so schließt ihre materielle Rechtskraft eine künftige Feststellung der Vaterschaft desselben Mannes aus (vgl. § 109 Abs. 1 Nr. 3 FamFG). Dies gilt auch dann, wenn er nach einem der drei von Art. 19 Abs. 1 EGBGB berufenen Statute der Vater des Kindes wäre. In diesem Fall kollidiert die Anerkennung der Entscheidung im Ergebnis mit dem materiellen Günstigkeitsprinzip des Art. 19 Abs. 1 EGBGB und unterläuft die grundsätzliche Wertentscheidung des deutschen Gesetzgebers, die Feststellung der Vaterschaft – auch um den Preis hinkender Rechtsverhältnisse – nach Möglichkeit zu erleichtern und zu begünstigen. In einem solchen Fall verstößt die Entscheidung daher gegen den ordre public mit der Folge, dass sie nicht anerkannt wird und ein erneutes Vaterschaftsfeststellungsverfahren nicht hindert.

V-262

Für die Personenstandsbehörden hat dieser Anwendungsfall des ordre public keine praktische Bedeutung. Bei einer Entscheidung, welche die Vaterschaft verneint, ist ohnehin keine Eintragung veranlasst. Das Problem stellt sich lediglich für ein deutsches Gericht, bei dem ein erneutes Vaterschaftsfeststellungsverfahren anhängig gemacht wird, da es sich mit dem Argument des ordre public über den etwa vorgebrachten Rechtskrafteinwand hinwegsetzen muss. Erst eine die Vaterschaft feststellende Entscheidung dieses Gerichts wäre vom Standesamt zu beachten und zur Grundlage einer Folgebeurkundung nach § 27 PStG zu machen; das Standesamt hat aber insoweit kein eigenes materielles Prüfungsrecht; vgl. *Gaaz/Bornhofen,* § 27 PStG Rdnr. 22.

V-263

VI. Der Name des Kindes nach späterer Feststellung der Vaterschaft

Im deutschen Recht gibt es grundsätzlich keine Konstellation mehr, in der sich der Name des Kindes allein aufgrund einer späteren Vaterschaftsfeststellung kraft Gesetzes ändert. In ausländischen Rechten – also bei ausländischem Namensstatut, hierzu Rdnr. IV-280 ff. – kann es allerdings hiervon abweichende Regeln geben (vgl. *Hochwald*, StAZ 2010, 186 zum türkischen Recht).

V-264

Das Kind hat, wenn die Vaterschaft nicht schon bei Geburt feststeht, im Regelfall zunächst den Namen der Mutter erworben, § 1617a Abs. 1 BGB; hierzu Rdnr. IV-268 ff. Nach der Vaterschaftsfeststellung kommt es zu namensrechtlichen Folgen erst dann, wenn die Eltern heiraten, gemeinsame Sorgeerklärungen abgeben oder die gemeinsame Sorge gerichtlich auf beide Elternteile übertragen wird.

V-265

V-266	Wenn die Eltern nach einer Heirat einen gemeinsamen Ehenamen bestimmen, ändert sich der Name gemäß § 1617c Abs. 1 BGB; dies ist ein Fall der Namenserstreckung (dazu Rdnr. V-635 ff.).
V-267	Der spätere Eintritt gemeinsamer elterlicher Sorge – der auch die Folge einer Eheschließung sein kann – ist in § 1617b Abs. 1 BGB geregelt; hier kann der Kindesname neu bestimmt werden. Es handelt sich also ebenfalls nicht um einen gesetzlichen Namenserwerb, sondern um eine Namensbestimmung; wegen Einzelheiten s. Rdnr. V-722 ff.
V-268	Die Vaterschaftsfeststellung allein hat also keine unmittelbaren namensrechtlichen Wirkungen; sie schafft lediglich eine Situation, in der die Eltern den Namen des Kindes durch Erklärung beeinflussen können; hierzu Rdnr. V-572 ff. Eine unmittelbare namensrechtliche Wirkung der Vaterschaft ist allenfalls dann möglich, wenn die Namensführung des Kindes einem ausländischen Recht untersteht.

D. Die Beseitigung einer bestehenden Vaterschaft

I. Allgemeines

V-269	Der Status des Kindes hinsichtlich der Abstammung vom Vater kann sich nach der Geburt nicht nur durch die Feststellung der Vaterschaft eines neuen Mannes (dazu Rdnr. V-13 ff.), sondern auch durch die Beseitigung einer bestehenden Vaterschaft ändern. Das Recht versucht zwar, eine Übereinstimmung von leiblicher und rechtlicher Vaterschaft herzustellen, indem es die Rechtsfolge der rechtlichen Vaterschaft an Tatbestände knüpft, bei deren Vorliegen die leibliche Vaterschaft wahrscheinlich ist. Es ist jedoch ohne Weiteres möglich, dass ein Mann als Vater im Rechtssinne festgestellt wird, obwohl das Kind biologisch nicht von ihm abstammt. Für diese Fälle muss das Recht Regelungsmechanismen vorsehen, die eine Korrektur der rechtlichen Zuordnung gestatten.
V-270	Bis zum KindRG unterschied das deutsche Recht zwischen Ehelichkeit und Nichtehelichkeit und demzufolge auch zwischen der Anfechtung der Ehelichkeit und der Anfechtung der – die nichteheliche Abstammung begründenden – Vaterschaftsanerkennung. Nachdem der grundsätzliche Unterschied abgeschafft worden ist, gibt es nur noch eine einheitliche Anfechtung der Vaterschaft, §§ 1599 ff. BGB; die Vorschrift erfasst also sowohl die Vaterschaft aufgrund der Ehe mit der Mutter (§ 1592 Nr. 1 BGB) als auch die aufgrund der Anerkennung (§ 1592 Nr. 2 BGB).
V-271	Die Anfechtung einer nach § 1592 Nr. 1, 2 BGB bestehenden Vaterschaft stellt eine familienrechtliche Spezialregelung zum Zwecke der Statusklärung dar. Sie hat nichts mit der Anfechtung irrtümlicher Erklärungen zu tun; angefochten wird also die »Vaterschaft« selbst und nicht etwa eine irrige Vaterschaftsanerkennung als Willenserklärung.

Der Schein der Vaterschaft entfällt ohne förmliche Anfechtung in all den- V-272
jenigen Fällen, in denen sich nachträglich herausstellt, dass der – zunächst
irrtümlich angenommene – Tatbestand des § 1592 Nr. 1 oder 2 BGB nicht erfüllt war. Dadurch erweisen sich diese Vorschriften nachträglich als unanwendbar. Eine eigene gerichtliche Anfechtung ist dann nicht nötig; s.
Rdnr. V-366 ff.

In diesen Zusammenhang gehören auch Fälle, in denen die grundsätzlich V-273
vermutete Vaterschaft des Ehemanns durch Erklärungen oder objektive Umstände, also ohne Mitwirkung eines Gerichts, nachträglich beseitigt werden
kann, s. Rdnr. V-300 ff.

Mit der Vaterschaft entfallen auch deren mittelbare Rechtswirkungen. Zu V-274
den namensrechtlichen Konsequenzen s. Rdnr. V-297 ff. Staatsangehörigkeits-
rechtlich führt die Anfechtung der Vaterschaft eines Deutschen, der dem
Kind die deutsche Staatsangehörigkeit vermittelt hat, rückwirkend zum Verlust der Staatsangehörigkeit; dies ist verfassungsrechtlich zulässig (BVerfG,
StAZ 2007, 138; kritisch *Silagi*, StAZ 2007, 133).

II. Die gerichtliche Anfechtung der Vaterschaft

1. Anfechtung der gesetzlichen Vaterschaft des Ehemanns

Ein Kind, das von einer verheirateten Frau geboren wird, ist gemäß § 1592 Nr. 1 V-275
BGB im Rechtssinne Kind ihres Ehemanns (s. Rdnr. IV-40 ff.). Stammt das
Kind leiblich nicht von ihm ab, so muss seine Vaterschaft grundsätzlich in einem gerichtlichen Verfahren angefochten werden, § 1599 Abs. 1 BGB (zur Ausnahme der qualifizierten Drittanerkennung Rdnr. V-300 ff.). Der Antrag ist
begründet, wenn festgestellt wird, dass das Kind nicht von ihm als »Scheinvater« abstammt. Durch den Beschluss wird die bisher bestehende Vaterschaft
rückwirkend beseitigt; diese Feststellung ist allgemein verbindlich, § 184
Abs. 2 FamFG.

Hiervon zu unterscheiden sind Fälle, in denen nachträglich festgestellt V-276
wird, dass bereits die Voraussetzungen des § 1592 Nr. 1 BGB nicht vorlagen.
Auch hier ist das Nichtbestehen der Vaterschaft im Verfahren nach § 169 Nr. 1
FamFG geltend zu machen. Es handelt sich nicht um eine Vaterschaftsanfech-
tung, sondern um einen Fall der »mittelbaren Feststellung«; hierzu näher
Rdnr. V-366 ff.

2. Anfechtung der durch Anerkennung begründeten Vaterschaft

Ein Mann, der mit der Mutter nicht verheiratet ist, wird durch eine wirksame V-277
Vaterschaftsanerkennung Vater des Kindes, § 1592 Nr. 2 BGB.

Das Recht der Vaterschaftsanfechtung erfasst die Fälle, in denen dieses V-278
Anerkenntnis zwar formal wirksam, aber inhaltlich unrichtig ist. Die Anerkennung führt ähnlich wie beim gesetzlichen Vater zu einer »Scheinvaterschaft«. Widerspricht sie der leiblichen Abstammung, so ist sie nicht etwa un-

D. Die Beseitigung einer bestehenden Vaterschaft

V-279 wirksam; vielmehr steht die Vaterschaft zunächst allgemein verbindlich fest. Um sie zu beseitigen, ist gemäß § 1599 Abs. 1 BGB die Anfechtung erforderlich. Von der Anfechtung strikt zu unterscheiden ist die ursprüngliche Unwirksamkeit der Anerkennung. Sie tritt gemäß § 1598 Abs. 1 BGB nur dann ein, wenn die Anerkennung den Erfordernissen der §§ 1594 bis 1597 BGB nicht entspricht. Es handelt sich hierbei um formale Voraussetzungen; auf die leibliche Vaterschaft kommt es nicht an. Wegen Einzelheiten s. *Gaaz/Bornhofen*, § 27 PStG Rdnr. 11 ff.

V-280 Ist die Anerkennung von vornherein unwirksam, so ist eine Anfechtung nicht erforderlich. Besteht Streit über die Wirksamkeit oder Unwirksamkeit der Vaterschaftsanerkennung, so ist hierüber im Verfahren nach § 169 Nr. 1 FamFG zu entscheiden; es handelt sich um einen Fall von zwar verbindlicher, aber nur mittelbarer Feststellung des Personenstands; vgl. Rdnr. V-338.

3. Das Anfechtungsverfahren

V-281 Das Anfechtungsverfahren ist als Abstammungssache i. S. d. § 169 Nr. 4 FamFG eine Familiensache gemäß § 111 Nr. 3 FamFG. Zuständig ist daher gemäß §§ 23a Abs. 1 Satz 1 Nr. 1, 23b Abs. 1 GVG das Familiengericht. Das Verfahren folgt im Gegensatz zur früheren Rechtslage unter Geltung des FGG und des Sechsten Buches der ZPO unabhängig davon, ob die Person, gegen die ein Antrag gerichtet wurde, lebt oder gestorben ist, den Regeln des FamFG. Die örtliche Zuständigkeit bestimmt sich nach § 170 FamFG; gemäß § 177 Abs. 1 FamFG gilt der Grundsatz der eingeschränkten Amtsermittlung.

V-282 Die Anfechtungsvoraussetzungen sind in §§ 1600 bis 1600b BGB geregelt. Anfechtungsberechtigt ist nach § 1600 Abs. 1 BGB der Mann, der im Rechtssinne Vater des Kindes ist, die Mutter und das Kind sowie seit dem 30. 4. 2004 auch der Mann, der an Eides statt versichert, der Mutter während der Empfängniszeit beigewohnt zu haben. Ob die bestehende rechtliche Vaterschaft kraft Gesetzes oder aufgrund einer Anerkennung eingetreten ist, macht keinen Unterschied.

V-283 Die gegenüber dem ursprünglichen Konzept des BGB wichtigsten Neuerungen bestehen darin, dass seit dem KindRG auch die Mutter ein Anfechtungsrecht hat; seit der Entscheidung des BVerfG vom 9. 4. 2003 (StAZ 2003, 210) und dem daraufhin ergangenen Gesetz (Rdnr. V-84 ff.) ist ferner auch der Mann klageberechtigt, der die Beiwohnung während der Empfängniszeit behauptet und damit geltend macht, der leibliche Vater des Kindes zu sein; ein solcher Mann kann auch der Samenspender sein (s. BGH, StAZ 2013, 283).

V-284 Der leibliche Vater kann die Vaterschaft des rechtlichen Vaters anfechten, sofern zwischen dem rechtlichen Vater und dem Kind keine sozial-familiäre Beziehung besteht oder bestanden hat. In Anlehnung an die Entscheidung des BVerfG wird im Gesetz der Begriff »sozial-familiäre Beziehung« verwendet. Eine sozial-familiäre Beziehung besteht danach bei Übernahme tatsächlicher Verantwortung für das Kind, die vor allem bei längerem Zusammenleben in häuslicher Gemeinschaft anzunehmen ist.

V-285 Die Verfahrensfähigkeit sowie die gesetzliche Vertretung eines nicht voll geschäftsfähigen Anfechtungsberechtigten regelt § 1600a BGB.

Die Prüfung der materiellrechtlichen Begründetheit des Anfechtungsantrags setzt an bei § 1600c BGB. Hier wird vermutet, dass das Kind von dem Mann abstammt, dessen Vaterschaft nach §§ 1592 Nr. 1 und 2, 1593 BGB besteht. Es handelt sich hier um eine echte Vermutung, welche die Beweislast regelt, während die häufig verwendete Formulierung, § 1592 Nr. 1 BGB enthalte eine »Vaterschaftsvermutung zu Gunsten des Ehemanns«, nicht präzise ist, weil dieser aufgrund dieser Norm nicht als Vater *vermutet* wird, sondern der Vater *ist*, s. Rdnr. IV-40.

Die Anfechtungsfrist beträgt zwei Jahre, § 1600b Abs. 1 Satz 1 BGB. Die Frist beginnt gemäß § 1600b Abs. 1 Satz 2 BGB mit Kenntnis der Umstände, die gegen die Vaterschaft sprechen (objektiver Verdacht). Persönliche Überzeugung des Anfechtungsberechtigten ist nicht erforderlich (OLG Brandenburg, FamRZ 2002, 1055 und FamRZ 2004, 480; vgl. auch OLG Hamburg, StAZ 2012, 178). In den Sonderfällen der § 1600b Abs. 3 bis 5 BGB beginnt die Frist zu einem späteren Zeitpunkt erneut zu laufen.   V-286

Die Einzelheiten des Anfechtungsverfahrens haben nur mittelbare Auswirkung auf die Tätigkeit des Standesamts. Das Standesamt hat grundsätzlich kein Recht zur Überprüfung, ob die gerichtliche Entscheidung inhaltlich richtig ist und das Verfahren korrekt war. Nur wenn ein Fehler so schwerwiegend ist, dass er die Entscheidung *unwirksam* macht, hat das Standesamt dies von sich aus zu berücksichtigen; hierzu Rdnr. V-290 ff.   V-287

Wird dem Anfechtungsantrag stattgegeben und erwächst der Beschluss in Rechtskraft, so ist der abstammungsrechtliche Status des Kindes allgemein verbindlich festgestellt, der Beschluss wirkt für und gegen alle, § 184 Abs. 2 FamFG. Die Feststellung ändert den Personenstand, und zwar mit Rückwirkung.   V-288

4. Die Unwirksamkeit des Beschlusses

Hat ein Anfechtungsbeschluss so gravierende Fehler, dass er unwirksam ist, darf ihn das Standesamt nicht berücksichtigen. Es muss einen Beschluss daher immer auf seine Wirksamkeit überprüfen. Eine darüber hinausgehende Prüfung ist ihm nicht gestattet.   V-289

Das Standesamt braucht daher nicht zu prüfen, ob das zuständige Gericht entschieden hat. Fehlende Zuständigkeit ist kein Nichtigkeitsgrund (vgl. *Zöller/Vollkommer*, vor § 300 ZPO Rdnr. 15). Hier bleibt es bei dem allgemeinen Grundsatz, dass gerichtliche Entscheidungen als staatliche Hoheitsakte auch dann die angeordneten Wirkungen entfalten, wenn sie fehlerhaft sind.   V-290

Auch wenn eine gerichtliche Entscheidung unter Missachtung von Grundsätzen des Statusverfahrens ergangen ist (Anerkenntnisurteil: BGH, FamRZ 1994, 694; Versäumnisurteil: OLG Bamberg, FamRZ 1994, 1044), ist dies für die den Personenstand ändernde Rechtskraftwirkung unerheblich und daher vom Standesamt nicht zu beanstanden.   V-291

Allerdings ist ein Beschluss unwirksam, wenn er ergeht, obwohl sich die Hauptsache erledigt hat. Da die Erledigung der Hauptsache die Anhängigkeit   V 292 entfallen lässt, ergeht der Beschluss überhaupt nicht mehr in einem gerichtlichen Verfahren und kann daher keine Rechtskraft entfalten.

V-293   Ein bei Vaterschaftsanfechtungsanträgen wichtiger Fall der Erledigung der Hauptsache ist der Tod eines Beteiligten während des Verfahrens. Seine praktische Bedeutung dürfte sich jedoch im Vergleich zur bisherigen Rechtslage aufgrund der geänderten gesetzlichen Regelung durch das FamFG reduzieren.

V-294   Anders als unter Geltung der §§ 640 Abs. 1, 640 g ZPO a. F. macht es keinen Unterschied mehr, ob der Antragsteller oder ein anderer Beteiligter gestorben ist. Auch ist es nicht mehr der Regelfall, dass der Tod eines Beteiligten, wie noch nach § 619 ZPO a. F., zur Erledigung des Verfahrens in der Hauptsache kraft Gesetzes führt. Vielmehr können die Beteiligten die Fortsetzung des Verfahrens verlangen, § 181 Satz 1 FamFG.

Das Verfahren gilt daher gemäß § 181 Satz 2 FamFG lediglich dann als in der Hauptsache erledigt, wenn keiner der Beteiligten die Fortsetzung des Verfahrens gemäß § 181 Satz 1 FamFG verlangt.

V-295   Da der Eintritt der formellen Rechtskraft bei Endentscheidungen in Abstammungssachen nach § 184 Abs. 1 Satz 1 FamFG Wirksamkeitsvoraussetzung ist und die Erledigung der Hauptsache den Eintritt der Rechtskraft hindert, führt der Tod einer Partei in Fällen des § 181 Satz 2 FamFG dazu, dass der auf den Anfechtungsantrag ergangene Beschluss nicht wirksam wird.

V-296   Aus den genannten Gründen hat das Standesamt stets zu prüfen, ob die Beteiligten bei Rechtskraft des Beschlusses noch gelebt haben und ob sie vom Fortsetzungsverlangen abgesehen haben und das Verfahren somit nach § 181 Satz 2 FamFG als in der Hauptsache erledigt gilt. In diesem Fall hat es die Beischreibung des Beschlusses abzulehnen, und zwar sogar dann, wenn die Geschäftsstelle bereits ein Rechtskraftzeugnis erteilt hatte (OLG Frankfurt a. M., FamRZ 1981, 192, 193).

Zur Bedeutung des Todes einer Partei nach früherer Rechtslage s. *Hepting/Gaaz*, Bd. 2 Rdnr. V-320 ff.

5. Der Name nach Beseitigung der Vaterschaft

V-297   Das deutsche Recht regelt die namensrechtlichen Folgen einer Vaterschaftsanfechtung oder einer – ihr insoweit gleichwertigen – qualifizierten Drittanerkennung (s. Rdnr. V-150 ff. und V-300 ff.) in § 1617b BGB, der zwei sehr heterogene Fälle der Namenserteilung zusammenfasst. Während § 1617b Abs. 1 BGB den Fall nachträglicher gemeinsamer Sorge regelt, also nicht an eine Statusänderung anknüpft, setzt Abs. 2 die nachträgliche Beseitigung der Vaterschaft voraus, d. h. eine echte Änderung des Personenstands.

V-298   § 1617b Abs. 2 BGB sieht jedoch keinen automatischen Verlust vor, sondern überlässt es dem Kind, ob es den Namen ablegen und stattdessen den Namen seiner Mutter annehmen will. Das Gesetz schützt damit sein Interesse an Na-

menskontinuität; das Kind kann seinen bisherigen Namen behalten, auch wenn er den Abstammungsverhältnissen völlig widerspricht, der Scheinvater kann dies nur während der ersten fünf Lebensjahre des Kindes verhindern.
Dies rückt die Namensführung nach § 1617b Abs. 2 BGB in die Nähe der allgemeinen Namensbestimmung durch rechtsgeschäftliche Erklärung; wegen Einzelheiten s. Rdnr. V-599 ff. V-299

III. Beseitigung einer gesetzlichen Vaterschaft durch qualifizierte Drittanerkennung

Gemäß § 1599 Abs. 2 BGB kann die Vaterschaft des Ehemanns der Mutter auch ohne gerichtliche Vaterschaftsanfechtung beseitigt werden, da die grundsätzlich maßgebliche Vorschrift des § 1592 Nr. 1 BGB »nicht gilt«, sobald die Voraussetzungen des § 1599 Abs. 2 BGB vorliegen. V-300

Die qualifizierte Drittanerkennung hat statusrechtlich damit eine doppelte Funktion. Zum einen begründet sie die Vaterschaft des Anerkennenden, zu dieser Rechtswirkung näher Rdnr. V-150 ff. Zum anderen beendet sie die gesetzliche Vaterschaft des Ehemanns. Insoweit hat sie dieselbe Wirkung wie ein gerichtlicher Anfechtungsbeschluss. V-301

Da diese Rechtsfolge lediglich die spiegelbildliche negative Entsprechung der Vaterschaftsfeststellung ist, kann hinsichtlich der Voraussetzungen auf die Ausführungen bei Rdnr. V-154 ff. verwiesen werden. V-302

IV. Die Vaterschaftsanfechtung mit Auslandsbezug

Vaterschaftsanfechtungen mit Auslandsbezug können unter zwei Aspekten an das Standesamt herantreten. V-303

Zum einen ist es denkbar, dass ein deutsches Gericht in einem Anfechtungsverfahren zu entscheiden hat, dessen Beteiligte Bezüge zum Ausland aufweisen. In diesem Fall sind die kollisions- und auslandsrechtlichen Fragen vom Gericht zu beantworten; das Standesamt ist darauf beschränkt, die Wirksamkeit des Beschlusses zu überprüfen und ihn dann – wie sonst auch – seiner Eintragung zu Grunde zu legen; s. Rdnr. V-312.

Zum anderen ist es möglich, dass die Vaterschaft zu einem in einem deutschen Geburtenregister eingetragenen Kind vor einem ausländischen Gericht angefochten wird. In diesem Fall kommt es darauf an, ob die ausländische Entscheidung im Inland anzuerkennen ist; hierzu Rdnr. V-313 f. V-304

1. Vaterschaftsanfechtungen im Inland

a) Die Bestimmung des maßgeblichen Rechts, Art. 20 EGBGB

Das auf eine Vaterschaftsanfechtung mit Auslandsbezug anzuwendende Recht (Anfechtungsstatut) ist seit dem KindRG gemäß Art. 20 EGBGB zu bestimmen. Die Vorschrift unterscheidet – wie schon die Regel über die Vater- V-305

D. Die Beseitigung einer bestehenden Vaterschaft

schaftsfeststellung in Art. 19 Abs. 1 EGBGB – nicht mehr zwischen ehelichen und nichtehelichen Kindern. Sie erfasst daher die gesetzliche Vaterschaft des Ehemanns ebenso wie die durch Anerkennung begründete.

V-306 Im Interesse der Abstammungswahrheit bietet Art. 20 EGBGB mehrere Anknüpfungen, die alternativ herangezogen werden können. Gemäß Satz 1 kann nach jedem Recht angefochten werden, das die anzufechtende Abstammungsbeziehung als bestehend ansieht. Um dies festzustellen, sind daher zunächst die Abstammungsstatute des Art. 19 Abs. 1 EGBGB heranzuziehen; hierzu Rdnr. V-191 ff. Alternativ – und praktisch relevant vor allem für den Fall, dass die Abstammungsstatute eine Anfechtung nicht zulassen – kann auf die Anfechtung durch das Kind dessen Aufenthaltsrecht angewandt werden; dass die Abstammung auch nach diesem Recht besteht, wird nicht vorausgesetzt.

V-307 Eine Rück- oder Weiterverweisung (Renvoi; zum Begriff s. Rdnr. VI-48 ff.) ist gemäß Art. 4 Abs. 1 EGBGB zu beachten, sofern dies nicht dem Sinn der Verweisung widerspricht. Da Art. 20 EGBGB im Interesse der Abstammungswahrheit mehrere Anknüpfungen anbietet und insoweit einem materiellen »Günstigkeitsprinzip« folgt, darf der Renvoi die Zahl der anwendbaren Statute nicht verringern, sondern nur erweitern (OLG Stuttgart, FamRZ 2001, 248). Die Anwendung des Aufenthaltsrechtes des Kindes kann nicht ausgeschlossen werden (*Palandt/Thorn*, Art. 20 EGBGB Rdnr. 1).

b) Qualifikationsfragen

V-308 Das Anfechtungsstatut beherrscht u. a. die Anfechtungsberechtigung, die Fristen, die Anfechtungsgründe, etwaige materielle Beweiserleichterungen (Vermutungen). Es bestimmt auch die Verfahrens*art*, also ob das Nichtbestehen der Vaterschaft mit einer allgemein verbindlichen Statusentscheidung, mit Bindung nur für die Verfahrensbeteiligten oder nur durch Inzidententscheidung festgestellt wird (*Erman/Hohloch*, Art. 20 EGBGB Rdnr. 13: Münch-Komm/*Klinkhardt*, Art 20 EGBGB Rdnr. 9; zur Problematik der Inzidentfeststellungen s. a. Rdnr. V-316 ff.).

V-309 Von der Anfechtung in dem hier erörterten Sinne sind Fälle zu unterscheiden, in denen die Vaterschaft eines Mannes zunächst zwar vermutet wird, die Vermutung aber außerhalb eines gerichtlichen Verfahrens so erschüttert werden kann, dass die Vaterschaft letztlich nicht mit allgemein verbindlicher Wirkung eintritt. Beispiele bieten zahlreiche Rechtsordnungen des romanischen Rechtskreises, in denen der Ehemann der Mutter dann nicht der Vater wird, wenn die für ihn sprechende Abstammungsvermutung vor der Registereintragung erschüttert wird (näher Rdnr. IV-211 ff.). Durch diese Regeln wird nicht eine bestehende Vaterschaft des Ehemanns beseitigt, sondern seine Vaterschaft wird bereits am Entstehen gehindert; sie sind daher hinsichtlich seiner Vaterschaft nicht anfechtungs-, sondern abstammungsrechtlich zu qualifizieren; hierzu Rdnr. V-326.

V-310 Fraglich ist, ob diese kollisionsrechtlichen Grundsätze auch gelten, wenn die Vaterschaft des Ehemanns auch noch dann außergerichtlich erschüttert oder beseitigt werden kann, nachdem er bereits als Vater festgestellt und ins Geburtenregister eingetragen worden ist. Dieses Problem stellt sich insbesondere bei der qualifizierten Drittanerkennung deutschen Rechts; zu den hierfür geltenden Anknüpfungsgrundsätzen s. Rdnr. V-327 ff.

c) Das Verfahren

Die internationale Zuständigkeit der deutschen Gerichte ergibt sich nicht aus Art. 3 ff. Brüssel-IIa-VO (s. allgemein Rdnr. II-85), da diese Verordnung nach ihrem Art. 1 Abs. 3 Buchst. a auf die Feststellung und die Anfechtung des Eltern-Kind-Verhältnisses nicht anwendbar ist. Vielmehr richtet sich die internationale Zuständigkeit nach § 100 FamFG, da es sich bei der Vaterschaftsanfechtung um eine Abstammungssache nach § 169 Nr. 4 FamFG handelt. Das Verfahren selbst untersteht grundsätzlich der lex fori, bei einem Inlandsverfahren also dem deutschen Recht. V-311

Kennt das maßgebliche ausländische Recht kein Vaterschaftsfeststellungsverfahren mit Statuswirkung, sondern nur die Inzidentprüfung (s.a. Rdnr. V-316 ff.), stellt sich die Frage, ob ein deutsches Gericht ein solches Verfahren überhaupt durchführen kann. Trennt man aber zwischen materiellrechtlichen Vaterschaftsvoraussetzungen einerseits und der verfahrensrechtlichen Möglichkeit der gerichtlichen Feststellung andererseits, so ist das Vaterschaftsfeststellungsverfahren unabhängig vom Standpunkt des maßgeblichen Statuts zulässig, wenn man das Verfahren konsequent ausschließlich der deutschen lex fori unterstellt (noch zur Vaterschaftsklage nach der Rechtslage vor dem FGG-RG *Zöller/Geimer*, 27. Aufl., § 640a ZPO Rdnr. 30).

Für das Standesamt gilt das bei Rdnr. V-289 ff. Gesagte entsprechend; es wird mit den materiell- wie verfahrensrechtlichen Fragen des Anfechtungsverfahrens grundsätzlich nicht befasst, hat allenfalls die Wirksamkeit der Entscheidung zu überprüfen und diese dann in die Personenstandsregister zu übertragen. V-312

2. Die Anerkennung ausländischer Anfechtungsentscheidungen

Eine im Ausland erfolgte Vaterschaftsanfechtung hat das Standesamt in die Personenstandsregister einzutragen, wenn die Entscheidung im Inland anzuerkennen ist. Die Anerkennung richtet sich nach §§ 108 Abs. 1, 109 FamFG; für die Feststellung der internationalen Anerkennungszuständigkeit des ausländischen Gerichts ist § 100 FamFG in den ausländischen Fall zu spiegeln (s. zur Anerkennung von Abstammungsentscheidungen bei der »künstlichen« Mutterschaft Rdnr. IV-161). Auf die für Ehesachen umstrittene Frage, ob im Rahmen des § 109 Nr. 1 FamFG auch die Art. 3 ff. Brüssel-IIa-VO zu spiegeln sind (s. Rdnr. III-512 ff.), kommt es nicht an, da die Brüssel-IIa-VO auf Abstammungssachen ohnehin nicht anwendbar ist. V-313

In der Praxis kann vor allem die Frage problematisch werden, ob die anzuerkennende Entscheidung einer früheren inländischen oder anerkennungsfähigen ausländischen Entscheidung widerspricht, § 109 Abs. 1 Nr. 3 FamFG. Dies spielt insbesondere dann eine Rolle, wenn die Vaterschaftsanfechtung V-314 im Inland bereits rechtskräftig abgelehnt worden ist, vgl. § 184 Abs. 1 Satz 2 FamFG. Selbst wenn es dem Kläger gelingt, in einem anderen Staat und unter Anwendung eines anderen Rechts eine Anfechtungsentscheidung zu erstreiten, bleibt dies zumindest im Inland ohne Wirkung.

3. Probleme der Anwendung ausländischen Rechts

V-315   Ist ein Recht anzuwenden, das noch »gespaltene Kindschaft« kennt und zwischen ehelich und nichtehelich geborenen Kindern unterscheidet (s. Rdnr. V-223 ff.), so enthält es in der Regel auch unterschiedliche Vorschriften über die Anfechtung der ehelichen und nichtehelichen Vaterschaft. Die Anwendung eines solchen Rechts bereitet einem deutschen Gericht in der Regel keine Probleme. Die Entscheidung kann kaum anders lauten, als dass der im Tenor angegebene Mann nicht der Vater des Kindes ist; insoweit entspricht es dem § 1599 Abs. 1 BGB.

V-316   Einzelne Rechtsordnungen sehen keine förmliche Vaterschaftsanfechtung vor, sondern lassen in jedem Verfahren die Inzidentfeststellung der Abstammung oder Nichtabstammung zu. Da die Art des Verfahrens, in dem die Ehelichkeitsvermutung zu widerlegen ist, vom maßgeblichen Sachrecht bestimmt wird (s. Rdnr. V-308), stellt sich die Frage, wie ein ausländisches Recht ohne förmliche Vaterschaftsanfechtung mit dem deutschen Verfahrensrecht in Einklang zu bringen ist.

V-317   Eine Inzidentfeststellung bereitet keine Verfahrensprobleme. Die deutsche Gerichtspraxis hält sie für möglich, besteht also nicht in jedem Fall auf einem förmlichen Anfechtungsverfahren (vgl. KG, IPRax 1985, 48; AG Hamburg, StAZ 1974, 183; DAVorm 1983, 748; DAVorm 1985, 1035; ebenso MünchKomm/ *Klinkhardt*, Art. 20 EGBGB Rdnr. 9; kritisch zur kollisionsrechtlichen Anknüpfung *Henrich*, IntFamR S. 190 f.). Für das Standesamt ist sie praktisch bedeutungslos; da die Vaterschaft bei einer Inzidententscheidung nur ein Teil der Entscheidungsgründe bleibt und nicht rechtskräftig festgestellt wird, ändert sie den Personenstand nicht und führt zu keiner Eintragung.

V-318   Sieht das maßgebliche Recht eine gerichtliche Abstammungsklärung vor, die nur zwischen den Parteien wirkt, so ist das deutsche Abstammungsverfahren nach § 169 ff. FamFG mit der Folge der Allgemeinverbindlichkeit, § 184 Abs. 2 FamFG, ausgeschlossen. Im Schrifttum will man aber ein Statusverfahren nach § 169 Nr. 1 FamFG zulassen; das inländische Interesse an einer allgemeinverbindlichen Klärung des Personenstands gebiete es, insoweit von dem maßgeblichen Sachrecht abzuweichen; vgl. etwa *Staudinger/Henrich*, Art. 20 EGBGB Rdnr. 96.

V-319   Doch kommt, wenn zwischen den Beteiligten der Wunsch nach einer gerichtlichen Klärung besteht, ein allgemeiner Feststellungsantrag in Betracht. Eine entsprechende Entscheidung erwächst in Rechtskraft, gilt aber nur zwischen den Beteiligten; damit kommt sie dem ausländischen Recht am nächsten.

V-320   Diese Rechtsfragen stellen sich nur dem mit der Klage befassten Gericht und betreffen nicht das Standesamt, das die ergangene Entscheidung ohne inhaltliche Prüfung zu Grunde legen kann und muss. Aus der Sicht des § 27 PStG handelt es sich allerdings – anders als bei der speziell geregelten Vaterschaftsanfechtung deutschen Rechts – nicht um eine Änderung des Personenstands, sondern um eine allgemein verbindliche Feststellung.

V. Die qualifizierte Drittanerkennung mit Auslandsbezug

1. Qualifikationsfragen

Unter den Voraussetzungen des § 1599 Abs. 2 BGB kann ein Dritter trotz einer nach § 1592 Nr. 1 oder § 1593 BGB bestehenden Vaterschaft wirksam die Vaterschaft anerkennen; damit wird durch einen einheitlichen rechtlichen Akt sowohl seine Vaterschaft neu begründet als auch die bisher bestehende Vaterschaft des Noch-Ehemanns beseitigt; wegen der sachrechtlichen Einzelheiten s. Rdnr. V-150 ff., V-300 ff. Die qualifizierte Drittanerkennung entfaltet eine doppelte Statuswirkung. Sie ist gleichzeitig Feststellung der neuen und Beseitigung einer bestehenden Vaterschaft.   V-321

Aus der Sicht des Anerkennenden ist die qualifizierte Drittanerkennung ein Fall der Abstammungs*feststellung*. Dies führt zur Kollisionsnorm des § 19 Abs. 1 EGBGB; hierzu näher Rdnr. V-194 ff. Im Ergebnis kann der Anerkennende bei Maßgeblichkeit deutschen Rechts mit dem Mittel der Drittanerkennung das Anerkennungshindernis des § 1594 Abs. 2 BGB überwinden und seine Vaterschaft begründen.   V-322

Aus der Sicht des Ehemanns ist die qualifizierte Drittanerkennung ein Rechtsakt, der seine Vaterschaft beseitigt. Es handelt sich zwar nicht um eine Anfechtung im engeren Sinne; doch wirkt sie im praktischen Ergebnis wie eine Vaterschaftsanfechtungsentscheidung. Daher stellt sich die Frage, ob das Anfechtungsstatut des Art. 20 EGBGB maßgeblich ist.   V-323

Man könnte sich an den Grundsätzen orientieren, die im Hinblick auf diejenigen Rechtsordnungen entwickelt wurden, in denen die Vaterschaft durch außergerichtliche Vorgänge beeinflusst werden kann. Bekanntes Beispiel einer Rechtsordnung, in der die gesetzliche Vaterschaft des Ehemanns von statusbezogenen Erklärungen abhängt, ist das italienische Recht, das eine dem § 1594 Abs. 2 BGB vergleichbare »Anerkennungssperre« nicht kennt und unter bestimmten Voraussetzungen den Ehemann nach erfolgter Anerkennung eines Dritten nicht mehr als gesetzlichen Vater ansieht (vgl. BGH, StAZ 1984, 194 mit Anm. *Beitzke* 198; s. näher Rdnr. IV-211 f.). Derartige Regeln werden von der h. M. als Abschwächungen der die gesetzliche Vaterschaft begründenden Grundsätze betrachtet und daher dem Abstammungsstatut zugeordnet, das eben diese gesetzliche Vaterschaft beherrscht (s. BGH a. a. O.; zudem – wenn auch unklar – *Oprach*, IPRax 2001, 325 ff.).   V-324

Die personenstandsrechtliche Praxis hat diese Grundsätze nach Inkrafttreten des KindRG ohne Weiteres auf die qualifizierte Drittanerkennung übertragen und sie als Aspekt des Abstammungsstatuts behandelt, ohne die Anknüpfung zu problematisieren (*Kraus*, StAZ 2001, 71). Auch das Schrifttum ordnet die Frage einfach bei Art. 19 EGBGB ein, ohne die vaterschafts*beseiti*-   V-325 *gende* Wirkung der Drittanerkennung als Qualifikationsproblem anzusprechen (vgl. etwa *Sturm*, StAZ 2003, 356 ff.).

V-326 Allerdings unterscheidet sich die qualifizierte Drittanerkennung in einem wesentlichen Punkt von den dargestellten Regelungsbeispielen der romanischen Rechte. Während im italienischen und französischen Recht die Vermutung der Vaterschaft nur bis zur Eintragung der Geburt erschüttert werden kann, die Registrierung also den Personenstand verbindlich festlegt und die betreffenden Vorschriften dadurch schon das *Entstehen* der gesetzlichen Vaterschaft des Ehemanns verhindern, erlaubt § 1599 Abs. 2 BGB die *Beseitigung* einer Vaterschaft, die bereits kraft Gesetzes *entstanden ist*, und dies sogar dann, wenn der Ehemann bereits im Geburtenregister eingetragen war (vgl. Rdnr. V-190). Dies rückt die qualifizierte Drittanerkennung in die Nähe der Vaterschaftsanfechtung, so dass man die Vaterschaftsbeseitigungswirkung des § 1599 Abs. 2 BGB dem Anfechtungsstatut unterstellen muss (so auch *Rauscher*, FPR 2002, 358 f.), wie nunmehr auch der BGH (StAZ 2011, 174) festgestellt hat, der im Rahmen des Art. 19 Abs. 1 EGBGB auf den »Rechtsgedanken des Art. 20 EGBGB« zurückgreift; kritisch *Freitag*, StAZ 2013, 333.

2. Anknüpfung

V-327 Qualifiziert man die vaterschaftsbeseitigende Wirkung des § 1599 Abs. 2 BGB mit dem BGH anfechtungsrechtlich, so ist seine Anwendung immer dann möglich, wenn sowohl auf die Vaterschaft des anerkennenden Dritten (Art. 19 Abs. 1 EGBGB) als auch auf die Anfechtung der Vaterschaft des Ehemanns (Art. 20 EGBGB) deutsches Recht anwendbar ist; zu den Folgen einer anfechtungsrechtlichen Qualifikation s. a. *Wedemann*, StAZ 2012, 225; *Freitag*, StAZ 2013, 333, 338 f.

V-328 Bei Art. 20 Satz 1 EGBGB ist dieses Ergebnis unbedenklich; wegen der Kongruenz von Abstammungs- und Anfechtungsstatut im Rahmen der Bezugnahme des Art. 20 Satz 1 EGBGB auf die Anknüpfungen des Art. 19 Abs. 1 EGBGB (s. Rdnr. V-306) kommt § 1599 Abs. 2 BGB zur Anwendung, wenn deutsches Recht als Abstammungsstatut die Vaterschaft des Ehemanns bejaht und dann konsequent über Art. 20 Satz 1 EGBGB auch Anfechtungsstatut ist.

V-329 Ein Widerspruch zum Statut der Abstammung vom Ehemann ist jedoch dann denkbar, wenn man die Drittanerkennung gemäß Art. 20 Satz 2 EGBGB an den gegenwärtigen Inlandsaufenthalt eines Kindes anknüpft, das bei der Geburt noch keinen inländischen Aufenthalt hatte, so dass keine der Anknüpfungen des Art. 19 Abs. 1 EGBGB auf deutsches Recht verwiesen hat. Man könnte dann die Drittanerkennung selbst dann durchführen, wenn sämtliche nach Art. 19 Abs. 1 EGBG maßgeblichen Abstammungsstatute nichts Vergleichbares vorsehen und nur die gerichtliche Vaterschaftsbeseitigung zulassen.

V-330 *Rauscher* lehnt dieses Ergebnis ab mit dem Argument, dass man im Rahmen von Art. 20 Satz 2 EGBGB den »nur von Erwachsenen bestimmten Vorgang« der Drittanerkennung nicht als Anfechtung »durch das Kind« verstehen könne, so dass diese Anknüpfung ausscheide (*Rauscher*, FPR 2002, 352,

358 f.). Doch geht es im Kollisionsrecht nicht um Anfechtung *durch* das Kind, sondern allenfalls um Anknüpfung *an* ein persönliches Anknüpfungsmerkmal des Kindes, dessen objektives Interesse an der Wahrheit der Abstammungsverhältnisse nicht davon abhängt, auf wessen Initiative die Klärung zurückgeht. Letztlich hat der Gesetzgeber mit Art. 20 Satz 2 EGBGB einen Widerspruch zu den Abstammungsstatuten bewusst in Kauf genommen.

Schließlich führt eine konsequente Anknüpfung nach Art. 20 EGBGB zu Ergebnissen, die man in anderen Zusammenhängen bereits kennt. Verweisen Art. 19 Abs. 1 EGBGB beim Anerkennenden, Art. 20 EGBGB beim Ehemann übereinstimmend auf deutsches Recht, so entfaltet die qualifizierte Drittanerkennung ihre vollständigen Rechtsfolgen, d. h. sie begründet die eine und beseitigt die andere Vaterschaft. Kennen die alternativ maßgeblichen Statuten der Abstammung vom Anerkennenden eine nachträgliche Drittanerkennung nicht, sehen sie insbesondere in der bestehenden Vaterschaft des Ehemanns ein Anerkennungshindernis, so ist sie nicht möglich. Beherrscht deutsches Recht die Abstammung vom Anerkennenden, so kann dieser seine eigene Vaterschaft nach § 1599 Abs. 2 BGB begründen. Dass das Statut der Abstammung vom Ehemann dieses Ergebnis nicht kennt und akzeptiert und den Ehemann nach wie vor als Vater ansieht, führt zu konkurrierenden Vaterschaften, auf die die hierfür entwickelten allgemeinen Grundsätze angewendet werden können (s. Rdnr. V-199 f.).

V-331

E. Die verbindliche Feststellung der Abstammung

I. Zweck und Reichweite

1. Allgemeines, Abgrenzungsfragen

Die allgemein bindende Feststellung der Abstammung oder des Namens ist gemäß § 27 PStG in das Geburtenregister einzutragen, obwohl sie nicht mit einer Änderung der materiellen Rechtslage verbunden ist.

V-332

Ihre Eintragung ist deshalb erforderlich, weil ihre Wirkung über die einer normalen personenstandsrechtlichen Beurkundung des betroffenen Rechtsverhältnisses hinausgeht. Während die Eintragungen üblicherweise die Beweiswirkung des § 54 PStG haben, also widerlegbar sind und ggf. nach §§ 47 f. PStG berichtigt werden müssen und können, erwächst die gerichtliche Abstammungsfeststellung in formelle und materielle Rechtskraft.

V-333

Die Eintragung eines Feststellungsbeschlusses hat also nicht nur die Aufgabe, das Geburtenregister sachlich richtig zu halten; vielmehr stellt sie auch klar, dass die Abstammung oder der Name nicht mehr bestritten werden kann. Wegen dieser besonderen personenstandsrechtlichen Bedeutung muss der Beschluss im Geburtenregister auch dann eingetragen werden, wenn er den bisher beurkundeten Rechtszustand bestätigt, also eine Änderung der bisherigen Eintragungen eigentlich unnötig ist; denn seine Rechtskraftwir-

V-334

E. Die verbindliche Feststellung der Abstammung

kung geht über die Beweiskraft der bisherigen Eintragung nach § 54 PStG hinaus und macht die im Geburtenregister beurkundeten abstammungs- und namensrechtlichen Verhältnisse unanfechtbar.

Wegen der verfahrensrechtlichen Einzelheiten s. *Gaaz/Bornhofen*, § 27 PStG Rdnr. 21 f.

2. Anwendungsfälle

a) Fälle der verbindlichen Statusfeststellung

V-335 Allgemein verbindliche Feststellungen eines Eltern-Kind-Verhältnisses sind nur im Abstammungsverfahren möglich, §§ 182 Abs. 1, 184 Abs. 2 FamFG. Von den in § 169 FamFG genannten Abstammungssachen fallen allerdings nur diejenigen in den Anwendungsbereich des § 27 Abs. 1 und 2 PStG, die ein Abstammungsverhältnis *positiv* feststellen, d. h. bestätigen. Führt eine negative Feststellung dazu, dass ein bisher bestehendes Rechtsverhältnis entfällt, handelt es sich um eine Änderung und damit um einen Anwendungsfall des § 27 Abs. 3 Nr. 1 PStG.

V-336 Als mögliche Fälle einer Feststellung des Personenstandes verbleiben daher nur die in § 169 Nr. 1 FamFG aufgeführte Feststellung des Bestehens oder des Nichtbestehens eines Eltern-Kind-Verhältnisses, insbesondere die Feststellung der Wirksamkeit oder Unwirksamkeit einer Anerkennung der Vaterschaft.

b) Die Problematik »mittelbarer Feststellungen«

V-337 Schwierigkeiten bereitet die systematische Einordnung von Entscheidungen, die zwar nicht das Eltern-Kind-Verhältnis selbst feststellen, wohl aber ein Tatbestandsmerkmal, von dem das Eltern-Kind-Verhältnis abhängt.

V-338 Dies ist etwa der Fall, wenn die Unwirksamkeit einer Vaterschaftsanerkennung festgestellt wird. Hierbei handelt es sich kraft ausdrücklicher gesetzlicher Anordnung um eine Abstammungssache im Sinne von § 169 Nr. 1 FamFG, also um einen Fall, der eigentlich typischerweise zum Anwendungsbereich des § 27 PStG gehört; doch betrifft die Beschlussformel nicht die Abstammung selbst, sondern nur eine Vaterschaftsvoraussetzung, die die Abstammung lediglich mittelbar beeinflusst; s. a. Rdnr. V-374.

V-339 Die Abgrenzungsprobleme werden dadurch verkompliziert, dass es Gerichtsentscheidungen gibt, die die Abstammung ebenfalls »mittelbar« beeinflussen und daher eine den geschilderten Fällen ähnliche Wirkung haben, die aber nicht allgemeinverbindlich sind, so dass sich die Ähnlichkeit zum Tatbestand des § 27 PStG weiter abschwächt. So ergibt sich z. B. aus einer Entscheidung, die das Nichtbestehen der Ehe lediglich zwischen den Beteiligten feststellt (§ 121 Nr. 3, 2. Alt. FamFG; dazu bereits Rdnr. III-206, s. a. Rdnr. V-378), die Konsequenz, dass ein von der Frau geborenes Kind nicht gemäß § 1592 Nr. 1 BGB vom »Ehemann« der Nichtehe abstammen kann, da dieser nicht mit der Mutter verheiratet war. Von einer Feststellung des Eltern-Kind-Verhältnisses im Sinne von § 169 Nr. 1 FamFG kann man dennoch nicht sprechen, da der

Entscheidungstenor einen völlig anderen Inhalt hat und zudem die Feststellung nicht allgemein verbindlich ist. Es kommt aber auch zu keiner Änderung des Personenstandes im Sinne von § 27 Abs. 3 Nr. 1 PStG, denn das Abstammungsverhältnis bestand von Anfang an nicht und hätte auch schon vor Rechtskraft der Entscheidung geltend gemacht werden können. Weitere wichtige Beispiele für nicht allgemeinverbindliche Feststellungen, welche die Abstammung »mittelbar« beeinflussen, sind etwa die Todeserklärung oder die Feststellung der Todeszeit des Ehemanns, die zwar nur eine Vermutung begründen, aber dennoch die Vaterschaft zu einem von der Ehefrau geborenen Kind nachträglich entfallen lassen können (§§ 9 Abs. 1, 44 Abs. 2 VerschG).

c) Fälle mit Auslandsberührung

Bei Fällen mit Auslandsberührung hat das Gericht zunächst zu prüfen, ob das festzustellende Kindschaftsverhältnis dem deutschen oder einem ausländischen Recht untersteht. Es hat hierfür die Vorschriften des deutschen IPR heranzuziehen. Wegen der kollisionsrechtlichen Anknüpfung der Abstammung eines Kindes s. Art. 19 EGBGB und Rdnr. IV-89 ff. Anschließend stellt er auf der Grundlage des berufenen Rechts das Kindschaftsverhältnis fest. V-340

Das Standesamt wird von diesen Anknüpfungsfragen nicht betroffen, da es die gerichtliche Entscheidung nicht sachlich zu überprüfen, sondern lediglich zu übertragen hat; vgl. *Gaaz/Bornhofen*, § 27 PStG Rdnr. 22.

d) Besonderheiten bei der Feststellung durch ein ausländisches Gericht

Eine Folgebeurkundung nach § 27 PStG kommt auch aufgrund ausländischer Entscheidungen in Betracht. Wichtigste Voraussetzung ist, dass die ausländische Entscheidung im Inland anerkannt wird. V-341

Diese Frage wird weder von der Brüssel-Ia- noch von der Brüssel-IIa-VO erfasst; auch internationale Übereinkommen existieren auf diesem Gebiet nicht. Die Anerkennungsvoraussetzungen sind daher § 109 FamFG zu entnehmen (vgl. zu dessen Voraussetzungen schon Rdnr. III-510 ff.). V-342

Demzufolge ist eine Anerkennung zunächst ausgeschlossen, wenn die Gerichte des ausländischen Staates nach deutschen Vorschriften nicht zuständig gewesen wären (§ 109 Abs. 1 Nr. 1 FamFG). Diese Regelung entspricht dem »Spiegelbildprinzip«. Die entscheidende Vorschrift ist in diesem Zusammenhang § 100 FamFG, der auf die Staatsangehörigkeit oder den gewöhnlichen Aufenthalt eines der Beteiligten abstellt. V-343

In § 109 Abs. 1 Nr. 2 FamFG ist die fehlerhafte Verfahrenseinleitung bzw. -führung als Anerkennungsversagungsgrund aufgeführt; als weiterer findet sich in § 109 Abs. 1 Nr. 3 FamFG die Unvereinbarkeit mit einer inländischen oder ausländischen Entscheidung. Gemäß § 109 Abs. 1 Nr. 4 FamFG ist eine Entscheidung nicht anzuerkennen, wenn dies zu einem ordre-public-widrigen Ergebnis führen würde. Jüngst wurde ein Verstoß gegen den verfahrensrechtlichen ordre public in einem Fall angenommen, in dem die Vaterschaftsfeststellung lediglich auf eine Aussage vom Hörensagen gestützt wurde, ohne auf das Angebot des – bestreitenden – vermeintlichen Vaters einzugehen, ein V-344

E. Die verbindliche Feststellung der Abstammung

genetisches Sachverständigengutachten einzuholen (BGH, FamRZ 2009, 1816). Die Verbürgung der Gegenseitigkeit ist für die Anerkennung von Abstammungsentscheidungen nicht erforderlich (vgl. § 109 Abs. 4 FamFG).

V-345 Anerkennung ist Wirkungserstreckung; die ausländische Entscheidung kann im Inland keine weitergehenden Wirkungen entfalten als in dem Staat, in dem sie ergangen ist. Daher ist vor der Anwendung des § 27 PStG stets zu prüfen, ob die ausländische Entscheidung den Personenstand allgemein verbindlich feststellt.

V-346 Ob sie ihn verbindlich feststellt und Bindungswirkung für und gegen alle entfaltet, richtet sich nach dem Verfahrensrecht des Staates, dessen Gericht entschieden hat.

Ob sie ihn feststellt oder aber ändert, hängt ab von einem Vergleich der materiellen Rechtslage vor und nach der Entscheidung. Die vorherige Rechtslage beurteilt sich nach dem Sachrecht, das aus der Sicht des deutschen IPR den Status des Kindes beherrscht. Ob der ausländische Richter bei seiner Entscheidung von demselben oder einem anderen Recht ausgegangen ist, spielt bei der Anerkennung ausländischer Entscheidungen keine Rolle. Sind die dort genannten Anerkennungsvoraussetzungen erfüllt, so wird die Entscheidung inhaltlich nicht mehr nachgeprüft.

II. Die Feststellung der Abstammung von der Mutter

V-347 Möglicher Gegenstand einer Folgebeurkundung ist auch die gerichtliche Feststellung der Mutterschaft.

V-348 Ein Feststellungsverfahren kann *aus tatsächlichen Gründen* nötig sein, etwa wenn umstritten ist, ob ein Kind verwechselt oder unterschoben worden ist (RGZ 76, 283). In diesem Fall ist regelmäßig bereits eine andere Frau nach § 21 Abs. 1 Nr. 4 PStG als Mutter im Geburtenregister eingetragen worden. Wird in dem gerichtlichen Feststellungsverfahren die Verwechslung aufgedeckt und festgestellt, dass das Kind von einer anderen als im Geburtenregister eingetragenen Frau geboren wurde, so ist deren Mutterschaft nach §§ 27 Abs. 3 Nr. 6, 48 Abs. 1 Satz 1 PStG als Folgebeurkundung zum Geburtseintrag aufzunehmen.

Zum gerichtlichen Feststellungsverfahren in den Fällen des Findelkindes und der anonymen Geburt (»Babyklappe«) s. §§ 24 bis 26 PStG und Rdnr. V-8 ff.

V-349 Dass eine positive Feststellung der Mutterschaft durch ein deutsches Gericht *aus rechtlichen Gründen* erforderlich wird, ist bei Maßgeblichkeit deutschen Rechts nicht vorstellbar. Die Aussage des § 1591 BGB ist eindeutig und lässt Abweichungen nicht zu. Der Tatbestand ist i. d. R. problemlos feststellbar; die Unklarheit, ob die Frau das Kind geboren hat, ist ein tatsächlicher Grund (s. Rdnr. V-350). Die Frau, die das Kind nachweislich geboren hat, hat also keine Veranlassung, ihre Mutterschaft gerichtlich feststellen zu lassen. Sollte wirklich einmal eine genetische Mutter die Feststellung ihrer Mutterschaft beantragen, wird die Entscheidung stets negativ sein.

Wegen der Alternativität der Kollisionsregeln des Art. 19 Abs. 1 EGBGB gelten die darstellten Grundsätze immer dann, wenn auch nur eine der drei dort vorgesehenen Anknüpfungen auf deutsches Recht verweist. Ist dies nicht der Fall, hat der Sachverhalt einen so geringen Bezug zum Inland, dass es in der Praxis meist auch an der internationalen Zuständigkeit der deutschen Gerichte fehlen wird.   V-350

Dies schließt allerdings nicht aus, dass ein die Mutterschaft begründendes Anerkenntnis unter den Voraussetzungen des § 44 Abs. 2 PStG ins Geburtenregister eingetragen wird; denn diese Vorschrift verfolgt völlig andersartige Regelungsziele; wegen Einzelheiten s. *Gaaz/Bornhofen*, § 44 PStG Rdnr. 29 ff.   V-351

Ob es zulässig ist, in den von § 44 Abs. 2 PStG erfassten Fällen eine nach deutschem Recht zweifelsfrei bestehende Mutterschaft auch gerichtlich allgemein verbindlich feststellen zu lassen, ist zweifelhaft; denn in diesem Fall brauchen die Betroffenen die Entscheidung nur zur Verwendung in ihrem Heimatstaat, so dass das inländische Feststellungsinteresse fehlt. Das Problem betrifft allerdings nicht die Personenstandsbehörden; denn wenn ein deutsches Gericht die Mutterschaft festgestellt hat, wird der Standesbeamte die Entscheidung ins Geburtenregister eintragen, ohne ihre inhaltliche Richtigkeit in Zweifel zu ziehen.   V-352

Bei einer ausländischen Entscheidung, welche die Mutterschaft feststellt, wird das Standesamt die Feststellung eintragen, sofern die Anerkennungsvoraussetzungen des § 109 Abs. 1 FamFG vorliegen. Dies gilt auch, soweit die ausländische Entscheidung von der inländischen Rechtslage abweicht, etwa weil ein ausländisches Gericht die genetische statt der biologischen Mutter festgestellt hat; ein Verstoß gegen den deutschen ordre public liegt nicht vor (s. Rdnr. IV-162 ff.).   V-353

III. Die Feststellung der Abstammung vom Vater

1. Die positive Feststellung der Vaterschaft

Erfolgt die positive gerichtliche Feststellung der Vaterschaft nach § 1600d BGB, so ist dies gemäß § 27 Abs. 1 Satz 1 PStG beim Geburtseintrag zu beurkunden.   V-354

Der gerichtlichen Feststellung nach § 1600d BGB im Ergebnis gleichgestellt ist ein Verfahren auf Anfechtung der Vaterschaft, wenn es durch den nach § 1600 Abs. 1 Nr. 2 BGB anfechtungsberechtigten potentiellen leiblichen Vater eingeleitet wird (s. Rdnr. V-283 f.). Erweist sich der Anfechtungsantrag als begründet und wird das Nichtbestehen der angefochtenen Vaterschaft festgestellt, so bedeutet dies gleichzeitig die positive Feststellung der Vaterschaft des Anfechtenden; diese Wirkung ist in der Beschlussformel von Amts wegen auszusprechen, § 182 Abs. 1 FamFG.   V-355

Um eine feststellende Entscheidung im Sinne dieser Vorschrift handelt es sich nur dann, wenn die Abstammung oder der Name im Tenor der gerichtlichen Entscheidung selbst festgestellt wird. Zu den Fällen, in denen bloße Ab-   V-356 stammungsvoraussetzungen festgestellt werden, aus denen sich die Abstammung mittelbar ergibt, s. bei Rdnr. V-372 ff.

V-357 Ein Antrag nach § 169 Nr. 1 FamFG mit dem Ziel, die Vaterschaft eines Kindes festzustellen, wird in aller Regel in Bezug auf einen Mann gestellt, der nicht mit der Mutter verheiratet ist oder war und die Vaterschaft nicht anerkennen will. Dabei handelt es sich um einen Fall des § 1592 Nr. 3 BGB; für die Eintragung ins Geburtenregister s. *Gaaz/Bornhofen*, § 27 PStG Rdnr. 21 f.

V-358 Denkbar ist jedoch auch der – wohl seltene – Fall, dass der Antrag in Bezug auf den geschiedenen Ehemann der Mutter gestellt wird, wenn das Kind nach der Scheidung der Ehe geboren wurde. In diesem Fall greift die vaterschaftsbegründende Vorschrift des § 1592 Nr. 1 BGB nicht mehr ein; die Abstammung muss positiv festgestellt werden.

V-359 Bei einem in Deutschland adoptierten Kind fehlt für eine allgemein verbindliche Feststellung des Annahmeverhältnisses das Rechtsschutzbedürfnis. Da das deutsche Adoptionsrecht dem Dekretsystem folgt, wird das Bestehen des Annahmeverhältnisses bereits durch den gerichtlichen Adoptionsbeschluss allgemein verbindlich festgestellt.

V-360 Früher waren ausländische Adoptionen ein häufiger Anwendungsfall der vor dem FGG-RG geltenden §§ 640 ff. ZPO a. F., die dem heutigen § 169 FamFG in etwa entsprechen. Das Verfahren wurde durchgeführt, wenn die Wirksamkeit zweifelhaft war und daher ein Rechtsschutzbedürfnis nach verbindlicher Feststellung bestand. Seit das im Zuge der Ratifizierung des Haager Adoptionsübereinkommens geschaffene AdWirkG andere Möglichkeiten vorsieht, ist das Bedürfnis nach einem Verfahren nach §§ 640 ff. ZPO bzw. nach § 169 FamFG jedoch weitgehend entfallen; wegen Einzelheiten s. Rdnr. V-552 ff.

2. Die negative Feststellung der Nicht-Vaterschaft

V-361 § 169 Nr. 1 FamFG lässt ausdrücklich auch eine allgemein verbindliche negative Feststellung zu. Aufgrund der Entscheidung steht rechtskräftig fest, dass das Bestehen der Vaterschaft von niemandem mehr geltend gemacht werden darf.

V-362 Der Mann kann mit diesem negativen Feststellungsantrag den Zweck verfolgen, dass er aus der Reihe der möglichen Väter ausscheidet und nicht mehr als Vater in Anspruch genommen werden kann. Der Antrag kann aber auch von dem Kind gestellt werden, etwa wenn es dagegen vorgehen will, dass ein Mann sich als sein Vater bezeichnet, ohne die Vaterschaft anerkannt zu haben.

V-363 Ein negativer Feststellungsantrag ist unzulässig, wenn bereits eine Anerkennung oder gerichtliche Vaterschaftsfeststellung erfolgt ist. In diesem Fall ist ein bestimmter Mann mit Wirkung für und gegen alle positiv als Vater des Kindes festgestellt; damit ist die Vaterschaft aller anderen Männer ausgeschlossen. Es fehlt dann am Rechtsschutzinteresse für die negative Feststellung, dass ein anderer Mann *nicht* der Vater des Kindes ist.

V-364 Der Beschlusstenor muss ausdrücklich feststellen, dass der Mann nicht der Vater des Kindes ist. Lediglich antragsabweisende Beschlussformeln können nicht Grundlage einer Personenstandseintragung sein. Doch hat ein Gericht, das einen Antrag auf Feststellung des Nichtbestehens der nichtehelichen Vaterschaft deswegen abweist, weil es den Antragsteller oder einen anderen Beteiligten als Vater festgestellt hat, diese Feststellung gemäß § 182 Abs. 2 FamFG in der Beschlussformel ausdrücklich auszusprechen. Die Antragsabweisung wird dadurch zur positiven Vaterschaftsfeststellung, die in das Geburtenregister einzutragen ist (dann allerdings nach § 27 PStG).

IV. Das gerichtliche Verfahren

Für Abstammungssachen im Sinne des § 169 FamFG, welche gemäß § 111 Nr. 3 FamFG zu den Familiensachen zählen, ist das Amtsgericht als Familiengericht ausschließlich zuständig, §§ 23a Abs. 1 Satz 1 Nr. 1, Satz 2, 23b Abs. 1 GVG.   V-365

Mit der Durchführung des Verfahrens hat das Standesamt nichts zu tun; es hat die Entscheidung lediglich zur Grundlage seiner Folgebeurkundung zu machen.

F. Die nachträgliche Feststellung von Abstamungsvoraussetzungen

I. Allgemeines; Probleme der Abgrenzung zu § 48 PStG

In einem Verfahren kann nicht nur die Abstammung als solche festgestellt werden, sondern ggf. auch eine einzelne tatsächliche Abstammungsvoraussetzung. Damit wird mittelbar auch über die von dieser Voraussetzung abhängende Abstammungsbeziehung entschieden; denn wenn festgestellt wird, dass ein Tatbestandsmerkmal fehlt, kann auch die Rechtsfolge keinen Bestand haben.   V-366

Allerdings entfaltet die Entscheidung nur eine entsprechend eingeschränkte Rechtskraftwirkung. Da sie über die Abstammung selbst nichts aussagt, ist nur das Bestehen oder Nichtbestehen des festgestellten Tatbestandsmerkmals rechtskräftig festgestellt; das Bestehen der leiblichen Abstammung kann nach wie vor in Frage gestellt werden.   V-367

Verfahrensrechtlich stellt sich das Problem des Verhältnisses derartiger Eintragungen zur Berichtigung nach § 48 PStG. Grundsätzlich hängt die Anwendung von § 48 bzw. § 27 PStG davon ab, ob die Eintragung bereits im Zeitpunkt ihrer Vornahme falsch war und anders hätte vorgenommen werden müssen (dann Berichtigung gemäß § 48 PStG), oder ob sie den Personenstand so wiedergibt, wie er der damaligen Rechtslage entsprach, und sich ihre derzeitige Unrichtigkeit erst aus einer späteren Änderung ergab (dann Änderung nach § 27 PStG). Anders gewendet heißt das, dass in den Fällen des § 48 PStG die Unrichtigkeit auf einem anfänglichen Fehler des Standesamts beruht, in den Fällen des § 27 PStG auf einer späteren Änderung des Personenstands.   V-368

F. Die nachträgliche Feststellung von Abstamungsvoraussetzungen

V-369 Eindeutig in den Anwendungsbereich des § 48 PStG gehören daher die Fälle, in denen dem Standesamt entweder ein relevantes materiellrechtliches Tatbestandsmerkmal unbekannt blieb oder es die Rechtslage unzutreffend gewürdigt hat. Eindeutig in den Anwendungsbereich des § 27 PStG gehören demgegenüber diejenigen Vorgänge, die den Personenstand des Kindes mit Wirkung für die Zukunft ändern.

V-370 Die Fälle nachträglicher mittelbarer Feststellung des Personenstands lassen sich diesen beiden Kategorien nicht ohne weiteres zuordnen. Es handelt sich mit Sicherheit um keine »Änderung« i. e. S., da lediglich der Personenstand festgestellt wird, der seit der Geburt des Kindes besteht. Passender erschiene daher auf den ersten Blick das Verfahren zur Berichtigung nach § 48 PStG; doch ist hier zu differenzieren.

In einzelnen Fällen handelt es sich um keinen typischen Anwendungsfall von § 48 PStG, da die erste Eintragung jedenfalls aus der damaligen Sicht nicht unrichtig war. War z. B. der Ehemann der Mutter zur Zeit der Geburt schon lange verschollen, aber noch nicht für tot erklärt, so galt er gemäß § 1592 Nr. 1 BGB materiellrechtlich als Vater des Kindes und musste eingetragen werden, auch wenn dies offensichtlich den Tatsachen widersprach (zu dieser Fallgruppe Rdnr. V-375 ff.).

V-371 In anderen Fällen handelt es sich ausschließlich um eine typische Berichtigung, da die Unrichtigkeit eigentlich schon im Zeitpunkt der Eintragung feststellbar gewesen wäre, etwa wenn die Ehe der Eltern eine Nichtehe ist. Doch ergeben sich auf den ersten Blick Probleme, wenn das Fehlen des betreffenden materiellrechtlichen Elements – im Beispielsfall also der Ehe – durch eine Gerichtsentscheidung festgestellt wird, die allgemeinverbindliche Rechtskraftwirkung entfaltet. Das Berichtigungsverfahren nach § 48 PStG begegnet in einem solchen Fall zweifacher Kritik. Zum einen würde ein schlichter Berichtigungsvermerk (mit der bloßen Beweiswirkung des § 54 PStG) nicht ausreichend klarstellen, dass die Rechtskraftwirkung der Gerichtsentscheidung weiter reicht (zu dem Problem schon Rdnr. V-334 f.); zum anderen wäre ein Berichtigungsvermerk dann, wenn man auch die Gerichtsentscheidung einträgt, überflüssig, da die Unrichtigkeit des ersten Eintrags bereits zwingend aus der Gerichtsentscheidung folgt.

Allerdings ist zu beachten, dass eine solche allgemeinverbindliche Rechtskraftwirkung hinsichtlich einer Ehesache bei reinen *Inlands*sachverhalten nicht mehr in Betracht kommt, da die Feststellung des Nichtbestehens einer Ehe im Statusverfahren (§§ 121 ff. FamFG) lediglich Wirkungen zwischen den Beteiligten entfaltet; hierzu s. Rdnr. III-206. Es bleibt damit beim Berichtigungsverfahren nach § 48 PStG (anders *Gaaz/Bornhofen*, § 27 PStG Rdnr. 45: Fall des § 27 PStG; ebenso Vorauflage Rdnr. V-387 f.), wobei das Gericht kaum anders entscheiden wird als das Gericht in der Ehesache – ein Grund mehr, die erga-omnes-Wirkung von Entscheidungen nach § 121 Nr. 3 FamFG wieder einzuführen, s. allgemein *Frank*, StAZ 2012, 236.

Anders ist jedoch zu entscheiden, wenn eine *ausländische* Entscheidung mit einer allgemeinverbindlichen Feststellungswirkung nach ausländischem Recht vorliegt, die im Inland nach §§ 107 ff. FamFG anzuerkennen ist, vgl. auch

§ 107 Abs. 9; dann erfolgt die Eintragung aus den eben geschilderten Erwägungen analog § 27 PStG.

II. Einzelfälle

1. Feststellung des Nichtbestehens der Ehe

Wird durch Entscheidung eines deutschen Gerichts oder durch die anzuerkennende Entscheidung eines ausländischen Gerichts festgestellt, dass die Ehe der Mutter von Anfang an nicht bestand, so entfällt nachträglich die Grundlage des § 1592 Nr. 1 BGB (vgl. *Gaaz/Bornhofen*, § 27 PStG Rdnr. 45; OLG München, StAZ 2008, 107). Zum Verfahren s. Rdnr. V-371.

V-372

2. Nichtigerklärung der Ehe bei Maßgeblichkeit ausländischen Rechts

Das deutsche Recht kennt seit der Eherechtsreform nur noch die von Anfang an nicht bestehende Nichtehe und die aufhebbare Ehe. Manche ausländischen Rechte kennen jedoch die Regelung, dass eine Ehe rückwirkend für nichtig erklärt werden kann, und dass Kinder, die während dieser Ehe geboren wurden, rückwirkend so angesehen werden, als stammten sie nicht vom Ehemann ab.

V-373

Ist ein solches Recht maßgeblich, so ist der Ehemann zunächst zu Recht als Vater der Kinder eingetragen worden. Seine Vaterschaft ist jedoch infolge der Nichtigerklärung rückwirkend entfallen. Da die gerichtliche Nichtigerklärung mittelbar den Status des Kindes feststellt, führt auch diese Entscheidung zu einer Folgebeurkundung (s. *Gaaz/Bornhofen*, § 27 Rdnr. 45).

3. Feststellung der Unwirksamkeit der Vaterschaftsanerkennung

Ist eine Vaterschaftsanerkennung nach § 1598 Abs. 1 BGB unwirksam, weil sie nicht den §§ 1594 bis 1597 BGB entspricht, so hat sie die Vaterschaft nicht begründen können. Wird die Unwirksamkeit der Vaterschaftsanerkennung später in einem Verfahren nach § 169 Nr. 1 FamFG festgestellt, so betrifft die Entscheidungsformel nicht die Abstammung selbst, sondern nur eine Vaterschaftsvoraussetzung. Es handelt sich um einen Fall von zwar allgemein verbindlicher, aber nur mittelbarer Feststellung des Personenstands; vgl. *Gaaz/Bornhofen*, § 27 PStG Rdnr. 47).

V-374

4. Todeserklärung und Feststellung der Todeszeit des Ehemanns der Mutter

Dass ein Kind nicht vom Ehemann der Mutter abstammt, kann sich mittelbar aus einer gerichtlichen Todeserklärung des Ehemanns der Mutter oder aus einer gerichtlichen Feststellung der Todeszeit ergeben, s. *Gaaz/Bornhofen*, § 27 PStG Rdnr. 44.

V-375

Die wirksame Todeserklärung oder Feststellung der Todeszeit begründet die gesetzliche Vermutung, dass der Betreffende in dem im Beschluss festge-

V-376

stellten Zeitpunkt gestorben ist, jedoch bis zu diesem Zeitpunkt gelebt hat, §§ 9 Abs. 1 Satz 1, 44 Abs. 2 Satz 1 VerschG.
Die Vermutung wirkt für und gegen alle, bindet also auch das Standesamt. Ist der Ehemann der Mutter eines Kindes verschollen, aber noch nicht für tot erklärt, so muss ihn das Standesamt als Vater des Kindes eintragen, weil er davon ausgehen muss, dass der Mann noch lebt, so dass die Ehe besteht und die Vaterschaft gemäß § 1592 Nr. 1 BGB begründet ist. Wird der Mann später wirksam für tot erklärt oder ist sein Todeszeitpunkt rechtswirksam festgestellt worden, so folgt daraus mittelbar, dass das Kind als nicht von ihm abstammend vermutet wird, sofern der festgestellte Todeszeitpunkt mehr als 300 Tage vor der Geburt des Kindes liegt.

V-377   Da die Todesvermutung jederzeit widerlegbar ist, wird der Personenstand des Kindes nicht rechtskräftig bestimmt; vielmehr wird auch die Nichtehelichkeit nur vermutet. Da jedoch die gesetzliche Vermutung die Beweislage gravierend ändert, wird dieser Fall von der Praxis als mittelbare Personenstandsfeststellung angesehen und eingetragen (vgl. *Gaaz/Bornhofen*, § 27 PStG Rdnr. 44).

5. Feststellung der Ehe der Mutter

V-378   Hat das Geburtsstandesamt beim Geburtseintrag eine Ehe der Mutter verneint, ist aber später das Bestehen der Ehe festgestellt worden, so stellt die Entscheidung nachträglich klar, dass im Zeitpunkt der Geburt der Tatbestand des § 1592 Nr. 1 BGB erfüllt war. Es handelt sich ebenfalls um eine nachträgliche mittelbare Feststellung des Personenstandes des Kindes. Zum Verfahren s. Rdnr. V-371.

6. Aufhebung einer rechtskräftigen Entscheidung in Ehesachen

V-379   Bei einem Kind, das nach Rechtskraft einer Ehescheidungs- oder Eheaufhebungsentscheidung geboren wurde, ist der Ehemann nicht als Vater eingetragen. Wird die erste Entscheidung im Wege der Wiederaufnahme aufgehoben, so verliert sie mit der Rechtskraft der neuen Entscheidung rückwirkend ihre Wirkung. Die Ehe gilt demnach als fortbestehend, so dass der Ehemann gemäß § 1592 Nr. 1 BGB rückwirkend als Vater des Kindes anzusehen ist. Auch hier wird mittelbar der Personenstand des Kindes festgestellt.

7. Aufhebung oder Änderung einer gerichtlichen Todeserklärung bzw. Feststellung der Todeszeit

V-380   Nachträglich kann sich die Abstammung eines Kindes ändern, wenn die Todeserklärung bzw. die Feststellung der Todeszeit des Ehemanns der Mutter unzutreffend eingetragen war.

V-381   Liegt der Fehler allein in der Eintragung, war also ein inhaltlich richtiger Gerichtsbeschluss falsch übertragen worden, so muss der Eintrag lediglich berichtigt werden.

Zu einer Folgebeurkundung analog § 27 PStG kommt es hingegen dann, wenn sich aus einer späteren gerichtlichen Entscheidung ergibt, dass der erste Beschluss nicht mit der Wirklichkeit übereingestimmt hat. Dies ist der Fall, wenn die gerichtliche Todeserklärung oder Feststellung der Todeszeit aufgehoben oder hinsichtlich der Todeszeit geändert wird. Ergibt sich hierbei, dass der Ehemann der Mutter am Tage der Geburt des Kindes noch gelebt hat, wird durch den zweiten Beschluss mittelbar eine andere Abstammung feststellt. V-382

G. Die Adoption

I. Inlandsadoptionen nach deutschem Recht

§§ 1741 bis 1772 BGB regeln die »Annahme als Kind« (Adoption), bis zum 31.12.1976 als »Annahme an Kindes Statt« bezeichnet. Sie begründet ein von der Abstammung unabhängiges Eltern-Kind-Verhältnis. Hierin liegt eine Änderung des Personenstandes, die nach § 27 Abs. 3 Nr. 1 PStG zu einer Folgebeurkundung im Geburtseintrag führt, vgl. *Gaaz/Bornhofen*, § 27 PStG Rdnr. 49. V-383

Das Familiengericht hat eine Adoptionsentscheidung gemäß § 5 Abs. 4 Satz 2 PStG dem Standesamt mitzuteilen, das die Geburt des Kindes beurkundet hat. Dabei ist ein Vordruck zu verwenden, dem eine abgekürzte Ausfertigung der Entscheidung beizufügen ist (XIV/ 1 MiZi), vgl. *Gaaz/Bornhofen*, § 27 PStG Rdnr. 53. V-384

1. Allgemeines

Kaum ein Rechtsinstitut des Familienrechts hat im Lauf der Zeit einen so tiefgreifenden Funktionswandel erfahren wie die Adoption (zum Folgenden etwa MünchKomm/*Maurer*, Vor § 1741 BGB Rdnr. 10 ff.). Ursprünglich diente die Adoption in erster Linie dem Interesse eines Annehmenden, der keine leiblichen Kinder hatte; sie gab ihm die Möglichkeit, einen – meist erwachsenen – Nachfolger auszuwählen und an Kindes Statt anzunehmen. Ihr entsprach als regelungstechnisches Instrument der Adoptionsvertrag zwischen Annehmendem und Angenommenem (sog. Vertragsadoption). V-385

Im Laufe des letzten Jahrhunderts hat die Adoption eher die Funktion einer Fürsorgemaßnahme übernommen. Sie verfolgt vor allem den Zweck, elternlosen Kindern Geborgenheit und Erziehung in einer vollständigen Familie zu verschaffen; Reflex dieser Funktion ist die Chance kinderloser Ehepaare, ein eigenes Kind erziehen zu können. Diesem Zweck entspricht die »starke« Adoption, die das Kind voll in seine neue Familie integriert, sowie verfahrensrechtlich der konstitutive Gerichtsbeschluss (sog. Dekretadoption). V-386

Den entscheidenden Schritt vom alten zum neuen System brachte das Gesetz über die Annahme als Kind und zur Änderung anderer Vorschriften vom 2.7.1976. Es trat in seinen wesentlichen Teilen am 1.1.1977 in Kraft und ersetz- V-387 te das ursprüngliche Vertragssystem durch das Dekretsystem. Die Annahme als Kind wird nunmehr durch konstitutiven Beschluss ausgesprochen, § 1752 Abs. 1 BGB.

V-388 Das materielle Recht der Adoption ist in den §§ 1741 bis 1772 BGB, das gerichtliche Verfahren in den §§ 101, 186 bis 199 FamFG geregelt, die nach § 186 Nr. 3 FamFG auch für das gerichtliche Verfahren zur Aufhebung der Adoption gelten. Das Gesetz geht von der Minderjährigenadoption mit starken Wirkungen als Normalfall aus; es behandelt sie in den §§ 1741 bis 1766 BGB als Regelungsgrundsatz.

V-389 Allerdings blieb auch in einem gewandelten Adoptionsrecht noch Raum für Sonderformen der Adoption, die vom typischen Bild der fürsorgerisch motivierten Annahme eines minderjährigen elternlosen Kindes abweichen. So ist nach wie vor die Annahme Volljähriger mit schwächeren Wirkungen als Ausnahme möglich, §§ 1767 bis 1772 BGB; außerdem gibt es die Stiefkind- oder Verwandtenadoption, bei der das Kind in seinen bisherigen familiären Verband eingebettet bleibt.

V-390 Bis zum KindRG gab es auch die Adoption des nichtehelichen Kindes durch seine Eltern. Nachdem durch das KindRG von 1997 die Entscheidung zwischen ehelichen und nichtehelichen Kindern aufgegeben wurde, bestand kein Bedürfnis mehr, das eigene nichteheliche Kind »als Kind anzunehmen«. Hierzu und zu weiteren Einzelheiten der Rechtsentwicklung s. *Hepting/Gaaz*, Bd. 2 Rdnr. V-434, V-440.

V-391 Um die ungestörte Integration des Kindes in seine neue Familie nicht zu gefährden, bestimmt § 1758 Abs. 1 BGB, dass die Annahme und ihre Umstände ohne Zustimmung des Annehmenden und des Kindes nicht offenbart oder ausgeforscht werden dürfen, es sei denn, dass besondere Gründe des öffentlichen Interesses dies erfordern. Die Umsetzung dieses Grundsatzes betrifft auch das Personenstandsrecht; vgl. § 63 Abs. 1 PStG und hierzu *Gaaz/Bornhofen*, § 63 PStG Rdnr. 4 ff.

2. Die grundsätzliche Prüfungskompetenz des Gerichts

V-392 Das Familiengericht spricht die Adoption aus, wenn die persönlichen Voraussetzungen erfüllt sind, wenn die notwendigen Zustimmungen vorliegen und wenn die Adoption dem Kindeswohl entspricht. Die Einzelheiten sind in den §§ 1741 bis 1750 BGB geregelt.

V-393 Die Prüfung dieser Erfordernisse obliegt dem Gericht. Das Standesamt hat die Entscheidung lediglich zu übernehmen und in die Personenstandsregister zu übertragen, aber grundsätzlich nicht selbst festzustellen, ob die materiellen Adoptionsvoraussetzungen erfüllt sind (BayObLG, StAZ 1996, 265, 266; *Gaaz/Bornhofen*, § 27 PStG Rdnr. 53; *Hochwald*, StAZ 2007, 346, 347; *Frank*, StAZ 2008, 65, 70). Auch wenn der Adoptionsbeschluss fehlerhaft ist, ist er verbindlich, ja wegen § 197 Abs. 3 Satz 1 FamFG nicht einmal anfechtbar.

Auf Einzelheiten einzugehen ist daher nicht veranlasst.

3. Ausnahmsweise bestehende Prüfungsbefugnisse des Standesamts

Der soeben genannte Grundsatz erleidet jedoch eine wichtige Ausnahme. V-394
Entsprechend einem in der freiwilligen Gerichtsbarkeit allgemein geltenden Grundsatz kann eine gerichtliche Entscheidung dann, wenn sie außerordentlich schwerwiegende Rechtsfehler aufweist, insgesamt nichtig und unwirksam sein (BayObLG, StAZ 1996, 265, 266; OLG Düsseldorf, StAZ 2008, 44, 45).

In einem solchen Fall muss und darf das Standesamt die Unwirksamkeit V-395
selbst feststellen und die Eintragung ablehnen; von daher ergibt sich trotz des eingangs dargestellten Grundsatzes eine – inhaltlich allerdings auf Nichtigkeitsgründe beschränkte – Prüfungspflicht des Standesamts (vgl. MünchKomm/*Maurer*, § 1752 BGB Rdnr. 41; *Kissner*, StAZ 2004, 189, 192; *Frank*, StAZ 2008, 1, 5).

Der Gesetzgeber hat davon abgesehen, »die seltenen Fälle der Nichtigkeit V-396
einer Annahme« im Einzelnen zu benennen (BT-Drucks. 7/3061, S. 46). Als Nichtigkeitsgründe, die die Rechtsprechung entwickelt hat und die vom Standesamt zu beachten sind, kommen die folgenden in Betracht (vgl. hierzu *Staudinger/Frank*, § 1759 BGB Rdnr. 6).

a) Nichtigkeit aufgrund rechtlich nicht möglicher Rechtsfolgen V-397

– Annahme eines Kindes durch die Eltern oder einen Elternteil, d. h. durch Personen, zu denen bereits ein Abstammungsverhältnis besteht; s. Rdnr. V-403,
– Annahme als Enkel,
– der Angenommene ist bei der Annahme verstorben, s. Rdnr. V-414.

b) Nichtigkeit wegen Fehlens der persönlichen Eignung V-398

– Annahme des eigenen Ehegatten als Kind, s. Rdnr. V-402,
– gemeinschaftliche Adoption durch Unverheiratete, s. Rdnr. V-404; hierzu zählt auch die gemeinschaftliche Annahme eines Kindes durch zwei Lebenspartner i. S. d. LPartG, s. Rdnr. V-406,
– mehrfache Einzeladoption unter Verstoß gegen § 1742 BGB (str.), s. Rdnr. V-408 f.

c) Nichtigkeit aufgrund fundamentaler Verfahrensmängel

Der Adoptionsbeschluss ist aufgrund fundamentaler Verfahrensmängel V-399
nichtig, etwa wenn nicht das Familiengericht, sondern eine andere Behörde die Adoption ausgesprochen hat.

d) Nichtigkeit der Namensbestimmung

Das Standesamt ist grundsätzlich auch an eine fehlerhafte gerichtliche Na- V-400
mensbestimmung im Adoptionsbeschluss gebunden, s. Rdnr. V-424 ff.

Als Nichtigkeitsgründe in Bezug auf die Namensbestimmung, die vom Standesamt zu beachten sind, kommen die folgenden in Betracht:

- Beibehaltung des bisher geführten Geburtsnamens trotz Adoption, s. Rdnr. V-427,
- Änderung des vom Geburtsnamen des anderen Ehegatten abgeleiteten Ehenamens; s. Rdnr. V-431,
- Änderung des Vornamens, obwohl der Antrag nach § 1757 Abs. 4 Satz 1 Nr. 1 BGB erst nach Wirksamwerden des Adoptionsdekrets gestellt wurde; s. Rdnr. V-445.

4. Nichtigkeitsgründe im Einzelnen

a) Die persönliche Eignung zur Adoption

V-401 Grundlegende Voraussetzung der Annahme ist, dass ein Annehmender bzw. die gemeinsam Annehmenden sowie das Adoptivkind zueinander in einer Rechtsbeziehung stehen, die die Adoption erlaubt. Wer Annehmender und wer Adoptivkind sein kann, ist in §§ 1741 Abs. 2, 1742 BGB und § 9 Abs. 7 Satz 1 LPartG positiv geregelt. Auf der Adoptivelternseite kann entweder eine Einzelperson oder ein Ehepaar stehen.

V-402 Nicht ausdrücklich geregelt, aber selbstverständlich bzw. mittelbar aus anderen Vorschriften zu erschließen ist, dass Ehe und Adoptivkindschaft zwischen denselben Personen sich gegenseitig ausschließen; vgl. §§ 1308, 1766 BGB. Ein Ehegatte kann daher den anderen nicht als Kind annehmen; ein dagegen verstoßender Adoptionsbeschluss ist nichtig. Eine Ehe zwischen den Adoptivkindern hindert die Annahme durch eine dritte Person hingegen nicht, auch wenn dadurch die Ehegatten gleichzeitig Geschwister im Rechtssinne werden (*Hochwald*, StAZ 2007, 346).

V-403 Der Annehmende kann ferner kein Kind mehr annehmen, dessen Elternteil er bereits ist. Mit der Kindschaftsrechtsreform von 1997 ist die frühere Möglichkeit des Vaters, das eigene nichteheliche Kind zu adoptieren, gegenstandslos geworden. Erfolgt zu Unrecht eine Adoption des eigenen Kindes, so ist sie nichtig, da sie gesetzlich nicht vorgesehen ist; vgl. BayObLG, StAZ 1996, 265, 266; *Palandt/Götz*, § 1759 BGB Rdnr. 1.

V-404 Wer nicht verheiratet ist, kann ein Kind allein – und zwar nur allein – annehmen (§ 1741 Abs. 2 Satz 1 BGB). Daraus folgt, dass Personen, die nicht miteinander verheiratet sind – etwa Partner einer nichtehelichen Lebensgemeinschaft, aber auch Geschwister – ein Kind nicht gemeinschaftlich annehmen können. Die Fehlerfolge ist Nichtigkeit der Adoption (BayObLG, StAZ 1996, 265, 266; LG Bad Kreuznach, StAZ 1985, 167; *Staudinger/Frank* § 1759 BGB Rdnr. 6; *Krömer*, StAZ 1999, 379 f.; a.A. *Bamberger/Roth/Enders*, § 1752 BGB Rdnr. 7.1; MünchKomm/*Maurer*, § 1759 BGB Rdnr. 10, die statt dessen eine am jeweiligen Einzelfall orientierte Aufhebung über § 1763 BGB vorschlagen).

V-405 Umgekehrt kann ein Ehepaar nach § 1741 Abs. 2 Satz 2 BGB ein Kind grundsätzlich nur gemeinschaftlich annehmen. Da das Gesetz in § 1741 Abs. 2 Satz 4 BGB jedoch Ausnahmen von diesem Grundsatz zulässt, ist ein gegen § 1741 Abs. 2 Satz 2 BGB verstoßender Adoptionsbeschluss aber nicht nichtig, sondern nur fehlerhaft; das Standesamt ist daher an seinen Inhalt gebunden (OLG Düsseldorf, StAZ 2008, 44, 45).

Durch das LPartÜG vom 15.12.2004 ist mit Wirkung von 1.1.2005 die Regelung des § 9 Abs. 7 LPartG in das Gesetz aufgenommen worden. Nach § 9 Abs. 7 Satz 1 LPartG kann ein Lebenspartner das Kind seines Lebenspartners allein annehmen, ebenso wie ein Ehegatte, vgl. § 1741 Abs. 2 Satz 3. In die Geburtsurkunde ist als Leittext »Eltern« zu schreiben und danach der Name der Mutter bzw. des Vaters und der bzw. des Annehmenden (Nr. 59.2.2 PStG-VwV; AG Münster, StAZ 2007, 377).

V-406

Zulässig ist auch die Sukzessivadoption (Adoption eines von einem Lebenspartner bereits angenommenen Kindes durch den anderen Lebenspartner); die insoweit entgegenstehende Vorschrift des § 9 Abs. 7 Satz 2 LPartG in seiner ursprünglichen Fassung, die nicht auf § 1742 BGB verwies, wurde wegen Verstoßes gegen den Gleichheitssatz (Art. 3 Abs. 1 GG) vom BVerfG für verfassungswidrig (s. allgemein Rdnr. III-742) erklärt (BVerfG, StAZ 2013, 184). Mittlerweile hat der Gesetzgeber reagiert und durch den Verweis in § 9 Abs. 7 Satz 2 LPartG auf § 1742 BGB auch eine Sukzessivadoption durch einen Lebenspartner ermöglicht.

Eine gemeinsame Adoption durch eingetragene Lebenspartner lässt das LPartG – mangels Erstreckung des § 1741 Abs. 2 Satz 2 BGB auf Lebenspartner – nicht zu (*Dethloff*, NJW 2001, 2602). Diese Beschränkung wird als verfassungsgemäß angesehen (OLG Hamm, StAZ 2010, 179), wobei an der Verfassungsmäßigkeit nach der Entscheidung des BVerfG zur Sukzessivadoption erhebliche Zweifel bestehen. Eine entsprechende Vorlage des AG Berlin-Schöneberg (NJW 2013, 1840) hat das BVerfG jedoch als unzulässig verworfen, ohne das Verbot der gemeinsamen Adoption in der Sache zu prüfen (s. Beschluss vom 23.1.2014 – 1 BvL 2/13). Diese verfassungsrechtlichen Zweifel stellen das Standesamt vor Schwierigkeiten, wenn eine gemeinsame Adoption durch Lebenspartner erfolgt ist und sich nun die Nichtigkeitsfrage stellt. Da das Standesamt keine Klärung durch das BVerfG herbeiführen kann, sollte es – ähnlich wie bei Zweifeln im Unionsrecht (s. Rdnr. II-484 f.) – die Angelegenheit nach § 49 Abs. 2 Satz 1 PStG dem Amtsgericht vorlegen; das Amtsgericht ist dann nach Art. 100 Abs. 1 Satz 1 GG zur Vorlage an das BVerfG berechtigt.

b) Das Verhältnis zu einer früheren Adoption

Bei der Minderjährigenadoption kann ein Adoptivkind erst dann wieder adoptiert werden, wenn das erste Annahmeverhältnis zuvor aufgelöst worden ist. Solange das Annahmeverhältnis besteht, ist eine weitere Adoption nur in zwei Fällen zulässig. Zum einen, wenn der Erstadoptierende bzw. die beiden gemeinsam Erstadoptierenden gestorben sind; zum anderen, wenn das Adoptivkind im Falle einer Sukzessivadoption vom Ehegatten oder Lebenspartner seines Adoptivelternteils adoptiert wird (§ 1742 Abs. 2 Satz 3 BGB, § 9 Abs. 7 Satz 1 LPartG).

V-407

Unklar und umstritten sind die Rechtsfolgen eines Verstoßes gegen § 1742 BGB. Hat ein Familiengericht einen Adoptionsbeschluss erlassen, obwohl ein Annahmeverhältnis bereits bestand, so hält eine gewichtige Meinung die Zweitadoption für nichtig; vgl. BayObLG, StAZ 1996, 265, 266 (allerdings nur

V-408

obiter dictum); zustimmend *Beitzke*, StAZ 1983, 1, 6; vgl. auch *Nied*, StAZ 1982, 23.

V-409 Demgegenüber hielt die Rechtsprechung die spätere Adoption bisher überwiegend für wirksam; vgl. LG Münster, StAZ 1983, 316 (das sich dabei allerdings auf das formale Argument der Unanfechtbarkeit des Adoptionsbeschlusses stützt, ohne auf die materielle Frage einer eventuellen Nichtigkeit wegen Verletzung des § 1742 BGB einzugehen); BayObLG, StAZ 1985, 8, wonach das Standesamt an den Beschluss gebunden sei; ebenso *Erman/Saar*, § 1759 BGB Rdnr. 2; *MünchKomm/Maurer*, § 1759 BGB Rdnr. 14 f..

Wegen der unklaren Rechtslage sollte das Standesamt bei einer gegen § 1742 BGB verstoßenden Adoption die Entscheidung des Amtsgerichts nach § 49 Abs. 2 Satz 1 PStG herbeiführen.

V-410 Die vorstehenden Ausführungen gelten jedoch nur in den Fällen der Minderjährigenadoption. Gemäß § 1768 Abs. 1 Satz 2 BGB findet § 1742 BGB bei der Volljährigenadoption keine Anwendung, so dass der Angenommene hier mehrfach adoptiert werden kann, mit der Folge, dass mehrere Eltern-Kind-Verhältnisse entstehen (*Kampe*, StAZ 2008, 184, 185).

c) Personenrechtliche Voraussetzungen

V-411 Der Annehmende muss voll geschäftsfähig sein. Dass Geschäftsunfähige (§ 104 Nr. 2 BGB) nicht annahmefähig sind, folgt daraus, dass sie im Adoptionsverfahren nicht verfahrensfähig sind. Sie können keinen wirksamen Antrag stellen; wegen § 1752 Abs. 2 Satz 1 BGB ist eine Vertretung des Geschäftsunfähigen unzulässig.

Ein Adoptionsbeschluss, der eine Annahme durch einen Geschäftsunfähigen ausspricht, ist aber nicht nichtig, sondern nach § 1760 Abs. 2 Buchst. a BGB aufhebbar (*Erman/Saar*, § 1743 BGB Rdnr. 3); bis zu einer Aufhebung durch das Familiengericht ist das Standesamt an diesen Beschluss gebunden.

V-412 Die Beteiligten müssen rechtsfähig sein, d. h. im Zeitpunkt des Adoptionsbeschlusses leben. Für den Fall, dass einer der Beteiligten stirbt, gelten die folgenden besonderen Regeln:

V-413 Das Kind muss mindestens bis zu dem Zeitpunkt leben, in dem der Annahmebeschluss wirksam wird, § 1753 Abs. 1 BGB. Stirbt es vorher, so ist der Beschluss wirkungslos und die Adoption nichtig (BayObLG, StAZ 1996, 265, 266; *Erman/Saar*, § 1759 BGB Rdnr. 2). Entscheidend hierfür ist der Zeitpunkt der Zustellung an den Annehmenden, § 197 Abs. 2 FamFG.

V-414 Stirbt der Annehmende während des Adoptionsverfahrens, ist der Adoptionsbeschluss ausnahmsweise noch zulässig, wenn der Annehmende den Antrag bereits beim Familiengericht eingereicht hatte oder nach der notariellen Beurkundung des Antrags den Notar damit beauftragt hatte, den Antrag beim Familiengericht einzureichen, § 1753 Abs. 2 BGB; in diesem Fall wirkt der Adoptionsbeschluss auf den Zeitpunkt des Todes zurück, § 1753 Abs. 3 BGB (vgl. *Staudinger/Frank*, § 1753 BGB Rdnr. 12; *Illner*, StAZ 1998, 20).

Wird die Annahme durch einen Verstorbenen ausgesprochen, ohne dass der Ausnahmetatbestand des § 1753 Abs. 2 BGB vorliegt, so ist die Adoption unwirksam; ein gleichwohl ausgesprochener Adoptionsbeschluss ist nichtig und bindet das Standesamt nicht.

Wollte der Verstorbene gemeinsam mit seinem Ehegatten annehmen, so schließt dessen Tod die gemeinsame Adoption nicht aus. Umstritten ist jedoch, ob der überlebende Ehegatte seinen Antrag wiederholen muss (so *Erman/Saar*, § 1753 BGB Rdnr. 3) oder nicht (so *Staudinger/Frank*, § 1753 BGB Rdnr. 7). Ein gleichwohl – nach der erstgenannten Ansicht zu Unrecht – ausgesprochener Adoptionsbeschluss ist aber nicht nichtig, sondern nur nach § 1760 BGB aufhebbar (*Erman/Saar*, § 1753 BGB Rdnr. 3). Da das Standesamt auch an einen fehlerhaften, nicht nichtigen Adoptionsbeschluss gebunden ist (s. Rdnr. V-394), wirkt sich der Streit in der personenstandsrechtlichen Praxis nicht aus. V-415

Nimmt ein Ehegatte das Kind des anderen Ehegatten an, so schließt der Tod des anderen Ehegatten die Adoption nicht aus; er verhindert jedoch, dass das Kind ein gemeinschaftliches Kind der Ehegatten wird (*Staudinger/Frank*, § 1754 BGB Rdnr. 6; *Kampe*, StAZ 2009, 344, 345; a. A. OLG Celle, StAZ 1971, 136). V-416

Unklar ist allerdings, ob ein Adoptionsbeschluss, der die Annahme als gemeinschaftliches Kind ausspricht, nur fehlerhaft oder nichtig ist; das Standesamt sollte hierüber eine Entscheidung des Amtsgerichts nach § 49 Abs. 2 Satz 1 PStG herbeiführen.

d) Einwilligungs- und Zustimmungserfordernisse

Zur Annahme eines Kindes sind die von §§ 1746 bis 1750 BGB geforderten Einwilligungen und Zustimmungserklärungen erforderlich. Sie spielen im gerichtlichen Adoptionsverfahren eine wichtige Rolle; doch führt das Fehlen oder ein Mangel einer für die Adoption erforderlichen Erklärung nicht zur Nichtigkeit, sondern unter den Voraussetzungen der §§ 1760 bis 1763 BGB nur zur Aufhebbarkeit des Adoptionsbeschlusses, § 1760 Abs. 1 BGB. Daher hat das Standesamt bei der Eintragung der Adoption ihr Vorliegen nicht im Einzelnen zu prüfen. V-417

5. Das Adoptionsverfahren

Über die Minderjährigenadoption entscheidet das Familiengericht auf Antrag des Annehmenden, § 1752 Abs. 1 BGB. Die in §§ 187 bis 196 FamFG geregelten Einzelheiten des Verfahrens sind für das Standesamt ohne Bedeutung, da ein Verfahrensfehler die Adoption grundsätzlich nicht unwirksam, sondern nur aufhebbar macht. V-418

6. Die Wirkungen der Adoption

a) Der Eingriff in die Verwandtschaftsverhältnisse

Nimmt ein Ehepaar ein Kind gemeinsam an oder nimmt ein Ehegatte ein Kind des anderen Ehegatten an, so erlangt das Kind die rechtliche Stellung eines gemeinschaftlichen Kindes der Ehegatten, § 1754 Abs. 1 BGB. Gleiches gilt, V-419 wenn ein Lebenspartner ein Kind des anderen Lebenspartners annimmt, § 9 Abs. 7 Satz 2 LPartG i. V. m. § 1754 Abs. 1 BGB, vgl. auch Rdnr. V-406.

V-420 Das AG Schweinfurt hat diese Vorschrift für verfassungswidrig gehalten, weil sie gegen das Elternrecht des Art. 6 Abs. 2 Satz 1 GG verstoße, indem sie den annehmenden Lebenspartner dem leiblichen Elternteil des Kindes gleichstelle. Das BVerfG (StAZ 2009, 307) hat die Vorlage als unzulässig zurückgewiesen. Neben der leiblichen Abstammung könnten auch rechtliche und soziale Tatbestände Bedeutung haben. Die Elternstellung werde nicht nur durch die Abstammung, sondern auch aufgrund der sozial-familiären Verantwortungsgemeinschaft vermittelt; die leibliche Elternschaft nehme gegenüber der rechtlichen und sozial-familiären Elternschaft keine Vorrangstellung ein (BVerfG a. a. O. 308).

V-421 Bei der Annahme durch eine Einzelperson erlangt das Kind die rechtliche Stellung eines Kindes des Annehmenden, § 1754 Abs. 2 BGB.

Dies ändert sich auch nicht, wenn der Annehmende nach der Adoption die Kindesmutter heiratet. Das Kind erlangt nicht die rechtliche Stellung eines gemeinschaftlichen Kindes, vielmehr hat die Eheschließung keine rechtlichen Wirkungen auf seinen Personenstand (*Kraus*, StAZ 2009, 343, die eine analoge Anwendung des § 1754 Abs. 1 BGB ablehnt).

Die Annahme als Kind führt zu einer Änderung des Personenstands und ist daher nach § 27 Abs. 3 Nr. 1 PStG im Geburtseintrag zu beurkunden (*Gaaz/Bornhofen*, § 27 PStG Rdnr. 49).

b) Der Name des Adoptivkindes

aa) Der Familienname

V-422 § 1757 BGB folgt dem Grundsatz, dass das Adoptivkind den Familiennamen des Annehmenden erwirbt. Über § 1767 Abs. 2 BGB gilt dies auch für die Volljährigenadoption (OLG Celle, StAZ 1997, 103; BayObLG, StAZ 1986, 7).

V-423 Nach § 1757 Abs. 1 Satz 1 BGB erhält das Kind den Familiennamen des Annehmenden. Dass der Anzunehmende seinen bisherigen Geburtsnamen weiterführt, ist im Gesetz nicht vorgesehen und unzulässig (BayObLG, StAZ 2003, 42). Diese Regelung ist – auch bei der Adoption von Volljährigen – nicht verfassungswidrig; sie verletzt nicht das allgemeine Persönlichkeitsrecht des Adoptierten (OLG Celle, StAZ 1997, 103; OLG Karlsruhe, StAZ 1999, 372, 373; OLG Karlsruhe, FamRZ 2000, 115; OLG Hamm, StAZ 2001, 328, 329; OLG Zweibrücken, StAZ 2001, 140, 141; *Frank*, StAZ 2008, 1, 2).

V-424 Der Name des Kindes folgt nach § 1757 Abs. 1 Satz 1 BGB unmittelbar aus dem Gesetz, ohne dass es einer Bestimmung im Adoptionsbeschluss bedarf (*Frank*, StAZ 2008, 1, 4). In der Praxis wird jedoch häufig aus Gründen der Klarstellung der neue Geburtsname des Angenommenen ausdrücklich festgelegt (*Frank*, StAZ 2008, 65, 70).

Bestimmt das Gericht im Adoptionsbeschluss den neuen Geburtsnamen jedoch fehlerhaft, so ist fraglich, ob der Beschluss in Bezug auf die Namensbestimmung wirksam oder nichtig ist (in Bezug auf die Adoption im Übrigen ist er unstreitig wirksam!).

Das Standesamt hat Folgendes zu unterscheiden.

Ist der Adoptionsbeschluss in Bezug auf die Namensbestimmung nichtig, so ist das Standesamt hieran nicht gebunden; es hat daher in einem solchen Fall den Namen selbst zu bestimmen, d. h. nach § 1757 Abs. 1 Satz 1 BGB den Familiennamen des Annehmenden als Geburtsnamen einzutragen (*Staudinger/Frank*, § 1757 BGB Rdnr. 10; *Kampe*, StAZ 2008, 184, 185). V-425

Ist der Beschluss in Bezug auf die Namensbestimmung hingegen nur fehlerhaft, aber wirksam, so ist das Standesamt hieran gebunden. V-426

In diesem Fall ist der Beschluss insoweit anfechtbar, als er eine fehlerhafte Namensführung anordnet. § 197 Abs. 3 FamFG, der an und für sich die Unanfechtbarkeit des Adoptionsbeschlusses vorsieht, ist insoweit auf die gerichtliche Namensbestimmung nicht anwendbar (vgl. OLG Zweibrücken, StAZ 2001, 140 zur inhaltlich identischen Vorgängernorm in § 56e Satz 3 FGG mit Nachweisen zum Streitstand), weil es sich nur um eine Nebenfolge der Adoption handelt und § 197 Abs. 1 Satz 1 FamFG, auf den Absatz 3 aufbaut, ausdrücklich nur einen Beschluss nennt, durch den »das Gericht die Annahme als Kind ausspricht.«

Zur Anfechtung berechtigt ist allerdings nur der betroffene Namensträger, nicht hingegen das Standesamt (*Frank*, StAZ 2008, 1, 6; *Kissner*, StAZ 2009, 316). Wird der Beschluss durch den Namensträger nicht angefochten, so ist das Standesamt daran gebunden, es sei denn, es liegt einer der – seltenen – Fälle von Nichtigkeit vor.

Die Rechtsprechung bietet ein uneinheitliches Bild, wann ein Adoptionsbeschluss, der den Namen des Adoptierten fehlerhaft bestimmt, nichtig und wann er wirksam ist (vgl. *Frank*, StAZ 2008, 1, 4 f.; *ders.*, StAZ 2008, 65, 71): V-427

Bestimmt das Familiengericht den bisherigen Geburtsnamen des Adoptierten zu dem nach der Adoption zu führenden Geburtsnamen, so ist dieser Verstoß gegen § 1757 Abs. 1 Satz 1 BGB derart evident, dass der Beschluss in Bezug auf die Namensbestimmung nichtig ist (OLG Karlsruhe, StAZ 1999, 372 = FamRZ 2000, 115 mit Anm. *Liermann*, FamRZ 2000, 722 ff.; BayObLG, StAZ 2003, 136; *Staudinger/Frank*, § 1757 BGB Rdnr. 10; *Kampe*, StAZ 2008, 184, 185; a. A. – Namensbestimmung zwar rechtswidrig, aber wirksam – *Kraus*, StAZ 1996, 211, 212; AG Münster, StAZ 2010, 79, 80; LG Münster, StAZ 2010, 113, 114).

Bei komplizierten und damit schwer durchschaubaren Sachverhalten (vgl. etwa BayObLG, StAZ 2003, 42, 43; StAZ 2006, 12; OLG Hamm, StAZ 2010, 180; AG Gießen, StAZ 2010, 15; *Kissner*, StAZ 2009, 316) tendiert die Rechtsprechung hingegen »nur« zur Fehlerhaftigkeit der Namensbestimmung, so dass der Adoptionsbeschluss auch in Bezug auf die Namensbestimmung wirksam und das Standesamt hieran gebunden ist (wohl weitergehend OLG Düsseldorf, StAZ 2013, 288, wo selbst im Fall eines »krassen« Rechtsanwendungsfehlers eine Nichtigkeit abgelehnt wurde). Zurückhaltung ist vor allem in Fällen mit Auslandsbezug geboten, in denen der deutsche Richter das IPR oder das ausländische Sachrecht falsch angewendet hat (*Staudinger/Frank*, § 1757 BGB Rdnr. 10); s. Rdnr. V-483 f. Im Zweifel ist von der rechtlichen Wirksamkeit der gerichtlichen Namensbestimmung auszugehen (*Frank*, StAZ 2008, 65, 71; vgl. auch OLG Hamm, StAZ 2015, 83, 84). V-428

Hat das Standesamt Zweifel daran, ob der Adoptionsbeschluss in Bezug auf die Frage der Namensbestimmung nichtig oder wirksam ist, so sollte es nach § 49 Abs. 2 Satz 1 PStG die Entscheidung des Amtsgerichts herbeiführen (AG Gießen, StAZ 2010, 15).

V-429 Das Familiengericht kann dem neuen Familiennamen des Kindes auf Antrag des Annehmenden und mit Einwilligung des Kindes den bisherigen Familiennamen voranstellen oder anfügen (§ 1757 Abs. 4 Satz 1 Nr. 2 BGB), wenn dies aus schwerwiegenden Gründen zum Wohl des Kindes erforderlich ist.

V-430 Als Familienname des Annehmenden gilt nicht der nach § 1355 Abs. 4 BGB dem Ehenamen oder der dem Lebenspartnerschaftsnamen gemäß § 3 Abs. 2 LPartG hinzugefügte Name (»Begleitname«, § 1757 Abs. 1 Satz 2 BGB). Adelsprädikate sind grundsätzlich Bestandteile des Namens; ein persönliches Adelsprädikat (»Ritter von«) ist jedoch nicht durch Adoption übertragbar (BayObLG, StAZ 1981, 186; *Staudinger/Frank*, § 1757 BGB Rdnr. 8).

V-431 Ist der Adoptierte verheiratet, so ist bezüglich des Ehenamens zu differenzieren:

Ist sein ursprünglicher Geburtsname Ehename, so erstreckt sich die Änderung des Geburtsnamens auf den Ehenamen nur unter den Voraussetzungen des § 1757 Abs. 3 BGB; dazu Rdnr. V-440. Nicht möglich ist, den ursprünglichen Geburtsnamen als Ehenamen beizubehalten und den durch die Adoption erworbenen Geburtsnamen als Begleitnamen anzufügen (AG München, StAZ 2009, 112).

Ist der Geburtsname des anderen Ehegatten Ehename, so wird der Ehename durch die Adoption natürlich nicht berührt. Ein dahin lautender Beschluss des Familiengerichts bindet das Standesamt nicht, da der Ehename von der Gestaltungswirkung des Adoptionsbeschlusses nicht erfasst wird (BayObLG, StAZ 1985, 202; *Krömer*, StAZ 1996, 337, 338). Führt der Adoptierte keinen Begleitnamen, kann er den neuen Geburtsnamen als Begleitnamen beifügen (OLG Hamm, StAZ 2014, 362, 363; *Staudinger/Frank*, § 1757 BGB Rdnr. 39).

V-432 Führt der Adoptierte schon seinen ursprünglichen Geburtsnamen als Begleitnamen, so waren die Auswirkungen der Adoption auf diesen umstritten. Teilweise wurde die Ansicht vertreten, dass der alte Geburtsname jedenfalls nicht mehr Begleitname ist; wobei entweder der neue Geburtsname automatisch auch neuer Begleitname werden soll (etwa LG Berlin, StAZ 1986, 290; OLG Celle, StAZ 2011, 112) oder das erst nach entsprechender erneuter Erklärung des Adoptierten gegenüber dem Standesamt der Fall sein soll (etwa KG, StAZ 1988, 170, 171; *Frank*, StAZ 2008, 1, 3; *Homeyer*, StAZ 2009, 82, 83). Nach anderer Ansicht war die Möglichkeit, den ursprünglichen Geburtsnamen als Begleitnamen zu behalten, dem Adoptierten nicht verwehrt. Vielmehr hat er ein Wahlrecht: Er kann bestimmen, ob er den früheren Geburtsnamen als Begleitnamen beibehält oder ob er ihn gegen den neuen Geburtsnamen als Begleitnamen austauscht (so etwa BayObLG, StAZ 2000, 107, 108; OLG Düsseldorf, StAZ 2011, 113; *Liermann*, StAZ 2002, 339; *Diederichsen*, NJW 1976, 1169, 1176; so auch die Vorauflage Rdnr. V-452; a. A. – ohne sich innerhalb der Gegenansicht festzulegen – LG Hanau, StAZ 2002, 171).

6. Die Wirkungen der Adoption

Mittlerweile hat der BGH diesen Streit zugunsten der zuerst genannten Ansicht aufgelöst: Der durch die Adoption geänderte Geburtsname tritt ohne Wahlrecht des Adoptierten als Begleitname an die Stelle des vorher hinzugefügten Geburtsnamens; der Adoptierte kann lediglich nach § 1355 Abs. 4 Satz 4 BGB die Beifügung des Namens widerrufen (BGH, StAZ 2012, 17; rechtspolitisch kritisch *Löhnig*, FamRZ 2012, 679).

Wird das Kind von einem Ehepaar gemeinschaftlich angenommen oder nimmt der eine Ehegatte ein Kind des anderen an, so erhält es den Ehenamen, sofern die Ehegatten einen solchen führen. Den Fall, dass Ehegatten keinen gemeinsamen Ehenamen führen, bewältigt § 1757 Abs. 2 Satz 1 BGB durch eine Verweisung auf die für das leibliche Kind geltende Regelung des § 1617 Abs. 1 BGB. Die Ehegatten bestimmen den Geburtsnamen des Kindes durch Erklärung gegenüber dem Familiengericht. Inhaltlich haben die Ehegatten dieselben Gestaltungsmöglichkeiten (Name von Vater oder Mutter, kein Doppelname). Zu Einzelheiten s. Rdnr. IV-246 ff.

V-433

Auch im Rahmen der Adoption gilt § 1617 Abs. 1 Satz 3 BGB. Dies bedeutet zum einen, dass die Erklärung gegenüber dem Familiengericht auch für spätere Kinder gilt, gleichgültig, ob die Ehegatten noch einmal ein Kind adoptieren oder ob ihnen später ein eheliches Kind geboren wird. Umgekehrt ist die Erklärung nach § 1757 Abs. 2 Satz 1 Halbs. 1 BGB nicht mehr möglich, wenn die Ehegatten bereits für ein anderes gemeinsames – leibliches oder ebenfalls adoptiertes – Kind einen Geburtsnamen bestimmt haben. In diesem Fall ist das konkret zu adoptierende Kind ein »weiteres Kind« i.S.d. § 1617 Abs. 1 Satz 3 BGB, der insoweit dem § 1757 Abs. 2 Satz 1 Halbs. 1 BGB vorgeht (OLG Hamm, StAZ 2001, 328, 329).

V-434

Die Namensbestimmung erfolgt gegenüber dem Familiengericht, und zwar vor dem Ausspruch der Annahme. Die Erklärung ist amtsempfangsbedürftig; allerdings wird sie nicht gemäß § 130 Abs. 1 Satz 1, Abs. 3 BGB mit dem Zugang wirksam, sondern erst dann, wenn das Familiengericht die Annahme ausspricht. Sind die Namensbestimmungserklärungen wie auch die Anschlusserklärung des Kindes dem Familiengericht nicht zugegangen, so darf die Adoption nicht ausgesprochen werden.

V-435

Ein Regelungsmechanismus, wie ihn § 1617 Abs. 2 BGB bei Uneinigkeit der Eltern vorsieht, ist bei der Adoption nicht vorgesehen und auch nicht erforderlich. Wenn sich die Adoptionswilligen nicht über den Geburtsnamen einigen können, so unterbleibt der Ausspruch der Annahme schon aus sachlichen Gründen; denn in diesem Fall erscheint die positive Entwicklung des Annahmeverhältnisses ohnehin gefährdet (vgl. BT-Drucks. 12/3136, S. 19; *Staudinger/Frank*, § 1757 BGB Rdnr. 13; *Frank*, StAZ 2008, 1, 2). Auch besteht, anders als beim ehelich geborenen Kind, kein Zwang zur Namensbestimmung, da das Kind nicht namenlos ist, sondern seinen mit der Geburt erworbenen Namen führt und behält.

V-436

Ist das Kind älter als fünf Jahre, so muss es sich der Bestimmung des Geburtsnamens anschließen, § 1757 Abs. 2 Satz 2 BGB.

V-437

Namensbestimmungserklärungen bedürfen der öffentlichen Beglaubigung (§ 1757 Abs. 2 Satz 1 und 2 i.V.m. § 1617 Abs. 1 Satz 2 bzw. § 1617c Abs. 1 Satz 3

V-438

BGB). Die nach § 1757 Abs. 2 Satz 2 BGB eventuell erforderliche Zustimmung bedarf der öffentlichen Beurkundung nach § 1617c Abs. 1 Satz 3 BGB; der fehlende Verweis hierauf in § 1757 Abs. 2 Satz 2 BGB ist ein Redaktionsversehen (MünchKomm/*Maurer*, § 1757 BGB Rdnr. 11 mit Fn. 25; *Staudinger/Frank*, § 1757 BGB Rdnr. 18).

V-439 Das Kind erwirbt den Namen in dem Augenblick, in dem der Adoptionsbeschluss und damit die Annahme wirksam werden, jedoch als Folge der namensbestimmenden Erklärungen. Der Beschluss des Familiengerichts hat also hinsichtlich des Namens keine konstitutive Wirkung.

V-440 Ist das Kind im Zeitpunkt der Adoption bereits verheiratet und ist sein früherer Geburtsname zum Ehenamen geworden, so erstreckt sich die adoptionsbedingte Namensänderung auf den Ehenamen, wenn sein Ehegatte dieser Erstreckung vor der Adoption zugestimmt hat, § 1757 Abs. 3 BGB. Diese Zustimmung ist keine Adoptionsvoraussetzung; unterbleibt sie, so ist die Annahme gleichwohl auszusprechen. In diesem Fall ändert sich der Geburtsname des Kindes, während der – von diesem losgelöste und verselbständigte – Ehename, den es zusammen mit seinem Ehegatten führt, unverändert bleibt. Auch wenn die Einwilligung verspätet erfolgt, bleibt der bisherige Ehename unberührt, vgl. BayObLG, StAZ 1986, 7. Hat der Ehegatte der Erstreckung zugestimmt und ändert sich damit auch der Ehename, können sich gemeinsame Kinder der Ehegatten dieser Namensänderung gemäß § 1617c Abs. 2 Nr. 1 BGB anschließen (zur Namenserstreckung nach § 1617c Abs. 2 Nr. 1 BGB s. Rdnr. V-667 ff.). Zur Frage, ob sich die Ehenamensänderung auch auf die nicht gemeinsamen Kinder der Ehegatten erstrecken kann, s. *Homeyer*, StAZ 2007, 282.

V-441 Durch das LPartÜG vom 15.12.2004 ist mit Wirkung von 1.1.2005 die Regelung des § 9 Abs. 7 LPartG in das Gesetz aufgenommen worden. Danach kann ein Lebenspartner das Kind seines Lebenspartners allein annehmen; zudem ist nunmehr nach dem BVerfG auch eine Sukzessivadoption möglich s. Rdnr. V-406. Bei der Namensbestimmung des Kindes sind zwei Konstellationen denkbar. Führen die Lebenspartner nach § 3 Abs. 1 Satz 1 LPartG einen gemeinsamen Namen (Lebenspartnerschaftsnamen), so erhält das Kind diesen Namen nach § 9 Abs. 7 Satz 2 LPartG i.V.m. § 1757 Abs. 2 Satz 1 BGB. Führen die Lebenspartner keinen gemeinsamen Namen, so ist der Geburtsname des Kindes vor dem Ausspruch der Annahme durch Erklärung gegenüber dem Familiengericht zu bestimmen, § 9 Abs. 7 Satz 2 LPartG i.V.m. § 1757 Abs. 2 Satz 1 BGB, s. a. *Wachsmann*, StAZ 2006, 174.

bb) Der Vorname

V-442 Das Familiengericht kann auf Antrag des Annehmenden mit Einwilligung des Kindes die Vornamen des Kindes ändern, dem Kind einen neuen Vornamen beigeben oder dem neuen Familiennamen des Kindes den bisherigen Familiennamen voranstellen oder anfügen, § 1757 Abs. 4 BGB.

V-443 Eine Bestimmung, wonach das Familiengericht auch den Vornamen des Kindes ändern kann (§ 1757 Abs. 4 Satz 1 Nr. 1 BGB), fand sich erstmals im AdoptG von 1976. Vor 1976 war eine Vornamensänderung nur im Verwaltungsrechtsweg nach den Vorschriften des NamÄndG möglich. Da das AdoptG jedoch verlangte, dass die Vornamensänderung »aus schwerwiegenden Gründen zum Wohl des Kindes erforderlich ist«, wurde der Regelungszweck, die Änderung des Vornamens von Kleinkindern, oft nicht erreicht. Die heutige Regelung, nach der es genügt, dass die Vornamensänderung »dem Wohl des Kindes entspricht« (Abs. 4 Satz 1 Nr. 1) geht auf das Adoptionsrechtsänderungsgesetz vom 4.12.1992 zurück.

Das Familiengericht spricht die beantragte Vornamensänderung zusammen mit der Annahme aus. Diese Entscheidung ist – anders als beim Familiennamen, s. Rdnr. V-424 – konstitutiv (h. M.; vgl. BayObLG, StAZ 1979, 121; OLG Stuttgart, StAZ 1979, 242; *v. Bar*, StAZ 1979, 318, 320). V-444

Das Familiengericht kann die beantragte, aber versehentlich unterlassene Änderung der Vornamen in einem Ergänzungsbeschluss nach § 43 FamFG nachholen (AG Köln, StAZ 1982, 178; OLG Hamm, StAZ 1983, 200, 201; OLG Düsseldorf, DAVorm 1983, 87; *Staudinger/Frank*, § 1757 BGB Rdnr. 55). V-445

Dies gilt allerdings nur in den Fällen, in denen der Antrag rechtzeitig gestellt wurde, das Gericht also einen vorliegenden Antrag auf Namensänderung lediglich übersehen hat.

Wurde der für die Vornamensänderung nach § 1757 Abs. 4 Satz 1 Nr. 1 BGB erforderliche Antrag erst nach Wirksamwerden des Adoptionsdekrets gestellt, so ist ein Ergänzungsbeschluss des Familiengerichts mangels gesetzlicher Grundlage nicht zulässig; eine Vornamensänderung kann nur noch nach den §§ 11, 3 NamÄndG erfolgen (MünchKomm/*Maurer*, § 1757 BGB Rdnr. 12 mit Fn. 27). Ergeht der Ergänzungsbeschluss dennoch, so ist er nichtig und damit für das Standesamt nicht verbindlich (BayObLG, StAZ 1980, 65 mit Anm. *v. Bar*; vgl. auch *Schultheis*, StAZ 1981, 32; a. A. *Staudinger/Frank*, § 1757 BGB Rdnr. 55 i. V. m. Rdnr. 29). Auch eine Änderung des Vornamens durch Angleichung nach Art. 47 EGBGB kommt in diesem Fall nicht in Betracht (AG Nürnberg, StAZ 2009, 82).

c) Die Staatsangehörigkeit des Adoptivkindes

Die Gleichstellung von leiblichen Kindern und Adoptivkindern im öffentlichen Recht bewirkt, dass das Kind die Staatsangehörigkeit seiner Adoptiveltern teilt. Das deutsche Recht folgt diesem Grundsatz allerdings nur bei der Minderjährigenadoption, die die vollständige Integration des Adoptivkindes in die neue Familie herbeiführt. Ein über 18 Jahre alter Angenommener erwirbt die deutsche Staatsangehörigkeit hingegen nicht, § 6 StAG. V-446

Der Staatsangehörigkeitserwerb tritt kraft Gesetzes ein; er kann nicht ausgeschlossen werden und erstreckt sich auf die Abkömmlinge des Kindes. V-447

Umgekehrt verliert ein minderjähriger Deutscher, der durch eine nach den deutschen Gesetzen wirksame Adoption von einem Ausländer angenommen wird, gemäß § 27 Satz 1 StAG die deutsche Staatsangehörigkeit, sofern es durch die Adoption die Staatsangehörigkeit des Annehmenden erwirbt. Der Verlust erstreckt sich auf Abkömmlinge des Angenommenen, sofern das ausländische Recht den Staatsangehörigkeitserwerb ebenfalls auf die Abkömm- V-448 linge des Angenommenen erstreckt. Der Verlust der deutschen Staatsangehörigkeit tritt jedoch dann nicht ein, wenn der Angenommene mit einem deutschen Elternteil verwandt bleibt (z.B. wenn ein Ausländer das Kind seiner deutschen Ehefrau annimmt), § 27 Satz 3 StAG.

V-449 Die Feststellung der Staatsangehörigkeit ist für das Standesamt deshalb wichtig, weil von ihr die Namensführung nach der Adoption abhängt. Sie ist in Art. 10 Abs. 1 EGBGB das Anknüpfungskriterium für das Namensstatut; s. a. Rdnr. V-483 f.

7. Die Aufhebung des Annahmeverhältnisses

a) Die gerichtliche Aufhebung des Annahmeverhältnisses

V-450 Das Annahmeverhältnis kann unter bestimmten Voraussetzungen durch gerichtliche Entscheidung wieder aufgehoben werden, §§ 1760, 1763, 1771 BGB. Das BGB geht davon aus, dass die Aufhebung des Annahmeverhältnisses grundsätzlich nicht erfolgen soll; sie ist daher nur unter engen Voraussetzungen möglich (vgl. etwa OLG Köln, StAZ 2010, 13). Die Aufhebung ist abermals eine Personenstandsänderung und daher nach § 27 Abs. 3 Nr. 1 PStG als Folgebeurkundung im Geburtseintrag des Kindes zu registrieren (*Gaaz/Bornhofen*, § 27 PStG Rdnr. 67).

V-451 Über die Aufhebung der Annahme entscheidet das Familiengericht durch Beschluss; er wird mit der Rechtskraft wirksam, § 198 Abs. 2 FamFG. Mit der Aufhebung erlöschen das durch die Annahme begründete Verwandtschaftsverhältnis des Kindes und seiner Abkömmlinge zu den Adoptivverwandten und die sich hieraus ergebenden Rechte und Pflichten, § 1764 Abs. 2 BGB. Gleichzeitig lebt das Verwandtschaftsverhältnis des Kindes und seiner Abkömmlinge zu den leiblichen Verwandten wieder auf; eine Ausnahme gilt für die elterliche Sorge, über die das Familiengericht besonders entscheidet, § 1764 Abs. 3, 4 BGB. Besteht das Annahmeverhältnis zu einem Ehepaar und erfolgt die Aufhebung nur im Verhältnis zu einem Ehegatten, so erlischt das Verwandtschaftsverhältnis nur zwischen dem Kind bzw. seinen Abkömmlingen und diesem Ehegatten.

V-452 Hebt das Familiengericht das Annahmeverhältnis nach dem Tod des Annehmenden oder des Kindes, jedoch noch auf Antrag des jeweils Verstorbenen auf, so hat dies die gleiche Wirkung, wie wenn das Annahmeverhältnis vor dem Tod aufgehoben worden wäre, § 1764 Abs. 1 Satz 2 BGB.

b) Der Name des Kindes nach Aufhebung

V-453 Mit der Aufhebung der Adoption verliert das Kind grundsätzlich das Recht, den durch die Annahme erworbenen Familiennamen des Annehmenden zu führen, § 1765 Abs. 1 Satz 1 BGB. In der Regel erhält das Kind den Namen wieder, den es vor der Adoption geführt hatte.

V-454 Das Kind behält jedoch den durch die Annahme erworbenen Familiennamen, wenn es in Fällen der Adoption durch ein Ehepaar sowie der Stiefkindadoption einen Geburtsnamen nach § 1757 Abs. 1 BGB – d. h. den Ehenamen seiner Eltern – führt und das Annahmeverhältnis nur zu einem Elternteil aufgehoben wird, § 1765 Abs. 1 Satz 2 BGB. Die Vorschrift wahrt in diesen Fällen die Namensübereinstimmung mit dem Elternteil, zu dem das Kindschaftsverhältnis fortbesteht.

Führt das adoptierende Ehepaar hingegen getrennte Namen und hat es den Kindesnamen gemäß § 1757 Abs. 2 BGB durch Erklärung gegenüber dem Familiengericht bestimmt, so bleibt es beim Grundsatz des § 1765 Abs. 1 Satz 1 BGB, wenn das Annahmeverhältnis gerade zu dem Elternteil aufgelöst wird, dessen Name zum Kindesnamen bestimmt worden ist (MünchKomm/*Maurer*, § 1765 BGB Rdnr. 11). Das Kind kehrt dann zu seinem vor der Adoption geführten Namen zurück   V-455

Ebenso unberührt bleibt der durch die Annahme erworbene Name, soweit er zwischenzeitlich zum Ehenamen oder Lebenspartnerschaftsnamen des Kindes geworden ist, § 1765 Abs. 1 Satz 3 BGB; s. aber die Möglichkeit des § 1765 Abs. 3 BGB, den Ehenamen auf Antrag zu ändern.   V-456

Verliert das Kind den durch die Annahme erworbenen Namen, hat sich aber der Name der Person, von der es ursprünglich seinen Namen ableitete, inzwischen geändert, so erlangt das Kind den geänderten Namen, sofern es ohne die Adoption – nach Maßgabe des § 1617c BGB – seinen Namen geändert hätte (*Staudinger/Frank*, § 1765 BGB Rdnr. 9; *Dieckmann*, StAZ 1982, 266, 271; a. A. MünchKomm/*Maurer*, § 1765 BGB Rdnr. 4, der aus Vereinfachungsgründen auf den Namen abstellen will, den das Kind zuletzt vor der Annahme führte).   V-457

Haben die Eltern des Kindes inzwischen geheiratet, so bleibt dieser Streit indes irrelevant; mit der Aufhebung der Annahme erhält das Kind nach dem KindRG – auch bei Anwendung des § 1617c BGB – den Namen, den es zuletzt vor der Annahme führte, § 1617 c Abs. 2 Nr. 2 BGB.

Das Familiengericht kann von diesen Grundsätzen abweichen. Auf Antrag des Kindes kann es mit der Aufhebung anordnen, dass das Kind den durch die Annahme erworbenen Familiennamen behält, wenn das Kind ein berechtigtes Interesse an der Weiterführung dieses Namens hat, § 1765 Abs. 2 Satz 1 BGB.   V-458

Umgekehrt kann das Familiengericht in Fällen, in denen der aufgrund der Adoption erworbene Name zum Ehenamen oder Lebenspartnerschaftsnamen des Kindes und damit gemäß § 1765 Abs. 1 Satz 3 BGB unabänderlich geworden ist, auf gemeinsamen Antrag der Ehegatten oder Lebenspartner mit der Aufhebung anordnen, dass die Ehegatten oder Lebenspartner als Ehenamen oder Lebenspartnerschaftsnamen den Geburtsnamen führen, den das Kind vor der Annahme geführt hat, § 1765 Abs. 3 BGB. Auch hierbei wird man Änderungen, die dieser Name in der Zwischenzeit erfahren hat, berücksichtigen müssen.   V-459

Hat das Adoptivkind Abkömmlinge, an die es seinen durch die Annahme erworbenen Namen als Geburtsnamen weiter übertragen hat, so führt § 1765 Abs. 1 Satz 1, ggf. auch Abs. 3 BGB zu einer Namensänderung beim Adoptivkind, die sich gemäß § 1617c Abs. 2 Nr. 2 BGB auf seine Abkömmlinge erstreckt, s. *Staudinger/Frank*, § 1765 BGB Rdnr. 19.

c) Die Aufhebung kraft Gesetzes

V-460 Schließt der Annehmende mit dem Kind – entgegen § 1308 Abs. 1 BGB – die Ehe, so wird das Annahmeverhältnis mit der Eheschließung kraft Gesetzes aufgehoben, § 1766 BGB; vgl. Rdnr. III-105, III-113 ff. Entsprechendes gilt für die Eheschließung zwischen dem Annehmenden und einem Abkömmling des Angenommenen. Zu den übrigen Mitgliedern der neuen Familie bleibt das Annahmeverhältnis bestehen.

II. Inlandsadoptionen mit Auslandsbezug

1. Allgemeines

V-461 Wird im Inland eine Adoption mit Auslandsbezug durchgeführt, so ist das maßgebliche Recht gemäß Art. 22 EGBGB zu bestimmen (s. näher Rdnr. V-466 ff.). Ermittlung und Anwendung des ausländischen Rechts ist – wie überhaupt die Durchführung des Annahmeverfahrens – Aufgabe des zuständigen Gerichts. Für das Standesamt wird die Adoption erst dann praktisch relevant, wenn es sie in ein Personenstandsregister eintragen muss (s. *Gaaz/Bornhofen*, § 27 PStG Rdnr. 53); dann aber ist die Frage nach dem anwendbaren Recht bereits beantwortet.

V-462 Für das Standesamt kommt es maßgeblich nur noch darauf an, ob das anwendbare Adoptionsrecht eine »Dekretadoption« oder eine »Vertragsadoption« vorgesehen hat (zu dem Unterschied Rdnr. V-477 f.) und wie das deutsche Gericht auf diese Regelung reagiert hat. Hat das Gericht lediglich eine Vertragsadoption »bestätigt«, reicht die Prüfungspflicht des Standesamts weiter als in dem Fall, in dem das Gericht auf der Grundlage des Adoptionsvertrags einen konstitutiven Adoptionsbeschluss erlassen hat (s. Rdnr. V-504 ff.).

V-463 Im Einzelnen sind mehrere Fallgestaltungen denkbar:
– Leben die Annehmenden wie auch das Adoptivkind im Inland, so gelten hinsichtlich des materiellen wie des Verfahrensrechts die nationalen Vorschriften des deutschen IPR und IZVR; hierzu Rdnr. V-466 ff. und V-502 ff.
– Wenn inländische Adoptiveltern ein Kind mit gewöhnlichem Aufenthalt im Ausland adoptieren wollen, ist das besondere Verfahren nach Art. 14 ff. des Haager Übereinkommens vom 29.5.1993 über den Schutz von Kindern und die Zusammenarbeit auf dem Gebiet der internationalen Adoption zu beachten; s. Rdnr. V-509 ff.

2. Die Bestimmung des maßgeblichen Adoptionsrechts

a) Intertemporales Recht

V-464 Auf adoptionsrechtliche Vorgänge, die vor dem 1.9.1986 abgeschlossen wurden, bleibt gemäß Art. 220 Abs. 1 EGBGB das bisherige Internationale Privatrecht anwendbar (hinsichtlich des maßgeblichen Zeitpunkts s. *Staudinger/Henrich*, Art. 22 EGBGB Rdnr. 3; MünchKomm/*Klinkhardt*, Art. 22 EGBGB Rdnr. 63 ff.). Daher richtet sich die Adoption an sich nach altem Recht; für spätere Adoptionen gilt Art. 22 EGBGB i. d. F. nach der IPR-Reform, der dem heutigen Art. 22 Abs. 1 EGBGB entspricht.

Das am 1.1.2002 in Kraft getretene Gesetz zur Regelung von Rechtsfragen auf dem Gebiet der internationalen Adoption und zur Weiterentwicklung des Adoptionsvermittlungsrechts vom 5.11.2001 hat dem Art. 22 EGBGB zwei weitere Absätze hinzugefügt, während der bisherige Wortlaut unverändert in Abs. 1 übernommen wurde.

b) Die Anknüpfung des Adoptionsstatuts, Art. 22 Abs. 1 EGBGB

Die Adoption durch eine unverheiratete Einzelperson untersteht gemäß Art. 22 Abs. 1 Satz 1 EGBGB dem Heimatrecht des Annehmenden im Zeitpunkt der Annahme, wobei für Mehrstaater und Staatenlose Art. 5 EGBGB, für Flüchtlinge und Asylberechtigte die entsprechenden Sonderanknüpfungsregeln zu beachten sind (s. allgemein Rdnr. VI-31 ff.).

Auf die Annahme durch eine verheiratete Person bzw. durch beide Ehegatten gemeinsam ist gemäß Art. 22 Abs. 1 Satz 2 EGBGB das von Art. 14 Abs. 1 EGBGB im Zeitpunkt der Adoption berufene Ehewirkungsstatut anwendbar.

Für eine gemeinsame Adoption durch zwei nicht miteinander verheiratete oder verpartnerte Personen sieht das deutsche IPR – parallel zum deutschen Sachrecht – keine Kollisionsnorm vor. Es ist aber nicht ausgeschlossen, dass sie in einigen ausländischen Rechten zugelassen wird, so dass es hierfür einer Kollisionsnorm bedarf. Da es in derartigen Fällen ein Ehewirkungsstatut im Sinne des Art. 22 Abs. 1 Satz 2 EGBGB nicht gibt, wird man analog Satz 1 die Heimatrechte beider Annehmenden heranziehen müssen, und zwar kumulativ. Eine derartige Adoption ist also nur dann möglich, wenn sie im Recht eines jeden der beiden Annehmenden vorgesehen ist (*Staudinger/Henrich*, Art. 22 EGBGB Rdnr. 6); sie ist demzufolge wegen § 1741 Abs. 2 Satz 1 BGB nicht möglich, wenn auch nur einer von beiden Deutscher ist.

Für die Adoption durch einen Lebenspartner (oder gleichgeschlechtlichen Ehegatten, s. Rdnr. III-838 ff.) ist nunmehr gemäß Art. 22 Abs. 1 Satz 3 EGBGB das Partnerschaftsstatut maßgeblich. Dies gilt auch für die gemeinsame Adoption durch ein gleichgeschlechtliches Paar. Dieser steht nicht Art. 17b Abs. 4 EGBGB entgegen, wonach die Wirkungen einer im Ausland eingetragenen Lebenspartnerschaft nicht weiter gehen als nach den Vorschriften des BGB und des LPartG. Zwar ist nach deutschem Recht eine solche gemeinsame Adoption – anders als eine Stiefkind- oder Sukzessivadoption – nicht zulässig. Aber auch hier gilt, dass an der Verfassungsmäßigkeit des Verbots einer gemeinschaftlichen Adoption erhebliche Zweifel bestehen. S. zum Ganzen Rdnr. V-406.

Art. 22 Abs. 1 Satz 1 EGBGB stellt für die Anknüpfung ausdrücklich auf den Zeitpunkt »bei der Annahme« ab; dasselbe muss für Satz 2 gelten. Durch diese zeitliche Fixierung wird die Anknüpfung unwandelbar. Entscheidend ist der Augenblick, in dem die Adoption wirksam wird; das ist bei Dekretadoptionen der Eintritt der Rechtskraft der gerichtlichen Entscheidung, bei Vertragsadoptionen die Erfüllung der letzten materiellen Wirksamkeitsvoraussetzung.

c) Rück- und Weiterverweisung

V-471 Eine Rück- oder Weiterverweisung durch das IPR des von Art. 22 EGBGB berufenen Rechts ist gemäß Art. 4 Abs. 1 EGBGB grundsätzlich zu beachten; dies gilt auch dann, wenn das ausländische IPR mehrere Rechte kumuliert (vgl. AG Landshut, IPRax 1983, 246; LG Hamburg, FamRZ 1999, 253, 254).

Eine Ausnahme ist für Art. 22 Abs. 1 Satz 3 EGBGB zu machen, der auf Art. 17b Abs. 1 Satz 1 EGBGB Bezug nimmt – eine Kollisionsnorm, die eine Sachnormverweisung enthält (s. Rdnr. III-807).

V-472 Bei Adoptionen durch Verheiratete ist beim Renvoi aus der Sicht des verweisenden ausländischen Rechts zu qualifizieren, d. h. die jeweilige adoptionsrechtliche, nicht die ehewirkungsrechtliche Kollisionsnorm heranzuziehen (so auch BayObLG, StAZ 1998, 44; *Henrich*, FamRZ 1986, 849 f.; *Lüderitz*, IPRax 1987, 76; MünchKomm/*Klinkhardt*, Art. 22 EGBGB Rdnr. 16; *Kropholler*, 420).

Zur Beachtung des Renvoi bei einer Anknüpfung über Art. 22 Abs. 1 Satz 2 i. V. m. Art. 14 Abs. 1 Nr. 3 EGBGB vgl. *Staudinger/Henrich*, Art. 22 EGBGB Rdnr. 16.

3. Reichweite des Adoptionsstatuts; Qualifikationsfragen

a) Der kollisionsrechtliche Adoptionsbegriff

V-473 Im deutschen IPR wird in den Qualifikationsbegriff der Adoption jeder rechtliche Vorgang einbezogen, der ein dauerhaftes neues Eltern-Kind-Verhältnis begründet, ohne die leibliche Abstammung vorauszusetzen (vgl. dazu etwa MünchKomm/*Klinkhardt*, Art. 22 EGBGB Rdnr. 6 ff.).

V-474 Dieser Qualifikationsbegriff ist weit gefasst und erfasst auch Adoptionsformen, die dem deutschen Recht fremd sind. Anders als das Abstammungsrecht, das i. d. R. die leiblichen Verhältnisse nachzuzeichnen versucht, begründet die Adoption ein künstliches Kindschaftsverhältnis, das sich an keinen biologischen Vorgaben zu orientieren hat und daher voll zur Disposition des jeweiligen Gesetzgebers steht. Entsprechend unterschiedlich ist die Ausgestaltung der Adoption in den einzelnen Rechtsordnungen. Die wichtigste Unterscheidung betrifft den Gegensatz von »starken« und »schwachen« Adoptionen. Ein Recht mit starker Adoption will das Adoptivkind möglichst intensiv in die neue Adoptivfamilie einbinden und sieht daher typischerweise vor, dass die Rechtsbeziehungen zur Ursprungsfamilie weitgehend abgebrochen werden. Ein Recht mit schwacher Adoption lässt hingegen die rechtlichen Beziehungen zur Ursprungsfamilie in gewissem Umfang bestehen, so dass das Adoptivkind anschließend gleichsam zwei Familien hat. Beide Formen der Adoption werden von Art. 22 EGBGB erfasst.

V-475 Nicht mehr als Adoption anzusehen ist hingegen ein auf Dauer begründetes Personensorgerecht (so aber *Beitzke/Hoffmann/Sturm*, S. 11 f.); eine angebliche »Adoption« mit so schwachen Wirkungen, dass sie kein eigentliches Verwandtschaftsverhältnis begründet, wird man nicht mehr dem Art. 22 EGBGB zuordnen, sondern allenfalls als intensives Pflegekindschaftsverhältnis ansehen können (vgl. *Hering*, StAZ 1983, 22 zum früheren Recht von Honduras; OLG Karlsruhe, FamRZ 1998, 56 zur »kafala« des islamischen Rechts; *Staudinger/Henrich*, Art. 22 EGBGB Rdnr. 2 zu den »equitable adoptions« in den USA).

Als solche sind sie für das Standesamt irrelevant, da ein Vorgang, der nicht in die Verwandtschaftsbeziehungen eingreift, jedenfalls keine eintragungsbedürftige Personenstandsänderung i. S. d. § 27 Abs. 3 Nr. 1 PStG ist.

Da nur auf die Statusbegründung an sich abgestellt wird, ist auch die Kindesannahme durch einen gerichtlich bestätigten Vertrag, ja sogar eine Annahme ohne jegliche gerichtliche Mitwirkung als Adoption im Qualifikationssinne anzusehen, sofern sie nur eine Personenstandsänderung bewirkt.   V-476

b) Der Unterschied von Dekret- und Vertragsadoption

Die Adoption kann das neue Eltern-Kind-Verhältnis entweder durch Hoheitsakt (»Dekretadoption«) oder durch Rechtsgeschäft (»Vertragsadoption«) begründen. Diese Unterscheidung ist nach h. M. eine Frage der materiellen Wirksamkeit der Adoption (vgl. BayObLG, StAZ 1990, 69 f.; AG Tübingen, StAZ 1992, 217 f.; MünchKomm/*Klinkhardt*, Art. 22 EGBGB Rdnr. 19; für Qualifikation als Formvorschrift *Sturm*, StAZ 1987, 181; als Verfahrensvorschrift BayObLG, FamRZ 1982, 1133), weshalb auch im Inland eine Vertragsadoption durchgeführt werden kann, wenn das maßgebliche ausländische Adoptionsstatut dies vorschreibt. Dass das deutsche Verfahrensrecht die Vertragsadoption nicht mehr vorsieht, ist unerheblich.   V-477

Umgekehrt können deutsche Annehmende, auf die gemäß Art. 22 EGBGB deutsches Recht anzuwenden ist, wegen § 1752 BGB im Ausland nicht durch Vertrag adoptieren, auch wenn dies die dort übliche Art der Adoption ist. Da der Adoptionsvertrag nicht als bloße Form- oder Verfahrensfrage qualifiziert wird, bleibt das Ortsstatut des Art. 11 Abs. 1 EGBGB bzw. das Verfahrensrecht des Adoptionsstaats außer Betracht. Die Adoption ist daher nach § 1752 BGB unwirksam (KG, FamRZ 2006, 1405; LG Berlin, StAZ 1986, 70; *Palandt/Thorn*, Art. 22 EGBGB Rdnr. 11).   V-478

4. Adoptionsvoraussetzungen und Zustimmungserfordernisse

Das Adoptionsstatut entscheidet über die Adoptionsvoraussetzungen, insbesondere die persönlichen Erfordernisse beim Annehmenden und beim Adoptivkind (z. B. Altersgrenzen, Altersunterschied, Erfordernis der Kinderlosigkeit, Zulässigkeit einer Adoption durch Alleinstehende, einzelne Verheiratete, Ehepaare oder mehrere Personen, über die Zulässigkeit einer Stellvertretung beim Adoptionsvertrag usw.). Auch etwa erforderliche Zustimmungen oder gerichtliche bzw. behördliche Genehmigungen richten sich grundsätzlich nach dem von Art. 22 Abs. 1 EGBGB berufenen Adoptionsstatut (BayObLG, IPRax 1989, 172; FamRZ 2002, 1142 f.).   V-479

G. Die Adoption

V-480 Zusätzlich ist Art. 23 EGBGB zu beachten; hierbei ist wegen des Schutzzwecks der Vorschrift an die Staatsangehörigkeit vor der Adoption anzuknüpfen (vgl. OLG Frankfurt a. M., NJW 1988, 1472, 1473; OLG Frankfurt a. M., FamRZ 1997, 241, 243). Wenn es zum Wohl des Kindes erforderlich ist, ist statt seines Personalstatuts das deutsche Recht anzuwenden, Art. 23 Satz 2 EGBGB. Es handelt sich um eine Ausnahmevorschrift, die eng auszulegen ist (vgl. OLG Celle, StAZ 1989, 9; BayObLG, IPRax 1989, 172; OLG Frankfurt a. M., FamRZ 1997, 241, 243; a. A. LG Lahnstein, FamRZ 1994, 1350, 1351).

5. Die Wirkungen der Adoption

a) Allgemein

V-481 Art. 22 Abs. 2 EGBGB stellt klar, dass das nach Abs. 1 bestimmte Adoptionsstatut nicht nur für die Voraussetzungen, sondern auch für die statusrechtlichen Folgen der Adoption maßgeblich ist. Dies bedeutet konkret, dass die Adoption ein Verwandtschaftsverhältnis des Kindes zu dem Annehmenden begründet und das Verwandtschaftsverhältnis des Kindes zu den Angehörigen seiner Ursprungsfamilie löst oder zumindest lockert. Das Adoptionsstatut entscheidet also auch, ob die Adoption »starke« oder »schwache« Wirkungen hat; s. a. Rdnr. V-474.

V-482 Der Name des Adoptivkindes untersteht nach h. M. nicht dem Adoptions-, sondern dem von Art. 10 Abs. 1 EGBGB berufenen Namensstatut; s. sogleich Rdnr. V-483 ff.

b) Der Name des Adoptivkindes

aa) Anknüpfung

V-483 Während früher die Namensführung des angenommenen Kindes nach dem Adoptionsstatut bestimmt wurde, da man der Ansicht war, dass Art. 22 EGBGB als speziellere Regelung der Regel des Art. 10 EGBGB vorgehe (AG Detmold, IPRax 1990, 254 f.; BayObLG, StAZ 1980, 91), stellt seit der IPR-Reform von 1986 der Art. 10 Abs. 1 EGBGB klar, dass für die Bestimmung des Namens stets das Heimatrecht des Namensträgers maßgeblich ist (AG Rottweil, StAZ 2006, 144, 145; *Staudinger/Hepting/Hausmann*, Art. 10 EGBGB Rdnr. 442; *Staudinger/Henrich*, Art. 22 EGBGB Rdnr. 47; *Hochwald*, StAZ 2008, 115, 115).

V-484 Es ist daher an die Staatsangehörigkeit des Adoptivkindes anzuknüpfen, und zwar an die, die es nach erfolgter Annahme besitzt (*Staudinger/Henrich*, Art. 22 EGBGB Rdnr. 47; MünchKomm/*Klinkhardt*, Art. 22 EGBGB Rdnr. 41). Hierbei ist zu beachten, dass das deutsche Staatsangehörigkeitsrecht nur bei der Minderjährigenadoption, nicht aber bei der Adoption eines Volljährigen dem Adoptivkind die deutsche Staatsangehörigkeit vermittelt (vgl. *Hochwald*, StAZ 2008, 115, 115).

bb) Rechtswahl nach Art. 10 Abs. 3 EGBGB analog

V-485 Wird ein Kind durch ein Ehepaar angenommen, so kann – zumindest bei starken Adoptionen – die Rechtswahlmöglichkeit nach Art. 10 Abs. 3 EGBGB analog herangezogen werden. Art. 10 Abs. 3 EGBGB soll die Wahl eines Rechts ermöglichen, bei dessen Anwendung die Namensführung des Kindes einerseits dem sozialen Umfeld, andererseits der konkret gelebten Familiensituation entspricht. Dieses Anliegen verdient auch bei der Adoption Beachtung. Ein Inlandsbezug des Sachverhalts ist nicht erforderlich (so aber die Vorauflage Rdnr. V-507 ff.), s. näher Rdnr. IV-315 f.

Die Rechtswahl hat bei Inlandsadoptionen analog § 1757 Abs. 2 Satz 1 BGB vor der Annahme durch Erklärung gegenüber dem Familiengericht zu erfolgen (*Staudinger/Hepting/Hausmann*, Art. 10 EGBGB Rdnr. 506); der Adoptionsbeschluss hat in diesem Fall auch die Aufgabe, die Unsicherheiten der Namensführung in Hinsicht auf das anzuwendende Auslandsrecht zu klären.

V-486

cc) Vorfragenanknüpfung
Die Wirksamkeit der Adoption ist im Rahmen der namensrechtlichen Sachnormen eine Vorfrage.

V-487

Nach früher herrschender Ansicht wurden familienrechtliche Vorfragen im Namensrecht grundsätzlich unselbständig angeknüpft, da der Name die Ordnungsinteressen des Heimatstaats berühre und daher auch bei vorgreiflichen Rechtsverhältnissen dessen Rechtsansicht gefolgt werden müsse; nach mittlerweile vordringender Ansicht sind Vorfragen im Namensrecht hingegen grundsätzlich selbständig anzuknüpfen, zum Streitstand ausführlich Rdnr. II-221 ff.

c) Einzelprobleme

aa) Der Name bei schwachen Adoptionen
Kennt das Heimatrecht des Kindes nur eine Volladoption, welche typischerweise zum Erwerb des Namens der Adoptiveltern führt, wurde tatsächlich aber nur eine schwache Adoption durchgeführt, füllt diese schwache Adoption das Tatbestandsmerkmal »Adoption« in der betreffenden namensrechtlichen Vorschrift des Heimatrechts des Kindes eigentlich nicht aus. Andererseits wird das Heimatrecht des Kindes für die – ihm unbekannte – schwache Adoption keine andere Regelung bereithalten.

V-488

Zur Lösung dieses Problems sind die Grundsätze über die Substitution (allgemein Rdnr. VI-70 ff.) heranzuziehen, wobei wie stets die »Funktionsäquivalenz« entscheidend ist. Ein wichtiges Wertungsindiz ist hierbei die Frage, ob das Kind die Staatsangehörigkeit des Annehmenden erwirbt oder nicht.

V-489

Behält das Kind seine bisherige Staatsangehörigkeit und damit auch sein bisheriges Namensstatut, weil das Recht des Annehmenden an die schwache Adoption keine staatsangehörigkeitsrechtlichen Folgen knüpft, so sollte man das Kind so behandeln, als hätte auch nach seinem – alten und neuen – Heimatrecht eine schwache Adoption stattgefunden, und ggf. die Regelungslücke mit einer Analogie schließen. Bei Maßgeblichkeit deutschen Rechts ist etwa die Regel, die im deutschen Recht für den Namen nach einer schwachen Adoption gilt, nämlich §§ 1767 Abs. 2, 1757 Abs. 1 BGB, analog heranzuziehen. Vermieden werden kann dieses Ergebnis durch eine Analogie zu Art. 10 Abs. 3 EGBGB (s. Rdnr. V-485), indem man die Annehmenden bestimmen lässt, dass das Kind den Familiennamen nach dem Recht des Staates, dem einer der An-

V-490

nehmenden angehört, erhalten soll (*Staudinger/Henrich*, Art. 22 EGBGB Rdnr. 54).

V-491 Erwirbt das Kind hingegen ein neues Personalstatut, weil der Heimatstaat des Annehmenden auch einem nur »schwach« adoptierten Kind seine Staatsangehörigkeit verleiht, so wird man das dahinter stehende Motiv der tatsächlichen sozialen Integration auch auf das Namensrecht übertragen können. Das Kind ist namensrechtlich ebenso zu behandeln wie im Falle einer Volladoption; es erwirbt also mit der Staatsangehörigkeit i.d.R. auch den Namen seiner Adoptiveltern.

bb) Getrennte Namensführung der Adoptiveltern

V-492 Führen die Adoptiveltern keinen gemeinsamen Ehenamen, so beherrscht das von Art. 10 Abs. 1 EGBGB berufene Recht auch die Frage, wie der Name des Adoptivkindes zu bestimmen ist. Bei deutschem Personalstatut des Kindes gilt § 1757 Abs. 2 BGB. Die Adoptiveltern bestimmen den Geburtsnamen des Kindes durch Erklärung gegenüber dem Familiengericht, wobei zum Geburtsnamen gemäß § 1617 Abs. 1 BGB entweder der Name des Adoptivvaters oder der Name der Adoptivmutter bestimmt werden kann.

V-493 Hat das Kind eine ausländische Staatsangehörigkeit und gibt das hiernach berufene Namensstatut keine Antwort auf diese Frage, weil es einen gemeinsamen Ehenamen voraussetzt, ist eine Lösung aus den Grundprinzipien des berufenen Sachrechts zu entwickeln (vgl. zum Namen des Kindes Rdnr. IV-295 ff.). Möglich und gegebenenfalls einfacher ist es in diesen Fällen, durch Rechtswahl nach Art. 10 Abs. 3 EGBGB ein Recht zu bestimmen.

cc) Fehlerhafte namensrechtliche Entscheidungen

V-494 Bei Adoptionen mit Auslandsbezug gelten die allgemeinen Grundsätze über die Fehlerhaftigkeit von namensbestimmenden Beschlüssen. Die Nichtigkeit eines Adoptionsbeschlusses tritt nur bei besonders krassen Fehlern ein; ist nur die Namensbestimmung fehlerhaft, aber nicht nichtig, so ist der Beschluss – abweichend von § 197 Abs. 3 FamFG – zwar insoweit anfechtbar; das Standesamt ist bis zur Anfechtung aber an den fehlerhaften Beschluss gebunden (s. Rdnr. V-426; *Henrich*, IPRax, 1998, 96 f.).

V-495 Bestimmt das Familiengericht den Namen eines Adoptivkindes durch Beschluss, ohne zu erkennen, dass das maßgebliche Namensstatut einen Erwerb kraft Gesetzes vorsieht oder eine Namensbestimmung überhaupt nicht gestattet, ist die Entscheidung wirksam. Das Adoptivkind erwirbt den im Beschluss bestimmten Namen (OLG Karlsruhe, StAZ 1998, 278; *Hochwald*, StAZ 2008, 115, 115).

dd) Der Vorname

V-496 Welchen Vornamen ein Kind nach der Adoption führt, hängt davon ab, ob im Adoptionsbeschluss dazu eine Regelung getroffen worden ist oder nicht.

Bei einer Adoption durch deutsche Ehegatten kann das deutsche Familiengericht auf Antrag des oder der Annehmenden mit Einwilligung des Kindes mit dem Ausspruch der Annahme Vornamen des Kindes ändern oder ihm ei-

nen oder mehrere neue Vornamen beigeben, wenn dies dem Wohl des Kindes entspricht (§ 1757 Abs. 4 BGB).
Bei ausländischem Adoptionsstatut entscheidet dieses darüber, ob der Vorname des Kindes geändert werden kann.

6. Der ordre public

Ein von Art. 22 EGBGB berufenes ausländisches Adoptionsrecht ist nicht anwendbar, wenn die Vorbehaltsklausel des Art. 6 EGBGB eingreift. Die Frage kann nur von Einzelfall zu Einzelfall entschieden werden. V-497

Dass das maßgebliche Statut nur eine »schwache« Adoption vorsieht, bei der das Adoptivkind nicht vollkommen aus seinem bisherigen Familienband herausgelöst wird, sondern nur in einzelnen Beziehungen einem leiblichen Kind des Annehmenden gleichgestellt wird, wird – wie sich auch aus §§ 2, 3 AdWirkG ergibt – nicht mehr als Verstoß gegen den deutschen ordre public angesehen (*Staudinger/Henrich*, Art. 22 EGBGB Rdnr. 97; OLG Zweibrücken, StAZ 1985, 132 f.; AG Berlin-Schöneberg, IPRax 1983, 190 f.; vgl. auch Rdnr. V-531 ff.). V-498

Dass das maßgebliche Statut gar keine Adoption vorsieht, steht im Ergebnis einem ausdrücklich ausgesprochenen Adoptionsverbot gleich; hier kann über Art. 6 EGBGB die Anwendung deutschen Rechts in Betracht kommen (OLG Schleswig, StAZ 2008, 142).

Eine Beschränkung auf Minderjährige hingegen bedeutet keinen Verstoß gegen den ordre public (*Kraus*, StAZ 2007, 151).

Für das Standesamt ist die Bedeutung des ordre public gering, da materiellrechtlich eine Prüfungspflicht nur dann besteht, wenn eine Vertragsadoption zu beurteilen ist (Nr. 27.6.2 Satz 3 bis 5 PStG-VwV). Dass ein Annahmeverhältnis ohne jegliche Mitwirkung einer staatlichen Prüfungsinstanz ausschließlich durch Vertrag begründet wird, verstößt bei der Minderjährigenadoption nach h. M. gegen den ordre public, s. Rdnr. V-477. V-499

Bei inländischen gerichtlichen Adoptionen obliegt die Prüfung des ordre public hingegen dem Familiengericht, an dessen Entscheidung das Standesamt gebunden ist.

7. »Zweitadoptionen« und »Adoptionswiederholungen«

Eine echte »zweite« Adoption ist zunächst immer dann möglich, wenn die erste Adoption zuvor aufgehoben worden ist. Das deutsche Recht regelt diesen Fall in §§ 1742, 1759, 1760, 1763 BGB; der Erstadoptierende ist mit dem Zweitadoptierenden typischerweise nicht identisch. V-500

Bei Inlandsadoptionen mit Auslandsbezug sind die auftauchenden kollisionsrechtlichen Fragen nach allgemeinem IPR zu lösen. Zunächst ist die Aufhebung der Erstadoption anzuknüpfen und durchzuführen bzw. – im Falle einer Auslandsaufhebung – anzuerkennen, anschließend ist die Zweitadoption auszusprechen. Derartige Fälle dürften aber selten sein. In der Vergangenheit stellte sich das Problem hauptsächlich im Zusammenhang mit »schwachen« Auslandsadoptionen; s. Rdnr. V-531 ff. V-501

8. Das Adoptionsverfahren nach deutschem Recht

a) Internationale Zuständigkeit

V-502 Die internationale Zuständigkeit des deutschen Familiengerichts dürfte in der Praxis meist problemlos bestehen, da es nach § 101 FamFG genügt, wenn das Kind oder der Annehmende oder einer der beiden annehmenden Ehegatten entweder die deutsche Staatsangehörigkeit besitzt oder seinen gewöhnlichen Aufenthalt in Deutschland hat.

Die Brüssel-IIa-VO sowie das Haager Kinderschutzübereinkommen (KSÜ) bzw. das Minderjährigenschutzabkommen (MSA) sind unanwendbar, da es sich bei der Adoption nicht um eine Kindschaftssache bzw. Schutzmaßnahme handelt (s. Art. 1 Abs. 3 Buchst. b Brüssel-IIa-VO; Art. 4 Buchst. b KSÜ). Zum Haager Adoptionsübereinkommen s. Rdnr. V-509 ff.

b) Art der gerichtlichen Mitwirkung

V-503 Wie das Gericht an der Adoption mitzuwirken hat, bestimmt sich nach dem Adoptionsstatut.

Schreibt das maßgebliche ausländische Recht einen konstitutiven Adoptionsbeschluss vor, wie ihn auch das deutsche Recht in § 1752 BGB kennt, handelt es um eine Dekretadoption. In diesem Fall hat das deutsche Gericht die Adoption zu beschließen. Das Verfahren richtet sich – entsprechend dem allgemeinen Grundsatz von der Maßgeblichkeit des Rechts des Gerichtsstaats – nach deutschem Verfahrensrecht. Das Standesamt hat den Gerichtsbeschluss in die Register zu übertragen; zu einer inhaltlichen Überprüfung ist es grundsätzlich nicht befugt, s. Rdnr. V-393.

V-504 Problematischer sind Fälle, in denen das maßgebliche Recht eine Vertragsadoption mit gerichtlicher Bestätigung vorsieht.

Grundsätzlich kann ein deutsches Gericht Mitwirkungshandlungen, die von einem ausländischen materiellen Recht gefordert werden, auch dann vornehmen, wenn sie dem deutschen Recht fremd sind (mittlerweile wohl allgemeine Meinung; vgl. *Staudinger/Henrich*, Art. 22 EGBGB Rdnr. 78; MünchKomm/*Klinkhardt*, Art. 22 EGBGB Rdnr. 77).

Ein deutsches Familiengericht kann also auch eine auslandsrechtliche Vertragsadoption bestätigen. Dass das deutsche Verfahrensrecht keine entsprechende Norm vorsieht, lässt sich mit einer Analogie zur jeweils nächstverwandten Mitwirkungshandlung deutschen Rechts überbrücken (*Beitzke/Hoffmann/Sturm*, S. 7 schlägt Bestätigung durch Beschluss analog § 1752 Abs. 1 BGB vor).

V-505 Von erheblicher Bedeutung für die personenstandsrechtliche Praxis ist jedoch die Frage, ob sich ein deutsches Gericht wirklich nur auf den bloßen Ausspruch der Bestätigung des Adoptionsvertrags beschränken sollte. Heilt nämlich die Bestätigung etwaige Fehler des Annahmevertrags, macht sie also die Adoption unanfechtbar, so ist sie in Wirklichkeit kein bestätigender, sondern ein konstitutiver Verfahrensakt und hat dieselbe Wirkung wie ein Adoptionsdekret.

Die wohl h. M. qualifiziert die Annahme auch in diesen Fällen stets als Vertragsadoption, ein inländisches Gericht muss den Vertrag daher – wie vom Adoptionsstatut vorgesehen – lediglich »bestätigen« (*Bamberger/Roth/Heiderhoff*, Art. 22 EGBGB Rdnr. 56).   V-506

Ein deutsches Familiengericht sollte jedoch die Annahme nicht nur bestätigen, sondern durch förmlichen Adoptionsbeschluss aussprechen. Dies ist die im deutschen Verfahrensrecht vorgesehene Form einer konstitutiven gerichtlichen Mitwirkung und sollte daher, unabhängig von der verfahrensrechtlichen Ausgestaltung durch das Adoptionsstatut, in derartigen Fällen herangezogen werden (so auch BayObLG, StAZ 1997, 85, 87 f.; *Palandt/Thorn*, Art. 22 EGBGB Rdnr. 5).   V-507

Dies erleichtert die Übertragung der Adoption in die Personenstandsregister. Ob es sich um eine bloße Bestätigung oder um eine konstitutive Adoption durch das Gericht handelt, entscheidet der mit dem Fall befasste Richter. Hat das Gericht die ausländische Vertragsadoption in die verfahrensrechtliche Form einer Dekretadoption umgeformt, obliegt dem Standesamt nur die übliche eingeschränkte Prüfung etwaiger Nichtigkeit, s. Rdnr. V-394 ff.   V-508

Eine lediglich bestätigte Vertragsadoption muss das Standesamt hingegen grundsätzlich inhaltlich voll überprüfen.

9. Das Adoptionsverfahren nach dem Haager Adoptionsübereinkommen

a) Die Zielsetzung des Übereinkommens

Am 1.3.2002 ist für die Bundesrepublik Deutschland das Haager Übereinkommen über den Schutz von Kindern und die Zusammenarbeit auf dem Gebiet der internationalen Adoption vom 29.5.1993 in Kraft getreten (abgedruckt in StAZ 2002, 22 und bei *Schmitz/Bornhofen/Bockstette*, Nr. 226), hierzu allgemein *Bornhofen*, StAZ 2002, 1 ff.; *Frank*, StAZ 2003, 257 ff.   V-509

Vorrangiges Ziel des Übereinkommens ist es, zum Schutz und Wohl der Kinder grenzüberschreitende Adoption von Minderjährigen einem einheitlichen und zwischen den Vertragsstaaten koordinierten und von ihnen kontrollierten Verfahren zu unterwerfen. Grundprinzip des Übereinkommens ist, dass die Behörden des »Heimatstaates« und des »Aufnahmestaates« des Kindes kooperieren, um ein geordnetes Verfahren zu gewährleisten, bei dem die Interessen des Kindes und seiner Ursprungsfamilie gewahrt werden und Kinderhandel vermieden wird. Hierzu richten die Vertragsstaaten besondere »Zentrale Behörden« ein.   V-510

b) Die materiellrechtlichen Grundsätze des Übereinkommens

Das Übereinkommen enthält kein materielles Kollisionsrecht. Für die Bestimmung des maßgeblichen Adoptionsrechts sind daher nach wie vor die Art. 22, 23 EGBGB heranzuziehen; hierzu s. Rdnr. V-466 ff.   V-511

c) Das Adoptionsübereinkommens-Ausführungsgesetz (AdÜbAG)

V-512 Die ergänzenden Verfahrensvorschriften zur Ausführung des Übereinkommens enthält das Adoptionsübereinkommens-Ausführungsgesetz vom 5.11.2001 (AdÜbAG; abgedruckt in StAZ 2002, 22 ff. sowie auszugsweise bei *Schmitz/Bornhofen/Bockstette*, Nr. 25). Es gilt ausschließlich für internationale Adoptionen im Verhältnis zu Vertragsstaaten des Haager Übereinkommens.

V-513 Für die deutschen Standesämter und die Familiengerichte sind vor allem die Abschnitte 1 und 3 bedeutsam, die sich mit den »Zentralen Behörden« und der durch sie zu erteilenden »Bescheinigung« über das Zustandekommen oder die Umwandlung eines Annahmeverhältnisses näher befassen. Sie bringen eine erhebliche Entlastung für die Standesämter, allerdings nicht bei Inlands-, sondern bei Auslandsadoptionen; s. Rdnr. V-545 ff.; vgl. *Gaaz/Bornhofen*, § 27 PStG Rdnr. 54; *Frank*, StAZ 2003, 257, 259.

V-514 Wesentliche Grundlage für die Zusammenarbeit der Staaten ist die von der jeweils zuständigen Behörde des Adoptionsstaats ausgestellte Bescheinigung i.S.d. Art. 23 des Adoptionsübereinkommens, die angeben muss, dass die Adoption gemäß den Bestimmungen des Adoptionsstaats zustande gekommen ist und dem Abkommen entspricht. Hat die zuständige Behörde diese Bescheinigung ausgestellt, so wird die Adoption in allen Vertragsstaaten des Übereinkommens ohne Weiteres anerkannt.

III. Auslandsadoptionen

1. Allgemeines

V-515 Die meisten Auslandsadoptionen betreffen Kinder, die im Ausland geboren wurden. Eine Auslandsadoption wird im Inland daher personenstandsrechtlich relevant, wenn die Annahme als Kind als Nachbeurkundung nach § 36 PStG im Geburtseintrag des Kindes registriert oder im Geburtseintrag des oder der Annehmenden ein Hinweis nach § 27 Abs. 4 Satz 2 Nr. 2 PStG angebracht werden soll (*Gaaz/Bornhofen*, § 27 PStG Rdnr. 54).

Bei einer Adoption in einem Vertragsstaat des Haager Adoptionsübereinkommens wird die Auslandsadoption nach Art. 23 Abs. 1 des Abkommens kraft Gesetzes anerkannt, s. Rdnr. V-545 ff. Bei allen anderen Auslandsadoptionen richtet sich die Anerkennung nach den allgemeinen Grundsätzen des autonomen internationalen Verfahrensrechts, insbesondere nach § 109 Abs. 1 FamFG, s. Rdnr. V-516 ff.

2. Die Anerkennung ausländischer Adoptionen nach autonomem Recht

a) Allgemeines

V-516 Die Anerkennung ausländischer Adoptionen gehört zum Aufgabenbereich des Standesamts; dieses hat die Anerkennungsfähigkeit und die Rechtswirkungen von Auslandsadoption für den deutschen Rechtsbereich zu prüfen;

vgl. BayObLG, StAZ 2000, 104; StAZ 2000, 300; *Bornhofen*, StAZ 2002, 8 ff.; wegen Einzelheiten zur Eintragung s. *Gaaz/Bornhofen*, § 27 PStG Rdnr. 54 ff., insbesondere Rdnr. 61 ff. Allerding kann auch ein gerichtliches Anerkennungs- und Wirkungsfeststellungsverfahren nach § 2 AdWirkG durchgeführt werden, um die Anerkennungsfähigkeit und die Wirkungen einer Auslandsadoption zu klären, näher dazu Rdnr. V-554 f.

Bei zahlreichen Auslandsadoptionen richtet sich die Anerkennung nach dem Haager Adoptionsübereinkommen, und zwar immer dann, wenn ein Kind in einem Vertragsstaat adoptiert wurde; s. Rdnr. V-545 ff. Doch werden auch die Fälle, in denen die Anerkennungsfähigkeit außerhalb des Übereinkommens geprüft werden muss, weiterhin eine große Rolle spielen, vor allem wenn es um eine Adoption in einem Nichtvertragsstaat, aber auch wenn es um eine Altadoption geht oder die Anerkennungsvoraussetzungen nach dem Übereinkommen nicht erfüllt werden, s. zum Günstigkeitsprinzip Rdnr. V-547. Die Anerkennung richtet sich dann nach den allgemeinen Grundsätzen des autonomen internationalen Verfahrensrechts; vgl. etwa BayObLG, StAZ 2000, 104 mit Anm. *Wohlgemuth*, 225; StAZ 2000, 300 mit Anm. *Busch/ Bienentreu*, StAZ 2001, 12; OLG Karlsruhe, StAZ 2004, 111. V-517

Hier stellt sich zunächst die Frage, ob es sich um eine Vertragsadoption oder eine ausländische Dekretadoption handelt (zu dieser Unterscheidung s. Rdnr. V-477 f.). Bei Dekretadoptionen kann sich die Prüfung auf die prozessualen Anerkennungshindernisse des § 109 Abs. 1 FamFG beschränken (s. Rdnr. V-522 ff.). V-518

Bei Vertragsadoptionen ist jedoch zu differenzieren: Eine rein *rechtsgeschäftliche* Vertragsadoption i. e. S. hat das Standesamt nach Art. 22, 23 EGBGB materiellrechtlich zu überprüfen, weil es hier einen anerkennungsfähigen Hoheitsakt nicht gibt (vgl. *Bornhofen*, StAZ 2002, 9; s. Rdnr. V-540 ff.). V-519

Hat jedoch der ausländische Richter durch *konstitutive* Bestätigung die Verantwortung für die Wirksamkeit der Adoption übernommen, ist diese analog §§ 108, 109 FamFG wie ein Adoptionsbeschluss anzuerkennen (*Gaaz/ Bornhofen*, § 27 PStG Rdnr. 56; *Staudinger/Henrich*, Art. 22 EGBGB Rdnr. 98). V-520

Intertemporal kommt es grundsätzlich auf das Anerkennungsrecht zur Zeit der ausländischen Entscheidung an, nicht auf das zur Zeit der Personenstandseintragung. Erleichtert aber das inländische Anerkennungsrecht später die Anerkennungsvoraussetzungen, so gelten ab diesem Zeitpunkt die neuen, anerkennungsfreundlicheren Bestimmungen (vgl. *Palandt/Thorn*, Art. 22 EGBGB Rdnr. 13). V-521

b) Dekretadoptionen

Die Anerkennung ausländischer Dekretadoptionen richtet sich nach §§ 108, 109 FamFG (*Gaaz/Bornhofen*, § 27 PStG Rdnr. 54, 56). Die Vorschrift über die Anerkennung von Entscheidungen in Familiensachen und in Angelegenheiten der freiwilligen Gerichtsbarkeit (vgl. § 1 FamFG) ist auch dann heranzuziehen, wenn das ausländische Gericht im Verfahren der streitigen Gerichtsbar- V-522 keit entschieden hat (BayObLG, StAZ 2000, 300, 301); denn die Qualifikation richtet sich nach dem Verfahrensrecht des Anerkennungsstaats.

aa) Die internationale Zuständigkeit, § 109 Abs. 1 Nr. 1 FamFG

V-523 Das ausländische Gericht, das den Adoptionsbeschluss erlassen hat, muss aus der Sicht des deutschen Rechts international zuständig gewesen sein. Diese Voraussetzung hat das Standesamt selbst zu überprüfen. Es stellt dies fest, indem es die Zuständigkeitsvorschrift des § 101 FamFG in den ausländischen Fall »spiegelt«. Das ausländische Gericht ist dann international zuständig, wenn im gleich gelagerten Fall ein deutsches Gericht ebenfalls seine Zuständigkeit angenommen hätte (LG Stuttgart, StAZ 2000, 48; *Gaaz/Bornhofen*, § 27 PStG Rdnr. 56).

V-524 Auch hier kommt es auf den Zeitpunkt der Anerkennung bzw. auf den Zeitpunkt des Erlasses der ausländischen Entscheidung an, nicht auf den Zeitpunkt der Eintragung.

V-525 Angesichts der großzügigen Zuständigkeitsregelung in § 101 FamFG wird die Anerkennung einer Auslandsadoption ohnehin kaum jemals an der fehlenden internationalen Zuständigkeit scheitern.

bb) Der ordre public, § 109 Abs. 1 Nr. 2 bis 4 FamFG

V-526 Bei § 109 Abs. 1 Nr. 2 und 3 FamFG handelt es sich um besondere Ausformungen des verfahrensrechtlichen ordre public; sie wollen das rechtliche Gehör der Beteiligten wahren und eine Kollision mit einem aus deutscher Sicht bereits abgeschlossenen Verfahren verhindern.

V-527 § 109 Abs. 1 Nr. 4 FamFG regelt den materiellrechtlichen ordre public; die Adoptionsentscheidung darf nicht zu einem Ergebnis führen, das mit wesentlichen Grundsätzen des deutschen Rechts offensichtlich unvereinbar ist. Entscheidend ist nicht der abstrakte Inhalt einer bestimmten Regelung, sondern das konkrete Ergebnis. Der ordre-public-Vorbehalt greift auch nicht allein deswegen ein, weil bestimmte Einzelanforderungen des deutschen Rechts nicht beachtet wurden. Erforderlich ist eine Gesamtbewertung des Ergebnisses unter dem Aspekt des Kindeswohls (vgl. VGH Kassel, NJW-RR 1994, 391; OLG Düsseldorf, StAZ 2009, 335; OLG Frankfurt a. M., StAZ 2009, 336). Allerdings sind die Kriterien des Kindeswohls unklar und umstritten und seine Beachtung im ausländischen Verfahren schwer zu überprüfen (vgl. *Busch/Bienentreu*, StAZ 2001, 12 kritisch zu BayObLG, StAZ 2000, 300).

V-528 Wenn deutsche Adoptiveltern im Ausland ein Kind durch Vertrag angenommen haben, dringt man bis zur Prüfung des ordre public gar nicht vor (so aber etwa AG Duisburg, StAZ 1983, 249 zu Thailand). Vertragsadoptionen sind unmittelbar nach Art. 22 EGBGB anzuknüpfen und bei Maßgeblichkeit des deutschen Rechts wegen § 1752 BGB bereits materiellrechtlich unwirksam (s. Rdnr. V-478), so dass es zur Abwehr nicht des ordre public bedarf.

V-529 Kein Verstoß gegen den ordre public wurde in folgenden Fällen angenommen:
- Mehrfachadoption eines volljährigen Adoptivkindes, LG Stuttgart, StAZ 2000, 49.

- Kein persönliches Kennenlernen vor der Adoption, wenn die Entstehung eines Eltern-Kind-Verhältnisses anhand anderer Faktoren erwartet werden kann (AG Nürnberg, StAZ 2010, 80);
- durch die Adoptionsentscheidung verfügte Änderung des Geburtsorts, sofern der wahre Geburtsort weiterhin festgestellt werden kann (KG, StAZ 2007, 205).

Hingegen greift der ordre-public-Vorbehalt ein, wenn eine Adoption gegen den Willen der Betroffenen erfolgt ist oder kein Eltern-Kind-Verhältnis begründen soll, sondern allein den Zweck verfolgt, dem Kind die Aufenthaltserlaubnis zu verschaffen; vgl. BVerwG, StAZ 1987, 20; auch *Sturm*, Festschrift Firsching, 1985, 316. V-530

Auch eine Adoption, bei der keine Kindeswohlprüfung erfolgt, soll nach der Rechtsprechung gegen den inländischen ordre public verstoßen, selbst wenn zum Zeitpunkt der Anerkennung eine Adoption dem Kindeswohl entspräche; die Kindeswohlprüfung soll nicht durch ein inländisches Gericht bei einer Anerkennung der Adoption – etwa im Rahmen des Feststellungsverfahrens nach § 2 AdWirkG – nachgeholt werden können (etwa OLG Düsseldorf, StAZ 2009, 335; StAZ 2012, 175; StAZ 2013, 82; OLG Hamm, StAZ 2010, 368; OLG Karlsruhe, StAZ 2011, 210; OLG Frankfurt a.M., StAZ 2012, 241 und 268; vgl. auch OLG Köln, StAZ 2012, 339, 341 ff.). Ob diese zunehmend restriktive Haltung der Gerichte, die im Anerkennungszeitpunkt faktisch bestehenden Familiensituation zu ignorieren, dem Kindeswohl und verfassungsrechtlichen Standards genügt, darf mit Recht bezweifelt werden (*Botthof*, StAZ 2014, 74).

cc) Schwache Adoptionswirkungen als Anerkennungshindernis?

Die Frage, ob eine schwache Auslandsadoption anzuerkennen und als »Adoption« in die deutschen Personenstandsregister einzutragen ist, oder ob einer Anerkennung der ordre public i.S.d. § 109 Abs.1 Nr.4 FamFG entgegensteht, war lange Zeit umstritten (für eine Anerkennungsfähigkeit OLG Düsseldorf, StAZ 2012, 82; OLG Köln, StAZ 2012, 339, 341). Dass eine Nichtanerkennung das Kind im Inland praktisch rechtlos stellen würde, indem es ihm sogar die schwache Rechtsstellung aus der Adoption vorenthalten würde, war ein gewichtiges Argument für die Anerkennung (ebenso MünchKomm/*Klinkhardt*, Art. 22 EGBGB Rdnr. 99 m.w.N.; Staudinger/*Henrich*, Art 22 EGBGB Rdnr. 97). V-531

In der Praxis wurden die Probleme häufig dadurch gelöst, dass man eine – meist als »Zweitadoption« bezeichnete – »Adoptionswiederholung« vornahm, um die schwache Auslandsadoption im Inland in eine starke Adoption umzuwandeln. V-532

Ein Argument für die Anerkennung schwacher Adoptionen ist, dass sie in Art. 26 des Haager Adoptionsübereinkommens ausdrücklich vorgesehen ist und Art. 27 des Übereinkommens die Möglichkeit der Umwandlung in eine starke Volladoption bereit hält. Demzufolge wurde durch § 3 AdWirkG die Möglichkeit geschaffen, nach ausländischem Recht vorgenommene »schwache« Adoptionen in Volladoptionen umzuwandeln. Hierdurch ist das Bedürfnis für die Wiederholung im Inland nach fremdem Sachrecht vorgenommener Adoptionen entfallen. Zum AdWirkG allgemein und zu der dadurch ge- V-533 schaffenen Umwandlungsmöglichkeit Rdnr. V-556 ff.; *Steiger,* DNotZ 2002, 184, 195 ff.; *Busch,* IPRax 2003, 13. Zur personenstandsrechtlichen Eintragung im Einzelnen s. *Gaaz/Bornhofen,* § 27 PStG Rdnr. 61 ff.

dd) Die Problematik ausländischer Inkognito-Adoptionen

V-534 Inkognito-Adoptionen, wie sie § 1747 Abs. 2 Satz 2 BGB zulässt, gibt es auch in ausländischen Rechten. Dies kann dazu führen, dass dem Standesamt, welches das Geburtenregister führt, ein Dokument vorgelegt wird, dem sich nur die Adoption an sich entnehmen lässt, nicht aber der Name des Annehmenden.

In diesem Fall hat das Standesamt wie stets nach § 109 Abs. 1 FamFG zu prüfen, ob die Adoption anzuerkennen ist. Dass der Name der neuen Familie verheimlicht wird, berührt keinen der vier Prüfungspunkte des § 109 Abs. 1 FamFG; insbesondere verstößt eine Adoptionsform, die das deutsche Recht selbst für rechtspolitisch sinnvoll hält, nicht gegen den deutschen ordre public.

V-535 Schwierigkeiten bereitet nur der anschließende Eintrag im Geburtenregister, für den das Standesamt nach § 27 Abs. 3 Nr. 1 PStG i. V. m. § 21 Abs. 1 Nr. 4 PStG den Namen des Annehmenden wissen müsste, s. *Gaaz/Bornhofen,* § 27 PStG Rdnr. 61.

ee) Reichweite der Wirksamkeitserstreckung

V-536 Da die Anerkennung eines ausländischen Adoptionsbeschlusses unmittelbare »Wirkungserstreckung« auf das Inland bedeutet, kann der ausländische Adoptionsbeschluss direkt in das deutsche Personenstandsregister übertragen werden. Eines erneuten gerichtlichen Verfahrens bedarf es grundsätzlich nicht.

V-537 Aus der bloßen »Wirkungserstreckung« folgt, dass ein Adoptionsbeschluss im Inland grundsätzlich keine weitergehende Wirkung entfalten kann, als ihm im Adoptionsstaat selbst zukommt. Selbstverständliche Voraussetzung jeder Anerkennung ist daher zunächst, dass der Adoptionsbeschluss im Entscheidungsstaat selbst wirksam geworden ist (vgl. *Hepting,* StAZ 1986, 307 bei Fn. 30 ff.). Das weitere Problem, dass die im Adoptionsstaat angeordneten Wirkungen hinter den vom deutschen Recht her gewohnten zurückbleiben und ein unklarer Rechtszustand entsteht, kann seit dem Inkrafttreten des AdWirkG durch eine Umwandlung nach § 3 AdWirkG gelöst werden; s. Rdnr. V-556 ff.

V-538 Denkbar ist ferner, dass im Inland nicht alle im Entscheidungsstaat angeordneten Wirkungen anerkannt werden. Dieses Problem tritt auf, wenn ein ausländisches Adoptionsdekret Rechtsfolgen anordnet, die aus der Sicht des deutschen IPR nicht mehr adoptionsrechtlich zu qualifizieren sind.

V-539 Anzuerkennen ist dann auf der Grundlage der §§ 108, 109 Abs. 1 FamFG in jedem Fall die in der Adoption selbst liegende Personenstandsänderung.

Entscheidet der ausländische Adoptionsbeschluss auch über Folgewirkungen der Adoption, die über die bloße Begründung des Eltern-Kind-Verhältnisses hinausgehen, schließt dies die Anerkennung nicht aus; doch ist insoweit die Anerkennungsfrage neu zu stellen und insbesondere neu zu qualifizieren. Für die internationale Anerkennungszuständigkeit des ausländischen Gerichts gilt dann nicht mehr § 101 FamFG. So hat das OLG Karlsruhe (StAZ 2004, 111) die in einem ausländischen Adoptionsdekret ausgesprochene Änderung des Geburtsdatums gemäß § 16a FGG (der Vorgängervorschrift der §§ 108, 109 Abs. 1 FamFG) anerkannt; auch wenn dies im konkreten Fall richtig gewesen sein mag, weil die Voraussetzungen für eine Anerkennung dieser personenrechtlichen Rechtsfolgen der betreffenden Entscheidung vorlagen, so war es doch nicht die Anerkennung einer *adoptions*rechtlichen Folge.

c) *Vertragsadoptionen*

Vertragsadoptionen sind Adoptionen, bei denen die statusgestaltende Wirkung allein aus einem rechtsgeschäftlichen Akt folgt und ein etwa mitwirkendes Gericht sich auf bloße Kontrolle und Bestätigung beschränkt. Der Annahmevertrag kann auch in einem Land geschlossen werden, das seinerseits keine Vertragsadoption kennt, sofern nur die Voraussetzungen des maßgeblichen Adoptionsstatuts erfüllt werden. V-540

Hat die gerichtliche »Bestätigung« in Wahrheit konstitutiven Charakter, handelt es sich nicht um eine Vertragsadoption i. e. S.; vielmehr ist die Bestätigung wie ein gerichtlicher Adoptionsbeschluss zu behandeln (vgl. zu Inlandsadoptionen Rdnr. V-504 ff.). V-541

Zur Feststellung der Wirksamkeit einer Vertragsadoption hat das Standesamt das von Art. 22 EGBGB berufene Adoptionsstatut sowie das von Art. 23 EGBGB berufene Personalstatut des Kindes festzustellen und konkret zu prüfen, ob die Wirksamkeitsvoraussetzungen der Annahme erfüllt sind. Hinsichtlich etwaiger Formerfordernisse ist Art. 11 EGBGB zu beachten; hier gilt neben dem Adoptionsstatut auch das Ortsrecht. V-542

Das Erfordernis des Vertragsschlusses selbst ist eine materielle Wirksamkeitsvoraussetzung, nicht eine Formfrage. Es richtet sich daher stets nur nach dem Adoptionsstatut. Daher ist immer dann, wenn gemäß Art. 22 EGBGB deutsches Recht die Adoption beherrscht, eine Vertragsadoption nicht wirksam (s. Rdnr. V-478). V-543

Sieht ein ausländisches Recht eine rein rechtsgeschäftliche Adoption ohne jegliche gerichtliche oder behördliche Kontrolle vor, verstößt dies gegen den deutschen ordre public, Art. 6 EGBGB. Das »Kindeswohl« bei der Minderjährigenadoption (§ 1741 Abs. 1 Satz 1 BGB) wie auch die »sittliche Rechtfertigung« bei der Erwachsenenadoption (§ 1767 Abs. 1 BGB) sind so wichtige Prinzipien des deutschen Adoptionsrechts, dass sie auch bei Anwendung ausländischen Rechts gewährleistet sein müssen; angesichts der Missbrauchsmöglichkeiten ist eine Kontrolle insoweit unverzichtbar. Die Mitwirkung anderer Funktionsträger (Beratung und Beurkundung durch einen Notar, Vertragsschluss vor einem Religionsdiener) genügt nicht (so für die Minderjährigenadoption auch MünchKomm/*Klinkhardt*, Art. 22 EGBGB Rdnr. 57; *Staudinger/Henrich*, Art. 22 EGBGB Rdnr. 78). V-544

3. Die Anerkennung ausländischer Adoptionen nach dem Haager Adoptionsübereinkommen

a) Allgemeine Grundsätze der Anerkennung

V-545 Allgemein zu Geltung und Regelungszweck des Haager Adoptionsübereinkommens Rdnr. V-509 ff. Alle Adoptionen aus einem Vertragsstaat, die unter Beachtung des Übereinkommens zustande gekommen sind, sind in den anderen Vertragsstaaten kraft Gesetzes anzuerkennen, wenn die gemäß Art. 23 des Übereinkommens erteilte Bescheinigung der zuständigen Behörde vorgelegt wird. Es bedarf weder einer gerichtlichen Entscheidung noch anderer Förmlichkeiten.

V-546 Die Anerkennung kann gemäß Art. 24 des Übereinkommens nur versagt werden, wenn die Adoption dem ordre public widerspricht. Hierbei ist ein strenger Maßstab anzulegen (*Steiger*, DNotZ 2002, 184, 191). Darüber hinaus ist ausdrücklich das Wohl des Kindes zu berücksichtigen. Das Eingreifen eines Anerkennungshindernisses ist etwa dann denkbar, wenn sich herausstellt, dass das Kind entführt oder die Zustimmung gefälscht wurde oder die Zustimmungsberechtigten durch arglistige Täuschung oder widerrechtliche Drohung zur Abgabe ihrer Erklärung veranlasst wurden (*Staudinger/Henrich*, vor Art. 22 EGBGB Rdnr. 48).

V-547 Auch im Rahmen des Haager Übereinkommens gilt wie allgemein bei der Anerkennung ausländischer Entscheidungen das Günstigkeitsprinzip, auch wenn dies umstritten ist. Scheitert eine Anerkennung nach dem Übereinkommen, so kann auf die autonomen Anerkennungsregeln (hierzu Rdnr. V-516 ff.) zurückgegriffen werden (OLG Köln, StAZ 2012, 339; *Botthof*, StAZ 2014, 74; a. A. OLG Schleswig, StAZ 2014, 89, 91 f.; *Staudinger/Henrich*, vor Art. 22 EGBGB Rdnr. 48; offengelassen von OLG Hamm, StAZ 2010, 368; OLG Düsseldorf, StAZ 2013, 82). Es kann im Einzelfall aus Gründen des Kindeswohls erforderlich sein, eine ausländische Adoptionsentscheidung auch dann anzuerkennen, wenn das strenge Verfahren nach dem Haager Übereinkommen nicht durchlaufen wurde (näher *Andrae*, § 7 Rdnr. 71).

b) Die Umwandlung nach Art. 27 des Übereinkommens

V-548 Art. 27 des Übereinkommens sieht die Möglichkeit vor, eine im Heimatstaat durchgeführte »schwache« Adoption, die das frühere Eltern-Kind-Verhältnis nicht völlig beendet hat, im Aufnahmestaat in eine »starke« Adoption mit einer derartigen Wirkung umzuwandeln. Voraussetzungen hierfür sind, dass das Recht des Aufnahmestaats dies gestattet (Art. 27 Abs. 1 Buchst. a) und die Zustimmungen der Eltern und des Kindes zu einer solchen Adoption erteilt worden sind oder werden (Art. 27 Abs. 1 Buchst. b). Die erste Voraussetzung ist in Deutschland nunmehr mit § 3 Abs. 1 Satz 1 AdWirkG gegeben; näher Rdnr. V-556 ff.

Auch diese Umwandlungsentscheidung ist kraft Gesetzes von jedem Vertragsstaat anzuerkennen (Art. 27 Abs. 2 i. V. m. Art. 23 des Übereinkommens).

c) Überprüfung ausländischer Bescheinigungen

Aufgrund der großen Bedeutung und Beweiskraft der gemäß Art. 23 des Übereinkommens ausgestellten Bescheinigung enthält § 9 AdÜbAG als Kontrollinstrument die Möglichkeit einer Überprüfung der Bescheinigung durch die Bundeszentralstelle. Die Überprüfung erfolgt nur auf Antrag und erstreckt sich nur auf die formelle Ordnungsmäßigkeit der ausländischen Bescheinigung, die bei positivem Prüfungsergebnis widerlegbar vermutet wird. Die Vereinbarkeit mit dem ordre public wird nicht geprüft. — V-549

Ein Verstoß gegen den inländischen ordre public kann aber im Wege einer Anerkennungsfeststellung durch das Familiengericht nach § 2 AdWirkG geklärt werden. — V-550

In der Praxis wird das Standesamt die Adoption aufgrund der ausländischen Bescheinigung im Regelfall ohne weiteres eintragen können; hat es Zweifel an ihrer formalen Korrektheit, so kann es den Antrag auf Überprüfung nach § 9 AdÜbAG stellen. Dass das Standesamt ein Verfahren nach § 2 AdWirkG in Gang setzt, wird eine seltene Ausnahme bleiben; hierzu Rdnr. V-554 f. — V-551

4. Das Adoptionswirkungsgesetz (AdWirkG)

a) Allgemeines

Im Zuge der Ratifizierung des Haager Adoptionsübereinkommens hat der Gesetzgeber neben dem AdÜbAG auch das AdWirkG vom 5.11.2001 erlassen (abgedruckt in StAZ 2002, 22 sowie *Schmitz/Bornhofen/Bockstette*, Nr. 26). Es ist jedoch inhaltlich weitgehend unabhängig von den Regelungen des Haager Adoptionsübereinkommens; sein Anwendungsbereich erstreckt sich auf alle auf ausländischen Sachvorschriften beruhenden sowie im Ausland vollzogenen Adoptionen (§ 1 AdWirkG). Inhaltlich regelt das Gesetz im Wesentlichen die Wirkung von im Ausland vollzogenen Adoptionen und die Umwandlung »schwacher« Adoptionen ausländischen Rechts in starke Volladoptionen nach deutschem Recht. — V-552

Das Gesetz enthält keine Übergangsregelung und gilt damit auch für »Altadoptionen« (*Bornhofen*, StAZ 2002, 1, 5; *Steiger*, DNotZ 2002, 184, 197). — V-553

b) Die Anerkennungs- und Wirkungsfeststellung gemäß § 2 AdWirkG

§ 2 AdWirkG regelt ein familiengerichtliches Verfahren, um die Anerkennung und die Wirkungen einer auf ausländischem Recht beruhenden Annahme eines Kindes im Inland zu klären. Das Feststellungsverfahren führt eine für und gegen jedermann wirkende Entscheidung und somit Rechtssicherheit für die Adoptivfamilie und für den Rechtsverkehr herbei. — V-554

Auf Antrag – auch des zuständigen Standesamts, § 4 Abs. 1 Satz 1 Nr. 1 Buchst. d AdWirkG – stellt das Familiengericht fest, ob eine Annahme als Kind anzuerkennen (bei Dekretadoptionen) bzw. wirksam (bei Vertragsadoptionen) ist und ob das Eltern-Kind-Verhältnis des Kindes zu seinen bisherigen — V-555

Eltern durch die Annahme erloschen ist (§ 2 Abs. 1 AdWirkG). Nach Abs. 2 kann geklärt werden, welche Wirkungen die Adoption im Inland entfaltet.

Zweifel daran, ob es sich um eine starke oder um eine schwache Adoption handelt, können auf diese Weise aus dem Weg geräumt werden. Allerdings führt die Feststellungserklärung nicht zu einer Umwandlung in eine Adoption anderer Qualität; § 2 AdWirkG wird – trotz Art. 26 des Übereinkommens – im RegE (BT-Drucks. 14/6011) nach wie vor i. S. d. herkömmlichen Wirkungserstreckungslehre verstanden (insoweit kritisch *Frank*, StAZ 2003, 261 f.).

c) Die Umwandlung gemäß § 3 AdWirkG

V-556   Darüber hinaus kann das Familiengericht entsprechend der Umwandlungsmöglichkeit nach Art. 27 des Haager Adoptionsübereinkommens (s. Rdnr. V-548) nach § 3 AdWirkG auf Antrag aussprechen, dass das Kind die Rechtsstellung eines nach deutschen Sachvorschriften angenommenen Kindes erhält. Eine solche Umwandlung ist auszusprechen, wenn dies dem Wohl des Kindes dient (§ 3 Abs. 1 Satz 1 Nr. 1 AdWirkG), die erforderlichen Zustimmungen zu einer Annahme mit einer das Eltern-Kind-Verhältnis beendenden Wirkung erteilt sind (§ 3 Abs. 1 Satz 1 Nr. 2 AdWirkG) und überwiegende Interessen des Ehegatten oder der Kinder des Annehmenden oder des Angenommenen nicht entgegenstehen (§ 3 Abs. 1 Satz 1 Nr. 3 AdWirkG). Die Vorschrift erlaubt es auch, den Namen des Kindes an die neue Situation anzupassen (AG Nürnberg, StAZ 2003, 144).

d) Das Verfahren bei §§ 2, 3 AdWirkG

V-557   Die örtliche und internationale Zuständigkeit des Familiengerichts für Anträge nach §§ 2, 3 AdWirkG ergibt sich aus § 101 FamFG. Nach § 5 Abs. 1 und 2 AdWirkG gilt eine Zuständigkeitskonzentration (*Steiger*, DNotZ 2002, 184, 197). Grundsätzlich entscheidet das Amtsgericht am Sitz eines Oberlandesgerichts für den gesamten OLG-Bezirk.

V-558   Antragsberechtigt für die Feststellung nach § 2 AdWirkG ist neben den Annehmenden, dem Kind und den bisherigen Eltern auch das Standesamt (§ 4 Abs. 1 Satz 1 Nr. 1 Buchst. d AdWirkG), soweit es um die Eintragung einer Folgebeurkundung zum Geburtseintrag des Kindes nach § 27 Abs. 3 Nr. 1 PStG geht; vgl. auch § 4 Abs. 1 Satz 2 AdWirkG. Den Ausspruch nach § 3 AdWirkG kann dagegen nur der Annehmende beantragen, § 4 Abs. 1 Satz 1 Nr. 2 AdWirkG.

V-559   Mit §§ 2, 3 AdWirkG wird die früher bestehende Problematik der »Adoptionswiederholungen« ausgeräumt (näher Rdnr. V-500 f. und Rdnr. V-532; *Frank*, StAZ 2003, 257, 260 ff.). Nach Inkrafttreten des AdWirkG ist ein Interesse an einer Wiederholung wirksamer ausländischer Adoptionen im Inland kaum noch vorstellbar.

V-560   Daher fehlt es am Rechtsschutzbedürfnis für eine Zweitadoption, wenn die Voraussetzungen für eine Feststellung der Anerkennung bzw. der Wirksamkeit einer ausländischen Adoption gegeben sind, denn dann kommt nur das Verfahren nach § 3 AdWirkG in Betracht (*Palandt/Thorn*, Art. 22 EGBGB Rdnr. 18; a. A. *Steiger*, DNotZ 2002, 184, 206, der das Rechtsschutzbedürfnis

auch dann noch anerkennen will, wenn ernstliche Zweifel an der Anerkennungsfähigkeit bzw. Wirksamkeit des ausländischen Adoptionsakts bestehen).
Liegen die Voraussetzungen für die Verfahren nach §§ 2 und 3 AdWirkG nicht vor oder können sie nicht nachgewiesen werden, so bleibt es bei der bisherigen Praxis; eine erneute Vornahme der Adoption im Inland ist zulässig (*Palandt/Thorn*, Art. 22 EGBGB Rdnr. 18). V-561

5. Der Name des Adoptivkindes

a) Direkte Anknüpfung einer Namensfolge an den Voraustatbestand der Adoption

Knüpft das ausländische Adoptionsstatut ohne vorherige gerichtliche Entscheidung unmittelbar eine Namensfolge an den Voraustatbestand der Adoption, so ist dies nach den Grundsätzen zu beurteilen, die für eine Inlandsadoption mit Auslandsbezug gelten, hierzu Rdnr. V-487. V-562

b) Rechtswahl nach Art. 10 Abs. 3 EGBGB analog

Erfolgte die Annahme als Kind im Ausland und hat das Adoptionsgericht hierbei keine Namensentscheidung getroffen, so kommt grundsätzlich eine nachträgliche Rechtswahl nach Art. 10 Abs. 3 EGBGB analog in Betracht, s. bereits Rdnr. V-485 f. zur Inlandsadoption mit Auslandsbezug. V-563

c) Der Name des Kindes bei getrennter Namensführung der Adoptiveltern

Ist die Adoption im Ausland erfolgt, haben die Adoptiveltern dort keine Erklärungen zur Namensbestimmung abgegeben und fehlt es an einer gerichtlichen Namensbestimmung, etwa weil das ausländische Gericht nach seinem Recht davon ausgegangen ist, dass sich der Kindesname entweder gar nicht oder aber kraft Gesetzes ändern werde, so macht dies die Adoption nicht unwirksam; das Kind hat jedoch seinen bisherigen Namen behalten (*Krömer*, StAZ 2007, 50, 50). V-564

Dieses Ergebnis kann jedoch die mit der Adoption bezweckte soziale Integration gefährden. Das Kind auf das öffentlichrechtliche Namensänderungsverfahren zu verweisen, wäre zwar möglich, aber ein zu umständlicher Umweg. Sinnvoller erscheint es, in derartigen Fällen eine nachträgliche Namensbestimmung analog § 1757 Abs. 2 BGB zuzulassen, wobei die Erklärung gegenüber dem Standesamt abzugeben wäre, das den Geburtseintrag führt (so auch *Krömer*, StAZ 2007, 50, 50). Als zeitliche Grenze wäre die erste Beurkundung der Adoption in einem deutschen Personenstandsregister denkbar, also etwa als Folgebeurkundung gemäß § 27 Abs. 3 Nr. 1 PStG zu einem nach § 21 PStG oder § 36 PStG errichteten deutschen Geburtseintrag. V-565

Im Übrigen hat das Standesamt, das die Auslandsadoption in ein deutsches Personenstandsregister einzutragen hat, den Namen nach den Grundsätzen des anwendbaren ausländischen Rechts zu ermitteln. Die hierbei auftretenden Probleme können ggf. durch eine nachträgliche Rechtswahl analog V-566

Art. 10 Abs. 3 EGBGB vereinfacht werden, sofern deren Voraussetzungen vorliegen, s. Rdnr. V-563.

d) Der Vorname

V-567 Enthält das ausländische Adoptionsdekret keine Bestimmung über den Vornamen des Kindes bzw. erfolgt die Adoption ohne gerichtliche Entscheidung, so bleibt der Vorname des Kindes unverändert.

V-568 Führte das Kind neben seinem Vornamen auch noch den Namen seines Vaters (wie z. B. im russischen Recht), so ist der Vatername nicht als weiterer Vorname anzusehen, sondern ebenso wie der Geburtsname zu behandeln, d. h. er wird ebenso wie dieser durch den Geburtsnamen des Annehmenden ersetzt (*Staudinger/Henrich*, Art. 22 EGBGB Rdnr. 56).

e) Bestimmung des Namens durch ein ausländisches Gericht

V-569 Ist die Adoption im Ausland erfolgt und hat ein ausländisches Gericht bereits über den Namen des Adoptivkindes entschieden, so stellt sich die Frage nach dem maßgeblichen Namensstatut nicht, da die Namensbestimmung in diesem Fall unter den Voraussetzungen des §§ 108, 109 Abs. 1 FamFG zusammen mit der Adoptionsentscheidung anzuerkennen ist und zwar auch dann, wenn die Namensbestimmung nicht dem durch das deutsche IPR berufenen Namensstatut entspricht (AG Bonn, StAZ 1992, 41; *Krömer*, StAZ 1997, 18; StAZ 2007, 50, 50). Dies folgt aus der Bindungswirkung der – anerkannten – ausländischen Entscheidung (*Staudinger/Henrich*, Art. 22 EGBGB Rdnr. 48; *Hölzel*, StAZ 2003, 289, 295).

V-570 Eine Ausnahme von der Bindung an die ausländische Entscheidung soll lediglich dann gelten, wenn das ausländische Gericht bei der Zuweisung des Namens nach der Adoption keinerlei Gestaltungsspielraum hatte, der Wiedergabe des Namens mithin rein deklaratorische Bedeutung zukommt (*Krömer*, StAZ 2003, 307; StAZ 2007, 50).

Eine solche Differenzierung nach dem Umfang des gerichtlichen Gestaltungsspielraums erscheint aber kaum praktikabel. Im Interesse einer einfachen Handhabbarkeit und Rechtssicherheit bei der Rechtsanwendung sollte man daher jeder ausländischen Entscheidung, welche den Namen bestimmt, nach Maßgabe der §§ 108, 109 Abs. 1 FamFG Bindungswirkung zuerkennen.

V-571 Wurde den Eltern bei der Entscheidung über den Namen des Kindes ein Bestimmungsrecht versagt, wird man ihnen eine nachträgliche Bestimmung zugestehen müssen, wobei Erklärungsadressat in diesem Fall analog § 1617 Abs. 1 BGB das Standesamt ist (*Staudinger/Henrich*, Art. 22 EGBGB Rdnr. 48).

H. Namensänderungen nach der Geburt

V-572 Die Tatbestände, die zu einer Änderung des bei der Geburt erworbenen Namens führen können, sind außerordentlich vielfältig. Ihre Systematik ergibt sich mittelbar aus den Funktionen des Namens. Aus der wichtigsten Funktion, die Abstammung des Kindes von den Eltern offen zu legen, ergeben sich zwei Konsequenzen. Zum einen muss dann, wenn sich die Abstammungsverhältnisse ändern, auch der Name dieser Änderung folgen. Zum anderen muss immer dann, wenn sich der Name des den Namen vermittelnden Elternteils ändert, das Kind dieser Namensänderung folgen, da sonst die Abstammung nicht mehr erkennbar wäre; den letztgenannten Fall bezeichnet man als »Namenserstreckung« (s. Rdnr. V-635 ff.).

Im Lauf der Entwicklung wurde diese grundsätzliche Funktion von sozialen Elementen überlagert. Das älteste Beispiel bietet die »Einbenennung«, d. h. die Erteilung des Ehenamens an das Stiefkind des Ehemanns; dadurch sollte ohne Änderung der Abstammungsverhältnisse nach außen der Anschein einer ehelichen Familie geschaffen werden (s. Rdnr. V-810 ff.). V-573

Im Zuge der Reformen des Familienrechts entwickelten sich andere Formen der Namenserteilung und Namensbestimmung, bei denen abstammungsbezogene und soziale Gesichtspunkte in außerordentlich komplexer Weise miteinander verflochten sind. Zu denken ist hier etwa an die Erteilung des Namens des Vaters, der bei der Geburt nicht mit der Mutter verheiratet war, wobei dies nach dem Erwerb der gemeinsamen Sorge mit der Mutter (s. Rdnr. V-722 ff.), aber auch als »isolierte« Namenserteilung (Rdnr. V-767 ff.) möglich ist. V-574

Ein Kennzeichen dieses immer komplizierter werdenden Kindesnamensrechts ist es, dass es kaum noch Tatbestände gibt, die eine Namensänderung kraft Gesetzes anordnen. In allen Fällen der Namensänderung nach der Geburt geben die Vorschriften des BGB nur noch ein Recht zur rechtsgeschäftlichen Bestimmung des Namens, so dass alternative Namensführungen möglich werden. In dieser Entwicklung manifestiert sich einmal mehr die »Dynamisierung« des Namensrechts, die mit dem 1. EheRG von 1976 begonnen hat, und damit die neue und immer mehr dominierende Funktion des Namens, der Selbstdarstellung der Namensträger – hier auch der Eltern – zu dienen. V-575

I. Der Name nach Feststellung der Vaterschaft
1. Der Kindesname bei Anwendung deutschen Rechts

Das deutsche Recht kennt grundsätzlich keine Konstellation mehr, in der die der Geburt nachfolgende Vaterschaftsfeststellung allein für sich den Namen des Kindes kraft Gesetzes ändert. Sie ist allenfalls Voraustatbestand für spätere Änderungen, die zudem meist eine namensbestimmende Erklärung voraussetzen. V-576

Das Kind hat, wenn die Vaterschaft nicht schon bei Geburt feststeht, im Regelfall zunächst den Namen der Mutter erworben, § 1617a Abs. 1 BGB; s. Rdnr. IV-268 ff. Nach der Vaterschaftsfeststellung kommt es zu namensrechtlichen Folgen erst dann, wenn die Eltern heiraten, gemeinsame Sorgeerklärungen abgeben oder beiden gerichtlich die elterliche Sorge gemeinsam V-577

H. Namensänderungen nach der Geburt

übertragen wird; in diesem Fall wird der Name durch Erklärungen bestimmt, § 1617b Abs. 1 BGB; s. Rdnr. V-722 ff.

V-578 Wenn die Eltern nach einer Heirat einen gemeinsamen Ehenamen bestimmen, ändert sich der Name gemäß § 1617c Abs. 1 BGB. Dies ist ein Fall der Namenserstreckung (dazu Rdnr. V-645 ff.). Zwar tritt sie bei einem unter fünf Jahre alten Kind kraft Gesetzes ein, doch ist sie nur eine mittelbare Folge der Vaterschaft und zudem abhängig von der einen Ehenamen bestimmenden Erklärung der Eltern.

V-579 Die Vaterschaftsfeststellung schafft also lediglich einen Voraustatbestand für andere namensrechtliche Tatbestände, die es den Eltern ermöglichen, den Namen des Kindes durch Erklärung zu beeinflussen. Eine unmittelbare namensrechtliche Wirkung der Vaterschaft ist daher allenfalls dann möglich, wenn die Namensführung des Kindes einem ausländischen Recht untersteht.

2. Der Kindesname in Fällen mit Auslandsbezug

a) Anwendung des Personalstatuts, Art. 10 Abs. 1 EGBGB

aa) Die Anknüpfung an die Staatsangehörigkeit

V-580 Nach dem Grundsatz des Art. 10 Abs. 1 EGBGB beherrscht das Heimatrecht in seiner Eigenschaft als »Personalstatut« den Namen einer Person. Zum Rechtszustand bei der Geburt, bei der an die durch die Geburt erworbene Staatsangehörigkeit anzuknüpfen ist, und zu den allgemeinen kollisionsrechtlichen Grundsätzen des Art. 10 EGBGB s. Rdnr. IV-280 ff.

V-581 Die Namensführung des Kindes untersteht seinem Heimatrecht *nach* der Vaterschaftsfeststellung (BGHZ 90, 132 = StAZ 1984, 194). Ein Kind, dessen Vater nicht bereits im Augenblick der Geburt feststeht, erwirbt in der Regel die Staatsangehörigkeit der Mutter. Verleiht der Heimatstaat des später als Vater festgestellten Mannes dem Kind seine Staatsangehörigkeit, so kann es zum Erwerb einer weiteren Staatsangehörigkeit kommen; das Kind ist dann Doppelstaater.

V-582 Die Anknüpfung des Personalstatuts bei Mehrstaatern richtet sich nach Art. 5 Abs. 1 EGBGB; maßgeblich ist grundsätzlich die effektive Staatsangehörigkeit (Satz 1); die deutsche geht aber in jedem Fall vor, auch wenn sie nicht effektiv ist (Satz 2), s. a. allgemein Rdnr. VI-32 ff.

V-583 Der Ort des gewöhnlichen Aufenthalts, bei Erwachsenen ein wichtiges Effektivitätskriterium bei Art. 5 Abs. 1 Satz 1 EGBGB, spielt bei einem Kind eine geringere Rolle; hier kommt es eher auf die Beziehung zu den Eltern an. Bei der Geburt teilt das Kind im Regelfall wohl den Aufenthalt der Mutter. Bis zu einer späteren Vaterschaftsfeststellung kann sich allerdings die Zuordnung geändert haben. Wenn das Kind bei der Mutter oder ihrer Familie lebt und von ihr versorgt wird, ist das von ihr abgeleitete Heimatrecht das effektive. Hat der Vater die freiwillige Anerkennung verweigert und musste seine Vaterschaft erst gerichtlich festgestellt werden, so spricht schon dieser Umstand gegen die Effektivität des Vaterrechts.

V-584 Doch ist die freiwillige Anerkennung allein für sich kein Indiz für Effektivität. Die durch die Anerkennung vermittelte Staatsangehörigkeit steht wertungsmäßig der durch Eheschließung »aufgedrängten« (dazu Rdnr. III-452, III-645 sowie allgemein Rdnr. VI-40) nahe, die nach st. Rspr. kein eigenes kollisionsrechtliches Gewicht hat (vgl. *Palandt/Thorn*, Art. 10 EGBGB Rdnr. 12; BayObLG, StAZ 1987, 73; in anderem Zusammenhang: OLG Frankfurt a. M., StAZ 1988, 12; BGHZ 72, 163, 165 = StAZ 1979, 63; a. A. *Bamberger/Roth/Mäsch*, Art. 10 EGBGB Rdnr. 33). Dies gilt umso mehr, als der Erwerb der väterlichen Staatsangehörigkeit auch gegen den Willen des Kindes möglich ist. Nachdem familienrechtliche Vorfragen ausschließlich aus der Sicht des betreffenden Staatsangehörigkeitsrechts beantwortet werden (s. Rdnr. III-499 f. und V-587), ist es denkbar, dass die väterliche Staatsangehörigkeit durch eine Vaterschaftsanerkennung vermittelt wird, die zwar im Heimatstaat des Vaters wirksam ist, nicht aber im Heimatstaat von Mutter und Kind, weil die Mutter oder ggf. auch das Kind die wegen Art. 23 EGBGB erforderlichen Zustimmungen nicht erteilt hat.

Das vom anerkennenden Vater abgeleitete Heimatrecht ist wohl nur dann das eindeutig effektive, wenn das Kind allein beim Vater aufwächst. Lebt es mit beiden Eltern, etwa im Rahmen einer nichtehelichen Lebensgemeinschaft, so kommt es auf den Einzelfall an. Bei einem sehr kleinen Kind dürfte im Regelfall der enge Bezug zur Mutter den Ausschlag geben; später können Wohnort, Sprache, soziales Umfeld und Erziehung bedeutsam sein. V-585

Die schwierige Frage nach dem effektiven Heimatrecht kann in der Praxis dadurch umgangen werden, dass das maßgebliche Namensstatut gemäß Art. 10 Abs. 3 EGBGB gewählt wird; s. Rdnr. V-592 ff. V-586

bb) Der Staatsangehörigkeitserwerb
Familienrechtliche Vorfragen sind im Staatsangehörigkeitsrecht stets unselbständig anzuknüpfen, d. h. ausschließlich aus der Sicht desjenigen Staates zu beantworten, um dessen Staatsangehörigkeit es geht (vgl. Rdnr. III-499 f.). Knüpft das ausländische Recht den Staatsangehörigkeitserwerb an die Vaterschaft, so ist die Frage, ob die Vaterschaft feststeht oder nicht, allein aus der Sicht des Vaterstaats zu beurteilen, unabhängig davon, wie sich die Rechtslage nach deutschem IPR darstellt. Auch eine Vaterschaftsfeststellung, die nach deutschem Recht nicht wirksam ist, kann daher dem Kind die ausländische Staatsangehörigkeit des Vaters vermitteln. V-587

Erwirbt das Kind die väterliche Staatsangehörigkeit mit der Vaterschaftsfeststellung ex nunc, so ändert sich ggf. das maßgebliche Statut; es kommt zu einem sog. Statutenwechsel. Die Namensführung – und damit auch auf die Vaterschaft folgende Namensänderungen – sind ab diesem Zeitpunkt nach dem neuen Recht zu beurteilen. V-588

Erwirbt das Kind hingegen die väterliche Staatsangehörigkeit mit Rückwirkung auf den Zeitpunkt seiner Geburt, steht es rechtlich so, als hätte es die väterliche Staatsangehörigkeit immer schon besessen. Wenn die vom Vater erworbene Staatsangehörigkeit die nach Art. 5 Abs. 1 EGBGB kollisionsrechtlich maßgebliche ist, untersteht die Namensführung seit der Geburt dem entsprechenden Namensstatut. V-589

H. Namensänderungen nach der Geburt

V-590 Der letztgenannte Fall tritt seit dem Inkrafttreten des Gesetzes zur Änderung asylverfahrens-, ausländer- und staatsangehörigkeitsrechtlicher Vorschriften vom 30.6.1993 besonders häufig ein, weil § 4 Abs. 1 Satz 1 StAG den Staatsangehörigkeitserwerb vom Vater rückwirkend ab der Geburt eintreten lässt. Da sich die deutsche Staatsangehörigkeit wegen Art. 5 Abs. 1 Satz 2 EGBGB kollisionsrechtlich auch dann durchsetzt, wenn sie nicht die effektive ist, führt praktisch jede nachträgliche Feststellung der Vaterschaft eines Deutschen zum Kind einer ausländischen Mutter rückwirkend zur Maßgeblichkeit deutschen Namensrechts. Es gelten daher rückwirkend auf den Zeitpunkt der Geburt die unter Rdnr. IV-268 ff. dargestellten Grundsätze; zum Problem Rdnr. IV-305 f.

V-591 Hat das Kind bisher einen Namen nach Maßgabe des von der Mutter abgeleiteten Heimatrechts geführt, so erweist sich dieser Name möglicherweise rückwirkend als »falsch«. Dennoch ist die Eintragung nicht zu berichtigen, sondern der neue Name ist analog § 27 PStG zu beurkunden. Maßgebliches Kriterium für die Unterscheidung von § 27 und § 48 PStG ist, ob die ursprüngliche Eintragung nach der *damaligen* Rechtslage falsch oder richtig war. Im Zeitpunkt der Geburt leitete das Kind sein Namensstatut nur von der Mutter ab (allgemein zu dieser Problematik *Gaaz/Bornhofen*, § 27 PStG Rdnr. 71; *Sturm*, StAZ 1994, 273 ff.). In der Praxis dürfte dies allerdings meist keine Probleme bereiten, da ein Kind, dessen Vater erst nach der Geburt festgestellt wird, wohl nach allen Rechten den Namen seiner Mutter erwirbt.

b) Namensbestimmung nach Art. 10 Abs. 3 EGBGB

V-592 Art. 10 Abs. 3 EGBGB geben dem Inhaber der elterlichen Sorge die Möglichkeit, das Namensstatut des Kindes durch Erklärung zu bestimmen. Wegen der allgemeinen Grundsätze s. Rdnr. IV-311 ff.

V-593 Seit dem KindRG kann die Wahl des Namensstatuts, die vorher nur vor der Beurkundung der Geburt möglich war, auch später erklärt werden. Nicht ausdrücklich geregelt ist, wie sich diese Rechtswahl zu den dem Geburtseintrag nachfolgenden Personenstandsänderungen verhält. Die Antwort auf diese Frage ist daher aus dem Regelungszweck der Rechtswahlvorschrift und den allgemeinen Grundsätzen des Namensrechts zu erschließen.

V-594 Aus der Entstehungsgeschichte des derzeit geltenden Art. 10 Abs. 3 EGBGB ergibt sich, dass er den Eltern die Möglichkeit geben wollte, die Namensführung des Kindes an das soziale Umfeld oder an die konkret gelebte Familiensituation anzupassen. Projiziert man diese Regelungszwecke in den neuen, nunmehr ohne zeitliche Einschränkung geltenden Art. 10 Abs. 3 EGBGB, so ist eine Anpassung jedenfalls immer dann zulässig, wenn sich der Personenstand oder die soziale Situation des Kindes ändert. Die nachträgliche Feststellung der Vaterschaft eröffnet daher die Rechtswahl.

V-595 Aus dem sachlichen sollte konsequent ein zeitlicher Zusammenhang folgen; die Rechtswahl muss zeitnah zur Vaterschaftsfeststellung erfolgen. Hat der Vater bereits vor der Geburt des Kindes die Vaterschaft anerkannt, ist auch eine pränatale Namensbestimmung möglich. Bei einer späteren Vaterschaftsfeststellung entspräche es den gesetzgeberischen Motiven, die darauf aufbauende kollisionsrechtliche Namensbestimmung zeitlich zu befristen, um die Rechtswahl von der »isolierten« Namensänderung abzugrenzen. Die Praxis scheint aber auf die zeitliche Verklammerung wenig zu achten; im Ergebnis ermöglicht sie dadurch auch eine willkürliche spätere Namensänderung des Kindes; zu dieser Problematik *Hepting/Gaaz,* Bd. 2 Rdnr. V-673.

c) Die Vaterschaftsfeststellung als Vorfrage im Namensrecht

Soweit das von Art. 10 Abs. 1 EGBGB berufene bzw. nach Art. 10 Abs. 3 EGBGB gewählte Recht die Namensfolgen an die Vaterschaft knüpft, ist sie kollisionsrechtliche »Vorfrage«, d. h. ein nicht vom Namensstatut des Art. 10 EGBGB erfasster Rechtsbegriff, der daher einer anderen Kollisionsnorm unterstellt werden muss.

V-596

Im internationalen Namensrecht sind familienrechtliche Vorfragen nach der bisherigen Rspr. des BGH grundsätzlich unselbständig anzuknüpfen; eine in Schrifttum und Rspr. vordringende Auffassung vertritt jedoch die selbständige Anknüpfung nach deutschem IPR. Wegen Einzelheiten zum Streitstand s. Rdnr. II-221 ff.

V-597

d) Die Anwendung des ausländischen Namensrechts

Das maßgebliche Statut beherrscht alle namensrechtlichen Konsequenzen der Vaterschaftsfeststellung. Zu Abweichungen vom deutschen Recht kommt es vor allem dann, wenn das Kind kraft Gesetzes statt des Namens der Mutter den des Vaters erwirbt. Das maßgebliche Namensstatut kann ihm aber auch den Mutternamen belassen, und dies entweder zwingend oder aber – ähnlich wie das deutsche Recht – alternativ zu einem Namensbestimmungsrecht. Das maßgebliche Statut entscheidet auch über den Zeitpunkt der namensrechtlichen Wirkungen (vgl. *Staudinger/Hepting/Hausmann,* Art. 10 EGBGB Rdnr. 414).

V-598

II. Der Name nach Beseitigung der Vaterschaft, § 1617b Abs. 2 BGB

1. Allgemeines

Das deutsche Recht regelt die namensrechtlichen Folgen einer Beseitigung der Vaterschaft in § 1617b BGB, der zwei sehr heterogene Fälle der Namenserteilung zusammenfasst. Während § 1617b Abs. 1 BGB den Fall nachträglicher gemeinsamer Sorge regelt, also nicht an eine Statusänderung anknüpft, setzt Abs. 2 die nachträgliche Beseitigung der Vaterschaft voraus, also eine echte Änderung des Personenstands.

V-599

Die Vorschrift geht von der Situation aus, dass ein Mann, der zunächst als Vater im Rechtssinne angesehen wurde, dem Kind seinen Namen vermittelt hat. Auf welcher Grundlage dies geschehen ist, macht keinen Unterschied; entscheidend ist, dass die Vaterschaft des Mannes Grundlage des Namenserwerbs war. Wenn sich später herausstellt, dass der Mann nicht der Vater ist,

V-600

führt das Kind den Namen eines »Fremden«; dies widerspricht der Namensfunktion, die Abstammung offen zu legen.

V-601 § 1617b Abs. 2 BGB sieht jedoch keinen automatischen Verlust vor, sondern überlässt es dem Kind, ob es den Namen ablegen und stattdessen den Namen seiner Mutter annehmen will. Das Gesetz schützt damit sein Interesse an Namenskontinuität; das Kind kann seinen bisherigen Namen behalten, auch wenn er den Abstammungsverhältnissen völlig widerspricht, der Scheinvater kann dies nur während der ersten fünf Lebensjahre des Kindes verhindern.

V-602 Dies brachte eine gravierende Änderung des bisherigen Rechtszustands; denn bis zur Reform durfte das Kind in einem solchen Fall den Namen nicht behalten, sondern erhielt als Geburtsnamen kraft Gesetzes den Familiennamen, den seine Mutter im Zeitpunkt der Geburt geführt hatte, und zwar auch dann, wenn es den vom (Schein-)Vater abgeleiteten Familiennamen bereits jahrelang geführt hatte.

V-603 Im Ergebnis hat das KindRG das Kontinuitätsinteresse des Kindes an seiner Namensführung gestärkt; ein Wechsel des Familiennamens findet nunmehr lediglich auf Antrag, nicht mehr kraft Gesetzes statt.

2. Voraussetzungen nach § 1617b Abs. 2 BGB

a) Familienname des Mannes als Geburtsname

V-604 Voraussetzung für eine Namensneuerteilung gemäß § 1617b Abs. 2 BGB ist, dass der Mann, dessen Familienname Geburtsname des Kindes geworden ist, in Wahrheit nicht Vater des Kindes ist. Das Kind muss seinen Familiennamen von einem »Scheinvater« ableiten.

V-605 In Betracht kommen dabei zunächst die Fälle der §§ 1617 Abs. 1, 2, 1617b Abs. 1, 1617a Abs. 2 und ggf. auch § 1617a Abs. 1 BGB. Hier leitet sich der Name des Kindes direkt von dem des Scheinvaters ab.

V-606 Fraglich ist, ob darüber hinaus auch die Fälle indirekter Namenserstreckung gemäß §§ 1616 bzw. 1617c Abs. 1 BGB von der Regelung des § 1617b Abs. 2 BGB erfasst sind; gemeint sind hier die Situationen, in denen die Ehepartner den Namen des Scheinvaters zum Ehenamen bestimmt hatten und das Kind sodann gemäß § 1616 BGB bzw. § 1617c Abs. 1 BGB diesen Namen als Geburtsnamen erhielt.

V-607 Ziel des § 1617b Abs. 2 BGB ist der Ausgleich zwischen dem Interesse des Scheinvaters, sich aus der namensrechtlichen Bindung mit dem Kind zu lösen, und dem Interesse des Kindes an Namenskontinuität (näher *Henrich/ Wagenitz/Bornhofen*, § 1617b Rdnr. 56 ff.). Das Interesse des Mannes an der Vermeidung der namensmäßigen Einheit mit dem Kind ist aber in den Fällen mittelbarer ebenso groß wie in den Fällen unmittelbarer Namenserstreckung, so dass eine Differenzierung nicht gerechtfertigt ist (im Ergebnis ebenso *Staudinger/Hilbig-Lugani*, § 1617b BGB Rdnr. 26; *Henrich/Wagenitz/ Bornhofen*, § 1617b BGB Rdnr. 67; unklar *Gaaz*, StAZ 1998, 241, 248).

V-608 § 1617b Abs. 2 BGB erfasst auch die Fälle, in denen sich der Geburtsname des Scheinvaters in der Zwischenzeit geändert hat. Dies ist offensichtlich, wenn sich das Kind der Namensänderung angeschlossen hat (*Staudinger/Hil-

big-Lugani, § 1617b BGB Rdnr. 27; *Henrich/Wagenitz/Bornhofen*, § 1617b Rdnr. 67), denn dann besteht eine aktuelle Namensübereinstimmung mit dem Scheinvater. Hat sich das Kind der Namensänderung *nicht* angeschlossen, kann freilich nichts anderes gelten; denn auch in diesem Fall leitet das Kind seinen Namen letztlich von dem – wenn auch nicht aktuellen, sondern früheren – Geburtsnamen des Scheinvaters ab.

b) Rechtskräftige Feststellung der Nichtvaterschaft

Eine Namensänderung nach § 1617b Abs. 2 BGB verlangt die rechtskräftige Feststellung, dass der Mann, von dem das Kind seinen Geburtsnamen abgeleitet hat, nicht Vater des Kindes ist. Eine solche rechtskräftige Entscheidung ergeht in Fällen einer erfolgreichen Anfechtung der Vaterschaft gemäß §§ 1599 Abs. 1, 1600 ff. BGB, einer gerichtlichen Vaterschaftsfeststellung gemäß §§ 1592 Nr. 3, 1600d BGB sowie eines erfolgreichen Wiederaufnahmeverfahrens gemäß § 185 FamFG.

Seit dem KindRG kann eine Vaterschaft auch ohne Gerichtsentscheidung beseitigt werden, nämlich im Fall einer qualifizierten Drittanerkennung nach § 1599 Abs. 2 BGB. Dieser Fall wird von § 1617b Abs. 2 BGB nicht ausdrücklich erfasst; die in jeder Hinsicht identische Interessenlage gibt jedoch Grund zu der Annahme, dass es sich um kein bewusstes Schweigen des Gesetzgebers handelt, sondern dass er bei der Formulierung des § 1617b Abs. 2 BGB an die neu eingeführte qualifizierte Drittanerkennung nicht gedacht und die Regelung schlichtweg vergessen hat. Die Regelungslücke lässt sich daher problemlos durch analoge Anwendung der Vorschrift füllen (*Henrich/Wagenitz/Bornhofen*, § 1617b BGB Rdnr. 68 ff.).

c) Wirksamer Antrag

§ 1617b Abs. 2 BGB verlangt einen Antrag. Es handelt sich nicht um einen Antrag im verfahrensrechtlichen Sinne, der ein Verfahren in Gang setzen und zu einer behördlichen oder gerichtlichen Entscheidung über den Antrag führen soll.

Vielmehr handelt es sich um eine materielle namensrechtliche Erklärung, die darauf gerichtet ist, unmittelbar die Änderung des Geburtsnamens herbeizuführen, also eine Namensbestimmung wie etwa in den übrigen in §§ 1616 ff. BGB vorgesehenen Fällen (so auch *Henrich/Wagenitz/Bornhofen*, § 1617b BGB Rdnr. 80; allgemein zur Rechtsqualität namensrechtlicher Bestimmungserklärungen *Staudinger/Hilbig-Lugani*, § 1617 BGB Rdnr. 26 ff.; s. a. Rdnr. II-153 ff. sowie *Liermann*, FamRZ 1995, 199, 201; *Michalski*, FamRZ 1997, 977, 980). Sie erlangt demnach mit Zugang beim zuständigen Standesamt Wirksamkeit und führt zur Namensänderung des Kindes kraft Gesetzes; zu den personenstandsrechtlichen Konsequenzen s. *Gaaz/Bornhofen*, § 27 PStG Rdnr. 86.

3. Wirksamkeitsvoraussetzungen des Antrags

a) Antragsberechtigung

V-613 Antragsberechtigt ist grundsätzlich das Kind. Es kann den Antrag auch noch nach Eintritt der Volljährigkeit stellen. Ist das Kind minderjährig, so gelten aufgrund der Verweisung in § 1617b Abs. 2 Satz 3 BGB auf § 1617c Abs. 1 Satz 2, 3 BGB die dort geregelten Grundsätze; wegen Einzelheiten s. Rdnr. V-648 ff.

V-614 Der Scheinvater hat nur dann ein Antragsrecht, wenn das Kind das fünfte Lebensjahr noch nicht vollendet hat. Nach Ansicht des Gesetzgebers sind bis zu diesem Zeitpunkt nachteilige Auswirkungen eines Namenswechsels nicht zu besorgen, so dass das Interesse des Scheinvaters auf namensmäßige Distanzierung zum Kind dem kindlichen Interesse an Namenskontinuität vorgehen soll (BT-Drucks. 13/4899, S. 91).

V-615 Die Mutter des Kindes hat kein direktes Antragsrecht, obwohl sie von § 1617b Abs. 2 BGB durchaus in ihren eigenen namensrechtlichen Interessen tangiert wird. Doch kann man davon ausgehen, dass sie in der Regel als Vertreterin des Kindes handeln wird und dadurch hinreichende Einflussmöglichkeiten auf dessen Namensführung hat, so dass es eines eigenen Antragsrechts nicht mehr bedarf.

b) Zeitpunkt des Antrags

V-616 § 1617b Abs. 2 BGB schreibt einen zeitlichen Zusammenhang zwischen der Feststellung der Nicht-Vaterschaft und der daraus folgenden Namenswechselerklärung nicht vor. Die h. M. geht deshalb davon aus, dass der Antrag ohne jegliche zeitliche Begrenzung möglich ist, sofern die materiellen Voraussetzungen vorliegen. Dass der Antrag des Scheinvaters nicht unbegrenzt möglich ist, folgt nur aus der zeitlichen Begrenzung seines Antragsrechts. Das Kind kann hingegen auch noch nach Eintritt der Volljährigkeit und Jahre nach der Feststellung der Nichtvaterschaft den Antrag stellen.

V-617 Diese Interpretation entspricht der gegenwärtigen Tendenz zur »Dynamisierung« des Namensrechts, bei der die traditionellen Namensfunktionen verloren gehen. Wenn der Name – seiner herkömmlichen Aufgabe entsprechend – familienrechtliche Verhältnisse nach außen dokumentieren soll, muss er auch etwaige Änderungen dieser Rechtsverhältnisse erkennbar machen, und dies im *zeitlichen Zusammenhang* mit der Änderung; weil ja sonst Name und Familiensituation während einer unbestimmten Übergangszeit auseinanderfallen würden. Wird dieser Zusammenhang – wie hier durch § 1617b Abs. 2 BGB – aufgelöst, verwischt sich die Grenze zur »isolierten« Namensänderung, die grundsätzlich nur im öffentlichrechtlichen Namensänderungsverfahren möglich ist. Man könnte deshalb daran denken, den § 1617b Abs. 1 BGB analog heranzuziehen und die Dreimonatsfrist auch in den Abs. 2 zu projizieren; h. M. und Rspr. sehen hierfür aber offensichtlich keine Notwendigkeit.

4. Namensrechtliche Konsequenzen; Sonderfälle

a) Der Grundsatz: Namenswechsel vom Vater- zum Mutternamen

Durch den Antrag gemäß § 1617b Abs. 2 BGB soll die Situation nachgezeichnet werden, die bestünde, wenn bereits bei Geburt des Kindes die wahren Abstammungsverhältnisse bekannt gewesen wären.   V-618

In diesem Fall hätte das Kind den Namen des Scheinvaters nicht erworben; konsequent verliert es ihn aufgrund des Antrags. Statt des Vaternamens hätte das Kind gemäß § 1617a Abs. 1 BGB den Namen als Geburtsnamen erhalten, den die Mutter im Zeitpunkt der Geburt geführt hatte; konsequent weist ihm § 1617b Abs. 2 BGB diesen Namen als neuen Geburtsnamen zu. Der Erwerb des mütterlichen Namens wirkt auf den Tag der Geburt zurück (LG Köln, StAZ 2002, 11; *Jauß*, StAZ 2001, 275; *Homeyer*, StAZ 2003, 242).   V-619

Wenn die Mutter diesen Namen auch noch zur Zeit des Antrags trägt, wird allein durch den Namenswechsel gemäß § 1617b Abs. 2 BGB Namensübereinstimmung zwischen Mutter und Kind hergestellt. Hat die Mutter in der Zwischenzeit ihren Namen geändert und soll – etwa gemäß § 1617c Abs. 2 Nr. 2 BGB – Namensübereinstimmung mit dem Kind hergestellt werden, so sind die hierfür erforderlichen Erklärungen so abzugeben, als hätte das Kind mit der Geburt den damaligen Namen der Mutter erworben (zum praktischen Verfahren s. *Homeyer*, StAZ 2003, 242).   V-620

b) Namensidentität zwischen Mutter und Scheinvater

Es ist denkbar, dass die Mutter zum Zeitpunkt der Geburt des Kindes den gleichen Familiennamen wie der Scheinvater führte, etwa weil beide miteinander verheiratet waren und den Geburtsnamen des Mannes zum Ehenamen bestimmt hatten. Die Namenswechselerklärung nach § 1617b Abs. 2 BGB hätte lediglich die Konsequenz, dass sich der Familienname des Kindes nunmehr *rechtlich* nach § 1617a Abs. 1 BGB und nicht mehr nach § 1616 BGB bestimmt; die *tatsächliche* Namensführung bliebe gleich.   V-621

Dass der Name äußerlich gleich bleibt, ändert aber nichts daran, dass sich aufgrund des Antrags nach § 1617b Abs. 2 BGB die Bezugsperson, von der das Kind seinen Namen ableitet, ändert. Aus diesem Grund ist auch in diesem Fall eine »Umbenennung« nach § 1617b Abs. 2 BGB erforderlich.   V-622

Praktische Bedeutung hat der Unterschied in der Ableitungsgrundlage im Falle einer späteren Namensänderung der Mutter. Wird der Antrag nach § 1617b Abs. 2 BGB nicht gestellt, behält das Kind weiterhin als Geburtsnamen den Ehenamen der Ehegatten, die bisher seine *Eltern* im Rechtssinne waren, § 1616 BGB; er wird von einer späteren Namensänderung der Mutter nicht berührt. Wechselt das Kind jedoch gemäß § 1617b Abs. 2 BGB zum Namen der *Mutter*, nimmt es nach Maßgabe des § 1617c Abs. 2 Nr. 2 BGB an den späteren Änderungen des Familiennamens der Mutter teil.   V-623

Auf den ersten Blick scheint § 1617b Abs. 2 BGB zu versagen, wenn in einem solchen Fall der Scheinvater den Antrag stellen und sich namensrechtlich von dem Kind lösen möchte; denn es ist ihm nicht möglich, die der Abstam-   V-624 mung nicht entsprechende Führung »seines« Namens durch das Kind zu verhindern. Doch zeigt sich in diesem Ergebnis – wie auch in anderen Zusammenhängen (s. Rdnr. V-746) – der Grundsatz, dass der vom anderen Ehegatten abgeleitete Ehename kein von ihm vorübergehend »geliehener« Name ist, sondern zum eigenen Namen wird (s. Rdnr. V-701).

c) Änderung des Familiennamens der Mutter nach Geburt des Kindes

V-625　Ebenfalls problematisch ist die Rechtslage, wenn die Mutter nach der Geburt des Kindes ihren Familiennamen ein- oder gar mehrere Male gewechselt hat, sei es, dass sie nach Scheidung der Ehe mit dem Scheinvater, aber noch vor rechtskräftiger Feststellung, dass dieser nicht Vater des Kindes ist, gemäß § 1355 Abs. 5 Satz 2 BGB wieder den von ihr vor der Ehe geführten Familiennamen angenommen hat, der sich anschließend aufgrund einer Namenserstreckung oder nach dem NamÄndG noch einmal geändert hat.

V-626　Wäre der Name von Anfang an den wahren Abstammungsverhältnissen gefolgt, so hätte das Kind gemäß § 1617a Abs. 1 BGB in der Regel zunächst den Familiennamen der Mutter im Zeitpunkt der Geburt erhalten; anschließend hätte sich gemäß § 1617c Abs. 2 Nr. 2 BGB der Namenswechsel der Mutter auf das Kind erstreckt, allerdings nur dann, wenn auch die von § 1617c Abs. 1, 2 BGB etwa gebotenen Anschlusserklärungen abgegeben worden wären.

V-627　Regelungsziel des § 1617b Abs. 2 BGB ist es, diesen hypothetischen Rechtszustand nachträglich herbeizuführen. Konsequent müssten neben dem Antrag des Kindes gemäß § 1617b Abs. 2 BGB auch dessen Anschlusserklärungen gemäß § 1617c Abs. 1 BGB abgegeben werden, sofern diese auch zum Zeitpunkt des Namenswechsels der Mutter erforderlich gewesen wären. Im Ergebnis müsste sich das Kind jeder Namensänderung der Mutter anschließen, die nach der Vollendung seines fünften Lebensjahrs eingetreten sind.

V-628　Welche praktischen Folgen aus diesen Überlegungen zu ziehen sind, ist umstritten. Eine Ansicht will konsequent auf den Zeitpunkt der jeweiligen Namensänderung abstellen und verlangt hierfür eine – in den Fällen des § 1617b Abs. 2 BGB zwangsläufig nachträgliche – Anschlusserklärung des Kindes (*Staudinger/Hilbig-Lugani*, § 1617b BGB Rdnr. 42). Damit räumt man dem Kind im Ergebnis ein Wahlrecht ein; denn durch den Antrag nach § 1617b Abs. 2 BGB wechselt es zum Mutternamen *an sich*, durch die Abgabe bzw. Verweigerung der Anschlusserklärung kann es sich aus der Folge der verschiedenen Mutternamen den heraussuchen, den es bevorzugt. Die Gegenansicht will das Kind demgegenüber auf den Namen festlegen, den die Mutter aktuell führt (*Henrich/Wagenitz/Bornhofen*, § 1617b BGB Rdnr. 91).

d) Erstreckung auf den Ehenamen des Kindes

V-629　Ist das Kind zum Zeitpunkt der Antragstellung bereits verheiratet und ist sein Name Ehename geworden, so erstreckt sich die Änderung nur dann auf den Ehenamen, wenn sich auch der Ehegatte dieser Änderung anschließt.

V-630　§ 1617b Abs. 2 Satz 3 BGB verweist nicht auf § 1617c Abs. 3 BGB; doch ist der Verweis in § 1617b Abs. 2 Satz 3 BGB auch auf § 1617c Abs. 3 BGB zu beziehen, da der Verweis auf § 1617c Abs. 1 Satz 3 BGB ansonsten wegen § 1617b Abs. 2 Satz 2 BGB sinnlos ist (*Staudinger/Hilbig-Lugani*, § 1617b BGB Rdnr. 45; *Henrich/Wagenitz/Bornhofen*, § 1617b BGB Rdnr. 94). Insoweit liegt ein Redaktionsversehen des Gesetzgebers vor, so dass § 1617c Abs. 3 BGB jedenfalls analog heranzuziehen ist.

5. Fälle mit Auslandsbezug

Der Name des Kindes nach der Anfechtung der Vaterschaft richtet sich grundsätzlich nach dem Recht seines Heimatstaats als Personalstatut, Art. 10 Abs. 1 EGBGB; allgemein zu den Anknüpfungsgrundsätzen Rdnr. V-580 ff.   V-631

Maßgeblich ist das Heimatrecht des Kindes *nach* erfolgter Anfechtung, Art. 10 Abs. 1 EGBGB. Hierbei ist darauf zu achten, dass das Kind eine vom Vater erworbene Staatsangehörigkeit durch die Anfechtung i. d. R. wieder verliert. Die Anfechtung kann also auch eine im Staatsangehörigkeitsrecht relevante Vorfrage sein; dort ist sie jedenfalls strikt unselbständig anzuknüpfen (vgl. Rdnr. V-587).   V-632

Wenn eine Erklärung nach Art. 10 Abs. 3 EGBGB abgegeben worden ist, ist das gewählte Namensstatut maßgeblich.   V-633

Das maßgebliche Namensstatut entscheidet darüber, ob sich der Name des Kindes aufgrund der Beseitigung der Vaterschaft ändert oder nicht. Innerhalb des sachlichen Namensrechts ist die Anfechtung Vorfrage; zu dem Problem, ob Vorfragen im Namensrecht selbständig oder unselbständig anzuknüpfen sind, s. Rdnr. II-221 ff.   V-634

III. Die Namenserstreckung

1. Allgemeines

a) Der Grundsatz der Namenserstreckung

Als Namenserstreckung bezeichnet man eine Namensänderung, die lediglich die mittelbare Folge einer Namensänderung bei derjenigen Person ist, von welcher der Namensträger seinen Namen ableitet. Sie steht in keinem unmittelbaren Zusammenhang mit einer eigenen Personenstandsänderung des Namensträgers.   V-635

Beim Kind kommt es zu einer Namenserstreckung, wenn ein Elternteil seinen Namen ändert und das Kind, das seinen bisherigen Namen von ihm abgeleitet hat, dieser Namensänderung folgt (s. Rdnr. V-645 ff., V-667 ff. und V-691 ff.).

Bei Ehegatten kann es zu einer Namenserstreckung kommen, wenn ein Ehegatte seinen Geburtsnamen, der zum Ehenamen bestimmt worden ist, nach der Eheschließung ändert und der andere Ehegatte dieser Namensänderung folgt (s. Rdnr. V 701 ff.).

Von der *materiellrechtlichen* Namenserstreckung zu unterscheiden sind Fälle, in denen der bisherige Name des Elternteils nicht geändert, sondern *berichtigt* wird. Die Folgen für den Namen von Abkömmlingen ergeben sich   V-636

H. Namensänderungen nach der Geburt

hier nicht aus den Grundsätzen über die Namenserstreckung, sondern ebenfalls aus den *verfahrensrechtlichen* Regeln über die Berichtigung. Aus der Sicht des Kindes sind die Konsequenzen allerdings vergleichbar; in beiden Fällen muss es seinen bisher geführten Namen ändern. Während sein Kontinuitätsinteresse bei der Namenserstreckung bereits durch gesetzlich vorgesehene Anschlusserklärungen gewahrt wird (s. Rdnr. V-648 ff.), muss man bei der Namensberichtigung mit dem Schutz des Persönlichkeitsrechts argumentieren (vgl. AG München, StAZ 2010, 210).

V-637 Ursprünglich galt im deutschen Namensrecht der Grundsatz, dass sich die Namensänderung eines Mannes ohne weiteres auf seine ehelichen Kinder, die Namensänderung einer Frau auf ihre nichtehelichen Kinder erstreckte. Auch weitere Abkömmlinge folgten der Namensänderung nach denselben Grundsätzen. Diese Bindung des Kindesnamens an den Elternnamen wurde im Lauf der Zeit durch mehrere Gesetze gelockert; das KindRG hat mit dem Kindesstatus auch das Recht der Namenserstreckung grundlegend reformiert. Allgemein zur Rechtsentwicklung *Hepting/Gaaz*, Bd. 2 Rdnr. V-718 ff.

b) Die einzelnen Tatbestände im Überblick

V-638 aa) § 1617c Abs. 1 und Abs. 2 Nr. 1 BGB regelt die namensrechtlichen Folgen einer (Neu-)Bestimmung des Ehenamens der Eltern für das Kind.

Dadurch, dass Ehepartner aufgrund von § 1355 BGB ihren Ehenamen sowohl inhaltlich als auch zeitlich weitestgehend flexibel bestimmen können, hat der Gesetzgeber das Ehenamensrecht erneut weiter »dynamisiert«. Die sich daraus ergebenden Namensänderungen werden nunmehr durch § 1617c BGB auch in das Kindesnamensrecht transponiert.

V-639 bb) § 1617c Abs. 2 Nr. 1 BGB ordnet die entsprechende Anwendung des § 1617c Abs. 1 BGB an, wenn sich der Ehename, der Geburtsname des Kindes geworden ist, ändert.

V-640 cc) § 1617c Abs. 2 Nr. 2 BGB ordnet die entsprechende Anwendung des § 1617c Abs. 1 BGB an, wenn sich in den Fällen der §§ 1617, 1617a und 1617b BGB der Familienname eines Elternteils, der Geburtsname des Kindes geworden ist, auf andere Weise als durch Eheschließung oder Begründung einer Lebenspartnerschaft ändert.

Danach soll das Kind grundsätzlich – soweit es das fünfte Lebensjahr noch nicht vollendet hat – einer Namensänderung des Elternteils, von dem es seinen Familiennamen ableitet, nachfolgen.

V-641 dd) Die namensrechtlichen Regeln sind jedoch nicht so ausgestaltet, dass sie in allen Fällen eine als zweckmäßig erscheinende Namensübereinstimmung zwischen Kind und namensgebendem Elternteil garantieren könnten. Dies zeigt sich schon in der zuletzt genannten Vorschrift des § 1617c Abs. 2 Nr. 2 BGB, die bei einer Namensänderung durch Eheschließung oder Begründung einer Lebenspartnerschaft eine ausdrückliche »Nachfolgesperre« vorsieht; für diese Fälle besteht die Sonderregelung des § 1618 BGB (s. Rdnr. V-810 ff). Zu einer Namenserstreckung kommt es ferner dann nicht, wenn das Kind den Namen nicht nur von *einem* Elternteil ableitet, sondern einen Ehenamen als »Gemeinschaftsnamen« erworben hat und sich anschließend der Name nur eines Elternteils ändert (BGH, StAZ 2004, 131; s. Rdnr. V-673).

ee) § 1617c Abs. 3 BGB ist ein systematischer Fremdkörper im Kindesnamensrecht, da er die Namenserstreckung auf den Ehegatten regelt; s. Rdnr. V-701 ff.). V-642

c) Namenserstreckung kraft Gesetzes oder durch Anschlusserklärung

In allen von § 1617c Abs. 1 und 2 BGB erfassten Fallvarianten gilt, dass das noch nicht fünfjährige Kind der Namensänderung seines Elternteils kraft Gesetzes folgt. Einer Anschlusserklärung des Kindes bedarf es nicht. V-643

Die Regelung ergibt sich aus § 1617c Abs. 1 BGB, der die Rechtsfolge zwar nicht ausdrücklich anordnet, aber doch mittelbar zu erkennen gibt, dass sich der Ehename der Eltern auf das über fünfjährige Kind »nur« dann erstreckt, wenn es sich der Namensgebung anschließt. Konsequent erstreckt sich die Namensänderung stets auf die unter fünfjährigen Kinder, ohne dass es einer solchen Anschlusserklärung bedarf.

Wegen der personenstandsrechtlichen Konsequenzen s. *Gaaz/Bornhofen*, § 27 PStG Rdnr. 74 ff. Die Grundsätze des § 1617c Abs. 1 BGB gelten durch Verweisung auch für zahlreiche andere Problemfälle der Namenserstreckung. V-644

2. Namenserstreckung bei nachträglicher Bestimmung eines Ehenamens der Eltern, § 1617c Abs. 1 BGB

a) Die Bestimmung eines Ehenamens durch die Eltern

Das gesetzgeberische Ideal der familiären Namenseinheit gebietet, dass ein Kind grundsätzlich den Ehenamen seiner Eltern führt, sofern diese einen solchen bestimmt haben. Dies findet seinen Niederschlag im gesetzlichen Namenserwerb nach § 1616 BGB, wenn die Eltern bereits bei der Geburt des Kindes einen Ehenamen bestimmt haben; es führt konsequent zur Namenserstreckungsvorschrift des § 1617c Abs. 1 BGB, wenn die Eltern erst nach der Geburt einen Ehenamen bestimmen. V-645

Nach § 1355 Abs. 3 Satz 2 Halbs. 1 BGB a. F. war die Bestimmung eines Ehenamens durch die Ehegatten nur binnen fünf Jahren nach der Eheschließung möglich. Das KindRG hat diese Beschränkung aufgehoben; nunmehr ist das Recht zur Bestimmung zeitlich nicht begrenzt. Der Anwendungsbereich der Namenserstreckungsvorschrift ist damit wesentlich größer geworden. Hinzu kommt, dass auch die Namenserstreckung selbst seitens des Kindes keinen zeitlichen Beschränkungen mehr unterliegt (vgl. Rdnr. V-658). V-646

Auf welcher Namensführung die Namenserstreckung aufbaut, ist gleichgültig. So ist es unerheblich, ob die Eltern bei Geburt des Kindes noch nicht verheiratet waren und demzufolge einen Ehenamen überhaupt nicht bestimmen konnten, oder ob sie zwar bereits verheiratet waren, jedoch noch keinen Ehenamen bestimmt hatten; ebenso unerheblich ist, ob die Eltern nach Geburt des Kindes durch Begründung der gemeinsamen elterlichen Sorge ein V-647

Namensbestimmungsrecht gemäß § 1617b Abs. 1 BGB erworben haben und ob sie es genutzt haben oder nicht. Auch dass das Kind in der Zwischenzeit in einer anderen Ehe gemäß § 1618 BGB einbenannt worden ist, schließt den Erwerb des Ehenamens der Elternehe nicht aus (*Henrich/Wagenitz/Bornhofen*, § 1617c BGB Rdnr. 10; *Homeyer*, StAZ 2008, 386). § 1617c Abs. 1 BGB stellt ausschließlich darauf ab, ob die Eltern des Kindes einen Ehenamen erwerben.

b) Die Anschlusserklärung des Kindes bei § 1617c Abs. 1 BGB

aa) Allgemeines

V-648   Dem allgemein für spätere Namensänderungen geltenden Grundsatz entsprechend erfolgt die Erstreckung des nachträglich bestimmten gemeinsamen Ehenamens der Eltern auf ein Kind, welches das fünfte Lebensjahr noch nicht vollendet hat, bereits kraft Gesetzes (§ 1617c Abs. 1 Satz 1 BGB e contrario, s. Rdnr. V-643).

V-649   Nach diesem Zeitpunkt erstreckt sich der Ehename nur dann auf das Kind, wenn sich dieses der Namensbestimmung durch die Eltern anschließt. Hierdurch wird entsprechend der fortschreitenden Entwicklung des Kindes dessen Persönlichkeitsrecht berücksichtigt, indem der eventuell bereits erfolgten Identifikation mit seinem bisherigen Namen und seinem Interesse an der Kontinuität seiner Namensführung ein höherer Stellenwert beigemessen wird als dem Interesse an einer Übereinstimmung mit dem neuen Namen seiner Eltern.

V-650   Die Anschließung und die entsprechenden Zustimmungserklärungen des gesetzlichen Vertreters sind gemäß § 1617c Abs. 1 Satz 3 BGB gegenüber dem Standesamt abzugeben und müssen öffentlich beglaubigt werden, was gemäß § 45 Abs. 1 Satz 1 Nr. 5 PStG auch durch den Standesbeamten geschehen kann; vgl. auch *Gaaz/Bornhofen*, § 45 PStG Rdnr. 33 ff.

V-651   § 1617c Abs. 1 Satz 2 BGB legt Altersstufen fest, die dem Kind ein seiner Entwicklung entsprechendes Mitbestimmungsrecht hinsichtlich der Namenserstreckung einräumen. Diese Regelung gilt auch für die übrigen Vorschriften des BGB, die sich mit der Erstreckung von Namensänderungen der Eltern auf ihre Kinder befassen (§§ 1617a Abs. 2 Satz 2 und 4; 1617b Abs. 1 Satz 3 und 4; 1617c Abs. 2; 1618 Satz 3 und 6; 1757 Abs. 2 Satz 2 BGB; Art. 224 § 3 Abs. 3 Satz 2 Halbs. 2, Abs. 4 Satz 3, Abs. 5 Satz 2 EGBGB).

bb) Das geschäftsunfähige Kind

V-652   Ist das Kind geschäftsunfähig, kann die Anschlusserklärung wegen § 105 Abs. 1 BGB nur durch den gesetzlichen Vertreter des Kindes erfolgen. Die Bestellung eines Ergänzungspflegers ist unnötig (*Kampe*, StAZ 2006, 332).

Das Kind ist gemäß § 104 Nr. 1 BGB grundsätzlich bis zur Vollendung des siebten Lebensjahres geschäftsunfähig. Im Falle des § 104 Nr. 2 BGB kann das Kind auch nach dem siebten Lebensjahr noch geschäftsunfähig sein.

Tatsächlich zum Tragen kommt die Anschlusserklärung des gesetzlichen Vertreters für ein geschäftsunfähiges Kind jedoch nur bei Kindern zwischen dem fünften und dem siebten Lebensjahr, da bis zur Vollendung des fünften

2. Namenserstreckung bei nachträglicher Bestimmung eines Ehenamens der Eltern, § 1617c Abs. 1 BGB

Lebensjahres die Namenserstreckung wegen § 1617c Abs. 1 Satz 1 BGB ohnehin kraft Gesetzes eintritt (s. Rdnr. V-648).

Gesetzliche Vertreter des Kindes sind in der Regel gemäß § 1629 Abs. 1 Satz 2 BGB beide Elternteile gemeinschaftlich. Haben die Eltern einen gemeinsamen Ehenamen bestimmt, so sind sie begriffsnotwendig miteinander verheiratet und haben gemäß § 1626a Abs. 1 Nr. 2 BGB gemeinsam die elterliche Sorge inne (näher Rdnr. II-43 ff.). V-653

Ist ausnahmsweise ein Elternteil allein vertretungsberechtigt, so gibt dieser die Anschlusserklärung ab.

cc) Das beschränkt geschäftsfähige Kind vor Vollendung des 14. Lebensjahres
Die Erstreckung des Ehenamens auf das beschränkt geschäftsfähige Kind nach Vollendung des siebten und vor Vollendung des 14. Lebensjahres wird durch § 1617c Abs. 1 BGB nicht ausdrücklich erfasst; Satz 1 der Vorschrift regelt die Namenserstreckung auf das Kind vor Vollendung des fünften Lebensjahres, Satz 2 sogleich die auf das Kind ab Vollendung des 14. Lebensjahres. V-654

Die Anschlusserklärung richtet sich daher in diesen Fällen nach den allgemeinen Grundsätzen über die Wirksamkeit von Willenserklärungen beschränkt geschäftsfähiger Kinder. Der Anschluss kann durch den gesetzlichen Vertreter allein (gemäß § 1629 Abs. 1 Satz 1 BGB) oder durch das beschränkt geschäftsfähige Kind selbst mit Zustimmung seines gesetzlichen Vertreters (gemäß § 107 BGB) erfolgen. Dies folgt auch aus einem Vergleich mit dem Wortlaut der §§ 1596 Abs. 2 Satz 1, 1600a Abs. 3 BGB. Während dort eine eigene Erklärung des Kindes unter 14 Jahren ausdrücklich ausgeschlossen wird, geschieht dies in § 1617c Abs. 1 BGB nicht. Zudem kann nach § 1617c Abs. 1 Satz 2 BGB ein in der Geschäftsfähigkeit beschränktes Kind, welches das 14. Lebensjahr vollendet hat, »die Erklärung *nur* selbst abgeben«. Durch die Verwendung des Wortes »nur« wird zum Ausdruck gebracht, dass bei einem Kind unter 14 Jahren mehr als nur diese eine Möglichkeit bestehen muss und die Erklärung sowohl von dem gesetzlichen Vertreter als auch durch das Kind selbst (mit Zustimmung seines gesetzlichen Vertreters) abgegeben werden kann (so *Staudinger/Hilbig-Lugani*, § 1617c BGB Rdnr. 16; *Henrich/Wagenitz/Bornhofen*, § 1617c BGB Rdnr. 21). V-655

Nach anderer Auffassung kann die Anschlusserklärung vor Vollendung des 14. Lebensjahres nicht durch das Kind selbst abgegeben werden, sondern muss stets von den Eltern als gesetzlichen Vertretern des Kindes abgegeben werden. *Michalski* (FamRZ 1997, 977, 983) begründete dies zum alten Recht damit, dass § 1616a Abs. 1 Satz 2 BGB a. F. die alleinige Anschlusserklärung dem 14-jährigen Kind vorbehalte, woraus folge, dass jüngere Kinder die Erklärung nicht selbst abgeben könnten (gleicher Ansicht wohl auch *Lipp/Wagenitz*, § 1617c BGB Rdnr. 10). Dem ist entgegenzuhalten, dass § 1617c Abs. 1 Satz 2 BGB lediglich verhindern soll, dass sich eine Namensänderung des über 14-jährigen Kindes ohne dessen Zustimmung vollziehen kann. Nicht dagegen war beabsichtigt, die Beteiligung des unter 14-jährigen Kindes bei der Anschlusserklärung vollständig zu unterbinden; dies ergibt sich zudem wiederum aus ei- V-656 nem Vergleich mit §§ 1596 Abs. 2 Satz 1, 1600a Abs. 3 BGB, wo die eigene Erklärung eines unter 14-jährigen Kindes ausdrücklich ausgeschlossen wird.

dd) Das beschränkt geschäftsfähige Kind nach Vollendung des 14. Lebensjahres

V-657 Nach Vollendung des 14. Lebensjahres kann das beschränkt geschäftsfähige Kind die Anschlusserklärung nur noch selbst abgeben, wozu es aber gemäß § 1617c Abs. 1 Satz 2 Halbs. 2 BGB der Zustimmung seines gesetzlichen Vertreters bedarf.

Hierdurch wird einerseits der gewachsenen Eigenverantwortlichkeit des 14 Jahre alten oder älteren Kindes Rechnung getragen und sichergestellt, dass eine Erstreckung des Ehenamens auf Kinder dieser Altersgruppe nicht mehr ohne deren Zustimmung erfolgen kann. Andererseits hindert diese Regelung das über 14-jährige Kind daran, sich der Namensänderung seiner Eltern ohne deren Zustimmung anzuschließen.

ee) Das geschäftsfähige Kind

V-658 War nach früherer Rechtslage die Abgabe der Anschlusserklärung gemäß § 1616a Abs. 1 Satz 3 BGB a. F. lediglich bis zum Eintritt der Volljährigkeit möglich, so ist diese Beschränkung mit Inkrafttreten des KindRG weggefallen. Durch die Neuregelung sollte insbesondere vermieden werden, dass das an einer Namensgleichheit mit seinen Eltern interessierte volljährige »Kind« weiterhin den Weg über die öffentlichrechtliche Namensänderung gehen muss, welche ein aufwendiges Verwaltungsverfahren erfordert (BT-Drucks. 13/4899, S. 150).

Nach der jetzigen Regelung kann das volljährige »Kind« die Namensübereinstimmung mit seinen Eltern ohne deren Zustimmung durch Anschlusserklärung gegenüber dem Standesamt herbeiführen; eine zeitliche Grenze hierfür besteht nicht.

c) Problemfälle

aa) Tod des Kindes

V-659 Ist das Kind in dem Zeitpunkt, in dem die Eltern den Ehenamen bestimmen, bereits verstorben, so wird es von der Namenserstreckung nicht mehr erfasst. Die Interessenlage ist ähnlich wie bei § 1617a Abs. 2 BGB, wo die Namenserteilung nach dem Tod des Kindes ebenfalls nicht mehr möglich ist (AG Lübeck, StAZ 2002, 244; AG Gießen, StAZ 2006, 55).

bb) Interessenkonflikte zwischen Kind und gesetzlichem Vertreter

V-660 Verweigert der allein vertretungsberechtigte Elternteil (näher Rdnr. II-48 f.) die Zustimmung, so kommt die Entziehung des Vertretungsrechts gemäß §§ 1629 Abs. 2 Satz 3, 1796 BGB in Betracht; wegen Einzelheiten s. *Coester*, FuR 1994, 1, 4. Die Beeinträchtigung der Kindesinteressen muss erheblich sein; bloße Meinungsverschiedenheiten reichen nicht aus, da sonst das Zustimmungserfordernis sinnlos wäre.

V-661 Zu denken ist etwa an den Fall, dass sich die Eltern bei gemeinsamer Vertretung nicht darüber einigen können, ob sich das Kind der Ehenamensneubestimmung anschließen soll. Unterbleibt die elterliche Zustimmung, so be-

2. Namenserstreckung bei nachträglicher Bestimmung eines Ehenamens der Eltern, § 1617c Abs. 1 BGB

hält das Kind den bislang geführten Familiennamen, d. h. es heißt anders als *beide* Elternteile. In einem solchen Fall kann die Zustimmung für das Kind von so wesentlicher Bedeutung sein, dass das Familiengericht gemäß § 1628 BGB die Entscheidung auf einen Elternteil übertragen kann (*Michalski*, FamRZ 1997, 977, 984; *Staudinger/Hilbig-Lugani*, § 1617c BGB Rdnr. 12).

cc) Übereinstimmung zwischen dem Geburtsnamen des Kindes und dem Ehenamen
Wählen die Eltern den Geburtsnamen desjenigen Ehegatten, von dem auch das Kind seinen Geburtsnamen ableitet, so hat eine Namenserstreckung nach § 1617c Abs. 1 BGB keinen Einfluss auf die tatsächliche Namensführung des Kindes. Sie ändert jedoch die Ableitungsgrundlage des Kindesnamens. Ob das Kind seinen Namen vom Geburtsnamen eines Elternteils oder vom Ehenamen der Eltern ableitet, hat – unabhängig vom Namensklang – Bedeutung für spätere Namenserstreckungsfälle. Wenn der Ehename auf das Kind erstreckt wurde, kann dieses einer späteren Namensänderung der Eltern bzw. eines Elternteils nur noch gemäß § 1617c Abs. 2 Nr. 1 BGB folgen, d. h. im Wege der Erstreckung einer Änderung des *Ehenamens*. V-662

Dass sich die Ableitungsgrundlage kraft Gesetzes ändert, wenn das Kind das fünfte Lebensjahr noch nicht vollendet hat, ergibt sich unproblematisch aus dem Gesetzeswortlaut. Fraglich ist, ob bei Kindern, die das fünfte Lebensjahr bereits vollendet haben, deren Zustimmung erforderlich ist. Sieht man den Zweck des § 1617c Abs. 1 Satz 2 BGB allein darin, das Persönlichkeitsrecht des Kindes und sein Interesse an Namenskontinuität zu schützen und zu verhindern, dass es gegen seinen Willen den bisher geführten Familiennamen aufgeben muss, so erscheint in einem solchen Fall die Anschlusserklärung als entbehrlich; denn der Name bleibt derselbe (im Ergebnis ebenso *Staudinger/Hilbig-Lugani*, § 1617c BGB Rdnr. 11; *Gaaz*, StAZ 2000, 359; *Kubitz*, StAZ 2000, 344). Im Ergebnis ändert sich nach dieser Auffassung auch beim über fünf Jahre alten Kind die Ableitungsgrundlage kraft Gesetzes. V-663

Diese Lösung berücksichtigt aber nicht, dass das Kind später möglicherweise ein Interesse daran hat, nicht auf den Ehenamen festgelegt zu sein, sondern einer Namensänderung des Elternteils zu folgen, von dem es seinen Geburtsnamen abgeleitet hat. Ob in diesem späteren Fall die Namenserstreckung auf das Kind gemäß § 1617c Abs. 2 Nr. 1 oder Nr. 2 BGB erfolgt, hängt davon ab, ob anlässlich der Bestimmung des Ehenamens durch die Eltern die Namenserstreckung nach § 1617c Abs. 1 BGB eingetreten ist oder nicht. Da das Kind ein Interesse daran haben kann, sich zwischen diesen beiden potentiellen Möglichkeiten zu entscheiden, hält die personenstandsrechtliche Praxis eine Zustimmung des Kindes für erforderlich (*Homeyer*, StAZ 2002, 345). V-664

dd) Anschluss nach Ablegung des Ehenamens durch die Eltern?
Fraglich ist, ob sich das Kind einer Ehenamensneubestimmung der Eltern auch dann noch anschließen kann, wenn einer der oder beide Elternteile bereits verstorben sind oder wenn sie den Ehenamen – z. B. nach der Scheidung der Ehe gemäß § 1355 Abs. 5 Satz 2 BGB – nicht mehr führen. V-665

V-666 In einem solchen Fall kann das von § 1617c Abs. 1 BGB verfolgte Ziel, die Namenseinheit der Familie, nicht mehr erreicht werden. Durch den Anschluss des Kindes ist allenfalls erkennbar, dass die Beteiligten einmal eine Familie gebildet haben.

Ein etwaiges Interesse des Kindes, diese in der Vergangenheit liegende Familienkonstellation namensmäßig zu dokumentieren, erscheint als nicht schutzwürdig (im Ergebnis ebenso *Staudinger/Hilbig-Lugani*, § 1617c BGB Rdnr. 20). Man könnte den Schutz damit rechtfertigen, dass das Gesetz an mehreren Stellen den Kindesnamen, der sich aus dem Ehenamen der Eltern herleitet, privilegiert; doch ist dies ein letztlich veraltetes Regelungskonzept, da es gegen den Grundsatz der Gleichheit aller – d. h. ehelicher wie nichtehelicher – Kinder verstößt.

3. Namenserstreckung bei Änderung des Ehenamens der Eltern, § 1617c Abs. 2 Nr. 1 BGB

V-667 § 1617c Abs. 2 Nr. 1 BGB regelt die Erstreckung einer Namensänderung der Eltern auf das Kind, wenn dieses den Ehenamen seiner Eltern bereits als Geburtsnamen erworben hat und sich dieser nun im Nachhinein ändert.

a) Die Bedeutung des Begriffs »Ehename«

V-668 aa) Ehename ist gemäß § 1355 Abs. 1 Satz 1 BGB der gemeinsame Familienname der Ehegatten; wegen Einzelheiten s. Rdnr. III-559 ff.

V-669 Der Ehename muss zum Geburtsnamen des gemeinsamen Kindes geworden sein, was in erster Linie einen Verweis auf den Namenserwerb gemäß § 1616 BGB (dazu Rdnr. IV-242 ff.) und § 1617c Abs. 1 BGB (dazu Rdnr. V-645 ff.) bedeutet. Ferner erwirbt das Kind, das von einem Ehepaar adoptiert wird, gemäß § 1757 Abs. 2 i. V. m. Abs. 1 BGB den Ehenamen der Annehmenden, sofern diese einen gemeinsamen Ehenamen führen (s. Rdnr. V-433).

V-670 bb) Fraglich ist, ob unter dem »Ehenamen« i. S. d. § 1617c Abs. 2 Nr. 1 BGB auch der im Wege der Einbenennung gemäß § 1618 BGB erworbene Ehename, den nur ein (leiblicher) Elternteil zusammen mit einem Stiefelternteil des Kindes führt, zu verstehen ist.

V-671 Der Wortlaut der Vorschrift ist nicht eindeutig. Im Gegensatz zu § 1616a Abs. 2 BGB a. F. spricht § 1617c Abs. 2 Nr. 1 BGB nicht mehr vom »Ehenamen der Eltern«, sondern schlicht vom »Ehenamen«.

Hierin wird teilweise die bewusste Wertung des Gesetzgebers gesehen, dass nach neuem Recht auch der Fall des § 1618 BGB von § 1617c Abs. 2 Nr. 1 BGB erfasst sein solle, da das einbenannte Kind zur Integration in die Stieffamilie in gleicher Weise den Änderungen des Familiennamens folgen solle wie ein aus der Stieffamilie selbst hervorgegangenes Kind (so *Wagenitz*, FamRZ 1998, 1545, 1550; *Henrich/Wagenitz/Bornhofen*, § 1617c BGB Rdnr. 42).

V-672 Dies führt allerdings zu der praktischen Konsequenz, dass ein Kind sich nach Scheidung der Stiefelternehe einer Namensänderung des leiblichen Elternteils gemäß § 1355 Abs. 5 Satz 2 BGB nicht anschließen kann. § 1617c Abs. 2 Nr. 1 BGB enthält eine abschließende Regelung für Änderungen des Ehena-

3. Namenserstreckung nach § 1617c Abs. 2 Nr. 1 BGB

mens, so dass – wenn auch der durch Einbenennung gemäß § 1618 BGB erworbene Familienname hierunter zu subsumieren wäre – eine Anwendung des § 1617c Abs. 2 Nr. 2 BGB ausgeschlossen ist. Eine Namenserstreckung nach § 1617c Abs. 2 Nr. 1 BGB ist aber im Falle des § 1355 Abs. 5 Satz 2 BGB ebenfalls nicht möglich, da sich hier nicht der Ehename als »Gemeinschaftsname«, sondern lediglich der Individualname eines Elternteils ändert.

Nach konträren obergerichtlichen Entscheidungen (OLG Hamm, StAZ 2002, 201 ff. gegen OLG Dresden, StAZ 2000, 341; vgl. auch LG Fulda, FamRZ 2000, 689) hat sich der BGH (StAZ 2004, 131) der dargestellten Auffassung angeschlossen und entschieden, dass ein Kind an den durch Einbenennung erworbenen Ehenamen der Stiefelternehe gebunden ist und eine Namenserstreckung nicht möglich ist, wenn der sorgeberechtigte Elternteil nach Scheidung dieser Ehe gemäß § 1355 Abs. 5 Satz 2 BGB wieder seinen Geburtsnamen annimmt. Er hat dies insbesondere damit begründet, dass es an einer ausfüllungsbedürftigen Lücke fehle, weil der Gesetzgeber eine weitergehende Nachfolge des Kindes in Namensänderungen des sorgeberechtigten Elternteils im Interesse der Namenskontinuität ausdrücklich ausgeschlossen habe.

Damit ist die Streitfrage für die personenstandsrechtliche Praxis entschieden. Das Ergebnis ist unbefriedigend; dies liegt freilich weniger an der konkreten Einzelentscheidung, sondern daran, dass das gesamte Namensrecht in sich nicht stimmig ist. Gewiss ist die Namenskontinuität ein wichtiges namensrechtliches Prinzip; dass sie hier besonders hochgehalten, in anderen Zusammenhängen jedoch der »Dynamisierung« des Namensrechts weitgehend geopfert wird, ist ein im Gesetz selbst angelegter Widerspruch. Mit der Namenskontinuität konkurriert der andere traditionelle Grundsatz, dass der Familienname die statusrechtliche Zusammengehörigkeit der Generationen nach außen symbolisieren soll. Ein Kind, das durch Einbenennung den Namen des Stiefelternteils erhalten hat, führt auf der Grundlage der BGH-Rechtsprechung keinen von einem leiblichen Elternteil abgeleiteten Namen mehr, sondern den seines Stiefelternteils, zu dem eine statusrechtliche Beziehung nicht besteht.

b) Die Rechtsgrundlage der Änderung

aa) Privatrechtliche Namensänderungen

Voraussetzung für eine Namenserstreckung gemäß § 1617c Abs. 2 Nr. 1 BGB ist, dass sich der Ehename der Eltern des Kindes ändert.

Aus welchem Grund diese Änderung eintritt, ist nach dem Wortlaut der Vorschrift unerheblich. Denkbar ist, dass sich der Geburtsname eines der Ehegatten gemäß §§ 1617b, 1617c BGB ändert und sich diese Änderung gemäß § 1617c Abs. 3 BGB auf den Ehenamen erstreckt (s. Rdnr. V-701 ff.); ferner kann die Änderung des Ehenamens auch Folge einer Adoption eines Ehegatten bzw. der Aufhebung einer solchen gemäß §§ 1757 Abs. 3, 1765 Abs. 3 BGB (s. Rdnr. V-431 f. und V-459) oder Folge einer Neubestimmung des Ehenamens gemäß Art. 10 Abs. 2 EGBGB (s. Rdnr. III-725 ff.) sein. In all diesen Fällen handelt es sich um eine Änderung kraft Zivilrechts.

H. Namensänderungen nach der Geburt

bb) Öffentlichrechtliche Namensänderungen

V-676   Eine Änderung des Ehenamens der Eltern kann sich aber auch nach öffentlichem Recht vollziehen, etwa gemäß § 3 NamÄndG oder § 94 BVFG (s. allgemein Rdnr. V-881 ff.). Umstritten ist, inwieweit der Anwendungsbereich des § 1617c Abs. 2 Nr. 1 BGB im Falle einer solchen öffentlichrechtlichen Änderung des Ehenamens eröffnet ist.

V-677   Grundsätzlich enthält das NamÄndG in § 4 eine eigene vorrangige Regelung für die Erstreckung einer Namensänderung gemäß § 3 NamÄndG auf die Kinder. Danach erstreckt sich die Änderung des Familiennamens, soweit nicht bei der Entscheidung etwas anderes bestimmt ist, auf Kinder der Person, deren Name geändert wird, sofern die Kinder bislang den Namen dieser Person getragen haben und für die Kinder die elterliche Sorge dieser Person besteht. § 4 NamÄndG hat grundsätzlich als speziellere Regelung gegenüber § 1617c Abs. 2 Nr. 1 BGB Vorrang und ist abschließend (vgl. auch OLG München, StAZ 2013, 193).

V-678   Die öffentlichrechtliche Änderung des Ehenamens der Eltern erstreckt sich demnach – unabhängig von ggf. abweichenden Wertungen des BGB – auf die Kinder, die unter ihrer elterlichen Sorge stehen. Dies sind nur die minderjährigen Kinder; die Namenserstreckung auf volljährige Kinder scheidet nach § 4 NamÄndG aus. Die in § 1617c Abs. 1 BGB enthaltene Voraussetzung der Anschlusserklärung des mindestens fünfjährigen Kindes, die Modellcharakter für das gesamte Kindesnamensänderungsrecht des BGB hat, besteht nach § 4 NamÄndG gerade nicht; die Namensänderung auch des über fünfjährigen Kindes vollzieht sich nach dieser Vorschrift vielmehr kraft Gesetzes.

V-679   Diese Grundsätze sind freilich nicht zwingend. Die Behörde kann bei der Entscheidung über die Namensänderung gemäß § 4 NamÄndG auch etwas anderes bestimmen. Es bleibt ihr unbenommen, abweichend von § 4 NamÄndG die Namensfolge von Kindern im Falle der Änderung des Ehenamens der Eltern nicht nach § 4 NamÄndG, sondern nach § 1617c Abs. 1 BGB auszugestalten; insbesondere kann sie die Namensfolge der Kinder von deren Zustimmung abhängig machen.

V-680   Die Frage, ob bzw. inwieweit sie dazu verpflichtet ist, sich an der Konzeption des Kindesnamensänderungsrechts des BGB insbesondere hinsichtlich des Zustimmungserfordernisses zu orientieren, ist umstritten. Maßstab für die Entscheidung der Behörde ist das Wohl des Kindes (BVerwGE 95, 21, 24 f.); man kann der Ansicht sein, dass § 4 NamÄndG mit den Wertvorstellungen des Gesetzgebers ausgefüllt werden müsse, die dieser im BGB zum Ausdruck gebracht habe (zu dieser komplexen Problematik *Staudinger/Hilbig-Lugani*, § 1617c BGB Rdnr. 34; *Schmitz/Bauer*, StAZ 2001, 99 ff.). Doch hat die Frage für das Standesamt keine praktische Bedeutung, da es kein Überprüfungsrecht hat. Es hat die Namensänderung gemäß § 4 NamÄndG als wirksam zu akzeptieren; denn die Zustimmungserklärungen sind keine Wirksamkeitsvoraussetzungen.

V-681   Zu fragen bleibt allenfalls, ob § 4 NamÄndG eine abschließende Regelung auch für die Fallgestaltungen darstellt, die von seinem Wortlaut nicht direkt erfasst werden. Zu denken ist etwa an die Erstreckung der Änderung des Ehenamens auf volljährige Kinder oder an die Erstreckung einer Namensänderung durch einen ausländischen Heimatstaat der Eltern auf Kinder mit inländischer Staatsangehörigkeit.

Die standesamtliche Praxis hat zunächst in einem Umkehrschluss aus § 4 NamÄndG gefolgert, dass volljährige Kinder nicht an der Namensänderung ihrer Eltern teilnehmen sollen; eine Ausnahme sei allenfalls dann möglich, wenn bei den Kindern selbst ein eigenständiger »wichtiger Grund« i. S. d. § 3 NamÄndG vorliege (*Wachsmann*, StAZ 2001, 21; zum Rechtszustand vor dem KindRG BayObLG, StAZ 1984, 339, 340 f.; *Loos*, Namensänderungsgesetz 121). V-682

Im Schrifttum wurde demgegenüber argumentiert, dass § 4 NamÄndG im Interesse der Namenskontinuität lediglich verhindern wolle, dass volljährige Kinder *automatisch* an einer Namensänderung ihrer Eltern teilnehmen. Wenn aber schon die Behörde gemäß § 4 NamÄndG ohne weiteres eine abweichende Bestimmung treffen könne, so müsse es auch dem volljährigen Kind selbst möglich sein, sich durch Erklärung der Namensänderung seiner Eltern anzuschließen (*Palandt/Götz*, § 1617c BGB Rdnr. 6; ebenso KG, StAZ 2002, 79, 80; vgl. auch *Wall*, StAZ 2013, 93, 94 f.; a. A. AG Bielefeld, StAZ 2004, 369, 370; OLG Hamm, StAZ 2014, 286); das Gleiche muss auch bei einer Erstreckung einer ausländischen Namensänderung auf Kinder mit inländischer Staatsangehörigkeit gelten (OLG München, StAZ 2013, 193). V-683

c) Änderung nach dem Tod eines Elternteils

Gemäß § 1617c Abs. 3 BGB – also der Modellregelung, auf die § 1617b Abs. 1 Satz 4 BGB und Art. 10 Abs. 2 Satz 3 EGBGB Bezug nehmen – ist die Änderung des Ehenamens oder Lebenspartnerschaftsnamens als Folge einer Namenserstreckung dann möglich, wenn sich der andere Ehegatte anschließt, d. h. wenn zwischen beiden Partnern hinsichtlich der namensrechtlichen Folge Einvernehmen besteht (s. Rdnr. V-701 ff.). V-684

Ist der Ehegatte, der der Namenserstreckung zustimmen müsste, vor der Namensänderung gestorben, so kann die Zustimmung nicht mehr erklärt werden. Zwei rechtliche Konsequenzen sind denkbar. Entweder fällt das Erfordernis der Zustimmung mit dem Tode des zustimmungsberechtigten Ehegatten ersatzlos weg, so dass sich die Namensänderung des überlebenden Partners ohne Weiteres auf den Ehenamen erstreckt; oder aber es tritt, da der verstorbene Ehegatte nicht mehr zustimmen kann, mit dem Tode eine Erstarrung des Ehenamens ein, so dass dieser unveränderlich bleibt. V-685

Was die namensrechtlichen Interessen der Ehegatten selbst angeht, so wird § 1617c Abs. 3 BGB mit dem Tod grundsätzlich unanwendbar. Das Kontinuitätsinteresse des verstorbenen Ehegatten, auf das die Vorschrift Rücksicht nehmen will, ist mit dessen Tod weggefallen; das Änderungsinteresse des überlebenden Ehegatten kann sich durchsetzen. V-686

Problematisch sind jedoch Fälle, in denen die Namenserstreckung gemäß § 1617c Abs. 3 BGB der Voraustatbestand für eine Folgeerstreckung des geänderten Ehenamens auf ein Kind wäre; denn hier geht es auch um die namensrechtlichen Interessen des Kindes zu beachten. V-687

H. Namensänderungen nach der Geburt

V-688 Geht man von einer Erstarrung aus, so bliebe eine Änderung des Geburtsnamens ohne Auswirkung auf den Ehenamen; der überlebende Ehegatte hätte nur die Möglichkeit, gemäß § 1355 Abs. 5 Satz 2 BGB seinen Geburtsnamen anzunehmen und den Ehenamen als solchen aufzugeben. Dies hätte aber eine Namensverschiedenheit mit seinem Kind zur Folge, das nach § 1616 BGB den Ehenamen als Geburtsnamen erworben hat; denn es kann einer *persönlichen* Namensänderung des verwitweten Ehegatten gemäß § 1617c Abs. 2 Nr. 2 BGB *nicht* folgen (s. Rdnr. V-673 und V-695).

V-689 Will der verwitwete Ehepartner die Namensverschiedenheit mit dem Kind vermeiden, so muss er den bisher geführten Ehenamen behalten; dies wiederum zwingt ihn zu Namensverschiedenheit mit dem Elternteil, von dem er seinerseits seinen Geburtsnamen abgeleitet hat und an dessen Namensänderung er nunmehr keinen Anteil haben kann. Der überlebende Ehegatte muss bei dieser Lösung also Namensverschiedenheit entweder mit seinem namensgebenden Elternteil oder mit seinem Kind in Kauf nehmen. Würde der vorverstorbene Ehegatte noch leben, so wäre durch dessen Zustimmung zur Änderung des Ehenamens die Namenseinheit der drei Generationen ohne weiteres herbeizuführen.

V-690 Auch in Anbetracht der Interessen des Kindes sollte man daher in einem solchen Fall den § 1617c Abs. 3 BGB analog heranziehen und die Namensänderung auch ohne Zustimmung des Verstorbenen auf den Ehenamen erstrecken. Anschließend kann sich das Kind gemäß § 1617c Abs. 2 Nr. 1 BGB der Namensänderung anschließen; soweit es seinerseits bereits ein Kind hat, das als Geburtsnamen den Ehenamen seiner Eltern erhalten hatte, erstreckt sich diese Namensänderung ebenfalls gemäß § 1617c Abs. 2 Nr. 1 und Abs. 1 BGB auf das Kind (so auch *Staudinger/Hilbig-Lugani*, § 1617c BGB Rdnr. 36; a.A. wohl *Henrich/Wagenitz/Bornhofen*, § 1617c BGB Rdnr. 69).

4. Namenserstreckung aufgrund einer Namensänderung beim namensgebenden Elternteil, § 1617c Abs. 2 Nr. 2 BGB

a) Überblick

V-691 § 1617c Abs. 2 Nr. 2 BGB ordnet die entsprechende Anwendung des § 1617c Abs. 1 BGB an, wenn sich in den Fällen der §§ 1617, 1617a und 1617b BGB der Familienname eines Elternteils, der Geburtsname des Kindes geworden ist, auf andere Weise als durch Eheschließung oder Begründung einer Lebenspartnerschaft ändert. Dem grundlegenden Regelungsmodell entsprechend soll das unter fünfjährige Kind einer Namensänderung des Elternteils, von dem es seinen Familiennamen ableitet, kraft Gesetzes folgen; nach diesem Zeitpunkt hat es entsprechend der gestuften Regelung des § 1617c Abs. 1 BGB die Möglichkeit, sich der Namensänderung durch entsprechende Erklärung anzuschließen.

V-692 Die Folgen einer Namensänderung durch Eheschließung oder Verpartnerung werden von § 1617c Abs. 2 Nr. 2 BGB ausdrücklich ausgenommen; für diese Fälle besteht die Sonderregelung des § 1618 BGB bzw. des § 9 Abs. 5 LPartG (s. Rdnr. V-810 ff.).

b) Der Katalog der Namensänderungsfälle in §§ 1617, 1617a und 1617b BGB

§ 1617c Abs. 2 Nr. 2 BGB ordnet die Namenserstreckung ausdrücklich nur für die Fälle der §§ 1617, 1617a und 1617b BGB an. Erfasst werden also
– die Fälle, in denen die Eltern im Zeitpunkt der Geburt des Kindes bei gemeinsamer Sorge beider Elternteile (§ 1617 BGB) oder alleiniger Sorge nur eines Elternteils (§ 1617a BGB) keinen gemeinsamen Ehenamen führten und das Kind den Namen des Vaters oder der Mutter als Geburtsnamen erhalten hat;
– die Fälle des § 1617b BGB, in denen eine gemeinsame Sorge der Eltern erst begründet wurde, nachdem das Kind bereits einen Namen führte und der Name des Kindes daraufhin innerhalb der Dreimonatsfrist neu bestimmt worden ist (§ 1617b Abs. 1 BGB);
– die Fälle, in denen rechtskräftig festgestellt wurde, dass der Mann, dessen Familienname Geburtsname des Kindes geworden war, nicht der Vater des Kindes ist und das Kind sodann auf Antrag den Namen, den seine Mutter im Zeitpunkt der Geburt führte, als Geburtsnamen erhalten hat (§ 1617b Abs. 2 BGB).

V-693

c) Anwendbarkeit auch in anderen Fällen?

aa) Die Ableitung des Namens von einem Elternteil als Grundvoraussetzung
Fraglich ist, ob diese Aufzählung abschließend ist und in allen anderen Fällen eine Überwirkung der Namensänderung des namensgebenden Elternteils auf das Kind nicht stattfindet.

V-694

Vom Anwendungsbereich des § 1617c Abs. 2 Nr. 2 BGB werden (in Abgrenzung zu Nr. 1) die Fälle nicht erfasst, in denen das Kind einen Ehenamen als »Gemeinschaftsnamen« erworben hat. Voraussetzung ist vielmehr, dass sich der Name des Kindes von nur *einem* Elternteil herleitet. Der Anwendungsbereich wird durch die Auflistung von Anwendungsfällen erläutert, wobei die §§ 1617, 1617a, 1617b BGB aber nur Beispiele sind. Entscheidend ist der diesen Beispielen gemeinsame Umstand, dass der Geburtsname des Kindes sich einseitig vom Familiennamen nur *eines* Elternteils ableitet. Dieser Umstand ist für die Namenserstreckung nach Nr. 2 erforderlich, aber auch ausreichend, so dass – über die ausdrücklich aufgezählten Anwendungsfälle hinaus – § 1617c Abs. 2 Nr. 2 BGB auch dann anwendbar ist, wenn das Kind den Familiennamen eines Elternteils aus anderen Gründen, beispielsweise aufgrund ausländischen oder früheren Rechts oder aufgrund von intertemporalen Normen, erlangt hat (so auch *Henrich/Wagenitz/Bornhofen*, § 1617c BGB Rdnr. 53; *Wagenitz*, FamRZ 1998, 1545, 1550; vgl. schon Rdnr. V-668 ff.).

V-695

bb) Namenserstreckung auch nach einer Einbenennung?
Fraglich ist, ob der Familienname, den das Kind durch Einbenennung gemäß § 1618 BGB erhalten hat, der Familienname »eines Elternteils« ist und damit in den Anwendungsbereich des § 1617c Abs. 2 Nr. 2 BGB fällt. Der Wortlaut der Vorschrift ist nicht eindeutig und scheint auf den ersten Blick eine solche Auslegung zuzulassen; denn es ist nicht zu bestreiten, dass das Kind in einem solchen Fall den Familiennamen »eines Elternteils« führt, nämlich eben des

V-696

leiblichen Elternteils, mit dem es in der Stieffamilie zusammenlebt. Diese Auslegung geht davon aus, dass man das Wort »eines« als unbestimmten Artikel verstehen kann, während es richtigerweise als Zahlwort anzusehen ist.

V-697 Hier handelt es sich nur um das anders gewendete, aber bereits erörterte Problem, ob der durch Einbenennung erworbene Name »Ehename« im Sinne von § 1617c Abs. 2 Nr. 1 BGB ist (s. Rdnr. V-670 ff.). Wenn man diese Frage bejaht, ist er ein »Gemeinschaftsname«, also ein Name, der nicht *nur von einem* Elternteil abgeleitet wird, sondern von dem Elternteil *und* dessen Ehegatten. Die h. M. legt die Vorschrift aus Gründen der Namenskontinuität in der Stieffamilie in diesem Sinne aus; damit wird der durch Einbenennung erworbene Name nicht von § 1617c Abs. 2 Nr. 2 BGB erfasst. Da der BGH auch eine analoge Anwendung der Vorschrift abgelehnt hat (BGH, StAZ 2004, 131; s. Rdnr. V-673), steht für die Praxis fest, dass nach erfolgter Einbenennung das einbenannte Kind einer Namensänderung seines leiblichen Elternteils nicht nach § 1617c Abs. 2 Nr. 2 BGB folgen kann.

d) Die Änderung des Bezugsnamens

V-698 § 1617c Abs. 2 Nr. 2 BGB setzt die Änderung eines elterlichen Bezugsnamens voraus. Erfasst sind alle denkbaren Veränderungen, insbesondere auch nur solche von Namensteilen, wie sie bei echten und unechten Doppelnamen vorkommen können (Einzelheiten hierzu bei *Henrich/Wagenitz/Bornhofen*, § 1617c BGB Rdnr. 55 ff.). Ebenso wie bei § 1617c Abs. 2 Nr. 1 BGB spielt auch im Fall des § 1617c Abs. 2 Nr. 2 BGB der Grund einer zivilrechtlichen Änderung des Namens keine Rolle; hier wie dort gilt jedoch im Falle der öffentlichrechtlichen Änderung des elterlichen Bezugsnamens gemäß § 3 NamÄndG die Sonderregel des § 4 NamÄndG (s. Rdnr. V-676 ff.).

V-699 Der Familienname des Elternteils, der Geburtsname des Kindes geworden ist, darf sich gemäß § 1617c Abs. 2 Nr. 2 BGB jedoch nicht durch Eheschließung oder Verpartnerung ändern, da für diesen Fall die Sonderregelung des § 1618 BGB vorgesehen ist.

e) Namensrechtliche Konsequenzen

V-700 Die Folge der Änderung des Bezugsnamens im Sinne des § 1617c Abs. 2 Nr. 2 BGB für den Namen des Kindes ergibt sich aus dem Verweis auf § 1617c Abs. 1 BGB. Soweit das Kind das fünfte Lebensjahr noch nicht vollendet hat, erstreckt sich die Namensänderung ipso iure auf dieses, danach kann es sich der Änderung durch Erklärung gegenüber dem Standesamt anschließen. Wegen Einzelheiten s. Rdnr. V-648 ff.

5. Die Erstreckung einer Namensänderung auf den Ehenamen oder Lebenspartnerschaftsnamen, § 1617c Abs. 3 BGB

a) Der Regelungsgrundsatz

V-701 Wird der Geburtsname eines Ehegatten gemäß § 1355 Abs. 2 BGB zum Ehenamen bestimmt, so bekommt er eine neue Qualität; er wird zu einem gemeinsamen Namen und löst sich damit rechtlich von dem Individualnamen, von dem er abgeleitet wird. Ändert sich der Geburtsname des namensgebenden Ehegatten, so darf sich die Änderung nicht ohne Weiteres auf den gemeinsamen Ehenamen erstrecken; denn davon würde ja auch der andere Ehegatte betroffen sein, der den Ehenamen mittlerweile als eigenen Namen führt. Der Grundsatz, dass der vom anderen Ehegatten übernommene Ehename zum eigenen – und nicht nur als vom Partner »geliehenen« – Namen wird, ist durch die Entscheidung des BVerfG vom 18.2.2004 (StAZ 2004, 104) nachdrücklich bestätigt worden. Die Namenserstreckung ist daher nach § 1617c Abs. 3 BGB nur mit Einverständnis des Ehegatten möglich (s. schon Rdnr. III-562).

Gleiches gilt freilich für Lebenspartner, die einen Lebenspartnerschaftsnamen bestimmt haben. Die folgenden Ausführungen beziehen sich daher ebenso auf Lebenspartner und ihren Lebenspartnerschaftsnamen; lediglich aus Gründen der Lesbarkeit wird auf eine Differenzierung verzichtet.

b) Materielle Voraussetzungen

aa) Allgemeines
Die Änderung des Ehenamens gemäß § 1617c Abs. 3 BGB setzt voraus, dass ein Kind und sein Ehegatte einen gemeinsamen Ehenamen führen, dabei der Geburtsname des Kindes zum Ehenamen bestimmt worden ist und sich dieser Geburtsname sodann – beispielsweise nach § 1617c Abs. 1 oder 2 BGB – ändert.

V-702

Bei Vorliegen dieser Voraussetzungen genügt für eine Erstreckung der Kindesnamensänderung auf den Ehenamen dem Wortlaut nach eine Anschlusserklärung des anderen Ehegatten. Eine Frist für diese Erklärung besteht nicht, erforderlich ist lediglich, dass die Ehe noch besteht.

Die Namenserstreckung auf den Ehenamen wird wirksam, sobald die Anschlusserklärungen des Kindes und des Ehegatten dem zuständigen Standesamt zugegangen sind.

V-703

bb) Beschränkung der Anschlusserklärung des Kindes auf seinen Geburtsnamen?
Dem Wortlaut nach verlangt § 1617c Abs. 3 BGB nur, dass »sich auch der Ehegatte [...] der Namensänderung anschließt«. Fraglich ist, ob diese *einseitige* Anschlusserklärung ausreicht oder ob nicht vielmehr ein *Konsens* der Ehegatten bezüglich der Änderung des Ehenamens erforderlich ist; letzteres würde es dem Kind ermöglichen, die Namensänderung seiner Eltern ausschließlich auf seinen Geburtsnamen zu erstrecken, eine entsprechende Änderung des Ehenamens hingegen zu verhindern.

V-704

Diese Möglichkeit wird zum Teil mit der Begründung bejaht, das Kind könne ein Interesse daran haben, seinen – während der Ehe latent und eigenständig erhalten bleibenden – Geburtsnamen, nicht aber seinen Ehenamen dem geänderten elterlichen Namen anzupassen. Anderenfalls müsse das Kind es unter Umständen hinnehmen, dass sein Ehegatte erst lange Zeit nach der Anschlusserklärung des Kindes der Namensänderung zustimmen und damit eine von dem Kind nicht (mehr) erwünschte Änderung des – von dem Kind im Alltag zu führenden – Ehenamens herbeiführen könnte.

V-705

H. Namensänderungen nach der Geburt

V-706　Eine Erstreckung der Namensänderung des Kindes auf den Ehenamen erfordere daher – neben der Anschlusserklärung des Kindes bezüglich seines Geburtsnamens – eine gesonderte ausdrückliche Zustimmung beider Ehegatten hinsichtlich der Namenserstreckung auch auf den Ehenamen (so *Henrich/Wagenitz/Bornhofen*, § 1617c BGB Rdnr. 66 ff.; *Wagenitz*, FamRZ 1998, 1545, 1550).

V-707　Diese Abweichung vom Gesetzeswortlaut wäre nur zu rechtfertigen, wenn es ein berechtigtes schutzwürdiges Interesse des Kindes gäbe, nur mit seinem Geburtsnamen, nicht auch mit dem aktuell geführten Ehenamen der Namensänderung der Eltern zu folgen. Zu denken ist etwa an den Fall einer bereits zerrütteten Ehe, in der das Kind auf eine nur einseitige Nachfolge in die Änderung des elterlichen Bezugsnamens Wert legt. Hier kann das Kind aber nach Auflösung der Ehe gemäß § 1355 Abs. 5 Satz 2 BGB zum Geburtsnamen zurückkehren, da die Anschlusserklärung nach § 1617c Abs. 1 und 2 BGB unbefristet möglich ist und daher auch noch nach diesem Zeitpunkt erklärt werden kann (so auch MünchKomm/*v. Sachsen Gessaphe*, § 1617c BGB Rdnr. 25).

V-708　Einer nachfolgenden Anschlusserklärung des Ehegatten »zur Unzeit« kann – da es an einer Befristung für die Ehegattenerklärung fehlt – nur dadurch abgeholfen werden, dass das betroffene Kind auf eine gemeinsame Abgabe seiner Anschlusserklärung mit der des Ehegatten dringt (vgl. hierzu MünchKomm/*v. Sachsen Gessaphe*, § 1617c BGB Rdnr. 25).

cc) Minderjährigkeit des anschließungsberechtigten Ehegatten

V-709　Bei der Anschlusserklärung handelt es sich um eine familienrechtliche Willenserklärung, so dass man bei Minderjährigkeit des anschließungsberechtigten Ehegatten zur Anwendbarkeit der §§ 104 ff. BGB kommen könnte, wonach die Anschlusserklärung durch den minderjährigen Ehegatten mit Zustimmung seines gesetzlichen Vertreters, aber auch durch den gesetzlichen Vertreter allein mit Wirkung für den minderjährigen Ehegatten erklärt werden könnte.

V-710　Dies würde allerdings der in § 1617c Abs. 1 Satz 2 BGB zum Ausdruck gelangten gesetzgeberischen Wertung, die der gewachsenen Eigenverantwortlichkeit des über 14-jährigen Kindes Rechnung tragen soll, zuwiderlaufen und vergleichbare Sachverhalte ohne erkennbaren Grund ungleich behandeln. § 1617c Abs. 1 Satz 2 BGB ist daher – ungeachtet der fehlenden Inbezugnahme in Abs. 3 – auf die Anschlusserklärung nach Abs. 3 entsprechend anzuwenden, so dass der minderjährige Ehegatte, der wegen § 1303 Abs. 2 BGB das 16. Lebensjahr regelmäßig vollendet haben wird, die Anschließung nur selbst – allerdings mit Zustimmung seines gesetzlichen Vertreters – erklären kann (*Henrich/Wagenitz/Bornhofen*, § 1617c BGB Rdnr. 71).

V-711　Nach anderer Auffassung kann die Regelung des § 1617c Abs. 1 Satz 2 BGB hingegen nicht (analog) auf die Namenserstreckung nach § 1617c Abs. 3 BGB angewandt werden. Habe das Familiengericht dem beschränkt Geschäftsfähigen gemäß § 1303 Abs. 2 BGB die Eheschließung erlaubt, müsse der Minderjährige auch seinen Ehenamen selbst – ohne Zustimmung des gesetzlichen Vertreters – bestimmen können. Es handele sich dabei um einen höchstper-

sönlichen Akt der Gestaltung der ehelichen Lebensverhältnisse, der die Anwendung der §§ 104 ff. BGB ausschließe (*Staudinger/Voppel*, § 1355 BGB Rdnr. 44).
Die Praxis hat bisher – entsprechend den allgemeinen Vorschriften der §§ 104 ff. BGB – eine Zustimmung des gesetzlichen Vertreters zu der Anschlusserklärung des minderjährigen Ehegatten verlangt (§§ 379a Abs. 2 Satz 1, § 379 Abs. 2 Satz 2 Nr. 3 der früheren Dienstanweisung für die Standesbeamten und ihre Aufsichtsbehörden). V-712

dd) Form der Anschlusserklärung
Hinsichtlich der Form der Anschlusserklärung verweist § 1617c Abs. 3 BGB auf § 1617c Abs. 1 Satz 3 BGB, wonach die Erklärung gegenüber dem Standesamt abzugeben und öffentlich zu beglaubigen ist. V-713

c) Namensrechtliche Konsequenzen

aa) Konsequenzen für den Ehenamen
Bei Vorliegen der Voraussetzungen des § 1617c Abs. 3 BGB ändert sich der aus dem Geburtsnamen des Kindes abgeleitete Ehename entsprechend der Änderung des elterlichen Namens. V-714

Ist nicht der Name des Kindes, sondern der Name des anderen Ehegatten zum Ehenamen geworden, spielt die Änderung des Geburtsnamens für den Ehenamen keine Rolle. Betroffen ist dann allenfalls der Begleitname i. S. d. § 1355 Abs. 4 Satz 1 BGB. Die Namensänderung bei den Eltern eröffnet der Kindergeneration somit keine generelle neue Entscheidungsmöglichkeit für die Wahl ihres Ehenamens (*Palandt/Götz*, § 1617c BGB Rdnr. 9). Sind aber in der Ehe des Kindes die Ehegatten zunächst gemäß § 1355 Abs. 1 Satz 3 BGB bei ihren jeweiligen Geburtsnamen geblieben, haben sie durch die Namensänderung der Eltern die Möglichkeit, den durch die Namensänderung auf der Elternseite geänderten Geburtsnamen des einen Ehegatten jetzt – gemäß § 1355 Abs. 3 Satz 2 BGB – zum gemeinsamen Ehenamen zu bestimmen. V-715

Ändert sich der Geburtsname, der zum Ehenamen wurde, dagegen aufgrund einer Anschlusserklärung nach § 1617c Abs. 1 BGB ohne dass sich der Ehegatte dieser Namensänderung anschließt, so kann der Ehegatte, dessen Geburtsname sich nach § 1617c Abs. 1 BGB geändert hat, diesen geänderten Geburtsnamen dem Ehenamen gemäß § 1355 Abs. 4 BGB als Begleitnamen hinzufügen (*Jauß*, StAZ 2001, 371, 372).

bb) Mittelbare Konsequenzen für den Namen gemeinsamer Kinder
Erstreckt sich die Namensänderung der Eltern gemäß § 1617c Abs. 3 BGB auch auf den Ehenamen des Kindes, bietet sich für die Enkelkinder wieder die Möglichkeit, eine Namenserstreckung gemäß § 1617c Abs. 2 Nr. 1 BGB herbeizuführen (s. Rdnr. V-667 ff.). V-716

cc) Mittelbare Konsequenzen für Kinder des Ehegatten, der sich anschließt
Kinder des sich der Namensänderung anschließenden Ehegatten können an der Änderung des Ehenamens ihres Elternteils entweder gemäß § 1617c Abs. 2 Nr. 1 BGB teilnehmen, wenn der sich nun nach § 1617c Abs. 3 BGB ändernde V-717

Ehename zu einem früheren Zeitpunkt gemäß § 1618 BGB Geburtsname des Kindes geworden war, oder – sofern der Ehename des Elternteils und dessen Ehegatten zuvor nicht Geburtsname des Kindes geworden war – wenn die Eltern dem Kind den Ehenamen nun im Wege der Einbenennung gemäß § 1618 Satz 1 BGB erteilen.

6. Fälle mit Auslandsbezug

V-718 In Fällen mit Auslandsbezug ist auf jede der an der Namenserstreckung beteiligten Personen das für sie maßgebliche Namensstatut anzuwenden. Über die ursächliche Änderung des Namens entscheidet das Namensstatut der Person, die ihn an die andere Person weitergegeben hat; über die Frage, ob sie sich auf den abgeleiteten Namen *erstreckt*, entscheidet hingegen das Namensstatut der anderen Person, an die der Name weitergegeben wurde (im Ergebnis zutreffend *Fritsche*, StAZ 1994, 18; zum Fall einer ausländischen behördlichen Namensänderung *Kraus*, StAZ 2007, 151).

V-719 Bei der Namenserstreckung auf ein Kind kann dessen Namensstatut gemäß Art. 10 Abs. 3 EGBGB gewählt werden. Dass bereits bei einer früheren Personenstandsänderung das maßgebliche Recht gewählt worden ist, schließt eine erneute Rechtswahl nicht aus, wenn sie im Zusammenhang mit einer erneuten Änderung der rechtlichen oder sozialen Situation des Kindes erfolgt (OLG Frankfurt a. M., StAZ 2008, 10 zu einer Namenserstreckung nach § 1617c BGB).

V-720 Haben die Eltern unter der Herrschaft eines ausländischen Rechts einen Ehenamen gewählt und erklären sie nach einem Statutenwechsel zum deutschen Recht, dass sie für die Zukunft getrennte Namensführung wählen (zur Zulässigkeit einer solchen Erklärung s. Rdnr. III-741), so kann sich diese Namensänderung auch auf die gemeinsamen Kinder erstrecken (so OLG Frankfurt a. M., StAZ 2007, 146 mit einer Analogie zu § 1617c BGB; einleuchtender ist wohl die Analogie zu § 1617 Abs. 1 BGB, so *Krömer*, StAZ 2009, 115).

V-721 Es ist möglich, dass sich der Name der namengebenden Person nicht aufgrund einer Änderung des Personenstands, sondern aufgrund einer bloßen Angleichung nach Art. 47 EGBGB oder Namenswahl nach Art. 48 EGBGB ändert. Zu den registerrechtlichen Auswirkungen s. *Kraus*, StAZ 2008, 222.

IV. Namensänderung aufgrund geänderter Sorgerechtsverhältnisse, § 1617b Abs. 1 BGB

1. Die Funktion des § 1617b BGB

V-722 Der Familienname hat u. a. die Funktion, die familienrechtliche Zuordnung der Namensträger nach außen erkennbar zu machen. Namensgleichheit zwischen Kindern und Eltern lässt die Abstammung erkennen. Führt ein Kind den gemeinsamen Ehenamen seiner Eltern, so dokumentiert die Namenseinheit die familiäre Zusammengehörigkeit der Kernfamilie. Zu einer Zeit, in der das Gesetz noch zwischen ehelicher und nichtehelicher Abstammung unterschied, ließ der Name auch die Statusqualität erkennen; ob ein Kind den Ehenamen seiner Mutter oder ihren Geburtsnamen führte, war vor dem KindRG ein Kriterium dafür, ob es »ehelich« oder »nichtehelich« war. Aus der genannten Funktion folgt zwangsläufig der weitere Grundsatz, dass sich der Name ändern muss, wenn sich die von ihm dokumentierten Familienverhältnisse ändern.

Diese Grundsätze haben zwar durch die »Dynamisierung« des Namensrechts in den letzten Jahrzehnten zahlreiche Durchbrechungen erfahren, sind aber immer noch ein Leitgedanke des Namensrechts.   V-723

Von den Sachverhalten, in denen sich aufgrund der dargestellten Grundsätze der Name eines Kindes ändern muss, greift § 1617b BGB zwei Fallgruppen heraus, die wertungsmäßig wenig miteinander gemein haben und deren einzige Gemeinsamkeit darin besteht, dass sie in Situationen eingreifen, in denen das Abstammungsverhältnis zu beiden Elternteilen festgestellt ist und die daraus folgenden namensrechtlichen Konsequenzen eingetreten sind. § 1617b Abs. 1 BGB erfasst den Fall, dass sich das familiäre Verhältnis zwischen Eltern und Kind qualitativ ändert (dazu sogleich), § 1617b Abs. 2 BGB den Fall, dass das Abstammungsverhältnis zum Vater nachträglich entfällt (dazu bereits Rdnr. V-599 ff.).   V-724

2. Namensbestimmung bei nachträglicher gemeinsamer Sorge, § 1617b Abs. 1 BGB

a) Allgemeines

§ 1617b Abs. 1 BGB ist Ausdruck des durch das KindRG neu eingeführten Regelungsprinzips, dass das bisherige Namensrecht der »ehelichen« Familie in ein Namensrecht der »harmonischen« Familie umgewandelt worden ist (vgl. Rdnr. IV-231 ff.; *Hepting*, StAZ 1998, 144). Entscheidendes Kriterium für die Qualität der Eltern-Kind-Beziehung und der daraus folgenden namensrechtlichen Konsequenzen ist nicht mehr die Ehe der Eltern, sondern deren gemeinsames Sorgerecht, das eine Folge entweder der Ehe oder einer gemeinsamen Sorgeerklärung der Eltern ist.   V-725

Der zentralen Bedeutung dieses Kriteriums entspricht es, dass § 1617b Abs. 1 BGB bei einer Begründung der gemeinsamen Sorge nach der Geburt die Anpassung an die geänderte Familiensituation erlaubt. Es bedient sich hierzu des auch bei anderen Namensänderungen üblichen Regelungsinstruments, nämlich der gemeinsamen Erklärung von Vater und Mutter. Eine derartige Vorschrift war dem alten Recht unbekannt.   V-726

Allerdings zeigt sich bei näherer Betrachtung, dass 1617b Abs. 1 BGB – unter sorgerechtlicher Verkleidung – zum Teil Regelungsgrundsätze des alten Rechts fortsetzt. Dass die Eltern nach der Geburt ihres Kindes heiraten und dadurch die gemeinsame elterliche Sorge erwerben, entspricht funktional der durch das KindRG abgeschafften Legitimation, deren Namensfolgen in § 1720 Abs. 2 BGB a. F. geregelt waren. Allerdings greift § 1617b Abs. 1 BGB nur dann ein, wenn die Eltern keinen gemeinsamen Ehenamen bestimmen, da sonst die speziellere Regelung des § 1617c Abs. 1 BGB eingreift.   V-727

H. Namensänderungen nach der Geburt

V-728 Völlig neu ist nur der Grundsatz, dass die Begründung der gemeinsamen Sorge allein für sich, also ohne Heirat der Eltern, namensrechtliche Konsequenzen hat. Hier macht sich der Einfluss des Art. 6 Abs. 5 GG bemerkbar. Ein dem § 1617 Abs. 2 BGB entsprechender Auffangmechanismus ist nicht nötig, da das Kind bereits einen – nach § 1617a Abs. 1 BGB erworbenen – Namen führt, den es beibehalten kann. Rechtspolitische Kritik bei *Hepting/Gaaz*, Bd. 2 Rdnr. V-812.

b) Die Voraussetzungen des § 1617b Abs. 1 BGB

aa) Die Begründung der gemeinsamen elterlichen Sorge

V-729 Erforderlich ist zunächst, dass die Eltern die gemeinsame elterliche Sorge erwerben; hierzu Rdnr. II-45.

V-730 Es muss sich um den erstmaligen Erwerb des gemeinsamen Sorgerechts der Eltern handeln (*Staudinger/Coester*, § 1617b BGB Rdnr. 10). § 1617b Abs. 1 BGB hat nicht die Aufgabe, den Eltern des Kindes eine Korrektur ihrer gemäß § 1617 Abs. 1 BGB getroffenen Entscheidung zu ermöglichen, sondern erlaubt nur die erstmalige Namensbestimmung.

V-731 Das Gesetz geht von dem Regelfall aus, dass zunächst das Kind geboren wird und einen Namen erwirbt, und dass der als Vater festgestellte Mann später mit der Mutter die gemeinsame Sorge begründet. Fraglich ist, wie die Regelungsgrundsätze auf den Sonderfall zu übertragen sind, in dem eine nicht verheiratete Mutter geheiratet hat, später wieder geschieden wurde, und in dem erst nach der Scheidung der Ehe festgestellt wurde, dass der frühere Ehemann der Vater des Kindes ist (s. die Kontroverse zwischen *Wachsmann*, StAZ 2006, 239 und *Kissner*, StAZ 2008, 385 einerseits und *Coester*, StAZ 2007, 184 andererseits). Obwohl die Vaterschaftsfeststellung *statusrechtlich* auf den Zeitpunkt der Geburt zurückwirkt, war bei der Eheschließung der Tatbestand des § 1626a Abs. 1 Nr. 2 BGB objektiv nicht erfüllt, da die *sorgerechtlichen* Wirkungen der Vaterschaft wegen § 1600d Abs. 4 BGB vor der gerichtlichen Vaterschaftsfeststellung nicht eintreten konnten. Als sie hätten eintreten können, war die Ehe aber bereits geschieden, so dass sich die Eltern als nicht Verheiratete gegenüberstanden; diese Situation wird wertungsmäßig eher von § 1626a Abs. 1 Nr. 1 BGB erfasst als von Abs. 1 Nr. 2. Dem Sinn und Zweck der Vorschriften entspricht nur eine Lösung, bei der der Vater des Kindes kein Sorgerecht erwirbt; daran haben die namensrechtlichen Folgen anzuknüpfen (s. *Kissner*, StAZ 2008, 386).

bb) Bisherige Familiennamensführung des Kindes

V-732 § 1617b Abs. 1 Satz 1 BGB setzt voraus, dass das Kind bereits einen Namen führt; denn anderenfalls läge ein Fall des § 1616 BGB oder des § 1617 BGB vor. Auf welcher Rechtsgrundlage die Namensführung beruht, wird nicht ausdrücklich gesagt.

V-733 Im Schrifttum wird angenommen, dass dieser Wortlaut zu unbestimmt und zu weit sei; denn die Vorschrift solle nur Fälle erfassen, in denen der von dem Kind geführte Name der nach § 1617a Abs. 1 BGB gesetzlich zugewiesene, aus dem Familiennamen des bei der Geburt des Kindes allein sorgeberechtigten Elternteils abgeleitete Geburtsname sei (*Henrich/Wagenitz/Bornhofen*, § 1617b BGB Rdnr. 6; ebenso *Wagenitz*, FamRZ 1998, 1545, 1549; *Willutzki*, Kind-Prax 1999, 83, 85; *Gaaz*, StAZ 2000, 357, 361).

Sinn und Zweck des § 1617b Abs. 1 BGB sei es, die gesetzliche Namenszuweisung des § 1617a Abs. 1 BGB abzumildern. Diese Vorschrift weise dem Kind zwingend den Namen seines allein sorgeberechtigten Elternteils zu; ein Wahlrecht zwischen beiden Elternnamen bestehe nicht. Daher müsse bei späterer Übernahme der gemeinsamen Sorge den Eltern die Möglichkeit eröffnet werden, den Namen neu zu bestimmen; im Gegenschluss sei die Namensbestimmung dann nicht möglich, wenn der Name des Kindes – und sei es auch nur mittelbar – auf eine einvernehmliche Entscheidung seiner Eltern zurückgehe. Einen Sonderfall, bei dem es auf das frühere Einvernehmen nicht ankomme, regle § 1617 Abs. 2 BGB.

V-734

Daraus folgt, dass § 1617b Abs. 1 BGB unanwendbar ist, wenn das Kind seinen Namen gemäß § 1616 BGB vom Ehenamen seiner Eltern abgeleitet hat. Das Gesetz gibt in § 1616 BGB zu erkennen, dass der Ehename der Eltern der vorrangige Geburtsname des Kindes ist. Zwar erfolgt auch der Namenserwerb nach § 1616 BGB zwingend kraft Gesetzes, doch geht ihm eine gemeinsame Entscheidung der Eltern voraus, nämlich die in § 1355 Abs. 2 BGB vorgesehene Ehenamensbestimmung, die in § 1616 BGB lediglich nachwirkt.

V-735

Der Vorrang des § 1616 BGB gilt auch dann, wenn die Ehe der Eltern vor Geburt des Kindes bereits aufgelöst wurde oder nur noch ein Elternteil sorgeberechtigt ist; ferner auch dann, wenn ein Elternteil vor der Begründung der gemeinsamen Sorge den zuvor gemeinsam mit dem anderen Elternteil geführten Ehenamen wieder abgelegt hat (*Henrich/Wagenitz/Bornhofen*, § 1617b BGB Rdnr. 8).

V-736

Der Zweck des § 1617b Abs. 1 BGB, die Starrheit des § 1617a Abs. 1 BGB aufzulockern, schließt ein Namensneubestimmungsrecht auch dann aus, wenn die Eltern bei der Geburt des Kindes gemeinsam sorgeberechtigt waren, die elterliche Sorge danach einem Elternteil allein übertragen wurde und später erneut beiden Elternteilen zugewiesen wird. Auch hier fehlt es am Voraustatbestand des § 1617a Abs. 1 BGB (*Henrich/Wagenitz/Bornhofen*, § 1617b BGB Rdnr. 9).

V-737

Eine Namensbestimmung gemäß § 1617b Abs. 1 BGB kommt ferner nicht in Betracht, wenn die Eltern sich vorher gemäß § 1617a Abs. 2 BGB einvernehmlich für den Namen des nicht sorgeberechtigten Elternteils entschieden hatten. Auch hier liegt der Namensführung des Kindes eine gemeinsame Entscheidung der Eltern zu Grunde; Sinn und Zweck des § 1617b Abs. 1 BGB schließen eine Neubestimmung aus (*Henrich/Wagenitz/Bornhofen*, § 1617b BGB Rdnr. 14).

V-738

Auch die Einbenennung nach § 1618 BGB schließt spätere Namensbestimmung nach § 1617b Abs. 1 BGB aus, allerdings nur dann, wenn sie gemäß § 1618 BGB mit Zustimmung des nicht sorgeberechtigten Elternteils erfolgt. Auch in diesem Fall beruht die Namensführung auf einer einvernehmlichen Entscheidung der Eltern (so *Wagenitz*, FamRZ 1998, 1545, 1549; *Henrich/Wagenitz/ Bornhofen*, § 1617b BGB Rdnr. 21; zu einer Einbenennung ohne Zustimmung

V-739

des sorgeberechtigten Elternteils s. OLG Brandenburg, StAZ 2007, 206; *Kissner*, StAZ 2009, 17).

V-740 Schließlich ist § 1617b Abs. 1 BGB dann unanwendbar, wenn das Kind seinen Namen von einem Mann ableitet, dessen Nicht-Vaterschaft mittlerweile festgestellt worden ist. Hier kommt es nicht auf ein früheres Einvernehmen der Eltern an; vielmehr greift § 1617b Abs. 2 BGB ein und entfaltet eine »Sperrwirkung« gegenüber anderen Namensänderungen (näher *Gaaz*, StAZ 2000, 361). Der Grund liegt darin, dass § 1617b Abs. 2 BGB vorrangig das Kontinuitätsinteresse des Kindes schützt und ihm die Möglichkeit geben will, den Namen seines Scheinvaters zu behalten. Diese Namenskontinuität darf nicht durch eine Namensbestimmung nach § 1617b Abs. 1 BGB unterlaufen werden. Erst wenn das Kind durch den Antrag nach § 1617b Abs. 2 BGB gezeigt hat, dass es an der Weiterführung des Namens seines Scheinvaters kein Interesse hat, ist Raum für die anderen namensrechtlichen Regeln, die sich vorrangig an Abstammung und Sorgerecht orientieren (so *Gaaz*, StAZ 2001, 74 in Erwiderung auf *v. Bargen*, StAZ 2001, 73; ebenso *Krömer*, StAZ 2002, 309, 310).

cc) Die wählbaren Namen

V-741 Durch den Verweis des § 1617b Abs. 1 Satz 4 BGB auf § 1617 Abs. 1 BGB wird klargestellt, dass die Eltern den Namen, den einer von ihnen zur Zeit der Erklärung führt, zum Familiennamen des Kindes bestimmen können. Dies kann auch der aktuell geführte Name des bislang allein sorgeberechtigten Elternteils sein, von dem das Kind seinen Namen nach § 1617a Abs. 1 BGB abgeleitet hat, wenn sich dieser geändert hat (*Kampe*, StAZ 2009, 316, 317).

Daher sind insbesondere auch sog. »unechte Doppelnamen« sowie Teile davon wählbar, mit der Konsequenz, dass sie in der Person des Kindes zu »echten« Doppelnamen erstarken können (s. Rdnr. IV-260 f.).

dd) Das Problem der »kalten« Einbenennung

V-742 Probleme ergeben sich in Fällen, in denen die allein sorgeberechtigte Mutter bei Heirat eines Mannes, der nicht Vater des Kindes ist, dessen Familiennamen als Ehenamen angenommen hat. Kommt es nicht zu einer Einbenennung des Kindes gemäß § 1618 BGB, führt das Kind weder den Familiennamen seines Vaters noch den aktuellen Familiennamen seiner Mutter; eine Namenserstreckung nach § 1617c Abs. 2 Nr. 2 BGB scheidet aus. Vielmehr ist sein Name gemäß § 1617a Abs. 1 BGB der, den die Mutter vor ihrer Heirat getragen hatte.

V-743 Begründet die Mutter sodann mit dem Vater des Kindes durch Abgabe einer Sorgeerklärung die gemeinsame Sorge für das Kind, so stellt sich die Frage, ob beide nunmehr gemäß § 1617b Abs. 1 BGB dem Kind den von der Mutter geführten Namen – d. h. also ihren Ehenamen – erteilen können, ohne dass es einer Zustimmung des Ehemanns der Mutter bedarf. Auf diese Weise könnte das Kind im Wege eine sog. »kalten Einbenennung« den Familiennamen des Stiefvaters auch gegen dessen Willen erhalten, während er bei einer Namenserteilung gemäß § 1618 BGB mitwirken, also einverstanden sein müsste.

V-744 In diesen Fällen entsteht ein Konflikt zwischen dem Interesse der Mutter, denselben Namen zu führen wie das Kind, und dem Interesse des Ehemanns, die Weitergabe seines Namens an Personen zu verhindern, mit denen er in keinem familienrechtlichen Verhältnis steht.

Wem der Vorzug zu geben ist, ist im Schrifttum umstritten. Nach einer Ansicht können die gemeinsam sorgeberechtigten Eltern dem Kind den Ehenamen der Mutter auch dann erteilen, wenn der Ehemann nicht zustimmt (so auch *Henrich/Wagenitz/Bornhofen*, § 1617b BGB Rdnr. 25); die Gegenmeinung (*Staudinger/Hilbig-Lugani*, § 1617b BGB Rdnr. 16 f.) will den Stiefelternteil vor unfreiwilliger Weitergabe seines Namens an Stiefkinder schützen. V-745

Für den Vorrang des Interesses der Mutter spricht, dass die Regelung des § 1617c Abs. 2 Nr. 2 BGB rechtspolitisch nicht unbedenklich ist; denn dass das Kind dem heiratsbedingten Erwerb des Mannesnamens durch die Mutter nicht ohne weiteres folgen darf, widerspricht dem Grundsatz, dass die Mutter ein »eigenes« Recht am durch Heirat erlangten Mannesnamen erhält und diesen nicht gleichsam »geliehen« bekommt (s. schon Rdnr. III-623, V-624 und Rdnr. V-702 zu BVerfG, StAZ 2004, 104). Es muss der Mutter dann konsequent möglich sein, diesen »ihren« Namen auch ohne Zustimmung des Ehemanns an das Kind weiter zu geben (kritisch zu der dem Gesetz zu Grunde liegenden Wertung insbesondere *Staudinger/Hilbig-Lugani*, § 1617c BGB Rdnr. 41 f.; vgl. auch *Diekmann*, StAZ 1982, 273 f.). Ferner hat das KindRG die Bedeutung der elterlichen Sorge im Namensrecht besonders betont und damit auch die Regelung des § 1617b Abs. 1 BGB, die Ausprägung dieses Grundsatzes ist, gegenüber den Namensinteressen des Ehemanns aufgewertet. V-746

ee) Frist für die Namensneubestimmung

Die Frist für die Neubestimmung des Familiennamens des Kindes beträgt gemäß § 1617b Abs. 1 Satz 1 BGB grundsätzlich drei Monate. Sie beginnt mit Begründung der gemeinsamen elterlichen Sorge; die Berechnung erfolgt gemäß §§ 187 ff. BGB. Die Sorgeerklärungen gemäß § 1626a Abs. 1 Nr. 1 BGB werden grundsätzlich mit der Abgabe wirksam; fehlt es zu diesem Zeitpunkt noch an anderen Wirksamkeitsvoraussetzungen, etwa an der Feststellung der Vaterschaft, so beginnt die Frist in dem Zeitpunkt zu laufen, in dem die letzte Wirksamkeitsvoraussetzung eintritt (vgl. *Krömer*, StAZ 2003, 86). V-747

Es handelt sich um eine gesetzliche Ausschlussfrist, deren Versäumung durch eine Wiedereinsetzung in den vorigen Stand nicht geheilt werden kann und bei der es auf die Kenntnis oder Unkenntnis der Eltern nicht ankommt, und zwar auch dann nicht, wenn sie vom Jugendamt über die namensrechtlichen Folgen der Begründung der gemeinsamen Sorge nicht informiert worden sind (AG Regensburg, StAZ 1999, 375; LG Kassel, StAZ 2003, 173; OLG Düsseldorf, StAZ 2004, 71; OLG Frankfurt a. M., StAZ 2004, 272).

Haben die Eltern die Bestimmung jedoch nicht nur aus Unkenntnis, sondern aufgrund einer ausdrücklichen unrichtigen Auskunft der Behörde unterlassen, so beginnt die Frist erst dann zu laufen, wenn sie von der Unrichtigkeit der Auskunft Kenntnis erhalten (OLG Düsseldorf, StAZ 2004, 72). V-748

Die Frist ist nur dann gewahrt, wenn die notwendigen Erklärungen aller Beteiligten innerhalb von drei Monaten dem gemäß § 45 Abs. 2 PStG zuständigen Standesamt zugehen. Im Fall der Begründung der gemeinsamen Sorge V-749 durch Heirat beginnt die Frist am Tag der Eheschließung. Soweit die gemeinsame elterliche Sorge durch die Abgabe von Sorgeerklärungen gemäß §§ 1626a ff. BGB begründet wird, beginnt die Frist am Tag der öffentlichen Beurkundung der Erklärungen.

V-750 Schließlich ist im Falle der Begründung der gemeinsamen elterlichen Sorge durch eine gerichtliche Entscheidung gemäß § 1626a Abs. 1 Nr. 3, Abs. 2 BGB der Tag der Bekanntgabe der Entscheidung an beide Elternteile maßgeblich, da mit dieser die gerichtliche Entscheidung Wirksamkeit entfaltet, §§ 40 f. FamFG (a. A. allerdings *Staudinger/Hilbig-Lugani*, § 1617b BGB Rdnr. 19: Rechtskraft des Gerichtsbeschlusses).

V-751 Hat bei Begründung der gemeinsamen Sorge ein Elternteil seinen gewöhnlichen Aufenthalt nicht im Inland, so endet die Frist gemäß § 1617b Abs. 1 Satz 2 BGB nicht vor Ablauf eines Monats nach Rückkehr in das Inland. Es handelt sich um keine IPR-Vorschrift, sondern um eine spezielle Sachnorm für Auslandssachverhalte, die die kollisionsrechtliche Maßgeblichkeit des deutschen Rechts voraussetzt. Sie wirft zahlreiche Auslegungsprobleme auf.

V-752 Der »gewöhnliche Aufenthaltsort« einer Person wird im IPR durch ihren »Daseinsmittelpunkt« definiert (s. *Palandt/Thorn*, Art. 5 EGBGB Rdnr. 10), der von ihrem »schlichten« Aufenthaltsort zu unterscheiden ist. Legt man diesen Begriff zu Grunde, so kann § 1617b Abs. 1 Satz 2 BGB zu zweckwidrigen Ergebnissen führen. So würde etwa bei dauerndem gewöhnlichen Aufenthalt im Ausland die Frist auch dann verlängert, wenn der vorübergehende schlichte Aufenthalt im Inland mehrere Monate andauerte und eigens zur Begründung der gemeinsamen elterlichen Sorge, z. B. durch Heirat oder durch Abgabe entsprechender Sorgeerklärungen, begründet worden wäre, also in einer Situation, in der dem betroffenen Elternteil die familienrechtlichen Voraussetzungen bewusst sind und die namensrechtlichen Zusammenhänge bekannt sein müssten. Könnte die Frist nicht zu laufen beginnen, solange ein Elternteil seinen gewöhnlichen Aufenthaltsort im Ausland unterhält, könnten namensbestimmende Erklärungen äußerst lang hinausgezögert werden, was rechtspolitisch nicht zu rechtfertigen ist.

V-753 Dem Gesetzgeber waren diese Konsequenzen der Regelung offenbar nicht bewusst; denn in der Begründung des Regierungsentwurfes (BT-Drucks. 13/4899, S. 91), der Stellungnahme des Bundesrates (BT-Drucks. 13/4899, S. 150) und der Stellungnahme des Rechtsausschusses (BT-Drucks. 13/8511, S. 73) findet sich keine Auseinandersetzung mit dieser Problematik.

V-754 Aus diesem Grund wird man es rechtfertigen können, Aufenthalt wie auch Rückkehr im tatsächlichen Sinne des »schlichten« Aufenthalts zu verstehen (*Staudinger/Hilbig-Lugani*, § 1617b BGB Rdnr. 20), auch wenn diese Auslegung bedenklich ist, weil sie das Gesetz gegen dessen offenkundigen Wortlaut interpretiert und die Grenzen zulässiger Gesetzesauslegung eigentlich überschreitet.

ff) Anschlusserklärung des Kindes

V-755 Durch den Verweis in § 1617b Abs. 1 Satz 4 BGB auf § 1617c Abs. 1 Satz 2, 3 BGB wird klargestellt, dass hinsichtlich der Altersstufen eines Kindes dieselben

2. Namensbestimmung bei nachträglicher gemeinsamer Sorge, § 1617b Abs. 1 BGB

Grundsätze gelten wie bei der Namenserstreckung. Das unter fünf Jahre alte Kind hat kein Mitwirkungsrecht, das in der Geschäftsfähigkeit beschränkte Kindes, das das 14. Lebensjahr vollendet hat, kann die Zustimmungserklärung nur selbst abgeben, wobei es jedoch der Zustimmung seines gesetzlichen Vertreters bedarf; s. allgemein Rdnr. V-648 ff.

Das Zustimmungserfordernis des sieben- bis 14-jährigen Kindes ist unbefriedigend geregelt. Bis zur Vollendung seines 14. Lebensjahres bedarf es nicht der persönlichen Zustimmung des Kindes selbst, sondern lediglich der seines gesetzlichen Vertreters. Dies sind jedoch wegen § 1629 Abs. 1 BGB in aller Regel die Sorgerechtsinhaber (s. Rdnr. II-43 ff.), also die Personen, die den Namen neu bestimmen möchten. Die Sorgerechtsinhaber müssen also ihrer eigenen Erklärung zustimmen (kritisch zu diesem Regelungsmodell bereits *Coester*, StAZ 1984, 298, 303).

V-756

Dennoch dürfte die Vorschrift in der Praxis zu durchaus akzeptablen Ergebnissen führen. Bei der Namensneubestimmung gemäß § 1617b Abs. 1 BGB geht es in aller Regel darum, dem Kind, das bereits den Familiennamen des einen Elternteils – typischerweise der Mutter – führt, den Familiennamen des anderen Elternteils – typischerweise des Vaters – zu geben. Das Kind führt also in jedem Fall den Namen einer Person, von der es auch abstammt. Zudem wird es bei Meinungsverschiedenheiten der sorgeberechtigten Eltern über die Namensführung des Kindes schon gar nicht zu einer gemeinsamen Namensbestimmung kommen, so dass auch das Zustimmungserfordernis gegenstandslos ist.

V-757

c) Die Auswirkungen auf den Namen

Unproblematisch ist der Fall, in dem die Eltern innerhalb der Dreimonatsfrist den Namen bestimmen und das Kind sich ggf. der Erklärung anschließt. Das Kind führt dann den bestimmten Namen als Geburtsnamen.

V-758

Unklar sind jedoch die Rechtsfolgen, wenn die Eltern innerhalb der Dreimonatsfrist keine Erklärung abgeben.

Nach Ansicht des BayObLG (StAZ 2001, 137) liegt darin eine konkludente Namensbestimmung; denn die Eltern bringen damit zum Ausdruck, dass das Kind seinen bisherigen Familiennamen weiterführen soll. Diese Bestimmung gilt analog § 1617 Abs. 1 Satz 3 BGB auch für später geborene gemeinsame Kinder (BayObLG a. a. O.).

Demgegenüber ist das OLG Düsseldorf (StAZ 2006, 74) der Ansicht, dass aufgrund des Verstreichenlassens der Dreimonatsfrist keine Bestimmung fingiert werde. Jedenfalls dann, wenn das Kind innerhalb der Dreimonatsfrist das fünfte Lebensjahr vollendet hat und deshalb die Bestimmung nur bei einer Anschlusserklärung des Kindes wirksam geworden wäre, ist der von dem Kind weitergeführte Familienname für später geborene Kinder nicht verbindlich. Vgl. in diesem Zusammenhang auch OLG Karlsruhe, StAZ 2006, 211.

3. Fälle mit Auslandsbezug

V-759 Gemäß Art. 10 Abs. 1 EGBGB ist grundsätzlich das Heimatrecht des Kindes anzuwenden; kennt es eine dem § 1617b Abs. 1 BGB entsprechende Regelung, so ist neben der Feststellung der Vaterschaft das gemeinsame Sorgerecht der Eltern erforderlich.

V-760 In ausländischen Rechtsordnungen, die noch zwischen ehelichen und nichtehelichen Kindern unterscheiden, führt die Heirat der Eltern zu einer »Legitimation«, d. h. zu einer Statusänderung. Diese kann im Namensrecht in doppelter Hinsicht bedeutsam werden. Zum einen enthält ein solches Recht i. d. R. Namensvorschriften, in deren Tatbestand die Legitimation als Vorfrage auftaucht; zum anderen knüpft es an die Legitimation staatsangehörigkeitsrechtliche Konsequenzen, die über Art. 10 Abs. 1 EGBGB das maßgebliche Namensrecht beeinflussen können.

V-761 Vor der Heirat seiner Eltern hat das Kind in jedem Fall die Staatsangehörigkeit der Mutter. Kennt der Heimatstaat des Vaters die Legitimation, so verleiht er dem legitimierten Kind i. d. R. seine Staatsangehörigkeit, sofern dies nicht schon bei der Vaterschaftsfeststellung geschehen ist. Ist die neu erworbene Staatsangehörigkeit des Vaters gegenüber der von der Mutter abgeleiteten die effektive, so kommt man ggf. zu einem Statutenwechsel.

V-762 Kennt der Heimatstaat des Vaters die Legitimation nicht, so hat die Eheschließung mit der Mutter keine staatsangehörigkeitsrechtlichen Konsequenzen. Das Kind hat die väterliche Staatsangehörigkeit i. d. R. schon früher – im Zusammenhang mit der Vaterschaftsfeststellung – erworben. An der Anknüpfungslage ändert sich daher nichts.

V-763 Ist ein Namensstatut anwendbar, das die Legitimation nicht kennt, so sind etwaige Änderungen des Kindesnamens eine direkte (wie z. B. im schweizerischen Recht, Art. 270 Abs. 1 i. V. m. Art. 259 Abs. 1 ZGB) oder mittelbare (wie z. B. im deutschen Recht über §§ 1617b Abs. 1, 1626a Abs. 1 Nr. 2 BGB) Folge der Eheschließung selbst.

V-764 Ist dem Namensstatut die Legitimation bekannt und taucht sie als Rechtsbegriff im Tatbestand namensrechtlicher Vorschriften auf, so gibt es für diese Vorfrage keine deutsche Kollisionsnorm mehr.

V-765 Zwei Lösungswege sind denkbar (s. *Hepting*, StAZ 1999, 97). Der erste ist kollisionsrechtlich und führt über die unselbständige Anknüpfung der Vorfrage der Legitimation. Ein Namensstatut, das die Legitimation kennt und voraussetzt, bietet dafür i. d. R. auch eine Kollisionsnorm, die man im Rahmen der unselbständigen Anknüpfung heranziehen kann. Der zweite Lösungsweg geht über das Sachrecht. Man fragt, wie das ausländische Namensstatut den von ihm verwendeten Begriff der Legitimation definiert, und kommt so zu den sachrechtlichen Legitimationsvoraussetzungen, i. d. R. zur Feststellung der Abstammung sowie zur Eheschließung der Eltern, die anschließend einzeln qualifiziert und angeknüpft werden.

V-766 Schwierigkeiten bei der Ermittlung oder Anwendung des gemäß Art. 10 Abs. 1 EGBGB anzuknüpfenden Namensstatuts können dadurch umgangen werden, dass der Inhaber der elterlichen Sorge das maßgebliche Recht gemäß Art. 10 Abs. 3 EGBGB wählt.

V. Die Namenserteilung gemäß § 1617a Abs. 2 BGB

1. Allgemeines

a) Der Begriff der Namenserteilung

Das Gesetz verwendet den Begriff der »Erteilung« eines Namens in § 1617a Abs. 2 BGB und § 1618 BGB und schafft damit einen erkennbaren terminologischen Gegensatz zu anderen Tatbeständen rechtsgeschäftlicher Namensgebung, in denen der Begriff »Bestimmung« verwendet wird. Sucht man nach einem gemeinsamen Merkmal, das diese für beide – im Übrigen sehr heterogenen – Tatbestände einheitliche Terminologie rechtfertigt, so kann man feststellen, dass es sich um Änderungen des Kindesnamens handelt, denen keine Änderung der status- oder sorgerechtlichen Verhältnisse zu Grunde liegt; d.h. dass es sich um Fälle handelt, in denen der namensrechtliche Grundsatz, wonach der Name die familienrechtlichen Verhältnisse nach außen dokumentiere und konsequent ihren Änderungen folgen müsse, aber auch nur *ihren* Änderungen folgen dürfte, bewusst durchbrochen wird. V-767

Zwar sind die traditionellen namensrechtlichen Grundsätze durch die fortschreitende »Dynamisierung« des Namensrechts so abgeschwächt worden, dass man sie oft kaum mehr als tragende Prinzipien zu erkennen vermag; doch lässt sich nicht leugnen, dass das Namensrecht die kindlichen Namensänderungen immer noch zumindest im Ansatz an Änderungen der familienrechtlichen Situation koppelt, während in den beiden Fällen der Namenserteilung der Gedanke der Anpassung an eine soziale Situation im Vordergrund steht. V-768

Ansonsten besteht zwischen den beiden Tatbeständen wenig spezifisch Gemeinsames. In den allgemeinen Grundsätzen über namensrechtliche Erklärungen stimmen sie mit allen Vorschriften der §§ 1617ff. BGB überein. V-769

b) Rechtsentwicklung

aa) Der rechtspolitische Hintergrund der Vorschrift

Im BGB von 1896 war das namensrechtliche Verhältnis zwischen dem nichtehelichen Kind und seinem Vater – wie auch das Statusverhältnis – gleichsam ein »Un-Verhältnis«. So wie sie nicht miteinander verwandt waren, so wenig bestanden namensrechtliche Bande. Das NEhelG hat neben der von Anfang an möglichen Stiefkindeinbenennung auch die Erteilung des Familiennamens des Vaters an das nichteheliche Kind ermöglicht. Der rechtspolitische Zweck dieser Namenserteilung blieb unklar; zur Kritik *Hepting/Gaaz*, Bd. 2 Rdnr. V-855. V-770 *bb) § 1617a Abs. 2 BGB als Nachfolgeregelung der Einbenennung durch den Vater gemäß § 1618 Abs. 1 Satz 1 BGB a. F.*

V-771 Der durch das KindRG geschaffene § 1617a Abs. 2 BGB ist die Nachfolgeregelung für die im alten § 1618 BGB vorgesehene Möglichkeit der Namenserteilung des nichtehelichen Vaters. Trotz der neutralen Formulierung, die das Recht der Namensbestimmung an der Inhaberschaft der elterlichen Sorge orientiert und auf eine Unterscheidung zwischen Mutter und Vater verzichtet, werden durch § 1617a Abs. 2 BGB diejenigen Fälle erfasst, in denen das Kind den Familiennamen des Vaters erhalten soll. Allerdings hat sich das Recht, die Initiative zu ergreifen, verlagert; nunmehr muss die Mutter dem Kind den Namen des Vaters erteilen, nach der alten Regelung war es der Vater selbst. Diese Systematik ist aber lediglich Folge des Umstands, dass das Recht zur Namenserteilung als Ausfluss der elterlichen Sorge angesehen wird (s. Rdnr. IV-246 ff., IV-249).

V-772 § 1617a Abs. 2 BGB ermöglicht die Korrektur der Rechtsfolge des § 1617a Abs. 1 BGB, der dem Kind zwingend den Familiennamen des Inhabers der elterlichen Sorge zuweist. In diesem Punkt ist die Zielrichtung ähnlich wie bei § 1617b Abs. 1 BGB, der ebenfalls die Starrheit des § 1617a Abs. 1 BGB überwinden will.

V-773 Doch hat § 1617a Abs. 2 BGB letztlich weit über dieses gesetzgeberische Ziel hinausgeschossen. Die Eltern des Kindes haben bis zum Eintritt der Volljährigkeit eine unbegrenzte, von einer Änderung der familienrechtlichen Verhältnisse des Kindes unabhängige Möglichkeit zur Namensneuerteilung. Dies läuft letztlich auf eine von einer Statusänderung losgelöste »isolierte« Namensänderung hinaus, die den herkömmlichen namensrechtlichen Grundsätzen des Zivilrechts nicht entspricht und eigentlich dem öffentlichen Namensänderungsverfahren vorbehalten sein müsste.

Man wird die Regelung daher nicht als Ausdruck herkömmlicher namensrechtlicher Grundsätze, sondern hauptsächlich als Mittel der namensrechtlichen Selbstdarstellung verstehen müssen.

2. Voraussetzungen der Namenserteilung

a) Erklärung des sorgeberechtigten Elternteils

V-774 Die namensbestimmende Erklärung ist vom sorgeberechtigten Elternteil abzugeben. Steht das Kind unter Vormundschaft, tritt an die Stelle des Elternteils der Vormund (vgl. *Wachsmann*, StAZ 2002, 210).

Ist der sorgeberechtigte Elternteil minderjährig, so dass die elterliche Sorge ruht, so ist er zwar grundsätzlich zur Namenserteilung berechtigt, bedarf aber der Zustimmung des gesetzlichen Vertreters (wegen Einzelheiten s. *Krömer*, StAZ 2000, 33).

b) Kein Sorgerecht des Elternteils, dessen Name erteilt wird

V-775 § 1617a Abs. 2 BGB ermöglicht den Eltern des Kindes die Erteilung des Familiennamens des *nicht sorgeberechtigten* Elternteils. Zum Hintergrund dieser

Regelung s. Rdnr. V-771; sie ist zugeschnitten auf die typische Situation, die dem § 1618 Abs. 1 Satz 1 BGB a. F. zugrunde lag.

V-776 Nach dem Wortlaut der Vorschrift ist eine Namenserteilung nicht möglich, wenn der Elternteil, dessen Name dem Kind erteilt werden soll, Inhaber des Sorgerechts ist.

V-777 Dies ist selbstverständlich in Fällen, in denen der Namengebende nach der Geburt das gemeinsame Sorgerecht mit dem anderen Elternteil erworben hat; denn in diesem Fall greift § 1617b Abs. 1 BGB als Spezialvorschrift ein (s. Rdnr. V-722), die den § 1617a Abs. 2 BGB verdrängt.

V-778 Die Namenserteilung ist aber durch den Wortlaut auch dann ausgeschlossen, wenn der namengebende Elternteil nach der Geburt des Kindes die elterliche Alleinsorge übertragen bekommen hat, und zwar sogar dann, wenn er mit dem Kind zusammenlebt und die elterliche Sorge auch tatsächlich ausübt; zu dieser Frage s. Rdnr. V-799 ff.

c) Keine vom elterlichen Konsens getragene Namensführung des Kindes

V-779 aa) § 1617a Abs. 2 BGB ist das *Korrektiv der starren Regelung* in § 1617a Abs. 1 BGB, nach der das Kind zwingend den Familiennamen des allein sorgeberechtigten Elternteils erhält. Dementsprechend erfasst § 1617a Abs. 2 BGB in erster Linie die Fälle, in denen das Kind einen gemäß § 1617a Abs. 1 BGB erworbenen Familiennamen führt.

V-780 Gleichwertig sind die Fälle, in denen das Kind seinen Namen gemäß § 1617a Abs. 1 BGB erworben hat und später gemäß § 1617c Abs. 2 Nr. 2 BGB einer Namensänderung des sorgeberechtigten Elternteiles gefolgt ist. Bei der Namenserstreckung nach § 1617c Abs. 2 Nr. 2 BGB ändert sich aus der Sicht des Kindes zwar der konkret zu führende Name, nicht aber die Ableitungsgrundlage; insofern bleibt der Name trotz der Änderung qualitativ ein nach § 1617a Abs. 1 BGB erworbener.

V-781 Entsprechend kann auch eine pränatale Namenserteilung nach § 1617a Abs. 2 BGB vorliegen, sofern das Kind mit der Geburt einen Namen nach § 1617a Abs. 1 BGB erhalten würde; auch hier kommt es nur darauf an, dass § 1617a Abs. 1 BGB die Ableitungsgrundlage ist.

V-782 bb) Im Gegenschluss kann man aus § 1617a Abs. 1 BGB folgern, dass die Namenserteilung nicht zulässig ist, wenn der vorhergehende Namenserwerb aufgrund eines Konsenses der Eltern erfolgte und nicht aufgrund zwingender gesetzlicher Vorschriften.

Daher kommt die Namenserteilung gemäß § 1617a Abs. 2 BGB in folgenden Fällen nicht mehr in Betracht:
– Das Kind leitet seinen Familiennamen gemäß § 1616 BGB von Anfang an vom Ehenamen der Eltern ab. Dem gleichwertig ist der Fall, dass das Kind zwar ursprünglich einen Familienamen gemäß § 1617a Abs. 1 BGB erhalten hatte, die Eltern jedoch später einen Ehenamen bestimmen; hier setzt die spezielle Vorschrift des § 1617c Abs. 1 BGB den Regelungsgedanken des § 1616 BGB fort. Der Konsens der Eltern liegt hier in der einvernehmlichen Bestim-

mung des Ehenamens nach § 1355 Abs. 2 BGB, bei der die Ehegatten wissen, dass sie auf den Namen der gemeinsamen Kinder fortwirken wird.
- Das Kind hat seinen Namen nach der Geburt gemäß § 1617 BGB durch gemeinsame Namensbestimmung seiner Eltern erhalten.
- Die Eltern haben nach Begründung der gemeinsamen Sorge gemäß § 1617b Abs. 1 BGB den Kindesnamen gemeinsam neu bestimmt.
- Das Kind hat mit Zustimmung desjenigen Elternteiles, dessen Familiennamen es zunächst erhalten hatte, später durch Einbenennung gemäß § 1618 BGB den Ehenamen des anderen Elternteiles erhalten (»erteilende Einbenennung«; s. Rdnr. V-815); denn auch darin liegt eine einvernehmliche Entscheidung der Eltern, die nicht über § 1617a Abs. 2 BGB korrigierbar ist (OLG Stuttgart, StAZ 2013, 60; *Henrich/Wagenitz/Bornhofen*, § 1617a BGB Rdnr. 44; vgl. auch *Kissner*, StAZ 2005, 49, 50).
- Die Eltern haben bereits eine Namensbestimmung gemäß § 1617a Abs. 2 BGB getroffen (*Lipp/Wagenitz*, § 1617a BGB Rdnr. 18; *Henrich/Wagenitz/Bornhofen*, § 1617a BGB Rdnr. 41; *Staudinger/Hilbig-Lugani*, § 1617a BGB Rdnr. 25).

d) Der zu erteilende Name

V-783   Erteilungsfähig ist der konkret geführte Name des namengebenden Elternteils. Er muss nachweisbar sein; die Namenserteilung ist nicht zulässig, wenn dem Kind der Name eines Elternteils erteilt werden soll, dessen Identität und damit auch dessen Name nicht nachgewiesen ist (*Hochwald*, StAZ 2009, 151). Auf die rechtliche Herleitung des Namens und den Grund der Namensführung kommt es nicht an. Damit gerät die Regelung in Widerspruch zu anderen namensrechtlichen Grundsätzen. So kann es sich bei dem erteilten Namen um einen aus der Ehe mit einem Dritten erworbenen Ehenamen handeln (*Henrich/Wagenitz/Bornhofen*, § 1617 BGB Rdnr. 56; *Staudinger/Hilbig-Lugani*, § 1617a BGB Rdnr. 35). Dies führt dazu, dass das Kind entgegen der Wertung der §§ 1617c Abs. 2 Nr. 2, 1618 BGB den Familiennamen des Stiefelternteils ohne dessen Zustimmung erhalten kann und es somit auf diesem Wege – ähnlich wie im Falle des § 1617b Abs. 1 BGB (s. Rdnr. V-742 ff.) – zu einer »kalten Einbenennung« kommt.

V-784   Wenn der namengebende Elternteil einen aus Ehenamen und Begleitnamen zusammengesetzten Namen führt, erwirbt das Kind diesen zweigliedrigen Namen als *echten* Doppelnamen, der auch auf die nächste Generation übertragen werden kann. Auch darin liegt ein Widerspruch zu grundsätzlichen Wertungen des Namensrechts. An anderer Stelle, nämlich bei § 1616 BGB, verhindert das Gesetz – in verfassungsrechtlich zulässiger Weise, vgl. BVerfG, StAZ 2002, 72 – den Kindesdoppelnamen, obwohl er hier – als von beiden Elternteilen abgeleiteter Name – wohl eher gerechtfertigt wäre als im Falle des § 1617a Abs. 2 BGB, wo ein Element des Doppelnamens von einem abstammungsmäßig Fremden abgeleitet wird.

V-785   Wenn der namengebende Elternteil den Namen in einer fremdsprachlichen Form führt, stellt sich die Frage, ob dem Kind der Name analog Art. 47 Abs. 1 Satz 1 Nr. 5 EGBGB in einer eingedeutschten Form erteilt werden kann.

Das Ergebnis widerspräche dem Ziel der Namensableitung, nämlich der Namenseinheit zwischen namengebender und namenableitender Person, die dadurch aufgegeben würde (*Hepting*, StAZ 2008, 161, 164). Die personenstandsrechtliche Praxis gibt der namensmäßigen Integration des Kindes den Vorzug vor Namenseinheit und nimmt unterschiedliche Namen in Kauf (*Kissner*, StAZ 2009, 315).

e) Zustimmungserfordernisse

Für die Namenserteilung gemäß § 1617a Abs. 2 Satz 2 BGB bedarf es zunächst der Einwilligung des nicht sorgeberechtigten Elternteils. Der Zweck dieses Erfordernisses, das die Namensbestimmungsbefugnis des sorgeberechtigten Elternteils einschränkt, wird in den Gesetzesmaterialien nicht näher genannt. *Henrich/Wagenitz/Bornhofen*, § 1617a BGB Rdnr. 68 rechtfertigen es damit, dass es dem Kindeswohl nicht förderlich sei, wenn es den Namen des Elternteils erwerbe, der nicht nur kein Sorgerecht habe, sondern auch durch die Verweigerung der Zustimmung seine Distanziertheit dem Kind gegenüber deutlich gemacht habe. V-786

Des Weiteren bedarf es für die Wirksamkeit der Namenserteilung auch der Einwilligung des Kindes, soweit dieses das fünfte Lebensjahr vollendet hat. Hinsichtlich der Einwilligung des Kindes verweist § 1617a Abs. 2 Satz 4 BGB entsprechend auf § 1617c Abs. 1 BGB; s. Rdnr. V-648 ff. V-787

Hinsichtlich der Reihenfolge von namensbestimmender Erklärung und Einwilligung legte die früher herrschende Meinung den Begriff der Einwilligung i. S. d. Legaldefinition des § 183 BGB aus und verlangte, dass die Einwilligungserklärung *vor* der eigentlichen namensbestimmenden Erklärung zu erfolgen habe (vgl. z. B. OLG Stuttgart, StAZ 1979, 202; OLG Karlsruhe, StAZ 1974, 247; BayObLG, StAZ 1964, 216), zumindest aber gleichzeitig (zuletzt noch AG München, StAZ 2000, 268) abgegeben werden musste. V-788

Diese Auffassung entspricht zwar der gesetzlichen Terminologie, ist aber zu formalistisch und daher unbefriedigend. Mit dem Begriff der Einwilligung will § 1617a Abs. 2 Satz 2 BGB klar stellen, dass die Namenserteilung nicht gegen den Willen der genannten Personen erfolgen darf. Richtigerweise wäre der übergeordnete Begriff der Zustimmung zu verwenden. Im Ergebnis kommt es auf die Reihenfolge der Erklärungen nicht an (LG München I, StAZ 2004, 73 f.; ebenso in anderem Zusammenhang auch BayObLG, StAZ 1999, 236, 237; vgl. *Gaaz/Bornhofen*, § 45 PStG Rdnr. 38). V-789

f) Ledigkeit und Minderjährigkeit des Kindes

§ 1617a Abs. 2 Satz 1 BGB gestattet die Namenserteilung dem Elternteil, dem »die elterliche Sorge für ein unverheiratetes Kind zusteht«. Daraus folgt, dass das Kind nicht verheiratet und nicht volljährig sein darf. Insoweit besteht ein Gegensatz zur früheren Regelung in § 1618 Abs. 1 Satz 1 Alt. 2 BGB a. F., der auch Einbenennung des volljährigen nichtehelichen Kindes durch den Vater vorsah. V-790

H. Namensänderungen nach der Geburt

V-791   Dass die Namenserteilung gemäß § 1617a Abs. 2 BGB bei volljährigen Kindern ausgeschlossen ist, ist als gesetzgeberische Entscheidung hinzunehmen. Eine erweiternde Auslegung in dem Sinne, dass nach Eintritt der Volljährigkeit das Kind selbst durch eigene Erklärung den Wechsel zum Namen des anderen Elternteils vollziehen kann, ist nicht möglich (BayObLG, StAZ 2002, 365; StAZ 2004, 168). Die Vorschrift bedeutet auch keinen verfassungswidrigen Eingriff in das Persönlichkeitsrecht des Kindes oder das Elternrecht des Art. 6 Abs. 1 GG (BayObLG, StAZ 2002, 365).

V-792   Umstritten ist, auf welchen Zeitpunkt bei der Feststellung der Minderjährigkeit abzustellen ist. In Betracht kommt entweder der Zeitpunkt der Abgabe (so etwa *Staudinger/Hilbig-Lugani*, § 1617a BGB Rdnr. 27) oder der des Zugangs der Erklärung (so etwa *Henrich/Wagenitz/Bornhofen*, § 1617a BGB Rdnr. 49, 96). Die Antwort aus dem Rechtsgedanken des § 130 Abs. 2 BGB abzuleiten ist nicht möglich, da diese Vorschrift einen Fall erfasst, in dem sich erklärungsrelevante Umstände in der Person *des Erklärenden* ändern; bei § 1617a Abs. 2 BGB geht es jedoch um die Person eines Dritten, nämlich des Kindes (LG München I, StAZ 2004, 72, 74). Gründe der Rechtsklarheit sprechen für die Maßgeblichkeit des Zugangs beim Standesamt, da dieser leichter feststellbar ist als die Abgabe und die Beteiligten sonst die Möglichkeit hätten, die Namenserteilung durch zögerliche Übermittlung an das Standesamt erst später wirksam werden zu lassen (so LG München I a. a. O.).

3. Sonderfälle

a) Pränatale Namenserteilung

V-793   Die Erklärungen über Namenserteilung und Zustimmung können bereits vor der Geburt des Kindes abgegeben und beurkundet werden (*Henrich/Wagenitz/Bornhofen*, § 1617a BGB Rdnr. 91; *Homeyer*, StAZ 2000, 53; zum alten Recht entsprechend OLG Karlsruhe, StAZ 1974, 247). Sie werden allerdings erst wirksam, wenn sich mit dem Kind das letzte Tatbestandsmerkmal des § 1617a Abs. 2 Satz 2 BGB vollendet, d. h. mit der Geburt des Kindes.

V-794   Bis zur Wirksamkeit der Erklärungen – d. h. bis zum Zugang bei dem Standesamt, das die Geburt des Kindes beurkundet hat, § 45 Abs. 2 PStG – ist ein Widerruf möglich; er muss dem empfangszuständigen Standesamt spätestens mit den widerrufenen Erklärungen zugehen (*Homeyer*, StAZ 2002, 210).

b) Erteilung des Namens des vorverstorbenen Vaters

V-795   Nach § 1617a Abs. 2 Satz 2 BGB bedarf die Namenserteilung der Einwilligung des anderen, d. h. des nicht sorgeberechtigten Elternteils; dies ist nach dem bisher Gesagten typischerweise der Vater. Ist er verstorben, so kann er die Einwilligung nicht mehr erteilen.

V-796   Theoretisch sind drei Lösungsmöglichkeiten denkbar. Man kann sagen, mit dem Tod habe sich das Einwilligungserfordernis erledigt; die Einwilligung sei nicht mehr möglich, aber auch nicht mehr nötig, und die Namenserteilung könne nunmehr allein durch die Mutter erfolgen. Umgekehrt kann man sagen, nach dem Tod des Vaters könne die von § 1617a Abs. 2 BGB verlangte Einwilligung nicht mehr erfolgen, so dass eine Namenserteilung ausgeschlossen sei. Schließlich wäre auch an eine gerichtliche Ersetzung zu denken.

§ 1617a Abs. 2 BGB regelt ebenso wie § 1618 BGB den Fall einer »erteilenden« Einbenennung (zu diesem Begriff Rdnr. V-815). Der Vater hat aber in beiden Fällen eine völlig andere Position. Im – oben bereits diskutierten – Fall des § 1618 BGB ist er »verlierender«, im Fall des § 1617a Abs. 2 BGB hingegen »gewinnender« Elternteil. Bei § 1618 BGB besteht ein Interesse des Kindes an Einbindung in die neue Stieffamilie; das Kind steht zwischen zwei Elternpaaren und gewinnt mit dem Stiefelternteil eine neue Bezugsperson. Bei § 1617a BGB geht es hingegen um eine Namensänderung innerhalb einer gleichbleibenden Familienkonstellation; es wird lediglich die namensrechtliche Beziehung zu einer bereits vorhandenen Bezugsperson verstärkt. V-797

Vergleicht man diese beiden Familiensituationen, zeigt sich sofort, dass das Interesse an Namensanpassung in den Fällen des § 1618 BGB größer ist als in den Fällen des § 1617a Abs. 2 BGB. Das Kind hat ein starkes Bedürfnis nach namensrechtlicher Integration in eine neue Familie. Für wie schutzwürdig es der Gesetzgeber hält, sieht man an § 1618 Satz 4 BGB. Die namensrechtliche Integration ist so wichtig, dass sie sogar gegen den Willen des verlierenden Elternteils durchgesetzt werden kann. Dies spricht dafür, dass die Namenserteilung nach § 1617a Abs. 2 BGB nach dem Tod des anderen Elternteils ausgeschlossen ist; auch die Ersetzung der Einwilligung – für die man eine Analogie zu dem hier nicht gleichwertigen § 1618 Satz 4 BGB bemühen müsste – kommt nicht in Betracht (*Henrich/Wagenitz/Bornhofen*, § 1617a BGB Rdnr. 74; s. *Hepting*, StAZ 2002, 129, 142; a. A. FamRefK/*Wax*, § 1617a BGB Rdnr. 4). V-798

c) Namensbestimmung durch den später allein sorgeberechtigt gewordenen Vater

Nicht vom Gesetz erfasst ist der Fall, dass ein Kind nicht verheirateter und nicht gemeinsam sorgeberechtigter Eltern faktisch in der Obhut des Vaters lebt, der später die elterliche Alleinsorge erhält. Nach einiger Zeit erklärt er mit Einwilligung der Mutter, dass er dem Kind seinen Familiennamen erteile. § 1617a Abs. 2 BGB sieht nach dem KindRG nur noch vor, dass der allein sorgeberechtigte Elternteil den Namen des *anderen* Elternteils erteilt. Hier will der allein sorgeberechtigte Elternteil dem Kind den *eigenen* Namen erteilen. V-799

Im Ergebnis führt dies zu Wertungswidersprüchen. Der Erwerb des *gemeinsamen* Sorgerechts ermöglicht eine Namensneubestimmung, der Erwerb des *Allein*sorgerechts – der ja eine noch intensivere Beziehung zum Kind herstellt – hingegen nicht. Die Namensgleichheit mit dem Elternteil, der *nicht* Inhaber der elterlichen Sorge ist, lässt sich über § 1617a Abs. 2 BGB jederzeit herstellen; die mit dem Elternteil, der *Allein*inhaber der elterlichen Sorge ist, hingegen nicht. V-800

H. Namensänderungen nach der Geburt

V-801 Zur Lösung des Problems wurde eine analoge Anwendung des § 1617a Abs. 2 BGB vertreten (so BayObLG, StAZ 2004, 229; StAZ 2000, 340; auch noch *Hepting/Gaaz*, Bd. 2 Rdnr. V-866 ff.).

V-802 Die insbesondere von der obergerichtlichen Rechtsprechung vertretene Gegenansicht hielt eine Analogie für unzulässig (OLG Celle, StAZ 2002, 366; OLG Bremen, StAZ 2003, 300).

V-803 Mittlerweile ist die Frage höchstrichterlich geklärt. In seiner Entscheidung vom 10. 8. 2005 (StAZ 2005, 357) sprach sich der BGH gegen eine analoge Anwendung des § 1617a Abs. 2 BGB aus, da der Gesetzgeber den Fall einer späteren Übertragung des Alleinsorgerechts nicht übersehen, sondern für diesen Fall die Namensneubestimmung im Interesse der Namenskontinuität bewusst abgelehnt habe.

V-804 Der Entwurf des § 1617b Abs. 2 BGB, der noch eine entsprechende Möglichkeit der Neubestimmung des Kindesnamens im Falle des Wechsels der Alleinsorge vom einen auf den anderen Elternteil vorgesehen habe, sei in der Gesetz gewordenen Fassung ersatzlos gestrichen worden; der Gesetzgeber habe also eine bewusste Wertentscheidung getroffen (BGH a.a.O.).

V-805 Es fehle damit an der für eine Analogie erforderlichen *Planwidrigkeit* der Regelungslücke. Aufgrund der Bindung der Rechtsprechung an Gesetz und Recht, Art. 20 Abs. 3 GG, könne von einer solchen bewussten gesetzgeberischen Entscheidung nicht abgewichen werden. Eine analoge Anwendung des § 1617a Abs. 2 BGB scheide folglich aus.

d) Namenserteilung nach dem Tod der Mutter

V-806 Etwas anderes gilt, wenn auf der Grundlage der soeben dargestellten Grundsätze der sorgeberechtigte Vater dem Kind seinen Namen erteilen will, nachdem die Mutter schon gestorben ist. Hier kann die Mutter ihre erforderliche Zustimmung nicht mehr erteilen. Eine Ersetzung ihrer Zustimmung ist nicht vorgesehen; dies durch eine Analogie zu überbrücken ist nicht möglich. Im Ergebnis kann der Vater daher dem Kind nach dem Tod der Mutter seinen Namen nicht mehr erteilen (OLG Celle, StAZ 2002, 367).

e) Namenserteilung nach dem Tod des Kindes

V-807 Ob einem verstorbenen Kind ein Name erteilt werden kann, ist umstritten. Wenn man davon ausgeht, dass der Namenserwerb Rechtsfähigkeit voraussetzt, ist eine Namenserteilung nach dem Tod des Kindes nicht mehr möglich (so AG Gießen, StAZ 2006, 55; *Gaaz/Bornhofen*, § 27 PStG Rdnr. 79). Ein Interesse des Kindes an Namensanpassung an den anderen Elternteil besteht nicht mehr; ein entsprechendes Interesse der Eltern ist eigentlich nicht schutzbedürftig, da sich die Namensverschiedenheit im sozialen Verkehr nicht mehr auswirken kann. Andererseits zeigt § 21 Abs. 2 PStG, der die Registrierung einer Totgeburt erlaubt, dass der Gesetzgeber eine Art personenstandsrechtlicher »Trauerhilfe« duldet (s. a. Rdnr. V-69). Die personenstandsrechtliche Praxis ist daher in Einzelfällen großzügig und lässt die Namenserteilung zu (*Homeyer*, StAZ 2008, 16).

4. Fälle mit Auslandsbezug

Eine Namenserteilung ist jede gewillkürte Namensänderung, die die Namensführung des Kindes an seine konkrete soziale Situation anpasst, ohne dass sich sein familienrechtlicher Status ändert. Über Zulässigkeit und Voraussetzungen entscheidet grundsätzlich das Heimatrecht des Kindes, Art. 10 Abs. 1 EGBGB. Wenn der Inhaber der elterlichen Sorge den Namen gemäß Art. 10 Abs. 3 EGBGB bestimmt, ist das von ihm zu Grunde gelegte Recht maßgeblich. V-808

Die Vorläufervorschrift des heutigen Art. 10 Abs. 3 EGBGB war Art. 10 Abs. 4 EGBGB a. F., der nach h. M. keine Rechtswahl, sondern lediglich eine alternative Anknüpfung eröffnete (*Henrich*, StAZ 1989, 163; ausführlich *Böhmer*, StAZ 1990, 121 m. w. N.). An dieser Auslegung ist auch nach dem KindRG festzuhalten. Der Grund liegt darin, dass eine Namenserteilung nie »kraft Gesetzes« erfolgen kann; Ausgangspunkt ist daher stets die konkrete Erklärung des Einbenennenden. Sie ist daraufhin zu überprüfen, ob sie einem der von Abs. 3 alternativ zugelassenen Statute genügt und ob der Inhaber des Sorgerechts das Ergebnis billigt. Erfolgt die Einbenennung nach einem anderen als dem Heimatrecht des Kindes, ist zusätzlich Art. 23 EGBGB zu beachten. V-809

VI. Die Namenserteilung (»Einbenennung«) gemäß § 1618 BGB

1. Allgemeines

a) Rechtsentwicklung

Das BGB von 1896 erlaubte in § 1706 Abs. 2 Satz 2 die »Stiefkindeinbenennung«, bei welcher der Ehemann der Mutter eines nichtehelichen Kindes diesem durch Erklärung seinen Namen erteilte. Regelungsziel war es, den nach damaligem Verständnis »moralischen Makel der unehelichen Geburt des Kindes abzuwaschen« (so der Reichstagsabgeordnete August Bebel in einer Sitzung des Reichstags am 1. 7. 1896, Stenographische Berichte Bd. 146, S. 3093); man sah in der Einbenennung eine »rein namensrechtliche Rechtswohltat zu Gunsten des Kindes« (so noch BGH, FamRZ 1973, 185 f.). Über die Namenserteilung hinausgehende familien- oder gar erbrechtliche Wirkungen traten nicht ein. V-810

Das KindRG hat den Unterschied zwischen Ehelichkeit und Nichtehelichkeit abgeschafft. Konsequent ist seither die Einbenennung bei allen Kindern möglich. Ferner wird die Befugnis zur Namenserteilung – entsprechend einem allgemeinen Regelungsprinzip des KindRG (s. Rdnr. IV-246ff.) – grundsätzlich an das elterliche Sorgerecht geknüpft. Waren es nach altem Recht die Mutter und deren Ehemann, die dem nichtehelichen Kind ihren Ehenamen erteilen konnten, so waren es – jedenfalls nach dem ursprünglichen Konzeption des KindRG – der Inhaber der elterlichen Sorge und dessen Ehegatte. V-811

Allerdings hat sich hier die Gewichtung verschoben, seit die Rechtsprechung zu § 1618 BGB i. d. F. des KindRG und schließlich auch der Gesetzgeber selbst im KindRVerbG vom 9. 4. 2002 die Einbenennung auch bei gemeinsa- V-812 mer elterlicher Sorge zugelassen hat (s. Rdnr. V-829). Dies hat die rechtliche Bedeutung des Sorgerechts stark relativiert; nunmehr tritt das zusätzliche Merkmal, dass der einbenennende Elternteil das Kind *in den gemeinsamen Haushalt aufgenommen* haben muss, § 1618 Satz 1 BGB, stärker in den Vordergrund. Statt von der Einbenennung durch den allein sorgeberechtigten Elternteil wird man daher nunmehr vom *aufnehmenden* oder auch vom *einbenennenden* Elternteil sprechen müssen.

V-813   Die Rechtsgrundlage des bisher geführten Kindesnamens spielt im Gegensatz zur früheren Regelung keine Rolle mehr. Bis zum KindRG musste es den Namen von der Mutter erworben haben; seither ist die Einbenennung etwa auch dann möglich, wenn es gemäß § 1616 BGB den Ehenamen seiner Eltern als Geburtsnamen erhalten hat oder wenn ihm bereits zuvor ein Name gemäß § 1618 BGB erteilt worden war (s. Rdnr. V-832 ff.). Insoweit hat sich der Anwendungsbereich des § 1618 BGB quantitativ erheblich erweitert.

V-814   Der zuletzt genannte Grundsatz hat die mittelbare Folge, dass die Einbenennung nunmehr auch zu einer Änderung des namen*gebenden Elternteils* führen kann. Damit hat sie qualitativ eine völlig neue Funktion hinzugewonnen (zu der folgenden Begriffsbildung s. *Staudinger/Hilbig-Lugani*, § 1618 BGB Rdnr. 3).

Nach bisherigem Recht war nur die sog. *»nachziehende« Einbenennung* möglich, bei der das Kind lediglich der ehebedingten Namensänderung desjenigen Elternteils folgte, von dem es auch bislang seinen Familiennamen abgeleitet hatte. Diese Funktion ist geblieben; insoweit überwindet § 1618 BGB die »Namensfolgesperre« des § 1617c Abs. 2 Nr. 2 BGB (s. Rdnr. V-692).

V-815   Nach neuem Recht ist nunmehr neben der »nachziehenden« auch eine sog. *»erteilende« Einbenennung* möglich, bei der es zu einem Wechsel des Elternteils kommt, von dem das Kind seinen Namen ableitet. Wenn etwa ein Kind gemäß § 1616 BGB den Familiennamen des nicht einbenennenden Elternteils erhalten hat und sodann der einbenennende Elternteil dem Kind seinen neuen Ehenamen gemäß § 1618 BGB erteilen möchte, leitet sich der Familienname des Kindes – ähnlich wie im umgekehrten Fall des § 1617a Abs. 2 BGB (vgl. Rdnr. V-797) – anschließend nicht mehr vom Familiennamen des bisher namengebenden, sondern von dem des einbenennenden Elternteils ab. Es kommt also zu einem Wechsel des namengebenden Elternteils.

V-816   Ein typisches Beispiel sind die sog.*»Scheidungshalbwaisen«*: Das Kind hat gemäß § 1616 BGB als Geburtsnamen den Ehenamen seiner Eltern erhalten, zu dem der Familienname des Mannes bestimmt worden war. Nach der Scheidung der Ehe heiratet die Mutter erneut, bestimmt abermals den Familiennamen des Mannes zum gemeinsamen Ehenamen und nimmt das Kind in den gemeinsamen Haushalt auf. Wenn nunmehr die Eheleute das Kind gemäß § 1618 BGB einbenennen wollen, verliert der andere Elternteil die bisherige namensmäßige Verbindung mit dem Kind.

b) Heutiger Sinn und Zweck des § 1618 BGB – Parallelnorm in § 9 Abs. 5 LPartG

Durch die Gleichstellung aller Kinder hat die Einbenennung ihren ursprünglichen Zweck verloren; auch gesellschaftlich wird die Geburt von einer nicht verheirateten Frau kaum noch als Makel empfunden. Entsprechend hat sich der Anwendungsbereich des § 1618 BGB erheblich erweitert. Der Gesetzgeber begründet die Möglichkeit der Einbenennung gemäß § 1618 BGB nunmehr nur noch mit der namensrechtlichen Integration des Kindes in die neu gegründete »Stieffamilie« (so ausdrücklich der Rechtsausschuss des Bundestages, BT-Drucks. 13/8511, S. 73).

Konsequenterweise sieht § 9 Abs. 5 LPartG eine entsprechende Regelung für die Lebenspartnerschaft vor. Auf eine gesonderte Darstellung wird angesichts der Übereinstimmung mit § 1618 BGB verzichtet.

2. Die Voraussetzungen der Namenserteilung

a) Die Ehe eines Elternteils mit einem Dritten

aa) Grundsatz: Bestehen der Ehe im Zeitpunkt der Namenserteilung
Die Einbenennung erfolgt durch die Erklärung des sorgeberechtigten Elternteils und seines Ehegatten, setzt also voraus, dass zwischen beiden eine wirksame Stiefelternehe besteht. Auf den Zeitpunkt der Eheschließung kommt es dabei nicht an. Die Heirat des sorgeberechtigten Elternteils mit dem Dritten kann sowohl vor der Geburt des Kindes als auch danach erfolgen.

Eine Namenserteilung nach Auflösung der Ehe scheidet damit grundsätzlich aus. Dies gilt jedenfalls für die Auflösung durch Scheidung.

Hat der Elternteil, der nach der Scheidung die elterliche Sorge innehat, nicht wieder geheiratet, sondern nur den vor der Ehe geführten Namen wieder angenommen, kann er seinem Kind nicht seinen neuen Namen erteilen. Da es eine bewusste Entscheidung des Gesetzgebers war, von dieser Möglichkeit abzusehen, scheidet auch eine analoge Anwendung des § 1618 BGB aus. Ein Vorentwurf des § 1617b Abs. 2 BGB wollte es einem Elternteil erlauben, den Namen des Kindes neu zu bestimmen, wenn ihm nach vorausgehender gemeinsamer Sorge die Alleinsorge zugefallen war; dieser Entwurf wurde ersatzlos gestrichen (BayObLG, StAZ 2000, 299, 300). Es fehlt also die für eine Analogie notwendige *planwidrige* Regelungslücke. Auch eine Namensänderung nach § 1617c Abs. 2 Nr. 2 BGB kommt in einem solchen Fall nicht in Betracht (OLG Düsseldorf, StAZ 2000, 343).

War die Mutter bei der Einbenennung wirksam neu verheiratet, wird die Einbenennung dennoch rückwirkend unwirksam, wenn der mit der Mutter verheiratete Ehemann nach der Einbenennung die Vaterschaft anerkennt. Damit wird die Einbenennung gegenstandslos (*Wachsmann*, StAZ 2005, 268). Das Kind führt dann als Geburtsnamen den Namen der Mutter, den diese zum Zeitpunkt der Geburt geführt hat. Es kann sich gemäß § 1617c Abs. 1 BGB dem Ehenamen seiner Eltern anschließen (*Wachsmann* a.a.O.).

bb) *Ausnahme: Namenserteilung nach dem Tod des Stiefelternteils?*

V-821 Fraglich ist, ob man von diesem Grundsatz ausnahmsweise abweichen soll, wenn die Stiefelternehe durch den Tod des Stiefelternteils aufgelöst worden ist. Die Frage kann sich in der Praxis etwa dann stellen, wenn die Einbenennung des Kindes durch die Eheleute beabsichtigt ist und der Stiefelternteil verstirbt, bevor es dazu kommt. Nach dem Wortlaut der Vorschrift ist die Einbenennung in diesem Fall nicht mehr möglich.

V-822 In Betracht kommt allenfalls eine analoge Anwendung des § 1618 BGB; Voraussetzung hierfür ist das Bestehen einer Regelungslücke. Sie könnte darin bestehen, dass die mit der Einbenennung erstrebte Namensübereinstimmung nach dem Tod des Stiefelternteils nicht mehr herbeigeführt werden kann.

V-823 Teils wird eine solche Lücke mit dem Argument verneint, dass der bezweckte namensrechtliche Erfolg auf anderem Wege zu erreichen sei (*Staudinger/Hilbig-Lugani*, § 1618 BGB Rdnr. 10 sowie § 1617c BGB Rdnr. 43). Nach seiner Ansicht kann sich das Kind der Namensänderung des Elternteils der Stiefehe direkt nach § 1617c Abs. 2 Nr. 2 BGB anschließen, da die dort vorgesehene Namensfolgesperre (s. Rdnr. V-692) nach dem Tod des Stiefelternteils gegenstandslos geworden sei. Doch entfernt sich dieser Weg letztlich noch weiter vom Gesetz als eine Analogie; zum einen kann sie den Wegfall der Namensfolgesperre ebenfalls nur wertend aus Sinn und Zweck der Vorschrift folgern, zum anderen muss sie die Namensanpassung zeitlich von der Namensänderung – auf die das Gesetz abstellt – abkoppeln und bis zum Tod des Stiefelternteils aufschieben, was sich erheblich von den Regelungsprinzipien des § 1617c Abs. 2 BGB entfernt.

V-824 Doch stellt sich die Frage, ob der namensrechtliche Erfolg überhaupt vom Zweck der Vorschrift gedeckt ist. Normzweck des § 1618 BGB ist die Integration des Kindes in die neue Stieffamilie, in der es lebt (vgl. BT-Drucks. 13/4899, S. 92); diese Stieffamilie besteht aber seit dem Tod des Stiefelternteils nicht mehr, so dass der Zweck nicht mehr zu erreichen ist (OLG Zweibrücken, StAZ 2004, 231, 232; MünchKomm/v. *Sachsen Gessaphe*, § 1618 BGB Rdnr. 8).

Ferner kann der verstorbene Stiefelternteil seine nach § 1618 Satz 1 BGB erforderliche Einbenennungserklärung nicht mehr abgeben; diese kann angesichts ihres höchstpersönlichen Charakters auch nicht mehr wirksam nachgeholt werden (OLG Zweibrücken, StAZ 2004, 231); § 1618 Satz 4 BGB sieht nur die Möglichkeit einer Ersetzung der Einwilligungserklärung des anderen Elternteils vor. Auch seine analoge Anwendung scheidet aus, denn § 1618 Satz 4 BGB soll den Konflikt zwischen dem Interesse des nicht betreuenden Elternteils am Fortbestand des namensrechtlichen Bandes zwischen ihm und dem Kind und einer Lage, in der eine Einbenennung zum Wohl des Kindes unabdingbar notwendig ist, lösen (OLG Zweibrücken a.a.O. 232). Eine solche Konfliktlage besteht im Verhältnis zum Stiefelternteil aber nicht (OLG Zweibrücken a.a.O.), es mangelt also bereits an der Vergleichbarkeit beider Fälle.

V-825 Wenn der Stiefelternteil seine Einwilligung bereits vor seinem Tode formgerecht erteilt hat, aber vor der Einreichung beim Standesamt verstorben ist, stellt sich die Frage, ob die Einbenennungserklärung auch vor Eingang der Erklärung beim Standesamt wirkt (bejahend *Palandt/Götz*, § 1618 BGB Rdnr. 14). Dafür spricht der Rechtsgedanke des § 130 Abs. 2 BGB, dagegen der Normzweck des § 1618 BGB, denn auch in diesem Fall lässt sich eine Integration des Kindes in die Stieffamilie kaum mehr erreichen.

b) Die Aufnahme in den gemeinsamen Haushalt

Das Gesetz geht davon aus, dass durch die häusliche Gemeinschaft mit dem Ehegatten des Elternteils die Bindung zum anderen Elternteil so weit gelockert ist, dass man das Kind namensmäßig der neuen Familie zuordnen kann. Die Voraussetzung liegt auch vor, wenn das Kind in einer Jugendhilfeeinrichtung untergebracht ist, um die Rückgliederung in die Familie zu ermöglichen (AG Saarbrücken, StAZ 2010, 51). Eine Einbenennung ist dagegen nicht möglich, wenn der Elternteil und sein Ehegatten getrennt leben, da dann nicht der Zweck des § 1618 BGB – die Integration des Kindes in eine neue Familie – erreicht wird (OLG Zweibrücken, StAZ 2012, 146).

V-826

c) Die elterliche Sorge

aa) Die Regelung des KindRG: Alleiniges Sorgerecht des erteilenden Elternteils
Nach § 1618 BGB i.d.F. des KindRG konnten der allein sorgeberechtigte Elternteil und dessen Ehegatte, der nicht Elternteil des Kindes ist, dem Kind ihren Ehenamen als Geburtsnamen erteilen. Nach dem Wortlaut der Vorschrift war die Einbenennung demnach ausgeschlossen, wenn dem einbenennenden Elternteil mit dem anderen Elternteil des Kindes die gemeinsame Sorge zustand. Dieses Ergebnis wurde sehr bald heftig kritisiert; man bezweifelte, dass der Gesetzgeber sich der Folgen seiner Regelung bewusst gewesen sei. Die Begründung des Regierungsentwurfes zu § 1618 BGB geht darauf nicht näher ein; es fehlt jegliche Auseinandersetzung mit der Frage, ob und warum eine Einbenennung im Falle der gemeinsamen elterlichen Sorge möglich sein solle oder nicht (vgl. BT-Drucks. 13/4899, S. 92). Offensichtlich hat der Gesetzgeber übersehen, dass seit dem KindRG auch nicht miteinander verheiratete Eltern die gemeinsame Sorge für das Kind *begründen können* (durch Abgabe von Sorgeerklärungen, § 1626a Abs. 1 Nr. 1 BGB, sowie – nunmehr – durch familiengerichtliche Übertragung der gemeinsamen Sorge, § 1626a Abs. 1 Nr. 3 BGB) oder nach der Ehescheidung *behalten* (§ 1671 BGB) können.

V-827

Der Grund hierfür mag sein, dass der Gesetzgeber die bei der Einbenennung verwendeten Rechtsbegriffe in die Terminologie des KindRG umformulieren musste und bei ihrer formalen Anpassung die inhaltlichen Folgewirkungen übersah. Nach altem Recht waren es die *Mutter* und ihr *Ehemann*, die dem *nichtehelichen* Kind der Frau ihren Ehenamen erteilen konnten. Das KindRG musste diese Regelung neutral formulieren, und zwar neutral hinsichtlich der Bezeichnung »Mann – Frau«, aber auch neutral hinsichtlich der Bezeichnung »ehelich – nichtehelich«. Folglich wurde aus der Mutter der »Elternteil, dem die elterliche Sorge allein zusteht«, aus dem Ehemann der »Ehegatte, der nicht Elternteil des Kindes ist«. Bei diesen Formulierungen hat der Gesetzgeber übersehen, dass nach den neuen sorgerechtlichen Vorschriften

V-828

des KindRG auch dauerhaft getrennt lebende oder geschiedene Eltern das gemeinsame Sorgerecht über ihre Kinder haben können. Daher konnte man von einer bewussten Entscheidung des Gesetzgebers in dem Sinne, dass die Namenserteilung gemäß § 1618 BGB a. F. lediglich im Falle des Bestehens alleiniger elterlicher Sorge möglich sein sollte, trotz des klaren Wortlautes des § 1618 Satz 1 BGB a. F. nicht ausgehen.

bb) Einbenennung auch bei gemeinsamem Sorgerecht

V-829 Nach heftiger Diskussion um die Auslegung der Vorschrift setzte sich in der Rechtsprechung die Ansicht durch, dass § 1618 BGB a. F. im Wege der »berichtigenden Auslegung« korrigiert werden müsse und dass die Einbenennung auch bei gemeinsamer Sorge möglich sei (aus der frühen Rspr. AG Düsseldorf, StAZ 2000, 21; LG Münster, StAZ 2001, 14; ihr folgend OLG Hamm, StAZ 2000, 373 f.; BayObLG, StAZ 2001, 106; OLG Karlsruhe, StAZ 2001, 272). Der Gesetzgeber hat daraus die Konsequenz gezogen und in Art. 1 KindRVerbG vom 9. 4. 2002 dem § 1618 BGB seine derzeitige Fassung gegeben, die die Einbenennung auch bei gemeinsamer Sorge zulässt.

d) Minderjährigkeit und Ledigkeit des Kindes

V-830 Die Namenserteilung gemäß § 1618 BGB ist nur möglich, soweit das Kind minderjährig ist. Diese Voraussetzung ergibt sich nicht direkt aus dem Wortlaut des § 1618 BGB, folgt jedoch aus dem Umstand, dass das einzubenennende Kind noch unter elterlicher Sorge stehen muss.

V-831 Darüber hinaus muss das Kind gemäß § 1618 Satz 1 BGB unverheiratet sein. Anders als § 1618 BGB a. F., der ausdrücklich nur Kinder erfasste, die »eine Ehe noch nicht eingegangen sind«, erfasst der Wortlaut auch diejenigen, in denen die Ehe bereits wieder aufgelöst ist. Doch war eine solche Änderung nicht beabsichtigt (vgl. BT-Drucks. 13/4899, S. 92). Dagegen spricht ferner der Rechtsgedanke des § 1633 BGB. Im Ergebnis kann also ein geschiedenes Kind nicht mehr einbenannt werden (ebenso *Henrich/Wagenitz/Bornhofen*, § 1618 BGB Rdnr. 7). Das Problem dürfte kaum jemals praktisch relevant werden, da hierfür die Ehe vor Eintritt der Volljährigkeit nicht nur geschlossen worden, sondern auch bereits wieder aufgelöst sein müsste.

e) Die bisherige Namensführung des Kindes

V-832 Nach § 1618 BGB a. F. musste das Kind einen Namen gemäß § 1617 BGB a. F., d. h. den Namen seiner nichtehelichen Mutter führen. Dieses Erfordernis ist mit der Neufassung des § 1618 BGB weggefallen.

V-833 Die Rechtsgrundlage der bisherigen Namensführung ist damit grundsätzlich unerheblich geworden; das Kind kann seinen Familiennamen gemäß §§ 1616, 1617c Abs. 1, 2 Nr. 1 BGB vom gemeinsamen Ehenamen seiner Eltern oder aber gemäß §§ 1617, 1617a Abs. 1, 2, 1617b Abs. 1, 1617c Abs. 2 Nr. 2 BGB nur von einem Elternteil ableiten. Durch diese Regelung wird der Anwendungsbereich der Einbenennung erheblich erweitert. Allerdings wird man auch hier die »Sperrwirkung« des § 1617b Abs. 2 BGB beachten müssen. Wenn das Kind bisher den Namen eines Scheinvaters geführt hat, wird man ihm zunächst die Möglichkeit geben müssen, an der Kontinuität dieser Namensführung festzuhalten (zum Schutz des Kontinuitätsinteresse in diesem Fall Rdnr. V-599 ff.). Erst wenn das Kind durch einen Antrag nach § 1617b Abs. 2 BGB klargestellt hat, dass es an der Namenskontinuität kein Interesse hat, ist Raum für die Anwendung des § 1618 BGB.

Wenn das Kind seinen bisherigen Familiennamen bereits zuvor vom einbenennenden Elternteil abgeleitet hat, kommt es zu einer nur »nachziehenden« Einbenennung, bei der der namengebende Elternteil derselbe bleibt und lediglich die Namensfolgeschranke des § 1617c Abs. 2 Nr. 2 BGB überwunden wird; insoweit entspricht die Vorschrift dem bisherigen Recht. Nunmehr kann es jedoch auch zu einer »erteilenden« Einbenennung kommen, bei der sich der namengebende Elternteil ändert, etwa wenn das Kind bisher den Namen des Vaters führte und nunmehr in der Ehe seiner Mutter einbenannt wird; allgemein zu dieser Entwicklung und Begriffsbildung Rdnr. V-814 ff.   V-834

Eine weitere wichtige Neuerung gegenüber dem früheren Recht besteht darin, dass nunmehr auch »Scheidungshalbwaisen«, die den Ehenamen der geschiedenen Ehe erworben haben, einbenannt werden können; ferner besteht die Möglichkeit mehrmaliger sukzessiver Einbenennung in einem Fall, in dem der einbenennende Elternteil mehrere Male heiratet und dabei stets einen neuen Ehenamen bestimmt (*Henrich/Wagenitz/Bornhofen*, § 1618 BGB Rdnr. 18; *Wagenitz*, FamRZ 1998, 1545, 1551).   V-835

Denkbar sind allerdings auch »gegenläufige« Einbenennungen, etwa in der Weise, dass das zunächst in der Stieffamilie des einen Elternteils einbenannte Kind in die Stieffamilie des anderen Elternteils wechselt und dort wieder dessen Namen erhalten soll (*Henrich/Wagenitz/Bornhofen*, § 1618 BGB Rdnr. 18; *Hochwald*, StAZ 2007, 213, 214). Ihre praktischen Grenzen finden derartige sukzessiven Einbenennungen freilich darin, dass jedes Mal gemäß § 1618 Satz 3 BGB die notwendigen Einwilligungen vorliegen müssen, d. h. die Einwilligung desjenigen Elternteils erforderlich ist, dessen Name das Kind zum Zeitpunkt der beabsichtigten Namenserteilung trägt, sowie die Einwilligung des Kindes.   V-836

3. Die namensrechtlichen Folgen

a) Die Erteilung des Ehenamens

Die Ehegatten können dem Kind nur ihren Ehenamen erteilen. Voraussetzung ist demnach, dass sie einen solchen bestimmt haben; dies kann der Geburtsname des Mannes oder derjenige der Frau sein, § 1355 Abs. 2 BGB. Unerheblich ist, ob einer der Ehegatten einen Begleitnamen gemäß § 1355 Abs. 4 BGB führt.   V-837

Typischerweise ist es der Name des Stiefelternteils, der zum Ehenamen bestimmt worden ist und den nunmehr auch das Kind im Wege der Erteilung gemäß § 1618 BGB erhalten soll. Denkbar ist jedoch auch die Erteilung des Geburtsnamens des leiblichen Elternteils, wenn dieser und das Kind bislang einen Namen geführt haben, der nicht Geburtsname des Elternteils ist, etwa   V-838 wenn in einer vorhergehenden Ehe der Name des anderen Elternteils zum Ehenamen bestimmt worden und in der neuen Ehe der Geburtsname des einbenennenden Elternteils zum gemeinsamen Ehenamen bestimmt worden ist. Da das Kind dieser Namensänderung wegen der Sperre des § 1617c Abs. 2 Nr. 2 BGB nicht ipso iure folgt, bedarf es in einem solchen Fall der Namenserteilung.

b) Die »substitutive« Einbenennung

V-839 Die Eheleute können dem Kind gemäß § 1618 Satz 1 BGB ihren Ehenamen dergestalt erteilen, dass dessen bislang geführter Familienname wegfällt; der dem Kind erteilte Ehename ersetzt oder »substituiert« den bisherigen Namens des Kindes.

Diese sog. »substitutive« Erteilung des Ehenamens stellt die hergebrachte Form der Einbenennung dar.

c) Die »additive« Einbenennung

aa) Allgemeines

V-840 Gemäß § 1618 Satz 2 Halbs. 1 BGB i. d. F. des KindRG haben der sorgeberechtigte Elternteil und dessen Ehegatte die Möglichkeit, den Ehenamen dem Kind nicht als einzigen Familiennamen zu erteilen, sondern ihn dem zur Zeit der Erklärung geführten Namen voran zu stellen oder anzufügen. In diesem Fall spricht man von einer sog. »additiven« Einbenennung.

V-841 Diese Variante der Namenserteilung wurde erst spät während des Gesetzgebungsverfahrens auf Vorschlag des Rechtsausschusses des Deutschen Bundestags in den § 1618 BGB eingefügt. Ihr Zweck war es, »die Bindungen des Kindes an den Elternteil, dem die elterliche Sorge nicht zusteht, zu unterstreichen«. Sie soll – ähnlich wie in § 1757 Abs. 4 Satz 1 Nr. 2 BGB bei Adoptivkindern – »die Lebenssituation des Kindes namensrechtlich widerspiegeln und eine dem Wohl des Kindes stets förderliche gütliche Einigung der Eltern über dessen Namensführung erleichtern« (BT-Drucks. 13/8511, S. 73 f.).

V-842 Hier besteht ein Wertungswiderspruch; in § 1618 BGB eröffnet der Gesetzgeber die Möglichkeit, Kindern einen Doppelnamen zu erteilen, der sich aus dem Familiennamen eines Elternteils und dem eines Dritten zusammensetzt, während er es den Eltern des Kindes verwehrt, diesem einen Doppelnamen aus den Familiennamen des Vaters und dem der Mutter zu bilden (vgl. auch *Henrich/Wagenitz/Bornhofen*, § 1618 BGB Rdnr. 25 ff.).

bb) Reihenfolge der Namensführung

V-843 Die Ehegatten können dem Kind ihren Ehenamen dem von dem Kind zur Zeit der Erklärung geführten Namen voranstellen oder anfügen. Ein bereits zuvor auf diese Art vorangestellter oder angefügter Name entfällt, § 1618 Satz 2 Halbs. 2 BGB.

V-844 Die Ehegatten sind mithin in der Art der Bildung des Doppelnamens des Kindes frei und können die Reihenfolge dessen Namen willkürlich bestimmen. Wenn sie sich nicht auf die Reihenfolge der Bildung des Doppelnamens einigen können, fehlt es an einer gemeinsamen Erklärung beider Ehegatten, so dass es zu keiner wirksamen Namenserteilung kommt.

cc) Namensketten

§ 1618 BGB enthält keine der Regelung des § 1355 Abs. 4 Satz 2, 3 BGB vergleichbare Vorschrift zur Verhinderung von Namensketten in den Fällen, in denen der vom Kind bereits geführte Name oder der ihm zu erteilende Name ein Doppelname ist. § 1618 Satz 2 Halbs. 2 BGB sieht lediglich für den Fall einer wiederholten Einbenennung vor, dass ein bereits zuvor nach § 1618 Satz 2 Halbs. 1 BGB vorangestellter oder angefügter Ehename entfällt. V-845

Teilweise wird daher vertreten, dass die Bildung von mehrgliedrigen Familiennamen im Wege der Einbenennung gemäß § 1618 BGB möglich sei (*Henrich/Wagenitz/Bornhofen*, § 1618 BGB Rdnr. 26; *Lipp/Wagenitz*, § 1618 BGB Rdnr. 9). Jedoch hat der Gesetzgeber des FamNamG durch § 1355 Abs. 4 Satz 2, 3 BGB zum Ausdruck gebracht, dass Vielfachnamen, die aus mehr als zwei Gliedern bestehen, als Familiennamen grundsätzlich vermieden werden sollten (BT-Drucks. 12/3163, S. 16). Es ist nicht anzunehmen, dass der Gesetzgeber des KindRG von dieser Wertung abrücken wollte. Aus diesem Grund ist der Rechtsgedanke des § 1355 Abs. 4 Satz 2, 3 BGB entsprechend heranzuziehen (*Staudinger/Hilbig-Lugani*, § 1618 BGB Rdnr. 18). V-846

dd) Bildung echter Doppelnamen?

Fraglich ist, ob die Anfügung bzw. Voranstellung des Ehenamens des sorgeberechtigten Elternteils und dessen Ehegatten an den Namen des Kindes gemäß § 1618 Satz 2 BGB zur Bildung eines echten Doppelnamens führt (*Wagenitz/Engers*, FamRZ 1998, 1548) oder lediglich zu einen Begleitnamen wie im Falle des § 1355 Abs. 4 Satz 1 BGB (so *Palandt/Götz*, § 1618 BGB Rdnr. 4). V-847

Die Begründung des Rechtsausschusses macht keine Ausführungen zum Begleitnamen; dort ist lediglich die Rede von Doppelnamen. Dies spricht eher für die Entstehung echter Doppelnamen durch die Anfügung bzw. Voranstellung im Wege des § 1618 Satz 2 Halbs. 1 BGB (BT-Drucks. 13/8511, S. 74). V-848

Für dasselbe Ergebnis spricht auch der Vergleich mit dem Begleitnamen des Ehenamensrechts. Dem Ehegatten wird von § 1355 Abs. 4 Satz 4 Halbs. 1 BGB jederzeit die Möglichkeit eingeräumt, den Begleitnamen wieder abzulegen; dadurch wird dieser zu einem persönlichen, jederzeit aufhebbaren Namenszusatz. Eine entsprechende Regelung fehlt bei § 1618 BGB. Aus diesen Gründen erwirbt das Kind einen echten Doppelnamen (ebenso die personenstandsrechtliche Praxis, vgl. *Wachsmann*, StAZ 2004, 51; *Kissner*, StAZ 2007, 244). V-849

d) Die Bedeutung für weitere Kinder

Fraglich ist, ob die Erteilung eines Namens nach § 1618 BGB an ein Kind auch für weitere Kinder gilt. V-850

§ 1618 BGB enthält im Gegensatz zu § 1617b Abs. 1 Satz 4 BGB und Art. 224 § 3 Abs. 3 Satz 2 EGBGB keine Verweisung auf § 1617 Abs. 1 Satz 3 BGB. Da die Namenserteilung gemäß § 1618 BGB auch nicht direkt von § 1617 Abs. 1 Satz 3 BGB erfasst wird, wäre allenfalls an eine analoge Anwendung des § 1617 Abs. 1 Satz 3 BGB zu denken. Die Folge wäre, dass die einmal erfolgte Einbenennung eines Kindes auf dessen Geschwister übergreift, so dass auf diesem Wege die einheitliche Namensführung von Geschwistern gewährleistet wäre.

V-851 Doch besteht hier keine planwidrige Regelungslücke. Denn während § 1617 Abs. 1 Satz 3 BGB als Regelung des Namenserwerbes auf die einheitliche originäre Namensführung von Geschwistern zielt, die zum Zeitpunkt des Namenserwerbes, d. h. bei Geburt, noch kein Interesse an Beachtung der Kontinuität der Namensführung haben können, soll die Einbenennung gemäß § 1618 BGB die namensrechtliche Integration von Kindern regeln, die bereits einen Namen tragen. Hier können die Interessen der einzelnen Geschwister wesentlich divergieren. Zum einen kann das Kontinuitätsinteresse aufgrund unterschiedlichen Alters unterschiedlich stark sein; zum anderen können auch im Übrigen die Lebensumstände der einzelnen Geschwister divergieren, etwa wenn die Geschwister teilweise in der Stieffamilie, teilweise bei dem anderen Elternteil leben. Aus diesen Gründen ist für jedes Kind eine eigene Einbenennung erforderlich (vgl. *Krömer*, StAZ 1999, 47; *Staudinger/Hilbig-Lugani*, § 1618 BGB Rdnr. 15, 41).

4. Die notwendigen Erklärungen

a) Die Erklärung des einbenennenden Elternteils und dessen Ehegatten

aa) Abgabe und Zugang der Erklärung

V-852 Die Namenserteilung erfolgt gemäß § 1618 Satz 1 BGB durch Erklärung des einbenennenden Elternteils und dessen Ehegatten. Die Erklärungen der Ehegatten müssen nicht gemeinsam und gleichzeitig abgegeben werden (*Staudinger/Hilbig-Lugani*, § 1618 BGB Rdnr. 15).

V-853 Die Erklärungen sind Willenserklärungen, die mit dem Zugang beim Erklärungsempfänger wirksam werden, vgl. § 130 Abs. 1 Satz 1, Abs. 3 BGB. Empfangszuständig für Erklärungen zur Namensführung des Kindes ist gemäß § 45 Abs. 2 PStG grundsätzlich das Geburtsstandesamt.

bb) Widerrufbarkeit der Erklärungen

V-854 Die Erklärungen der Namenserteilung sind als Willenserklärungen gemäß § 130 Abs. 1 Satz 2, Abs. 3 BGB grundsätzlich widerruflich (vgl. *Gaaz/Bornhofen*, § 45 PStG Rdnr. 6 und § 41 PStG Rdnr. 5).

V-855 Legt man nur den § 130 Abs. 1 Satz 2, Abs. 3 BGB zu Grunde, so ist der Zugang der Erklärung beim Standesamt der maßgebliche Zeitpunkt. Bei der Namenserteilung gemäß § 1618 BGB ist jedoch zu beachten, dass ihre Wirksamkeit zusätzlich noch die Einwilligung des Kindes bzw. des anderen Elternteils voraussetzt. Da diese Einwilligungen auch noch nach der Namenserteilung erklärt werden können, wird die Namenserteilung selbst – abweichend von § 130 Abs. 1 Satz 1, Abs. 3 BGB – erst dann wirksam, wenn die letzte erforderliche Einwilligungserklärung beim zuständigen Standesamt vorliegt. Daher sind auch die Erklärungen der Namenserteilungen bis zu diesem Zeitpunkt widerruflich (im Ergebnis ebenso *Gaaz/Bornhofen*, § 45 PStG Rdnr. 6 und § 41 PStG Rdnr. 5).

b) Die Einwilligungserklärungen

Die Einbenennung bedarf der Einwilligung des anderen Elternteils, wenn ihm die elterliche Sorge gemeinsam mit dem den Namen erteilenden Elternteil zusteht oder das Kind seinen Namen führt, und, wenn das Kind das fünfte Lebensjahr vollendet hat, auch der Einwilligung des Kindes, § 1618 Satz 3 BGB. — V-856

aa) Der Begriff der Einwilligung in § 1618 BGB; Formfragen
Die früher herrschende Meinung legte den Begriff der Einwilligung in § 1618 BGB im Sinne der Legaldefinition des § 183 BGB aus und verlangte, dass die Einwilligungserklärung *vor* der eigentlichen Namenserteilung (vgl. z. B. OLG Stuttgart, StAZ 1979, 202; OLG Karlsruhe, StAZ 1974, 247; BayObLG, StAZ 1964, 216), zumindest aber gleichzeitig (zuletzt noch AG München, StAZ 2000, 268) abgegeben werden musste. — V-857

Diese Auffassung entspricht zwar der gesetzlichen Terminologie, ist aber im Ergebnis zu formalistisch und unbefriedigend; richtigerweise wäre der Begriff der Zustimmung zu verwenden (s. bereits Rdnr. V-789). Mit dem Begriff der Einwilligung will § 1618 BGB klar stellen, dass die Namenserteilung nicht gegen den Willen der genannten Personen erfolgen darf. Auf die Reihenfolge der Abgabe der Erklärungen kann es dabei jedoch nicht ankommen (ebenso BayObLG, StAZ 1999, 236, 237; *Kissner*, StAZ 2005, 212). — V-858

Die für die Namenserteilung notwendigen Erklärungen bedürfen für ihre Wirksamkeit gemäß § 1618 Satz 5 BGB der öffentlichen Beglaubigung. Grundsätzlich ist gemäß § 129 BGB der Notar zuständig; doch wird die Beglaubigung in der Praxis zweckmäßigerweise gemäß § 45 Abs. 1 Satz 1 Nr. 6 PStG durch einen Standesbeamten erfolgen. — V-859

bb) Die Einwilligung des anderen Elternteils
Führt das Kind den Namen des anderen Elternteils, so muss dieser gemäß § 1618 Satz 3 BGB sowohl in die Erteilung als auch für dessen Voranstellung oder Anfügung des Ehenamens des einbenennenden Elternteils einwilligen. — V-860

Die Einbenennung nach altem Recht betraf stets Kinder, die gemäß §§ 1618 Abs. 1 Satz 1, 1617 BGB a. F. den Namen der nichtehelichen Mutter trugen, so dass der Vater durch die Namensänderung des Kindes nicht betroffen war. Dies hat sich mit dem KindRG geändert; nunmehr ist es ohne weiteres möglich, dass das Kind im Rahmen einer »erteilenden« Einbenennung die namensrechtliche Beziehung zu dem Elternteil verliert, von dem es bisher seinen Namen abgeleitet hat (s. allgemein Rdnr. V-813 ff.). — V-861

Der Gesetzgeber war der Meinung, dass »die Einbenennung eines Kindes unabhängig davon, ob seine Eltern verheiratet waren oder nicht, der Zustimmung des Elternteils, der nicht Inhaber der elterlichen Sorge ist, bedarf« (BT-Drucks. 13/4899, S. 92). Offensichtlich hatte er aber nur die Fälle der »erteilenden« Einbenennung im Auge; dies zeigt sich an anderer Stelle der Begrün- — V-862 dung des RegE. Dort wird ausgeführt, »dass das Zustimmungserfordernis bei ehelichen Kindern selbstverständlich erscheine. Nach Scheidung der Ehe solle ein Elternteil das gemeinsame Kind nicht einseitig – aufgrund seiner alleinigen elterlichen Sorge – namensrechtlich vom anderen Elternteil ›separieren‹ können ...«. Voraussetzung für die Zustimmungsberechtigung sei aber eine noch im Zeitpunkt der Einbenennung fortbestehende Namensidentität von Kind und anderem Elternteil. Das Einwilligungserfordernis diene »nicht einer Kontrolle der Ausübung des Namensbestimmungsrechts, es schütze vielmehr ausschließlich das Interesse des anderen Elternteils am Fortbestand des namensrechtlichen Bandes zwischen ihm und seinem Kind«. An diesem Zweck des Einwilligungserfordernisses kann sich in Zweifelsfällen die Auslegung des § 1618 BGB orientieren; vgl. etwa Rdnr. V-867 ff.

cc) Die Einwilligung des Kindes

V-863   Hinsichtlich der Einwilligung des Kindes verweist § 1618 Satz 6 BGB auf § 1617c BGB. Dort bestimmt Abs. 1 Satz 2, dass das in der Geschäftsfähigkeit beschränkte Kind, welches das 14. Lebensjahr vollendet hat, die Erklärung nur selbst abgeben kann, wobei es der Zustimmung des gesetzlichen Vertreters bedarf.

V-864   Damit gelten diese allgemeinen Grundsätze des Namensrechts hinsichtlich der Beteiligung und Mitwirkung des Kindes an seinen Namensänderungen (s. zu Einzelheiten Rdnr. V-648 ff.) auch im Falle einer Namensänderung durch Einbenennung gemäß § 1618 BGB.

V-865   Das Kind wird erst ab Vollendung seines 14. Lebensjahres tatsächlich an seiner Namensänderung beteiligt. Denn zuvor kann der gesetzliche Vertreter für das Kind die Einwilligungserklärung abgeben. Der Bestellung eines Ergänzungspflegers bedarf es in der Regel auch bei Erklärung der Einwilligung durch die allein sorgeberechtigte Mutter nicht (AG Lübeck, StAZ 2002, 309; a.A. wohl OLG Frankfurt a.M., StAZ 2001, 270). Der sorgeberechtigte Elternteil, dem die Vertretung des Kindes gemäß § 1629 Abs. 1 Satz 1 BGB obliegt, ist es aber auch, der gemeinsam mit seinem Ehegatten die Namenserteilung erklärt. Es dürften daher kaum Fälle denkbar sein, in denen diese zwar die Einbenennung erklären, der sorgeberechtigte Elternteil sodann jedoch nicht die Einwilligung des Kindes erklärt, da man ansonsten sogleich auf die Erklärung der Namenserteilung verzichten könnte.

V-866   Die Ersetzung der Einwilligung des Kindes ist – im Gegensatz zu der des anderen Elternteils – nicht möglich.

c) Entbehrlichkeit der Einwilligung des anderen Elternteils

V-867   Wenn das Einwilligungserfordernis »ausschließlich das Interesse des anderen Elternteils am Fortbestand des namensrechtlichen Bandes zwischen ihm und seinem Kind« schützt (so BT-Drucks. 13/4899, S. 92; s. Rdnr. V-862), stellt sich die Frage, ob und ggf. unter welchen Voraussetzungen auf die Einwilligung des anderen Elternteils verzichtet werden kann. In Betracht kommen Fälle, in denen ein Interesse des anderen Elternteils am Fortbestand der ursprünglichen namensrechtlichen Verbindung mit dem Kind nicht mehr besteht.

aa) Ablegung des Namens durch den anderen Elternteil
Ein schutzwürdiges Interesse des anderen Elternteils fehlt in den Fällen, in denen ohnehin keine Namensübereinstimmung zwischen ihm und dem Kind vorliegt.   V-868

Die Begründung des Regierungsentwurfes (BT-Drucks. 13/4899, S. 92) nennt als Voraussetzung für die Zustimmungsberechtigung ausdrücklich »eine noch im Zeitpunkt der Einbenennung fortbestehende Namensidentität von Kind und Elternteil, der nicht Inhaber der elterlichen Sorge ist. Nur wenn das Kind einen vom Elternteil, der nicht Inhaber der elterlichen Sorge ist, hergeleiteten Namen führt und dieser Elternteil sich auch seinerseits nicht von diesem Namen (etwa nach § 1355 Abs. 5 BGB oder im Zuge einer erneuten Eheschließung) ›losgesagt‹ hat, bedarf die Einbenennung seiner Einwilligung«.   V-869

Auch der Wortlaut des § 1618 Satz 3 BGB spricht für eine derartige Auslegung, weil er auf die »Führung« des Namens des anderen Elternteils abstellt.   V-870

Daher ist die Einwilligung des anderen Elternteils nur erforderlich, wenn noch Namensübereinstimmung mit dem Kinde besteht (allgemein Ansicht, siehe *Staudinger/Hilbig-Lugani*, § 1618 BGB Rdnr. 21 m. w. N.). Dabei genügt auch Teilübereinstimmung, etwa wenn der gemeinsame Name Teil eines Doppelnamens des Elternteils oder des Kindes ist (*Henrich/Wagenitz/Bornhofen*, § 1618 BGB Rdnr. 46).   V-871

bb) Tod des anderen Elternteils
Ist der nicht sorgeberechtigte Elternteil bereits verstorben, so kann er die Einwilligung nicht mehr erklären. Fraglich ist, ob dies eine Einbenennung hindert oder ob die Einbenennung entbehrlich ist, weil ein schutzwürdiges Interesse nicht mehr besteht.   V-872

Geht man davon aus, dass § 1618 Satz 3 BGB das Interesse des anderen Elternteils an der Beibehaltung *aktueller* Namensidentität schützt, ist dieses Interesse mit dem Tod weggefallen. Aus diesem Grund lässt die h. M. die Einbenennung auch nach dem Tod des nicht sorgeberechtigten Elternteils grundsätzlich zu. Unklar ist allerdings, ob weitere besondere Voraussetzungen vorliegen müssen.   V-873

Dass die Erben des Verstorbenen die Einwilligung erklären, ist ausgeschlossen, da es sich um einen höchstpersönlichen Akt handelt und die Einwilligungsbefugnis nicht in den Nachlass fällt (OLG Zweibrücken, FamRZ 2000, 696, 697; FamRefK/*Wax*, § 1618 BGB Rdnr. 5, § 1617a BGB Rdnr. 4).   V-874

Vielfach wird die Ansicht vertreten, dass der Tod zwar die Einbenennung nicht hindere, dass die Einwilligung des verstorbenen Elternteils jedoch durch das Familiengericht gemäß § 1618 Satz 4 BGB ersetzt werden müsse (*Henrich/Wagenitz/Bornhofen*, § 1618 BGB Rdnr. 68; *Lipp/Wagenitz*, § 1618 BGB Rdnr. 17; OLG Zweibrücken, StAZ 1999, 241 f.; wohl auch BayObLG, StAZ 1999, 236; näher zur Ersetzung Rdnr. V-877 ff.). Begründet wird dies mit dem potentiellen Interesse des verstorbenen Elternteils, mit dem Kind auch über den eigenen Tod hinaus namensrechtlich verbunden zu sein; auch könnten sich   V-875 postume namensrechtliche Interessen aus sonstigen Umständen ergeben, etwa wenn der Name eine besondere Abstammung erkennen lasse (OLG Zweibrücken, a. a. O. 242; dem folgend OLG Hamm, StAZ 2000, 213, 215).

V-876 Die Gegenansicht hält die familiengerichtliche Ersetzung für unnötig (OLG Stuttgart, StAZ 2002, 68 f.; OLG Zweibrücken, FamRZ 2000, 696, 697; BayObLG, StAZ 2003, 12 – Vorlagebeschluss; BayObLG, StAZ 2004, 335; OLG Hamm, StAZ 2008, 76, 77; AG Limburg, StAZ 2000, 81; AG Lübeck, StAZ 2000, 22; AG Kiel, StAZ 2000, 21, 22 jeweils mit zustimmender Anm. *Sachse*, StAZ 2000, 22 f.; AG Bremen, StAZ 1999, 242, 243). § 1618 Satz 4 BGB diene ausschließlich dem Kindesinteresse; während das Interesse des nicht sorgeberechtigten Elternteils durch § 1618 Satz 3 BGB geschützt sei. Es sei daher nicht zulässig, eine rein kindesschützende Vorschrift zum Schutz des Elterninteresses heranzuziehen. Die entsprechende Anwendung von § 1618 Satz 4 BGB setze die Verweigerung der Einwilligung dem Versterben des betreffenden Elternteils gleich; beide Tatbestände seien aber nicht gleichwertig (OLG Stuttgart, StAZ 2001, 68 f.).

d) Ersetzung der Einwilligung des anderen Elternteils, § 1618 Satz 4 BGB

V-877 § 1618 Satz 4 BGB ermöglicht die Ersetzung der Einwilligung des anderen Elternteils in die Namenserteilung, wenn dies für das Wohl des Kindes »erforderlich« ist. Damit ist die Trennung des namensrechtlichen Bandes zu dem Kind auch gegen den Willen des anderen Elternteils möglich.

V-878 Über die Ersetzung entscheidet das *Familiengericht*, § 1618 Satz 4 BGB; funktional zuständig ist gemäß § 3 Nr. 2 Buchst. a, § 14 RPflG i. V. m. § 151 Nr. 1 FamFG der Rechtspfleger. Angesichts der Wichtigkeit und Schwierigkeit der aufgeworfenen Fragen sollte die Entscheidung allerdings besser dem Richter gemäß § 14 RPflG vorbehalten bleiben (vgl. OLG Celle, FamRZ 1999, 1377 f.; OLG Frankfurt a. M., FamRZ 1999, 1376 f.; OLG Köln, FamRZ 1999, 734; kritisch *Willutzki*, KindPrax 2000, 76, 79). Das Standesamt ist mit der Ersetzung der Einwilligung nicht befasst.

V-879 Durch den Beschluss wird die Einwilligung des Satz 3 ersetzt. Ist der andere Elternteil auch Mitinhaber der elterlichen Sorge, so fragt sich, ob er bei einem über fünf Jahre alten Kind auch bei der Einwilligung des Kindes als dessen gesetzlicher Vertreter mitwirken muss bzw. ob ihm im Falle seiner Weigerung das Sorgerecht entzogen werden muss. Die Praxis geht jedoch davon aus, dass die gerichtliche Entscheidung des Familiengerichts nach § 1618 Satz 4 BGB umfassend ist und auch die im Namen des Kindes abzugebende Einwilligung ersetzt (*Kissner*, StAZ 2008, 87).

5. Fälle mit Auslandsbezug

V-880 Im Kollisionsrecht gelten die zu § 1617a Abs. 2 BGB dargestellten Grundsätze entsprechend; s. Rdnr. V-808 f.

I. Die behördliche und gerichtliche Änderung und Feststellung des Namens

1. Die behördliche Namensänderung

1. Rechtsquellen und Rechtsentwicklung

Rechtsgrundlage für die öffentlichrechtliche Namensänderung ist das NamÄndG. Ergänzend gelten die 1. Durchführungsverordnung vom 7.1.1938 (*Schmitz/Bornhofen/Bockstette*, Nr. 41) sowie die NamÄndVwV. Der Kommentar von *Loos* ist mittlerweile z. T. überholt; s. die neuere Zusammenfassung von *Thomas*, StAZ 2010, 33.

V-881

2. Die Voraussetzungen der behördlichen Namensänderung

§ 3 NamÄndG verlangt als einzige Voraussetzung der Namensänderung das Vorliegen eines »wichtigen Grundes«. Aus der Formulierung »darf nur geändert werden, wenn« lässt sich zudem folgern, dass die Namensänderung eine eng begrenzte Ausnahme bleiben soll. Nähere Hinweise finden sich im Gesetz nicht. Es bleibt daher der Praxis überlassen, den Begriff des »wichtigen Grundes« näher zu konkretisieren. Die NamÄndVwV bringt hierzu in Nr. 27 ff. allgemeine Grundsätze und in Nr. 33 ff. typische Fallgruppen. Für das Standesamt spielt die Auslegung des § 3 NamÄndG keine Rolle, da es das Vorliegen eines wichtigen Grundes selbst nicht zu prüfen hat.

V-882

Das Problem hat durch die namensrechtliche Rechtsprechung des EuGH (Rdnr. II-414 ff.) eine europarechtliche Dimension bekommen. Es ist denkbar, dass die Wertungen des EuGH in die Konkretisierung des »wichtigen Grundes« einfließen, insbesondere bei der verfahrensrechtlichen »Umsetzung« der primärrechtlichen Vorgaben aus Art. 21 Abs. 1 AEUV (vgl. auch NamÄndVwV Nr. 49), soweit Art. 48 EGBGB nicht für Linderung sorgt, s. Rdnr. II-462 ff.

V-883

Die Namensänderung setzt einen Antrag voraus (§§ 1, 11 NamÄndG). Für einen beschränkt Geschäftsfähigen oder Geschäftsunfähigen kann der gesetzliche Vertreter den Antrag stellen. Ist der gesetzliche Vertreter ein Vormund, Pfleger oder Betreuer, so bedarf er der Genehmigung des Familiengerichts; sie ist dem Vormund oder Pfleger bekanntzugeben (§ 2 Abs. 1, § 11 NamÄndG, Nr. 7 Abs. 1 NamÄndVwV). Entsprechendes gilt bei einer geschäftsfähigen Person, für die in dieser Angelegenheit ein Betreuer bestellt und ein Einwilligungsvorbehalt nach § 1903 BGB angeordnet ist; vgl. § 2 Abs. 1 Satz 2 NamÄndG.

V-884

Erstreckt sich die Namensänderung der Eltern gemäß § 4 NamÄndG automatisch auf die Kinder, so ist für diese ein Antrag nicht erforderlich.

3. Die Wirksamkeit der öffentlichrechtlichen Namensänderung

a) Wirksamkeitsvoraussetzungen

Die behördliche Namensänderung ist ein Verwaltungsakt. Wirksamkeitsvoraussetzung ist, dass die Urkunde oder Verfügung dem Antragsteller ausge-

V-885

händigt oder zugestellt worden ist. Der Antragsteller muss in diesem Zeitpunkt gelebt haben.

Ist neben den Personen, auf die sich die Namensänderung erstrecken soll, ein weiterer Beteiligter nicht vorhanden, so ist die Entscheidung dem Antragsteller bekanntzugeben; mit der Bekanntgabe wird die Namensänderung wirksam (Nr. 21 Abs. 1 Satz 1 Halbs. 2 NamÄndVwV).

V-886 Ist ein weiterer Beteiligter vorhanden, so ergeht über die Änderung des Familiennamens ein schriftlicher Bescheid. In diesem Bescheid ist darauf hinzuweisen, dass über die Namensänderung eine Urkunde erteilt wird, wenn der Bescheid unanfechtbar geworden ist. Der Bescheid ist dem Antragsteller bekanntzugeben und dem Beteiligten mit einer Rechtsmittelbelehrung zuzustellen. Erst wenn der Bescheid unanfechtbar geworden ist, wird dem Antragsteller die Urkunde über die Namensänderung erteilt (Nr. 21 Abs. 2 Satz 4 NamÄndVwV); als Zeitpunkt der Wirksamkeit der Namensänderung ist der Tag der Bekanntgabe der Namensänderung gegenüber dem Antragsteller anzugeben.

Die Urkunden (Anl. 1 bis 4 zur NamÄndVwV) enthalten am unteren Rande einen Vermerk darüber, seit wann die Namensänderung wirksam ist.

V-887 Die Wirksamkeit der Namensänderung wird durch Rechtsfehler grundsätzlich nicht beeinträchtigt. Das Standesamt hat sie daher ohne weitere rechtliche Überprüfung einzutragen, muss allerdings warten, bis sie unanfechtbar geworden ist.

Unwirksam kann eine Namensänderung als Verwaltungsakt nur dann sein, wenn sie nichtig ist. Nach § 44 Abs. 1 Verwaltungsverfahrensgesetz (VwVfG, abgedruckt bei *Schmitz/Bornhofen/Bockstette*, Nr. 86) ist ein Verwaltungsakt nichtig, soweit er an einem besonders schwerwiegenden Fehler leidet und dies bei verständiger Würdigung aller in Betracht kommenden Umstände offenkundig ist. Ein nichtiger Verwaltungsakt ist unwirksam (§ 43 Abs. 3 VwVfG).

V-888 Bei Inlandsfällen ist Nichtigkeit kaum vorstellbar. Dass die nach § 2 Abs. 2 NamÄndG vorgeschriebene Anhörung eines über 16 Jahre alten Namensträgers unterblieben ist, führt ebenso wenig zur Nichtigkeit wie der Umstand, dass der Name ohne wichtigen Grund (§ 3 NamÄndG) geändert worden ist. Darüber hinausgehende Mängel kann das Standesamt kaum feststellen. Im Zweifel wird es allenfalls das Amtsgericht nach § 49 Abs. 2 PStG anrufen.

V-889 Anders ist es bei Auslandsfällen; ändert eine deutsche Behörde den Namen eines Ausländers, so ist die Namensänderung nach h.M. nichtig (vgl. AG Hamburg, StAZ 1969, 43; *Loos*, S. 6, 122). Erkennt das Standesamt, dass ein solcher Fall vorliegt, so wird es sich zweckmäßigerweise mit der Behörde, die die Namensänderung ausgesprochen hat, ins Benehmen setzen, damit diese eine Nachprüfung vornehmen kann.

V-890 Wird der Name eines Deutschen durch eine ausländische Behörde geändert, so ist diese Entscheidung – soweit nicht die besonderen Voraussetzungen des CIEC-Übereinkommens vom 4.9.1958 (vgl. Rdnr. V-901 ff.) vorliegen – im deutschen Rechtsbereich nicht anerkennungsfähig; vgl. Rdnr. V-898 ff. Der Umstand, dass ein Deutscher in einem ausländischen Staat eine Namensänderung erreicht hat und dort den neuen Namen führt, ist kein »wichtiger Grund« i. S. d. § 3 NamÄndG (VG Regensburg, StAZ 2003, 49); anderenfalls würde die Namensänderungskompetenz des Heimatstaats unterlaufen.

b) Die Erstreckung der Namensänderung auf Kinder

Nach § 4 NamÄndG *erstreckt* sich die Änderung des Familiennamens kraft Gesetzes auf die Kinder der Person, deren Name geändert wird, sofern diese bisher den Namen dieser Person getragen haben und unter ihrer elterlichen Sorge stehen. Außerdem steht die Namenserstreckung unter dem Vorbehalt, dass bei der behördlichen Entscheidung etwas anderes bestimmt wird (Nr. 8 Abs. 1 Satz 1 NamÄndVwV). In der Verwaltungspraxis wird von dieser Möglichkeit fast immer Gebrauch gemacht. Soweit es nach § 4 NamÄndG zu einer Erstreckung des Namens kommt, scheidet eine Erstreckung nach § 1617c Abs. 2 BGB aus (s. Rdnr. V-676 ff., V-698).

V-891

Ist ein Kind verheiratet, so erstreckt sich die Namensänderung nur auf seinen Geburtsnamen (Nr. 8 Abs. 1 Satz 3 NamÄndVwV).

Volljährige Kinder fallen nicht unter § 4 NamÄndG; sie stehen nicht mehr unter elterlicher Sorge.

Ist die Ehe der Eltern geschieden, aufgehoben oder für nichtig erklärt und die elterliche Sorge für die Kinder der Mutter übertragen, so wurde vor dem Inkrafttreten des 1. EheRG die Ansicht vertreten, dass bei einer Änderung des Mutternamens die automatische Erstreckung nicht eintreten könnte, da die Kinder ihren Namen nicht von der Mutter ableiteten. Nach nunmehr geltendem Recht leitet das eheliche Kind seinen Namen von dem Ehenamen der Eltern ab, § 1616 BGB, also von dem gemeinsamen Namen beider Elternteile. Die Namensänderung der sorgeberechtigten Mutter erstreckt sich daher regelmäßig auf ihr eheliches Kind.

V-892

c) Die Rücknahme der Namensänderung

Die Namensänderung kann nach den allgemeinen Grundsätzen des Verwaltungsrechts zurückgenommen werden, § 48 VwVfG. Eine Zurücknahme kommt insbesondere in Betracht, wenn der Betroffene die Namensänderung durch arglistige Täuschung, Drohung oder Bestechung oder durch Angaben erwirkt hat, die in wesentlicher Beziehung unrichtig oder unvollständig waren.

V-893

Die Namensänderung kann mit Wirkung für die Zukunft oder für die Vergangenheit zurückgenommen werden. Über die Zurücknahme und über den Zeitpunkt ihrer Wirkung entscheidet die Behörde, in deren Bezirk der Betreffende seinen gewöhnlichen Aufenthalt hat; dies muss nicht die Behörde sein, die die Namensänderung ausgesprochen hat.

d) Das Verhältnis zu nachfolgenden familienrechtlichen Namensänderungen

Die öffentlichrechtliche Namensänderung steht einer späteren Änderung des Namens aus familienrechtlichen Gründen grundsätzlich nicht entgegen (*Fi-*

V-894

cker, S. 143), etwa wenn ein Kind, dessen Name geändert wurde, später adoptiert wird.

Doch nimmt das Kind an späteren Änderungen des Namens der Eltern nicht mehr teil, wenn durch die Namensänderung die Namenseinheit zwischen Kind und dem namengebenden Elternteil aufgehoben worden ist.

4. Behördliche Namensänderung mit Auslandsberührung

a) Die Namensänderung von Ausländern

V-895 § 1 NamÄndG bestimmt, dass der Familienname nur bei Deutschen und bei Staatenlosen mit inländischem Wohnsitz geändert werden kann (vgl. auch OLG München, StAZ 2013, 193, wonach Art. 10 Abs. 1 EGBGB auch die behördliche Namensänderung erfasst, dazu Rdnr. II-216 ff.). § 1 NamÄndG erfasst nach herrschender Auffassung auch Deutsche im Sinne des Art. 116 Abs. 1 GG (Nr. 69 Satz 2 i V. m. Nr. 2 Abs. 1 NamÄndVwV; *Schultheis*, StAZ 1963, 196; a. A. *Loos*, S. 33).

V-896 Eine inländische Zuständigkeit zur Feststellung des Namens wird ferner bejaht für heimatlose Ausländer, wenn sie ihren gewöhnlichen Aufenthalt, sowie für Asylberechtigte und ausländische Flüchtlinge, wenn sie ihren Wohnsitz im Inland haben, Nr. 2 Abs. 2 NamÄndVwV. Die Vorschrift will ersichtlich jenen Personenkreis erfassen, für den auch im IPR bei der Anknüpfung des Personalstatuts Sondervorschriften gelten.

V-897 Im Übrigen sind deutsche Behörden zur Änderung des Namens eines Ausländers nicht zuständig; dies folgt aus dem Grundsatz, dass die Bestimmung des Namens wegen seiner öffentlichrechtlichen Ordnungs- und Identifikationsfunktion nach Möglichkeit dem Recht des Staates vorbehalten sein soll, dem der Namensträger angehört.

b) Anerkennung ausländischer Namensänderungen

V-898 Der dargestellten Zuständigkeitsregel, wonach deutsche Behörden nur bei Deutschen für eine Namensänderung zuständig sind, entspricht umgekehrt der Grundsatz, dass die Änderung des Namens eines Deutschen durch eine ausländische Behörde im Inland nicht anerkannt wird (vgl. BVerwG, StAZ 1960, 76; LG Hannover, StAZ 1964, 250; LG Wiesbaden, StAZ 1966, 87). Unerheblich ist, ob die Namensänderung von einer Verwaltungsbehörde oder einem Gericht verfügt worden ist. Anzuerkennen ist aber eine Namensänderung durch den Staat, dessen Staatsangehörigkeit der Betreffende besitzt (vgl. OLG Naumburg, StAZ 2014, 338, 339), sowie ferner eine Namensänderung in einem Mitgliedstaat der EU, soweit die Voraussetzungen des unionsrechtlichen Anerkennungsgebots greifen (vgl. OLG München, StAZ 2012, 181; zweifelnd *Wall*, StAZ 2012, 185, 186 f.), wobei auf solche Namensänderungen in anderen Mitgliedstaaten auch Art. 48 EGBGB anwendbar ist, s. dazu Rdnr. II-440 ff.; soweit Art. 48 EGBGB lückenhaft ist (Rdnr. II-462 ff.), muss auf das allgemeine Anerkennungsgebot zurückgegriffen werden (anders wohl OLG München, StAZ 2014, 179).

Adelsverleihungen im Ausland sind als Namensänderungen zu behandeln (BVerwG, StAZ 1960, 76).

Auch bei der Anerkennnung einer ausländischen Namensänderung ist der deutsche ordre public zu beachten, der etwa die Anerkennung einer »Verleihung« eines deutschen Adelsprädikats infolge einer Namensänderung verhindert (vgl. OLG Naumburg, StAZ 2014, 338, 339 f.).

Wenn der zunächst deutsche Namensträger später die Staatsangehörigkeit des betreffenden ausländischen Staates erwirbt, wird die zunächst nicht anerkannte ausländische Namensänderung auch für den deutschen Rechtskreis wirksam (OLG Hamm, StAZ 1975, 313). Voraussetzung ist allerdings, dass er ausschließlich die ausländische Staatsangehörigkeit besitzt; denn als Doppelstaater mit auch deutscher Staatsangehörigkeit wäre er, entsprechend dem Rechtsgedanken des Art. 5 Abs. 1 Satz 2 EGBGB, auch im Falle einer behördlichen Namensänderung nur als Deutscher zu behandeln (OLG München, StAZ 2013, 193), s. aber auch Rdnr. VI-32 ff. V-899

Zu beachten ist, dass die bisher dargestellten Grundsätze nur für behördlich angeordnete, von einer Personenstandsänderung losgelöste Namensänderungen gelten. V-900

Kraft Gesetzes eintretende Namensänderungen sind nach den Regeln des IPR anzuknüpfen, Art. 10 Abs. 1 EGBGB. Wird anlässlich einer Personenstandsänderung der Name gerichtlich neu bestimmt, so hat ein deutsches Gericht ebenfalls die Vorschriften des deutschen IPR zu beachten; hat ein ausländisches Gericht entschieden, so gelten die Anerkennungsregeln des IZVR. Alle diese Arten der Namensänderung fallen nicht in den hier erörterten Problemkreis.

c) Das Übereinkommen über die Änderung von Namen und Vornamen

Das CIEC-Übereinkommen vom 4.9.1958 über die Änderung von Namen und Vornamen (abgedruckt bei *Schmitz/Bornhofen/Bockstette*, Nr. 240 sowie in StAZ 1961, 258; vgl. *Massfeller*, StAZ 1962, 205, 210) ist für die Bundesrepublik Deutschland am 24.12.1961 in Kraft getreten; Vertragsstaaten sind ferner Frankreich, Italien, Luxemburg, die Niederlande, Österreich, Portugal, Spanien und die Türkei. Es geht den autonomen deutschen Regeln über die Namensänderung mit Auslandsbezug vor. V-901

Das Übereinkommen betrifft die Änderungen von Familien- und Vornamen, die von einer Behörde oder einem Gericht bewilligt werden, mit Ausnahme derjenigen, die sich aus Änderungen des Personenstandes oder aus der Berichtigung eines Irrtums ergeben (Art. 1). Der Begriff »Änderung des Personenstandes« ist in weitem Sinne zu verstehen und erfasst alle im Familienrecht vorgesehenen Tatbestände, die eine Namensänderung zur Folge haben, z.B. auch die Namenserteilung (Einbenennung) nach § 1618 BGB. V-902

Jeder Vertragsstaat ist nach Art. 2 des Übereinkommens verpflichtet, keine Änderungen von Namen von Staatsangehörigen eines anderen Vertragsstaats zu bewilligen; jedoch kann jeder Staat den Namen von Personen ändern, die V-903 neben einer fremden zugleich seine eigene Staatsangehörigkeit besitzen (Nr. 27.7.2 Satz 1 PStG-VwV).

V-904 Wird in einem Vertragsstaat der Name eines Angehörigen dieses Staates durch unanfechtbare Entscheidung geändert, so ist die Namensänderung in jedem anderen Vertragsstaat ohne weiteres wirksam, soweit dessen öffentliche Ordnung hierdurch nicht beeinträchtigt wird (Art. 3 Abs. 1 Halbs. 1). Eigenen Staatsangehörigen stehen solche Staatenlosen und Flüchtlinge i. S. d. Genfer Abkommens vom 28.7.1951 gleich, die im Hoheitsgebiet des bewilligenden Staates ihren Wohnsitz oder bei Fehlen eines Wohnsitzes ihren Aufenthalt haben (Art. 3 Abs. 1 Halbs. 2).

In gleicher Weise wird die Nichtigerklärung oder der Widerruf einer Namensänderung anerkannt (Art. 4).

V-905 Ist der Name einer Person, die mehreren Vertragsstaaten angehört, in dem einen Heimatstaat geändert worden, so ist dies grundsätzlich auch in dem anderen Heimatstaat anzuerkennen; jedoch kann dieser Staat die Anerkennung von besonderen Bekanntgabebedingungen oder einem Einspruchsrecht abhängig machen, Art. 5. Durch entsprechende Ausgestaltung dieses Einspruchsrecht kann die Anerkennung im Ergebnis unterlaufen werden. Die übrigen Vertragsstaaten müssen die Namensänderung jedoch auch in diesem Fall anerkennen. Deutschland hat von dem Vorbehalt des Art. 5 keinen Gebrauch gemacht.

V-906 Nach Art. 3 Abs. 2 wird eine anzuerkennende Namensänderung in die Personenstandsregister der von ihr Betroffenen »ohne weitere Förmlichkeit« eingetragen; doch ist es dem Standesamt unbenommen, nach § 49 Abs. 2 PStG das Amtsgericht anzurufen.

II. Die behördliche Namensfeststellung

1. Allgemeines

V-907 Nach § 27 Abs. 3 Nr. 3 PStG ist eine Folgebeurkundung zum Geburtseintrag aufzunehmen, wenn der Name des Kindes mit allgemein bindender Wirkung festgestellt wird.

Eine solche allgemein verbindliche Feststellung kann nach deutschem Recht durch Entscheidung der Verwaltungsbehörde getroffen werden; Grundlage ist § 8 NamÄndG.

2. Die Grundsätze der Namensfeststellung

a) Zweck der Namensfeststellung

V-908 Bei der Namensfeststellung wird der Name nicht geändert, sondern lediglich der bereits bisher zu führende Name verbindlich geklärt (BVerwG, StAZ 1960, 151, 152; OVG Lüneburg, StAZ 1967, 130; *Ficker*, S. 130).

Voraussetzung ist daher, dass die Berechtigung zur Führung eines Familiennamens zweifelhaft ist. Der Zweifel kann sich auf die Frage beziehen, welcher von mehreren in Betracht kommenden Namen der richtige ist (z. B.

Meyer oder Müller, Meyer oder von Meyer), ob alle Namensbestandteile geführt werden dürfen (z. B. Meyer-Müller oder nur Meyer) oder welche Namensform die richtige ist (z. B. Dvorakova oder Dvorak). Auch die richtige Schreibweise eines Namens kann Gegenstand eines Feststellungsverfahrens sein (z. B. Meyer oder Meier).

Eine Feststellung kann auch getroffen werden, wenn nach dem Abschluss von Ermittlungen über den Namen dieser gleichwohl zweifelhaft bleibt; es ist dann derjenige Name festzustellen, für den die meisten Anhaltspunkte sprechen (BVerwG, StAZ 1959, 292). Für ein Ermessen ist allerdings kein Raum (BVerwG, StAZ 1960, 151; 1963, 40).   V-909

Rührt der Zweifel über die Berechtigung zur Namensführung daher, dass schon der Personenstand zweifelhaft ist, so ist die verbindliche Feststellung des Personenstandes nach § 25 PStG vorrangig, da sich daraus mittelbar der Name ergibt.   V-910

Nur Familiennamen können verbindlich festgestellt werden, nicht dagegen Vornamen (*Loos*, S. 124). Zweifel an der rechtmäßigen Führung eines Vornamens müssen ggf. im Wege der Berichtigung nach § 48 PStG geklärt werden.   V-911

b) Verfahren und Rechtswirkungen

Das Verfahren wird auf Antrag eines Beteiligten oder von Amts wegen eingeleitet (§ 8 Abs. 1 Satz 1 NamÄndG). Eine Übersicht über die Zuständigkeiten geben *Schmitz/Bornhofen/Bockstette*, Nr. 40 Beiblatt zu NamÄndG.   V-912

Gegen die Entscheidung, durch die ein Antrag auf Namensfeststellung abgelehnt oder durch die der Name anders als beantragt festgestellt wird, ist der Verwaltungsrechtsweg nach § 40 VwGO gegeben; dasselbe gilt für eine Feststellung, die in einem von Amts wegen eingeleiteten Verfahren ergangen ist.   V-913

Die Namensfeststellung ist allgemein verbindlich; an die Entscheidung ist jedermann – auch die Standesämter – gebunden, und zwar unabhängig davon, ob sie inhaltlich richtig ist oder nicht. Die Bindungswirkung tritt auch dann ein, wenn die Namensführung nicht zweifelhaft war.   V-914

Eine verbindliche Feststellung des Namens kann sich mittelbar durch Namenserstreckung auf die Kinder ergeben.   V-915

Gemäß § 4 NamÄndG erstreckt sich die Feststellung des Namens einer Person, soweit nicht bei einer Entscheidung etwas anderes bestimmt wird, ohne weiteres auf Kinder dieser Person, sofern die Kinder bislang den Namen dieser Person getragen haben und für die Kinder die elterliche Sorge dieser Person besteht. Zweifel über den Umfang der Namenserstreckung können dadurch vermieden werden, dass der Feststellungsbescheid alle Personen, auf die er sich erstreckt, ausdrücklich aufführt (vgl. die Urkunden nach Anl. 5 und 6 zur NamÄndVwV, *Schmitz/Bornhofen/Bockstette*, Nr. 42).

Die Namensfeststellung hat grundsätzlich keine rückwirkende Kraft. Eine Rückwirkung kann nur dann angenommen werden, wenn der Bescheid der Verwaltungsbehörde sich ausdrücklich oder stillschweigend rückwirkende   V-916

Kraft beilegt; die Rückwirkung ist die Ausnahme und muss im Einzelfall nachgewiesen sein (BayObLG, StAZ 1971, 278).

V-917 Die Feststellung soll endgültig Klarheit schaffen. Eine spätere erneute Namensüberprüfung und Namensfeststellung ist jedoch durch das Gesetz nicht unbedingt ausgeschlossen. Sie kommt dann in Betracht, wenn im ersten Verfahren gewichtige formelle oder materielle Fehler begangen worden sind. Kommt es zu einem erneuten Verfahren, muss das Standesamt nicht nachprüfen, ob die Voraussetzungen vorgelegen haben; es hat die zweite (ändernde oder aufhebende) Entscheidung als maßgebend zugrunde zu legen.

c) Die Namensfeststellung mit Auslandsberührung

V-918 Nach § 8 Abs. 1 Satz 1 NamÄndG ist eine verbindliche Namensfeststellung durch deutsche Behörden grundsätzlich nur für deutsche Staatsangehörige und für solche Staatenlose zulässig, die ihren Wohnsitz oder gewöhnlichen Aufenthalt im Inland haben. Dieser Grundsatz ist auszudehnen auf alle Personengruppen, deren Personalstatut kraft Sonderanknüpfung das deutsche Recht ist.

V-919 Ausländische Namensfeststellungen können anerkannt werden, wenn eine Behörde oder ein Gericht des Staates entschieden hat, dem der Betreffende angehört oder in dem er, falls er staatenlos oder ausländischer Flüchtling ist, seinen Wohnsitz oder gewöhnlichen Aufenthalt hat. Voraussetzung ist, dass die ausländische Namensfeststellung nach dem Recht des Entscheidungsstaats allgemein verbindlich ist.

Adelsbezeichnungen sind nach deutschem Verständnis Namensbestandteile; die verbindliche Feststellung einer Adelsbezeichnung durch eine ausländische Behörde ist daher als Namensfeststellung zu behandeln.

V-920 Sofern nach ausländischem Recht der Vorname allgemeinverbindlich festgestellt werden kann, ist eine solche Feststellung eintragungsfähig. Die personenstandsrechtliche Vorschrift des § 27 PStG gilt nicht nur für die Feststellung des Familiennamens.

III. Die Änderung des Vornamens von Transsexuellen

1. Allgemeines; Rechtsentwicklung

V-921 Mit der Änderung des Vornamens nach § 1 TSG hat der Gesetzgeber den Bedürfnissen transsexueller Menschen Rechnung getragen. Transsexuelle gehören nach ihrem äußeren Erscheinungsbild dem einen Geschlecht an, fühlen sich aber seelisch dem anderen Geschlecht zugehörig. Das TSG ermöglicht Transsexuellen die Annahme eines neuen Vornamens, der die Zugehörigkeit zum anderen Geschlecht nach außen dokumentiert.

Dabei führt § 1 TSG zu einer eher oberflächlichen Anpassung, die man treffend als die sog. »kleine Lösung« bezeichnet hat; sehr viel weiter geht die ebenfalls vom TSG in §§ 8 ff. vorgesehene Möglichkeit, die Geschlechtszugehörigkeit selbst zu ändern (sog. »große Lösung«; vgl. Rdnr. V-939 ff.). Aller-

dings wurden die Voraussetzungen der »großen Lösung« durch die Rechtsprechung des BVerfG kontinuierlich auf die Voraussetzungen der »kleinen Lösung« herabgesenkt, s. näher Rdnr. V-939 ff.
Wegen der Hintergründe und der rechtspolitischen Entwicklung des deutschen Transsexuellenrechts s. Rdnr. V-935 ff. und *Hepting/Gaaz*, Bd. 2 Rdnr. V-1039 ff.; im Folgenden werden nur die Voraussetzungen und Wirkungen der Vornamensänderung dargestellt.

2. Voraussetzungen der sog. »kleinen Lösung«

§ 1 Abs. 1 Nr. 1 und 2 TSG setzt voraus, dass der Betroffene sich aufgrund seiner transsexuellen Prägung nicht mehr dem in seinem Geburtseintrag angegebenen, sondern dem anderen Geschlecht als zugehörig empfindet und seit mindestens drei Jahren unter dem Zwang steht, seinen Vorstellungen entsprechend zu leben; dass ferner mit hoher Wahrscheinlichkeit anzunehmen ist, dass sich sein Zugehörigkeitsempfinden zum anderen Geschlecht nicht mehr ändern wird. Diese sehr allgemein formulierten Voraussetzungen umschreibt letztlich das rechtspolitische Anliegen des TSG; in diesem Punkt musste die Vorschrift später nicht geändert werden. | V-922

Darüber hinaus musste der Antragsteller nach der ursprünglichen Fassung des TSG 25 Jahre alt sein, § 1 Abs. 1 Nr. 3 TSG a. F. Dieses Erfordernis hat das BVerfG mit Beschluss vom 26.1.1993 für verfassungswidrig erklärt (BVerfG, StAZ 1993, 109 ff.). Das BVerfG hat damit die Grundsätze seines Beschlusses vom 16. 3.1982, durch den die Altersgrenze bei der Geschlechtsänderung nach §§ 8 ff. TSG beseitigt wurde (vgl. Rdnr. V-941), auch auf die Vornamensänderung nach § 1 TSG übertragen. Damit ist das Alterserfordernis entfallen. | V-923

Des Weiteren musste der Antragsteller nach der ursprünglichen Fassung des TSG Deutscher i. S. d. Grundgesetzes sein oder als Staatenloser oder heimatloser Ausländer seinen gewöhnlichen Aufenthalt oder als Asylberechtigter oder ausländischer Flüchtling seinen Wohnsitz im Geltungsbereich des Gesetzes haben. Das BVerfG hat in seiner Entscheidung vom 18. 7. 2006 (StAZ 2007, 9 mit Anm. *Roth*, StAZ 2007, 17) nach Vorlage des OLG Frankfurt a. M. (StAZ 2005, 73) festgestellt, dass diese Regelung gegen das Gleichbehandlungsgebot und das Grundrecht auf Schutz der Persönlichkeit verstößt, soweit sie nicht auf ausländische Transsexuelle anwendbar ist, die sich rechtmäßig und nicht nur vorübergehend in Deutschland aufhalten und deren Heimatstaat vergleichbare Regelungen nicht kennt (zur Existenz vergleichbarer Regelungen in Bezug auf die Schweiz und Frankreich s. AG Mannheim, StAZ 2010, 50). Der Gesetzgeber hat daher mit Wirkung vom 1.11.2007 den § 1 Abs. 1 TSG neu gefasst und insbesondere die Regelung des § 1 Abs. 1 Nr. 3 Buchst. d TSG neu eingefügt (Gesetz vom 20. 7. 2007). | V-924

Die Antragstellung wird nicht dadurch ausgeschlossen, dass der Betroffene verheiratet oder verpartnert ist. Ob eine Eheschließung oder Begründung einer Lebenspartnerschaft innerhalb der letzten drei Jahre vor der Antragstellung die Vermutung widerlegt, dass er sich dem anderen Geschlecht als | V-925 zugehörig empfindet, wird im Einzelfall von dem Gericht zu entscheiden sein.

3. Zuständigkeit und Verfahren

V-926 Der Vorname wird durch Gerichtsbeschluss geändert. Das Verfahren wird auf Antrag des Betroffenen eingeleitet; zur Zuständigkeit s. § 2 TSG. In dem Antrag sind die Vornamen anzugeben, die der Antragsteller künftig führen will (§ 1 Abs. 2 TSG).

V-927 Das Gericht hat in dem Verfahren die Gutachten von zwei Sachverständigen einzuholen, die aufgrund ihrer Ausbildung und ihrer beruflichen Erfahrung mit den besonderen Problemen des Transsexualismus ausreichend vertraut sind. Die Sachverständigen haben in ihren Gutachten zu den in § 1 TSG genannten Erfordernissen Stellung zu nehmen, § 4 Abs. 3 TSG; zur Problematik sich widersprechender Gutachten s. OLG Schleswig, StAZ 2003, 270.

Das Gericht hat den Antragsteller persönlich anzuhören, § 4 Abs. 2 TSG. Ausnahmen, unter denen das Gericht von der Anhörung absehen kann, sind nicht vorgesehen; notfalls nimmt das Verfahren so lange keinen Fortgang, bis die Anhörung durchgeführt ist.

Im Übrigen richtet sich das Verfahren nach den Vorschriften des FamFG, § 4 Abs. 1 TSG.

4. Die gerichtliche Entscheidung

V-928 Hält das Gericht die gesetzlichen Voraussetzungen für erfüllt, so spricht es aus, dass der Antragsteller anstelle seiner bisherigen Vornamen einen oder mehrere neue Vornamen führt. Das Gericht ist an den Antrag, in dem bestimmte Vornamen begehrt werden, nur im Rahmen der allgemeinen Grundsätze des Namensrechts gebunden. Es kann also keinen Namen bestimmen, der nach den allgemeinen Regeln der Vornamensgebung unzulässig wäre (zu den Grundsätzen der Vornamensgebung s. Rdnr. IV-352 ff.).

V-929 Führt der Transsexuelle als Familiennamen eine Adelsbezeichnung, deren Form mit dem Geschlecht variiert (z. B. Freiherr – Freifrau), so ist im Zuge der Vornamensänderung auch die Adelsbezeichnung an die neue Namensführung anzupassen (BayObLG, StAZ 2003, 45).

5. Aufhebung und Unwirksamkeit der Entscheidung

V-930 Fälle, in denen das Zugehörigkeitsempfinden zum anderen Geschlecht nicht von Dauer ist, sind nicht mit Sicherheit auszuschließen. § 6 Abs. 1 TSG sieht daher vor, dass eine Person, deren Vornamen nach den §§ 1 ff. TSG geändert worden sind, die Aufhebung der Entscheidung beantragen kann, wenn sie sich wieder dem in ihrem Geburtseintrag angegebenen Geschlecht zugehörig fühlt. Für das Verfahren auf Aufhebung gelten die §§ 2 bis 4 TSG entsprechend. Dies bedeutet u. a., dass das Gericht erneut Gutachten von zwei Sachverständigen einzuholen hat.

5. Aufhebung und Unwirksamkeit der Entscheidung

Kommt das Gericht zu dem Ergebnis, dass der Antrag auf Aufhebung begründet ist, so hebt es die frühere Entscheidung über die Namensänderung auf.

In der Entscheidung ist auch anzugeben, dass der Antragsteller künftig wieder die Vornamen führt, die er zur Zeit der Entscheidung, durch welche seine Vornamen geändert worden sind, geführt hat. Das Gericht kann jedoch auf Antrag des Antragstellers diese Vornamen ändern, wenn dies aus schwerwiegenden Gründen zum Wohl des Antragstellers erforderlich ist, § 6 Abs. 2 Satz 2 und 3 TSG.   V-931

Die Entscheidung über die Aufhebung einer Vornamensänderung wird erst mit der Rechtskraft wirksam (§ 6 Abs. 2 Satz 1 i. V. m. § 4 Abs. 4 Satz 2 TSG). Der Betroffene hat also in der Zwischenzeit die geänderten Vornamen geführt. Die Aufhebung der Namensänderung stellt eine erneute Änderung des oder der Vornamen i. S. d. § 27 Abs. 3 Nr. 1 PStG dar und ist am Rande des Geburtseintrags zu vermerken, s. *Gaaz/Bornhofen*, § 27 PStG Rdnr. 84 f.   V-932

In einigen Fällen wird die Namensänderung kraft Gesetzes unwirksam, und zwar dann, wenn nach erfolgter Namensänderung Tatsachen eintreten, die zu dem Schluss zwingen, dass sich die betroffene Person wieder dem in ihrem Geburtseintrag angegebenen Geschlecht zugehörig empfindet (kritisch *Augstein*, StAZ 1981, 10 ff.).   V-933

§ 7 Abs. 1 TSG sieht die Unwirksamkeit der Entscheidung vor, wenn
– wenn nach Ablauf von dreihundert Tagen nach der Rechtskraft der Entscheidung ein Kind des Antragstellers geboren wird (Nr. 1),
– wenn bei einem nach Ablauf von dreihundert Tagen nach der Rechtskraft der Entscheidung geborenen Kind die Abstammung von dem Antragsteller anerkannt oder gerichtlich festgestellt wird (Nr. 2),
– wenn der Antragsteller eine Ehe schließt (Nr. 3, vgl. aber sogleich Rdnr. V-934).

Der Betroffene führt ab dem Zeitpunkt, in dem die Namensänderung unwirksam wird, wieder die Vornamen, die er zur Zeit der Entscheidung nach § 1 TSG geführt hat, § 7 Abs. 2 Satz 1 TSG.

Im Zusammenhang mit § 7 Abs. 1 Nr. 3 TSG (Unwirksamkeit bei Eingehung einer Ehe) stellte sich die Frage, ob die Vorschrift auch dann gilt, wenn der Antragsteller eine eingetragene Lebenspartnerschaft nach dem LPartG eingeht. Auf Vorlage des LG Itzehoe hat das BVerfG entschieden, dass § 7 Abs. 1 Nr. 3 TSG gegen das von Art. 2 Abs. 1 GG i. V. m. Art. 1 Abs. 1 GG geschützte Namensrecht eines gleichgeschlechtlich orientierten Transsexuellen verstieß, wenn ihm eine rechtlich gesicherte Partnerschaft nicht ohne Verlust des geänderten, seinem empfundenen Geschlecht entsprechenden Vornamens eröffnet war (BVerfG, StAZ 2006, 102); die Vorschrift ist bis zu einer Neuregelung nicht mehr anwendbar.   V-934

J. Die Feststellung der Geschlechtszugehörigkeit

I. Allgemeines; Entwicklung des Transsexuellenrechts

1. Die medizinische und soziale Entwicklung

V-935 Die Zuordnung des Menschen zum weiblichen oder männlichen Geschlecht ist ein in vielen Bereichen wesentlicher Faktor. Die Rechtsordnung ging bis vor wenigen Jahren davon aus, dass es weder geschlechtslose noch zwischengeschlechtliche Menschen gebe, sondern dass jeder Mensch entweder männlichen oder weiblichen Geschlechts sei; dass ferner das Geschlecht aufgrund körperlicher Merkmale eindeutig bestimmbar und unwandelbar sei, s. Rdnr. IV-222 ff.

V-936 Diese Grundsätze gerieten hinsichtlich der Unwandelbarkeit des Geschlechts in dem Maße ins Wanken, in dem man den sog. »Transsexualismus« als medizinisches, psychisches, soziales und schließlich auch rechtliches Problem erkannte und respektierte.

Der Transsexuelle gehört nach seinem äußeren Erscheinungsbild dem einen Geschlecht an, fühlt sich aber seelisch dem anderen Geschlecht zugehörig. Nach den Erkenntnissen der Medizin kann für die Geschlechtsbestimmung nicht mehr ausschließlich auf den körperlichen Befund eines Menschen abgestellt werden; vielmehr spielt auch die Psyche eine Rolle. Im Allgemeinen besteht zwischen den körperlichen und den psychischen Geschlechtsmerkmalen weitgehend Harmonie. Bei den Transsexuellen hingegen zeigt sich mit fortschreitender Lebensentwicklung eine den körperlichen Geschlechtsmerkmalen widersprechende, sich dem Gegengeschlecht zurechnende seelische Einstellung. Das körperliche Geschlecht wird als »Irrtum der Natur« empfunden, der zu korrigieren sei. Diese vom Willen des Betroffenen unabhängige Entwicklung ist nach medizinischer Ansicht weder in ihrer Tendenz umkehrbar, noch kann sie aufgehalten oder beseitigt werden. Ein Transsexueller strebt daher stets die soziale Zuordnung zum Gegengeschlecht an; außerdem bietet die Medizin die Möglichkeit, auch die äußeren Geschlechtsmerkmale chirurgisch zu verändern und an die psychische Situation anzupassen.

V-937 Aufbauend auf diesen Erkenntnissen wurde bald die Forderung erhoben, dass zur dauerhaften Harmonisierung von Seele und Körper und zur konfliktlosen Einordnung in die Gesellschaft die Zuordnung zum Gegengeschlecht auch von der Rechtsordnung akzeptiert werden müsse.

2. Die rechtliche Entwicklung

V-938 In dem Versuch, sich ihrer psychischen Situation auch rechtlich anzupassen, gingen die Transsexuellen zunächst zwei unterschiedliche Wege: zum einen über eine Namensanpassung nach dem Namensänderungsgesetz, zum anderen über eine Berichtigung des Geburtseintrags nach § 47 PStG a. F. Die Behörden und Gerichte waren gegenüber beiden Lösungen sehr zurückhaltend; zur Rechtsentwicklung s. *Hepting/Gaaz*, Bd. 2 Rdnr. V-1042 ff. Einer an die Bundesregierung gerichteten Aufforderung des Deutschen Bundestags zur Änderung des PStG vom 10.6.1976 und der Entscheidung des BVerfG vom 11.10.1978 (StAZ 1979, 9) folgte eine längere parlamentarische Diskussion. In ihr wurden die Begriffe »große« und »kleine Lösung« geprägt, die auch in den Gesetzesmaterialien erscheinen. 1980 wurde schließlich das Gesetz über die Änderung der Vornamen und die Feststellung der Geschlechtszugehörigkeit in besonderen Fällen (Transsexuellengesetz – TSG) endgültig verabschiedet; es trat am 1.1.1981 in Kraft.

II. Die gerichtliche Feststellung der Geschlechtszugehörigkeit

1. Voraussetzungen für die sog. »große Lösung«

Die gerichtliche Feststellung der Geschlechtszugehörigkeit nach § 8 ff. TSG (sog. »große Lösung«) setzte ursprünglich das voraus, was man gemeinhin als »Geschlechtsumwandlung« bezeichnet. Sie muss unterschieden werden von der bloßen Berichtigung des Geburtseintrags, die dann erforderlich ist, wenn bei der Geburt des Kindes die Zugehörigkeit zum männlichen oder weiblichen Geschlecht unzutreffend erkannt und daher dem Standesamt von vorneherein unrichtig angezeigt wurde, s. § 47 Abs. 2 Nr. 1 PStG. Denkbar kann aber – je nach Ursache für die fehlerhafte Eintragung – auch eine Berichtigung nach §§ 47 Abs. 1, 48 PStG sein. V-939

Zu beachten ist jedoch, dass das BVerfG die gegenüber der »kleinen Lösung« zusätzlichen Voraussetzungen für die »große Lösung« für verfassungswidrig erklärt hat. Transsexuelle können damit, soweit sie die Voraussetzungen für die »kleine Lösung« erfüllen, sogleich eine gerichtliche Feststellung ihrer Geschlechtszugehörigkeit beantragen und müssen sich nicht mit einer bloßen Änderung ihres Vornamens begnügen (s. AG Frankfurt a. M., StAZ 2011, 372; *Wielpütz*, NVwZ 2011, 474).

a) Die Voraussetzungen für die »kleine Lösung« nach § 1 Abs. 1 Nr. 1 bis 3 TSG

Zunächst verlangt § 8 Abs. 1 Nr. 1 TSG, dass die in § 1 Abs. 1 Nr. 1 bis 3 TSG geforderten Voraussetzungen der Vornamensänderung (»kleine Lösung«) vorliegen. V-940

Aufgrund dieser Bezugnahme erfasste die verfassungsgerichtliche Rechtsprechung, die die ursprünglich geforderten Voraussetzungen des § 1 Abs. 1 Nr. 1 bis 3 TSG teilweise für verfassungswidrig erklärte, gleichermaßen die »kleine« und die »große Lösung«.

In ihrer ursprünglichen Fassung setzte sie voraus,
– dass der Antragsteller Deutscher oder eine internationalprivatrechtlich einem Deutschen gleichgestellte Person war; sein Personalstatut musste also das deutsche Recht sein;
– dass sich das Zugehörigkeitsgefühl zum anderen Geschlecht mit hoher Wahrscheinlichkeit nicht mehr ändern würde
– und dass der Antragsteller mindestens 25 Jahre alt war.

V-941 Es handelte sich um die Voraussetzungen, die das Gesetz auch für die Vornamensänderung (»kleine Lösung«) verlangte; vgl. Rdnr. V-922 ff. Das BVerfG, das schon die Entstehung des TSG durch seine Rechtsprechung vorbereitet hatte (s. Rdnr. V-938), hat auch später korrigierend eingegriffen. So ist etwa das Alterserfordernis (§ 8 Abs. 1 Nr. 1 i. V. m. § 1 Abs. 1 Nr. 3 TSG) mit Beschluss vom 16.3.1982 (StAZ 1982, 170 mit Anm. *Augstein*) für verfassungswidrig erklärt worden. Zur späteren Übertragung dieses Grundsatzes auf die Vornamensänderung bei der »kleinen Lösung« s. Rdnr. V-923.

V-942 Des Weiteren musste der Antragsteller nach der ursprünglichen Fassung des TSG Deutscher i. S. d. Grundgesetzes sein oder als Staatenloser oder heimatloser Ausländer seinen gewöhnlichen Aufenthalt oder als Asylberechtigter oder ausländischer Flüchtling seinen Wohnsitz im Geltungsbereich des Gesetzes haben; anders gewendet bedeutete dies, dass die Änderung der Geschlechtszugehörigkeit von der Maßgeblichkeit deutschen Rechts als Personalstatut abhing. Daher konnte ein Transsexueller mit ausländischem Personalstatut auch nach einer faktisch erfolgten Geschlechtsumwandlung in Deutschland keine Änderung seines Personenstands erreichen (vgl. OLG Karlsruhe, StAZ 2003, 139 zu einem Fall der Eheschließung).

V-943 Kannte sein Heimatstaat kein dem deutschen TSG entsprechendes Verfahren, so hatte er keinerlei Möglichkeit, die medizinische Änderung seines Geschlechts rechtlich nachzuvollziehen. Das BVerfG hat auf Vorlage des BayObLG (StAZ 2004, 67) die Regelung für verfassungswidrig erklärt (BVerfG, StAZ 2007, 9 mit Anm. *Roth*, StAZ 2007, 17). Der Gesetzgeber hat daraufhin den § 1 Abs. 1 TSG neu gefasst und insbesondere die Regelung des § 1 Abs. 1 Nr. 3 Buchst. d neu eingefügt (Gesetz vom 20.7.2007).

b) Das verfassungswidrige Erfordernis der Ehelosigkeit

V-944 Neben den Voraussetzungen des § 1 Abs. 1 Nr. 1 bis 3 TSG verlangte § 8 Abs. 1 Nr. 2 TSG in seiner ursprünglichen Fassung, dass der Antragsteller nicht (mehr) verheiratet war.

Dieser Punkt war bereits bei den Gesetzesberatungen lebhaft umstritten. Der Entwurf der Bundesregierung sah eine solche Bedingung nicht vor, konnte sich jedoch gegen die Forderungen des Bundesrats nicht durchsetzen; zu den Argumenten im Einzelnen *Hepting/Gaaz*, Bd. 2 Rdnr. V-1053 ff.

V-945 Das BVerfG hat mit Entscheidung vom 27.5.2008 (StAZ 2008, 312 mit Besprechung von *Bräcklein*, StAZ 2008, 297) das Erfordernis der Ehelosigkeit für verfassungswidrig und § 8 Abs. 1 Nr. 2 TSG für unanwendbar erklärt – eine Voraussetzung, die der Gesetzgeber mittlerweile auch aufgehoben hat.

V-946 Unklar ist, ob eine gerichtliche Feststellung der Geschlechtszugehörigkeit nach §§ 8 ff. TSG auch dann ausgeschlossen ist, wenn eine Lebenspartnerschaft des Antragstellers nach dem LPartG besteht. Unter der Geltung von § 8 Abs. 1 Nr. 2 TSG a. F. lag es nahe, die Vorschrift analog anzuwenden und auch bei Bestehen einer Lebenspartnerschaft eine Feststellung nach §§ 8 ff. TSG nicht zuzulassen (s. *Wellenhofer-Klein*, Die eingetragene Lebenspartnerschaft, 2003, Rdnr. 45). Nachdem das BVerfG diese Vorschrift für verfassungswidrig erklärt hat (s. Rdnr. V-945), scheidet diese Lösung aus. Angesichts der behutsamen Abwägung des BVerfG spricht vieles dafür, die Feststellung nach § 8 TSG auch bei bestehender Lebenspartnerschaft zuzulassen; denn die grundrechtswidrige »kaum zu lösende innere Konfliktlage«, die das BVerfG bei einem verheirateten Transsexuellen bejaht hat (BVerfG, StAZ 2008, 312, 317 bei Rdnr. 65), entsteht bei dem Partner einer Lebenspartnerschaft in nicht geringerem Ausmaß.

c) Die verfassungswidrigen Erfordernisse einer Fortpflanzungsunfähigkeit und einer operativen Geschlechtsumwandlung

Das Erfordernis der Fortpflanzungsunfähigkeit war bereits in dem Beschluss des BVerfG vom 11.10.1978 (Rdnr. V-938) hervorgehoben und wurde vom Gesetzgeber ins TSG übernommen, § 8 Abs. 1 Nr. 3 TSG. Es war durch die von dem Gericht einzuholenden Gutachten nachzuweisen (vgl. § 9 Abs. 3 Satz 1 Halbs. 2 TSG; Augstein, StAZ 1981, 10, 13). V-947

Der Antragsteller musste sich ferner einem seine äußeren Geschlechtsmerkmale verändernden operativen Eingriff unterzogen haben, durch den eine deutliche Annäherung an das Erscheinungsbild des anderen Geschlechts erreicht worden ist (§ 8 Abs. 1 Nr. 4 TSG). Auch diese Voraussetzung hat das BVerfG a.a.O. ursprünglich als zwingend erforderlich bezeichnet. Sie war durch Sachverständigengutachten nachzuweisen (§ 9 Abs. 3 Satz 1 Halbs. 2 TSG). V-948

Diese beiden besonderen Voraussetzungen für die »große Lösung« sind freilich mit erheblichen körperlichen Eingriffen verbunden. Es überrascht deshalb nicht, dass das BVerfG mit Beschluss vom 11.1.2011 (StAZ 2011, 141) beide Erfordernisse für verfassungswidrig und bis zu einer Neuregelung unanwendbar erklärt hat. Damit wurden die Voraussetzungen für die »große« und die »kleine Lösung« endgültig nivelliert. V-949

2. Die gerichtliche Entscheidung

a) Der Zwischenbescheid nach § 9 Abs. 1 und 2 TSG

§ 9 Abs. 1 und 2 TSG ermöglicht eine gerichtliche Zwischen- bzw. Vorabentscheidung. Die Vorschrift sollte den Antragsteller ursprünglich vor übereilten Maßnahmen schützen; er sollte sich der geschlechtsumwandelnden Operation erst dann unterziehen müssen, wenn er sich darauf verlassen kann, dass die übrigen Voraussetzungen für die Feststellung einer Änderung der Geschlechtszugehörigkeit verbindlich geklärt sind. Dasselbe galt für die etwa erforderliche Einleitung eines Scheidungsverfahrens. Nachdem diese besonderen Voraussetzungen für die »große Lösung« nicht mehr bestehen, hat der Zwischenbescheid an Bedeutung verloren. V-950

b) Die gerichtliche Feststellung

Hält das Gericht die in § 8 Abs. 1 TSG genannten Voraussetzungen für erfüllt, so stellt es fest, dass der Antragsteller als dem anderen Geschlecht zugehörig V-951 anzusehen ist. In der Entscheidung sind auch die Vornamen des Antragstellers zu ändern, soweit diese nicht bereits in einem Verfahren nach § 1 TSG geändert worden sind.

V-952 Wird dem Antrag stattgegeben, so steht den Beteiligten die sofortige Beschwerde zu (§ 9 Abs. 3 Satz 1 Halbs. 1 i. V. m. § 4 Abs. 4 Satz 1 TSG); dies gilt auch für die Vorentscheidung nach § 9 Abs. 1 TSG (§ 9 Abs. 1 Satz 2 TSG). Gegen eine Entscheidung, durch die der Antrag zurückgewiesen wird, ist die einfache Beschwerde gegeben.

c) *Die Wirkungen der gerichtlichen Feststellung*

V-953 Von der Rechtskraft der Entscheidung an richten sich die vom Geschlecht abhängigen Rechte und Pflichten des Antragstellers nach dem neuen Geschlecht, soweit durch Gesetz nichts anderes bestimmt ist, § 10 Abs. 1 TSG.

Dies bedeutet z. B., dass eine Person, die in ihrem Geburtseintrag als »Knabe« bezeichnet war, nunmehr im Rechtssinne als Frau zu behandeln ist und daher auch als Frau die Ehe mit einem Mann eingehen kann.

Zur Eintragung der Geschlechtsumwandlung in die Personenstandsregister s. *Gaaz/Bornhofen*, § 27 PStG Rdnr. 95 f.; zur Ausstellung von Geburtsurkunden § 59 PStG Rdnr. 5 ff.

V-954 Die wichtigste Vorschrift, die den in § 10 Abs. 1 TSG enthaltenen Ausnahmevorbehalt ausfüllt, ist § 11 TSG. Danach lässt die Entscheidung das Rechtsverhältnis zwischen dem Antragsteller und seinen Eltern sowie zwischen dem Antragsteller und seinen Kindern unberührt, bei angenommenen Kindern jedoch nur, soweit diese vor Rechtskraft der Entscheidung als Kind angenommen worden sind. Gleiches gilt im Verhältnis zu den Abkömmlingen dieser Kinder.

§ 11 TSG hat den Zweck, die schutzwürdigen Interessen etwaiger Kinder des Betroffenen zu wahren. Dazu gehört vor allem, dass
– der Status des Transsexuellen als Vater bzw. als Mutter auf jeden Fall unberührt bleibt, so z. B. für den Unterhalt, das Erbrecht, die Vaterschaftsfeststellung und die Ehelichkeitsanfechtung;
– in den Personenstandsurkunden, die das Kind erhält, als Vornamen des betreffenden Elternteils ausnahmslos die vor der Änderung der Geschlechtszugehörigkeit geführten Namen angegeben werden.

V-955 § 11 TSG erfasst nicht nur die im Zeitpunkt der Entscheidung geborenen Kinder, sondern auch die, die später zur Welt gekommen sind. Ein Mann-zu-Frau-Transsexueller kann damit auch gemäß § 1592 Abs. 1 Nr. 1 BGB die Vaterschaft für ein nach der gerichtlichen Feststellung der Geschlechtszugehörigkeit gezeugtes oder geborenes Kind anerkennen (OLG Köln, StAZ 2010, 45), ebenso wie ein Frau-zu-Mann-Transsexueller Mutter eines solchen Kindes sein kann (KG, StAZ 2015, 80). Diese Konstellationen sind nicht mehr auf Fälle der künstlichen Fortpflanzung beschränkt, nachdem das BVerfG bei der »großen Lösung« das Erfordernis einer Fortpflanzungsunfähigkeit und einer operativen Geschlechtsumwandlung für verfassungswidrig erklärt hat (s. Rdnr. V-947 ff.)

2. Die gerichtliche Entscheidung

Ein Problem, das sich unter dem ursprünglichen TSG nicht stellte, betrifft die Auswirkungen der gerichtlichen Feststellung der Geschlechtszugehörigkeit auf eine bestehende Ehe oder Lebenspartnerschaft des Transsexuellen, die eine »große Lösung« nach der Rechtsprechung des BVerfG nicht mehr ausschließt, s. Rdnr. V-944 ff. Das BVerfG hat klargestellt, dass sich die Änderung der Geschlechtszugehörigkeit – jedenfalls soweit der Gesetzgeber keinen anderen Schutz der bestehenden Beziehung als »rechtlich gesicherte Verantwortungsgemeinschaft« vorsieht – auf die bestehende Ehe nicht auswirkt (BVerfG, StAZ 2008, 312). Insbesondere wandelt sich die Ehe nicht in eine Lebenspartnerschaft um, womit auch das deutsche Recht in Ausnahmesituationen eine echte gleichgeschlechtliche Ehe vorsieht, s. a. *Coester-Waltjen*, Festschrift Brudermüller, 2014, 73, 74. Gleiches muss freilich auch für eine bestehende Lebenspartnerschaft gelten. Es besteht damit für das Standesamt hinsichtlich der Ehe oder Lebenspartnerschaft eines Transsexuellen kein Handlungsbedarf.

V-956

Für die Frage der Gleich- bzw. Verschiedengeschlechtlichkeit bei der Eheschließung nach Feststellung der Geschlechtszugehörigkeit ist das neue Geschlecht maßgeblich, s. Rdnr. III-53, III-321 ff. sowie III-761.

V-957

Teil VI
Allgemeine Fragen des internationalen Privatrechts

A. Allgemeine Grundsätze

I. Die Aufgabe des IPR

Die Vorschriften des Familien- und Personenrechts im BGB sind *deutsches* Recht. Ihre Anwendung ist nur dann gerechtfertigt, wenn der zu beurteilende Sachverhalt einen ausreichend engen Bezug zur Bundesrepublik Deutschland hat. Ist der Bezug zum Ausland stärker, ist die Anwendung deutschen Rechts möglicherweise unangemessen. Die Rechtsordnung muss auf diesen Umstand Rücksicht nehmen; der Richter muss dann ggf. ausländische Vorschriften heranziehen. VI-1

Die Frage, ob deutsches oder ausländisches Recht anzuwenden ist, beantwortet das internationale Privatrecht (IPR). Das Einführungsgesetz zum BGB (EGBGB), in dessen Art. 3 bis 48 immer noch der größte Teil des für das Standesamt relevanten deutschen IPR kodifiziert ist, enthält in Art. 3 letzter Halbs. eine Legaldefinition. Demnach »bestimmt sich das anzuwendende Recht bei Sachverhalten mit einer Verbindung zu einem ausländischen Staat nach den Vorschriften dieses Kapitels (Internationales Privatrecht)«. Die Vorschrift sagt aber nicht, *welcher* Auslandsbezug kollisionsrechtlich erheblich ist, dies ergibt sich vielmehr aus der jeweiligen Kollisionsnorm selbst. Deshalb ist die Vorüberlegung, *ob* ein Sachverhalt mit Auslandsberührung vorliegt und das EGBGB angewendet werden muss, letztlich überflüssig. VI-2

Die Bezeichnung *international* ist missverständlich: Das IPR ist nicht zwingend international in dem Sinne, dass seine Rechtsquelle international wäre oder sein Geltungsbereich nationenübergreifend. Es handelt sich grundsätzlich um *nationales* – und das heißt auch: von Land zu Land *unterschiedliches* – Recht. International sind nur die von ihm erfassten *Sachverhalte* (vgl. Art. 3 EGBGB). VI-3

Liegt ein derartiger Sachverhalt vor, so hat das IPR die Kollision zwischen den verschiedenen Rechten zu lösen, zu denen der Fall einen Bezug aufweist und deren Anwendung deshalb in Betracht kommt. Man bezeichnet das IPR daher auch als »Kollisionsrecht«. Dieser Begriff ist vorzuziehen, da er die

A. Allgemeine Grundsätze

VI-4 Funktion des IPR plastischer wiedergibt und das irreführende Adjektiv »international« vermeidet.
Der prominente Kollisionsrechtler *Gerhard Kegel* (1912–2006) hat diese Staatlichkeit des IPR einmal als das »Krebsgeschwür« des Kollisionsrechts bezeichnet. Die Konsequenz ist, dass ein und dasselbe Rechtsverhältnis in dem einen Staat möglicherweise nach einem anderen Recht zu beurteilen ist als im anderen; unterscheiden sich diese beiden Rechte im sachlichen Ergebnis, so ist die daraus folgende weitere Konsequenz, dass ein Rechtsverhältnis potentiell im einen Land als bestehend, im anderen Land als nicht bestehend angesehen wird. Man spricht dann von einem »hinkenden« Rechtsverhältnis; der sog. »internationale Entscheidungseinklang« ist gestört. Man kann dies letztlich nur dadurch vermeiden, dass man das IPR vereinheitlicht. Dies erklärt, warum man sich seit langem bemüht, das IPR international zu vereinheitlichen – ein Ziel, das sich zunehmend auch der Gesetzgeber der EU auf die Fahnen schreibt, der mit Art. 81 AEUV mittlerweile über eine umfassende Gesetzgebungskompetenz im IPR verfügt und diese bisher mit Relevanz für das Standesamt nicht nur im IZVR (für Ehe- und Kindschaftssachen in der Brüssel-IIa-VO, näher Rdnr. II-85), sondern auch im klassischen Kollisionsrecht (für das Scheidungskollisionsrecht in Rom-III-VO, näher Rdnr. III-540) genutzt hat. Der fehlende internationale Entscheidungseinklang in der EU kann auch gegen primäres Unionsrecht verstoßen, etwa gegen die Personenfreizügigkeit des Art. 21 Abs. 1 AEUV, wie eindrücklich die namensrechtliche Rechtsprechung des EuGH belegt, s. näher Rdnr. II-414 ff.

II. Die Funktion des IPR als »Verweisungsrecht«

VI-5 Die Normen des Kollisionsrechts regeln die aufgeworfene Rechtsfrage nicht selbst, sondern *berufen* die maßgebliche Rechtsordnung, das maßgebliche Statut (zu diesem Begriff s. Rdnr. VI-24). Erst das maßgebliche »*Sachrecht*«, das vom IPR berufen wird, entscheidet die konkrete Rechtsfrage.

VI-6 Aus der besonderen Funktion des IPR folgt, dass eine Kollisionsnorm eine andere Struktur hat als eine Sachnorm. Während eine Sachnorm an das Vorliegen bestimmter tatsächlicher Merkmale eine materielle Rechtsfolge knüpft, enthält eine Kollisionsnorm zum einen den »Anknüpfungsgegenstand«, zum anderen das »Anknüpfungskriterium«; aus der Verbindung von beiden folgt als Rechtsfolge die Verweisung auf ein bestimmtes Recht. So ist z. B. bei der internationalnamensrechtlichen Vorschrift des Art. 10 Abs. 1 EGBGB der »Name einer Person« der Anknüpfungsgegenstand, die Staatsangehörigkeit dieser Person das Anknüpfungskriterium; die Verbindung von beidem verweist hinsichtlich der Namensführung auf das letzte sog. »Heimatrecht« des Namensträgers.

VI-7 Bei der Bestimmung des maßgeblichen Rechts folgt das IPR einem anderen Gerechtigkeitsideal als das Sachrecht. Es sucht nach dem Recht, das die *engste Verbindung* zum Sachverhalt hat, und schaut dabei nicht auf dessen Inhalt. Der Verweisung des IPR zu folgen bedeutet daher nach der bekannten

Formulierung des Kollisionsrechtlers *Leo Raape* (1878–1964) einen »Sprung ins Dunkle«. Kollisionsrechtliche Interessen sind andere als sachrechtliche: Eine ausländische Vorschrift, die deutschen Wertvorstellungen widerspricht, kann aus der Sicht eines betroffenen Ausländers trotzdem »besser« sein als die entsprechende »gerechtere« Vorschrift des deutschen Rechts, weil sie ihm vertraut ist und er mit ihrer Anwendung rechnet.

Wegen dieser völlig andersartigen Struktur hat das IPR auch eine vom Sachrecht abweichende Methode. Die grundlegenden Fragen sind in den Art. 3 bis 6 EGBGB geregelt, die man deswegen auch als den »Allgemeinen Teil des IPR« bezeichnet. Demgegenüber enthält der »Besondere Teil« in Art. 7 ff. EGBGB die eigentlichen Kollisionsnormen, die im konkreten Fall das jeweils maßgebliche Recht bestimmen.

VI-8

Im Rahmen des vorliegenden Werkes werden die einzelnen Kollisionsnormen des »Besonderen Teils« des IPR im Zusammenhang mit den sachrechtlichen Problemen erörtert, in deren Kontext sie auftauchen; dies bedeutet, dass bei jedem in dem Handbuch erläuterten Personenstandsfall auch die kollisionsrechtlichen Fragen behandelt werden. Die folgende Darstellung beschränkt sich darauf, zum einen die allgemeinen methodischen Fragen des »Allgemeinen Teils« des IPR zu erläutern, zum anderen diejenigen konkreten Einzelprobleme des IPR zu erörtern, mit denen das Standesamt konfrontiert ist, ohne dass sie sich im Zusammenhang mit einem konkreten Personenstandsfall stellen.

VI-9

III. Die Bedeutung des internationalen Zivilverfahrensrechts

Das internationale Zivilverfahrensrecht (IZVR) wird oft als Nebensache zum IPR abgetan, ist aber in der Praxis mindestens genauso wichtig, wenn nicht sogar wichtiger.

VI-10

Der Begriff des IZVR ist weiter als der des IPR; man versteht darunter alle Sondervorschriften für zivilrechtliche Verfahren mit Auslandsbezug. Diese sehr weite Definition erfasst zahlreiche äußerst heterogene Vorschriften, z. B. über die »Immunität« bestimmter Personen (§§ 18 ff. GVG), über Zustellungen im Ausland (§ 183 ZPO), über die Feststellung ausländischen Rechts (§ 293 ZPO), über die Prozesskostensicherheitsleistung bei Ausländern (§ 110 ZPO) usw.; alle diese Normen gehören zum IZVR im umfassenden Sinne.

Kernbereich des IZVR ist die Regelung der »internationalen Zuständigkeit« und der inländischen Anerkennung ausländischer Gerichtsentscheidungen. Bei einem Fall mit Bezug zu mehreren Staaten stellt sich nicht nur die – vom IPR beantwortete – Frage, welche nationale Rechtsordnung die materiellen Rechtsfolgen beherrschen soll, sondern auch die Frage, welche nationale Gerichtsorganisation sich sinnvollerweise mit der Entscheidung des Falles befassen sollte.

VI-11

Insoweit ist auch das IZVR in gewisser Weise »Kollisionsrecht«, weil es in internationalen Fällen bestimmt, welches nationale Gerichtssystem befugt ist, die konkrete Rechtsfrage zu entscheiden.

IV. Der Einfluss unionsrechtlicher und staatsvertraglicher Vorschriften

VI-12 Nationale Kollisions- wie Sachnormen treten hinter supranationales Recht (Unionsrecht) und internationales Recht (völkerrechtliche Verträge) zurück, Art. 3 Nr. 1 und 2 EGBGB. Im internationalen Familienrecht spielen Staatsverträge und das Unionsrecht eine zunehmende Rolle, zu den Gründen Rdnr. VI-4.

VI-13 Das allgemeine Völkerrecht und Normen des Völkervertragsrechts werden nach Art. 25 Satz 1 GG beziehungsweise durch das jeweilige Transformationsgesetz über Art. 59 Abs. 2 GG zu Bundesrecht. Das primäre Unionsrecht (Gründungsverträge usw.) ist wegen seiner durch nationale Zustimmung bewirkten Transformation dem inländischen Recht der Mitgliedstaaten gleichgestellt. Das sekundäre Unionsrecht (das von den Unionsorganen erlassene Recht) gilt in jedem Mitgliedstaat und zwar in Form der Verordnung unmittelbar und ohne innerstaatlichen Transformationsakt (s. Art. 288 Abs. 2 AEUV; vgl. auch Art. 3 Nr. 1 EGBGB). Rechtsnormen der EU finden insoweit also grundsätzlich Anwendung wie geltendes nationales Recht.

B. Grundbegriffe und Methode des IPR

VI-14 Das IPR hat aufgrund seiner andersartigen Funktion eine andere Terminologie und Methodik als das Sachrecht des BGB. Das Standesamt, das in vielen Fällen das IPR selbständig anzuwenden hat, muss mit diesen Besonderheiten vertraut sein. Im Folgenden werden die Begriffe und die methodischen Instrumente des IPR allgemein erklärt. Damit soll die theoretische Grundlage für das kollisionsrechtliche Verständnis der familien- und personenrechtlichen Einzelprobleme gelegt werden. Diese werden in Teil II bis Teil V im Zusammenhang mit den konkreten Problemsituationen erörtert, bei denen sie auftreten.

I. Die Qualifikation

1. Die Qualifikation als Mittel zum Auffinden der maßgeblichen Kollisionsnorm

VI-15 Die Qualifikation ist stets der erste Gedankenschritt bei der Lösung eines Falles mit Auslandsbezug; denn sie dient dazu, als erstes die relevante Kollisionsnorm aufzufinden. Betrachtet man die typische Struktur einer Kollisionsnorm (s. Rdnr. VI-6), so setzt die Qualifikation am *Anknüpfungsgegenstand* an, den man auch Qualifikationsbegriff nennt. Von diesem Systembegriff hängt die Reichweite einer Kollisionsnorm ab. Es ist dies z. B. bei Art. 13 EGBGB die Eheschließung, bei Art. 1 Abs. 1 Rom-III-VO (»Ehescheidung und die Trennung ohne Auflösung des Ehebandes«, näher zur Verordnung Rdnr. III-

541) die Ehescheidung, bei Art. 25 EGBGB die Rechtsnachfolge von Todes wegen. Die Kollisionsnorm erfasst nur diejenigen Rechtsfragen, die unter diesen Systembegriff eingeordnet werden können.

So lässt sich etwa die Frage, ob miteinander verwandte Personen die Ehe schließen können, dem Systembegriff »Voraussetzungen der Eheschließung« in Art. 13 Abs. 1 EGBGB zuordnen. Damit ist die Frage als »eheschließungsrechtlich« qualifiziert und festgestellt, dass diese Kollisionsnorm des Art. 13 Abs. 1 EGBGB dazu berufen ist, das Recht zu bestimmen, welches die materiellen Voraussetzungen der Ehefähigkeit dieser Person bestimmt.   VI-16

Hält sich ein Elternpaar mit seinen Kindern, die alle dieselbe ausländische Staatsangehörigkeit besitzen, in Deutschland auf und stellt sich die Frage, wer die Kinder im inländischen Rechtsverkehr vertreten kann, so ist die Rechtsfrage »gesetzliche Vertretung« grundsätzlich beim Systembegriff »Eltern-Kind-Verhältnis« einzuordnen. Die Qualifikation würde also zum »Anknüpfungsgegenstand« des Art. 21 EGBGB, der demzufolge das maßgebliche Recht bestimmen würde. Allerdings – und hierbei handelt es sich ebenfalls um eine Qualifikationsfrage – betrifft die gesetzliche Vertretung auch die »elterliche Verantwortung« i. S. d. Art. 1 Abs. 1 des Haager Kinderschutzübereinkommens (KSÜ, Rdnr. II-61), wie Art. 1 Abs. 2 KSÜ klarstellt, so dass sich gemäß Art. 1 Abs. 1 Buchst. c KSÜ das anwendbare Recht nach den Kollisionsnormen dieses Übereinkommens richtet, die Art. 21 EGBGB weitgehend verdrängen (näher Rdnr. II-71).   VI-17

Ziel der Qualifikation ist also die Zuordnung des konkreten Rechtsproblems zu dem Systembegriff (Anknüpfungsbegriff, Anknüpfungsgegenstand) einer konkreten – autonomen, staatsvertraglichen oder unionsrechtlichen – Kollisionsnorm, die dadurch als für den Fall maßgeblich erkannt wird.   VI-18

2. Der Qualifikationsmaßstab

Es kommt nicht selten vor, dass eine Rechtsfrage in mehreren Rechtsordnungen unterschiedlich qualifiziert wird. So ist etwa der Name in der Ehe im deutschen Kollisionsrecht – vom Sonderfall der Rechtswahl, Art. 10 Abs. 2 EGBGB, abgesehen – eine Frage, die im Interesse jedes einzelnen Namensträgers dessen Heimatrecht unterstellt wird, Art. 10 Abs. 1 EGBGB. Viele ausländische Rechte qualifizieren die Namensführung in der Ehe hingegen als Frage der persönlichen Ehewirkungen. Ein deutscher Rechtsanwender – ein Richter, aber auch ein Standesbeamter – orientiert sich bei der Qualifikation im Rahmen der autonomen Kollisionsnormen stets an den Systemvorstellungen des *deutschen* Rechts (sog. »lex-fori-Qualifikation«). Zum einen sind ihm die Systembegriffe fremder Rechtsordnungen meist nicht bekannt, zum anderen kann man davon ausgehen, dass der deutsche Gesetzgeber die Systembegriffe des Kollisionsrechts in demselben Sinne versteht wie die des Sachrechts. Heranzuziehen ist daher Art. 10 Abs. 1 EGBGB und nicht – wie es ggf. der ausländischen Qualifikation entspräche – Art. 14 Abs. 1 EGBGB über die Ehewirkungen.   VI-19

VI-20 Die Testfrage lautet stets: »Wo ist diese konkrete Rechtsfrage *im deutschen Recht* geregelt?« Hat man Zweifel an der richtigen Qualifikation, so empfiehlt es sich, den zu entscheidenden Fall nach deutschem Recht durchzuprüfen und dabei darauf zu achten, welchen Rechtsgebieten die für die Lösung notwendigen Vorschriften entnommen werden müssen. Die Systematik, der man im deutschen Sachrecht folgt, spiegelt sich auch im Kollisionsrecht.

VI-21 Der Grundsatz der Qualifikation nach der lex fori gilt allerdings nur im innerstaatlichen IPR; staatsvertragliche und unionsrechtliche Kollisionsnormen sind stets *autonom*, also ohne Rückgriff auf die lex fori, auszulegen; ansonsten wäre ihre einheitliche Anwendung und damit der Entscheidungseinklang gefährdet, den diese Normen gerade herbei führen sollen. Da die Auslegung des Anknüpfungsgegenstands der Kollisionsnorm Teil des Qualifikationsvorgangs ist, muss im staatsvertraglichen und unionsrechtlichen IPR auch autonom qualifiziert werden.

II. Die Anknüpfung

1. Das Anknüpfungskriterium als Indiz der engsten Verbindung

VI-22 Hat man mit Hilfe der Qualifikation die maßgebliche Kollisionsnorm erkannt, so bestimmt diese das auf die konkrete Rechtsfrage anzuwendende Recht, indem sie durch »Anknüpfung« an ein bestimmtes »Anknüpfungskriterium« auf eine bestimmte Rechtsordnung verweist.

Das IPR kennt eine Vielzahl von Anknüpfungskriterien. Die für das Standesamt wichtigsten sind die Staatsangehörigkeit (vgl. z. B. Art. 7 Abs. 1, 9 Satz 1, 10 Abs. 1, 13 Abs. 1, 14 Abs. 1 Nr. 1, 19 Abs. 1 Satz 2, 22 Abs. 1 Satz 1, 23 Satz 1, 24 Abs. 1 Satz 1 EGBGB) und der gewöhnliche Aufenthalt (vgl. z. B. Art. 5 Abs. 1 und 2, 14 Abs. 1 Nr. 2, 19 Abs. 1 Satz 1 und Abs. 2, 21 EGBGB u. a.); daneben kann auch der Abschlussort eines Rechtsgeschäfts (Art. 11 Abs. 1 Alt. 2, 13 Abs. 3 EGBGB) relevant sein sowie der Ort einer Registrierung (Art. 17b Abs. 1 Satz 1 EGBGB). Weitere Anknüpfungskriterien, die allerdings bei der Arbeit der Standesämter keine Rolle spielen, sind z. B. der Lageort eines Vermögens (Art. 11 Abs. 4, 17a, 26 Abs. 1 Satz 1 Nr. 4, 43 Abs. 1 EGBGB u. a.), usw. Im Rahmen der »Parteiautonomie« erlaubt das IPR den Betroffenen, selbst zu bestimmen, zu welchem Recht ihr Rechtsproblem den engsten Bezug haben soll; in diesen Fällen besteht die Möglichkeit der Rechtswahl (vgl. z. B. Art. 10 Abs. 2 und 3, 14 Abs. 2 und 3, 15 Abs. 2 EGBGB).

VI-23 Das Anknüpfungskriterium indiziert das Recht, zu dem der Anknüpfungsgegenstand nach Ansicht des Gesetzgebers typischerweise die engste Beziehung aufweist. Für den Fall, dass ein konkretes Rechtsverhältnis ausnahmsweise einem anderen Recht enger verbunden ist, kann das IPR Ausweichmöglichkeiten vorsehen. Es bedarf hierzu allerdings ausdrücklicher Vorschriften; hierzu gehören die bereits erwähnten Rechtswahlvorschriften (s. Rdnr. VI-22), die den Betroffenen die Wahl eines anderen ihnen sachnäher erscheinenden Rechts erlauben, oder die Generalklauseln, die dem Richter die einzelfallorientierte Konkretisierung eines anderweitigen engsten Bezugs gestatten (vgl. Art. 46 EGBGB).

Das Recht, das einen bestimmten Anknüpfungsgegenstand beherrscht, bezeichnet man auch als »Statut«. So beruft etwa Art. 14 Abs. 1 EGBGB das Ehewirkungsstatut, Art. 15 Abs. 1 EGBGB das Güterrechtsstatut, Art. 19 EGBGB das Abstammungsstatut, die Rom-III-VO das Scheidungsstatut und Art. 15 ff. KSÜ das Statut der elterlichen Verantwortung usw. VI-24

2. »Wandelbare« und »unwandelbare« Anknüpfungen

Das IPR sucht nach der räumlich engsten Beziehung des Sachverhalts zu einem bestimmten Recht (s. Rdnr. VI-23) und verwendet deshalb meist *lokale* Anknüpfungskriterien. Manche Kollisionsnormen fügen ein weiteres *zeitliches* Anknüpfungselement hinzu; die Anknüpfung wird dadurch auf einen bestimmten Zeitpunkt fixiert. Ein Beispiel bietet etwa Art. 15 Abs. 1 EGBGB (»bei der Eheschließung«). In diesem Fall spricht man von einer »unwandelbaren Anknüpfung«. Wenn sich später das Anknüpfungskriterium ändert, die Betroffenen etwa ihre Staatsangehörigkeit oder ihren gewöhnlichen Aufenthaltsort ändern, bleibt das einmal unwandelbar angeknüpfte Statut dennoch weiterhin anwendbar. VI-25

Die Unwandelbarkeit soll in den meisten Fällen Rechtssicherheit gewährleisten und spätere Manipulationen des Anknüpfungskriteriums verhindern. VI-26

Fehlt eine zeitliche Fixierung, so ist die Anknüpfung und das Statut »wandelbar«; Beispiele sind etwa Art. 7 Abs. 1 Satz 1, Art. 10 Abs. 1, Art. 14 Abs. 1 EGBGB usw. Hier ist in jedem Einzelfall auf das *jeweilige* Anknüpfungskriterium abzustellen. Ändert sich das Anknüpfungskriterium, so ändert sich auch das maßgebliche Recht; es kommt zu einem sog. »Statutenwechsel«; hierzu Rdnr. VI-46 f. VI-27

3. Die Anknüpfung des »Personalstatuts«: Staatsangehörigkeits- und Aufenthaltsprinzip

Das IPR beruft für alle Rechtsmaterien, die den Einzelnen in seinen persönlichen Belangen betreffen, das Recht, zu dem der Betroffene als Person den engsten Bezug hat. Dieses Recht nennt man das »Personalstatut«. VI-28

Bei der Frage, welches Anknüpfungskriterium diesen engsten Bezug indiziert, stehen sich im internationalen Vergleich die Rechtsordnungen mit *Staatsangehörigkeitsprinzip* und die mit *Aufenthalts-* oder *Domizilprinzip* gegenüber. Während das Staatsangehörigkeitsprinzip, das aus dem die dynastischen Staatsgebilde überwindenden Nationalitätsgedanken des 19. Jahrhunderts hervorgegangen ist, sich mittlerweile auf die formalrechtliche Zuordnung zu einem Staat und die Inhaberschaft des Passes beschränkt, stellt das Aufenthaltsprinzip auf die Einbettung des Betroffenen in das soziale Umfeld ab. Es tritt in unterschiedlichen Spielarten auf und verwendet als Anknüpfungskriterien etwa den »Wohnsitz«, den »gewöhnlichen Aufenthalt« oder das »Domizil«, die sich im Detail unterscheiden. VI-29

VI-30 Das deutsche IPR folgt traditionell dem Staatsangehörigkeitsprinzip, knüpfte früher in allen Fragen des Personalstatuts konsequent an die Staatsangehörigkeit an und berief das Recht des Heimatstaats. Die Überschrift zu Art. 5 EGBGB (wo der Begriff Personalstatut zwar verwendet, aber nicht definiert wird) zeigt, dass der Gesetzgeber auch heute noch von diesem Grundsatz ausgeht; doch ist er in letzter Zeit in zahlreichen Ausnahmefällen durch das Aufenthaltsprinzip durchbrochen worden (vgl. etwa die subsidiäre Anknüpfung in Art. 14 Abs. 1 Nr. 2 sowie die Hauptanknüpfung in Art. 19 Abs. 1 Satz 1 EGBGB, Art. 15 ff. KSÜ, Art. 8 Buchst. a, b Rom-III-VO).

4. Anknüpfungsprobleme beim Staatsangehörigkeitsprinzip

VI-31 Es gibt Situationen, in denen das Staatsangehörigkeitsprinzip als Anknüpfungsgrundsatz versagt und keine eindeutige Verweisung ermöglicht. Derartige Probleme regelt Art. 5 EGBGB.

a) Das Personalstatut von Mehrstaatern

VI-32 Bei Mehrstaatern kann nur an eine der Staatsangehörigkeiten angeknüpft werden, da es nicht möglich ist, auf eine Rechtsfrage gleichzeitig mehrere Rechte anzuwenden. Grundsätzlich ist gemäß Art. 5 Abs. 1 Satz 1 EGBGB die sog. »effektive Staatsangehörigkeit« ausschlaggebend, also die Staatsangehörigkeit desjenigen Staates, mit welchem die Person am engsten verbunden ist.

VI-33 Die Vorschrift nennt beispielhaft einige Kriterien; effektiv ist insbesondere die Zugehörigkeit zu dem Staat, in welchem sich der Mehrstaater gewöhnlich aufhält, in dem er geboren oder aufgewachsen ist oder in dem seine Familie lebt, mit anderen Worten: in dem sich sein Daseinsmittelpunkt befindet; wegen eines praktischen Anwendungsbeispiels s. etwa *Kraus*, StAZ 2008, 186; s. a. Rdnr. V-582 ff.

VI-34 Ist der Mehrstaater auch deutscher Staatsangehöriger, so geht die deutsche Staatsangehörigkeit vor, auch wenn sie nicht die effektive ist, Art. 5 Abs. 1 Satz 2 EGBGB. Diese Vorschrift wurde in das EGBGB eingefügt, um die Anwendung des deutschen Rechts zu fördern und damit den deutschen Behörden und Gerichten die Rechtsanwendung zu erleichtern; sie sollte gerade für die standesamtlichen Praxis eine Prüfung weiterer Staatsangehörigkeiten und deren Effektivität überflüssig machen (BT-Drucks. 10/504, S. 41).

VI-35 Die Vorschrift verstößt gegen die Prinzipien des IPR, dessen Ziel es stets sein sollte, unabhängig von administrativen Zweckmäßigkeitsinteressen das *sachnächste* Recht zu bestimmen. Art. 5 Abs. 1 Satz 2 EGBGB kann sich in vielen Fallvarianten störend auswirken.

Die Vorschrift provoziert z. B. Regelungswidersprüche, wo der andere Heimatstaat des Mehrstaaters ebenfalls sein Recht bevorzugt. So wird etwa ein deutsch-französischer Doppelstaater in Deutschland nach deutschem, in Frankreich nach französischem Recht beurteilt; weichen die Rechte inhaltlich voneinander ab, entsteht ein hinkendes Rechtsverhältnis.

VI-36 Ein kollisionsrechtlich unbefriedigender Zustand kann ferner entstehen, wenn ein Kind unter den Voraussetzungen des § 4 Abs. 3 StAG mit der Geburt die deutsche Staatsangehörigkeit erwirbt, aber gleichzeitig auch kraft Abstammung die Staatsangehörigkeit seiner Eltern erhält und in einem sozialen Milieu aufwächst, das die letztere »effektiv« sein lässt. Zudem kann die deutsche Staatsangehörigkeit im Rahmen des durch die Staatsangehörigkeitsreform 2000 eingeführten Optionsmodells im Erklärungsverfahren nach § 29 StAG wieder aufgegeben werden. Dennoch handelt es sich nach h.M. nicht um eine »minderwertige« Staatsangehörigkeit »auf Zeit«; sie hat auch in diesen Fällen kollisionsrechtlich den Vorrang (so im Ergebnis *Fuchs*, NJW 2000, 489, 491 f.; *Gruber*, IPRax 1999, 426, 428 f., allerdings mit rechtspolitischer Kritik).

Zudem stellt sich die Frage, ob der Vorrang der eigenen Staatsangehörigkeit gegen das unionsrechtliche Diskriminierungsverbot verstößt, das eine Diskriminierung nach der Staatsangehörigkeit verbietet (Art. 18 AEUV). Die Diskussion hat durch die namensrechtliche Rechtsprechung des EuGH in den Rechtssachen »Garcia Avello« und »Grunkin-Paul« (s. Rdnr. II-416 ff.) neue Anstöße erhalten. Richtigerweise wird man Art. 5 Abs. 1 Satz 2 EGBGB jedenfalls nicht zu Lasten eines Unionsbürgers anwenden dürfen (offengelassen in BGH, StAZ 2014, 139, 140); maßgeblich ist vielmehr die effektive Staatsangehörigkeit des Unionsbürgers, wobei in den Unionsrechtsakten auch diese Präzisierung der Verweisung auf die Staatsangehörigkeit erodiert und zunehmend dem Unionsbürger die Wahl zwischen seinen Staatsangehörigkeitsrechten gewährt wird (s. Art. 22 Abs. 1 UAbs. 2 EuErbVO bzw. zur Brüssel-IIa-VO EuGH, Rs. C-168/08 (Hadadi), Slg. 2009, I-6871, Rdnr. 44 ff.).

VI-37

b) Das Personalstatut von Staatenlosen

Bei Staatenlosen fehlt es an dem Anknüpfungskriterium der Staatsangehörigkeit; hier muss das Personalstatut an den Aufenthalt angeknüpft werden.

Art. 5 Abs. 2 EGBGB tritt insoweit gemäß Art. 3 Nr. 2 EGBGB hinter Art. 12 des New Yorker Übereinkommens über die Rechtsstellung der Staatenlosen vom 28.9.1954 zurück. In der Sache ergibt sich kein Unterschied, da auch Art. 12 des Übereinkommens an den Wohnsitz, hilfsweise den Aufenthalt anknüpft.

VI-38

c) Das Personalstatut von Flüchtlingen

Die Staatsangehörigkeitsanknüpfung verliert ihren kollisionsrechtlichen Sinn, wenn der Betroffene zwar formaljuristisch noch seinem Heimatstaat angehört, sich aber tatsächlich von ihm gelöst hat, etwa durch Flucht. Zahlreiche sondergesetzliche Einzelvorschriften knüpfen in diesen Fällen an den Aufenthalt an; s. die Übersicht bei *Palandt/Thorn*, Anh. zu Art. 5 EGBGB.

VI-39

d) Die »aufgedrängte« Staatsangehörigkeit

Eine Besonderheit stellen Fallkonstellationen dar, in denen einer Person aufgrund einer Statusänderung eine Staatsangehörigkeit ohne ihren Willen »aufgedrängt« wird. Hier stellt sich die Frage, ob diese »aufgedrängte« Staats-

VI-40

angehörigkeit als effektive Staatsangehörigkeit angesehen werden kann. Relevant wird dies vor allem in zwei Fallgruppen, und zwar
- wenn ein Ehegatte durch Eheschließung kraft Gesetzes die Staatsangehörigkeit des anderen erwirbt;
- wenn ein Mann die Vaterschaft anerkennt und dadurch dem Kind seine Staatsangehörigkeit vermittelt.

Der prinzipielle Standpunkt, dass eine aufgedrängte Staatsangehörigkeit *immer* irrelevant sei, ist zu undifferenziert. Man sollte auch die aufgedrängte Staatsangehörigkeit am Maßstab des Art. 5 Abs. 1 Satz 1 EGBGB messen und wenn sich herausstellt, dass sie die effektive ist, zur Grundlage der Anknüpfung machen.

5. Die Bestimmung des gewöhnlichen Aufenthalts

VI-41 Zunehmend gewinnt auch der gewöhnliche Aufenthalt eine Bedeutung im standesamtsrelevanten Kollisionsrecht, s. Rdnr. VI-30. Beim gewöhnlichen Aufenthalt einer Person handelt es sich um einen unbestimmten Rechtsbegriff, der dem befassten Standesamt einen Entscheidungsspielraum einräumt; bei der Feststellung des gewöhnlichen Aufenthalts handelt es sich vor allem um eine tatsächliche und weniger um eine rechtliche Frage, um eine Entscheidung im Einzelfall (s. etwa BGH, NJW 1975, 1068; EuGH, Rs. C-523/07 (A), Slg. 2009, I-2805, Rdnr. 42).

VI-42 Die genauen Kriterien für die Bestimmung des gewöhnlichen Aufenthalts sind alles andere als klar. Erschwert wird die Prüfung auch dadurch, dass der Begriff des gewöhnlichen Aufenthalts sowohl im autonomen als auch im staatsvertraglichen und unionsrechtlichen Kollisionsrecht als Anknüpfungsmoment verwendet wird und offen ist, ob der Begriff auf den verschiedenen Regelungsebenen unterschiedlich auszulegen ist, ja sogar, ob der Begriff in verschiedenen Kollisionsnormen eine unterschiedliche Bedeutung hat.

VI-43 Jeder Versuch, den gewöhnlichen Aufenthalt zu umschreiben, muss daher in Annäherungen münden. So soll der gewöhnliche Aufenthalt am »Daseinsmittelpunkt«, am »Schwerpunkt der Bindungen der betreffenden Person« liegen (BGH, NJW 1975, 1068). Der EuGH will bei der Definition des gewöhnlichen Aufenthalts neben der körperlichen Anwesenheit in einem Staat sämtliche Umstände des Einzelfalls daraufhin untersuchen, ob sie belegen können, dass es sich nicht nur um eine vorübergehende oder gelegentliche Anwesenheit handelt und ob der Aufenthalt Ausdruck einer gewissen Integration in ein soziales und familiäres Umfeld ist (EuGH, Rs. C-523/07 (A), Slg. 2009, I-2805, Rdnr. 37 f.).

VI-44 Wo dieser Ort liegt, kann mithilfe verschiedener Kriterien ermittelt werden. Anhaltspunkte auf objektiver Ebene für einen gewöhnlichen Aufenthalt können etwa sein: die Dauer, die Regelmäßigkeit und die Umstände des Aufenthalts sowie die Gründe für diesen Aufenthalt, die Staatsangehörigkeit, die Sprachkenntnisse sowie die familiären und sozialen Bindungen der Person in dem betreffenden Staat (vgl. etwa EuGH, Rs. C-523/07 (A), Slg. 2009, I-2805, Rdnr. 37 f.). Unterschiedlich stark gewichtet werden subjektive Elemente.

Während der EuGH auch die Aufenthaltsabsichten berücksichtigen möchte, insbesondere einen nach außen manifestierten Bleibewillen (EuGH, Rs. C-523/07 (A), Slg. 2009, I-2805, Rdnr. 40), der sich freilich bei Säuglingen nach dem Willen der tatsächlichen Betreuungsperson richtet (EuGH, Rs. C-497/10 PPU (Mercredi), Slg. 2010, I-14309 Rdnr. 51), soll nach dem BGH, »der Wille, den Aufenthaltsort zum Mittelpunkt oder Schwerpunkt der Lebensverhältnisse zu machen«, nicht erforderlich sein (BGH, NJW 1975, 1068).

Allerdings sollten diese unterschiedlichen Akzente nicht verschleiern, dass in der Mehrzahl der Fälle, losgelöst von der abstrakten Definition, sich ein gewöhnlicher Aufenthalt ohne Schwierigkeiten feststellen lässt, wenn sich das Standesamt darauf besinnt, zu welcher Rechtsordnung die betreffende Person die engste Verbindung aufweist. VI-45

6. Änderung des Anknüpfungsmerkmals und »Statutenwechsel«

Wenn eine Kollisionsnorm eine »wandelbare« Anknüpfung vorsieht (s. Rdnr. VI-27), kommt es immer dann, wenn sich das Anknüpfungskriterium ändert, zu einem sog. »Statutenwechsel«. So bedeutet etwa die Änderung der Staatsangehörigkeit einen Wechsel des Namensstatuts, Art. 10 Abs. 1 EGBGB; anstelle des bisherigen wird ein neues Recht maßgeblich. Das Interesse des Betroffenen an der Kontinuität des bisherigen Rechtszustands wird im deutschen IPR durch dieselben Grundsätze geschützt, die allgemein für intertemporale Kollisionen gelten. Die Rechtsfolgen eines bereits abgeschlossenen Tatbestands bleiben erhalten, ein bereits erworbenes Recht darf allein aufgrund des Statutenwechsels zunächst nicht entfallen. Allerdings kann das neue Statut bestimmen, ob und unter welchen Voraussetzungen die unter dem alten Statut entstandene Rechtslage an das neue Statut angepasst werden kann. Eine gesetzliche Regelung für einen Statutenwechsel enthält etwa Art. 47 EGBGB. VI-46

Aus ihrem Heimatstaat geflohene Personen können ein schutzwürdiges Interesse an der Anwendung ihres bisherigen Heimatrechts haben, wenn sie nach Wegfall des Fluchtgrundes zurückkehren wollen. Daher sollte dieser Personenkreis grundsätzlich die Möglichkeit haben, auf die – als Rechtswohltat verstandene – Anwendung des Aufenthaltsrechts zu verzichten und das Heimatrecht zu wählen (s. Rdnr. III-677; *Henrich*, Namensrecht S. 39 unter Hinweis auf OLG Hamm, StAZ 1983, 73). VI-47

III. Art der Verweisung und Renvoi

Als Konsequenz der Anknüpfung spricht die maßgebliche Kollisionsnorm eine Verweisung auf die maßgebliche Rechtsordnung aus. Hinsichtlich der Frage, worauf die Verweisung konkret gerichtet ist, ist jedoch weiter zu differenzieren. VI-48

1. Art der Verweisung

VI-49 Bei einer Verweisung auf deutsches Recht ist deutsches Sachrecht anzuwenden. Verweist das deutsche IPR auf das Recht eines anderen Staates, so stellt sich die Frage, ob es direkt auf das Sachrecht der ausländischen Rechtsordnung oder zunächst auf deren IPR (Beachtung eines Renvoi, einer Rück- oder Weiterverweisung) verweist. Die Frage ist im EGBGB ausdrücklich geregelt; deutsche Kollisionsnormen sprechen grundsätzlich Gesamtverweisungen aus, Art. 4 Abs. 1 Satz 1 EGBGB. Die Vorschrift macht jedoch eine Ausnahme für Fälle, in denen dies »dem Sinn der Verweisung widerspricht«, ohne selbst deutlich zu machen, welche Fälle damit gemeint sind.

VI-50 Bei den an die Staatsangehörigkeit angeknüpften Fragen des »Personalstatuts«, also z. B. bei den Art. 10 oder 13 Abs. 1 EGBGB, aber auch bei allen Anknüpfungen des Art. 14 Abs. 1 EGBGB wird der Grundsatz des Art. 4 Abs. 1 Satz 1 EGBGB durchweg beachtet.

VI-51 Nur in Ausnahmefällen geht die Verweisung auf das Sachrecht der berufenen Rechtsordnung. Die Rechtslage ist eindeutig, wenn das Gesetz die Anwendung der Sachnormen ausdrücklich anordnet (z. B. in Art. 4 Abs. 2, 17b Abs. 1 Satz 1 EGBGB). Andere Ausnahmefälle (z. B. alternative Anknüpfungen nach dem Günstigkeitsprinzip, Anknüpfung an die engste Verbindung usw.) sind teilweise unklar und umstritten; zweckmäßig ist die Prüfung im jeweiligen Einzelfall (vgl. *Palandt/Thorn*, Art. 4 EGBGB Rdnr. 4 ff. sowie die Darstellung zu den jeweiligen Einzelfällen in Teil II bis Teil V).

Ausgeschlossen ist ein Renvoi regelmäßig in staatsvertraglichen und unionsrechtlichen Kollisionsnormen (s. etwa Art. 11 Rom-III-VO sowie die differenzierende Regelung in Art. 21 KSÜ); denn sie verfolgen den Zweck der Rechtsvereinheitlichung, der durch die Verweisung auf – möglicherweise unterschiedliche – drittstaatliche Kollisionsrechte gefährdet würde.

VI-52 Bei einer Gesamtverweisung, die auf die Kollisionsnormen des ausländischen Rechts gerichtet ist, sind drei Ergebnisse möglich:
– Die Kollisionsnorm des fremden Rechts knüpft im Ergebnis ebenso an wie das deutsche Recht. In diesem Fall verweist sie auf das Sachrecht des betreffenden Staates (Annahme der Verweisung).
– Das fremde Recht will nicht angewendet werden und erklärt seinerseits das Recht des verweisenden Staates für maßgebend (Rückverweisung, Art. 4 Abs. 1 Satz 2 EGBGB).
– Das fremde Recht will nicht angewendet werden und verweist auf das Recht eines dritten Staates (Weiterverweisung).

VI-53 Bei vom common law geprägten Rechtsordnungen ist eine sog. »versteckte Rückverweisung« möglich.

Häufig findet man in diesen Rechten keine ausdrückliche materielle Kollisionsnorm. Die Anknüpfung des maßgeblichen Rechts ist mit der Zuständigkeitsregelung verklammert; man spricht auch von einem »Gleichlauf« von Zuständigkeit und anwendbarem Recht. Die Gerichte wenden stets ihr eigenes Recht an, freilich nur dann, wenn sie sich auch für international zuständig halten. Aus der Sicht des deutschen IPR ist die Anknüpfung in der Zuständigkeitsregel »versteckt«. Der deutsche Rechtsanwender muss die Frage stellen, welcher Staat aus der Sicht des ausländischen Verfahrensrechts international zuständig gewesen wäre. Das Recht dieses Staates ist dann das anzuwendende Recht.

Ebenfalls von einer versteckten Rückverweisung kann man sprechen, wenn das ausländische Recht die Rechtsfrage anders qualifiziert als das deutsche Kollisionsrecht und deshalb den Sachverhalt einer anderen Kollisionsnorm unterwirft, die anders anknüpft als die Ausgangskollisionsnorm; s. zum türkischen Namenskollisionsrecht die Entscheidung in BGH, StAZ 2007, 344.

2. Annahme der Verweisung, Abbruch der Rückverweisung

a) Verweist das IPR der berufenen ausländischen Rechtsordnung auf das eigene Sachrecht, so nennt man dies die »Annahme der Verweisung«. Dies kann kollisionsrechtlich zwei Ursachen haben: Entweder knüpft das ausländische IPR ebenso an wie das deutsche, d. h. es verwendet dasselbe Anknüpfungskriterium; oder es verwendet zwar ein anderes Anknüpfungskriterium, doch verweist dieses zufällig auf dasselbe Recht wie die deutsche Kollisionsnorm. VI-54

Als Beispiel diene ein Fall, in dem ein Ausländer in dem Staat, dem er angehört, seinen gewöhnlichen Aufenthalt hat. Handelt es sich um eine Frage des Personalstatuts, so verweist deutsches IPR auf das Recht des Staates, dem er angehört. Folgt der Heimatstaat auch dem Staatsangehörigkeitsprinzip, so kommt es zu einer Annahme der Verweisung kraft übereinstimmender Anknüpfung. Folgt er hingegen dem Aufenthaltsprinzip, so kommt es ebenfalls zu einer Annahme der Verweisung, aber nur weil im konkreten Fall die Aufenthaltsanknüpfung zum selben Ergebnis führt wie die Staatsangehörigkeitsanknüpfung. VI-55

b) Verweist das IPR der berufenen Rechtsordnung auf deutsches Recht zurück, so ist gemäß Art. 4 Abs. 1 Satz 2 EGBGB deutsches Sachrecht anzuwenden. Dabei kommt es nicht darauf an, ob das ausländische Kollisionsrecht seine Verweisung als Sachnorm- oder als Gesamtverweisung versteht. Versteht es sie als Sachnormverweisung, kommt man ohnehin zum gewollten Ergebnis; aber auch wenn es sie als Gesamtverweisung auf deutsches IPR versteht, ist diese Verweisung »abzubrechen« und auf das deutsche Sachrecht zu beziehen, da man sonst zu einem sinnlosen Hin und Her zwischen den beiden Kollisionsrechten käme. VI-56

IV. Unteranknüpfung

Verweist das IPR auf das Recht eines Staates, in dem nebeneinander mehrere Teilrechtsordnungen bestehen (Rechtsspaltung, Mehrrechtsstaat), muss man, um zum maßgeblichen Sachrecht zu gelangen, im Wege einer »Unteranknüpfung« die maßgebliche Teilrechtsordnung ermitteln. Zum einen kann das Recht territorial gespalten sein; denkbar ist aber zum anderen auch eine in- VI-57 terpersonale Rechtspaltung, wenn für unterschiedliche Personengruppen (z. B. Religionsgemeinschaften, Stämme) verschiedene Rechte gelten (zur Rechtslage etwa in Syrien BGH, StAZ 2007, 337, dazu *Elwan/Menhofer*, StAZ 2007, 325).

VI-58 Vorrangig ist gemäß Art. 4 Abs. 3 Satz 1 EGBGB zunächst zu prüfen, ob bereits die deutsche Kollisionsnorm die maßgebliche Teilrechtsordnung bezeichnet; das ist etwa der Fall, wenn das deutsche Kollisionsrecht selbst an einen *Ort* anknüpft, etwa an den gewöhnlichen Aufenthalt oder Vornahmeort eines Rechtsgeschäfts.

Andernfalls – etwa wenn an die Staatsangehörigkeit angeknüpft wird – kommen nach Art. 4 Abs. 3 Satz 1 EGBGB die maßgeblichen internen Kollisionsnormen des betreffenden Staates für diese interlokalen oder interpersonalen Konflikte zum Zuge.

VI-59 Existiert ein solches interlokales oder interpersonales Kollisionsrecht des Gesamtstaats nicht, so ist das anwendbare Privatrecht nach dem Kriterium der engsten Verbindung gemäß Art. 4 Abs. 3 Satz 2 EGBGB zu bestimmen.

VI-60 Ist auch das Kollisionsrecht des betreffenden Staates gespalten und handelt es sich beim Verweis durch das deutsche Kollisionsrecht um einen Gesamtverweis (s. Rdnr. VI-48 ff.), so ist mithilfe von Art. 4 Abs. 3 EGBGB die maßgebliche Teilrechtsordnung zu bestimmen, um einen Renvoi zu prüfen.

V. Vorfragen

1. Allgemeines

VI-61 Als »Vorfrage« bezeichnet man einen Rechtsbegriff, der im Tatbestand einer Vorschrift auftaucht, aber nach einem anderen Recht zu beurteilen ist als dem, welchem diese Vorschrift selbst entstammt. Wenn z. B. ein Standesbeamter die Namensführung einer verheirateten Person festzustellen hat, so muss er grundsätzlich ihr Heimatrecht heranziehen, Art. 10 Abs. 1 EGBGB. Dieses Recht bestimmt, *ob* sich der Name aufgrund der Eheschließung geändert hat oder nicht. Dies wirft die Frage auf, ob eine Ehe überhaupt wirksam geschlossen worden ist. Diese Frage kann freilich nicht dem Namensstatut des Art. 10 Abs. 1 EGBGB unterstellt werden, da sie mit dem Namensrecht nichts zu tun hat. Die Ehe ist familienrechtliche Voraussetzung der Namensführung, die den Namen nur mittelbar beeinflusst, eben eine »Vorfrage«.

VI-62 Nicht jeder Rechtsbegriff im Tatbestand einer Norm wirft eine Vorfrage auf, sondern nur der, der nicht dem Statut der Hauptfrage zugeordnet werden kann und deshalb in den Anwendungsbereich einer anderen Kollisionsnorm fällt. Damit ist die Vorfragenproblematik auch ein Aspekt der Qualifikation. Fällt der Rechtsbegriff mit unter das Statut der Hauptfrage, so wirft er i. d. R. keine besonderen kollisionsrechtlichen Probleme auf. Wenn etwa im Tatbestand einer namensrechtlichen Vorschrift der Rechtsbegriff »Geburtsname« auftaucht, so wird er vom Anwendungsbereich des von Art. 10 Abs. 1 EGBGB berufenen Namensstatuts mit umfasst und von diesem beherrscht. Dass Vorfragen nicht dem Statut der Hauptfrage unterstellt werden dürfen, sondern neu angeknüpft werden müssen, folgt schon aus der jeweils unterschiedlichen Qualifikation.

2. Der Gegensatz von selbständiger und unselbständiger Vorfragenanknüpfung

Die Anknüpfung selbst ist umstritten; vertreten wird sowohl die »selbständige« als auch die »unselbständige« Anknüpfung der Vorfrage. VI-63
Bei der unselbständigen Anknüpfung wird das IPR der Rechtsordnung herangezogen, die auch die Hauptfrage beherrscht.
Die selbständige Anknüpfung erfolgt stets nach dem IPR der lex fori, im deutschen Standesamt also nach deutschem IPR, unabhängig von der Frage, nach welchem Recht sich die Hauptfrage richtet.
Welche der beiden Anknüpfungsmethoden angewandt werden soll, ist gesetzlich nicht geregelt, nicht logisch zwingend zu beantworten und von Wertungen abhängig. In voller Schärfe stellt sich die Problematik nur dann, wenn zwei Voraussetzungen vorliegen: Erstens müssen das IPR der lex fori (beim deutschen Standesbeamten das deutsche Recht) und das IPR der lex causae (das auf die Hauptfrage anwendbare Recht) auf unterschiedliche Rechte verweisen; zweitens müssen die unterschiedlichen Rechte inhaltlich divergierende Ergebnisse erreichen (s. v. Bar/Mankowski, Bd. 1 § 7 Rdnr. 192).
Die Vorteile der unselbständigen Anknüpfung liegen darin, dass sie die Verweisung des IPR auf das ausländische Recht bis zur letzten Konsequenz verwirklicht. Auch die Beurteilung der Rechtsverhältnisse, von denen die Hauptfrage abhängt, erfolgt in Übereinstimmung mit eben diesem Recht der Hauptfrage. Dies wahrt den Gesamtzusammenhang des ausländischen Rechts, fördert den sog. »internationalen Entscheidungseinklang« und vermeidet hinkende Rechtsverhältnisse. VI-64
Demgegenüber beachtet die selbständige Anknüpfung besser die Grundprinzipien der Qualifikation und wahrt den »internen Entscheidungseinklang«, da das betreffende präjudizielle Rechtsverhältnis, etwa die Ehe, immer nach dem gleichen Recht beurteilt wird, unabhängig davon, ob es sich als Haupt- oder Vorfrage stellt. Dieser interne Entscheidungseinklang sei das vorrangige kollisionsrechtliche Ordnungsprinzip; denn nur dieser lasse sich sicher erreichen, während man den internationalen Entscheidungseinklang lediglich erhoffen könne. Der interne Entscheidungseinklang führe zu einer widerspruchsfrei gestalteten inländischen Rechtslage, die einzelne Sachverhalte nicht unterschiedlich beurteile, und damit zu einer einfachen und überschaubaren Rechtsanwendung. VI-65
Besonderheiten gelten für eine Vorfrage, die im Tatbestand einer Kollisionsnorm, nicht einer Sachnorm auftaucht; man bezeichnet sie dann auch als »Erstfrage«. Solange man mit Hilfe dieser Kollisionsnorm das maßgebliche Hauptfragestatut erst noch suchen muss, ist es unmöglich, das IPR eben dieses Hauptfragestatuts auf die Vorfrage anzuwenden. In diesem Fall muss man also stets nach demjenigen IPR anknüpfen, in dem sich die Erstfrage VI-66

stellt, was letztlich bei Erstfragen in deutschen Kollisionsnormen der selbständigen Anknüpfung entspricht.

VI-67 In der Praxis durchgesetzt haben sich pragmatische Auffassungen, die die beiden Anknüpfungsprinzipien nebeneinander verwenden und die Frage von Fallgruppe zu Fallgruppe entscheiden.
Die h. M. ist grundsätzlich für die selbständige Anknüpfung, s. BGH, NJW 1997, 2114 f.; BGHZ 43, 213, 218; BGH, NJW 1981, 1900; *Palandt/Thorn*, Einl. IPR Rdnr. 29; sie lässt aber Ausnahmen von der selbständigen Anknüpfung zu, wenn im Einzelfall das Interesse am äußeren Entscheidungseinklang überwiegt, vgl. dazu *Palandt/Thorn* a. a. O. Rdnr. 30.

Aufgrund dieser pragmatischen Sichtweise lässt sich ein allgemeingültiger Grundsatz nicht formulieren. Die Vorfragenanknüpfung liefert immer noch Stoff für Diskussionen, auch wenn es jetzt nicht mehr um allgemeine Prinzipien, sondern um die Lösung konkreter Einzelprobleme geht (anschaulich *Krömer*, StAZ 2006, 115). Für Einzelheiten wird auf die Ausführungen in den Teilen II bis V verwiesen, wo die Vorfragenproblematik im jeweiligen Sachzusammenhang erörtert wird.

3. Verfahrensrechtliche Vorfragen

VI-68 Vorfragen können nicht nur vom IPR beantwortet werden, sondern auch vom Verfahrensrecht. Wenn bereits ein Gericht über eine vorgreifliche Rechtsfrage rechtskräftig entschieden hat, stellt sich nicht mehr die Frage nach der materiellrechtlichen Anknüpfung, sondern nur noch die Frage, ob die Entscheidung das fragliche Rechtsverhältnis verbindlich geregelt hat.

VI-69 Der Gegensatz von selbständiger und unselbständiger Anknüpfung der Vorfrage findet im IZVR seine Entsprechung im Gegensatz von selbständiger und unselbständiger *Anerkennung*. Bei selbständiger Anerkennung stellt sich die Frage, ob die Entscheidung im *deutschen* Rechtsbereich wirkt, also – wenn nicht ohnehin ein inländisches Gericht entschieden hat – eine ausländische Entscheidung im *Inland* anzuerkennen ist. Umgekehrt stellt sich bei unselbständiger Anerkennung die Frage, ob die Entscheidung in dem Staat, dessen Recht die *Hauptfrage* beherrscht, wirksam ist, also dort ergangen ist bzw. anerkannt wird. Der Vorrang des Verfahrensrechts vor dem Kollisionsrechts spricht jedenfalls bei einer inländischen Entscheidung gegen eine unselbständige Anerkennung (s. zum Streitstand BGH, StAZ 2007, 344).

VI. Substitution

VI-70 Das kollisionsrechtliche Problem der Substitution hängt mit der Vorfrage zusammen. Die Anknüpfung eines Rechtsbegriffs, der im Tatbestand einer deutschen Norm eine Vorfrage darstellt, führt zu einer bestimmten, eventuell ausländischen Rechtsordnung. Nun ist es denkbar, dass diese ausländische Rechtsordnung das Tatbestandsmerkmal zwar als Begriff kennt und sein Vorliegen bejaht, aber damit völlig andere Vorstellungen verbindet als das deutsche Recht. Bei der Substitution wird nun überprüft, ob der ausländische Begriff dem deutschen gleichwertig ist und das Tatbestandsmerkmal auszufüllen vermag.

Die Substitution setzt also ein, wenn die Vorfrage beantwortet ist; es geht nicht um eine erneute kollisionsrechtliche Fragestellung, sondern um die Auslegung der anzuwendenden Sachnorm und um die Frage, ob der ausländische Rechtsbegriff sie ausfüllen, d. h. ob er den deutschen Begriff »substituieren« kann. Hierzu muss das ausländische Rechtsphänomen dem inländischen funktionell gleichwertig sein. Gefordert wird keine völlige Gleichheit, eine Übereinstimmung der wesentlichen Merkmale genügt. VI-71

Bekanntes Beispiel aus dem Tätigkeitsbereich der Standesämter ist etwa der Begriff »Adoption« im Zusammenhang mit ausländischen Adoptionsbeschlüssen. Wenn das deutsche Recht den Begriff Adoption verwendet, versteht es ihn im Sinne der starken Minderjährigenadoption des BGB. Ist ein Kind im Ausland nach dem dortigen Recht mit den Wirkungen einer schwachen Adoption adoptiert worden, so stellt sich die Frage, ob diese Auslandsadoption den Adoptionsbegriff des deutschen Rechts auszufüllen vermag, also eine deutsche Adoption zu »substituieren« vermag (allgemein zur Problematik schwacher Adoptionen Rdnr. V-531 ff.). VI-72

Einen weiteren typischen Anwendungsfall der Substitution bieten jene Vorschriften, die eine Beurkundung durch einen Standesbeamten voraussetzen. Der deutsche Gesetzgeber dachte bei diesen Formulierungen an einen deutschen Standesbeamten. Die Beurkundung durch eine ausländische Urkundsperson im Ausland, die nach dem maßgeblichen ausländischen Recht ebenfalls die Bezeichnung »Standesbeamter« führt, wirft die Frage auf, ob der deutsche Standesbeamte durch den ausländischen »substituiert« werden kann. Dies wird man bei einer entsprechend dem deutschen Standesbeamten ausgebildeten Person bejahen müssen, es sei denn, dem Gesetzgeber kam es gerade darauf an, dass ein deutscher Standesbeamter Urkundsperson ist. VI-73

VII. Angleichung

Die Angleichung ist eine internationalprivatrechtliche Methode zur Überwindung von Regelungswidersprüchen. Sie wird notwendig, wenn ein Lebenssachverhalt gleichzeitig von mehreren sich inhaltlich widersprechenden, dabei aber funktional gleichwertigen Rechten erfasst und geregelt wird (allgemein zur Angleichung MünchKomm/*Sonnenberger*, Einl. IPR Rdnr. 581 ff.). VI-74

Eine »Angleichung« wird vor allem dann erforderlich, wenn das IPR mehrere Elemente eines einheitlichen Lebenssachverhalts unterschiedlich qualifiziert, dementsprechend unterschiedlichen Rechtsordnungen unterstellt, und diese sich inhaltlich widersprechen, Regelungslücken offen lassen oder keinen sinnvollen Zusammenhang ergeben. Aufgabe der Angleichung ist es, den Normenwiderspruch aufzulösen oder einen Normenmangel zu beseitigen. VI-75

VI-76 Dies setzt häufig voraus, dass sich der Rechtsanwender im Bemühen um einen sinnvollen »Kompromiss« zwischen den sich widersprechenden Rechtsordnungen vom positiven Recht entfernt und selbst Regeln entwickelt, die weder im einen noch im anderen Recht so vorgesehen sind. Aus diesem Grund lassen sich für die Angleichung keine allgemeinen Grundsätze formulieren; sie verlangt eine auf den jeweiligen konkreten Einzelfall zugeschnittene Abwägung. Beispiele finden sich vor allem im internationalen Namensrecht; s. etwa Rdnr. III-654 ff. (zum Nebeneinander unterschiedlicher Namensstatute bei Ehegatten) oder Rdnr. II-242 ff. (zum Spannungsverhältnis zwischen altem und neuem Namensstatut bei einem Statutenwechsel, für das der Gesetzgeber mit Art. 47 EGBGB eine eigene Regelung geschaffen hat). Einzelheiten werden in Teil II bis Teil V im jeweiligen Sachzusammenhang dargestellt und erörtert.

VIII. Die Vorbehaltsklausel des Art. 6 EGBGB (ordre public)

1. Grundlagen

VI-77 Das IPR beruft grundsätzlich nicht das »inhaltlich beste« Recht, sondern das Recht mit dem engsten Bezug zum Sachverhalt; es fragt bei der Anknüpfung nicht nach dem sachlichen Inhalt (s. Rdnr. VI-7: »Sprung ins Dunkle«). Es ist daher denkbar, dass das IPR auf ein Recht verweist, dessen Ergebnis mit deutschen Rechtsvorstellungen schlechthin unvereinbar ist. In solchen Fällen bietet die ordre-public-Klausel des Art. 6 EGBGB eine Möglichkeit zur Abwehr.

2. Voraussetzungen

VI-78 Voraussetzung für das Eingreifen des ordre public ist ein Verstoß des anzuwendenden Rechts gegen tragende und unverzichtbare Prinzipien des deutschen Rechts, insbesondere gegen die Grundrechte. Maßgeblich ist allerdings nicht der abstrakte Inhalt der Norm, sondern das konkrete Ergebnis der Anwendung. So verstößt etwa die islamrechtliche Scheidung durch einseitige Verstoßungserklärung des Mannes als abstrakte Regelung eklatant gegen deutsche Gerechtigkeitsvorstellungen, weil sie die Frau zum Objekt der Willkür ihres Ehemanns herabwürdigt. Wenn allerdings die im Ausland verstoßene deutsche Ehefrau selbst die Anerkennung dieser Verstoßung beantragt, weil auch sie geschieden sein will, wirkt sich der ordre-public-widrige Inhalt der Vorschrift nicht aus, weil sich die deutsche Frau dadurch nicht benachteiligt fühlt. In diesem Fall stellt sich allenfalls die Frage, ob das Ergebnis deswegen gegen den ordre public verstößt, weil es auf eine einvernehmliche Scheidung hinausläuft.

S. näher zu dieser Problematik im Rahmen der Rom-III-VO Rdnr. III-546.

VI-79 Das Ergebnis muss sich ferner im Inland auswirken; das Eingreifen des Art. 6 EGBGB setzt einen gewissen »Inlandsbezug« voraus. Werden die Folgen einer ordre-public-widrigen Norm im Inland überhaupt nicht spürbar, so hat die deutsche Rechtsordnung keinen Anlass, das Ergebnis zu korrigieren.

3. Folgen

Denkbare Folge eines ordre-public-Verstoßes ist die *Nichtanwendung* des ausländischen Rechts. Dies ist freilich nur möglich, wenn man den Rechtszustand so lassen kann, wie er sich ohne Anwendung der konkret ausländischen Norm ergibt, und daraus kein ebenfalls unerträgliches Ergebnis folgt. VI-80

Ist dies nicht möglich, muss man ein *Ersatzrecht* anwenden. Lückenfüllung durch das deutsche Recht liegt nahe, man muss freilich bedenken, dass der ordre public nur *Abwehr*charakter hat. Es kann besser sein, die Lücke mit – inhaltlich akzeptablen – anderen Rechtsprinzipien des ausländischen Rechts zu füllen. Eine Lösung ist nur von Einzelfall zu Einzelfall möglich. VI-81

C. Die Bedeutung des IZVR für das Standesamt

Das IZVR regelt in Sachverhalten mit Auslandsbezug im Grundsatz zwei Fragen: Welche Gerichte sind international zuständig? Welche Wirkungen entfalten ausländische Entscheidungen im Inland, insbesondere sind diese anzuerkennen? VI-82

Das Standesamt ist mit Fragen des IZVR nur in wenigen typischen Situationen konfrontiert. Dies hat seinen Grund darin, dass es selbst nie Partei eines normalen Gerichtsverfahrens ist. Das einzige Verfahren, an dem ein Standesamt beteiligt sein kann, ist das Verfahren nach § 49 PStG; es folgt eigenen sehr speziellen Regeln, so dass die allgemeinen Grundsätze des IZVR nur eine geringe Rolle spielen. VI-83

I. Die Anerkennung von ausländischen Entscheidungen

Das IZVR tritt an das Standesamt vor allem unter der Fragestellung heran, ob eine ausländische Entscheidung im Inland anzuerkennen ist. VI-84

Im autonomen deutschen Recht ist die Rechtsgrundlage für die Anerkennung von Urteilen der streitigen Gerichtsbarkeit der § 328 ZPO, im Anwendungsbereich des FamFG sind es die §§ 107 ff. FamFG. Diese Vorschriften werden in vielen Fällen durch unionsrechtliche und staatsvertragliche Sondervorschriften verdrängt. Für Einzelheiten wird auf die besonderen Teile des Handbuchs verwiesen, in denen die Anerkennungsvorschriften und ihr jeweiliges Verhältnis zueinander im Sachzusammenhang erörtert werden. Allgemein zur Anerkennung ausländischer Entscheidungen im Familienrecht *R. Wagner*, FamRZ 2013, 1630. VI-85

II. »Anerkennungsprinzip«?

VI-86 Als Zwischenform zwischen der *materiellrechtlichen* Rechts*anwendung* und der verfahrensrechtlichen Entscheidungs*anerkennung* wird in der jüngsten Vergangenheit das »Herkunftslandprinzip« oder »kollisionsrechtliche Anerkennungsprinzip« diskutiert (s. *Jayme/Kohler*, IPRax 2001, 501, 514; *dies.*, IPRax 2004, 481, 483; *Coester-Waltjen*, Festschrift Jayme, 2004, 121; *dies.*, IPRax 2006, 392, jeweils m. w. N.). Hier werden die Wirkungen einer in dem einen Land entstandenen materiellen Rechtslage in dem anderen Land »anerkannt«, ohne dass diese Rechtslage vorher durch eine hoheitliche Gerichtsentscheidung im Einzelfall konkretisiert worden sein muss, wie es für die verfahrensrechtliche Anerkennung i. e. S. vorausgesetzt wird.

VI-87 Letztlich verbirgt sich hinter dem Grundsatz, dass »eine im Ausland geschaffene Rechtslage unabhängig von der Anwendung der eigenen Kollisionsnormen im ›Anerkennungsstaat‹ als wirksam angesehen wird« (so die Formulierung von *Coester-Waltjen*, IPRax 2006, 393), wohl nichts anderes als eine neue Kollisionsregel des Inhalts, dass an den Staat anzuknüpfen ist, in dessen Rechtsbereich diese Rechtslage geschaffen wurde.

Konsequent wird man auch die »Herkunft« der »anzuerkennenden« Rechtslage nicht mit den Kriterien Staatsangehörigkeit oder Aufenthalt definieren können, vielmehr wird man die »Herkunft« abermals auf den Staat beziehen müssen, in dem die Rechtslage in kollisionsrechtlich relevanter Weise »geschaffen« wurde, und sei es auch nur faktisch. Es handelt sich also – trotz des Begriffs »Anerkennung« – eher um ein Phänomen des materiellen Kollisionsrechts, nicht des IZVR.

VI-88 Das Anerkennungsprinzip hat bereits das geltende Recht erreicht, vor allem zur Sicherung der Namenskontinuität in der EU, s. Rdnr. II-428 ff. Art. 48 EGBGB gestattet die Wahl eines Namens, der in einem anderen Mitgliedstaat erworben und eingetragen wurde; mit dieser Namenswahl wird dieser Name auch für das Inland »anerkannt« und im Ergebnis das Recht des anderen Mitgliedstaats auf den Namenserwerb angewendet. Auch soweit das Unionsrecht eine Namenskontinuität jenseits des Art. 48 EGBGB gebietet, kommt es zu einer »Anerkennung« des Namens.

Zur Frage, ob das Unionsrecht auch außerhalb des Namensrechts eine »Anerkennung« von Rechtslagen erfordert, s. KG, StAZ 2011, 148 (zum Abstammungsrecht) sowie VG Berlin, StAZ 2010, 373, 374 f. und OLG Celle, StAZ 2011, 150, 153 f. (zu gleichgeschlechtlichen Ehen); hierzu auch *Mansel/Thorn/R. Wagner*, IPRax 2011, 1, 7 ff.; *Nordmeier*, StAZ 2011, 129; *ders.*, IPRax 2012, 31; *Helms*, StAZ 2012, 2, 7.

VI-89 Auch rechtspolitisch kann die Einführung eines »Anerkennungsprinzips« sinnvoll sein, setzt allerdings einen Entscheidungseinklang der betreffenden Staaten durch eine Vereinheitlichung des Kollisionsrechts voraus, s. den Regelungsvorschlag für eine europäische Verordnung zum internationalen Namensrecht von *Dutta/Frank/Freitag/Helms/Krömer/Pintens*, StAZ 2014, 33.

Zu den Nachteilen des Anerkennungsprinzips s. *Buschbaum*, StAZ 2011, 106; *Dutta/Freitag/Helms/Kissner*, StAZ 2011, 165, 171 ff.; *R. Wagner*, StAZ 2012, 133, 138 ff.; *ders.*, NZFam 2014, 121.

Sachregister (Die Zahlen verweisen auf Randnummern)

Ablegeerklärung II-346 ff.
Abstammung → s. a. Mutterschaft, Vaterschaft
- allgemein IV-1 ff., V-4 ff.
- Fälle mit Auslandsbezug allgemein IV-84 ff.
- Günstigkeitsprinzip, kollisionsrechtliches II-230, II-236, IV-87, IV-121, IV-133, IV-142 ff., IV-165, IV-196, IV-197, IV-202, V-199, V-201 ff., V-230 f., V-261 f., V-307
- IPR IV-84 ff.
- nachträgliche Feststellung der Abstammungsvoraussetzungen V-366 ff.
- Statutenwechsel IV-120 ff.
- verbindliche Feststellung der – V-332 ff.

Adelsbezeichnung
- Adelsaufhebung II-424 ff.
- Adelsverleihung im Ausland V-898, V-919
- Adoption V-430
- Angleichung ausländischer Namenstypen II-314, II-323, II-382
- Begleitname III-601
- Ordre public II-443
- Qualifikation, kollisionsrechtliche II-187, II-211 ff.
- Transsexualität V-929
- Übersetzung II-213, II-314, II-382
- Unionsrecht II-424 ff.
- Vorname IV-414

Adelsprädikat → Adelsbezeichnung

Adoption
- Adelsbezeichnung V-430
- Adoptionswiederholung V-500 ff.
- allgemein V-383 ff.
- Aufhebung der – V-450 ff.
- Auslandsadoptionen V-515 ff.
- Fälle mit Auslandsbezug V 461 ff.
- Günstigkeitsprinzip V-547
- IPR V-464 ff.
- Ordre public V-526 ff., V-531 ff., V-534, V-544, V-546
- Prüfungsbefugnis des Standesamts V-394 ff.
- Qualifikation, kollisionsrechtliche V-473 ff.
- Verhältnis zur Vaterschaftsanerkennung V-87 ff.
- Wirkungen V-481 ff.
- Zweitadoption V-500 ff.

Adelstitel → Adelsbezeichnung
Akademische Grade II-208 f.
Änderung des Geschlechts → Transsexualität
Änderung des Namens → Namensänderung
Anerkennungsprinzip II-169, II-219 f., II-428, II-462 ff., II-474 ff., VI-86 ff.
Anfechtung → Irrtumsanfechtung, Vaterschaftsanfechtung
Angleichung allgemein VI-74 ff.
Angleichung ausländischer Namenstypen II-242 ff.
Aufenthalt, gewöhnlicher VI-41 ff.
aufhebbare Ehe III-224 ff.
Auflösung der Ehe III-463 ff.
ausländische Botschaft III-401

Babyklappe V-11
Begleitname
- Adoption, Begleitname des Adoptierten V-430 ff.
- als unechter Doppelname III-583, III-595 ff., III-603 f., III-614 ff., III-629, IV-260 f., IV-269, IV-300
- Anfügen eines – III-588 ff.
- Mittelname und – II-353
- nach Aufhebung der Ehe III-619 ff.
- nach Sortiererklärung II-341
- Namenserstreckung auf den – V-715
- Natur als Familienname II-151
- Weitergabe IV-260, V-430 ff., V-784, V-847 ff.

Betreuung
- Anerkennung ausländischer Entscheidungen II-83 ff., II-114 f., II-116 ff.
- deutsches Recht II-53 ff., III-43, III-49 ff., III-758
- Eheschließung und – III-43, III-49 ff.
- Fälle mit Auslandsbezug II-74 ff.
- Lebenspartnerschaft, Begründung einer III-758
- Namensänderung III-884

Brautgabe, islamische III-346 ff.

Doppelehe, Verbot der III-295 ff.

Doppelname
- Angleichung eines Vater- und Großvaternamens in einen – II-322
- ausländischer – II-418 ff., II-471 f., III-658, III-672, III-690
- Begleitname als unechter – III-583, III-595 ff., III-603 f., III-614 ff., III-629, IV-260 f., IV-269, IV-300
- Begriff II-152
- echter – II-280, III-563, III-658, III-672, III-690, IV-235 f., IV-269, IV-300, V-741, V-784, V-842, V-845, V-847 ff.
- Ehegatten, – der III-583, III-595 ff., III-603 f., III-614 ff., III-629, IV-260 f., IV-269, IV-300, IV-399
- Ehename III-563, III-569 ff.
- Eigenname, mehrere II-279 ff.
- Einbenennung und – V-842, V-845, V-847 ff.
- Geburtsname II-280, III-563, IV-300
- Kindes, – des II-280, IV-235 f., IV-260 f., IV-269, IV-300, IV-355, IV-399, IV-447, V-433, V-741, V-784, V-842, V-845, V-847 ff.
- Qualifikation, kollisionsrechtliche II-180
- Substitut durch weiteren Vornamen des Kindes IV-399, IV-447
- unechter – III-583, III-595 ff., III-603 f., III-614 ff., III-629, IV-260 f.
- Unionsrecht II-418 ff., II-471 f.
- Verbot des – III-569 ff.

Doppelpartnerschaft bzw. Doppelpaarigkeit, Verbot der III-55 ff., III-762 ff.

Doppelstaater → Staatsangehörigkeit

Drittanerkennung der Vaterschaft, qualifizierte IV-72 ff., V-150 ff., V-158, V-190, V-194 ff., V-300 f., V-321 ff.

Drohung bei der Eheschließung II-130 ff.

Ehe, gleichgeschlechtliche III-4, III-52, III-61, III-316 ff., III-490, III-742 ff., III-838 ff., III-855, IV-110, IV-219 f., V-468, V-956, VI-88

Eheaufhebung III-224 ff.

Ehefähigkeitszeugnis III-237 ff.

Ehemündigkeit III-28 ff., III-261 ff., III-272 ff.

Ehename → s. a. Begleitname
- Adoption V-431 ff., V-456, V-459
- als Basis für den Geburtsnamen des Kindes IV-242 ff.
- als Geburtsname bei Fällen mit Auslandsbezug IV-295 ff.
- Angleichung bei der Namensableitung II-260 ff., II-276, II-286, II-330 ff.
- Bestimmung des – III-559 ff.
- Einbenennung V-810 ff.
- Erstreckung einer nachträglichen Änderung des – V-635 ff., V-667 ff.
- Erstreckung einer nachträglichen Bestimmung des – V-635 ff., V-645 ff.
- Erstreckung einer Namensänderung auf den – V-629 f., V-701 ff.
- Fälle mit Auslandsbezug III-644 ff.
- Funktion II-143 ff.
- IPR III-644 ff.
- nach Auflösung der Ehe III-619 ff.
- Namensbestimmung bei nachträglicher gemeinsamer Sorge V-725 ff.
- namensrechtliche Erklärungen nach Eheschließung III-725 ff.
- Natur als Familienname II-151
- Pflicht zur Abgabe einer namensrechtlichen Erklärung II-158 ff.

Sachregister

- Rechtswahl der Ehegatten II-333 ff., II-417 f., III-652 ff., III-665 ff., III-706 ff., III-725 ff.
- verfassungsrechtliche Dimension des – II-141, III-15

Ehescheidung III-475 ff.
Ehescheidung im Ausland III-483 ff.
Eheschließung
- allgemein III-155 ff.
- auf See III-401
- aufhebbare Ehe III-224 ff.
- ausländische Botschaft III-401
- Bedingung III-163 ff.
- durch Staatenlose III-428
- Eheschließungserklärung III-161 ff.
- Fälle mit Auslandsbezug III-232 ff., III-392 ff.
- Folgen einer fehlerhaften Eheschließung III-198 ff.
- Form III-171 ff.
- gleichzeitige Anwesenheit III-194 ff.
- Handschuhehe III-190, III-396
- Heilung III-210 ff.
- im Ausland III-693 ff.
- im Inland III-402 ff.
- Konsularbeamter III-423
- Mitwirkung des Standesamts III-172 ff.
- Ort der – III-401
- Personen mit persönlicher Immunität III-441
- persönliche Anwesenheit III-188 ff.
- Qualifikation, kollisionsrechtliche III-394 ff.
- religiöse Eheschließung III-181 f., III-341, III-414 ff.
- Scheinstandesbeamter III-185 ff.
- Truppengeistlicher III-424
- Truppenoffizier III-424
- Verortung der – III-401
- Völkerrecht III-441 ff.
- vor ermächtigter Person im Inland III-409 ff.
- Vorbehalte III-163 ff., III-169 f.
- Zeitbestimmung III-163 ff.

Eheschließungsvoraussetzungen
- Adoptivverwandtschaft III-103 ff., III-286 ff.
- allgemein III-16 ff.
- aufhebbare Ehe III-224 ff.
- Brautgabe, islamische III-346 ff.
- Doppelehe, Verbot der III-295 ff.
- Doppelpartnerschaft, Verbot der III-55 ff.
- Drohung III-130 ff.
- Ehehindernisse religiöser Art III-354 ff.
- Ehemündigkeit III-28 ff., III-261 ff., III-272 ff.
- Fälle mit Auslandsbezug III-232 ff.
- Geschäftsfähigkeit III-41 ff.
- Geschlecht der Verlobten III-52 ff., III-316 ff.
- Heimataufgebot III-342 ff.
- Heiratsverbote III-352 f., III-361 ff.
- IPR III-245 ff.
- Irrtum III-121 ff.
- Ordre public III-364 ff.
- Qualifikation, kollisionsrechtliche III-251 ff.
- Scheinehe III-37, III-133 ff., III-165, III-170, III-228, III-326, III-329 ff.
- Systematik III-17 ff.
- Täuschung III-125 ff.
- Verwandtschaft III-66 ff.
- Wartezeit III-250 f.
- Wille zur Eheschließung III-116 ff.
- Willensdefizite III-118 ff., III-145 ff., III-324 ff.

Ehewirkungsstatut III-450 ff.
Ehrentitel II-210
Eigenname → s.a. Vorname II-180, II-262, II-266, II-275, II-277 ff., II-287 ff., II-302, II-307, II-309, II-313, II-317 ff., II-322, II-328 ff., II-332, II-336, II-344, II-368, IV-330
Einbenennung V-810 ff.
Einbenennung, kalte V-742 ff., V-783
Eindeutschungserklärung II-373 ff.
elterliche Sorge → Sorge

Ergänzungserklärung II-344 ff.
Ersatzmutterschaft IV-155 ff.
Erstreckung des Namens →
  Namenserstreckung
Erteilung des Namens → Namenserteilung
EU-Recht → Unionsrecht
Europäische Union → Unionsrecht
Europarecht → Unionsrecht

Familienname → s. a. Begleitname,
  Ehename, Geburtsname,
  Lebenspartnerschaftsname
– Adoption V-422 ff., V-453 ff.
– als Vorname IV-396 ff., IV-445,
  IV-447
– angeglichener Name als – II-395
– Begriff II-147, II-149 ff.
– bei Geburt IV-229 ff.
– Eigenname als – II-277 f., II-287 ff.
– Eindeutschung des – II-373 ff., II-381
– fehlender – II-344 f.
– Formen II-150 ff.
– Funktion II-143 ff.
– geschlechtsabhängiger – II-357 ff.,
  II-371 f.
– Großvatername → Vatername
– in der Ehe III-554 ff.
– in der Lebenspartnerschaft
  III-799 ff.
– Mittelnamen und – II-352, II-353
– Namensänderung, behördliche
  V-881 ff.
– Namensänderung nach der
  Geburt V-572 ff.
– Namensketten und – II-316 ff., II-351
– Namenszusätze als – II-302 ff.
– Übersetzung II-383 f.
– Vaternamen als – II-274 f., II-348 f.,
  II-366 ff.
– verwandtschaftsverhältnisab-
  hängige – II-366 ff.
– Vorprägung eines ausländischen
  Namenstyps als – II-266 ff., II-270 f.,
  II-274 f., II-278, II-280, II-348 f.
– zweigliedriger – II-280
– Zwischenname als – II-297 ff.

Fehlgeburt
– allgemein II-3
– Drittanerkennung,
  qualifizierte V-158
– Vaterschaftsanerkennung V-67 ff.
– Vaterschaftsanerkennungserklärung,
  pränatale V-60
Flüchtling im IPR VI-39

Geburt II-2
Geburt, vertrauliche V-12
Geburtsname → s. a. Familienname
– Adoption V-422 ff., V-453 ff.
– allgemein II-38 ff., IV-229 ff.
– als Basis für den
  Begleitnamen III-589 ff.
– als Basis für den
  Ehenamen III-561 ff.
– bei Geburt des Kindes IV-229 ff.
– Einbenennung V-810 ff.
– Einbenennung, Einwilligung des
  Kindes V-863 ff.
– Erteilung des Namens des anderen
  Elternteils bei Alleinsorge V-767 ff.
– Erteilung des Namens des vorverstor-
  benen Vaters V-795 ff.
– Erwerb, gesetzlicher IV-229 ff.
– Fälle mit Auslandsbezug II-57 ff.,
  III-272 ff., IV-129, V-216
– Funktionen II-144
– nach Beseitigung einer Vaterschaft
  V-297 ff., V-599 ff.
– nach späterer Vaterschafts-
  feststellung V-264 ff., V-576 ff.
– Namensänderung V-884
– Namensänderung aufgrund geänder-
  ter Sorgerechtsverhältnisse V-722 ff.
– Namensänderung,
  behördliche V-881 ff.
– Namensänderung nach Beseitigung
  der Vaterschaft V-613
– Namensänderung nach der Geburt
  allgemein V-572 ff.
– Namensbestimmung durch den
  später allein sorgeberechtigt gewordenen Vater V-799 ff.

Sachregister

- Namenserstreckung auf einen Ehe- oder Lebenspartnerschaftsnamen bei Minderjährigkeit V-709 ff.
- Namenserstreckung aufgrund einer Namensänderung beim namensgebenden Elternteil V-691 ff.
- Namenserstreckung bei Änderung des Ehenamens der Eltern V-667 ff., V-891 f.
- Namenserstreckung bei nachträglicher Bestimmung eines Ehenamens der Eltern V-645 ff.
- Namenserstreckung des Ehenamens auf beschränkt geschäftsfähiges Kind V-654 ff., V-657 f.
- Namenserteilung IV-275, IV-336, V-774
- Natur als Familienname II-150
- Pflicht des Ehegatten zur Rückkehr zum – nach Auflösung der Ehe II-158 ff.
- pränatale Namenserteilung V-793 f.
- Präsenzname III-565
- Rechtswahl hinsichtlich des Namens des Kindes IV-311 ff., IV-448, V-485, V-493, V-563, V-592 ff., V-719, V-809
- Rückkehr zum – nach Auflösung der Ehe III-619 ff.

Geschäftsfähigkeit
- Annehmenden bei der Adoption, des V-411
- Eheschließungsvoraussetzung III-41 ff., III-117, III-227, III-272 ff., III-573, III-604
- Lebenspartnerschaft, Begründung einer III-755 ff.
- namensrechtliche Erklärung III-573, III-604
- Vaterschaftsanerkennung V-19, V-32 ff.
- Vaterschaftsanfechtung V-285
- Zustimmungserklärung der Mutter zur Vaterschaftsanerkennung V-100 ff., V-216

- Zustimmungserklärung des Kindes zur Vaterschaftsanerkennung V-113 ff.

Geschlecht
- Auswirkung auf den Namen II-189, II-205, II-302, II-310, II-357 ff., II-371 ff.
- Fälle mit Auslandsbezug IV-227 f.
- Feststellung IV-222 f.
- Relevanz bei der Begründung einer Lebenspartnerschaft III-759 ff.
- Relevanz bei der Eheschließung III-4, III-52 f., III-61, III-209, III-316 ff.
- Relevanz im Vornamensrecht IV-366 ff., IV-389 ff.
- Transsexualität V-921 ff., V-935 ff.
- unbestimmtes – IV-224 ff.

Gesetzliche Vertretung → Vertretung
Gleichgeschlechtliche Ehe → Ehe, gleichgeschlechtliche
Großvatername → Vatername
Günstigkeitsprinzip
- Abstammungsrecht, internationales II-230, II-236, IV-87, IV-121, IV-133, IV-142 ff., IV-165, IV-196, IV-197, IV-202, V-199, V-201 ff., V-230 f., V-261 f., V-307
- Anerkennung von Entscheidungen II-91, II-106, II-113, II-116, II-122, III-508, V-547

Handschuhehe III-190, III-396
Heimataufgebot III-342 ff.
Heiratsverbote III-352 f., III-361 ff.

Identität, nicht feststellbare II-126 ff.
Internationales Privatrecht → IPR
Intersexualität IV-224 ff.
IPR
- allgemein VI-1 ff.
- Angleichung VI-74 ff.
- Bedeutung des IZVR VI-10 ff.
- engste Verbindung VI-22 ff.
- Funktion VI-5 ff.
- Mehrrechtsstaaten VI-57 ff.
- Ordre public VI-77
- Qualifikation VI-15 ff.
- Renvoi VI-48 ff.

- Substitution VI-70 ff.
- Unteranknüpfung VI-57 ff.
- Vorfrage VI-61 ff.
- Wandelbarkeit/Unwandelbarkeit der Anknüpfung III-462, IV-98, IV-101, IV-107, IV-120 ff., V-470, VI-25 ff.

Irrtum und Irrtumsanfechtung
- Eheschließung III-117, III-121 ff.
- namensrechtliche Erklärung II-154
- Vaterschaftsanerkennung IV-271 f.

IZVR VI-10 ff.

Kollisionsrecht → IPR

Lebenspartnerschaft III-742 ff.
Lebenspartnerschaft, ausländische III-820 ff.
Lebenspartnerschaft, verschiedengeschlechtliche III-845 ff.
Lebenspartnerschaftsname II-151, III-799, III-811, IV-271, V-430, V-441, V-456, V-459, V-701 ff., V-817
Legitimanerkennung, islamische V-245 ff.
Legitimation V-233 ff.
Leihmutterschaft IV-155 ff.

Mehrrechtsstaaten VI-57 ff.
Mehrstaater → Staatsangehörigkeit
Minderjährigkeit → Ehemündigkeit, Geschäftsfähigkeit
Minderjährigenadoption
- deutsches Recht V-388, V-407, V-410, V-418, V-446, V-484
- Fälle mit Auslandsbezug V-498 f., V-510 ff., V-544, VI-42

Mittelname II-352 f.
Mutterschaft
- allgemein IV-23 ff., V-4 f.
- Ersatzmutterschaft IV-155 ff.
- Fälle mit Auslandsbezug IV-153 ff.
- genetische und biologische – IV-26 ff.
- gleichgeschlechtliche – IV-218 ff.
- konkurrierende – IV-215 ff.

- Leihmutterschaft IV-155 ff.
- unbekannte Identität der Mutter IV-31 ff., V-8 ff.

Mutterschaftsanerkennung IV-166 ff.
Mutterschaftsfeststellung V-6 ff., V-347 ff.

Name der natürlichen Person
- Ablegeerklärung II-346 ff.
- Adelsbezeichnung II-187, II-211 ff., II-314, II-323, II-382, II-424 ff., II-443, III-601, IV-414, V-430, V-898, V-919, V-929
- Adelsprädikat → Adelsbezeichnung
- Adelstitel → Adelsbezeichnung
- akademische Grade II-208 f.
- allgemein II-133 ff., IV-229 ff., V-572 ff.
- Anerkennungsprinzip II-169, II-219 f., II-428, II-462 ff., II-474 ff., VI-86 ff.
- Anfechtung namensrechtlicher Erklärungen II-153 ff.
- Angleichung ausländischer Namenstypen II-242 ff.
- Begleitname II-151, II-341, II-353, III-583, III-588 ff., III-595 ff., III-603 f., III-614 ff., III-619 ff., III-629, IV-260 f., IV-269, IV-300, V-430 ff., V-715, V-784, V-847 ff.
- Begriff des –, kollisionsrechtlicher II-178 ff., II-203 ff.
- Doppelname II-152, II-180, II-280, II-322, II-418 ff., II-471 f., III-563, III-569 ff., III-583, III-595 ff., III-603 f., III-614 ff., III-629, III-658, III-672, III-690, IV-235 f., IV-260 f., IV-269, IV-300, IV-355, IV-399, IV-447, V-433, V-698, V-741, V-784, V-842, V-844, V-845, V-847 ff., V-871
- Ehename II-141, II-143 ff., II-151, II-158 ff., II-260 ff., II-276, II-286, II-330 ff., III-15, III-559 ff., III-619 ff., III-644 ff., IV-242 ff., IV-295 f., V-431 ff., V-456, V-459, V-629 f., V-635 ff., V-645 ff., V-667 ff., V-701 ff., V-725 ff., V-810 ff.

Sachregister

- Ehrentitel II-210
- Eigenname II-180, II-262, II-266, II-275, II-277 ff., II-287 ff., II-302, II-307, II-309, II-313, II-317 ff., II-322, II-328 ff., II-332, II-336, II-344, II-368, IV-330
- Einbenennung V-810 ff.
- Eindeutschungserklärung II-373 ff.
- Ergänzungserklärung II-344 ff.
- Erscheinungsbild des Namens im IPR II-186 ff.
- Fälle mit Auslandsbezug allgemein II-162 ff., IV-280 ff., IV-448 ff.
- Familienname II-143 ff., II-147, II-149 ff., II-266 ff., II-270 f., II-274 f., II-277 f., II-279 ff., II-287 ff., II-297 ff., II-302 ff., II-316 ff., II-326 ff., II-344 ff., II-348 f., II-351 ff., II-357 ff., II-368 ff., II-373 ff., II-381, II-383 f., II-395, III-554 ff., III-799 ff., IV-229 ff., IV-396 ff., IV-445, IV-447, V-422 ff., V-453 ff., V-572 ff., V-881 ff.
- Funktionen des – II-137 ff.
- Geburtsname II-144, II-150, II-158 ff., III-561 ff., III-565, III-589 ff., III-619 ff., IV-229 ff., V-422 ff., V-453 ff., V-572 ff., V-881 ff.
- Großvatername → Vatername
- hinkende Namensführung II-411 f.
- Lebenspartnerschaftsname II-151, III-799, III-811, IV-271, V-430, V-441, V-456, V-459, V-701 ff., V-817
- Namensableitung im IPR II-183, II-250, II-260 f.
- Namensänderung, behördliche V-881 ff.
- Namensänderung, behördliche, im IPR II-216 ff., V-895 ff., V-918 ff.
- Namensänderung nach der Geburt V-572 ff.
- Namenserstreckung V-635 ff.
- Namenserstreckung im IPR II-184 f., V-718 ff.
- Namenserwerb im IPR II-182
- Namensketten II-316 ff., II-351, III-569, III-595 ff., V-645 f.
- Namenskontinuität II-401 ff., II-413 ff.
- namensrechtliche Erklärungen II-153 ff.
- Namensreihenfolge II-188
- Namensstatuts, Bestimmung des II-170 ff.
- Namenswahl nach Art. 48 EGBGB II-431 ff.
- Namenszusätze II-203 ff., II-266, II-302 ff., II-318, II-354 ff., II-395, II-399, II-404, IV-375, IV-385 ff., V-849
- objektive Anknüpfung II-170 ff.
- Pflicht zur Abgabe einer namensrechtlichen Erklärung II-158 ff.
- Qualifikation II-178 ff.
- Rechtswahl der Ehegatten II-299, II-333 ff., II-417 ff., II-652 ff., III-665 ff., III-706 ff., III-725 ff.
- Rechtswahl hinsichtlich des Namens des Kindes IV-311 ff., IV-448, V-485, V-493, V-563, V-592 ff., V-719, V-809
- Rechtswahlfreiheit im Namensrecht allgemein II-172, II-176, II-226 ff., II-258
- Renvoi II-173 ff.
- Schreibweise II-190 ff.
- Sortiererklärung II-265 ff.
- sprachliche Form II-186 ff.
- Statutenwechsel II-214 f., II-403 ff.
- Transkription II-192 ff., II-414
- Transliteration II-192 ff., II-415
- Transposition → Angleichung
- Umfang des Namensstatuts II-178 ff.
- unionsrechtliche Einflüsse II-167 ff., II-413 ff., III-698 ff., V-898
- Ursprungserklärung II-356 ff.
- Vaternamen II-180, II-272 ff., II-282, II-297 ff., II-301, II-316 ff., II-348 f., II-350 ff., II-357 ff., II-366 ff., II-371 f., II-400, IV-310, IV-404, V-568, V-619
- Vorfragen im Namensstatut II-221 ff.

- Vorname II-145, II-147f., II-257,
  II-269, II-272ff., II-277ff., II-287ff.,
  II-300, II-306, II-309, II-312f., II-317,
  II-319, II-321ff., II-344, II-349, II-352f.,
  II-366ff., II-372ff., II-377ff., II-383,
  II-399, IV-226, IV-330ff., IV-448ff.,
  V-442ff., V-496ff., V-567f., V-911,
  V-920ff.
- Vorprägung eines ausländischen
  Namenstyps II-266ff., II-277f.,
  II-292, II-305ff., II-317, II-319ff., II-325,
  II-327, II-344, II-347ff., II-369, II-372
- Widerruf namensrechtlicher
  Erklärungen II-153ff.
- Zwangsangleichung II-386ff.
- zweigliedriger Familienname II-280
- Zwischennamen II-180, II-272ff.,
  II-297ff., II-343, II-388, II-400, IV-331,
  IV-375, IV-444, IV-446

Namensableitung
- Angleichung ausländischer
  Namenstypen II-260f.
- Kollisionsrecht II-183

Namensänderung, behördliche V-881ff.

Namensänderung hinsichtlich des Vornamens von Transsexuellen V-921ff.

Namensänderung nach der Geburt
- allgemein V-572ff.
- aufgrund geänderter Sorgerechtsverhältnisse V-722ff.
- nach Beseitigung der
  Vaterschaft V-613

Namensbegriff,
kollisionsrechtlicher II-178ff.

Namensbestimmung
- bei gemeinsamer Sorge IV-246ff.
- bei nachträglicher gemeinsamer
  Sorge V-725ff.
- durch den später allein sorgeberechtigt gewordenen Vater V-799ff.
- durch Verwaltungsbehörde IV-279

Namenserstreckung
- allgemein V-635ff.
- auf den Ehenamen oder Lebenspartnerschaftsnamen des Kindes
  V-629f., V-701ff.

- auf einen Ehe- oder Lebenspartnerschaftsnamen bei Minderjährigkeit V-709ff.
- aufgrund einer Namensänderung
  beim namensgebenden
  Elternteil V-691ff.
- bei Bestimmung bzw. Änderung des
  Ehenamens der Eltern V-635ff.,
  V-645ff., V-667ff., V-891f.
- bei nachträglicher Bestimmung eines
  Ehenamens der Eltern V-645ff.
- des Ehenamens auf das beschränkt
  geschäftsfähige Kind V-654ff.
- Fälle mit Auslandbezug II-184f.,
  V-718ff.

Namenserteilung
- des Namens des anderen Elternteils
  bei Alleinsorge als Geburtsnamen
  des Kindes IV-273ff., V-767ff.
- des Namens des vorverstorbenen
  Vaters als Geburtsnamen des
  Kindes V-795ff.

Namensfeststellung,
behördliche V-907ff.

Namensketten II-316ff., II-351, III-569,
III-595ff., V-645f.

Namenskontinuität II-401ff., II-413ff.

namensrechtliche Erklärungen II-153ff.,
II-156ff., III-573, III-604, III-725ff.

Namenstypen II-147ff.

Namenszusätze
- Angleichung II-266, II-302ff., II-318,
  II-354ff., II-395, II-399
- Begleitnamen als – V-849
- Kollisionsrecht II-203ff.
- Statutenwechsel II-404
- Vornamenserteilung IV-375,
  IV-385ff.

Nichtehe III-206ff.

Ordre public allgemein VI-77

Personenstandsrecht, dienende Funktion
des I-11

Privatscheidung III-309, III-387f.,
III-478ff., III-525f., III-539ff., III-860ff.

Sachregister

Qualifikation allgemein VI-15 ff.
Rechtsfähigkeit II-1 ff.
Renvoi allgemein VI-48 ff.
Rückverweisung allgemein VI-48 ff.

Scheinehe III-37, III-133 ff., III-165, III-170, III-228, III-326, III-329 ff.
Scheinlebenspartnerschaft III-791 ff.
Scheinstandesbeamter III-185 ff.
selbständige Anknüpfung → Vorfrage
Sorge, elterliche
– Anerkennung ausländischer Entscheidungen II-83 ff., II-109 ff., II-116 ff.
– deutsches Recht II-44 ff.
– Fälle mit Auslandsbezug II-60 ff.
– Minderjährigkeit der Mutter IV-275, IV-336
Sortiererklärung II-265 ff.
Statutenwechsel
– allgemein VI-25 ff.
– Angleichung ausländischer Namenstypen II-242 ff.
– Eingangsstatutenwechsel II-251
Staatenlose II-497, III-428, IV-164, IV-181, IV-302, V-895, V-904, V-918 f., VI-38
Staatsangehörigkeit
– allgemein II-486 ff.
– als Anknüpfungsmoment VI-31 ff.
– aufgedrängte – III-452, III-645, V-584, VI-40
– Doppelstaater → Mehrstaater
– Mehrstaater II-173, III-427, III-452, III-512, III-523, III-645, III-676, IV-289, V-466, V-582, VI-32 ff.
– Staatenlose II-497, III-428, IV-164, IV-181, IV-302, V-895, V-904, V-918 f., VI-38
– Vorfragen im Recht der – II-499 f., IV-284 ff.
Substitution
– allgemein VI-70 ff
– Verhältnis zur Vorfrage II-241

Täuschung bei der Eheschließung III-125 ff.
Tod II-4
Tod des Kindes
– Namenserteilung V-807
– Vaterschaftsanerkennung IV-70 ff.
Todeserklärung und Verschollenheit
– allgemein II-5 ff.
– Ehe, Auswirkung auf die III-8, III-65, III-314, III-389 f., III-463 ff., III-471 ff., IV-191 f.
– Fälle mit Auslandsbezug II-30 ff., III-314, III-389 f., III-471 ff., IV-191 f.
– hinkende – III-389 f.
– Lebenspartnerschaft, Auswirkung auf die III-772 ff.
– Vaterschaft des Muttergatten nach – IV-54 ff., IV-60, V-339, V-375 ff., V-380 ff.
Todeszeitpunkts, Feststellung des →
Todeserklärung
Totgeburt
– allgemein II-3
– Drittanerkennung, qualifizierte V-158, V-190
– Namenserteilung V-807
– Vaterschaftsanerkennung V-67 ff.
– Vaterschaftsanerkennung, pränatale V-60
Transkription II-192 ff., II-414
Transliteration II-192 ff., II-415
Transposition → Angleichung
Transsexualität
– allgemein V-921 ff., V-935 ff.
– Begründung einer Lebenspartnerschaft III-759 ff., III-767
– Eheschließung III-53, III-321 ff.

Umfang der Verweisung → Qualifikation
unbestimmtes Geschlecht → Geschlecht
Unionsrecht II-85 ff., II-167 ff., II-413 ff., III-141, III-336, III-427, III-488 ff., III-698 ff., V-898, VI-4, VI-12 f., VI-37, VI-88
unselbständige Anknüpfung → Vorfragen
Ursprungserklärung II-356 ff.

Vaternamen II-180, II-272 ff., II-282,
 II-297 ff., II-301, II-316 ff., II-348 ff.,
 II-357 ff., II-366 ff., II-371 f., II-400,
 IV-310, IV-404, V-568, V-619
Vaterschaft, gesetzliche
- allgemein IV-32 ff.
- Beseitigung der – V-269 ff.
- des Muttergatten kraft Ehe IV-40 ff.,
 IV-189 ff., V-372 f., V-378 f.
- Drittanerkennung, qualifizierte
 IV-72 ff., V-150 ff., V-158, V-190, V-300 f.,
 V-321 ff.
- Fälle mit Auslandsbezug IV-188 ff.,
 V-191 ff.
- gleichgeschlechtliche – IV-218 ff.
- konkurrierende – IV-215 ff., V-199 ff.
- Statuserklärungen IV-211 f.
- Tod des Ehemanns IV-48 ff.
- Vaterschaftsanfechtung V-275 f.
- Vaterschaftsvermutung IV-205 ff.
Vaterschaftsanerkennung
- Adoption, Verhältnis zur V-87 ff.
- allgemein IV-80 ff., V-14 ff.
- Drittanerkennung, qualifizierte
 IV-72 ff., V-150 ff., V-158, V-190, V-194 ff.,
 V-300 f., V-321 ff.
- Fehlgeburt V-60, V-67 ff., V-158
- Geschäftsfähigkeit V-19, V-32 ff.,
 V-100 ff., V-113 ff.
- konkurrierende Vaterschaften
 V-199 ff.
- missbräuchliche – V-217 ff.
- nachträgliche Feststellung der
 Unwirksamkeit V-374
- pränatale – IV-81, V-54 ff.
- Rechtsfolgen einer fehlerhaften –
 V-136 ff.
- Sperrwirkung der Vaterschaft eines
 anderen Mannes V-73 ff.
- Tod des Kindes IV-70 ff.
- Totgeburt V-60, V-67 ff., V-158, V-190
- Vaterschaftsanfechtung V-227 ff.
- Widerruf V-44 ff.
- Wirksamkeitsvoraussetzungen
 V-20 ff.

- Zustimmungen zur – V-90 ff.,
 V-209 ff.
Vaterschaftsanfechtung IV-68 ff., V-275 ff.,
 V-303 ff.
Vaterschaftsfeststellung IV-83 ff., V-13 ff.,
 V-354 ff.
Vaterschaftsfeststellung, gerichtliche
 V-252 ff.
Vertretung
- allgemein II-41 ff.
- Anerkennung ausländischer
 Entscheidungen II-83 ff.
- Fälle mit Auslandsbezug II-59 ff.
- gesetzliche – II-44 ff.
- Minderjährigen, gesetzliche –
 des II-44 ff., II-60 ff.
- rechtsgeschäftliche – II-55 f.
- Volljährigen, gesetzliche –
 eines II-53 f., II-74 ff.
- Vorsorgevollmacht II-56
Verschollenheit → Todeserklärung
Vertrauliche Geburt V-12
Vollmacht II-55 f.
Vorfrage
- Abstammungsstatut IV-110 ff.,
 IV-182, IV-189 ff., IV-220, V-240
- allgemein VI-61 ff.
- Ehe als – III-241 ff., III-297 ff.
- Eheschließungsstatut III-273,
 III-288 f., III-297 ff., III-315 ff., III-380,
 III-474
- Lebenspartnerschaftsstatut
 III-813 ff.
- Namensstatut II-222 ff., IV-281 ff.,
 V-487
- Staatsangehörigkeitsrecht II-499 f.,
 IV-284 ff.
- Statut der elterlichen Sorge
 (KSÜ) II-70
- Substitution, Verhältnis zur II-241
- Vorrang des Verfahrensrechts
 II-237 ff., VI-68 f.
Vorname
- Abstammungsname als – II-323 f.,
 II-366 ff.

Sachregister

- Adoption II-257, V-442 ff., V-496 ff., V-567 f.
- allgemeine Grundsätze zur Erteilung des – IV-330 ff.
- Begriff des – II-147 f.
- Eigennamen, Personen mit einem II-287 ff.
- Eigennamen, Personen mit mehreren II-277 ff., II-344
- Eindeutschung ausländischer – II-373 ff., II-377 ff.
- Fälle mit Auslandsbezug IV-448 ff., V-920
- fehlender – II-344 f.
- Funktion II-145
- IPR IV-448 ff., V-920
- Mittelname, Angleichung in einen – II-352 f.
- Namensfeststellung, behördliche V-911, V-920
- Namenszusatz, Angleichung in einen – II-309, II-312 f.
- Transsexuelle, Änderung des – V-921 ff.
- Übersetzung II-383 ff.
- unbestimmtes Geschlecht IV-226
- Vatername und – II-272 ff., II-322, II-349, II-366 ff.
- Vorprägung eines ausländischen Namenstyps als – II-266 ff., II-306, II-317, II-319, II-321, II-349
- Zwischenname, Angleichung in einen – II-300, II-352

Vorprägung eines ausländischen Namenstyps II-266 ff., II-277 f., II-292, II-305 ff., II-317, II-319 ff., II-325, II-327, II-344, II-347 ff., II-369, II-372

Vorsorgevollmacht II-56

Wandelbarkeit/Unwandelbarkeit der Anknüpfung III-462, IV-98, IV-101, IV-107, IV-120 ff., V-470, VI-25 ff.

Weiterverweisung → Renvoi

Zwangsangleichung im Namensrecht II-386 ff.

Zwischennamen II-180, II-272 ff., II-297 ff., II-343, II-388, II-400, IV-331, IV-375, IV-444, IV-446